'अज्ञेय' की सम्पूर्ण कहानियाँ

'अज्ञेय' की सम्पूर्ण कहानियाँ

सच्चिदानन्द वात्स्यायन 'अज्ञेय'

राजपाल

स्थापित 1912

100 वर्षों की श्रेष्ठ प्रकाशन परम्परा

राजपाल

ISBN : 9788170280637

संस्करण : 2017 © सच्चिदानन्द वात्स्यायन 'अज्ञेय'
AGYEYA KI SAMPURNA KAHANIYAN (Short stories)
by Sachchidanand Vatsyayan 'Agyeya'

राजपाल एण्ड सन्ज़

1590, मदरसा रोड, कश्मीरी गेट-दिल्ली-110006
फोन: 011-23869812, 23865483, फैक्स: 011-23867791
website : www.rajpalpublishing.com
e-mail : sales@rajpalpublishing.com
www.facebook.com/rajpalandsons

क्रम

भूमिका

(यह पुस्तक पहले दो खंडों में प्रकाशित हुई थी और लेखक ने प्रत्येक खंड के लिए अलग भूमिका लिखी थी। अब चूँकि पुस्तक एक ही खंड में प्रकाशित की जा रही हैं इसलिए लेखक द्वारा लिखी दोनों खंडों की भूमिका यहाँ दी जा रही है।)

कुछ लेखक ऐसे होते होंगे जो अपनी रचनाओं के बारे में सोचते नहीं। मैं उनमें से नहीं हूँ। बिना किसी तात्कालिक कारण के भी, जो लिख चुका हूँ, उसके बारे में जब-तब सोचता रहता हूँ, क्योंकि विश्वास करता हूँ कि इससे आगे जो लिखूँगा उसके लिए पटिया साफ़ हो सकेगी। फिर जब किसी पुस्तक की भूमिका लिखनी पड़ती है तब उसके बारे में और सोचना पड़ता है। उसे भी हितकर ही मानता हूँ क्योंकि उस चिन्तन के सहारे लेखक उस रचना से थोड़ा और दूर हट जाता है, उसे कुछ तटस्थ होकर देख लेता है और उस निस्संगता को थोड़ा और पुष्ट कर लेता है जो रचना पूरी हो जाने के बाद उसके प्रति हो जानी चाहिए— **इदं सरस्वत्यै इदं न मम।**

लेकिन *अज्ञेय की सम्पूर्ण कहानियाँ* नाम का संग्रह अपने सम्मुख देखकर ही थोड़ा आतंकित हो जाता हूँ। 'सम्पूर्ण' क्या होता है? यह ठीक है कि अब तक जितनी कहानियाँ लिखी हैं वे सभी इस संग्रह में हैं, इसलिए इसे सम्पूर्ण कहना सही है। लेकिन क्या मैंने यह स्वीकार कर लिया है—स्वयं अपने भीतर स्वीकार कर लिया और पाठकों के सम्मुख स्वीकारने को तैयार हूँ—कि अब और कहानियाँ लिखने की रुचि या सम्भावना नहीं है?

लेकिन आतंक इसके कारण इतना नहीं है। सम्पूर्ण विशेषण के साथ चीज़ को बाहर से और तटस्थ भाव से देखने की जो अतिरिक्त ज़िम्मेदारी आ जाती है, असल कारण वह है। उसके साथ मूल्यांकन की और आत्म-परीक्षण की एक बाध्यता आती है जिसके औचित्य को कोई भले ही स्वीकार कर ले, उसे सुखद तो नहीं मानता।

यों तो मैंने यह स्वीकार कर लिया है कि कहानी लिखना मैंने छोड़ दिया

है या कि कहानी मुझसे छूट गई है। पिछले पन्द्रह-बीस वर्षों में मैंने कोई कहानी लिखी भी नहीं है। इस दूरी से अपनी कहानियों के प्रति ही नहीं, उन कहानियों के लेखक के प्रति भी एक अपेक्षया निर्वैयक्तिक भाव मेरे मन में है। उसके बूते पर शायद ऐसा भी दावा कर सकता कि उनका सही आलोचनात्मक मूल्यांकन भी कर सकता हूँ। पर वैसा मूल्यांकन शायद यहाँ अभीष्ट नहीं है और भूमिकाएँ उसके लिए होतीं भी नहीं। मेरी समझ में भूमिका का पहला और प्रमुख उद्देश्य यही होता है कि सम्प्रेषण और संवाद के लिए अनुकूल स्थिति उत्पन्न कर सके। मैंने हमेशा माना है कि रचना का पहला धर्म अभिव्यक्ति नहीं, सम्प्रेषण है। इस नाते प्रत्येक रचना स्वयं अपने लिए वह स्थिति उत्पन्न करती है जिसमें सम्प्रेषण हो—और अगर नहीं करती तो असफल होती है। इसलिए कहानियाँ या प्रत्येक कहानी तो अपना काम स्वयं करेगी ही—अथवा नहीं करेगी तो असफल होगी, लेकिन उस प्रक्रिया के भली-भाँति सम्पन्न होने के लिए अनुकूल वातावरण के निर्माण में भूमिका का योग हो सकता है। सम्प्रेषण की स्थिति बनाने में रचनाकार सचेत अथवा अवचेतन भाव से कुछ दूरी की स्थापना कर लेता है जिस पर से सम्प्रेषण की प्रक्रिया सम्पन्न होगी, बल्कि यह कह सकते हैं कि वह दो दूरियाँ निर्धारित कर लेता है जो इस प्रक्रिया के निष्पादन के लिए आवश्यक हैं : वस्तु से दूरी और पाठक से दूरी। पहली दूरी का सम्बन्ध यथार्थ के निरूपण और प्रतिष्ठापन से है; दूसरी दूरी संवाद की अवस्था और सम्बन्ध को निर्धारित करती है। पहली दूरी का निर्णय तो अन्तिम रूप से रचना में ही हो चुका होता है; दूसरी दूरी को ही भूमिका द्वारा प्राप्त या निरूपित किया जा सकता है। वैसे यह स्पष्ट होना चाहिए कि पाठक के साथ संवाद की सही स्थिति बन जाने पर पहली दूरी का रूप थोड़ा तो बदल ही जाएगा; क्योंकि लेखक स्वयं जो देख चुका है उसे वह कैसे दर्शा रहा है इसके स्पष्टीकरण में दूसरी दूरी के निरूपण का भी योग होगा।

यथार्थ से दूरी, यथार्थ से रचनाकार के सम्बन्ध के बारे में विस्तार से कुछ कहना चाहता हूँ और वही भूमिका का मुख्य भाग होगा। उससे पहले पाठक से दूरी को एकसाथ ही निर्धारित करते हुए भी और उसका अतिक्रमण करने के लिए सेतु बनाते हुए भी यह कहना चाहता हूँ कि जैसे मेरे कहानी-लेखन को मेरे सम्पूर्ण रचना-कर्म के सन्दर्भ में ही देखा जा सकता है और देखना चाहिए, उसी प्रकार मैंने कहानी लिखना क्यों छोड़ दिया इस प्रश्न का उत्तर भी सम्पूर्ण रचना-कर्म के सन्दर्भ में ही खोजना चाहिए।

मेरे लिए रचना-कर्म हमेशा अर्थवत्ता की खोज से जुड़ा रहा है। और यही खोज मुझे कहानी से दूर ले गई है, क्योंकि कहानी को मैंने उसके लिए नाकाफ़ी पाया। मैं जानता हूँ कि इतने संक्षिप्त रूप से कही हुई बात नहीं भी समझी जा सकती। वर्तमान समय में ऐसी चर्चाएँ और समीक्षाएँ होती हैं कि उनमें जल्दी ही कुछ पद रूढ़ हो जाते हैं, इतनी जल्दी एक चालू मुहावरा बन जाता है जिसके बारे में सोचने की लोग या तो ज़रूरत नहीं महसूस करते या उसकी तकलीफ़ नहीं गँवारा करते।

अर्थ, अर्थवत्ता, खोज इत्यादि सभी शब्द इस तरह के अवमूल्यन अथवा पूर्वग्रह के शिकार हो चुके हैं। 'राहों का अन्वेषण' अथवा 'प्रयोग' तो इससे एक पीढ़ी पहले ही मलीदा जा चुका है! फिर भी मैं कहना चाहूँगा कि अन्वेषी रहा हूँ और अब भी हूँ, खोज के लिए किसी भी रास्ते को मैंने केवल पूर्वग्रह के कारण त्याज्य नहीं माना है। अर्थवत्ता में एक तरफ़ वस्तु की सही और मज़बूत पकड़ पर और दूसरी तरफ़ उसके सही सम्प्रेषण पर मेरा समान बल रहा है। यानी खोज निरन्तर यथार्थ की व्याप्ति और गहराई को समझने और सम्प्रेषण प्रक्रिया को अधिक समर्थ बनाने की रही है। जो रास्ता इस खोज में मुझे और आगे ले जाता नहीं जान पड़ा है, चाहे इसलिए कि वह रास्ता ठीक नहीं है, चाहे इसलिए कि मेरे लिए वह दुर्गम है, उसे छोड़कर मैंने अपनी यात्रा के लिए दूसरा पथ बनाना शुरू कर दिया है; और पथ बनाते हुए भी अपने पाठक अथवा समाज को साथ लिये चलने या लिये रहने का प्रयत्न करता रहा हूँ, क्योंकि असल बात तो समाज को ही साथ ले चलने की है, सम्प्रेषण की है, स्वयं कहीं पहुँच जाने-भर की नहीं; अभिव्यक्ति मात्र की नहीं।

यथार्थ की खोज—सार्थक यथार्थ की खोज—की अपनी यात्रा में अपने पाठक को साथ ले जाना चाहता हूँ, इस अर्थ में नहीं कि जो पथ मैं पार कर चुका उसे पाठक के साथ दुबारा नापूँ; इस अर्थ में कि एक मानचित्र के साथ पाठक को वह पूरा परिदृश्य दिखा दूँ जिसमें से होती हुई मेरी यात्रा गुजरी। यह शायद मेरी कहानियों को ही नहीं, कहानी मात्र को और आज की कहानी-सम्बन्धी चर्चा को एक परिप्रेक्ष्य दे सकेगा, जो मेरी समझ में सही परिप्रेक्ष्य होगा और जो यथार्थ का यथार्थ अर्थ करने में भी सहायक होगा।

कहानी की सम्यक् परिभाषा का प्रयत्न न करते हुए मोटे तौर पर कहा जा सकता है कि कहानी एक क्षण का चित्र प्रस्तुत करती है। 'क्षण' का अर्थ हम चाहे एक छोटा काल-खंड लगा लें, चाहे एक अल्पकालिक स्थिति, एक घटना, प्रभावी डायलॉग, एक मनोदशा, एक दृष्टि, एक बाह्य या आभ्यन्तर झाँकी, समझ का एक आकस्मिक उन्मेष, सन्त्रास, तनाव, प्रतिक्रिया, प्रक्रिया...इसी प्रकार 'चित्र' का अर्थ वर्णन, निरूपण, रेखांकन, सम्पुंजन, सूचन, संकेतन, अभिव्यंजन, रंजन, प्रतीकन, द्योतन, आलोकन, रूपायन, जो चाहें लगा लें—या इनके विभिन्न जोड़-मेल। बल्कि और भी 'महीन मुंशी' तबीयत के हों तो हम 'प्रस्तुत करने' के अर्थ को लेकर भी काफ़ी छान-बीन कर सकते हैं। उस सबके लिए न अटक कर कहें कि कहानी क्षण का चित्र है; और क्षण क्या है इसकी हमारी पहचान निरन्तर गड़बड़ रही है या सन्दिग्ध होती जा रही है। और इससे भी विलक्षण बात यह है कि जब हम 'क्षण' की बात कहते हैं तो सिर्फ़ काल के सम्बन्ध में कुछ नहीं कह रहे हैं, बल्कि दिक् और काल की परस्पर-भेदक और परस्पर-भिन्न अवस्थिति के बारे में कुछ कह रहे हैं।

शेक्सपियर के एक चरित्र को ही लगा था कि 'काल की चूल उखड़ी हुई है'—The time is out of joint; और शेक्सपियर की शती (और उसकी दैनिक अवस्था) तो अपेक्षया स्थिर, मूल्यों के मामले में आश्वस्त और भविष्य के प्रति आशा-भरी थी! आज तो सचमुच टाइम 'आउट ऑफ़ जॉएंट' है; न केवल सभी कुछ सन्दिग्ध है बल्कि हमारा यह भरोसा भी दिन-प्रतिदिन उठता जाता है कि कुछ भी हम असन्दिग्ध रूप से जान सकेंगे—और अनेकों कारणों के अलावा एक इस कारण से भी कि जानकारी हासिल करने के (या जानकारी को विकृत करके ज़बरन वह विकृति ही स्वीकार कराने के) साधन लगातार ऐसे लोगों के दृढ़तर नियन्त्रण में चले जा रहे हैं जिन पर हमारा नियन्त्रण लगातार कमज़ोरतर होता जा रहा है। यहाँ तक कि स्वयं हम कहाँ खड़े हैं, और जिस युग अथवा काल-खंड में जी रहे हैं वह वास्तव में क्या है, उससे हमारा रिश्ता क्या अथवा कैसा है? यही पहचानना हमारे लिए दिन-प्रतिदिन कठिनतर होता जा रहा है। थोड़ी-सी अतिरंजना करते हुए यहाँ तक कहा जा सकता है कि हम कब कहाँ हैं, इतना ही नहीं, हम हैं भी, इस पर भी हमारा प्रत्यय लड़खड़ा सकता है।

अगर काल की चूल उखड़ी हुई है तो यथार्थ का क्या होता है? 'यथार्थ की पकड़' हमें कैसे होती है? कहानी में, और कहानी की आलोचना में, लगातार 'यथार्थ की पकड़' की जो चर्चा है, उस पकड़ या पहचान के बारे में जो दावे हैं, उनका क्या होता है? स्वयं कहानी का क्या होता है, जो इस पहले से ही चूल उखड़े हुए काल के भी केवल एक विखंडित अंश का चित्र है। (और चित्र फिर काल में एक रचना है—यानी काल इसका एक आयाम है।)

अवश्य ही कहानी भी 'आउट ऑफ़ जॉएंट' होगी। आज है भी; और इसमें एक तर्क-संगति भी है, युक्ति-युक्तता है, सन्दर्भ-युक्तता भी है। कुछ लोग इसे स्पष्टतया और बहुत-से लोग परिमाणतः स्वीकार करते भी जान पड़ते हैं। लेकिन कहानी के सम्बन्ध में मेरे लिए जो प्रश्न उठते हैं, कहानी-सम्बन्धी इस सारी चर्चा से उनका उत्तर नहीं मिलता। बल्कि उन उत्तरों की खोज भी उस चर्चा में नज़र नहीं आती और कभी-कभी तो ऐसा भी लगता है कि आलोचना करने और सिद्धान्त प्रतिस्थापित करने वाले के मन में ये प्रश्न उठे ही नहीं हैं।

यों तो हमारे लिए सबसे पहली समस्या 'यथार्थ' शब्द को लेकर ही उठ खड़ी होती है। इसे हम अर्थवैज्ञानिक समस्या कहकर कहानी की आलोचना के सन्दर्भ में टाल भी सकते हैं, लेकिन बुनियादी भाषिक प्रश्नों को टालकर आलोचना आगे बढ़ कैसे सकती है—सार्थक कैसे हो सकती है?

यथार्थ—यथा + अर्थ। जो अर्थ है उसको यथावत् प्रस्तुत करना (देखना, पहचानना, सम्प्रेषित करना आदि), अथवा जो यथा-स्थिति है उसकी अर्थवान् प्रस्तुति अथवा उसके अर्थ की प्रस्तुति। अब 'यथा' और 'अर्थ' दोनों पक्षों को लेकर बहुत-

से प्रश्न उभर आते हैं। यथा-स्थिति की पहचान कैसे होती है? कौन करता है? अर्थ हम कैसे जानते हैं? क्या घटनाओं के अपने अर्थ होते हैं, या कि हम उन्हें अर्थ दे देते हैं? अगर हम उन्हें अर्थ दे देते हैं, तो यह 'हम' कौन है?—कहानीकार या आलोचक या पाठक? हर हालत में क्या एक विषयी (सब्जेक्ट) वहाँ प्रस्तुत नहीं है? और क्या अर्थ का निरूपण इसलिए विषयी-सापेक्ष या सब्जेक्टिव नहीं है? और अगर ऐसा है तो क्या जहाँ से हम यथार्थ की चर्चा आरम्भ करने चलते हैं—कि वह कुछ विषयी-निरपेक्ष और आब्जेक्टिव होता है—वहाँ से हट नहीं गए हैं? फिर अगर अर्थ 'बाहर से' दिया गया है—चाहे किसी के भी द्वारा—तो उसका इस प्रकार से दिया गया होना ही क्या उसे यथार्थ से हटाकर अलग नहीं कर देता है? क्या वह अर्थ वस्तु-स्थिति का या उसमें न होकर एक आरोपण नहीं सिद्ध हो जाता है?

स्वयं घटनाओं का क्या कोई अर्थ होता है? क्या घटना मात्र मूलत: और स्वाभाविकत: अर्थहीन या कि अर्थ-निरपेक्ष नहीं होती? (कार्य-कारण-सम्बन्ध की बात अलग है; लेकिन कहानी अथवा आख्यान-साहित्य में जब हम अर्थ की चर्चा करते हैं तो हमारा तात्पर्य कार्य-कारण-सम्बन्ध से नहीं होता। और यह बात तो है ही कि हमारे अनुभव में कार्य-कारण सम्बन्ध उलटकर आते हैं—यानी 'भोगा हुआ यथार्थ' में परिणाम पहले घटित होते हैं और कारण बाद में।)

और अगर घटनाएँ मूलत: निरर्थक नहीं होतीं, उनमें अर्थ होता है, तब क्या हमने यथार्थवाद की वृत्ति को ही छोड़कर आदर्शवादी, आईडियलिस्ट अथवा आध्यात्मिक प्रतिज्ञा नहीं स्वीकार कर ली है?

मैं जानता हूँ कि इस भाषिक समस्या के मूल में शब्दार्थ और तत्त्वार्थ-सम्बन्धी चिन्तन की एक कमी है जिसके कारण बहुत कुछ हमारी शिक्षा की स्थिति में हैं। सोचने का काम अँग्रेज़ी में होता है, फ़तवे देने का या मूल्यों-सम्बन्धी अवधारणाएँ घोषित करने का काम हिन्दी में। यथार्थ और यथार्थवाद की चर्चा के पीछे अँग्रेज़ी के शब्द रिएलिटी और रिएलिज़्म हैं। यह नहीं कि अँग्रेज़ी में भी इन शब्दों के साथ अर्थ-सम्बन्धी समस्याएँ नहीं जुड़ी हुई हैं, लेकिन अँग्रेज़ी से शब्द लेकर उनके हिन्दी पर्याय प्रचारित करते समय हम मूल शब्दों के साथ जुड़ी हुई समस्याओं का आयात नहीं करते—इन कष्टकर अवयवों को वहीं पीछे यानी अँग्रेज़ी में ही छोड़ आते हैं! उससे एक तो सोचने की लाचारी से छुटकारा मिल जाता है, दूसरे एक (भले ही निराधार) आश्वस्त भाव भी हम में आ जाता है : अँग्रेज़ी आलोचना में अगर ये शब्द प्रतिष्ठित हैं तो अवश्य ही उनकी प्रतिष्ठा का तर्क-सम्मत आधार भी होगा। हिन्दी में उन्हें लेते हुए हमें कोई आशंका नहीं होनी चाहिए।

अँग्रेज़ी से आए हुए शब्द रिएलिटी और रिएलिज़्म के साथ-साथ उनकी इन सत्ताओं के गुण भी हमारे बीच आ गए हैं। यथार्थ, यथार्थवाद, यथार्थवादी, सामाजिक यथार्थवाद, समाजवादी यथार्थवाद...लम्बी परम्परा है। लेकिन अँग्रेज़ी शब्द के हिन्दी पर्याय गढ़ते हुए हम अँग्रेज़ी की जो समस्याएँ पीछे छोड़ आए थे, उनके बारे में

चेत जाने पर क्या उनका निराकरण हम सहज ही कर सकते हैं? 'यथार्थ' और 'यथार्थवादी' को छोड़कर यदि हम 'वस्तु', 'वास्तविक', 'वास्तविकतावादी' आदि शब्दावली अपना लें, तो भी क्या अर्थ-सम्बन्धी जो प्रश्न उठते हैं उनका निरसन हो जाता है? 'तथ्य' तो हो सकते हैं : और उन्हें (यद्यपि वह भी एक हद तक ही) विषयी-निरपेक्ष माना जा सकता है, घटना के तथ्य भी हो सकते हैं और घटना का तथ्यमूलक प्रस्तुतीकरण भी किया जा सकता है। लेकिन यथार्थवाद अथवा वास्तविकतावाद क्या केवल एक तथ्यवाद ही है? क्या शुद्ध घटना (इवेंट, हैपनिंग, एक्चुएलिटी), घटना का वैसा तथ्य-मूलक रूप जो अच्छी 'सच्ची' अखबारी रिपोर्ट में मिल सकता है, और कहानी अथवा साहित्य की घटना (हमारे सन्दर्भ की रिएलिटी, अर्थात् विषयी की दृष्टि से देखी और सम्प्रेष्य बनाकर प्रस्तुत की गई घटना), एक ही है या हो सकती है या कि बुनियादी तौर पर उनका स्वभाव अलग-अलग होता है? क्या ईमानदार रिपोर्टर और निष्ठावान् कहानी-रचयिता के लिए यथार्थ का रूप, अर्थ और सन्दर्भ मूलतः अलग-अलग नहीं है? रचना-प्रक्रिया और सम्प्रेषण-प्रक्रिया वस्तु का कैसे और कैसा रूपान्तरण करती हैं?

मैं समझता हूँ कि कहानी, उपन्यास—बल्कि साहित्य-मात्र—के सन्दर्भ में यथार्थ की चर्चा इन प्रश्नों का सामना करने की चुनौती देती है। मैंने नहीं देखा कि हिन्दी में कहानी-उपन्यास की चर्चा में आलोचकों, अध्यापकों अथवा स्वयं रचनाकारों ने भी इनसे उलझने और इन्हें सुलझाने का विधिवत् प्रयत्न किया है। कहानीकारों की उक्ति में तो जहाँ-तहाँ इन समस्याओं की अन्तश्चेतन पहचान के संकेत मिल भी जाते हैं, अध्यापकों तथा आलोचकों ने तो इन्हें अभी तक छुआ ही नहीं है।

यथार्थ की पकड़ की इस शब्द-बहुल चर्चा में, जो पिछले दस-पन्द्रह वर्षों की एक विशेषता रही है, लोग प्रायः दो चीज़ें मानकर चलते जान पड़ते हैं जो दोनों ही प्रश्नाधीन हैं। पहली यह कि 'यथार्थ' 'बाहर' होता है, सतह पर होता है; दूसरी यह कि यथार्थ इकहरा या एक-स्तरीय होता है। जो दिखता नहीं है, या थोड़ा और आगे बढ़कर कह लें कि जो ऐन्द्रिय चेतना द्वारा ग्राह्य नहीं है, वह यथार्थ नहीं है—यह एक नये प्रकार का अंधापन है जिसे यथार्थ-बोध का नाम दिया जा रहा है। एक दूसरे प्रकार की संकीर्णता यह है कि ये ऐन्द्रिय अनुभव भी—और हमारे सारे राग-बन्ध और अनुभव ही—वास्तव में वैसे नहीं हैं जैसा हम उन्हें अनुभव कर रहे हैं, बल्कि केवल कुछ बुनियादी सम्बन्धों पर खड़ी की गई निर्मिति है, और ये बुनियादी सम्बन्ध किसी भी मानवीय उद्यम में निहित शोषक और शोषित के सम्बन्ध हैं। यानी यथार्थ वास्तव में एक अमूर्त प्रक्रिया ही है; मूर्त जो कुछ है वह केवल उस पर खड़ा किया गया एक ढाँचा है। अगर बुनियादी यथार्थ अमूर्त है, तो यह दावा कैसे प्रमाणित किया जा सकता है कि केवल एक अमूर्तन ही यथार्थ अथवा सत्य अथवा सात्त्विक है, और दूसरे सब अमूर्तन और मिथ्या? अगर यथार्थ अनेक

स्तरीय होते हैं तो केवल एक स्तर को देखने और बाकी सबको अनदेखा करने में कौन-सी बहादुरी या विशेष प्रतिभा है?

अन्यत्र मैंने यथार्थ की पहेली को एक दूसरे रूप में रखा है। ''अगर हम यथार्थ के 'भीतर' हैं तो उसे 'देखते' कैसे हैं? अगर हम उसके 'बाहर' हैं तो वह 'यथार्थ' कैसे है?'' मैं जानता हूँ कि समस्या का यह निरूपण एक सर्जक की समस्या का निरूपण है। यानी यह पहेली 'वास्तविकता' के अर्थ में 'यथार्थ' के बारे में नहीं है। सम्प्रेष्य रचना के रूप में ही यथार्थ की पहचान के बारे में है। लेकिन यहाँ वही तो प्रयोजनीय है—यथार्थ सत्ता के बारे में दार्शनिक अथवा पारमार्थिक प्रश्न उठाना हमें अभीष्ट नहीं है।

मैं मानता हूँ कि यथार्थ इकहरा या सपाट या एक-स्तरीय नहीं होता। यह भी कहा जा सकता है कि कला के क्षेत्र में एक विशेष अर्थ में यथार्थ 'अर्थहीन' होता है, हमेशा अर्थहीन होता है : क्योंकि जिसे हम वस्तु-यथार्थ या विषयी-निरपेक्ष यथार्थ या आब्जेक्टिव रिएलिटी कहते हैं या कह सकते हैं, उसमें फिर अर्थवत्ता का प्रश्न ही कैसे और कहाँ उठता है जबकि अर्थ अनिवार्यत: अर्थ की पहचान करने वाले के, विषयी के साथ बँधा है? केवल सब्जेक्टिव यथार्थ में ही अर्थवत्ता का प्रश्न उठ सकता है। विषयीगत यथार्थ ही कला का यथार्थ होता है और उसी में अर्थ हो सकता है। और इसलिए अर्थ की खोज हो सकती है। नि:सन्देह वस्तु-जगत् के तथ्यों की, परिवेश की स्थिति और क्रिया-व्यापारों की, सामाजिक सम्बन्धों की पकड़ या समझ विषयी की जैसी होगी, जीवन-मात्र से उसका जैसा सम्बन्ध होगा, उससे वह विषयीगत यथार्थ भी प्रभावित होगा। उसी पर उसके साथ पाए हुए अर्थ की मूल्यवत्ता निर्भर करेगी। लेकिन कला-वस्तु से परिवेश के सम्बन्ध का यह दूसरा वृत्त है। पहले और दूसरे वृत्त के बीच स्वयं कलाकार खड़ा है।

मैंने कहा है कि यथार्थ हमेशा अर्थहीन होता है। मैंने जो कुछ कहा उसमें यह भी निहित है कि इसके बावजूद कलाकार को अर्थ की खोज रहती है। इस निहितार्थ को आज के सब साहित्यकार स्वीकार नहीं करेंगे, ऐसा मैं जानता हूँ। किन्तु मेरे लिए रचना-कर्म हमेशा अर्थवत्ता की खोज से जुड़ा रहा है। साहित्यकार के नाते मुझे अर्थहीन यथार्थ की तलाश नहीं रहती है और न है। आब्जेक्टिव संसार में अवश्य ही ऐसा यथार्थ है जिसमें अर्थवत्ता की खोज स्वयं निरर्थक है, यह मैं जानता हूँ। उस अर्थातीत संसार से आगे बढ़कर ही हम एक अर्थवान् जगत् की खोज में जाते हैं; और उस जगत् के निर्माण में स्वयं हमारा भी योग होता है। कोई चाहे तो यह कह सकता है कि जो सब्जेक्टिव है वह तो आत्यन्तिक रूप से अर्थहीन है; और यह कर बाहरी और भीतरी दोनों क्षेत्रों में एक अर्थहीन, एब्सर्ड संसार के निर्माण में प्रवृत्त हो सकता है। वैसे लोग हैं भी—वैसे साहित्यकार भी हैं। मैं वैसा नहीं मानता, वैसे निर्माण में मेरी रुचि नहीं है। मानव की मेरी परिकल्पना में वह

अनिवार्यतया अर्थवत्ता का खोजी और स्रष्टा है और यही उसके मानवत्व की पहचान है। अगर वह एब्सर्ड को प्रस्तुत करता भी है तो वह भी अर्थवत्ता की खोज की ही यन्त्रणा दिखाने के लिए : अर्थवत्ता की खोज जिजीविषा का एक पहलू है और अर्थ या अर्थ की चाह को अन्तिम रूप से खो देना जीवन की चाह ही खो देना है।

अब तक जो कुछ कहा गया है उसका आशय यह नहीं कि विषयी-सापेक्ष अथवा सब्जेक्टिव यथार्थ एक उच्चतर कोटि है और विषयी-निरपेक्ष अथवा आब्जेक्टिव यथार्थ उससे नीचे है। ऐसा उच्चावच-क्रम स्थापित करना अभीष्ट नहीं है। लेकिन इससे उलटा तर्क भी सही नहीं है—यह कहने का कोई कारण नहीं है कि विषयी-निरपेक्ष यथार्थ विषयी-सापेक्ष यथार्थ से उच्चतर कोटि का होता है। जब तक अस्मिता है—कोई भी मैं 'मैं' है—दूसरे शब्दों में जब तक जीवन है—तब तक माना ही नहीं जा सकता—कोई मान नहीं सकता—कि मेरे 'बाहर' जो जीवन है वह उच्चतर अथवा श्रेष्ठतर है। इतना ही माना जा सकता है (और इतना मानना भी चाहिए) कि वह हीनतर भी नहीं है। वह केवल अलग है। कला के क्षेत्र में तो यह भी कहा जा सकता है कि विषयी-निरपेक्ष यथार्थ वहाँ कुछ होता ही नहीं। कला का सत्य होने के लिए 'यथार्थ' की भी प्रस्तुति में विषयी द्वारा उसके स्वायत्त किए गए होने की झलक मिलनी चाहिए। कला में यथार्थ हमेशा संवेदना से छनकर आता है और उसमें यह दिखना भी चाहिए कि वह संवेदना से छनकर आया है। कला के यथार्थ में विषयी द्वारा उसके स्वायत्त किए गए होने की गूँज होती है। उस गूँज के सहारे ही हम यथार्थ के निरे बयान से रचना की अलग पहचान करते हैं, क्योंकि हम परख करते हैं कि वह केवल बाहर का यथार्थ है या कि रचनाकार ने उसे आत्मसात् कर ही लिया है। मेरे लिए रचना का यही इष्ट या कि कह लिया जाए आदर्श—रहा है। उसमें वस्तु-सत्य का, बाहरी यथार्थ का खरापन भी होना चाहिए और साथ ही आत्म-सम्बोध की, आभ्यन्तर यथार्थ की अर्थवत्ता भी होनी चाहिए।

विचारशील पाठक पहचानेंगे कि यह पहले कही गई बात की दूसरे तरीके से पुष्टि ही है। साहित्य वर्तमान की पहचान भी करता है और उसे अर्थवत्ता के बृहत्तर आयाम से जोड़ता भी है। लेकिन यहाँ फिर इकहरा समीकरण करना खतरनाक होगा। क्योंकि न तो वर्तमान की पहचान का सम्बन्ध केवल बाहरी यथार्थ से है और न बृहत्तर आयाम का सम्बन्ध केवल आभ्यन्तर यथार्थ से—और न इसका उलटा ही। यथार्थ की, बाहरी और बाहर की पहचान और अर्थवत्ता की खोज की अविराम परस्परता और परस्पर-भेदकता को अनदेखा करना साहित्य की समझ को इकहरा और छिछला कर देना होगा।

सभी साहित्य पुराना पड़ता है। लेकिन फिर उसमें से कुछ नया हो जाता है। जब साहित्य पुराना पड़ने लगता है तब जो काल की दृष्टि से अधिक निकट होता है

वही अधिक तेज़ी से पुराना पड़ता हुआ अधिक दूर जान पड़ता है। उसी को लेकर हमें अधिक आश्चर्य या असमंजस होता है कि 'अभी कल तक यह हमें नया कैसे लग रहा था?' इस प्रक्रिया को समझना बहुत कठिन नहीं है। कालान्तर में जो साहित्य फिर नया हो जाता है या ऐसा हो जाता है मानो पुराना पड़ा ही नहीं था—उसे हम 'कालजयी साहित्य' कहते हैं। पर वास्तव में परिवर्तन का कारण जितना उसमें होता है, उतना ही हम में भी होता है। बदले हुए हम फिर एक ऐसे ठौर पर आ जाते हैं जहाँ वह साहित्य हमारे लिए एक नयी अर्थवत्ता पा लेता है—क्योंकि हम उसमें नयी अर्थवत्ता देखने लगते हैं।

साहित्य में जो 'नयी' विधाएँ हैं—उपन्यास या कहानी—उनमें यह क्रिया अधिक तेज़ी से होती है। जो 'पुरानी' विधाएँ हैं— काव्य या नाटक—उनमें यह क्रिया अपेक्षाकृत धीरे होती है। फिर प्रवृत्ति को ध्यान में रखें तो लक्ष्य कर सकते हैं कि किसी भी विधा में जो रचना-समूह अपने ही काल के यथार्थ के चित्रण पर अधिक बल देता है (और भाषा का मुहावरा और 'तेवर' कालिक यथार्थ का एक महत्त्वपूर्ण पहलू है), वह अपेक्षया जल्दी पुराना पड़ जाता है, क्योंकि कालिक यथार्थ जल्दी बदल जाता है, उसका पुराना पड़ना हम अधिक तीव्रता और स्पष्टता के साथ देख सकते हैं, इसलिए उससे बँधे साहित्य का पुराना पड़ना भी अधिक लक्ष्य होता है।

इसीलिए कहानी सबसे जल्दी पुरानी पड़ती है। फिर कहानियों में वे या वैसी कहानियाँ और भी जल्दी पुरानी पड़ती हैं जो अपने समय के समाज के बाह्य यथार्थ से बँधी होती हैं। ऐसी कहानियाँ जब तक नयी होती हैं तब तक सबसे नयी दिखती हैं; उनकी तात्कालिक सम्पृक्ति और रैलेवैंस सबसे अधिक जान पड़ती है; पर जब वे नयेपन से हटती हैं या नवतर के समान्तर आती हैं तब उतनी ही त्वरा से उनका नयापन धुँधला या झूठा पड़ जाता है, उनकी 'प्रासंगिकता' प्रश्नाधीन हो जाती है।

इस कथन की जाँच किसी भी देश के साहित्य को लेकर की जा सकती है। कहीं भी काव्य उतनी जल्दी पुराना नहीं पड़ता; सर्वत्र कहानी ही सबसे जल्दी 'डेटेड' हो गई होगी—और कहानी में वे कहानियाँ और अधिक या और जल्दी जो कि अपने समय के समाज-जीवन और उसके लोकाचारों-मुहावरों से बँधी होंगी।

पर जो कहानियाँ इतनी जल्दी पुरानी नहीं पड़तीं, या जो एक बार 'डेटेड' होकर फिर नयी प्रासंगिकता पा जाती हैं, पा गई हैं, उनमें क्या खास बात होती है?

मानव-समाज केवल किसी एक युग का समाज नहीं है, देश-काल की रंगत लाने वाले लोकाचारों-मुहावरों और यहाँ तक कि सम्बन्धों के—विषयगत या बाहरी यथार्थ के सभी उपकरणों के—नीचे, परे, गहरे में मानव-समाज की एक दूसरी पहचान मिल सकती है जो युगातीत है, जो समाज की पहचान से बढ़कर मानव की पहचान है, जिसका यथार्थ सामाजिक यथार्थ-भर न होकर मानवीय यथार्थ है। हमारी धारणा है कि पड़ताल करने पर हम पाएँगे कि जो कहानियाँ जल्दी पुरानी नहीं होती हैं, या जो पुरानी होकर भी नयी बनी रही हैं या नयी हो गई हैं, उनमें रचनाकार की दृष्टि सामाजिक यथार्थ की परिधि में न बँधी रह कर मानवीय यथार्थ पर केन्द्रित

रही होगी : उनका आग्रह 'विषयगत' यथार्थ का न रहकर उस यथार्थ का रहा होगा जो विषयी और विषयी के आपसी व्यवहार में लक्षित या व्यंजित होता है और वहीं से फैलकर सामाजिक रूप लेता है—यानी सामाजिक होकर भी 'अन्तर-विषयी' बना रहता है : जो इंटर सब्जेक्टिव होता है, आब्जेक्टिव नहीं होता।

एक तरफ़ हम एक क्षण का चित्र प्रस्तुत कर रहे हों या प्रस्तुतीकरण के लिए जुगो रहे हों—यानी कहानी लिख या रच रहे हों—और दूसरी तरफ़ हमारी दृष्टि अन्तर-विषय यथार्थ पर साग्रह टिकी हो, तब रचनाकार के नाते हमारी कठिनाइयाँ बढ़ जाती हैं। बाह्य यथार्थ को देखना और प्रस्तुत करना कम कठिन है : वह समस्या केवल पर्याप्त तन्त्र-कौशल की है। आर्थिक सम्बन्धों और तनावों के आधार पर ही उस बाह्य यथार्थ को निरूपित करना भी कम कठिन है : वह समस्या पर्याप्त शिक्षा-दीक्षा की है। उसे पक्षधर-भाव से उपयोज्य बनाना भी कम कठिन है : समस्या सामाजिक-राजनैतिक जोड़-तोड़ और समझदारी की है। पर अन्तर-विषयी वस्तु को पकड़ने के लिए एक साथ ही एकाधिक विषयी के आभ्यन्तर संसार में प्रवेश करना—और वह भी साथ-साथ स्वयं विषयी बने रहते और अपना वैसा होने की पहचान बनाए रखते हुए—और वह फिर अपनी विषयी दृष्टि के कारण दूसरे विषयियों की विषयिता को धुँधला होने दिए बिना—यह न तन्त्र पर अधिकार की समस्या है, न शिक्षा की, न राजनैतिक समझदारी की। यहाँ प्रश्न मानवीय संवेदना का है। कहने को तो कह दिया जा सकता कि वह संवेदना या तो है, या नहीं है : यानी लेखक या तो रचनाकार है या नहीं है। और "जो नहीं है उसका गम क्या?" पर मैं मानना चाहता हूँ (मानना 'स्वीकार करना' और 'विश्वास करना' दोनों ही अर्थों में) कि संवेदन में भी वृद्धि हो सकती है—विस्तार, गहराई और सघनता, सभी आयामों में।

यदि मानवीय संवेदन पर बल देना ठीक है तो मेरे सामने यहाँ एक और प्रश्न उठ खड़ा होता है। मेरे लिए यह मानना असम्भव हो जाता है कि 'कविदृष्टि' कहानी-लेखन में बाधक होती है। या कि कवि कवि होने के नाते ही घटिया कहानी-लेखक होता है। बल्कि यही मानना अधिक संगत दिखता है कि कहानीकार के अन्य गुणों से सम्पन्न व्यक्ति में कवि-दृष्टि भी होने पर वह अधिक महत्त्वपूर्ण कहानी-लेखक हो सकता है। अधिक महत्त्वपूर्ण : भले ही तात्कालिक दृष्टि से अधिक सफल या प्रभावी नहीं। और अधिक टिकाऊ—कालजयित्व की दीर्घतर अर्हता लिये हुए।

लेकिन पिछली एक पीढ़ी से कहानी-सम्बन्धी सारी चर्चाएँ इसी बात के आस-पास घूमती रही हैं। कवि न होना, कवि-दृष्टि न रखना, कहानीकार का सबसे बड़ा गुण माना और सिद्ध किया जाता है : कहानीकार द्वारा भी और कहानी की अलग-अलग प्रवृत्तियों के पैरोकारों के द्वारा भी। मुझे यह बात ज़रा भी बेतुकी नहीं लगती कि भारत के महान कहानीकारों की गणना में पहला नाम रवीन्द्रनाथ ठाकुर का हो। यह भी मुझे ज़रा भी अप्रत्याशित नहीं लगता कि हिन्दी में भी अपने समकालीनों

में—और युवतर लेखकों में भी—जिनकी कहानियाँ हम दोबारा पढ़ते हैं और रुचि से पढ़ सकते हैं वे भी कवि हैं—कवि भी हैं और कहानीकार से पहले कवि-रूप में पहचाने जाते हैं। निःसन्देह कवीतर कहानी-लेखकों की कहानियाँ भी मुझे कई बार बड़ी मार्मिक, और अधिक 'सफल' भी, जान पड़ी हैं। पर एक बार पढ़ चुकने पर दोबारा सहज प्रवृत्ति से उनको पढ़ते जाने की सम्भावना कम दिखी है। क्या पढ़ी हुई कहानी को दोबारा पढ़ने की सहज प्रवृत्ति का होना इस बात का प्रमाण नहीं है कि उस कहानी की भीतरी दुनिया में टिकाऊपन के कोई तत्त्व हैं? या कि उसने यथार्थ के एकाधिक स्तरों के संकेत दिए हैं जो सब स्तर पहले ही वाचन में उद्घाटित नहीं हो गए हैं? निःसन्देह ये कहानियाँ भी डेटेड होंगी। रवीन्द्रनाथ ठाकुर की कहानियाँ भी बहुत डेटेड लगती हैं, पर जहाँ एक साथ ही कालग्रस्त और कालजित् का साक्षात्कार होता है वहाँ, क्या यह भी नहीं दिख जाता कि जो डेटेड हुआ है वह बहिरंग है, तन्त्र, भाषा, शब्दावली, मुहावरे, सामाजिकता आदि का है और जो अब भी मर्म को छूता है या दोबारा आमन्त्रित करता है वह अन्तरंग है, मानवीय संवेदना में बद्धमूल है और उसी को उद्वेलित करता है?

एक पीढ़ी से हिन्दी कहानीकार-समाज का रुझान काव्य-तत्त्व-विरोधी रहा है। उसका ऐतिहासिक कारण तो है ही—कि कहानी में नयेपन का आन्दोलन कविता में उसके आन्दोलन के बाद, समान्तर, अनुक्रिया और प्रतिक्रिया के रूप में आया। पर इतना भर होता तो वह कोई चिन्ता की बात नहीं थी। लेकिन आन्दोलन के बढ़ते हुए चरणों ने धीरे-धीरे यह भी स्पष्ट कर दिया है कि उसके चिन्तन में युक्त्याभास बढ़ता गया है। तन्त्र की, कसाव की दृष्टि से कहानी ने निःसन्देह प्रगति की है : आज का अच्छा कहानीकार अधिक कुशल है, अधिक सतर्क शिल्पी है : उसकी भाषा अधिक पैनी और सधी हुई है। लेकिन यथार्थ और यथार्थ की पकड़ के सम्बन्ध में जैसे-जैसे दावे किए गए हैं वे हास्यास्पद तक हो गए हैं। कहानीकार ने क्या कर दिया है, या कहानी क्या करती है, दावे इसको लेकर हैं; जबकि विचार वास्तव में इस दृष्टि से होना चाहिए कि कहानी में क्या हो गया है और कहानीकार को क्या हो रहा है? शायद पूरी सच्चाई यह नहीं है कि कहानी यथार्थ को अधिक निकट से या मजबूती से पकड़ने लगी है या कि कहानीकार यथार्थ के निकट आ गया है, उसे अधिक अच्छी तरह से देख रहा है या अधिक निर्मम होकर पकड़ रहा है। शायद यही अधिक सच है और लक्ष्य होना चाहिए, कि यथार्थ बदलता रहा है। और केवल बाहर का यथार्थ नहीं बदला है, आभ्यन्तर यथार्थ भी बदला है। कहानीकार दूसरे ढंग से देखता है और लिखता है तो इसलिए कि वह इस दूसरे ढंग से ही देख और लिख सकता है। इसलिए नहीं कि देखने-लिखने के दो-तीन ढंग आजमाकर उसने उनमें से उत्तम ढंग का वरण किया है। क्योंकि आभ्यन्तर यथार्थ बदलता है, इसलिए चीज़ों से लेखक का सम्बन्ध भी बदला है। यह बदलाव उसकी श्रेष्ठता सिद्ध नहीं करता; न अपने-आप में यही सिद्ध करता है कि वह पहले के लेखकों की अपेक्षा ज़्यादा सच्चाई के ज़्यादा निकट आया है—केवल यही कि यह

सच्चाई दूसरी और उससे प्रतिकृत होने वाली विषयिता भी दूसरी है। अगर आज की कहानी में लड़का माँ-बाप के बारे में 'बेबाक ढंग से' सोचता है या अपनी सोच को शब्द-बद्ध करता है, तो इससे यह सिद्ध नहीं होता कि आज का कहानी-लेखक पहले के कहानी-लेखक की अपेक्षा यथार्थ के निकटतर है; इतना ही दर्शाता है कि आज के लड़के का अपने माँ-बाप के प्रति और तरह का भाव होता है। और अगर आज आप सतह को ही (चाहे जितनी भी बारीकी से) देखते हैं, उसे सपाट और निःसंग, भाव-रहित ढंग से प्रस्तुत कर देते हैं, तो क्या यह ज़रूरी तौर पर यथार्थ के साथ अधिक प्रौढ़ सम्बन्ध का लक्षण है या कि यह भी हो सकता है कि गहरे झाँकने का आतंक है, क्योंकि आभ्यन्तर जगत् राग-तत्त्व को जो चुनौती देगा 'जी का जंजाल' बन जाएगा? यहाँ तक कहा जा सकता है कि अगर पहले की भावाभिव्यंजना में 'रोमानियत' मिलती थी और आज उसे तरक कर दिया गया है तो यह भी हो सकता है कि पहले का 'यथार्थ' ही रोमानियत-युक्त था जैसा कि आज का नहीं है। यह कोई नहीं कह सकता कि आदर्शवादी कभी होते ही नहीं थे, या कि समाज में मूल्यों की—किन्हीं भी मूल्यों की—प्रतिष्ठा ही नहीं होती थी। यह तो आज के व्यापक मोह-भंग और मूल्यहीनता के बावजूद अब भी नहीं कहा जा सकता! तब फिर वैसे समाजों में आदर्शवादी को देखना-दर्शाना, उन मूल्यों को प्रतिष्ठित या कार्यप्रेरक स्थिति में दिखाना 'यथार्थ की पकड़' का ही रूप होगा— चाहे वे मूल्य या आदर्श कालान्तर में झूठे भी सिद्ध हो गए हों, उनका स्थान दूसरी मूल्यदृष्टियों ने ले लिया हो।

यह बात तो तब भी टिकेगी अगर यथार्थ सचमुच इकहरा ही होता हो। और यह मैं पहले ही कह आया हूँ कि वह वैसा कभी नहीं होता और उसकी एक ही तह या सतह को देखना ही उसे अयथार्थ कर देना है। यथार्थ बहुस्तरीय, जटिल और गुथीला भी है, इसके अनुरूप उसका बहुविधि दर्शन, साक्षात्कार, निदर्शन और निर्वचन भी सम्भव है। हमारी धारणा है कि ठीक यही कहानी में भी कवि का योग हो सकता है। कवि-दृष्टि ही कदाचित् ऐसा साक्षात्कार कर सकती है—कवि-दृष्टि से देखा गया यथार्थ अधिक गहरे अर्थ में 'प्रत्यक्ष' होता है।

मगर इस सबके बावजूद, कहानी और उसकी चर्चा में आज का रुझान काव्य-तत्त्व-विरोधी है। कहा नहीं जा सकता कि यह प्रवृत्ति बदल जाएगी—या कि कब बदलेगी? किन्तु मेरी धारणा है कि अगर इसका प्रभुत्व स्थायी बना रहा तो कहानी-साहित्य दुर्बलतर ही होगा। सतह की चमक और बुनावट को पकड़ने और प्रतिबिम्बित करने की उसकी दक्षता बढ़ती जाएगी, पर आभ्यन्तर वस्तु की पहचान छूटती जाएगी और उस पहचान को दूसरे तक पहुँचाने की क्षमता भी मिटती जाएगी।—और मैं कह चुका हूँ कि सम्प्रेषण का तत्त्व बुनियादी तत्त्व है। अभी तक काव्य ही है जो सारे ताम-झाम को भेदकर सीधे यथार्थ की आग से तमतमाई हुई कोर तक पहुँच सकता है। ताम-झाम भी यथार्थ है अवश्य, पर हमारा सरोकार केवल उससे क्यों हो या उसे प्राथमिकता क्यों दें?

यह आवश्यक तो नहीं है कि साहित्य की एक विधा का तर्क दूसरी विधाओं पर भी लागू हो ही। लेकिन जहाँ तक कहानी का सम्बन्ध है, उसे उपन्यास से जोड़ते हुए यह प्रश्न उठना असंगत नहीं होगा कि आधुनिक युग के महत्त्वपूर्ण उपन्यासकार 'यथार्थ' के 'वाद' से परे क्यों हटे? यों तो यह प्रवृत्ति उपन्यास के समान्तर आधुनिक नाटकों में भी देखी जा सकती है और सर्वत्र यही पहचानना और स्वीकार करना होगा कि यथार्थ को अधिक **प्रत्यक्ष** करने के लिए—उसे मजबूती से पकड़ने और गहराई से सम्प्रेषित करने के लिए ही—क्या उपन्यासकार और क्या नाटककार यथार्थवादी प्रस्तुतीकरण को छोड़ते हुए काव्यात्मकता की ओर गए हैं। यथार्थ को प्रत्यक्ष करने के लिए ही उन्होंने यथार्थवाद को छोड़ा है। क्योंकि वाद सतह को पकड़ता है, बुनावट से उलझता है और इस प्रकार अपनी दृष्टि की सीमा बाँध लेता है। तब प्रत्यक्षदर्शी और प्रत्यक्ष-सम्प्रेषी कवि गहराई में उतरने का जोखिम उठाता है। नि:सन्देह उपन्यास में एक सम्प्रदाय ऐसा भी है जो कि सतह पर बहुत अधिक बल देता है और ऐसे पदों के बहिष्कार का आग्रह करता है जिनमें काव्यमयता की बू भी हो। यह सम्प्रदाय ऐसे विशेषणों को भी त्याज्य समझता है जिनमें उपन्यासकार के भावों का आरोप अथवा संकेत भी हो। क्योंकि इस सम्प्रदाय का लेखक सिद्धान्तत: यह प्रयत्न करता है कि उसके द्वारा प्रस्तुत किया गया वृत्तान्त उसके मनोभावों के स्पर्श से यथासम्भव अछूता रहे और कथा तथा पाठक के बीच में न आए। लेकिन बारीकी से देखने पर स्पष्ट हो जाएगा कि यह भी एक शिल्पगत आग्रह ही है। वृत्तान्त और पाठकों के बीच में न आना, जिससे कि पाठक पर वृत्तान्त की ही प्रतिक्रिया हो, लेखक के भाविक पूर्वग्रह की नहीं—यह समस्या शिल्प की है, 'विषयी-निरपेक्ष यथार्थ' की नहीं। क्योंकि वृत्तान्त से पहले ही कथा-सामग्री के चयन में, घटना-क्रम के निर्धारण में, उस क्रम में एक काल-बिन्दु के चयन में, उपन्यास की संरचना में, उसकी संहति की परिकल्पना में, सर्वत्र लेखक की विषयिता अपना काम कर चुकी है। वस्तु पहले ही विषयी की संवेदना में से छन चुकी है, उसके बाद भावाग्रही विशेषणों से बचना पाठक को न केवल मुक्त करना नहीं है बल्कि उसको सम्पूर्णत: अपने द्वारा पहले से चुनी हुई वस्तु से बाँधकर रखना है। "हमने जो सोचा या भोगा उसका हम कहीं कोई संकेत नहीं दे रहे हैं, केवल जितना हमारी खिड़की में से हम दिखने देंगे उतना दिखाया जा रहा है।" यह ऊपरी भाव-निरपेक्षता किसी तरह भी विषयी-निरपेक्ष नहीं है, इसकी और व्याख्या अनावश्यक है।

यथार्थ को प्रत्यक्ष करने के लिए ही हमारे युग के महत्त्वपूर्ण उपन्यासकारों ने यथार्थवाद को छोड़ा। जैसे कि महत्त्वपूर्ण नाटककारों ने भी यथार्थवाद को छोड़ा। यथार्थ को पकड़ने के लिए 'यथार्थवादी' दृष्टि का परित्याग और कवि-दृष्टि (आग्रह हो तो कह लीजिए कि नयी या परिमार्जित कवि-दृष्टि) का पुन: अंगीकार—कह सकते हैं कि आधुनिक साहित्य तथा आधुनिक कला के क्षेत्र में यही सबसे महत्त्वपूर्ण मोड़ रहा है। प्रबल ऐतिहासिक आग्रह हो तो चाहे बीच की सीढ़ी का भी उल्लेख कर दें : 'यथार्थवादी' दृष्टि के बाद 'आधुनिकतावादी' दृष्टि आई, फिर उस आग्रह

से मुक्ति हुई और कवि-दृष्टि की सम्भावनाओं की ओर फिर ध्यान गया। क्योंकि यह मोड़ केवल कहानी-उपन्यास में आया हो, ऐसा नहीं है : स्वयं काव्य के क्षेत्र में भी कवि-दृष्टि का आग्रह एक नये रूप में आया है जिसमें यथार्थवादिता की असमर्थता और अपर्याप्तता की पहचान एक महत्त्वपूर्ण घटक है। काल की प्रतीति से सम्बद्ध समस्याओं की नयी पहचान ने भी इस परिवर्तन में योग दिया है, इस पक्ष की चर्चा अत्यन्त विस्तार से की है, उसे यहाँ दोहराऊँगा नहीं। आरम्भ में मैंने दिक् और काल की परस्पर-भेदकता और परस्पर-भिन्नता की बात कही थी; अब मैं एक तत्त्व और जोड़कर कह सकता हूँ कि दिक्, काल और चित् इन तीनों के परस्पर-संघात और परस्पर-बद्धता की नयी पहचान हमें सत्ता अथवा अस्ति की एक दूसरी पहचान तक ले जाती है जिसके लिए अब तक के प्रचलित अर्थ में 'यथार्थ' बहुत छोटा पड़ जाता है।

सतर्क पाठक ने भाँप लिया होगा कि उपर्युक्त तर्क-परिपाटी में लेखक अपना पक्ष-समर्थन करता रहा है। इस बात को छिपाना अभीष्ट भी नहीं था। पक्ष-समर्थन गलत भी नहीं है; और भूमिकाएँ आखिर होती भी और किसलिए हैं? पर वास्तव में वह समर्थन उतना मेरे निजी हित की सिद्धि के लिए नहीं है, क्योंकि अब तो कहानियाँ मैं लिखता नहीं। मेरा हित उससे परोक्ष ही होगा। उस समर्थन से यदि पाठक का यथार्थ-बोध अधिक व्यापक हो सके और मेरी तथा दूसरे कहानीकारों की कहानियाँ पढ़ते समय पाठक मानवीय संवेदन के व्यापक क्षितिजों पर भी अपनी दृष्टि टिकाए रह सके, तो मुझे सन्तोष होगा। उसी में मेरी यह आशा भी बनी रहेगी कि कहानी के बीते कल की ये कहानियाँ, कहानी के आगामी कल भी पढ़ी जा सकेंगी, पढ़ी जाएँगी, और पाठक को कभी दोबारा भी आमन्त्रित कर सकेंगी।

जिन पाठकों की मुझ पर इतनी कृपा है कि वे मेरी कहानियाँ ही नहीं, अन्य रचनाएँ भी पढ़ते हैं—और मेरे लिए यह सुखद सन्तोष का विषय रहा है कि मेरे पाठक मेरी सभी विधाओं की रचनाएँ पढ़ते रहे हैं—वे आसानी से पहचान लेंगे कि जिस काल में कहानियाँ लिखना धीरे-धीरे कम होता गया है उस काल में दूसरी विधाओं के साथ उलझता रहा हूँ। यद्यपि कहानियों के आस्वादन अथवा मूल्यांकन के लिए इस बात का कोई खास महत्त्व नहीं है।

कहानियों की और इस संग्रह की भूमिका यहाँ समाप्त होती है। पाठक कहानियों की देहरी पर पहुँच गया है। अब स्वयं हट जाने से पहले केवल एक बात मैं दोहरा देना चाहता हूँ जिसका रूप तो चुनौती-सा दिखता है पर सार आमन्त्रण का है :

'कहानी पर प्रत्यय रखो, लेखक पर नहीं!'

II

मैं नहीं जानता कि और लेखकों के बारे में भी यह बात सच है या नहीं—अनुमान ही है कि सबके नहीं तो उनके बारे में तो ज़रूर सच होनी चाहिए जो यत्किंचित् भी आत्मचेता हैं—लेकिन अपनी कहूँ तो, अक्सर अपने से पूछता रहता हूँ कि जिस भी विधा में लिखता हूँ, क्यों लिखता हूँ? इसमें यह तो निहित है ही कि यदि किसी विधा को छोड़ देता हूँ—और असफल होकर भी नहीं!—तो यह भी अपने से पूछता ही हूँ कि वह विधा क्यों अग्राह्य हो गई है या अपर्याप्त जान पड़ने लगी है, या तृप्ति नहीं देती? ज़रूरी नहीं है कि लेखक ऐसे प्रश्नों का जो उत्तर दे—स्वयं अपने को भी दे—वह बिलकुल सही ही हो; पर लेखक के हेत्वाभास भी उसके रचना-कर्म पर अपने ढंग से प्रकाश डालने वाले होते हैं। 'कहानी पर भरोसा रखो, कहानीकार पर नहीं' वाली लारेंस की बात मैं मानता हूँ और कई बार दुहरा चुका हूँ; पर जिस पर हम भरोसा नहीं रखते उससे कुछ जानकारी भी नहीं प्राप्त कर सकते, ऐसा मेरा कहना नहीं है। लारेंस का भी नहीं रहा होगा—नहीं तो वह इतनी बात भी क्यों कहता!

कहानी लिखना मैंने धीरे-धीरे क्यों छोड़ दिया, यह कुतूहल मेरे पाठक को होगा ही; मैंने भी अपने-आपसे पूछा ही है। लिखना एक 'अनिवार्यता' होती है, इसलिए यों तो इतना 'कारण' काफ़ी है कि जब अनिवार्यता नहीं अनुभव की तो नहीं लिखा; पर इस बात की सच्चाई का आधार इसकी स्पष्टता नहीं, अस्पष्टता है : यह वैसा 'सच' है जो हमें कुछ नहीं बताता। थोड़ी और स्पष्ट बात यह होगी कि मेरी जिज्ञासा और दिलचस्पी आदर्शपरक रचना से बढ़ती हुई क्रमश: यथार्थोन्मुख होती गई—और भी स्पष्ट यह कि जिस यथार्थ की ओर मैं अधिकाधिक बढ़ा, वह 'बाह्य' या 'भौतिक' या 'सामाजिक' यथार्थ से पहले आभ्यन्तर, मानस अथवा मनोवैज्ञानिक यथार्थ था। अधिक स्पष्ट होने के साथ-साथ ऐसा भी नहीं है कि यह बात कम सत्य हो गई होगी। पर मनोवैज्ञानिक यथार्थ की कहानी से कोई असामंजस्य तो नहीं है और इस बात के प्रमाण के लिए मेरी ही कहानियों से उदाहरण लिये जा सकते हैं : फिर कहानी से विमुख होते जाने का कारण यह क्यों हुआ?

फिर अनुमान करता हूँ कि मनोवैज्ञानिक यथार्थ की ओर उन्मुख होने पर कहानी विधा का यथेष्ट न जान पड़ना भी स्वाभाविक है। क्या यह कह सकता हूँ कि और भी जो लोग इस पथ पर अग्रसर हुए, उन्हें भी कहानी नाक़ाफ़ी जान पड़ी—उन्होंने भी उपन्यास में सम्भावनाएँ अधिक देखीं? फिर उपन्यास उनके सफल हुए हों या असफल; या फिर उन्होंने एक ही उपन्यास लिखकर (या लिखते-लिखते ही!) पाया हो कि मनोवैज्ञानिक यथार्थ का सम्पूर्ण चित्र खींचना चाहें तो एक भी उपन्यास पूरा नहीं किया जा सकता—बल्कि एक ही चरित्र का भी पूरा मनश्चित्र नहीं प्रस्तुत किया जा सकता! जो हो; इस बात का मैंने स्पष्ट और तीव्र अनुभव किया कि कहानी का व्यास काफ़ी नहीं है। यह भी सम्भाव्य है कि अगर मैं केवल एक विधा का

लेखक होता तो कदाचित् इस परिणाम पर न पहुँचता या इस सन्देह के बाद इसके निराकरण के दूसरे रास्ते भी खोजता। पर यह एक रोचक समीकरण हो सकता है कि जहाँ मैं कहानी को अपर्याप्त पाकर उपन्यास को अधिक आकर्षक पा रहा था, ठीक वहीं मैं कविता में लघु-से-लघुतर आकार को एक श्लाघ्य और कमनीय लक्ष्य के रूप में ग्रहण कर रहा था। कहानी इसलिए नकाफ़ी थी कि उसमें मनोजगत् की—मनोवैज्ञानिक यथार्थ की—कोई एक गाँठ, एक सन्धि, एक दरार तो एकाएक तीखे प्रकाश से आलोकित कर दी जा सकती थी, पर मनोदेश का कोई नक्शा नहीं प्रस्तुत किया जा सकता था; और मनोवैज्ञानिक यथार्थ अनिवार्यत: गहरे जाने वाले को भी विस्तीर्ण मनोभूमि की याद दिलाता जाता है। दूसरी ओर कविता में लघुतम आकार की सघनता ठीक इसीलिए काम्य थी कि सौन्दर्य-प्रत्यभिज्ञा के तनाव के क्षण को यथा-सम्भव अक्षुण्ण रूप में प्रस्तुत और सम्प्रेषित किया जा सके। कहानी में भी एक आलोकित सन्धि-स्थल के आस-पास के प्रदेश की छायालोकित झाँकी दिखाई जा सकती या दिखने दी जा सकती है, पर अधिक दिखने से उसका फ़ोकस बिखर जाता है। इसके विपरीत कविता के सघन स्वर की पृष्ठिका में जितने भी स्वरों की अनुगूँज सुनाई दे सके, मुख्य स्वर को समृद्धतर बनाती है, जैसे सितार के तारों की झंकार स्वर की पूरक ही होती है...या कि रूपक बदलकर कहें कि ढाका के कारीगर की तरह जितनी तंग अँगूठी में से जितनी बड़ी शॉल पार निकाल दी जा सके, उतना ही प्रभाव बढ़ता है...

मैंने पहले ही स्पष्ट कर दिया कि ये मेरे अनुमान हैं; यह भी मान लिया कि प्रत्यवलोकन में इस तरह के तर्क केवल हेत्वाभास भी हो सकते हैं। सोचने की बातें दूसरी भी हैं। एक तो यही कि जो कहानियाँ सामने आई हैं (क्योंकि प्रकाशित कहानियों से पहले भी कई कहानियाँ लिखीं; उपन्यासों से—और पहली कहानियों से भी!—पहले उपन्यास भी लिखा, जो न छपा न छपेगा!) उनमें पहली खेप की कहानियों में एक स्पष्ट आदर्शोन्मुख स्वर है : वे एक क्रान्तिकारी द्वारा लिखी गईं क्रान्ति-समर्थक कहानियाँ हैं। आज तो ऐसे क्रान्तिकारी और क्रान्तिवादी बहुत मिलेंगे जो आदर्शवादिता को गाली समझेंगे, फिर अपनी स्थिति और अपने वाद की सीमा में मूल्यों के प्रति अपने लगाव की व्याख्या वे जो भी करते हों! पर उस समय के क्रान्तिकारी आदर्शवादी थे, आदर्शवादी होते थे, और आदर्शवादी होना गौरव की बात समझते थे। अगर उस काल के आदर्शवाद में एक रोमानी भोलापन भी झलकता है तो वह वास्तविक स्थिति का ही प्रतिबिम्ब है। आतंकवादी आन्दोलन में एक रोमानी भोलापन था, उसके आदर्शवादी क्रान्तिकारियों में भी एक रोमानी भोलापन था और उनमें से कोई भी तब रोमानियत या भोलेपन के आरोप पर लज्जित न होता। वे भी नहीं, जिन्होंने अनन्तर रोमानियत विरोधी मोह-भंग की मुद्राएँ अपनायीं। चन्द्रशेखर आज़ाद को यशपाल ने गावदी-सा दिखाया है; पर आतंकवादी आन्दोलन के ज़माने में यशपाल भी 'देवि स्वतन्त्रते' को सम्बोधन करके बड़े भावुक गद्यगीत लिखा करते थे। बल्कि स्वतन्त्रता के लिए जिस तरह की निष्ठा आज़ाद में थी,

वह तो भावुकता के लिए ज़रा-सी भी गुंजाइश नहीं छोड़ती थी। साँस लेने के मामले में भावुकता कोई अर्थ नहीं रखती।

तो : मैं क्रान्तिकारी दल का सदस्य था और जेल में था और युवक तो था ही—कॉलेज से ही तो सीधा जेल में आ गया था! पहली खेप की कहानियाँ क्रान्तिकारी जीवन की हैं, क्रान्ति-समर्थन की हैं—और क्रान्तिकारियों की मनोरचना और उनकी कर्म-प्रेरणाओं के बारे में उभरती शंकाओं की हैं। बन्दी जीवन ने कैसे कुछ को तपाया, निखारा तो कुछ को तोड़ा भी, इसका बढ़ता हुआ अनुभव उस प्रारम्भिक आदर्शवादी जोश को अनुभव का ठंडापन और सन्तुलन न देता यह असम्भव था—और सन्तुलन वांछित भी क्यों नहीं था? बन्दी-जीवन जहाँ संचय का काल था, वहाँ कारागार मेरा 'दूसरा विश्वविद्यालय' भी था। पढ़ने की काफ़ी सुविधाएँ थीं और उनका मैंने पूरा लाभ भी उठाया—पहले साहित्य और विज्ञान का विद्यार्थी रहा था तो यहाँ उन विधाओं का भी परिचय प्राप्त किया जो, क्रान्तिकर्मी के लिए अधिक उपयोगी होतीं—इतिहास, अर्थशास्त्र, राजनीति...मनोविज्ञान, मनोविश्लेषण और दर्शन का साहित्य भी इन दिनों पढ़ा; चार-चार वर्ष जेल में और वर्ष-भर नज़रबन्दी में बिताकर जब मुक्त हुआ तब यह नहीं कि क्रान्ति का उत्साह ठंडा पड़ चुका था, पर आतंकवाद और गुप्त आन्दोलन अवश्य पीछे छूट गए थे और हिंसा की उपयोगिता पर अनेक प्रश्नचिह्न लग चुके थे।

पुराने गुप्त-कर्मी आतंकवादी का खुले समाज में एक 'जाने हुए' व्यक्ति के रूप में जीने का, समाज से मिलने वाले सम्मान के बीच उस समाज के और उस सम्मान के खोखलेपन का अनुभव करने का यह युग कहानियों की दूसरी खेप का युग है। इसमें भी संख्या की दृष्टि से काफ़ी कहानियाँ रहीं; इन कहानियों का स्वर भी बहुधा काफ़ी तीखा रहा, पर इनका आक्रोश व्यंग्यमिश्रित है। क्रान्तिकारिता का पहला दौर सर्वत्र हास्य-रहित, 'ह्यूमरलेस' होता है; हास्य का प्रकटन वयस्कता का लक्षण होता है। (मानवीयता का भी होता है—एकान्त हास्य-रहित क्रान्ति कार्यदक्ष तो हो सकती है पर अमानवीय भी होती है, यह संसार में कहीं भी देखा जा सकता है।)

कभी-कभी, जब तीस के दशक के क्रान्तिकारी और साठ-सत्तर के दशक के 'भूतपूर्व क्रान्तिकारी' ('स्वतन्त्रता-सेनानी'—'फ्रीडम-फ़ाइटर'!) को देखता हूँ—बल्कि यों कहूँ कि एक की दूसरे में परिणति को देखता हूँ—तो बड़ी ग्लानि होती है। अवश्य ही परिणति की यह यात्रा भी कहानी-उपन्यास की सामग्री है, अवश्य ही इस विघटित मानसिकता का विश्लेषण और उद्घाटन अपना महत्त्व रखता है और 'मनोवैज्ञानिक यथार्थ' के चितेरे के लिए एक बड़ी चुनौती है। मैं जानता हूँ कि यह काम मैंने नहीं किया या नगण्य मात्रा में ही किया है। क्यों? ऐसा नहीं है कि अपने से यह प्रश्न मैंने न पूछा हो। ज़रूरी नहीं है कि इसका उत्तर पाठक समाज को दिया जाए—न यही ज़रूरी है कि अगर कुछ उत्तर दें तो वह उसे स्वीकार्य भी हो। पर जिन लोगों के साथ मैंने काम किया है उनका नंग उघाड़ना मुझे एक

अश्लील कर्म लगा है। 'अश्लील' विशेषण से बात कुछ दिग्भ्रष्ट हो सकती है, ग़लत भी समझी जा सकती है; कह लें कि वह व्रत-भंग लगता है—लायल्टी नाम का एक व्रत होता है न, जिसके अवशेष आज के राजनैतिक जीवन में दीया लेकर खोजने पड़ेंगे! यह आपत्ति हो सकती है कि यह 'असाहित्यिक मूल्य' है—और कितनों को सबसे अधिक प्रसन्नता इसी बात की होगी कि 'अज्ञेय' साहित्यिक सन्दर्भ में एक असाहित्यिक मूल्य की दुहाई दे रहा है! पर जब पहले स्वीकार कर चुका हूँ कि आरम्भ की कहानियों में क्रान्ति को आगे बढ़ाने का लक्ष्य था, जो कि मानता हूँ—साहित्यिकेतर लक्ष्य है, तब यहाँ यह मानने में कोई संकोच नहीं है कि अब कुछ खास चीज़ें न लिखने का कारण भी उतना ही असाहित्यिक है—भूतपूर्व सहयोगियों के प्रति एक कर्तव्य का बोध। यह भी जोड़ सकता हूँ कि जिस तरह की क्रान्ति का स्वप्न उस आदर्शवादी युग में देखता था, उसके लक्ष्य अभी प्राप्त नहीं हुए हैं; उस समय के साधन अनुपयोगी मानकर भी उन लक्ष्यों को ग़लत नहीं मानता और यह एक नेगेटिव आदर्शवाद ही सही कि ऐसा कुछ लिखना नहीं चाहता जिससे उन लक्ष्यों की प्राप्ति में कोई बाधा हो या विलम्ब हो। यों अपने भूतपूर्व सहयोगियों को लांछित किए बिना क्रान्तिकारी आन्दोलन की आदर्शच्युति, क्रान्ति-कर्मियों के पतन का चित्रण कर सकता हूँ, किया भी है, भविष्य में प्रकाश्य (पहले की लिखी) कुछ रचनाओं में है भी। (इस पक्ष के एक पूरे उपन्यास की पांडुलिपि जिनके पास सुरक्षा के लिए रखी थी उनसे पुलिस के हाथों लग गई थी और फिर उसका उद्धार नहीं हो सका।)

तीसरी खेप की कहानियाँ सैनिक जीवन से और उन प्रदेशों के जीवन, समाज अथवा इतिहास से, जिनमें सैनिक जीवन बिताया, घनिष्ठ रूप से सम्बद्ध हैं। सन् 30 का क्रान्तिकारी महायुद्ध का सैनिक कैसे हो गया—यह प्रश्न तब भी उठा था जब मैं सेना में गया था; मैंने तभी उत्तर भी दिया था जो मेरे सेना छोड़ने के बाद छपा भी (प्रतीक 4 : हेमन्त, 1947)। वह ब्यौरा यहाँ दोहराना अनावश्यक जान पड़ता है। संक्षेप में यही कि मैं युद्ध का समर्थक न था, न हूँ; पर यह तर्क मुझे ग्राह्य नहीं लगता था कि भारत क्योंकि पराधीन है इसलिए शत्रु से उसकी रक्षा हमारा काम नहीं है। न यही मनोवृत्ति मैं किसी भी काम के बारे में अपना सका हूँ कि 'यह बुरा अथवा गन्दा काम है, इसलिए मैं नहीं करूँगा—पर आवश्यक है इसलिए तुम मेरे लिए कर दो!' आज भी मैं नहीं मानता कि विगत महायुद्ध में यदि जापान की विजय हुई होती और भारत उनके हाथ चला गया होता तो हमारे लिए अच्छा हुआ होता या हमें इससे जल्दी या इससे अच्छी आज़ादी मिली होती—इसके बावजूद कि जो आज़ादी मिली वह अभी तक वैसी सम्पूर्णता नहीं पा सकी जैसी मैं चाहता हूँ।

इसके बाद कहानियों का एक और समूह है जिसे चौथी खेप भी कहा जा सकता है: ये कहानियाँ भारत-विभाजन के विभ्राट और उससे जुड़ी हुई मन:स्थितियों की कहानियाँ हैं। एक बार फिर ये कहानियाँ आहत मानवीय संवेदन की और

मानव-मूल्यों के आग्रह की कहानियाँ हैं : और मैं अभी तक आश्वस्त हूँ कि जिन मूल्यों पर मैंने बल दिया था, जिनके घर्षण के विरुद्ध आक्रोश व्यक्त करना चाहा था, वे सही मूल्य थे और उनकी प्रतिष्ठा आज भी हमें उन्नततर बना सकती है। नि:सन्देह मेरा यह मानवतावाद फिर एक प्रकार का आदर्शवाद है, जिसके लिए मैं लज्जित नहीं हूँ न दीन होने का कोई कारण देखता हूँ। आज का फ़ैशन मूल्यों का अस्तित्व भी मानने का नहीं है; पर मेरी समझ में यह कहना कि आज हम एक सम्पूर्णत: मूल्य-विरहित समाज में जीते हैं, उतना ही बड़ा पाखंड है, जितना यह मानना कि हमारे समाज में सब शाश्वत मूल्य प्रतिष्ठित हैं। उतना ही बड़ा पाखंड; अगर प्रतिकूल दिशा का तो कह लीजिए प्रति-पाखंड। मैं नहीं मानता कि मानव-समाज मूल्यों के बिना जी सकता है, अस्तित्व रख सकता है। जिस समाज में मूल्य नहीं है वह समाज नहीं है; मानव-समाज होना दूर की बात। मूल्य मानव की रचना हैं और मूल्य-रचना ही उसका मानवत्व है। मूल्य बदलते अवश्य हैं; एक मूल्य-समूह निर्जीव हो जाता है और उसके बदले एक-दूसरे समूह की प्राण-प्रतिष्ठा होती है—कभी ऐसा भी होता है कि कोई समाज जड़ मूल्यों से चिपटना चाहता है और नये मूल्यों के समर्थकों को कुछ उखाड़-पछाड़ भी करनी पड़ती है। पर मूल्य-संक्रमण के युग भी मूल्य-हीनता के युग नहीं होते। कभी-कभी अल्प अवधि की मूल्य-हीनता दिख सकती है। उदाहरण के लिए, युद्धान्त के काल में (देश-विभाजन का काल भी एक उदाहरण था)—पर ऐसा काल फिर पशुत्व की विजय का भी काल होता है, उसके दौरान मानवता कलुष के एक बोझ के नीचे दबी हुई होती है—एक तरह से 'स्थगित' होती है...

इसके बाद मेरा कहानियाँ लिखना बहुत कम हो गया। क्या इसलिए कि दूसरी विधाओं की ओर अधिक ध्यान देने लगा? या इसलिए कि अब तक का अशान्त घुमन्तू जीवन एक स्थिरतर रूप लेने लगा था!—मेरे उत्तर काम के न होंगे। इतना कह सकता हूँ कि देश-विभाजन वाले समूह को छोड़कर, अब तक की कहानियों में न्यूनाधिक मात्रा में आत्मकथा-मूलक वस्तु भी रही थी। कोई कहानी 'आत्म-कथा' नहीं थी पर अपने जीवनानुभवों का उपयोग उनके लिए अवश्य किया गया था। इसके बाद की (इनी-गिनी) कहानियों में मैं इससे दूर हट गया, जैसे कि उपन्यास में भी इससे दूर हट गया। शुद्ध सिद्धान्त की दृष्टि से देखूँ तो यह मानना संगत लगता है कि वास्तव में कहानीकार/उपन्यासकार तभी बना—क्योंकि सिद्धान्तत: तो इस प्रकार उबरने को ही रचनाकार होना मानता हूँ—भोक्तृत्व से उबरकर कर्तृत्व प्राप्त करना! पर इस सैद्धान्तिक आग्रह को पाठक पर थोपना नहीं चाहता, यही कहकर सन्तोष कर लेता हूँ कि इस स्थिति पर पहुँचना मुझे अच्छा ही लगा। अगर कथाकार होने के योग्य होते-न-होते मैं कहानी के प्रति उदासीन भी हो गया तो क्या हुआ! मेरी तो तरक्की ही हुई। पाठक का हर्ज़ होने का सवाल ही नहीं उठा, क्योंकि जब तक मैं उस मंज़िल पर पहुँचा तब तक कहानीकारों की कोई कमी नहीं रही थी और कहानी की पत्रिकाएँ भी अनेक निकलने लगी थीं।

सच कहूँ तो उदासीनता में इस बात ने भी योग दिया। कहानीकारों और कहानी-पत्रिकाओं की बहुतायत ने प्रतियोगिता और अहमहमिका का जो वातावरण प्रस्तुत कर दिया उसमें कहानियाँ लिखता भी तो सीधे संग्रह छापने तक के लिए रोक रखता और कहानियों को जोड़-जोड़कर ही रखना हो तो लम्बी कथा-रचना का आकर्षण और बढ़ जाता है! इस प्रतियोगी भाव ने कुल मिलाकर कहानी का काफ़ी अहित किया है। शिल्प की सफ़ाई और भाषा की कसावट जहाँ-तहाँ कुछ बढ़ी है तो उसके साथ इतने झूठे 'सिद्धान्त' और बोदे दावे भी सामने आए हैं कि पाठक की तो बात क्या, स्वयं कहानी-लेखक भी चकरा गया है!

साहित्य साहित्य में से निकलता है; कहानी भी कहानी में से निकलती रही है। हर विधा के विकास का तर्क होता है, कहानी के विकास का भी है। पर यह नहीं है कि 'हिन्दी साहित्य हिन्दी साहित्य में से ही निकलेगा' या कि 'हिन्दी कहानी हिन्दी कहानी में से ही निकलती आई है।' 'क्योंकि हिन्दी का लेखक अधिकाधिक हिन्दीतर (विदेशी) साहित्य भी पढ़ता है, इसलिए जिस साहित्य में से साहित्य, जिस कहानी में से कहानी निकलती है, उसका व्यास भी निरन्तर फैलता गया है। जिन मिथ्या सिद्धान्तों, बोदे दावों, निराधार गर्वोक्तियों और निरी पैंतरेबाज़ियों के नमूने हमें इधर लगातार देखने को मिलते हैं, उनका एक मुख्य कारण यह भी है कि हिन्दी का लेखक अपनी भंगिमाओं और 'तेवरों' से हिन्दी पाठक को प्रभावित करने के अपने अभियान में उन विदेशी साहित्य-स्रोतों को छिपाता रहता है जिनसे वह प्रेरणा पाता रहा है। यही कारण है कि बहुत-सी 'नयी—' बातें, जो केवल शिल्प के विकास की बातें हैं और विकास के तर्क के अधीन होने के कारण जिनका आविर्भाव एक सहज परिणति मात्र है, न केवल नये-नये दावों का आधार बनती हैं वरंच शिल्प की आलोचनामूलक पहचान को कुन्द करती हैं। ऐसा न होता, तो यह भी न होता कि शिल्प की दृष्टि से जिन चुनौतियों की पहचान अन्य विकसिततर साहित्यों में दो-एक पीढ़ी पहले हो चुकी थी, और जिनका विश्लेषणात्मक निरूपण करके जिनका सामना करने की विधियाँ-युक्तियाँ भी निकाली जा चुकी थीं, उन्हें अभी तक न हिन्दी का लेखक पहचानता है, न हिन्दी का अध्यापक पढ़ा-समझा सकता है। फलत: जो चीज़ निरी एक शिल्पगत युक्ति है वह 'नयी कहानी', 'जटिलतर सामाजिक वास्तविकता' और एक 'समान्तर दुनिया' तक के बारे में कितनी बड़ी और थोथी अहंकारोक्तियों का निमित्त बनती है! समझ पर—पाठक की ही नहीं, अध्यापक तक की समझ पर! इसका कितना नकारात्मक प्रभाव पड़ता है, इसका तीखा आस्वाद मुझे तब मिला जब एक विश्वविद्यालय में आधुनिक युग की बदली हुई काल-प्रतीति और कथा-साहित्य में उसे लाने की विधियों की चर्चा करने पर हिन्दी के आचार्य महोदय ने (जो सभाध्यक्ष भी थे) मेरे व्याख्यान को 'दार्शनिक विषय' कहकर विभागीय प्रयोजनों की परिधि से बहिष्कृत कर दिया था! आचार्य चतुरसेन शास्त्री नये कहानीकारों को प्राय: यह सलाह दिया करते थे कि सिनेमा देखा करें; वह स्वयं तो कई बार कथानक भी वहीं से 'उठा' लिया करते थे, पर

उस बात को अलग रखें तो उनकी सलाह इसलिए उपयोगी थी कि कहानी में 'नये' नाम का बहुत-सा सिने-माध्यम की युक्तियों पर ही आधारित है और कहानी पर—यहाँ 'कहानी' में उपन्यास भी शामिल है। सिनेमाई शिल्पयुक्तियों का यह प्रभाव तभी से आरम्भ हो गया था जब से सिनेमा आरम्भ हुआ। सारे संसार की कहानी इस प्रभाव से बदली, विकसित हुई, नयी हुई : पर अन्यत्र कहानीकारों ने सिनेमा से प्राप्त सम्भावनाओं को सचेतन रूप से समझा, कुशलतापूर्वक अपनाया, और ईमानदारी से स्वीकार भी कर लिया। जबकि हिन्दी में अभी तक कहानीकार मानो यह चाह रहा है कि पचास बरस से काम में भी लायी जातीं इन युक्तियों को 'नयी' हिन्दी कहानी में 'प्रवर्तित' करने का श्रेय वह केवल इसलिए ले ले कि मूलत: ये दूसरी विधा की थीं, और दूसरी विधा से कहानी में पहले भी ली गईं तो हिन्दीतर (विदेशी) कहानी में! कभी कहीं किसी ने इस बात की ओर इशारा कर भी दिया तो अध्यापक और आलोचक तुरन्त उस पर चढ़ बैठे कि यह तो रूपवादी आलोचना है और उन्हें केवल वस्तु से प्रयोजन है!

अन्त में केवल एक बात और कहना चाहूँगा—भले ही थोड़े विस्तार से। मेरी कहानियाँ नयी हैं या पुरानी, इस चर्चा में मेरी कोई दिलचस्पी नहीं है। सभी साहित्य धीरे या जल्दी पुराना पड़ता है, कुछ पुराना पड़कर फिर नया भी होता है, इस बारे में कुछ पहले भी कह चुका हूँ—(इसी संग्रह के पहले भाग की भूमिका में)। नयी-पुरानी की काल-सापेक्ष चर्चा में कहानी को उसके काल की अन्य कहानियों के सन्दर्भ में देखना चाहिए। उस समय वह कितनी नयी या पुरानी, पारस्परिक या प्रयोगशील थी... इससे आगे इतना-भर जोड़ना काफ़ी है कि मैंने प्रयोग किए तो शिल्प के भी किए, भाषा के भी किए, रूपाकार के भी किए, वस्तु-चयन के भी किए, काल की संरचना को लेकर भी किए (फिर 'दार्शनिक विषय'!), लेकिन शब्द-मात्र की व्यंजकता और सूचकता की एकान्त उपेक्षा कभी नहीं की। इसे आप चाहें तो मेरे प्रयोगों की सीमा या परिधि भी मान सकते हैं और अत्यन्त अनुदार हों तो यह भी सोच सकते हैं कि भाषा के इकहरे प्रयोग के अलावा किसी तरह का भी प्रयोग निरा आभिजात्य है। पर मैंने हमेशा माना है, अब भी मानता हूँ कि सीधी सामान्य उक्ति, सीधा-सपाट बयान, अपने-आप में न साध्य है न सिद्ध; जहाँ सपाटबयानी कारगर होती है वहाँ हमेशा हम पहचान सकेंगे कि वह आलंकारिक सपाटबयानी है, इकहरी नहीं है बल्कि आभासित सपाटपन के सहारे एकाधिक स्तर पर अर्थ-सम्प्रेषण करती है—या करने के उद्देश्य से अपनाई गई है। मेरी छोटी-सी कहानी 'साँप' में कुछ को केवल 'अतिरिक्त रोमानी तत्त्व' मिला है; पर उन लोगों की बात छोड़ दें जो मानते हैं कि प्रेम कुछ होता ही नहीं, केवल सेक्स होता है, तो मैं पूछना चाहूँगा कि प्रिय को आदर्शीकृत करके देखनेवाले पहले प्यार में और उसके समान्तर सिर उठाना चाहनेवाली वासना में जो संघर्ष होता है उसका सम्प्रेषण इससे अच्छा और कैसे होता है? आप कह दें कि पहला प्यार होता ही नहीं, शुरू से केवल सेक्स की आक्रामक वासना होती है—कि लड़की को चाहा

नहीं जाता, केवल फँसाया जाता है—तो मैं बहस यहीं समाप्त मान लूँगा। इसी पर आप अपने को आधुनिक मान लेंगे तो मान लें, मैं आपको अभागा गिनूँगा। अपने पक्ष में आप बहुत-सी आधुनिक कहानियाँ पेश कर देंगे तो मैं कहूँगा, हाँ, अभागों की संख्या बढ़ती जा रही है।

दूसरी ओर 'मेजर चौधरी की वापसी' जैसी कहानी का भी उदाहरण दे सकता हूँ। इसे वैसा 'अतिरिक्त रोमानी' नहीं कहा गया, पर एक प्रश्न उसे लेकर भी पूछना चाहता हूँ। यौन सम्भोग के सन्दर्भ में नामर्दी की कहानियाँ मिल जाएँगी। वैसी स्थिति में पुरुष की यन्त्रणा और 'सन्त्रास' का चित्र भी मिल जाएगा, (यह तो आज का सामाजिक यथार्थ है!) पर युद्ध में आहत होकर सन्तानोत्पत्ति के लिए असमर्थ हो गए युवा पति की मनोव्यथा का चित्र कहाँ है? (और मनोव्यथा केवल 'अपना' दर्द नहीं होती, अपने कारण दूसरे को मिलनेवाले दर्द की पहचान भी होती है, प्रेमी की संवेदना का यह विस्तार भी एक मूल्य है!) और कौन-सा दूसरा तर्ज़े-बयाँ उसके लिए अधिक उपयुक्त होता? निःसन्तान कुंठित नारी के चित्र भी हैं, पर क्यों 'हीलीबोन् की बत्तखें' कम प्रभावी मानी जाएँगी—केवल इस पर कि उसने उस कुंठा की उग्र प्रतिक्रिया को तिर्यक् रूप से दिखाया है जैसे कि कुंठाएँ अभिव्यक्त होती हैं?

अधिक कह गया। अपनी वकालत करना मुझे अभीष्ट नहीं था। केवल अपनी कहानियों को निमित्त बनाकर कथा, उसकी भाषा और उसके शिल्प, दोनों के विकास और पाठक की संवेदना की दीक्षा के बारे में कुछ कहना चाहता था। मेरी प्रस्तुत कहानियाँ बीस वर्ष या उससे अधिक पुरानी हैं; इन बीस वर्षों में विधा आगे न बढ़ी होती तो ही आश्चर्य की बात होती। मैं कहानी लिखता कहीं रहा पर सतर्क पाठक के नाते देखता-समझता रहा हूँ कि कहानी की प्रगति किधर है और उसके प्रेरक कारण क्या हैं। अब फिर कभी अगर कहानियाँ लिखूँगा तो निश्चय ही वे इन कहानियों से भिन्न होंगी और वह भिन्नता सकारण होगी : और यह कहना आवश्यक नहीं होगा कि ये कहानियाँ किसी नये अर्थ में नयी हैं, क्योंकि वे विधा के विकास में से ही निकली हुई होंगी। पर सम्भाव्य अपनी जगह रहे; वे कहानियाँ जहाँ थीं वहीं रखकर पढ़ी जाएँ। अभी वे पाठ्य नहीं हुई हैं ऐसा मुझे लगता है। साधारण पाठक के लिए भी नहीं, कहानीकार के लिए भी नहीं। यों ग़लतफ़हमी किसे नहीं होती!

—'अज्ञेय'

मार्च 1975

अमरवल्लरी

An aristocrat must do without close personal love.
—H. G. Wells

मैं दीर्घायु हूँ, चिरंजीवी हूँ, पर यह बेल, जिसके पाश में मेरा शरीर, मेरा अंग-अंग बँधा हुआ है, यह वल्लरी क्षयहीन है, अमर है।

मैं न जाने कब से यहीं खड़ा हूँ—अचल, निर्विकार, निरीह खड़ा हूँ। न जाने कितनी बार शिशिर ऋतु में मैंने अपनी पर्णहीन अनाच्छादित शाखाओं से कुहरे की कठोरता को फोड़कर अपने नियन्ता से मूक प्रार्थना की है; न जाने कितनी बार ग्रीष्म में मेरी जड़ों के सूख जाने से तृषित सहस्रों पत्र-रूप चक्षुओं से मैं आकाश की ओर देखता रहा हूँ; न जाने कितनी बार हेमन्त के आने पर शिशिर के भावी कष्टों की चिन्ता से मैं पीला पड़ गया हूँ; न जाने कितनी बार वसन्त, उस आह्लादक, उन्मादक वसन्त में, नींबू के परिमल से सुरभित समीर में मुझे रोमांच हुआ है और लोमवत् मेरे पत्तों ने कम्पित होकर स्फीत सरसर ध्वनि करके अपना हर्ष प्रकट किया है! इधर कुछ दिनों से मेरा शरीर क्षीण हो गया है, मेरी त्वचा में झुर्रियाँ पड़ गयी हैं और शारीरिक अनुभूतियों के प्रति मैं उदासीन हो गया हूँ। मेरे पत्ते झड़ गये हैं, ग्रीष्म और शिशिर दोनों ही को मैं उपेक्षा की दृष्टि से देखता हूँ, किन्तु वसन्त! न जाने उसके ध्यान में ही कौन-सा जादू है, उसकी स्मृतिमात्र में कौन-सी शक्ति है कि मेरी इन सिकुड़ी हुई धमनियों में भी नये संजीवन का संचार होने लगता है और साथ ही एक लालसामय अनुताप मेरी नस-नस में फैल जाता है...

वसन्त...उसकी स्मृतियों में सुख है और कसक भी। जब मेरे चारों ओर क्षितिज तक विस्तृत उन अलसी और पोस्त के फलों के खेत एक रात-भर ही में विकसित हो उठते थे जब मैं अपने आपको सहसा एक सुमन-समुद्र के बीच में खड़ा हुआ पाता था, तब मुझे ऐसा भास होता था, मानो एक हरित सागर की नीलिमामय लहरों को वसन्त के अंशुमाली की रश्मियों ने आरक्त कर दिया हो। मेरा हृदय आनन्द और

कृतज्ञता से भर जाता था। पर उस कृतज्ञता में सन्तोष नहीं होता था, उस आनन्द से मेरे हृदय की व्यथा दबती नहीं थी। मुझे उस सौन्दर्य-छटा में पड़कर एकाएक अपनी कुरूपता की याद आ जाती थी, एक जलन मेरी शान्ति को उड़ा देती थी...

कल्पना की जड़ मन की व्यथा में होती है। जब मुझे अपनी कुरूपता के प्रति ग्लानि होती, तब मैं एक संसार की रचना करने लगता—ऐसे संसार की, जिसमें पीपल के वृक्षों में फूल लगते हैं...और एक रंग के नहीं, अनेक रंगों के—जिसमें शाखें जगमगा उठें! एक शाखा में सहस्रदल शोण-कमल, दूसरी पर कुमुद, तीसरी पर नील-नलिन, चौथी पर चम्पक, पाँचवीं पर गुलाब और सब ओर, फुनगियों तक पर, नाना रंगों के अन्य पुष्प—कैसी सुखद थी वह कल्पना! पर अब उस कल्पना की स्मृति से क्या लाभ है? अब तो मैं बूढ़ा हो गया हूँ और रक्तबीज की तरह अक्षय यह बेल मुझ पर पूरा अधिकार जमा चुकी है। मैं विराट हूँ, अचल हूँ; किन्तु मेरी महत्ता और अचलता ने ही मुझे इस अमरवल्लरी के सूक्ष्म, चंचल तन्तुओं के आगे इतना निस्सहाय बना दिया! किसी दिन वह कृशतनु, पददलिता थी, और आज यह मुझे बाँध कर, घोंट कर, झुका कर अपनी विजय-कामना पूरी करने की ओर प्रवृत्त हो रही है!

कैसे सुदृढ़ हैं इसके बन्धन! कितने दारुण, कितने उग्र! लालसा की तरह अदम्य, पीड़ा की तरह असह्य, दावानल की तरह उत्तप्त, ये बन्धन मेरे निर्बल शरीर को घोंट कर उसकी स्फूर्ति और संजीवन को निकाल देना चाहते हैं। और मैं, निराश और मुमूर्ष मैं, स्मृतियों के बोझ से दिक्पालों की तरह दबा हुआ मैं, चुपचाप उसकी कामना के आगे धीरे-धीरे अपना अस्तित्व मिटा रहा हूँ...

फिर भी कभी-कभी...ऐसा अनुभव होता है कि इस वल्लरी के स्पर्श में कोई लोमहर्षक तत्त्व है...जिस प्रकार कोई पुरानी, विस्मृत तान संगीतकार के स्पर्श-मात्र से सजग, सजीव हो उठती है, जिस प्रकार बूढ़ा, शुभ्रकेश, म्रियमाण शिशिर, वसन्त का सहारा पाकर क्षण-भर के लिए दीप्त हो उठता है, जिस प्रकार तरुणी के अन्ध-विश्वास पूर्ण, कोमल, स्निग्ध प्रेम में पड़कर बूढ़े के हृदय में गुदगुदी होने लगती है, नयी कामनाएँ उदित हो जाती हैं—उसी प्रकार मेरे शरीर में, मेरी शाखाओं में, मेरे पत्तों में, मेरे रोम-रोम में इसका विलुलित स्पर्श, एक स्नेहमय जलन का, एक दीप्तिमय लालसा का, एक अननुभूत, अकथ, अविश्लिष्ट, उन्मत्त प्रेमोल्लास का संचार कर देता है! मैं सोचने लगता हूँ कि अगर मेरी शाखें भी उतनी ही लचकदार होतीं, जितनी इस अमरबेल की हैं, तो मैं स्वयं उसके आश्लेषण को दृढ़तर कर देता, उसके बन्धन को स्वयं कस देता! पर विश्वकर्मा ने मुझे ऐसा निकम्मा बना दिया—मैं प्रेम पा सकता हूँ, दे नहीं सकता; प्रेम-पाश में बँध सकता हूँ, बाँध नहीं सकता; प्रेम की प्रस्फुटन-चेष्टा समझ सकता हूँ, व्यक्त नहीं कर सकता! जब प्रेम-रस में मैं विमुग्ध होकर अपने हृदय के भाव व्यक्त करने की चेष्टा करता हूँ, तब सहसा मुझे अपनी स्थूलता, अचलता का ज्ञान होता है, और मेरी वे चिर-विचारित, चिर-

निर्दिष्ट, अदमनीय चेष्टाएँ जड़ हो जाती हैं; मेरे सम्भ्रम का एकमात्र चिह्न वह पत्तों का कम्पन, मेरी आकुलता की अभिव्यक्ति का एकमात्र साधन उनका कोमल सरसर शब्द ही रह जाता है। इतना भीमकाय होकर भी एक लतिका के आगे मैं कितना निस्सहाय हूँ!

वसन्त, सुमन, पराग, समीर, रसोल्लास...कैसा संयोग होता है! पर अब, अपने जीवन के हेमन्त-काल में, क्यों मैं वसन्त की कल्पना करता हूँ? अब वे सब मेरे जीवन में नहीं आ सकते, अब मैं एक और ही संसार का वासी हो गया हूँ, जिसमें सुमन नहीं प्रस्फुटित होते, स्मृतियाँ जागती हैं, जिसमें मदालस नहीं, विरक्ति-शैथिल्य भरा हुआ है! मेरे चारों ओर अब भी वसन्त में अलसी और पोस्त के फूल खिलते हैं, हँसते हैं, नाचते हैं, फिर चले जाते हैं। मेरा हृदय उमड़ आता है; पर उसमें अनुरक्ति नहीं होती, उस रूप-सागर के मध्य में खड़ा होकर भी मैं अपनी सुदूरता का ही अनुभव करता हूँ, मानो आकाश-गंगा का ध्यान कर रहा होऊँ! जिस सृष्टि से मैं अलग हो गया हूँ, उसकी कामना मैं नहीं करता, उसमें भाग लेने की लालसा हृदय में नहीं होती। मेरा स्थान एक दूसरे ही युग में है और उसी का प्रत्यवलोकन मेरा आधार है, उसी की स्मृतियाँ मेरा पोषण करती हैं।

यह वल्लरी अमर है, अनन्त है। जब मैं गिर जाऊँगा, तब भी शायद यह मेरे शरीर पर लिपटी रहेगी और उसमें बची हुई शक्ति को चूसती रहेगी।

पर जब इसका अंकुर प्रस्फुटित हुआ था, तब मैं क्षीण नहीं था। मेरे सुगठित शरीर में ताज़ा रस नाचता था; मेरा हृदय प्रकृति-संगीत में लवलीन होकर नाचता था; मैं स्वयं यौवन रंग में प्रमत्त होकर नाच रहा था...जब मेरी विस्तृत जड़ों के बीच में कहीं से इसका छोटा-सा अंकुर निकला, उसके पीले-पीले कोमल, तरल तन्तु इधर-उधर सहारे की आशा से फैले और कुछ न पाकर मुरझाने लगे, तब मैंने कितनी प्रसन्नता से इसे शरण दी थी, कितना आनन्द मुझे इसके शिशुवत् कोमल स्पर्श से हुआ था! उस समय शायद वात्सल्य-भाव ही मेरे हृदय में सर्वोपरि था। जब वह बढ़ने लगी, जब उसके शरीर में एक नयी आभा आ गयी, तब उसके स्पर्श में वह सरलता, वह स्नेह नहीं रहा; उसमें एक नूतनता आविर्भूत हुई, एक विचित्र भाव आ गया, जिसमें मेरी स्वतन्त्रता नहीं रही। जब भी मैं कुछ सोचना चाहता, उसी का ध्यान आ जाता। उस ध्यान में लालसा थी और साथ ही कुछ लज्जा-सी; स्वार्थ था और साथ ही उत्सर्ग हो जाने की इच्छा; तृष्णा थी और साथ ही तृप्ति भी; ग्लानि थी और साथ ही अनुरक्ति भी! जिस भाव को आज मैं पूरी तरह समझ गया हूँ, उसका मुझे उन दिनों आभास भी नहीं हुआ था। उन दिनों इस परिवर्तन पर मुझे विस्मय ही होता रहता था—और वह विस्मय भी आनन्द से, ग्लानि से, लालसा से, तृप्ति से, परिपूरित रहता था!

मेरे चरणों के पास एक छोटा-सा चिकना पत्थर पड़ा हुआ था, जिसमें गाँव की स्त्रियाँ आकर सिन्दूर और तेल का लेप किया करती थीं। कभी-कभी वे अपने कोमल हाथों से सिन्दूर का एक लम्बा-सा टीका मेरे ऊपर लगा देती थीं, कोई-

कोई युवती आकर सहज स्वभाव से मेरे दोनों ओर बाँहें फैलाकर मेरे इस सुडौल शरीर से अंक भर लेती थी, कोई-कोई मेरा गाढ़ालिंगन करके अपने कपोल मेरी कठिन त्वचा से छुआकर कुछ देर चुपचाप आँसू बहाकर चली जाती थी—मानो उसे कुछ सान्त्वना मिल गयी हो। मानव संसार की उन सुकोमल लतिकाओं के स्पर्श में, उनके परिष्वंग में, मुझे आसक्ति नहीं थी। कभी-कभी, जब कोई सरला अभागिनी मुझे अपनी बाँहों से घेरकर दीन स्वर से कहती, ''देवता, मेरी इच्छा कब पूरी होगी?'' तब मैं दयार्द्र हो जाता और अपने पत्ते हिलाकर कुछ कहना चाहता। न जाने वे मेरा इंगित समझतीं या नहीं। न जाने उन्हें कभी मेरी कृतज्ञता का ज्ञान होता या नहीं। मैं यही सोचता रहता कि अगर मैं नीरस पीपल न होकर अशोक वृक्ष होता, तो अपनी कृतज्ञता तो जता सकता; उन प्रेम-विह्वलाओं के स्पर्श से पुष्पित हो, पुष्प-भार से झुककर उन्हें नमस्कार तो कर सकता! पर मैं यह सोचता हुआ मूक ही रह जाता और वे चली जातीं?

पर उनके स्पर्श से मुझे रोमांच नहीं हुआ था, मैं अपने शिखर से जड़ों तक काँपने नहीं लगता था। कभी-कभी जब कोई स्त्री आकर मेरी आश्रिता इस अमर-वल्लरी के पुष्प तोड़कर मेरे पैरों में डाल देती, तब मेरे मर्म पर आघात पहुँचता था; पर उससे मुझे जितनी व्यथा होती, जितना क्रोध आता, उसे भी मैं व्यक्त नहीं कर पाता था। मैं विश्वकर्मा से मूक प्रार्थना करने लगता—विश्वकर्मा मूक प्रार्थना भी सुन लेते हैं—कि उस स्त्री को भी कोई वैसी ही दारुण वेदना हो! वह मुझे देवता मानकर पुष्पों से पूजा करती थी और मैं उसके प्रति इतनी नीच कामना करता था—किन्तु प्रेम के प्रमाद में बुद्धि भ्रष्ट हो जाती है!

कैसा विचित्र था वह प्रेम! अगर मैं जानता होता! अगर मैं जानता होता!

किन्तु क्या जानकर इस जाल में न फँसता? आज मैं जानता हूँ, फिर भी तो इस वल्लरी का मुझ पर इतना अधिकार है, फिर भी तो मैं इसके स्पर्श से गद्गद हो उठता हूँ!

प्रेम आईने की तरह स्वच्छ रहता है, प्रत्येक व्यक्ति उसमें अपना ही प्रतिबिम्ब पाता है, और एक बार जब वह खंडित हो जाता है, तब जुड़ता नहीं। अगर किसी प्रकार निरन्तर प्रयत्न से हम उसके भग्नावशिष्ट खंडों को जोड़कर रख भी लें तो उसमें पुरानी कान्ति नहीं आती। वह सदा के लिए कलंकित हो जाता है। स्नेह अनेकों चोटें सहता है, कुचला जाकर भी पुन: उठ खड़ा होता है; किन्तु प्रेम में अभिमान बहुत अधिक होता है, वह एक बार तिरस्कृत होकर सदा के लिए विमुख हो जाता है। आज इस वल्लरी के प्रति मेरा अनुराग बहुत है, पर उसमें प्रेम का नाम भी नहीं है—वह स्नेह का ही प्रतिरूप है। वह विह्वलता प्रेम नहीं है, वह केवल प्रेम की स्मृति की कसक ही है।

अपने इस प्रेम के अभिनय का जब मैं प्रत्यवलोकन करता हूँ, तब मुझे एक जलन-सी होती है। प्रेम से मुझे जो आशा थी, वह पूर्ण नहीं हुई और उसकी आपूर्ति

के लिए मैं किसी प्रकार भी दोषी नहीं था। मुझे यहाँ प्रतीत होता है कि नियन्ता ने मेरे प्रति और इस लता के प्रति, और उन अबोध स्त्रियों के प्रति, जो मुझे देवता कहकर सम्बोधित करती थीं, न्याय नहीं किया। निर्दोष होते हुए भी हम अपने किसी अधिकार से, जिसका मैं वर्णन नहीं कर सकता, वंचित रह गए। जब इस भाव से, इस प्रवंचना के ज्ञान से, मैं उद्विग्न हो जाता हूँ, तब मुझे इच्छा होती है कि मैं वृक्ष न होकर मानव होता। इस तरह एक ही स्थान में बद्ध होकर न रहता, इधर-उधर घूमकर अपने प्रेम को व्यक्त कर सकता, और—और इस तरह भुजहीन असहाय न होता।

किन्तु क्या मानव-हृदय मेरी संज्ञा से इतना भिन्न है? क्या मानवों के प्रेम में और मेरे में इतनी असमानता है? क्या मानव में भी हमारी तरह मूक वेदनाएँ नहीं होतीं, क्या उनमें भी प्रेम के अंकुर का अँधेरे में ही प्रस्फुटन और विकसन और अवसान नहीं हो जाता? क्या वे प्रेम-विह्वल होकर अपने-आपको अभिव्यक्ति के सर्वथा अयोग्य नहीं पाते, क्या 'मैं' उनमें लज्जा अनुरक्ति का और ग्लानि लालसा का अनुगमन नहीं करता? वे मानव हैं, हम वनस्पति; वे चलायमान हैं, हम स्थिर; पर साथ ही हम उनकी अपेक्षा बहुत दीर्घजीवी हैं, और हमारी संयम-शक्ति भी उनसे बहुत अधिक बढ़ी-चढ़ी है। उनका प्रेम सफल होकर भी शीघ्र समाप्त हो जाता है, और हममें प्रेम की जलन ही कितने वर्षों तक कसकती रहती है।

बहुत दिनों की बात है। उन दिनों मुझे इस वल्लरी के स्पर्श में मादकता का भास हुआ ही था, इसके आलिंगन से गुदगुदी होनी आरम्भ ही हुई थी! उन दिनों मैं उस नये प्रेम का विकास देखने और समझने में ही इतना व्यस्त था कि आस-पास होने वाली घटनाओं में मेरी आसक्ति बिलकुल नहीं थी, कभी-कभी विमनस्क होकर मैं उन्हें एक आँख देख भर लेता था। वह जो बात मैं कहने लगा हूँ, उसे मैं नित्य-प्रति देखा करता था, किन्तु देखते हुए भी नहीं देखता था। और जब वह बात खत्म हो गयी, तब उसकी ओर मेरा उतना ध्यान भी नहीं रहा। पर मेरे जाने बिना ही मुझ पर अपनी छाप छोड़ गयी और आज मुझे वह बात नहीं, उस बात की छाप ही दिख रही है। मैं मानो प्रभात में बालुकामय भूमि पर अंकित पदचिह्नों को देखकर, निशीथ की नीरवता में उधर से गयी हुई अभिसारिका की कल्पना कर रहा हूँ!

मेरे चरणों पर पड़े हुए उस पत्थर की पूजा करने जो स्त्रियाँ आती थीं, उनमें कभी-कभी कोई नयी मूर्ति आ जाती थी, और कुछ दिन आते रहने के बाद लुप्त हो जाती थी। ये नयी मूर्तियाँ प्रायः बहुत ही लज्जाशील होतीं, प्रायः उनके मुख फुलकारी के लाल और पीले अवगुंठन से ढँके रहते, और वे धोती इतनी नीची बाँधतीं कि उनके पैरों के नुपूर भी न दिख पाते! केवल मेरे समीप आकर जब वे प्रणाम करने को झुकतीं, तब उनका गोधूम-वर्ण मुख क्षण-भर के लिए अनाच्छादित हो जाता, क्षण-भर उनके मस्तक का सिन्दूर कृष्ण मेघों में दामिनी की तरह चमक जाता, क्षण-भर के लिए उनके उर पर विलुलित हारावली मुझे दिख जाती, क्षण-भर के लिए पैरों की किंकिणियाँ उद्घाटित होकर चुप हो जातीं और मुग्ध होकर बाह्य-संसार की छटा को और अपनी स्वामिनियों के सौन्दर्य को निखारने लगतीं! फिर

सब कुछ पूर्ववत् हो जाता, अवगुंठन उन मुखों पर अपना प्रभुत्व दिखाने के लिए उन्हें छिपाकर रख लेते, हारावलियाँ उन स्निग्ध उरों में छिपकर सो जातीं, और नूपुर भी मुँह छिपाकर धीरे-धीरे हँसने लगते...

एक बार उन नयी मूर्तियों में एक ऐसी मूर्ति आयी, जो अन्य सभी से भिन्न थी। वह सबकी आँख बचाकर मेरे पास आती और शीघ्रता से प्रणाम करके चली जाती, मानो डरती हो कि कोई उसे देख न ले। उसके पैरों में नूपुर नहीं बजते थे, गले में हारावली नहीं होती थी, मुख पर अवगुंठन नहीं होता था, ललाट पर सिन्दूर तिलक नहीं था। अन्य स्त्रियाँ रंग-बिरंगे वस्त्राभूषण पहनकर आती थीं, वह शुभ्र वसना थी। अन्य स्त्रियाँ प्रातःकाल आती थीं, पर उसका कोई निर्दिष्ट समय नहीं था। कभी प्रातःकाल, कभी दिन में, कभी संध्या को वह आती थी...जिस दिन उसका आना संध्या को होता था, उस दिन वह प्रणाम और प्रदक्षिणा कर लेने के बाद मेरे पास ही इस अमरवल्लरी का सहारा लेकर भूमि पर बैठ जाती, और बहुत देर तक अपने सामने सूर्यास्त के चित्र-विचित्र मेघ-समूहों को, अलसी और पोस्त के पुष्पमय खेतों को, और गाँव से आनेवाले छोटे-से धूल-भरे पथ को देखती रहती...उसके मुख पर अतीत स्मृति-जनित वेदना का भाव व्यक्त हो जाता। कभी-कभी वह एक दीर्घ निःश्वास छोड़ देती...उस समय सहानुभूति और समवेदना में पत्ते भी सरसर ध्वनि कर उठते...वह कभी कुछ कहती नहीं थी, कभी कोई प्रार्थना नहीं करती थी। मुझे चुपचाप प्रणाम करती और चली जाती—या वहीं बैठकर किसी के ध्यान में लीन हो जाती थी। उस ध्यान में कभी-कभी वह कुछ गुनगुनाती थी, पर उसका स्वर इतना अस्पष्ट होता था कि मैं पूरी तरह समझ नहीं पाता।

पहले मेरा ध्यान उसकी ओर नहीं जाता था; किन्तु जब वह नित्य ही गोधूलि वेला में यहाँ आकर बैठने लगी, तब धीरे-धीरे मैं उसकी ओर आकृष्ट होने लगा। जब सूर्य की प्रखरता कम होने लगती, तब मैं उसकी प्रतीक्षा करने लग जाता था— कभी अगर उसके आने में विलम्ब हो जाता, तो मैं कुछ उद्विग्न-सा हो उठता...

एक दिन वह नहीं आई। उस दिन मैं बहुत देर तक उसकी प्रतीक्षा करता रहा। सूर्यास्त हुआ, अँधेरा हुआ, तारे निकल आए, आकाश-गंगा ने गगन को विदीर्ण कर दिया, पर वह नहीं आई।

उसके दूसरे दिन भी नहीं, तीसरे दिन भी नहीं—बहुत दिनों तक नहीं। जब मैंने उसकी प्रतीक्षा करनी छोड़ दी, तब संध्या के एकान्त में मैं अपनी उद्भ्रान्त मनोगति को इस अमरवल्लरी की ओर ही प्रवृत्त करने लगा...

जब मैं उसे बिलकुल भूल गया, तब एक दिन वह सहसा आ गई। वह दिन मुझे भली प्रकार याद है। उस दिन आँधी चल रही थी, काले-काले बादल घिर आए थे, ठंड खूब हो रही थी। मैं सोच रहा था कि वर्षा आएगी, तो अमरवल्लरी की रक्षा कैसे करूँगा। एकाएक मैंने देखा, उस धूलिधूसर पथ पर वह चली आ रही थी! वह अब भी पहले की भाँति अनलंकृत थी, उसका शरीर अब भी श्वेत वस्त्रों

से आच्छादित था; पर उसकी आकृति बदल गई थी, उसका सौन्दर्य लुप्त हो गया था। उसके शरीर में काठिन्य आ गया था, मुख पर झुर्रियाँ पड़ गई थीं, आँखें धँस गई थीं, ओंठ ढीले होकर नीचे लटक गए थे। जब उस पहली मूर्ति से मैंने उसकी तुलना की, तो मेरा अन्तस्तल काँप गया। पर मैं चुपचाप प्रतीक्षा में खड़ा रहा। उसने मेरे पास आकर मुझे प्रणाम नहीं किया, न इस वल्लरी का सहारा लेकर बैठी ही। उसने एक बार चारों ओर देखा, फिर बाँहें फैलाकर मुझसे लिपट गई और फूट-फूटकर रोने लगी। उसके तप्त आँसू मेरी त्वचा को सींचने लगे...

मैंने देखा, वह एकवसना थी, और वह वस्त्र भी फटा हुआ था। उसके केश व्यस्त हो रहे थे, शरीर धूल से भरा हुआ था, पैरों से रक्त बह रहा था...

वह रोते-रोते कुछ बोलने भी लगी...

''देवता, मैं पहले ही परित्यक्ता थी, पर मेरी बुद्धि खो गई थी! मैं जहाँ गई, वहीं तिरस्कार पाया; पर फिर भी तुम्हारी शरण छोड़ गई! मैं कृतघ्ना थी, चली गई। किस आशा से? प्रेम—धोखा—प्रवंचना! प्रतारणा! उस छली ने मुझे ठग लिया, फिर—फिर—देवता, मैं पतिता, भ्रष्टा, कलंकिनी हूँ। मुझे गाँव के लोगों ने मारकर निकाल दिया, अब मैं—मैं निर्लज्जा हूँ! अब तुम्हारी शरण आई हूँ, अकेली नहीं, कलंक के भार से दबी हुई, अपनी कोख में कलंक धारण किए हुए!''

उसका वह रुदन असह्य था, पर हमको विश्वकर्मा ने चुपचाप सभी कुछ सहने को बनाया है!

मुझ पर उसका पाश शिथिल हो गया, उसके हाथ फिसलने लगे, पर उसकी मूर्छा दूर न हुई। रात बहुत बीत गई, उसका संज्ञा-शून्य शरीर काँपने लगा, फिर अकड़ गया...वह मूर्छा में ही फिर बड़बड़ाने लगी :

''देवता हो? छली! कितना धोखा, कितनी नीचता! प्रेम की बातें करते तुम्हारी जीभ न जल गई! तुम्हारी शरण आऊँगी, तुम्हारी! वह कलंक का टीका नहीं है, मेरा पुत्र है! तुम नीच थे, तुमने मुझे अलग कर दिया। वह मेरा है, तुम्हारे पाप से क्यों कलंकित हो गया? तुम देवता हो देवता। मैं तुम्हारी शरण से भाग गई थी। पर वह पाप—उसमें तो मेरा भी हाथ था? तुम्हारी शरण में मुझे शान्ति मिलेगी! मैं ही तो उसके पास गई थी—कलंकिनी! पर वह अबोध शिशु तो निर्दोष है, वह क्यों जलेगा? क्यों काला होगा? देवता, तुम बड़े निर्दय हो। उसे छोड़ देना! मैं मरूँगी, जलूँगी, पर वह बचकर कहाँ जाएगा! देवता, देवता, तुम उसका पोषण करना!''

उसके शरीर का कम्पन बन्द हो गया, प्रलाप भी शान्त हो गया—पर कुछ ही देर के लिए!

धीरे-धीरे तारागण का लोप हो गया, आकाश-गंगा भी छिप गई। केवल पूर्व में एक प्रोज्ज्वल तारा जगमगाता रह गया। पवन की शीतलता एकाएक बढ़ गई, अन्धकार भी प्रगाढ़तर हो गया...उस महाशान्ति में एकाएक उसके शरीर में संजीवन

आ गया, वह एक हृदय-विदारक चीख मारकर उठी, उठते ही उसने अपने एकमात्र वस्त्र को फाड़ डाला। फिर वह गिर गई, उसके अंगों के उत्क्षेप बन्द हो गए, उसका शरीर शिथिल, निःस्पन्द हो गया...

जब सूर्य का प्रकाश हुआ, तब मैंने देखा, वह मेरे चरणों में पड़ी है, उसका विवस्त्र और संज्ञाहीन शरीर पीला पड़ गया था, और उसके अंग नीले पड़ गए थे...उसके पास ही उसका फटा हुआ एकमात्र वस्त्र रक्त से भीगा हुआ पड़ा था और उसके ऊपर एक मलिन, दुर्गन्धिमय मांसपिंड...और वर्षा के प्रवाह में वह रक्त धुलकर, बहकर, बहुत दूर तक फैलकर कीचड़ को लाल कर रहा था...

कैसी भैरव थी वह आहुति!

क्या यही है मानवों का प्रेम!

शायद मेरी धारणा गलत है। शायद मेरे अपने प्रेम की उच्छृंखलता ने मेरी कल्पना को भी उद्‌भ्रान्त कर दिया है। मानव अल्पायु होकर भी इतने नीच हो सकते हैं, इसका सहसा विश्वास नहीं होता। पर जब मुझे ध्यान हो आता है कि मेरी जड़ें दो ऐसी बलियों के रक्त से सिक्त हैं, जिनके अन्त का एकमात्र कारण यही था, जिसे वे मानव-प्रेम कहते हैं, तब मुझे मानवता के प्रति ग्लानि होने लगती है। पर उन दोनों का बलिदान प्रेम की वेदी पर हुआ था, या इन मानवों के समाज की, या वासना की? वह स्त्री तो वंचित थी, उसने तो प्रेम के उत्तर में वासना ही पाई थी। पर उसका अपना प्रेम तो दूषित नहीं था, वह तो वासना की दासी नहीं थी। और समाज—समाज ने तो पहले ही उसे ठुकरा दिया था, समाज ने तो उससे कोई सम्बन्ध नहीं रखा था। और उस अज्ञात शिशु ने समाज का क्या बिगाड़ा था, वह वासना में कब पड़ा था?

मेरे नीचे उस पत्थर की पूजा करने कितनी ही स्त्रियाँ आती थीं, वे तो सभी प्रसन्नवदना होती थीं, उनकी बात मैं क्यों सोचता? मानव-प्रेम की असफलता का एक यही उदाहरण मैंने देखा था, उसी पर क्यों अपना चित्त स्थिर किए हूँ? वे जो इतनी आच्छादित, अवगुंठित, अलंकृत चपलाएँ वहाँ आती थीं और सहज स्वभाव से या कभी-कभी संभ्रम से मेरे सिन्दूर-तिलक लगातीं और मेरा आलिंगन कर लेती थीं, उनके प्रणय तो सभी सुखमय होते होंगे, उनका प्रेम तो इतना विमूढ़ और विवेकहीन नहीं होता होगा? और फिर मानवों का तो प्रेम के विषय में आत्मनिर्णय करने का अधिकार होता है? उनके जीवन में तो ऐसा नहीं होता कि विधाता—या मनुष्य ही—जिस वल्लरी को उनके निकट अंकुरित कर दें, उसी से प्रणय करने को बाध्य हो जाना पड़े?

पर मैंने सुना है—गाँव से पूजा के लिए आनेवाली उन स्त्रियों के मुख से ही सुना है—कि उनके समाज में भी इस प्रकार के अनिच्छित बन्धन होते हैं। एक बार मैंने देखा भी था—देखा तो नहीं था, किन्तु कुछ ऐसे दृश्य देखे थे जिससे मुझे इसकी अनुभूति हुई थी...

कभी-कभी, संध्या के पक्षिरव-कूजित एकान्त में, मुझे एकाएक इस बात का

उद्बोधन होता है कि मेरा जीवन—इतना लम्बा जीवन !...व्यर्थ बीत गया...इस वल्लरी के अनिश्चित बन्धन से—पर जो मुझे पागल कर देता है, मेरे हृदय में उथल-पुथल मचा देता है, मेरे शरीर को दर्द और व्यथा से विह्वल कर देता है, जिससे छूट जाने की मैं कल्पना भी नहीं कर सकता, उस बन्धन को अनिश्चित कैसे कहूँ? इस उद्बोधन की उग्रता को मिटाने के लिए मैं कितना प्रयत्न करता हूँ, पर वह जाती नहीं...मेरे हृदय में यह निरर्थकता का ज्ञान, यह जीने की इच्छा, यह संचित शक्ति का व्यय करने की कामना, किसी और भाव के लिए स्थान ही नहीं छोड़ती! मैं चाहता हूँ, अपने व्यक्तित्व को प्रकृति की विशालता में मिटा दूँ इस निरर्थकता के ज्ञान को दबा दूँ और जैसा कभी अपने यौवन-काल में था, वैसा ही फिर से हो जाऊँ; पर कहाँ एक बूढ़े वृद्ध की चाह और कहाँ विधाता का अमिट निर्देश! मैं बोलना चाहता हूँ— मेरे जिह्वा नहीं है; हिलना चाहता हूँ—मेरे पैर नहीं हैं; रोना चाहता हूँ—पर उसके लिए आँखें ही नहीं हैं तो आँसू कहाँ से आएँगे....मैं चाहता हूँ, किसी से प्रेम कर पाऊँ—इतना विशाल, इतना अचल, इतना चिरस्थायी प्रेम कि संसार उससे भर जाए; पर मेरी अपनी विशालता, मेरी अपनी अचलता, मेरा अपना स्थायित्व इस कामना में बाधा डालता है! मैं प्रेम की अभिव्यक्ति कर नहीं सकता, और जब करना चाहता हूँ, तब लज्जित हो जाता हूँ...जितना विशाल मैं हूँ, इतनी विशाल धुरा अपने प्रेम के लिए कहाँ पाऊँ? और किसी अकिंचन वस्तु से प्रेम करना प्रेम की अवहेलना है...

यह अमरवल्लरी—इसमें स्थायित्व है, दृढ़ता है, पर यह चंचला भी है, और इसमें विशालता भी नहीं है—यह तो मेरे ही शरीर के रस से पुष्ट होती है!

एक स्मृति-सी मेरे अन्तस्तल में घूम रही है, पर सामने नहीं आती, मुझे उसकी उपस्थिति का आभास ही होता है। जिस प्रकार कुहरे में जलता हुआ दीपक नहीं दिख पड़ता, पर उससे आलोकित तुषारपुंज दिखता रहता है, उसी तरह स्मृति स्वयं नहीं प्रकट होती, परन्तु स्मृति मेरे अन्तस्तल में काँप रही है।

उस स्मृति का सम्बन्ध उसी प्रेम की विशालता से था, इतना मैं जानता हूँ; पर क्या सम्बन्ध था, नहीं याद आता...

एक और घटना याद आती है, जिसने किसी समय एकाएक विद्युत की तरह मेरे हृदय को आलोकित कर दिया था—पर इतने प्रदीप्त आलोक से कि मैं बहुत देर के लिए चकाचौंध हो गया था...

उन दिनों में मेरी पूजा...या मेरे चरणस्थित देवता की पूजा—नहीं होती थी। जब से वहाँ रक्त-प्रलिप्त देह और मांसपिंड पाया गया, तब से लोग शायद मुझसे डरने लगे थे। कभी-कभी संध्या को जब कोई बटोही उधर से निकलता था, तब एक बार संभ्रम से मेरी ओर देखकर जल्दी-जल्दी चलने लग जाता था। दिन में कभी-कभी लड़के उस धूल-भरे पथ में आकर खड़े हो जाते और वहीं से मेरी ओर इंगित करके चिल्लाते, ''भुतहा! भुतहा!'' मैं उनका अभिप्राय नहीं समझता था, फिर भी उनके शब्दों में उपेक्षा और तिरस्कार का स्पष्ट भाव मुझे बहुत दुःख देता था...

क्या मानवों की भक्ति उतनी ही अस्थायिनी है, जितना उनका प्रेम। अभी उस दिन मैं गाँव के विधाता की तरह पूजित था, इतनी स्त्रियाँ मेरे चरणों में सिर नवाती थीं और प्रार्थना करती थीं, ''देवता, मेरा दु:ख मिटा दो!'' मुझमें दु:ख मिटाने की शक्ति नहीं थी, पर एक मूक सहानुभूति तो थी। मेरी अचलता उनकी मेरे प्रति श्रद्धा कम नहीं करती थी, बढ़ाती ही थी। पर जब उसी स्त्री ने आकर मेरे चरणों में अपना दु:ख स्वयं मिटा लिया, तब उनके हृदय से आदर उठ गया! इतने दिन से मैं दु:ख की कथाएँ सुना करता था, देखा कुछ नहीं था। उस दिन मैंने देख लिया कि मानवता का दु:ख कहाँ है, पर उस ज्ञान से ही मैं कलुषित हो गया! जब मैं दु:ख जानता ही नहीं था, तब इतने प्रार्थी आते थे। अब मैं जान गया हूँ, तब वे दु:ख-निवारण की प्रार्थना करने नहीं आते, मेरा ही दु:ख बढ़ा रहे हैं।

भक्ति तो अस्थायिनी है ही—भक्ति और प्रेम का कुछ सम्बन्ध है। मैं अभी तक प्रेम ही को नहीं समझ पाया हूँ, यद्यपि इसकी मुझे स्वयं अनुभूति हुई है। भक्ति-भक्ति मैंने देखी ही तो है!

जब मेरे वे उन्माद के दिन बीत गए, तब मेरी त्वचा में कठोरता आने लगी, मेरी शाखाओं में गाँठें पड़ गईं, तब मुझे प्रेम का नया उद्बोधन हुआ। मेरे बिखरे हुए विचारों में फिर एक नये आशा-भाव का संचार हुआ, संसार मानो फिर से संगीत से भर गया...

कीर्ति—अच्छी या बुरी—कुछ भी नहीं रहती। एक दिन मैंने अपनी सत्कीर्ति को धूल में मिलते देखा था, एक दिन ऐसा आया कि मेरी कुकीर्ति भी बुझ गई। सत्कीर्ति का मन्दिर एक क्षण ही में गिर गया था, कुकीर्ति के मिटने में वर्षों लग गए—पर वह मिट गई। लोग फिर मेरे निकट आने लगे; पूजा-भाव से नहीं, उपेक्षा से। गाँव की स्त्रियाँ फिर मेरे चरणों में बैठने लगीं; आदर से नहीं, दर्प से, या कभी थकी होने के कारण। बालिकाएँ फिर मेरे आस-पास एकत्र होकर नाचने लगीं; न श्रद्धा से, न तिरस्कार से, केवल इसलिए कि घर से भागकर वहाँ आ जाने में उन्हें आनन्द आता था। मेरे टूटे हुए मन्दिर का पुनर्निर्माण तो नहीं हुआ, पर उसके भग्नावशेष पर चूना फिर गया!

पर उस खंडहर से ही नयी आशा उत्पन्न हुई!

जब प्रभात होता था, मेरा शिखर तोतों के समूह से एकाएक ही कूजित हो उठता था, शीतल पवन में मेरे पत्ते धीरे-धीरे काँपने लगते थे, न जाने कहाँ से आकर कमलों की सुरभि वातावरण को भर देती थी, इस वल्लरी के शरीर में भी एक उल्लास के कम्पन का अनुभव मुझे होता था; जब सारा संसार एक साथ ही कम्पित, सुरभित, आलोकित हो उठता था, तब वह आती थी और उन खेतों में, जिनमें छटी हुई घास में, अर्धविस्मृत अलसी और पोस्त के फूलों का प्रेत नाच रहा था, बहुत देर तक इधर-उधर घूमती रहती थी। फिर जब धूप बहुत बढ़ जाती थी; जब उसका मुख श्रम से आरक्त हो जाता था और उस पर स्वेद-बिन्दु चमकने लगते थे, तब वह हँसती हुई आकर मेरी छाया में बैठ जाती थी।

उसकी वेश-भूषा विचित्र थी। गाँव की स्त्रियों में मैंने वह नहीं देखी थी। वह प्राय: श्वेत या नीला आभरण पहनती थी, और उसके केश आँचल से ढके नहीं रहते थे। उसका मुख नमित नहीं रहता था, वह सदा सामने की ओर देखती थी। उसकी आँखों में भीरुता नहीं थी, अनुराग था, और साथ ही थी एक अव्यक्त ललकार—मानो वे संसार से पूछ रही हों, "अगर मैं तुम्हारी रीति को तोड़ूँ, तो तुम क्या कर लोगे?"

वह वहाँ समाधिस्थ-सी होकर बैठी रहती, उसके मुख पर का वह मुग्ध भाव देख कर मालूम होता कि वह किसी अकथनीय सुख की आन्तरिक अनुभूति कर रही हो। मैं सोचता रहता कि कौन-सी ऐसी बात हो सकती है, जिसकी स्मृतिमात्र इतनी सुखद है! कितने ही दिन वह आती रही, नित्य ही उसके मुख पर आत्मविस्मृति का वह भाव जाग्रत होता, नित्य ही वह एक घंटे तक ध्यानस्थ रहती और आकर चली जाती, पर मुझे उस पर परमानन्द के निर्झर का स्रोत न मालूम होता।

फिर एक दिन एकाएक भेद खुल गया—जिस परिहासमय देवता की उपासना मैंने की थी, वह भी उसी की उपासिका थी; परन्तु परिणाम हमारे कितने भिन्न थे!

एक दिन वह सदा की भाँति अपने ध्यान में लीन बैठी थी। उस गाँव से आने वाले पथ पर एक युवक धीरे-धीरे आया और मेरे पीछे छिपकर उसे देखने लगा। उसका ध्यान नहीं हटा, वह पूर्ववत् बैठी रही। जब उसकी समाधि समाप्त हो गई, तब वह उठकर जाने लगी; तब भी उसने नवागन्तुक को नहीं देखा।

वह युवक स्मित-मुख से धीरे-धीरे गाने लगा :

चूनरी विचित्र स्याम सजिकै मुबारक जू
ढाँकि नख-सिख से निपट सकुचाति है;
चन्द्रमै लपेटि कै समेटि के नखत मानो
दिन को प्रणाम किए रात चली जाति है!

वह चौंककर घूमी, फिर बोली, "तुम—यहाँ!" उसके बाद जो कुछ हुआ उसका वर्णन मैं नहीं कर सकता! वह था कुछ नहीं—केवल कोमल शब्दों का विनिमय, आँखों का इधर-उधर भटककर मिलन और फिर नमन—बस! पर मेरे लिए उसमें एक अभूतपूर्व आनन्द था—न जाने क्यों!

कुछ दिन तक नित्य यही होता रहा। किसी दिन वह पहले आती, किसी दिन युवक, पर दोनों ही के मुख पर वह विमुग्धता का, आत्म-विस्मृति का भाव रहता था। जिस दिन युवक पहले आता, वह मेरी छाया में बैठकर गाता :

नामसमेतं कृतसंकेतं वादयते मृदुवेणुम्—
बहुमनुतेऽतनु ते तनुसंगतपवनचलितमपि रेणुम्!

और जिस दिन वह पहले आती, वह उन खेतों में घूमती रहती, कभी-कभी ओस से भीगा हुआ एक-आध तृण उठाकर दाँतों से धीरे-धीरे कुतरने लगती।

एक दिन वह घूमते-घूमते थक गई, और मेरे पत्तों की सघन छाया में इस वल्लरी के बन्धन को मेखलावत् पहनकर बैठ गई। युवक नहीं आया।

दोपहर तक वह अकेली बैठी रही—उसके अंग-अंग में प्रतीक्षा थी, पर व्यग्रता नहीं थी। जब वह नहीं आया, तब वह कहने लगी—न जाने किसे सम्बोधित करके, मुझे या इस वल्लरी को, या अपने-आपको, या किसी अनुपस्थित व्यक्ति को—कहने लगी :

"यह उचित ही हुआ। और क्या हो सकता था? अगर कर्तव्य भूलकर सुख ही खोजने का नाम प्रेम होता, तो—! मैं जो-कुछ सोचती हूँ, समझती हूँ, अनुभव करती हूँ, उसका अणुमात्र भी व्यक्त नहीं कर सकी—पर इससे क्या? जो कुछ हृदय में था—है—उससे मेरा जीवन तो आलोकित हो गया है। प्रेम में दुःख-सुख, शान्ति और व्यथा, मिलन और विच्छेद, सभी हैं, बिना वैचित्र्य के प्रेमी जी नहीं सकता...नहीं तो जिसे हम प्रेम कहते हैं, उसमें सार क्या है?"

वह उठी और चली गई। मेरी छाया से ही निकलकर नहीं, मेरे जीवन से निकल गई। पर उसके मुख पर मलिनता नहीं थी, अब भी वही आत्म-विस्मृति उसकी आँखों में नाच रही थी...

मेरे लिए उसका वहीं अवसान हो गया। उसके साथ ही मानवी प्रेम की मेरी अनुभूति भी समाप्त हो गई। शायद प्रेम की सबसे अच्छी व्याख्या ही यही है कि इतने वर्षों के अन्वेषण के बाद भी मेरा सारा ज्ञान एक प्रश्न ही में समाप्त हो जाता है—"नहीं तो, जिसे हम प्रेम कहते हैं, उसमें सार क्या है?" किन्तु इतने वर्षों में जिस अभिप्राय को, जिस सार्थकता को, मैं नहीं खोज पाता था, वह उस स्त्री के एक ही प्रश्न में मुझे मिल गई। उस दिन मैं समझने लगा कि अभिव्यक्ति प्रेम के लिए आवश्यक नहीं है...उसने कहा तो था, "जो कुछ मेरे हृदय में था—है—उससे मेरा जीवन तो आलोकित हो गया है!" मैं अपना प्रेम नहीं व्यक्त कर सका, मेरा जीवन एक प्रकार से न्यून, अपूर्ण रह गया, पर इससे क्या? उस दीप्तिमय आत्म-विस्मृति का एक क्षण भी इतने दिनों की व्यथा को सार्थक कर देता है!

मैं देखता हूँ, संसार दो महच्छक्तियों का घोर संघर्ष है। ये शक्तियाँ एक-दूसरे से भिन्न नहीं हैं, एक ही प्रकृति के दो विभिन्न पथ हैं। एक संयोजक है—इसका भास फूलों से भौरों के मिलन में, विटप से लता के आश्लेषण में, चन्द्रमा से ज्योत्स्ना के सम्बन्ध में, रात्रि से अन्धकार के प्रणय में, उषा से आलोक के ऐक्य में, होता है; दूसरी शक्ति विच्छेदक है—इसका भास आँधी से पेड़ों के विनाश में, विद्युत् से लतिकाओं के झुलसने में, दावानल से वनों के जलने में, शकुन्त द्वारा कपोतों के मारे जाने में होता है...कभी-कभी दोनों शक्तियों का एक ही घटना में ऐसा सम्मिलन होता है कि हम भौचक हो जाते हैं, कुछ भी समझ नहीं पाते। प्रेम भी शायद ऐसी ही घटना है...

कभी-कभी मुझे ऐसा मालूम होता है कि इतना कुछ देख और पाकर भी मैं वंचित ही नहीं, अछूत, परित्यक्त रह गया हूँ। मुझे बन्धुत्व की, सखाओं की कामना होती है; पर पीपल के वृक्ष के लिए बन्धु कहाँ है, समवेदना कहाँ है, दया कहाँ है; कभी पर्वत को भी सहारे की आवश्यकता होती है? मैं इतना शक्तिशाली नहीं

हूँ कि बन्धुओं की कामना—उग्र कामना—ही मेरे हृदय के अन्तस्तल में न हो; किन्तु फिर भी देखने में मैं इतना विशाल हूँ, दीर्घकाय हूँ, दृढ़ हूँ, कि मुझ पर दया करने का, मेरे प्रति बन्धुत्व-भाव का ध्यान भी किसी को नहीं होता! उत्पत्ति और प्रस्फुटन की असंख्य क्रियाएँ मेरे चारों ओर होती हैं और बीच में मैं वैसे ही अकेला खड़ा रह जाता हूँ, जैसे पुष्पित उपत्यकाओं से घिरा हुआ पर्वत-शृंग...

पर उसी समय मेरे हृदय में यह भाव उठता है कि मुझे यह दुखड़ा रोने का कोई अधिकार नहीं है। मैंने जीवन में सब कुछ नहीं पाया, बहुत अनुभूतियों से मैं वंचित रह गया, पर जीवन की सार्थकता के लिए जो कुछ पाया है, वह पर्याप्त है। न जाने कितनी बार मैंने वसन्त की हँसी देखी है, पक्षियों का रव सुना है; न जाने कितनी देर मैंने मानवों की पूजा पाई है, न जाने कितनी सरलाओं की श्रद्धापूर्ण अंजलि प्राप्त की है, और उन सबसे अधिक न जाने कितनी बार मुझे इस अमरवल्लरी के स्पर्श में एक साथ ही वसन्त के उल्लास का, ग्रीष्म के ताप का, पावस की तरलता, शरद् की स्निग्धता का, हेमन्त की शुभ्रता का और शिशिर के शैथिल्य का अनुभव हुआ है, न जाने कितनी बार इसके बन्धनों में बँधकर और पीड़ित होकर मुझे अपने स्वातन्त्र्य का ज्ञान हुआ है! एक व्यथा, एक जलन, मेरे अन्तस्तल में रमती गई है कि मैं मूक ही रह गया, मेरी प्रार्थना अव्यक्त ही रह गई—पर मुझे इस ध्यान में सान्त्वना मिलती है कि मैं ही नहीं, सारा संसार ही मूक है...जब मुझे अपनी विवशता का ध्यान होता है, तो मैं मानव की विवशता देखता हूँ; जब भावना होती है कि विश्वकर्मा ने मेरी प्रार्थना की उपेक्षा करके मेरे प्रति अन्याय किया है, तब मुझे याद आ जाता है कि मैं स्वयं भी तो इस सहिष्णु पृथ्वी की मूक प्रार्थना का, इसकी अभिव्यक्ति-चेष्टा का, नीरव प्रस्फुटन ही हूँ!

●

जिज्ञासा

ईश्वर ने सृष्टि की।

सब ओर निराकार शून्य था, और अनन्त आकाश में अन्धकार छाया हुआ था। ईश्वर ने कहा—प्रकाश हो ! और प्रकाश हो गया। उसके आलोक में ईश्वर ने आकाश के असंख्य टुकड़े किए और प्रत्येक में एक-एक तारा जड़ दिया। तब उसने सौर-मंडल बनाया। और उसे जान पड़ा कि उसकी रचना अच्छी है।

तब उसने वनस्पति-पौधे, झाड़-झंखाड़, फल-फूल, लता-बेलें उगायीं और उन पर मँडराने को भौंरे और तितलियाँ, गाने को झींगुर भी बनाये।

तब उसने पशु-पक्षी भी बनाये और उसे जान पड़ा कि उसकी रचना अच्छी है।

लेकिन उसे शान्ति नहीं हुई। तब उसने जीवन में वैचित्र्य लाने के लिए दिन और रात, आँधी-पानी, बादल-मेंह, धूप-छाँह इत्यादि बनाये; और फिर कीड़े-मकोड़े, मकड़ी, मच्छर, बर्रे, बिच्छू और अन्त में साँप भी बनाये।

लेकिन फिर उसे सन्तोष नहीं हुआ। तब उसने ज्ञान का नेत्र खोलकर सुदूर भविष्य में देखा। अन्धकार में, पृथ्वी और सौर-लोक पर छायी हुई प्राणहीन धुन्ध में कहीं एक हलचल, फिर उस हलचल में धीरे-धीरे एक आकार, एक शरीर जिसमें असाधारण कुछ नहीं है, लेकिन फिर भी सामर्थ्य है, एक आत्मा जो निर्मित होकर भी अपने आकार के भीतर बँधती नहीं, बढ़ती ही जाती है, एक प्राणी जो जितनी बार धूल को छूता है, नया ही होकर, अधिक प्राणवान् होकर उठ खड़ा होता है...

ईश्वर ने जान लिया कि भविष्य का प्राणी यही मानव है। तब उसने पृथ्वी पर से धुन्ध को चीरकर एक मुट्ठी धूल उठायी और उसे अपने हृदय के पास ले जाकर उसमें अपने विराट आत्मा की एक साँस फूँक दी—मानव की सृष्टि हो गई।

ईश्वर ने कहा—जाओ, मेरी रचना के महाप्राण नायक, सृष्टि के अवतंस!

लेकिन कृतित्व का सुख ईश्वर को तब भी नहीं प्राप्त हुआ, उसमें का कलाकार अतृप्त ही रह गया।

क्योंकि पृथ्वी खड़ी रही, तारे खड़े रहे। सूर्य प्रकाशवान नहीं हुआ, क्योंकि

उसकी किरणें बाहर फूट निकलने से रह गईं। उस विराट सुन्दर विश्व में गति नहीं आई।

दूर पड़ा हुआ आदिम साँप हँसता रहा। वह जानता था कि क्यों सृष्टि नहीं चलती। और वह इस ज्ञान को खूब सँभालकर अपनी गुंजलक में लपेटे बैठा हुआ था।

एक बार फिर ईश्वर ने ज्ञान का नेत्र खोला और फिर मानव के दो बूँद आँसू लेकर स्त्री की रचना की।

मानव ने चुपचाप उसको स्वीकार कर लिया, सन्तुष्ट वह पहले ही था, अब सन्तोष द्विगुणित हो गया। उस शान्त जीवन में अब भी कोई अपूर्ति न आई और सृष्टि अब भी न चली।

और वह चिरन्तन साँप ज्ञान को अपनी गुंजलक में लपेटे बैठा हँसता रहा।

2 साँप ने मनुष्य से कहा—मूर्ख, अपने जीवन से सन्तुष्ट मत हो! अभी बहुत-कुछ है जो तूने नहीं पाया, नहीं देखा, नहीं जाना! यह देख, ज्ञान मेरे पास है। इसी के कारण तो मैं ईश्वर के समकक्ष हूँ।

लेकिन मानव ने एक बार अनमना-सा उसकी ओर देखा और फिर स्त्री के केश से अपना मुँह ढक लिया। उसे कोई कौतूहल नहीं था, वह शान्त था।

बहुत देर तक ऐसे ही रहा। प्रकाश होता और मिट जाता, पुरुष और स्त्री प्रकाश में मुग्ध दृष्टि से एक-दूसरे को देखते रहते, और अन्धकार में लिपटकर सो रहते।

और ईश्वर अदृष्ट ही रहता और साँप हँसता ही जाता।

तब एक दिन जब प्रकाश हुआ, तो स्त्री ने आँखें नीची कर लीं, पुरुष की ओर नहीं देखा। पुरुष ने आँख मिलाने की कोशिश की, तो पाया कि स्त्री केवल उसी की ओर न देख रही हो, ऐसा नहीं है, वह किसी की ओर भी नहीं देख रही है, उसकी दृष्टि मानो अन्तर्मुखी हो गई है, अपने भीतर ही कुछ देख रही है और उसी दर्शन में एक अनिर्वचनीय तन्मयता पा रही है...जब अन्धकार हुआ, तब भी स्त्री उसी तद्गत-भाव में लेट गई, पुरुष को न देखती हुई, बल्कि उसकी ओर से विमुख उसे कुछ परे रखती हुई...

पुरुष उठ बैठा। नेत्र मूँदकर वह ईश्वर से प्रार्थना करने लगा। उसके पास शब्द नहीं थे, भाव नहीं थे, दीक्षा नहीं थी। लेकिन शब्दों से, भावों से, प्रणाली के ज्ञान से परे जो प्रार्थना है, जो सम्बन्ध के सूत्र पर आश्रित है, वही प्रार्थना उसमें से फूट निकलने लगी...

लेकिन विश्व फिर भी वैसा ही निश्चल पड़ा रहा, गति उसमें नहीं आई। स्त्री रोने लगी, उसके भीतर कहीं दर्द की एक हूक उठी, वह पुकारकर कहने लगी, क्या होता है मुझे, क्या होता है मुझे! मैं बिखर रही हूँ, मैं मिट्टी में मिल जाऊँगी...

पुरुष अपनी निस्सहायता में कुछ भी नहीं कर सका, उसकी प्रार्थना और भी

आतुर, और विकल, और भी उत्सर्गमयी हो गई और जब वह स्त्री का दु:ख नहीं देख सका, तब उसने नेत्र खूब ज़ोर से भींच लिये...

निशीथ के निविड़ अन्धकार में स्त्री ने पुकारकर कहा—ओ मेरे ईश्वर—ओ मेरे पुरुष—यह देखो!

पुरुष ने पास जाकर देखा, टटोला और क्षण-भर स्तब्ध रह गया। उसकी आत्मा के भीतर विस्मय की, भय की एक पुलक उठी। उसने धीरे से स्त्री का सिर उठाकर अपनी गोद में रख लिया...

फूटते हुए कोमल प्रकाश में उसने देखा, स्त्री उसी के एक बहुत छोटे, बहुत स्निग्ध, बहुत प्यारे प्रतिरूप को अपनी छाती से चिपटाए है और थकी हुई सो रही है। उसका हृदय एक विराट् विस्मय से, एक दुस्सह उल्लास से भर आया और उसके भीतर से एक प्रश्न फूट निकला, ईश्वर, यह क्या सृष्टि है, जो तूने नहीं की!

ईश्वर ने कोई उत्तर नहीं दिया। तब मानव ने साँप से पूछा—ओ ज्ञान के रक्षक साँप, बताओ, यह क्या है, जिसने मुझे तुम्हारा और ईश्वर का समकक्ष बना दिया है—एक सृष्टा—बताओ, मैं जानना चाहता हूँ!

उसके यह प्रश्न पूछते ही अनहोनी घटना घटी। पृथ्वी घूमने लगी, तारे दीप्त हो उठे, फिर सूर्य उदित हो आया और दीप्त हो उठा, बादल गरज उठे, बिजली तड़क उठी...विश्व चल पड़ा!

साँप ने कहा—मैं हार गया। ईश्वर ने ज्ञान मुझसे छीन लिया। और उसकी गुंजलक धीरे-धीरे खुल गई।

ईश्वर ने कहा—मेरी सृष्टि सफल हुई, लेकिन विजय मानव की है। मैं ज्ञानमय हूँ, पूर्ण हूँ, मैं कुछ खोजता नहीं। मानव में जिज्ञासा है, अत: वह विश्व को चलाता है, गति देता है...

लेकिन मानव की उलझन थी, अस्तित्व की समस्या थी। वह पुकार-पुकार कर कहता जाता था—मैं जानना चाहता हूँ! मैं जानना चाहता हूँ!

और जितनी बार वह प्रश्न दुहराता था, उतनी बार सूर्य कुछ अधिक दीप्त हो उठता था, पृथ्वी कुछ अधिक तेज़ी से घूमने लगती थी, विश्व कुछ अधिक गति से चल पड़ता था—और मानव के हृदय का स्पन्दन भी कुछ अधिक भरा हो जाता था।

आज भी जब मानव यह प्रश्न पूछ बैठता है, तब अनहोनी घटनाएँ होने लगती हैं।

•

हारिति

वह सुन्दरी नहीं थी। उसके मुख पर सौन्दर्य की आभा का स्थान तेज की दीप्ति ने ले लिया था। उसकी आँखों में कोमलता न थी, वहाँ कृतनिश्चय की दृढ़ता ही झलकती थी। उसके सिर की शोभा उस पर की अलकावलियों में नहीं थी, वरन् कटे हुए बालों के नीचे उस उघड़े हुए प्रशस्त ललाट में।

कहते हैं, स्त्री के जीवन में आनन्द है, स्नेह है, प्रेम है, सुख है। उसके जीवन में वे सब कहाँ थे? जब से उसने होश सँभाला, जब से उसने अपने चारों ओर चीन से प्राचीन देश का विस्तार देखा, जब से उसने अपनी चिरमार्जित सभ्यता का तत्त्व समझा, तब से उसके जीवन में कितनी दुःखमय घटनाएँ हुई थीं! जब वह छह वर्ष की थी, तभी उसके पिता को जर्मन सेना ने तोप के मोहरे से बाँधकर उड़ा दिया था; क्योंकि वे 'बाक्सर' नामक गुप्त-समिति के सदस्य थे। उसके बाद 1900 वाले 'बाक्सर'-विप्लव में, जब उसकी आयु ग्यारह वर्ष की भी नहीं हुई थी, जर्मन और अँग्रेज़ सेना ने आकर उसके छोटे-से गाँव में आग लगा दी थी। वहाँ के स्त्री-पुरुष सब जल गये, उनमें उसकी वृद्धा माता भी थी। केवल उसे, उस अनाथिनी को, जो उस समय सीक्यांग नदी से पानी भरने गई हुई थी, न जाने किस अज्ञात उद्देश्य की पूर्ति के लिए, किस भैरव यज्ञ में आहुतिरूप अर्पण करने के लिए, विधाता ने बचा लिया। वह गाँव की ओर आई, तो दो-चार बचे हुए लोग रोते-चिल्लाते भागे जा रहे थे। वे उसे भी खींचकर ले गए। वह बेचारी अपनी माता के शरीर की राख न देख पाई। उस दिन से कैसा भीषण रहा था उसका जीवन! फूस की झोंपड़ियों में रहना, या कभी-कभी सीक्यांग के किनारे, टिड्डी-दल की तरह एकत्रित, अँधेरी गन्दी, धुएँ से काली डोंगियों में पड़े रहना...उसके अभिभावक, गरीब मछुए, दिन में अफीम खाकर सो रहते। वह उस गर्मी में बन्द एक कोने में बैठकर सोचा करती, कब तक देश की यह दशा रहेगी, कब तक विदेशी सिपाही इस प्रकार पहले हमारे घर जलाएँगे और फिर हमें दंड देंगे, हमारे देश से करोड़ों रुपये ले जाएँगे...

आज वह युवती थी। अभी अविवाहिता थी, पर कुमारियों के जीवन में जो

आनन्द होता है, वह उसने अपने निर्दय जीवन में कभी नहीं पाया। उन मछुओं की सदय, किन्तु निर्धन, शरण से निकलकर उसने कुली का काम किया और उससे संचित धन से अपना शिक्षण किया था। अब वह कैंटन-सेना में जासूस का काम करती थी।

वह सुन्दरी नहीं थी। उसके जीवन में सौन्दर्य के लिए कोई स्थान ही न छोड़ा था। उसकी एकमात्र शोभा—उसके केश—भी आज नहीं रहे थे। आज वह जासूस का काम करने के लिए सर्वथा प्रस्तुत थी। वह प्राय: पुरुष-वेश में ही रहती, कभी-कभी आवश्यकता होने पर ही स्त्री-वेश पहन लिया करती। उसकी सहचरियाँ जब कभी उससे इस विषय में प्रश्न करतीं, तो वह कहती, ''जिस देश में पुरुष भी गुलाम हो, उसमें स्त्री होने से मर जाना अच्छा है।''

उसकी बात शायद सच भी थी। चीन की दशा उन दिनों बहुत बुरी थी— अशान्ति सब ओर फैली हुई थी। इधर कैंटन में सुनयात-सेन अपनी सेना का संगठन कर रहे थे। उधर से समाचार आया था कि मंचूरिया से सम्राट का सेनापति युवान शिकाई बहुत बड़ी सेना लेकर आ रहा है। कैंटन की औद्योगिक अशान्ति का स्थान अब एक नये प्रकार के संजीवन ने ले लिया। जिधर आँख उठती, उधर ही लोग वर्दियाँ पहने नज़र आते। कैंटन-सेना स्वयंसेवी थी, युवान शिकाई की सेना में सभी वेतन पाकर काम करते थे। कैंटन-सेना के सैनिकों के आगे साम्य का आदर्श था, युवान शिकाई के आगे व्यक्तिगत लाभ का। कैंटन-सैनिकों के हृदय में प्रजातन्त्र की चाह थी, युवान शिकाई के सैनिक साम्राज्यवाद की हिली हुई नींव फिर से जमाना चाहते थे। कैंटन की सेना विश्वास के कारण लड़ती थी, युवान शिकाई की लोभ के कारण। पर कैंटन के सैनिक बहुत थोड़े थे और उनके विरुद्ध युवान शिकाई एक शस्त्र-वेष्टित प्रलय-प्रहरी लिये बढ़ा आ रहा था। उन थोड़े-से गुप्तचरों को दिन-रात अनवरत काम करना पड़ता था; कभी इधर, कभी उधर, कभी सन्देश पहुँचाना, कभी खबरें लाना—कभी-कभी एक-एक रात में चालीस-चालीस मील तक पैदल चलना पड़ जाता था; पर उनके सामने जो आदर्श था, हृदय में जो दीप्ति थी, वह उन्हें प्रोत्साहित करती, उन्हें शक्ति प्रदान करती और उन्हें विमुख होने से बचाती थी।

पर सभी के हृदय में वह आदर्श—वह दीप्ति नहीं थी। कुछ व्यक्ति ऐसे भी थे, जिनके हृदय में दूसरी इच्छाओं, दूसरी आशाओं, दूसरी स्मृतियों ने घर कर रखा था। जिनका ध्यान युवान शिकाई की प्रगति की ओर नहीं, प्रणय की प्रगति की ओर था; जिनके मन में दृढ़-विश्वास का आलोक नहीं, विरह का प्रज्ज्वलन था। पर जिस तरह कसौटी पर चढ़ने से पहले सभी धातुएँ सोने की तरह सम्मानित होती हैं, उसी तरह वे भी संघर्ष से पहले सच्चे वीरों में गिने जाते थे। जिस महान परीक्षा से पृथक्करण होना था, वह अभी आरम्भ नहीं हुई थी।

वह नित्यप्रति जब उठकर अपनी मर्दानी वर्दी पहनती, तो किसी अनियन्त्रित शक्ति से प्रार्थना किया करती, ''शक्ति! मुझे इतनी दृढ़ता दे कि मैं उस आनेवाली परीक्षा

में उत्तीर्ण हो सकूँ। मैं स्नेह से वंचित रही हूँ, अनाथिनी हूँ, प्रेम करने का अधिकार मुझे नहीं है—मैं दासी हूँ। कीर्ति की मुझे इच्छा नहीं है—ग़ुलाम की क्या कीर्ति; पर मुझे पथ-भ्रष्ट न करना, मुझे विश्वास के अयोग्य न बना देना।''

फिर वह शान्त होकर अपने तम्बू से बाहर निकल आती और दिन-भर दत्त-चित्त होकर अपना काम करती। दिन में उसे कभी अनिश्चय का, विश्वास का, कातरता का अनुभव न होता। सभी उसके प्रशस्त ललाट, उसके प्रोज्ज्वल नेत्र, उसके तेजोमय मुख को देखकर विस्मित रह जाते।

घनघोर वर्षा हो रही थी। पाँच दिन से वह अविरल जलधारा नहीं रुकी थी। वह पीतवर्णा, कृशकाया सीक्यांग आज घहर-घहर करती बह रही थी। उसका पाट पहले से दुगुना हो गया, और रंग बदलकर लालिमामय हो रहा था। उसके किनारे, वहीं जहाँ दस वर्ष पहले अँग्रेज़ और जर्मन सेना ने एक छोटे-से गाँव को अधिवासियों सहित जला दिया था, आज एक बड़ा फ़ौजी शिविर था, और कितनी ही छोटी-छोटी छोलदारियाँ इधर-उधर लग रही थीं।

वर्षा हो रही थी, पर कैंटन की सेना के उस शिविर में उसकी बिलकुल उपेक्षा थी। कितने ही सैनिक चुपचाप अपने स्थानों पर खड़े पहरा दे रहे थे। उनकी वर्दियाँ भीग गई थीं। बूट कीचड़ से सन गए थे। हाथों की उँगलियों पर झुर्रियाँ पड़ गई थीं; पर वे अपने स्थानों पर सावधान खड़े थे।

रात बहुत बीत चुकी थी, छोलदारियों में अँधेरा था। केवल बीचवाले एक बड़े तम्बू में प्रकाश था। उसके बाहर बहुत-से पहरेदार थे। वे एक-दूसरे के सामने खड़े थे। फिर भी कोई किसी से बात नहीं कर रहा था...

एकाएक भीतर से आवाज़ आई, ''क्वानयिन!''

एक पहरेदार अन्दर गया और क्षण-भर में बाहर आकर छोलदारियों की ओर चला गया।

थोड़ी देर में वह लौट आया। अब वह अकेला न था। उसके साथ थी एक स्त्री, जिसका शरीर एक भूरे फ़ौजी कम्बल से ढँका था; पर सिर खुला था, उसके केश कटे हुए थे।

दोनों अन्दर चले गए।

अन्दर एक बड़े गैस-लैम्प के प्रकाश में चार-पाँच अफ़सर बैठे हुए थे। एक कुछ चिट्ठियाँ पढ़ रहा था। एक ने दो-तीन नक्शे अपने आगे बिछा रखे थे, और उन्हें ध्यान से देख रहा था—कभी-कभी पेन्सिल से उन पर चिह्न भी लगा देता था। एक ओर बैठा हुआ लिख रहा था। उसकी वर्दी की ओर देखने से मालूम पड़ता था कि वह कर्नल था। और बाकी सब उससे छोटे पद के थे। पहरेदार और वह स्त्री कर्नल के आगे सलाम करके खड़े हो गए। उसने कुछ देर ध्यान से स्त्री की ओर देखा और बोला, ''नम्बर 474!''

स्त्री ने शान्त-भाव से उत्तर दिया, ''जी हाँ।''

''तुम कैंटन में दायना पेइफ़ू का घर जानती हो?''

''जी हाँ, वह नदी के किनारे ही एक लाल मकान में रहती है।''

''हाँ।''

कर्नल ने एक पत्र निकाला, और उस पर मुहर लगाकर उसे दे दिया। फिर कहा, ''नम्बर 474, यह पत्र उन्हें पहुँचाना है।''

''कब तक?''

''वैसे तो कोई जल्दी नहीं है, पर बाढ़ आ रही है, शायद रात-रात में रास्ता बन्द हो जाए।''

''बहुत अच्छा।'' कहकर वह जाने लगी।

जो व्यक्ति नक्शा देख रहा था, उसने कहा, ''कर्नल, यहाँ से कैंटन के रास्ते में तो युवान शिकाई की सेना पहुँच रही है।''

''हाँ, मुझे याद आ गया। नम्बर 474!''

''जी हाँ।''

''हांकाऊ से समाचार लेकर तुम्हीं आई थीं न?''

''जी हाँ।''

''फिर तुम्हें पूरी स्थिति मालूम ही है। अपने साथ दस चुने हुए आदमी लेती जाओ।''

''बहुत अच्छा।''

''तुम्हारे पास वह जासूस का चिह्न है?''

''नहीं, मैंने हांकाऊ से आते ही उसे वापस कर दिया था। अब आप दें।''

कर्नल ने जेब में से चाँदी का बना हुआ एक छोटा-सा चीनी अजगर निकाला और देते हुए बोला, ''हमें तुम पर पूरा विश्वास है।''

उस स्त्री ने कोई उत्तर नहीं दिया। वह चुपचाप विचित्र चिह्न लेकर सलाम करके चली गई। कर्नल ने लिखना बन्द कर दिया। एक हल्की-सी सन्तुष्ट हँसी उसके मुँह पर दौड़ गई।

''क्या बात थी, हारिति?''

''कुछ नहीं, एक दौड़ और लगानी होगी।''

''कहाँ की?''

''कैंटन।''

''पर अभी कल ही तो तुम हांकाऊ से आई थीं?''

''तो क्या? काम तो करना ही होता है।''

''ये नब्बे मील अकेली ही जाओगी?''

''नहीं, साथ दस आदमी और जाएँगे।''

"पर जो बाढ़ आ रही है—"

"उससे आगे बढ़ना होगा। अगर कैंटन का पुल पार कर लूँगी, तो हमारी जीत है।"

"और अगर न कर पाईं तो?"

"तैरना जानती हूँ—मछुओं के यहाँ पली हुई हूँ।"

"हारिति!"

"हाँ, क्या है?"

"मुझे साथ ले चलोगी?"

"क्यों?"

"यों ही तुम्हारे साथ जाने को जी चाहता है।"

"पर फिर मेरे बाद यहाँ किसी की ज़रूरत हुई तो?"

"तुम वापस नहीं आओगी?"

"पता नहीं। कैंटन में जो आज्ञा मिलेगी, वह माननी होगी। फिर शायद यहाँ से तुमको भी जाना पड़े—युवान शिकाई बहुत पास आ पहुँचा है।"

"फिर तो तुम नहीं जाओगी हारिति!"

हारिति कुछ बोली नहीं। उसने चुपचाप अपनी मर्दानी वर्दी पहनी और कोट के अन्दर वह चीनी अजगर लगा लिया। फिर बिना कुछ बोले ही वह छोलदारी से बाहर निकल गई।

"क्वानयिन! क्वानयिन!"

"कौन है?"

"मैं हूँ, हारिति।"

"इस समय क्या काम है, हारिति?"

"काम मिला है, अभी जाना होगा। वर्दी पहनकर बाहर आओ।"

"इतनी रात को काम? कितनी दूर जाना है?"

"बहुत दूर। समय नहीं है, जल्दी करो।"

"लो आया और कौन साथ जाएगा?"

"तुम्हीं नौ आदमी चुनकर ले आओ—मैं घोड़े चुनने जाती हूँ।"

"अच्छा, मैं फाटक पर अभी पहुँचता हूँ; पर इतने आदमी क्या होंगे?"

हारिति ने धीरे से कहा, "रास्ते में युवान शिकाई की सेना से मुठभेड़ की आशंका है।"

"अच्छा, फिर तो पूरी तैयारी करनी होगी?"

"हाँ, पर जल्दी।"

हारिति चली गई। उसके बाद छोलदारी के अन्दर से बहुत कोमल ध्वनि आई, "हारिति, हारिति, कितनी दृढ़ हो तुम? मैं कभी तुम्हारी बराबरी कर सकूँगा?"

हारिति वहाँ सुनने को या उत्तर देने को नहीं खड़ी थी।

वर्षा अभी हो रही थी। सीक्यांग का नाद घोरतर होता जा रहा था। उसकी अरुणिमा बढ़ती जा रही थी...

वे ग्यारह व्यक्ति रास ढीली किए, घोड़े दौड़ाए जा रहे थे। कोई कुछ बोलता नहीं था, पर हर एक के मन में न जाने क्या-क्या विचार उठकर बैठ जाते थे। किसी के हृदय में भय न था, पर कितने चौकन्ने होकर वे चारों ओर देखते जाते थे!

वर्षा की और नदी की ध्वनि में उन घोड़ों के दौड़ाने की ध्वनि डूब गई थी। उनकी प्रगति काल के प्रवाह की तरह रवहीन किन्तु अविराम मालूम हो रही थी। किसी महती कामना की प्रतिच्छाया की तरह शान्त, किसी बे-रोक मशीन की तरह नियन्त्रित, वे घोड़े जा रहे थे। और उनके सवार धीरे-धीरे हिसाब लगाते जाते थे कि इस गति से कब पुल पार करेंगे—करेंगे भी या नहीं...

नदी भी बढ़ी चली जा रही थी। उसके प्रवाह में दर्प था, अवमानना थी, सिंह का गर्जन था, और थी प्रकांड प्रलय-कामना। घोड़ों के उस क्षुद्र प्रयत्न को कितनी उपेक्षा से देख रही थी वह, और मानो हँसकर कह रही थी—प्रकृति के प्रवाह को ललकारोगे, जीतोगे, तुम!

''हारिति, कुछ सुनाई पड़ता है?''

''नहीं। क्या है?''

''मुझे भ्रम हुआ कि मैंने कहीं गोली चलने की आवाज़ सुनी।''

''सम्भव है। हमारा सब सामान तो ठीक है न?''

''हाँ, चिन्ता की कोई बात नहीं।''

क्षण-भर शान्ति।

''क्वानयिन, वह देखते हो?''

''किधर?''

''वह दाहिनी ओर! कहीं आग का प्रकाश।''

''हाँ, हाँ—''

''वह है शत्रु का शिविर।''

''हमने गोलियाँ भर रखी हैं। कितनी दूर और जाना है?''

''अभी बहुत है—कोई 35 मील।''

''पुल कितनी दूर है?''

''तीस मील।''

फिर क्षण-भर शान्ति।

''क्वानयिन, साथियों को सावधान कर दो। लड़ाई होगी। वे घुड़सवार हमसे भिड़ने आ रहे हैं।''

''रुककर लड़ना होगा?''

''नहीं। रुकने का समय नहीं है। हम बढ़ते जाएँगे।''

''पर—''

''क्या?''

''हमारे घोड़े थक गए हैं।''

''फिर?''

''हमें रुककर लड़ना चाहिए और उनके घोड़े छीन लेने चाहिए।''

''और अगर हमारे घोड़े भी मारे गए तो?''

''घोड़ों पर से उतरकर अलग हटकर लड़ेंगे, उन्हें बचा लेंगे।''

''वे बहुत आदमी हैं, हम थोड़े।''

''वे वेतन के लिए लड़ते हैं, जान देने के लिए नहीं।''

''अच्छा, जैसा तुम उचित समझो।''

घोड़े रुक गए। उन्हें इकट्ठा खड़ा कर दिया गया। हारिति उनके पास खड़ी हो गई। क्वानयिन और उसके साथी कुछ आगे हटकर खड़े हो गए।

ठाँय! ठाँय! ठाँय!...

एक साथ दस गोलियाँ चल गईं। आक्रमणकारियों ने अपने घोड़े रोक लिये, और अन्धकार में देखने की चेष्टा करने लगे कि गोलियाँ कहाँ से आई थीं।

ठाँय! ठाँय! ठाँय!...

फिर दस गोलियाँ छूटीं। अबकी बार उत्तर आया।

हारिति चुपचाप देख रही थी। जब शत्रु-पक्ष की ओर से बौछार आती, तब वह कुछ चिन्तित होकर पूछती, ''क्वानयिन, कहाँ हो तुम?'' और वह हँसकर उत्तर देता—''हारिति, हमारी जीत होगी।'' फिर वह शान्त हो जाती थी।

एकाएक गोली चलनी बन्द हो गई। क्वानयिन बोला, ''हारिति, वे भाग रहे हैं—हम घोड़े पकड़ लेते हैं!''

थोड़ी देर में आठ नये घोड़े एकत्रित हो गए। हारिति, क्वानयिन और पाँच अन्य व्यक्तियों ने घोड़े बदल लिये। बाकी उस लड़ाई में खेत रहे थे...

''क्वानयिन, अपने घोड़ों का क्या करना होगा?''

''यहीं छोड़ दिए जाएँ?''

''शत्रुओं के लिए! नहीं, उन्हें खाली साथ ले चलेंगे!''

''और जो न दौड़ सकते हों?''

''उन्हें गोली मार देंगे।''

''हारिति!''

''क्या है?''

''कुछ नहीं, चलो।''

फिर वही होड़, वही सीक्यांग के प्रवाह से प्रतियोगिता, वही निःशब्द प्रगति...

''हारिति!''

''क्या है?''

''वे फिर आ रहे हैं।''

''आने दो। अब रुकना नहीं होगा।''

''एक बात कहूँ?''

''कहो।''

''तुम आगे चली जाओ, हम रुककर उनसे युद्ध करते हैं।''

''क्यों?''

''अबकी बार उन्हें भगा नहीं सकेंगे, कुछ देर रोक पाएँगे।''

''फिर क्या होगा?''

''होगा क्या?'' यदि रोक सकेंगे, तो अच्छा। नहीं तो—''

''नहीं तो क्या?''

''मैं फिर तुमसे आ मिलूँगा।''

क्षण-भर निस्तब्धता।

''क्वानयिन।''

''हारिति!''

''तुम ठीक कहते हो, मैं अकेली ही जाती हूँ।''

''जाओ। शायद मैं फिर आ मिलूँ।''

''शायद—''

रात्रि के अन्धकार का रूप कुछ बदलने लगा था। बादल अब भी घिरे हुए थे। वर्षा अब भी हो रही थी। पर जहाँ पहले एकदम निविड़ अन्धकार था, वहाँ अब कुछ भूरा, कुछ सफ़ेद मिश्रित-सा अन्धकार हो गया था। और धरती पर से भाप उठकर जमने लग गई थी। पहले की प्रगाढ़ नीलिमा में जो वस्तुएँ कुछ अस्पष्ट दिखती थीं, वे अब एकदम लुप्त हो गई थीं। अभी उषा के लालिमामय आगमन में बहुत देर थी। सीक्यांग का पुल भी अभी दस मील दूर था। हारिति थक गई थी। उसका घोड़ा भी थक गया था। और उन बिछुड़े हुए साथियों की, क्वानयिन की, स्मृति उसे खिन्न कर रही थी; पर उसके हृदय में जो शक्ति थी, जिसके आगे उसने इतनी बार दृढ़ता की भिक्षा माँगी थी, वह शक्ति आज उसकी सहायता कर रही थी, उसके शरीर में नयी स्फूर्ति का संचालन कर रही थी। उसने घोड़े की गति धीमी नहीं की थी; जिस गति से यात्रा का आरम्भ किया था, उसी से अब भी चली जा रही थी। उसके पीछे एक और सवार चला आ रहा था; पर उसे इसका ध्यान न था। वह पीछे नहीं देखती थी, न उसे पीछे से घोड़े की टाप सुनाई पड़ती थी। उसका ध्यान उस क्रमशः घटते हुए दस मील के अन्तर पर स्थिर था। वह सवार धीरे-धीरे पास आ रहा था। जब वह कुछ ही पीछे रह गया, तब उसने पुकारा, ''हारिति, मैं आ गया।''

हारिति के मुख पर प्रसन्नता की रेखा दौड़ गई, पर उसने घोड़े को रोका नहीं। जब क्वानयिन बिलकुल उसके बराबर आ गया, तब उसने पूछा, ''क्वानयिन, बाकी साथी कहाँ रहे?''

क्वानयिन ने बिना उसकी ओर देखे ही उत्तर दिया, ''नहीं रहे।''

बहुत देर तक दोनों चुपचाप बढ़ते गए। फिर हारिति बोली, ''और घोड़े?''

''मर गए। मैं भी दूसरा घोड़ा लेकर पहुँच पाया हूँ।''

''शत्रु कहाँ हैं?''

''बहुत पीछे रह गए हैं।''

''फिर मुठभेड़ की सम्भावना है?''

''अवश्य।''

''क्यों?''

''उन्हें शक हो गया है कि हम पत्र-वाहक हैं और हमसे कुछ पाने की आशा है।''

हारिति कुछ हँसी। ''कुछ पा लेने की आशा! कितने मूर्ख हैं वे!''

''क्यों?''

''कैंटन के सैनिक धन के लिए विश्वास नहीं बेचते!''

कुछ देर चुप रहकर क्वानयिन बोला, ''हारिति, कैसी रहस्यमयी स्त्री हो तुम! अगर—''

''देखो क्वानयिन, ऐसी बातों से मुझे दुःख होता है।''

''क्यों?''

''हम गुलाम हैं। हमें अपने आदर्श के अतिरिक्त किसी बात का ध्यान करने का अधिकार नहीं है।''

क्वानयिन ने धीमे स्वर में कहा, ''सच कहती हो हारिति। मैं बार-बार भूल जाता हूँ।'' और फिर चुप हो गया।

''दो मील।''

''पर हम इतना जा पाएँगे, हारिति! वह देखो, शत्रु कितना पास आ गए हैं।''

''कोई चिन्ता नहीं। हम पुल पार कर लेंगे, फिर इनका डर नहीं रहेगा।''

''पर पुल तक के दो मील...''

''गति तेज़ कर दो। अब तो इन्हें रोकने का भी प्रयत्न नहीं कर सकते।''

''मेरे पास पाँच भरे हुए पिस्तौल हैं और यह बन्दूक तो है ही।''

''पाँच पिस्तौल!''

''हाँ, अपने साथियों के उठा लाया हूँ।''

''दो मुझे दे दो। शायद—''

क्वानयिन ने जेब से निकालकर दो पिस्तौल उसे पकड़ा दिए। उसने उन्हें अपने कोट में डाल लिया और बोली, ''अगर निर्णय ही करना होगा, तो पुल पर करेंगे। वहाँ बना-बनाया मोर्चा मिल जाएगा।''

''शायद पार निकल सकें। नहीं तो—''

''क्या?''

''इतने दिन सीक्यांग के ऊपर रही हूँ, आज उसके नीचे तो आश्रय मिल ही जाएगा।''

''हारिति!''

''वह देखो क्वानयिन! सामने पुल आ गया।''

''प्रजातन्त्र की जय!''

प्राची दिशा से बादलों को चीरकर फीका पीला-सा प्रकाश निकल रहा था। उसके सामने ही सीक्यांग के प्रमत्त प्रवाह के ऊपर पुल का जँगला दिख रहा था। कितना विमुग्धकारी था वह दृश्य, और साथ ही कितना निराशापूर्ण! नदी की सतह पुल की पटरियों को छू रही थी। कभी-कभी किसी लहर का पानी पुल के ऊपर से भी छलक जाता था। और ठीक मध्य में, जहाँ नदी का प्रवाह सबसे अधिक था, पुल का एक अंश टूटकर बह गया था। दोनों ओर से दो पटरियाँ आतीं और बीच में लगभग 20-22 फुट का खुला स्थान छोड़कर ही समाप्त हो जातीं। उस स्थान में केवल विपुल जल-प्रवाह का गर्जन और उसकी अथाह अरुणिमा ही थी।

''हारिति, वह देखो, क्या है!''

''मैंने देख लिया है।''

''अब क्या करना होगा?''

हारिति ने कुछ उत्तर नहीं दिया। रास खींचकर घोड़े को रोक लिया। क्वानयिन ने भी उसका अनुसरण किया। हारिति ने मुड़कर पीछे की ओर देखा, शत्रु अभी आधा मील दूर थे। क्षण-भर वह अनिश्चित खड़ी रही; फिर बोली, ''क्वानयिन, हमारी परीक्षा का समय आ गया।''

क्वानयिन कुछ नहीं बोला। प्रतीक्षा के भाव से हारिति के मुख की ओर देखने लगा। हारिति घोड़े पर से उतर पड़ी। क्वानयिन ने भी उतरते हुए पूछा, ''क्या करोगी?''

''बताती हूँ।'' कहकर वह अपने पुराने घोड़े पर सवार हो गई। ''देखो क्वानयिन, तुम यहाँ खड़ा होकर मोर्चा लेना, मैं जा रही हूँ।''

''कहाँ?''

''पार।''

''कैसे?''

''कूदकर।''

''कूदकर? यह तुमसे नहीं होगा, हारिति! तुम्हारा घोड़ा भी तो थका हुआ है।''

''मैंने निश्चय कर लिया है। और कोई उपाय नहीं।''

क्वानयिन ने अनिच्छा से कहा, ''तो नया घोड़ा ही ले जातीं।''

''उसका मुझे अभ्यास नहीं। पुराना घोड़ा ही ले जाना होगा।''

हारिति ने जल्दी से अपना कोट उतारा और पिस्तौल क्वानयिन को दिए। वह चाँदी का अजगर चिह्न उसने अपनी कमीज़ में लगा लिया और पत्र को अच्छी तरह लपेटकर कमरबन्द में रख लिया।

''हारिति, यह क्या कर रही हो?''

''शायद कूद न पाऊँ, व्यर्थ का भार नहीं रखना चाहिए।''

''हारिति, क्या यह विदा है?''

''हाँ। वे देखो, शत्रु आ रहे हैं। मुझे विदा दो।''

''तुम्हारे बाद मुझे क्या करना होगा?''

हारिति क्षण-भर स्थिर दृष्टि से क्वानयिन की ओर देखती रही। फिर बोली, ''शायद कुछ भी नहीं करना होगा। अगर—अगर बच गए, तो पार कूद आना और क्या करोगे?''

''जाओ, हारिति, जाओ। तुम वीर हो, मैं भी अधीर न होऊँगा।''

हारिति ने झुककर घोड़े का गला थपथपाया और बोली, ''बन्धु, अब मैं फिर वही अनाथिनी रह गई हूँ। मेरी मदद करना।'' उसने घोड़े को एड़ लगायी, रास ढीली कर दी। घोड़ा उन गीली पटरियों पर दौड़ा। हारिति कुछ आगे झुकी।

ठाँय! ठाँय! ठाँय!

शत्रु पहुँच गए। क्वानयिन हारिति को कूदते हुए भी नहीं देख पाया। उसने शत्रुओं को बन्दूक से जवाब दिया और फिर पिस्तौल उठा लिये।

क्षण-भर के लिए आक्रमणकारी रुक गए। क्वानयिन ने घूमकर देखा।

पुल की पटरियाँ दोनों ओर खाली थीं। उसने देखा, हारिति के घोड़े के अगले पैर पुल के टूटे हुए भाग के उस पार की पटरियों पर पड़े, किन्तु पिछले पैर नीचे स्तम्भ में टकराये, फिसले और फिर घोड़े समेत हारिति उसी अथाह अरुणिमा में गिर गई।

क्वानयिन धीरे-धीरे पुल से हटने लगा। शत्रु आगे बढ़ते आ रहे थे। उस खुले स्थान में क्वानयिन ने देखा, हारित का घोड़ा अभी डूबा नहीं था, एक बहुत बड़े भँवर में फँसकर घूम रहा था। तैरकर निकलने की उसकी सारी चेष्टाएँ निष्फल हो रही थीं और हारिति उस पर बैठी शायद कुछ सोच रही थी।

क्वानयिन ने चाहा, मैं भी कूद पड़ूँ, शायद उसे बचा पाऊँ। फिर उसे हारिति के शब्द याद आए, ''हमारी परीक्षा का समय आ गया।'' उसने मन-ही-मन कहा— ''हारिति, हमारे कर्तव्य अलग-अलग हैं। तुम अपना करो, मैं अपना। मैं शत्रु को रोकता हूँ, तुम्हें कैसे बचाऊँ?'' फिर वह एकाग्र होकर निशाना लगाने और युवान शिकाई के सैनिकों को उड़ाने लगा।

हारिति सँभलकर उठी और घोड़े की पीठ पर खड़ी होकर बोली, ''बन्धु, तुमने तो मेरी सहायता की, अब मैं तुम्हें छोड़कर जा रही हूँ।'' फिर उसने एक लम्बी साँस ली, और उछलकर पानी में कूद पड़ी—भँवर के बाहर।

गोलियाँ अभी चल रही थीं। एक गोली क्वानयिन के कन्धे में लगी, एक पैर में। उसने अब शत्रु की चिन्ता छोड़ दी। उसकी आँखें हारिति को ढूँढने लगीं। पुल से कुछ दूर उसने देखा, एक केशहीन सिर। हारिति तैरती जा रही थी। घोड़े का कहीं पता न था।

क्यानयिन ने कहा, ''हारिति, मेरा काम पूरा हुआ।''

उसने पिस्तौल उठाया, और अपने माथे के पास रखा। फिर—

''प्रजातन्त्र की जय!''

जब शत्रु वहाँ पहुँचे, तो क्वानयिन का प्राणहीन शरीर वहाँ पड़ा था। उसके मुख पर विजय का गर्व था। उन्होंने जल्दी-जल्दी उसके कपड़ों की तलाशी ली, फिर धीरे-धीरे ली। कुछ न मिला। क्रुद्ध होकर उन्होंने ठोकरें मार-मारकर उसके शरीर को नदी में गिरा दिया। वह कुछ देर चक्कर खाकर डूब गया। कुछ बुलबुले उठे, फिर सीक्यांग का प्रवाह पूर्ववत् हो गया। युवान शिकाई के सैनिकों ने देखा कि दूर पानी में कोई तैर रहा है। उन्होंने उसका ही निशाना लेकर गोलियाँ चलानी प्रारम्भ कर दीं। कितनी ही देर तक वे गोलियाँ चलाते रहे। धीरे-धीरे उस व्यक्ति का दिखना बन्द हो गया, शायद डूब गया, या उस अनियन्त्रित प्रवाह में बह गया। वे लौट गए।

कैंटन के बाहर, सीक्यांग के किनारे, बहुत-से मछुए आकर बैठे हुए थे। कुछ पकड़ने की आशा से नहीं, केवल इसी चिन्ता का निवारण करने के लिए कि बाढ़ कब उतरेगी। सूर्य का उदय हो गया था। बादल फट रहे थे, वर्षा का अन्त होने वाला था, पर नदी में पानी अभी बढ़ता जा रहा था और वे मछुए बैठकर देख रहे थे। कोई कह रहा था—''बाढ़ से एक फ़ायदा है। युवान शिकाई इस पार नहीं आ सकेगा।''

कोई और पूछ रहा था, ''सुना है, युवान शिकाई की सेना कुल पचास मील दूर रह गई है। क्या यह ठीक बात है?''

एक तीसरा बोला, ''हमारी सेना में बहुत अच्छे-अच्छे आदमी हैं। हमारी हार नहीं हो सकती।''

दूर कहीं कोलाहल हुआ—''वह देखो, क्या है? कोई मरा हुआ जानवर बह रहा है! नहीं-नहीं, यह तो आदमी है, आदमी!''

सब लोग उधर देखने लगे। फिर कहीं से दो आदमी, एक छोटी-सी नाव पर बैठकर, तीव्र गति से उधर चले। उन्होंने दो-तीन बार जाल डाला, पर असफल हुए। फिर किनारे पर खड़े दर्शकों ने देखा कि वे दोनों धीरे-धीरे कुछ खींच रहे हैं।

थोड़ी देर में उन्होंने एक शरीर निकालकर नाव में रखा और किनारे चले आए। दर्शकों की भीड़ लग गई। सब अपने-अपने मत का दिग्दर्शन करने लगे।

''कैसा बाँका जवान है।''

''अभी बिलकुल बच्चा है।''

''वह देखो, बाँह से खून निकल रहा है।''

''फ़ौजी वर्दी पहने हुए है।''

''युवान शिकाई का आदमी तो नहीं है?''

''नहीं, सिर पर चोटी नहीं है, कैंटन का ही सिपाही होगा।''

''यह बाँह में गोली लगी है।''

"कितना खून बह गया है, पीला पड़ गया है।"

"मर गया है?"

"नहीं, अभी जीता है।"

वह शरीर कुछ हिला, फिर उसने आँखें खोलीं, "मैं कहाँ हूँ?"

"यह है कैंटन। कहाँ से आ रहे हो?"

"कैंटन, वह लाल मकान?"

आँखें फिर बन्द हो गईं। थोड़ी देर बाद शरीर में कम्पन हुआ, आँखें खुलीं, उनमें एक विचित्र तेज था।

"मुझे उठाकर ले चलो।"

"कहाँ?"

"वह बड़ा मकान—डायना पेइफ़ू का—उसमें!" वे उसे उठाकर सावधानी से धीरे-धीरे ले चले।

"जल्दी! जल्दी!"

वे तेज़ चलने लगे, तब भी उसे सन्तोष न हुआ।

"और जल्दी!"

वे दौड़ने लगे।

थोड़ी देर में उस मकान के सामने पहुँच गए। वह शरीर फिर संज्ञाशून्य हो गया था।

उसने धीरे-धीरे आँखें खोलीं। वह एक बड़े सुन्दर कमरे में सोफ़े पर पड़ी हुई थी। पास एक स्त्री खड़ी हुई थी। आँखें खुलती देखकर उसने चिन्तित स्वर में पूछा "अब कैसा हाल है?"

हारिति ने प्रश्न का उत्तर नहीं दिया। बोली, "आप ही डायना पेइफ़ू हैं?"

"हाँ, कहिए!"

"आपके लिए एक पत्र है।"—हारिति ने पत्र निकालने का प्रयत्न किया, पर हाथों में शक्ति नहीं थी। अपने कमरबन्द की ओर इंगित करके ही वह रह गई।

डायना ने स्वयं पत्र निकाला और खोला। उसका मुख लाल हो गया। आँखें लज्जा से कुछ झुक गईं। उसने पत्र को चूम लिया और धीरे से कहा, "प्रियतम!"

हारिति देख रही थी। यह दृश्य देखकर उसके नेत्रों का तेज एकाएक बुझ गया। उसने आँखें मूँद लीं। दो-तीन चित्र उसके आगे दौड़ गए—दो-तीन स्मृतियाँ—वे मरते हुए बन्धु—वह दीन घोड़ा—क्वानयिन और उसके शब्द—"हारिति, हमारी जीत होगी।" "हारिति, क्या यह विदा है?" "जाओ, हारिति, जाओ। तुम वीर हो—मैं भी अधीर नहीं होऊँगा।"

व्यथा की एक रेखा उसके मुख पर दौड़ गई। यही था काम, जिसके लिए उसने इतनी मेहनत की थी; यही थी सेवा, जिसके लिए उसने इतना बलिदान किया था; यही था अनुष्ठान, जिसकी पूर्ति के लिए उसने उस घोड़े की, उन बन्धुओं की,

और क्वानयिन—क्वानयिन की आहुति दी थी—यह प्रेम-प्रवंचना।

हारिति को मालूम हुआ, उसका गला घुट रहा है। उसके निर्बल शरीर में एकाएक स्फूर्ति आ गई। उसने एक झटके में अपनी मोटी कमीज़ फाड़ डाली। उसके मुख पर एक आन्तरिक विचार-तरंग की झलक, एक हल्की-सी हँसी छा गई— एक हँसी, जिसमें सफलता की शान्ति नहीं थी, विजय का गर्व नहीं था, था केवल एक भयंकर उपहासमय तिरस्कार।

डायना ने उसकी ओर देखा और चौंकी। उसके मुख पर से वह अनुराग की आभा बुझ गई। हारिति के वक्ष की ओर देखती हुई विस्मित, चिन्तित, भीत स्वर में वह बोली, "ओह! तुम—तुम तो स्त्री हो!"

पर तब हारिति स्त्री नहीं रही थी। वहाँ जो पड़ा हुआ था, वह था केवल किसी स्वर्गीय व्यक्ति का परित्यक्त शरीर।

और हारिति के उर पर पड़ा हुआ वह चीनी अजगर मानो उसके मुख पर व्यक्त उस तिरस्कार को प्रतिबिम्बित करके हँसे जा रहा था।

●

अकलंक

वे दोनों उस टीले की चोटी पर खड़े थे। चारों ओर काले-काले बादल घिरे हुए थे, धारासार वर्षा हो रही थी, टीले के नीचे घहराता हुआ ह्वांग-हो नदी का प्रवाह था और जहाँ तक दृष्टि जाती थी, पानी-ही-पानी नज़र आता था।

वे दोनों वर्षा की तनिक भी परवाह न करते हुए टीले के शिखर पर खड़े थे।

वह चीनी प्रजातन्त्र सेना की वर्दी पहने हुए था, और भीगता हुआ सावधान मुद्रा में खड़ा था।

स्त्री ने एक बड़ी-सी खाकी बरसाती में अपना शरीर लपेट रखा था। उसके वस्त्राभूषण कुछ भी नहीं दिख पड़ते थे। उसने वेदना-भरे स्वर में कहा, ''मार्टिन, तुम्हें भी अपना घर डुबा देना होगा। मेंड़ काट देना, नदी स्वयं भर आएगी।''

मार्टिन कुछ देर चुप रहा। फिर बोला, ''क्रिस, क्या इसके अतिरिक्त कोई उपाय नहीं है?''

स्त्री ने चौंककर कहा, ''मार्टिन, यह क्या? सेनापति की जो आज्ञा है, उसका उल्लंघन करोगे?''

''उल्लंघन नहीं। लेकिन अगर बिना शत्रु को आश्रय दिए ही घर बच जाए, तो क्यों न बचा लिया जाए!''

''औरों के भी तो घर थे?''

''वे किसान थे। मैं राष्ट्र का सैनिक हूँ। शायद अपने घर की शत्रु से रक्षा कर सकूँ!''

''मार्टिन, तुम्हें क्या हो गया है? तुम अकेले क्या करोगे? हम सब यहाँ से चले जाएँगे। शत्रु के लिए इतना विशाल भवन छोड़ दोगे, तो हमारे बलिदान का क्या लाभ होगा? हमने अपने घर डुबा दिए हैं, केवल इसीलिए कि शत्रु को आश्रय न मिले। और तुम अपना घर रह जाने दोगे?''

''मेरा घर इतना विशाल है कि उसमें समूचा गाँव आकर रह सकता है।''

''इसीलिए तो उसे डुबाना अधिक आवश्यक है। मार्टिन, सम्पत्ति का इतना मोह!''

मार्टिन को ऐसा प्रतीत हुआ, मानो किसी ने उसे थप्पड़ मार दिया हो। तनकर बोला, ''क्रिस, यह मोह नहीं है।'' फिर एकाएक पास आकर उसने स्त्री का हाथ पकड़ लिया। ''क्रिस, अभी तुम्हें नहीं समझा सकूँगा कि क्या चाहता हूँ; किन्तु विश्वास रखो, मैं जो करना चाहता हूँ, उसी में देश का भला है। तुम इतना विश्वास नहीं करतीं?'' कहकर मार्टिन उसे अपनी ओर खींचने लगा।

स्त्री ने झटककर हाथ छुड़ा लिया और अलग हटकर खड़ी हो गई। बोली, ''तुम अपना, कर्तव्य नहीं कर रहे, मैं तो यही समझ पाती हूँ। सैनिक हो, सेनापति की आज्ञा का उल्लंघन कर रहे हो। इससे अधिक क्या लाभ सोच रहे हो, कौन गुरुतर कर्तव्य, मैं नहीं जानती, न जानना चाहती हूँ।'' वह घूमकर टीले से उतर चली।

मार्टिन क्षण-भर तक स्तब्ध रह गया। फिर उसने व्यथित स्वर में पुकारा, ''क्रिस्टाबेल! क्रिस्टाबेल!''

किन्तु क्रिस्टाबेल ने मुँह फेरकर देखा भी नहीं।

मार्टिन ने एक लम्बी साँस ली, और फिर टीले से दूसरी ओर उतरने लगा। उतरकर वह जल्दी-जल्दी कदम रखता हुआ चला। कोई मील-भर जाकर वह एक बड़े भवन के पास पहुँच गया। उसने दरवाज़े पर से ही आवाज़ दी, ''कोई है?''

एक भृत्य आकर सामने खड़ा हो गया। मार्टिन ने तीव्र दृष्टि से उसकी ओर देखकर कहा, ''तीन घोड़े ले आओ और पहनने को कपड़े। ज़ीन एक ही घोड़े पर डालना।''

भृत्य ने अत्यन्त विस्मय के स्वर में कहा, ''यहीं पर?''

''हाँ, यहीं! फौरन!''

भृत्य भवन के अन्दर गया और कपड़े ले आया। मार्टिन ने कपड़े ले लिये और बोला, ''कपड़े मैं स्वयं पहन लूँगा; तुम घोड़े ले आओ!''

भृत्य चुपचाप चला गया। जब वह घोड़े लेकर आया, तब मार्टिन वस्त्र बदल चुका था और घुड़सवारी के उपयुक्त वेश में खड़ा था। घोड़ों के आते ही वह एक पर सवार हो गया और बोला, ''मेरी बन्दूक ले आओ।''

भृत्य दौड़कर बन्दूक ले आया। फिर उसने आदर-भाव से पूछा, ''कब लौटना होगा?''

मार्टिन ने घोड़े को एड़ लगाते हुए कहा, ''तुमसे मतलब?''

थोड़ी देर में घुड़सवार, उसका घोड़ा और उसके अनुगामी दोनों घोड़े भी आँखों से ओझल हो गए। भृत्य तब तक वहीं खड़ा उसे देखता रहा, विस्मय का भाव उसके मुख पर उसी भाँति बना रहा।

2

''तुमने सुना? मार्टिन द्रोही है।''

''क्यों?'' कैसे? क्या हुआ?''

वर्षा हो रही थी। एक छोटे-से मैदान में बहुत-से स्त्री-पुरुष एकत्र थे। प्रत्येक

के पास एक-आध छोटी गठरी थी, जिसमें उन्होंने अपनी ऐहिक सम्पत्ति बाँध रखी थी। किसी-किसी भाग्यशाली के पास एक गधा भी था, जिस पर उसने सामान लाद रखा था। अनेक स्त्रियों को घेरे हुए या उनकी गोद में, छोटे-छोटे बच्चे भी थे। सब-के-सब सर्दी से ठिठुर रहे थे; किन्तु कोई भी इसकी शिकायत नहीं कर रहा था। सबके मन में एक ही भाव था कि अगर हमारे मन में छिपी हुई पीड़ा और अशान्ति व्यक्त हो जाएगी, तो फिर हमारा साहस टूट जाएगा...उस मूक अभिमान के कारण ही वे अब तक बचे हुए थे। उन्हें उस स्थान पर, उस दशा में, एक ही रात काटनी थी, क्योंकि प्रातःकाल ही उन्हें ले जाने के लिए दूसरे गाँव से घोड़े आने वाले थे। फिर भी, वे किसान थे, गरीब थे, अपनी दो हाथ भूमि और दो मुट्ठी अन्न को प्राणों से भी अधिक चाहते थे।

रात के दस बज चुके थे। कृषक-समूह, जो अब तक प्रतीक्षापूर्ण नेत्रों से मार्टिन के घर की ओर देख रहा था, अब यह समाचार पाकर सिहर उठा।

''क्यों? कैसे? क्या हुआ?''

''तुमने सुना नहीं? उसने कहा है कि मैं सेनापति की आज्ञा मानने को बाध्य नहीं हूँ। जो अच्छा समझूँगा, करूँगा।''

''तुमसे किसने कहा?''

''क्रिस्टाबेल उसे कहने गई थी, उसी से उसने यह बात कही है। उसके बाद ही वह घर से तीन घोड़े लेकर कहीं चला गया है।''

लोग अब तक थके हुए और उन्मन बैठे थे, अब मानो वेदना की तन्द्रा से जागे और पूछने लगे, ''अब क्या होगा?'' अनेक मुखों से अनेक प्रकार की आलोचनाएँ होने लगीं।

''होना क्या? द्रोही है तो कोर्ट-मार्शल होगा।''

''द्रोही नहीं, बल्कि कायर है। द्रोह करने के लिए भी हिम्मत चाहिए।''

''कायर को भी कोर्ट-मार्शल से प्राण-दंड मिलेगा।''

''अब तक हम उसे कितना अच्छा समझते थे!''

एक वृद्ध ने, जो अब तक चुपचाप तमाखू चबा रहा था, उसे थूककर कहा, ''भई, तुम लोग चाहे जो कहो, मुझे तो उस पर विश्वास है। इतना सीधा, इतना सदय, दूसरों का भला करनेवाला और त्यागी आदमी द्रोही हो सकता है, यह मेरा मन नहीं मानता। तुम्हें याद है, महामारी में उसने कैसे गाँव में रहकर दिन-रात सेवा की थी? कहाँ-कहाँ से डॉक्टर बुलाए थे, दवाइयाँ मँगाई थीं? जिस दिन मेरा लड़का बीमार हुआ,''—कहते-कहते वृद्ध की आँखें डबडबा आईं—''उस दिन सारी रात वह उसके पास बैठा रहा। मैंने कई बार कहा, अब चले जाओ, सोओ; पर नहीं माना। हमीं से कहता रहा, तुम थके हुए हो, थोड़ा आराम कर लो, कल अच्छा हो जाएगा; पर बेचारे को अच्छा ही नहीं होना था।'' कुछ रुककर फिर, ''अब तक भी, हमें जिस चीज़ की ज़रूरत होती है, उसी के पास जाते हैं कि नहीं? तुम चाहे

जो कहो, मैं तो यही कहूँगा कि उसका नाम जिसने अकलंक रखा, ठीक रखा। वह ईसाई है तो क्या हुआ? मैं तो उसे हमेशा अकलंक कहूँगा।''

एक युवक बोला, ''दादा, इतने जोश में न आओ। वह हमारी भलाइयाँ तो करता रहा है; लेकिन क्या इससे उसको कीर्ति नहीं मिलती? और फिर जो भीरु होते हैं, वे प्राय: अच्छे ही जान पड़ते हैं, क्योंकि उनमें बुरा करने की हिम्मत ही नहीं होती!''

विषय ऐसा था कि प्रात:काल होने तक समाप्त न होता; पर एकाएक कुछ दूर से एक स्त्री के चीखने का स्वर आया। लोग चौंककर चुप हो गए, दो-तीन ने पुकारकर पूछा, ''क्या हुआ?''

किन्तु यह प्रश्न व्यर्थ था, इसका कोई उत्तर भी नहीं मिला। एक विधवा की लड़की पाँच-छह दिन से न्युमोनिया से पीड़ित थी, वह इस घोर शीत को नहीं सह सकी—एक ही हिचकी के झटके से वह इस लोक के बन्धन तोड़कर चली गई थी। उसी की माता रो रही थी।

लोगों का साहस टूटने के बहुत निकट पहुँच गया। उन्हें एकाएक अपने जीवन की क्षुद्रता और असारता का बोध हो आया। ऐसा प्रतीत होने लगा कि कोई अदृश्य, भैरव और निर्दय अनिष्ट उनके सिर पर मँडरा रहा हो। उस अमानुषी शक्ति की उपस्थिति के ज्ञान से सब एकाएक स्तब्ध होकर एक-दूसरे का मुख देखने लगे; किन्तु कोई किसी से आँख नहीं मिलाता था, मानो इसी आशंका से कि जो भय उनकी आँखों में था, उसी की प्रतिच्छाया दूसरों की आँखों में न दिख जाए!

एकाएक दूर पर घोड़े की टाप सुनाई पड़ी—कभी भूमि पर पड़ती हुई कठोर टटटप्! टटटप्! टटटप्! फिर कुछ देर के लिए कीच-पानी में छिप्-शश्! छिप्-शश्!

किसी ने कहा, ''क्रिस्टाबेल लौट आई!''

''लेकिन यह तो दो-तीन घोड़ों का स्वर है।''

इस समस्या का हल अपने-आप हो गया। घोड़े उसी मैदान के सिरे पर आकर रुक गए। दो घोड़ों पर बरसाती से बँधे हुए बोझ लदे थे, तीसरे पर सवार था।

सवार ने उस रोती हुई वृद्धा से पूछा, ''क्या हुआ?'' स्वर मार्टिन का था।

वृद्धा ने कोई उत्तर नहीं दिया, और भी ज़ोर से रोने लगी।

मार्टिन घोड़े पर से उतर पड़ा, देखकर स्थिति समझ गया। सकरुण स्वर से बोला, ''माई, तुम मेरे घर चलो न!''

''घर? घर कहाँ है? सब तो डूब गए।''

''मेरा घर बाकी है।''

''तुम कौन हो?''

पास बैठे हुए एक युवक ने तिरस्कारपूर्ण स्वर में ज़ोर से कहा, ''ये हैं अकलंक, हमारे गाँव के रक्षक!''

मार्टिन चौंका। एक बार उसने चारों ओर देखा। फिर उसे कुछ याद आया। जिस घोर प्रयास से उसने अपने को वश में किया, उसके लक्षण उसके मुख पर

स्पष्ट दिखते थे। फिर वह सबकी ओर उन्मुख होकर बोला, ''तुम सब चाहो, तो मेरे घर चलकर रहो। मैं तुम्हारी रक्षा करूँगा।''

कोई उत्तर नहीं मिला।

मार्टिन फिर कुछ काँपते-से स्वर में बोला, ''माई, तुम तो चली चलो। शायद मैं इस लड़की की कुछ दवा-दारू कर सकूँ।''

''जब कोई नहीं जाता, तब मैं भी सब सह लूँगी। लड़की तो अब मर चुकी। मैं कायर नहीं हूँ।''

मार्टिन ने सिर झुका लिया। घोड़े की लगाम पकड़कर धीरे-धीरे आगे चल दिया, कुछ बोल नहीं सका।

पीछे से हँसी की—तिरस्कारपूर्ण हँसी की—ध्वनि आई। दो-तीन स्वरों ने एक साथ ही कहा, ''अकलंक! कायर!''

3 घर के आगे पहुँचकर मार्टिन ने स्वयं ही घोड़ों पर से बोझ उतारा और एक-एक को उठाकर भीतर ले गया। उसके पैरों के शब्द सुनकर जो नौकर देखने आया था, वह चुपचाप खड़ा देखता रहा, उसे इतना साहस भी नहीं हुआ कि आगे बढ़कर सामान उठाने की चेष्टा करे।

मार्टिन ने स्वयं ही उससे कहा—''घोड़ों को ले जाओ।'' तब एकाएक बिजली से संजीवित व्यक्ति की तरह वह बाहर दौड़ पड़ा।

मार्टिन ने सब दरवाज़े बन्द कर लिये और एक कोने में पड़ी हुई कुदाली और फावड़ा निकालकर खोदने लगा। कमरे के मध्य में जब वह काफ़ी बड़ा गड्ढा खोद चुका, तब उसने एक बार कमर सीधी की और फिर घोड़ों पर के दोनों बोझ उसमें डाल दिए। फिर उसने अपनी कमर पर लिपटी हुई बहुत लम्बी एक रस्सी-सी खोली और उसका एक छोर उन गट्ठरों के भीतर रख दिया। इसके बाद उसने गड्ढे को पूर्ववत् भर दिया और वहाँ से किवाड़ तक और किवाड़ के बाहर दूर तक, एक नाली-सी खोदकर उसी में रस्सी दबा दी। जब वह घर से लगभग साठ गज दूर पहुँचा, तब रस्सी समाप्त हो गई। उसने यहाँ पर उसका सिरा बाहर रखकर उस पर कुछ सड़े पत्तों और लकड़ियों का छोटा-सा ढेर लगा दिया। फिर वह घर के भीतर आया और किवाड़ बन्द करके बैठकर न जाने क्या-क्या सोचने लगा।

4 सवेरा नहीं हुआ था। उषा भी नहीं हुई थी; किन्तु फिर भी रात्रि के अन्धकार के रंग में कुछ परिवर्तन हो गया था—वह कुछ भूरा-सा हो गया था। इससे अनुमान किया जा सकता था कि सूर्योदय में कुछ ही देर है। वर्षा अभी होती जा रही थी।

मैदान में बैठे हुए लोग सो नहीं पाए थे। वे अशान्ति और औत्सुक्य से

क्रिस्टाबेल की प्रतीक्षा कर रहे थे। क्रिस्टाबेल शाम ही से दूसरे गाँव से घोड़े लाने गई थी, जो कि उन लोगों को ले जानेवाले थे।

उग्र प्रतीक्षा सदा ही फलीभूत होती है। एकाएक किसी ने चिल्लाकर कहा, ''प्रजातन्त्र की जय! क्रिस्टाबेल आ गई है!''

बहुत-से लोग उठ खड़े हुए। क्रिस्टाबेल घोड़े से उतरकर नीचे बैठ गई और बोली—''मैं कितनी थक गई हूँ—!'' फिर चारों ओर देखकर बोली, ''चलो, अब देर क्या है?''

''कुछ नहीं, एक बुढ़िया की लड़की—''

''हाँ, मैंने सुना। वे अभी लौट आएँगे—तुम लोग तैयार हो लो।''

किसी ने पूछा, ''और मार्टिन का क्या होगा?''

क्रिस्टाबेल का मुँह लाल हो आया। फिर वह रुककर बोली, ''क्यों? उसका क्या होना है?''

''वह तो हमारे विरुद्ध जा रहा है।''

''क्यों?''

''अपना घर बचा रहा है—और कल कुछ रसद भी ले आया है। मालूम होता है, यहीं रहेगा।''

''क्रिस्टाबेल कुछ देर चुप रही। फिर बोली, ''तुम लोग चल पड़ो, मैं अभी आती हूँ। मुझे एक नया घोड़ा दे दो।''

दूसरा घोड़ा लेकर वह मार्टिन के घर की ओर चल पड़ी। मैदान में बैठे हुए लोग तत्परता से घोड़े लादने लगे।

मार्टिन अपने घर के बाहर ही टहल रहा था। क्रिस्टाबेल को आते देखकर रुक गया और एकटक उसकी ओर देखने लगा।

क्रिस्टाबेल ने बिना भूमिका के कहा, ''मार्टिन, मैं यह क्या सुनती हूँ?''

''यही सुना होगा कि अकलंक अब कलंकी हो गया है!''

क्रिस्टाबेल यह प्रश्न सुनकर सहम गई और सहसा कुछ कह न सकी। मार्टिन ने स्वयं ही फिर कहा, ''क्रिस्टाबेल मैं तुम्हें कह चुका हूँ कि मैं देश का भला सोच रहा हूँ। सारा गाँव मेरे विरुद्ध है, क्या तुम भी मेरा विश्वास नहीं कर सकतीं?''

क्रिस्टाबेल बोली, ''मैं क्या करूँ? तुमने मुझे कोई कारण तो बताया नहीं?''

''कारण बताने में विवश हूँ। पर क्या तुम इतना भी विश्वास नहीं कर सकतीं?''

''मैं तो विश्वास करती हूँ, तुम स्वयं ही मुझ से कुछ छिपा रहे हो।''

''अगर कर्तव्य कोई बात छिपाने को कहे—''

''मेरे प्रति तुम्हारा क्या कोई कर्तव्य नहीं है?''

''क्रिस, मुझे अधिक पीड़ित न करो। मैं विवश हूँ, इतना मान लो।''

क्रिस्टाबेल फिर बहुत देर तक चुप रही। फिर एक लम्बी साँस लेकर मुँह फेर कर चल दी।

''कहाँ जा रही हो, क्रिस?''

क्रिस ने दबे हुए उद्वेग के स्वर में उत्तर दिया, ''कहीं नहीं, अपना कर्तव्य मुझे भी निश्चित करना है।''

''क्रिस, तुम नाराज हो गईं—''

''यह प्रेमालाप का समय नहीं है—''

''अगर मैं कारण बता दूँ, तो विश्वास करोगी?''

क्रिस एकाएक ठिठक गई और बोली, ''क्या?''

मार्टिन बहुत देर तक स्थिर दृष्टि से उसके मुख की ओर देखता रहा, कुछ बोला नहीं। फिर, ''नहीं, विश्वास मोल नहीं लिया जाता। तुम जाओ!''

मार्टिन के हृदय की उथल-पुथल को क्रिस्टाबेल नहीं समझ पाई। क्रुद्ध सर्पिणी की तरह घूमकर तीव्र गति से चल दी। मार्टिन ने धीरे से कहा, ''अविश्वासिनी!''

उसके स्वर में क्रोध की अपेक्षा वेदना ही अधिक थी, इस बात को क्रिस्टाबेल नहीं समझ सकी। उसने क्षण-भर के लिए रुककर बिना मुख फेरे ही कहा, ''कायर!''

जिस समय क्रिस्टाबेल मैदान पर पहुँची, तब लोगों ने देखा, उसकी आँखों में एक अमानुषी तेज था। उसने चुपचाप एक घोड़ा चुना और उछलकर चढ़ गई।

एक वृद्ध ने सहानुभूति के स्वर में पूछा, ''क्रिस, कहाँ जाओगी?''

क्रिस्टाबेल ने बिना किसी की ओर देखे ही उत्तर दिया, ''यांगसिन, सेनापति से रिपोर्ट करने।''

''कैसी रिपोर्ट?''

''वह कायर है, कायर!'' कहते-कहते क्रिस्टाबेल ने घोड़े को एड़ दी और बात-की-बात में बहुत दूर निकल गई। जब वह बिलकुल ओझल हो गई, तब लोगों की भाव-तरंगिनी को निकलने की राह मिली, एक ही गगन-कम्पी हुंकार में—''क्रिस्टाबेल की जय!''

5

जिस समय सैनिकों का दल मार्टिन को बन्दी करने आया और किवाड़ बन्द पाकर खटकाने लगा, तब मार्टिन अपनी बन्दूक लेकर सामने आया और ललकार कर बोला, ''क्या है?'' किन्तु कहते-कहते उसने देखा, सैनिकों के साथ क्रिस्टाबेल भी है। उसे देखकर मार्टिन ने बन्दूक आकाश की ओर करके दाग दी और फिर ज़मीन पर पटक दी। बदले हुए स्वर में फिर पूछा, ''क्या है?''

''हम तुम्हें बन्दी करने आए हैं—प्रजातन्त्र के नाम पर।''

''किस अपराध के लिए?''

''कायरता के लिए।''

''मुझे?'' कहकर मार्टिन ने एक बार फिर क्रिस्टाबेल की ओर देखा; पर उसने आँख नहीं मिलाई। मार्टिन बोला, ''मैं तैयार हूँ, चलो! मैंने हथियार डाल दिए हैं।''

सैनिकों ने उसे बीच में ले लिया। उनके नायक ने क्रिस्टाबेल से पूछा, ''आप कहाँ जाएँगी, हमारे साथ ही?''

"नहीं, तुम जाओ। मुझे अपना काम है।"

सैनिक बन्दी को लेकर आगे बढ़ने लगे। जब वे कुछ दूर चले गए, तब क्रिस्टाबेल एक हल्की-सी चीख मारकर कीच में ही बैठ गई, "मार्टिन! मार्टिन!"

पता नहीं, बन्दी ने उसे सुना भी कि नहीं। उसके मुख का भाव ज़रा भी नहीं बदला। शायद सैनिकों के पद-रव में वह डूब गई थी, वह करुण पुकार—"मार्टिन!"

6 "प्रहरी!"

"क्या है?"

"एक बात सुनोगे?"

"अगर प्रजातन्त्र के खिलाफ नहीं होगी, तो सुन लूँगा।"

"तो ज़रा पास सरक आओ।"

पहरेदार बन्दी के पास आ गया। बन्दी ने कहा—"जानते हो, कल मेरा कोर्ट मार्शल होना है?"

"हाँ, जानता हूँ।"

"शायद—अवश्य—प्राणदंड की आज्ञा होगी।"

"हाँ, यही सम्भावना है।"

"मेरा एक पत्र पहुँचा दोगे?"

"किसे?"

"स्त्री-सेना की एक वालंटियर को।"

"वह तुम्हारी कौन है?"

मार्टिन ने इसका उत्तर नहीं दिया। बोला—"मुझे अब फिर किसी से मिलने या बोलने का अवसर नहीं मिलेगा, इसी से कहता हूँ।"

पहरेदार ने कुछ सोच कर कहा—"काम तो सहज नहीं है। और फिर—"

"और क्या?"

"मैं तुम्हारी सहायता क्यों करूँ? तुम तो—"

"कह दो न, रुक क्यों गए?"

पहरेदार फिर चुप हो रहा। यह देखकर मार्टिन स्वयं ही बोला—"मैं कायर हूँ, देश का शत्रु हूँ, यही न?"

पहरेदार ने बिना कुछ कहे सिर झुका लिया। उसकी यह अर्द्ध-व्यक्त स्वीकृति देखकर मार्टिन बोला, "मेरे पास इसका उत्तर नहीं है। तुम्हें क्या कहूँ? अगर कहता हूँ कि मैं कायर नहीं हूँ, तो तुम अपने मन में सोचोगे, सभी कायर ऐसा कहा करते हैं। इसलिए इतना ही कहूँगा, मैं मनुष्य हूँ, मेरे हृदय है और अभिमान भी।"

मार्टिन थोड़ी देर प्रहरी की ओर चुपचाप देखता रहा। फिर बोला—"ले जाओगे?"

प्रहरी ने धीरे से कहा—"हाँ, ड्यूटी बदलने से पहले दे देना।"

"मैंने लिख रखा है। अभी ले लो, कोई नहीं देख रहा है।"

यह कहकर मार्टिन ने शीघ्रता से एक छोटा-सा पुर्जा सिपाही की ओर बढ़ा दिया। सिपाही ने उसे अपनी बन्दूक की नली में डाल लिया और बोला, ''मैंने तुम्हारा विश्वास किया है—देखना।''

मार्टिन ने उत्तर नहीं दिया, एक बार उसकी ओर देख-भर दिया। उस दृष्टि में न जाने क्या था, उसे लक्ष्य कर प्रहरी चुपचाप सिर झुकाए इधर-उधर घूमने लगा।

मार्टिन कोठरी के मध्य में जाकर बैठ गया और छत के एक छोटे-से रोशनदान की ओर देखने लगा। एक बार चौंककर बोला—''हैं? यह मैंने क्या किया?'' फिर थोड़ी देर के लिए चुप हो गया। फिर एक लम्बी साँस लेकर बोला—'विराट् प्रेम का अन्त भी विराट् होना चाहिए। मैं उसे अपनी व्यथा क्यों दिखाऊँ?'

मार्टिन ऐसी प्रश्न-भरी मुद्रा से उस रोशनदान की ओर देखने लगा, मानो उसी से उत्तर की प्रतीक्षा कर रहा हो।

7 मार्टिन के विशाल भवन के चारों ओर सैनिकों का पहरा था; किन्तु सैनिक प्रजातन्त्र के नहीं थे। मकान के अन्दर से गाने की ध्वनि आ रही थी; किन्तु वे प्रजातन्त्र के राष्ट्र-गीत के स्वर नहीं थे। मार्टिन के भवन पर आज शत्रु-सेना का अधिकार था, आज देश के सात सौ शत्रु उसमें आश्रय पा रहे थे और अधिकाधिक दक्षिण की ओर बढ़ने के मंसूबे बाँध रहे थे।

और भवन के बाहर चारों ओर पतली कीच थी—काली-काली, केवल कहीं-कहीं भवन से आने वाले प्रकाश के कारण दीप्त...

भवन से दूर पर छोटे-छोटे पेड़ों के झुरमुट में क्रिस्टाबेल खड़ी थी। उसके पास ही एक पेड़ से घोड़ा बँधा था। क्रिस्टाबेल एकाग्र दृष्टि से भवन की ओर देख रही थी; किन्तु ध्यान से देखने पर मालूम हो जाता था कि उसकी आँखें उधर लगी होने पर भी ध्यान उधर नहीं था।

भवन के अन्दर शायद कोई उत्सव हो रहा था—और इसीलिए कभी-कभी शायद अग्नि की उद्दीप्ति के कारण उसके अन्दर प्रकाश बढ़ जाता था। उसी प्रकाश की एक-आध झलक रात्रि के अन्धकार को भेदकर उस झुरमुट तक पहुँच जाती थी तो उसमें क्रिस्टाबेल का वह तना हुआ चेहरा और चमकती हुई आँखें—आँसू-भरी आँखें—स्पष्ट दिख जाती थीं।

क्रिस्टाबेल ने आप-ही-आप कहा, ''आज दंड हो चुका होगा...और कल मैं...''

रुककर वह फिर उस ससंज्ञ तन्द्रा में पड़ गई।

''मार्टिन...मेरा दुर्भाग्य...''

एकाएक मानो किसी दृढ़ निश्चय से प्रेरित होकर उसने अपने शरीर को झटका दिया और भवन पर से आँखें हटा लीं। किन्तु तत्काल ही उसका शरीर जड़ हो

गया, मानो कोई चिड़िया साँप की सम्मोहन दृष्टि से निकलने का व्यर्थ प्रयत्न करके थक गई हो।

वह फिर भवन की ओर देखने लगी।

''ईसा, ईसा, अगर उसके दिल में इतना साहस होता—अगर मेरे हाथों में इतनी शक्ति...''

एकाएक वह चौंकी। घोड़े ने भी चौंककर सिर उठाया और हवा सूँघने लगा।

क्रिस्टाबेल ने देखा, उसके आगे कुछ दूरी पर एक आदमी धीरे-धीरे, चौकन्ना होकर बढ़ रहा है। एकाएक वह एक स्थान पर रुका और ज़मीन टटोलकर बैठ गया। फिर उसने जेब में से एक चकमक पत्थर का टुकड़ा निकाल कर थोड़ी-सी घास सुलगाई और उसे भूमि पर रख दिया।

भूमि पर से धुआँ उठने लगा। थोड़ी देर बाद थोड़ा-सा 'छर्र-छर्र—' हुआ, जैसे बारूद जली हो, और उसके क्षणभंगुर प्रकाश में क्रिस्टाबेल ने देखा, वह व्यक्ति मार्टिन का चिर-परिचित था। उसके मुख पर एक विचित्र आनन्दमिश्रित विजय का भाव था।

क्रिस्टाबेल ने धीरे से पुकारा, ''साइमन!''

वह व्यक्ति चौंका। उसने जेब से पिस्तौल निकाला और पेड़ों से झुरमुट की ओर बढ़ा। जब वह पास आ गया, तब फिर क्रिस्टाबेल बोली, ''साइमन, मैं हूँ, क्रिस्टाबेल।''

उस व्यक्ति ने पिस्तौल छिपा लिया और बोला, ''तुम यहाँ कहाँ?''

''और तुम?''

''मैं कार्यवश आया था।''

''क्या कर रहे थे?''

''ज़रा देर ठहरो, अभी जान जाओगी।'' कह कर वह रुककर चुपचाप भवन की ओर देखने लगा। क्रिस्टाबेल भी उधर देखती रही।

एकाएक क्रिस्टाबेल को प्रतीत हुआ, भूकम्प हो रहा है, उसके पैर लड़खड़ाए घोड़ा भी एकाएक हिनहिनाया, वातावरण में मानो एकाएक घोर दबाव-सा पड़ा— क्रिस्टाबेल ने आँखें बन्द कर लीं—

धड़ाक्—धम्म!

एकाएक बीसियों तोपों का-सा स्वर हुआ। क्रिस्टाबेल का सिर भन्ना गया, कान बहरे हो गए। एक मिनट तक वह कुछ कह नहीं सकी। फिर उच्च स्वर में बोली, ''यह क्या है?''

प्रश्न व्यर्थ था। धमाके से मार्टिन का विशाल भवन एकाएक भूतल से उड़ गया था—और उसके छिन्न-भिन्न अवशेष न जाने कहाँ-कहाँ फैल गए थे। दो-चार टुकड़े उस झुरमुट से कुछ ही दूर पर गिरे थे।

यही सब देखकर साइमन ने क्रिस्टाबेल को उत्तर नहीं दिया। बोला, ''मैं तुम्हारी तलाश में था।''

"क्यों?"

"एक पत्र है? मार्टिन का।"

"ऐं? तुमने कैसे पाया?"

"उसने किसी प्रहरी के हाथ भिजवाया था, वह मुझे दे गया।"

क्रिस्टाबेल ने प्रश्न-भरी दृष्टि से उसकी ओर देखा, कुछ बोली नहीं। साइमन ने उसका अभिप्राय समझकर कहा, "उसको प्राणदंड की आज्ञा हो गई।"

क्रिस्टाबेल सिर झुकाकर खड़ी रही। साइमन ने पत्र उसकी ओर बढ़ाया। उसने ले लिया। साइमन ने दियासलाई जलाकर प्रकाश किया, क्रिस्टाबेल पत्र पढ़ने लगी।

पत्र पढ़कर जब उसने साइमन की ओर देखा, तब भी तिरस्कार और विद्रूप का भाव उसकी आँखों से गया नहीं था। उसने पूछा, "अच्छा, यह बताओ, यह प्रबन्ध तुमने कब किया था?"

"यह प्रबन्ध मेरा नहीं, मार्टिन का था।"

"हैं?"

"वह कूमिङ्तांग की गुप्त कार्यकारिणी का सदस्य था। उसने बन्दी होने से पहले मुझे कहा था कि इस पलीते में आग लगा जाऊँ। मैं कल भी आया था; पर कल यह गीला था, जला नहीं।"

क्रिस्टाबेल के मुख से एक शब्द भी नहीं निकला। वह बिजली से ताड़ित लता की तरह ज़मीन पर पड़ गई।

मिनट-भर बाद जब उसे होश आया, तब रोते स्वर में बोली, "तुमने पहले नहीं कहा? अगर मैं जानती—कल तक भी जानती होती..."

इसके आगे उसका स्वर रोने के आवेग में अस्पष्ट हो गया।

साइमन ने हिचकिचाते हुए स्वर में कहा, "बहिन, धैर्य धरो—"

क्रिस्टाबेल बिजली की तरह उठी और घोड़े की लगाम पेड़ से खोलकर सवार हो ली। साइमन ने पूछा, "कहाँ चलीं?"

क्रिस्टाबेल ने कोई उत्तर नहीं दिया, हाथ का पत्र साइमन की ओर फेंककर घोड़ा दौड़ाती हुई निकल गई।

जब साइमन का विस्मय कुछ कम हुआ, तब वह फिर दियासलाई जलाकर पत्र पढ़ने लगा—

'क्रिस्टाबेल, कल मुझे प्राणदंड हो जाएगा, इसलिए आज अन्तिम विदा ले रहा हूँ। हमारा विच्छेद तो उसी दिन हो गया था, जिस दिन तुम्हारा विश्वास उठ गया, किन्तु अभ्यासवश विदा माँग रहा हूँ।

'सुनो, क्रिस्टाबेल, जाते हुए एक बात कहे जाता हूँ। मैं कायर नहीं हूँ, इस बात का विश्वास मैं तुम्हें उसी समय दिला सकता था; पर तुम विश्वास नहीं कर सकीं। मुझे तुमसे विश्वास की—सहज, स्वाभाविक, अटल विश्वास की—आशा थी। यह आशा प्रत्येक मनुष्य करता है। तुम वैसा विश्वास नहीं दे सकीं। अगर प्रत्येक

बात में विश्वास का पात्र होने के लिए प्रमाण देना पड़े, अगर तुम्हारा प्रेम प्राप्त करने के लिए नित्य ही यह दिखाना पड़े कि मैं उसका पात्र हूँ, तो ऐसे प्रेम का क्या मूल्य है? अगर तुम विश्वास-भर कर लेतीं!'

'दो-एक दिन में मैं नहीं रहूँगा। तब तक या उसके बाद—तुम्हें 'प्रमाण' मिल जाएँगे कि मैं कायर नहीं हूँ। इसी से मैं कहता हूँ, अगर तुम अब किसी से प्रेम करो, तो ऐसा व्यक्ति चुनना, जिसका तुम अकारण विश्वास कर सको। एक कायर से इतनी ही शिक्षा ग्रहण कर लो!'

'अब मेरे हृदय में शान्ति है! अपना हृदय टटोलकर देख लेना, उसमें क्या है।—मार्ट'

पत्र पढ़ चुकने पर साइमन ने एक लम्बी साँस ली और धीरे-धीरे एक ओर को चल दिया।

8 ''अरे, तुम सबको क्या हो गया? कहाँ पागलों की तरह भागे जा रहे हो?''

''तुम्हें नहीं मालूम? एक कायर को प्राणदंड मिल रहा है।''

''मार्टिन को? उसका फैसला हो गया?''

''कल ही।''

''क्या? उसने कोई सफ़ाई नहीं दी?''

''नहीं। जब उससे पूछा गया, तब बोला, 'मैं सैनिक हूँ। सैनिक स्वभावत: विश्वास का पात्र होता है। मैं सफ़ाई देकर विश्वास मोल नहीं लेना चाहता।''

''इतनी अकड़? मालूम होता है, कायर के भी कुछ दिल है।''

''अरे, अभी और सुनो! जब दंड सुनाया गया, तब जजों ने उस क्रिस्टाबेल की तारीफ़ भी की। इन दोनों की शादी होने वाली थी। तब मार्टिन बोला, 'हाँ', मेरी ओर से बधाई भी भिजवा दीजिएगा।''

''फिर?''

फिर बोला, 'आपने मुझे कहा है और प्राणदंड दिया है। प्रजातन्त्र के एक सैनिक की हैसियत से मैं दंड स्वीकार करता हूँ। पर एक प्रार्थना है कि दंड देते समय मुझे कायर की तरह पीठ में गोली न मारी जाए! मैं कायर नहीं हूँ!'

''फिर?''

''जज ने पूछा, 'इसका सबूत?' पर बेचारा सबूत क्या देता? चुप हो गया। जज ने बहुत सोचकर कहा, 'मैं विवश हूँ।' फिर क़ैदी को ले गए।''

भीड़ को चीरता हुआ एक घोड़ा आगे आ रहा था, इन दोनों व्यक्तियों के पीछे-पीछे चल रहा था। उस पर सवार एक स्त्री इस चेष्टा में थी कि मौक़ा मिलने पर आगे निकल जाए। ये बातें सुनकर वह व्यथित, अर्ध-विक्षिप्त स्वर में बोली, ''अरे, यह सब मैं सुन चुकी हूँ—फिर क्यों दोहराते हो? बताओ, दंड होने में कितनी देर है?''

दोनों व्यक्ति चुपचाप एक ओर हट गए और उसकी ओर देखने लगे। उसने अपना प्रश्न दोहराया।

''पन्द्रह-बीस मिनट होंगे—''

''बस?'' कहकर क्रिस्टाबेल ने घोड़े को चाबुक मारा। चाबुक से अनभ्यस्त, थके-माँदे किन्तु अभिमानी घोड़े ने सिर उठाकर फुँफकारा और फिर तिलमिलाकर भीड़ को चीरता हुआ दौड़ने लगा। किसको धक्का लगता है, कौन गिरता है, अपने अपमान में वह सब भूल गया।

दोनों व्यक्तियों ने एक-दूसरे की ओर देखकर कहा, ''पूरी दानवी है!'' और फिर आगे बढ़ने लगे।

9 उस चौक के आस-पास तीनों ओर खचाखच भीड़ भरी हुई थी। चौथी ओर, दीवार की छाया में, एक शहतीर ज़मीन में गड़ा हुआ खड़ा था, जिसके साथ सैनिक मार्टिन को बाँध रहे थे। उसे शहतीर के साथ सटाकर, मुँह दीवार की ओर करके खड़ा कर दिया गया था। मार्टिन चुपचाप निष्क्रिय होकर देखता जाता था, मानो वह इस अभिनय का प्रधान पात्र न होकर एक दर्शक मात्र हो।

भीड़ इस क्रिया को देखती जाती थी और आलोचना करती जाती थी, ''कैसा मरियल-सा खड़ा है—जैसे अफ़ीम खा ली हो!''

''अरे, कायर को हौसला थोड़े ही होता है?''

''कल तो बड़ी शान से खड़ा था—जज को भी घुड़की देता था!''

''अरे, जब तक मौत सिर पर नहीं आती, तब तक गीदड़ भी घुड़कियाँ दिखाते हैं। पता तो तब चलता है, जब सामना होता है।''

भीड़ की आलोचना सदा बड़ी पैनी और विषाक्त होती है, पर मार्टिन पर उसका तनिक भी प्रभाव नहीं पड़ा। शायद इसी से आलोचना प्रखरतर होती जा रही थी।

थोड़ी ही देर में बाँधने की क्रिया पूरी हो गई। सैनिक वहाँ से हट गए।

इस शहतीर के पचास क़दम की दूरी पर सैनिकों की एक क़तार खड़ी थी, और उनसे कुछ हटकर एक सैनिक अफ़सर, जिसके आदेशानुसार सब काम हो रहा था। उसने एक बार चारों ओर देखा, भीड़ के एक अंश को पीछे हटने का इशारा किया, फिर सावधान होकर सैनिक-पंक्ति को आदेश देने लगा।

उसके आदेशों से प्रेरित सैनिकों ने बन्दूकों के कुन्दे अपने कन्धों पर टेके, निशाने साधे और तैयार होकर खड़े हो गए।

अफ़सर अपनी घड़ी देखने लगा।

एकाएक चौक से दूर पर पक्की सड़क पर घोड़े की टाप—सरपट दौड़ की टाप—सुनाई पड़ी।

किसी ने कहा, ''वह क़ैदी का क्षमा-पत्र आ रहा होगा।''

तत्काल ही किसी ने फटकार दिया, ''चुप रहो!''

भीड़ को चीरता हुआ एक घोड़ा निकला और सवार स्त्री ने एकाएक लगाम खींची। घोड़ा अफ़सर के बिलकुल पास आकर रुका। स्त्री क्षण-भर मुग्धवत देखती रही। भीड़ ने उसकी ओर देखा और एक ही स्वर में—दबे स्वर में—बोली, ''दानवी!''

अफ़सर ने घड़ी से आँख हटाते हुए कहा, ''एम! (निशाना साधो!)''

क्रिस्टाबेल चौंकी और लड़खड़ाते हुए घोड़े पर से कूदकर अफ़सर की ओर दौड़ी।

अफ़सर ने दृढ़ स्वर में कहा—''फ़ायर! (दागो!)''

लोगों की आँखें क्रिस्टाबेल से हटकर मार्टिन पर जा जमीं—

उस क्षणिक, गम्भीर औत्सुक्यपूर्ण प्रकम्पित महाशान्ति में एक स्त्री-स्वर गूँज उठा, ''उसे बचाओ—अकलंक! अकलंक!''

फिर एकाएक बाहर बन्दूकों के नाद में वह स्वर डूब गया—क्रिस्टाबेल लड़खड़ाने लगी—सैनिक मार्टिन की ओर दौड़े—किसी ने कहा, ''वह देखो!''

लोगों ने देखा, जिन रस्सियों में मार्टिन बाँधा गया था, वे टूट गई थीं। मार्टिन दीवार की ओर पैर किए औंधे मुँह पड़ा था। भीड़ को एकाएक मानो खोई हुई वाणी मिल गई।

''यह कब हुआ?''

''उसकी चीख सुनकर ही। मैं देख रहा था, वह चौंका, फिर झटका देकर घूम गया।''

''मैंने भी देखा था। वह खुद भी चिल्लाया था—''

''क्या?''

''क्राइस्ट!''

''नहीं, 'क्रिस्टाबेल!''

''हाँ-हाँ, 'क्रिस्टाबेल' ही!''

सैनिकों ने जब आकर मार्टिन के शव को उठाया, तब उनके मुँह पर आदर का भाव था। एक ने कहा, ''यह देखो, सभी गोलियाँ छाती में लगी हैं।''

लोग मार्टिन के शव को देखने और उसकी आलोचना करने में इतने लीन हो गए कि बेचारी क्रिस्टाबेल—हाथ में प्रजातन्त्र की मोहरवाला एक कागज़ लिये खड़ी क्रिस्टाबेल—की ओर किसी का ध्यान ही नहीं गया। वह एक बड़ी लम्बी, बड़ी थकी हुई, बड़ी उत्सर्गपूर्ण-सी साँस लेकर गिरते-गिरते बोली, ''अकलंक!''

•

द्रोही

वह बुद्धिमान् था या मूर्ख, दबैल था या हठी, साहसी था या कायर, हम नहीं कहते। क्योंकि जिसे एक कायर कहता है, दूसरा दबैल, उसी को तीसरा बुद्धिमान् कह देता है; जिसे एक मूर्ख या हठी कहता है, वही किसी अन्य के यहाँ साहसी वीर कहकर सराहा जाता है।

हम केवल इतना ही कह सकते हैं कि वह द्रोही था, सिर से पैर तक द्रोही था। इसके अतिरिक्त उसके, उसके कर्मों के, उसकी मनोगति के विषय में जो कुछ उसने स्वयं अपने हाथों लिखा था, उसी का संकलन करके हम पाठकों के सामने रख देते हैं, उसे देखकर वे जो निष्कर्ष निकालना चाहें निकालें, जिस परिणाम पर हम पहुँचे हैं, वह पाठकों को मान्य होगा या नहीं, यह हम नहीं जानते, इसलिए अपनी सम्मति से हम उन्हें बाधित नहीं करेंगे।

1 कैसा घोर परिवर्तन है यह! अभी उस दिन हम उस पर्वत-श्रेणी पर भटक रहे थे, चारों ओर मीलों तक हिमाच्छादित पर्वत-शिखर दिख पड़ते थे, इधर-उधर जाने में कोई रोक-टोक नहीं थी...स्वेच्छाचारिता के लिए कितना विशद क्षेत्र था वह! आज भी, प्रात:काल को, कितना स्वच्छन्द होकर मैं यमुना के तट पर बाइसिकल लिये चला जा रहा था, कोई रोक नहीं थी, कोई यह नहीं कह सकता था कि इधर मत जाओ...और अब? इस छोटी-सी अँधेरी कोठरी में चारपाई के साथ हथकड़ी लगाए पड़ा हूँ! इतनी भी स्वतन्त्रता नहीं है कि लेटे हुए से उठकर बैठ जाऊँ!

लोग कहते हैं, आत्मा निराकार है, उसे कोई बाँध नहीं सकता। पर जब शरीर बँध जाता है, तो क्यों आत्मा मानो आकाश से गिरकर भूमि पर आ जाती है? क्यों उसे इतनी व्यथा होती है?

आदमी का घर जब जलता है, तब उसे दु:ख होता है। क्योंकि आग की तपन को आदमी अनुभव कर सकता है। पर आदमी तो साकार है, आत्मा की तरह तो नहीं है?

कैसी वीभत्स है यह कोठरी! सामने दरवाज़ा है—उसमें सींखचे लगे हुए

हैं—कारागार! उसके आगे दालान है, पर उसके किवाड़ ऐसी जगह हैं कि मैं देख न पाऊँ—बन्धन! कोठरी के ऊपर छोटा-सा रोशनदान है, पर वह भी ढाँप दिया गया है कि मैं आकाश का एक छोटा-सा टुकड़ा भी न देख पाऊँ! कैसा विकट बन्धन है यह जिसमें शरीर, दृष्टि और आत्मा, तीनों ही बँधे हुए हैं!

कोठरी की दीवारों पर सफ़ेदी तक नहीं की गई। अलग-अलग ईंटें साफ़ दिखती हैं, और उनके बीच में से मिट्टी गिर रही है...फ़र्श भी गीला है और उसमें से सीलन की सड़ान्ध आ रही है...छत में खड़खड़ का शब्द कहीं हो रहा है—शायद चूहे कूद रहे हैं...और यह, मृत्यु की छाया की तरह काले चमगादड़ मेरे सिर पर मँडरा रहे हैं, इनके पंखों के फड़फड़ाने की आवाज़ तक नहीं आती! किसी भावी अनिष्ट की प्रतिच्छाया की तरह, किसी घोरतम पतन के पूर्व शकुन की तरह, प्रशान्त, भैरव, निःशब्द होकर ये वृत्ताकार घूम रहे हैं...और वह वृत्त धीरे-धीरे छोटा होता जाता है...

आँखें बन्द करके सोचता हूँ, भविष्य के क्रोड़ में क्या है जो मुझसे छिपा हुआ है? बहुत सोचता हूँ, पर एक प्रशस्त अन्धकार के अतिरिक्त कुछ नहीं दिखता। विचार करने लगता हूँ कि मेरा कर्तव्य क्या है, तो कितनी सम्भावनाएँ आगे आ जाती हैं...इतने कष्ट में पड़ने से क्या लाभ होगा? वह महान् व्रत धारण किया था...वर्षों जेल में क्यों सड़ता रहूँ? उस दिन एक प्रतिज्ञा की थी...पुलिस सब कुछ तो पहले से जानती है, अगर मैं अपने मुँह से कह दूँ तो क्या हर्ज है? 'बन्धुओं की रक्षा के लिए मृत्यु के मुख में भी—'...माफ़ी मिल सकती है, उसे क्यों छोड़ूँ? 'संसार में सबसे पतित व्यक्ति वह है जो डरकर कर्तव्य-विमुख'...हमारे संघ में अनेकों अयोग्य व्यक्ति हैं उन्हें बचाने के लिए मैं क्यों आग में पड़ूँ? विश्वास की रक्षा कितनी बड़ी निष्ठा है।...अगर मैं निकलकर संघ का नये और उच्चतर आदर्श पर निर्माण कर सकूँ, तो क्यों एक मरीचिका के लिए जेल जाऊँ? 'यह वह संग्राम है जिसमें एक चूक भी अक्षम्य होती है, इसमें वे ही हाथ बँटा सकते हैं जो सर्वथा अकलंक हों...'

उफ़्? जब स्वतन्त्र था तब तो कभी कर्तव्य-पथ अदृश्य नहीं हुआ था! यहाँ आकर क्यों मेरी अन्तर्ज्योति बुझ गई है? भविष्य, अगर तुम्हारा हृदय चीरकर उसके भीतर देख सकूँ! क्या करूँ? क्या करूँ? क्या करूँ?...

मैं आँखें बन्द किए पड़ा हूँ, फिर भी उन चमगादड़ों की रवहीन उड़ान की अनुभूति मेरे हृदय में एक अजीब ग्लानि-मिश्रित भय-सा उत्पन्न कर रही है...वह वृत्त ज्यों-ज्यों छोटा होता जाता है, मेरी अशान्ति बढ़ती जाती है...

पर जिस विकल्प में मैं पड़ा हूँ, वह हटता जाता है...मुझे जो प्रगति की सम्भावनाएँ दिखती हैं, उनकी संख्या कम होती जाती है...

ज्यों-ज्यों उन चमगादड़ों की उड़ान का मंडल छोटा होता जाता है, त्यों-त्यों मेरी मनोगति का मार्ग भी संकीर्णतर होता जाता है...एक ही कामना मेरे हृदय में पुकारती है, एक ही संकीर्ण पथ मेरी आँखों के आगे है, एक ही ज्वलन्त प्रश्न मेरे मन में नाच रहा है...वह कामना उत्तम है या अधम, वह पथ उन्नतशील है या अवनति की ओर जाता है, इसकी विवेचना करने की शक्ति मुझमें नहीं है...वह

प्रश्न और उसका उत्तर इतने प्रज्ज्वलित, इतने दीप्तिमान हैं कि उनके आगे निष्ठा, कर्तव्य, प्रतिज्ञा, व्रत, बन्धु, संघ, आदर्श, कुछ नहीं दिखता!

कमला! कमला! तुम्हें कैसे पाऊँगा?...

निष्ठा क्या है? जिसका हम पालन करें। कर्तव्य क्या है? जिसके लिए हम कष्ट झेलें। प्रतिज्ञा क्या है? जिसे हम निभाएँ! पर यह सब उस अखंड निष्ठा, उस प्रकीर्ण कर्तव्य, उस उग्र प्रतिज्ञा के आगे क्या है? उस व्रत के आगे जिसमें माता-पिता, बन्धु-बान्धव, घर-बार, प्रतिष्ठा, कलंक, सब भूल जाने पड़ते हैं? उस आदर्श के आगे जिसका अनुसरण करनेवाला पतित होकर भी दिव्य पुरुष होता है?

जानती हो कमला! वह क्या है?

प्रेम!

लोग कहते हैं, जब तक विकल्प रहता है तब तक अशान्ति रहती है, जब आदमी किसी ध्रुव पर पहुँच जाता है तो उसे शान्ति मिल जाती है। फिर क्यों मेरे मन में स्मृतियाँ उठकर मुझे तंग करती हैं, क्यों भूले हुए चेहरे मेरे आगे हँसते हैं और मुझे कोसते हैं?

मैंने निर्णय कर लिया है, सब कुछ भूलकर एक व्रत निभाऊँगा, उसके लिए जो कुछ होगा सह लूँगा...व्रत का अनुष्ठान पूरा करने में आनन्द होना चाहिए था, फिर क्यों मेरे हृदय के अन्दर-ही-अन्दर यह आग-सी सुलग रही है?

एक स्मृति आती है...एक व्यक्ति कठघरे में खड़ा है, सामने सुल्तानी गवाह बयान देने को खड़ा है। जज, वकील, दर्शक सब निःस्तब्ध बैठे हैं—वह व्यक्ति गम्भीर स्वर में कुछ कह रहा है...

''लोग कहते हैं, हमें अपने उत्तरदायित्व का ज्ञान नहीं है। आप कहते हैं, हमने षड्यन्त्र किए हैं, बग़ावत फैलाई है, राज के कर्मचारियों को मारने का प्रयत्न किया है, इसलिए हम दोषी हैं।''

''आपने जो अभियोग मुझ पर लगाया है, उसकी मुझे परवाह नहीं है। मैं उसके विषय में अपनी सफ़ाई भी नहीं दूँगा? क्यों? क्योंकि मैं जानता हूँ, यह न्यायालय नहीं है। यह रंगभूमि है, और नाटक का अन्त क्या होगा, यह आप और मैं अच्छी तरह जानते हैं, क्योंकि हम दोनों ही इस अभिनय के पात्र हैं। दर्शकों के मन में शायद कुछ कुतूहल हो—मेरे मन में नहीं है।''

''परन्तु जो दूसरा आक्षेप, जो लोगों ने हम पर किया है...उसका उत्तर देना मेरा कर्तव्य है।''

''अगर मैं एक दिन के लिए, कालिदास, या रवि ठाकुर या माइकेल एंजेलो, या शेषन्ना हो सकता, तो मुझे जितना आनन्द, जितना अभिमान होता, उतना एक समूचे राष्ट्र का विधाता होकर भी नहीं हो सकता। परन्तु उस जीवन का, उस जीवन के सौ वर्षों का, मैं देश की सेवा में बिताए हुए एक क्षण के लिए प्रसन्नता से उत्सर्ग कर दूँगा, क्योंकि मुझे अपने उत्तरदायित्व का ज्ञान है, मैं जानता हूँ कि एक दासताबद्ध देश को कवियों और कलाकारों की अपेक्षा योद्धाओं की अधिक आवश्यकता है...''

मैं आँखों के आगे हाथ रख लेता हूँ...पर वह व्यक्ति मेरी ओर देखकर कहता है, "क्यों रघुनाथ, तुम तो बहुत बातें बनाते थे..."

हट जाओ! मेरे आगे से हट जाओ! क्यों तुम मुझे जलाने आ रहे हो? मैं तुम्हारी बात नहीं सुनूँगा, नहीं सुनूँगा!

एक स्त्री—उसका मुख परिचित है—सुधा! केश बिखरे हुए हैं, मैला आँचल सिर पर से गिरा हुआ है...कितनी निर्भीक खड़ी है वह!

"मुझ पर जो अभियोग लगाया गया है, उसमें दोषी ठहराए जाने में ही गौरव है...जो ग़ुलाम होकर भी उस दोष के दोषी नहीं हैं, वे कायर, नपुंसक, नीच हैं..."

फिर—"रघुनाथ, तुम यह जानकर भी पतित हो गए..."

उफ़! ये स्मृतियाँ...!

मैं निर्णय कर चुका हूँ। अब नहीं बदलूँगा। मैंने व्रत धारण किया है, उसे निभाऊँगा।

कितनी आत्मभर्त्सना, कितने व्याघात सहने पड़े हैं मुझे...पर मैं दृढ़ रहूँगा...

तुम तो मेरी सहायता करोगी न, तुम तो मुझे नहीं कोसोगी?

कमला! कमला! केवल तुम्हें पाने के लिए मैं यह सब कर रहा हूँ...

मैंने बयान दिया है, बहुत बढ़ा-चढ़ाकर बातें कही हैं। अच्छा किया है।

वे मुझसे पूछते, "फिर तुम्हारे साथियों ने अमुक काम किया है। ठीक है न?"

उन्होंने किया था या नहीं, इससे मुझे क्या? मेरी बातों से उनकी कितनी हानि होगी, इससे मुझे क्या? वे उदार हृदय नहीं हैं। नहीं तो रात को, जब मैं सोने लगता हूँ, तब वे क्यों आकर मुझे सताते हैं? अब मैं उस अँधेरी कोठरी में नहीं हूँ, एक बहुत अच्छे कमरे में बिजली के प्रकाश में पलँग पर सोता हूँ, फिर भी उनकी स्मृतियाँ चैन नहीं लेने देतीं...वे मुझे तड़पाती रहें, और मैं प्रतिशोध न करूँ? मैं आदमी हूँ, कोई भेड़-बकरी नहीं हूँ! मैं प्रतिशोध करूँगा, भीषण प्रतिशोध! जितनी घड़ियाँ मैंने छटपटाते हुए काटी हैं, उन्हें भूलूँगा नहीं!

मैं उत्तर दे देता, "हाँ, ठीक है। उन्होंने किया।"

मैंने जो कुछ किया, उचित किया। अगर इसके लिए रातें जागकर काटनी पड़ें, तो काटूँगा।

ये स्मृतियाँ कब तक रहेंगी? जब यहाँ से छूटकर तुम्हें पा जाऊँगा, क्या तब भी ये मुझे सताएँगी कमला?

कितना धीरे-धीरे चलता है समय!

इतने दिन हो गए, मैं अपना बयान समाप्त कर चुका, पर जिरह अभी चल रही है। कैसे मर्मभेदी प्रश्न होते हैं वे!

"तुम जब बनारस से आए, तो कहाँ ठहरे?"

"बाबू कामता प्रसाद के घर में।"

"बाबू कामता प्रसाद उस समय घर में थे?"

"नहीं।"

''कौन था?''

''उनका लड़का।''

''और?''

''मुझे याद नहीं है।''

''याद कर लो, कोई जल्दी नहीं है। उनकी लड़की भी वहाँ थी?''

''शायद।''

''उसका नाम क्या है?''

''मैं नहीं जानता।''

''उसका नाम कमला है, ठीक है न? सोचकर बताओ।''

कोई उत्तर नहीं। क्यों वे बार-बार चक्कर काटकर उसी बात पर आते हैं? क्या अभिप्राय है उनका?

''उस बाग़ में तुम्हें कौन-कौन मिलने आया?''

''मैं बता चुका हूँ।''

''उनके सिवाय और कोई नहीं आया?''

''नहीं।''

''कमला?''

''नहीं।''

''याद कर लो।''

''कह चुका हूँ, नहीं।''

''अच्छा ख़ैर, जाने दो।''

समझ नहीं आता, क्यों वे बार-बार इसी बात पर चक्कर काटते हैं... न जाने क्या अभिप्राय है! क्या चाहते हैं वे मुझसे कहलाना? किस वास्ते?

यह कहलाकर कि मैं कमला से प्रेम करता हूँ, क्या वे उसे मुझसे अलग करना चाहते हैं?

अगर चाहते हैं, तो उनकी इस आशा को फलीभूत न होने देना, कमला!

हमने सीखा था, किसी विशाल आदर्श के लिए झूठ बोला जाए तो उसमें कोई हानि नहीं है, इसके विपरीत वह सर्वथा सराहनीय है। तब क्यों लोग मुझे कुत्ते से भी बुरा समझते हैं? जब मैं अदालत में जाता हूँ, तब सब दर्शक मेरी ओर कैसे देखते हैं...कैसी ग्लानि, कितना तिरस्कार, कितनी उपेक्षा उनकी दृष्टि में होती है...और उसके साथ ही एक घृणा-मिश्रित कुतूहल, जैसा सड़क के किनारे पड़े मरे हुए कुत्ते को देखकर होता है! जी में आता है उन सब दर्शकों की इतनी आँखें न होकर एक ही आँख होती, और मैं उसमें एक तपी हुई सलाख घुसेड़ देता!

कितना आह्लाद-जनक होता उनका पीड़ा से छटपटाना, कितना शान्तिप्रद! पर यह आशा कितनी असम्भव है!

होने दो। वे मुझसे घृणा करते हैं, करें। मेरा तिरस्कार करते हैं, करें। वे हैं क्या? मुझे क्या परवाह है उनकी?

पर यह, यह क्या है? मैं अपनी आँखों में भी पतित, अनादृत, तिरस्कृत होता जाता हूँ...

क्यों? क्यों?

संसार मुझ पर हँसता है, मैं संसार पर हँसूँगा। वह मेरी उपेक्षा करता है, मैं उसकी उपेक्षा करूँगा। इतनी महती शक्ति मुझे आश्रय दे रही है, मेरी रक्षा कर रही है, फिर मुझे किस बात का डर है? मैं कायर पुरुष नहीं हूँ, विश्वास-घातक नहीं हूँ। जिस शक्ति ने मुझे शरण दी है, उसके प्रति मेरा जो प्रण है, उसे पूर्ण करूँगा।

उनका अधिकार क्या है कि मेरा तिरस्कार करें? मैंने कोई पाप नहीं किया है। मेरा अपराध क्या है? यही कि मैंने प्रेम किया है? प्रेम पुण्य है, धर्म है, अपराध नहीं है। अगर वे प्रेम नहीं करते, तो उन्हें चाहिए, चुल्लू-भर पानी में डूब मरें। मुझ पर हँसने का उन्हें क्या अधिकार है? उन्हें प्रेम की अनुभूति नहीं हुई, उन्होंने प्रेम का तत्त्व नहीं समझा, तो वे मूर्ख हैं, मैं उनकी बात की परवाह करके मूर्ख क्यों बनूँगा?

मैं अकेला हूँ, अकेले ही इतना बड़ा काम करने का बीड़ा उठाया है। इतने बड़े षड्यन्त्र का, जिसकी शाखें देश के न जाने किस कोने तक फैली हुई हैं, मैं अकेला ही स्पष्टीकरण करने लगा हूँ। मैं अकेला हूँ तो क्या हुआ? एक विराट् सुसंगठित शक्ति इस काम में मेरी सहायता कर रही है और करेगी! फिर मैं कैसे हारूँगा? कैसे वे मुझे सता पाएँगे?

—पर!

जबसे मैं बन्दी हुआ हूँ मेरा आत्म-संयम टूट-सा गया है। मैं क्षण-भर भी अपने मनोवेग को थाम नहीं सकता! बेलगाम घोड़े की तरह वह मुझे जिधर चाहता है, लेकर भाग जाता है। और मैं डरकर उससे चिपटकर बैठा रहता हूँ कि कहीं गिर न पड़ूँ, उसे रोकने का प्रयत्न करने के लिए मेरे हाथों को अवकाश ही नहीं मिलता।

मैं द्रोही हूँ? कौन कहता है?

मैंने एक बार, एक अस्थायी जोश में आकर, राजद्रोह करने का और करवाने का बीड़ा उठाया था। पर वह तो यौवन की एक उमंग थी, हृदय का एक उद्गार था, उमंग आई और चली गई, उद्गार उठा और मिट गया। उस एक बात के लिए क्या मैं सदा के लिए द्रोही हो जाऊँगा? और फिर मैं उसका समुचित प्रायश्चित भी तो कर रहा हूँ। जो आग मैंने सुलगाई थी, क्या उसे बुझाने में मैं सरकार की भरसक सहायता नहीं कर रहा हूँ?

देशद्रोह!

नहीं, यह देशद्रोह नहीं है। जो बीज मैंने बोया था, उससे अगर पौधा अच्छा नहीं लगा, तो क्यों न मैं उसकी जड़ काटूँ, क्यों न उसे समूल उखाड़ फेंकूँ और नये वृक्ष के लिए स्थान बनाऊँ?

नया वृक्ष बोने के लिए मैं अयोग्य हो गया हूँ। पर क्या इस डर से मैं वह

सड़ा हुआ पौधा न उखाड़ता? वह होता देशद्रोह! मैंने जो किया है, ठीक किया है, देश की सच्ची सेवा की है। मैं नया पौधा नहीं लगा पाऊँगा, न सही। पर औरों के प्रयत्न के लिए स्थान तो बना जाऊँगा।

फिर उस दिन जब वकील ने पूछा, ''तुम द्रोही हो कि नहीं?'' तब किसने मेरे कान में कहा, ''नीच! कायर! एक बार तो सच बोल!'' किस अज्ञात किन्तु अदम्य प्रेरणा ने मेरे मुँह से कहला दिया, ''हाँ, मैं द्रोही हूँ, और अगर कोई मुझे प्राणदंड देगा तो मैं उसे उचित दंड समझूँगा।''

कुछ नहीं। वह क्षणिक भावुकता थी, एक अस्थायी उन्माद था।

पर अगर अस्थायी था, तो क्यों वह हर समय मेरे पीछे लगा रहता है? क्यों रात को जब सिपाही आवाज़ देते हैं, तब मैं नींद से चौंक उठता हूँ मानो किसी ने पुकारा हो, 'द्रोही', जब पवन चलती है, तब मुझे उसकी सरसर ध्वनि में सुन पड़ता है, 'द्रोही!' क्यों जब वृक्षों के पत्ते खड़खड़ाते हैं, तो मेरे मन में भावना कहती है, 'द्रोही!' क्यों, जब पक्षी रव करते हैं—तो मुझे मालूम होता है कि वे तिरस्कारपूर्वक चिल्ला रहे हैं, 'द्रोही! द्रोही! द्रोही!'

एक विराट् शक्ति मेरी रक्षा कर रही है, मुझे प्रसन्न रखने की चेष्टा में अपनी पूरी सामर्थ्य लगा रही है, पर, यह अचला, उद्भ्रान्ता, रहस्यमयी प्रकृति कितनी महती शक्ति होगी, जो एक ही अनिर्दिष्टपूर्व उपेक्षापूर्ण हँसी में उसकी सारी शान धूल में मिला देती है!

कितना विचित्र तुमुल है यह जिसके बीच में मैं खड़ा हूँ, कमला!

द्रोही क्यों?

दुनिया की मेरे प्रति जो भावनाएँ हैं, उनकी मैं उपेक्षा करता हूँ, क्या इसी से मैं द्रोही हो गया? अपने कर्मों के फल की मैं चिन्ता नहीं करता, क्या यह द्रोह है? एक बड़े आदर्श के लिए मैंने एक छोटे आदर्श को छोड़ दिया, क्या यह विद्रोह है?

हमारे देश में पैंतीस करोड़ आदमी हैं। अगर वे सब मिलकर थोड़ा-थोड़ा भी काम करें, तो देश की बहुत सेवा हो सकती है; फिर क्यों वे हमसे आशा करते हैं कि हम तो सारी उमर जेलों में काटें और वे निखट्टुओं की तरह घर बैठकर गुलछर्रे उड़ाएँ?

देशभक्त? नहीं, हमें देशभक्त कहलाने का चाव नहीं है। देशभक्ति उन्हीं को मुबारक हो जो पिकेटिंग करके दो महीने जेल में काट आते हैं, और फिर आयु-भर उसकी याद में इठलाते फिरते हैं—''अजी जेल की क्या पूछते हो! हमने जो देखा सो हमीं जानते हैं!''

मुझमें यह पाखंड, यह झूठा दम्भ नहीं है। मैंने प्रेम के आदर्श के लिए इस देशभक्ति के आदर्श को छोड़ दिया है, इस बात को मैं मानता हूँ। पर क्या यह द्रोह है?

हमारे देश में कितने ही किस्से प्रचलित हैं, जिनमें प्रेम का महत्त्व दिखाया गया है। विदेश में भी जो लोग घर-बार, राज-पाट, सब छोड़कर प्रेम का अभिसरण

करते हैं, उन्हें आदर्श गिना जाता है। जनरल बूलाँजेयर जब फ्रांस के मन्त्रित्व को ठुकराकर एक ऐक्ट्रस के प्रेम के लिए इंग्लैंड चले गए, तब किसने उन्हें द्रोही कहा? यूनान के प्रिंस कैरोल ने एक नर्तकी के प्रेम में पड़कर देश से निर्वासित होना भी स्वीकार किया, तब किसने उन्हें द्रोही कहा? वे तो चरित्रहीन स्त्रियों से प्रेम करके देश के लाड़ले बने रहे, और मैं...!

वे बड़े आदमी थे, देश के विधाता बन सकते थे और मैं एक छोटा-सा अप्रसिद्ध व्यक्ति हूँ, क्या इसीलिए उनका प्रेम क्षम्य है और मेरा अक्षम्य?

भारत का समाज कितना क्षुद्र हृदय है? किस्से-कहानियों में, बातों में तो कहते हैं, प्रेम बड़ा भारी आदर्श है, इसके आगे सब कुछ तुच्छ है? पर जब वास्तव में कोई बात सामने आती है, तब कितनी जल्दी पंचायत बिठाकर बिरादरी से बाहर करने की सूझती है! कितनी कठोरता से नैतिक स्वातन्त्र्य का दमन किया जाता है।

पर प्रेम प्रेम ही तब है जब उसके पथ में काँटे हों, उपेक्षा हो, तिरस्कार हो, और हो भयंकर विद्वेष!

अति खीन मृनाल के तारहु ते, तेहि ऊपर पाँव दै आवनो है,
सुई बेह ते द्वार सकी न तहाँ परतीति को टाँड़ो लदावनो है,
कवि बोधा अनी घनी नेजहु ते चढ़ि तापै न चित्त डिगावनो है,
यह प्रेम को पन्थ कराल महा, तरवार की धार पै धावनो है!

कमला, जब तक तुम उस पथ के ध्रुव-स्वरूप खड़ी हो, मैं समाज की उपेक्षा करके उस 'तलवार की धार' पर चलने को तैयार हूँ!

मनुष्य जब पतन की ओर अग्रसर होता है तो कितनी जल्दी कितनी दूर पहुँच जाता है!

मैं तो पतित हुआ ही था, साथ ही दूसरों को घसीटने का प्रयत्न करते हुए भी मुझे शर्म न आई!

उस दिन जब पुलिसवाले मेरे पास आए और बोले, "रघुनाथ, हमने उस विमलकान्त की खूब खबर ली है, पर वह कुछ बताता ही नहीं। तुम्हीं कुछ उपाय बताओ।" तब किस तत्परता से मैंने कहा था, "मुझे उसके पास ले चलो, मैं ठीक कर लूँगा।"

वे मुझे उसके पास ले गए। मैंने देखा, वह चारपाई पर बैठा हुआ था, दोनों हाथों में पीठ के पीछे हथकड़ियाँ लगी थीं, पैरों में बेड़ियाँ पड़ी हुई थीं। कपड़े मैले, फटे हुए—बहुत दिनों से हजामत नहीं बनी थी। बाँहों पर रस्सी के निशान पड़े थे, सिर पर पट्टी बँधी हुई थी। आँखें लाल हो रही थीं, मानो बहुत देर से सोने का सौभाग्य न प्राप्त हुआ हो...

वह मुझे जानता था, पर मुझे देखकर चौंका नहीं। चुपचाप मेरी ओर देखता रहा, मानो मुझे पहचानता ही न हो!

मैंने पूछा, ''विमल! तुम तो बहुत कष्ट में हो?''

वह बोला, ''आपका परिचय क्या है? मैं तो आपको जानता ही नहीं!''

मैंने बात पलटकर कहा, ''देखो, विमल, इसमें कोई फ़ायदा नहीं है। क्यों अपने को और अपने घरवालों को व्यर्थ दु:ख देते हो? सच-सच बात क्यों नहीं कह देते? पुलिस तो सब कुछ जानती है, तुम्हें छोड़ तो देगी नहीं, फिर क्यों नहीं उसकी बात मानकर उसका फ़ायदा उठाते?''

वह चुपचाप सुन गया, एक शब्द भी नहीं बोला। मैंने समझा, मेरी बात असर कर गई। मैंने फिर कहा, ''बयान दे दो, मैंने स्वयं दे दिया है।''

क्षण-भर उसने इसका भी उत्तर नहीं दिया। फिर एक ही शब्द बोला एक ही! ''निर्लज्ज!''

मैं जल्दी से उठकर बाहर निकल गया। पुलिसवाले बहुत रोकते रहे, पर मैंने अपने ही कमरे में आकर दम लिया।

निर्लज्ज!

कितनी मेहनत से मैंने एक कवच बनाया था, पर उसके एक ही शब्द ने उसे छिन्न कर दिया।

उसमें शान्ति है, धैर्य है, स्थिरता है। मैं चंचल हूँ, ओछा हूँ।

वह नव-विवाहित था, फिर भी उसका मुख मलिन नहीं होता, फिर भी इतना अत्याचार सहकर वह हँसता है—फिर भी विचलित नहीं होता!

उसने क्या प्रेम का तत्त्व नहीं जाना? उसे क्या अपनी स्त्री से प्रेम नहीं है? वह क्या हृदयहीन है?

फिर क्यों उसे वह शान्ति इतनी सुलभ है जो मैं पा नहीं सकता? क्यों प्रेम का विचार उसे दृढ़तर बनाता है?

क्या मैं ही नीच हूँ? क्या मैं ही अपने-आपको भुलाए हुए हूँ? क्या मेरा ही प्रेम मिथ्या है कुत्सित है, गर्हित है? क्या मेरे ही हृदय में दुर्वासना प्रेम का अभिनय कर रही है?

कमला, कितनी भयंकर कल्पना है यह!

नीच! कायर! लम्पट! नीच!

कितनी घोर आत्म-प्रवंचना है, कितना पाखंड! कितना निष्फल दम्भ!

मैंने जो घोर नारकीय कुकर्म किया है, उसे छिपाने के लिए मैं कितनी रेत की दीवारें खड़ी करता हूँ...किसके लिए? किससे मैं अपनी नीचता को छिपाना चाहता हूँ...

संसार से? वह पहले ही सब कुछ जानता है! अदालत से? अभी उस दिन जज ने स्वयं कहा था कि मैं द्रोही हूँ! इन पहरा देनेवाले सिपाहियों से? ये मेरी ओर दया की (या ग्लानि की) दृष्टि से देखते हैं और उन अभियुक्तों की मेरे सामने ही प्रशंसा करते हैं! यहाँ का भंगी तक तो मेरे कमरे को 'सुल्तानी का कमरा' कहता है!

अपने-आपसे? मेरे अन्दर जो आत्मग्लानि की आग धधक रही है, उसके प्रकाश में कुछ नहीं छिपा सकता!

कमला से?

कमला...

उस अन्तर्दीप्ति का प्रज्ज्वलन मेरे कानों में कह रहा है—पाखंडी! प्रेम का ढोंग करनेवाले! यह प्रेम नहीं है! यह है वासना, काम-पिपासा, इन्द्रिय-लिप्सा!

कमला, कितना पतित हूँ मैं! कितना स्वार्थी, द्वेषी, नृशंस, अधम!

स्वार्थ द्वेष, दम्भ के धुएँ से मेरा हृदय काला पड़ गया है, वह पुरानी अरुशिमा उसके एक कोने में भी नहीं रही! कमला, दुर्वासनाओं से झुलसकर यह हृदय इतना विद्रूप हो गया, इतना अन्धकारमय कि इसमें तुम्हारे योग्य स्थान नहीं रहा!

कैसी प्रतारणा है! जिस आशा ने मुझे इस विश्वासघात, इस द्रोह के लिए बाध्य किया, वही मुझे छोड़कर चली गई! एक स्वप्न की आशा में इतनी नीचता की थी (इसे नीचता नहीं तो क्या कहूँ?), वह स्वप्न टूट गया—धोबी के कुत्ते की तरह मुझे कहीं का न छोड़कर!

मैं पतन के गहरे गड्ढे में गिर गया हूँ, पर कमला! तुम्हारी स्मृति मुझे क्षण-भर के लिए आकाश में पहुँचा देती है।

केवल क्षण-भर के लिए! उसके बाद...

उफ़! कमला!

लोग कहते हैं : बच्चा भगवान् का अवतार होता है।

जाने भगवान् है भी या नहीं, लेकिन बच्चे में कोई दिव्य शक्ति अवश्य होती है।

नहीं तो, उस बच्चे के सीधे-से प्रश्न में मुझे शाप की कठोरता का अनुभव क्यों हुआ?

मैं अपना बयान दे रहा था। जलपान के समय में थोड़ी ही देर थी, मैं सोच रहा था, जल्दी समय पूरा हो और मैं इस प्रखर बाण-वर्षा से छुटकारा पाऊँ!

उसी समय कुछ स्त्रियाँ आकर दर्शक-श्रेणी में बैठ गईं। उनके साथ दो-तीन बच्चे भी थे। मैं उनकी ओर देखने लगा। शायद किसी की अस्पष्ट प्रतीक्षा मेरे मन में छिपी थी!

वह उनमें नहीं थी। मैंने आँखें उधर से हटा लीं। पर कान नहीं हटे!

एक छोटे-से लड़के के तीव्र स्वर ने पूछा, "माँ, यह कौन खड़ा है?"

किसी स्त्री-कंठ से निकली हुई कम्पित ध्वनि ने उत्तर दिया, "यही है वायदा-माफ़ गवाह।"

"वही जिसने भइया को और उन सबको फँसाया है?"

मैं सवाल का जवाब देना भूल गया। वही बच्चे का प्रश्न एक भयंकर शाप की तरह मेरे कानों में गूँजने लगा—"वही जिसने भइया को और उन सबको फँसाया है! वही! वही, वही, वही!"

मैंने चाहा, पूछूँ, 'कौन है तेरा भइया? मैंने उसे नहीं फँसाया!' पर मेरा सिर ही ऊपर नहीं उठा।

अदालत उठ गई। अभियुक्त नारे लगाने लगे। मैं जल्दी से बाहर निकल गया। उस समय मेरे हाथ कितने काँप रहे थे!

मेरे कानों में घूम-घूमकर वही ध्वनि गूँज रही थी, 'वही, वही, वही!'

अबोध बालक! मुझे शाप न दे! मैंने किसी को नहीं फँसाया! वे सब अपने कर्मों से फँस गए थे—मैं भी तो फँसा हुआ हूँ!

और जिस जंजाल में मैं फँसा हूँ, उसे कौन सुलझाएगा!

ज़लपान का समय पूरा हो गया, पर मेरी फिर अदालत में जाने की हिम्मत नहीं हुई! मैंने कहला भेजा कि बीमार हूँ, अदालत स्थगित हो गई।

वही, वही, वही!

मेरे व्रत का क्या यही पुरस्कार है? भविष्य में मेरा जो सत्कार होगा, क्या यही उसका पूर्वाभास है?

वही, वही, वही!

कितना कठोर अभिशाप है!

झूठा कौन है? नीच कौन है? कायर कौन है? बन्धुद्वेषी कौन है?

स्वार्थी कौन है? कृतघ्न कौन है? द्रोही कौन है?

एक छोटे-से बच्चे की उँगली संकेत से कहती है—

वही, वही, वही!

यह क्या है? अनुताप?

ये उन्माद के लक्षण हैं!

मैं पागल हो रहा हूँ, कमला, पागल! पागल! पागल!

दबाऊँगा इसको, कुचल डालूँगा इस उन्माद के वेग को!

मनोवृत्तियाँ मुझे पागल बना रही हैं, इन्हें पीस डालूँगा!

मन का संयम करूँगा। अब तक मन मुझे लेकर स्वच्छन्द फिरता था, अब मैं उसे बाँधकर ले जाऊँगा।

पर—!

मन को बाँध लूँगा, पर इन कुवासनाओं को कैसे बाँधूँगा? और इन्होंने पतन के जिस गहरे गह्वर में मुझे धकेल दिया है, उससे कैसे निकल पाऊँगा?

एक छोटी-सी भूल के लिए कहाँ तक पहुँचना पड़ता है। पर क्या एक बार पतित होकर उठने का कोई उपाय नहीं है? क्या दुर्वासनाओं का दमन ही नहीं हो सकता? क्या इस नीच कर्म का कोई प्रतीकार नहीं है, कोई प्रायश्चित नहीं है?

प्रायश्चित...प्रायश्चित...

एक मनोविकार के लिए, एक क्षणिक तृप्ति-लालसा के लिए, मैंने कितनी उत्फुल्ल जीवनियों का खंडन कर दिया; कितने परिवारों की शिखरमणियाँ तोड़ डालीं! इसका

क्या समुचित प्रायश्चित है? अपना जीवन देकर भी तो मैं कुछ नहीं कर सकता!

प्रतीकार...प्रतीकार...

क्या करूँ? अब तो सब कुछ कर चुका, अब मेरे हाथ में क्या रह गया है?...बयान!

बयान वापस ले सकता हूँ...

पर उससे क्या होगा? और भी तो द्रोही हैं? मेरे बयान वापस लेने पर भी वे रह जाएँगे...और सबूत—हमारे अतिरिक्त भी तो कितने ही गवाह हैं, और सबूत भी तो बहुत हैं...एक मेरे बदल जाने से क्या होगा? जिन जीवनियों का खंडन कर चुका, वे तो खंडित ही रह जाएँगी; जो मणियाँ नष्ट हो गईं वे तो नष्ट ही रहेंगी; जो घर उजड़ गए वे तो उजड़े ही रह जाएँगे; जिन अभागिनियों के सौभाग्य-सूर्य अस्त हो गए, उनके भाग्य तो फिर जागेंगे नहीं...और मुझे अलग दंड मिलेगा। तब उस सब उत्पात का क्या फल होगा? जिस स्वातन्त्र्य को मैंने इतने दामों पर मोल लिया है, वह भी छिन जाएगा और प्रतीकार भी नहीं होगा...एक क्षणिक भावुकता में पड़कर बुलबुले की तरह मेरी चिरसंचित आशाएँ फूल जाएँगी और मैं देखता रह जाऊँगा!...

और तुम्हें, कमला, तुम्हें भी नहीं पा सकूँगा!...

जब संसार की सृष्टि भी नहीं हुई थी, तब भी अनन्त आकाश में महामाया का राज था। आज विद्या इतनी फैल गई है, सद्बुद्धि का प्रचार हो रहा है, फिर भी मोह पीछा नहीं छोड़ता...

मैं निश्चय कर लेता हूँ, वासना का दमन करूँगा, मन को विशुद्ध करूँगा, दुष्कर्मों का प्रायश्चित करूँगा, फिर एक छाया, एक छाया की छाया, उस नाम की स्मृति, मेरे सारे निश्चयों को बिखेर देती है! यह है संयम जिसका मुझे इतना अभिमान था!

मेरा प्रायश्चित विफल होगा, मेरा किया हुआ प्रतीकार विडम्बना होगा। पर क्या इसीलिए मैं दूसरी बार कर्तव्यच्युत हो जाऊँ?

न सही प्रायश्चित, न सही प्रतीकार। अपनी पाप-वृत्ति के लिए अपने को दंड ही दूँगा।

दूसरों को मैं इतनी सज़ा दिला रहा हूँ, और वे उसे प्रसन्नता से झेल रहे हैं, फिर मैं ही क्या ऐसा हूँ, जो दो-तीन साल जेल में नहीं काट सकूँगा?

पर...पर और भी तो दंड मिलेगा...यह जो आजीवन मेरी सहायता करने का सरकार का वायदा था, वह नहीं रहेगा...जब जेल से बाहर आऊँगा, तब काम कैसे चलेगा? उलटे सरकार अधिक सताएगी!...

नहीं। जब दण्ड देना है तो समुचित देना होगा, बाद में जो होगा उसकी बात नहीं सोचनी होगी।

कमला, तुम स्त्री हो या आँधी!

विवेक कहता है, 'दंड देना होगा।' हृदय रोता है, 'कमला'! विवेक कहता है, 'यह प्रेम नहीं है, मोह है।'

कमला, कमला, कमला! तुम्हें नहीं छोड़ सकूँगा...प्रेम न सही, आसक्ति सही, मोह सही, वासना सही, पर कितनी सुखद आसक्ति, कितना मनोरम मोह, कितनी मीठी, कितनी सुरभित, कितनी प्रकांड वासना है यह!

2

स्वप्न...

कैसा भयानक था उसका रूप! बड़ी-बड़ी लाल आँखें, चौड़ी नाक, वराह की तरह बाहर निकले हुए बड़े-बड़े दाँत और इतना काला शरीर!

मुझे देखकर वह ठठाकर हँसा। सारा आकाश उसके खुले हुए मुख में समा गया...जिधर देखता उधर उसका खुला हुआ वीभत्स मुँह...

और उसके अन्दर—उसके अन्दर मैंने देखा—

बहुत-से स्त्री-पुरुष-युग्म आश्लेषण कर रहे थे...पर...पर मैंने यह भी देखा, उनको बहुत-से बड़े-बड़े साँप लिपट-लिपटकर बाँध रहे थे—और धीरे-धीरे अपना बन्धन कसते जाते थे...उन युगल मूर्तियों के मुख पर अनुराग की लालिमा, सौन्दर्य की आभा, तृप्त-लालसा की स्मृति धीरे-धीरे मिटती जाती थी और उसके स्थान में—

क्रूर लोलपुता, भीषण ग्लानि, और दारुण वेदना एक साथ ही अधिकार जमा रही थी...

वह हँसा—कितना घोर अट्टहास था वह! फिर बोला, 'ये भी करते थे ऐसा प्रेम! अब तुम आओगे, तुम!"

वह मुख मेरी ओर अग्रसर होने लगा...

मैंने बड़े ज़ोर से चीख़ मारी—

स्वप्न!

मेरे पास जो इंस्पेक्टर सोया था, जाग पड़ा और बोला, "क्या हुआ! क्या हुआ?" मैंने लज्जित होकर कहा, "कुछ नहीं!" और पड़ा रहा। वह फिर सो गया।

पर मैं...वह स्वप्न नहीं भुला सका...

मच्छर मेरे कानों में भिन्नाते, तो मुझे सुन पड़ता, 'तुम, तुम, तुम!' मैं उठकर बैठ गया, सारी रात जागते ही काटी!

कमला, क्या प्रेम की यही व्याख्या है? अगर है तो कितना कुत्सित है यह!

पारिजात के फूलों की तरह नींद अलभ्य हो गई है! पर मैं, जिसका मन निकृष्ट विचारों में भरा हुआ है, मैं क्यों पारिजात के फूलों की बात सोचता हूँ?

रात की—रात की कितनी आँखें हैं! वे सभी घूर-घूरकर मेरी ओर देखती हैं, मैं उनसे आँख नहीं मिला सकता। पर जब आँखें बन्द कर लेता हूँ, तो उन बड़े-बड़े दन्तुर राक्षसों का समूह मुझे देखकर हँसता है!

कहते हैं, प्रकाश में डर नहीं लगता। पर मुझे प्रकाश में भी जाग्रत स्वप्न दिखते हैं—स्मृतियाँ आकर चित्रवत् मेरे आगे खड़ी हो जाती हैं...

दीवार की ओर देखता हूँ, तो दीवार परदे की तरह आँखों के आगे से हट जाती है...

कृष्णपक्ष की कोई रात है। पवन बिलकुल निश्चल है, कहीं एक पत्ता तक नहीं हिलता। पृथ्वी के उत्तप्त उच्छ्वासों की तरह वायुमंडल भी गरम और वाष्पमय हो रहा है—

एक जंगल। बहुत घने, छोटे-छोटे पेड़ हैं, काँटे भी बिखरे हुए हैं। बीच में एक छोटा-सा खुला हुआ स्थान है, वहीं अँधेरे में दो व्यक्ति खड़े हैं। उनके बीच में एक शरीर ज़मीन पर पड़ा है—उसके दोनों हाथ नहीं हैं, मुँह का बहुत-सा अंश मानो झुलसकर काला पड़ गया है, और पेट...जहाँ पेट होना चाहिए, वहाँ रक्त का एक कुंड बन रहा है!

दोनों व्यक्ति उस शरीर पर झुके हैं। एक शायद रो रहा है...

वह—वह शरीर प्राणहीन नहीं है, पर उसके मुँह से व्यथा के शब्द नहीं निकलते!

वह धीरे-धीरे गुनगुना रहा है...'मैं जा रहा हूँ। तुम रोते क्यों हो? मैं अपना काम पूरा नहीं कर सका। मेरे हाथ नहीं रहे! तुम क्यों अधीर होते हो? जिस काम को मैं अधूरा छोड़ चला हूँ, उसे तुम पूरा करना...'

मुख पर एक क्षणिक वेदना की रेखा—फिर एक बहुत हल्की-सी हँसी...

'मेरे काम को भूलना मत!'

सिर से पैर तक एक कम्पन, सिर उठाने का एक क्षीण, विफल प्रयत्न...फिर शान्ति...

दोनों व्यक्ति एक-दूसरे की ओर देखते हैं, एक कहता है—'चले गए...'

नहीं देखूँगा उस दीवार की ओर! वह इतनी निश्चल है, मेरा मन उस पर स्थिर नहीं रहता!

लैम्प पर ये पतंगे मँडरा रहे हैं। इनमें चांचल्य है, ये निर्जीव, निःस्पन्द नहीं हैं।

पतंगे...ये कितने उन्मत्त होकर लैम्प से टकराते हैं, और उसी की दीप्ति में भस्म हो जाते हैं!

कितनी देर के लिए इस उन्माद का अनुभव उन्हें होता है? लैम्प को देखते ही वे अपने-आपको उत्सर्ग कर देते हैं!

यह है प्रेम! मैं भी हूँ प्रेमी, जो अपनी इच्छा-पूर्ति के लिए इतने सुखी परिवारों को छिन्न-भिन्न कर रहा हूँ...

प्रेम? पर प्रेम में इतनी भीषणता तो नहीं होती, प्रेम अन्धा तो नहीं करता, उन्मत्त तो नहीं बनाता; प्रेम तो स्निग्ध, शीतल, शान्तिदायक होता है। यह ज्वाला, यह उन्माद, यह अन्धा कर देनेवाली दीप्ति तो वासना में ही होती है!

क्यों कवियों ने इसकी प्रशंसा की है? क्यों वे प्रेम की उपमा अग्निशिखा से देते हैं और प्रेमी की पतंग से?

या यह मेरा ही भ्रम है ? पतंगा अपने-आपको जला देता है, उसे शायद उसी से शान्ति मिलती हो। मैंने तो अपने-आपको उत्सर्ग नहीं किया, मैं तो अपनी तृप्ति के लिए दूसरों को ही जलाता रहा हूँ...जिसे मैं प्रेम करता हूँ, वह तो आत्मरक्षा का, स्वार्थपरता का नामान्तर था...

मैंने पहले-पहल ऐसी भूल की हो, यह बात नहीं। मुझे याद आता है—

वह दुबला-पतला था, कुछ चिड़चिड़ा था, फिर भी सब लोग उसका आदर करते थे, क्योंकि वह चालाक था। उसका रंग पीला पड़ गया था, आँखें धँस गई थीं, पर उसकी बोल-चाल में कुछ ऐसी मादकता थी...

वह कृतघ्न था, भगोड़ा था। मैंने तो केवल प्रेम ही किया है, एक पवित्र मूर्ति से प्रेम—वह बहुत गिर चुका था...

मैं उसे अब भी देख सकता हूँ। उसके शरीर में अब भी वही मादकता व्याप्त है, और वह मेरी ओर देखकर मुस्कुरा रहा है, इशारे से मुझे बुला रहा है...

क्या कहते हो तुम ?

''देखो, रघुनाथ, व्यर्थ की चिन्ता में क्यों पड़े हो ? ऐसे व्याख्या करने लगोगे, तो पागल हो जाओगे। मन तुम्हारा सच्चा मित्र है, उसकी प्रेरणा का तिरस्कार मत करो। प्रेम के आगे सब कुछ तुच्छ है, इसीलिए मैंने भी तो बन्धुओं को और प्रतिज्ञाओं को भूलकर उसका अनुसरण किया था। मैं लज्जित नहीं हूँ, क्यों होऊँ ? तुम भी इन व्यर्थ की बातों को भूल जाओ और मेरे साथ आओ ! यही जीवन है !''

चुप रहो, तुम भगोड़े थे, कृतघ्न थे ! तुम अपने बन्धुओं को छोड़ गए !

और मैं तो भगोड़ा ही था, अपने साथियों को भूला ही था...मैंने उन्हें फँसा-कर उनका सत्यानाश कर डाला ! फिर भी मैं उसे भगोड़ा कहने का साहस करता हूँ—मैं, कृतघ्न, कायर, अधम ! मैं, जिसके लिए उचित सम्बोधन किसी कोष में नहीं होगा...

उसकी ओर देखूँगा, उस दीप्तिमान लैम्प की ओर ! क्या फिर भी ये स्मृतियाँ मुझे सताएँगी ?

कैसी शान्त ज्योति है ! मेरे मन के जो उद्गार उठकर मुझे हिला देते हैं, उनसे यह कम्पायमान भी नहीं होती !

इसकी दीप्ति शान्तिमयी है, स्थिर है, किन्तु इसमें भव्यता नहीं है, भैरवता नहीं है।

उसमें भी महाशान्ति थी, पर कितनी भव्य, कितनी भैरव थी वह दीप्ति !

वह चिता थी, पर श्मशान-भूमि में नहीं थी ! एक महापुरुष की चिता थी, पर उसमें चन्दनादि सुगन्धित द्रव्य नहीं थे। वह थी जंगल में बीनी हुई छोटी-छोटी लकड़ियों की चिता और उसके पास रोने को खड़े थे तीन युवक !

तीनों फ़ौजी ढंग से, एक क़तार में, सिर की टोपियाँ उतारे हुए, सावधान खड़े थे। उस प्रज्ज्वलित चिता की लाल-लाल, काँपती हुई ज्योति में मैंने देखा, उनके मुँह पर विषाद का भाव था, आँखों में एक विचित्र चमक; पर आँसू, रोना, कहीं नहीं था...

चिता धीरे-धीरे कुछ स्वर कर रही थी, मानो तृप्त होकर एक निःश्वास ले रही हो। और कोई ध्वनि कहीं नहीं हो रही थी...

एकाएक कहीं दूर घोड़ों की टापों का शब्द हुआ। वे तीनों चौंके...फिर...जल्दी-जल्दी मिट्टी डालकर उन्होंने वह अधजली चिता बुझा दी!

रात्रि के धुँधले प्रकाश में उन्होंने चिता से वह शरीर उठाया और नदी के किनारे पर ले गए...एक-दो बार ज़ोर से हिलाकर उन्होंने...

छप्

नदी के प्रवाह में वह कहीं लुप्त हो गई...

एक युवक धीरे से बोला—"इतना भी न कर पाए!"

कोई उत्तर नहीं मिला। तीनों अँधेरे में कहीं ओझल हो गए...

वंचिता चिता से दुर्गन्धमय धुआँ फिर भी आकाश की ओर उठता रहा, मानो भूखी चिता ईश्वर के आगे पुकार करने को अपनी मूक वाणी भेज रही हो!

चन्द्रमा! कितनी स्निग्ध है उसकी ज्योत्स्ना!

निर्निमेष होकर उसकी ओर देखता हूँ, मुझे कलंक कहीं नहीं दिखता। न कहीं पर्वत-तंग और गड्ढे ही दिख पड़ते हैं। दिखता है एक मन्द स्मित मानव-मुख।

वह मुस्कान है या मेरी दशा पर तिरस्कारपूर्ण हँसी?

नहीं, उसमें तिरस्कार नहीं है, अनुकम्पा है, आश्वासन है। वह मानो मुझे कह रहा है, चंचल मत हो, घबरा मत।

उस दिन जब शशिकान्त हमें दिलासा दे रहे थे, उस दिन उनके मुख पर भी यही भाव था...

हम दुमंज़िले के ऊपर बैठे हुए थे, नीचे पुलिस आ गई थी। दोनों ओर से गोलियाँ चल रही थीं—उधर से लगातार, हमारी ओर से कभी-कभी मौक़ा देखकर...

हमारा गोलियों का ढेर बड़ी शीघ्रता से छोटा होता जाता। मैं सोच रहा था, 'अभी पाँच मिनट बाद क्या होगा?'

उन्होंने मुख का भाव देख लिया। बोले, "रघुनाथ, यही तो जीवन का मज़ा है! इतने दिन भागते फिरे, आज एकाध हाथ दिखा देंगे!"

उनकी वाणी में इतना विश्वास भरा हुआ था, मुझसे उत्तर देते नहीं बना। मैंने आँख बचाकर गोलियों के ढेर की ओर देखा।

उनसे वह भी नहीं छिप सका! बोले, "वह क्या देखते हो? हमारा बल उसमें नहीं है। हमें चाहिए धैर्य! वह तो आपत्ति-काल के लिए एक निमित्त मात्र है—हमारी शक्ति है दिल में !"

मैं लज्जित होकर धीरे-धीरे—बहुत धीरे-धीरे, अपने रिवाल्वर में गोलियाँ भरनेलगा...

'दिल में!' मैंने अपने दिल की ओर ध्यान किया, वह बड़े ज़ोर से धड़क रहा था!

न जाने कैसे, शशिकान्त को कुछ आभास-सा मिल गया। वे खिन्न होकर बोले, अभी समय है। मैं इन्हें यहाँ फँसाए रखता हूँ, तुम दोनों पिछली गली से निकल जाओ! अभी पुलिस उधर नहीं गई है।''

मेरे जी में आया, दौड़कर निकल जाऊँ। पर मेरा साथी हिला भी नहीं। मैं लज्जित होकर बैठ गया...कितना काँप रहा था मेरा शरीर!

उन्होंने फिर पूछा, ''जाते क्यों नहीं?''

मेरा साथी बोला, ''दादा, तुम्हें अकेला छोड़कर हम नहीं जाएँगे।''

वे एक क्षण चुप रहे...फिर बोले, 'ओबे आर्डर्स।''

आज्ञा!

हम दोनों ने अपने रिवाल्वर जेब में रखे और चुपचाप उठकर चल दिए। मैंने एक बार मुड़कर देखा, पर वे मानो हमें भूल गए थे—शान्त, कुछ मुस्कुराते हुए, नीचे की ओर तीव्र दृष्टि से देख रहे थे, जैसे बाज़ झपटने से पहले अपने शिकार की ओर देखता है...

उसके बाद?

मेरा मन विकृत है, उन विकारों की प्रतिच्छाया मुझे प्रत्येक वस्तु में दिखती है। चन्द्रमा की ज्योत्स्ना तक में वही व्याप्त हो रही है!

इस तरह मैं अपनी विच्छिन्न मन:शक्ति को और भी निर्बल बना रहा हूँ! किसी की ओर नहीं देखूँगा—कुछ सोचूँगा!

आज भूख नहीं लगी। खाना इतना अच्छा बनकर आया था, फिर भी न जाने क्यों, खाने की इच्छा ही न हुई!

भोजन-भट्ट!

कितना नीच हूँ मैं—इतना विश्वासघात करके, इतनी नृशंसता के बाद, अब भी उसी शारीरिक तृप्ति की बात सोच रहा हूँ!

किसी दिन मैं कितना आदरणीय व्यक्ति समझा जाता था! उन दिनों मैं संगठन का काम कर रहा था, कितने सरल, विश्वासी नवयुवक मेरे आगे श्रद्धाभाव से खड़े हो रहते, मेरी बात कितनी व्यग्रता से सुनते, मानो अमृत पी रहे हों! उनमें अनभिज्ञता-जनित अन्धविश्वास था, अनुभव-हीनता के कारण वे दूसरों में भी सहसा विश्वास कर लेते थे! पर कितना सुखद स्निग्ध, कितना कोमल होता था वह नि:शंक विश्वास; कितना आह्लादजनक था वह श्रद्धाभाव!

मैं, मैं उस विश्वास के, उस श्रद्धा के, कितना अयोग्य निकला! जो मुझ पर इतना विश्वास करते थे कि मेरे एक इंगित पर जान तक दे देते, उनका मैंने कैसा प्रत्युपकार किया!

मैं जो आशा करता हूँ कि इन स्मृतियों से छुटकारा पाऊँगा, यह व्यर्थ की आशा है। मैं जो काम कर रहा हूँ, उसकी प्रतिक्रिया मेरे मन पर होती रहेगी, उसे कैसे रोक सकता हूँ?

पर कब तक यह प्रतिक्रिया होती रहेगी? जब मैं अपनी गवाही देकर अलग हो जाऊँगा, जब मैं जेल से निकल जाऊँगा, क्या तब भी यमदूत की तरह ये स्मृतियाँ मेरा पीछा करती रहेंगी?

पब्लिक की स्मरणशक्ति बहुत कमज़ोर है। वह अच्छा-बुरा सभी-कुछ बहुत जल्दी भूल जाती है। नहीं तो यह कैसे सम्भव था कि इतने द्रोही अब तक जीवित रहते? यह पब्लिक! जिनकी यह पूजा करती है, उन्हें भी तो पाँच-सात वर्ष में भूल जाती है।

और द्रोहियों को? उन्हें तो पब्लिक शायद वर्ष-भर भी नहीं याद रख पाती।

वे मुझे भूल जाएँगे! मैं चुपचाप किसी छोटे-से गाँव में रहूँगा, पुलिस मेरी रक्षा करेगी, फिर दिन धीरे-धीरे बीत जाएँगे...और शायद उस नये जीवन में मैं अकेला नहीं रहूँगा, शायद...

कमला! अगर उस जीवन में तुम भी मेरे साथ होगी, तो कितना अकथनीय सुख होगा वह!

जब भी तुम्हें याद करता हूँ, मेरा यह अनिश्चय, यह अकारण आशंका, एकदम दूर हो जाते हैं, तुम्हारी ही मूर्ति से मेरा अन्तःकरण दीप्तिमान् हो जाता है। आँखें बन्द करके तुम्हारा ही ध्यान करूँगा—और उस ध्यान में कितनी शान्ति मिलेगी मुझे!

मैं तुम्हें देख सकता हूँ। यह कम्पनी बाग के लताकुंज का द्वार है और उसके एक खम्भे पर हाथ रखे खड़ी हो—तुम! हल्के नीले रंग की साड़ी पहने, सिर झुकाए मूर्तिमान प्रतीक्षा की तरह—तुम!

कमला, मुझे एक श्लोक याद आ रहा है...

त्वमसि मम भूषणं त्वमसि मम जीवनं त्वमसि मे भवजलधिरत्नम्!

भवतु भवतीह मयि सततमनुरोधिनी तत्र मम हृदयमतियत्नम्!

मैं तुम्हारे मुख की ओर देख रहा हूँ।

यह क्या है? तुम्हारा आँचल गीला क्यों है? तुम्हारी मुखश्री मुरझाई क्यों है? तुम्हारी आँखों में आँसू क्यों हैं? तुम्हारी दृष्टि इतनी विरक्त क्यों है! और तुम्हारी साँस किस वेग से, कितनी कम्पित, चल रही है! कमला, कमला, कमला! तुमको क्या हो गया है? तुम मेरी ओर देखतीं क्यों नहीं? मुझे पहचानती क्यों नहीं? मुझे देखकर प्रसन्न क्यों नहीं होतीं।

कमला, मेरी ओर देखो, केवल एक बार! उफ्! तुम्हारी आँखों में व्यथा नहीं है—यह तो ज्वाला है!

किसने तुम्हारा अनादर किया है कमला? क्यों तुमने यह चंडी का रूप धारण किया है? मुझे बताओ, मैं प्रतिशोध करूँगा!

मैं...

मैंने...

कमला! कमला! कमला! क्या कह रही हो तुम? 'तुमने, तुमने, तुमने मुझे कलंकित कर दिया है!'

मैंने!

तुम पागल तो नहीं हो गईं? या परिहास तो नहीं कर रहीं? पर नहीं, तुम्हारी आँखों में आँसू हैं और बड़े यत्न से दबाए हुए क्रोध के आँसू!

मैंने तुम्हें कलंकित कर दिया है; मैंने, जो कि सब निछावर करके तुम्हारी एकाग्र उपासना कर रहा हूँ! मैंने, जो कि तुम्हारे आगे इतने नवयुवकों के जीवन को तुच्छ समझता हूँ!

कितना असह्य लांछन लगा रही हो मुझ पर तुम, कमला!

तुम ठीक कहती थीं, कमला, मैंने तुम्हें कलंकित कर दिया है। मैं तुमसे प्रेम करता था! वह प्रेम ही वासना था, कलुषित, कलंकित, कुत्सित। तुमने मुझे मेरी भूल सुझा दी है।

कमला, मैं दोषी हूँ!

पहले मैंने राजद्रोह किया था, फिर अब देशद्रोह कर रहा था...पर तुमने, तुमने मुझे सुझा दिया कि मैं मानवता के प्रति भी द्रोह कर रहा हूँ...सच्चाई के साथ ही मैंने मानवता भी खो दी! अब मैं क्या हूँ? इन चिंउटों की तरह, इन मच्छरों की तरह, जो भिन्नाते हैं, काटते हैं, पर जिनमें कर्तव्याकर्तव्य-ज्ञान नहीं है!

मैं बहुत गिर चुका हूँ, इतना कि शायद अब उठ नहीं सकूँगा! पर कमला, एक काम अवश्य करूँगा, एक काम जिससे मैं इतना डरता था, एक काम जिससे मेरी सब एकत्रित उमंगें टूटकर बिखर जाएँगी। मेरे पास एक ही साधन रह गया है। प्रायश्चित का नहीं, प्रतीकार का नहीं, तुम्हारे मुख पर से वह घोर कलंक का टीका मिटाने का नहीं, तुम्हारे योग्य बनने का नहीं; केवल यह दिखा देने का कि मैं प्रायश्चित करना चाहता था, तुम्हारे मुख से वह कलंक मिटाकर तुम्हारे योग्य बनना—तुम्हारे योग्य बनने का प्रयत्न करना—चाहता था! संसार शायद फिर भी मेरे नाम पर थूकता रहेगा, रहे। अब मैं उसका ध्यान नहीं करूँगा—केवल तुम्हारा, केवल तुम्हारे और तुम्हारे श्रीहीन मुख का!

मैं जीवन में निरुद्देश्य होकर बहुत गिर चुका हूँ, पर अब यह खोया हुआ उद्देश्य मुझे फिर वापस मिल गया है।

कल—मैं मिटा दूँगा उस कलंक की स्मृति भी...

कल—वापस लूँगा बयान...

कमला, कमला, फिर तो मुझ नीच पर दया करोगी?

3 मैं खड़ा था, उस गोल कमरे के बीच में अभियुक्त, वकील और जज, सब अपने-अपने स्थान पर बैठे थे। जिरह का आरम्भ होने वाला था।

नित्य की तरह मेरे हृदय में कँपकँपी नहीं थी, मैं चौंक-चौंककर इधर-उधर नहीं देखता था...मेरे जीवन में निश्चय था, वह पहले की तरह उद्देश्यहीन नहीं रह गया था।

मेरे शरीर में बिजली दौड़ गई...एक जीवित स्वप्न आया और दर्शकों में बैठ गया—एक बहुत ही मधुर स्वप्न—कमला! मैंने मन-ही-मन कहा, ''कैसा अच्छा संयोग है यह! आज मैं उसका कलंक मिटाने आया था, आज वह स्वयं उपस्थित है। वह देखेगी।''

मैंने उसकी ओर फिर नहीं देखा। एक भावना मेरे कानों में कहने लगी, 'वह कलंकिनी है, तुमने उसे कलंकित कर दिया था। जब अपना काम कर चुकोगे, तब उधर देखना।'

वकील खड़ा हुआ! मेरा दृढ़ हृदय धक् से हो गया, उसका स्पन्दन मुझे सुन पड़ने लगा...किस प्रश्न का क्या उत्तर दूँगा, कैसे वकील चौंककर उठेंगे और एक नये औत्सुक्य—एक नयी उत्कंठा से मेरी ओर देखने लगेंगे...

एक अभियुक्त उठा और बोला, ''मेरा एक वक्तव्य है।''

जज बोला, ''लिखकर भेज दो!''

''नहीं, मैं ज़बानी कहूँगा।'' कहकर वह पढ़ने लगा...

देर होती गई, और मेरे हृदय का स्पन्दन बढ़ता गया। दर्शकों की ओर—दर्शकों में बैठी उसकी ओर—देखने की व्यग्रता भी बढ़ती गई...इस दुविधा में वह वक्तव्य भी ठीक से नहीं सुन पाया...

''विदेशी सरकार ने हमारा जो उपकार किया है, हमने उसकी क़द्र नहीं की, इसी का उत्तर माँगने के लिए आपने हमें यहाँ बुलाया है। मैं इस प्रश्न का उत्तर नहीं दूँगा। क्यों? क्योंकि इसका उत्तर हिन्दुस्तान की भूमि के रेणु-मात्र पर लिखा हुआ है।''...

''आपने हिन्दुस्तान में शराब और अफ़ीम बेचकर हमारी बुद्धि भ्रष्ट की, आप विचित्र कानून बनाकर हिन्दुस्तान का सोना खींचकर विलायत ले गए, आपने हमारे श्रमजीवियों को इतना निर्धन किया कि आज एक-एक छोटी कोठरी में चार-चार परिवार, बीस-बीस प्राणी, आयु बिताने को बाध्य हुए, आपने असहायों पर गोलियाँ चलाईं, दंगे करवाए, फिर आपको यह पूछते शर्म नहीं आती कि हम अकृतज्ञ क्यों हैं!''...

''आप अन्याय पर तुले हुए हैं, फिर क्यों न्याय का ढोंग करके अपनी हँसी करवाते हैं? जो दंड देना है, आज ही दे डालिए। क्यों व्यर्थ हमारी भूखी प्रजा का रुपया फूँकते हैं?''

''जिसकी गवाही पर आप हमें दंड देने चले हैं, उसने पहले सरकार से विश्वासघात किया है, फिर देश से, और फिर सत्य की उपेक्षा करके न जाने कितने झूठ बकता रहा।''

''वह राजद्रोही है, देश-द्रोही है, धर्म-द्रोही है। उसकी साक्षी पर हमें दंड दे कर क्यों आप न्याय का मुँह काला करते हैं?''

इससे आगे मैं नहीं सुन सका...मुझे बस अपने हृदय की वह धक्! धक्! धक्! ही सुन पड़ने लगी...मेरे हाथ-पैर काँपने लगे...

किसी प्रेरणा ने मेरे कान में कहा, 'कमला की ओर देखो! वह तुम्हें शक्ति प्रदान करेगी!'

किस शैतान की प्रेरणा थी वह! मेरा निश्चय उसके आगे उड़ गया—मैंने देखा, तृषित, लालसामय आँखों से, उसकी ओर!

वह मेरी ओर नहीं देख रही थी। वह देख रही थी उस अभियुक्त की ओर, सुन रही थी उसका वक्तव्य। कितनी तल्लीन होकर! उसका प्रत्येक वाक्य सुनकर कैसे खिल उठता था उसका मुखश्री! उस खिलने में थी सन्तुष्टि, उसमें था आनन्द, उसमें था गर्व!

मैं मुग्ध होकर कितनी ही देर उधर देखता रहा...शायद उसे इसका भास हुआ, उसने मानो स्वप्न से जागकर मेरी ओर देखा। क्षण-भर के लिए, फिर आँखें फेर लीं।

क्या था उसकी आँखों में? उपेक्षा, विरक्ति, अनुताप, लज्जा!...

वह शैतान एक विद्रूप हँसी हँसा मेरे कान में। मैंने सुना—''कौन है वह? कमला तुम्हारी क्या है, तुम कमला के कौन?''

कमला! यह क्या देख रहा हूँ...

जब तुम उधर, उनकी ओर देखती हो, तब तुम्हारी आँखों में यह क्या हो जाता है?

तुम्हें क्या हो गया है कमला, तुम मुझे भूल गईं...

मेरे जीवन का उद्देश्य...मेरा निश्चय...मेरा प्रण...कहाँ गए?

मेरे लिए अन्धकार-ही-अन्धकार है!

कमला, मैं नीच था, पतित था, कायर था, द्रोही था, नरक के कीड़े की तरह था, पर तुम्हारे प्रति तो मेरे भाव नहीं बदले थे...तुम्हें तो समझना चाहिए था कि किस प्रेरणा ने मुझे इस पतन की ओर प्रेरित किया था...तुम्हें मैं क्या समझा था—तुम भी मुझे समय पर ठुकराकर चली गईं...

मैं सबकी आँखों में गिरा हुआ था, पर तुम्हारी आँखों में तो न गिरने का मैंने पूरा प्रयत्न किया था...और तुम्हें भी तो मैंने इतने ऊँचे सिंहासन पर बिठाया था...इस उपेक्षा में दो आदर्श टूट गए—उस सिंहासन से तुम च्युत हो गईं, और मैं...न जाने कहाँ तक गिरता ही जाऊँगा...!

कमला, आज मैं सरकार की इतनी महती शक्ति का तिरस्कार करके तुम्हारे मुख पर से कलंक मिटाने आया था, पर तुमने मुख फेर लिया...मेरे हाथ कलुषित थे, पर अगर तुम्हारी आँखों में भी मैं इतना पतित हो गया हूँ, कमला, तो मेरे जीवन के सभी आधार टूट गए...

मैं पतित था, पर मुझे अपने पतन का ज्ञान तो था...मैं उठना चाहता था, पतन

के गह्वर से निकलना चाहता था; तुम मेरी सहायता कर सकती थीं, पर तुमने उपेक्षा की, मेरा तिरस्कार किया, मेरी उस उच्च कामना को ठुकरा दिया...

मुझे कठघरे में खड़े अभी पाँच मिनट भी नहीं हुए थे, कितने समुद्र-के-सुमद्र मेरे आगे से बह गए...मुझे ऐसा मालूम हुआ, मेरे हृदय की धक्! धक्! से अन्तराल में कहीं बहुत-से बन्धन एक साथ टूट गए...मेरे नीचे से धरती खिसकने-सी लगी...

मैंने चाहा, चिल्लाऊँ, 'कमला, कमला, तुमने यह क्या किया!' पर जब बोला, तो वकील के प्रश्न का उत्तर ही मुँह पर आया!

वह प्रश्न पूछता गया, मैं उत्तर देता रहा...कोई चौंका नहीं, किसी को विस्मय नहीं हुआ, किसी को उत्कंठा नहीं हुई, किसी ने उत्सुक होकर मेरी ओर नहीं देखा...

और कमला! कमला उसी तरह, उसी खिली हुई मुखश्री से, उसी गर्व से, उनकी ओर देखती रही, मेरी ओर उसने भूलकर भी फिर नहीं देखा...

4 जो एक बार अपनी इच्छा से पतित होता है, उसका उत्थान होना असम्भव है। कोई उसका मित्र नहीं होता, कोई उसकी सहायता नहीं करता। मेरे लिए यही जीवन है—यही जिसे एक दिन मैंने इतनी व्यग्रता से अपनाया था, और जिसने आज साँप की तरह मुझे अपने पाश में बाँध लिया है!

मैं द्रोही हूँ और रहूँगा।

द्रोह मेरे हृदय में है, मेरी अस्थियों में है, मेरी नस-नस में है। मैं द्रोही हूँ।

पहली बार मैंने सरकार से द्रोह किया था, किसी की मुखश्री से आकृष्ट होकर। दूसरी बार मैंने देश से द्रोह किया, किसी के शरीर की लालसा से। तीसरी बार फिर मैंने धर्म से द्रोह किया, किसी के लिए ईर्ष्या करके।

फिर, अपनी नीचता का परिणाम जब मैं जान पाया, तब मैं प्रायश्चित करने गया। पर फल क्या हुआ? प्रायश्चित भी नहीं किया और अपनी अन्तरात्मा के प्रति भी द्रोही बनकर लौट आया!

मैं अपना बचाव नहीं करता। मैं अधम हूँ। पर मेरे जीवन के सारे आधार, मेरे उद्देश्य, मेरी आशाएँ, सदाकांक्षाएँ, सब कमला की उपेक्षा ने एक ही झोंके में मिटा दीं, और मेरे लिए उत्थान का कोई मार्ग नहीं छोड़ा!

अगर वह मेरी सहायता करती, तो कौन-सा ऐसा काम था जो मैं न कर पाता? वह जिसका मैंने इतनी एकाग्र वृत्ति से ध्यान किया था, वह जो परीक्षा के समय मुझे ठुकराकर चली गई—कमला!

पर अब—! अब नहीं। मेरा भाग्य-निर्णय हो गया है, मेरा इस प्रवाह के विपरीत चलने की स्पर्धा करना बेवक़ूफ़ी है। मैं कुछ नहीं करूँगा, बह जाऊँगा!

क्यों? मैं द्रोही था, द्रोही हूँ, द्रोही ही रहूँगा!

•

विपथगा

यह मानवी थी या दानवी, यह मैं इतने दिन सोचकर भी नहीं समझ पाया हूँ। कभी-कभी तो यह भी विश्वास नहीं होता कि उस दिन की घटना वास्तविक ही थी, स्वप्न नहीं। किन्तु फिर जब अपने सामने की दीवार पर टँगी हुई वह टूटी तलवार देखता हूँ, तो हठात् उसकी सत्यता मान लेनी पड़ती है। फिर भी अभी तक यह निर्णय नहीं कर पाया कि मानवी थी या नहीं...

उसके शरीर में लावण्य की दमक थी, मुँह पर सौन्दर्य की आभा थी, होंठों पर एक दबी हुई, विचारशील मुस्कान थी। किन्तु उसकी आँखें! उनमें अनुराग, विराग, क्रोध, विनय, प्रसन्नता, करुणा, व्यथा, कुछ भी नहीं था, थी केवल एक भीषण, तुषारमय, अथाह ज्वाला!

मनुष्य की आँखों में ऐसी मृतवत् जड़ता के साथ ही ऐसी जलन हो सकती है, यह बात आज भी मेरे गुमान में नहीं आती। किन्तु आज एक वर्ष बीत जाने पर भी, मैं जब कभी उसका ध्यान करता हूँ, उसकी वे आँखें मेरे सामने आ जाती हैं। उसकी आकृति, उसका वर्ण, उसकी बोली, मुझे कुछ भी याद नहीं आता, केवल वे दो प्रदीप्त बिम्ब दिख पड़ते हैं...रात्रि के अन्धकार में जिधर आँख फेरता हूँ उधर ही, स्फटिक मणि की तरह, नीले आकाश में शुक्र तारे की तरह, हरित ज्योतिमय उसके वे विस्फारित नेत्र निर्निमेष होकर मुझ पर अपनी दृष्टि गड़ाये रहते हैं...

मैं भावुक प्रकृति का आदमी नहीं हूँ। पुराने फ़ैशन का एकदम साधारण व्यक्ति हूँ। मेरी जीविका का आधार इसी पेरिस शहर के एक स्कूल में इतिहास के अध्यापक का पद है। मैं सिनेमा थियेटर देखने का शौकीन नहीं हूँ, न मेरा कविता में ही मन लगता है। मनोरंजन के लिए मैं कभी-कभी देश-विदेश की क्रान्तियों के इतिहास पढ़ लिया करता हूँ। एक-आध बार मैंने इस विषय पर व्याख्यान भी दिए हैं। इससे अधिक कुछ नहीं कर सकता, क्योंकि यह विदेश है। जब पढ़ने से मन उकता जाता है, तब कभी-कभी पुराने अस्त्र-शस्त्र के संग्रह में लग जाता हूँ। बड़ी मेहनत से मैंने इनका एक संग्रह किया है। जिस कटार से सम्राट पीटर ने अपनी प्रेमिकाओं की हत्या की

थी, उसकी मूठ मेरे संग्रह में है; जिस प्याले में कैथराइन ने अपने पुत्र को विष दिया था, उसका एक खंड; जिस गोली से एक अज्ञात स्त्री ने आर्क-एंजेल के गवर्नर को मारा था, उसका खाली कारतूस; जिस घोड़े पर सवार होकर नेपोलियन मॉस्को से भागा था, उसकी एक नाल; और नेपोलियन की जैकेट का एक बटन भी मेरे संग्रह में है। ऐसा संग्रह शायद पेरिस में दूसरा नहीं है—शायद मॉस्को में भी नहीं था...

पर जो बात मैं कहना चाहता था, उससे भटक गया। हाँ, मैं भावुक प्रकृति का नहीं हूँ। मेरी रुचि इसी संग्रह में, या कभी-कभी क्रान्ति-सम्बन्धी साहित्य तक परिमित है, और इधर-उधर की बातें मैं नहीं जानता। फिर भी उस दिन की घटना मेरे शान्तिमय जीवन में उसी तरह उथल-पुथल मचा गई, जिस तरह एक उद्यान में झंझावात। उस दिन से न जाने क्यों एक अज्ञात, अस्पष्ट अशान्ति ने मेरे हृदय में घर कर लिया है। जब भी मेरी दृष्टि उस टूटी हुई तलवार पर पड़ती है, एक गम्भीर किन्तु भावातिरेक से कम्पायमान ध्वनि मेरे कानों में गूँज उठती है :

"दीप बुझता है तो धुआँ उठता है। किन्तु जब हमारे विस्तृत देश के भूखे, पीड़ित, अनाश्रित कृषक-कुटुम्ब सड़कों पर भटक-भटककर हेमावृत्त धरती पर बैठकर अपने भाग्य को कोसने लगते हैं, जब उनके हृदय में सुरक्षित आशा की अन्तिम दीप्ति बुझ जाती है, तब एक आह तक नहीं उठती। न जाने कब तक वह बुझी हुई राख पड़ी रहती है—पड़ी रहेगी!—किन्तु किसी दिन, सुदूर भविष्य में, किसी घोर झंझा से, उसमें फिर चिनगारी निकलेगी! उसकी ज्वाला—घोरतम, अनवरुद्ध, प्रदीप्त ज्वाला!—किधर फैलेगी, किसको भस्म करेगी, किन नगरों और प्रान्तों का मानमर्दन करेगी—कौन जाने?"

मुझे रोमांच हो आता है, मैं मन्त्रमुग्ध की तरह निश्चेष्ट होकर उस दिन की घटना पर विचार करने लग जाता हूँ...

रात्रि के आठ बज रहे थे। मैं मॉस्को में अपने कमरे में बैठा लैम्प के प्रकाश में धीरे-धीरे कुछ लिख रहा था। पास में एक छोटी मेज़ पर भोजन के जूठे बर्तन पड़े थे। इधर-उधर दीवार पर टँगी या अँगीठी पर रखी हुई मेरे संग्रह की वस्तुएँ थीं।

बाहर वर्षा हो रही थी। छत पर से जो आवाज़ आ रही थी, उससे मैंने अनुमान किया कि ओले भी पड़ रहे हैं, किन्तु उस जाड़े में उठकर देखने की सामर्थ्य मुझमें नहीं थी। कभी-कभी लैम्प के फीके प्रकाश पर खीझने के अतिरिक्त मैं बिलकुल एकाग्र होकर दूसरे दिन पढ़ने के लिए 'सफल क्रान्ति' पर एक छोटा-सा निबन्ध लिख रहा था।

'सफल क्रान्ति क्या है? असंख्य विफल जीवनियों का, असंख्य निष्फल प्रयत्नों का, असंख्य विस्मृत आहुतियों का, अशान्तिपूर्ण किन्तु शान्तिजनक निष्कर्ष!'

(उन दिनों मैं मॉस्को के एक स्कूल में अध्यापक था। वहीं इतिहास पढ़ाने में और कभी-कभी क्रान्ति-विषयक लेख लिखने में तथा पढ़ने में मेरा समय बीत जाता था। क्रान्ति का अर्थ मैं समझता था या नहीं, यह नहीं कह सकता। आज मैं क्रान्ति के विषय में अपनी अनभिज्ञता को ही कुछ-कुछ जान पाया हूँ!)

एकाएक किसी ने द्वार खटखटाया। मैंने बैठे-ही-बैठे उत्तर दिया, ''आ जाओ!'' और लिखने में लगा रहा। द्वार खुला और बन्द हो गया। फिर उसी अविरल जलधारा की आवाज़ आने लगी—कमरे में नि:स्तब्धता छा गई। मैंने कुछ विस्मित होकर आँख उठाई और उठाए ही रह गया।

बहुत मोटा-सा ओवरकोट पहने, सिर पर बड़े-बड़े बालों वाली टोपी रखे, गले में लाल रूमाल बाँधे, दरवाज़े के पास खड़ी एक स्त्री एकटक मेरी ओर देख रही थी। उसके कपड़े भीगे हुए थे, टोपी में कहीं-कहीं एक-आध ओला फँस गया था। पैरों में उसने घुटने तक पहुँचने वाले बड़े-बड़े भद्दे रूसी बूट पहन रखे थे, जो कीचड़ में सने हुए थे। ऊपर टोपी और नीचे रूमाल के कारण उसके मुँह का बहुत थोड़ा भाग दिख पड़ता था। इस प्रकार आवृत्त होने पर भी उसके शरीर में एक लचक, और साथ ही एक खिंचाव का आभास स्पष्ट होता था, मानो कपड़ों से ढँककर एक तने हुए धनुष की प्रत्यंचा सामने रख दी गई हो। आँखें नहीं दिखती थीं, किन्तु उन होंठों की पतली रेखा देखने से भावना होती थी कि उसके पीछे विद्युत की चपलता के साथ ही वज्र की कठोरता दबी हुई है...

मैं क्षण-भर उसी की ओर देखता रहा, किन्तु वह कुछ बोली नहीं। मैंने ही मौन भंग किया, ''कहिए, क्या आज्ञा है?'' कोई उत्तर नहीं मिला। मैंने फिर पूछा, ''आपका नाम जान सकता हूँ?''

उसने धीरे-धीरे कहा, मानो प्रत्येक शब्द को तौल-तौल कर रखा हो, ''मैंने सुना था कि क्रान्तिकारियों से आपको सहानुभूति है, और आपने इस विषय पर व्याख्यान भी दिए हैं। इसी सहानुभूति की आशा से आपके पास आई हूँ।''

मैं काँप गया। मेरी इस सहानुभूति की चर्चा बाहर होती है, और क्रान्तिकारियों तक को इसका ज्ञान है, फिर मुझमें और क्रान्तिकारियों में भेद क्या है? कहीं यह मॉस्को के राजनैतिक विभाग की जासूस तो नहीं है? मेरी नौकरी...शायद साइबेरिया की खानों में आयु-भर...पर अगर यह जासूस होती, तो ऐसी दशा में क्यों आती? ऐसे बात क्यों करती? इससे तो साफ़ सन्देह होने लगता है...जासूस होती तो विश्वास उत्पन्न करने की चेष्टा करती...पर क्या जाने, विश्वास उत्पन्न करने का शायद इसका यही ढंग हो, सँभल कर बात करनी होगी।

मैंने उपेक्षा से कहा, ''आप साफ़-साफ़ कहिए, बात क्या है? मैं आपका अभिप्राय नहीं समझा!''

वह बोली, ''मैं क्रान्तिकारिणी हूँ। मुझे अभी कुछ धन की आवश्यकता है। आप दे सकेंगे?''

''किसलिए?''

वह कुछ देर के लिए असमंजस में पड़ गई, मानो सोच रही हो कि उत्तर देना चाहिए या नहीं। फिर उसने धीरे-धीरे ओवरकोट के बटन खोले और भीतर से एक तलवार—रक्तरंजित तलवार!—निकाली। इतनी देर में उसने आँख पल-भर भी मुझ पर से नहीं हटाई। मुझे मालूम हो रहा था, मानो वह मेरे अन्तरतम

विचारों को भाँप रही हो। मैं भी मुग्ध होकर देखता रहा...

वह बोली, "यह देखो! जानते हो, यह किसका रक्त है? कर्नल गोरोव्स्की का! और उसकी लोथ उसके घर के बाग़ में पड़ी हुई है!"

मैं भौचक होकर बोला, "हैं? कब?"

"अभी एक घंटा भी नहीं हुआ। उसी की तलवार, इन हाथों ने उसी के हृदय में भोंक दी। तुम पूछोगे, क्यों? शायद तुम्हें नहीं मालूम कि स्त्री कितना भीषण प्रतिशोध करती है!"

"तुम यहाँ क्यों आईं?"

"मुझे धन की ज़रूरत है। मॉस्को से भागने के लिए।"

"मैं तुम्हारी सहायता नहीं कर सकता। तुम हत्यारिणी हो।"

वह एकाएक सहम-सी गई, मानो उसे इस उत्तर की आशा न हो। फिर धीरे-धीरे एक फीकी, विषादमय हँसी हँसकर बोली, "बस, यहीं तक थी तुम्हारी सहानुभूति! इसी क्रान्तिवाद के लिए तुम व्याख्यान देते हो, यही तुम्हारे इतिहासों का निष्कर्ष है!"

"मैं क्रान्तिवादी हूँ पर हत्यारा नहीं हूँ। इस प्रकार की हत्याओं से देश को लाभ नहीं, हानि होगी। सरकार ज़्यादा दवाब डालेगी, मार्शल-लॉ जारी होगा, फाँसियाँ होंगी। हमारा क्या लाभ होगा?"

"तुम क्रान्ति को क्या समझते हो, गुड़ियों का खेल!" यह कहती हुई वह मेरी मेज़ के पास आकर खड़ी हो गई। मेज़ पर पड़े हुए काग़ज़ों को देखकर बोली, "यह क्या, सफल क्रान्ति! असंख्य विफल जीवनियों का...विस्मृत आहुतियों का निष्कर्ष!"

वह ठठाकर हँसी, "सफल क्रान्ति! जानते हो, क्रान्ति के लिए कैसी आहुतियाँ देनी पड़ती हैं?"

मैं कुछ उत्तर न दे सका। मैं उसे वह लेख पढ़ते हुए देखकर झेंप रहा था।

वह फिर बोली, "तुम भी अपने-आपको क्रान्तिवादी कहते हो, हम भी। किन्तु हमारे आदर्शों में कितना भेद है! तुम चाहते हो, स्वातन्त्र्य के नाम पर विश्व जीत कर उस पर शासन करना, और हम!—हम इसी की चेष्टा में लगे हैं कि अपने हृदय इतने विशाल बना सकें कि विश्व उनमें समा जाए!"

मैंने किसी षड्यन्त्र में भाग नहीं लिया है—क्रान्तिवाद पर लेक्चर देने के अतिरिक्त कुछ भी नहीं किया है, फिर भी मैं अपने सिद्धान्तों पर आक्षेप नहीं सह सका। मैंने तनकर कहा, "तुम झूठ कहती हो। मैं सच्चा साम्यवादी हूँ। मैं चाहता हूँ कि संसार में साम्य हो, शासक और शासित का भेद मिट जाए। लेकिन इस प्रकार हत्या करने से यह कभी सिद्ध नहीं होगा। जिसे तुम क्रान्ति कहती हो, उसके लिए अगर यह करना पड़ता हो, तो मैं उस क्रान्ति का विरोध करूँगा, उसे रोकने का भरसक प्रयत्न करूँगा। इसके लिए अगर प्राण भी—"

"क्रान्ति का विरोध करोगे, उसे रोकोगे तुम? सूर्य उदय होता है, उसको रोकने

की चेष्टा की है? समुद्र में प्रलय-लहरी उठती है, उसे रोका है? ज्वालामुखी में विस्फोट होता है; धरती काँपने लगती है, उसे रोका है? क्रान्ति सूर्य से भी अधिक दीप्तिमान, प्रलय से भी अधिक भयंकर, ज्वाला से भी अधिक उत्तप्त, भूकम्प से भी अधिक विदारक है...उसे क्या रोकोगे!''

''शायद न रोक सकूँ। लेकिन मेरा जो कर्तव्य है, वह तो पूरा करूँगा।''

''क्या कर्तव्य? लेक्चर झाड़ना?''

''देश में अपने विचारों का निदर्शन, अहिंसात्मक क्रान्ति का प्रचार।''

''अहिंसात्मक क्रान्ति! जो भूखे, नंगे, प्रपीड़ित हैं, उनको जाकर कहोगे, चुपचाप बिना आह भरे मरते जाओ! रूस की भयंकर सर्दी में बर्फ़ के नीचे दब जाओ, लेकिन इस बात का ध्यान रखना कि तुम्हारी लोथ किसी भद्र पुरुष के रास्ते में न आ जाए! रोते हुए बच्चों से कहोगे, माता की छातियों की ओर मत देखो, बाहर जाकर मिट्टी-पत्थर खाकर भूख मिटाओ! और अत्याचारी शासक तुम्हारी ओर देखकर मन-ही-मन हँसेंगे, और तुम्हारी अहिंसा की आड़ में निर्धनों का रक्त चूसकर ले जाएँगे! यही है तुम्हारी शान्तिमय क्रान्ति, जिसका तुम्हें इतना अभिमान है।''

''अगर शासक अत्याचार करेंगे, तो उनके विरुद्ध आन्दोलन करना भी तो हमारा धर्म होगा।''

''धर्म?, वही धर्म, जिसे तुम एक स्कूल की नौकरी के लिए बेच खाते हो? वही धर्म, जिसके नाम पर तुम स्कूल में इतिहास पढ़ाते समय इतने झूठ बकते हो?''

मैंने क्रुद्ध होकर कहा, ''व्यक्तिगत आक्षेपों से कोई फायदा नहीं है। ऐसे तो मैं पूछ सकता हूँ, तुम्हीं ने कौन बड़ा बलिदान किया है? एक आदमी को मारकर भाग आईं, यही न?''

मुझे उस पर बड़ा क्रोध आ रहा था। किन्तु जिस तरह वह छाती के बटनखोले हाथ में तलवार लिये, दानवी की तरह खड़ी मेरी ओर देख रही थी, उसे देखकर मेरा साहस ही नहीं पड़ा कि उसे निकाल दूँ! मैं प्रश्न पूछकर उसकी ओर देखने लगा। मुझे आशा थी कि वह मुझ पर से दृष्टि हटा लेगी, मेरे प्रश्न का उत्तर देते घबराएगी, क्रुद्ध होगी। किन्तु यह सब कुछ भी नहीं हुआ। वह धीरे से काग़ज़ हटाकर मेरी मेज़ के एक कोने पर बैठ गई और तलवार की नोक मेरी ओर करती हुई बोली, ''मैंने क्या किया है, सुनोगे, तुम? मैंने बलिदान कोई बड़ा नहीं किया, लेकिन देखा बहुत-कुछ है। मेरे पास बहुत समय है—अभी गोरोव्स्की का पता किसी को नहीं लगा होगा। सुनोगे तुम?''

पहले मैंने सोचा, सुनकर क्या करूँगा? अभी लेख लिखना है, कल स्कूल भी जाना होगा, और फिर पुलिस—इसे कह दूँ, चली जाए। लेकिन फिर एक अदम्य कौतूहल और अपनी हृदयहीनता पर ग्लानि-सी हुई। मैंने उठकर अँगीठी में कोयले हिलाकर आग तेज़ कर दी, एक और कुर्सी उठाकर आग के पास रख दी, और अपनी जगह बैठकर बोला, ''हाँ, सुनूँगा। आग के पास उस कुर्सी पर बैठकर सुनाओ, सर्दी बहुत है।''

वह वहीं बैठी रही, मानो मेरी बात उसने सुनी ही न हो। केवल तलवार एक ओर रखकर, कुछ आगे की ओर झुककर आग की ओर देखने लगी। थोड़ी देर देखकर चौंककर बोली, ''हाँ, सुनो। मैंने घर में आरामकुर्सी पर बैठ कर यन्त्रालयों में पिसते हुए श्रमजीवियों के लिए साम्यवाद पर लेख नहीं लिखे हैं। न मैंने मंच पर खड़े होकर कृषकों को ज़बानी स्वातन्त्र्य-युद्ध की मरीचिका दिखलाई है। मैंने घर-बार, माता-पिता, पति तक को छोड़कर धक्के-ही-धक्के खाये हैं। सौभाग्य बेचकर अपने विश्वास की रक्षा की है। स्वत्व बचाने के लिए पिता की हत्या की है। और—और अपना स्त्री-रूप बेचकर देश के लिए भिक्षा माँगी है—और आज फिर माँगने निकली हूँ।''

मेरे मुँह से अकस्मात् निकल गया, ''किससे?''

इस प्रश्न से मानो उसकी विचार-शृंखला टूट गई। तलवार की ओर देखती हुई बोली, ''यह फिर बताऊँगी—वह मेरे अन्तिम—मेरे एकमात्र बलिदान की कहानी है।''

विश्वास और स्वत्व की रक्षा—पिता की हत्या—मुझे कुछ भी समझ नहीं आया।

''मेरे पिता पीटर्सबर्ग में पुलिस-विभाग के सदस्य थे। मेरे पति भी वहाँ राजनैतिक विभाग में काम करते थे। कुटुम्ब में, वंश में एक मैं ही थी जिसने क्रान्ति का आह्वान सुना...फिर भी, कितने विरोध का सामना करना पड़ा! पहले-पहले जब मैं क्रान्तिदल में आई, तो लोग मुझ पर सन्देह करने लग गए। न जाने किस अज्ञात शत्रु ने उनसे कह दिया, इसका पिता पुलिस में है, पति राजनैतिक विभाग में, इससे विनाश के अतिरिक्त और क्या आशा हो सकती है? मैंने देखा, इतनी कामना, इतनी सदिच्छा होते हुए भी मैं अनादृता, परित्यक्ता-सी हूँ...मेरे पति को भी मेरी वृत्तियों का पता लगा। फलस्वरूप एक दिन मैं चुपचाप घर से निकल गई—उन्हें भी नौकरी छिन जाने का डर था! उसके बाद—उसके बाद मेरी परीक्षा का प्रश्न उठा! पति को छोड़ देने पर भी मुझे सदस्य नहीं बनाया गया—परीक्षा देने को कहा गया। कितनी भयंकर थी वह!''

क्षण-भर आग की ओर देखने के बाद फिर उसने कहना शुरू किया : ''मैं और चार और व्यक्ति पिस्तौल लेकर एक दिन सायंकाल को निकोलस पार्क में बैठ गए। उस दिन उधर से पीटर्सबर्ग की पुलिस दो बन्दियों को लेकर जाने वाली थी। इसी पर वार करके बन्दियों को छुड़ाने का काम हमारे सुपुर्द हुआ था। यही मेरी परीक्षा थी!

''हम रात तक वहीं बैठे रहे। नौ बजे के लगभग पुलिस के बूटों की आहट आई। हम सावधान हो गए। किसी ने पूछा, 'कौन बैठा है?' हमने उत्तर नहीं दिया, गोलियाँ दागनी शुरू कर दीं। दो मिनट के अन्दर निर्णय हो गया—हमारे तीन आदमी खेत रहे, पर हमें सफलता प्राप्त हुई। बन्दी मुक्त हो गए। हम चारों शीघ्रता से पार्क से निकलकर अलग हो गए।''

मैं बहुत ध्यान से सुन रहा था। ऐसी कहानी मैंने कभी नहीं सुनी थी—पढ़ी भी नहीं थी...मैंने व्यग्रता से पूछा, ''फिर?''

''दूसरे दिन—दूसरे दिन मॉस्को में अखबार में पढ़ा, बन्दियों को लेकर जाने वाले अफ़सर थे—मेरे पिता!''

उस छोटे-से कमरे में फिर सन्नाटा छा गया। वर्षा अब भी हो रही थी। मैं विमनस्क-सा होकर छत पर पड़ रही बूँदें गिनने की चेष्टा करने लगा।

उसने पूछा, ''और कुछ भी सुनोगे?''

''मैंने सिर झुकाकर उत्तर दिया, ''मैंने तुम लोगों पर अन्याय किया है। वास्तव में तुम्हें बहुत उत्सर्ग करना पड़ता है। मैं अभी तक नहीं जान पाया था।''

''हाँ, यह स्वाभाविक है। एक अकेले व्यक्ति की व्यथा, एक आदमी का दुःख हम समझ सकते हैं। एक प्राणी को पीड़ित देखकर हमारे हृदय में सहानुभूति जगती है—एक हूक-सी उठती है...किन्तु जाति, देश, राष्ट्र! कितना विराट होता है! इसकी व्यथा, इसके दुःख से असंख्य व्यक्ति एक साथ ही पीड़ित होते हैं—इसमें इतनी विशालता, इतनी भव्यता है कि हम यही नहीं समझ पाते कि व्यथा कहाँ हो रही है, हो भी रही है या नहीं।''

''ठीक है। तुम्हें बहुत दुःख झेलने पड़ते हैं। किन्तु इस प्रकार अकारण दुःख झेलना, चाहे कितनी ही धीरता से झेला जाए, बुद्धिमत्ता तो नहीं है।''

''हमारे दुःख प्रसव-वेदना की तरह हैं, इसके बाद ही क्रान्ति का जन्म होगा। इसके बिना क्रान्ति की चेष्टा करना, क्रान्ति से फल-प्राप्ति की आशा करना विडम्बना-मात्र है।''

''लेकिन हर आन्दोलन किसी निर्धारित पथ पर ही चलता है, ऐसे तो नहीं बढ़ता?''

''क्रान्ति आन्दोलन नहीं है।''

''सुधार करने के लिए भी तो कोई आदर्श सामने रखना होता है?''

''क्रान्ति सुधार नहीं है।''

''न सही। परिवर्तन ही सही। लेकिन परिवर्तन का भी तो ध्येय होता है!''

''क्रान्ति परिवर्तन भी नहीं है।''

मैंने सोचा, पूछूँ तो फिर क्रान्ति है क्या? किन्तु मैं बिना पूछे उसके मुख की ओर देखने लग गया। वह स्वयं बोली, ''क्रान्ति आन्दोलन, सुधार, परिवर्तन कुछ भी नहीं है; क्रान्ति है विश्वासों का, रूढ़ियों का, शासन की और विचार की प्रणालियों का घातक, विनाशकारी, भयंकर विस्फोट! इसका न आदर्श है, न ध्येय, न धुर। क्रान्ति विपथगा, विध्वंसिनी है, विदग्धकारिणी है!''

''ये तो सब बातें हैं। कवियों वाला शब्द-विन्यास है। ऐसी क्रान्ति से हमें मिलेगा क्या?''

वह हँसने लगी। ''क्रान्ति से क्या मिलेगा? कुछ नहीं। जो कुछ है, शायद वह भी भस्म हो जाएगा। पर इससे यह नहीं सिद्ध होता कि क्रान्ति का विरोध करना चाहिए। हमें इस बात का ध्यान भी नहीं करना चाहिए कि हमें क्रान्ति करके क्या मिलेगा।''

''क्यों!''

''कोढ़ का रोगी जब डॉक्टर के पास जाता है, तो यही कहता है कि मेरा रोग छुड़ा दो। यह नहीं पूछता कि इस रोग को दूर करके इसके बदले मुझे क्या

दोगे! क्रान्ति एक भयंकर औषधि है, यह कड़वी है, पीड़ाजनक है, जलाने वाली है, किन्तु है औषध। रोग को मार अवश्य भगाती है। किन्तु इसके बाद, स्वास्थ्य-प्राप्ति के लिए, जिस पथ्य की आवश्यकता है, वह इसमें खोजने पर निराशा ही होगी, इसके लिए क्रान्ति को दोष देना मूर्खता है।''

मैं निरुत्तर हो गया। चुपचाप उसके मुख की ओर देखने लगा। थोड़ी देर बाद बोला, ''एक बात पूछूँ?''

''क्या!''

''तुम्हारा नाम क्या है?''

''क्यों?''

''यों ही। कुतूहल है।''

''पिता ने जो नाम दिया था, वह उस दिन छूट गया, जिस दिन विवाह हुआ। पति ने जो नाम दिया था, उसे मैं आज भूल गई हूँ, अब मेरा नाम मेरिया इवानोवना है।''

कुछ देर हम फिर चुप रहे। मैंने तलवार की ओर देखते हुए पूछा, ''यह—यह कैसे हुआ?''

उसके उन विचित्र नील नेत्रों की सुषुप्त ज्वाला फिर जाग उठी। वह अपने हाथों की ओर देखती हुई बोली, ''वह बहुत वीभत्स कहानी है।'' फिर आप-ही-आप, ''नहीं, रक्त नहीं लगा है।''

कुतूहल होते हुए भी मैंने आग्रह नहीं किया। इतनी देर में मैं कुछ-कुछ समझने लगा था कि इस स्त्री (या दानवी?) से अनुनय-विनय करना व्यर्थ है, इस पर उसका कुछ भी प्रभाव नहीं पड़ेगा। मैं चुपचाप इसी आशा में बैठा रहा कि शायद वह स्वयं की कुछ कह दे। मुझे निराश भी नहीं होना पड़ा।

वह आग की ओर देखती हुई धीरे-धीरे बोली, ''तो सुनो! आज जो कुछ मैं कह रही हूँ, वह मैंने कभी किसी से नहीं कहा, शायद अब किसी से कहूँगी भी नहीं। जब मैं तुम्हारा पता पूछकर यहाँ आई, तब मुझे ज़रा भी खयाल नहीं था कि तुमसे कुछ भी बात करूँगी। केवल धन माँगकर चले जाने की इच्छा से आई थी। अब—मेरा खयाल बदल गया है। मुझे धन नहीं चाहिए। मैं—''

''क्यों?''

''मैं अपना काम करके मॉस्को से भाग जाना चाहती थी। किन्तु अब नहीं भागूँगी।''

''और क्या करोगी?''

''अभी एक काम बाक़ी है। एक बार और भिक्षा माँगनी है। उसके बाद—'' वह एकाएक रुक गई। फिर तलवार की धार पर तर्जनी फेरती हुई आप-ही-आप बोली, ''कितनी तीक्ष्ण धार है यह!''

मैंने साहस करके पूछा, ''भिक्षा की बात, तुमने पहले भी कही थी, और बलिदान की भी। मैं कुछ समझ नहीं पाया था।''

''अब कहने लगी हूँ, तो सब कुछ कहूँगी। अब लज्जा के लिए स्थान नहीं रह गया है। स्त्रीत्व तो पहले ही खो दिया था, आज मानवता भी चली गई! और फिर—आज के बाद—सब कुछ एक हो जाएगा। पर तुम चुपचाप सुनते जाओ, बीच में रोकना नहीं।''

मैं प्रतीक्षा में बैठा रहा। वह इस तरह निरीह होकर कहानी कहने लगी, मानो स्वप्न में कह रही हो—मानो मशीन से ध्वनि निकल रही हो।

''तुमने माइकेल क्रेस्की का नाम सुना है?''

''वही जो पीटर्सबर्ग में पुलिस के तीन अफ़सरों को मारकर लापता हो गए थे?''

''हाँ, वही। वह हमारी संस्था के प्रधान थे।'' यह कहकर उसने मेरी ओर देखा। मैं कुछ नहीं बोला, किन्तु मेरे मुख पर विस्मय का भाव उसने स्पष्ट देखा होगा। वह फिर कहने लगी, ''वह कल यहीं मॉस्को में गिरफ्तार हो गए हैं।''

क्षण-भर निःस्तब्धता रही।

''पर उनको गिरफ्तार करके ले जाने पर भी पुलिस को यह नहीं पता लगा कि वह कौन हैं? वह इसी सन्देह पर गिरफ्तार किए गए थे कि शायद क्रान्तिकारी हों। मुझे इस बात की खबर मिली, तो मैंने निश्चय किया कि जाकर पता लगाऊँ। मैं यह साधारण गँवार स्त्री की पोशाक पहनकर पुलिस विभाग के दफ़्तर में गई। वहाँ जाकर मैंने अपना परिचय यही दिया कि मैं उनकी बहिन हूँ, गाँव से उन्हें लेने आई हूँ! तब तक पुलिस को उन पर कोई सन्देह नहीं हुआ था। लेकिन इधर-उधर से—पीटर्सबर्ग से भी—पूछताछ हो रही थी।

''पहले तो मैंने सोचा कि पीटर्सबर्ग से अपने साथियों को बुला भेजूँ, उनसे मिलकर उन्हें छुड़ाने का प्रयत्न करूँ। लेकिन इसके लिए समय नहीं था—न जाने कब उन्हें पीटर्सबर्ग से उत्तर आ जाए! मैं अकेली सिवाय अनुनय-विनय के कुछ नहीं कर सकती थी...उफ़्! अपनी अशक्तता पर कितना क्रोध आता था! मैं दाँत पीसकर रह गई...जब तक ऐसे समय में अपनी असमर्थता, निस्सहायता का अनुभव नहीं होता, तब तक क्रान्ति की आवश्यकता भी पूरी तरह से नहीं समझ आ सकती।''

मेरी ओर देख और मुझे ध्यान से सुनता पाकर वह बोली :

''फिर—फिर मैंने सोचा, जो कुछ मैं अकेले कर सकती हूँ, वह करना ही होगा! अगर गिड़गिड़ाने से उन्हें छुड़ा सकूँ तो यह करना होगा, चाहे बाद में मुझे फाँसी पर भी लटकना पड़े! मैंने निश्चय कर लिया—मेरी हिचकिचाहट दूर हो गई। कल ही शाम को मैं जनरल कोल्पिन के बँगले पर गई। उस समय वहाँ कर्नल गोरोव्स्की भी मौजूद था। पहले तो मुझे अन्दर जाना ही नहीं मिला, दरबान ने जो कुछ मेरे पास था, तलाशी में निकालकर रख लिया। बहुत गिड़गिड़ाकर मैं अन्दर जा पाई!

''पहले जनरल कोल्पिन ने मुझे देखकर डाँट दिया। फिर न जाने क्या सोच कर बोला, ''क्यों, क्या बात है?' मैंने अपनी गढ़ी हुई कहानी कह सुनाई कि मेरा भाई निर्दोष था, पुलिस ने यों ही उसे पकड़ लिया। जनरल साहब बहुत बड़े आदमी हैं, सब कुछ उनके हाथ में है, जिसे चाहें उसे छोड़ सकते हैं...मैं उसके आगे रोयी

भी, उसके पैर भी पकड़े—उसके, जिसकी मैं ज़बान खींच लेती!''

''वह चुपचाप सुनता रहा। जब मैं कह चुकी तब भी कुछ नहीं बोला। थोड़ी देर बाद उसने आँख से गोरोव्स्की को इशारा किया। कुछ कानाफूसी हुई। गोरोव्स्की ने मुझे कहा, 'इधर आओ, तुमसे कुछ बात करनी है।' मैं उसके साथ दूसरे कमरे में चली गई। वहाँ जाकर वह बोला, 'देखो, अभी सब कुछ हमारे हाथ में है, पर कल के बाद नहीं रहेगा। हमें उसे अदालत में ले जाना होगा। फिर—' ''

''यह कहकर वह चुप हो गया। मैंने कहा, 'आप मालिक हैं, जैसा कहेंगे मैं करूँगी।' वह बोला, 'जनरल साहब तुम्हारे भाई पर दया करने को तैयार हैं—एक शर्त पर।' मैंने उत्सुक होकर पूछा, 'क्या?' वह मेरे बहुत पास आ गया। फिर धीरे-धीरे बोला, 'मेरिया इवानोवना, तुम अपूर्व सुन्दरी हो'...''

वह बोलते-बोलते चुप हो गई। मैंने सिर उठाकर उसकी ओर देखा, उसकी आँखें विचित्र ज्योति से चमक रही थीं। वह एकाएक मेज़ पर से उठकर मेरे सामने खड़ी हो गई। बोली, ''जानते हो, उसकी क्या शर्त थी? जानते हो? ऐसी शर्त तुम्हें स्वप्न में भी न सूझेगी...यही एक शर्त थी, यही एकमात्र बलिदान था, जिसके लिए मैं तैयार होकर नहीं गई थी...''

वह फिर चुप हो गई। दोनों हाथों से अपनी कमीज़ का कॉलर और गले का रूमाल पकड़कर कुछ देर मेरी ओर देखती रही। फिर एकाएक झटका देकर कमीज़ और रूमाल फाड़ती हुई बोली, ''देखो, अध्यापक! ऐसा सौन्दर्य तुमने कभी देखा है?''

उसका मुख, जो कि रूमाल और टोपी से ढँका हुआ था, अब एकदम स्पष्ट दिख रहा था। उसके नीचे उसका गला और वक्ष खुला हुआ था...उसका वह अपूर्व लावण्य, वह प्रस्फुटित सौन्दर्य, अधरों पर दबी हुई विषादयुक्त मुस्कान, हेमवर्ण कंठ और वक्ष...ऐसा अनुपम सौन्दर्य सचमुच मैंने पहले नहीं देखा था...मेरे शरीर में बिजली दौड़ गई—फिर मैंने दृष्टि फेर ली...

किन्तु उसकी वह आँखें—विस्फारित, निर्निमेष...उनका वह तुषारकणों की तरह शीतल प्रदीपन...उनमें विराग, क्रोध, करुणा, व्यथा की अनुपस्थिति...वह शुक्रतारे की हरित ज्योति...!

''यह है बलि! यह स्त्री का रूप है माइकेल क्रेस्की की मुक्ति का मूल्य!''

मैंने चाहा, कुछ कहूँ, चिल्लाऊँ, पर बहुत चेष्टा करने पर भी आवाज़ नहीं निकली!

उसने, उस नर-पिशाच गोरोव्स्की ने, मेरे पास आकर कहा, 'मेरिया इबानोवना, तुम अपूर्व सुन्दरी हो—तुम्हारे लिए अपने भाई को छुड़ा लेना साधारण-सी बात है'...मुझ पर मानो बिजली गिरी। क्षण-भर मुझे इस शर्त का पूरा अभिप्राय भी न समझ आया। फिर समुद्र की लहरों की तरह मेरे हृदय में क्रोध उमड़ आया। मेरा मुख लाल हो गया। मैंने कहा, 'पापी! कुत्ते!' और तीव्र गति से बाहर निकल गई। किन्तु पीछे उसकी हँसी और ये शब्द सुनाई पड़े—'कल शाम तक प्रतीक्षा है, उसके बाद—'

''बाहर ठंडी हवा में आकर मेरी सुध कुछ ठिकाने आई। मैं शान्त होकर सोचने लगी, मेरा कर्तव्य क्या है? माइकेल क्रेस्की का गौरव अधिक है या...उन्हें मर जाने दूँ? कभी नहीं! छुड़ाऊँ तो कैसे? इसी आशा में बैठी रहूँ कि शायद पुलिस को पता न लगे? प्रतारणा! कहीं वे उन्हें पहचान गए तो...! पीटर्सबर्ग से किसी को बुलाऊँ? पर उसके लिए समय कहाँ है! अकेली क्या करूँगी? वह शर्त...!''

''प्रधान, हमारा कार्य, देश, राष्ट्र! इसके विरुद्ध क्या है? एक स्त्री का सतीत्व...! मैंने निर्णय कर लिया। शायद मुझसे गलती हुई; शायद इस निर्णय के लिए संसार, मेरे अपने क्रान्तिवादी बन्धु, मेरे नाम पर थूकेंगे; शायद मुझे नरक की यातना भोगनी पड़ेगी...पर जो यातना मैंने निर्णय करने में सही है, उससे अधिक नरक में भी क्या होगा?''

वह फिर ठहर गई। अबकी बार मुझसे नहीं रहा गया। मैंने अत्यन्त व्यग्रता से पूछा, ''क्या निर्णय किया है?''

''अभी यहीं से जनरल कोल्पिन के घर जाऊँगी। पर सुनो, अभी मेरी कहानी समाप्त नहीं हुई। आज छः बजे मैं कर्नल गोरोव्स्की के घर गई। मेरे आते ही वह हँसकर बोला, 'मेरिया, तुम जितनी सुन्दर हो, उतनी ही बुद्धिमती भी हो। इज़्ज़त तो बार-बार बिगड़कर भी बन जाती है, भाई बार-बार नहीं मिलते!' मैंने सिर झुकाकर कहा, 'हाँ, आप साहब से कहला भेजें कि मुझे उनकी शर्त मंजूर है'।''

''वह उस समय वर्दी उतार कर रख रहा था। बोला, 'तुम यहीं ठहरो, मैं टेलीफ़ोन पर कहे देता हूँ।' वह कोने में टेलीफ़ोन पर बात करने लगा। उसकी पीठ मेरी ओर थी। मुझे एकाएक कुछ सूझा...मैंने म्यान में से उसकी तलवार निकाल ली—दबे-पाँव जाकर उसके पीछे खड़ी हो गई। टेलीफ़ोन पर बातचीत हो चुकी—गोरोव्स्की उसे बन्द करके घूमने को ही था कि मैंने तलवार उसकी पीठ में भोंक दी! उसने आह तक नहीं की—अनाज की बोरी की तरह भूमि पर बैठ गया। फिर मैंने उसकी लोथ उठाकर खिड़की से बाहर डाल दी और भाग निकली!''

मैंने पूछा, ''तुम्हारे इन हाथों में इतनी शक्ति!''

वह हँस पड़ी, बोली, ''मैं क्रान्तिकारिणी हूँ—यह देखो!''

उसने तलवार उठाई, एक हाथ से मूठ और दूसरे से नोक थामकर बोली, ''यह देखो!'' देखते-देखते उसने उसे चपटी ओर से घुटने पर मारा—तलवार दो टूक हो गई! उसने वे दोनों टुकड़े मेरी मेज़ पर रख दिए।

मैंने पूछा, ''अब—अब क्या करोगी?''

''अब कोल्पिन के यहाँ जाऊँगी। क्रेस्की को छुड़ाऊँगी। उसके बाद? उसके बाद—''

उसने अपनी जेब में हाथ डालकर एक छोटा-सा रिवाल्वर निकाला। ''यह भी गोराव्स्की के यहाँ से मिल गया।''

''पर—इसका क्या करोगी?''

''प्रयोग!'' कहकर उसने उसे छिपा लिया।

इसके बाद शायद चार-पाँच मिनट फिर कोई न बोला। मैंने उसकी सारी कहानी का मन-ही-मन सिंहावलोकन किया। उसमें कितनी वीभत्सता, कितनी करुणा थी! और उसका दोष क्या था? केवल इतना ही कि वह क्रान्तिकारिणी थी! एकाएक मुझे एक बात याद आ गई! मैंने पूछा, ''तुमने कहा था कि तुमने पहले भी भिक्षा माँगी थी—इसी प्रकार की। वह क्या बात थी, बताओगी?''

वह अब तक खड़ी थी, अब फिर मेज़ पर बैठ गई। बोली, ''वह पुरानी बात है। उन दिनों की, जब मैं पीटर्सबर्ग से भागी थी। अकेली नहीं, साथ में एक लड़की भी थी—तुमने पॉलिना का नाम सुना है?''

''हाँ, सुना तो है। इस समय याद नहीं आ रहा कि कहाँ।''

''वह नोव्गोरोड में पकड़ी गई थी—वेश्याओं की गली में—और गोली से उड़ा दी गई थी।''

''हाँ, मुझे याद आ गया। उसके बाद बहुत शोर भी मचा था कि यह क्यों हुआ, लेकिन कुछ पता नहीं लगा।''

''हाँ। उस दिन मैं भी नोव्गोरोड में थी—उसी घर में! हम दोनों वहाँ रहती थीं। एक वेश्या के यहाँ ही। वहीं, नित्य-प्रति रात को लोग आते थे, हमारे शरीरों को देखते थे, गन्दे संकेत करते थे, और हम बैठी सब कुछ देखा करती थीं। वहाँ, जब चूसे हुए नींबू की तरह बीमारियों से घुले हुए वे पूँजीपति साफ़-साफ़ कपड़े पहनकर इठलाते हुए आते थे—उफ़्! जिसने वह नहीं देखा, वह पूँजीवाद और साम्राज्यवाद का दूरव्यापी परिणाम नहीं समझ सकता! धन के आधिक्य से ही कितनी बुराइयाँ समाज में आ जाती हैं इसको जानने के लिए वह देखना ज़रूरी है!

''फिर वे आस-पास की कोठरियों में चले जाते थे...किसी-किसी में अँधेरा हो जाता था...फिर...''

थोड़ी देर वह चुप रही। फिर बोली, ''कभी-कभी उनमें एक-आध नवयुवक भी आता था—शान्त, सुन्दर, सुडौल...उनके आने पर वह घर और उसमें रहने वाले—कितने विद्रूप, कितने वीभत्स मालूम होने लगते थे...किन्तु शायद अगर वे न आते, तो हमारी वहीं मृत्यु हो जाती—इतना ग्लानि भरा दृश्य था वह!''

''यही थे हमारे सहायक, हमारे सहकारी...हमें पीटर्सबर्ग से जो ऐलान बाँटने के लिए आते थे, वे हम इन्हें दे देती थीं—ये उन्हें बाँट आते थे। नोव्गोरोड में हमने अपनी संस्था की शाखा इसी तरह बनाई। फिर नोव्गोरोड से आर्कएंजेल, फिर जेरोस्लावल, फिर पीटर्सबर्ग और फिर वापस नोव्गोरोड...आर्कएंजेल में तीन गवर्नरों की हत्या हुई; जेरोस्लावल में राजकर्मचारियों के घर जला दिए गए, नोव्गोरोड में पुलिस के कई अफ़सर मारे गए। फिर—पॉलिना पकड़ी गई, और मैं मॉस्को में आ गई...''

''पर वह पकड़ी कैसे गई?''

''वे मुहल्ले जिनमें रहते थे, रात ही को खुलते थे...दिन में वे वैसे ही पड़े रहते थे, जैसे विस्फोट के बाद ज्वालामुखी का फटा हुआ शिखर...पर उस दिन ज़रूरी

काम था—पॉलिना मोटा-सा कोट पहन, मुँह ढँककर बाहर निकली। उसकी जेब में कुछ पत्र थे और एक पिस्तौल, और पत्र पहुँचाने जा रही थी।'' इसी समय—घड़ी में टन्! टन्! ग्यारह बज गए। वह चौंककर उठी और बोली, ''बहुत देर हो गई—अब मैं जाती हूँ।''

''कहाँ?''

''कोल्पिन के यहाँ—अन्तिम भिक्षा माँगने।''

उसने शीघ्रता से अपने कोट के बटन बन्द किए और उठ खड़ी हुई। मैं भी खड़ा हो गया।

मैंने रुक-रुककर कहा, ''स्वातन्त्र्य-युद्ध में बहुत सिरों की बलि देनी पड़ती है।'' मानो मैं अपने-आपको ही समझा रहा होऊँ।

वह बोली, ''ऐसे स्वातन्त्र्य-युद्ध में सिर अधिक टूटते हैं या हृदय—कौन कह सकता है?''

मैं चुप होकर खड़ा रहा। वह कुछ हँसी, फिर बोली, ''जीवन कैसा विचित्र है, जानते हो, अध्यापक? मैं आई थी धन लेकर विलुप्त हो जाने, और चली हूँ, स्मृति-स्वरूप वह बो कर—वह अशान्ति का बीज!''

जिधर उसने संकेत किया था, मैं उधर देखता ही रह गया। लैम्प और आग के प्रकाश में लाल-लाल चमक रही थी—उस टूटी हुई तलवार की मूठ!

सहसा किवाड़ खुलकर बन्द हो गया। मेरा स्वप्न टूट गया—मैंने आँख उठा कर देखा।

वर्षा अब भी हो रही थी—ओले भी पड़ रहे थे। किन्तु वह—वह वहाँ नहीं थी। था अकेला मैं—और वह अशान्ति का बीज!

वह बीज कैसे प्रस्फुटित हुआ, यह फिर कहूँगा। अभी उस दिन की घटना पूरी कहनी है।

वह चली गई। पर मैं फिर अपना लेख नहीं लिख सका...एक बार मैंने काग़ज़ों की ओर देखा, 'सफल क्रान्ति!' दो शब्द मेरी ओर देखकर हँस रहे थे—'विस्मृत आहुतियों का शान्तिजनक निष्कर्ष!' प्रवंचना! मैंने वे काग़ज़ फाड़कर आग में डाल दिए। फिर भी शान्ति नहीं मिली। मैं सोचने लगा, इसके बाद वह क्या करेगी? कोल्पिन के घर में...माइकेल क्रेस्की तो शायद मुक्त हो जाएँगे...किन्तु उसके बाद?

उस उद्धार के फलस्वरूप, आनन्द, उल्लास, गौरव—कहाँ होंगे? वहाँ होगी व्यथा, प्रज्ज्वलन, पशुता का तांडव! जहाँ स्वतन्त्रता का उद्दाम आह्वान होना चाहिए, वहाँ क्या होगा? एक स्त्री-हृदय के टूटने की धीमी आवाज़!

मैंने जाकर लैम्प बुझा दिया। कमरे में अँधेरा छा गया। केवल कहीं-कहीं अँगीठी की आग में लाल-लाल प्रकाश पड़ने लगा, और उसमें कुर्सी की टाँगों की छाया एक विचित्र नृत्य करने लगी! मैं उसे देखते-देखते फिर सोचने लगा—'इसी समय कोल्पिन के घर में न जाने क्या हो रहा होगा...मेरिया वहाँ पहुँच गई होगी...शायद अब तक क्रेस्की मॉस्को की किसी गली में छिपने के लिए चल पड़े

हों...वह क्या सोचते होंगे कि उनका उद्धार कैसे हुआ? मेरिया की बात उन्हें मालूम होगी? शायद वहाँ उनका मिलन हो जाए—किन्तु कोल्पिन क्यों न होने देगा? मेरिया के बलिदान की बात शायद कोई न जान पाएगा—किसी को भी मालूम नहीं होगा...असीम समुद्र में बहते हुए एकाएक बुझ जानेवाले दीप की तरह उसकी कथा वहीं समाप्त हो जाएगी—और मैं उसका नाम तक नहीं जान पाऊँगा! कैसी विडम्बना है यह!'

घड़ी में बारह बजे। मैं चौंका : एक अत्यन्त वीभत्स दृश्य मेरी आँखों के आगे नाच गया। कोल्पिन और मेरिया...उस दृश्य के विचार को भी मैं नहीं सह सका! मैंने उठकर किवाड़ खोल दिए और दरवाज़े के बीच में खड़ा होकर वर्षा को देखने लगा। कभी-कभी एक-आध ओला मेरे ऊपर पड़ जाता था, किन्तु मुझे उसका ध्यान भी नहीं हुआ। मैं आँखें फाड़कर रात्रि के अन्धकार में वर्षा की बूँदें देखने की चेष्टा कर रहा था...

पूर्व में जब धुँधला-सा प्रकाश हो गया, कब मेरा वह जाग्रत स्वप्न टूटा। तब मुझे ज्ञान हुआ कि मेरे हाथ-पैर सर्दी से संज्ञा-शून्य हो गए हैं। मैंने मानो वर्षा से कहा, 'वहाँ जो कुछ होना था, अब तक हो चुका होगा।' फिर मैं किवाड़ बन्द कर अन्दर जाकर लेट गया और अपने ठिठुरे हुए अंगों को गर्मी पहुँचाने के लिए कम्बल लपेटकर पड़ रहा...

उस दिन की घटना यहीं समाप्त होती है; पर उसके बाद एक-दो घटनाएँ और हुईं, जिनका इससे घनिष्ठ सम्बन्ध है। वह भी यहीं कहूँगा।

इसके दूसरे दिन मैंने पढ़ा, "कल रात को जनरल कोल्पिन और कर्नल गोराव्स्की दोनों अपने घरों में मारे गए। जनरल कोल्पिन की हत्या एक स्त्री ने रिवाल्वर से की। उनको मारने के बाद उसने उसी रिवाल्वर से आत्मघात कर लिया। कर्नल गोरोव्स्की घर में तलवार से मरे पाए गए। कहा जाता है कि उनकी अपनी तलवार और रिवाल्वर दोनों गायब हैं। जिस रिवाल्वर से जनरल कोल्पिन की हत्या की गई, उस पर गोरोव्स्की का नाम लिखा हुआ है, इससे अनुमान किया जाता है कि गोरोव्स्की और कोल्पिन की घातक यही स्त्री है। पुलिस जोरों से अनुसन्धान कर रही है, लेकिन अभी इसके रहस्य का कुछ पता नहीं लगा है।"

क्रेस्की का कहीं नाम भी नहीं था।

यह रहस्य आज भी नहीं खुला। हाँ, उसके कुछ दिन बाद मैंने सुना कि माइकेल क्रेस्की पीटर्सबर्ग के पास पुलिस से लड़ते हुए मारे गए...

वह रहस्य दबा ही रह गया। शायद माइकेल क्रेस्की को स्वयं भी कभी यह नहीं ज्ञात हुआ कि वे मॉस्को से उस दिन आधी रात के समय क्यों एकाएक छोड़ दिए गए...

किन्तु अशान्ति का जो बीज मेरे हृदय में बोया था, वह नहीं दब सका। जिस दिन मैंने सुना कि माइकेल क्रेस्की मारे गए, उस दिन मेरी धमनियों में रूसी रक्त खौल उठा...क्रेस्की के कारण नहीं, किन्तु मेरिया के शब्दों की स्मृति के कारण।

मैंने अपने स्कूल में एक व्याख्यान दिया, जिसमें जीवन में पहली बार विशुद्ध हृदय से मैंने क्रान्ति का समर्थन किया था...

इसके बाद मुझे रूस से निर्वासित कर दिया गया, क्योंकि क्रान्ति के पोषकों के लिए रूस में स्थान नहीं था!

आज मैं पेरिस में रहता हूँ। मॉस्को की तरह अब भी मैं अध्यापन का काम कर रहा हूँ, किन्तु अब उसमें मेरी रुचि नहीं है। आज भी मैं क्रान्ति-विषयक पुस्तकों का अध्ययन करता हूँ, किन्तु अब पढ़ते समय मेरा ध्यान अपनी अनभिज्ञता की ओर ही रहता है। आज भी मेरा वह संग्रह उसी भाँति पड़ा है, किन्तु अब उसकी सबसे अमूल्य वस्तु है वह टूटी हुई तलवार! हाँ, अब मैंने व्याख्यान देना छोड़ दिया है— अब एक विचित्र विषादमय अशान्ति, एक विक्षोभमय ग्लानि, मेरे हृदय में घर किए रहती है...

ज्वालामुखी से आग निकलती है और बुझ जाती है, किन्तु जमे हुए लावा के काले-काले पत्थर पड़े रह जाते हैं। आँधी आती है और चली जाती है, किन्तु वृक्षों की टूटी हुई शाखें सूखती रहती हैं। नदी में पानी चढ़ता है और उतर जाता है, किन्तु उसके प्रवाह से एकत्रित घास-फूस, लकड़ी किनारे पर सड़ती रह जाती है। वह टूटी तलवार उसके आवागमन का स्मृतिचिह्न है। जब भी इस ओर देखता हूँ, दो धधकते हुए निर्निमेष वृत्त मेरे आगे जा जाते हैं, मैं सहसा पूछ बैठता हूँ, मेरिया, इवानोवना, तुम मानवी थीं या दानवी, या स्वर्ग-भ्रष्टा विपथगा देवी?''

•

एक घंटे में

प्रभाकर जब अपने बड़े कोट के नीचे भरा हुआ 45 बोर का रिवाल्वर लगाकर, जेब में पड़े हुए गोलियों के बटुए को हाथ से छूकर, एक बार शीशे में अपना प्रतिबिम्ब देखकर चलने लगा, तब रजनी ने शीशे में उसके प्रतिबिम्ब की ओर उन्मुख होकर कहा, ''कब लौट आओगे?''

प्रभाकर ने शीशे में पड़ते हुए रजनी के प्रतिबिम्ब की ओर दृष्टिपात करके कहा, ''अभी घंटे-भर में चला आऊँगा। क्यों, भूख बहुत लगी है क्या?''

रजनी ने कहा, ''नहीं, वैसे ही—'' कहकर चुप हो गई।

प्रभाकर ने धीरे से पुकारा, ''रजनी!'' और एक बार शीशे की ओर मुस्कुराकर खटाखट सीढ़ियों से नीचे उतर गया।

रजनी दीर्घ निःश्वास छोड़कर उठी और किवाड़ की साँकल लगाकर फिर अपने स्थान पर बैठ गई।

उसके सामने दो पुस्तकें खुली पड़ी थीं। एक हैरल्ड लास्की की कम्युनिज़्म और दूसरी भवभूति का उत्तररामचरित। प्रभाकर के चले जाने के बाद उसने पहली पुस्तक बन्द कर दी और उत्तररामचरित के श्लोक धीरे-धीरे गुनगुनाने लगी।

किन्तु उसका मन नहीं लगा। थोड़ी ही देर में उसका ध्यान फिर उस दर्पण की ओर चला गया, और वह उसमें अपना गम्भीर, कुछ करुण, और कुछ चिन्तित मुख देखती हुई न जाने किस विचार में लीन हो गई।

प्रभाकर और रजनी का विवाह हुए दो वर्ष से अधिक हो गया था। किन्तु विवाह-सुख किसे कहते हैं, यह उसे कभी नहीं ज्ञात हुआ। उसे तो अभी तक यही अनुभव होता रहा कि एक सिपाही का जीवन कितना कठोर हो सकता है।

रजनी अच्छे और धनी घर की बेटी थी, इसलिए उसकी 'ट्रेनिंग' भी वैसी ही थी और उसके विचार भी वैसे ही। पति के घर में आकर उसने देखा जिन सिद्धान्तों को वह अब तक अटल समझती आई थी, उनका यहाँ ज़रा भी मान नहीं था। यहाँ

राजा की शक्तिमत्ता में, सरकार की निष्पक्षता में, धन की सत्ता में, कुछ भी श्रद्धा नहीं थी—यहाँ निर्धनों और अछूतों की ही पूछ होती थी, यहाँ मज़दूर और किसान ही सबसे बड़ी शक्ति गिने जाते थे। पहले तो रजनी को इससे बड़ा आघात पहुँचा। वह लड़कियों के एक कॉलेज की पढ़ी हुई थी, और उसके मन में वही अहम्मन्यता का भाव था जो कि प्राय: ऐसे कॉलेजों की लड़कियों में होता है। घर की संस्कृति से यह भाव नष्ट नहीं पुष्ट ही हो गया था। यहाँ आकर जब उसने ये रंग-ढंग देखे, तब पहले तो उसके मन में साधारण विरोध-भाव उत्पन्न हुआ। किन्तु पति से तर्क करने पर जब वह बार-बार हारने लगी, तब उसका भाव एक दृढ़ विद्रोह में परिणत हो गया। वह प्रत्येक बात में पति के मत का खंडन करती और अपने मत की पुष्टि के लिए कॉलेज में पढ़ी हुई किताबों से सन्दर्भ दिखाया करती। प्रभाकर उन सब वारों को सहज ही सह लेता और हँसी-हँसी में रजनी के तर्कों का खंडन कर देता। रजनी जब अप्रतिभ होकर चुप हो जाती तब प्रभाकर उसके पास आकर धीरे से एक चपत लगाकर कहता, ''रजनी, अभी तुम बहुत बदलोगी—बहुत! तुम्हारे घरवालों ने तो तुम्हारा अचार डाले रखा था—कभी बाहर की हवा भी नहीं लगने दी!'' इससे रजनी का क्षोभ बहुत कुछ मिट जाता था, किन्तु पूर्णतया नहीं। वह चुप होकर चली जाती थी।

प्रभाकर के माता-पिता मर चुके थे। वह एक छोटे-से घर में अकेला ही रहता था। वह लाहौर के एक कॉलेज में लेक्चरर था और ग्वाल-मंडी में किराए के एक छोटे-से मकान में रहता था। प्रात:काल उठकर वह कॉलेज के लिए अपने नोट तैयार करता, फिर कुछ राजनीति की पुस्तकें पढ़ता, और नौ बजे कॉलेज चल देता। उसके बाद रात तक रजनी को उसके दर्शन नहीं होते। कभी-कभी लौटने पर रजनी उससे पूछती, ''इतनी देर तक कहाँ रहते हो?'' तो वह हँसकर उत्तर देता, ''आज विद्यार्थियों की एक सभा में लेक्चर देने चला गया, इसलिए देर हो गई।'' या ''आज अमुक मिल के मज़दूरों ने बुलाया था''—कभी-कभी रजनी क्षुब्ध होकर निश्चय करती थी कि आज वे आएँगे तो उनसे बोलूँगी नहीं, किन्तु जब दिन-भर का थका-माँदा प्रभाकर बगल में मोटी-मोटी किताबों का गट्ठर दबाए घर आता और सीढ़ियों के ऊपर आकर रजनी को देखते ही उसकी मुखश्री खिल उठती और वह उल्लास-भरे स्वर में पुकारता, ''रजनी!'' तब वह किसी तरह भी नहीं रुकती थी...बल्कि प्रायश्चितस्वरूप दूसरे दिन सवेरे जब प्रभाकर राजनीति और अर्थनीति की किताबें लेकर पढ़ने बैठता, तब वह चुपचाप उसके पास आकर बैठ जाती, कोई किताब सामने खोलकर रख लेती और गम्भीर मुखमुद्रा बनाकर उसकी ओर देखा करती। बीच-बीच में जब वह कनखियों से पति की ओर देखती, तब प्रभाकर ठठाकर हँस पड़ता था और रजनी भी विवश होकर मुस्कुरा देती थी। प्रभाकर कहता, ''रजनी, तुम भी इन्हें पढ़ डालो, बहुत-सी नयी बातें जान जाओगी।''

रजनी कभी भूलकर भी इन किताबों में रुचि नहीं दिखाती थी। वह कहती, ''उँह, इनको पढ़कर क्या होगा?'' कॉलेज में थोड़ा पढ़ आई थी, उसी से रोज़

आपस में लड़ाई हो जाती है!'' फिर शीघ्र ही दोनों किसी निगूढ़ विषय पर बहस करने लग जाते...

किन्तु जब प्रभाकर कॉलेज चला जाता, तब रजनी उन्हीं पुस्तकों को निकालकर बड़े ध्यान से पढ़ती थी। केवल इस बात का ध्यान रखती थी कि पति के आने से पहले उसका स्वाध्याय समाप्त हो जाए।

धीरे-धीरे उसका विचार-क्षेत्र भी विस्तृत होता जा रहा था! उसे बहुत-सी बातें समझ में आने लगी थीं जो कि कॉलेज में और घर में उससे छिपाकर रखी जाती थीं और जिन्हें सुनना भी वह पहले पाप समझती थी। साथ-ही-साथ उसके पुराने विश्वास भी बहुत-से मिटते जाते थे। ज्यों-ज्यों उसको अपनी पुरानी भूलों का ज्ञान होता जाता था, त्यों-त्यों उसकी अहम्मन्यता भी मिटती जाती थी। किन्तु इतने दिनों की लड़ाइयों और इतने दिनों से किए गए मान को याद करके वह अपने पति से इस बात को छिपाती थी कि उसका मन कितना परिवर्तित हो गया है।

एक दिन संध्या के समय वह अपने कोठे के घर पर बैठी—नीचे की दुकानों में जलती हुई गैस-लैम्पों और उनके प्रकाश में जगमगाते हुए फलों की कतारों की ओर देख रही थी। प्रभाकर अभी तक नहीं लौटा था!

धीरे-धीरे रात हो गई। लेकिन प्रभाकर नहीं आया। रजनी की चिन्ता बढ़ने लगी। वह एक किताब लेकर वहीं बैठ गई और पढ़ने लगी।

लगभग ग्यारह बजे प्रभाकर ने दरवाजा खटखटाया और कोमल स्वर में पुकारा, ''रजनी!''

रजनी चौंककर उठी और नीचे जाकर प्रभाकर को लिवा लाई। दोनों चुपचाप अपने पढ़ने के कमरे में जाकर खड़े हो गए, कुछ बोले नहीं। प्रभाकर ने धीरे-धीरे कोट उतारा और कुरसी पर बैठ गया।

रजनी क्षण-भर उसकी ओर देखती रही। फिर बोली, ''खाना नहीं खाओगे?''

''आज खा आया हूँ।''

''कहाँ?''

प्रभाकर बिना कुछ उत्तर दिए मुस्कुरा दिया। रजनी ने कहा, ''अच्छा, चल कर मुँह-हाथ तो धो लो, बिलकुल गर्द से सने हो।''

प्रभाकर ने कहा, ''तुम चलो, सोओ, मैं अभी आया।''

रजनी को जान पड़ा, अवश्य ही कोई असाधारण बात हुई है। स्नेह से बोली, ''दिन-भर कहाँ रहे?''

प्रभाकर ने प्रश्न टालते हुए कहा, ''कितना थक गया हूँ!''

रजनी ने आकर उसका हाथ पकड़ लिया और बोली, ''उठो, चलो, यहाँ बैठे रहने की ज़रूरत नहीं है।'' कहकर वह धीरे-धीरे प्रभाकर को खींचने लगी। प्रभाकर उठ खड़ा हुआ और कोट को उठाकर कन्धे पर रखने लगा।

रजनी बोली,''इसे यहीं पड़ा रहने दो न, कल सँभाल लूँगी!'' कहकर उसने कोट खींच लिया।

कोट ज़मीन पर गिर पड़ा। किसी ठोस वस्तु के गिरने का 'ठक्' शब्द हुआ। रजनी ने कहा, ''यह क्या है?'' और प्रभाकर के रोकते-रोकते कोट की जेब में हाथ डाल दिया।

प्रभाकर कहने को हुआ, ''कुछ नहीं है।'' किन्तु रजनी के मुख की ओर देखकर चुप रह गया।

रजनी का मुख फीका पड़ गया था, किन्तु बड़े यत्न से उसने अपने को वश में किया और कोट उठाकर अपने कमरे की ओर चल पड़ी। प्रभाकर भी सिर झुकाकर उसके पीछे-पीछे चला।

कमरे में पहुँचकर रजनी ने कोट की जेब में से दो पिस्तौलें और कुछ गोलियाँ निकालीं, और उन्हें ले जाकर अपने कपड़ों में छिपा दिया। फिर प्रभाकर के पास आकर बोली, ''ये तुम क्यों लाए?''

प्रभाकर ने सहसा कोई उत्तर नहीं दिया। फिर बोला, ''मैं क्रान्तिकारी दल में सम्मिलित हो गया हूँ।''

रजनी क्षण-भर स्थिर दृष्टि से प्रभाकर की ओर देखकर बोली, ''तुम्हें अपने अलावा और किसी का भी ध्यान है?''

प्रभाकर फिर भी चुप रहा।

रजनी ने कहा, ''जाओ। इस वक्त मैं कुछ बात नहीं करना चाहती!''

प्रभाकर चला गया।

इसके बाद सप्ताह-भर रजनी पति से नहीं बोली। प्रभाकर को भी उससे बोलने का साहस नहीं हुआ। वह स्वयं खाना पकाकर खाता और कॉलेज चला जाता। बीच-बीच में वह कभी-कभी रजनी की ओर करुण और स्नेह-भरी दृष्टि से देख लेता था, किन्तु बोलता कुछ नहीं था। रजनी कभी इशारे से भी उसके स्नेह का उत्तर या स्वीकृति नहीं देती थी।

आठवें दिन फिर प्रभाकर बहुत देर तक नहीं आया। लगभग बारह बजे रात को उसने आकर किवाड़ खटखटाए, किन्तु रजनी को पुकारा नहीं। ऊपर आकर वह अपने कमरे में खड़ा होकर इधर-उधर से पुस्तकें, कागज़, कुछ कपड़े इत्यादि समेट कर ज़मीन पर रखने लगा।

रजनी चुपचाप खड़ी देखती रही।

प्रभाकर जब अपना काम कर चुका, तब एक अँगड़ाई लेकर खड़ा होकर बोला, ''रजनी, अब भी नहीं बोलोगी?''

उसके स्वर में न जाने क्या था, रजनी को ऐसा प्रतीत हुआ मानो वह विदा माँग रहा हो। उसने कहा, ''अब भी क्या?''

प्रभाकर बोला, ''रजनी, मैं इतने दिन तक तुमसे कहने का साहस नहीं कर सका...''

रजनी बोली, ''ऊपर चलो, वहाँ बात करेंगे!'' कहकर प्रभाकर को सोने के कमरे में ले गई और किवाड़ बन्द कर लिये।

प्रभाकर ने बिना भूमिका के कहा, ''रजनी, मुझे घर छोड़कर भागना पड़ेगा...मेरे नाम वारंट निकल गया है...''

आज इस घटना को छ: मास बीत गए। इन छ: महीनों में रजनी ने कितने परिवर्तन देखे थे...

आज दीवाली थी, किन्तु रजनी के घर दीया नहीं जला था। दिन-भर उसने खाना भी नहीं खाया था। इससे पहली रात किसी ने प्रभाकर को बाज़ार में देखा था और पहचानकर पीछा किया था, इसीलिए प्रभाकर को चक्कर काटकर आना पड़ा था और आज दिन-भर वह घर से बाहर नहीं निकला था। किन्तु शाम तक भूखी रहने के बाद जब रजनी ने कहा, ''कितनी फीकी दीवाली रहेगी!'' तब एकाएक प्रभाकर बोला, ''मैं बाहर जाता हूँ।''

''क्यों?''

''काम है।''

क्या काम है, रजनी समझ गई। उसे खेद भी हुआ कि उसने ऐसी बात क्यों कही। वह बोली, ''अब बैठे रहो, यहीं से दूसरों की दीवाली देख लेंगे। तुमने तो दूसरों को सुखी करने का व्रत लिया है न!''

प्रभाकर ने रजनी के मुख की ओर ऐसे देखा मानो कुछ पूछ रहा हो, ''इसमें कुछ व्यंग्य तो नहीं है?'' किन्तु रजनी के मुख पर स्नेह का भाव देखकर उसे कुछ चोट पहुँची। वह बोला, ''नहीं रजनी, हमें अपनी दीवाली भी अवश्य मनानी होगी। मैं मिठाई-विठाई लिये आता हूँ, तुम बैठो।''

रजनी चुप होकर बैठ गई। प्रभाकर रिवाल्वर इत्यादि से लैस होकर चल दिया। रजनी अपनी पढ़ाई छोड़कर सामने पड़े हुए दर्पण में मुँह देखती हुई न जाने क्या-क्या सोचने लगी।

उसे अपने विवाहित जीवन की घटनाएँ याद आने लगीं, और उन घटनाओं की कटुता या प्रियता के अनुसार उसके मुख पर आलोक और छाया का एक चंचल नृत्य होने लगा। किन्तु आलोक क्षणिक और छाया स्थायी होती थी। बीच-बीच में वह पास टँगी हुई घड़ी की ओर देख लेती थी।

आधे घंटे से अधिक हो गया। रजनी की विचार-तरंग शान्त नहीं हुई।

इसी समय घर से कुछ ही दूरी पर धड़ाके का शब्द हुआ—'ठाँय! ठाँय! ठाँय!' फिर कुछ रुककर दो बार और—'ठाँय! ठाँय!' रजनी चौंककर उठ खड़ी हुई। लपककर उसने सीढ़ियों का निचला किवाड़ बन्द कर लिया। इस अनैच्छिक क्रिया के बाद वह फिर अपने कमरे के मध्य में आकर खड़ी हो गई। उसका मन अनियन्त्रित होकर दौड़ने लगा।...

यह ठाँय-ठाँय क्यों? कहीं वही तो नहीं हुआ जिसकी आशंका थी...अब क्या होगा? पुलिस घर पर आ जाएगी...

इसी बीच फिर चार-पाँच बार लगातार धड़ाके हुए फिर कुछ देर के बाद एक, फिर एक और...फिर शान्ति...

अगर वे बन्दी हो गए—या आहत, या...रजनी की कल्पना—भूमि पर पड़े हुए खून से लथपथ एक शरीर के चित्र के सामने आकर एकाएक रुक गई...

उसने प्रबल मानसिक यत्न से अपना मन उधर से हटा लिया और अपने कर्तव्य पर विचार करने लगी। अब मुझे क्या करना होगा?

रजनी को सहसा उस रात की याद आ गई, जब उसने प्रभाकर के साथ घर छोड़ा था।

सप्ताह-भर के मौन के बाद जब एक दिन प्रभाकर ने आकर कहा, ''रजनी, मुझे घर छोड़कर भागना पड़ेगा, मेरे नाम वारंट निकल गया है।'' तब रजनी चकित होकर रह गई थी। बहुत देर चुप रहकर बोली थी, ''और मैं?''

प्रभाकर जानता था कि यह प्रश्न ज़रूर होगा, किन्तु उसके पास इसका कोई उत्तर नहीं था। वह थोड़ी देर चुप रहकर बोला, ''अभी तो तुम घर पर चली जाओ, फिर कुछ दिनों में मैं प्रबन्ध कर दूँगा।''

रजनी ने कहा, ''एक बात कहती हूँ, ध्यान से सुनो। मुझे साथ ले चलोगे?''

अत्यन्त विस्मित होकर प्रभाकर बोला, ''तुम्हें रजनी?''

''हाँ, मुझे। मैं तुम्हारी मदद नहीं करूँगी, कर भी नहीं सकती। लेकिन तुम्हारे काम में दखल भी न दूँगी। चाहे जैसे जीवन व्यतीत करना पड़े, तुम्हें उलहना नहीं दूँगी। तुम इतना भी विश्वास कर लो कि तुम्हारी जो बातें जान जाऊँगी वे किसी से कहूँगी नहीं। इसके अलावा और क्या करना होगा, बता दो। देखूँ, कर सकती हूँ कि नहीं।''

प्रभाकर गम्भीर होकर बोला, ''रजनी, यह कोई साधारण निर्णय नहीं है। लेकिन अगर तुम इतना करने को तैयार हो तो मैं तुम्हारा कहना टाल नहीं सकता। सच बात कहता हूँ कि मुझे तुमसे इतनी भी आशा नहीं थी। इतना भी कुछ कम नहीं है। लेकिन तुम्हें बहुत कष्ट होगा।''

रजनी ने मानो बात अनसुनी करके कहा, ''एक बात समझ लो। मैं साथ रहूँगी और गूँगी-बहरी होकर रहूँगी। इतनी बात तुम्हारे फायदे की है। लेकिन मैं तुमसे सहमत नहीं हूँ, तुम्हारे आदर्शों में किसी प्रकार की सहायता नहीं करूँगी। मुझसे इस प्रकार की कोई आशा न रखो। कभी अगर तुम्हें अपने काम में मेरी मदद की आवश्यकता पड़ी और मैंने इनकार कर दिया, तो यह न कहना कि मैंने धोखा दिया और निष्क्रिय पड़ी रही। यह शर्त मानते हो?''

प्रभाकर ने कुछ सोचकर कहा, ''अच्छी बात है, मानता हूँ।''

''तो चलो!''

निर्णय कर चुकने के बाद रजनी ने किसी प्रकार की देरी नहीं की। एक घंटे के अन्दर-अन्दर दोनों घर छोड़कर एक विराट शून्य की ओर चल पड़े थे।...

आज ठाँय-ठाँय सुनकर उसे एकाएक इन बातों की याद आ गई। उसने मन-ही-मन कहा, 'मैं कुछ भी करने को बाध्य नहीं हूँ। क्यों न यहीं बैठी रहूँ? मुझे क्या मतलब?'

इस निर्णय पर उसका गतिशील मन नहीं रुक सका। वह फिर सोचने लगी, 'अगर मैं पकड़ी गई तब क्या होगा?' उसकी कल्पना में अखबारों की खबरें नाचने लगीं—'अमृतसर में गोली चल गई', 'एक क्रान्तिकारी बन्दी (या हत!)' 'वीर या (शायद वीरगति!) क्रान्तिकारी की पत्नी घर में गिरफ्तार...'

रजनी ने धीरे से कहा, ''और अभी यहाँ पर एक रिवाल्वर और कई गोलियाँ पड़ी हैं...!''

फिर वह सोचने लगी...

उसका घर एक छोटी-सी गली में था। पहली मंज़िल की सीढ़ियों के दोनों ओर दो कमरे थे और दूसरी मंज़िल पर एक। सीढ़ियों पर एक दरवाज़ा नीचे था, एक पहली मंज़िल पर; और दूसरी मंज़िल की छत में लोहे के सीखचों का एक दरवाज़ा था। छत में ही एक छोटा-सा चौकोर सुराख था, जिसमें झाँकने से सीढ़ियों के दरवाज़े और सीढ़ियों से ऊपर आता हुआ कोई भी व्यक्ति दिख पड़ता था।

रजनी ये सब बातें एक ही तरंग में सोच गई। फिर किसी अतर्क्य प्रेरणा से वह दूसरे कमरे में गई और बक्स खोलकर टटोलने लगी। उसने रिवाल्वर निकाला और चुपचाप भर लिया। बाक़ी गोलियाँ निकालकर आँचल में डाल लीं।

निचला दरवाज़ा ही वह पहले बन्द कर आई थी। अब उसने पहली मंज़िल पर भी साँकल चढ़ा दी और दौड़कर छत पर चली गई। वहाँ उसने लोहे का चौखट बन्द कर दिया और सुराख के पास रिवाल्वर लेकर बैठ गई।

फिर एकाएक उसके मुँह से निकल गया, ''यह मैं क्या करने लगी हूँ?...''

एक भाव बहुत देर नहीं रहा। क्षण-भर बाद उसने रिवाल्वर की नली सुराख से निकाल दी और चौकन्नी होकर बैठ गई।

अभी दो मिनट भी न बीते थे कि किसी ने किवाड़ खटखटाया। रजनी और सँभलकर बैठ गई और सुराख से नीचे देखने लगी। उसने कोई उत्तर नहीं दिया, इसी प्रतीक्षा में बैठी रही कि पुलिसवाले किवाड़ तोड़ें या और कुछ आयोजन करें।

किवाड़ बड़े ज़ोर से खटखटाए जाने लगे। रजनी ने फिर भी कोई उत्तर नहीं दिया! उसकी नसें इतनी तन गई थीं कि शायद वह उत्तर देना चाहती तो आवाज़ भी नहीं निकलती...

एकाएक रजनी चौंकी। यह तो पुलिसवालों का स्वर नहीं था—यह तो उसका चिर-परिचित स्वर था—

''कल्याणी, किवाड़ खोलो!''

रजनी उठकर नीचे पहुँची तो उसकी टाँगें लड़खड़ा रही थीं...पर वह नीचे चली गई। दाहिने हाथ में थामे हुए रिवाल्वर को पीछे छिपाकर उसने किवाड़ खोला और बोली, ''आ गए?''

प्रभाकर ने देखा, उसकी आवाज़ भर्राई हुई है। उसने किवाड़ बन्द कर लिये और ऊपर आकर पूछा, ''क्या है रजनी? स्वर्ण-मन्दिर में तो खूब धूम है, आतिशबाज़ी छूट रही है। मैं तुम्हें नहीं ले जा सका, लेकिन मिठाइयाँ ले आया हूँ।''

रजनी ने विमूढ़-सी होकर प्रभाकर की ओर देखा और बोली, ''आतिशबाज़ी!'' कहते-कहते उसने हाथ का रिवाल्वर भूमि पर बिछी हुई दरी पर रख दिया और स्वयं बैठ गई।

प्रभाकर ने एकाएक उसके पास बैठकर स्नेह से पूछा, ''यह क्या है, रजनी?''

रजनी ने धीरे से अपना सिर प्रभाकर के कन्धे पर टेक लिया और धीरे-धीरे रोने लगी।

प्रभाकर उसके सिर पर हाथ रखकर चुपचाप बैठा रहा।

थोड़ी देर बाद जब रजनी उठ बैठी तो प्रभाकर ने पूछा, ''क्यों?''

रजनी बोली, ''दीवाली मनानी है। दीये जलाऊँगी।''

प्रभाकर ने कृतज्ञतापूर्वक कोमलता से उसका हाथ दबाते हुए कहा, ''और मैं भी अपनी गृह-लक्ष्मी की पूजा करूँगा।''

●

मिलन

संसार में कितनी ही विचित्र घटनाएँ होती हैं, जिन्हें देख-सुनकर हम सोचने लगते हैं, यह क्यों हुई? इसका क्या अभिप्राय था? यदि यह किसी की आन्तरिक प्रेरणा से हुई, तो उस प्रेरणा की जड़ कहाँ थी? यदि किसी बाह्य प्रेरणा से, तो उस प्रेरणा का आधार कौन था? और अगर इस घटना में दैव का हाथ है, तो इस घटना के ऐसे स्थान पर ऐसे समय में, इस प्रकार होने में क्या अभिप्राय था, क्या गूढ़ तत्त्व था?

जब हमारे मन में ऐसे प्रश्न उठने लगते हैं, तब पहले-पहल हमें इस बात का आभास होता है कि संसार में एक ऐसी महती शक्ति है, जिसका परिमाण, जिसका तत्त्व हम नहीं जान पाते, जिसमें लचक है, पर साथ ही कठोरता भी; जिसमें दया है, पर साथ ही एक घोर परिहास भी। इस शक्ति को कोई आत्मा कहता है, कोई भावी; कोई इसे आन्तरिक प्रेरणा समझता है और कोई बाह्य; कोई इसे ऐहिक समझता है और कोई नैसर्गिक। किसी की राय में इस शक्ति का प्रवाह उन्मत्त, पथहीन, अनवरुद्ध है; किसी की राय में इसका संचालन संयमित है।

सभी को इसके प्रवाह में एक अनियन्त्रित उन्माद दिखता है, और इसके उन्माद में एक नियन्त्रित प्रवाह। और इस प्रवाह को, इस उन्माद को, इस विचित्र असंयमित नियन्त्रण को कोई नहीं समझ पाता, सभी अन्वेषक मानो एक दीवार से टकराकर रुक जाते हैं।

मैं बहुत दिनों से इस शक्ति का प्रभाव देख रहा हूँ। कभी-कभी उसे समझने की चेष्टा भी कर लेता हूँ, पर प्राय: उसके विचित्र विन्यास को देखने में ही मेरा समय बीत जाता है...

सन् 1905 में यहाँ जो विस्फोट हुआ—उसे उत्पात कहना चाहिए, या दंगा, या विप्लव, या क्रान्ति, इसका निर्णय नहीं कर सका, इसलिए विस्फोट ही कहता हूँ—उसमें भी मैंने इसी शक्ति का आभास पाया था। लोग जब उसकी अवश्यम्भाविता की बात करते, तो मैं सोचा करता, यह अवश्यम्भाविता और शक्ति के प्रवाह का

नामान्तर नहीं तो क्या है? फिर इसी बड़ी क्रान्ति में, जिसमें एक साथ ही सारा रूस धधक उठा, और उस प्रज्ज्वलन की लपेट में सदियों से पूजित राजवंश और रास्पुतिन-जैसे शक्तिशाली व्यक्ति भस्म हो गए, इसमें भी क्या था? जिस पीड़ा, व्यथा, अशान्ति में, जिस अमित दैन्य और अमित भूख में, इस घोर क्रान्ति का अंकुर था, वे भी क्या थीं? उसी शक्ति का घोरतम प्रमत्त अट्टहास!

पर जिस घटना में मैंने इस शक्ति की झलक सबसे स्पष्ट देखी थी, वह न सन् 1905 का विस्फोट था, न सन् 1917 की क्रान्ति; वह थी एक बहुत छोटी-सी घटना, बहुत ही साधारण, जिसका इन दोनों से थोड़ा-थोड़ा सम्बन्ध था—वह था दो मित्रों का विच्छेद और पुनर्मिलन।

उन दोनों को पहले-पहल मैंने सन् 1903 में स्कूल में देखा। मैं जब नार्मल स्कूल से अध्यापक-श्रेणी में पढ़ता था, तब वे दोनों आठवीं में आकर दाखिल हुए थे। उन दिनों भी उनमें आपस में काफ़ी घनिष्ठता थी। वे अपने गाँव से एक साथ ही आते, स्कूल में सबसे अलग एक साथ बैठते, बोलते, खाते; फिर एक साथ ही स्कूल में वापस चले जाते। उनके गाँव से और भी लड़के उस स्कूल में आते थे; पर उनका एक समूह अलग लौटता था, और वे दोनों अलग।

इनकी मैत्री सबको स्वाभाविक जँचती हो, सो बात नहीं थी। उनके शरीर के गठन में, बोलचाल में, रुचि में, स्वभाव में बहुत अन्तर था। देखने वाला उनमें साम्य की अपेक्षा वैषम्य ही अधिक देख पाता था। सर्जियस क़द में लम्बा-चौड़ा और गौर वर्ण का था, उसके बाल फीके सुनहरे और आँखें हल्के नीले रंग की थीं। उसके होंठ पतले थे और प्राय: दबे हुए रहते थे। जब वह चलता, तो उसकी चाल में लापरवाही झलकती थी। दिमीत्री क़द में छोटा था, पर उसका शरीर खूब गठा हुआ था। जब वह चलता था, तो मालूम होता था कि फ़ौजी क़वायद करता रहा है। उसके बाल गाढ़े भूरे रंग के थे और उसकी आँखें छोटी परन्तु काली और खूब चमकती हुई थीं। मुँह पर उसके प्राय: एक हल्की-सी हँसी रहती थी। उसकी आयु सर्जियस से साल-भर कम थी, और वह सर्जियस, की अपेक्षा अधिक मिलनसार था, अपने सहपाठियों से हँस-बोल लेता था। सर्जियस जब कुछ कहता, तो इस ढंग से, मानो उसे इस बात की आशा नहीं है कि कोई उसका विरोध करेगा; दिमीत्री बात करता तो पहले विरोध के लिए चौकन्ना होकर। पढ़ने में सर्जियस की रुचि साहित्य की ओर थी, दिमीत्री की इतिहास की ओर। सर्जियस स्कूल के ड्रामेटिक क्लब में भाग लेता था, दिमीत्री प्राय: डिबेटिंग सोसाइटियों में बोला करता था।

फिर भी न जाने क्यों, उनमें इतनी घनिष्ठता थी, न जाने कौन-सी प्रेरणा उन्हें एक-दूसरे की ओर आकर्षित करती थी। कुछ दिनों में मैं उनसे मिलने लगा, पर आयु के भेद के कारण वे दोनों ही मुझसे कुछ झेंपते थे। दो वर्ष उनसे मिलते रहने पर भी मैं उस घनिष्ठता में भागी नहीं हुआ, केवल उनकी इस विचित्र मैत्री का निकट-दर्शक ही हो पाया।

जब सन् 1905 का विस्फोट हुआ, तब मैंने नार्मल की परीक्षा पास ही की

थी। सर्जियस की आयु उस समय शायद अट्ठारह वर्ष की थी और दिमीत्री की सत्रह। वे दोनों स्कूल की अन्तिम परीक्षा पास करने वाले थे। हमें आशा थी कि वे भी नार्मल में अध्यापक-श्रेणी में दाखिल होंगे, क्योंकि दोनों ही तीक्ष्ण बुद्धि थे। पर जिस दिन ज़ार की घोषणा वहाँ पहुँची कि रूस में प्रजा-प्रतिनिधियों की व्यवस्थापिका सभा ड्यूमा बनाई जाएगी और उसके उपलक्ष्य में हमारे स्कूल में भी उत्सव के लिए छुट्टी हुई, उस दिन वे दोनों स्कूल नहीं आए—उत्सव में भी नहीं आए। न जाने क्यों, उनके न आने से मेरा मन नहीं लगा। शाम को उत्सव समाप्त होने से पहले ही मैंने अपना ओवरकोट पहना और उनके गाँव की ओर चल दिया।

वहाँ पहुँचकर मुझे उनका पता पूछना नहीं पड़ा। गाँव के बाहर ही एक गिरे हुए पेड़ के तने पर दोनों बैठे बातें कर रहे थे। मैंने पुकारा, ''दिमी!'' तो दोनों उठ खड़े हुए।

मैंने पूछा, ''दिमी, तुम दोनों आज उत्सव में क्यों नहीं आए?''

उसने उत्तर दिया, ''अब हम स्कूल नहीं जाएँगे।''

मुझे दु:ख भी हुआ और विस्मय भी। मैंने पूछा, ''क्यों?''

वह बोला, ''हम लोग अब गुलामी से छूट गए, अब हमें इस गाँव में बँधे रहना नहीं पड़ेगा। हम दोनों पीटर्सबर्ग जाकर नौकरी ढूँढेंगे और कुछ कमाकर घर भेजेंगे।''

मैं थोड़ी देर चुप रहा—सोचता रहा कि अगर गाँवों की प्रतिभा शहरों में जाने लगेगी, तो फिर हमें नये स्वातन्त्र्य का फायदा ही क्या हुआ!

''अच्छा दिमी, तुम पीटर्सबर्ग में करोगे क्या!''

''यह तो अभी नहीं सोचा—अभी तो इतना ही निर्णय किया है कि कुछ करूँगा ज़रूर।''

''और तुम, सर्जी?''

''मैं तो ज़ार की सेना में कर्नल होऊँगा।''

मैं कुछ हँसा। फिर मैंने पूछा, ''ज़ार की घोषणा से तुम्हें व्यक्तिगत लाभ तो हुआ है, पर देश पर क्या असर होगा, कभी सोचा है?''

दिमीत्री बोला, ''मैं तो समझता हूँ, इतना लड़ाई-झगड़ा करने पर भी हमें कुछ नहीं मिला। यह जो सीमित स्वातन्त्र्य हमें मिला है, आज से कहीं पहले मिलना चाहिए था। बल्कि मुझे अचम्भा होता है कि हम इतने दिन बँधे कैसे रहे! जब हम सब बराबर हैं—''

सर्जियस बीच में बात काटकर बोला, ''यह धारणा गलत है। आदमी कभी बराबर नहीं होते। जिसको हम स्वातन्त्र्य कहते हैं, वह होता ही नहीं। एक का ज़ार और दूसरे का मज़दूर होना स्वाभाविक है। यह भी स्वाभाविक है कि शासक थोड़े हों और शासित बहुत; क्योंकि धन की तरह शक्ति का स्वभाव है कि एक ही केन्द्र पर संचित होती रही है। शक्ति एक केन्द्र में बिखरकर नष्ट होती रहे, यह प्रकृति के विरुद्ध बात है।''

दिमीत्री ने उत्तर दिया, ''और जिधर प्रकृति हमें घसीटे, उधर ही हम लद्दू

घोड़े की तरह दुम दबाए चलते जाएँ, यह मानवता के विरुद्ध है। हम मनुष्य तभी हैं, जब हम प्रकृति की प्रेरणाओं को दबाकर अपने आदर्श को ऊपर रखें। जब हम आदर्श स्थापित करते हैं, तब यह सोचकर नहीं करते कि प्रकृति हमें उसका अनुसरण करने देगी या नहीं। पहले आदर्श स्थापित होता है, फिर यदि प्रकृति उसमें रुकावट डाले, तो उससे भी लड़ना पड़ता है। क्यों, मास्टर निकोलाई?''

मैं उत्तर दिए बिना सर्जियस की ओर देखने लगा। वह बोला, ''यह खोखला आदर्शवाद है। वास्तव में ऐसा कहाँ होता है? हम आदर्श सामने रखते हैं, और बड़ी ऐंठ से उसका अनुसरण करते हैं; पर जब प्रकृति सामने आती है, तो कौन उससे लड़ता है? लोग दुबककर आदर्श बदल लेते हैं। माल्थस ने जब अपने सिद्धान्तों का प्रचार किया तब लोग चिल्लाने लगे, आदमी बहुत बढ़ रहे हैं, इनके रोकने के लिए संयम चाहिए। प्रकृति चिल्लाई, यह नहीं होना! फिर किसने किया संयम? लोग सन्तान-निग्रह के रासायनिक तरीके ढूँढने लग गए। प्रकृति के विरुद्ध हम कभी सफल नहीं हो सकते।''

दिमीत्री कुछ हँसकर बोला, ''यही तो! तुम क्या समझते हो, संयम प्रकृति के प्रतिकूल है? यह जिसे तुम सन्तान-निग्रह कहते हो, यही तो प्रकृति के विरुद्ध है। संयम तो पशु भी करते हैं। अगर मान भी लें कि विषय-तृप्ति ही प्रकृति का नियम है, तो क्या हम इसका विरोध नहीं करते? जैसे—''

वह कुछ शर्माकर रुक गया। मैंने कहा, ''क्यों दिमी, रुक क्यों गए?''

वह बोला, ''एक उदाहरण देने लगा था, वह कुछ भद्दा है, इसलिए रुक गया।''

मुझे कुछ कौतूहल हुआ। मैंने कहा, ''अगर लागू हो तो दे दो, कोई हर्ज नहीं है।''

वह कहने लगा, ''अपने ही आत्मीयों के प्रति हमारे हृदय में वासनाएँ क्यों नहीं जागतीं? उनके प्रति क्यों हमारे मन में आदर का भाव रहता है, क्यों पवित्र विचार होते हैं? यह तो प्रकृति का नियम नहीं है? पशुओं में तो कोई ऐसा भेद-भाव नहीं होता? यह प्रकृति पर आदर्श की जीत नहीं तो और क्या है?''

सर्जियस कुछ सोच में पड़ गया। मैंने देखा, इन दोनों की विचार-शैली अभी पकी नहीं थी, परिष्कृत नहीं हुई थी। फिर भी यह मैं जान गया कि दोनों सामाजिक और राजनैतिक समस्याओं का अध्ययन अच्छी तरह कर रहे हैं। यह भी समझने में देर नहीं लगी कि दोनों वृत्तियाँ उन्हें किधर-किधर प्रेरित करेंगी। मैंने दोनों के कन्धों पर हाथ रखकर हँसते हुए कहा, ''तुम लोग प्रसंग से कितनी दूर निकल गए!''

दिमीत्री बोला, ''फायदे की बात सोचते ही सिद्धान्त सामने आ जाते हैं, क्योंकि मैं फायदा उसको समझता हूँ, जिससे आदर्श का पोषण हो। सर्जी का मत मुझसे भिन्न है।'' यह कहकर उसने सर्जियस की ओर देखा।

उसने कहा—''हाँ, मैं आदर्श उसको गिनता हूँ, जो लाभप्रद हो।''

मैंने दोनों की पीठ ठोंककर कहा, ''तुम दोनों फिलास्फर हो गए हो! चलो, ज़रा घूमने चलें।''

वे मेरे साथ हो लिये।

जब हम लौटे, तब अँधेरा हो रहा था। जब हम गाँव के छोर पर पहुँचे, अलग होने का समय आया, तो मैंने पूछा, "अच्छा, तो फिर कब मिलोगे?"

दिमीत्री हँसकर बोला, "पहले का तो पता नहीं, हाँ, 1920 में आज के दिन अवश्य मिलेंगे।"

मैंने विस्मित होकर पूछा, "कैसे, दिमी?"

वह सर्जियस की ओर देखकर बोला, "हम दोनों ने एक षड्यन्त्र रचा है। आज से पूरे पन्द्रह साल बाद हम स्कूल के बड़े खम्भे के नीचे मिलेंगे। चाहे कहीं हों, कितना ही काम छोड़कर आना पड़े, आएँगे अवश्य। और शायद अपने-अपने अनुभव एक-दूसरे को सुनाएँगे।"

"किस समय?"

"रात को आठ बजे।"

"अच्छा, अगर मैं आ सका, तो शायद मैं भी आ जाऊँ।"

कुछ देर तक हम चुप रहे। फिर सर्जियस बोला, "अच्छा, मास्टर निकोलाई, अब पन्द्रह वर्ष के लिए विदा दीजिए।" यह कहकर उसने रूसी ढंग से सिर से ऊपर हाथ उठाकर सलाम किया।

मैंने कहा, "ऐसे नहीं, सर्जी!" और उससे हाथ मिलाए। फिर वह कुछ हटकर खड़ा हो गया। मैंने दिमीत्री से हाथ मिलाए। वह हँसता हुआ बोला, "मास्टर निकोलाई, इस षड्यन्त्र को भूलना मत।"

मैंने कहा, "मैं नहीं भूलूँगा।"

क्षण-भर में वे आँखों से ओझल हो गए। मैं भी अँधेरे में खेतों में से होकर धीरे-धीरे अपने स्कूल की ओर चल पड़ा।...

इसके बाद...मैं फिर अध्ययन और अध्यापन के फेर में पड़ गया। आँधियाँ आईं और चली गईं, उत्पात खड़े हुए और बैठ गए; विस्फोट हुए और बुझ गए। पर हमारे स्कूल के जीवन में कोई परिवर्तन नहीं हुआ...हाँ, मुझमें जो कुछ भावुकता थी, धीरे-धीरे सूख गई; जो कविता थी, वह अनुक्रम की दृढ़ शृंखाल में घुटकर मर गई—और दिमीत्री और सर्जियस भी धीरे-धीरे भूल गए; उनके षड्यन्त्र की और अपनी प्रतिज्ञा की स्मृति भी बुझ गई।...

पर सन् 1917 की क्रान्ति जब आई, तब हमारा छोटा-सा शहर भी उससे बच नहीं सका। स्कूल टूट गया, सब अध्यापक और बहुत-से छात्र लाल झंडे के नीचे जा खड़े हुए। मैं भी उस क्रान्ति की लपेट में—या उस अज्ञात शक्ति के प्रवाह में—आ गया, और एक साधारण सिपाही की वर्दी पहनकर उस झंडे की छाया में लड़ने लगा। फिर...फिर मैंने बहुत कुछ देखा—जीवन कितना वीभत्स हो सकता है, भूख की व्यथा कैसी होती है, सारी-सारी रात जागकर रेत की बोरियों के मोर्चे पर गिरती हुई बर्फ़ में बैठकर पहरा देने में क्या मज़ा है, बर्फ़ से भी शीतल बन्दूक की नली ठिठुरे हुए हाथों में पकड़कर बारह घंटे खड़े रहने पर प्राणिमात्र के प्रति

कैसी जलन हृदय में होती है, लहू में सनी हुई वर्दी शरीर से पाँच-पाँच दिन अलग न कर सकने में आत्मबल पर कैसा प्रभाव पड़ता है—इन सब बातों का अनुभव सन् 1917 के तीन ही महीनों में हो गया...उसके बाद सुना, क्रान्ति समाप्त हो गई। हम लौट आए। आकर देखा, जहाँ स्कूल था, वहाँ एक होटल खुला हुआ है! स्कूल वहाँ से उठकर एक नये भवन में चला गया था।

जीवन में थोड़ा-सा वैचित्र्य आ गया। पर हम धीरे-धीरे फिर शृंखलाओं में बद्ध होने लगे। हाँ, इस बार इस बन्धन की गति कुछ कम हो गई, क्योंकि देश में अशान्ति छायी हुई थी, एक क्रान्ति की राख में दूसरी क्रान्ति की आग सुलग रही थी...

इधर-उधर से विचित्र समाचार आने लगे। साम्यवादी फ़ौज का एक अंश जाकर साम्राज्यवादियों के दल से मिल गया, और घर ही में युद्ध होने लग गया।...

फिर एक दिन सुना, नयी क्रान्ति होने वाली है। बर्फ़ पड़नी आरम्भ ही हुई थी कि नयी क्रान्ति हो भी गई—उसको दस दिन भी नहीं लगे।...

फिर देश में कुछ शान्ति हुई, और मेरा जीवन पुराने ढाँचे में अच्छी तरह बैठ गया।

शान्ति तो हो गई, पर साम्राज्यवादियों के उत्पात बन्द नहीं हुए। मॉस्को में, कीव में और विशेषतः पीट्रोग्राड में—पीटर्सबर्ग अब पीट्रोग्राड हो गया था—उनकी गुप्त समितियाँ आतंक फैलाने लगीं। सोवियत ने उनके प्रति घोर दमन-नीति का अनुसरण किया।

होते-होते सन् 1920 आया...हमें फिर सन् 1905 की घोषणा के उपलक्ष्य में छुट्टी मिली...

इस बार स्कूल का उत्सव नहीं हुआ। सब अपने-अपने घरों को चले गए। और मैं—सारा दिन बाज़ार में घूमता रहा, शाम को थका-माँदा उसी होटल पर पहुँचा, जहाँ किसी दिन हमारा स्कूल होता था। मैंने दरवाज़े के पास ही एक मेज़ पर बैठकर रोटी, भूने हुए आलू, सिरका और एक गिलास पानी—बीयर उन दिनों दुर्लभ थी!— मँगाया और धीरे-धीरे खाने लगा। खाते-खाते सोच रहा था, जिन दिनों यहाँ स्कूल था, उन दिनों की और आज की मनोवृत्ति में कितना अन्तर है। उन दिनों आशावाद कितना सुखमय था—और आज जीवन कितना नीरस हो गया है! मैं सोचता जाता और होटल के बाहर लगे उस बड़े गैस-लैम्प की ओर देखता जाता। उस पर जब पतंगे जल-जलकर गिरते, तो मुझे एक विचित्र शान्ति का अनुभव होता। शायद अपने जीवन की नीरसता के लिए सान्त्वना मिलती थी!

एकाएक मैं चौंका। उस लैम्प के नीचे ओवरकोट और टोप पहने एक व्यक्ति आकर खड़ा हो गया। उसके शरीर का गठन, उसकी चाल परिचित मालूम होती थी। मेरे मस्तिष्क में स्मृतियाँ चक्कर खाने लगीं...पर उसकी याद न आई। फिर—

सर्जियस! स्मृति की एक बड़ी-सी लहर आई—सर्जियस, दिमीत्री, वह षड्यन्त्र और अपनी प्रतिज्ञा—सभी किसी अँधेरी गुफ़ा से निकलकर सतह पर आ गए...

पहले मेरी इच्छा हुई, उसे बुलाऊँ। फिर मैंने सोचा, मैं तो दर्शक ही था, उनका मिलन देख लूँ, फिर जाऊँगा। मैं वहीं बैठा देखने लगा, भूख की ओर मेरा ध्यान

नहीं रहा। शायद मैं दो-एक आलू बिना छीले ही खा गया...

अँधेरे में से एकाएक गैस के प्रकाश में एक और व्यक्ति आया—गठा हुआ, चुस्त, सोवियत की फ़ौजी वर्दी पहने हुए दिमीत्री!

क्षण-भर दोनों खड़े रहे। फिर सर्जियस ने धीरे से कुछ रुकते हुए कहा, "दिमीत्री पिट्रोविच?"

दिमीत्री के मुख पर आनन्द की रेखा दौड़ गई। वह बोला—"सर्जी! सर्जी!" और लपककर उसके गले से लिपट गया।

फिर धीरे-धीरे कुछ बातें हुई। मैं नहीं सुन पाया। उसके बाद मैंने देखा, दोनों होटल की ओर आ रहे हैं। मैं पीछे हटकर अँधेरे में हो गया।

वे आकर एक मेज़ पर बैठे और कहवा मँगाकर पीते-पीते बातें करने लगे।

"कहो सर्जी, कैसे रहे?"

"बड़े मज़े में। कर्नल तो नहीं हो पाया, कप्तान हो गया था। उसके बाद हमारी सेना ही छिन्न-भिन्न हो गई।"

"अब क्या करते हो?"

सर्जियस कुछ रुककर बोला, "अब तो कुछ नहीं कर रहा हूँ। हाँ, थोड़े दिनों में कहीं नौकरी कर लेने की आशा है। पर तुम कहो।"

"मैंने बहुत धक्के खाये। यहाँ से जाकर कुछ दिन तो कुली का ही काम किया। फिर मज़दूरों की मिलिशिया में भर्ती हो गया। फिर क्रान्ति आई तो उसमें भी भाग लिया। अब—अब मैं सेना का लेफ्टिनेंट हूँ।"

दिमीत्री ने जेब से सिगरेट-केस निकालकर सर्जियस की ओर बढ़ाया। सर्जियस ने कहा—"इस वक्त इच्छा नहीं है।"

दिमीत्री जेब टटोलने लगा। फिर बोला, "सर्जी, तुम्हारे पास दियासलाई है?"

सर्जियस ने ओवरकोट के बटन खोले और अन्दर से दियासलाई की डिबिया निकाली।

मैंने देखा, दिमीत्री चौंका। और फिर अनिमेष होकर सर्जी के गले की ओर देखने लगा। मैंने भी उसकी ओर देखा, सर्जियस के ओवरकोट के अन्दर गले में एक सफ़ेद और नीली धारियों वाला रेशमी रूमाल बँधा हुआ था...

दिमीत्री ने दियासलाई लेने के लिए हाथ बढ़ाया, तो उसका हाथ काँप रहा था।

सर्जियस ने भी यह देखा, और चिन्तित होकर बोला, "दिमीत्री, तुम बीमार तो नहीं हो?"

दिमीत्री ने कहा, "नहीं, मेरे कुछ सरकारी कागज़ बाहर गिर गए हैं। तुम बैठो, मैं अभी आया।" कहकर वह सर्र से बाहर चला गया।

मैं कुछ देर सर्जियस की ओर देखता रहा, फिर उठकर उसके पास चला गया।

"सर्जियस, मुझे पहचानते हो?"

उसने मेरी ओर ध्यान से देखा। फिर खड़ा होकर बोला, ''मास्टर निकोलाई, आप यहाँ कहाँ?''

मैं झूठ कई बार बोला हूँ। पर सर्जियस से मैं पहली बार झूठ बोला। मैंने कहा, ''षड्यन्त्र में अपना भाग पूरा करने आया था।''

वह हँसा। फिर हम दोनों बैठ गए। मैंने कहा, ''मैं तुम्हारी बातें सुन रहा था। तुम जो कह रहे थे, आजकल कुछ नहीं कर रहे हो, तो सेना में भर्ती क्यों नहीं हो जाते? पहले कप्तान तो रह ही चुके हो, अब—''

वह खिलखिला कर हँस पड़ा। मैं कुछ अप्रतिभ-सा होकर चुप हो गया। फिर वह कहने लगा—''मास्टर निकोलाई, इस सेना में—''

सीढ़ियों पर किसी के पैर की आहट आई। मैंने समझा, दिमीत्री आ रहा है। उसको स्तम्भित करने के लिए मैंने पुकारा, ''दिमी!''

वह दिमी नहीं था।

एक सार्जेंट के साथ पाँच-छः सिपाही भीतर घुस आए। सार्जेंट ने सर्जियस के कन्धे पर हाथ रखकर कहा, ''सर्जियस मार्टिनोवस्की, भूतपूर्व कप्तान, अब साम्राज्य-वादी गुप्त-समिति के सदस्य, मैं तुम्हें गिरफ्तार करता हूँ!'' वह सब ऐसे कह गया, मानो रटा हुआ पाठ पढ़ रहा हो। सर्जियस ने एक तीव्र दृष्टि से मेरे मुख की ओर देखा, उस पर दुःख और विस्मय के भाव स्पष्ट देखकर गुनगुनाया, ''दिमी। दिमीत्री पिट्रोविच!''

एक फीकी हँसी हँसकर उसने दोनों हाथ आगे बढ़ा दिए—हथकड़ियाँ लग गईं...

सर्जियस खड़ा हो गया। बोला, ''मास्टर निकालोई, यदि आप को दिमी कहीं मिले, तो—उसको मेरी याद दिला दीजिएगा।''

मैं कुछ उत्तर न दे सका। वे उसे ले गए...

मैं सोचने लगा, पन्द्रह साल बाद न जाने कहाँ से वह आया था—एक स्मृति के लिए! और अब—

एक व्यक्ति आकर मेरे सामने बैठ गया। वह युवक था; पर उसके मुख पर झुर्रियाँ पड़ गई थीं, अपनी टोपी नीचे खींचकर उसने अपनी आँखों पर छाया कर रखी थी। क्षण-भर मैंने उसे पहचाना नहीं; फिर मैंने कहा, ''दिमी!''

उसने मेरी ओर देखकर कहा, ''मास्टर निकोलाई!'' उसकी आवाज़ में न आनन्द था, न विस्मय। मैंने देखा, उसकी आँखें छिपे हुए आँसुओं से चमक रही थीं।

मैंने कहा, ''सर्जियस तो गया!''

उसने उदास भाव से उत्तर दिया, ''हाँ।''

हम दोनों चुप हो गए। फिर वह आप-ही-आप बोला, ''अनुमान तो मैंने पहले भी किया था, पर जब मैंने उसके गले में वह चिह्न—वह नीली और सफ़ेद धारियों वाला रूमाल—देखा, तो मेरा कर्तव्य स्पष्ट हो गया। पर मैं स्वयं कुछ नहीं कर सका—बीस वर्षों से संचित स्मृति ने साहस तोड़ दिया।''

मैंने कहा, ''दिमी, 'दिमी! क्या कह रहे हो तुम!''

वह उठ खड़ा हुआ। अपनी फ़ौजी जैकेट का तीसरा बटन खोलकर उसने अन्दर की ओर संकेत किया। वहाँ एक छोटा-सा पीतल का बैज था, उस पर तीन अक्षर लिखे हुए थे...

'जी.पी.यू.', फ़ौजी जासूस...

मैं भौचक होकर उसके मुख की ओर देखने लगा। वह बोला, ''मित्रघात बुरा है या देशद्रोह, मैं नहीं जानता!'' फिर एकदम होटल से बाहर निकल गया और अन्धकार में ओझल हो गया।

इसके बाद दिमीत्री ने सर्जियस को बचाने का विफल प्रयत्न किया, लेकिन कोर्ट-मार्शल के आज्ञानुसार सर्जियस गोली से उड़ा दिया गया, और उसके बाद ही दिमीत्री अपने पद से इस्तीफ़ा देकर विदेश चला गया, यह सब इस प्रसंग की बात नहीं है।

इस घटना की व्याख्या विभिन्न प्रकृतियों के लोग विभिन्न तौर से करेंगे। दिमीत्री के कर्म को कोई विश्वासघात कहकर सर्वथा अक्षम्य समझेगा, कोई उसे विश्वासघात कहकर क्षमा कर देगा, क्योंकि राष्ट्र के आगे एक आदमी का व्यक्तित्व क्या है? कोई शायद उसके काम को एक कठोर कर्तव्य का समुचित पालन मानकर सर्वथा उसकी सराहना भी करे...पर उसकी मनोगति के, उसके कर्म के औचित्य का निर्णय करने वाले हम कौन हैं, इस पर शायद कोई विचार नहीं करेगा...

मैंने जो कुछ देखा है, उसमें मैं इसी परिणाम पर पहुँचा हूँ कि मानव-हृदय की वृत्तियों का विवेचन करना हमारी शक्ति से बाहर है। दिमीत्री का कर्म अच्छा था या बुरा, मैंने इस प्रश्न पर कभी ध्यान नहीं दिया। मैं तो यही सोचता हूँ, कितनी महती शक्ति है वह, जो इन दोनों को न जाने कहाँ-कहाँ से खींचकर इस अनुष्ठान की पूर्ति के लिए ले आई! वर्षों से सिक्त उस मैत्री की इस पराकाष्ठा में, वर्षों से संचित उस महती आकांक्षा के आकस्मिक विफलीकरण में मुझे उसी नियन्त्रित शक्ति का प्रवाह दिखता है...या यों कहूँ कि उसी शक्ति का अनियन्त्रित, विकट, उन्मत्त अट्टहास...!

•

विवेक से बढ़ कर

Whence shall arise the shout of love, if it be not from the summit of sacrifice?

—Victor Hugo

आँधी तीन दिन से बन्द नहीं हुई थी। उस मरुस्थल से तीन दिन से पवन कभी क्रुद्ध साँप की तरह फुफकारता हुआ, कभी किसी प्रोषितपतिका की तरह साँय-साँय रोता हुआ बहा जा रहा था। उस मरु में उसका प्रवाह ऐसा अनवरुद्ध था कि तीन दिनों से लगातार पड़ रही बर्फ़ का एक टुकड़ा भी उसके आगे नहीं टिक पाया था। केवल उस लम्बी-सी नीची इमारत के कोने में, जहाँ पवन की चोट नहीं पहुँच पाती थी, बर्फ़ के मैले ढेर जम गए थे, और उनसे मैला पानी बहा जा रहा था...

काली-सी मरुभूमि, काला-सा आकाश, और बीच में उड़ती हुई बर्फ़ की चादर में लिपटी हुई वह काली-सी इमारत...भूमि और आकाश को देखकर उस स्थान की निर्जनता का अनुभव पूरी तरह नहीं हो सकता था, किन्तु उसके मध्य में, उस इमारत के भीतर से आनेवाले क्षीण प्रकाश को देखकर एकाएक असीम सूनेपन की संज्ञा जाग्रत हो उठती थी।

वह इमारत थी रूस की साइबेरियन सीमा का एक पुलिस थाना। उस समय उसके अन्दर भी एक विचित्र तूफ़ान मचा हुआ था—किन्तु उसकी भयंकरता को वही समझ सकता है, जिसने महीनों आधे-पेट भोजन पर बिताये हैं, जिसने भूख, प्यास और सर्दी से अपने प्रियजनों को मरते देखा है, जिसने धनिकों की अनाचारिता देखी है, जिसने राजशक्ति की कोपदृष्टि सही है, और जिसने यह सब कुछ देख-सुन और सहकर भी अपने पीड़ित बन्धुओं के लिए लड़ मरने का अपना निश्चय नहीं छोड़ा...

थाने के एक सिरे पर एक कोठरी के अन्दर एक युवक बन्द था। उसने चमड़े का एक कोट पहना हुआ था, और मोटे-मोटे बूट, किन्तु उसके दाहिने पैर में एक लोहे की ज़ंजीर पड़ी हुई थी जिसका दूसरा छोर दरवाज़े के सीखचों से बँधा हुआ

था। वह कोठरी के एक कोने में भूमि पर ही बैठा हुआ था और विमनस्क-सा होकर बाहर गरजते हुए तूफ़ान की ओर देख रहा था। कभी-कभी बर्फ़ के छोटे-छोटे टुकड़े अन्दर आ जाते और कभी-कभी पवन के झोंके से छत से टँगे हुए चर्बी के लैम्प की शिखा काँप जाती थी।

उसके सामने एक पुलिस का अफ़सर बैठा था। वह कुछ सोच रहा था, किन्तु फिर भी कभी-कभी चौंककर बाहर की ओर देख लेता, और कभी अपने बन्दी के मुख की ओर...

एकाएक वह बोला, "देखो एंटन, मैं तुम्हें एक रहस्य की बात बतलाता हूँ। तुम ज़रा आगे सरक आओ।"

बन्दी ने उपेक्षा से उत्तर दिया, "रहस्य की बात यही होगी न कि मैं बयान दे दूँ तो मुझे छोड़ दोगे?"

पुलिस-अफ़सर ने धैर्य से कहा, "नहीं। तुम अभी युवा हो, इसलिए प्रत्येक सरकारी नौकर को देश-द्रोही ही समझते हो। तुम्हारा विचार ग़लत है।" यह कहकर वह स्वयं आगे सरक आया और बोला, "एंटन, तुम प्योत्र वासिलीव को जानते हो?"

एंटन ने कुछ मुस्कुराकर कहा, "इतना कच्चा नहीं हूँ!"

"तुम्हें ऐसे विश्वास नहीं होगा। सुनो, मैं तुम्हारी बहुत-सी बातें जानता हूँ। तुम प्योत्र वासिलीव के दल में थे, और तुम्हारे साथ ही मैक्सिम और लियोन भी थे। ठीक है न?"

बन्दी ने फिर कोई उत्तर नहीं दिया।

"तुम, मैक्सिम और लियोन फिल्किंस्क नगर में गवर्नर की हत्या करने के लिए भेजे गये थे और तुम्हीं ने यह कार्य किया भी। उसके बाद तुम रूस की ओर वापस जाते हुए पकड़े गए। ठीक है न?"

फिर भी कोई उत्तर नहीं मिला।

"तुम समझते होगे, ये बातें शायद मैक्सिम या लियोन ने मुझे बता दी हों। सुनो, एक बात और कहता हूँ। यह उन दोनों को नहीं मालूम है। वासिलीव ने एक बार पहले भी तुम्हें इधर भेजा था, और तुम क्रुप्स्कोव नाम से गए थे। क्यों?"

अबकी बार एंटन ने विस्मित स्वर से कहा, "तो फिर क्या चाहते हो?"

पुलिस-अफ़सर हँसा। बोला, "अब शायद तुम मेरी बात सुनने को उद्यत होगे। सुनो! मैं वासिलीव का मित्र हूँ। मुझे तुमसे बहुत-कुछ सहानुभूति है—पर इस बात को अभी जाने दो। मैं इस समय तुम्हारी सहायता करना चाहता हूँ। शायद थोड़ी-बहुत सहायता कर भी सकता हूँ।"

बन्दी ने उत्सुक होकर पूछा, "क्या?"

"तुम तीन आदमी पकड़े गए हो। मैं जानता हूँ कि उस हत्या में तुम तीनों का हाथ था। लेकिन फिल्किंस्क के थाने में जो रिपोर्ट है, उसमें दो ही आक्रमणकारियों के देखे जाने की बात लिखी है।"

"तो फिर?"

पुलिस अफ़सर ने एक भेद-भरी दृष्टि से बन्दी की ओर देखते हुए फिर कहा, ''तुम लोग तीन हो।''

बन्दी क्षण-भर उसकी ओर देखता रहा। शायद पुलिस-अफ़सर का आशय कुछ-कुछ उसकी समझ में आ गया। उसने व्यग्रता दिखाते हुए पूछा, ''तो क्या किया जा सकता है?''

''मैं तुमसे सहानुभूति रखता हूँ। अगर मेरा वश होता, तो मैं तुम तीनों को छोड़ देता। लेकिन वैसा करने से मैं स्वयं पकड़ा जाऊँगा और तुम भी कहीं नहीं जा सकोगे। ठीक है न?''

''हाँ।''

''अपने आदर्श की पूर्ति के लिए जो बात सबसे लाभप्रद हो, वही हमें करनी चाहिए। तुम तीनों को नहीं छोड़ सकूँगा। इसीलिए पूछता हूँ, तुममें से किसका मूल्य सबसे अधिक है?''

एंटन ने हँसकर कहा, ''हम तीनों ही पाँच-पाँच हज़ार रूबल के हैं!''

पुलिस-अफ़सर भी कुछ हँसा। फिर बोला, ''वह बात नहीं। किसका छूट जाना सबसे अधिक लाभप्रद होगा, यही जानना चाहता हूँ।''

''जानकर क्या होगा?''

''उससे आगे जो कुछ करना होगा, वह मेरे वश में है। तुम केवल इतना बता दो, किसे निर्दोष लिख दूँ?''

एंटन चुपचाप बाहर आँधी की ओर देखता रहा। कई क्षण बीत गए। पुलिस-अफ़सर ने कहा, ''मैं उत्तर की प्रतीक्षा कर रहा हूँ।''

एंटन मानो चौंका। फिर बोला, ''मुझे सोच लेने दो—यह काम बहुत कठिन है।''

पुलिस-अफ़सर ने कहा, ''अच्छा। मैं आधी रात बीते फिर आऊँगा। तब तक—'' यह कहकर वह घूमा, और किवाड़ के पास जाकर बोला, ''सिपाही!''

दूर सिपाही के आने का ठप्! ठप्! स्वर सुनाई पड़ा। ताला खड़का, फिर दरवाज़ा कुछ खुल गया।

एंटन ने अफ़सर से पूछा, ''आपका नाम क्या है, बताने की कृपा करेंगे?''

''हाँ-हाँ! मेरा नाम आन्द्रेइ मार्टिनोव है।'' कहकर वह बाहर चला गया। ताला बन्द हो गया।

2

इस कोठरी में और एंटन की कोठरी में कोई विशेष भेद नहीं था। अगर कोई भेद था तो इतना ही कि इस कोठरी का मुख पवन की वेग से बचा हुआ था। एक युवक उसमें धीरे-धीरे टहल रहा था। जब वह चलता तो उसके पैरों में पड़ी हुई ज़ंजीर झनझना उठती थी, पर वह फिर भी ऐसे टहलता जाता था, मानो उसे ध्यान ही न हो।

एकाएक उसने रुककर, अपने सामने खड़े हुए पुलिस अफ़सर की ओर देखकर पूछा, ''पर मार्टिनोव साहब, आपका विश्वास कैसे किया जा सकता है?''

मार्टिनोव ने कहा, "मैं यह जानता ही था कि मैं आसानी से विश्वास नहीं दिला सकूँगा। लेकिन शायद मेरे पास इसका भी एक साधन है। तुम वासिलीव की हस्तलिपि पहचानते हो?"

"कहिए?"

"अगर मैं अपने नाम लिखा हुआ वासिलीव का पत्र तुम्हें दिखाऊँ, तो विश्वास करोगे?"

"अगर-मगर की बात क्या करते हैं? जो दिखाना है दिखाइए, फिर बात होगी।"

मार्टिनोव हँसा। फिर बोला, "क्रान्तिकारी स्वभावतः ही टेढ़े होते हैं, सीधा जवाब क्यों देने लगे? खैर, यह देखो।" कहकर उसने जेब में से एक पत्र निकाला। उसमें दो ही तीन सतरें लिखी हुई थीं।

मैक्सिम ने पत्र अपने हाथ में ले लिया और पढ़ा। "बन्धु मार्टिनोव, हमारे एक मित्र क्रुप्स्कोव आपके प्रान्त में से होकर फिल्किस्क जा रहे हैं। आशा है आप उनसे मिल पाएँगे। अगर न भी मिल सकें, तो ऐसा प्रबन्ध कर दीजिएगा कि उन्हें यात्रा में कष्ट न होने पाए। कृतज्ञ हूँगा।"

मैक्सिम ने पत्र पढ़कर जिज्ञासा-भरी दृष्टि से मार्टिनोव की ओर देखा। मार्टिनोव बोला, "नीचे का नाम मैंने काट दिया था। लेकिन लिपि तो पहचानते हो न?"

मैक्सिम ने धीरे से कहा, "हाँ।"

थोड़ी देर दोनों चुप रहे। फिर मार्टिनोव बोला, "तो अब मुझे बता सकोगे?"

"आपने और दोनों से भी पूछा है?"

"तुम्हें अपना मत व्यक्त करने में उनकी राय से नहीं बाध्य होना चाहिए, इसलिए यह मत पूछो! तुम किसे सबसे मूल्यवान समझते हो यही बता दो।"

मैक्सिम चुप रहा। मार्टिनोव मानो अपने आपसे ही बोला, "और फिर सबको विश्वास दिलाना भी तो असम्भव है!"

मैक्सिम ने कहा, "हाँ, यह बात तो है। अच्छा।"

"तुम्हें शायद सोचने का समय चाहिए? मुझे कोई जल्दी नहीं है।"

"हाँ। कब तक समय दे सकते हैं?"

"आधी रात तक—अभी तीन घंटे हैं।" कहकर मार्टिनोव बाहर चला गया। मैक्सिम ने टहलना बन्द कर दिया और धीरे-धीरे भूमि पर बैठ गया। बहुत देर तक उस कोठरी में कोई शब्द नहीं हुआ, केवल किसी अशान्त, चिरदुःखित प्रेत के सिसकने की तरह पवन का वह साँय-साँय ही बार-बार गूँजता और कुछ शान्त होकर फिर गूँज उठता...

3

एंटन की कोठरी में अँधेरा था, चर्बी का लैम्प बहुत धीमा जल रहा था। वह कोठरी में खड़ा हुआ दिख नहीं पड़ता था, इसलिए सिपाही दरवाज़े के पास ही खड़ा था, इधर-उधर घूमता नहीं था। कभी-कभी वह दरवाज़े पर आकर

पुकारता, ''क़ैदी, सब ठीक है न?'' और फिर बिना उत्तर पाए ही कुछ परे हटकर खड़ा हो जाता था। उसकी शिक्षा यहीं तक थी कि क़ैदी को पुकारते रहना चाहिए, यह बात नहीं कि उनसे कोई उत्तर भी प्राप्त करना चाहिए।

कभी-कभी जब बिजली चमकती, तो सारा आकाश जल उठता और उस मरु की निर्जनता आँखों के आगे उभर-सी आती।

उसके प्रकाश में दिख पड़ता था, एंटन अपनी कोठरी के सीखचे दोनों हाथों से पकड़े, उन्हीं से मुँह बाहर निकाले खड़ा था। विक्षिप्त की भाँति वह एक पैर की एड़ी बार-बार उठाकर पटकता था, जिससे पैर की ज़ंजीर झनझना उठती थी। कभी-कभी वह बिलकुल ही निश्चल हो जाता, किन्तु फिर अधिक उद्वेग से एड़ी पटकने लगता था और ज़ंजीर की झनझन पवन की साँय-साँय को डुबो देती थी...

एंटन का बाह्य रूप देखकर यह भी नहीं जान पड़ता था कि वह क्या सोच रहा है। उसकी वह स्थिर दृष्टि, दबे हुए होंठ, और शरीर के उत्क्षेप यही कहते थे कि उसकी आत्मा किसी विचित्र भाव के फेर में पड़कर, उद्‌भ्रान्त होकर बहुत दूर चला गया है और कठोर, अभेद्य बन्धनों में पड़कर छटपटा रहा है...किन्तु वह भाव क्या था, और वे बन्धन क्या थे, यह कहने का शायद उसके पास कोई साधन ही नहीं था। क्रान्तिकारी विचार-स्वातन्त्र्य और अभिव्यक्ति स्वातन्त्र्य के लिए लड़ते हैं, किन्तु इसमें ही उन्हें न जाने कितने विचारों का दमन करना पड़ता है, कितनी अभिव्यक्ति-चेष्टाओं को नष्ट कर देना होता है!

वे भाव...एंटन के विशाल हृदय में उठते और दोनों में किसी एक चट्टान से टकराकर नष्ट हो जाते...मैक्सिम और लियोन...

वे भाव एंटन के व्यक्तित्व के इतने अन्तरतम अंश थे कि शायद एंटन स्वयं उन्हें न समझ सकता। उसने इतनी बातें, ऐसी बातें, पहले कभी नहीं सोची थीं, किन्तु उससे पहले कभी ऐसा अवसर भी तो नहीं आया था—मैक्सिम और लियोन की तुलना करने का उसने कभी प्रयत्न नहीं किया था...

यदि एंटन उन भावों को लिखकर, उन्हें सामने रखकर, अपने मन को समझने की चेष्टा करता—

4

बहुत दिनों की बात थी। वसन्त के आगमन से उस गाँव के आसपास के बाग़ों से सेब के पेड़ फूलों से लद गए थे, यद्यपि उनमें पत्ते नहीं थे। इन्हीं पेड़ों की छाया में, झरने के किनारे थोड़ी-सी घास से हरी भूमि पर दो लड़के बैठे हुए थे—एंटन और मैक्सिम...

मैक्सिम एक छोटी-सी किताब हाथ में लिये पढ़ रहा था। एंटन उसकी ओर देखता और घास की पत्ती दाँतों से कुतरता चुपचाप बैठा था।

मैक्सिम ने पढ़ना स्थगित करके कहा, ''एंटन!''

''क्या है?''

"इस किताब में दो सिपाहियों की जो कहानी है, वह तुमने पढ़ी है?"

"हाँ। पिछले साल पढ़ी थी।"

"मैं भी सिपाही बनूँगा। और फिर बहुत बड़ी फ़ौज लेकर लड़ाई में जाऊँगा। तुम भी चलोगे न?"

"मैं बहुत फ़ौज लेकर नहीं लड़ूँगा। अकेला ही ज़ार के पास जाऊँगा, और उससे काम मागूँगा।"

"जैसे इस किताब में सिपाहियों ने किया था?"

"हाँ। लेकिन किताब में दो सिपाही थे।"

मैक्सिम ने कुछ सोचकर कहा, "तो मैं भी चलूँगा। लेकिन कहानी की तरह अगर कभी लड़ाई में मुझे चोट लग गई तो?"

"तो मैं अकेला ही शत्रु को मार दूँगा और तुम्हें उठाकर पीट्रोग्रेड में ले आऊँगा।"

"और अगर तुम भी घायल हो गए तो?"

"तो क्या? तुम्हें तो उठाकर बचा ही लाऊँगा चाहे फिर मर ही क्यों न जाना पड़े।"

मैक्सिम मानो सन्तुष्ट हो गया। वह फिर अपनी किताब पढ़ने लग गया...

कॉलेज में अभी छुट्टी हुई थी। लड़के निकलकर अपने-अपने घरों की ओर जा रहे थे।

एंटन और मैक्सिम एक साथ चले जा रहे थे। एंटन कह रहा था, "आज ही चित्र शुरू कर दूँगा। एक महीने में तैयार हो जाएगा।"

मैक्सिम बोला, "तो क्या एक महीने तक मुझे रोज़ आकर बैठना पड़ेगा?"

"नहीं तो! तीन-चार दिन तो देर-देर तक बैठना पड़ेगा, इतनी देर में मैं छोटी ड्राइंग बना लूँगा। उसके बाद तैलचित्र बनाता रहूँगा, तुम्हें कभी-कभी आकर बैठ जाना होगा—थोड़ी-थोड़ी देर के लिए, ताकि मैं भूल न जाऊँ।"

"अच्छा। तो आज तो आरम्भ कर दोगे न?"

"हाँ, तुम्हारा चित्र बनाने के लिए अगर कॉलेज से ग़ैरहाज़िर भी रहना पड़े तो रहूँगा। लेकिन मैक्सिम, तुम भी वह कला क्यों नहीं सीखते?"

इस समय पीछे से किसी ने पुकारा, "मैक्सिम!"

मैक्सिम रुककर घूम गया और बोला, "लियोन, तुम कहाँ रह गए थे?"

तीनों साथ चलने लगे। लियोन बोला, "मैक्सिम, आज थियेटर देखने चलोगे न? एक बड़ा राजनैतिक खेल आया है, शायद दो-तीन दिन में सरकार उसे बन्द ही कर दे। मैंने दो टिकट ले रखे हैं।"

"अच्छा, चलूँगा। एंटन, चित्र फिर सही।"

एंटन अप्रतिभ होकर बोला, "जैसी तुम्हारी मर्ज़ी।"

थोड़ी देर तीनों चुपचाप चले। फिर एंटन बोला, "अच्छा, मैं जाता हूँ।"

"कहाँ?"

"एक जगह चित्र बनाने जाना है, पचास रूबल तय हुए थे। अगर मिल जाएँ, तो माँ के लिए कुछ सुभीता हो सकेगा।"

मैक्सिम ने कुछ नहीं कहा। लियोन ने कहा, ''एंटन, तुमने वह किताब पढ़ ली जो मैंने तुम्हें दी थी?''

''हाँ, लेकिन उसके बारे में फिर बात होगी।'' कहकर सिर झुकाए हुए एंटन लम्बे-लम्बे क़दम रखता हुआ एक ओर चला गया।

मैक्सिम, एंटन और लियोन को क्रान्तिकारी सभा में सम्मिलित हुए कई महीने हो गए थे। कई कारणों से लियोन को घर छोड़कर छिपकर रहना पड़ता था, क्योंकि उसके वारंट जारी हो चुके थे। वह कॉलेज तो छोड़ ही चुका था, अब नगर छोड़कर जाने को बाध्य हुआ था।

तीनों मित्र एक छोटे बगीचे में बैठे हुए थे। लियोन ने अपने जाने की बात सुनाकर पूछा, ''मैक्सिम, तुम अब क्या करोगे?''

''मैं तो तुम्हारे साथ जाऊँगा।''

''नहीं, तुम यहीं रहो। एंटन की सहायता करते रहना। उसे तुम्हारी मदद की बहुत ज़रूरत रहेगी। और तुम अभी तक सुरक्षित हो, क्यों मेरे साथ जाओगे? जब तक सुरक्षित रहकर काम कर सको, करो; व्यर्थ अपनी शक्ति कम कर देने से क्या लाभ? हाँ, अगर तुम्हारे वारंट निकले होते, तब दूसरी बात थी। क्यों, एंटन! तुम इसे अपने साथ रखोगे?''

एंटन ने दूसरी ओर देखते हुए कहा, ''जो काम मैक्सिम मेरे साथ करता है, उसे मैं दूने उत्साह से करता हूँ।''

मैक्सिम फिर लियोन की ओर उन्मुख होकर बोला, ''एक और बात भी है। घर पर मेरा रहना असम्भव हो रहा है।''

एंटन ने आग्रह से कहा, ''तो फिर मेरे पास आ जाना। मेरे स्टूडियो में बड़े आराम से रह सकोगे।''

मैक्सिम ने उत्तर नहीं दिया। किन्तु उसका मौन स्वीकृतिसूचक नहीं था।

एंटन ने फिर कहा, ''अब पहले की-सी हालत नहीं है। मैं अपनी चीज़ों से काफ़ी कुछ कमा लेता हूँ। और मेरी माँ भी प्रसन्न होगी। अगर हमारी हालत खराब भी होती, तो भी...मैक्सिम तुम आ जाओगे न?''

मैक्सिम ने कुछ हठ के साथ कहा, ''मैं तो लियोन के साथ जाऊँगा। नहीं तो वह भी यहीं रह जाए।''

एंटन चुप हो गया। लियोन ने कुछ हँसकर कहा, ''मैक्स, तुम बड़े जिद्दी हो।''

मैक्सिम ने समझ लिया कि लियोन उसे साथ ले जाएगा। उसके मुख पर प्रसन्नता झलक गई।

संध्या के बुझते हुए प्रकाश में वोल्गा-तटस्थ जारेव नगर के आस-पास की दलदल के प्रदेश में कीच से लथपथ दो युवक भागे जा रहे थे...उन दोनों के हाथ में बन्दूकें थीं, किन्तु उनके मुख पर शिकारी का हिंसा-भाव नहीं था बल्कि शिकार का त्रस्त, वेदना-पूर्ण भाव...

उनके पीछे कुछ दूर पर मशालें लिये हुए अनेक सैनिक आ रहे थे, बीच-बीच में कोई रुककर बन्दूक से फ़ायर करता और फिर आगे बढ़ा चला आता...

एकाएक भागते हुए दो व्यक्तियों में से एक लड़खड़ाकर गिरा। गिरते हुए बोला, ''एंटन! तुम निकल जाओ! मैं तो...''

दूसरा व्यक्ति रुका और बोला, ''मैक्सिम!''

कोई उत्तर नहीं मिला। एंटन ने हाथ से बन्दूक फेंक दी और पीठ पर मैक्सिम को उठाकर दौड़ने लगा। एक बार अस्पष्ट स्वर में बोला, ''मैक्सिम, तुम्हें छोड़कर कैसे...'' और फिर उन्मत्त, बेरोक, मशीन की तरह दौड़ता गया। उसके शरीर में मानो कोई दैवी शक्ति आ गई थी, उसकी आँखों में दैवी तेज़ धधक रहा था, और शायद उसके अंतस्तल में...

दलदल धीरे-धीरे पक्की धरती का रूप धारण कर रही थी...थोड़ी देर में एंटन बिलकुल सूखी ज़मीन पर पहुँच गया। उसने घूमकर देखा, सैनिकों की मशालें कहीं नहीं दिख पड़ती थीं। वह फिर आगे बढ़ने लगा, और थोड़ी देर में एक छोटे-से हरियाली-भरे और सुरक्षित स्थान में पहुँच गया। यहाँ उसने मैक्सिम को भूमि पर लिटा दिया और धीरे-धीरे उसका शरीर टटोलने लगा। गोली मैक्सिम की टाँग में लगी थी। एंटन ने अपना कोट उतारा, फिर कमीज़, और उसके चिथड़े करके पट्टियाँ बनायीं इनसे उसने घाव को बाँध दिया। फिर कोट की जेब से उसने एक छोटा-सा फ्लास्क निकाला और मैक्सिम का मुख खोलकर उससे लगा दिया।

मैक्सिम को इतना भी होश नहीं था कि फ्लास्क से ब्रांडी का एक घूँट भर ले। किन्तु ब्रांडी धीरे-धीरे उसके गले के नीचे उतर गई। उसका शरीर कुछ काँपा, फिर उसने बहुत क्षीण स्वर में पुकारा, ''लियोन!''

एंटन बड़ी व्यग्रता से उसके मुख की ओर देख रहा था। मैक्सिम की पुकार सुनकर उसने एक लम्बी साँस ली; और चुप हो रहा।

मैक्सिम ने फिर पुकारा, ''लियोन, कहाँ हो?''

एंटन ने धीरे से कहा, ''मैक्सिम, यह मैं हूँ एंटन।''

मैक्सिम ने आँखें खोलीं। बोला, ''लियोन कहाँ गया?''

''लियोन पहले ही बचकर निकल गया था, अब तक तो जारेव पहुँच गया होगा। तुम्हारी चोट कैसी है?''

मैक्सिम कुछ नहीं बोला। बहुत देर तक दोनों चुप रहे। फिर एंटन ही बोला, ''मैक्सिम!''

''क्या है?''

''लियोन तो बच गया है, तुम उदास क्यों होते हो?''

''लियोन निकल गया होगा, मुझे इसी की खुशी है। अब तुम क्या करोगे, एंटन?''

एंटन ने सहसा उत्तर नहीं दिया। फिर बोला, ''मैक्सिम, तुम्हारी चोट कैसी है?''

''इतनी बुरी नहीं है। पर चल नहीं सकता।''

''तो कोई चिन्ता नहीं है।' मैं तुम्हें उठाकर चलूँगा।''

''कहाँ?''

''बहिन हिल्डा के गाँव।''

''बीस मील—मुझे उठाकर!''

एंटन ने कुछ मुस्कुराकर कहा, ''चार मील तो अभी उठाकर लाया हूँ—दलदल में। और फिर अब तो बन्दूकों का बोझ भी नहीं है।''

''क्यों, वे क्या हुईं?''

''तुम्हें उठाना था, इसलिए मैंने वहीं फेंक दीं। साथ ले तो आता, लेकिन तुम्हें उठाए निशाना तो लगा नहीं सकता था। इसलिए व्यर्थ था। लेकिन अभी रिवाल्वर तो है ही, कोई चिन्ता नहीं है।''

मैक्सिम थोड़ी देर चुप रहा। फिर बोला, ''एंटन, अगर तुमको सैनिक पकड़ लेते तो?''

एंटन बोला, ''तो क्या तुम्हें पकड़वा देता और खुद भाग निकलता? मैक्स, तुम अभी बहुत-सी बातें नहीं जानते हो...'' कहकर उसने मुँह फेर लिया।

बहुत देर तक फिर कोई नहीं बोला। फिर मैक्सिम ने मानो डरते-डरते कहा, ''एंटन, मुझे तुम्हारे प्रति कितना कृतज्ञ होना चाहिए...'' कहते-कहते वह एंटन के शरीर में एक कम्पन का अनुभव करके एकाएक रुक गया।

एंटन ने व्यथा-विकृत, भर्राई हुई आवाज़ में कहा, ''मैक्स!, मैक्स!'' फिर बहुत धीमी आवाज़ में, जिसे मैक्स ने नहीं सुना, ''होना चाहिए—बस, इतना ही!''

एंटन ने बदलते हुए स्वर में कहा, ''मैक्स, उठो, अब चलें। नहीं तो मेरा शरीर अकड़ जाएगा।''

उसने मैक्स को फिर कन्धे पर उठाया और चल पड़ा।

किन्तु अब उसकी चाल में दैवी उग्रता नहीं थी।

एंटन ने धीरे-धीरे कोठरी के सीखचों से सिर हटाया और क्षितिज पर के क्षीण आलोक को देखने लगा। धीरे-धीरे बोला, ''लियोन, तुम हमारे नेता हो, मुझसे अधिक समझदार, अधिक अनुभवी और तुम्हारे पास साधन भी बहुत हैं। लेकिन मैक्सिम भी बहुत काम कर सकता है—''

फिर एकाएक सिसककर, ''मैक्स—मैं तुम्हें कितना प्यार करता हूँ!''

एंटन दरवाज़े से हटकर टहलने लगा। ज़ंजीर फिर मुखरित हो उठी। ''लियोन, मैं स्वार्थी नहीं हूँ! तुम क्या समझोगे? और वासिलीव? अगर तुम फाँसी लग गए, तो भी वासिलीव क्या समझेगा—कि मैं स्वार्थी था? पर मैक्स, तुम्हें कितनी खुशी होगी—लेकिन मेरे प्रति न जाने क्या...तुम क्या कहोगे कि मैं अपने प्रति भी सच्चा नहीं हो सका?''

थोड़ी देर तक ज़ंजीर के स्वर के अतिरिक्त शान्ति रही। फिर एंटन कोठरी के बीच में खड़ा होकर बोला, ''मैक्सिम, तुम ग़लत समझोगे...मैक्स!'' और फिर वहीं भूमि पर बैठ गया।

5 मैक्सिम आप ही आप बोला, ''लियोन, अगर तुम बच जाओगे तो कितना अच्छा होगा!''

वह उस समय से उसी प्रकार कोठरी के मध्य में भूमि पर बैठा हुआ था। किन्तु जो तूफान एंटन के अन्दर झकझोर कर रहा था, उसकी शायद मैक्सिम को कल्पना भी नहीं हो सकती थी। उसके युवा हृदय में विकल्प के लिए इतना स्थान नहीं था। उसके आगे यह समस्या नहीं थी कि कौन-सा प्रेम बड़ा होता है, और कौन-सा छोड़ा जा सकता है। उसे यह नहीं देखना था कि आदर्श की रक्षा के लिए प्रिय की हत्या करनी होगी, या प्रिय की रक्षा करके स्वार्थी कहलाना पड़ेगा। एंटन की स्थिति असम्भव थी। अगर वह मैक्सिम की रक्षा करता, तो लियोन क्या समझता? यही कि एंटन ने औचित्य पर विचार नहीं किया, केवल अपने प्रेम पर ही? और वासिलीव...किन्तु मैक्सिम को छोड़ देना—जो कि काम में लियोन से कम नहीं था, और इसके अतिरिक्त...

मैक्सिम ने इतनी दूर विचार नहीं किया था। उसके मन में बार-बार यही भावना उठती—एंटन की अपेक्षा लियोन ने अधिक काम किया है। भविष्य में भी शायद लियोन ही अधिक काम करेगा। एंटन बहुत लगन से काम करता था, पर एंटन का परिचय उतना नहीं था जितना लियोन का। और वासिलीव भी एंटन की सहायता नहीं कर सकता—वह देश छोड़कर स्विटज़लैण्ड जा रहा था—रूस में उसका रहना असम्भव हो गया था।

इसके अतिरिक्त। किन्तु वह बात जब भी मैक्सिम के आगे आती, तो वह अपना ध्यान उस पर से हटाने की चेष्टा करता था। कभी-कभी वह बोल उठता, ''नहीं, लियोन, इसलिए नहीं। केवल तुम्हारी ज़रूरत देखकर ही मैं सोचता हूँ। तुम्हारे प्रति मेरे जो भाव हैं, उन्हें निर्णय कार्य में नहीं आने दूँगा।'' पर फिर भी, बार-बार उसका मन कहता, ''लियोन तुम्हारा प्रिय है, उसको बचा लो!''

''एंटन मुझे बहुत चाहता है। पर मैं क्या कर सकता हूँ? कृतज्ञता को क्या करूँ—आदर्श को कैसे भुलाऊँ?''

एक अव्यक्त कुतूहल मैक्सिम के हृदय में उमड़ रहा था। 'मार्टिनोव ने एंटन से पूछा है? लियोन से पूछा है? वह किसका नाम बतायेगा? नहीं! मेरा?...! और एंटन? वह शायद मेरा ही नाम बताये...'

'मेरे लिए सोचना इतना कठिन नहीं है! लियोन!'

वह अव्यक्त कुतूहल मैक्सिम के मन में घूम रहा था, किन्तु वह उद्विग्न नहीं हो रहा था। वह कोठरी में लेट गया, और थोड़ी ही देर में सो गया।

6 थाने के अन्दर कहीं घंटा बजा। एंटन चौंका, और गिनने लगा—एक, दो, तीन, चार...ग्यारह, बारह! वह उठा और टहलने लगा। उसके हाथ में जो कागज़-पेन्सिल थे, वे उसने अपने कोट की जेब में डाल दिए।

दरवाज़ा खुला। मार्टिनोव अन्दर आया और बोला,''कहो, एंटन!''

एंटन चुपचाप उसकी ओर देखता रहा। मार्टिनोव फिर बोला, ''एंटन, निर्णय कर लिया?''

''हाँ।''

''क्या?''

''आप लियोन को छोड़ दें।'' कहकर एंटन ने मुँह दीवार की ओर फेर लिया।

मार्टिनोव ने पूछा, ''एंटन तुमने यह निर्णय किस आधार पर किया, यह पूछ सकता हूँ?''

एंटन ने कोई उत्तर नहीं दिया। मार्टिनोव थोड़ी देर उसकी ओर देखता रहा, फिर बोला, ''यह जेब में क्या है?''

एंटन फिर भी कुछ नहीं बोला। मार्टिनोव ने धीरे से कागज़ उसकी जेब से निकाल लिया और लैम्प के पास जाकर देखने लगा।

वह मैक्सिम का एक छोटा-सा चित्र था।

मार्टिनोव ने कोमल स्वर में कहा, ''एंटन, मालूम होता है, तुमने यह निश्चय सहज ही नहीं किया।''

एंटन ने धीरे से कहा, ''शायद! पर यह अनिवार्य था।''

''यह चित्र—इसे मैं ले जाऊँ? यह एक चिह्न रह जाएगा—तुम्हारा और मैक्सिम का।''

एंटन ने भर्राई हुई आवाज़ में कहा, ''अच्छा।''

मार्टिनोव ने विस्मित किन्तु कोमल स्वर में कहा, ''एंटन! यह तुम्हें शोभा नहीं देता! अच्छा, मैं जाता हूँ। ईश्वर तुम्हें शान्ति दे!'' वह फिर धीरे-धीरे बाहर चला गया।

जब दरवाज़ा बन्द हो गया, तब एंटन अपने स्थान से हिला। उसने लैम्प बुझा दिया और फिर चुपचाप नीचे लेट गया। उसके बाद उसके मन में कितने तूफान उठकर बैठ गए—यह पता नहीं...

7

''मैक्सिम! मैक्सिम! उठो!''

मैक्सिम उठ बैठा। मार्टिनोव ने पूछा, ''मैक्सिम, क्या सोचा?''

''मैंने सोच लिया है। लियोन को छोड़ दो।''

मार्टिनोव ने पूछा, ''तुमने एंटन और लियोन की तुलना किस आधार पर की, यह बताओगे!''

''क्यों?''

''ऐसे ही। मैं पुलिस-अफ़सर हूँ न, मनोविज्ञान का अध्ययन करता रहता हूँ, इसके अतिरिक्त सहानुभूति होने के कारण—''

''लियोन ज़्यादा काम का आदमी है।''

मार्टिनोव ने स्थिर दृष्टि से मैक्सिम की ओर देखते हुए कहा, ''तुम जानते हो, एंटन का क्या मत है?''

मैक्सिम ने औत्सुक्य दिखाते हुए पूछा, ''क्या?''

''अब मैं तुम्हारा निर्णय सुन चुका हूँ, अब बताने में कोई हानि नहीं है। लेकिन मुझे इसकी बहुत खुशी है कि तुम्हारी राय उससे मिलती है।''

मैक्सिम ने चौंककर कहा, "क्या?"

"उसने भी यही कहा था।"

मैक्सिम की आकृति बदल गई। वह बहुत देर तक चुप रहा। फिर अपने आपसे ही बोला, "सच..."

मार्टिनोव ने पूछा, "मैक्सिम, क्या सोचने लग गए?"

"कुछ नहीं..."

"एंटन ने तुम्हारा एक चित्र बनाया है—यह देखो।" कहकर मार्टिनोव ने मैक्सिम की ओर बढ़ा दिया। मैक्सिम उसकी ओर देखता रहा, किन्तु उसे लेने के लिए उसने हाथ आगे नहीं बढ़ाया। कुछ देखकर उसने एक लम्बी साँस ली और बोला, "झूठ! एंटन, तुमने बहुत झूठ बोला था!"

मार्टिनोव ने चित्र हटा लिया और बोला, "क्या है, मैक्सिम?"

"कुछ नहीं। इस वक्त आप चले जाएँ। मैं सोचना चाहता हूँ!"

मार्टिनोव धीरे-धीरे बाहर चला गया। उसे जाते देख मैक्सिम ने पुकार कर कहा, "सुनो, मार्टिनोव, एक बात पूछता हूँ।"

मार्टिनोव लौटा और बोला, "क्या?"

"लियोन से भी पूछा था?"

"क्यों?"

"उसने क्या राय दी थी?"

"तुम दोनों की राय मिलती है, इसलिए लियोन की राय का महत्त्व नहीं है। इसके अतिरिक्त...पूछकर क्या करोगे?"

"मैं—जानना चाहता था...अच्छा, शायद जानने से दु:ख ही हो—जाने दो..." कहकर मैक्सिम ने मुँह फेर लिया।

मार्टिनोव एक लम्बी साँस लेकर बाहर चला गया।

8

पौ फट रही थी। पर बर्फ़ का गिरना भी बन्द नहीं हुआ था...

एंटन रात-भर सो नहीं सका था। वह अब दरवाज़े के पास बैठा हुआ था। इसी समय मार्टिनोव भीतर आया और बहुत देर तक करुणा-भरी दृष्टि से एंटन की ओर देखता रहा। एंटन ने पूछा, "क्या है?"

मार्टिनोव ने दु:खित स्वर में कहा, "एंटन, तुम ईश्वर में विश्वास करते हो?"

एंटन ने विस्मित होकर पूछा, "क्यों?"

"कुछ नहीं। शायद तुम्हें प्रार्थना करनी हो!" कहकर मार्टिनोव ने एक तार एंटन के आगे रख दिया। एंटन ने तार उठाकर पढ़ा और बोला, "अच्छा!"

तार में लिखा था—"कोर्ट मार्शल की आज्ञा है—अभियुक्तों को फ़ौरन गोली से उड़ा दो। जनरल ब्रुसिलोव।"

एंटन ने शान्त स्वर में पूछा, "फिर?"

मार्टिनोव कुछ बोल नहीं सका। एंटन ने फिर पूछा, "कितने बजे होगा?..."

"सात बजे...सिपाही तैयार हो रहे हैं!" फिर कुछ रुककर "एंटन, मेरे वश के बाहर की बात है...लियोन को ही बचा सका हूँ..."

''कुछ नहीं, चिन्ता नहीं है। मालूम होता है, मैक्सिम ने भी लियोन का नाम बताया होगा?''

''हाँ।''

''मैं पहले ही से जानता था।''

मार्टिनोव ने ध्यान से एंटन की ओर देखकर चाहा, उसके भाव पहचान ले। किन्तु एंटन के चेहरे पर निरीह शान्ति का जो पर्दा था, उसे मार्टिनोव नहीं भेद सका।

फिर उसने पूछा, ''एंटन, तुमने मैक्सिम का नाम क्यों नहीं लिया?''

एंटन ने अन्यमनस्क-सा होकर उत्तर दिया, ''किसी के मन में यह भाव उत्पन्न होने से कि रूस का एक भी क्रान्तिवादी स्वार्थी है, यही अच्छा है कि हम अपने अभिन्नतम मित्र का बलिदान कर दें।''

मार्टिनोव ने कहा, ''मैं नहीं समझा!''

''विवेक से बढ़कर भी कोई प्रेरणा होती है।''

एंटन ने इससे अधिक समझाकर कहने की ज़रूरत नहीं समझी। मार्टिनोव चला गया। एंटन धीरे से बोला, ''मैक्सिम, तुमसे क्या आशा करूँ...''

9 सूर्योदय हो रहा था। वायु बन्द हो गई थी, किन्तु थोड़े बादल छाये थे, और धुनी हुई रूई की तरह कोमल बर्फ़ गिर रही थी।

थाने के पीछे, एक पर्णहीन वृक्ष के नीचे तख्तों से बँधे हुए दो व्यक्ति खड़े थे—एंटन और मैक्सिम। उनसे बीस कदम की दूरी पर आठ सिपाही बन्दूकें लिये खड़े थे और उनसे कुछ दूरी पर एक सार्जेंट। मार्टिनोव वहाँ नहीं था। वह एक बार आकर, करुणा-भरी दृष्टि से दोनों की ओर देखकर चला गया था।

सिपाहियों ने बन्दूकें तानी हुई थीं। मैक्सिम उन बन्दूकों की ओर देख रहा था। उसका मुख देखने से मालूम होता था कि उसने बड़े यत्न से आँखों को उधर फेर रखा है, मानो वह और किसी ओर देखने से डर रहा हो...

एंटन मैक्सिम की ओर देख रहा था। उसकी दृष्टि में न जाने क्या-क्या भाव छिपे हुए थे—स्नेह, व्यथा, आशा, प्रेरणा...निराशा...

उसने पुकारा, ''मैक्सिम, बोलते क्यों नहीं?''

मैक्सिम ने उत्तर नहीं दिया। एंटन ने फिर जल्दी-जल्दी भर्राए हुए स्वर में कहा, ''मैक्सिम, मैक्सिम, तुम अन्याय कर रहे हो! मैं अधिक नहीं कह सकता हूँ—मैंने यही देखा है कि जो चीज़ अधिक प्रिय होती है, उसकी आहुति देने से उतना कष्ट नहीं होता जितना...''

मैक्सिम के मुख पर विद्रूप भाव देखकर एंटन चुप हो गया। फिर एक विषाद-पूर्ण हँसी हँसकर धीरे-धीरे बोला, ''तुम—कोई भी—ठीक समझेगा, ऐसी मैंने आशा भी नहीं की थी।''

सिपाहियों में कुछ जाग्रति आई। मैक्सिम और एंटन ने प्रतीक्षा-पूर्ण नेत्रों से उनकी ओर देखा, फिर एक साथ ही बोल उठे, ''रूस! क्रान्ति चिरजीवी हो!''

•

छाया

मैंने बहुत फाँसियाँ देखी हैं—उन्हें देखने का आदी-सा हो गया हूँ। जब मेरी ड्यूटी फाँसी पर लगती है, तब मुझे घबराहट नहीं होती, मेरा जी नहीं मिचलाता। अपना काम पूरा करता हूँ और खुशी-खुशी चला आता हूँ, दूसरी बार मुझे उसका ख़याल भी नहीं होता। जैसा कहानियों में होता है, चलते-चलते ठिठक जाऊँ, खाना खाते-खाते चौंककर देखने लगूँ कि हाथों में खून तो नहीं लगा है, सोते-सोते स्वप्न में चिल्ला उठूँ, यह सब मुझे न होता है न कभी हुआ है। हाँ, उस एक फाँसी की याद मेरा भी दिल हिला देती है। इसलिए नहीं कि उसमें कोई खास बात थी—नहीं, वह भी और फाँसियों की तरह एकदम मामूली फाँसी थी...पर उसके पहले और बाद की एक-दो घटनाएँ ऐसी थीं—और वह क़ैदी जो उस दिन फाँसी देखने के लिए भेज आया था, उसके मुँह के भाव शायद और फाँसियों की तरह मैं उस फाँसी को भी भूल जाता, लेकिन उस कैदी की याद एकदम फाँसी की याद दिला देती है...कैदी की, फाँसी की और उन एक-दो घटनाओं की कहानी एक-दूसरे से ऐसी जुड़ी हुई है कि एक का ध्यान आते ही सारी कहानियाँ आँखों के सामने फिर जाती हैं—और उस लड़की के पत्र की, उस बेंत लगने के नज़ारे की, और उस क़ैदी के गाने की याद मेरे आगे नाच उठती है :

> आसन तलेर माटिर परे लूटिए र'ब।
> तोमार चरण धूलाय धूलाय धूसर ह'ब!

बाईस साल से जेल में वार्डरी करता हूँ लेकिन ऐसी बात कभी नहीं देखी थी। और वार्डरों की तरह मैंने भी सब बदमाशियाँ की हैं, कैदियों को सिगरेट, तम्बाकू, सुलफा, गुड़, सब कुछ लाकर देता हूँ, चिट्ठी भी अन्दर-बाहर पहुँचा देता हूँ, मशक्कत में भी गड़बड़ कर देता हूँ। नब्ज़ देखकर कैदियों की हर तरह से मदद करता हूँ, लेकिन पैसा लेकर। बिना पैसा गाँठे कभी किसी को एक बीड़ी तक नहीं दी। लेकिन उसकी आँखों में, आवाज़ में कुछ जादू था—मैं उसका सब काम बिना कुछ लिये कर देता

था—और काम भी छोटा-मोटा नहीं, दफ़्तर से चिट्ठियाँ तक चुरा लाता था...

मेरी औरत जेल की मेट्रन है, औरत होने की वजह से वह मुझसे ज़्यादा गड़बड़ करती रहती है। लेकिन वह जब मेरी करतूतें सुनती तब घर में रार मच जाती...''इतने बड़े काम, और एक पैसा भी नहीं! किसी दिन फँस जाओगे, तो दोनों को सड़कों पर भूखे भटकना पड़ेगा।'' कभी-कभी दस-दस दिनों तक एक-दूसरे से बोलने की नौबत न आती... मैं वायदे करता, आगे से कभी ऐसा न करूँगा। लेकिन फिर, जब वह मुझसे कुछ काम कहता, मैं भेड़-बकरी की तरह दुबककर चुपचाप कर देता। जब वह खुश होकर कहता, ''मँगतू, तुम्हारा कर्ज़ा कैसे चुकाऊँगा?'' तो मैं निहाल हो जाता, मेरी बाछें खिल जातीं...

उस दिन फिर मेरी और मेरी घरवाली की लड़ाई हो रही थी। उसी वक़्त हेडवार्डर ने आकर बुलाया, ''मेट्रन!'' हम दोनों बाहर चले आए। मैंने पूछा, ''क्या है?''

वह बोला, ''एक औरत हवालात में आई है, ख़ून के मामले में। उसे बन्द करना है।''

मेट्रन जेल के भीतर चली गई। मैंने हेडवार्डर से पूछा ''कैसी औरत है?''

''मैंने देखी नहीं। कहते हैं, इन्हीं बमबाज़ों में से है। पिस्तौल से तीन आदमी मार दिए, और चार जख्मी किए, फिर पकड़ी गई।''

''नाम क्या है?''

''सुसमा या सुषमा, ऐसा ही कुछ है। लेकिन पुलिसवाले कहते हैं कि उसका असली नाम कुछ और है।''

मुझे दिलचस्पी बहुत हुई, लेकिन ज़नाने वार्ड में तो जा नहीं सकता। मैंने सोचा, 'वह' वापस आएगी तो उससे पूछूँगा।

पर आठ बज गए, 'वह' नहीं आई। मैं अन्दर अपनी ड्यूटी पर चला गया।

मेरी ड्यूटी चक्कियों पर थी। सबसे पहली जो कोठरी थी, उसमें वह क़ैदी रहता था। सारे जेल में वही एक 'पोलिटिकल' कैदी था। वैसे तो और भी 'पोलिटिकल' बहुत थे, लेकिन वे पिकेटिंग में तीन-तीन, छः-छः महीने की सज़ा लेकर आए थे, और दूसरी तरफ़ बैरकों में रहते थे। वही अकेला था जिसे दस साल की सज़ा हुई थी। मैंने सुना था, उसने कई खून किए हैं मगर सुल्तानी गवाह के पलट जाने से सबूत नहीं मिला, इसलिए सज़ा दस ही साल रह गई। कुछ हो, वह बड़ा शान्त आदमी था, और अपनी धुन में मस्त रहता था। एक बार मैंने उससे पूछा, ''अरुण बाबू, ये सब चिट्ठियाँ-विट्ठियाँ जो तुम मँगवाते हो, सो किसलिए?'' तो वह हँसकर बोला, ''मेरे दस से पन्द्रह साल हो जाएँगे लेकिन एक बार सरकार की नाक में दम कर दूँगा।'' मैंने बहुत पूछा, समझाकर कहा, पर वह हँसता ही रहा, और कोई जवाब नहीं दिया...

उसी की कोठरी के बाहर मैं बैठ गया,—वहीं मेरी ड्यूटी थी।

जेल की ड्योढ़ी में नौ बजे तो मैंने सोचा, अभी दो घंटे और बैठना पड़ेगा...इसी सोच से बढ़ता-बढ़ता न जाने कहाँ-कहाँ के चक्कर लगा आया, यह नौकरी कैसी बुरी है, अट्ठारह रुपये के लिए सोना तक हराम हो गया है! इससे अच्छा होता,

कहीं स्टेशन पर कुलीगीरी करता—पर उसमें भी तो रात की गाड़ियाँ देखनी पड़तीं। कहीं ताँगा चलाया करता—दिन-भर की सैर होती और रात को मज़े से घर आकर सोता...इस नौकरी में ऊपर के आठ-दस रुपये मिलते हैं, उसमें भी मिल ही जाते, और इतनी चोरी, ऐसी लुक-छिप न करनी पड़ती। और न जाने ऐसी कितनी अनाप-शनाप बातें सोचता रहा...

एकाएक मैं चौंका। दूर पर कोई औरत गा रही थी—गा क्या रही थी एक बड़ी लम्बी तान लगा रही थी...उस आवाज़ में कितनी मिठास, कितनी कसक थी! मैंने ध्यान से सुना—आवाज़ जनाने वार्ड से आ रही थी—पर पहले तो वहाँ कोई गानेवाली नहीं थी...यह वही सुसमा या सुषमा है...पर उस गाने से मानो आकाश भर गया था—मैं कुछ सोच नहीं सका, चुपचाप सुनने लगा...

वेदी तेरी पर माँ, हम क्या शीश नवाएँ!
तेरे चरणों पर माँ, हम क्या फूल चढ़ाएँ?
खड़्ग हमारे हाथों में है,
लोह मुकुट है सिर पर
पूजा को ठहरें माँ, या समर-क्षेत्र में जाएँ?

लय टूट गई। मुझे ऐसा मालूम हुआ, मानो धरती एक बार बड़े ज़ोर से काँप कर रुक गई हो। मैं चुप बैठा रहा, शायद इसी आशा में कि वह फिर गायेगी। और मुझे निराश भी नहीं होना पड़ा। गाना फिर शुरू हुआ, पर पहले और इसमें कितना फ़र्क था! पहला था मानो खुशी से भरा हुआ, उछलता हुआ चला जा रहा हो, और यह—दबे हुए दर्द से, जलन से भरा हुआ...मानो एक गरीब की आह लम्बी हो-होकर एक तान हो गई हो...

तन में तेरे चरणों की मैं धूमिल धूलि रमाए,
मन में तेरे सुख की आभा की मैं याद बसाए,
तुझे खोजती कहाँ-कहाँ पर भटकी मारी-मारी,
पर निष्ठुर तू पास न आया मैं रो-रोकर हारी!

मेरी जान तड़प गई...मैं और सुन नहीं सका, कुछ बोलने को जी चाहा। मैंने पुकारकर कहा, "अरुण बाबू, गाना सुनते हो?" लेकिन कोई जवाब न आया। मैंने समझा, अरुण बाबू सो गए होंगे, चुप होकर बैठा रहा...वह तान फिर आई, पहले से भी अधिक ऊँची—उफ़!

आज लगा जब मेरा पिंजरा उसी व्यथा से जलने,
तब तू आया, उसी राख को पैरों तले कुचलने!
भूला-भूला रहता, मैं भी समझा लेती मन को—
क्यों बिखराया फिर तूने आ गरीबिनी के धन को?

आह ठंडी हो गई। मैंने कहा, "अरुण बाबू!" कोई जवाब नहीं आया—आई कहीं से धीरे-धीरे रोने की आवाज़! मैंने कोठरी के पास जाकर देखा, वह क़ैदी दोनों हाथों से सीखचे पकड़े, उन पर सिर रखे, सिसक-सिसककर रो रहा था।

अचम्भे में आकर कहा, ''क्या बात है, अरुण बाबू?''

उसने मुँह फेर लिया। मैंने फिर कहा, ''छि:, अरुण बाबू, इतने बड़े होकर रोते हो?''

वह चुप हो गया। पाँच-सात मिनट चुप बैठा रहा। फिर बोला, ''मँगतू यह कौन गा रहा था?''

मैंने जवाब दिया, एक नयी औरत आई है, हवालात में। सुना है उसने तीन पुलिसवालों को गोली से उड़ा दिया है। फिर मैंने जो कुछ उसके बारे में सुना था, सब बता दिया। दो-एक मिनट चुप रहकर वह बोला, ''उसका नाम क्या है जानते हो?''

''सुसमा या सुषमा, कुछ ऐसा ही है।''

उसने धीरे से कहा ''सुषमा!'' और चुप हो गया।

मैंने पूछा, ''अरुण बाबू, उसे जानते हो क्या?''

उसने तो कुछ देर जवाब नहीं दिया। फिर बोला, ''वह मेरी बहिन है।''

मैंने कहा, ''जभी तो!''

जभी तो क्या, इसका जवाब मुझे खुद भी नहीं मालूम था। इतना कह चुकने के बाद मेरी और कुछ कहने की हिम्मत नहीं पड़ी। उसी ने फिर पूछा, ''मँगतू, तुम मेट्रन को जानते हो?''

मैंने कुछ हँसकर कहा, ''हाँ, क्यों?''

''हँसते क्यों हो?''

''कुछ नहीं, वह मेरी घरवाली ही है।''

''अच्छा! तो मेरा एक काम करोगे?''

''क्या?''

''एक चिट्ठी उसे पहुँचानी होगी।''

मैंने चौंककर कहा, ''मेट्रन को?''

''नहीं, उस—सुषमा को।''

इसका जवाब देने के पहले मैं कुछ देर सोचता रहा। उससे जब कहूँगा, चिट्ठी पहुँचा दो, तो वह क्या कहेगी? आगे ही लड़ाई होते-होते बची थी। पर मैं इनकार भी नहीं कर सकता था। मैंने कहा, ''काम तो जोखिम का है।''

''मँगतू, यह काम तुम्हें ज़रूर करना पड़ेगा। मैं जन्म-भर तुम्हारा उपकार मानूँगा।''

''अच्छा, तुम लिखकर दे दो।''

उसने अँधेरे में ही चक्की के नीचे से एक काग़ज़ का टुकड़ा और एक पेंसिल निकाली और कुछ लिखकर मुझे दे दिया। मैंने चुपके से उससे काग़ज़ लेकर जेब में रखा और अपनी जगह जाकर बैठ गया। सोचता रहा कि कैसे काम करना होगा...

आखिर ग्यारह भी बज गए। दूसरा वार्डर आ गया, मैं उठकर घर पहुँचा। वह चटाई बिछाए बैठी थी, मुझे देखकर बोली, ''खाना रखा है, जल्दी से खा लो।'' मैंने चुपचाप खाना खाया। फिर जाकर बिस्तर पर बैठ गया और हुक्का पीने लगा। मेरी ओर देखती हुई बोली, ''अब सोओगे भी या सारी रात गुड़गुड़ी बजाओगे?''

मैंने कुछ एक ओर सरककर कहा, ''यहाँ आओ, तुमसे कुछ बात करनी है।''

वह चारपाई पर मेरे पास आकर बैठ गई और बोली, ''क्या?''

''वह जो नयी हवालातिन आई है—सुषमा—वह ग़ज़ब का गाती है।''

उसने भवें तानकर कहा, ''तुमसे मतलब?''

मैंने देखा, बिस्मिल्ला ही गलत हुआ। बात बदलकर बोला, ''यों ही। आज दो रुपये गाँठे हैं।'' यह कहकर मैंने धीरे से जेब में रुपये खनका दिए।

देवी कुछ शान्त हुई। बोली, ''कैसे?''

''उसी पोलिटिकल ने दिए हैं—एक चिट्ठी पहुँचाने के लिए। पर वह काम तुम्हें करना होगा।''

''क्या?''

''इसी सुषमा को एक चिट्ठी पहुँचानी है।'' कहते हुए मैंने चिट्ठी जेब से निकाल ली।

उसने एक बार तीखी नज़र से मेरी ओर देखा, फिर चिट्ठी मेरे हाथ से लेकर पढ़ने लगी।

मैंने कहा, ''यह क्या करती हो?'' किन्तु टोकते-टोकते मुझे खुद भी पढ़ने की चाह हुई। मैंने झुककर पढ़ा, सिर्फ़ दो-तीन सतरें लिखी हुई थीं।

''बहिन सुषमा—तुम्हारा गायन सुनकर मुझे कुछ याद हो आया। तुम शारदा को जानती हो—और उस नाव की दुर्घटना को?—अरुण।''

बायीं ओर कोने में लिखा था, ''वाहक विश्वस्त है।''

पत्र पढ़कर देवी का कोप कम हो गया। बोली, ''पहुँचा दूँगी। पर समझ में तो कुछ आया नहीं!''

मैंने कहा, ''समझकर क्या करोगी? जिनका काम है वे जानें। पर सवेरे ही पहुँचा देना। शायद जवाब भी—''

सवेरे उठते ही वह भीतर चली गई, और थोड़ी देर बाद वापस आ गई। मैंने पूछा, ''क्यों?'' उसने बिना जवाब दिए वही चिट्ठी लौटा दी। उसके एक कोने में लिखा था—''सुषमा शारदा को जानती है—और उस दुर्घटना को भी। विस्तार फिर।'' मैंने काग़ज़ जेब में रख लिया। वह बोली, ''दाम के हिसाब से काम तो कुछ भी नहीं था।'' मैंने मन-ही-मन हँसकर कहा, ''इससे हमें क्या मतलब? हम अपना काम पूरा करते हैं।'' कहकर मैं फिर अपनी ड्यूटी पर चला। कोठरियाँ खोलकर कैदियों को बाहर कारखानों में पहुँचाना था।

सब कोठरियाँ खोलकर मैं उसकी कोठरी पर पहुँचा। दरवाज़ा खोलकर मैंने कहा, ''अरुण बाबू, चलो कारखाने में।'' कहते-कहते मैंने वह चिट्ठी उसके हाथ में दे दी। उसने कहा, ''आज तबियत ठीक नहीं, मैं काम पर नहीं जाऊँगा।''

''तो फिर डॉक्टर को रिपोर्ट करनी होगी।''

''कर दो।''

''वे अभी यहाँ आएँगे।'' कहकर मैंने आँख से इशारा किया।

वह बोला, ''हाँ-हाँ, आने दो।'' और मुस्कुराया। मुझे तसल्ली हो गई कि उसने इशारा समझ लिया है। मैं कोठरी बन्द कर डॉक्टर को बुलाने चला गया।

जब मैं डॉक्टर के साथ वापस आया तब वह कुछ चबा रहा था। हमें देखकर जल्दी से निगल गया। मैंने मन-ही-मन कहा, ''ठीक है, चिट्ठी तो गई।''

डॉक्टर ने कैदी से कहा, ''ज़बान दिखाओ।''

कैदी ने ज़बान निकाल दी। डॉक्टर उसे देखने को झुका और बहुत धीरे-धीरे बोला, ''अगर तुम चाहो तो मैं तुम्हारी मदद कर सकता हूँ।''

कैदी ने मुस्कुराकर उसी तरह धीरे-धीरे उत्तर दिया, ''मेरे पास कुछ नहीं है। और होता भी तो...।''

मैं मुँह फेरकर हँसा। डॉक्टर बोला, ''क़ैदी बीमार नहीं है, बहाना करता है। साहब को रिपोर्ट करो।'' कहकर वह चला गया।

मैंने कहा, ''अरुण बाबू, तुमने अच्छा नहीं किया।''

उसने हँसकर जवाब दिया, ''मुझे अब किसी की परवाह नहीं है।''

आधे घंटे के बाद हेडवार्डर और डिप्टी के साथ साहब आए। उन्हें देखकर कैदी उठा नहीं, वहीं बैठा रहा। साहब ने पूछा, ''काम पर क्यों नहीं जाटा?''

उसने शान्त भाव से उत्तर दिया, ''तबियत ठीक नहीं है।''

साहब ने कहा, ''ट्वेंटी स्ट्राइप्स!'' और चले गए। जाने पर मालूम हुआ—बीस बेंत का हुक्म दे गए हैं।

हेडवार्डर उसे उसी वक्त ले गए। मैं सुन्न हुआ अपनी ड्यूटी पर बैठा रहा...

आधे घंटे बाद वह वापस आ गया। शरीर पर सिर्फ़ एक लँगोट—वह भी लहू से भीग रहा था...हाथ में अपने कपड़े लिये, अकड़ता हुआ आया, और कोठरी में चला गया। हेडवार्डर ने कहा, ''बन्द कर दो।'' वह हँसकर बोला, ''काम पर तो नहीं गया।'' हेडवार्डर चला गया। मैं अपनी जगह जाकर बैठ गया, आज उससे बात करने की हिम्मत नहीं थी...

ग्यारह बजे ड्यूटी खत्म करके घर पहुँचा, तो देवी मुँह लटकाए बैठी थीं। मैंने पूछा, ''आज उदास क्यों हो?'' उसने मानो सुना ही नहीं। बोली, ''आज जिसको बेंत लगे हैं, वही हैं अरुण बाबू?''

''हाँ।''

''बड़ा बाँका जवान है।''

मैंने डरते-डरते कहा, ''मैं तो सदा से कहता हूँ।''

''लेकिन तुम मर्दों की अक्ल का क्या इतबार?''

मैं चुप रहा। थोड़ी देर बाद मैंने पूछा, ''तुमने कहाँ देखा?''

''जब बेंत लगाने लाए थे, तब।''

''फिर?''

''साहब आए थे, इसलिए मैं सब औरतों के लिए परेड कराने को अपने वार्ड के बाहर जँगले में खड़ी थी। सामने ही टिकटी खड़ी थी, उसी ओर हम देख रहे थे।

इसी वक्त वह लँगोट बाँधे आया और अकड़कर टिकटी पर खड़ा हो गया। वह लड़की सुषमा उसको देखकर काँप गई, फिर मेरे पास आकर बोली, "यह क्या हो रहा है?"

मैंने कहा, "बेंत लगेंगे।" वह बोली, 'बेंत!" फिर सीखचों को पकड़कर खड़ी हो गई। उसका मुँह लाल हो आया, पर वह कुछ बोली नहीं।

"फिर?"

"उसने भी सुषमा को देखा। देखकर चौंका, मुस्कुराया, फिर एकटक देखता ही रहा। जितनी देर बेंत लगते रहे, दोनों हिले तक नहीं—वैसे ही एक-दूसरे की ओर देखते रहे। फिर जब वे उसे उतारकर ले गए, तब वह घूमी, और "भइया!" कहकर धरती पर बैठ गई..."

"फिर?"

"फिर मैंने उसे हिलाया, तब मानो स्वप्न से जागकर उठी, चुपचाप मेरे साथ अन्दर चली आई। मैंने ढाढ़स देने को कहा, 'बहिन, ऐसा होता ही रहता है।' उसने सिर झुकाए ही कहा, 'इस वक़्त जाओ!' मैं चली आई।"

मैं चुपचाप बैठ गया।

इसके बाद चार-पाँच दिन कुछ भी नहीं हुआ। मैं रोज़ रात को अपनी ड्यूटी पर जाता और पूरी करके चला आता...सुषमा का गाना रोज़ वहाँ सुनाई पड़ता था—

भूला-भूला रहता, मैं भी समझा लेती मन को—
क्यों बिखराया फिर तूने आ गरीबिनी के धन को?

मैं चुपचाप सुनता रहता था—और वह क़ैदी भी। उसके बाद वह कभी रोया नहीं। न मेरी ही हिम्मत पड़ी कि उससे बात करने जाऊँ...

पर पाँचवें दिन वह आई और बोली—"दिखता है, दो रुपये में बहुत चिट्ठियाँ पहुँचानी पड़ेंगी; पर उस लड़की में कुछ अजब गुण हैं, ना करते नहीं बनता।"

मैंने मन-ही-मन कहा, मुझ ही पर ऐंठती थीं। प्रकट बोला, "क्यों—कोई और चिट्ठी है क्या?"

"हाँ, यह लो," कहकर उसने पाँच-छः लिखे हुए काग़ज़ मेरे हाथ पर रख दिए।

मैंने कहा, "यह चिट्ठी नहीं, यह तो चिट्ठा है।"

वह कुछ नहीं बोली, मैंने चिट्ठी जेब में रख ली।

कुतूहल बड़ी बुरी चीज़ है। जब से चिट्ठी मेरे हाथ में आई, मैं यही सोचता रहा, कब वह जाए और मैं इसे पढ़ूँ। उसके सामने पढ़ते डर लगता था—अपनी मर्दानी शान भी तो रखनी थी! उस दिन मैंने उसे अरुण की चिट्ठी पढ़ने से टोका था—बाद में खुद पढ़ ली, सो दूसरी बात है, मना तो कर दिया था न...

आखिर वह अपनी ड्यूटी पर गई। मैं चिट्ठी लेकर पढ़ने बैठा। पढ़ते वक़्त मुझे यह ख़याल न था कि मैं अरुण बाबू से धोखा कर रहा हूँ। उनका काम तो इतना ही था कि चिट्ठी पहुँचा दूँ, किसी गैर के हाथ में न पड़े। मैं कोई गैर थोड़े ही था? और फिर जब पढ़कर मैं उसे अपने मन में ही रखता था, किसी से कहता

नहीं था, पढ़ने में क्या हर्ज था?

ख़ैर, मैंने बैठकर चिट्ठी तो पढ़ डाली। कुछ समझ आई, कुछ नहीं, पर मैंने एक अक्षर भी न छोड़ा...

सोमवार

'भइया,

'उस दिन तुम्हारा पत्र पाकर मुझे कितना विस्मय हुआ, सो मैं ही जानती हूँ। शायद तुम्हें मेरे गाने की आवाज़ सुनकर भी इतना विस्मय न हुआ हो। मैं नहीं जानती थी कि तुम इसी जेल में हो—पर तुम तो शायद यह भी नहीं जानते थे कि मैं जीवित हूँ या नहीं...

'तुम्हें बहुत कुतूहल होगा, इसलिए पहले शारदा की ही कहानी कहूँगी। अपनी कहानी के लिए फिर भी बहुत समय मिलेगा। उस दिन, जब तुम और शारदा नाव में बैठकर झील के किनारे की गुफ़ा में सामान इत्यादि छिपाने के लिए घुसे थे, समुद्र में ज्वार आने से झील का पानी चढ़ गया था—गुफ़ा भर गई थी... उसके बाद नाव उलट गई और तुम बाहर आए तो देखा शारदा का कोई पता नहीं है...वह सब मैं यहाँ बैठ स्मृति-पटल पर देख सकती हूँ, उसे दुहराने में कोई लाभ नहीं...पर शारदा डूबी नहीं थी। उसी टूटी नाव के एक तख़्ते पर बहती हुई वहाँ से दस-बारह मील दूर किनारे लगी। दो दिन एक मछुए के झोंपड़े में रही, तीसरे दिन वहाँ से चलकर रात को अपने घर पहुँची। अभी घर के बाहर ही थी कि उसने घर से बहुत-से व्यक्तियों के रोने की आवाज़ सुनी। एकाएक किसी भयंकर आशंका से वह काँप गई, कहीं अरुण का कुछ अनिष्ट तो नहीं हुआ...पर रोनेवालों में उसने अरुण का भी स्वर सुना, और शान्त होकर सोचने लगी—क्या यह रोना मेरे ही लिए तो नहीं है? कैसी विचित्र दशा थी वह! शारदा जीती-जागती बाहर खड़ी, और अन्दर लोग उसकी मृत्यु पर रो रहे थे!'

'तुम जानते ही हो, शारदा कैसी विचित्र लड़की थी। इस दशा में उसने जो निर्णय किया, उसमें शारदा का व्यक्तित्व साफ़ झलकता है। उसने सोचा, जो काम आज कर रही हूँ, उसमें किसी-न-किसी दिन घर छोड़ना पड़ेगा—शायद जेल जाना पड़े, शायद मृत्यु का भी सामना करना पड़े। इन सबके लिए वह कितना दुःखमय दिन होगा! इससे तो कहीं अच्छा है, आज ही मैं गुम हो जाऊँ। ये तो मुझे मृत समझते ही हैं...अब मेरा व्यक्तित्व कुछ नहीं रहेगा। शारदा का भूत ही सब काम करेगा—लोग पकड़ेंगे तो किसे? वारंट निकालेंगे तो किसके नाम?'

'वहाँ खड़ी शारदा ऐसी-ऐसी बहुत-सी बातें सोचती रही। एक बार उसकी इच्छा हुई, भीतर जाकर अरुण से मिलूँ, उसे सारी कथा समझा दूँ। पर फिर और लोग भी देख लेते...और शायद अरुण भी उसकी बात न मानता...'

'फिर, जैसी कि उसकी आदत है, उसने एकाएक निर्णय कर लिया। मुख मोड़कर वहीं से लौट गई। शायद उसकी आँख में आँसू भी थे—मुझे याद नहीं है।'

'अब उसे एक और चिन्ता हुई। वह जिस क्षेत्र में काम करती थी, उसमें तो सब अरुण के परिचित थे! वहाँ काम करना और अरुण से छिपना असम्भव था! क्षण-भर के लिए शारदा असमंजस में पड़ गई। फिर उसने कहा, "काम में हाथ डालकर छोड़ना शारदा का नियम नहीं है। अब जैसे हो, निभाना पड़ेगा"।'

'इसी दृढ़ निश्चय से वह कलकत्ते गई। वहाँ उसने एक छोटी-सी समिति स्थापित की और काम करने लगी...वह जो मोटर में से एक स्त्री और दो युवकों ने गोली चलाकर तीन-चार पुलिसवालों को घायल किया था, उसकी नेत्री शारदा ही थी। उसके बाद जो कलकत्ते के पास ही एक बम-दुर्घटना हुई थी, उसमें भी शारदा बाल-बाल बच निकली थी। फिर पटने में जो रात में बम गिरा था, वह भी उसी का काम था। पर उसके बाद न जाने कैसे, पुलिस को उसका पता लग गया, उसके वारंट निकल गए—दो-तीन विभिन्न नामों से। तब उसको मालूम हुआ कि उससे निर्णय करने के समय एक छोटी-सी भूल हो गई थी—नाम का भूत होने पर भी उसका शरीर स्थूल था, और उसके काम भूत के नहीं, मानवों के थे। उसके बाद वह एकदम लापता हो गई—किसी ने उसका नाम नहीं सुना, न उसका काम ही। बस यहीं तक है शारदा की कहानी।'

'अब अपनी कहानी कहूँ। तुम्हारे क्षेत्र में मैं बहुत देर तक काम करती रही। तुम्हारे पकड़े जाने से काम अस्त-व्यस्त हो गया था, इसलिए हमारा काम प्राय: संगठन का ही था। गाँव में छोटी-छोटी समितियाँ बनाकर उनके मुखियाओं को दीक्षा देना, स्कूलों में छोटे-छोटे क्लब और यूनियन बनाकर उन्हें किताबें पढ़ाना, बाहर सैर करने ले जाकर संगठन इत्यादि के सिद्धान्त समझाना, शहर के मुहल्लों में वालंटियर-दल स्थापित करके उन्हें चुपचाप फ़ौजी शिक्षा देना, मोटर और टैक्सी ड्राइवरों की यूनियनें बनाकर उन्हें उनका महत्त्व समझाना, यही हमारा विशेष काम था। मैं स्वयं तो खुल्लम-खुल्ला कर नहीं सकती थी, लेकिन देवदत्त, जयन्त, विश्वनाथ, और उनके साथी बड़े उत्साह से मेरी सहायता करते रहे। (मैंने जो नाम लिखे हैं उनसे किनका आशय है, तुम समझ ही जाओगे।) जो मैं उन्हें बताती, वे उससे भी बढ़कर ही काम करते थे...'

'जब हमारा संगठन पर्याप्त हो गया, तब हमने कुछ और अस्त्र मँगाने का विचार किया। इसके लिए धन की आवश्यकता थी, और वही प्राप्त करने के लिए मैं यहाँ आई थी। पर यहाँ दुर्भाग्य से तुम्हारे 'चचा' (किनसे अभिप्राय है समझ लेना) ने मुझे देखा, और न जाने उन्हें क्या सन्देह हो गया...मैं बहुत भागी, पर जाती कहाँ? स्टेशन के पास ही पुलिस से सामना हो गया। मेरे पास दो रिवाल्वर थे और 36 गोलियाँ। मैंने सोचा, आज पुराने अरमान निकाल लूँ। दो-दो बार मैंने रिवाल्वर खाली किए, तीसरी बार भरने का समय ही नहीं मिला...पर मुझे दु:ख नहीं है, मेरे वार खाली नहीं गए!'

'मेरा क्या निर्णय होगा, यह मैं जानती हूँ। झूठी आशाओं से मैं अपने को बेवक़ूफ़ बनाना नहीं चाहती। तुम भी मेरे विषय में कोई आशा मत बनाए रखना—इससे कोई लाभ नहीं होता। उलटे निराश होने पर व्यथा अधिक होती है।'

'बुधवार।'

'यहाँ तक पत्र लिखकर मैं बहुत देर सोचती रही। कैसे-कैसे विचित्र विचार मन में आते हैं।'

'भइया, क्या ही अच्छा होता अगर मैं किसी और स्थान में पकड़ी जाती और वहीं मेरा निर्णय हो जाता! कोई जान भी न पाता कौन थी, कहाँ से आई थी...और शारदा—वह भी वहीं झील में डूबी रहती उसे निकलकर फिर लुप्त होना पड़ता। हम दोनों ही इस वर्तमान अतीत में छिपी रहतीं—इस प्रकार दुबारा जीकर तुम्हारे आगे न मरना पड़ता! कैसी सुखद, कैसी शान्तिप्रद मृत्यु होती वह!'

'यहाँ आकर भी सम्भव था कि मैं चुपचाप अपना दंड भुगत लेती। किन्तु इस प्रकार, इसी जेल में तुम्हारे होते हुए बिना परिचय दिए मैं मर जाऊँ, इतनी शक्ति मुझमें नहीं है। परिचय के बाद दंड पाने पर तुम्हें कितना दुःख होगा, इसका कुछ अनुमान कर सकती हूँ। और शायद हम अब फिर मिल भी नहीं सकेंगे। उस दिन भी एक विचित्र संयोग से ही—जिस अवस्था में मैंने तुम्हें देखा था, उसे सौभाग्य कहना सौभाग्य का उपहास करना है। मैं तुम्हें देख पाई थी। अब सुषमा अन्धकार में लुप्त हो जाएगी, और अरुण देख भी न पाएगा।'

'यह सब होते हुए भी मेरा मन कहता है कि तुम्हें मेरे परिचय देने के बाद मरने में जो दुःख होगा, वह इनकी अपेक्षा कहीं शान्तिकर होगा कि मेरी मृत्यु के बाद तुम यह जान पाओ कि मैं इसी जेल में रहकर, दंड पाकर, मरकर भी अपने को तुमसे छिपाती रही...'

'भइया, मेरे सामने ही तुमने ममता और भावुकता को पीस डाला था और उनकी राख पर खड़े होकर एक महान व्रत धारण किया था...अब तुममें दृढ़ता है, धैर्य है, शान्ति है। तुम इस कहानी को सुनकर दुःखित होओगे, पर विचलित नहीं, इसी विश्वास में मैंने पत्र लिखा है। अगर मुझे यह विश्वास न होता तो शायद मैं तुम्हारे पत्र का पहला उत्तर भी न देती...'

'पर माता-पिता में यह धैर्य कहाँ, यह दृढ़ता कहाँ? हमारे दुःखों को देखकर उनकी ममता तो बढ़ती ही रहती है। उनके लिए शारदा को डूबी ही रहने देना, उसे जिलाकर फिर उनकी आँखों के आगे बुझाना मत! और सुषमा—सुषमा तो छाया थी, उसके लिए माता-पिता कहाँ, उसके लिए महत्त्व का भाव किसके हृदय में होगा? वह छाया थी—छाया की तरह किसी दिन छिप जाएगी...उसे कौन रोएगा, अरुण?'

बस, सितार की टूटी हुई तार की तरह चिट्ठी यहाँ एकदम खत्म हो गई। चिट्ठी पढ़ने से पहले मुझे जितना कुतूहल था, पढ़कर उससे कहीं बढ़ गया...यह शारदा कौन है, और सुषमा कौन? सुषमा छाया है—इसका क्या मतलब? मैं बैठा-बैठा इसी उलझन को सुलझाने में लगा था—इसी बीच में मुझे ख़याल आया, इस चिट्ठी में तो बड़ी-बड़ी बातें लिखी हैं...बड़े पते की! अगर...

मेरे मन में जो ख़याल आया—उससे मेरे तन में बिजली ही दौड़ गई। अगर मैं यह चिट्ठी पुलिस को दे दूँ...कितना इनाम...

फिर एकाएक उस क़ैदी का मुँह मेरे सामने आ गया—और उस लड़की का गाना मेरे कानों में गूँजने लगा—

आज लगा जब मेरा अन्तर उसी व्यथा से जलने
तब तू आया उसी राख को पैरों-तले कुचलने!

मैं बैठा हुआ था, खड़ा हो गया। खड़े होकर मैंने ज़ोर से कहा, "कमीने!" पर जो शर्म का समुद्र एकाएक उमड़ आया था, वह उतरा नहीं। मैंने फिर कहा, "कमीने! दगाबाज़!" तब मन को कुछ शान्ति हुई।

मैं ड्यूटी पर तो चला गया, पर उस क़ैदी के सामने नहीं हुआ। मुझे अभी तक शर्म आ रही थी कि मैंने कमीनी बात सोची थी...वह चिट्ठी मेरी जेब में ही पड़ी रही। पर जब रात की ड्यूटी पर गया, तब मैंने देखा, वह रोज़ की तरह दरवाज़े पर सीखचे पकड़े बैठा है। मैंने धीरे से कहा, "अरुण बाबू, यह लो!" उसने चुपचाप चिट्ठी लेकर दूर की बिजली की धीमी रोशनी में धीरे-धीरे पढ़ी। फिर बिस्तर में रख ली।

थोड़ी देर मैं चुपचाप खड़ा रहा। फिर न जाने कैसे एकाएक पूछ बैठा, "बाबू, शारदा कौन है?"

पूछकर मैं सहम-सा गया! उसने मेरी ओर देखा और फिर धीरे से कहा, मानो अपने-आपसे बातें कर रहा हो, "तुमने मेरी चिट्ठी पढ़ ली?"

मैंने कुछ नहीं कहा, कहता क्या?

उसने आप ही फिर कहा, "खैर, अब छिपाने में क्या रखा है? शारदा मेरी बहिन है!"

मैंने डरते-डरते पूछा, "तो यह—सुषमा?"

उसने बड़ी अजीब निगाह से मेरी ओर देखा। मुझे मालूम हुआ मानो मेरा अन्दर-बाहर सब एक ही नज़र में देख गया। फिर उसने बहुत ही धीरे से कहा, "शारदा और सुषमा—एक ही के दो नाम हैं..."

पहले मैं इस बात का पूरा मतलब ही नहीं समझा। फिर धीरे-धीरे जब समझ में आने लगा तब मैंने कहा, "अंय!" और उठकर बाहर चला गया। आते-आते जो आवाज़ आई उससे मैंने जान लिया कि वह चिट्ठी फाड़-फाड़कर खा रहा है...

बाहर वह गा रही थी—

तुझे खोजती कहाँ-कहाँ पर भटकी मारी-मारी—
पर निष्ठुर, तू पास न आया, मैं रो-रोकर हारी!

मेरी ड्यूटी वहाँ से बदलकर एक महीने के लिए ड्योढ़ी में लग गई। यहाँ से ज़नाना वार्ड बिलकुल पास था। सुषमा का गाना कितना साफ़ सुन पड़ता था! कभी-कभी जेल के क्लर्क भी शाम को आकर बैठ जाते, और वह गाना सुनकर चुपके से चले जाते थे।...

एक दिन मैंने उसको देखा भी...और अब भूलूँगा नहीं—ऐसी सूरत थी वह!

शाम हो रही थी। मैं बैठा सोच रहा था, कब शाम हो और मुझे छुट्टी मिले...इसी

वक्त किसी ने कहा, ''फाटक खोलो!'' मैंने खोल दिया। आठ-दस पुलिस के सिपाही एक लड़की को लेकर अन्दर चले आए...मुझे किसी ने कहा नहीं, पर मैं देखते ही जान गया कि यही सुषमा है...

उसके दोनों हाथों में हथकड़ी लगी थी, पर कितनी शान से चलती थी वह! बाल खुले हुए थे—तन पर चौड़ी लाल किनारी वाली सफ़ेद धोती थी। बड़ी-बड़ी आँखें थीं—एक बार उसने मेरी ओर देखा—ऐसे देखा मानो मैं उसके आगे होऊँ ही न, सिर्फ़ खाली हवा ही हो! फिर भी मुझे मालूम हुआ कैसे उसने मेरी सब करतूतों— नयी-पुरानी, अच्छी-बुरी, सभी—को खुली किताब की तरह पढ़ लिया हो। मुँह पर उसके हल्की-सी हँसी थी, ऐसी मानो कई सालों से वहाँ उसी तरह जमी हुई हो...

वे उसे अन्दर डिप्टी के दफ़्तर में ले गए। मैं भी दबकर पीछे खड़ा हो गया।

डिप्टी ने वारंट देखकर कहा, ''हैं?'' फिर कुछ रुककर पूछा, ''अपील करोगी?''

उसने हँसकर कहा, ''नहीं।''

डिप्टी ने दया से उसकी ओर देखा, फिर कहा, ''ले जाओ!''

सिपाही चले गए। थोड़ी देर बाद मेट्रन आई उसे अन्दर ले जाने को। मैं उस वक्त तक चुपचाप उसी की ओर देख रहा था—मेट्रन के आने पर मैंने मुँह फेर लिया।

मेट्रन ने उससे पूछा, ''क्यों सुषमा, क्या हुआ?''

''कुछ नहीं, फाँसी की सज़ा दी गई है।''

''हैं!''

मैंने चुपचाप अन्दर का दरवाज़ा खोल दिया...वे दोनों अन्दर चली गईं...मैंने देखा, मेट्रन की आँखों में भी आँसू हैं...

उस दिन सुषमा का गाना नहीं सुन पड़ा। उसके दूसरे दिन भी नहीं। तो तीसरे दिन...तीसरे दिन उसने नया गाना गाया...गाना क्या था, एक चिनगारी थी...

एक जलता हुआ सन्देश था। न जाने किसको...

> दीप बुझेगा पर दीपन की स्मृति को कहाँ बुझाओगे?
> तारें वीणा की टूटेंगी—लय को कहाँ दबाओगे?
> फूल कुचल दोगे तो भी सौरभ को कहाँ छिपाओगे?
> मैं तो चली चली अब, तुम पर क्यों कर मुझे भुलाओगे?
> तारागण के कम्पन में तुम मेरे आँसू देखोगे,
> सलिला की कलकल-ध्वनि में तुम मेरा रोना लेखोगे।
> पुष्पों में, परिमल समीर में, व्याप्त मुझी को पाओगे—
> मैं तो चली चली पर प्रियवर! क्यों कर मुझे भुलाओगे?

इसके बाद वह रोज़ यही गाना गाने लगी...अपील की मियाद के सात दिन पूरे हो गए, उसने अपील नहीं की...फिर एक दिन सुना, मजिस्ट्रेट आकर तारीख दे गए हैं—चौदह दिन बाद फाँसी हो जाएगी...

मेरी ड्यूटी ड्योढ़ी पर थी—मैं अन्दर नहीं जा पाता था। मेट्रन जाती थी, पर

सुषमा 'कोठीबन्द' थी, वहाँ वह भी नहीं जा पाती थी...कई बार जी में होता, जा कर अरुण को या उसे देख आऊँ, पर ड्योढ़ी की ड्यूटी का एक हफ़्ता-भर बाकी था। मैं जलता, छटपटाता, मन मसोसकर रह जाता...

आखिर मेरी बदली हो ही गई। पर जब मैं उसकी कोठरी के पास ड्यूटी पर पहुँचा, तो आगे जाने की हिम्मत नहीं हुई। वह सुषमा का हाल पूछेगा—तो मैं क्या कहूँगा?

पर एक जगह बैठा भी नहीं गया। मैं धीरे-धीरे टहलने लगा। उसने मुझे देख लिया और पुकारा, "मंगतू!"

मैं चुपचाप उसके पास चला आया। उसने पूछा, "कहो, कैसा हाल है?"

मैंने अनमने-से होकर कहा, "अच्छा है।"

उसने फिर पूछा, "उदास क्यों हो?"

मैंने जवाब नहीं दिया।

"उस सुषमा की भी कोई खबर है?"

मैंने फिर कुछ नहीं कहा। "नहीं" कहता तो कैसे और बताता तो क्या? सिर्फ़ एक बार उसकी ओर देख दिया।

वह मेरे मन की बात समझ गया। बोला, "उसे जो सज़ा हो गई है, सो मुझे पता है। मैं उसके गाने से समझ गया था। कोई और खबर है?"

मैंने धीरे-धीरे कहा, "हाँ। उसने अपील नहीं की, तारीख लग गई है।"

"कब?"

"अगले मंगल को।"

"बस छः ही दिन?"

"हाँ।"

इसके बाद वह बहुत देर चुपचाप रहा। कुछ सोचता रहा। फिर एक लम्बी साँस लेकर बोला, "साहब कब आएगा?"

सवाल पर मुझे कुछ अचरज-सा हुआ। मैंने कहा, "सोमवार को। क्यों?"

"यों ही। हाँ, एक चिट्ठी पहुँचाओगे?"

"वह कोठीबन्द है, काम मुश्किल है। पर देखो, शायद दाँव लग जाए।"

उसने एक छोटी-सी चिट्ठी दे दी। मैंने उसे जेब में डालते-डालते मन में कहा, "इसको नहीं पढ़ूँगा।"

मैं यह सोचता-सोचता घर पहुँचा कि कैसे कोठरी तक पहुँच पाऊँगा। वहाँ जाकर देखा, चूल्हा नहीं जला है—देवी गुस्से में भरी बैठी हैं। मैंने वर्दी उतारकर टाँगते हुए पूछा, "क्या बात है?"

वह झुँझलाकर बोली, "घर में आटा-दाल को पैसे नहीं हैं, ये लाट साहब की तरह आकर लग गए पूछने, 'क्या बात है?' "

मैंने डरते-डरते कहा, "अभी उस दिन तो दो रुपये दिए थे, वे क्या हुए?"

ऐसी जगह सीधी बात का सीधा जवाब नहीं मिलता। वह और भी तेज़ होकर

बोली, ''तुम तो चाहते हो, मैं डायन बनकर रहूँ, हाथ में एक-एक चूड़ी भी न हो! उस दिन आठ आने की चूड़ियाँ ले लीं,—उसका भी हिसाब देना होगा कि क्या हुईं! वैसे ही क्यों नहीं कहते डूब मरूँ?''

जी में आया, कह दूँ, जा डूब मर, पर जी की बात जी में रख लेना मर्दों का काम ही है। मैं कुछ नहीं बोला। पर इससे वह शान्त नहीं हुई। बोली, ''टुकुर-टुकुर देखते क्या हो? कुछ खाने की सलाह है कि नहीं?''

मैंने कहा, ''मेरी जेब में शायद डेढ़ पैसा है—चाहो तो ले लो।''

वह आँखें छोटी करके मेरी ओर देखने लगी। फिर बोली, ''अरुण बाबू ने जो दो रुपये दिए थे, वे क्या हुए?''

अब मैं समझा, मामला क्या है। पर एकाएक कोई बहाना न सूझा। फिर मैंने हिचकिचाकर कहा, ''हेडवार्डर ने उधार माँगे थे, मैं इनकार नहीं कर सका।''

उसने कुछ जवाब नहीं दिया, पर साफ़ मालूम होता था कि उसे विश्वास नहीं हुआ।

खैर, मैं पानी का लोटा लेकर बाहर मुँह-हाथ धोने लगा। वापस आकर देखा, मेरे कोट की तलाशी हो चुकी है, और वह हाथ में एक काग़ज़ का टुकड़ा लिये खड़ी है।

मैं उस पर कम ही गुस्सा करता हूँ, पर इतनी बेइतबारी मैं नहीं सहार सका। मैंने पूछा, ''यह क्या कर रही हो तुम?''

औरत की जात अजीब होती है, गलती अपनी और गुस्सा दूसरों पर! बोली, ''क्यों जी, यह क्या है?''

मैंने काग़ज़ उसके हाथ से छीनकर पढ़ा—वह चिट्ठी थी।

'सुषमा!'

'दो दिन के मौन के बाद जब मैंने तुम्हें गाते सुना, तभी मैंने जान लिया था कि निर्णय हो गया है...आज पक्का पता मिल गया...'

'जिस अवस्था में तुम हो, उसमें मैं तुम्हें क्या लिखूँ? क्या सान्त्वना दूँ? हाँ, एक बार, तुम्हें देखने का प्रयत्न करूँगा—शायद सफल होऊँ।'

'याद आता है, बहुत दिन हुए, एक बार तुमसे होड़ की थी कि किसका काम पहले समाप्त होगा। उस समय मुझे पूरी आशा थी कि मेरी जीत होगी। आज मैं सोच रहा हूँ, कौन जीतेगा?

—अरुण।'

पढ़ तो मैं गया, फिर मुझे शर्म आई और उस पर गुस्सा। पर मैं चिट्ठी लेकर बाहर चला गया—वह न जाने क्या बड़बड़ाती रही।

शाम को मैं भूखा ही ड्यूटी से कुछ पहले अन्दर चला गया। अभी लैम्प नहीं जले थे, पर सूरज डूब गया था। मैंने कोठियों के दो चक्कर लगाए, फिर जल्दी से उसकी कोठरी पर जाकर काग़ज़ दे दिया। उसने लेते ही कहा, ''जवाब ले जाना।'' मैंने कहा, ''लिखो।'' और हट गया। कोठियों के फिर तीन-चार चक्कर लगाए और आ गया। उसने एक काग़ज़ मेरे हाथ में दिया और बोली, ''ज़बानी भी कह

देना, होड़ के दो दिन बाकी हैं।'' मैंने कहा, ''अच्छा, नमस्कार!'' उसने कुछ अचरज से, पर हँसकर, जवाब दिया, ''नमस्कार!'' मैं लपककर अपनी ड्यूटी पर चला।

पर काम नहीं बना। कोठियों के वार्डर ने पूछा, ''कौन है?'' मैं घबरा गया। वह चिट्ठी मेरे हाथ में थी—मैंने जल्दी से मुँह में डाल ली। उसने फिर पूछा, ''कौन है?'' मैंने कहा, ''मैं हूँ, मंगतराम वार्डर। यों ही ज़रा घूमने आ गया था—अब ड्यूटी पर जा रहा हूँ।''

''अच्छा! मैं समझा, कोई क़ैदी है।''

मैंने ड्यूटी पर पहुँचकर ही साँस ली। मैं वहीं बैठा रहा। जब खूब रात हो गई, तब अरुण बाबू ने बुलाया, ''मंगतू!'' मैं अन्दर चला गया। उसने पूछा, ''कहो, क्या हुआ?'' मैंने कहा, ''पहुँचा तो आया।'' उसने खुश होकर कहा, ''अच्छा।''

मैं वहीं खड़ा रहा, गया नहीं। उसने पूछा, ''कुछ और बात है क्या?''

''मैंने कहा, ''हाँ।''

''क्या?''

''जो जवाब लाया था—''

''जवाब भी ले आए क्या?''

''सुनो तो। जो जवाब लाया था, वह—''

''उसका क्या हुआ?''

''जब मैं आने लगा तब वार्डर ने देखकर शोर मचा दिया।''

''फिर?''

''फिर मैं वह काग़ज़ खा गया।''

वह एक फीकी-सी हँसी हँसा। फिर बोला, ''मैं तुम्हें कितनी बार खतरे में डाल चुका हूँ। मंगतू!''

मैंने कहा, ''वह कोई बात नहीं है, अरुण बाबू। हाँ, एक ज़बानी सन्देशा है।''

''क्या?''

''कहने को कहा था कि अभी होड़ के दो दिन बाकी हैं।''

''अच्छा, जाओ।''

सोमवार को साहब आए, तो उनकी और अरुण बाबू की बहुत देर तक अंग्रेज़ी में बातें हुईं। मैं समझा तो कुछ नहीं, हाँ मालूम होता था कि अरुण बाबू कुछ समझा रहा है और साहब पहले तो आनाकानी करता रहा, फिर अचम्भे में आया, फिर बोला, ''आलराइट!'' और डिप्टी को अंग्रेज़ी में कुछ समझाकर चला गया।

जब वे चले गए तो मैंने पूछा, ''क्या बात हुई?''

वह बोला, ''फाँसी देखने की इजाज़त मिल गई।''

रात को कुछ बादल घिर आए। बरसाती नहीं, वैसे ही छोटे-छोटे सफ़ेद टुकड़े...मैं घर में गया और चुपचाप चारपाई पर लेट गया। देवी का कोप अभी खत्म नहीं हुआ था। मुझे इस तरह उदास मुख लेटा देख शायद वह कुछ पिघली। पर रुखाई से बोली, ''क्या है?'' मैंने जवाब दिया, ''कल सुषमा को—'' आगे नहीं बोल सका। वह

चौंककर बोली, ''हैं?'' फिर मेरे पास आकर बैठ गई। बहुत देर तक हम चुप बैठे रहे। मैंने देखा, वह चुपचाप रो रही थी! शायद मेरे भी आँसू आ गए थे।...

मुझे रात-भर नींद नहीं आई। सुबह पाँच बजे, तो मैं वर्दी पहनकर अन्दर चला गया। थोड़ी देर में साहब, मजिस्ट्रेट, डिप्टी, हेडवार्डर वगैरह आ गए और चुपचाप कोठियों की ओर चले। मैं भी पीछे-पीछे चला। उसकी कोठी पर पहुँचे तो वह उठकर बैठी हुई धीरे-धीरे कुछ गा रही थी। साहब ने पूछा, ''कुछ वसीयतनामा लिखाओगी?'' वह ज़ोर से हँसी और बोली, ''मेरे पास दो रिवाल्वर ही थे, वे सरकार ने ज़ब्त कर लिये। अब वसीयत के लिए कुछ नहीं है।''

कोठी खुली, वह बाहर चली आई। हेडवार्डर ने उसके हाथ पीठ के पीछे बाँध दिए। वह बराबर हँसती जा रही थी!

डिप्टी ने इशारे से मुझे बुलाया। बोला, ''उस पोलिटिकल को ले आओ— हथकड़ी लगा करके लाना। समझे?''

मैंने सलाम किया और चाबी और हथकड़ी लेकर उधर चल पड़ा।

दूर से मुझे फिर उसके गाने की आवाज़ आई—

'दीप बुझेगा पर दीपन की स्मृति को कहाँ बुझाओगे?'

मैंने अपनी जगह पहुँचकर कहा—''अरुण बाबू! जल्दी चलो!''

वह दरवाज़े के आगे खड़ा आकाश की ओर देख रहा था। मैंने दरवाज़ा खोला तो बाहर आ गया। मैंने कहा, ''बाबू, हथकड़ी लगाने का हुक्म हुआ है।'' उसने चुपचाप दोनों हाथ बढ़ा दिए।

हम जल्दी-जल्दी फाँसी-घर की ओर चले। वहाँ पहुँचकर देखा, सब लोग एक कोने में खड़े हैं और सुषमा तख्ते पर खड़ी है। हम भी एक कोने में खड़े हो गए। सुषमा ने अरुण को देखा, उसके मुँह पर से ज़रा-सी देर के लिए मुस्कुराहट चली गई—बिजली की तरह दोनों की आँखों ने कुछ कहा, ''फिर सुषमा पहले की तरह मुस्कुराकर धीरे-धीरे गुनगुनाने लगी—

'दीप बुझेगा पर दीपन की स्मृति को कहाँ बुझाओगे?'

अरुण का शरीर तन गया, उसने मुट्ठियाँ बड़ी ज़ोर से बन्द कर लीं। फिर न बोला, न हिला—पत्थर की तरह खड़ा रहा...

जल्लाद सुषमा के मुँह पर टोपा पहिनाने लगा। वह बोली, ''यह क्या है? मैं मुँह छिपाकर मरने नहीं आई हूँ।''

जल्लाद साहब की ओर देखने लगा। साहब ने इशारे से कहा, ''मत लगाओ।''

जल्लाद ने रस्सी उठाकर गले में लगा दी और अलग हटकर खड़ा हो गया।

सुषमा ने अरुण की ओर देखकर मुँह खोला, मानो कुछ कहने को हो, फिर रुक गई और मुस्कुरा दी।

जल्लाद ने साहब की ओर देखा। साहब ने धीरे से एक उँगली उठाकर फिर नीचे झुका दी...

तख्ता हट गया, रस्सी तन गई...

साहब वगैरह जल्दी से वहाँ से हट गए, मानो शर्म से भाग गए हों...

अरुण घुटने टेककर बैठ गया...आँखें बन्द कर लीं...मैं चुपचाप हथकड़ी पकड़े खड़ा रहा।...

आठ-दस मिनट बाद वह उठा, और सीढ़ियाँ उतर कर गड्ढे के अन्दर चला गया...

जल्लाद ने सुषमा का शरीर उतारकर नीचे लिटा दिया था, हाथ खोल दिए थे। उनके अंग नीले होने लगे थे, पर अभी अकड़े नहीं थे...

अरुण झुककर बहुत देर तक उसके मुँह की ओर देखता रहा। फिर बहुत धीमी, काँपती आवाज़ में बोला, ''शारदा, तुम्हारी जीत हुई...''

इसी वक़्त डॉक्टर आया। अरुण को देखकर कुछ झेंप-सा गया, फिर चुपके से सुषमा की नब्ज़ देखने लगा। सिर हिलाकर बोला, ''हूँ। इनको दफ़्तर में ले जाओ—पब्लिक लेने आई है।'' यह कहकर चला गया।

अरुण भी मानो सपने में ही खड़ा हो गया। बोला—''शारदा, तुम तो डूब गई थीं, अब तुम्हारी छाया ही को लेने आई है पब्लिक!''

उसने हाथ उठाकर एक अँगड़ाई-सी ली, फिर मानो सपने से जाग पड़ा...उसका चेहरा देखते-देखते बदल गया...आँखें बुझ-सी गईं...

भर्राई हुई आवाज़ में वह बोला, ''पब्लिक!''

उस एक ही लफ़्ज को सुनकर मैं काँप गया...उसमें उसके जी की सारी कचोट—कई सालों की दबी हुई जलन—भरी हुई थी...

वह फिर बोला, ''पब्लिक!''

फिर एक बड़ी डरावनी हँसी हँसा...और बोला, ''चलो!''

मैंने ले जाकर उसे कोठरी में बन्द कर दिया...

इसके बाद मुझे उससे बोलने में कुछ डर-सा लगने लगा। मैं अपनी जगह बैठकर ड्यूटी देता और चला जाता...

एक हफ़्ते बाद एक दिन सवेरे ही हेडवार्डर आया और उससे बोला, ''डिप्टी साहब का हुक्म है कि आपको कारखाने में काम पर जाना होगा।''

''काम पर जाए डिप्टी, और भाड़ में जाओ तुम! मैं कोई काम-वाम नहीं करूँगा।''

हेडवार्डर चला गया। थोड़ी देर में डिप्टी आया और दरवाज़ा खुलवाकर अन्दर गया। बोला, ''काम पर क्यों नहीं जाते?''

''मेरी मर्ज़ी! मैं कुली नहीं हूँ।''

''तुम क़ैदी हो क़ैदी! कोई बड़े लाट नहीं हो! उस दिन के बेंत भूल गए?''

''नहीं, अच्छी तरह याद हैं। आपको भी बहुत दिन नहीं भूलेंगे!''

''मैं तुम्हारी सारी अकड़ निकाल दूँगा!''

''क्या कर लेंगे? बेंत लगवाएँगे? वह मैं खा चुका हूँ...बेड़ियाँ लगवाएँगे,

वे भी छः महीने पहनी हैं...फाँसी दे लीजिएगा? वह मैं देख आया हूँ—उसमें बड़ा मज़ा है।...बड़ा!''

डिप्टी ने उसका टिकट उठाया और उस पर कुछ लिखकर चला गया...

मैंने ताला बन्द करते हुए पूछा, ''अरुण बाबू, यह क्या है?''

उसने हँसकर कहा, ''कुछ नहीं माफी बन्द और जब तक काम न करूँ कोठीबन्द!''

उस दिन से वह कोठरी से बाहर नहीं निकला। कभी-कभी जब मैं उसे समझाता तो वह हँसकर कहता, ''मंगतू, अब तो यहीं कटेगी। काम न करने की तो मैंने क़सम खा ली!''

अब मैं उससे कुछ-कुछ डरने लगा हूँ। जिस अरुण को मैं पहले जानता था—उसमें और इसमें कितना फ़र्क है...मैं उसकी कोठरी से कुछ दूर ही बैठता हूँ और ड्यूटी पूरी करके चला जाता हूँ...कभी-कभी उसे देख-भर लेता हूँ...

कभी-कभी गाता है। जब मैं उसे उस कोठरी के अँधेरे में बैठे धीरे-धीरे गाते सुनता हूँ...

भूला-भूला रहता, मैं भी समझा लेती मन को—
क्यों बिखराया फिर तूने आ गरीबिनी के धन को?

तब मेरे दिल में एक धक्का लगता है, मैं सोचने लग जाता हूँ, कितनी कमीनी यह नौकरी है जिसमें मैं फँसा हूँ...और कैसे अजीब आदमी हैं ये पोलिटिकल क़ैदी...

पर सबसे तरसानेवाली उसकी शक्ल होती है जब बड़े सवेरे पौ फटने के वक्त वह आकर अपनी कोठरी के दरवाज़े के सीखचे पकड़कर बैठ जाता है और भूरे आकाश में फटे हुए दूध की तरह छोटे-छोटे सफ़ेद बादल के टुकड़ों की ओर देखता हुआ गाने लगता है—

आसन तलेर माटिर पड़ि लूटिए रोबो,
तोमार चरण धूलस्य धूल धूसर होबो!

उस वक्त उसकी आवाज़ में ऐसी दबी हुई-सी आग होती है कि मेरा कलेजा दहक उठता है। मैं वहाँ से उठकर दूर जा बैठता हूँ कि वह आवाज़ मेरे कानों तक न पहुँचे...

पर उसके शब्दों से, उन गानों से, उस डरावनी हँसी से, उस टिकटी से; उस फाँसी के नज़ारे से, और उस अजीब औरत की हँसती आँखों से हटकर जाने को जगह नहीं है...शारदा की छाया को तो पब्लिक ने फूँक दिया, पर यह सुषमा की छाया जो हर वक़्त मेरे पास रहती है, इससे छुटकारा कहाँ है?...

•

◆

क्षमा

◆

जब मैं तुम्हारी कोठरी के आगे से जाया करूँ, तब तुम मेरी ओर ऐसी दृष्टि से मत देखा करो। मैं तुम्हारे पास नहीं आता, तुमसे बोलता नहीं, हो सकता तो तुम्हारी ओर देखता भी नहीं। पर जब सब बन्द हो चुके होते हैं, तब मेरी कोठरी खोली जाती है और मुझे घूमने को कहा जाता है, तब मुझे एकाएक अपने जीवन की निरर्थकता दिख पड़ने लगती है। मैं डरता नहीं, घबराता नहीं, कुछ भी नहीं, केवल अशान्त हो जाता हूँ, अनिश्चय से भर जाता हूँ...इसीलिए, जाते-जाते, एक बार तुम्हारी कोठरी के आगे आकर, बिना रुके ही एक बार तुम्हारी ओर देख लेता हूँ।...

तुम मेरी ओर ऐसी दृष्टि से मत देखा करो। मैं नहीं चाहता कि तुम्हें यह ज्ञान भी हो कि मैंने तुम्हारी ओर देखा। मैं तुमसे आँख नहीं मिलाना चाहता। इसलिए नहीं कि मैं तुमसे झिझकता हूँ—केवल इसलिए कि मैं समझ नहीं सकता कि तुम मुझसे कैसे आँख मिला सकोगे। मेरी ओर देखकर, मेरी उन्हीं आँखों में जिन्होंने आठ साल तक अखंड आग्रह और स्नेह से तुम्हारा पथ देखा है, उन्हीं आँखों में अपनी आँखें गड़ाकर, तुम कैसे मेरा सामना कर सकोगे? तुम्हारा हृदय कैसा उद्वेलित हो उठेगा?

झूठ! जब तुम मुझसे धोखा कर ही गए, तब भी मैं तुम से क्यों आशा करता हूँ कि तुम लज्जित हो सकोगे? लज्जा तो तब आती जब तुम मुझे अब भी उसी दृष्टि से देखते! पर अगर ऐसा होता, तो तुम क्या मुझसे धोखा कर सकते!

तुमने सचमुच धोखा किया है। तुम्हें मैंने किस काम के लिए रुपये दिए थे, तुमने कहाँ खर्च कर दिए? मेरे वे अभागे साथी वहाँ प्रतीक्षा में बैठे रहे, और रुपया उन्हें नहीं पहुँचा, और वे प्रतीक्षा करते-करते पकड़े भी गए, उन्हें दंड भी मिल गया...और तुम भी रुपया लेकर नहीं पहुँचे...न मेरे पास लौटकर ही आए...

बताओ, अगर थोड़े-से रुपये के लिए ही तुम्हारा मन विचलित हो सकता था, तो तुम इन आठ वर्षों तक क्यों न पथ-भ्रष्ट हुए? क्यों तुम तब तक विश्वास बढ़ाते गए, मेरे हृदय में स्थान करते गए, क्यों तुमने मुझ पर ऐसा अधिकार जमाया

कि मेरा हृदय उसी प्रकार सम्पूर्णतः तुम्हारा हो गया जिस प्रकार मेरा मस्तिष्क सम्पूर्णतः देश का था? अगर तुम्हें जाना ही था, और इस प्रकार जाना था, तो तुम क्यों मेरे इतनी पास आए थे?

यह कैसी कमज़ोरी है कि इतना कुछ होते हुए भी मैं तुम्हें ही सम्बोधन करके लिखे जा रहा हूँ। जिस समय मुझे तुम्हारे धोखे का पूरा विश्वास हो गया, उसी समय मुझे चाहिए था कि तुम्हें हृदय से निकालकर फेंक दूँ, तुम्हें ऐसा भूल जाऊँ कि कहीं तुम्हारा चिह्न तक न रह जाए! और यहाँ मैं तुम्हीं को सम्बोधन करके लिखे जा रहा हूँ—रो रहा हूँ...

मुझे, न जाने क्यों, अभी तक विश्वास नहीं होता कि तुम मुझसे विश्वासघात कर सकते हो। शायद इतने वर्षों से तुम्हारा विश्वास करते-करते इसी का अभ्यास हो गया है—अब मैं उसे तोड़ नहीं पाता!

तुम, तुम वहाँ कोठरी में बैठे-बैठे क्या सोचा करते हो? ये सब प्रलयंकर विचार तुम्हारे भी मन में उठते हैं, या नहीं? अगर तुमने सचमुच विश्वासघात किया है, तो नहीं उठते होंगे। विश्वासघाती हृदय में इनकी क्षमता ही नहीं हो सकती...

पर मुझे देखकर तुम्हारी आँखें क्यों जल उठती हैं, वह क्या है? उसे क्या समझूँ, अभिनय?

नहीं हो सकता...

तुमने हिम्मत कर ही डाली!

जब मैं तुम्हारी कोठरी के आगे से जा रहा था, तब—आज तुमने आँख उठा कर देखा नहीं, सिर झुकाए ही आवाज़ दी—''भइया!''

यह क्या है—तुमने मुझे बुलाया! विश्वासघाती होकर भी तुम ऐसा कर सकते हो? तुम्हारी वाणी में क्या था? उस समय मुझे आश्चर्य ने पागल कर दिया, नहीं तो मैं समझ पाता।

शायद तुम्हारी वह पुकार, उसकी ध्वनि का उतार-चढ़ाव, उसका कम्पन, वह एक ही शब्द मेरे जीवन की एक अखंड ज्योतिमय स्मृति हो जाता! 'भइया'!

मैं उत्तर नहीं दे सका, कोठरी के दरवाज़े पर ही जाकर खड़ा हो गया। तुमने फिर कहा, ''पास आओ।''

मैं पास क्यों नहीं गया? क्या इस डर से कि कहीं तुम्हारी आँखों में विश्वासघात न देख पाऊँ?

मैंने तुम्हारी ओर देखे बिना ही कहा, ''कहो!''

''भइया, मुझसे नाराज़ हो?''

यह प्रश्न! मैंने झूठ विस्मय के स्वर में कहा, ''अच्छा?''

आठ साल तक तुम्हें प्यार किया था, आज तुम्हें इस स्वर में कहा, बिच्छू के डंक के समान एक शब्द, ''अच्छा!''

तुम फिर बोले, ''उसी रुपये वाली बात से। मैं सफ़ाई देना चाहता हूँ।''

मैंने उपेक्षा के स्वर में कहा—''ईश्वर जानता है कि मेरे हृदय में उपेक्षा थी या

क्या! आज नौ साल हो चुके, मैंने तुमसे कभी किसी बात की सफ़ाई माँगी है?''

क्या एक ही चोट काफ़ी नहीं थी जो मैंने यह दूसरा प्रहार किया?

पर इससे तुम स्थिर हो गए। बोले, ''भइया, मेरी बात सुने बिना ही तुमने निर्णय कर लिया? अगर मैं दोषी भी हूँ, तो तुम क्या इतना अन्याय करोगे?''

''अन्याय! ग़ैरों से न्याय-अन्याय हो सकता है। तुम्हारे और मेरे बीच में भी न्याय के फैसले खड़े हो सकते हैं?''

मैंने फिर एक शब्द कहा—शब्द नहीं एक ध्वनिमात्र—''हूँ!''

फिर वह कहानी की तरह कहने लगा—शायद वह समझ गया कि मैं बिना इच्छा जताए भी उसकी बात सुन लूँगा...कहने लगा :

''तुमने मुझे रुपये दिए थे, मैं लेकर चला। तुम्हें मैंने बताया नहीं, जहाँ तुमने जाने को कहा था, वहाँ जाते हुए राह में मेरा घर भी पड़ता था जहाँ मेरी माँ और बहिन भी रहती थीं। मैं उनसे मिलने गया था। सोचा था कि मिल लूँगा, उन्हें थोड़ी-सी सान्त्वना दे आऊँगा, और फिर अपने काम में लग जाऊँगा। लेकिन—''

तुम इतनी देर रुक रहे थे—इसी आशा से न कि मैं आग्रह से पूछूँ—''लेकिन क्या?'' मैंने नहीं पूछा, दृढ़ होकर चुपचाप खड़ा रहा...तुमने न्याय माँगा था, मैं न्याय ही दूँगा, कठोर न्याय...यह प्यार का स्थान नहीं है...

तुम फिर कहने लगे—''लेकिन मैंने जो सोचा था, वह नहीं हो पाया...मैं खोजते-खोजते पहुँचा तो मेरी माँ अपने घर में नहीं, उसी घर के नये मालिक की अनुकम्पा से मिले हुए एक अस्तबल के कोने में पड़ी कराह रही थी—और बहिन शशिकला उसके पास खड़ी रो रही थी...

''माँ को कई सालों से दमे की बीमारी थी—जब मैं घर से निकला था तभी बहुत थी, बाद में तो उसका ऐसा हाल हो गया कि कभी जब दौरा आता तो साँस भी नहीं ले सकती...तब शशि उसके पास बैठकर खूब रोती, खूब रोती...

''घर में एक फूटी कौड़ी भी नहीं थी। मुझे अभी तक पता नहीं लगा कि वे गुज़ारा कैसे करती थीं...शशि दो-दो, तीन-तीन दिन भूखी रह जाती, और चार पैसे जोड़कर तम्बाकू ले आती। जब माँ को बहुत कष्ट होता, तो उसके पास तम्बाकू धरवाकर धुआँ दिया करती...बिचारी के पास यही एक इलाज करने की सामर्थ्य थी...

''मैं पहुँचा तो माँ को न्युमोनिया भी हो गया था। दमे के कारण श्वास नहीं आती थी, उस पर न्युमोनिया हो गया था, और बिचारी शशि ने कमरे में तम्बाकू का धुआँ कर दिया था। मैं कहने को हुआ, ''माँ, शशि, मैं आ गया हूँ।' पर 'माँ' भी पूरा कहते नहीं बना!

''जब मैंने माँ के माथे पर धीरे से हाथ रखा, तब उसने आँखें खोलीं। आँखें खुलीं, तब शायद उनमें भर्त्सना थी। किन्तु खुलते-खुलते ही उठ गई। माँ ने एक फीकी हँसी हँसी—नहीं वह हँसी भी नहीं थी, केवल होंठों की खिंची हुई रेखा कुछ ढीली हो गई थी—फिर उसने आँखें बन्द कर लीं और टूटे स्वर में बोली, 'मैं जिऊँगी!'

''शशि से मैंने बात भी नहीं की। कहा कि तम्बाकू बाहर फेंक दो, खिड़कियाँ खोल दो, और माँ को अपना कोट उढ़ाकर उलटे-पाँव बाहर निकल गया।

''डॉक्टर ने आकर देखा, तो कुछ बोला नहीं। मुझसे कहा, 'बाहर चलो, दवाई ले आना।' बाहर आकर उसने बताया कि कोई आशा नहीं है। मैंने कहा, 'उसका हौसला तो बहुत है, जीना चाहती है,' वह बोला, 'यह अच्छी बात है, पर फिर भी—'

''मैं दवाई लाया, साँस के लिए ऑक्सीजन लाया, बिछाने-ओढ़ने के लिए कपड़े लाया, माँ के भी और शशि के भी...और तुम्हारे दिए हुए रुपये खर्च होते गए...''

मैंने फिर तुम्हें रोककर कहा, ''क्या यही किस्सा कहना था?'' तब तुमने उत्तर भी नहीं दिया, अधिकार-भरी मुद्रा से हाथ उठाकर मुझे रोक दिया और कहते गए। आठ साल के अभ्यास से तुम मुझे बुली करना खूब सीख गए हो! तुम फिर कहने लगे :

''चार दिन तक मैं सोया नहीं, बराबर माँ के सिरहाने बैठा रहा। बेचारी शशि...मुझसे बातें करना चाहती पर चुप हो जाती कि माँ के विश्राम में विघ्न न हो...चुपचाप मेरी ओर देखा करती—मैं कहता, दवा लाओ, पानी लाओ, आग जलाकर पानी गर्म कर दो, पैर ढँक दो, तो चुपचाप वैसा करके फिर पैताने आकर बैठ जाती और मेरे मुँह की ओर देखा करती, बोलती भी नहीं...एक दिन मैंने उसकी दृष्टि से आहत होकर कहा, 'शशि, क्या देखती हो? मेरी ओर ऐसे मत देखा करो, नहीं तो मैं चला जाऊँगा।' तब उसने दूसरी ओर देखना प्रारम्भ किया, बोली कुछ नहीं। मैंने फिर कहा, 'शशि, ऐसे पागल हो जाओगी, जाकर सो रहो। मैं माँ के पास बैठा हूँ।' तब वह बोली, 'और तुम नहीं सोओगे?' मैंने फिर मना कर, धमकाकर और यह वचन देकर कि दूसरे दिन मैं सोता रहूँगा और वह जगेगी, उससे स्वीकार करा लिया। वह उसी कमरे में ज़मीन पर बिस्तर बिछाकर यह कहकर लेट गई कि ज़रूरत हो तो उसे जगा लूँ, नहीं तो अच्छा नहीं होगा...थोड़ी देर में माँ सो गई। उसकी रुकती साँस की गति से मुझे एकाएक ध्यान हुआ कि शशि सो रही है। मैं कान लगाकर उसका नियमित श्वासोच्छ्वास सुनने को हुआ। पर उसकी साँस सुन ही नहीं पड़ रही थी। न जाने मुझे क्या ध्यान हुआ, मैं उठकर उसके पास गया। वह सोयी नहीं थी, छत की ओर दृष्टि जमाए, बड़ी-बड़ी आँखें किए रो रही थी, चुपचाप-चुपचाप...मैंने पूछा, 'शशि यह क्या है?' तब उसने आँखें बन्द कर लीं। मैंने फिर पूछा तो बोली, 'माँ अच्छी हो जाएगी तो तुम चले जाओगे'—मैंने कहा, 'शशि, इस वक्त नहीं—मुझे अभी मत कोसो...' फिर हम दोनों चुप हो गए और वह मेरे घुटने पर हाथ रख सो गई...

''दूसरे दिन माँ की तबियत कुछ अच्छी थी, शशि भी खुश जान पड़ती थी...सवेरे ही शशि ने मुझसे कहा, 'आज तुम सोओ। कल सवेरे उठना।' मैंने बहाना करने को कहा, 'आज बदली है, अच्छा लगता है। ठहरकर सोऊँगा', पर वह नहीं मानी। मैं जाकर लेट गया। समझा था कि नींद नहीं आएगी, पर थोड़ी ही देर में

बादलों की गड़गड़ाहट सुनते-सुनते सो गया।

"जब नींद टूटी तब शाम के पाँच बजे थे। मैंने शशि को छेड़ने की इच्छा से पूछा, 'शशि, सवेरा हो गया न, अब उठूँ?' कोई उत्तर नहीं मिला। मैंने उठकर देखा, शशि कमरे में नहीं थी। माँ के पास गया तो देखा, सो रही हैं। मैंने झुककर फिर देखा—

"माँ वहाँ नहीं थीं। उनका शरीर नीला पड़ गया था, साँस बन्द थी...जब माँ बीमार थीं तब मैं जाने कहाँ घूमता रहा, और जब मैं सो रहा था तब माँ मुझे छोड़कर चली गईं—

"मुझे याद आया कि शशि वहाँ नहीं है। मैंने पुकारा, 'शशि,! शशि!' उत्तर नहीं मिला। मैं उसे ढूँढने बाहर निकला—बाहर बड़े ज़ोरों से वर्षा हो रही थी...मैंने देखा, छोटे-से आँगन में शशि पड़ी भीग रही है और उसके माथे से खून बहकर पानी को रंग रहा है। मैं उसे उठाकर अन्दर लाया, वह बेहोश थी। मैंने उसे बिस्तर पर लिटाया, कमरे में आग जलाई और उसके हाथ-पैर मलने लगा कि होश आ जाए...

"रात तक होश नहीं हुआ। मैं चाहता था डॉक्टर को बुलाऊँ, पर शशि को छोड़कर कैसे जाता? रात को दस बजे शशि हिली, और कुछ देर में आँखें खोलकर शून्य दृष्टि से मेरी ओर देखने लगी। बोली, 'माँ'—और चुप।...मैंने अब सिर पर गीली पट्टी बाँधी और डॉक्टर को बुलाने चला।

"डॉक्टर ने दवाइयाँ दीं। शायद माँ के बारे में पूछना चाहता था, पर वहाँ उसे पड़ी देखकर समझ गया, और बोला, 'मुझे बहुत खेद है—' मैंने कुछ कहे बिना उसे दरवाज़ा दिखा दिया। वह चला गया।

"मैंने शशि को दवा पिलाई। अब उसे होश आ गया, तब मैंने पूछा, 'शशि, माँ क्या—' आगे नहीं कह सका। शशि बोली, बहुत धीरे से, 'सुनो!' मैं और पास झुक गया। 'माँ ने पूछा था, देव कहाँ है? मैंने कहा, सो रहा है, जगा दूँ? बोली, नहीं, ऐसे ही ठीक है। फिर धीरे-धीरे मुस्कुराने लगी। मुस्कुराते-मुस्कुराते ही—बस!' मैंने कुछ देर बाद पूछा, 'फिर? तुम बाहर कैसे गईं?' वह बोली, 'मुझसे कमरे में नहीं रहा गया। तुम्हें जगा भी नहीं सकी—तुम इतनी देर सोये नहीं थे—बाहर ही निकल गई...फिर पता नहीं क्या हुआ...'

"रात में शशि को बड़े ज़ोर से बुखार चढ़ आया। अभी पौ भी नहीं फटी थी कि वह अनाप-शनाप बकने लगी। मैंने बहुत शान्त करने की कोशिश की, पर वह यह नहीं समझती थी कि मैं उसके पास हूँ, या मैं कौन हूँ। बहुत देर तक तो मैं उसे होश में लाने की चिन्ता में था, अब निराश होकर मैं उसका प्रलाप सुनने लगा...

"वह क्या कह रही थी? अगर वह प्रलाप था तो...पर प्रलाप में भी कोई इतनी तीखी उलाहना दे सकता है? वह कह रही थी, 'अब माँ अच्छी हो गई। अब तुम चले जाओ। अब मैं भी अच्छी हूँ। चले जाइए। देखो, तुम्हारा काम बिगड़ गया—'

"मैं बहुत नहीं सुन सका। मैंने ज़ोर से पुकारा, 'शशि'! उसका प्रलाप बन्द हो गया। मैं समझा कि उसे होश होने को है। मैंने फिर ज़ोर से पुकारा, 'शशिकला!' पर वह फिर पहले की भाँति प्रलाप करने लग गई।

"मुझसे सहा नहीं गया। मैं अब तक देखता आया था, सहता आया था। माँ की मृत्यु से भी मेरी आँखों में आँसू नहीं आए थे, केवल मैं और भी अधिक यन्त्रवत् होकर काम करने लगा था...इस छोटी-सी बात ने बन्ध तोड़ दिए। मैं भूमि पर बैठकर, शशि की चारपाई की बाँही पर सिर रखकर, फूट-फूटकर रोने लगा...

"शशि जाग पड़ी। जो काम इतने मनाने पर भी नहीं हुआ था, वह निस्सहायता की एक चीख ने कर दिया।

"वह बड़े शान्त स्वर में बोली, 'इधर आओ।' मैं पास गया तो बोली, 'मेरे पास लेट जाओ!' मैं लेट गया। फिर बोली, 'एक बात सुनोगे? नाराज़ न होना।' मैंने कहा 'कहो'। फिर मुझे आँख बन्द कर लेने को कहकर उसने मेरे कान में धीरे से कहा, 'तुम चले जाओ।' मैंने विस्मित होकर पूछा, 'कहाँ शशि?' उसने और भी धीरे से कहा, 'तुम्हारे काम में विघ्न होता होगा—मैं जानती हूँ।' मैं चौंककर चारपाई पर उठ बैठा। मुझे मालूम हुआ कि क्षण-भर में सब कुछ उबल गया है— कि कुछ रहा ही नहीं है! मैं शून्य दृष्टि से खिड़की की ओर देखता, जड़वत् बैठा रहा। शशि थोड़ी देर चुप रहकर कोमल स्वर में बोली, 'नाराज़ हो गए न!' मैं उत्तर भी नहीं दे सका। मैंने केवल उसके माथे पर हाथ रख दिया—यह जताने को कि नाराज़ नहीं हूँ। उसने मेरा हाथ अपने दोनों तप्त हाथों से बड़े ज़ोर से पकड़ लिया...

"वह फिर बोली, 'तुम समझते हो, मैं बिलकुल भोली हूँ। मैं सब जानती हूँ। जब माँ थी, तब मैंने कुछ नहीं कहा—अब कहती हूँ कि तुम अपना काम— कि अगर तुम्हारे काम में अड़चन पड़ती हो तो जाओ। अभी चले जाओ। बोलो, जाते हो न?' मैंने बहुत हिम्मत करके कहा, 'और तुम?' वह धीरे से मुस्कुराई। बोली, 'मैं अच्छी हूँ। और कहो तो जल्दी से और भी अच्छी होकर बताऊँ?'

"मैंने अविश्वास-भरी दृष्टि से उसकी ओर देखा। वह बोली, 'देखो, अब मैं शान्त हूँ। अब बोलो मत...'

"हम दोनों चुप बैठे रहे। वह स्थिर दृष्टि किए न जाने क्या देखती या सोचती रही। मैंने अनुभव किया, उसका बुखार कुछ कम हो रहा है—सवेरा हो गया था। उसने कहा, 'अब मैं अच्छी हूँ, तुम जाकर डॉक्टर को बुला लाओगे न?' मैंने प्रसन्न होकर कहा, 'अच्छा।' वह फिर बोली, 'एक और बात मानो।' मैंने पूछा, 'क्या?' तो बोली, 'अगर तुम्हें कहीं काम हो तो चले जाओ। शाम तक लौट आना।' फिर मेरे मुख की ओर देखते हुए बोली, 'तब तक मैं बिलकुल अच्छी हो जाऊँगी।'

"मैं शशि का-सा बुद्धिमान नहीं था, क्योंकि मैंने उसे भोली समझा था! उसने कैसा धोखा दिया—तुम्हारे दिए रुपयों में से जो बचे थे, वे लेकर मैं देने चला। डॉक्टर से कहता गया कि शशि को दवाई दे दें। सोचा था कि शाम तक लौट आऊँगा। और यह भी सोचता जाता था कि माँ का दाह-कर्म करना है...जिसका मुझे अब तक ध्यान नहीं आया था... पर जब वहाँ पहुँचा तब क्या हुआ, तुम जानते ही हो...लोग गिरफ़्तार हो चुके थे, मैं भी बच ही गया—घर के चारों ओर पहरा पड़ा हुआ था...

"शशि ने कहा था, शाम तक लौट आऊँ। मैं शाम को नहीं लौटा—या कम-

से-कम शशि के पास नहीं लौटा। जब संध्या को छ: बजे घर आया, तो देखा, शशि चुपचाप पड़ी है, उसके खुले नेत्र छत की ओर देख रहे हैं, मुख पर एकाग्र पीड़ा का भाव है...मैं उसकी निश्चलता देखकर डर गया...माँ की निश्चलता मुझे याद आ गई...मैं लपककर पास गया तो शशि भी चली जा चुकी थी। उसके सिरहाने एक बोतल उल्टी पड़ी थी, उस पर लेबिल लगा था, 'विष'। मैंने उठाकर देखा, छाती में मलने का तेल था—यानी तेल की खाली बोतल थी—तेल कुछ लुढ़क गया था और कुछ...काम आ चुका था...शशि के सिरहाने पर एक काग़ज़ के टुकड़े पर लिखा रखा था, 'तुम अभी चले जाओ। मेरे कारण तुम्हारे काम में विघ्न नहीं होगा। मैं दु:खी नहीं हूँ, सच्चे दिल से कहती हूँ। भगवान तुम्हें सफल करें।' बस!

''मैं परचा हाथ में लिये-लिये घर से बाहर निकला, और भागा! स्टेशन पर जा कर वहाँ से चल दिया, तुम्हारे पास आने को। फिर मैं कैसे पकड़ा गया, और क्या हुआ, यह सब तुम्हें पता है...बाद में शायद पुलिस ने ही माँ और शशि का दाह-कर्म किया है। मैं एक बार उनके जीवन से निकल आया और दूसरी बार उनकी मृत्यु से, पर डर से नहीं...

''हाँ, जो रुपया बचा था वह अब भी है। मैंने जमा कर दिया था, अब भी तुम मँगवा सकते हो।''

तुम चुप हो गए। सारी कहानी कहकर यह भी नहीं पूछा कि ''सुन ली?''

मैं भी नहीं बोल पाया। थोड़ी देर में मैं घूमकर लौटने को हुआ, तब तुमने कहा, ''भइया, मैं दोषी हूँ, मुझे क्षमा कर दो!'' और सिर झुकाए बैठे रहे। मैं जब कोठरी के जँगले के पास आया, तब भी वैसे ही बैठे रहे। मैंने कठोर स्वर में कहा, ''उठो!'' तो चुपचाप खड़े हो गए। मैंने कहा, ''पास आओ,'' तो आगे आ गए। ''और पास, बिलकुल!'' तो जँगले से माथा टेक लिया। मैंने हाथ से झटककर ठोड़ी ऊपर उठा दी, तब तुम आँखें ही नीची किए रहे। तब मैंने कठोरता का अभिनय छोड़ दिया। धीरे से आगे बढ़कर, आँखें बन्द करके, तुम्हारा मुँह चूम लिया...

पागल! पागल! तुम्हारा कोई ऐसा भी अपराध है जिसे मैं क्षमा न कर सकूँ—विश्वासघात के सिवाय—जिसे मैं क्षमा न कर सकूँ—

●

नम्बर दस

सवेरे रतन के मन में बहुत मिठास रही हो, ऐसी बात तो नहीं थी, लेकिन अब शाम को वह कड़वाहट से भर गया था। सवेरे और नहीं तो एक खुलापन तो था, मिठास के प्रति एक अनुमति-भाव कि 'ले तू आती है तो आ जा, मैं मना नहीं करता', लेकिन शाम को उसने रस के प्रति अपने-आपको एकदम बन्द कर लिया था। और बन्द करने ही से मालिन्य और भी बढ़ता जा रहा था। जैसे आग खुली हो तो जल लेती है, लेकिन बन्द कर दी जाए तो खूब धुआँ देने लगती है।

रतन का दिन बहुत लम्बा बीता था। सवेरे जिस समय वह जेल से निकला, उस समय से वह दर-दर, गली-गली, चौक-मुहल्ले फिर आया था, कहीं उसका रुकने को मन नहीं हुआ था—कहीं उसने ऐसी जगह ही नहीं पाई थी जहाँ वह रुक सके। चलते-चलते वह थक गया था, लेकिन उन काग़ज़ के खिलौनों की तरह, जो भीतर के जलते दीये के धुएँ से घूमते जाते हैं, वह भी अनथक घूमता जा रहा था। उसके भीतर एक अभूतपूर्व संघर्ष हो रहा था जैसा कि जेल में कभी नहीं हुआ था—एक ओर उसके मन में आवाज़ उठ रही थी, 'मैं जेल में नहीं हूँ', और दूसरी ओर एक प्रतिध्वनि-सी, जो असली ध्वनि से भी तीखी ही थी, पुकार उठती थी, 'तुम सज़ायाफ़्ता चोर हो, सज़ायाफ़्ता चोर हो' और इस दुहरी मार से पिटता हुआ वह रुक नहीं सकता था, और भटकता जा रहा था, भटकता जा रहा था...

सूर्यास्त के समय के क़रीब वह जमुना के किनारे एक घाट पर पहुँच गया। अपने आगे उसे चमकते हुए पानी का विस्तार देखकर मन में, दिन-भर में पहली बार, कुछ ऐसा बोध हुआ कि वह दुनिया में आ नहीं गया है, उससे उसका कुछ नाता भी है...

वह क्षण-भर के लिए रुक गया। तब जैसे आस-पास की दुनिया धीरे-धीरे उसके भीतर प्रवेश करने लगी, और उसके भीतर का धुआँ, कुछ-कुछ फूट निकलने लगा। वह घाट की सीढ़ी पर बैठ गया।

फ़रवरी के दिन थे। शीत की कठोरता का ज़माना बीत चुका था और विकल्प का ज़माना आ गया था, जिसमें कभी वह कठोर होने की इच्छा से भरकर धुँधला हो

जाता था, कभी मृदुता के आवेश में हल्की-सी पीली धूप से निखर-सा आता था। रतन के देखते-देखते नदी के ऊपर एक धुँध छाने लगी और धीरे-धीरे आगे बढ़ने लगी। कुछ देर में उसी बादल में सूर्य ने उदास होकर मुँह छिपा लिया। बादल में अरुणाई नहीं आई, एक श्वेत पर्दा-सा आकाश पर तन गया, और उसके ऊपर जमुना-किनारे की एक मिल की चिमनी से उठता हुआ धुआँ कुछ लिखत लिखने लगा।

देखते हुए रतन को वह लिखत अच्छी नहीं लगी। उसे लगा कि जिस तरह यह उस पर्दे की स्वच्छता को बिगाड़ रही है, उसी तरह पृथ्वी को भी मानव की लिखत ने बिगाड़ रखा है। नहीं तो जेल क्यों होते?

फिर एक कड़वाहट की बाढ़-सी आई और रतन उसमें डूबने-उतराने लगा। उसे याद आया कि जेल से बाहर आते समय जब उससे पूछा गया था कि उसका घर कहाँ है, ताकि उसे लौटने के लिए पैसे दिए जाएँ, तब उसने पैसे लेने से इनकार कर दिया था। उसे लगा था कि जिसने उसे सज़ा दी थी, उसी संगठन से पैसे लेकर वह घर जाएगा, तो घर जिसके पास जा रहा है उसे मुँह दिखाने लायक़ नहीं रहेगा। उस संगठन के प्रति उसके मन में जलन थी। चोरी उसने अवश्य की थी, लेकिन अभी तक अपने को अपराधी वह नहीं मान पाया था। चोरी करते समय उसके मन में से कभी भी यह बात ओझल नहीं हुई थी कि वह चोरी कर रहा है। पर यह जानते हुए भी कि चोरी अनुचित है, वह यह भी देख रहा था कि रुपया लेना अनुचित नहीं है, और ज़रूरी भी है, और उसे नहीं मिल रहा है, यद्यपि वह उसके बदले में अपना पसीना देने को तैयार है। बल्कि, उस दिन तो वह अपना खून देने के लिए भी तैयार था...

तब? आज जब उसे रुपये मिल रहे थे, तब उसने क्यों नहीं लिये? क्यों नहीं लिये? आज क्या उसे कुछ कम ज़रूरत है? और क्या आज उनका मिलना कुछ अधिक आसान है जब कि वह 'सज़ायाफ़्ता चोर' की उपाधि पा चुका है।

उस बात को छः महीने हो गए। छः महीने पहले उसकी बहिन यशोदा बहुत बीमार थी। थी—क्योंकि अब पता नहीं वह कैसी है—है भी या नहीं। उसे बचाने के लिए बेकार रतन ने भरसक कोशिश की थी, और अन्त में अपनी जमा की हुई पूँजी खत्म पाकर हर तरह के काम के लिए हर तरह के यत्न किए थे...जब उसे कोई काम नहीं मिला—दवा की क़ीमत पाने का कोई साधन नहीं मिला—तब उसने अपनी बुद्धि के आसरे कुछ पा लेने की कोशिश की, तो क्या बुरा किया? उसने अपनी बहिन की रक्षा के लिए रुपये चुराए, सो भी ऐसे आदमी के, जिसके लिए उतने रुपये खो देना कोई बड़ी बात नहीं थी। तब?

हो सकता है कि उसका यह मोह ही ग़लत रहा हो। वह कौन होता है बहिन की रक्षा के लिए अपने को ज़िम्मेदार समझने वाला? खुदा ने जिसको बनाया है, उसको जिलाएगा भी। नहीं भी जिलाएगा तो उनका स्थान लेने के लिए और बना देगा। रतन खुदा का काम हथियाने वाला कौन, और हथिया कर वह कितनों को दवा-दारू पहुँचा सकेगा? बहुत-से लोग बिना दवा के मरेंगे, बहुत-से बिना रोटी के मरेंगे, बहुत-से

बिना कपड़ों के मरेंगे, बहुत-से बिना किसी वज़ह के यों ही मर जाएँगे। क्यों रतन यह दम्भ करे कि उसकी बहिन बचने की ज़्यादा अधिकारिणी है?

क्यों नहीं करे वह दम्भ? उसकी बहिन है। दूसरों के भी जो भाई हैं, वे उनके लिए दम्भ करें।

लेकिन जिनका कोई नहीं है...

सरकार? लेकिन सरकार ने किसी के रुपये की रक्षा का दम्भ तो किया ही है, तब तो सरकार ठीक है, और वह...वह भी ठीक...

लेकिन—मैं ठीक हूँ तो सरकार भी ठीक है। मैं नहीं 'हूँ' तो सरकार भी नहीं। यानी मैं चोर नहीं हूँ, तो चोर हूँ, और चोर हूँ, तो नहीं हूँ पागल हूँ मैं! जेल ने दिमाग़ खराब कर दिया है।

लेकिन पागल कहने से छुट्टी मिल जाती है? मैंने सवेरे वे रुपये क्यों नहीं लिये? जिस ममता की बात सोच रहा हूँ, उसकी रक्षा क्या उसी तरह नहीं होती? यशोदा शायद जीती है—शायद बाट देख रही है। उसने दिन गिने होंगे, और आज शायद और उस बेवक़ूफ़ ने झूठे अहंकार में रुपये नहीं लिये, और...

अँधेरा हो चला था। घाट पर जो एक-आध आदमी आता-जाता भी था, वह भी अब बन्द हो गया था। घाट बिलकुल सूना था। आस-पास मन्दिरों में घंटे बज रहे थे। कहीं-कहीं दीयों का क्षीण प्रकाश भी झलक जाता था...

पहले तो घंटा-नाद रतन को बहुत खटका था। लेकिन धीरे-धीरे वह कुछ आकृष्ट-सा हुआ—उसे उस स्वर में एक विचित्र चीज़ मालूम हुई। ये घंटे दिन और रात न जाने कब से ऐसे ही बजते आते हैं, इसी स्वर से, इसी गूँज से, इसी सम्पूर्ण तन्मयता से और इसी उपेक्षा से...कोई मरता है, कोई पैदा होता है, कोई मिलता है, कोई बिछुड़ता है, पर इनमें कोई फ़र्क नहीं होता, ये वैसे ही गूँजते रहते हैं...ये प्रार्थना के घंटे हैं—और प्रार्थना के जो मन्त्र कभी गए ज़माने में दुहराए जाते थे, वही आज भी हैं। हमारी ज़रूरतें क्यों नहीं बदलती हैं? ईश्वर क्यों नहीं बदला है?

लेकिन यशोदा वहाँ बैठी है। और मैं यहाँ हूँ—मैंने उसके लिए चोरी भी की थी, लेकिन मिलता हुआ रुपया नहीं लिया। और यहाँ बैठा हुआ ईश्वर की बात सोच रहा हूँ। क्या मैं यशोदा के पास जाना नहीं चाहता? क्या मैं ईश्वर के पास जाना चाहता हूँ?

ये घंटे जड़ हैं, मैं जीता हूँ। तभी इनका स्वर नहीं बदलता।

मैं क्यों जीता हूँ? यशोदा के लिए मैं जेल गया था, लेकिन अब यहाँ बैठा हूँ, दिन-भर में एक बार भी मैंने नहीं सोचा है कि उसके पास लौटूँ। क्या यह जीना है?

मैं स्वाधीन कहाँ हूँ? अब भी जेल में हूँ? चाहकर भी मैं नहीं जा सकता उसके पास। रेल में पकड़ा जाऊँगा, तो फिर वही जेल। मैं जेल से डरता नहीं, मैं अपराधी नहीं हूँ। पर...

जीना। घंटे। जड़ता। मैं भी जीता न होता, तो इतना निकम्मा न होता। इतना परवश, विवश। मरना छुटकारा है।

इस एक शब्द पर आकर रतन का तन अटक गया—छुटकारा! छुटकारा!!

जहाँ वह बैठा था, वहाँ धुँध घनी हो चली थी। आकाश में किसी तरह का प्रकाश नहीं था, इसलिए नदी का पानी भी अब तक नहीं दिख रहा था। रतन धीरे-धीरे घाट की सीढ़ियाँ उतरने लगा। पानी के तल से दो-तीन सीढ़ी ऊपर ही, जब उसे सील-सी मालूम हुई, तब उसने ध्यान से नीचे देखा और जाना कि कुछ ही आगे जमुना का पानी बहा चला जा रहा है, घाट को निःशब्द स्वर से छूता है और आगे बढ़ जाता है। मानो कह जाता है, 'लो, मैं मेहमान बनकर आया तो हूँ, लेकिन तुम्हारी शान्ति भंग नहीं करता, मिल तो लिया ही, अब जाता हूँ।' और प्रणत प्रणाम करता हुआ चल देता है।

और एक हम हैं कि आते हैं तब रोना-चिल्लाना और दर्द; जाते हैं तब रोना-पीटना और तड़पन; रहते हैं तब झींकना-कलपना और हो-हल्ला।

और जेलखाने और पगली घंटी। और हथकड़ियाँ, बेड़ियाँ, और पैसे की कमी। और...

छुटकारा। छुटकारा।

यशोदा वहाँ है—थी। है या थी, इससे मुझे क्या? मैं वहाँ नहीं जा सकता हूँ, उसके लिए कुछ नहीं कर सकता हूँ।

क्यों जी रहा हूँ मैं?

और उसे लगा, जमुना भी अपनी बड़ी-बड़ी काली आँखें खोले उसकी ओर विस्मय से देख रही है, मानो कह रही है, हाँ, मैं भी सोच रही हूँ कि क्यों जी रहे हो तुम...

छुटकारा...

रतन उठकर दो सीढ़ी और उतरा। अगली सीढ़ी पर पानी था। वह अपना फटा जूता उतारने को हुआ कि पानी में पैर डाले, फिर एकदम से उसे जूता उतारने के मोह पर हँसी-सी आई और वह जूतों-समेत दो सीढ़ियाँ और उतर गया।

बहुत ठंडा था पानी। लेकिन रतन का ध्यान उधर गया ही नहीं। वह घंटा-नाद सुनता जाता था। और प्रत्येक चोट पर उस एक आकर्षक शब्द को दुहराता जाता था—छुटकारा, छुटकारा।

एक सीढ़ी और उतरकर वह ठिठक गया। क्या यह छुटकारा है—सचमुच छुटकारा है? मेरी चोरी की सज़ा धुल जाएगी? किसी का भी कोई भी बन्धन ढीला हो जाएगा?

मुझे किसी के बन्धन से क्या? मरना तो है ही मुझे। डूब मरूँगा, तो कोई पूछेगा नहीं। किसी को क्या?...पूछेगा तो। हाज़िरी नहीं दूँगा, तब खोज़ होगी। तब...

एकदम से उसे याद आया, जब वह जेल से छूटा था, तब उसे आज्ञा दी गई थी कि पुलिस में नाम लिखाए और हफ़्ते में एक दिन रिपोर्ट दिया करे। वह थाने गया था। बाहर ही एक मुटियल बूढ़े सिपाही ने उसे टोका था, और यह जानकर कि रतन अपना नाम दस नम्बर में लिखाने आया है, उसे नसीहत देनी शुरू की थी। रतन वह नहीं सह सका था, और झल्लाए स्वर में कह उठा था, "तुम्हें मतलब?

तुम अपना काम देखो। मैं रिपोर्ट न दूँ, तब जी में जो आए सो करना। अभी अपनी नसीहत रखो अपने पास!" इस गुस्ताखी से कुछ चकित और कुछ क्रुद्ध कांस्टेबल ने अपनी बुच्ची दाढ़ी हिलाकर अनुभव से भारी स्वर में कहा था, "ऐं हैं! ये नखरे! तब तो जल्दी ही आओगे, जल्दी!"

जल्दी। कहाँ आऊँगा?

डूबकर मर जाऊँगा तो खोज होगी। लाश मिलेगी, तो किसी के दिल में दर्द होगा? दुनिया जानेगी, तो कहेगी, 'अजी होगा। दस नम्बरिया बदमाश था साला। मर गया, अच्छा हुआ। कहीं इधर-उधर आँख लड़ गई होगी, काम नहीं बना होगा, बस। बदमाशों के हौसला थोड़े ही होता है।'

इतना-भर दुनिया उसे देगी। इतना भी खूसट कंजूस की तरह घिसघिस करके।

इसी दुनिया के लिए मैं इतनी फ़िक्र में पड़ा हूँ—इसी के लिए मर रहा हूँ? इसी हृदयहीन दुनिया के लिए मैं अपने जिगर का खून दे रहा हूँ?

ऐसी-की-तैसी दुनिया की! सोच ही सब रोगों की जड़ है, वही तो है जिससे छुटकारा लेना चाहिए। पाप-पुण्य क्या है? सोचें तो चोरी है, सोचें तो ठीक हैं। सब चोर हैं, सब भले हैं।

आज मैंने दस चोरियाँ और की होतीं—कौन कह सकता है कि पकड़ा ही जाता? घर भी जाता, यशोदा से भी मिलता, जो जी में आता करता—न होता तो जेल ही तो आता, जहाँ हो आया हूँ? जैसा अब हूँ, इससे जेल क्या बुरी है?

रतन दृढ़ कदमों से घाट की सीढ़ियाँ चढ़ने लगा। मन का बोझा इतना हल्का हो गया था कि वह अपने पैरों की चाप के साथ-साथ ताल देकर कहने लगा, "ऐसी-तैसी दुनिया की!"

घाट के ऊपर तक पहुँचते-पहुँचते उसने तय कर लिया था कि वह फिर चोरी करेगा, और फिर जेल जाएगा। पहली बार चोरी करने के लिए जेल गया था, अब की बार जेल जाने के लिए चोरी करेगा।

2

तब शायद साढ़े बारह बजे थे। रतन अपनी गाढ़े की धोती से फाड़े हुए एक टुकड़े में कुछ नोट और कुछ रुपये बाँधे उस छोटी-सी पोटली को एक मुट्ठी में मज़बूती से थामे हुए, दूसरे हाथ में जूते उठाए, एक ऊँचे घर की दीवार के साथ सटता हुआ दबे-पैर एक ओर को हट रहा था।

दूर कहीं आधा घंटा धड़का टन्-ढम्। सर्दी की धुँधली रात में उस स्वर ने रतन को चौंका दिया। उसके बाद ही उसे लगा कि पास कहीं खटका हो रहा है। शायद लोग जाग उठे हैं। शायद अभी उसकी चोरी पकड़ी जाएगी। शायद...

वह लपककर सड़क के पार हो लिया। वहाँ एक छोटी-सी झोंपड़ी थी, जिसके छोटे-से झरोखे से टिमटिमाती-सी रोशनी बाहर झाँकने की कोशिश कर रही थी। रतन जानता था कि प्रकाश की ओट में अँधेरा अधिक मालूम होता है, वहाँ पड़ी

चीज़ दिखती नहीं, इसलिए वह उस झरोखे से ज़रा आगे बढ़कर ही, फूस के छप्पर के नीचे दुबककर बैठ रहा।

पहले तो उसे लगा कि वह यों ही डर गया। अपने हृदय की धक्-धक् के सिवाय कोई स्वर उसे नहीं सुनाई पड़ा। लेकिन बैठे-बैठे जब वह धड़कन ज़रा कम हुई तब उसे जान पड़ा कि सचमुच कहीं कोलाहल हो रहा है। पर वह बहुत दूर पर है, जिस मकान में रतन ने चोरी की है उससे बहुत आगे कहीं। उस शोर का रतन से कोई सम्बन्ध नहीं हो सकता।

पर—यह स्वर तो बहुत पास नहीं है। रतन ने सुनने की कोशिश की कि वह किधर से आ रहा है, पर ऐसा लगता था, मानो सभी ओर से धीरे-धीरे की जा रही बातचीत का स्वर आ रहा हो—कोई खास दिशा उसकी जान नहीं पड़ रही थी...

क्या मैं सो तो नहीं रहा—स्वप्न तो नहीं देख रहा? रतन ने अपने को कुछ हिलाया, ज़रा आगे बढ़कर झरोखे के बिलकुल पास आकर आगे देखने की कोशिश करने लगा।

आगे झुकते ही स्वर साफ़ हो गया, रतन ने जान लिया कि वह झरोखे में से होता हुआ झोंपड़ी के भीतर से आ रहा है। और वह बिना खास चेष्टा किए हुए भी ध्यान से सुनने लगा।

एक पुरुष का स्वर, जो अपने से ही बात करता मालूम होता है। उस स्वर में दुःख है, निराशा है, थोड़ी-सी कुढ़न भी है।

''मैं और क्या करूँ अब। अब तो उधार भी नहीं मिलता। ताने मिलते हैं सो अलग।''

थोड़ी देर बाद एक दूसरा स्वर—क्षीण, कुछ उदास, लेकिन साथ ही जैसे एक वात्सल्य भाव लिये : ''तुम भी क्यों फ़िक्र किए जाते हो? ऐसे तो तुम भी बीमार हो जाओगे। मेरी दवा का क्या है? सरकारी अस्पताल से ले आया करो—वहाँ तो मुफ़्त मिल जाती है।''

''पिछली बार वहीं से तो लाया था। पर फायदा नहीं होता। हो कैसे, डॉक्टर देखे मरीज़ को तब न दवा हो? वह यहाँ आता नहीं, बुलाने को पैसे नहीं हैं।''

''डॉक्टर को बुलाकर क्या होगा। अब तो मुझे मरना ही है। मेरे करम ही खोटे थे—तुम्हारी सेवा तो की नहीं, उलटे दुःख इतना दिया। यही था, तो पहले ही मर जाती, तुम्हें इतना तंग भी न करती और—''

''ऐसी बात मत करो, प्रेमा। मैं—''

काफ़ी देर तक मौन रहा। आगे कुछ बात हो, इसकी प्रतीक्षा में बैठे-बैठे रतन जब ऊब गया, तब उसने झरोखे के और पास सरककर भीतर झाँका। एक ही झाँकी में भीतर का दृश्य देखकर वह एकदम से पीछे हट गया—डरकर नहीं, कुछ सहमा हुआ-सा...

एक टुटियल चारपाई पर एक स्त्री लेटी हुई थी। उसका सब शरीर और चारपाई का काफ़ी-सा हिस्सा, एक मैली लाल गाढ़े की रजाई से ढका हुआ था, केवल नाक

और सिर बाहर दिखते थे। नाक की पीली पड़ी हुई त्वचा प्रकाश में अजब तरह से चमक रही थी। पीछे हटाए हुए बहुत रूखे और और उलझे हुए बालों के भूरेपन के कारण माथा बहुत सफ़ेद और बहुत चौड़ा लग रहा था। और आँखें—आँखें एक स्थिर, खुली, अर्थभरी दृष्टि से सिरहाने बैठे पुरुष के मुँह पर लगी हुई थीं।

और पुरुष उस स्त्री के सिर के पास, दोनों पैर समेटकर चारपाई की बाँहीं पर बैठा हुआ था। एक हाथ उसका घुटनों पर था जिस पर उसने ठोड़ी टेक रखी थी, दूसरा जैसे निरुद्देश्य, भूला हुआ-सा, स्त्री के सिरहाने पड़ा हुआ था।

रतन सहमा हुआ-सा बैठा था। उसका मन न जाने कहाँ-कहाँ दौड़ने लगा था, बिजली के तीव्र वेग से, पर बाहर से वह बहुत शान्त स्तब्ध-सा हो गया था। जैसे लट्टू जब बहुत तेज़ी से घूमता है तब धुरी पर बिलकुल स्थिर हो जाता है, वैसे ही रतन का मन अतीत और भविष्य में पागल-सा भटकता हुआ एक धुरी पर स्थिर हो गया था—उस स्त्री प्रेमा की आँखों पर, जिसमें मानो सरस्वती बस रही थी—इतनी अर्थपूर्ण हो रही थीं वे...

उस सारगर्भित मौन में रतन ने एक लम्बी साँस की आवाज़ सुनी। उसके बाद फ़ौरन ही पुरुष का स्वर आया—अब पहले-सा शिथिल नहीं, अब जैसे प्रबल आवेग से भरा हुआ, गूँजता हुआ-सा—

''प्रेमा, कभी जी में आता है कहीं डाका डालूँ—ये जो पड़ोस में मोटे लाला लोग रहते हैं, इनको मार डालूँ और इनकी हवेलियाँ लूट लूँ—या उस सरकारी डॉक्टर को चुटिया पकड़कर घसीट लाऊँ, जिसने आने की बात पर अकड़कर कहा था कि सरकारी डॉक्टर कोई रास्ते की धूल नहीं है जो हर कोई उठा ले जाए। कभी सोचता हूँ कि...लेकिन फिर ख़याल आता है, जो लोग सरकारी डॉक्टर को बुला सकते हैं, वे भी तो कभी कुढ़ते होंगे कि विलायत से डॉक्टर बुलाकर शायद इलाज ठीक हो सकता। यह रोग तो ऊपर से नीचे तक लगा है, मैं एक लाला को लूटकर क्या कर लूँगा? पर प्रेमा, किसी तरह तुम्हें अच्छा कर सकूँ तो—''

पुरुष एकदम चुप हो गया। रतन ने फिर झाँककर देखा—प्रेमा का एक हाथ पुरुष के कन्धे पर था और शायद उसके होंठों को छूने की कोशिश कर रहा था। रतन फिर पीछे को हट गया, और शून्य की ओर देखने लगा।

पुरुष का स्वर फिर बोला, ''प्रेमा, अगर चोरी करके या लूटकर तुम्हें अच्छा भी कर लूँगा, तो भी सुखी नहीं होऊँगा, मुझे लगता है—''

थोड़ी देर रुककर फिर : ''शायद हमारे मन में पाप का झूठा डर होता है—डर ही से पाप बनते हैं। पर जाता भी नहीं वह। मैं सोचता हूँ—मैं जान देकर तुम्हें अच्छा कर दूँ—'' इस बीच में स्वर फिर रुक गया, मानो किसी ने मुँह के आगे हाथ रख दिया हो—''पर एक छोटी-सी चोरी नहीं होती।''

एक शब्द सुनकर रतन ने फिर झाँककर देखा। पुरुष उठ खड़ा हो गया था। एक हाथ से सिरहाना पकड़ते हुए, दूसरे से अपना माथा, वह सिर उठाकर छत की ओर देख रहा था। एकाएक उसने कहा—''भगवान!'' उसके हाथ शिथिल-से हो

गए, कन्धे लटक गए और वह एक ओर को हटने लगा। तभी प्रेमा ने हाथ बढ़ाकर, गर्दन ज़रा मोड़कर, आर्द्र स्वर में पुकार कर कहा, ''मेरे पास आओ!'' गर्दन मोड़ने से दीये का पूरा प्रकाश उसके मुँह पर चमक उठा।

एक ज़रा-सी बात से मानो रतन का हृदय हजारों और करोड़ों बरसों का व्यवधान पार कर गया—एक ही बहुत बड़ी-सी धड़कन में वह रतन का हृदय न रहकर उस आदम का हृदय हो गया हो जो अपने पाप के लिए दंड पाकर अँधियारे में अपनी आदिम प्रेयसी को खोज़ रहा था—और उसे लगा कि सारा संसार उस स्त्री की आवाज़ में चीखकर पुकार उठा है, ''मेरे पास आओ!'' उस स्त्री की, जो सुन्दरी नहीं है, लेकिन जिसकी उस दृष्टि के लिए रतन एक बार नहीं, हजार बार चोरी कर सकता और दंड भी भुगत सकता!

रतन ने अपने को सँभालने के लिए झरोखे का चौखट पकड़ लिया—और फ़ौरन ही छोड़ दिया। जिस हाथ से उसने चौखट पकड़ा था, उसी में नोटों और रुपयों की पोटली थी।

रतन ने एक बार उस पोटली की ओर देखा, एक बार प्रेमा की ओर, एक बार उस पुरुष की ओर, फिर धीरे से कहा, ''नालायक!''

फिर उसने पोटली झरोखे में रख दी। एक बार चारों ओर झाँककर देखा, और लम्बे-लम्बे डग भरता हुआ वहाँ से हट गया।

3

रतन का शरीर ढीला पड़ गया। वह इस हद तक खुश भी हो गया कि किसी किस्म की कोई फ़िक्र उसके मन में न रही। एक हलवाई की दुकान के बाहर पड़ा हुआ तख्त देखकर वह रुक गया। तख्त पर बैठकर उसने अपने गीले जूते उतारे, उन पर अपनी चादर का एक छोर रखकर, इस तकिए पर सिर रखकर वह लेट गया। बाक़ी चादर अपने ऊपर ओढ़कर वह आकाश की ओर देखने लगा।

तारे थे। बहुत साफ़ नहीं दिखते थे, धुँध के कारण कभी छिप भी जाते थे, पर थे। कभी, पाँच, कभी चार, कभी आठ-दस—वे दिखते और मिट जाते, मिटते और फिर दिखने लगते। धुँध के इस खेल में मानो रतन भी घुलने लगा। उसकी आँख लग गई।

नालायक वह?

चौंककर रतन उठ बैठा। क्या उसने कुछ देखा, या कुछ सोचा, या कुछ याद आ गया? कोड़े की मार से आहत-सा वह उठ बैठा।

नालायक वह? और मैं नहीं नालायक, जिसने एक तो चोरी की, दूसरे अपनी बहिन को भुलाया और तीसरे हाथ आई दौलत फेंक दी?

चोर। दस नम्बर का बदमाश। और बेवकूफ़।

चोरी मैंने किसलिए की थी? यशोदा के लिए? क्या चोरी करने ही के लिए नहीं की, मैंने चोरी? और फिर रुपये वहाँ क्यों पटक आया? उस आदमी को दे

आया जो—जो प्रेमा को मरती देख सकता है और हाथ-पैर नहीं हिलाता?

उसका कुछ उसूल तो था। नहीं करता चोरी, तो नहीं करता। फिर चाहे कोई मर जाए। कुछ बात तो हुई। प्रेमा की शक्ल यशोदा से मिलती थी। झूठ—प्रेमा तो ऐसी कुरूप थी। लेकिन उसका गर्दन मोड़कर पुकारना—यशोदा भी तो ऐसे ही पुकार उठती थी जब मैं पास नहीं होता था।

मेरे पास फिर रुपये आते, तो मैं फिर दे देता—सौ बार दे देता।

हाँ, क्यों नहीं दे देता। चोरी के ही तो थे रुपये। चोरी के रुपये से पुण्य कमाना चाहता हूँ। कुछ कमाकर दिए होते, तब भी बात होती।

दिए भी कब मैंने यशोदा की याद को? मैंने प्रेमा को दिए, प्रेमा की आँखों को दिए, उस प्रेमा को, जो मेरी बहिन नहीं, किसी दूसरे की घरवाली है। पाप को दिए।

लेकिन प्रेमा सुन्दरी कब थी। पाप करने में अक्ल खर्च होती है। मैंने रुपये फेंक दिए। नालायक़ी की। बेवकूफ़ी की। चोरी तो की थी, पकड़ा भी नहीं गया था। रुपये पास रखता, कई दिन काम आते। अच्छी तरह रहता, मौज करता, दुनिया को दाँत दिखाता, उस बुच्ची दाढ़ीवाले सिपाही को भी दाँत दिखाता, सबकी ऐसी-तैसी करता जो मुझे दस नम्बर का बदमाश समझते हैं। और जब चुक जाते तो जेल तो कहीं गया नहीं था—या शायद बच भी जाता...

लेकिन प्रेमा की आँखें वैसी क्यों थीं!

नहीं थीं आँखें। रतन ही अन्धा था, अन्धा है। लेकिन...

गलियों में चक्कर काटते हुए रतन ने फैसला कर लिया कि वह लौटकर जाएगा और अपनी पोटली वहाँ से उठा लाएगा जहाँ उसे छोड़ आया था। अभी रात खत्म नहीं हुई थी—अभी पोटली किसने उठा ली होगी? दिन निकलने के बाद, बल्कि और भी देर से, जब घर की सफ़ाई होने लगेगी, तभी कोई उसे उठाएगा, यही सोचकर वह उलटे पाँव लौट पड़ा।

लेकिन इन पिछले दो घंटों में वह कितनी गलियों में से होता हुआ भटक आया था, इसका उसे कुछ अनुमान नहीं था। वह याद करने की कोशिश करता, कहाँ से वह किधर को मुड़ा था, ताकि उसी रास्ते-लौटे, लेकिन जिस गली को भी वह कुछ पहचानकर आगे बढ़ता, उसी में थोड़ी दूर जाकर पाता कि वह तो कोई और रास्ता है, दायीं ओर को जो हरे किवाड़ हैं वे तो उसके रास्ते में नहीं आए थे, या बायीं ओर को जो बहुत बड़ा-सा साइनबोर्ड किस वैद्य का लगा हुआ है वह तो उसने नहीं देखा था, और सामने की दीवार से जो बड़े-बड़े अक्षर मानो मुँह-बाए अपने काले हलक से यह सूचना दे रहे हैं कि अमुक तेल सब चर्म-रोगों की अचूक दवा है, उसे देखकर कोई क्या भूल सकता? फिर भी मुट्ठियाँ भींचकर अपनी थकान को वश में कर लेने की कोशिश करता हुआ रतन चलता जा रहा था और सोच रहा था कि कभी तो वह झोंपड़ी मिलेगी ही।

धीरे-धीरे रात का रंग बदल चला। हवा में एकाएक शीतलता भी बढ़ गई और नमी भी, उस स्पर्श से मानो एकाएक रात ने जान लिया कि वह नंगी है और

लज्जित होकर, कुछ सिहरकर, धुँध के आवरण में छिप गई। मैला-सा कुहासा रतन की नासाओं में भरने लगा, आँखों में चुभने लगा। उसने एक बार आँख मलकर सामने देखा, फिर यह समझकर कि अब सवेरा होने ही वाला है और उस झोंपड़े की तलाश बेकार है, वह एक ओर मुड़ने को हुआ ही था कि उसने देखा, उसकी बगल में वही मकान है जिसमें उसने चोरी की थी।

वह अब पहचाने हुए पथ पर जल्दी-जल्दी झोंपड़े की ओर बढ़ने लगा। चारों ओर कुछ अस्पष्ट-सा शोर था—शहर जाग रहा था। ऐसे समय कोई आता-जाता किसी का ध्यान आकृष्ट नहीं करेगा, यह सोचकर रतन बढ़ा जा रहा था।

झोंपड़ी से कुछ दूरी पर ही कोलाहल सुन कर रतन ठिठक गया। आँखें सिकोड़ कर सामने देखकर उसने पहचाना—झोंपड़े के आगे भीड़ लग रही है—चोरी का पता लग गया है, चोर भी पकड़ा गया है।

रतन स्तम्भित रह गया।

लेकिन फ़ौरन ही एक विद्रूप की लहर-सी उस पर छायी—बहुत ठीक हुआ। यही होना चाहिए था। साले में इतनी हिम्मत नहीं थी कि प्रेमा की जान बचाए—चोरी करने से डरता था। मेरी चोरी का माल उसे पचता कैसे—भुगते अब!

प्रेमा की आँखें—मैंने चोरी करके अपनी जान जोखिम में डाली थी, उसका फल वह कैसे लेता? वह तो नालायक है, बेवक़ूफ़ है, हिजड़ा है। चोर पकड़ा गया है, चोरी की सज़ा काटे। प्रेमा का पति होने का दावा करता है—प्रेमा—का—पति? यह?

रतन ने लपककर चौकी के सिपाही के हाथ से उस आदमी का हाथ छुड़ाकर सिपाही को पीछे धकेलते हुए उद्धत और कर्कश स्वर में कहा, "हटो तुम! चोरी मैंने की थी। वह पोटली मैं यहाँ भूल गया था और अब लेने आया हूँ।"

सिपाही हक्का-बक्का-सा हो गया। रतन की बाँह पकड़ने की कोशिश करते हुए किसी तरह उसने कहा—"तुम पागल हो क्या?" लेकिन इससे पहले रतन अपने भिचे हुए दाँतों को पीसकर कहे, "हाँ, हूँ पागल।" उस सिपाही की आँखों में पहचान की एक बिजली-सी दौड़ गई और उसने एकदम से अपनी बुच्ची दाढ़ी लटकाकर ढीले मुँह से कहा, "अच्छा तुम!"

•

अंगोरा के पथ पर

'हज़ारों मील के घेरे से एकत्र हुए लाखों प्राणियों के सूखे हुए कंठ से एक ही भैरव, तृषित पुकार उठ रही है—"शान्ति! शान्ति!" और युद्ध अपनी प्रकांड गति से चला जा रहा है, शान्ति नहीं मिलती।

'और यहाँ स्मर्ना नगर के लाखों प्राणी तड़प-तड़पकर चिल्ला रहे हैं, "आग! आग!" पर नगर जलता जा रहा है और कोई बुझाने वाला नहीं मिलता...'

स्मर्ना की बन्दरगाह के पास एक छोटे-से मकान में बैठा युवक मेज़ पर झुका हुआ लिखता जा रहा है। जलते हुए नगर का धुआँ वहाँ तक पहुँचने लगा है, भयंकर गर्मी है, पर वह युवक अत्यन्त एकाग्रभाव से लिखे जा रहा है...

'हम ग्रीक हैं, विजेता हैं, यूरोपियन सभ्यता के प्रवर्तक हैं...पर हम मानवता के दीक्षा-गुरु होकर भी पशु हैं, पशु...हम, जो संसार में सुख और शान्ति की स्थापना के लिए उत्तरदायी हैं, हम अब भी अपने आदर्श के लिए सिकन्दर की घृणित प्रतिमा स्थापित किए हुए हैं, अब भी साम्राज्य के स्वप्न पर असंख्य मानव-जीवनियों की आहुति दे रहे हैं...

'आज जब तुर्कों ने हमारा मर्मस्थान पहचान कर हम पर प्रहार किया है, हमारी सेना के थ्रेस प्रान्त में चले जाने का पता पाकर स्मर्ना पर आक्रमण कर दिया है, उसमें आग लगा दी है, तब हम कहते हैं, यह नीचता है, कायरता है! हम पर धोखे से वार किया गया है; यह अन्याय है! हमारी असहाय प्रजा के घरों में आग लगाई जा रही है, यह घोर नृशंसता है। पर जब हम विजयी थे, तब हमने क्या किया था? इसी युद्ध में तो, हमारे राजा कांस्टैंटाइन चले थे अंगोरा के पथ पर, सम्राट का पद ग्रहण करने! अप्रैल से अगस्त तक, चार मास में, न जाने हमारी सेना ने क्या-क्या अत्याचार किए...थ्रेस से लेकर सकरिया नदी तक, हम बराबर तुर्कों के घर जलाते गए, और यूनानियों को सेना में भर्ती करते गए...

'मैं भी तो इन्हीं साम्राज्य के भूखे, विजयोन्मत्त सैनिकों में भर्ती हुआ था,

मैंने भी तो अंगोरा के पथ पर पर बढ़ती हुई सेना को देखकर अपना घर-बार छोड़ा था और आरोरा को साथ लेकर चल पड़ा था—मेरे भी तो पैर दर्प के मारे पृथ्वी पर नहीं पड़ते थे!

'पर सकरिया नदी की हार! तुर्कों ने साम्राज्य का स्वप्न तोड़ दिया—कांस्टैंटाइन भाग गया—हमारी सेना छिन्न-भिन्न हो गई, और मेरी आँखें—खुलीं! मैंने भी देखा, हम क्या कर रहे हैं।'

युवक क्षण-भर के लिए रुका, और सिर उठा कर उसी एकाग्रदृष्टि से छत की ओर देखता कुछ देर तक न जाने क्या सोचता रहा। फिर उसके मुख पर का एकाग्र भाव और भी कठोर होकर दृढ़ निश्चय के भाव में परिणत हो गया। कुछ देर वह इसी प्रकार बैठा रहा, फिर उसने ज़ोर से सिर झटका और फिर लिखने लगा...

'कार्ल ने मुझे दिखा दिया, हम क्या कर रहे हैं...फिर मेरा सारा गर्व और स्पर्द्धा न जाने कहाँ उड़ गए। और ग्लानि, ग्लानि, ग्लानि से अन्तर भर गया...

'आज, वह ग्लानि मिट गई है। आज तुर्कों ने हमसे बदला ले लिया है। कांस्टैंटाइन पराजित होकर लौटा, तब पेरिस में सन्धि की बातचीत हो रही थी, पर हमारा देश इतने पर भी नहीं माना था। पुरानी सरकार ने पद-त्याग किया, नयी सरकार ने फिर जनरल हेजानेस्टीज़ को आक्रमण करने की आज्ञा दी और वह थ्रेस में सैन्य-संग्रह करने लगा...स्मर्ना भी खाली कर दिया गया—और उसी का यह फल है...

'मैं अभी अपनी डायरी लिख रहा हूँ, शायद शाम तक यह, यह घर, और मैं भी, इसी भयंकर ज्वाला में भस्म हो जाएँगे...पर फिर भी, मैं जिस तथ्य पर पहुँचा हूँ, उसे यहाँ लिख रहा हूँ... अगर मैं इस आग से बचकर निकल गया तो यही प्रतिज्ञा मेरे जीवन की पथ-दर्शक रहेगी...और अगर नहीं—तो मेरी वेदना की यह लपट भी इसी आग में मिलकर मेरे निश्चय की साक्षी हो!

'मैं, एंटनी स्टेरास, आयु सत्रह वर्ष, आज 14 सितम्बर, 1922 को, अपने देश और विश्वास को साक्षी लेकर प्रतिज्ञा करता हूँ, कि भविष्य में कभी भी किसी साम्राज्यवादी लक्ष्य के लिए हथियार नहीं उठाऊँगा—कि मेरे जीवन का ध्येय साम्राज्यवाद से अनवरत युद्ध करके, उसे छिन्न-भिन्न कर, साम्य पर आश्रित लोकतन्त्र की स्थापना करना ही होगा, चाहे—'

एकाएक कमरे में दो और व्यक्तियों ने प्रवेश किया—एक पुरुष और एक लड़की। उन्हें देखकर युवक ने सकपकाकर अपनी डायरी बन्द कर दी और बोला, "आरोरा तुम आ गईं!"

जो लड़की थी, वह दौड़कर उस युवक से चिपट गई। बोली, "टोनी, टोनी, मुझे आशा नहीं थी कि फिर भी मिलेंगे!"

युवक ने उसे ज़ोर से दबा लिया और पुरुष की ओर देखता हुआ बोला, "कार्ल, अब हमें क्या करना है?"

तीनों बैठ गए। कार्ल ने पूछा, "एंटनी, क्या लिख रहे थे?"

''उहूँ, कुछ नहीं। डायरी लिख रहा था।''

आरोरा हँसने लगी। ''डायरी! चारों तरफ़ आग लगी हुई है, और तुम्हें डायरी लिखना सूझता है?''

''और क्या करूँ?''

कार्ल गम्भीर होकर बोला, ''सुनो, टोनी, आज बहुत खबरें हैं।''

एंटनी, औत्सुक्य से, ''क्या?''

''पुरानी सरकार पद-त्याग करने से पहले आज्ञा दे गई थी कि स्मर्ना से ग्रीक सेना हट जाए। और हमारे सब साथी कियोस टापू में चले गए थे। उनमें से कुछ और आगे बढ़कर मिटिलीनी टापू पर जा पहुँचे हैं। वहाँ पर मेरे दोनों साथी भी अपने संघ का प्रचार करने लगे हैं। अपनी सेना के कर्नल प्लास्टेरास ने भी सेना का अलग संगठन धीरे-धीरे आरम्भ कर दिया है। पर वहाँ से आगे एथेन्स कैसे जाना होगा, यह किसी को नहीं सूझता...''

''फिर?''

''वहाँ टापू की बन्दरगाह पर मेरे कुछ मित्र हैं। अगर उनसे बातचीत हो सके, तो वे किसी-न-किसी तरह एथेन्स से ही या इधर-उधर से जहाज़ बुलवा देंगे— चाहे बाद में पता लगने पर उन्हें कोर्टमार्शल ही कर दिया जाए। पर उन तक कोई पहुँचे तब न...और कोई तो जानता नहीं...''

''चिट्ठी भेजकर भी काम नहीं चल सकता?''

''शायद ही चले—इतने बड़े काम के लिए पत्र का विश्वास कोई नहीं करेगा...पर चिट्ठी भी तो नहीं भेजी जा सकती...''

तीनों चुपचाप बैठे सोचने लगे...थोड़ी देर बाद कार्ल बोला, ''सुना है, एक अमरीकन जहाज़ यहाँ से जाने वाला है—''

फिर थोड़ी देर चुप...

कार्ल बोला, ''कुछ तो सोचना ही होगा—मैं फिर बाहर जाता हूँ।''

आरोरा ने कहा, ''अभी? और यह आग—''

कार्ल जल्दी से बोला, ''यह अभी बहुत दूर है, मैं लौट आऊँगा।'' और उठकर चल दिया। एंटनी कहता ही रह गया, ''सुनो तो!''

आरोरा बोली, ''टोनी डायरी दिखाओ, मैं पढ़ूँगी, क्या लिखा है।''

''नहीं, वह कुछ नहीं है—''

''मैं जानती हूँ, तुम कवि हो गए हो—''

''अच्छा, आज की मत पढ़ो, पुरानी पढ़ लो—''

''नहीं, मैं सब पढ़ूँगी—''

''नहीं, तुम्हें मेरी कसम—''

''अच्छा, देखूँ तो—'' कहकर आरोरा ने डायरी उठा ली, और खोलकर पढ़ने लगी। एंटनी भी पास बैठ गया और देखने लगा :

''18 जुलाई। हमारा राष्ट्र दिग्विजयी है। हम मैसिडोनिया और थ्रेस के स्वामी

हैं, हमने अनातोलिया को भी जीत लिया है, अब अंगोरा को भी जीत लेंगे...हमारा पुराना ग्रीक साम्राज्य फिर से स्थापित होगा—हम सिकन्दर के वंशज से फिर पूछेंगे, बताओ और कहाँ तक पृथ्वी है जिसे हम जीत लावें...''

एंटनी ने रोककर कहा, ''आरोरा, यह बकवास है, इसे मत पढ़ो!''

आरोरा ने दो-चार पन्ने उलट दिए :

''29 जुलाई। हम अंगोरा से कुल साठ मील दूर हैं,—कुल साठ मील! पर कार्ल न जाने क्यों अधिकाधिक उदास होता जा रहा है—वह कहता है कि हम अपनी ही हानि कर रहे हैं। कहता है कि सिकन्दर पागल था—अपने राष्ट्र को दूर-दूर तक फैलाता गया, पर उसकी रक्षा नहीं कर सका—व्यर्थ ही इतने प्राण नष्ट किए—एक अपनी व्यक्तिगत तृप्ति के लिए...वह कहता है कि सबको स्वतन्त्र होने का अधिकार है, कि एक देश पर दूसरे देश का अधिकार स्थापित करना नीचता है और अन्याय की सीमा है...''

''अभी दो मास हुए, तब मैं कार्ल को जानता भी नहीं था। कार्ल ग्रीस से सेना के साथ-साथ आया है, मैं अनातोलिया में भर्ती हुआ हूँ। वह चार साल से सेना में है, मैं आज से दो ही मास पहले अपने पिता के खेत पर काम करता था और बच्चों की तरह आरोरा के साथ खेला करता था। पर फिर भी कार्ल सेना से और युद्ध से घृणा करता है, और मैं उसका विरोध नहीं कर सकता—उसकी बात मानता जाता हूँ। उसमें इतनी सच्चाई मालूम होती है...''

आरोरा ने फिर कुछ पन्ने उलट दिए...

''30 अगस्त। पराजय! पराजय! हमारा खोया हुआ साम्राज्य-स्वप्न! आज आठ दिन से मुँह भी नहीं धो सका हूँ—निरन्तर मार्च, मार्च, मार्च...दिन में दो पड़ाव, रात में एक पड़ाव, कभी आराम नहीं मिलता...और बिचारी आरोरा रोती नहीं, पर मेरी ओर ऐसे देखती है...''

आरोरा ने रुककर एंटनी की ओर देखा, वह एकाग्र होकर बैठा था। आरोरा फिर पढ़ने लगी :

''पता नहीं, कितने दिन ऐसे ही और चलना है—भूखे, प्यासे, खून और कीच में सने, कुछ आहत, कुछ अन्धे, और स्त्रियाँ...और पराजित, पिटे हुए, हारे हुए, भगोड़े...

''कार्ल कहा करता था, हमारी हार हो तो मुझे दुःख नहीं होगा। तब हम लोग उसे गालियाँ देते थे—कि देश का शत्रु है...पर जब से हार हुई है, तब से वह कुछ बोलता नहीं, चुपचाप इधर से उधर भागा फिरता है—लोगों को पानी देता, कभी किसी को सहारा देता, कभी किसी को ढाढ़स बँधाता...हम एक पड़ाव चलते हैं तो उतनी देर में उसे आते-जाते चार-पाँच पड़ाव की मार्च करनी पड़ जाती है...उसने वर्दी उतार कर फेंक दी है, पर फिर भी पानी की बोतलों के मारे बोझ कुछ कम नहीं है...

''आज डायरी लिखने की फुर्सत मिली है—पर क्या लिखूँ? जब जीवन में कुछ नहीं था—तब लिखने को कितनी बातें थीं! और आज—जीने वाले को लिखने से क्या?''

आरोरा का मुख भी किसी पूर्व-स्मृति के कारण गम्भीर हो गया था।

उसने फिर अन्यमनस्क भाव से एक पन्ना उलटा और पढ़ने लगी :

"2 सितम्बर : अभी तक हमारी सेना ही भाग रही थी, अब बढ़ते हुए तुर्कों के आगे अनातोलिया की सारी ग्रीक प्रजा...आज हमारी संख्या पन्द्रह हजार से भी अधिक है—अनातोलिया का प्रान्त ही समुद्र की तरह उमड़कर स्मर्ना की ओर बहा जा रहा है—पुरुष, स्त्री, लड़के, लड़कियाँ, दुधमुँहे बच्चे...और साथ में घोड़े, खच्चर, गधे—सब सामान से लदे हुए—कहीं पुरुष ही छकड़े में रोगियों, गर्भवती स्त्रियों, बच्चों और रोटी-पानी को लादे खींचे चले जा रहे हैं...

"यह है हमारे साम्राज्य-स्वप्न का प्रतिघात!

"हम खेती को, बागों को, अपनी प्यारी अंगूर की बेलों के कुंजों को,—सभी को रौंदते हुए चले जा रहे हैं—पर दिग्विजय के पथ पर नहीं—हम भाग रहे हैं। साम्राज्य नहीं, उसका उच्छिष्ट भी नहीं, हम उसी के भयंकर प्रतिघात से बचकर भाग रहे हैं...

"शैतान के चार सहायक हैं : कलह, अकाल, हिंसा और मृत्यु। और ये चारों अपना उग्रतम रूप धारण किए, हमारे इस अभागे समूह में नृत्य कर रहे हैं...कोई भूख से या श्रम से क्लान्त होकर गिर पड़ता है, तो उसे भी उठाने वाला नहीं मिलता,—लोग उसे रौंदते हुए चले जाते हैं...लोगों के आदर्शों के लिए यह स्थान नहीं है—यह मानव की प्राचीनतम असभ्य और असंस्कृत वासनाओं का संघर्ष है...जो बातें युद्ध और क्रान्ति में भी नहीं होतीं वे यहाँ हैं—यह जीवन का, आत्म-रक्षा की घोर चेष्टा का, नंगा नाच है...युद्ध वीभत्सता और क्लेश से पूर्ण होता है, क्रान्ति विराट् और भैरव होती है, पर हमारा मानव-जीवन इससे भी अधिक विराट् और भैरव है, इससे भी अधिक वीभत्स और क्लेशपूर्ण और उग्र..."

आरोरा ने आँसू-भरी आँखों से एंटनी की ओर देखा। वह अब भी उसी प्रकार एकाग्र होकर बैठा था। आरोरा ने धीरे से कहा, "सुन रहे थे या और कुछ सोच रहे हो?"

एंटनी ने एक बार "हूँ?" किया, और बिना उत्तर दिए उसी प्रकार चिन्तित बैठा रहा...आरोरा क्षण-भर देखती रही, फिर बोली, "एंटनी कहो भी, क्या सोच रहे हो?"

एंटनी एकाएक उठकर खड़ा हो गया। बोला, "आरोरा, चलो ऊपर चलें!"

आरोरा ने विस्मित होकर कहा, "छत पर? वहाँ तो धुआँ बहुत होगा!"

"चलो!" कहकर और बिना उत्तर की प्रतीक्षा किए, एंटनी ऊपर जाने लगा। आरोरा भी उसके पीछे-पीछे चल दी।

2

बाहर, बन्दरगाह पर...

गर्मी से उन्मत्त हुए फ़ौज़ी घोड़े इधर-उधर भाग रहे थे, अनातोलिया से और

जलते हुए नगर से भागकर एकत्र हुए असंख्य प्राणियों को रौंदते चले जा रहे थे...माताएँ रोती थीं, ''मेरा बच्चा...'' तो भीड़ की भयभीत और भयानक चीत्कार, ''आग! आग!'' में वह करुण पुकार खो जाती थी। और भीड़ चिल्लाती थी—''आग! आग!'' तो उस भयंकर ज्वाला की धू! धू! में वह स्वर लीन हो जाता था...

नगर के अन्दर जलते हुए शरीरों की दुर्गन्ध से वायुमंडल भर रहा था...

एक ओर बहुत-से व्यक्तियों ने न जाने कहाँ से एक तुर्क लड़के को पकड़ लिया था—कोई कह रहा था—''इसने ग्रीक लड़कियों से छेड़छाड़ की''—लोग उसे पीट रहे थे—देखते-देखते वह गिर गया, कुचला गया—उसकी हड्डी-पसली तोड़ डाली गई, दो-चार लोगों ने उसके टूटे हुए और खून की कीच में सने अवयव उठाकर, हिला-हिलाकर भीड़ को दिखाने आरम्भ किए...

और भीड़ के छोर पर, एक भव्य इमारत में बहुत-से लोग जुआ खेल रहे थे—छज्जे पर खड़ी तीन-चार वेश्याओं ने कपड़े उतारकर फेंक दिए थे और रूमालों से पसीना पोंछती जा रही थीं और हँसती जा रही थीं, उस भीड़ की ओर देखकर...

भीड़ कभी उधर देखकर लालसापूर्ण पुकार करती थी, कभी दाँत पीसती थी...

और जुआ, चोरी, षड्यन्त्र, लालसा, भूख, डर, हिंसा, आग और धुएँ के इस निर्लज्ज तांडव के साथ नाचती हुई स्मर्ना बढ़ी जा रही थी—किधर?

कभी-कभी नगर की ओर से भीड़ का एक अंश उस असह्य ताप के कारण बन्दरगाह की ओर हटने लगता था, तब उसके दबाव के कारण घाट के सिरे पर एकत्र हुए लोग पानी में गिरते जाते थे और डूब जाते थे—कोई बचानेवाला नहीं था। जहाज़ कुछ तो विदेशी राष्ट्रों के थे, कुछ अपनी रक्षा के लिए घाट पर से हट गए थे...

और क्रूर आग और हृदयहीन समुद्र के बीच में फँसी तीन लाख प्रजा के बीच से होकर कार्ल पिसता हुआ चला जा रहा था—पागल की तरह, उन्मत्त निश्चय से उग्र...

घाट के सिरे पर खड़ा होकर वह अपनी टोपी उतारकर हिलाने लगा। जब एक हाथ थक गया तब दूसरे हाथ से, और फिर लौटकर पहले हाथ से...थोड़ी देर बाद कुछ दूर पर खड़े एक व्यापारी जहाज़ से एक डोंगी उतरी, और धीरे-धीरे पास आने लगी...

इसी समय भीड़ में से उठी, एक विचित्र हुंकार—न जाने विजय की, या क्रोध की, या क्या...

कार्ल घूमकर फिर भीड़ में घुसने लगा...

थोड़ी ही देर में उसने इस शोर का कारण जान लिया...

तुर्की सेनाधिपति ने फ़रमान निकाला था कि सत्रह वर्ष से पैंतालीस वर्ष तक आयु के पुरुषों को छोड़कर सभी व्यक्ति स्मर्ना से बाहर जा सकेंगे—और जो पुरुष रह जाएँगे, वे युद्ध के बन्दी समझे जाएँगे और उनसे काम लिया जाएगा...

कार्ल क्षण-भर खड़ा कुछ सोचता रहा, फिर धीरे-धीरे लौटने लगा...

3 एंटनी और आरोरा छत पर खड़े थे। यहाँ गर्मी और धुआँ और भी अधिक थे, और दुर्गन्ध भी अत्यन्त उग्र थी। पर एंटनी बिना इनकी परवाह किए छज्जे पर झुका हुआ अग्नि का तांडव देख रहा था। उसके मुख पर का भाव अभी तक उसी प्रकार चिन्तित और एकाग्र था। आरोरा कभी उसके मुख की ओर देखती, कभी आग की ओर...

दोनों बहुत देर तक ऐसे ही खड़े रहे—आग की लाल लपटों में रक्त निराशा के न जाने कितने स्वप्न देखते खड़े रहे...फिर एकाएक एंटनी बोला, आरोरा कार्ल से विवाह करोगी?''

आरोरा चौंककर, क्रुद्ध, दु:खित, व्यथित, स्वर में बोली, ''क्या?''

एंटनी ने फिर कहा, मानो बिलकुल साधारण-सा प्रश्न पूछ रहा हो, ''कार्ल से शादी करोगी?''

आरोरा कुछ देर बोली नहीं। फिर एंटनी के पास आकर अत्यन्त दीन स्वर में बोली, ''टोनी, मैंने तुम्हारा क्या बिगाड़ा है...''

एंटनी ने एक विचित्र दृष्टि से उसकी ओर देखा। फिर कोमल स्वर में बोला, ''नहीं, आरोरा, कुछ और मत समझो,...अगर ग्रीस के लिए यह करना पड़े, तो करोगी?''

''तुमको क्या हो गया है, टोनी?''

एंटनी फिर चुप हो गया। थोड़ी देर बाद, आग की ओर देखता हुआ बोला, ''आरोरा, मुझे इस आग के तट पर भविष्य का एक स्वप्न दिखा था—सुनोगी?''

आरोरा कुछ नहीं बोली। एंटनी अपने-आप कहने लगा, ''मैंने देखा है, हमारा तुम्हारा विवाह नहीं होगा। हम सब मर जाएँगे। और एक साथ नहीं मरना होगा— तुम कहीं और, कार्ल कहीं और, मैं कहीं और...''

''फिर?''

''फिर मेरे भीतर कुछ कहता है, आरोरा तुम्हारी नहीं है, क्रान्ति की है। उसे जाने दो...''

एंटनी फिर चुप हो गया...

आरोरा बोली, ''तुम तो पागल हो—गर्मी से सिर फिर गया है...'' फिर उसके कन्धे पर हाथ रखकर बोली, ''अब नीचे नहीं चलोगे?''

''अभी-अभी ठहरो; मुझे कुछ और देखना है, उससे आगे...''

आरोरा बिलकुल चुप और निश्चल हो गई। दोनों फिर लाल आग में भविष्य के चित्र देखने लगे—एंटनी लाल क्रान्ति के चित्र, और आरोरा...

नीचे थके हुए स्वर में कार्ल की आवाज़ आई, ''टोनी कहाँ गए?''

एंटनी चौंका, और दोनों नीचे चले।

कार्ल ने दोनों को देखकर पूछा, ''छत पर क्या हो रहा था?''

एंटनी ने जल्दी से कहा, ''कुछ नहीं, हम आग देख रहे थे। कैसी भयंकर है! क्यों, आरोरा?''

आरोरा एक काँपती हुई, अस्वाभाविक हँसी हँसकर बोली, ''हाँ...''

कार्ल ने वह हँसी सुनकर एक बार तीव्र दृष्टि से आरोरा की ओर देखा और बोला, ''तुम थक गई हो, लेट जाओ।''

आरोरा ने मानो सुना ही नहीं। एंटनी ने पूछा, ''कोई समाचार है?''

''हाँ, तुम्हारे काम का है।''

''क्या?''

''तुर्की सरकार का फ़रमान है कि सत्रह वर्ष से कम आयु के पुरुष स्मर्ना से बाहर जा सकते हैं।''

''फिर?''

''तुम्हारी आयु 17 साल की है—और आरोरा भी जा सकती है...''

''पर—''

आरोरा ने कहा, ''और तुम, कार्ल?''

''मैं क्या? दुनिया बहुत बड़ी है...टोनी, चुप क्यों हो गए?''

टोनी फिर चुप रहा। आरोरा फिर वही अस्वाभाविक हँसी हँसकर बोली, ''उसका दिमाग़ खराब हो गया है—उसे बुलाओ मत!''

कार्ल ने सहानुभूति-भरे स्वर में कहा, ''और तुम, आरोरा, तुम भी तो बहुत चंचल हो रही हो!''

एकाएक टोनी लपका और बोला, ''समझ गया! मेरा स्वप्न ठीक है, ठीक!''

कार्ल ने कुछ विस्मय से, मुस्कुराकर पूछा, ''क्या है, टोनी?''

आरोरा ने भी चौंककर भीत स्वर में कहा, ''क्या?''

टोनी पर एक विचित्र, अलौकिक उन्माद छाया हुआ था...वह उसी अनागत-दर्शी भाव से बोला, ''सुनो, कार्ल! मैं जो कहता हूँ, ध्यान से सुनो! मेरे पास सेना का पासपोर्ट है, अपने नाम और आरोरा के नाम का। उसमें मेरी आयु 17 साल लिखी है।''

''हाँ, तो फिर?''

''तुम समझे नहीं? तुम वह लेकर मिटिलीनी चले जाओ, और—''

''पागल! तुम्हारा और आरोरा का हक छीनकर मैं भागूँगा?''

आरोरा बैठी हुई थी, खड़ी हो गई, पर कुछ बोल न सकी।

एंटनी ने फिर कहा, ''कार्ल, ऐसे भावुक मत होओ! मैं तुम्हें अपनी जान ले कर भागने को थोड़े ही कहता हूँ? क्रान्ति का भी तो उत्तरदायित्व है...''

''नहीं, मैं नहीं मानूँगा। तुम और आरोरा चले जाओ—''

''कार्ल, सुनो! मैं बहुत छोटा हूँ, पर मैंने भी तुम्हारे साथ युद्ध देखा है, हार देखी है, हज़ारों लोग मरते देखे हैं—केवल तलवार से नहीं, भूख-प्यास से और प्लेग से और इस भयंकर आग से भी...मैं समझता हूँ कि मरना क्या है और जीना क्या...पर यह बताओ, अगर एक कांस्टैंटाइन के स्वप्न के लिए लाखों प्राणियों की आहुति उनकी इच्छा के विरुद्ध दी जा सकती है, तो क्या लाखों प्राणियों के सुख के लिए एक आदमी इच्छापूर्वक नहीं मर सकता? तुम्हारे ऊपर क्रान्ति निर्भर करे, और तुम एक जीवन का मोह करो? छि:!''

कार्ल विस्मित होकर एंटनी का यह नया रूप देख रहा था, बोला, ''आरोरा भी तो है...''

आरोरा ने तनकर कहा, ''आरोरा भी तो मरना जानती है, डरती नहीं।''

एंटनी बोला, ''नहीं, आरोरा की बात नहीं है। वह तुम्हारे साथ जा सकती है।''

आरोरा ने मुँह फेर लिया था। यह बात सुनकर वह तीखे स्वर में बोली, ''ठीक है, आरोरा जा सकती है।''

इस बात के पीछे कितना तीक्ष्ण व्यंग्य, कितनी मार्मिक वेदना थी, एंटनी नहीं समझा। प्रसन्न होकर बोला, ''आरोरा, तुम्हें मंजूर है न? कार्ल, तुम्हें भी मानना ही पड़ेगा...''

''नहीं मानूँगा। तुम दोनों चले जाओ, मैं तुम्हें एक पत्र दे देता हूँ, वह ले जाना। मिटिलीनी में—''

''तुम्हीं ने नहीं कहा था कि पत्र से काम नहीं हो सकेगा?''

कार्ल चुप रह गया। एंटनी फिर बोला, ''कार्ल, यह हँसी नहीं है। तुम्हें यह बात शोभा नहीं देती। मेरा क्या है? अभी कल मैं साम्राज्यवाद के लिए लड़ रहा था। पर तुम—तुम्हारा ग्रीस के लिए बहुत मूल्य है। बोलो, जाते हो कि नहीं? मैं कहे देता हूँ, तुम नहीं जाओगे तो मैं यहीं आग में जलकर मर जाऊँगा—यहाँ से टलूँगा नहीं!''

कार्ल कुछ कह नहीं सका, मुँह फेरकर खिड़की से बाहर देखने लगा...आरोरा ने उसी तीक्ष्ण स्वर में कहा, ''ठीक है!''

एंटनी ने कहा, ''कार्ल, तुम सब ठीक-ठाक करके तैयार हो जाओ—कल ही उस अमरीकन जहाज़ से चले जाओ।''

कार्ल का विरोध प्रायः परास्त हो चुका था। बोला, ''अगर पासपोर्ट का धोखा पकड़ा गया तो? उस फ़ोटो से भी तो—''

''कैसे पकड़ा जाएगा? मुझे यहाँ कौन जानता है? और ग्रीक ग्रीक को धोखा नहीं देगा, ऐसा भी मेरा विश्वास है...फ़ोटो को धुएँ से थोड़ा काला कर लेना—बस!''

थोड़ी देर बाद एंटनी ने फिर कहा, ''कार्ल, तुम तैयार हो जाओ! मैं ऊपर जाता हूँ।''

कार्ल ने एक बार आरोरा की ओर देखा और बोला, ''मैं ज़रा नीचे जा रहा हूँ, अभी आ जाऊँगा।'' और जल्दी से उतर गया।

कार्ल घर से बाहर निकलकर कहीं गया नहीं, घर के सामने ही एक चौंतरे पर लेट गया और आकाश की ओर देखने लगा।

संध्या हो गई थी। पर जैसे दिन-भर धुएँ के कारण सूर्य नहीं दिख पाया था, उसी प्रकार रात का पता नहीं लगा—केवल जो ज्वाला दिन में कुछ पीली-सी दिख पड़ती थी, वह अब रक्त के उबाल की तरह लाल-लाल दिखने लगी, और धुएँ का मैलापन कुछ और काला हो गया...

क्रान्ति और युद्ध के, जीवन और मरण के, तेज और मालिन्य के, लाल और काले के इस सम्मिश्रण को देखकर कार्ल भी न जाने क्या सोचने लगा...

4 एंटनी कुछ देर तक अनिश्चित-सा कमरे के मध्य खड़ा रहा, फिर आरोरा के पास गया। आरोरा भूमि पर बैठ गई थी। एंटनी ने कहा, ''आरोरा, अब तो तुम चली जाओगी!''

''हाँ, चली जाऊँगी!''

स्वर में कुछ ऐसी कठोरता थी, कि एंटनी एकाएक घुटनों पर बैठ गया और आरोरा का हाथ अपने हाथों से लेकर बोला, ''आरोरा, क्या है?''

''कुछ नहीं!''

कोमल स्वर में, ''मुझसे नाराज़ हो गईं?''

''नाराज़ क्यों होऊँगी? मुझे तो प्रसन्न होना चाहिए न—कि तुम अपना स्वार्थ भूलकर मेरी रक्षा कर रहे हो?''

एंटनी जो बात इतनी देर तक नहीं समझा था, वह एकाएक समझ गया। कुछ देर वह भौचक्का होकर आरोरा की ओर देखता रहा, फिर बोला, ''आरोरा, तुम अन्याय मत करना—अभी हमारे पास झगड़ने का समय नहीं है। अभी थोड़ी देर तक तुम मुझे अपना टोनी मत समझो—समझ लो कि मैं केवल एक ग्रीक सैनिक हूँ। और तुम मेरी आरोरा नहीं—ग्रीस की एक वालंटियर हो...फिर बताओ, तुम क्या ग्रीस को छोड़ दोगी?''

आरोरा कुछ नहीं बोली।

एंटनी ने फिर कहा, ''आरोरा, हम फिर मिलेंगे। तुम कार्ल के साथ चली जाओ, क्रान्ति हो जाने दो। मैं फिर छूटकर आ जाऊँगा—या आयु कम होने के कारण, या फिर सन्धि हो जाने के बाद...''

आरोरा ने अविश्वास के स्वर में कहा, ''हूँ!''

''सन्धि अवश्य होगी। ये तीन लाख भूखे-प्यासे आदमी बहुत दिन युद्ध नहीं चलने देंगे। फिर तुम और मैं सुख से रहेंगे। तुम कहोगी तो फिर अनातोलिया लौट आवेंगे...तुम कुछ ही दिन के लिए तो जाओगी—ताकि कार्ल मिटिलीनी पहुँच सके...''

एंटनी चुप होकर आरोरा के मुख की ओर देखने लगा, पर आरोरा ने कोई उत्तर नहीं दिया। एंटनी ने पूछा, ''मानती हो न?''

अब की बार कम्पित स्वर में आरोरा ने कहा, ''मुझे सोचने दो—जाओ!''

एंटनी, तरुण फ़िलासफर किन्तु स्त्री-प्रकृति से अनभिज्ञ, चुपचाप अपनी डायरी उठाकर छत पर चला गया।

उसके जाते ही आरोरा खिल-खिलाकर हँसी—फिर वह हँसी पागल के उन्मत्त अट्टहास-सी हो गई...

बाहर कार्ल ने सुना, और मन-ही-मन बोला, ''दिखता ही था...हिस्टीरिया...'' फिर वह उठकर भीतर चला आया।

पर छत पर बैठा एंटनी बहुत दूर विचरण कर रहा था; उसने वह हँसी नहीं सुनी।

5 रात बहुत जा चुकी थी, पर कार्ल और एंटनी दोनों जाग रहे थे। आरोरा थककर शान्त हो गई थी, और फिर सो गई थी, यद्यपि उसकी नींद शान्त नहीं थी—वह बार-बार चौंकती थी, और हाथ-पैर पटकती थी, मानो छटपटा रही हो। जब ऐसा होता तब दोनों एक बार चिन्तित दृष्टि से उसकी ओर देखते, और फिर बातें करने लग जाते।

वे दोनों भविष्य के लिए मंसूबे बाँध रहे थे...मिटिलीनी पहुँचकर कार्ल क्या करेगा, कहाँ जाएगा, एंटनी कहाँ उसे मिलेगा, पत्र-व्यवहार कैसे हो सकेगा, इत्यादि...कार्ल ने एक-दो कपड़े, और कुछ काग़ज़ इत्यादि एक कम्बल में लपेटकर यात्रा की तैयारी कर ली थी।

एकाएक आरोरा एक हल्की-सी चीख मारकर उठ बैठी, और आँखें फाड़-फाड़कर सब ओर देखने लगी। एंटनी ने पास जाकर प्यार से कहा, "क्या है, इरी?"

आरोरा पहले तो उससे चिपट गई, किन्तु तत्काल ही उसने उसे परे धकेल दिया। एंटनी विस्मय के कारण कुछ बोल नहीं सका।

थोड़ी देर बाद आरोरा ने अस्वाभाविक स्वर में कहा, "तुमसे एक बात कहनी है।"

इस बात का अभिप्राय समझकर कार्ल स्वयं उठकर दूसरे कमरे में चला गया।

आरोरा ने पूछा, "टोनी, तुम अवश्य ही मुझे भेज दोगे?"

एंटनी ने हाथ उसकी ओर बढ़ाते हुए कहा, "क्यों, क्या है आरोरा?"

"बताओ, ज़रूर भेजोगे?"

रुक-रुककर, "मेरे ख़याल में तुम चली जाओ तो सभी के लिए अच्छा है।"

"हूँ। तुमने अपना पासपोर्ट पढ़ा है?"

"हाँ, क्यों?"

आरोरा कुछ देर तक नहीं बोली। उसके चेहरे से ज्ञात होता था कि वह कुछ कहने के लिए साहस का संचय कर रही है...फिर उसने जल्दी-जल्दी कह डाला, "मैं कल कार्ल से विवाह करूँगी!"

"क्या?"

आरोरा ने फिर, प्रत्येक शब्द पर ज़ोर देकर दुहराया, "मैं—कल—कार्ल—से—विवाह—करूँगी!"

एंटनी को इतना विस्मय हुआ कि वह कुछ बोल नहीं सका। उसने चुपचाप कार्ल के कम्बल पर पड़ा पासपोर्ट उठाया और उसे अन्यमनस्क होकर देखता रहा...

उस पर लिखा था, "एंटनी स्टेरास, और उसकी प्रेमिका, आरोरा", इत्यादि। एंटनी इस वाक्य को चार-पाँच बार पढ़ गया, पर उसे मानो उसका अभिप्राय ही नहीं समझ आया, उससे आरोरा की बात का सम्बन्ध निकालना तो दूर...

आरोरा बोली, "मैं एंटनी स्टेरास की प्रेमिका हूँ। मेरी और उसकी सगाई हो चुकी है।"

एंटनी ने उसी विस्मय के स्वर में कहा, ''पर—''

आरोरा ने हाथ उठाकर उसे रोक दिया। बोली, ''एंटनी की प्रेमिका कार्ल के प्रति प्रणयिनी का व्यवहार नहीं करेगी।''

अब एंटनी को समस्या समझ आई। वह घबराया हुआ-सा कभी पासपोर्ट की ओर, कभी आरोरा की ओर देखने लगा।

आरोरा फिर बोली, ''इसलिए मैं कल कार्ल के साथ विवाह कर लूँगी।''

एंटनी बहुत देर तक सिर झुकाए न जाने क्या सोचता रहा। क्रान्ति और जीवन के जिस संघर्ष को वह अब तक पूर्णतया नहीं समझ पाया था, वह एकाएक उसके सामने आ गया। उसके सामने उसके गत जीवन के बहुत-से चित्र नाच गए—अलग-अलग नहीं, एक ही दीप्त छाया-पट पर...

किन्तु साथ ही उसी दृश्य को घेरे हुए उसके चारों ओर, आग की लपटें...और उन लपटों में से धुएँ की तरह निकलते हुए, व्यथा और भूख से विकृत लाखों मानव-मुख...

न जाने क्यों उसके मन में एक शब्द-समूह—निरर्थक शब्द-समूह—नाचने लगा, ''तीन लाख, तीन लाख, आरोरा...''

उसने सिर उठाया और तनकर खड़ा हो गया। उसकी आँखों में व्यथा नहीं थी, आनन्द नहीं था, विजय नहीं थी, उत्सर्ग नहीं था; था एक उन्मत्त अभिमान दर्प...

बोला, ''ठीक है, यही होगा।'' फिर एकाएक घूमकर लम्बे-लम्बे कदम रखता हुआ छत पर चल दिया...

आरोरा भूमि पर बैठ गई—बैठ गई ऐसे जैसे गिलास के लुढ़कने से उसमें का दूध बिखर गया हो—और फूट-फूट कर रोने लगी। हिस्टीरिया ने जिस व्यथा को दबा दिया था, वह और भी अधिक वेगवती होकर बह निकली।

कार्ल अन्दर आया, और किंकर्तव्यविमूढ़ होकर चुपचाप आरोरा के पास खड़ा रहा।

और आरोरा रोती रही...

और एंटनी छत पर बैठकर ज्वाला के प्रकाश में डायरी लिये बैठा लिखे जा रहा था, पागल की तरह, मानो उसका जीवन उस लिखने पर निर्भर करता हो...

6 वह भयंकर ज्वाला जो अनेक अकाल-मृत्युओं का कारण हुई थी, अनेक अकाल प्रसवों का भी कारण हुई...

कार्ल आरोरा को लेकर जिस पथ पर धीरे-धीरे चला जा रहा था, उस पर उसने पाँच-छः प्रसविनी स्त्रियाँ पड़ी देखीं...

पता नहीं, किस भावना से प्रेरित होकर आरोरा ने कहा, ''यह अच्छा शकुन है...''

कार्ल ने एक बार चुपचाप उसकी ओर देखा, और चलता गया। वह मन-ही-मन आरोरा की मनःस्थिति समझने का प्रयत्न कर रहा था, पर समझ नहीं पाता था।

उनका विवाह हो चुका था। उसी भीड़ में फँसे हुए एक वृद्ध पादरी ने उनका विवाह-संस्कार कर दिया था।

एंटनी उनके विवाह पर नहीं गया था, अब उनके साथ बन्दरगाह पर भी नहीं आया। वे उसके पासपोर्ट पर जा रहे थे, इसलिए उसका साथ आना ठीक नहीं था, क्योंकि शायद कोई पहचान का आदमी मिल जाता...यही कहकर वह स्वयं रह गया था। आरोरा ने उसे साथ बुलाने का बिलकुल आग्रह नहीं किया, और कार्ल ने भी यह सोचकर कि इस प्रकार वियोग का दु:ख कम हो जाएगा, कोई बाधा नहीं की। आरोरा ने चलते समय एंटनी से विदा भी नहीं ली—यद्यपि कार्ल उन्हें अवसर देने के लिए परे हट गया था...एंटनी ने कहा, ''आरोरा, ऐसे ही चली जाओगी?'' तब आरोरा ने बिना उसकी ओर देखे ही उत्साह-हीन स्वर में कहा था, ''ऐसे ही नहीं— क्रान्ति की रक्षा करने जाऊँगी!'' और तीव्र गति से बाहर निकल गई थी...

बन्दरगाह पर स्त्रियों, बच्चों, लड़कों और वृद्धों की क़तारें खड़ी थीं। आठ-दस तुर्की सैनिक उनका या उनके पासपोर्ट का निरीक्षण कर रहे थे। जिसकी आयु के विषय में उन्हें सन्देह होता, उसे वे अलग कर लेते थे, और बाक़ी उनकी अनुमति लेकर सामने जुटी हुई अमरीकन डोंगियों में बैठकर जहाज़ों की ओर चले जा रहे थे...

कार्ल और आरोरा भी उसी क़तार में जाकर खड़े हो गए और बिना उत्साह, बिना औत्सुक्य के जहाज़ों के मस्तूलों की ओर देखने लगे...

7

एंटनी फिर छत पर खड़ा था। आग अब बहुत पास आ गई थी, एंटनी के माथे पर उसके ताप से जो स्वेद-बिन्दु उत्पन्न होते, वे साथ ही उसी के ताप के कारण सूखते भी जा रहे थे...

उसके एक हाथ में लिफ़ाफ़ा था, और दूसरे में एक छोटा-सा पत्र...

''तुमने मेरा अपमान किया है, मैं इसीलिए तुम्हें छोड़कर चली जा रही हूँ। क्रोध में जा रही हूँ—ऐसे ही वियोग सह्य हो सकेगा। बाद—बहुत बाद—रो लेंगे, जब क्रान्ति हो चुकेगी।

''लिफ़ाफ़े में अपने बालों की एक लट काटकर रख जाती हूँ। मैं क्रान्ति की हूँ, तो इसे तो रख ही लेना।''

पत्र एंटनी के हाथ से गिर पड़ा। उसने लिफ़ाफ़े में से वह सुनहली लट निकाली और विमनस्क भाव से बार-बार उसे अपनी उँगली पर लपेटने और खोलने लगा...

फिर एकाएक रुककर उसने पत्र उठाया, उसमें लट लपेटकर लिफ़ाफ़े में डाली और लिफ़ाफ़ा अन्दर की जेब में रख लिया...

फिर वह उतरकर घर में आया, और डायरी लेकर लिखने बैठ गया...

''जीवन तीव्र और अनवरुद्ध गति से आगे बढ़ता जा रहा है, और मैं मूर्ख की तरह उसके साथ क़दम मिलाकर चलने की निष्फल चेष्टा कर रहा हूँ...पैदल आदमी सरपट दौड़ते घोड़े से क़दम मिलाए...

"पर क्या? जीवन के साथ नहीं चल सकता, तो जिधर जीवन की गति है उस दिशा में तो जा सकता हूँ, मैंने आरोरा को स्वेच्छा से जाने दिया है—स्वयं भेजा है...

"प्राण अभी तक रोते हैं, 'आरोरा, आरोरा!' पर मैंने उसे छोड़ दिया है—इतना ही नहीं, वह भी मुझे छोड़कर चली गई है...

"मैंने अपने सामर्थ्य के परे हाथ बढ़ाया था—पर बिना अपने सामर्थ्य के परे हाथ बढ़ाए क्रान्ति नहीं हो सकती...

"मेरा जीवन सम्पूर्ण हो गया है। आरोरा, मैं तुमसे विदा लेता हूँ। पर—अब तुम मेरी कौन हो जिससे विदा लूँ?

"नहीं, अभी मेरा एक काम बाक़ी है—अभी क्रान्ति सम्पूर्ण नहीं हुई...मैं बलिदान कर चुका हूँ, पर अभी प्रसाद नहीं मिला..."

8

आग स्मर्ना नगर का विनाश करके बुझ चुकी थी।

क्रान्ति की ज्वाला मिटिलीनी टापू से बढ़ती हुई ग्रीस-भर में फैल चुकी थी। कांस्टैंटाइन देश को छोड़कर भाग गया था। हवाई जहाज़ आकर नयी सरकार के फ़रमान बाँट गए थे...

किन्तु आग से बचे हुए लोग अभी स्मर्ना में पड़े विधि के विधान की प्रतीक्षा कर रहे थे...

और क्रान्ति की ज्वाला से बचे हुए क्रान्ति-शत्रु अभी तक षड्यन्त्र रच रहे थे...

और विजयी तुर्क, विजय से सन्तुष्ट न होकर, बन्दरगाह पर एकत्र होकर पानी में काँटे डाल रहे थे—डूबे हुए ग्रीक शवों को खींच-खींचकर निकालने के लिए—उनके शरीरों पर से आभूषण, धन, कपड़े तक उतार लेने के लिए...

नभ में उषा नाच रही थी।

एंटनी बन्दरगाह पर पोर्ट-भवन के बाहर खड़ा एक फ़ेहरिस्त देख रहा था जो कि उसी वक़्त लगाई गई थी। यह क्रान्ति-पक्ष की आहुतियों की सूची थी।

एंटनी के पैरों में साँकलें पड़ी हुई थीं—वह तुर्कों का युद्ध-बन्दी था और भाग कर यहाँ आया था। एंटनी का शरीर थकान से चूर हो रहा था, मुख क्लेश और दुःख से पीला पड़ गया था—वह स्मर्ना से अंगोरा की सड़क पर और क़ैदियों के साथ कुली के काम में लगाया गया था। एंटनी का अपना कोई नहीं था जिसकी वह चिन्ता करता, पर इतने दिनों से कार्ल का कोई समाचार नहीं आया था...और आरोरा का पता नहीं था...

एंटनी की दृष्टि एक नाम पर अटक गई, पर न जाने क्यों उसे कोई धक्का नहीं लगा, विस्मय भी नहीं हुआ...

"एंटनी स्टेरास, मिटिलीनी के विद्रोह के समय हवाई जहाज़ के गिर जाने से, 2 अक्टूबर।"

एंटनी ने शून्य भाव से कहा, "कार्ल..." और फिर निरुद्देश्य-सा आगे पढ़ने लगा...

''नामहीन मृत्युएँ :

कियोस द्वीप में, सैनिक बैरक में, एक पुरुष, आयु लगभग 23, मृत्यु का कारण अज्ञात...मैसिडोनिया में—...थ्रेस में...सालोनिका बन्दरगाह पर—''

एंटनी चौंककर रुक गया—फिर एक साँस में तेज़ी से पढ़ गया :

''एक युवती, आयु लगभग सत्रह वर्ष, कपड़ों में एक पुराना पासपोर्ट है जिसमें एंटनी स्टेरास का नाम लिखा हुआ है। युवती के शरीर पर आठ गोलियों के घाव हैं। सालोनिका में हेजानेस्टीज़ की सेना के कुछ बचे एकतन्त्रवादियों ने जो गुप्त ट्रिब्युनल खड़ा किया था; यह उसी का काम है। ये व्यक्ति अब कोर्टमार्शल कर दिए गए हैं।''

एंटनी धीरे-धीरे वहाँ से हटकर घाट के सिरे पर आ गया...यहाँ उसकी ओर ध्यान देने वाला कोई नहीं था, केवल पाँच-सात तुर्क पानी से मुर्दे निकाल रहे थे...

एंटनी ने जेब में से अपनी डायरी निकाली। क्षण-भर उसकी ओर देखता रहा। फिर उसने वह पृष्ठ निकाला जहाँ उसने अपनी प्रतिज्ञा लिखी थी, और एक बार प्रतिज्ञा पढ़ गया—''मैं, एंटनी स्टेरास, प्रतिज्ञा करता हूँ...''

फिर एकाएक बोला, ''एंटनी स्टेरास तो मर चुका!''

और डायरी समुद्र में फेंक दी।

फिर उसने जेब में से एक लिफ़ाफ़ा निकाल उसमें से बालों की एक लट निकाली। नवोदित सूर्य की किरणों में उसका सुनहलापन और भी अधिक शोभित हो गया था। एंटनी कुछ देर उसे सूँघता रहा। फिर उसने उसका एक बाल निकाला, और उसे सूर्य के सामने रखकर क्षण-भर देखता रहा—और फिर छोड़कर समुद्र की ओर उड़ा दिया...

इसी प्रकार एक के बाद एक, एक के बाद एक, बाल...

जब सब समाप्त हो गए, तब धीरे से बोला, ''मेरी आरोरा गई, अब क्रान्ति की आरोरा है...''

आकाश में हवाई जहाज़ मँडरा रहा था; उससे पर्चे गिराए जा रहे थे। दो-चार लोग चिल्ला रहे थे, ''सुनो, सुनो, ग्रीस के सब राजबन्दी छूट गए...''

एंटनी ने एक लम्बी साँस ली, और धीरे-धीरे नगर पार कर बड़े फाटक पर पहुँचा। यहाँ उसने एक बार घूमकर स्मर्ना नगर के भग्नावशेषों को देखा, फिर अभिमान से सिर ऊँचा उठाकर साँकल झनकाता हुआ आगे चल पड़ा—उसी पथ पर जिस पर से वह एक बार पहले दिग्विजय का भक्त और साम्राज्य का आकांक्षी होकर गुज़रा था, और जिस पर अब उसके लिए एकमात्र आशा तुर्कों के हाथ प्राण-दंड की आशा थी—तुर्की राज्य की राजधानी अंगोरा के पथ पर...

•

दारोगा अमीचन्द

यों तो जिस जेल की यह बात है उसका नाम मैं बता देता, पर मुश्किल यह है कि उसके साथ फिर दारोगा का नाम भी बताना पड़ेगा या आप खुद पता लगा लेंगे, और एक कहानी के नाम पर किसी को दु:ख देना मुझे ठीक नहीं जान पड़ता, फिर चाहे कहानी सच्ची ही क्यों न हो। इतना बता सकता हूँ कि बात सन् चौंतीस की है, जब देश-भर की जेलें दूसरी बार खचाखच भर रही थीं, और ए, बी, सी क्लासों में बँटकर, अलग-अलग दलों के बिल्ले लगाकर भी बहुत-से असन्तुष्ट आन्दोलक 'सियासी' के नाम के द्वारा एक बिरादरी में शामिल होकर अपने दिन बिता रहे थे।

कहने को कह लीजिए कि वह हज़ारा की जेल थी, क्योंकि हज़ारा जेल पंजाब की शायद सबसे बड़ी जेल थी—और सच को छिपाना ही हो तो उसे झूठ में नहीं, बड़प्पन में छिपाना ज़रा भला मालूम होता है। मैं हज़ारा जेल में नया-नया आया था। तब तक 'बी' क्लास लेकर लाहौर की जेल में सूने मगर आराम के दिन काटता रहा था; एक बार सूनेपन से ऊबकर कुछ झगड़ा कर बैठा तो 'सी' क्लास हो गई और तब मैं हरिपुर हज़ारा की जेल भेज दिया गया। मैंने सोचा कि चलो, आराम गया तो सूनापन भी जाएगा; जीवन में कुछ गति आएगी, हज़ारा की बड़ी जेल में कुछ रंगीनी तो होगी—कहीं अधिक स्याह रंग होंगे तो कहीं लाल-उजला-नौरंगी रंग भी तो उभरेगा ही! और इसमें मुझे निराश नहीं होना पड़ा। यों तो रंगीनी की मुझे सिर्फ़ आशा थी और स्याहपन का पक्का विश्वास, क्योंकि हज़ारा के नये दारोगा साहब, जिनकी बात सुन रहा हूँ, एक नम्बर ज़ालिम मशहूर थे। अटक जेल में मार्शल लॉ के पुराने क़ैदियों के साथ उन्होंने जो-जो ज़्यादतियाँ की थीं, उसे पंजाब-भर की जेलों में लोग जानते थे, और उन्हीं के कारण दारोगा का नाम दारोगा अमीचन्द अटकवाला हो गया था, यद्यपि उनकी बदौलत अब वह दारोगा से बढ़कर डिप्टी साहब हो गए और राय साहब का खिताब भी उन्हें मिल चुका था। यह भी सुना जाता है कि ब्रिटिश एम्पायर का आर्डर भी उन्हें शीघ्र मिलनेवाला है! इन्हीं दारोगा

साहब की वजह से अटक जेल का भी आतंक सूबे-भर में फैल गया था; जिसको अटक भेजा जाता था वह समझ लेता कि उसे द्वीपान्तरित किए बग़ैर कालापानी भेजा जा रहा है, और जो सुनता था; जान लेता था कि जिसे भेजा गया है, वह या तो बड़ा दबंग और खतरनाक सियासी क़ैदी है जिसके आत्माभिमान को सरकार जैसे भी हो तोड़ना चाहती है, या फिर कोई ऐसा दुष्ट और लाइलाज इख़लाक़ी जिसे सब सज़ाएँ देकर जेलवाले हार गए हों, यानी जो जेल के मुहावरे में 'खलीफ़ा' हो चुका हो। अटक जेल की जिन बैरकों में खलीफ़ा को रखा जाता था, उनके बड़े हौलनाक वर्णन पंजाब की जेलों में प्रचलित थे, और उनके प्रचार से दारोगा अमीचन्द का आतंक और भी बढ़ता जाता था।

दारोगा अमीचन्द की एक और बात भी मशहूर थी! वह यह कि उनका चेहरा ऐसा रोबीला है कि मामूली क़ैदी तो उनकी शक्ल देखकर ही थर-थर काँप उठे, और कहीं किसी की ओर वह एक नज़र देख दें तो बस उसके औसान ख़ता हो जाएँ...

यों अमीचन्द डीलडौल के साधारण थे। क़द मँझला, पर अकड़कर चलते थे; शरीर कुछ भारी पर चाल में कुछ ऐसा कटाव-छँटाव और फुर्ती कि जब वह परेड पर निरीक्षण के लिए आते तो क़ैदी मानो अकस्मात् ही आधा क़दम पीछे हट जाते...

अमीचन्द थे तो खत्री, पर अपनी घनी मूँछें ऐसी उमेठकर रखते थे कि ठाकुर ठकुराई भूल जाए। मोम लगाकर मूँछों की नोंक का कसाव कुछ ऐसा तीखा रखते थे, मानो तारकशी का काम करनेवाले किसी अच्छे कारीगर ने लोहे के तारों के लच्छे लेकर उन्हें बटकर नोक दे दी हो...बात मशहूर थी कि दारोगा अपनी मूँछों को बटते रहते हैं और तब तक सन्तुष्ट नहीं होते जब तक कि नीबू उठाकर मूँछों की नोंक पर उसे भोंककर तसल्ली न कर लें कि नीबू उससे आर-पार छिद जाता है। मानो कोई जल्लाद रोज़ किसी को सूली पर चढ़ाकर देखा करे कि वह ठीक जमी है कि नहीं! लोग कहते ही तो थे, "दारोगा अमीचन्द! वह तो पूरा जल्लाद है...उसकी मूँछें नहीं देखीं तुमने?"

क़िस्सा कोताह, मैं जब हरिपुर पहुँचा तो दारोगा अमीचन्द वहाँ नये-नये तैनात होकर आए थे। उन दिनों हज़ारा जेल में बहुत-से अकाली क़ैदी थे; बहुत दिनों से जेलवालों से इनकी चल रही थी और सब जानते थे कि इन्हीं को ठीक करने के लिए अटक के जल्लाद को वहाँ भेजा गया है! और इस चुनौती को अकालियों ने तत्काल स्वीकार कर लिया। जेल में तो यह ऊब से बचने का एक उपाय है, फिर अकाली तो अकाली ठहरे!

यों बात कुछ नहीं थी। अकाली लोग सवेरे खाने पर बैठे तो किसी एक अकाली की दाल की बाटी में कंकड़ निकले। दाल में कंकड़ निकलना साधारण बात ही माननी होगी फिर जेल की दाल; मगर वह तो ठननी थी, कोई हीला चाहिए था। अकालियों ने खाना छोड़ दिया; कहा कि अब तो रोटी वे तब खाएँगे जब दारोगा अमीचन्द आकर मुआइना कर लें कि खाना किताब खराब है। और जब लड़ाई छिड़ ही गई, तो फिर वाजिब और ग़ैर-वाजिब को कौन पूछता है? लड़ाई में तो साधारण

आदमी भी कुछ अनरीज़नेबल हो जाते हैं—फिर वाहे गुरु का खालसा! उन्होंने एक लम्बी सूची बनाई कि उनकी क्या-क्या शिकायतें या कह लीजिए माँगें हैं, और जब तक वे पूरी न हों वे जेल की डिसिप्लिन न मानेंगे...हर अकाली को आधा-आधा सेर दूध मिले, रात को उनकी कोठरियाँ खुली रहें, मशक़्क़त उन्हें न दी जाए, दाल की बजाय महापरशाद मिले। छोटी-बड़ी बीस-एक माँगें उनकी तैयार हो गईं...

उधर दारोगा भी अपना लोहा मनवाने को उतावले थे, उन्होंने कहलवा दिया कि क़ैदी क़ैदी हैं, उन्हें कोई फ़रियाद करनी हो तो परेड के दिन कर सकते हैं; धौंस कोई नहीं मानेगा और डिसिप्लिन न मानने पर सख़्त कार्रवाई की जाएगी।

बात बढ़ती ही गई! अकालियों को एक पर एक सज़ाएँ मिलने लगीं। धीरे-धीरे मामला जेल से बाहर फैलने लगा, और क्रमशः सूबे में यह बात फैल गई कि अमीचन्द अटकवाला हज़ारा में नयी लड़ाई ले रहा है अकालियों से; अगर बात ने और तूल पकड़ा तो शायद लोग अमीचन्द न कहकर हज़ारेवाला कहने लगेंगे। दारोगा अमीचन्द खुश थे। उनका छोटा-सा शरीर कुछ और भी अकड़कर चलता; पैंट की क्रीज़ कुछ और भी कटार की धार-सी तीखी नज़र आती, और मूँछों की ऐंठन तो ऐसी मानो नीबू तो क़्या, अगर बिल्लौर की गोलियाँ भी होंगी तो बिंध जाएँगी।

लेकिन बात फैलने के कुछ ऐसे ही असर हुए जिनके लिए दारोगा तैयार नहीं थे। सूबे-भर में उनका जो दबदबा था, जिसकी वजह से उन्हें इन्स्पेक्टर जनरल भी जानते थे, उसका एक पहलू यह भी था कि एक महीना हो गया और अभी तक दारोगा अमीचन्द भी क़ैदियों का विद्रोह कुचल नहीं पाए। तब या तो वह काम में ढील देने लगे हैं, या फिर मामला ही कुछ संगीन है, हड़ताल का नहीं बलवे का है! इन्स्पेक्टर जनरल ने तय किया कि वह मुआइना के लिए आवेंगे, और जेल को सूचना दे दी गई।

हम लोगों को यह बात तत्काल नहीं मालूम हुई। बल्कि हमसे छिपाने की खास वजह थी। दारोगा साहब ने सोचा कि जहाँ मुआइना एक मुसीबत है वहाँ एक मौक़ा भी है। अगर आई.जी. के आने पर वह उन्हें यह सूचित कर सकें कि बलवा उन्होंने शान्त कर दिया है, तो उनकी सफलता दूनी होगी और उसका रौब भी सीधे आई.जी. पर काफ़ी पड़ेगा—आमने-सामने की बात और होती है और किसी जिले से आई हुई रिपोर्ट की बात और। मगर बलवा दबे, तो न! जुल्म तो उन्होंने बहुत कर लिये, अकालियों पर कोई असर ही नहीं हुआ। मानो गैंडे की पीठ पर कोड़े पड़ रहे हों—सौ पड़ें तो क्या और हज़ार पड़ें तो क्या!

सहसा ऐलान हुआ कि सवेरे परेड होगी, और डिप्टी साहब अकालियों के वार्ड में जावेंगे। अकाली क़ैदी तैयार हो गए कि शायद कोई नया अत्याचार होने वाला है।

मगर परेड में जाकर डिप्टी साहब ने कहा, ''तुम लोग अभी झगड़ा करके थके नहीं? क्या फ़ायदा है और...जेल तो जेल है, यहाँ तो कानून मान के रहना पड़ेगा—क्यों मुसीबत उठाते हो?'' उनकी नज़र क़तार पर फिरती हुई एक जगह रुक गई।

जिस पर रुकी, उसने उत्तर दिया, ''मुसीबत तो ऐसे भी है, वैसे भी, फिर

क्यों न अकड़कर रहा जाए?''

डिप्टी साहब की आँखें दबे गुस्से से छोटी-छोटी हो आईं। मगर उन्होंने सम स्वर में कहा, ''अच्छा, चलो, तुम लोगों ने बहुत दिखा लिया कि तुम अकाली हो; और मैं भी अटकवाला दारोगा अमीचन्द हूँ। अब काम की बात करो—तुम लोग क्या चाहते हो?''

दो-तीन क़ैदियों ने कहा,''हमारी माँगें आपको मालूम हैं, उन्हें पूरा कर दो, बस।''

''पूरी शर्तें तो खुदा की भी नहीं मानी जातीं; तुम लोग आपस में सोच-विचार कर तै कर लो, और पाँच आदमियों का डेपुटेशन मेरे दफ़्तर में भेज दो, मैं विचार करके फ़ैसला करूँगा।''

डिप्टी साहब चले गए। परेड बर्खास्त हो गई...उनकी मूँछों की चमकीली काली ऐंठन अकालियों के दिल में सूई-सी चुभती रही, पर उन्होंने पाँचों पंचों को चुनकर बातचीत चलाने का काम उन्हें सौंप दिया।

मसल मशहूर है, ''एक खालसा सवा लाख''। फिर पाँच पंचों में अगर पच्चीस मत हो गए तो क्या अचम्भा। बड़ी देर चखचख चली। कुछ की राय थी कि दारोगा सीधे रास्ते पर आ रहा है, यानी माँगों में और नयी माँगें जोड़कर जाना चाहिए। किसी का ख़याल था कि नहीं, समझौता करना चाहता है तो कुछ रियायत तो होनी ही चाहिए! बीच में कई तरह के मत थे। फिर यह भी सवाल था कि रियायत हो तो किस या किन शर्तों पर, इसके बारे में भी मतभेद था।

अन्त में एक बुज़ुर्ग ने कहा, ''भाइयो, मेरी बात मानो तो मैं एक सलाह दूँ!''

सबने पूछा, ''क्या?''

''वह यह कि हम लोग अपनी सब माँगें वापस ले लें; दारोगा से कहें कि जाओ, हमने तुम्हें बख्शा। जो सुलह करने आवे उससे बनिये की तरह मोल-तोल नहीं करना चाहिए।''

सब लोग अचकचाकर बूढ़े सरदार की ओर देखने लगे। क्या महीने-भर का सब संघर्ष व्यर्थ जाएगा? जितनी सज़ाएँ, जितने अपमान उन्होंने सहे थे, एक बार उनकी आँखों के आगे दौड़ गया। एक ने कहा ही, ''आपसे इसकी तवक्को नहीं थी।''

बूढ़े ने अविचलित भाव से कहा, ''सिर्फ़ एक बात हम अपनी तरफ़ से रखें।''

''वह क्या?''

''वह यह कि हमारा दारोगा से कोई झगड़ा नहीं है; मगर वह भी हम पर हेकड़ी जताना छोड़ दे। बस एक बार वह हमारे सामने अपनी मूँछें नीची कर ले; फिर हम उसके सब क़ायदे-कानून मान लेंगे।''

बात बिलकुल अप्रत्याशित थी। सब थोड़ी देर चुप रहे। फिर किसी ने कहा, ''हमको तो बात नहीं जँचती—लड़ाई को बीच में नहीं छोड़ना चाहिए। दारोगा का क्या है, कल को फिर मुकर जाए तो सारी तकलीफ़ें फिर शुरू से उठानी पड़ें—''

बूढ़े ने कहा, ''वह बात तो शर्तें मनवाने पर भी हो सकती है—आज मान ले, कल मुकर जाए तो फिर भूख-हड़ताल हो।''

''मगर लड़ाई बीच में छोड़ना तो खालसे का काम नहीं।''

''पर सरन आए दुश्मन को दबाना भी तो ठीक नहीं। मैं तो कहता हूँ कि एक बार आज़माकर तो देखो।''

अन्त में बात मान ली गई। पाँच का भी डेपुटेशन नहीं गया, केवल बूढ़ा सरदार अकेला भेजा गया। दफ़्तर में जाकर उसने कहा, ''डिप्टी साहब, आप सुलह करना चाहते हैं तो हम भी राज़ी हैं। हम अपनी सब माँगें वापस लेते हैं।''

डिप्टी साहब ने कुछ अचम्भे में, मगर अपनी खुशी को भी छिपाते हुए कहा, ''क्या? वैसे चाहिए यही; जो काम लड़कर नहीं होता वह दबकर रहने से होता है। तुम राय साहब अमीचन्द को जानते नहीं। मैं क़ानून-वानून की परवाह नहीं करता। मैं चाहूँ तो तुम्हारी बैरक में पीपे के पीपे घी के भिजवा दूँ—चन्दन के बाग़ लगवा दूँ—हाँ, चन्दन के बाग़!''

''हमारी दरख़ास्त सिर्फ़ इतनी है कि आप हमारे सामने एक बार अपनी मूँछें नीची कर लें।''

''क्या?'' दारोगा साहब की त्योरियाँ चढ़ गईं। मगर, सामने शायद आई.जी. के दौरे का प्रोग्राम रखा था, तुरन्त ही सँभलकर बोले, ''तुम जा सकते हो, तुम्हारी दरख़ास्त पर ग़ौर करूँगा।''

दूसरे दिन सवेरे-सवेरे, जब पौ फटने के बाद जमादार ताले खड़काकर देखकर, ''सब अच्छा!'' चिल्लाकर अभी गए ही थे—बैरकों की कोठरियों के दरवाज़े अभी खुले नहीं थे—दारोगा अमीचन्द सहसा अकालियों की बैरक के फाटक पर पहुँचे। चारों ओर सन्नाटा था; दारोगा के साथ कोई अमला नहीं था, यहाँ तक कि चाभियाँ लिये चीफ़ हेडवार्डर भी नहीं। फाटक पर खड़े होते ही अकालियों के पंच भीतर से उनके सामने आ गए।

दारोगा ने कहा, ''तुम लोगों की दरख़ास्त पर हमने विचार कर लिया। हमें-तुम्हें आखिर साथ रहना है—न तुम जेल छोड़कर भागे जा रहे हो, न हमीं सर्विस छोड़कर जा रहे हैं। फिर हेकड़ी की क्या बात? आपस में तो खींचतान होती ही रहती है, उससे कोई छोटा थोड़े ही हो जाता है! कभी हमने दबा लिया, तुम दब गए; कभी तुमने ज़ोर मारा तो हमने पैंतरा बदल लिया। कभी हमने तुम्हारी गर्दन नाप ली, कभी तुम्हारे सामने हमने मूँछें नीची कर लीं—'' कहते-कहते उन्होंने हाथ उठाया, अँगूठे और उँगली से मूँछों की नोंकें दबाईं और गालों पर उन्हें मलते हुए नीचे को मोड़ दिया। ऐंठन के बल तो भला क्या मिटते, पर मोम तो था ही, मूँछों के दायें-बायें दोनों गुच्छे ऐसे हो गए मानो फुलचुही-सी बहुत छोटी मगर काली चिड़िया कीड़ा-वीड़ा पकड़ने को चोंच झुकाए हो। दारोगा ने कहा, ''लो—इससे कुछ आता-जाता थोड़े ही है! बस, अब हमारी सुलह; मैं अभी जमादार को भेजता हूँ कि बैरक खोल दे—''

कहते-कहते वह लौट पड़े। अहाते के फाटक तक पहुँचने के पहले ही उन्होंने मूँछें फिर ऐंठकर पूर्ववत् कर ली थीं, एक हल्की-सी मुस्कान होंठों के कोनों को उभारकर मूँछों की ऐंठन को और बल दे रही थी। मन-ही-मन दारोगा साहब अपनी पीठ ठोंक रहे थे—किस सफ़ाई से हँसी-हँसी में उन्होंने सारी बात ही उड़ा दी—शर्त भी पूरी हो गई, कुछ बिगड़ा भी नहीं; तीन दिन बाद आकर आई.जी. देखेगा कि जेल में बिलकुल शान्ति है, राय साहब अमीचन्द के दबदबे के मुताबिक ही सब काम क़ायदे से और मुस्तैदी से हो रहा है। जब परेड लगेगी और दूसरे क़ैदियों की तरह अकाली भी क़तार बाँधकर खड़े होंगे, यह आई.जी. को उनके सामने गुज़रते हुए कहेंगे कि इन लोगों का मामला अब 'सेटल' हो गया है और सब जेल की डिसिप्लिन मान रहे हैं, तब कितनी बड़ी विजय का क्षण होगा वह...

उधर अकालियों की बैरक में कुछ क़ैदी बूढ़े सरदार की ओर एकटक देख रहे थे। उनकी आँखों में प्रश्न था—क्या यही बात थी, बस? इसमें कहाँ था विजय का सुख, या कि समझौते की-सी शान्ति! दारोगा अमीचन्द तो उन्हें बनाकर चला गया—

कहानी तो इतनी ही है। लेकिन बात इससे आगे भी है। दारोगा अभी ड्योढ़ी तक नहीं पहुँचे होंगे कि दूर दूसरी सियासी बैरक में हमें खबर मिल गई, दारोगा अमीचन्द ने अकालियों के सामने मूँछें नीची कर लीं। और ताले खुलने से पहले जेल के साढ़े छः हजार क़ैदियों को पता लग गया था कि दारोगा अमीचन्द अटकवाले ने अकालियों के सामने मूँछें नीची कर लीं। दूसरे दिन आई.जी. के दौरे का ऐलान हुआ और तैयारी की परेड हुई; राय साहब अमीचन्द क़तार देखते हुए गुज़र रहे थे कि एक क़ैदी ने हाथ उठाकर नाक के दोनों ओर अँगूठा और उँगली जमाकर धीरे-धीरे होंठों के कोनों तक खींचे, जैसे कोई पसीना पोंछने के लिए करे; और उसकी इस हरकत पर सारी परेड के चेहरों पर एक मुस्कान दौड़ गई।

राय साहब अमीचन्द ने सहसा कड़े पड़कर रूखे स्वर में पूछा, ''क्या है?'' जिसे सुनकर अटक के खलीफ़ाओं की रूहें काँप जाती थीं। किसी ने कोई उत्तर नहीं दिया। केवल कुछ आगे एक दूसरी जगह एक क़ैदी ने वैसी ही हरकत की, और अब की बार हँसी और भी स्पष्ट हो गई।

दारोगा साहब बड़ा कड़ा चेहरा बनाए जल्दी से मुआइना समाप्त कर चले गए।

लेकिन तीसरे दिन जब आई.जी. आए और परेड की बिलकुल सीधी क़तारों के सामने से गुज़रने लगे तो कई क़ैदियों ने एक साथ नाक के आस-पास पसीना पोंछा, और एक चौड़ी रुपहली हँसी कई क़तारों के चेहरे खिला गई।

आई.जी. ने पूछा ''राय साहब अमीचन्द, क्या बात है—आपकी जेल की डिसिप्लिन बड़ी ढीली है—''

राय साहब ने डूबते-से स्वर में कहा, ''सर, इस मामले पर दफ़्तर में—मुझे कुछ कानफ़िडेंशल''—और रह गए।

आई.जी. ने कहा, ''हूँ।'' फिर मानो यह ध्यान करके कि राय साहब के अनुशासन को पुष्ट करना चाहिए, उन्होंने फिर कहा, ''आफ़ कोर्स! वहीं बातें होंगी।''

आई.जी. के जाने के एक हफ़्ते बाद दारोगा अमीचन्द की बदली का आर्डर आ गया, क्योंकि हज़ारा जेल की डिसिप्लिन बिगड़ रही थी। उन्हें मुल्तान भेजा गया। पर वे वहाँ पहुँचे तो क़ैदियों को पहले से खबर थी—वह राय साहब अमीचन्द अटकवाले की नहीं, उस दारोगा की प्रतीक्षा कर रहे थे जिसने हज़ारा में क़ैदियों के आगे मूँछें नीची कर ली थीं। जल्दी ही वहाँ से उनकी बदली हुई; पर जहाँ भी वह गए, उनकी कीर्ति उनसे पहले पहुँची, और क़ैदियों का अनुशासन उनसे नहीं बन पड़ा। अन्त में डिप्टी से फिर दारोगा होकर वह एक छोटी जिला-जेल के इन्चार्ज बनाए गए, मगर पंजाब-भर में ऐसी कोई जेल नहीं थी जिसे मूँछोंवाला क़िस्सा न मालूम हो। हारकर दारोगा साहब ने रिटायर किए जाने की दरख़ास्त दी, और दारोगा के पद से ही पेंशन लेकर चले गए।

मैं जब जेल से छूटकर आया, तब वह सर्विस छोड़ गए थे। कहाँ, किस उपेक्षित कोने में उन्हें मुँह छिपाने लायक़ जगह मिली, यह पता नहीं। क़ैदियों के लिए चन्दन के बाग़ तो क्या, अपने लिए बबूल की छाँह भी बेचारे पा सके या नहीं, नहीं मालूम। जेलों के खलीफा भी बड़ी जल्दी उनका नाम तक भूल गए। लेकिन आज भी अगर कोई नये इकबारे क़ैदी से भी पूछें तो वह मुस्कुराकर सिर हिला देगा कि हाँ, उसे उस दारोगा की बात मालूम है जिसने क़ैदियों के सामने मूँछें नीची कर ली थीं।

•

कड़ियाँ

प्रभात तो नित्य ही होता है, किन्तु ऐसा प्रभात! सत्य को जान पड़ रहा है, उसने वर्षों बाद ऐसा प्रभात देखा है—शायद अपने जीवन में पहली बार देखा है। उसमें कोई नूतनता नहीं है, कोई विशेषता नहीं है, और वह चिर-नूतन है, अत्यन्त विशिष्ट है...

आज उसे दिल्ली से मेरठ ले जाएँगे, वहाँ से उसकी कल रिहाई होनी है। सत्य तीन वर्ष से दिल्ली जेल में पड़ा है। उसे काँग्रेस-आन्दोलन के सम्बन्ध में सज़ा हुई थी—एक सभा का प्रधानत्व ग्रहण करने के लिए। उस दिन से वह वहाँ बैठा अपने दिन गिन रहा था—और अपनी मशक़्क़त कर रहा था। उसके लिए प्रभात में कोई विशेषता नहीं होती थी। जेल में प्रभात क्या है? मशक़्क़त करने का एक और दिन।

पर आज! आज वह जेल से निकलकर लारी में बैठा है। वह पुलिसवालों से घिरा हुआ है, पर जेल की दीवारों से बाहर तो है! वह अभी तक क़ैदी है, पर कल तो नहीं रहेगा! और कल...कल उससे कौन-कौन नहीं मिलने आएगा! तीन वर्ष तक वह अकेला पड़ा रहा है, पर कल! जो उसे तीन वर्ष से भूले हुए हैं, कल उन्हें याद आएगा कि उनका एक मित्र कभी जेल गया था और अब ख्याति पाकर निकला है! कल वे उसे घेर-घेरकर कहेंगे, तुम्हारे बिना हमारा जीवन निस्सार था। तुम देश के उद्धारकर्ताओं में से एक हो—भारत माता के सुपुत्र। तुम्हारी देश को बहुत आवश्यकता है। और वह गौरव से कहेगा, "अभी मैं और बीस दफ़े जेल जा सकता हूँ—जाऊँगा। अभी तो मैं कर ही क्या पाया हूँ।"

क्योंकि जो कोई नैतिक जुर्म करे, वह तो दोषी ही होता है; पर जो राजनैतिक कार्य करे, उसका तो गौरव बढ़ना ही चाहिए...

सत्य प्रभातकालीन सूर्य में यही गौरव का स्वप्न देख रहा है। इसीलिए उसे जान पड़ता है, ऐसा प्रभात कभी नहीं हुआ! क्योंकि आज तो सूर्य मानो उसी के तेज से चमक रहा है—मानो उसी का पथ आलोकित करने को निकला है।

लारी चली। कोटले के पास से घूमकर वह जमुना के किनारे हो ली। वह

सामने बिजली घर है—अरे, यह कहाँ तक पानी भर आया है! सुना तो था कि नदी में बाढ़ आई है, पर इतना पानी! सड़क से कुछ ही दूर रह गया है, तमाम खेत भर रहे हैं, मकई गल-गलकर गिर रही है—बेचारे किसान अपने फूस के छप्पर उठा-उठाकर सड़क पर ले आए हैं...

हाय गरीबी! देखो, ये लोग कैसे डिब्बों में भरे अचार की तरह भिंच रहे हैं...और आस-पास ही इनके पशु खड़े हैं...लड़के-लड़कियाँ रो रही हैं—खाने को नहीं है—और कभी जब कोई भाग्यशालिनी माँ अपनी बच्ची को एक रोटी का टुकड़ा ऐसे लाकर देती है, मानो स्वर्ग की सारी विभूति छीन लाई हो और उसे दे रही हो, तब दूसरे भूखे बच्चों की मुग्ध आँखों के आगे ही कोई कुत्ता आकर उस टुकड़े को छीन ले जाता है! उसमें टुकड़े की रक्षा करने की शक्ति नहीं है—भूखा मानव भूखे कुत्ते से भी कमज़ोर होता है...

पर इनका जीवन कितना सरल होता है! दिन-भर भूखे रहते हैं; दु:ख झेलते हैं, रोते-कलपते हैं; किन्तु जब रात को सोने लगते हैं, तब शान्त और सन्तुष्ट! इनका जीवन कैसा सदा प्रेम से भरा रहता होगा—इनके जीवन में तो एक ही भावना होती होगी—प्रेम की। लोभ, मोह और क्रोध के लिए इनमें स्थान कहाँ होगा? और मैं इनकी सेवा करूँगा, इनका स्नेह पाऊँगा...

अब छूटकर इन्हीं पीड़ितों की सेवा करनी है। अब की ऐसा यत्न करूँगा कि अपने राजनैतिक कार्य के साथ-साथ कुछ समाज-सेवा भी कर सकूँ। बाढ़ से इन लोगों को उबारने के लिए चन्दा इकट्ठा करना होगा...

लारी तेज़ गति से चली जा रही है, मेरठ की ओर, और सत्य का मन उससे भी तेज़ गति से चला जा रहा है, मेरठ से भी आगे के भविष्य की ओर...

यह क्या है? वह कौन है?

सत्य देखता है—एक अधेड़ उम्र का आदमी, नंगे-बदन, हाथ में लाठी लिये दौड़ा जा रहा है, और बीच-बीच में एक वीभत्स हँसी हँसकर कहता जाता है, ''वह पाया! तेरी—!'' और उससे कोई आठ-दस गज़ आगे एक देहाती युवती है—भय, पीड़ा, लज्जा, करुणा और एक अवर्ण्य भावना—एक बलिदान या अभिमान या दोनों की मुद्रा का एक जीवित पुंज लहँगे की परिमा में सिमटकर भागा जा रहा है। भागा जा रहा है जान लेकर। ओढ़नी का पता नहीं कैसे लहँगे का बोझ सँभाले हुए है—जब वह उछलती है, तो लहँगा कुछ उठ जाता है, घुटने तक उसकी टाँगें दिख जाती हैं—टाँगें भी पतली, बरसों की भूखी!—और पैर में चाँदी के कड़ों के नीचे खून लग रहा है, पर वे थमते नहीं—ज़मीन पर भी टिकते नहीं, शिकार और शिकारी का अन्तर कम नहीं होता...

लारी उस युवती से आगे निकल गई है—सत्य गर्दन मोड़ कर देख रहा है...

यह क्या लाठी फेंकेगा? वह औरत है, या दानवी? एक उछाल सत्य ने देखा, अब की क्षण-भर के लिए घुटनों से भी बहुत ऊपर तक लहँगा उठ गया है—वह कूद पड़ी है जमुना की बाढ़ में—वह गिरी—ओफ़! यह तो काँटों की एक बड़ी

झाड़ी में गिरी और धँस गई—जब तक निकलने की चेष्टा करेगी, तब तक पानी और कीच में डूब जाएगी?—कैसी घुट-घुटकर!—और काँटे...

पर अब कुछ नहीं दिखता। लारी आगे निकल आई है। केवल लारी के पहियों से उठी हुई धूल। और सरकंडे के झुरमुट। और लम्बे-लम्बे घने झाऊ। और कहीं-कहीं थोड़े-से नरसल। और एक अर्जुन के पेड़ पर से उड़ा जा रहा नीलकंठ। और जमुना का प्रवाह—एक साथ ही क्षुद्र और गम्भीर, प्रशान्त और उद्वेगपूर्ण।

लारी जमुना को पार कर रही है।

2

कहाँ गया वह उत्साह? कहाँ गया वह प्रभात का सौन्दर्य? कहाँ गई वह तीन वर्षों के बाद छूटने की उत्तेजना?

सत्य निष्प्रभ-सा लारी में बैठा है। उसकी तनी हुई शिराएँ धीरे-धीरे ढीली पड़ रही हैं और साथ-ही-साथ उसकी उत्तेजना और उसका उल्लास भी ठंडे होते जा रहे हैं। जिस गौरवपूर्ण सार्वजनिक जीवन की उसने कल्पना की थी, उसमें इसके लिए स्थान नहीं था—इस अनियन्त्रित उन्माद के लिए, जीवन के प्रति ऐसे उपेक्षापूर्ण त्याग के लिए—इस विशेष प्रकार की पीड़ा के लिए। और सबसे बढ़कर इस भयंकर निस्सहायता के लिए, जिसका उसने आज लारी में बैठे-बैठे अनुभव किया, जिसके कारण उसे वह रोमांचकारी दृश्य देखना पड़ा...

वह कौन था? वह कौन थी? वह क्या था? सत्य इन प्रश्नों पर अपनी बुद्धि की कुल शक्ति खर्च कर चुका है, पर उसकी समझ में कुछ नहीं आया। और जब तक वह समझ नहीं लेगा, उसे चैन नहीं मिलेगा...

नशा उतर गया है, उल्लास बैठ गया है, उत्तेजना ठंडी पड़ गई है; पर नशे के बाद बदन टूटता है, उल्लास के बाद थकान आती है, उत्तेजना के बाद मूर्च्छा। सत्य के हाथ बहुत थोड़े-थोड़े काँप रहे हैं और उसका मन उद्वेग से भर रहा है।

वह जो मैंने देखा, वह क्या हो रहा था? उसका और उसका क्या सम्बन्ध था? उस आदमी का मुँह जिस भाव से विकृत हो रहा था, वह क्रोध की ज्वाला थी, या वासना की; वह उसके शरीर पर अपनी क्रोधाग्नि शान्त करना चाहता था, या कामाग्नि? क्यों? वह कुमारी थी या विवाहिता? (विधवा तो नहीं थी...)

जासूसों के संशयों की भाँति अनेक चलचित्र सत्य के सामने से एक-एक करके जा रहे थे। वह उसकी स्त्री है, वह सती है, पर उसका पति उस पर सन्देह करता है। नहीं, वह असती है, और पकड़ी गई है। वही किसी और की स्त्री है, और उसके पास प्रेम का प्रस्ताव लिये आई है, यह धमका रहा है। वह अविवाहिता है, यह उसका प्रेमी; उसने विश्वासघात किया है, यह बदला ले रहा है। वह इसे प्रेम नहीं करती, यह ईर्ष्या करता है...

नहीं, उसका दोष नहीं है, उसका पिता उसकी शादी और कहीं करना चाहता है; वह आज्ञा मान लेती है, इसलिए इसे क्रोध आ गया है। तभी तो उस लड़की

के मुख पर ऐसा विचित्र भाव था—जिसमें साथ ही भय और करुणा, ग्लानि और पीड़ा, और वह बलिदान और अभिमान का सम्मिश्रण हो रहा था।

यह तो तब भी हो सकता है, यदि वह बिलकुल अबोध बाला ही हो, प्रेम-व्यापार से अपरिचित, और वह कामी अपनी वासना की तृप्ति के लिए उसे अकेली पाकर पकड़ने दौड़ा है। यह भी हो सकता है—उसके मुख पर जो हिंस्र भाव था, वह क्रोध भी हो सकता है और उग्र तीप्त काम-लिप्सा भी। और उस लड़की का...

उसका मुख, वह फटी-फटी-सी आँखें...

सत्य अपनी आँखें मूँद कर उस दृश्य का पुनर्निर्माण करने का यत्न करता है। पर, कल्पना में उसे उस लड़की का मुख क्यों नहीं दिखता? वह सामने जमुना का बढ़ा हुआ गँदला पानी—वह सरकंडों के झुरमुट—ये कँटीली झाड़ियाँ—वह पीछे लाठी लिये दौड़ा आ रहा है—वह कूदी—उसके अस्त-व्यस्त कपड़े और बिखरे बाल—उड़ता हुआ लहँगा—सब कुछ दिखता है; पर मुख क्यों नहीं याद आता? सत्य खीझकर आँखें खोलता है, फिर बन्द करके केवल उसके मुख पर ध्यान केन्द्रित करता है। पर वहाँ तो शून्य-ही-शून्य दिखता है, मुख नहीं। वह प्रकम्पित चोली, वह लहँगा—

नहीं, लहँगा-वहँगा कुछ नहीं सोचूँगा! वह मुख!

सत्य फिर चेष्टा करता है। उसके लिए, वह बहुत धीमे स्वर में उस मुख की एक-एक विशेषता का वर्णन करता है, और उसे ध्यानावस्थित करके एक मूर्त आकार देने की चेष्टा करता है।

बिखरे हुए केश; रंग न साँवला, न गोरा, कुछ साँवलेपन की ओर अधिक; गठन न सुन्दर, न कुरूप, किन्तु एक अनिर्वचनीय लुनाई लिये हुए; भँवें मानो एक-दूसरे को छूने के लिए बाँहें फैला रही हों; आँखें—आँखें तो सोची ही जा सकती हैं, शब्दों में बँध नहीं सकतीं; नाक छोटी-सी थी; होंठ खुले, निचला होंठ कुछ भरा हुआ, कोने खिंचे और कुछ नीचे झुके हुए; कोने के पास—क्या तिल? और ठोड़ी—

खाक-धूल! सत्य का कल्पना-क्षेत्र तो वैसा ही शून्य है। वह उसके मुख के एक-एक अंग की एक-एक खूबी का बखूबी वर्णन कर सकता है; पर उसके मूर्त चित्रण में उसकी कल्पनाशक्ति जवाब दे जाती है।

वह झुँझलाकर सोचता है, इस विषय को भुला दूँगा। वह मुँह फेरकर सड़क पर भागती हुई लारी के इंजन के बोनेट (शीर्ष) पर लगे हुए गरुड़ चिह्न की ओर देखने लगता है। वह पीतल का गरुड़ पंख फैलाए हुए ऐसा सन्नद्ध खड़ा है, जैसे किसी शिकार पर झपट पड़ने की क्रिया में ही रुक गया हो।

या, जैसे वह स्त्री—बाढ़ के पानी में अधडूबी झाड़ी में कूदते समय थी—तना हुआ शरीर, फैले हुए डैने की तरह लहँगा, नंगी टाँगें...

छि:!

मानो संसार में उन नंगी टाँगों के अतिरिक्त कुछ रह ही न गया हो—क्यों बार-बार मेरी दृष्टि के आगे वे ही आ जाती हैं? क्या इन दो-तीन वर्षों के दूषित वातावरण ने मेरे मन को भ्रष्ट, पतित, व्यभिचारी बना दिया है? मेरे मन को, जिसे अभी देश का इतना कार्य करना है, जो भारत माता का सुपुत्र होने का दावा करता है?

और सत्य का—भारत माता के सुपुत्र सत्य का—ढीठ मन फिर भागा। अबकी बार बड़ी दूर। सैकड़ों मीलों की मंज़िल मारकर, सैकड़ों दिन का व्यवधान पार कर। तब जब सत्य ने नया-नया बी.ए. पास किया था और छुट्टियों के लिए कश्मीर जा रहा था। और किस सम्बन्ध से वह इतनी दूर भागा, यह वही जाने। सत्य तो नहीं जानता—अभी इस पर ध्यान देने की फ़ुर्सत भी कहाँ? वह तो अभी कुछ और ही दृश्य देख रहा है। वह नहीं देख रहा, दृश्य स्वयं ही बाढ़ की तरह उमड़ता हुआ उसकी चेतना को परिप्लावित कर रहा है...

3

मुजफ़्फ़राबाद की तलहटी में दोपहर।

जेहलम और कृष्णगंगा दोनों ही में बाढ़ आई है। दोनों ही के पुल खतरे में हैं। जो लोग एबटाबाद से कश्मीर आते हैं, वे यहीं पर दोनों नदियाँ पार करते हैं किन्तु पुल खतरे में होने के कारण आजकल लारियाँ उन्हें पार नहीं कर सकतीं, इसलिए एबटाबाद की ओर से आनेवाले यात्री दोनों पुल पैदल पार करते हैं और दुमेल में दूसरी लारियों में बैठकर कश्मीर जाते हैं, और जो लारियाँ कोहाला होकर आती हैं, वे इन यात्रियों को लेने के लिए दुमेल में रुकी रहती हैं।

सत्य जिस लारी में आया है, वह रात को दुमेल पहुँची थी और एक दिन दुमेल ही में प्रतीक्षा में रुकेगी। सत्य को कोई जल्दी नहीं थी, इसलिए वह इस प्रोग्राम का विरोध नहीं कर रहा है।

वह रात को अपनी छोटी दूरबीन, दो-तीन कम्बल, कमीज़, नेकर और तौलिया लेकर दुमेल में जेहलम का पुल पार करके दोनों नदियों के संगमस्थल के ऊपर त्रिकोण में बसी हुई बस्ती मुजफ़्फ़राबाद में घुस गया था। उसे आशा थी, कहीं रात काटने का प्रबन्ध हो जाएगा। जब उसे निराशा हुई, तब वह सड़क पर से नीचे उतरकर कृष्णगंगा के तट पर पहुँचा। वहीं वह बिस्तर लगाने के योग्य कोई स्थान ढूँढ रहा था, तो उसने देखा, वहाँ से कुछ ही दूरी पर एक छोटे-से सोते के पास, जिसमें किसी वन्य-वृक्ष की आगे निकली हुई छाल पर से होकर मोतियों की लड़ी-सी पानी की धार आ रही थी, दो-चार बड़ी-बड़ी सिलें जोड़कर एक चबूतरा-सा बनाया गया। उसने मन-ही-मन सोचा, 'मुसलमानों की पाकगाह होगी', और वह उसी पर कम्बल बिछाकर पड़ गया।

वह थी कल की बात। सुबह वह उठा, तो देखा, उस झरने पर कई एक स्त्रियाँ पानी भरने के लिए जमा हो रही हैं। उसे उठा देखकर उन्होंने लम्बे-लम्बे घूँघट तान लिये। सत्य थोड़ी देर उन्हें देखता रहा, फिर उठकर घूमने लगा और आस-पास लगी हुई जंगली झरबेरियाँ बीन-बीनकर खाने लगा...

अब तीसरे पहर वह दोबारा सोकर उठा है। जंगली अखरोट के पेड़ों से छन कर आती हुई धूप में दोपहर-भर सोने से उसके शरीर में एक अपूर्व मस्ती छा गई है। वह उठकर नदी के किनारे पर बैठा है और नहाने का निश्चय करके भी आलस किए जा रहा है—वह मस्ती इतनी मधुर मालूम हो रही है...

सत्य जहाँ बैठा है, वहाँ से कृष्णगंगा के श्याम और जेहलम के मटमैले पानी का संगम दिख पड़ता है। कृष्णगंगा के परली पार सत्य देख रहा है, पाँच-सात गूजरियाँ क्रीड़ा कर रही हैं। सत्य को उनके मुख स्पष्ट नहीं दिखते; पर फिर भी वह उन्हें अच्छी तरह देख सकता है।

सत्य कपड़े उतार चुका है और पानी में घुस गया है। वह किनारे के पास ही जल में बैठ गया है, उसका सिर-भर पानी के बाहर है। दूर से श्यामल पानी में शायद वह बिलकुल ही अदृश्य हो जाए।

गूजरियाँ भी नहाने की तैयारी कर रही हैं। उन्होंने परस्पर हँसी करते-करते कपड़े उतार फेंके हैं, और रेत पर लेटी हुई धूप सेंक रही हैं।

सत्य पानी में बैठा हुआ उन्हें देख रहा है। वह अपना स्नान भूल गया है, किनारे से दूरबीन उठाकर देख रहा है। उसे क्षीण-सा ज्ञान है कि वह अच्छा नहीं कर रहा है; पर साथ ही यह विचार उसे प्रोत्साहन दे रहा है कि वह परले पार से नहीं दिखता। और फिर जब वे खुलेआम नहा रही हैं, तो अनेक लोग उन्हें देख रहे होंगे, वह अकेला थोड़े ही है!

सत्य, तू कब तक ऐसे बैठा रहेगा? अपने जीवन की जिन दबी हुई शक्तियों को तू आज उन्मुक्त कर रहा है, वे कहीं तुझे ही न कुचल डालें...

उँह! वह देखो, गूजरियों के साथ दो छोटी-मोटी लड़कियाँ हैं, कितने तीव्र स्वर से हँस रही हैं! सत्य को जान पड़ता है, या भ्रम होता है कि वह नदी के प्रवाह-मर्मर के ऊपर उस तीखे स्वर को सुन सकता है।

वह एक युवती उठकर चट्टान पर खड़ी हुई और सूर्य की ओर उन्मुख होकर अँगड़ाई ले रही है मानो कोई वनसुन्दरी सूर्य को ललकार रही है—तू सुन्दर है या मैं? उसने कन्धे पर अपना काला पैरहन रखा हुआ है, जिसके मुकाबले में उसका शरीर अत्यन्त गोरा जान पड़ रहा है।

बहुत देख लिया। वे शक्तियाँ तुझे नहीं छोड़ेंगी। तेरी मानवता पुकार रही है—तेरी दासताबद्ध, स्वाभाविक कामनाएँ अत्यधिक नियन्त्रण के कारण और अधिक बलवती होकर फूट निकली हैं! तू सँभल—इस अपूर्व उत्तेजना को दबा डाल!

और यह सोचते-सोचते उसने दूरबीन किनारे पर रखी, एक लम्बी साँस ली और फिर गोता लगा गया। जब उसका सिर पानी से बाहर निकला, तब वह आधी से अधिक नदी पार कर आया था। उसने पानी में उछलकर साँस ली। उसकी आँखों ने तब तक वह चट्टान खोज ली...

वह चौंकी—उसके होंठ कुछ खुलकर फिर एक भय और विस्मय की चीख को पी गए—उसका मुख क्षण ही में भय, लज्जा, शायद पीड़ा और एक साथ ही कोमल और कठोर अभिमान की छाया दिखा गया। उसी क्षण में उसने हाथ तनिक ऊपर उठाए और एड़ियों पर सध गई। अगले क्षण सत्य ने देखा, मानो एक बड़ा-सा काला गरुड़ अपने डैने फैलाए उस चट्टान पर मँडरा रहा है—वह युवती पानी में कूद पड़ी है और बैठ गई है, और उसका काला पैरहन पानी पर तैर रहा है। और उसी क्षण में सत्य झेंपा हुआ, लज्जित; पानी में ही पसीना आ रहा है।

सत्य लड़खड़ा कर गिरा। सैकड़ों मील, सैकड़ों दिन व्यवधान पार करते हुए—मुज़फ़्फ़राबाद से मेरठ...

सत्य, भारतमाता का सुपुत्र, आवेश में आकर लारी में ही खड़ा हो गया है। पुलिसवाले चौंककर उसकी ओर देखते हैं। वह घोर लज्जा का अनुभव कर रहा है—उसके माथे पर पसीना आ गया है।

और जिस चेहरे की कल्पना करने की चेष्टा में उसने इतनी शक्ति लगा दी थी, इतनी शक्ति लगाकर भी असफल रहा था, वह उसके सामने नाच रहा है। एक अकेला नहीं, हज़ारों। सत्य को देख पड़नेवाला कुल वायुमंडल ही सहस्रों वैसे चेहरों से भर गया है—वही बिखरे केश, मिलती भँवें, अनुपम आँखें, भरे होंठ, वही विचित्र मुद्रा। भय, लज्जा, करुणा, ग्लानि। वह कोमल और कठोर बलिदान या अभिमान।

यह सब उसकी उत्तेजना की उठान में नहीं, किन्तु तब, जब भारतमाता का सुपुत्र आत्म-ग्लानि का पुंज बनकर फिर बैठ गया है।

जिस चीज़ को मैं समझता था कि मैंने अपने आदर्श जीवन में भुला दिया है, वह अभी तक मेरे भीतर इतने उग्र रूप में विद्यमान है—भारतमाता के सुपुत्र! देश के उद्धारकर्ता! छि:-छि: !

4

रिहा तो हर हालत में होना ही था; किन्तु सत्य जिस सुख और गौरव की कल्पना कर रहा था, उसका अणुमात्र भी उसे नहीं प्राप्त हुआ। जब भीड़-की-भीड़ लोगों की उसे लेने आई, जब उसके 'इष्ट-मित्र' (जो तीन वर्ष तक उसकी स्मृति को हृदय में छिपाए बैठे थे) उसे बढ़ावा देते हुए खींचकर ले गए और लारी में बिठाकर देहली चलने को हुए—उसके नाम के नारे लगाते हुए—तब सत्य को ऐसा प्रतीत हुआ, वह बच नहीं सकेगा; लज्जा से वहीं धँस जाएगा। उसके जी में आया, चिल्लाकर कहूँ—मैं अत्यन्त नीच, घृणित, पतित हूँ; मुझे धक्के दे-देकर निकालो—नहीं, फिर वापस जेल भेज दो! मैं इसी योग्य हूँ। उसे जान पड़ा, अगर यह नहीं कहूँगा, तो जल जाऊँगा, ज्वालामुखी की तरह फट पड़ूँगा।

पर उसने कहा नहीं। उसके मुँह से बोल नहीं निकला। केवल जब किसी ने पूछा—"आपको अभी से देश की चिन्ता लग गई?" और सत्य ने देखा कि पूछने-वाले की मुद्रा में व्यंग्य का नहीं, श्रद्धा का-सा भाव है, तब उसने ग्लानि और क्रोध की पराकाष्ठा में, उसी को छिपाने के लिए, जैसा भी सूझा, अच्छा-बुरा, भद्दा मज़ाक करना शुरू किया, और फिर ऐसा चला कि बस रुकने में ही नहीं आया।

पर जमुना के पुल के पास पहुँचते-पहुँचते फिर वही हाल। सत्य चुप—गुम-सुम। लोग बात करते हैं, तो उत्तर नदारद—मानो सुना ही नहीं।

पुल पार करते ही सत्य ने कहा, "लारी रुकवाओ, उतरूँगा।"

दोस्तों ने विस्मित होकर कारण पूछा तो—किसी से इधर मिलने जाना है। शाम तक नहीं रुक सकता।

कोई साथ चले? नहीं, अकेले जाएँगे। प्राइवेट काम है।

लीडर के सौ खून माफ़। सत्य को उतारकर लारी आगे बढ़ी। सत्य जल्दी-जल्दी बेला रोड पर चलने लगा। न जाने किस आशा में उसने इस पर कोई विचार नहीं किया था। वह चलता जा रहा था और उसकी आँखें आस-पास किसी परिचित चिह्न की तलाश में फिरती थीं!

ये रहे नरसल—और वह रहा झाऊ—वह सामने सरकंडे का झुरमुट—मकई का तो कहीं नाम-निशान भी नहीं दिख पड़ता, वह तो बिलकुल बैठ गई है। अब तक तो सड़ गई होगी। और यह—

सत्य ठिठक गया।

यह सामने वही कँटीली झाड़ी है। आस-पास कहीं नहीं कोई दिख पड़ता। दूर पर फूस के छप्पर पड़े हैं; पर उनके पास-पड़ोस में कोई मानवीय आकार नहीं दिखता। क्या करूँ। उतरकर देखूँ, झाड़ी में क्या है? अगर कुछ होता भी, तो अब तक कौन छोड़ेगा? शायद ख़ून के क़तरे—

नहीं, कुछ नहीं है। स्वप्न में भले ही आग देखी हो, दिन में उसका धुआँ भी नहीं नज़र आता।

सत्य बैठा है। संसार अपनी अभ्यस्त गति से चला जा रहा है; पर सत्य के लिए नहीं। उसके लिए सृष्टि मर चुकी है। अब रह गया है वह और एक वायदा। एक वायदा जो कि पूरा नहीं हुआ। न होगा। न हो सकता है। वह अब वैसा ही है, जैसे कोई प्रेमिका मिलने का वचन देकर मर गई हो, और उसका अभिसारी प्रतीक्षा में बैठा रहे। दिन, महीनों, बरसों नहीं; अनन्त काल तक प्रतीक्षा में बैठा रहे...दिन ढल गया है, जमुना का गँदला पानी सांध्य धूप में ताँबे-सा दिख पड़ता है, और नरसल ऐसे, जैसे ताँबे को ज़ंग लग गया हो; हवा चलने लगी है, और उससे पानी वृद्धिगत होते हुए 'घर्र-घर्र' शब्द के साथ ही नरसल और झाऊ की दर्द-भरी सरसराहट मिल गई है; दूर कहीं से पक्षियों के रव से न छिपा सकनेवाली पड़कुलिया की पुकार कह रही है, 'तू-ही-तू!' पर इस परिवर्तन में सत्य का संसार अपरिवर्तित खड़ा है—पत्थर पर खिंचे हुए चित्र की तरह जड़!

वह जो बुड्ढा चला आ रहा है, सत्य ने उसे नहीं देखा; पर वह सत्य की ओर आ रहा है, बात करना चाहता है।

"बाबूजी, यहाँ क्या कर रहे हो?"

सत्य ने चौंककर कहा, "क्यों?"

"बाबूजी, यहाँ मत बैठो, यह जगह अच्छी नहीं है।"

"क्यों?"

"क्या बताएँ बाबूजी, यहाँ तो कल गाँव के नाम को बट्टा लग चला था।"

सत्य जानता था कि यह भ्रम है; पर उसे मालूम हुआ, पानी से एक पुकार उठ रही है—"हाय मोह बचइयो!" वह सँभलकर बैठ गया और बोला, "क्या बात हुई?"

"बात कुछ नहीं, खेत के बारे में कुछ झगड़ा हो गया था, उसी से लड़ाई हो गई।"

''सो कैसे?''

बुड्ढे ने खँखारकर पूछा, ''बाबूजी, आप तमाखू पीते हैं?'' और जवाब पाकर थोड़ी देर चुप रहकर कहने लगा, ''हमारे गाँव में एक ही बड़े किसान हैं, बाक़ी हम तो सब ग़रीब लोग हैं। ये आस-पास के सब खेत उनके ही हैं। हमारा तो कहीं एक-आध खेत होगा। जब बाढ़ आई, तो हम सब अपने छप्पर इधर सड़क पर ले आए। एक ग़रीब घर का छप्पर भी बह गया था। वे रात-भर भीगते बैठ रहे। उसके घर में एक लड़का बेराम था। उसकी माँ रोती थी। बाप तो कहीं काम को गया हुआ था। घर में मर्द कोई था नहीं, एक अकेली वह थी—उससे यह रोना देखा नहीं गया। वह सास से बोली कि मैं थोड़े झाऊ और नरसल ले आती हूँ, बच्चे के लिए छपरिया छा लेंगे। वह उठकर—''

''तो और किसी ने उन्हें जगह नहीं दी?''

''और कहाँ से देते! वे सब तो आप भीग रहे थे—छप्परों में जगह कहाँ थी? हाँ, तो वह हँसुई लेकर चल दी। पता नहीं, किधर गई। हमने थोड़ी देर बाद सुना कि उसकी चौधरी के बेटे से रार हो गई है! वह पूछ रहा है कि मेरे खेत से मकई काट रही है? तो वह जवाब देती है कि मैं नरसल काटने आई हूँ। वह गाली देता है कि साली, झूठ बोलती है, तो वह कहती है कि ज़बान सँभालकर बात करो। वह और गाली देता है तो वह माँ-बहिन की याद दिला देती है।''

''पर मकई तो वैसे ही गल गई, काम तो आती नहीं—?''

''बाबूजी, अपनी चीज़ सड़े तो, गले तो, अपनी ही है।''

''पर—'' कहकर सत्य चुप हो गया। बुड्ढा फिर कहने लगा—''हाँ तो, थोड़ी देर में दोनों चुप हो गए—हम सोचते रहे कि क्या हुआ है। तब बहू लौट आई—थोड़े-से नरसल काट लाई थी—उसमें दो-चार पौधे शायद मकई के भी थे।''

''फिर?''

''हमने बहू की सास से कहा कि उसे समझा दे, गाँव के चौधरी से रार करना अच्छा नहीं होता। बहू कुछ नहीं बोली। घूँघट काढ़कर छपरिया छाने बैठ गई। हमने समझा कि बात खत्म हो गई है!''

''फिर?''

''तब भोर होनेवाली थी। बरसात बन्द हो चुकी थी। धूप निकल आई, तब हम बाहर निकलकर बदन सुखाने लगे। पर वे सास-बहू बैठी रहीं—बहू अभी तक अपना काम किए जा रही थी। तभी हमने सुना, सास बड़े ज़ोर से चीख पड़ी! बच्चा एक बार छटपटाकर मर गया...

''हम धीरे-धीरे उसके पास गए कि समझाएँ, दिलासा दें। बहू ने काम करना बन्द कर दिया; सन्न-सी वहीं बैठ रही। हम भी कुछ कह नहीं पाए थे, अभी चुप ही थे कि चौधरी का बेटा एक लाठी लिये आया और उसे देखकर बोला—'क्यों री, तू ही चुराकर लाई थी न मकई?' और कहते-कहते लाठी से उसकी बनाई हुई अधूरी छपरिया को बिखेर दिया। उसमें एक-आध पौध मकई का दिख पड़ा, तो लाठी से बहू को धकेलते हुए बोला, ''अब क्यों बोल नहीं निकलता?'' और गन्दी गाली दी।

तब बहू ने घूँघट हटा दिया और बोली—''चौधरी, अपना काम करो, ग़रीबों को सताना अच्छा नहीं।''

''चौधरी और भी गर्म हुआ। गालियाँ देने लगा और एक लाठी भी बहू की टाँग में जमा दी। बहू हमारी ओर देखकर बोली, ''तुम लोग देखते नहीं हो?'' पर हम सब ऐसे घबरा गए थे कि हिल-डुल भी न सके, बोले भी नहीं। इतनी देर में उसने एक लाठी और मारी। बहू हटकर बची तो, पर उसके पैर में चोट लगी। तब वह भागी और चौधरी उसके पीछे-पीछे।''

''फिर?''

''हम वहीं बैठे रह गए—फिर क्या हुआ, हमने नहीं देखा—''

सत्य को ऐसा हुआ, कहूँ, ''मैंने देखा! मैंने देखा'', पर वह चुपचाप सुनता रहा।

''जब हमने फिर देखा, तो चौधरी इसी जगह खड़ा था। और वह वहीं झाड़ी में डूब रही थी। हमने मिलकर उसे निकाला, वह बेहोश थी। उसके कई जगह चोटें थीं, ख़ून बह रहा था।''

''फिर?''

''फिर हम उसे अस्पताल ले गए। वहाँ पड़ी है। अभी तक होश नहीं आया। बचेगी नहीं।''

बुड्ढा चुप हो गया। थोड़ी देर बाद सत्य ने पूछा—''और चौधरी?''

''चौधरी क्या?'' प्रश्न में ऐसा विस्मय था, मानो सत्य का प्रश्न उठ ही नहीं सकता—उसका उत्तर इतना स्वतःसिद्ध है! ''हाँ, चौधरी क्या? चौधरी कुछ नहीं। वह तो चौधरी है ही।''

बहुत देर मौन रहा! बुड्ढे ने देखा, सत्य चुप है, न जाने किस विचार में लीन है। वह निराश-सा होकर वृद्धों के प्रति संसार की उपेक्षा का विचार करके चला गया।

सूर्यास्त हो गया। अँधेरा हो गया। तारे निकल आए। पक्षियों का रव बन्द हो गया। पानी की घरघराहट और गम्भीर हो गई पर सत्य का पत्थर में खिंचा हुआ संसार नहीं पिघला—नहीं पिघला।

एक पत्थर का बुलबुला था, ठोस, अपरिवर्तित, मुर्दा। किन्तु बुलबुला होने के कारण वह जीवन की निरन्तर परिवर्तनशीलता, विचित्रता, रंगीनी और क्षुद्र नश्वरता का द्योतक बना रहता था। वह चिह्न था अनुभूति का, प्रेम का, उत्साह का, किन्तु उसकी वास्तविकता थी छलना, वेदना, वज्र कठोरता, मानव के जीवन का नंगापन...

वह बुलबुला फूट गया है, इसलिए उसका भेद खुल गया है। सत्य भी देख सकता है कि वह जीवन का सौन्दर्य नहीं, उसके पीछे निहित कठोरता है; वह पत्थर है जो नहीं पिघलेगा, नहीं पिघलेगा।

5 कहानी जीवन की प्रतिच्छाया है, और जीवन स्वयं एक अधूरी कहानी है, अधूरी कहानियों का संग्रह है; एक शिक्षा है, जो आयु-भर मिलती

रहती है और कभी समाप्त नहीं होती। हमारी कहानी का भी सच्चा अन्त तो यही है। मुज़फ़्फ़राबाद वाली बात भी अधूरी, जमुना किनारे की बात भी अधूरी, देशसेवा की बात भी अधूरी, जीवन ही अधूरा रह गया है...पर, जिस प्रकार किसी लेखक की मृत्यु के बाद छपी हुई अधूरी कहानियों को पढ़कर भी उसके जीवन की प्रगति का एक पूरा चित्र खींचा जा सकता है, उसी प्रकार संसार की अपूर्ण विशालता में, विशाल आपूर्णता में भी एक तथ्य मिलता है, एक प्रवाह, एक तारतम्य, एक किसी निश्चित, परिपूर्ण फलन की ओर अग्रसर होती हुई अचूक प्रगति...

सत्य का स्वप्न बिखर गया है। उसकी दबी हुई कामनाएँ और लिप्साएँ दबी ही रह गई हैं। सत्य की बुद्धि ने उन्हें बाँधकर कुचल डाला है, फूटने नहीं दिया। पर उन्होंने भीतर-ही-भीतर फैलकर सत्य की मानसिक प्रयोगशाला में न जाने कौन-कौन से अभूतपूर्व रसायन तैयार किए हैं, और वे रसायन न जाने किन-किन शक्तियों से लदे हैं, सत्य को किधर धकेल ले जाएँगे! उसके कौन-कौन से आदर्श तोड़ेंगे। उसकी मेहनत से संचित की हुई, या दबाई हुई, किन-किन गुप्त स्मृतियों को उखाड़ फेंकेंगे, नंगा कर देंगे। उसकी किन-किन सदभिलाषाओं को, उच्चतम आकांक्षाओं, उत्सर्ग—चेष्टाओं की व्युत्पत्ति पतित-से-पतित, गर्हित-से-गर्हित, जघन्यतम धातुओं से सिद्ध कर देंगे। प्रेम-जीवन के किस-किस कमल का उद्भव वासना-सर के किस गँदले कीच से कराएँगे...

और यह सारी विराट् क्रिया मानव के लिए एक अपूर्णता ही रह जाएगी, जिसे वह समझकर भी नहीं समझेगा। वह इसकी तारतम्यता को नहीं समझ पाएगा। जैसे ऑक्सीजन और हाइड्रोजन को मिलाकर जलाएँ—एक धड़ाका होता है और हम देखते हैं, न ऑक्सीजन है न हाइड्रोजन। उसे हम विस्फोट कहते हैं। पानी बनने की इस क्रिया में हम उसकी अनिवार्य परात्परता नहीं देखते—हम यही समझते हैं कि दोनों गैसों की जीवनी अधूरी रह गई—एक विस्फोट में उलझकर खो गई।

ऐसा ही विस्फोट सत्य के जीवन में भी हुआ; पर हमारी कहानी का वह अंग नहीं है, क्योंकि हमारी कहानी की सम्पूर्णता विस्फोट के पूर्व के इस अधूरेपन में ही है। उस विस्फोट का इस प्रारम्भ से कोई सम्बन्ध नहीं था, फिर भी जीवन की विशाल असम्बद्धता में वे दोनों एक ही क्रिया की दो अभिन्न कलाएँ थीं।

इस घटना के दो वर्ष बाद सत्य की मृत्यु हो गई। मृत्यु नहीं हुई, हत्या हुई। संयुक्त प्रान्त में जो किसान-विद्रोह हुआ, उसके प्रपीड़ित, अज्ञात, नाम से घबराने वाले, बल्कि नामहीन अगुओं में से सत्य भी एक था। उसी सिलसिले में एक गाँव में 'शान्ति स्थापना' के समय पुलिस के हाथों गोली से वह मारा गया। किसी ने यह भी न जाना कि भारतमाता के उस सुपुत्र का समाधि-स्थल कहाँ रहा।

यह भी अपूर्ण कहानी है। किन्तु इन अनेक टूटी-फूटी कड़ियों को जोड़ देने पर जीवन-शृंखला पूरी हो जाती है। यह और बात है—कि इन कड़ियों को जोड़ देने की शक्ति मानव में नहीं है—कि इसके लिए हमारे जीवन-संघर्ष की अपेक्षा कहीं अधिक ताव की, कहीं अधिक प्रोज्ज्वल भट्टी की आवश्यकता है।

एकाकी तारा

ऐसा भी सूर्यास्त कहाँ हुआ होगा...उस पहाड़ की आड़ में से सूर्य का थोड़ा-सा अंश दिख पड़ रहा है, और उसके ऊपर आकाश में, बहुत दूर तक फैली हुई एक लम्बी वारिदमाला लाल-लाल दिख रही है, मानो प्रकृति के बालों की लाल-लाल लटें...

या, जैसे सूर्य को फाँसी लटका दिया हो, और किसी अज्ञात कारण से फाँसी की रस्सी खून से रँगी गई हो...प्रतीची की विशाल कोख भी तो मानो सूर्य को लील लिये जा रही हो...

सूर्यास्त हो गया है। पर वह स्त्री—या युवती—उसी प्रकार निश्चल खड़ी, स्थिर दृष्टि से पश्चिमी आकाश को देख रही है...आस-पास के सुरम्य दृश्यों की ओर सामने बहती हुई छोटी-सी पहाड़ी नदी के स्वच्छ अन्तर की ओर, सामनेवाले पहाड़ की तलहटी से आती हुई बीन की अत्यन्त कम्पित, क्षीण ध्वनि की ओर, उसका ध्यान नहीं जाता...वह अत्यन्त एकाग्र हो, समाधिस्थ हो, पश्चिम आकाश को देख रही है...मानो इसी पर उसका जीवन निर्भर करता है, मानो वह आकाश में बिखरे हुए रक्त को पीकर शक्ति प्राप्त करना चाहती है; किन्तु जीवन न पाकर विष ही पाती है, फिर भी छोड़ नहीं सकती, मूर्च्छित भी नहीं होती...

सांध्य आकाश में थोथे सौन्दर्य के अतिरिक्त कुछ नहीं होता...किन्तु जो अपने हृदयों में ही एक काल्पनिक संसार बसाए हुए उसे देखने आते हैं, जिनके अन्दर एक थिरकती हुई किन्तु अस्फुट प्रसन्नता होती है, या जो भीतर-ही-भीतर किसी गहरी वेदना से झुलस रहे होते हैं, उनकी तीखी अनुभूतियाँ उस आकाश में अपने ऐसे अरमानों का प्रतिबिम्ब पा लेती हैं, उनके लिए संसार की सम्पूर्ण विभूतियाँ, कोमलतम भावनाएँ, उसमें केन्द्रित हो जाती हैं—उस प्रदोष के आकाश में...

वह देख रही है, और देखती जाती है...इस दृश्य को उसने सैकड़ों बार देखा है, उन दिनों भी जब उसमें थोथे सौन्दर्य के अतिरिक्त कुछ नहीं था, (उसके जीवन में भी ऐसे क्षण थे—वह जो आज समझती है कि उस पर काल का बोझ अनगिनत

वर्षों से पड़ा हुआ है!) और उन दिनों भी, जब वह उसमें संसार की समग्र व्यथा और वेदना का प्रतिबिम्ब देख पाई है...पर वेदना का चिन्तन भी मदिरा की तरह होता है, ज्यों-ज्यों उन्माद बढ़ता जाता है, त्यों-त्यों उसकी लालसा तीखी होती जाती है...

वह उस उन्माद के पथ पर बहुत दूर अग्रसर हो गई है। एक पर्दा उसकी आँखों के आगे छा गया है, और एक सूर्यास्त के छायापट के आगे। पर इन तीनों पटों की आड़ से भी उसकी तीव्र दृष्टि आकारों को भेदती हुई चली जा रही है, देख रही है, पढ़ रही है, जीवन के नग्न सत्यों को...

इस भीषण शिक्षा से चौंककर, कभी-कभी उसकी दृष्टि एक दूसरी ओर फिरती है—उसके हाथ की ओर, जिसमें वह एक छोटा-सा पुरजा थामे हुए है। वह पढ़ना नहीं जानती, पर आह! कितनी तीव्र वेदना से, कितनी मर्मभेदी उत्कंठा से, वह उस पुरजे पर लिखी हुई दो-चार सतरों को देखती है; मानो उसके नेत्रों की ज्वाला से ही पत्र का आशय जगमगाकर हृदय में समा जाएगा...

वह पढ़ना नहीं जानती, पर पत्र में क्या लिखा है, वह पढ़वाकर सुन आई है...'भाई की तारीख परसों की लगी है—रात के नौ बजे...' बस, इतना ही तो लिखा है।

आज ही तो वह परसों है—आज ही तो रात को वह नौ बजेंगे...

और फिर वह पहले की भाँति, सूर्यास्त से वही शिक्षा ग्रहण करने लग जाती है...

वह है कौन?

अपना नाम वह स्वयं नहीं जानती। जब वह बहुत छोटी थी, तब शायद उसके माता-पिता ने उसका कोई नाम रखा था। पर जब से वह अनाथिनी हुई, जब से वह अपने भाई के साथ घर से निकलकर भीख माँगने लगी, जब एक दिन उसके भाई ने उसे शक्कर के नाम से नमक की एक फाँकी खिला दी, और उसकी मुखाकृति देख हँस-हँसकर उसे चिढ़ाने लगा, ''लूनी! लूनी!'' तब से वह अपना नाम लूनी ही जानती है...

न-जाने कैसे वे भीख माँगते-माँगते शहरों में पहुँच गए थे; पर पहाड़ों और जंगलों में रहने वाले वे उन्मुक्त प्राणी वहाँ के वातावरण को नहीं सह सके, कुछ ही दिनों बाद भाई-बहन दोनों फिर पहाड़ों में लौट आए और गूजरों के यहाँ चरवाहे बनकर रोटी का गुज़ारा करने लगे...लूनी दिन-भर ढोर चराया करती, और उसका भाई एक चट्टान पर बैठकर गाया करता—या कभी-कभी कुछ पढ़ा करता...लूनी नहीं जानती कि वह पढ़ना कब और कहाँ सीख गया, कैसे सीख गया।

कभी-कभी वह सुबह नींद खुलने पर देखती, उसके भाई का पता नहीं है— वह दो-तीन दिन तक गायब रहता, फिर कुछ नयी किताबें लेकर लौट आता। पहली बार जब वह लापता हुआ तब लूनी कितनी घबरा गई थी—पागल हो गई थी...इतनी कि जब वह लौटकर आया, तब उसे उलाहना भी न दे पाई, उसे लज्जित-सा देख कर उससे चिपट गई थी और खूब रोयी थी...

अब वह भाई लौटकर नहीं आएगा—अब उससे चिपटकर रोने का भी सौभाग्य लूनी को नहीं प्राप्त होगा...

उसके बाद, कितने दिन बीत गए थे! लूनी का भाई उसे अधिकाधिक प्रेम करता जाता था...पर साथ-ही-साथ दूर भी हटता जा रहा था। क्योंकि उसमें वह स्वयंभूति का भाव कम होता जा रहा था और उसमें गम्भीर, विचारवान्, सचेष्ट स्निग्धता आती जा रही थी। लूनी उसे समझती थी और नहीं समझती थी, उसका स्वागत करती थी और उससे खीझती थी...

दूर हटते-हटते एक दिन वह भाई उसके पास से बिलकुल ही चला गया— दिनों के लिए नहीं, बरसों के लिए...

जब वह लौटकर आया, तब लूनी नहीं थी, या स्मृति-भर रह गई थी। वह एक सम्पन्न गूजर के घर बैठ गई थी। वह उसकी विवाहिता भी नहीं थी, उसकी रखैल भी नहीं थी। लूनी ने अपने-आप को मानो उसे दान कर दिया था, उसे अपना दान देकर विदा कर दिया था और स्वयं अकेली रह गई थी! कभी-कभी जब वह स्वयं अपनी परिस्थिति पर विचार करती, तब उसे जान पड़ता, उसके दो शरीर हैं, जो एक-दूसरे के ऊपर खड़े हैं। एक में उसकी सम्पूर्ण आत्मा, उसका अपनापन बसा हुआ है और लूनी के भाई की आराधना में लीन है; और दूसरा, निचला, केवल एक लाश-भर है। कभी-कभी दुरुपयोग से या शारीरिक अत्याचारों से पीड़ित होकर यह लाश ऊपर की आत्मा के पास फ़रियाद करती थी, तो उसमें एक क्षीण व्यथा-सी जागती थी, अन्य कोई उत्तर नहीं मिलता था...जैसे कोई दान दी हुई गाय का कष्ट देखकर यही सोचकर रह जाता है कि अब मुझे इसका कष्ट निवारण करने का अधिकार नहीं रहा!

जब वह भाई लौटकर आया, तब लूनी उसे अपने पास ठहरा तो क्या, उसके सामने भी नहीं हो सकी! वह चुपचाप चला गया—परिस्थिति देखकर वह लूनी की मन:स्थिति भी समझ गया था। दूसरे दिन जब लूनी अवसर पाकर अपने पुराने आसन पर—उसी चट्टान पर, जहाँ वह आज बैठी है—गई, तब उसका भाई वहाँ बैठा उसकी प्रतीक्षा कर रहा था। लूनी के हृदय के किसी अज्ञात कोने में यह भाव जाग्रत हुआ कि अब भी कोई उसे समझता है, और इसी भाव से स्तिमित होकर उसने अपना सिर भाई की गोद में रख दिया, रो भी नहीं पाई, पड़ी रह गई...भाई ने भी उसे पुकारा नहीं, थोड़ी देर चुप रहकर फिर धीरे-धीरे गाने लग गया। उस गाने का प्रवाह अर्थ के बोझ से मुक्त था, इसलिए वह लूनी के सारे मनोमालिन्य को बहा ले गया...जब उसने पुन: जाग्रत होकर अपनी कथा कह देने को सिर उठाया, तब कथा कहने की आवश्यकता ही नहीं रही थी! उसका भाई ही न जाने क्या-क्या अनोखे विचार उसे सुना गया था जो उसने समझे नहीं, जो उसे याद भी नहीं रहे किन्तु जिनकी छाया उसकी स्मृति के पर्दे के पीछे सदा नाचती रही है...

आज वह चट्टान पर बैठी यही सोच रही है, और सूर्यास्त के छायापट से परे देख रही है...

क्या देख रही है? उसी भाई की आज तारीख पड़ी है, उसी भाई को रात के नौ बजे फाँसी मिलेगी!

अँधेरा हो गया है। तलहटी में चीड़ के वृक्षों के झुरमट में छिपे हुए छोटे-से गाँव में, कहीं आठ खड़के हैं। प्रशान्त वातावरण में, इतनी दूर का स्वर स्पष्ट सुन नहीं पड़ता है...लूनी के सामने, पहाड़ की चोटी के पास, सांध्यतारा अकेला जगमगा रहा है। ज्यों-ज्यों आकाश में इधर-उधर तारे प्रकट होते जा रहे हैं, त्यों-त्यों यह भी अधिकाधिक प्रोज्ज्वल होता जा रहा है, मानो अपने एकछत्र राजत्व में विघ्न होते देख कर उत्तेजित हो रहा हो...और लूनी जिस एक घटना पर चिन्तन करने आई है, उसे सोच नहीं पाती; उसका मन निरन्तर उससे अन्य विषयों की ओर झुकता है, और उन्हीं पर जमने का प्रयत्न करता है...वह तारों की प्रतिस्पर्धा को देखकर उसी में अपने को भुला रही है—भुलाने का यत्न कर रही है...

उसका जीवन भी एक अनन्त प्रतिस्पर्धा ही रहा है—एक प्रतियोगिता, जिसमें वह अकेली ही रही है...और वह सांध्यतारे को देखकर सोच रही है कि इस संसार में भी मैं कितनी सुखी रही हूँ! प्रकृति में लड़ाई-ही-लड़ाई, संहार-ही-संहार है; किन्तु वह कितना निर्मल है—उस पर कैसी विराट् नैसर्गिक भव्यता छायी हुई है, जिसके सौन्दर्य में हम सुखी हो सकते हैं...मैं अपने इस संसार में सुखी थी—इस छोटे-से संसार में, जो कि उसी साम्राज्य का एक अंश है, जिसके विरुद्ध मेरा भाई लड़ता है, जिसके विनाश पर वह तुला हुआ है...वह क्यों लड़ता? क्यों सुखी नहीं हो सकता? इसमें उसका दोष है या राजा का? यह उसकी प्रकृति का विकार है या राजत्व में अन्तर्हित कोई प्रगूढ़ न्यूनता? यदि लोगों की आत्माएँ अपने को सौन्दर्य से घिरा पाकर भी सुखी नहीं होतीं, केवल इसलिए कि उनके शरीर पर एक अपार शक्ति का बन्धन—राज्य—है, तो यह उनकी कमी है या उनके ऊपर के राजत्व की?

यह आकाश के असंख्य तारों की जो टिमटिमाहट है, यह क्या अपने अस्तित्व का उन्मत्त उल्लास है, या विद्रोह की जलन?

शायद दोनों!

लूनी को याद आया, यहीं एक दिन उसके भाई ने कहा था...उसकी स्मृति के पीछे जिन वचनों की छाया चिरकाल से नाच रही थी, जिन शब्दों का अभिप्राय वह अभी तक नहीं समझ पाई थी, वे एकाएक सामने आ गए, उसकी समझ में समा गए—सुख या दु:ख ऐसे नहीं होते। राज्य—बाह्य नियन्त्रण—सुख भी नहीं देता। इन दोनों का उद्भव मनुष्य के भीतर छिपी किन्हीं आन्तरिक शक्तियों से होता है। राज्य तो केवल एक शक्ति का ज्ञान देता है, एक भावना को जगाता है, एक उत्तरदायित्व की संज्ञा को चेता देता है...फिर वह दायित्व राज्य के संघटन में पूर्ण होता है, या उसके विरोध में, इसका निर्णय करनेवाली परिस्थितियाँ राज्य के नियन्त्रण में न कभी आई हैं, न कभी आएँगी...मुझमें वह दायित्व जागा है, पर उसे चुकाने के लिए हमारे पास साधन नहीं, उसके पोषण के लिए सामग्री नहीं, इसलिए हम दु:खी और अशान्त हैं, इसीलिए लड़ते हैं और लड़ना चाहते हैं...

ये निर्णय करनेवाली शक्तियाँ क्या हैं? क्या उसके हृदय में स्वार्थ था, जिसके लिए वह लड़ा? जिसके लिए वह आज प्राणदण्ड का भागी हुआ?

ऐसे खिंचाव के समय इस घोर एकान्त ने लूनी को उद्भ्रान्त कर दिया था—या शायद उसकी सूक्ष्म बुद्धि को और भी पैना कर दिया था। सूर्यास्त के पट पर उसने देखा, उसके भाई के कार्यों का एक प्रमुख कारण वह स्वयं थी। उसके भाई के आदर्शों का एक स्रोत उसके लिए सुख-कामना थी! क्यों? क्या वह ऐसे विद्रोह द्वारा सुख प्राप्त करना चाहती थी—प्राप्त कर सकती थी? क्या भाई को खोकर उसे सुख मिलेगा? नहीं, पर उसके भाई ने जो कुछ देखा, वह उसके दृष्टिकोण से नहीं, अपने दृष्टिकोण से देखा—या शायद देखा ही नहीं, केवल एक चिरन्तन सहज बोध के कारण, जो उसकी वसीयत में प्राचीनकाल से था—उस समय से, जबकि पृथ्वी पर मानव-जाति का अस्तित्व ही नहीं था, उसके पुरखा वन-मानुषों का भी नहीं, जब विवाह में जाति और वर्ण-विभेद नहीं थे, जब 'पति-पत्नी' और 'भाई-बहिन' एक ही स्वरक्षात्मक आर्थिक क्रिया की दो कलाएँ थीं...

लूनी ने भी यह सब अपनी बुद्धि से नहीं, एक सहज चेतना से ही अनुभव किया, और यह अनुभव उसके बौद्धिक क्षेत्र में नहीं आ पाया, उसकी बुद्धि केवल एक ही निरर्थक-सी बात कहकर रह गई—"वह विद्रोही है..." कुछ-एक दिनों के बौद्धिक शासन के इस निर्णय के आगे उसकी चिरन्तन अराजकता से उत्पन्न वह पहली अनुभूति व्यक्त न हो पाई...

"वह विद्रोही है और कुछ काल में वह मूर्तिमान विद्रोही होकर मर जाएगा..."

लूनी अपनी थकी हुई, झुकी हुई गर्दन उठाकर आकाश की ओर देखने लगी। उसकी प्रगाढ़ नीलिमा को बाँधनेवाली, आकाशगंगा का धुँधलापन भी चमक रहा था...यह आकाशगंगा है, या प्रकृति के उत्तम आँसू-भरे हृदय की भाप, या विश्व-पुरुष के गले में फाँसी...

रात! तारे—तारे, तारे! लूनी के मन में एक विचार उठा, मैं इन्हें देख रही हूँ, वह भी एक बार तो इन्हें देख ही लेगा और पहाड़ों की याद कर लेगा...तारे क्षण-भर झपक लेंगे; जब जागेंगे, तब मैं इन्हें अलपक ही देख रही हूँगी, पर वह—?

एक हल्की-सी चीख, या गहरी-सी साँस...

लूनी के मन की दशा इस समय ऐसी विकृत हो रही थी कि इस अशान्तिमय विचार के बीच ही में उसे अपनी छोटी-सी लड़की—नहीं, उस सम्पन्न गूजर और लूनी की लाश की सन्तान—की याद आ गई, और साथ ही उसके पिता की...वे शायद इस समय लूनी को खोज रहे होंगे। बेटी अनुभव कर रही होगी, आज मुझे वह पागल प्यार देनेवाली कहाँ है? और पिता सोच रहा होगा, उसका दिमाग़ कुछ खराब हो रहा है, वक़्त-बे-वक़्त जंगलों में फिरती है! जब लूनी वापस पहुँचेगी—पर लूनी तो यहीं रहेगी, वापस तो उसकी लोथ ही जाएगी!—तब पिता उसकी विवशता पर अपनी भूख मिटाएगा, और बेटी अपनी विवशता के कारण भूखी रह जाएगी! और—और वह, जिसके लिए लूनी आज इस चट्टान पर बैठी है, वह मर जाएगा!

लूनी फिर सांध्यतारे की ओर देखने लगी। फिर उसका मन भागा—वर्तमान के विचार से दूर, भूतकाल की ओर! उस दिन की ओर, जब वे शहर में भीख

माँगते-माँगते उकताकर, शहर के अन्त:प्रदेश में आकर किसी साल के या युकलिप्टस के वृक्ष के नीचे आ पड़ते, और पेड़ की पत्तियों में अपने परिचित वनों की सृष्टि किया करते...उस दिन की ओर, जब वे एकाएक, मूक संकेत में ही एक-दूसरे के हृदय की प्यास को समझकर, एक-दूसरे का हाथ थामे शहर से निकल पड़े अपने पहाड़ों के पथ पर...उस दिन की ओर, जब न जाने कहाँ से पकड़कर उसका भाई एक सुन्दर जल-मुरगाबी लाया, और लूनी का करुण अनुरोध, ''इसे छोड़ दो!'' सुनकर क्षण-भर विस्मित रह गया, और फिर उसे उड़ाकर धीरे-धीरे हँसने लगा...उस दिन की ओर, जब न जाने कैसे दोनों को एकाएक अपने पुरुषत्व और स्त्रीत्व का ज्ञान हुआ, दोनों अपने-अपने अकेलेपन का अनुभव करके ज़ोर से चिपटकर गले मिले और फिर लज्जित-से होकर अलग हो गए...उस दिन की ओर, जब भाई ने आकर उल्लास-भरे स्वर में कहा, ''देख लूनी, मैं गीत लिखकर लाया हूँ!'' और उसके विस्मित प्रश्न का उत्तर दिए बिना ही गाने लगा...उस दिन की ओर जब उसने कहा, ''लूनी, अब मैं बहुत कुछ पढ़ गया हूँ, अब मैं तुम्हें सुखी करने के लिए लड़ूँगा,'' और रात में लापता हो गया...इसके बरसों बाद के उस दिन की ओर, जब उसके 'पति' ने उसे एक पत्र लाकर दिया और उपेक्षा से पूछा, ''तेरा कोई भाई भी है? उसी का है!'' और उसके पूछने पर कि पत्र में क्या है, इतना-भर बता दिया कि वह आएगा...उस दिन लज्जा और ग्लानि की ओर, जिस दिन वह अपने भाई के सामने न हो सकी, और वह बाहर ही से लौटकर चला गया...उस दिन की ओर, जब वह चट्टान पर उसकी गोद में सिर रखकर बरसों से जोड़ा हुआ कलुष धो आई...उस दिन की ओर, जब वह फिर विदा लेकर चला गया, लूनी को सुखी करने के लिए...उस भयंकर दिन की ओर, जिसमें लूनी से किसी ने कहा कि उसका भाई पकड़ा गया है और यह नहीं बता सका कि कहाँ और किस जुर्म में...उस दिन की ओर, जब उसका घोर अनिश्चय दूर करने को समाचार आया यह कि भाई को प्राणदंड की आज्ञा हुई है...उस दिन की ओर, जब उसे भाई का अपने हाथों लिखा पत्र आया, जिसे उसने कई बार पढ़ाकर सुना, और कंठस्थ करके भी पूरा नहीं समझ पाई...और अन्त में, वामन-अवतार के पग की तरह, सम्पूर्ण सृष्टि को रौंदकर वह लौट आया, टिक गया, उसके हृदय के कोमलतम अंश पर, जहाँ उसने भाई के जीवन की स्मृति को छिपा रखा था—उसी जीवन की, जो अभी थोड़ी देर में नष्ट हो जाएगा और अपनी स्मृतियों को बिखेर जाएगा, जिसका स्थान शीघ्र ही अनझरे आँसू ले लेंगे...

लूनी की दृष्टि एक बार चारों ओर घूमकर लूनी के आस-पास बिखरी हुई विभिन्न फूलों की रूपराशि और गन्ध को, नदी पर थिरकते हुए धुँधले-से आलोक को, तलहटी के चीड़ वृक्षों से उठती हुई अज्ञात साँसों को, सामने के पहाड़ पर काँपती हुई बीन की तान को और पहाड़ की स्निग्ध श्यामलता को पी गई; फिर एक अव्यक्त प्रश्न से भरी हुई वह दृष्टि उठी सांध्यतारे की ओर, और फिर आकाश की शून्य विशालता की ओर...उसका वह अव्यक्त प्रश्न एक थरथराती हुई प्रतीक्षा-सा बन गया...

आकाश में दो बड़े-बड़े सफ़ेद आकार चले जा रहे थे—शायद बगुले...पर इनके पंख कितने बड़े-बड़े जान पड़ते हैं—जैसे सारस के हों...

और उनकी गति कितनी प्रशान्त...मानो मृत्यु की तरह, मानो जीवन के अवसान की तरह, नि:शब्द...

नीचे गाँव में से कहीं घंटा खड़कने की ध्वनि आई...लूनी तनकर बैठ गई; उसकी ऐन्द्रिक चेतना अपनी पराकाष्ठा पर पहुँच गई, किन्तु साथ ही उसके आगे, लूनी के शरीर-भर में, अँधेरा भर गया...

तलहटी में कहीं चौंककर फटी हुई वेदना के स्वर में टिटिहरी रोयी, 'चीन्हूँ! चीन्हूँ!' मानो अपने घोंसले पर काँपती हुई अज्ञात छाया को देखकर, एकाएक भयभीत वात्सल्य और स्वरक्षात्मक साहस से भरकर तड़प उठी हो और उस छाया को ललकार रही हो...

लूनी का शरीर, उसकी आत्मा, शिथिल होकर झुक गई...उसे जान पड़ा, एक निराकार छाया उसके पास खड़ी है और उसे स्पर्श कर रही है—उसे जान पड़ा, वहाँ कुछ नहीं है, वह अकेली हो गई है, लुट गई है, क्वारी ही विधवा हो गई है...

उसने देखा, शून्य में आकाशगंगा—विश्वपुरुष के गले की फाँसी—को छूता हुआ वृश्चिक का डंक ही उसका एकमात्र सहचर रह गया है—दक्षिण के आकाश में जिधर देवताओं का लोक है...

•

गैंग्रीन

दोपहर में उस सूने आँगन में पैर रखते हुए मुझे ऐसा जान पड़ा, मानो उस पर किसी शाप की छाया मँडरा रही हो, उसके वातावरण में कुछ ऐसा अकथ्य, अस्पृश्य, किन्तु फिर भी बोझल और प्रकम्पमय और घना-सा फैल रहा था...

मेरी आहट सुनते ही मालती बाहर निकली। मुझे देखकर, पहचानकर उसकी मुरझाई हुई मुख-मुद्रा तनिक से मीठे विस्मय से जागी-सी और फिर पूर्ववत् हो गई। उसने कहा, ''आ जाओ!'' और बिना उत्तर की प्रतीक्षा किए भीतर की ओर चली। मैं भी उसके पीछे हो लिया।

भीतर पहुँचकर मैंने पूछा, ''वे यहाँ नहीं हैं?''

''अभी आए नहीं, दफ़्तर में हैं। थोड़ी देर में आ जाएँगे। कोई डेढ़-दो बजे आया करते हैं।''

''कब के गए हुए हैं?''

''सवेरे उठते ही चले जाते हैं।''

मैं 'हूँ' कर पूछने को हुआ, ''और तुम इतनी देर क्या करती हो?'' पर फिर सोचा, आते ही एकाएक प्रश्न ठीक नहीं है। मैं कमरे के चारों ओर देखने लगा।

मालती एक पंखा उठा लाई, और मुझे हवा करने लगी। मैंने आपत्ति करते हुए कहा, ''नहीं, मुझे नहीं चाहिए।'' पर वह नहीं मानी, बोली, ''वाह! चाहिए कैसे नहीं? इतनी धूप में तो आए हो। यहाँ तो...''

मैंने कहा, ''अच्छा, लाओ, मुझे दे दो।''

वह शायद 'ना' करनेवाली थी, पर तभी दूसरे कमरे से शिशु के रोने की आवाज़ सुनकर उसने चुपचाप पंखा मुझे दे दिया और घुटनों पर हाथ टेककर एक थकी हुई 'हुँह' करके उठी और भीतर चली गई।

मैं उसके जाते हुए, दुबले शरीर को देखकर सोचता रहा—यह क्या है...यह कैसी छाया-सी इस घर पर छायी हुई है...

मालती मेरी दूर के रिश्ते की बहन है, किन्तु उसे सखी कहना ही उचित है, क्योंकि हमारा परस्पर सम्बन्ध सख्य का ही रहा है। हम बचपन से इकट्ठे खेले हैं, इकट्ठे लड़े और पिटे हैं, और हमारी पढ़ाई भी बहुत-सी इकट्ठे ही हुई थी, और हमारे व्यवहार में सदा सख्य की स्वेच्छा और स्वच्छन्दता रही है, वह कभी भ्रातृत्व के या बड़े-छोटेपन के बन्धनों में नहीं घिरा...

मैं आज कोई चार वर्ष बाद उसे देखने आया हूँ। जब मैंने उसे इससे पूर्व देखा था, तब वह लड़की ही थी, अब वह विवाहिता है, एक बच्चे की माँ भी है। इससे कोई परिवर्तन उसमें आया होगा और यदि आया होगा तो क्या, यह मैंने अभी तक सोचा नहीं था, किन्तु अब उसकी पीठ की ओर देखता हुआ मैं सोच रहा था, यह कैसी छाया इस घर पर छायी हुई है...और विशेषतया मालती पर...

मालती बच्चे को लेकर लौट आई और फिर मुझसे कुछ दूर नीचे बिछी हुई दरी पर बैठ गई। मैंने अपनी कुरसी घुमाकर कुछ उसकी ओर उन्मुख होकर पूछा, ''इसका नाम क्या है?''

मालती ने बच्चे की ओर देखते हुए उत्तर दिया, ''नाम तो कोई निश्चित नहीं किया, वैसे टिटी कहते हैं।''

मैंने उसे बुलाया, ''टिटी, टीटी, आ जा,'' पर वह अपनी बड़ी-बड़ी आँखों से मेरी ओर देखता हुआ अपनी माँ से चिपट गया, और रुआँसा-सा होकर कहने लगा, ''उहुँ-उहुँ-उहुँ-ऊँ...''

मालती ने फिर उसकी ओर एक नज़र देखा, और फिर बाहर आँगन की ओर देखने लगी...

काफ़ी देर मौन रहा। थोड़ी देर तक तो वह मौन आकस्मिक ही था, जिसमें मैं प्रतीक्षा में था कि मालती कुछ पूछे, किन्तु उसके बाद एकाएक मुझे ध्यान हुआ, मालती ने कोई बात ही नहीं की...यह भी नहीं पूछा कि मैं कैसा हूँ, कैसे आया हूँ...चुप बैठी है, क्या विवाह के दो वर्ष में ही वह बीते दिन भूल गई? या अब मुझे दूर—इस विशेष अन्तर पर—रखना चाहती है? क्योंकि वह निर्बाध स्वच्छन्दता अब तो नहीं हो सकती...पर फिर भी, ऐसा मौन, जैसा अजनबी से भी नहीं होना चाहिए...

मैंने कुछ खिन्न-सा होकर, दूसरी ओर देखते हुए कहा, ''जान पड़ता है, तुम्हें मेरे आने से विशेष प्रसन्नता नहीं हुई—''

उसने एकाएक चौंककर कहा, ''हूँ?''

यह 'हूँ' प्रश्नसूचक था, किन्तु इसलिए नहीं कि मालती ने मेरी बात सुनी नहीं थी, केवल विस्मय के कारण। इसलिए मैंने अपनी बात दुहराई नहीं, चुप बैठ रहा। मालती कुछ बोली ही नहीं, तब थोड़ी देर बाद मैंने उसकी ओर देखा। वह एकटक मेरी ओर देख रही थी, किन्तु मेरे उधर उन्मुख होते ही उसने आँखें नीची कर लीं। फिर भी मैंने देखा, उन आँखों में कुछ विचित्र-सा भाव था, मानो मालती के भीतर कहीं कुछ चेष्टा कर रहा हो, किसी बीती हुई बात को याद करने की, किसी बिखरे हुए वायुमंडल को पुनः जगाकर गतिमान करने की, किसी टूटे हुए

व्यवहार-तन्तु को पुनरुज्जीवित करने की, और चेष्टा में सफल न हो रहा हो...वैसे जैसे बहुत देर से प्रयोग में न लाए हुए अंग को व्यक्ति एकाएक उठाने लगे और पाए कि वह उठता ही नहीं है, चिरविस्मृति में मानो मर गया है, उतने क्षीण बल से (यद्यपि वह सारा प्राप्य बल है) उठ नहीं सकता...मुझे ऐसा जान पड़ा, मानो किसी जीवित प्राणी के गले में किसी मृत जन्तु का तौक डाल दिया गया हो, वह उसे उतारकर फेंकना चाहे, पर उतार न पाए...

तभी किसी ने किवाड़ खटखटाए। मैंने मालती की ओर देखा, पर वह हिली नहीं। जब किवाड़ दूसरी बार खटखटाए गए, तब वह शिशु को अलग करके उठी और किवाड़ खोलने गई।

वे, यानी मालती के पति आए। मैंने उन्हें पहली बार देखा था, यद्यपि फ़ोटो से उन्हें पहचानता था। परिचय हुआ। मालती खाना तैयार करने आँगन में चली गई, और हम दोनों भीतर बैठकर बातचीत करने लगे, उनकी नौकरी के बारे में, उनके जीवन के बारे में, उस स्थान के बारे में, और ऐसे अन्य विषयों के बारे में जो पहले परिचय पर उठा करते हैं, एक तरह का स्वरक्षात्मक कवच बनकर...

मालती के पति का नाम है महेश्वर। वह एक पहाड़ी गाँव में सरकारी डिस्पेन्सरी के डॉक्टर हैं, उसी हैसियत से इन क्वार्टरों में रहते हैं। प्रातःकाल सात बजे डिस्पेन्सरी चले जाते हैं और डेढ़ या दो बजे लौटते हैं, उसके बाद दोपहर-भर छुट्टी रहती है, केवल शाम को एक-दो घंटे फिर चक्कर लगाने के लिए जाते हैं, डिस्पेन्सरी के साथ के छोटे-से अस्पताल में पड़े हुए रोगियों को देखने और अन्य ज़रूरी हिदायतें करने...उनका जीवन भी बिलकुल एक निर्दिष्ट ढर्रे पर चलता है, नित्य वही काम, उसी प्रकार के मरीज़, वही हिदायतें, वही नुस्खे, वही दवाइयाँ। वह स्वयं उकताए हुए हैं और इसलिए और साथ ही इस भयंकर गर्मी के कारण वह अपने फ़ुर्सत के समय में भी सुस्त ही रहते हैं...

मालती हम दोनों के लिए खाना ले आई। मैंने पूछा, "तुम नहीं खाओगी? या खा चुकीं?"

महेश्वर बोले, कुछ हँसकर, "वह पीछे खाया करती है..."

पति ढाई बजे खाना खाने आते हैं, इसलिए पत्नी तीन बजे तक भूखी बैठी रहेगी!

महेश्वर खाना आरम्भ करते हुए मेरी ओर देखकर बोले, "आपको तो खाने का मज़ा क्या ही आएगा ऐसे बेवक़्त खा रहे हैं?"

मैंने उत्तर दिया, "वाह! देर से खाने पर तो और अच्छा लगता है, भूख बढ़ी हुई होती है, पर शायद मालती बहिन को कष्ट होगा।"

मालती टोककर बोली, "ऊँहूँ, मेरे लिए तो यह नयी बात नहीं है...रोज़ ही ऐसा होता है..."

मालती बच्चे को गोद में लिये हुए थी। बच्चा रो रहा था, पर उसकी ओर कोई भी ध्यान नहीं दे रहा था।

मैंने कहा, "यह रोता क्यों है?"

मालती बोली, "हो ही गया है चिड़चिड़ा-सा, हमेशा ही ऐसा रहता है।"

फिर बच्चे को डाँटकर कहा, "चुप कर।" जिससे वह और भी रोने लगा, मालती ने भूमि पर बैठा दिया। और बोली, "अच्छा ले, रो ले।" और रोटी लेने आँगन की ओर चली गई!

जब हमने भोजन समाप्त किया तब तीन बजने वाले थे। महेश्वर ने बताया कि उन्हें आज जल्दी अस्पताल जाना है, यहाँ एक-दो चिन्ताजनक केस आए हुए हैं, जिनका ऑपरेशन करना पड़ेगा...दो की शायद टाँग काटनी पड़े, गैंग्रीन हो गया है...थोड़ी ही देर में वह चले गए। मालती किवाड़ बन्द कर आई और मेरे पास बैठने ही लगी थी कि मैंने कहा, "अब खाना तो खा लो, मैं उतनी देर टिटी से खेलता हूँ।"

वह बोली, "खा लूँगी, मेरे खाने की कौन बात है," किन्तु चली गई। मैं टिटी को हाथ में लेकर झुलाने लगा, जिससे वह कुछ देर के लिए शान्त हो गया।

दूर...शायद अस्पताल में ही, तीन खड़के। एकाएक मैं चौंका, मैंने सुना, मालती वहीं आँगन में बैठी अपने-आप ही एक लम्बी-सी थकी हुई साँस के साथ कह रही है, "तीन बज गए..." मानो बड़ी तपस्या के बाद कोई कार्य सम्पन्न हो गया हो...

थोड़ी ही देर में मालती फिर आ गई, मैंने पूछा, "तुम्हारे लिए कुछ बचा भी था? सब-कुछ तो..."

"बहुत था।"

"हाँ, बहुत था, भाजी तो सारी मैं ही खा गया था, वहाँ बचा कुछ होगा नहीं, यों ही रौब तो न जमाओ कि बहुत था।" मैंने हँसकर कहा।

मालती मानो किसी और विषय की बात कहती हुई बोली, "यहाँ सब्ज़ी-वब्ज़ी तो कुछ होती ही नहीं, कोई आता-जाता है, तो नीचे से मँगा लेते हैं; मुझे आए पन्द्रह दिन हुए हैं, जो सब्ज़ी साथ लाये थे वही अभी बरती जा रही है..."

मैंने पूछा, "नौकर कोई नहीं है?"

"कोई ठीक मिला नहीं, शायद एक-दो दिन में हो जाए।"

"बर्तन भी तुम्हीं माँजती हो?"

"और कौन?" कहकर मालती क्षण-भर आँगन में जाकर लौट आई।

मैंने पूछा, "कहाँ गई थीं?"

"आज पानी ही नहीं है, बर्तन कैसे मँजेंगे?"

"क्यों, पानी को क्या हुआ?"

"रोज़ ही होता है...कभी वक़्त पर तो आता नहीं, आज शाम को सात बजे आएगा, तब बर्तन मँजेंगे।"

"चलो, तुम्हें सात बजे तक छुट्टी हुई," कहते हुए मैं मन-ही-मन सोचने लगा, 'अब इसे रात के ग्यारह बजे तक काम करना पड़ेगा, छुट्टी क्या खाक हुई?'

यही उसने कहा। मेरे पास कोई उत्तर नहीं था, पर मेरी सहायता टिटी ने की, एकाएक फिर रोने लगा और मालती के पास जाने की चेष्टा करने लगा। मैंने उसे दे दिया।

थोड़ी देर फिर मौन रहा, मैंने जेब से अपनी नोटबुक निकाली और पिछले दिनों के लिखे हुए नोट देखने लगा, तब मालती को याद आया कि उसने मेरे आने का कारण तो पूछा नहीं, और बोली, ''यहाँ आए कैसे?''

मैंने कहा ही तो, ''अच्छा, अब याद आया? तुमसे मिलने आया था, और क्या करने?''

''तो दो-एक दिन रहोगे न?''

''नहीं, कल चला जाऊँगा, ज़रूरी जाना है।''

मालती कुछ नहीं बोली, कुछ खिन्न-सी हो गई। मैं फिर नोटबुक की तरफ़ देखने लगा।

थोड़ी देर बाद मुझे भी ध्यान हुआ, मैं आया तो हूँ मालती से मिलने किन्तु, यहाँ वह बात करने को बैठी है और मैं पढ़ रहा हूँ, पर बात भी क्या की जाए? मुझे ऐसा लग रहा था कि इस घर पर जो छाया घिरी हुई है, वह अज्ञात रहकर भी मानो मुझे भी वश में कर रही है, मैं भी वैसा ही नीरस निर्जीव-सा हो रहा हूँ, जैसे—हाँ, जैसे यह घर, जैसे मालती...

मैंने पूछा, ''तुम कुछ पढ़ती-लिखती नहीं?'' मैं चारों ओर देखने लगा कि कहीं किताबें दिख पड़ें।

''यहाँ!'' कहकर मालती थोड़ा-सा हँस दी। वह हँसी कह रही थी, ''यहाँ पढ़ने को है क्या?''

मैंने कहा, ''अच्छा, मैं वापस जाकर ज़रूर कुछ पुस्तकें भेजूँगा...'' और वार्तालाप फिर समाप्त हो गई...

थोड़ी देर बाद मालती ने फिर पूछा, ''आए कैसे हो, लारी में?''

''पैदल।''

''इतनी दूर? बड़ी हिम्मत की।''

''आख़िर तुमसे मिलने आया हूँ।''

''ऐसे ही आए हो?''

''नहीं, कुली पीछे आ रहा है, सामान लेकर। मैंने सोचा, बिस्तरा ले ही चलूँ।''

''अच्छा किया, यहाँ तो बस...'' कहकर मालती चुप रह गई फिर बोली, ''तब तुम थके होगे, लेट जाओ।''

''नहीं, बिलकुल नहीं थका।''

''रहने भी दो, थके नहीं, भला थके हैं?''

''और तुम क्या करोगी?''

''मैं बर्तन माँज रखती हूँ, पानी आएगा तो धुल जाएँगे।''

मैंने कहा, ''वाह!'' क्योंकि और कोई बात मुझे सूझी नहीं...

थोड़ी देर में मालती उठी और चली गई, टिटी को साथ लेकर। तब मैं भी लेट गया और छत की ओर देखने लगा... मेरे विचारों के साथ आँगन से आती हुई बर्तनों के घिसने की खन-खन ध्वनि मिलकर एक विचित्र एक-स्वर उत्पन्न करने लगी, जिसके कारण मेरे अंग धीरे-धीरे ढीले पड़ने लगे, मैं ऊँघने लगा...

एकाएक वह एक-स्वर टूट गया—मौन हो गया। इससे मेरी तन्द्रा भी टूटी, मैं उस मौन में सुनने लगा...

चार खड़क रहे थे और इसी का पहला घंटा सुनकर मालती रुक गई थी...

वही तीन बजेवाली बात मैंने फिर देखी, अब की बार और उग्र रूप में। मैंने सुना, मालती एक बिलकुल अनैच्छिक, अनुभूतिहीन, नीरस, यन्त्रवत्—वह भी थके हुए यन्त्र के-से स्वर में कह रही है, "चार बज गए," मानो इस अनैच्छिक समय को गिनने में ही उसका मशीन-तुल्य जीवन बीतता हो, वैसे ही, जैसे मोटर का स्पीडोमीटर यन्त्रवत् फ़ासला नापता जाता है, और यन्त्रवत् विश्रान्त स्वर में कहता है (किससे!) कि मैंने अपने अमित शून्यपथ का इतना अंश तय कर लिया...न जाने कब, कैसे मुझे नींद आ गई।

तब छह कभी के बज चुके थे, जब किसी के आने की आहट से मेरी नींद खुली, और मैंने देखा कि महेश्वर लौट आए हैं और उनके साथ ही बिस्तर लिये हुए मेरा कुली। मैं मुँह धोने को पानी माँगने को ही था कि मुझे याद आया, पानी नहीं होगा। मैंने हाथों से मुँह पोंछते-पोंछते महेश्वर से पूछा, "आपने बड़ी देर की?"

उन्होंने किंचित् ग्लानि-भरे स्वर में कहा, "हाँ, आज वह गैंग्रीन का ऑपरेशन करना ही पड़ा, एक कर आया हूँ, दूसरे को एम्बुलेन्स में बड़े अस्पताल भिजवा दिया है।"

मैंने पूछा" गैंग्रीन कैसे हो गया।"

"एक काँटा चुभा था, उसी से हो गया, बड़े लापरवाह लोग होते हैं यहाँ के..."

मैंने पूछा, "यहाँ आपको केस अच्छे मिल जाते हैं? आय के लिहाज़ से नहीं, डॉक्टरी के अभ्यास के लिए?"

बोले, "हाँ, मिल ही जाते हैं, यही गैंग्रीन, हर दूसरे-चौथे दिन एक केस आ जाता है, नीचे बड़े अस्पतालों में भी..."

मालती आँगन से ही सुन रही थी, अब आ गई, बोली, "हाँ, केस बनाते देर क्या लगती है? काँटा चुभा था, इस पर टाँग काटनी पड़े, यह भी कोई डॉक्टरी है? हर दूसरे दिन किसी की टाँग, किसी की बाँह काट आते हैं, इसी का नाम है अच्छा अभ्यास!"

महेश्वर हँसे, बोले, "न काटें तो उसकी जान गँवाएँ?"

"हाँ, पहले तो दुनिया में काँटे ही नहीं होते होंगे? आज तक तो सुना नहीं था कि काँटों के चुभने से मर जाते हैं..."

महेश्वर ने उत्तर नहीं दिया, मुस्कुरा दिए। मालती मेरी ओर देखकर बोली, "ऐसे ही होते हैं, डॉक्टर, सरकारी अस्पताल है न, क्या परवाह है! मैं तो रोज़

ही ऐसी बातें सुनती हूँ! अब कोई मर-मुर जाए तो खयाल ही नहीं होता। पहले तो रात-रात-भर नींद नहीं आया करती थी।''

तभी आँगन में खुले हुए नल ने कहा—टिप्-टिप्-टिप्-टिप्-टिप्-टिप्...

मालती ने कहा, ''पानी!'' और उठकर चली गई। खनखनाहट से हमने जाना, बर्तन धोए जाने लगे हैं...

टिटी महेश्वर की टाँगों के सहारे खड़ा मेरी ओर देख रहा था, अब एकाएक उन्हें छोड़कर मालती की ओर खिसकता हुआ चला। महेश्वर ने कहा, ''उधर मत जा!'' और उसे गोद में उठा लिया, वह मचलने और चिल्ला-चिल्लाकर रोने लगा।

महेश्वर बोले, ''अब रो-रोकर सो जाएगा, तभी घर में चैन होगी।''

मैंने पूछा, ''आप लोग भीतर ही सोते हैं? गर्मी तो बहुत होती है?''

''होने को तो मच्छर भी बहुत होते हैं, पर यह लोहे के पलँग उठाकर बाहर कौन ले जाए? अब के नीचे जाएँगे तो चारपाइयाँ ले आएँगे।'' फिर कुछ रुककर बोले, ''आज तो बाहर ही सोयेंगे। आपके आने का इतना लाभ ही होगा।''

टिटी अभी तक रोता ही जा रहा था। महेश्वर ने उसे एक पलँग पर बिठा दिया, और पलँग बाहर खींचने लगे, मैंने कहा, ''मैं मदद करता हूँ,'' और दूसरी ओर से पलँग उठाकर निकलवा दिए।

अब हम तीनों...महेश्वर, टिटी और मैं, दो पलँगों पर बैठ गए और वार्तालाप के लिए उपयुक्त विषय न पाकर उस कमी को छुपाने के लिए टिटी से खेलने लगे, बाहर आकर वह कुछ चुप हो गया था, किन्तु बीच-बीच में जैसे एकाएक कोई भूला हुआ कर्तव्य याद करके रो उठता या, और फिर एकदम चुप हो जाता था...और कभी-कभी हम हँस पड़ते थे, या महेश्वर उसके बारे में कुछ बात कह देते थे...

मालती बर्तन धो चुकी थी। जब वह उन्हें लेकर आँगन के एक ओर रसोई के छप्पर की ओर चली, तब महेश्वर ने कहा, ''थोड़े-से आम लाया हूँ, वह भी धो लेना।''

''कहाँ हैं?''

''अँगीठी पर रखे हैं, काग़ज़ में लिपटे हुए।''

मालती ने भीतर जाकर आम उठाए और अपने आँचल में डाल लिये। जिस काग़ज़ में वे लिपटे हुए थे वह किसी पुराने अखबार का टुकड़ा था। मालती चलती-चलती संध्या के उस क्षीण प्रकाश में उसी को पढ़ती जा रही थी...वह नल के पास जाकर खड़ी उसे पढ़ती रही, जब दोनों ओर पढ़ चुकी, तब एक लम्बी साँस लेकर उसे फेंककर आम धोने लगी।

मुझे एकाएक याद आया...बहुत दिनों की बात थी...जब हम अभी स्कूल में भर्ती हुए ही थे। जब हमारा सबसे बड़ा सुख, सबसे बड़ी विजय थी हाज़िरी हो चुकने के बाद चोरी से क्लास से निकल भागना और स्कूल से कुछ दूरी पर आम के बगीचे में पेड़ों पर चढ़कर कच्ची आमियाँ तोड़-तोड़ खाना। मुझे याद आया...कभी जब मैं भाग आता और मालती नहीं आ पाती थी तब मैं भी खिन्न-मन लौट आया करता था।

मालती कुछ नहीं पढ़ती थी, उसके माता-पिता तंग थे, एक दिन उसके पिता ने उसे एक पुस्तक लाकर दी और कहा कि इसके बीस पेज रोज़ पढ़ा करो, हफ़्ते-भर बाद मैं देखूँ कि इसे समाप्त कर चुकी हो, नहीं तो मार-मारकर चमड़ी उधेड़ दूँगा। मालती ने चुपचाप किताब ले ली, पर क्या उसने पढ़ी? वह नित्य ही उसके दस पन्ने, बीस पेज, फाड़कर फेंक देती, अपने खेल में किसी भाँति फ़र्क न पड़ने देती। जब आठवें दिन उसके पिता ने पूछा, "किताब समाप्त कर ली?" तो उत्तर दिया..."हाँ, कर ली," पिता ने कहा, "लाओ, मैं प्रश्न पूछूँगा," तो चुप खड़ी रही। पिता ने कहा, तो उद्धत स्वर में बोली, "किताब मैंने फाड़कर फेंक दी है, मैं नहीं पढ़ूँगी।"

उसके बाद वह बहुत पिटी, पर वह अलग बात है। इस समय मैं यही सोच रहा था कि वही उद्धत और चंचल मालती आज कितनी सीधी हो गई है, कितनी शान्त, और एक अखबार के टुकड़े को तरसती है...यह क्या, यह...

तभी महेश्वर ने पूछा, "रोटी कब बनेगी!"

"बस, अभी बनाती हूँ।"

पर अबकी बार जब मालती रसोई की ओर चली, तब टिटी की कर्तव्य-भावना बहुत विस्तीर्ण हो गई, वह मालती की ओर हाथ बढ़ाकर रोने लगा और नहीं माना, मालती उसे भी गोद में लेकर चली गई, रसोई में बैठकर एक हाथ से उसे थपकने और दूसरे से कई छोटे-छोटे डिब्बे उठाकर अपने सामने रखने लगी...

और हम दोनों चुपचाप रात्रि की, और भोजन की, और एक-दूसरे के कुछ कहने की, और न जाने किस-किस न्यूनता की पूर्ति की प्रतीक्षा करने लगे।

हम भोजन कर चुके थे और बिस्तरों पर लेट गए थे और टिटी सो गया था। मालती पलँग के एक ओर मोमजामा बिछाकर उसे उस पर लिटा गई थी। वह सो गया था, पर नींद में कभी-कभी चौंक उठता था। एक बार तो उठकर बैठ भी गया था, पर तुरन्त ही लेट गया।

मैंने महेश्वर से पूछा, "आप तो थके होंगे, सो जाइए।"

वह बोले, "थके तो आप अधिक होंगे...अट्ठारह मील पैदल चलकर आए हैं।" किन्तु उनके स्वर ने मानो जोड़ दिया...'थका तो मैं भी हूँ।'

मैं चुप रहा, थोड़ी देर में किसी अपर संज्ञा ने मुझे बताया, वह ऊँघ रहे हैं।

तब लगभग साढ़े दस बजे थे, मालती भोजन कर रही थी।

मैं थोड़ी देर मालती की ओर देखता रहा, वह किसी विचार में—यद्यपि बहुत गहरे विचार में नहीं, लीन हुई धीरे-धीरे खाना खा रही थी, फिर मैं इधर-उधर खिसक कर, पर आराम से होकर, आकाश की ओर देखने लगा।

पूर्णिमा थी, आकाश अनभ्र था।

मैंने देखा—उस सरकारी क्वार्टर की दिन में अत्यन्त शुष्क और नीरस लगने वाली स्लेट की छत भी चाँदनी में चमक रही है, अत्यन्त शीतलता और स्निग्धता

से छलक रही है, मानो चन्द्रिका उन पर से बहती हुई आ रही हो, झर रही हो...

मैंने देखा, पवन में चीड़ के वृक्ष...गर्मी से सूखकर मटमैले हुए चीड़ के वृक्ष...धीरे-धीरे गा रहे हैं...कोई राग जो कोमल है, किन्तु करुण नहीं, अशान्तिमय है, किन्तु उद्वेगमय नहीं...

मैंने देखा, प्रकाश से धुँधले नीले आकाश के तट पर जो चमगादड़ नीरव उड़ान से चक्कर काट रहे हैं, वे भी सुन्दर दिखते हैं...

मैंने देखा—दिन-भर की तपन, अशान्ति, थकान, दाह, पहाड़ों में से भाप से उठकर वातावरण में खोये जा रहे हैं, जिसे ग्रहण करने के लिए पर्वत-शिशुओं ने अपनी चीड़ वृक्षरूपी भुजाएँ आकाश की ओर बढ़ा रखी हैं...

पर यह सब मैंने ही देखा, अकेले मैंने...महेश्वर ऊँघ रहे थे और मालती उस समय भोजन से निवृत्त होकर दही जमाने के लिए मिट्टी का बर्तन गरम पानी से धो रही थी, और कह रही थी...''अभी छुट्टी हुई जाती है।'' और मेरे कहने पर ही कि ''ग्यारह बजने वाले हैं,'' धीरे से सिर हिलाकर जता रही थी कि रोज़ ही इतने बज जाते हैं...मालती ने वह सब कुछ नहीं देखा, मालती का जीवन अपनी रोज़ की नियत गति से बहा जा रहा था और एक चन्द्रमा की चन्द्रिका के लिए, एक संसार के लिए रुकने को तैयार नहीं था...

चाँदनी में शिशु कैसा लगता है इस अलस जिज्ञासा से मैंने टिटी की ओर देखा और वह एकाएक मानो किसी शैशवोचित वामता से उठा और खिसककर पलँग से नीचे गिर पड़ा और चिल्ला-चिल्लाकर रोने लगा। महेश्वर ने चौंककर कहा— ''क्या हुआ?'' मैं झपटकर उसे उठाने दौड़ा, मालती रसोई से बाहर निकल आई, मैंने उस 'खट्' शब्द को याद करके धीरे से करुणा-भरे स्वर में कहा, ''चोट बहुत लग गई बेचारे के।''

यह सब मानो एक ही क्षण में, एक ही क्रिया की गति में हो गया।

मालती ने रोते हुए शिशु को मुझसे लेने के लिए हाथ बढ़ाते हुए कहा, ''इसके चोटें लगती ही रहती हैं, रोज़ ही गिर पड़ता है।''

एक छोटे क्षण-भर के लिए मैं स्तब्ध हो गया, फिर एकाएक मेरे मन ने, मेरे समूचे अस्तित्व ने, विद्रोह के स्वर में कहा—मेरे मन ने भीतर ही, बाहर एक शब्द भी नहीं निकला—'माँ, युवती माँ, यह तुम्हारे हृदय को क्या हो गया है, जो तुम अपने एकमात्र बच्चे के गिरने पर ऐसी बात कह सकती हो—और यह अभी, जब तुम्हारा सारा जीवन तुम्हारे आगे है!'

और, तब एकाएक मैंने जाना कि वह भावना मिथ्या नहीं है, मैंने देखा कि सचमुच उस कुटुम्ब में कोई गहरी भयंकर छाया घर कर गई है, उनके जीवन के इस पहले ही यौवन में घुन की तरह लग गई है, उसका इतना अभिन्न अंग हो गई है कि वे उसे पहचानते ही नहीं, उसी की परिधि में घिरे हुए चले जा रहे हैं। इतना ही नहीं, मैंने उस छाया को देख भी लिया...

इतनी देर में, पूर्ववत् शान्ति हो गई थी। महेश्वर फिर लेटकर ऊँघ रहे थे।

टिटी मालती के लेटे हुए शरीर से चिपटकर चुप हो गया था, यद्यपि कभी एक-आध सिसकी उसके छोटे-से शरीर को हिला देती थी। मैं भी अनुभव करने लगा था कि बिस्तर अच्छा-सा लग रहा है। मालती चुपचाप ऊपर आकाश में देख रही थी, किन्तु क्या चन्द्रिका को या तारों को?

तभी ग्यारह का घंटा बजा, मैंने अपनी भारी हो रही पलकें उठाकर अकस्मात् किसी अस्पष्ट प्रतीक्षा से मालती की ओर देखा। ग्यारह के पहले घंटे की खड़कन के साथ ही मालती की छाती एकाएक फफोले की भाँति उठी और धीरे-धीरे बैठने लगी, और घंटा—ध्वनि के कम्पन के साथ ही मूक हो जानेवाली आवाज़ में उसने कहा, ''ग्यारह बज गए...''

●

पहाड़ी जीवन

मोटर-एजेंसी के सामने वाले उस भीड़-भड़क्के के उस निरर्थक, विशृंखल, पूँजीभूत कोलाहल के एक छोर पर खड़ा हुआ गिरीश सोच रहा था—'क्या मैं यही सब देखने आया हूँ? यही है पहाड़ों का जीवन और आन्तरिक सौन्दर्य?'

गिरीश लाहौर का रहनेवाला है, विद्यार्थी है, युवा है और युवकों की साधारण भावुकता से भी सम्पन्न है। और इन सबके अतिरिक्त वह धनिक नहीं है। तो भी ऐसा है कि उसे कभी पहाड़ जाने के लिए खीस के बहाने घर से रुपये मँगाकर जोड़ने नहीं पड़ते, बिना बहाने ही मिल जाते हैं।

हाँ, तो गिरीश ने निश्चय किया है कि उसमें साहित्यिक प्रतिभा है और उसी को पनपने का अवसर देने के लिए वह यहाँ आया है। अनुभव से जानता है कि जो लोग पहाड़ों में जाते हैं, वे कुछ भी देखकर नहीं आते, कुछ देखने आते भी नहीं। उनसे कोई पूछे कि अमुक स्थान में क्या देखा या अमुक स्थान का जीवन कैसा है, तो केवल इतना ही बता पाते हैं कि वहाँ ठंड बहुत है, या बर्फ़ का दृश्य बहुत सुन्दर है या वहाँ घोड़े की सवारी का मज़ा आता है! बहुत हुआ, तो कोई यह बता देगा कि वहाँ चीड़-वृक्षों में हवा चलती है तो उसका स्वर ऐसा होता है, या कि वहाँ किसी जल-प्रपात को देखकर जीवन की नश्वरता का, या अजस्रता का, अथवा प्रेम की अचल एकरूपता का, या अस्थायित्व का, या अपनी-अपनी रुचि के अनुसार ऐसी ही किसी बात का स्मरण हो आता है...पर, क्या यह सब वहाँ का जीवन है? क्या यही दर्शनीय है, और बस? क्या वहाँ के वासी चीड़ के वृक्ष खाकर जीते हैं या जल प्रवाह पहनते हैं, या बर्फ़ से प्रणय करते हैं, या घोड़ों पर रहते हैं?

गिरीश इन्हीं सब प्रश्नों का उत्तर पाने और उस उत्तर को शब्दबद्ध करने यहाँ आया है। उसका विश्वास है कि वह यहाँ के जीवन की सत्यता देखकर जाएगा और लिखेगा। वह उस दिन का स्वप्न देख रहा है, जब उसकी रचनाएँ प्रकाशित होंगी और साहित्य-क्षेत्र में तहलका मच जाएगा, लोग कहेंगे कि न जाने इसने कहाँ-कैसे यह सब देख लिया, जो लोग इतने वर्षों में भी नहीं देख पाए।

यह सब उसे एक दिन लाहौर में बैठे-बैठे सूझा था। और उसने तभी तैयारी कर ली थी और दो-तीन सप्ताह के लिए डलहौज़ी चला आया था। यहाँ आकर उसने अपना सामान इत्यादि एक होटल में रखा और खाना खाकर घूमने—पहाड़ी जीवन देखने—निकल पड़ा। किन्तु उसने देखा, वह जीवन वैसा नहीं है जो स्वयं उछल-उछलकर आँखों के आगे आए, जैसा कि आजकल की सभ्यता का, आत्म-विज्ञापन का जीवन होता है। जब वह शाम को होटल लौटा, तब उसने देखा, उसका मस्तिष्क उससे भी अधिक शून्य है, जैसा वह लाहौर में था! क्योंकि गिरीश उन चित्रों और दृश्यों की ओर ध्यान देने के लिए तैयार नहीं था जो और लोग—'साधारण लोग'—देखते हैं। वह अपने कमरे में बैठकर सोचने लगा कि कहाँ जाकर वह पहाड़ी जीवन का असली रूप देखे; किन्तु न जाने क्यों उसका मन इस विचार में भी नहीं लगा, भागने लगा। उसे न जाने क्यों एकाएक अपनी एक बाल्य-सखी और दूर के रिश्ते की बहिन करुणा का ध्यान आया, जो सदा पहाड़ पर जाने के लिए तरसा करती है, जो कहती रहती है कि पहाड़ का जीवन कितना स्वच्छन्द होगा, कितना निर्मल, कितना स्वत:सिद्ध—जैसे कि आनन्दातिरेक से अनायास गाया हुआ शब्दहीन आलाप! वह सोचने लगा कि क्या सचमुच पहाड़ी जीवन ऐसा ही होता है, या यह उसकी भावुक बहिन का इच्छा-स्वप्न है?

काफ़ी देर तक ऐसी बातें सोच चुकने पर जब उसे एकाएक विचार आया कि वह पहाड़ी जीवन का पता लगाना चाहता है, न कि करुणा की प्रकृति पर विचार करना, तब वह खीझकर उठ बैठा। फिर उसने निश्चय किया कि कल वह जाकर बाज़ार में बैठेगा और वहाँ पहाड़ी लोगों को देखेगा—नहीं, वहाँ क्यों, वह मोटर के अड्डे पर जाएगा, जहाँ सैकड़ों पहाड़ी कुली आते हैं। वहीं उनका सच्चा रूप देखने को मिलेगा। उनके वास्तविक जीवन की झलक तो केवल तब देखने में आती है, जब मानव किसी आर्थिक दबाव का अनुभव करता है।

और यही निश्चय आज उसे यहाँ लाया था, जहाँ आधा घंटा बैठने के बाद वह उकता कर सोच रहा है—'क्या यही देखने मैं आया हूँ? क्या यही है पहाड़ी जीवन और उसका आन्तरिक सौन्दर्य?'

गिरीश एक मोटर कम्पनी के दफ़्तर में बैठा है, उसके आस-पास और भी लोग हैं, जो आनेवाली लारियों की प्रतीक्षा में हैं—कुछ तो अपने मित्र या सम्बन्धियों की अगवानी के लिए और कुछ होटलों के एजेंट इत्यादि। बाहर कोई सौ-डेढ़ सौ कुली, जिनमें कुछ कश्मीरी हैं बैठे, खड़े या चल-फिर रहे हैं। कोई सिगरेट पी रहा है, कोई गुड़गुड़ी; कोई तम्बाकू चबा रहा है; कोई अपने जूते उतारकर हाथ में लिये उनकी परीक्षा में तन्मय हो रहा है; कोई एक रस्सी का टुकड़ा अपनी उँगली पर ऐसे लपेट और खोल रहा है, मानो वही जगन्नियन्ता की सबसे बड़ी उलझन हो और वह उसे सुलझा रहा हो; कोई हँस रहा है; कोई शरारत-भरी आँखों से किसी दूसरे की जेब की ओर देख रहा है, जो किसी अज्ञात वस्तु के विस्तार से फूल रही है; कोई एक शून्य थकान-भरी दृष्टि से देख रहा है—न-जाने किस ओर; कोई अपने आरक्त नेत्र मोटर कम्पनी

के साइनबोर्ड पर गड़ाए हुए है; और एक-आध बूढ़ा, भीड़ से कुछ अलग खड़ा, अन्धों की विशेषतापूर्ण, उत्सुक और अभिप्राय-भरी दृष्टि से (यदि अन्धी भी दृष्टि हो सकती है तो) देख रहा है अपने आगे के सभी लोगों की ओर, यानी किसी की ओर नहीं...पर गिरीश को जान पड़ता है और ठीक जान पड़ता है कि इस प्रकार अपने विभिन्न तात्कालिक धन्धों में निरत और व्यस्त जान पड़नेवाले इन व्यक्तियों की वास्तविक दृष्टि, वास्तविक प्रतीक्षा, किसी और ही ओर लगी हुई है। इन लोगों के सामान्य शारीरिक उद्योग से कुचले हुए शरीरों के भीतर छिपी हुई है भूखे भेड़िये की-सी प्रमादपूर्ण और अन्वेषक तत्परता, जो लारियों के आते ही फूट पड़ेगी।

और झुंड से कुछ दूर पर, एक ही इकाई में बँधी-सी खड़ी हुई हैं कई-एक पहाड़ी औरतें, अधिकांश पीठ पर डांडियाँ बाँधें, कुछ-एक छाती से दुध-मुँहा बच्चा भी चिपकाए हुए। कुछ की डांडियाँ तो साफ़ हैं और शायद किराये के लिए हैं; पर बाकी की काली हो रही हैं। जान पड़ता है, ये कोयला बेचने आई थीं और अब वापस जाते हुए क्षण-भर के लिए तमाशा देखने के लिए खड़ी हो गई हैं—क्योंकि स्त्रियों को तो भीड़-भाड़, शोर-गुल और रंग-बिरंगी चहल-पहल बहुत अच्छी लगती है न...

यहाँ आकर गिरीश की विचार-धारा एकाएक रुक गई। कुछ तो शायद इसलिए कि उसे सहसा ध्यान आया कि इस दिशा में सोचते रहने का कोई फल नहीं हो सकता, किन्तु विशेषकर इसलिए कि उसका ध्यान आकृष्ट हुआ उसके पास बैठे हुए अन्य लोगों की ओर और उनकी बातचीत की ओर...

कोई कह रहा था—''पहाड़ी लोग? इनसे काम कराना हो, तो एक ही तरीका है, एक-आध को पकड़कर पीट दो। बस, फिर असम्भव भी सम्भव हो जाता है।''

गिरीश ने इस व्यक्ति की ओर ध्यान से देखा। वह एक हट्टा-कट्टा पंजाबी था, उसकी छोटी-छोटी आँखें, क़लम के झटके से लिखी हुई-सी भौंहें, तोते की चोंच की भाँति मुड़ी हुई नाक, पतली और चंचल नसें, सिगरेट के धुएँ से पीली पड़ी हुई मूँछें और झुलसे हुए होंठ—सब इस बात के प्रमाण थे कि यह व्यक्ति झूठ नहीं कह रहा है, कि यह उपेक्षापूर्ण क्रूरता उसका जीवन-दर्शन ही है—केवल पहाड़ियों के बारे में एक विचार-मात्र ही नहीं...

इससे हटकर गिरीश की दृष्टि दूसरे व्यक्ति की ओर गई। दो-तीन तो वहीं के (एजेंसी के काम करने वाले) थे, उन्हें गिरीश छोड़ गया। एक और था, खूब मोटा-सा आदमी, धोती और डबल-ब्रेस्ट कोट पहने, किसी तीखे सेंट की सौरभ में डूबा हुआ, ऊपर के होंठ पर तितली के परों-सी मूँछ मानो चिपकाए, और आँखों में एक उद्दंडता, एक बेशर्म औद्धत्य लिये हुए। इस व्यक्ति को दूसरे लोग 'सेठ साहब' कहकर सम्बोधन कर रहे थे।

इस ग्रुप का तीसरा व्यक्ति वर्णन से परे था। वह दुबला और साँवला था, इसके अतिरिक्त उसका कुछ वर्णन यदि हो सकता था, तो यही कि उसकी आयु का, उसके घर का और उसकी जात-पाँत का कुछ अनुमान नहीं हो सकता था—यह उन व्यक्तियों में से था, जो बहुत घूमते-फिरते हैं, और जहाँ जाते हैं, वहाँ अपने व्यक्तित्व का

थोड़ा-सा अंश खोकर वहाँ के थोड़े-से ऐब ले लेते हैं; तब तक, जबकि अन्त में सर्वथा व्यक्तित्वहीन किन्तु सब अवस्थाओं के ऐबों से पूर्ण परिचित नहीं हो जाते। ऐसे व्यक्ति पहाड़ों में और अन्य स्थानों में, जहाँ लोग बसते नहीं, केवल आते-जाते हैं, अक्सर देखने में आते हैं।

गिरीश आगे सुनने की प्रतीक्षा में था कि कौन क्या कहता है। तब यह अन्तिम व्यक्ति बोला, ''हाँ, आप ठीक कहते हैं। मुझे याद है, कई बरस हुए, मैं इधर काँगड़े की तरफ़ सैर कर रहा था, तब एक खच्चरवाले ने बहुत तंग किया—थोड़ी दूर जाकर कहने लगा कि खच्चर नहीं चलता, उसे कुछ नाज खिलाना है, पैसे दीजिए! मैंने तंग आकर दो थप्पड़ जमाए, तो बोला, आप अपना सामान उतरवा लीजिए, मैं नहीं जाता। तब तो मैंने उसे खूब ही पीटा—मेरे पास बल्लम था, उसके कुन्दे से मारा। ऐसे ही उसे साथ ले गया और फिर दंड-स्वरूप पैसे नहीं दिए।''

''तो खच्चर फिर चला?''

''चलता कैसे नहीं? असल में ये लोग उन्हें चलाते ही नहीं, जैसे चाहे चलने देते हैं। भला, ऐसे भी कोई जानवर चलता है?''

''हूँ।''

थोड़ी देर तीनों व्यक्ति चुप रहे—बाहर एक दृश्य की ओर देखते रहे। गिरीश ने उनकी दृष्टि का अनुसरण करके देखा, एजेंसी के सामने खुले चौक में एक घोड़ेवाला अपना घोड़ा लादने के विरुद्ध प्रतिवाद कर रहा था। उसे घोड़े पर लादने के लिए दो पेटियाँ दी गई थीं—एक बहुत बड़ी और एक बहुत छोटी; और वह कह रहा था कि वे घोड़े पर नहीं लद सकतीं, क्योंकि दोनों ओर बराबर बोझा होना चाहिए। जिसकी पेटियाँ थीं, वह कह रहा था, ''लद कैसे नहीं सकतीं? लाद लो, ज़रूरी जानी हैं।'' और घोड़ेवाले के सारे तर्क का उत्तर वह यही दे रहा था कि ''भार ठीक कैसे नहीं है? कुल तीन मन होगा—घोड़े तो छः-छः मन लाद कर ले जाते हैं!''

इसी घटना को देखते-देखते उपर्युक्त बात छिड़ी थी, क्योंकि पेटियों का मालिक तेज़ होता जा रहा था और सब ओर यही प्रतीक्षा थी कि घोड़ेवाला या तो किसी प्रकार बोझ लादता है, चाहे उतने पत्थर डालकर ही बोझ को एक-सा करता है, या फिर पेटीवाले से पिटता है। कुली भी इसी दृश्य को देखने की उत्कंठा से उधर घिरे आ रहे थे। कुछ औरतें भी पास आकर देख रही थीं।

और गिरीश भी देख रहा था...

एकाएक मोटे सेठ साहब के भीतर कहीं गड़गड़ाहट का-सा शब्द हुआ। उसे सुनकर और सेठ साहब के मुख की परिवर्तनशील गति को देखकर गिरीश ने जाना कि सेठ साहब हँस रहे हैं। तब सेठ साहब एक भारी आवाज़ में—बहुत पान खाने से उनका गला बहुत बैठ रहा था और ज़बान मोटी हो गई थी, कहने लगे, ''मुझे भी एक बात याद आ गई। मैं एक बार पहले इधर आया था, तब मेरे साथ भी ऐसा ही हुआ था। तब इधर इतनी बस्ती तो थी ही नहीं, घोड़े ढूँढ़ने से मिलते थे। जो किरायेवाले होते भी थे, वे नखरे करते थे—बाद में चाहे सस्ते ही मिल जाएँ। हाँ,

तो मैं इधर जा रहा था चम्बे की ओर; घोड़ेवाले ने कुछ शरारत की। मुझे याद नहीं क्या बात थी, कुछ ऐसा ही झगड़ा था कि सामान बराबर-बराबर नहीं बँटता, इसलिए नहीं लादा जा सकता। अगर एक बिस्तरा खोल दिया जाए, तभी ठीक हो सकता है। ज़रा सोचिए तो, एक मनहूस घोड़े के लिए मैं अपना बिस्तर खोलकर सड़क पर बिखेरूँ? मैंने घोड़ेवाले से कहा कि तुम्हें लेना पड़ेगा। उस बद-दिमाग ने जवाब भी नहीं दिया, यों हाथ नचाकर बतलाने लगा कि असम्भव है। फिर मैंने भी वही किया, उसके एक ही तमाचा ऐसा दिया कि ठीक हो गया।''—कहकर सेठ साहब ने अभिमान से अपने फूले हुए हाथ की ओर देखते हुए कहा, ''और चल पड़ा।''

रुककर सेठ साहब ने एक बार चारों ओर देखा, यह जानने के लिए कि सब उनकी बात सुन रहे हैं या नहीं। फिर सन्तुष्ट होकर बोले, ''हाँ, मज़े की बात तो अब आती है। दूसरे ही दिन उस घोड़ेवाले ने घर-बार छोड़ दिया और संन्यासी हो गया। किसी से कह गया कि यह घोड़े हाँकने का काम मुझसे नहीं होता।''

सेठ साहब ने फिर आत्मतुष्ट दृष्टि से सब ओर देखा और चुप हो गए।

गिरीश एक नये क्षीण-से कौतूहल से उस भीड़ की ओर देखने लगा, जो बाहर जुट रही थी। सोचने लगा कि इन लोगों में क्या सभी का जीवन एक-सा ही है—दिन-भर टें-टें, चें-चें करना, घोड़े हाँकना और शाम को खा-पीकर सो रहना, या गलौज कर लेना?

एकाएक उसकी दृष्टि अटक गई—बैंगनी रंग के एक रूमाल के नीचे एक स्त्री-मुख पर। एक स्त्री-मुख में जड़ी हुई आँखों पर।

जो भीड़-सी इकट्ठी होकर सेठ की बात सुन रही थी—सुन नहीं रही थी, कानों से उसी भाँति बीन रही थी, जिस भाँति किसी धनिक की थाली में गिरी हुई जूठन को कुत्ते बीनकर खाते हैं—उसी भीड़ के स्त्री-अंश में से एक स्त्री कुछ आगे बढ़कर खड़ी थी। एकाएक जड़ित हुई गति की अवस्था में, एक पैर कुछ आगे बढ़ा हुआ, शरीर सहसा रुकने के कारण कुछ पीछे खिंचा हुआ-सा, एक हाथ उठा हुआ माथे पर टिककर प्रकाश से आँखों पर ओट करता हुआ, ताकि आँखें अच्छी तरह देख सकें।

और वे आँखें? इस हथेली से संचित किए अन्धकार में वे स्थिर दीप्ति से चमक रही थीं, मानो शुक्र तारों का जोड़ा दीप्त हो रहा हो। और वे देख रही थीं घूर-घूरकर उस सेठ के मुँह की ओर, मुँह पर स्थिर रहकर भी सारे शरीर की ओर, मानसिक झुकाव की ओर...

गिरीश ने बड़े यत्न से अपनी आँखें उन आँखों से हटाईं और उस स्त्री का सम्पूर्णत्व देखने लगा।

उसकी वेश-भूषा बिलकुल साधारण थी—सिर पर कसकर बाँधा हुआ बैंगनी रंग का रूमाल, कानों में चाँदी के झुमके, गले में एक लम्बा सफ़ेद कुरता (जो कभी सफ़ेद था, अब नहीं है), जिसके ऊपर एक मनकों का हार, उसके नीचे मटियाले रंग की छींट का तंग पैजामा। किन्तु उसे देखकर ध्यान उस वेश की साधारणता की ओर नहीं, बल्कि उससे वेष्टित व्यक्तित्व की असाधारणता की ओर आकृष्ट होता था।

यद्यपि उसमें असाधारण क्या था? वह कोई विशेष सुन्दर नहीं थी, उसमें कुछ विशेष नहीं था, सिवाय उन आँखों की उस स्थिरता के—वे इतनी तीखी और कठोर थीं कि निर्लज्ज तक जान पड़ती थीं, जैसे किसी संसारी अनुभव-प्राप्त पुरुष की।

किसी असाधारण वस्तु के देखने से जो एक हल्का-सा, शारीरिक खिंचाव-सा होता है, उसमें शायद शरीर की और इन्द्रियों की अनुभूति-शक्ति बढ़ जाती है, या शायद कोई अन्य अमानवीय इन्द्रिय काम करने लग जाती है। किसी ऐसी ही क्रिया के कारण गिरीश को मालूम हुआ कि उसके सामने की भीड़ के वातावरण में कुछ परिवर्तन हो गया है। उसने जाना कि कोई व्यक्ति भद्दे अभिप्राय से उस स्त्री की ओर देख रहा है, उसे हाथ से थोड़ा-सा हिलाकर सेठ साहब को इंगित करके कह रहा है, ''हाँ, हाँ, वह अमीर है...और—वैसा है...'' उसने जाना कि स्त्री का ध्यान एकाएक टूट गया है वह कुछ सहमकर पीछे हट रही है।

वह उस समय तक वैसी ही खड़ी थी। गिरीश ने देखा, अपनी साधारण आँखों से देखा कि उस स्त्री के चिबुक पर एक छोटा-सा हल्के-नीले रंग का, गोदा हुआ बिन्दु है। इसके साथ ही उसकी वह विस्तृत हुई अनुभूति-शक्ति भी सकुचकर अपनी साधारण अवस्था में आ गई।

वह स्त्री पीछे हट गई; हटकर पास खड़े एक और पहाड़ी को देखकर उससे धीरे-धीरे कुछ कहने लगी, जिसे गिरीश नहीं सुन पाया। उस पहाड़ी से बात करते समय भी वह देख रही थी सेठ साहब की ओर ही। जब उसकी बात सुनकर उस पहाड़ी ने प्रश्न-भरी दृष्टि से मोटर-कम्पनी के दफ़्तर के भीतर देखा, तब उसने हाथ उठाकर सेठ साहब की ओर इशारा किया।

सेठ साहब ने भी यह अभिनय देखा। उन्हें शायद कुछ कौतूहल हुआ; शायद इस बात से उनकी आत्मश्लाघा को कुछ आहार मिला कि कोई उनकी ओर इशारा करके उन्हें और व्यक्तियों से विशिष्ट महत्त्व दे रहा है; पर आखिर वह थी तो स्त्री ही। सेठ साहब ने अपने भारी गले से कोमल, किन्तु किसी जुगुप्साजनक अभिप्राय से कोमल स्वर निकालने की चेष्टा करते हुए पूछा, ''क्यों, क्या चाहिए?''

वह स्त्री घबराकर घूम गई और उस पहाड़ी के साथ, जिससे उसने कुछ कहा था, जल्दी से भीड़ में से निकलकर अदृश्य हो गई। गिरीश की स्मृति में उसका तो कुछ रहा नहीं, रहा केवल उसकी पीठ पर लदी हुई कोयले की धूल से काली डांडी का एक धूमिल चित्र; किन्तु मन में उससे सम्बद्ध अनेकों विचार उठने लगे। पूछने लगे कि वह अभिनय क्या था, भाँपने लगे कि उन दीप्त स्थिर आँखों का रहस्य उन्हें ज्ञात हो।

होगा, होगा...होता ही होगा...यही देखने, यही जानने तो वह यहाँ आया है, यही तो यहाँ के जीवन का छिपा हुआ रहस्य है, जो सतह के पास ही रहता है; किन्तु देखने में नहीं आता। वह इसी को उघाड़कर रखेगा और अपना नाम अमर कर जाएगा।

और उसका ध्यान फिर गया करुणा की ओर। वह और करुणा बाल्यसखा थे; किन्तु पिछले दिनों धीरे-धीरे न जाने क्यों और कैसे अलग-अलग हो गए थे—

वैसे ही, जैसे सभी लड़के-लड़कियाँ एकाएक वय:सन्धि के काल में हो जाते हैं— परस्पर रूखे, उदासीन, एक-दूसरे को न समझ सकनेवाले, विचार-विनिमय में असमर्थ। आज गिरीश यह भी नहीं कह सकता कि वर्तमान संसार के प्रति करुणा के भाव में क्या है, वह संसार को क्या समझती है और उससे क्या आशा करती है? वह सुखी भी है या नहीं, इसका उत्तर भी गिरीश नहीं दे सकता, यद्यपि करुणा से जितना परिचय उसका है, उतना शायद ही किसी का होगा।

यह क्यों है? ऐसा क्यों है कि वह करुणा के विचारों की यदि कोई बात जानता है, तो यही कि करुणा पहाड़ों को चाहती है, उनमें रहने की इच्छुक है, उनसे स्वतन्त्रता की और सुख की आशा करती है, और यह भी इसलिए कि एक बार चोरी से उसने करुणा के लिखे हुए कुछ पन्ने पढ़े थे। इसीलिए कि हम अपनी आँखें खुली रखकर भी अपने घर में ही कुछ नहीं देखते—देख नहीं पाते। हममें से कितने हैं जो अपने घर में ही अपने भाई-बहिनों के विचार जानते हैं, समझते हैं या जानने-समझने की चेष्टा भी करते हैं?

गिरीश सोचने लगा, मैं यहाँ क्यों आया हूँ? क्या यह अधिक उचित नहीं है कि घर जाकर पहले अपने निकटतम लोगों का जीवन समझूँ, फिर उसी का आश्रय लेकर यहाँ के जीवन का अध्ययन करूँ? क्योंकि प्रत्येक वस्तु को कसा तो किसी कसौटी पर ही जा सकता है, और उसके पास कसौटी तो कोई है ही नहीं।

नहीं, है क्यों नहीं? वह क्या इतने दिन तक आँखें बन्द ही किए रहा, क्या उसने संसार ही नहीं देखा, वह समझ सकता है और विचार कर सकता है, उसमें इतना विवेक है कि वह पहाड़ी जीवन को देखे, उसका सत्य अलग करके जाँच सके। और वह देखेगा, अवश्य देखेगा। करुणा का क्या है, वह तो घर में है ही, उसे किसी भी दिन जाकर गिरीश समझ सकता है। स्त्रियों को समझना कौन बड़ी बात है? और फिर करुणा को वह इतने दिनों से जानता है, वह कुछ छिपाएगी थोड़े ही!

और फिर, यह जो आज अभिनय देखा है, वह समझे बिना कैसे जाया जाए? यह मन से निकल नहीं सकता, जब तक उसका उत्तर न पा लिया जाए। और गिरीश समझता है कि वह ठीक पथ पर चल रहा है, उससे यह रहस्य छिपा नहीं करेगा, स्वयं भी खुलेगा और पहाड़ी जीवन की सत्यता भी दिखा जाएगा।

गिरीश उठा और होटल की ओर चल दिया। उसे इसकी परवाह न रही कि अब लारियाँ आने ही वाली हैं, अब पहाड़ी जीवन का एक पहलू देखने को मिलेगा। उसका चेतन मन उस स्त्री की बात पर विचार कर रहा था और अवचेतन मन निश्चय कर रहा था कि करुणा को पत्र लिखना है...उसने यह भी नहीं देखा कि कुलियों में एकाएक कोई नयी स्फूर्ति आ गई—क्यों...

2 | एक सप्ताह के—पहाड़ में आए हुए यात्रियों के-से जीवन के निरर्थक एक सप्ताह के बाद।

गिरीश डलहौज़ी से सैर करने निकलकर, चम्बे के रास्ते पर चल पड़ा था और लक्कड़मंडी में एक चीड़ की छाया में बैठा हुआ था। पास एक छोटी कॉपी, कुछ खुले काग़ज़ और फ़ाउंटेनपेन रखा हुआ था, हाथ में एक पत्र के दो-चार पन्ने थे, जिन्हें वह अभी कोई पाँचवीं-छठी बार पढ़ चुका था।

गिरीश होटल से यहाँ आया था कि एकान्त में बैठकर कुछ विचार करेगा, कुछ लिखेगा, लिखने के लिए कुछ सुलझाकर मैटर रखेगा, पर साथ ही वह ताज़ी डाक में आए हुए पत्र भी ले आया था कि यहीं चलकर पढ़ूँगा और यदि जवाब भी देना होगा, तो वहीं लिख दूँगा। इन पत्रों में एक करुणा का भी था, जिसे उसने अभी पढ़ा है और जिसने उसके लिखने के विचारों को बिलकुल बिखेर दिया है।

यह नहीं कि गिरीश कुछ सोच ही न रहा हो; किन्तु वे विचार हैं उलझे हुए, पागलपन से भरे, अशान्ति को और बढ़ानेवाले। वह सोच रहा है कि मैंने क्यों करुणा को पत्र लिखा? जो हमारा बाल्य-सख्य टूट-सा गया था, उसे क्यों भावुकता के आवेश में आकर जमाने की चेष्टा की? क्योंकि यह आज की करुणा नहीं है, वह करुणा भी नहीं, जो पहाड़ी जीवन की स्वच्छन्दता के लिए तरसती थी। यह तो एक नयी कठोर, अत्यन्त अकरुण किन्तु जीवन से छलकती हुई करुणा है, जिसे उसके पत्र ने जगा दिया है और जिसे अब कुछ लिख नहीं सकता, क्योंकि जिस आग्नेय तल पर करुणा का पत्र लिखा गया है, उस तल पर वह कैसे पहुँच सकता है, यद्यपि करुणा ने उसे ऐसे पत्र लिखा है, जैसे वह कोई बड़ा कवि, या पहुँचा हुआ फिलासफर हो—उस पत्र में से इतना विश्वास, इतनी श्रद्धा टपकती है।

गिरीश फिर एक बार उस अंश को पढ़ने लगा—''आपने पूछा है, मेरे जीवन में क्यों यह परिवर्तन आ गया है, क्यों मैं ऐसी अशान्त-सी रहती हूँ? आप पूछते हैं; पर मैं आपको न लिखूँगी, तो किसको लिखूँगी? यहाँ के लोगों को जिन्हें इतना भी पता नहीं कि शान्ति क्या होती है?

''मैं तो पूरा लिख भी नहीं सकती, थोड़ा-सा ही लिखती हूँ।

''मुझे आपकी कहानी के शब्द 'जिस देश में पुरुष भी गुलाम हों, उसमें स्त्री होने से मर जाना अच्छा है', रह-रहकर याद आते हैं। और कहूँ कि यही मेरी अशान्ति का सार है। मैं ऐसे देश की स्त्री हूँ—और ऐसे देश में भी, जो गुलाम समाज है उसकी, हिन्दू समाज की।''

गिरीश को याद आया कि उसने अपनी कौन-सी कहानी में किस स्थान पर यह लिखा था। वह सोचने लगा, मैंने अपनी बुद्धि से जो लिखा था केवल प्रभाव के लिए, उसे सच समझनेवाले, उसका यथातथ्य अनुभव करनेवाले भी संसार में हैं। इस विचार से वह एकाएक सहम-सा गया, वैसे ही, जैसे कोई शिकारी पहले बन्दूक चलाए और फिर उसकी घातक शक्ति का प्रमाण पाकर एकाएक सहम जाए। और वह पढ़ने लगा—इस देश में स्त्री होकर जन्म लेना मृत्यु-यन्त्रणा से भी बढ़कर ही है। मृत्यु तो यन्त्रणाओं से छुटकारा दे देती है; किन्तु यह जन्म स्वयं समस्त यन्त्रणाओं का मूल है। आप इसे गौरव समझें या साहस; किन्तु उन्हें जीना पड़ता

है। और वे कहीं से तनिक-सी सहानुभूति पा लें, तो उसके दाता के हाथ मानो बिक जाती हैं, बाज़ारू कुत्ते की भाँति वे अपना यह अधिकार भी नहीं समझतीं कि उन्हें सहानुभूति मिले! इस प्रकार वे कब कितना धोखा खाती हैं, पतन की ओर कैसे बढ़ती जाती हैं, समझ नहीं पातीं। समझें कैसे? निचाई का अनुभव वे कर सकते हैं, जिन्होंने कभी ऊपर उठकर देखा हो; पर हम स्त्रियाँ तो सदा से ही दलित हैं!

''भइया, आप लेखक हैं, आपमें शक्ति है, प्रतिभा है, आपके पास साधन भी हैं, आप स्त्रियों को जगाइए। उनके लिए लड़ते नहीं तो न सही, उनकी सोती शक्ति का आह्वान तो कर दीजिए, फिर देखिए—''

गिरीश को ऐसा जान पड़ा, कोई उसके भीतर कहने को हो रहा है कि मैं क्या कर सकता हूँ? मैं तो कुछ जानता नहीं, कुछ देख ही नहीं सकता; किन्तु उसके अहंकार ने इसे दबा दिया। वह आगे पढ़ने लगा—''परमात्मन्! हमें क्या हुआ है, जो हम मरने के योग्य होकर भी मरती नहीं, अहंकार में डूबी हुई हैं; ज़ंजीरों में जकड़ी जाने में ही अपना स्वातन्त्र्य समझती हैं?

—धिक्कार है हमारे जीवन को!''

गिरीश ने पत्र लपेटकर जेब में डाल लिया और सोचने लगा, मुझमें क्यों लोगों को श्रद्धा है, क्यों वे मुझसे आशाएँ करते हैं? यदि मैं कुछ न कर सका तो? यह उत्तरदायित्व मेरे सिर पर क्यों लादा जा रहा है? एकाएक वह खीझ उठा। यों मैं विवश किया जा रहा हूँ कि किसी एक दिशा में अग्रसर होऊँ, क्यों न अपनी स्वच्छन्द प्रगतियों का अनुसरण करूँ? कला तो किसी बाह्य प्रेरणा से चलती नहीं, वह तो स्वयं प्रमुख प्रेरक है।

इस निर्णय के बाद वह विचार लीन हो गया। दूसरा उठा कि क्या करुणा ठीक कहती है? क्या स्त्रियों के जीवन सचमुच ऐसे हो रहे हैं? क्या इसका कारण यही है कि पुरुष भी दास हैं? एकाएक उसे एक वाक्य सूझा, जिसका वह पूरा अभिप्राय नहीं समझा; पर जो उसे सुन्दर जान पड़ा। उसने काग़ज़ पर इसे लिख लिया, भविष्य में कहीं काम में लाने के लिए—''अधिकारी देश की शक्ति वहाँ के पुरुष होते हैं, स्त्रियाँ केवल एक अधोमुखी प्रेरणा किन्तु पराधीन देश का जीवन होती हैं उसकी स्त्रियाँ ही, जिनके बिना वहाँ के पुरुषों का भविष्य अत्यन्त अन्धकारपूर्ण है।''

वह सोचने लगा, यह दासत्व क्या एक बाह्य बन्धन है, या अन्तःशक्ति की एक निष्क्रिय परमुखापेक्षी अवस्था? आदमी केवल बँध जाने से ही दास नहीं हो जाता। दासता तो एक आत्मगत भावना है। तभी तो जो दास हो जाते हैं, वे स्वाधीनता पाकर उसका उपभोग नहीं कर सकते, न कभी उसकी इच्छा ही करते हैं।

उसे एक घटना याद आई, जो उसी दिन की घटी थी, और जैसी यहाँ नित्य सैकड़ों बार घटती हैं। उसने उसे एकाएक ग्लानि से भर दिया था।

वह कुछ सोचता हुआ चला आ रहा था, इधर ही लक्कड़मंडी की ओर। एकाएक उसने सुना कि एक बालक उसे देखकर, पथ की एक ओर खड़ा होकर कह रहा है, ''सलाम, साहब!'' गिरीश को यह कुछ अच्छा-सा लगा। उसने कुछ

मुस्कुरा कर उत्तर दिया, "सलाम।" तब बालक ने एक दीन स्वर में, जो सर्वथा स्वाभाविक नहीं था, बालकों की स्वाभाविक नक़ल करने की शक्ति से प्रेरित था, कहा, "बक्शीश, साहब!" गिरीश को एकाएक ध्यान आया, यह सलाम उसे नहीं, उसके सिर पर के टोप को किया गया था और वह भी एक पैसे की आशा में। वह सोचने लगा, यह है दासत्व की पराकाष्ठा, जहाँ पर किसी टोप को देखकर उसके आगे झुकना और झुकने के पुरस्कार-रूप में कुछ पाने की आशा करना एक अनैच्छिक क्रिया हो गई है, और वह भी बच्चे-बच्चे में अभिभूत; और इतनी सामान्य कि लोगों का ध्यान ही इसके गूढ़ अभिप्राय की ओर नहीं जाता। वे सलाम ले लेते हैं और चले जाते हैं, और स्वयं हैट पहने रहते हैं।

इन विचारों की उग्रता से शायद गिरीश का मन थक गया। वह चीड़ के वृक्ष के सहारे लेट गया और आकाश की ओर देखने लगा।

एक परिचित स्वर ने उसे चौंका दिया। जिस स्थान पर वह बैठ गया था, वहाँ से लक्कड़मंडी की बस्ती दिखती थी। उसी के पास गिरीश ने देखा, उस दिन वाले सेठ साहब एक पहाड़ी आदमी से पूछ रहे हैं, "क्यों बे, इस बस्ती का नाम क्या है?"

"क्यों बाबू, तुम्हें क्या काम है! तुम जाओ, इधर क्या करते हो?"

"बकवास मत कर! यह जगह तेरे बाप की खरीदी हुई है?"

"बाबू, बहुत बोलो मत! चुपचाप चले जाओ! नहीं तो अच्छा न होगा।" कहकर पहाड़ी नीचे बस्ती की ओर देखने लगा, मानो सहायता के लिए पुकारेगा। सेठ साहब भी यह देख कर कुछ ठंडे पड़ गए, भुनभुनाते हुए लौट पड़े। थोड़ी देर में वह गिरीश की आँखों से ओझल हो गए। गिरीश इस घटना पर विचार करने लगा—उसकी समझ में न आया कि वह पहाड़ी क्यों इतनी बदगुमानी से उत्तर दे रहा था, सेठ ने कोई बात तो ऐसी नहीं कही थी। शायद सदा दबते रहने से ये पहाड़ी ऐसे हो गए हैं कि मौका लगते ही अपना बदला निकालते हैं!

गिरीश चाहता था कि वह पहाड़ियों के प्रति न्याय करे और इसलिए वह प्रत्येक बात में उनके पक्ष को पुष्ट करने के लिए युक्तियाँ खोजा करता था। इसीलिए अब भी उसने यही निश्चय किया कि ये पहाड़ी हम लोगों से डरने लग गए हैं, और उसी डर से लज्जित होकर कभी-कभी दिलेर बन जाते हैं—एक दिखावटी दिलेरी से।

किन्तु आज शायद पहाड़ियों ने निश्चय किया था कि अपने जीवन की समस्त पहेलियाँ एक साथ उसके आगे बिखरा देंगे; उसे ललकारेंगे कि वह उन्हें सुलझा सकता हो तो सुलझाए। वह अभी इसी समस्या पर विचार कर रहा था कि उसने फिर सेठ साहब का स्वर सुना, अब की बार अपने बहुत निकट और धीमा, मानो कुछ गुपचुप बात कहने का यत्न कर रहे हों। वे किसी स्त्री से बात कर रहे थे, क्योंकि बीच-बीच में कभी एक-आध शब्द किसी स्त्रीकंठ का निकला हुआ भी सुन पड़ता था।

वह बात इतनी गोपनीय नहीं थी—उसका गोपन हो ही नहीं सकता, क्योंकि वह संसार की सबसे पुरानी बात, सबसे महत्त्वपूर्ण बात—और जो शक्ति का मूल्य समझते हैं, उनके लिए सबसे गौरव की बात थी; पर जिस प्रकार कला बेची जाकर

केवल एक व्यावसायिक निपुणता रह जाती है, जिसका स्वामी स्वयं उसे व्यावसायिक गुण समझकर उसे स्वीकार करने में अपनी हेठी समझता है, उसी प्रकार शक्ति भी बेची जाकर एक लज्जाजनक वस्तु हो जाती है, और हम उसे छिपाते हैं, उसका चोरी से उपयोग करते हैं कि वह लज्जा दिख न पड़े, हमें और अधिक लज्जित न करे।

गिरीश ने सुना, सब सुना। एक सौदा हुआ था, जिसमें क्रेता अत्यन्त उत्सुक था, विक्रेता पहले असहमत, किन्तु अन्त में एक लम्बी साँस के साथ अपना विकल्प छोड़कर विक्रय के लिए तत्पर हो गया था; विनिमय का दिन और समय भी निश्चित हो गया था। वह स्त्री यहीं लक्कड़मंडी में रहती है, समय पर आ जाएगी, विशेष देख-भाल की आवश्यकता है, क्योंकि यह गाँव काफ़ी बदनाम हो चुका है, और यहाँ की स्त्रियों पर, यहाँ आने-जाने वालों पर भी, कड़ी निगाह रखी जाने लगी है; पर वह आएगी अवश्य, वादा जो किया है।

और गिरीश के मन ने अपनी ओर से जोड़ दिया—'पैसे जो लिये हैं...' क्योंकि उसने अपने रुपयों की—कई-एक रुपयों की—खन-खन भी सुनी थी।

गिरीश का सिर झुक गया, दम घुटने-सा लगा। यह है पहाड़ी जीवन का आन्तरिक सौन्दर्य जिसे देखने वह आया है, जिसके बूते वह संसार में यश:प्रार्थी होगा, यह—यह—यह, जिसके लिए शब्द नहीं मिलते!

पैरों की चाप—भारी, नीचे की ओर उतरती हुई, चंचल किन्तु दबी हुई, नंगे पैरों की कोमल और ऐसी जैसे कुछ रुक-रुक-सी रही हो; अनिश्चित-सी। गिरीश ने सिर उठाकर देखा—

सामने वह खड़ी है। उसी दिनवाली स्त्री, वही बैंगनी रंग का रूमाल सिर पर बँधा हुआ, वही कुरता, वही लाल छींट का पैजामा, वही हार, वही झुमके, वही गोदने का बिन्दु-चिह्न और वही आँखें, जो चौंककर उसे देख रही थीं, निर्भीकता से उसकी दृष्टि का सामना कर रही थीं।

गिरीश अपने व्यक्तित्व की सारी शक्ति से उससे आँख मिला रहा था, अपनी आँखों द्वारा व्यक्त कर रहा था अपना सारा पीड़ित विस्मय, अपनी ग्लानि, अपना तीखा लांछन, अपनी वह अकथ्य भावना, जिससे उसने वह सौदे की बातचीत सुनी थी। वह मानो इस स्त्री को बता देना चाहता था, ''मैंने तुम्हारी बात सुन ली है, मैं उससे दु:खित हूँ, मैं उससे घृणा करता हूँ और मैं तुम्हें उस पथ से हटाना चाहता हूँ।''

और वह शायद यह बता देने में समर्थ भी हुआ। उस स्त्री की दृष्टि क्षण-भर के लिए काँपकर झुक भी गई। किन्तु उसके बाद ही उसने सिर उठाया, एक अवज्ञा-भरी दर्प-भरी मुद्रा में लाकर हिलाया, जिससे उसके बालों की लट रूमाल के नियन्त्रण से निकलकर, हिलकर मानो बोली—''मैं क्या परवाह करती हूँ!'' और फिर वह अवमानना-भरी हँसी-हँसकर चली; किन्तु पाँच-सात क़दम जाकर उसने गर्दन घुमाकर देखा, क्षण-भर ग्रीवा फेरे हुए ही पीड़ित-सी खड़ी रही, फिर चली गई, अब मानो कुछ शान्त, कुछ सन्दिग्ध, कुछ आहत, कुछ उद्विग्न।

और गिरीश भी एकाएक आवेग में उठा और काग़ज़ उठाकर नीचे की ओर

चल पड़ा। उसे मानो अपने सब प्रश्नों के उत्तर मिल गए थे; कितने कठोर उत्तर! सब समस्याओं का समाधान मिल गया था, कैसा उपहास-भरा समाधान!

वह कुछ ही दूर गया था कि सेठ साहब मिल गए; कुछ चौंके, कुछ झेंप-से गए। गिरीश को उस स्त्री के प्रति इतनी ग्लानि हो रही थी कि उसे यह ध्यान ही न आया कि सेठ साहब भी किसी सम्बन्ध में दोषी हो सकते हैं; वह उनके साथ हो लिया और बातचीत चलाने का ढंग करने लगा। किन्तु इसमें स्वयं अपने को ही असमर्थ पाकर, वह क्षमा माँग कर आगे निकल गया और फिर विचार-सागर में उतराने लगा, उस आघात को मिटाने का यत्न करने लगा, जो उस स्त्री की अवज्ञापूर्ण हँसी ने उसके हृदय पर किया था।

वह सोचने लगा—'हम क्यों एक शारीरिक पवित्रता को इतना महत्त्व देते हैं, विशेषतया जब कि वह पवित्रता एक कृत्रिम बन्धन है? हम एक ओर तो मानते हैं कि कृत्रिम बन्धन सब प्रकार के पतन के मूल हैं, दूसरी ओर हम यह भी मानते हैं कि पवित्रता, व्रत-निष्ठा एक मानसिक या आध्यात्मिक तथ्य है, शारीरिक नहीं; तब फिर क्यों हम एक नकारात्मक शारीरिक पवित्रता को इतना महत्त्व देते हैं कि उसके न होने पर किसी व्यक्ति को नरक का पात्र समझने लग जाते हैं? और विशेषतया स्त्री को?

'क्या ऐसा नहीं हो सकता कि कोई उस शारीरिक नियन्त्रण को उतना महत्त्व न दे; जो कर्मों को करे, जिन्हें हम वर्जित समझते हैं, किन्तु पाप-भावना से नहीं, केवल इसीलिए कि वह उन्हें इतना महत्त्व नहीं देता, इसीलिए कि वह इतनी छोटी-सी बात के लिए अपनी स्वाभाविक प्रगति को दबाना नहीं चाहता? यदि कोई ऐसा हो तो हम उसे कैसे दोषी ठहराएँ, यह जानते हुए कि पाप वह नहीं है जो बिना पाप-भावना के किया जाए?

'या फिर, क्या यह एक सरलतापूर्ण उदारता नहीं हो सकती, एक उपेक्षा? बहुधा ऐसा होता है कि कोई हम से कोई वस्तु माँगता है, और हम उसे दे देते हैं; यह जानकर भी कि उसे नहीं माँगनी चाहिए थी, केवल इसलिए कि हमारे लिए उस वस्तु का कोई महत्त्व नहीं है, हम सोचते हैं कि ऐसी क्षुद्र वस्तु के लिए क्यों किसी का मन दुखाया जाए?'

एकाएक गिरीश की विचारधारा रुकी। उसने देखा कि वह भावुकता के आवेश में किधर बहा जा रहा है...किस अकर्मण्य विशृंखलता की ओर, जो उदारता की आड़ में फैल रही है। उसने अपनी ग़लती जानी कि जिस विषय की वह आलोचना कर रहा है, उसका उद्‌भव उन भावनाओं से नहीं हुआ था, जो वह उन्हें दे रहा है, बल्कि केवल रुपये के लालच के लिए यानी रुपये के लिए इन पहाड़ियों का आचार और चरित्र बिकाऊ है।

पर...पहाड़ों को ही देखो, उनका बाह्य आवरण नित्य बदलता है, भ्रष्ट होता है और धुलकर पवित्र हो जाता है; किन्तु उनका अन्तरतम वैसा ही अलग, अकेला और अखंड पवित्रता से भरा रहता है। क्या मानव ऐसे नहीं हो सकते?...

पर यह धोखा है! ऐसे तर्क से केवल पतन-ही-पतन हो सकता है। उन्नति नियम के बिना, एक निष्ठा के बिना, नहीं होती।

इस तथ्य पर पहुँचकर गिरीश ने अपने विचार स्थिर कर लिये और फिर उससे आगे पहाड़ी जीवन की उन रहस्यमयी घटनाओं पर विचार करने की आवश्यकता नहीं पड़ी। वह करुणा के पत्र के बारे में ही सोचने लगा—करुणा अवश्य दु:खी है, नहीं तो इतना उद्वेग-भरा पत्र नहीं लिख सकती थी—विशेषतया इस अवस्था में, जबकि उसने अनेक दिनों से करुणा से कोई व्यवहार नहीं रखा। पर क्या करुणा का दु:ख, उसकी यन्त्रणा और—हाँ, उसे अखरने वाला वह दासत्व भी इस पहाड़ी जीवन से अच्छा नहीं है, इसी पहाड़ी जीवन से, जिसमें करुणा अपने सुख-स्वप्नों का चरम उत्कर्ष देखती है?

गिरीश ने जाना, उसमें यदि प्रतिभा है, लेखन-शक्ति है, तो वह यहाँ पहाड़ों में वृद्धिगत न होगी; यह उसका क्षेत्र नहीं; वह यहाँ रहकर उस स्वप्न को साकार नहीं बना सकता, जो वह कुछ दिन पहले देख रहा था। यहाँ, जहाँ के जीवन में प्रतिभा का आहार बिलकुल नहीं मिलता, जहाँ चरित्र घुटकर मर जाता है, और जीती हैं केवल लिप्साएँ, उग्र पाप-भावनाएँ, जहाँ के जीवन का सार है ग़रीबी, कायरता, दम्भ और व्यभिचार, जहाँ प्रत्येक वस्तु एक धातु के टुकड़े पर निछावर होती है, जहाँ लोग पर्वतों के मुख को काला कर रहे हैं अपने ओछे, छिछोरे, पतित, निरर्थक जीवन से! इससे वह दासत्व ही अच्छा, वह भीड़-भड़क्का, वह रोग, पीलापन और घुलती हुई मृत्यु। करुणा रोती है तो उसे रोने दो, वह यदि बलि है तो हमारी सभ्यता की, जिसे बनाए रखना हमारा कर्तव्य है और जिसमें मेरी प्रतिभा का एकमात्र आधार है।

और यह निश्चय करके गिरीश होटल पहुँचा। वहाँ उसने अपना सामान बाँधा और सायंकाल ही को लौट गया—वहीं जहाँ से आया था—अपने संसार के सभ्य जीवन में, जो पहाड़ी जीवन की सभ्यताओं में उलझा हुआ नहीं है, यद्यपि उसमें भीड़ है, और रोग हैं, और घुला मारनेवाली मृत्यु है और है करुणा का रोदन, जिसे कोई सुनता ही नहीं।

3 और पहाड़ों में यह नित्य ही होता है, शायद दिन में कई बार होता है। नीचे के समतल प्रदेशों से अपनी सभ्यता और शान्ति-रूपी घातक औषधियों द्वारा जीवित रहनेवाले लोग आते हैं—पहाड़ों पर अपने निर्बल हृदय और निर्बलतम पाचनशक्तियाँ लेकर, और लौट जाते हैं भन्नाते हुए मस्तिष्क और मतली से आक्रान्त उदर लेकर।

क्योंकि ये पर्वत—ये मूक, विराट्, अभिमानी और लापरवाह पर्वत—अपना रहस्य खोले नहीं फिरते, अपना हृदय उघाड़कर दिखाते नहीं फिरते, उन्हें वही देख और खोज पाता है, जो उनकी खोज में निरत रहता है, जो उनके लिए अनवरत यत्न

करने की क्षमता रखता है, और जो इतना सहिष्णु होता है कि उन्हें देखकर चौंधिया नहीं जाता, अन्धा नहीं हो जाता। पहाड़ कुछ कहते नहीं, उनके जिह्वा है ही नहीं।

और यदि होती भी, तो क्या वे अपना रहस्य कहते? नहीं, वे केवल अपनी प्रशान्त वाणी से कहते, इन सभ्य व्यक्तियों, असंख्य गिरीशों की ओर उन्मुख होकर कहते—

''तुम उनसे भी गए-बीते हो, जो हमारे पास आते हैं, केवल हमारा खोखला बाह्य सौन्दर्य देखने। खोजते हैं केवल रंगों की या ध्वनियों की सफ़ाई और मिठास, सौन्दर्य, सौन्दर्य, सौन्दर्य...क्योंकि वे तो केवल अन्धे ही हैं और तुम हो जान-बूझकर दृष्टि का दुरुपयोग करनेवाले, उलटा देखनेवाले। वे हैं वैसे लोग जो एक मूर्ति को देखकर उसे केवल पत्थर—एक निरर्थक शिला-खंड समझते हैं, किन्तु तुम उनमें से हो जो उसके एक अंश को सूक्ष्म-दर्शक यन्त्र से देखकर उसे छिद्रों और सूषियों से भरा पाकर समझते हैं कि वह एक व्रण मात्र है...तुम जो भावुकता से अभिशप्त हो।''

उनकी कहानी की सत्यता फिर भी न कही जाती, वैसी ही रह जाती, केवल पढ़ने की क्षमता रखनेवाले उसे पढ़ते और समझते और पर्वतों से प्रेम करते।

क्योंकि वह है ही अकथ्य, जैसे सभी गहरी बातें अकथ्य होती हैं—गहरा प्रेम, गहरी वेदना, गहरा सौन्दर्य, गहरा आह्लाद, गहरी भूख।

जब एक पहाड़ी, घोड़ा न लादने पर पिटता है, और फिर संन्यासी होकर लापता हो जाता है, तब पहाड़ उसकी उस गहरी आत्मग्लानि का चित्र नहीं खींचते जिसके कारण वह ऐसा करने को बाध्य होता है, जिसके कारण वह अपने कुटुम्बियों, अपने बाल-बच्चों का ध्यान भुलाकर, अपने व्यक्तित्व को इसलिए कुचल डालता है कि उस व्यक्तिगत जीवन में केवल परमुखापेक्षा, झुकना, प्रपीड़न और दासत्व की प्रतारणा है; वे चुप ही रह जाते हैं। और जब उसी पहाड़ी की लड़की, अपने पिता को पीटनेवाले के मुख से दर्प और आत्मश्लाघा-भरे शब्दों में वही कहानी सुनती है, तब वे किसी से उसके व्यथा भरे जड़-विस्मय का रहस्य कहने नहीं जाते; जब कोई पहाड़ी, यह समझकर कि लोग उनके घर आते हैं केवल उनकी स्त्रियों को भ्रष्ट करने, उनके भोलेपन से और उनकी नैसर्गिकता से लाभ उठाकर उन्हें पतित और बदनाम करने, उन लोगों के प्रति उपेक्षा का बर्ताव करता है, तब पर्वत किसी देखनेवाले को उस उपेक्षा का कारण नहीं बताते फिरते। जब एक पहाड़ी कन्या अपने शत्रु, अपने पिता के घातक से एक दिन और समय नियत करती है, ताकि वह उससे बदला लेने का उचित उपाय सोच सके, तब वे पर्वत उस कन्या के किसी आलोचक को सत्य का निदर्शन कराने नहीं जाते, उसकी मानसिक प्रगति समझाने की चेष्टा नहीं करते; और अन्त में, जब कोई उनके विषय में अत्यन्त अनुचित, अन्यायपूर्ण भावना लेकर, उनकी विशाल स्वच्छन्दता और शक्तिमत्ता को छोड़कर लौट जाता है अपने घिरे हुए, बँधे हुए, कलुषित, मारक, चूहेदान जैसे संसार में,

तब वे उसे वापस भी नहीं बुलाते। वे उसी भव्य, विराट्, उपेक्षा-पूर्ण कठोर मुस्कुराहट से निश्चल आकाश की ओर देखा करते हैं।

क्योंकि उनकी ये सब अनुभूतियाँ वैसी ही अकथ्य हैं, जैसी उनके वृक्षों में से बहती हुई हवा के संगीत की लय, उनके हिम-शिखरों पर सांध्य-किरणों के नृत्य का उल्लास, उनके वातावरण को दहला देनेवाली बीन की ध्वनि का अभिप्राय, उनकी नग्नता का सौन्दर्य, या एक ही वाक्य में कहें—क्योंकि पहाड़ी जीवन की सम्पूर्णता निरुपम है—अपनी-सी ही गहरी, अपनी-सी ही अकथ्य, अपनी-सी ही अतिशय सुन्दर...

•

अलिखित कहानी

मैं अपनी गृहलक्ष्मी से लड़कर अपने पढ़ने के कमरे में आकर बैठा हुआ था और कुढ़ रहा था।

लड़ाई मैंने नहीं की थी और निरपेक्ष दृष्टि से देखते हुए कहना पड़ता है कि शायद उसने भी नहीं की थी। वह अपने-आप ही हो गई—या यों कह लीजिए कि जैसी परिस्थिति हमारी है, उससे लड़ाई होना स्वाभाविक ही है, उसका न होना ही अचम्भे की बात है।

मैं कोई बड़ा आदमी नहीं हूँ—पता नहीं, आदमी भी हूँ कि नहीं!—मैं हिन्दी का कहानी-लेखक हूँ। और मेरी गृहलक्ष्मी एक हिन्दी लेखक की गृहलक्ष्मी है— हिन्दी लेखकों का और किसी लक्ष्मी से परिचय ही कब होता है? हम दोनों का जीवन बिलकुल नीरस है। इसके अलावा कुछ हो भी नहीं सकता। और इसीलिए हमारी लड़ाई अवश्यम्भावी है...

क्योंकि, मैं कभी-कभी यत्न करता हूँ, अपनी कहानी के 'एटमास्फ़ियर' द्वारा उस नीरसता को दूर कर दूँ जो हमारे जीवन में समा रही है। पर मेरी पत्नी यह नहीं कर सकती, उसका जीवन उस नीरसता में, गृहलक्ष्मी की सामान्य दिनचर्या में ऐसा जकड़कर बँधा हुआ है कि वह हिल-डुल भी नहीं सकती—अगर कभी हिलने की चेष्टा करे तो उसी दिन हम दोनों को रोटी न मिले—घर में चूल्हा ही न जले...और मैं कभी यह भी यत्न करता हूँ कि अपने को कहानी के 'एटमास्फ़ियर' में न भुलाकर कहानी का 'एटमास्फ़ियर' ही घर में ले आया जावे, ताकि हम दोनों उसका रस ले सकें, किन्तु तब लड़ाई हो जाती है...

जैसे आज हुई। मैं एक प्रेम-कहानी लिखता उठा था, प्रेम की भावुकता से छलकती हुई, और उसके वाक्य मेरे कानों में अभी गूँज रहे थे...मैं एकाएक उठकर रसोई में गया, देखा, गृहलक्ष्मी अनारदाना पीस रही हैं। इससे मैं तनिक हतप्रभ नहीं हुआ, उसे सम्बोधन करके वे वाक्य दुहराने लगा...उसने विस्मय से मेरी ओर देखा, फिर झुँझलाकर बोली, ''यह सब काम करना पड़ता तो पता लगता—''

यदि मैं इतने से ही घबरा जाता, तो क्या खाक प्रेमिक होता? मैं और भी कहने लगा—

उसे ग़ुस्सा आ गया। बोली, "तुम्हें शर्म भी नहीं आती। मैं काम करती मरी जाती हूँ, घर में एक पैसा नहीं है, और तुम बहके चले जा रहे हो, जैसे मैं कोई थियेटर की—"

मुझे ऐसा लगा, किसी ने थप्पड़ मार दिया हो। मेरा सब आह्लाद मिट्टी हो गया, मुझे जो भयंकर क्रोध आया उसे मैं कह भी नहीं सका, चुपचाप अपने पढ़ने के कमरे में आ गया और सोचने लगा...

मुझे सूझा, घर को—इस प्रवंचना और कुढ़न के पुंज को जो घर के नाम से सम्बोधित होता है—छोड़कर चला जाऊँ! पर, यदि इतने साधन होते कि घर छोड़कर जा सकूँ, तो घर ही में सुख से न रह सकता! यही सोचते-सोचते मेरा क्रोध गृहलक्ष्मी पर से हटकर अपने ऊपर आया। वहाँ से हटकर अपने काम पर और फिर संसार पर जाकर कहीं धीरे-धीरे खो गया, मैं केवल कुढ़ता रह गया...

ऐसे ही, ऊँघने लगा। ऊँघते-ऊँघते मुझे याद आया, तुलसीदास भी अपनी स्त्री के मुख से ऐसी एक बात सुनकर विरक्त हो गए थे और तुलसीदास बन गए थे! और एक मैं हूँ...मुझे सूझा, इस विभेद को कहानी में बाँधकर रखूँ, अपने जीवन की सारी विवशताएँ उसमें रख दूँ...

नींद आने लगी। मैंने मेज़ पर पड़ी हुई किताबों को एक ओर धकेलकर सिर रखने की जगह निकाली, और वहीं मेज़ पर सिर टेककर सो गया...

नींद खुली, तो उस ढेर में से एक किताब खींची और विमनस्क-सा होकर उसके पन्ने उलटने लगा। एकाएक मेरी दृष्टि कहीं अटकी और मैं पढ़ने लगा...

"तुलसीदास के जीवन की सबसे महत्त्वपूर्ण घटना थी वह, जब वे अपनी पत्नी के घर गए और उसकी फटकार सुनकर एकाएक विरक्त हो गए। इसी घटना ने उनके जीवन को बना दिया, उन्हें अमर कर दिया, नहीं तो वे उन साधारण सुखी सामान्य प्राणियों की तरह जीवन व्यतीत करते, जो अपनी जीवन-संध्या में देखते हैं कि उनके जीवन में कोई कष्ट नहीं हुआ, किन्तु साथ ही महत्त्व की बात भी कोई नहीं। उनका जीवन सुखी रहा है उनके लिए, किन्तु संसार के लिए—फीका, व्यर्थ, निष्फल...

"पुरुष-प्रेम की स्वाभाविक गति है स्त्री की ओर, किन्तु जब वह चोट खाकर उधर से विमुख हो जाता है, तब वह कौन-कौन-से असम्भव कार्य नहीं कर दिखाता...

"किन्तु वह तभी, जब उसे इसके अनुकूल क्षेत्र मिले। ऐसा भी होता है कि वह चेष्टाएँ करके रह जाता है, स्त्री से विमुख होकर भी वह अपने को ऐसा आबद्ध पाता है कि और किसी ओर नहीं जा पाता, बढ़कर मर जाता है।

"इसी तथ्य को लेकर इस कहानी के लेखक ने यह छोटी-सी कहानी गढ़ी है।"

यह क्या? जो कहानी मैं लिखने को था, वह पहले लिखी जा चुकी है? और एक बिलकुल अज्ञात लेखक द्वारा, जिसकी कहानी समझाने के लिए सम्पादक को इतनी लम्बी भूमिका बाँधनी पड़ी है।

मैं समझा था, यह मेरी ही अभूतपूर्व सूझ है, मेरी सर्वथा अपनी रचना, जो मेरा नाम अमर कर देगी, किन्तु वह भी दूसरे को सूझ चुकी है, दूसरे द्वारा लिखी और प्रकाशित की जा चुकी है, एक अज्ञात लेखक द्वारा! हाय अत्याचार!

मैं पन्ना उलटकर वह कहानी पढ़ने लगा...

1 ''जो कहानी केवल कहानी-भर होती है, उसे ऐसे लिखना कि वह सच जान पड़े, सुगम होता है। किन्तु जो कहानी जीवन के किसी प्रगूढ़ रहस्यमय सत्य को दिखाने के लिए लिखी जाए, उसे ऐसा रूप देना कठिन नहीं, असम्भव ही है। जीवन के सत्य छिपे रहना ही पसन्द करते हैं, प्रत्यक्ष नहीं होते। उन्हें दिखाना हो तो ऐसे ही साधन उपयुक्त हो सकते हैं जो प्रत्यक्ष न करें, छिपा ही रहने दें, जो छायाओं और लक्षणों के आधार पर उसका आकार विशिष्ट कर दें, और बस...

''इसीलिए मैं अपनी इस कहानी को ऐसे अत्यन्त असम्भाव्य रूप में रखकर सुना रहा हूँ, इस आशा में कि जो सत्य मैं कहना चाहता हूँ, वह इस रूप में शायद रखा जा सके, पाठक के आगे व्यक्त नहीं तो उसकी अनुभूति पर आरूढ़ किया जा सके...

''हाँ, तो, कहीं, समझ लीजिए कि आरव्योपन्यास की किसी रात के वातावरण से घिरे हुए किसी नगर में दो युवक रहते थे। उनकी विशेषता यह थी कि दोनों का जन्म एक ही दिन हुआ था, उनके आकार-प्रकार भी बिलकुल एक-से थे, और उनका नाम भी एक ही था। लोग कहते थे कि वे जुड़वाँ बच्चे थे, किसी देवता के वर या शाप से अलग-अलग घरों में उत्पन्न हो गए थे। वे शैशव से ही परस्पर आकृष्ट रहते थे, फिर तब से इकट्ठे खेले और पले थे...

''ऊपर कह आए हैं कि उनका नाम भी एक ही था। इस प्रकार इनकी इस सम्पूर्ण समरूपता का खंडन करनेवाली एक ही बात थी—एक धनिक की सन्तान था और एक दरिद्र की। बस, यही एक विभेद था उनके जीवन में। यद्यपि इसके फलस्वरूप एक और भी भेद आ गया था। उनके नाम में...दोनों के माता-पिता ने उनका नाम रखा था तुलसी, किन्तु एक धनिक होने के कारण तुलसीदास कहाता था और दूसरा दरिद्र का पुत्र होने के कारण तुलसू के नाम से पुकारा जाता था...

''यह सब तो हुई पूर्व की बात। हमारी कहानी का आरम्भ इन दोनों के विवाह के बाद से होता है। हम कह चुके हैं कि इन दोनों का जीवन बिलकुल एक-सा था, वे पढ़े भी एक साथ ही थे। और उसके बाद दोनों की रुचि भी साहित्य की ओर हो गई थी। और पढ़ाई समाप्त कर चुकने पर एक ही दिन दोनों के विवाह भी हो गए थे, दोनों अपनी पत्नियों पर सम्पूर्णतः आसक्त थे...

"इतनी अधिक समरूपता संसार में मार्के की चीज़ है, दैवी देन है, इसलिए यह आशा करनी चाहिए थी कि दोनों को पत्नियाँ भी एक-सी ही मिलेंगी। और ऐसा ही हुआ भी, पत्नियों का साम्य भी उन्हीं की भाँति था और उन दोनों का नाम भी एक ही था।

"ख़ैर! विवाह के बाद की बात है, एक दिन दोनों नवयुवकों को एक साथ ही विचार आया कि पत्नी के बिना घर बिलकुल नीरस है, पत्नी ही घर की लक्ष्मी है और पत्नी ही सरस्वती भी, क्योंकि उसकी अनुपस्थिति में काव्योचित 'इन्स्पिरेशन' भी नहीं प्राप्त होता। अतः दोनों उठे और एक साथ ही चल दिए अपनी पत्नियों को लिवाने—वे उससे दो-चार दिन पहले ही मायके गई थीं...

"दोनों एक ही पथ पर इकट्ठे ही जा रहे थे, क्योंकि दोनों की ससुराल एक ही स्थान पर तो थी, साथ-साथ के घरों में।

"अब, यह तो पाठक जान ही गए होंगे कि ये दोनों, तुलसीदास और तुलसू, युवक होने के कारण मनचले भी थे, और कवि होने के कारण लापरवाह और उद्धत। बस, दोनों ने ससुराल में घुसकर उचित-अनुचित का विचार तो किया नहीं, प्रणाम-नमस्कार के झमेले में पड़े नहीं, सीधे अपनी पत्नियों के कमरे में चले गए, और उनकी काव्यमयी स्तुति करने लगे—उन्हें घर लिवा ले चलने के लिए।

"पत्नियों को यह बात अच्छी नहीं लगी। एक तो स्त्रियों को वैसे ही रीति-रस्म का, बड़े-छोटे का, पर्दे-दिखावे का ध्यान अधिक रहता है; दूसरे ये पत्नियाँ कोई कवि तो थीं नहीं, जो उस मधुर काव्यमयी प्रेरणा को समझतीं जो दोनों युवकों को वहाँ घसीट लाई थी, या समझकर उसका आदर करतीं, उसे अपनातीं और स्वयं उसके आगे नमित होकर वैसी ही निर्लज्ज हो जातीं! उन्हें अपने पतियों की यह बात बहुत बुरी लगी। क्रोध भी आया, ग्लानि भी हुई। उन्होंने सोचा, इन्हें फटकारना चाहिए।

"किन्तु, स्त्रियाँ यह भी तो जानती हैं, अपने हृदय के गुप्ततम कोने में अनुभव करती हैं—कि प्रेम को फटकारा नहीं जा सकता; वह इतना विशाल, इतना सर्वव्यापी, और सब-कुछ होते हुए इतना निराकार है...उसे फटकारा कैसे जाए?

"तब उन्हें सूझा, इसके लिए कोई ऐसी वस्तु चाहिए जो इससे भी विशाल, इससे भी सर्वव्यापी, इससे भी निराकार हो, यानी परमेश्वर...यानी परमेश्वर की दुहाई देकर इन्हें फटकारना चाहिए। और तब दोनों ने एक भर्त्सना-भरे दोहे में (क्योंकि कवियों की भर्त्सना करनी थी, जो भला गद्य में कैसे होगी?) पतियों को खूब फटकारा।

"दोनों पति अपने भीतर प्रेम की एक पीयूष-सलिला बहती हुई लेकर आए थे, किन्तु उन्होंने देखा, इस भर्त्सना से वह एकाएक सूख गई, बन्द हो गई! उन्होंने हृदय टटोलकर देखा, वहाँ था एक विशाल मरु, और कुछ नहीं, कुछ नहीं...

"और वे विरक्त होकर उल्टे-पाँव लौट पड़े, बिना अपनी पत्नियों से एक शब्द भी कहे, सिर झुकाए, आहत...

"घर से बाहर, दोनों का सामना हुआ। दोनों ने एक बार एक-दूसरे को आँख भरकर देखा, कुछ बोले नहीं। फिर दोनों अपने घरों की ओर चल दिए, किन्तु एक

साथ नहीं, अलग-अलग। तुलसीदास चले सड़क की दायीं ओर, और तुलसू बायीं ओर। और उनके मध्य का वह थोड़ा-सा व्यवधान ऐसा हो गया, मानो वह ब्रह्मांड के विस्तार का दीर्घतम व्यास है, और वे दोनों उसके छोरों पर बँधे हुए, निकट नहीं आ सकते...

''और ऐसे ही, वे अपने-अपने घर जा पहुँचे।

2 ''वह जो दैवी देन थी, मानो लुट गई, मानो उस भर्त्सना-भरे दोहे के दाह में भस्म हो गई। तुलसीदास और तुलसू के जीवन बिलकुल एक-दूसरे से अलग हो गए...उसमें अगर कुछ समता रह गई तो उनका भूत, जो मर चुका था। और उनके भविष्य...

''यहाँ से उनकी कहानी अलग-अलग कहना ही ठीक है।

''तुलसीदास ने घर पहुँचकर निश्चय किया, अब वे कभी स्त्री का नाम भी नहीं लेंगे, मुँह देखना तो दूर। उनका सारा मस्तिष्क स्त्री-मात्र के प्रति एक विरक्त ग्लानि-भाव से भर गया। उनके जीवन की फ़िलासफ़ी, जो अब तक स्त्रियोन्मुख थी, अब उधर से विमुख हो गई। उन्होंने देखा, स्त्री केवल पुरुष के पतन का एक साधन है, एक मिथ्या मोह, जिससे बचना, जिसकी ताड़ना करना, जिसे जीवन से उन्मूलित करना, पुरुष का परम कर्तव्य है...स्त्री, कुबुद्धि, कुमन्त्रणा, वासना, पाप, अधोगति, ईश्वर-विमुखता, नास्तिकता, ये सब एक ही तथ्य के विभिन्न मायाजनित रूप हैं, जिन्हें हम भ्रमवश विभिन्न नाम देते हैं...और यह निश्चय करके, स्त्री की नीचता और अयोग्यता और ताड़न-पात्रता पर विश्वास करके, वे खोजने लगे कि अब संसार में क्या है, जिससे अपनी जीवन-नौका बाँधी जाए, क्योंकि बिना सहारे वह ठहर नहीं सकती! और उन्होंने पाया कि स्त्री से बढ़कर व्यापक कोई वस्तु अगर हो सकती है तो ईश्वर ही। जो स्त्री से विमुख है वह अगर अपनी समूची शक्ति ईश्वर की भावना को पकड़ रखने में नहीं लगाता तो वह इस संसार-रूपी विराट् शून्य में खो जाएगा, उसका निस्तार किसी भाँति नहीं हो सकता...उन्होंने देखा, जो विरक्त होकर ईश्वरवादी रहते हैं या होते हैं, वे इसलिए नहीं होते कि ईश्वर है, या वे आस्तिक हैं, बल्कि इसलिए कि उन्हें विवाहित होना पड़ता है स्त्रीत्व-भावना, प्रेम-भावना को न मानने पर उनके लिए एकमात्र पथ यही रहता है कि ईश्वर-भावना के आगे सिर झुकाएँ, क्योंकि कहीं तो सिर झुकाना ही पड़ता है...

''यह सब, उन्होंने इस रूप में नहीं देखा, या देखा भी तो बहुत जल्द भुला दिया। मानव के मस्तिष्क में एक ऐसी शक्ति है, जो कठोर सत्य का ग्रहण करती है तो पहले उसे कोमल बना लेती है, अपने अनुकूल कर लेती है, अपने बड़प्पन के आगे झुका है। वही तुलसीदास के मन में भी हुआ और वे नहीं जान पाए कि उनकी इस आस्तिकता का, इस धर्मपरायणता का, इस ईश्वरोन्मुख भक्ति, इस परमानन्द का मूलोद्भव कहाँ से हुआ है...

''ख़ैर! तुलसीदास ईश्वर-सेवा का व्रत लेकर घर से निकल पड़े। देशाटन करने लगे, देश के विभिन्न विद्यापीठों और बौद्धिक संस्थाओं को देखकर अपना ज्ञान और अनुभव बढ़ाने लगे...वे जहाँ जाते, उनका स्वागत होता, लोग उन्हें अपना रहस्य दिखाते और उनकी सम्मति माँगते, क्योंकि वे एक तो सम्पन्न, दूसरे प्रतिभाशील, तीसरे यौवन में ही विरक्त और इसलिए अधिक आकर्षक, और इस प्रकार सर्वथा आदरणीय थे...जब वे बहुत कुछ देख चुके, और उन्होंने पाया कि वे काफ़ी विद्या और कीर्तिलाभ कर चुके हैं, तब उन्होंने बौद्धिक संस्थाओं का भ्रमण छोड़ तीर्थाटन करना आरम्भ किया; विभिन्न स्थानों के मन्दिर देख-देखकर, वहाँ के भव्य, शान्त सौरभ-भार से सुन्दर, घंटा-ध्वनि और आरती-द्युति से एक प्रकम्प आह्लादमय, वातावरण से उत्पन्न होनेवाली अकथ जागृति को कविता-बद्ध करने लगे। धीरे-धीरे उनकी कीर्ति बहुत फैल गई, उनके कई एक शिष्य भी हो गए, तब उन्होंने बनारस में आकर विश्राम किया और वहीं एक विद्यापीठ या आश्रम स्थापित करके, अपने शिष्यों को एक महाकाव्य लिखाना आरम्भ किया जो कि संसार को स्त्री-प्रेम से परे खींचकर, भक्तिरस से परिप्लावित कर देगा, जो श्रीराम के भक्तों के लिए वेद से बढ़कर महत्त्व रखेगा, और जो तुलसीदास का नाम, और गौण रूपेण उनकी पत्नी का नाम (जिसका वे उच्चारण भी नहीं करते) अमर कर जाएगा...तुलसीदास प्रौढ़ हो गए हैं, धीरे-धीरे वृद्ध भी हो जाएँगे, फिर भक्तिरस से अनभिज्ञ मृत्यु आकर उन्हें उठा ले जाएगी, किन्तु जीवन के पट पर वे अमिट अक्षरों में अपना नाम लिख जाएँगे, उसे कोई मेट सकता है?

3

''और तुलसू...

''वह थका-माँदा भूखा घर पहुँचा और अपनी झोंपड़ी के एक कोने में पड़ी फटी चटाई पर बैठकर सोचने लगा, वह मेरे जीवन की चन्द्रिका किस बादल में उलझकर लुप्त हो गई...प्रतिभा कहाँ गई...

''उसने भी देखा, स्त्री कितनी भयंकर शक्ति है, कितनी व्यापक, कितनी अमोघ! उसने भी देखा, वह मानव को घेरे हुए है, घेरकर अटूट पाशों में बाँधे हुए है...

''उसके भी खिन्न और विरक्त और आहत मन ने कहा, स्त्री एक बन्धन है, उसे काट फेंको! जाओ, संसार तुम्हारे सामने खुला पड़ा है, प्रतिभा तुम्हारे पास है। एक स्त्री के एक वाक्य के पीछे अपना जीवन खोओगे? उठो, देखो, संसार कुम्हार की मिट्टी-सा निकम्मा और आकार-हीन पड़ा है, उसे बनाओ, किसी साँचे में ढालो; अपने स्त्री-विमुख किन्तु प्रोज्ज्वल शक्ति-सम्पन्न प्रेम की भट्ठी में पकाकर उसका कुछ बना दो! और अमर हो जाओ!

''किन्तु तुलसू ने यह भी देखा, उसके बूढ़े माता-पिता उसकी ओर उन्मुख हुए मानो आँखों से ही कोई सन्देश उसे पहुँचा रहे हैं, जिसमें पितरोचित आज्ञापना नहीं, एक दरिद्र अनुरोध, एक करुण भिक्षा-सी है...उसने देखा, वे भूखे हैं और उसका कर्तव्य है उन्हें खिलाना-पिलाना, उनकी सेवा करना, उनके लिए मेहनत

करना और उसमें अगर अपनी प्रतिभा का उपयोग अपने उच्चतम आदर्श को छोड़कर किसी छोटे काम के लिए करना पड़े तो उसे चुपचाप स्वीकार करना...

''और उसने यह किया। वह विवश होकर भजन-मंडलियों, रास-अभिनय करनेवाली टोलियों, कथावाचकों के लिए भजन, गीत इत्यादि लिखने लगा, जिससे उसकी, उसके माता-पिता की, जीविका चल सके...और उसने देखा, ज्यों-ज्यों वह अधिकाधिक मेहनत करता है, अधिकाधिक उग्र प्रयत्न से वैसे गान, वैसे भजन लिखता जाता है, जैसे उससे माँगे जाते हैं, त्यों-त्यों उसकी प्रतिभा नष्ट होती जाती है, त्यों-त्यों ग्रह यन्त्र-तुल्य काम भी कठिनतर और कष्टसाध्य होता जाता...और अन्त में एक दिन ऐसा आया, जब उसने देखा, वह कुछ भी नहीं लिख सकता—वे भद्दे कवित्वहीन 'इडियोटिक' गीत भी नहीं, जिन मात्र की उससे आशा की जाती है; जब उसने देखा, वह अपनी प्रतिभा का दुरुपयोग करके भी माता-पिता की सेवा नहीं कर सकता, क्योंकि वह प्रतिभा वहाँ है ही नहीं—वह एक मिथ्या, एक प्रवंचना थी जो इस सूक्ष्मकाल में उसे छोड़कर चली गई है; जब उसने देखा, वह अकेला यह नहीं सह सकता तब उसने माता-पिता की अनुमति ली और ससुराल जाकर अपनी पत्नी को लिवा लाया।

''रत्नावली ने घर आकर, उसकी जो अवस्था देखी, तो जो थोड़ा-बहुत आदर तुलसू के प्रति उसके हृदय में रह गया था, वह भी नष्ट हो गया। तुलसू यदि अपने आहत अभिमान को लिये बैठा रहता, उसके पास न जाता, तब शायद वह उससे प्रेम करती, उसके वियोग में पीड़ित भी होती, क्योंकि प्रत्येक स्त्री के लिए उपेक्षा एक आकर्षक चैलेंज है जिसे वह इनकार नहीं कर सकती, जिसके आह्वान को वह विवश होकर स्वीकार करती है। किन्तु तुलसू को इस प्रकार लौटा हुआ देखकर उसे क्रुद्ध भी न पाकर, उसे और भी अधिक ग्लानि हुई, यद्यपि वह उसके साथ चली आई।

''पति के घर आकर उसने तुलसू से कहा, 'तुम्हारे यहाँ जोरू के गुलाम बनकर बैठे रहने की कोई ज़रूरत नहीं है। जाओ, कुछ कमाकर लाओ, ताकि पेट-भर खाना तो मिले!'

''जो बात तुलसू की आत्मा ने कही थी, वही आज उसे अपनी स्त्री के मुख से सुननी पड़ी। और आत्मा की जिस आज्ञापना की वह उपेक्षा कर गया था, वही स्त्री से पाकर वह उपेक्षा नहीं कर सका—यद्यपि वह स्त्री से विरक्त हो चुका था। वह भी निकला, उसी पथ पर जिस पर तुलसीदास गए थे—उसी पथ पर, किन्तु उससे कितने विभिन्न पथ पर! तुलसू जहाँ जाता वहीं उसकी उपेक्षा होती, क्योंकि भारत में दरिद्रों की कब कमी हुई? और उसकी ईश्वरोपासना? लोग कहते, 'घर में खाने को कुछ नहीं है, तो ईश्वर-भक्ति लिये फिरता है!' और यौवन? लोगों ने कहा, 'शर्म नहीं आती, ऐसा जवान होकर भी आलस के दिन काटने चला है, जाकर मेहनत-मज़दूरी करते नहीं बनता?' और प्रतिभा? वह यदि उस दरिद्रता की चक्की में पिसकर बची भी होती तो भी क्या इस घातक उपेक्षा में दिख पाती...

"एक महीने बाद तुलसू लौट आया—भूखा, प्यासा, नंगा। छाती की एक-एक पसली दिख रही थी, मुँह खिंचा हुआ, सफ़ेद, मानो हड्डी पर सूखा चाम तानकर लगा दिया गया हो, आँखें धँसी हुईं, मानो अपनी ही लज्जा देखकर लज्जा से गड़ी जा रही हों—लौट आया, और झोंपड़ी के आँगन में धूप में ही बैठ गया, अपने घर में भीतर जाकर स्त्री का सामना करने का साहस न पाकर...

"लौट आया, और आँगन में धूप में बैठकर रोने लगा...ऐसा रोना जो कि जीवन में एक बार रोया जाता है, ऐसा रोना जो कि और सब रोने से भयंकर और घातक होता है, बिना मुखाकृति बिगाड़े (यद्यपि और बिगड़कर मुखाकृति क्या होती!) रोना, बिना आँसू बहाए रोना, रोना कहीं प्राणों के भीतर...

"तभी उसकी स्त्री बाहर आई, और उसे ऐसे बैठे देखकर तीखे व्यंग्य के स्वर में बोली, 'लौट आए! हाँ, बैठो, ज़रा सुस्ता लो, बहुत काम कर आए हो! एक वह है जिसका यश दुनिया गाती है, जिसने विरक्त होकर भी अपने साथ ही अपनी स्त्री का नाम भी अमर कर दिया है, और एक तुम! शर्म-हया कुछ होती तो डूब मरते उसी दिन जब...' और फिर तुलसू के कमरबन्द में खोंसी हुई क़लम देखकर, पुनः धधककर 'लिखते हैं, काव्य करते हैं! इससे तो मेरी यह भोंडी छुरी ही अच्छी है, साग-पात तो काट लेती है, कुछ काम तो आती है!' कहकर उसने हाथ में ली हुई छुरी तुलसू के सामने पटक दी। और वापस भीतर चल दी। दो-एक कदम जाकर रुकी और अपने व्यक्तित्व का सारा ज़ोर, अपने पत्नी-हृदय की सारी ग्लानि, अपने स्त्रीत्व से संक्षिप्त सारा तिरस्कार एक शब्द में भरकर बोली, 'लेखक!' और फिर भीतर चली गई...

तुलसू का प्याला भर आया। वह मुग्ध दृष्टि से उस छुरी की ओर देखने लगा, धीरे-धीरे गुनगुनाने लगा, यह भोंडी छुरी अच्छी है, साग-पात तो काट लेती है, कुछ काम तो आती है...कुछ काम तो आती है...

"उसने देखा, स्त्री ही संसार की सबसे बड़ी शक्ति है, स्त्री का प्रेम ही संसार की सबसे बड़ी प्रेरणा...जब वह स्त्री से विमुख होता है, तब भी उसकी शक्ति नष्ट नहीं होती, परिवर्तित हो जाती है, और कार्यों में लग सकती है...उसने देखा, उस एक दोहे के फलस्वरूप वह क्या कुछ नहीं हो सकता था...किन्तु नहीं हुआ, इसलिए कि जो शक्ति उसे बनाने में लगती वह सारी खर्च हो गई उन छोटी-छोटी अत्यन्त क्षुद्र झंझटों में; वह लड़ता तो रहा, किन्तु उन्नति की ओर बढ़ता हुआ नहीं, अवनति से बचता हुआ मात्र...

"और अपनी हार मानकर भी, उसने जाना, वह एक बहुत बड़ा तथ्य पहचान गया है जो शायद तुलसीदास ने भी नहीं पहचाना कि स्त्री का प्रेम ही संसार की सबसे बड़ी और अचूक प्रेरणा है, चाहे वह कोई रूप धारण करके आविर्भूत हो। उसने जाना, वह रुद्ध होकर, नष्ट होकर भी जीवन पर अपना अधिकार बनाए रखता है। जैसे अब। वह स्त्री से कभी का विरक्त हो चुका है, किन्तु उसकी स्त्री जो प्रेरणा कर रही है, उसे क्या वह इस समय भी टाल सकता है? कभी भी टाल सकता है?

''उसका ध्यान फिर उस छुरी की ओर गया। वे शब्द फिर उसके कानों में गूँजे। 'यह भोंडी छुरी ही अच्छी है।' उसने छुरी उठाई। उँगली से देखने लगा कि क्या सचमुच भोंडी है। 'साग-पात तो काट सकती है।' उतनी अधिक भोंडी नहीं है। 'कुछ काम तो आती है।' कुछ काम...क्या काम? वह अचूक प्रेरणा...

''तुलसू ने वह छुरी अपने हृदय में भोंक ली।

4 ''तुलसीदास और तुलसू फिर मिले। बनारस के एक घाट पर।

''हमने आरम्भ में कहा था कि तुलसीदास और तुलसू आरव्योपन्यास की किसी रात के वातावरण से घिरे हुए किसी नगर में रहते थे और यहाँ हम उन्हें ले आए हैं बनारस में। पर यह इसलिए नहीं कि हमारी कहानी झूठी है, यह केवल इसलिए कि आरव्योपन्यास के नगर भी उतने ही सच्चे हैं जितना बनारस, उतने ही स्थूल...संसार सारा बनारस-सा स्थूल भी नहीं है, आरव्योपन्यास-सा काल्पनिक भी नहीं, उसमें दोनों ही तत्त्व हैं...संसार में एक-से-एक बढ़कर असम्भाव्य घटनाएँ घटती हैं, और बिलकुल साधारण, सामान्य घटनाएँ भी। यदि हम केवल सामान्य घटनाएँ ही चुनें और लिखें, तब हमारी कृति 'रिएलिस्टिक' कहाती है, किन्तु होती है सच्चाई से उतनी ही परे जितनी 'रोमांटिक' कृति, जो केवल असम्भव घटनाओं का ही पुंज होती है...सच्चाई तो इन दोनों का सम्मिश्रण है, उसमें आरव्योपन्यास के नगरों का भी उतना ही अस्तित्व है जितना बनारस का।

''हाँ, तो तुलसू का शरीर उसके आँगन में से उठाकर तुलसीदास जी के आश्रम के पास ले जाया गया, क्योंकि तुलसू के घर में दाह-कर्म के पैसे भी नहीं थे। तुलसीदासजी को सूचना दी गई कि एक मुर्दा है जिसके जलाने का प्रबन्ध नहीं है, तो उन्होंने तत्काल अपने एक शिष्य को भेज दिया कि वह प्रबन्ध करे। उसके चले जाने के बाद किसी ने कहा, 'वही तुलसू था जो—' और तुलसीदास ने, मानो बहुत दूर की कोई बात याद करने का प्रयत्न करते हुए दुहराया, 'अच्छा, वही तुलसू था जो' और फिर अपनी भक्ति की शान्ति में लीन हो गए। लोगों ने कहा, 'धन्य हैं ये, जिन्हें'—''

स्वप्न!

पता नहीं क्यों, मैं चौंककर उठ बैठा, मैंने जाना, मैं वह सब पढ़ नहीं रहा था, वह स्वप्न में मेरी कल्पना दौड़ रही थी, वह मेरे जाग्रत विचारों का प्रक्षेपण (प्रोजेक्शन) मात्र था...

मुझे ध्यान हुआ, यह बनी-बनाई कहानी है। मैंने काग़ज़ लिये क़लम उठाई और लिखने को सन्नद्ध होकर बैठा।

हाँ, कहाँ से आरम्भ हुई थी? कैसे?

याद नहीं आई...मैं झुँझला उठा। तब जो अंश याद थे, वे भूल गए...मुझे याद रही केवल एक बात कि मेरी गृहलक्ष्मी रोटी पका रही थी, मैं उससे लड़कर

यहाँ बैठा था, और सोच रहा था कि तुलसीदास—

तुलसीदास क्या?

तभी मैंने न जाने क्यों घूमकर देखा, पीछे मेरी पत्नी खड़ी है। और क्रुद्ध नहीं है। मुझे घूमकर देखकर उसने नीरस स्वर में कहा, ''चलो, रोटी खाओ!''

मैंने देखा, उस स्वर में क्रोध नहीं है तो प्रेम भी नहीं, वह बिलकुल नीरस है। गृहलक्ष्मी ने लड़ाई को भुला दिया है, किन्तु साथ ही सुलह करने का आनन्द भी खो चुकी है। और मैंने देखा, मेरी कहानी भी नष्ट हो गई है।

मैंने एक छोटा-सा निःश्वास छोड़कर कहा, ''चलो, मैं आया।''

•

हरसिंगार

गोविन्द ने जल्दी से वह बही खोली, और उसके पन्ने उलटने लगा। पर दो-ही-तीन पन्ने उलटकर उसने देखा, एक पन्ने से कुछ चिपका हुआ है, जिसे उसने यत्न से उतारा, और हाथ पर फैलाकर देखने लगा।

बहुत-से फूल एक-दूसरे में पिरोकर एक लड़ी-सी बनाई गई थी, और उसके अन्तिम फूल जोड़कर उसकी माला पूरी कर दी गई थी। यही न जाने कब से उस पुरानी बही में दबी हुई थी, और सूखकर पीली-सी झुरझुरी हो गई थी; किन्तु आज भी प्रत्येक फूल अलग-अलग दिख रहा था।

गोविन्द हड़बड़ाया हुआ-सा भीतर आया था। हड़बड़ाए हुए ही उसने बही खोली थी। पर अपने हाथ में अतीत की इस थोड़ी-सी धूल को लेकर वह सब कुछ भूल गया; शान्त-सा स्तब्ध-सा होकर आलमारी के पास पड़े हुए स्टूल पर बैठ गया और एक हाथ में बही, दूसरे में वह माला लेकर कभी एक की, कभी दूसरे की ओर देखने लगा।

उसकी आँखें न जाने क्यों बही में दर्ज हुई एक संख्या पर अटक गईं। उसने पढ़ा 'गुप्तदान—3)' और इसके साथ ही उसकी स्मृति ने एक वाक्य जोड़ा, 'नहीं, नाम की क्या ज़रूरत है?'

कहाँ सुने थे उसने ये शब्द? कभी कहीं अवश्य, नहीं तो क्यों वह बाढ़ की तरह एकाएक उसके मन में आए?

शायद बहुत बार सुने हैं—पर नहीं, उस खास लहज़े में उस विशेष झिझक-भरे से काँपते स्वर में एक ही बार...एक ही बार...

और मन में धीरे-धीरे ये शब्द 'एक ही बार...एक ही बार' दुहराता गोविन्द उस सूखी माला की ओर देखने लगा। फूल। सूखे फूल। माला में गुँथे हुए। 'नहीं, नाम की क्या ज़रूरत है?' 'गुप्तदान—3)', फूलों की माला। हरसिंगार के फूल।

हरसिंगार...

गोविन्द के हाथ से बही छूटकर गिर पड़ी। माला भी गिर जाती—अगर वह

इतनी हल्की न होती, और अगर पसीने से गोविन्द के हाथ से चिपकी हुई न होती। गोविन्द मानो उन्हें और अपने-आपको भूल गया; शून्य दृष्टि से सामने की सूनी मैली दीवार को देखता हुआ, स्वयं एक सजीव स्मृति बना हुआ, कुछ देखने लगा।

बीस वर्ष पूर्व...

गुमटी बाज़ार की गन्दी गलियों में से होती हुई वह मंडली धीरे-धीरे बाहर निकल आई थी, और अब लाहौर शहर की दीवार के बाहर की बस्ती से होती हुई चली जा रही थी। जिस गली में से होकर वे जा रहे थे, उसमें साधारण मध्यम श्रेणी के लोग रहते थे—जिनके पास घर नहीं, रिहाइश है; धन नहीं, गृहस्थी है; जो विद्वान नहीं, पढ़े-लिखे हैं; संस्कृत नहीं, शरीफ़ हैं। जो संसार की गति में सबसे बड़े विघ्न हैं, किन्तु जो दुनिया की हस्ती को बनाए हुए हैं और क़ायम रखते हैं। उस मंडली के चारों व्यक्तियों को इस श्रेणी के लोगों का कुछ भी अनुभव नहीं था—वे अनाथालय में पले हुए अनपढ़-भिखमंगे इनके बारे में इससे अधिक क्या जानते कि इन्हीं के छोटे-छोटे दान पर उनका अनाथालय चलता था, इन्हीं की दया पर उनकी रोटी का आसरा था?—पर फिर भी, इस मुहल्ले में प्रवेश करते हुए वे चारों एक स्थान पर रुक गए और एक-दूसरे की ओर देखने लगे। सबकी आँखों में एक ही प्रश्न था, पर कुछ देर तक कोई भी कुछ न बोला, सब देखते ही रहे।

हाँ, सिवाय एक के जो अन्धा था। वह देख नहीं सकता था, फिर भी उसकी नेत्रहीन आँखें उसके तीन साथियों की ओर लगी हुई थीं, और अन्धों की छठी इन्द्रिय सहज-बुद्धि से जान गई थी कि किसी सभ्यता के क़िले, मध्यम श्रेणी के मुहल्ले में प्रवेश किया जानेवाला है। उसने अपने गले में एक मैली पगड़ी से बाँधकर टाँगा हुआ हारमोनियम अपने मैले हाथों से उठाकर, शून्य की ओर उन्मुख होकर कहा— ''गोविन्दा, ज़रा मेरे कोट का कालर ठीक कर दे। सब सिमट आया है और चुभता है।''

उसके साथियों में से एक ने आगे बढ़कर उसका कोट थामते हुए कहा— ''सूरदास बड़े बन-सँवरकर चलेंगे! ज़रा मेरा भी हाल देखो, जिसके पास कोट हई नहीं!'' पर कहते हुए उसने सूरदास का कोट ठीक कर दिया।

गोविन्द के शरीर पर वास्तव में कोट नहीं था। उसने अनाथालय के पीले रंग की मोटे खद्दर की कमीज़ और ऊँची धोती पहन रखी थी, और कुछ नहीं। पैर में जूता नहीं था, तलवों में फटी हुई बिवाइयाँ इतनी ऊपर तक आई हुई थीं कि भूमि पर पड़े हुए पैर में भी दिख जाती थीं और पैरों के ऊपर, एड़ी तक, एक काली पपड़ी जमी हुई थी। सिर पर भी कुछ नहीं था, लेकिन बड़े-बड़े और उलझे हुए बालों में कोई बदबूदार तेल प्रचुर मात्रा में लगाया था, इतना कि वह माथे, गालों और कानों पर बह आया था; और बालों को बिना कंघी के, हाथ से चीरकर बिठाने की कोशिश की गई थी। इसीलिए तो, माथे के दायीं ओर उलझे हुए बालों का एक बड़ा-सा गुच्छा आगे लटक रहा था और दाहिनी भौंह के ऊपर के किसी पुराने घाव के दाग़ को आधा छिपा रहा था। उसकी भवें, जो पहले ही से कुछ ऐसी थीं मानो पहले ऊपर उठने लगी हों और फिर राह भूलकर इधर-उधर हो गई हों, इस घाव के कारण

और भी विचित्र मालूम पड़ती थीं। पर उसका अंडाकार चेहरा और कमान की तरह खिंचे होंठ, जिनके कोने कभी-कभी काँप-से उठते थे, देखकर जान पड़ता था कि उसमें भावुकता की मात्रा ज़रूरत से अधिक है—इतनी जितनी अनाथालय में रहनेवाले लड़के की नहीं होनी चाहिए। और उसकी आँखें, बड़ी-बड़ी भावपूर्ण, आतुरता और प्यास को व्यक्त करनेवाली—कुछ जानने को उत्सुक-सी, इस भावना को पुष्ट ही करती थीं। गोविन्द की बात सुनकर तीसरे लड़के ने कहा—‘‘कोट नहीं तो क्या हुआ, ठाठ तो पूरे हैं!’’

सूरदास हँसने लगा। बोला, ‘‘ठीक कहा, हरि!’’

हरि भी अपने घुँघराले बालों में उँगलियाँ फेरता हुआ, अपने बड़े-बड़े होंठ खोलकर हँसने लगा। उसकी छोटी-सी, चपटी-सी, किन्तु नोक के पास कुछ उठी हुई नाक और ऊपर उठ गई, उसकी तीखी और चमकती हुई आँखें कुछ और चमकने लगीं।

हरि ने, और चौथे लड़के ने भी, अनाथालय की वर्दी—पीली धोती और पीला कुरता—पहन रखी थी। लेकिन दोनों के पैरों में जूता था, यद्यपि टूटा हुआ; हरि गले में एक बड़े-बड़े दानोंवाली रुद्राक्ष की माला पहने हुए था, और चौथे ने एक पुरानी, इकहरी खद्दर की टोपी से अपनी तीन तरफ़ से पिचकी और चौथी तरफ़ से फफोले की तरह उभरी हुई खोपड़ी को भूषित कर रखा था। उसकी टोपी विशेष सफ़ेद नहीं थी, लेकिन उसकी धँसी हुई छोटी-छोटी आँखें और फाड़कर बनाए हुए मुँहवाले साँवले बेवक़ूफ़ चेहरे के ऊपर वह मानो दर्शक की आँखों में चुभती थीं। इस व्यक्ति के हाथ में एक चन्दे की बही और कुछ एक काग़ज़ थे, जिन्हें वह लपेटकर डंडे की तरह थामे हुए था।

क्षण-भर के मौन के बाद, सूरदास ने पूछा—‘‘यहाँ क्या गायेंगे?’’

हरि और गोविन्द ने एक साथ ही मुस्कुराकर कहा—‘‘घोंघे से पूछो। क्यों बे घोंघे, क्या गायें?’’

‘घोंघा’ अपना घोंघा-सा मुँह उनकी ओर फिराकर तनिक हँस दिया, बोला नहीं।

सूरदास ने पूछा, ‘‘ ‘प्रभो डूबतों का’ की तर्ज़ याद है न?’’ और बिना उत्तर की प्रतीक्षा किए, मुँह उठाकर जल्दी-जल्दी हारमोनियम की धौंकनी चलाते हुए बजाने लगा। मंडली मुहल्ले की ओर चल पड़ी। उस तीखी समवेत आवाज़ से मुहल्ले की पुरानी खिड़कियों के चौखट गूँज उठे, उस आवाज़ से बच भागना मुश्किल जान पड़ने लगा, ऐसे हूल-हूलकर, प्राणी को घेर-घेरकर वह फैलने लगी—

प्रभो, डूबतों का तुही है सहारा—
सिवा तेरे दूजा नहीं है हमारा!

गली के मोड़ तक, केवल उन्हीं का स्वर मुहल्ले पर अखंड शासन कर रहा था, पर मोड़ पर आते ही उस मंडली को सुन पड़ा, आगे कहीं ढोल बज रहा है और कोई बड़ी पतली और तीखी आवाज़ में ढोल के साथ गा रहा है, ‘मजनूँ हौके

मारदा, लैला ओ गम दे बिच्च; मजनूँ हौके मारदा...'

मंडली ने देखा, गली में नट का तमाशा हो रहा है, और लड़के-लड़कियों की भीड़ से गली भी बन्द हो रही है। वे भी चुप होकर देखने लगे—उन्हें मनोरंजन की सामग्री कभी नहीं मिली थी, लेकिन उससे क्या उनकी चाह मर गई थी? अभी, क्षण-भर तक वे स्वयं नाथ हैं, क्षण-भर बाद, जब अनाथ हो जाएँगे, तब पुकारेंगे कृष्ण को और माँगेंगे भीख—दुहाई देंगे हिन्दू धर्म की...

नट एक खेल दिखाने के बाद दूसरे की तैयारी करने लगा, और उसके साथ का वह अनवरत तीखा गान भी थोड़ी देर के लिए रुक गया, तब अनाथ मंडली ने एकाएक फेफड़ों की पूरी शक्ति लगाकर गाना शुरू किया—

तुझे ना सुनाऊँ तो किसको सुनाऊँ?
सुना, डूबतों का तुही है सहारा!

जब प्रतिद्वन्द्वियों की इस मंडली को देखकर नट ने और उसके साथ के लड़के ने मिलकर ऊँचे स्वर से आलाप आरम्भ किया, तब इन्हें भी जोश आया, इनका स्वर भी अधिक तीखा हुआ, और सूरदास तो हारमोनियम पर इस प्रकार पटक-पटककर हाथ चलाने लगा कि उसका 'खट्-खट्' स्वर मानो तबले का काम करने लगा...

तभी, एक घर में से एक लड़का बाहर निकला और गोविन्द के पास आकर कहने लगा, ''भाई-तुम ऊपर आकर गाना सुनाओ।'' गोविन्द उस प्रतियोगिता में इतना तन्मय था कि जब लड़के ने अपनी बात दुहराई और सूरदास ने डपटककर कहा, ''सुनता नहीं है?'' तभी उसने समझा कि उसे क्या कहा जा रहा है।

मंडली उस लड़के के पीछे-पीछे ऊपर चली गई। ऊपर पहुँचते ही किसी पुरुष के भारी-से स्वर ने कहा—''यहाँ बैठ जाइए, चटाई पर।'' हरि और घोंघा बैठ गए, और गोविन्द ने सूरदास से कहा, ''सूरा, यह चटाई है, बैठो!'' और हाथ पकड़कर उसे बिठा दिया।

उसी भारी-से स्वर वाले व्यक्ति ने कहा—''कोई अच्छा-सा भजन सुनाओ।''

हरि ने उँगली सूरदास की पसली में गड़ाकर इशारा किया कि वह चुना हुआ भजन हारमोनियम पर आरम्भ करे। सूरदास कुछ सोचता हुआ-सा हारमोनियम पर उँगलियाँ फेरने लगा।

इस अरसे में गोविन्द ने कमरे की वस्तुओं और उसमें बैठे हुए व्यक्तियों को देख लिया।

मंडली दरवाज़े के पास ही चटाई पर बैठी थी। उनके सामने की ओर, चारपाई पर एक लड़की कम्बल ओढ़े लेटी हुई थी। उसकी मुद्रा से जान पड़ता था, वह बहुत दिनों की रोगिणी है, और जिस स्थिर, अपलक किन्तु औत्सुक्यशून्य दृष्टि से, वह मंडली की ओर देख रही थी, उससे उसके भविष्य के बारे में आशा का भाव नहीं होता था। उसके पैताने एक प्रौढ़ा स्त्री—शायद उसकी माँ, बैठी थी, और

सिरहाने से कुछ हटकर, आरामकुर्सी पर वही व्यक्ति, जिसके भारी-से स्वर ने उन्हें बैठने को कहा था। गोविन्द की दायीं ओर, दीवार के सहारे दो युवतियाँ खड़ी थीं, जो आकृति से रोगिणी की बहिनें जान पड़ती थीं।

ऊपर दीवार पर, विभिन्न मुद्राओं में कृष्ण के तीन-चार चित्र टँगे थे, सूत का एक बड़ा-सा लच्छा टँगा हुआ था, और उसके सामने एक अधमैला गीला तौलिया! खिड़की के चौखटे में एक कंघी, शीशा, साबुन, मंजन की डिबिया, एक पत्थर का गिलास और दवाई की दो-एक शीशियाँ पड़ी थीं।

एक बार यह सारा दृश्य देखकर गोविन्द की दृष्टि दुबारा रोगिणी के कम्बल से उठती हुई धीरे-धीरे उसके मुख की ओर जा रही थी। धीरे-धीरे डरते-डरते, सशंक कि कोई देख न ले...वह ठोड़ी तक पहुँची थी, कि सूरदास ने एकाएक गाना आरम्भ कर दिया, उसका ध्यान लौटकर भजन की ओर गया, और वह भी एक गहरी साँस भरकर गाने लगा—

> *अपना पता बता दे ओ बेनिशान वाले!*
> *तू किस जगह निहाँ है...*

पर गाते-गाते उसे अवसर मिला इधर-उधर देखने का, तो वह न जाने क्यों अपने ही साथियों की ओर देखने लगा। और देखने लगा एक नयी दृष्टि से, जिसमें एक नयी और गहरी आलोचना थी, और था एक अपरिचय का-सा भाव...

गोविन्द ने देखा, हरि बीच-बीच में आँख चुराकर दीवार के पास खड़ी दोनों युवतियों की ओर देख लेता था, और तब तक देखता रहता था जब तक कि, इस आशंका से कि वे उसकी ओर देख न लें, उसे अपनी दृष्टि हटानी पड़ जाती थी। और घोंघा बिलकुल अपलक दृष्टि से उनकी ओर देख रहा था, उसकी आँखों में कुछ भी भाव नहीं था, वे थीं किसी समुद्री जन्तु की आँखों की तरह खुली-खुली, बर्फ़-सी पथराई हुई, किन्तु चमकदार...

गोविन्द की दृष्टि फिर उस रोगिणी की ओर गई। उसने अब की बार देखा, उसके सिरहाने के पास कुछ एक फूल पड़े थे। और वह कभी-कभी आँख उठाकर उनकी ओर देख लेती थी। और फिर इस मंडली की ओर, या फिर शून्य की ओर देखने लग जाती थी।

तभी गाना समाप्त हो गया और गोविन्द की दृष्टि फिर सिमट गई, अपनी चटाई के कुछ आगे के फ़र्श तक जाकर रुक गई।

एक युवती ने कहा—''पिताजी, इनको कहिए, कोई अच्छा-सा भजन सुनाएँ। ये तो हमारे सुने हुए हैं।''

पिता ने मंडली की ओर देखकर कहा—''हाँ, भाई, कुछ और सुनाओ!''

गोविन्द को एकाएक लगा, उसने अपने पाँच वर्ष के अनाथ जीवन में जो कुछ सीखा, सब व्यर्थ, रद्दी, छिछोरा है—''ये तो हमारे हुए हैं!'' वह टटोलने लगा अपने

जीवन को, खोजने लगा कि क्या है उसमें, जो इतना सस्ता नहीं हो गया है, जो कि 'सुना हुआ' नहीं है, जिसका आदर है, कुछ मूल्य है...

कुछ नहीं...

उसने फिर अपने साथियों की ओर देखा—क्या उनके मन में भी कुछ ऐसा ही बोल रहा है? घोंघे के मन में? गोविन्द का अन्तर एक बड़ी उपहासपूर्ण हँसी से भर उठा—जिसके बाद आई एक आत्मग्लानि की लहर—इसी व्यक्ति के साथ मैं इतने वर्षों तक रहता आया हूँ, सख्य का बर्ताव रखता आया हूँ—इस मिट्टी के लोंदे के साथ! हरि के मन में? शायद...पर उसके मन में शायद और ही कोई भाव है—वह क्यों ऐसे उन युवतियों की ओर देख रहा है? गोविन्द को याद आया अनाथालय में पढ़ते-पढ़ते लड़के—जिनमें वह भी था, वह भी!—अपनी स्लेटों पर स्त्रियों के शरीर के कल्पनात्मक चित्र (देखे कब थे उन्होंने स्त्रियों के शरीर?) बना-बनाकर, उन पर भद्दे-भद्दे वाक्य लिखकर, मास्टर की आँख बचा-बचाकर एक-दूसरे को दिया करते थे...हरि की दृष्टि को देखते हुए, गोविन्द को वे सब वाक्य याद आ गए, और वह रोगिणी की ओर देखता हुआ सोचने लगा कि कैसे वह इसमें भाग ले सकता था, कैसे वह इन सब पशुओं में एक होकर रह सकता था...

देर होती जा रही थी, और गाना आरम्भ नहीं हुआ था। तीनों व्यक्ति अब सूरदास की ओर देखने लगे थे। गोविन्द सोचने लगा, "इस समय मैं ही भजन बना सकता, तो क्या ऐसा भजन नहीं बना सकता, जो नया होता, अभूतपूर्व? जो 'सुना हुआ' की श्रेणी में न आ पाता, आज नहीं, कल नहीं, कभी नहीं, इतना अभूतपूर्व होता वह...

आखिर सूरदास ने गाना आरम्भ किया :

कोई तुझ-सा ग़रीब-नवाज़ नहीं,
तेरे दर के सिवा कोई दर न मिला।

पर गोविन्द को लगा, यह गाना, जो उसने अनाथालय के बाहर कभी नहीं गाया था, वहीं अभ्यास के लिए गाया था, यह गाना भी पुराना है, सड़ा हुआ है, क्योंकि पराया है, उसका बनाया नहीं है, उसके हृदय का अभिन्न निचोड़ नहीं है...वह गा नहीं सका। उसने घोंघे के हाथ से काग़ज़ वगैरह ले लिये, और जेब से एक घिसा हुआ पेंसिल का टुकड़ा निकालकर चन्दे की कॉपी के अंक जोड़ने लगा...

पर उसमें मन कैसे लगता? उसके मन में आई एक अशान्ति, जो हटाए नहीं हटी। उसे लगा, उसके जीवन में अब तक कुछ नहीं हुआ। जो कुछ है, उसके जीवन के बाहर ही है, बाहर ही रहेगा। वह सोचने लगा, वह माँ के मरने पर अनाथ नहीं हुआ, बाप के मरने पर नहीं, समाज से निकलकर नहीं, पर अनाथालय में आकर वह अनाथ हो गया, क्योंकि वहाँ आकर स्वयं उसकी आत्मा मर गई उसे अकेला छोड़कर...अब वह क्या है? बहुत-सी निरर्थक मशीनों को चलता रखने के साधन बटोरनेवाली एक बड़ी मशीन का निरर्थक पुर्जा...भोजन उतना पाओ कि जीते रह

सको, जियो ऐसे कि भोजन पाने में समर्थ हो सको; चन्दा माँगो कि पढ़-लिख सको;
पहन सको; पहनो ऐसा कि चन्दा माँगने में सहायक हो...व्यक्ति में समाज का, समाज
में व्यक्ति का, धर्म में दोनों का और धर्म का दोनों में विश्वास बनाए रखने के लिए,
कीड़े बनकर आओ और कीड़े बनकर रहो...

गोविन्द का विचार फिर रुक गया, सामने पड़ी रोगिणी की ओर देखकर।
क्या ये भी उन्हीं में से हैं, जो हमें कीड़ा बनाए रखने के उत्तरदायी हैं?

ये शायद हमें कुछ चन्दा देंगे। और, औरों की तरह अपने से और संसार से
सन्तुष्ट होकर और रुपया बटोरने लग जाएँगे। औरों में और इनमें क्या भेद है? कुछ
नहीं, कुछ नहीं...

पर उसकी आत्मा नहीं मानी, नहीं मानी। विद्रोह करके कहने लगी, यही
तो तुम्हें कीड़े से कुछ अधिक बनाने के साधन हैं...

गाना समाप्त हो गया। तभी, रोगिणी के पैताने बैठी हुई स्त्री ने उठकर
रोगिणी के सिरहाने के नीचे से दो रुपये निकाले और बोली—''बेटी, इन्हें छू दे।
इनको देने हैं।''

बेटी ने कम्बल के भीतर से एक क्षीण उँगली निकालकर उन्हें छू दिया।

पिता की भारी-सी आवाज़ ने कहा—''लो भई, यह हमारी ओर से—'' और
चुप हो गए। माँ ने हाथ बढ़ा दिया।

गोविन्द ने उठकर रुपये थामते हुए पूछा—''रसीद में क्या नाम लिखूँ?''

कोई उत्तर नहीं मिला। उसने रसीद बनाकर फिर पूछा, ''नाम बता दीजिए
तो—''

''नहीं, नाम की क्या ज़रूरत?''

'गुप्तदान—3)'...रसीद देकर क्षण-भर गोविन्द कुछ नहीं कर सका, न उसके
साथी ही हिले—यद्यपि यह तो सभी जानते थे कि अब उठकर बाहर जाना ही है—
सड़क पर, गलियों में, माँगते हुए...

आगे-आगे सूरदास का हाथ थामे घोंघा, फिर हरि और फिर गोविन्द, सीढ़ी
उतरने लगे। गोविन्द को लग रहा था कि वह कहीं से उठकर आया है, और ऐसे
ही नहीं जा सकता। कुछ अभी होना चाहिए, कोई घटना घटनी चाहिए...

गोविन्द ने सुना, रोगिणी अस्पष्ट स्वर में कुछ कह रही है, और तभी बड़ी
युवती ने पुकारकर कहा—''यह भी ले जाओ।''

गोविन्द ने लौटकर देखा। वही हरसिंगार की माला उसे दी जा रही थी। उसने
उसे लेते हुए युवती के मुख की ओर देखा, फिर सबकी ओर, फिर रोगिणी की
ओर, और उतर गया।

तब अभी नट का साथी गा रहा था, ''मजनूँ हौके मारदा लैला दे ओ गम
दे विच्च; मजनूँ हौके मारदा...''

गोविन्द के मन में प्रतियोगिता का भाव नहीं उठा। उसे लगा, वह स्वर बड़ा
मधुर है, वह भाव बहुत सत्य, बहुत महत्त्वपूर्ण—'मजनूँ हौके मारदा लैला दे ओ

गम दे विच्च' वह भी तो किसी कमी का द्योतक है।

वहाँ से सड़क पर। गलियों में। माँगते हुए। पर क्या माँगते हुए? पैसा ? दान? दया? शिक्षा? माँगते हुए तृप्ति, माँगते हुए अनुभूति, माँगते हुए जीवन...जो सड़क पर, गलियों में नहीं मिलता, जो मिलता है—कहाँ मिलता है ?

बस इतना ही तो! बीस साल बाद, याद करने को, इतनी-सी एक बात!

पर गोविन्द को याद आया, वह इतनी-सी बात नहीं थी। जो बात सारे अस्तित्व को, सारे संसार को बदल दे, चाहे क्षण-भर के लिए ही, वह कैसे क्षुद्र हो सकती है !

सड़क पर आकर जब गोविन्द का ध्यान अपने साथियों की ओर गया, तब वे उसकी इस अन्यमनस्कता पर आलोचना कर रहे थे। और उस अन्तिम उपहार पर, जो उसे मिला था। वे आलोचनाएँ क्या थीं, गोविन्द अपने मन के सामने नहीं आने देगा—यद्यपि इस समय भी वे भोंडी छुरी की तरह चुभती हैं उसके मन में...

गोविन्द चाहता था, उन्हें पकड़-पकड़कर पीट डाले, जो बातें वह स्वयं नित्य कहा करता था, वही कहने के लिए उन्हें घोंट-घोंटकर मार डाले। उसके भीतर एक शान्ति थी, जो इतने दिनों के निरर्थक जीवन को सफल किए दे रही थी; उसके भीतर एक अशान्ति थी, जो इतने दिनों से जमा हुआ जीवन के प्रति स्वीकृति का भाव नष्ट किए डालती थी।

वह चाहता था, एकदम इन सबके जीवन से निकल जाए, इन्हें अपने जीवन से निकाल फेंके; इन्हें इनके अनाथालय को, इनकी स्मृति को। इससे भी अधिक वह चाहता था कुछ, पर उसके अनाथालय के क्षुद्र जीवन ने उसे 'कुछ' के लिए उपयुक्त शब्द नहीं दिए थे, वह स्वयं अपने सामने प्रकट करने में असमर्थ था। तभी वह बिना शब्दों के, बिना वाक्यों के, बिना व्याकरण के बन्धनों के, अपने-आपसे कह रहा था, 'स्त्री के बिना कुछ भी अच्छा नहीं है, कुछ भी मधुर नहीं है, कुछ भी मृदुल नहीं है, कुछ भी सुन्दर नहीं है, स्त्री—जो केवल स्त्री ही नहीं, संसार की कुल सुन्दर और मधुर वस्तुओं की प्रतिनिधि है...

वह क्यों नहीं आई उसके जीवन में? मनुष्य के जीवन की सारी प्रगति जिस एक दिव्य अनुभूति की ओर, जिस अचरज की ओर है, वह क्यों नहीं हुआ उसके जीवन में? पहले वह अन्धा था, किन्तु जब उसकी आँखें खुल गईं, तब भी इतनी प्रतीक्षा करके भी उसे कुछ क्यों नहीं दिखा? क्यों धीरे-धीरे उसी अनाथालय ने उसे फिर घेर लिया, जिसे एक बार उसने असह्य घृणा से ठुकरा दिया था?

गोविन्द ने धीरे-धीरे, जैसे कष्ट में झुककर, वह बही ज़मीन पर से उठा ली। वह हरसिंगार के फूलों की राख यथास्थान रखी। बही को बन्द कर दिया। उठ खड़ा हुआ।

गोविन्द ने एक बार अपने चारों ओर, धूल के पर्दे में ढँके हुए कमरे की दीवारों और फ़र्श की ओर देखा। और सोचा कि इस अनाथालय की इस अनात्म यथार्थता ने उस अचरज को नष्ट कर दिया—उसे होने नहीं दिया।

पर साथ ही उसने पूछा, क्या यह सब यथार्थ है, वास्तविक है? यह टूटी मेज़, यह कुर्सी, यह बही...उस फूल की राख से, उससे उत्पन्न होनेवाली छायाओं से, अधिक यथार्थ, अधिक वास्तविक, अधिक सत्य?

गोविन्द ने आवाज़ दी, ''राम! केशो! देवा! तैयार हो जाओ!''

चार-पाँच लड़के इकट्ठे हो गए। एक अन्धा भी, हारमोनियम गले में डाले। वही फटे-पुराने पीले कपड़े, वही तेल में चुपड़े हुए बाल, वही ओछा शृंगार, वही...वही मंडली, वही भीख...

गोविन्द सोचने लगा, पच्चीस साल से वह भीख माँग रहा है, शायद पच्चीस साल और माँगता रहेगा। यही सत्य है, यही यथार्थ है। बीस वर्ष पहले एक क्षण आया था, आज बीस वर्ष बाद फिर आया, जिसमें उसने इस अनाथ जीवन की सारी कटुता, कठोरता, विषाक्त निस्सहायता का अनुभव किया; पर वह अनाथ ही है, अब अनाथ ही रहेगा। अनाथ जीवन की वासनाओं, पीड़ाओं, संघर्षों, अँधियारी घटनाओं से अनाहत और अक्षुण्ण रहनेवाली प्रकांड शून्यता को भरने के लिए कुछ भी नहीं होगा।

लेकिन बाहर निकलकर जब उसने लड़कों से कहा, ''गाओ, 'सुना दे, सुना दे, सुना दे किशना',...तब एकाएक कोई विश्वास उसके मन में जागकर पूछने लगा, ''एक ही बार स्त्री ने उसके जीवन में पैर रखा, वहीं पद-चिह्न की तरह पड़ी है फूलों की एक माला; तब क्या आगे के इस विराट् अन्धकार में एक भी किरण नहीं है; इस मरुस्थल में, जिसे उसने नहीं बताया, क्या एक भी कली न खिलेगी! वहाँ बाहर, सड़क पर, गलियों में, क्या एक भी घर नहीं होगा, एक भी स्त्री-मुख, एक भी मधुर पुकार—अनाथ जीवन की इस विषैली रिक्तता को भरने के लिए एक भी स्मृति, हरसिंगार का एक भी फूल?''

•

शान्ति हँसी थी

"**जा**नकीदास, मुजरिम, तुम पर जुर्म लगाया जाता है कि तुमने तारीख 14 दिसम्बर को शाम के आठ बजे हालीवुड पार्क के दरवाज़े पर दंगा किया; और कि तुम्हारी रोज़ी का कोई ज़रिया नहीं है। बोलो, तुम्हें जवाब में कुछ कहना है?''

जवाब के बदले जानकीदास को टुकुर-टुकुर अपनी ओर देखता पाकर न जाने क्यों मजिस्ट्रेट—पसीज उठे। उन्होंने कहा, ''जो कुछ तुम्हें जवाब में कहना हो, सोच लो। मैं तुम्हें पाँच मिनट की मोहलत देता हूँ।''

पाँच मिनट!

जानकीदास के वज्राहत मन को, मानो कोड़े की चोट-सा, मानो बिच्छू के डंक-सा यह एक फ़िकरा काटने लगा, बताने की फ़िजूल कोशिश करने लगा...'पाँच मिनट।'

पाँच मिनट।

जैसे नदी के किनारे पड़ा हुआ कछुआ, पास कहीं खटका सुनकर तनिक-सा हिल जाता है और फिर वैसा ही रह जाता है लोंदे का लोंदा, वैसे ही जानकीदास के मन ने कहा, 'शान्ति हँसी थी,' और रह गया।

पाँच मिनट।...

कुछ कहना है अवश्य, सफ़ाई देनी है अवश्य...

पाँच मिनट...

शान्ति हँसी थी।

कब? कहाँ? क्यों हँसी थी? और कौन है वह, क्यों है, मुझे क्या है उससे?...

पाँच मिनट...

उसे धीरे-धीरे याद-सा आने लगा। किन्तु याद की तरह नहीं। बुखार के बुरे सपनों की तरह।

शान्ति ने रोटी उसके हाथ में थमाकर उसी में भाजी डालते-डालते कहा था, ''इस वक़्त तो खा लेते हैं, उस बेर मेरी एकादशी है।''

उसने पूछा था, ''क्यों?''

''क्यों क्या? तुम्हें खिला दूँगी...'' और हँस दी थी।

उस जून के लिए रोटी नहीं है, यह कहने के लिए हँस दी थी।

दोपहर में, सड़कों पर फिरता हुआ जानकीदास सोच रहा था, इतनी बड़ी दुनिया में, इतने कामों से भरी हुई दुनिया में, क्या मेरे लिए कोई भी काम नहीं है? वह पढ़ा-लिखा था, अपने माँ-बाप से अधिक पढ़ा-लिखा था, पर उन्हें मरते समय तक कभी कष्ट नहीं हुआ था, चाहे धनी वे नहीं हुए, तब वह क्यों भूखा मरेगा? और शान्ति, उसकी बहिन भी हिन्दी पढ़ी है और काम कर सकती है।

जहाँ-जहाँ से उसे आशा थी, वहाँ वह सब देख चुका था। बल्कि जहाँ आशा नहीं थी, वहाँ भी देख-देखकर वह लौट चुका था।

अब उसे कहीं और जाने को नहीं था—सिवाय घर के। और वहाँ उस बेर के लिए रोटी नहीं थी और यह बताने को शान्ति हँसी थी—हँसी थी...

तब तक, भले ही उसके मन में सम्पन्नता का, पढ़ाई का, दर्जे का, इज़्ज़त-आबरू का, बुर्जुआ मनोवृत्ति का, कुछ निशान भी बाक़ी रहा हो, तब नहीं रहा। उसके लिए कुछ नहीं रहा था। केवल एक बात रही थी कि उस बेर के लिए रोटी नहीं है और शान्ति हँसी थी।

राह चलते उसने देखा, दायीं ओर एक बड़ा-सा आँगन है, एक भव्य मकान का, जिसमें तीन-चार सुन्दर बच्चे खेल रहे हैं। एक ओर एक लड़की बिना आग के एक छोटे-से चूल्हे पर, लकड़ी की हंडिया चढ़ाए रसोई पका रही है और खेलनेवाले लड़कों से कह रही है ''आओ भइया, रोटी तैयार है...''

वह एकाएक आँगन के भीतर हो लिया। लड़के सहमकर खड़े हो गए— शायद उसका मुँह देखकर।

उसने एक लड़के से कहा, ''बेटा, जाकर अपने पिता से पूछ लो, यहाँ कोई पढ़ाने का काम है?''

लड़के ने कहा, ''हम नहीं जाते। आप ही पूछ लो।''

जानकीदास ने दूसरे लड़के से कहा, ''तुम पूछ दोगे? बड़े अच्छे हो तुम...''

उस लड़के ने एक बार अपने साथी की ओर देखा, मानो पूछ रहा हो, 'मैं भी ना कह दूँ?' लेकिन फिर भीतर चला गया और आकर बोला, ''पिताजी कहते हैं, कोई काम नहीं है।''

जानकीदास ने फिर कहा, ''एक बार और पूछ आओ, कोई जिल्दसाज़ी का काम है? या बढ़ई का? या और कोई?''

लड़के ने कहा, ''अब की तो पूछ लेता हूँ, फिर नहीं जाने का।'' और भीतर चला गया। आकर बोला, ''पिताजी कहते हैं, यहाँ से चले जाओ। कोई काम नहीं है। फ़िज़ूल सिर मत खाओ।''

जानकीदास बाहर निकल आया।

कोई पढ़ाने का काम है? किसी क्लर्क की ज़रूरत है? जिल्दसाज़ की? बढ़ई की? रसोइया की? भिश्ती की? टहलुए की? मोची-मेहतर की?

कोई ज़रूरत नहीं है। सबके अपने-अपने काम हैं, केवल जानकीदास की कोई ज़रूरत नहीं है।

और उस बेर खाने को नहीं है, और शान्ति हँसी!

शाम को हालीवुड पार्क के दरवाज़े के पास जो भीड़ खड़ी थी, उन्हीं में वह भी था। दुनिया है, घर है, शान्ति है, रोटी है, यह सब वह भूल गया था। भूल नहीं गया था, याद रखने की क्षमता, मन को इकट्ठा, अपने वश में रखने की सामर्थ्य वह खो बैठा था। न उसकी कोई सोच थी, न उसकी कोई इच्छा थी। यहाँ भीड़ थी, लोग खड़े थे—इसीलिए वह भी था।

भीतर असंख्य बिजली की बत्तियाँ जगमगा रही थीं। बड़े-बड़े झूले, रंग-बिरंगी रोशनी में किसी स्वप्न-आकाश के तारों-से लग रहे थे। कहीं एक बहुत ऊँचा खम्भा था, जिसकी कुल लम्बाई नीली और लाल लैम्पों से सजी हुई थी। और उसके ऊपर एक तख्ता बँधा हुआ था।

उसी के बारे में बातें हो रही थीं। और जानकीदास मन्त्र-मुग्ध-सा सुन रहा था।

''वह जो है न खम्भा, उसी पर से आदमी कूदता है। नीचे एक जलता हुआ तालाब होता है, उसी में।''

''उससे पहले दूसरा खेल भी होता है, जिसमें कुत्ता कूदता है?''

''नहीं, वह बाद में है। पहले साइकल पर से कूदनेवाला है। वह यहाँ से नहीं दिखता।''

''वह कितने बजे होगा?''

''अभी थोड़ी देर में होनेवाला है—आठ बजे होता है।''

''यह आवाज़ क्या है?''

''अरे, जो वह गुम्बद में मोटर-साइकल चलाता है, उसी की है।''

जानकीदास का अपना कुछ नहीं था। इच्छा-शक्ति भी नहीं। जो दूसरे सुनते थे, वह उसे सुन जाता था; जो दूसरे देखते थे, वह उसे दिख जाता था।

''वह देखो!''

झूले चलने लगे थे। चरखड़ियाँ घूमने लगी थीं। उन पर बैठे हुए लोग नहीं दिखते थे, पर प्रकाश में कभी-कभी उनके सिर चमक जाते थे और कभी किसी लड़की की तीखी और कुछ डरी-सी हँसी वहाँ तक पहुँच जाती थी—डरी-सी किन्तु प्रसन्न, आमोद-भरी...

जानकीदास देखता था और सुनता था और निश्चल खड़ा भी उत्तेजित हो जाता था। वही क्यों, सारी भीड़ ही धीरे-धीरे उत्तेजित होती जा रही थी।

तभी अन्दर कहीं बिगुल बजा। तीखा। किसी प्रकार की सोच या चिन्ता से मुक्त। पुकारता हुआ।

किसी ने कहा, ''अब होगा साइकलवाला खेल। चलो, चलें अन्दर।''

''तुम नहीं चलोगे?''

''चलो!''

''मैं भी चलता हूँ यार! यह तो देखना ही चाहिए...''

''आओ न—जल्दी, फिर जगह नहीं रहेगी।''

भीड़ दरवाज़े की ओर बढ़ी। उत्तेजना भी बढ़ी, फैली, फिर बढ़ी।

जानकीदास भी साथ पहुँचा, टिकट-घर के दरवाज़े पर।

लोग टिकट लेकर भीतर घुसने लगे। जानकीदास खड़ा देखने लगा।

तभी एक लड़का एक छोटी लड़की का हाथ पकड़े, उसे घसीटता हुआ, जल्दी से टिकटघर पर पहुँचा और टिकट लेकर, उत्तेजना से भर्राए हुए स्वर में बोला, ''कमला, अगर देर से पहुँचे तो याद रखना, मार डालूँगा! उमर में एक मौक़ा मिला है...''

आगे जानकीदास नहीं सुन सका। वह लपककर टिकटघर पर पहुँचा। टिकट माँगी। ली। जेब में डाली। दूसरा हाथ अन्दर की जेब में डाला—पैसे निकालने के लिए—चार आने।

डाला और पड़ा रहने दिया। निकाला नहीं, उत्तेजना टूट गई।

जेब में एक पैसा भी नहीं था।

''मुजरिम, तुम्हें कुछ कहना है?''

जानकीदास ने फिर एक बार दीन दृष्टि से मजिस्ट्रेट की ओर देख दिया, बोला नहीं। उसका मन कछुए की तरह तनिक और हिलकर बिलकुल जड़ हो गया।

उस बेर उसने नहीं खायी थी, तो शान्ति ने खा ली होगी।

मजिस्ट्रेट साहब सेकेंड-भर सोचकर बोले, ''एक साल!''

शान्ति हँसी थी। उस बेर के लिए रोटी नहीं है, यह कहने के लिए शान्ति हँसी थी।

•

सूक्ति और भाष्य

सूक्ति

स रसों के खेत के किनारे पर बनी हुई ऊँची मुँडेर पर वह बैठी थी, और उससे कुछ एक ओर हटकर दो मोरनियाँ भूमि की ओर ध्यान से झुककर, कुछ खोज रही थीं। कुछ और दूर से, एक मोर गर्दन झुकाए उसकी ओर दौड़ा आ रहा था।

वसन्त तब आ रहा था, आया नहीं था। उस दिन हल्के-हल्के, छितराए हुए बादल थे, धूप नहीं थी।

सांगानेर स्टेशन से कुछ ही इधर वह स्थान था, इसलिए गाड़ी की गति धीमी हो गई थी। गाड़ी की खिड़की में से बाहर देखते हुए सत्य ने यह दृश्य देखा, निश्चय करने की क्रिया में ही घूमकर कैमरा उठाया और चलती गाड़ी में से उतर पड़ा।

सत्य के पीछे कुछ नहीं है, सत्य है पर्याप्त साधन, आगे है भविष्य और उसके अरमान। वह विदेशी पत्रों के लिए लेख लिखा करता है, उससे कुछ आमदनी हो जाती है। उस आमदनी पर वह देशाटन करता है, फ़ोटो खींचता है, और उन्हें लेखों के साथ भेजकर और कुछ पाता है।

इस समय वह राजपूतों के विगत गौरव पर लेख तैयार करने के लिए चित्तौड़ जा रहा था। लेकिन राह में एक चित्र की सम्भावना देखकर, अपने साहसिक स्वभाव के वश, वह उतर पड़ा। उतरकर वह सीधा उस लड़की के पास पहुँचा और कैमरा ठीक करने लगा।

लड़की वहाँ से उठी नहीं, बोली भी नहीं, लेकिन अपनी लाल ओढ़नी से उसने मुख ढक लिया और वह शर्माई-सी देखती रही।

सत्य ने कैमरा ठीक करके जब यह देखा, तो लड़की को फ़ोटो खिंचाने के लिए मनाने की कोशिश में पूछा, ''तुम्हारा नाम क्या है?''

वह फिर भी नहीं बोली।

सत्य ने कहा, ''हम तुम्हारी फ़ोटो खींचेंगे।''

वह मुँह ढके-ही-ढके बोली, ''नहीं खींचोगे।''

सत्य ने हँसकर कहा, ''मैं तो खींचने लगा हूँ,'' और कैमरे की ओर झुका। वह मुँडेर से खिसककर उसी की ओट हो रही।

सत्य एक झल्लाई-सी हँसी हँसा और कैमरा उठाकर मुँडेर के पार हो लिया।

वह उठी और हाथ से मुँह को आधा ढके हुए कि कहीं अनजाने में उसकी फ़ोटो न ले ली जाए, सरसों के खेतों में से होती हुई भागी। सत्य एक हाथ से खुला हुआ कैमरा थामे, दूसरे से उसके केस को दबाते हुए, उसके पीछे दौड़ा।

सत्य बहुत तेज़ दौड़ सकता था, पर यहाँ वह स्थान से परिचित और ऐसे रास्ते से अभ्यस्त थी, सत्य अपरिचित और अनभ्यस्त। और फिर पास पहुँचकर कैमरा ठीक करने में भी तो देर लगती! सत्य दौड़ रहा था तो इसी आशा में कि देहाती लड़कियों से (देहाती क्यों, सभी लड़कियों में) पौरुष के प्रति सम्मान के साथ ही जो स्वाभाविक हास्य-प्रवृत्ति से उत्पन्न औचित्य का भाव होता है, उसके फलस्वरूप वह कहीं रुककर कहेगी, ''अच्छा लो, खींचो!'' वह विजय!

पर, इस लड़की के लिए पौरुष का स्टैंडर्ड शायद बहुत ऊँचा था, वह नहीं रुकी, नहीं रुकी। खेतों के पार एक टीला-सा था, उसके आगे मुड़ते ही, सत्य के देखते-देखते वह एक झोंपड़े में घुस गई, भीतर के अन्धकार में उसकी आँखों से ओझल हो गई।

सत्य रुक गया। पहले उसे खीझ आई कि व्यर्थ ही वह ट्रेन से उतरा, फिर वह खिलखिलाकर हँस पड़ा और टीले के एक ओर भूमि पर बैठकर कैमरा बन्द करने लगा।

शायद हँसी सुनकर, वह मुँह ढककर बाहर निकल आई। सत्य ने उसे देखकर कहा, ''इधर आओ, सुनो!''

उसने एक बार कैमरे की ओर देखा—वह आधा बन्द था—और आगे चली आई।

''तुम फ़ोटो क्यों नहीं खिंचातीं?''

चुप!

''खिंचा लो तो वह अखबारों में छपेगी। देश-भर के लोग जान जाएँगे कि तुम यहाँ रहती हो।''

लेकिन शहर के तर्क गाँव में नहीं चलते। वह फिर चुप।

''डरती हो क्या, राजपूत होकर?''

चुप!

सत्य सोचने लगा, यह औरत है या दीवार—सभी तरह दुर्भेद्य! कुछ खिन्न होकर बोला—''फ़ोटो खींच लेने देतीं, वह छप जाती, तो मुझे बीस रुपये मिलते।''

एकाएक उसने कहा—जिस स्वर में कहा, वह सुना ही जा सकता है, बताया नहीं—''बीस रुपये!''

किस तरह खिंचकर, झकझोरा जाकर, सत्य ने उसकी ओर देखा—उसके मुख की ओर।

ओढ़नी का छोर उसके हाथ से छूट गया था—मुँह उघड़ा हुआ था, और ठोड़ी के पास हाथ जड़-सा रह गया था, उँगलियाँ ऐसे खुली थीं, मानो उनमें धारणा-शक्ति नष्ट हो गई है, फ़ालिज मार गया है।

होंठ खुले थे—"बीस रुपये!"

सत्य से उसकी आँखें मिलीं। सत्य चौंक-सा गया। उसे लगा, उसका मुख जो कह रहा है, और उसकी आँखें जो कह रही हैं, उनमें कुछ विपर्यय है, वे परस्पर विरोधी हैं। पर नहीं, वह विरोध नहीं है! मुख पर जो जड़ित विस्मय का भाव है, शब्दों से जो विस्मय, विवश अनुमति, झुकाव प्रकट होता है, आँखें उसका खंडन नहीं कर रहीं, उसे स्पष्ट कर रही हैं, उसकी व्याख्या कर रही हैं। शब्द मानो एक गूढ़ सूक्ति हैं, आँखें उनका विशेष भाष्य।

पर, अजब बात है, सूक्ति तो समझ में आ गई, भाष्य क्या कह रहा है, नहीं समझ में आता, नहीं आता...

उलझन में सत्य की उँगलियाँ कैमरे के किसी बटन से खेलने लगीं। सत्य की आँखें भी उधर गईं।

उसने कहा, 'खींचो!"

सत्य ने फिर उसकी ओर देखा। तब वहाँ कुछ नहीं था, न मुख पर विस्मय, न आँखों में वह—वह क्या? जो उसे समझ नहीं आया था। उसके सामने खड़ी थी एक लड़की, साधारण, गम्भीर, स्थिर, अपलक। उसके मुख पर निर्लज्जता नहीं थी, थी वह लज्जा की स्तिमित अनुपस्थिति-सी, जो पर्दा करनेवाली स्त्रियों के मुख पर बलात् पर्दा हटा देने से दिखती है। उघड़े मुखवाली स्त्रियों को लज्जा की ज़रूरत रहती है, पर्देवाली स्त्रियाँ मानो डिफ़ेंस का सारा भार उस स्थूल निर्जीव पर्दे पर ही छोड़े रहती हैं, और यह सीखते उन्हें देर लगती है कि लज्जा देखने की चीज़ है।

यही सब दर्शन बघारता हुआ, सत्य मुस्कुराता हुआ उठा। फ़ोटो खींचते समय उसे लगा कि जिस विशेष बात के लिए वह फ़ोटो लेना चाहता था, वह अब इसमें नहीं आ सकती, फिर भी अब तो खींचना ही था।

फ़ोटो खिंचाते ही, इससे पूर्व कि सत्य कुछ कह भी पाए, वह पलटकर झोंपड़ी के भीतर घुस गई। क्षण ही भर बाद, एक बड़ी बूढ़ी-सी औरत ने झोंपड़ी के दरवाज़े पर आकर, अपनी क्षीण आँखों से सत्य की ओर सन्दिग्ध दृष्टि से देखा, फिर झोंपड़ी का द्वार बन्द कर लिया।

सत्य ने जाना कि कहानी आधे में ही समाप्त हो गई और आगे नहीं चल सकती। वह थोड़ा-सा मुस्कुराया और स्टेशन की ओर चल पड़ा।

कहानी आगे तो चल ही नहीं सकती, इसलिए वह जल्दी-जल्दी उसे भुलाने लगा। उसकी घुमक्कड़, भावुक, सौन्दर्य-पूजक प्रकृति में वह चीज़—गुण या दोष—थी, जो राह-चलते प्यार कर सकती है और स्वाभाविक फल—राह-चलते भूल सकती है।

"बाबू साहब, हमारी तस्वीर उतारो!"

सत्य ने चौंककर देखा, एक हट्टा-कट्टा पठान, अपनी काली दाढ़ी की नोक

का एक बाल दो उँगलियों से पकड़े, उसकी ओर देखता चला आ रहा है। उसकी गिद्ध की-सी तीखी और शायद उतनी ही क्रूर आँखों में एक उपहास भरी-सी हँसी है, जो आँखों तक ही सीमित है। उसके झुर्रियों पड़े मुख पर नहीं आई।

सत्य ने उसे जल्दी से सिर से पैर तक देख डाला। तुर्रेदार पगड़ी, तेल-सने पट्टे, दो-एक हज़ार बटनों से सजी हुई काली मखमल की बास्केट, लम्बा कुरता, मैली, पर खूब खुली-खुली फूली हुई सलवार जिससे पैर के चप्पल छिप जाएँ, हाथ में लाठी—यानी सिर से पैर तक पठान—वैसा पठान जैसा विदेशी पत्रों में दिखाया जाता है, जो प्रमाणित करता है कि भारत के सीमा प्रान्त की रक्षा के लिए ब्रिटिश राज्य आवश्यक है, जिसके लिए विदेशी पत्र पैसे देते हैं।

सत्य ने कहा, ''हाँ, तस्वीर उतारूँगा!'' और उसके अतिरिक्त सब कुछ भूल गया।

भाष्य

वह चित्तौड़ में लौट रहा था।

बहुत-से चित्र उसने एकत्र कर लिये थे और सोच रहा था कि बहुत दिनों के लिए वे पर्याप्त होंगे। और चित्रों के साथ ही वह मानो उस वीरभूमि, सूखी, नंगी, प्यासी और कठोर भूमि की एक छाया-सी लिये जा रहा था, जो उसे लिखने में सहायक होगी, जिसके आसरे वह उस विगत गौरव को जगा सकेगा, विदेशी पाठकों पर प्रकट कर सकेगा, उन्हें वह रोमांचकारी अनुभूति दे सकेगा जिसकी वे हमसे अपेक्षा रखते हैं, जिसके लिए वे हमारे देश को मात्र 'ईस्ट' न कहकर 'ओरिएंट' कहते हैं...

और वह लड़की? उसे वह भूल गया था। उसका स्थान इस विराट स्वप्न में नहीं था—राह चलते वह कहाँ-कहाँ ठहर सकता है?

लेकिन जब गाड़ी सांगानेर से चली, तब एकाएक उसे जान पड़ा, वह वहाँ रुके बिना रह ही नहीं सकता, रह ही नहीं सकता। वह फिर उतर पड़ा और स्टेशन से बाहर उस मुंडेर की ओर चल पड़ा।

राह में झोंपड़ा पड़ता था, लेकिन वह जान-बूझकर, झोंपड़े से बचता हुआ मुंडेर की ओर चला। उसे पूरी आशा थी कि जो कुछ देखने वह जा रहा है, वह मुंडेर पर ही दीख सकता है। उस-जैसी प्रकृतिवालों में कोई अहम्मन्यता होती है, वह उसमें भी थी। वह स्वप्न को छोड़कर जा सकता है, पर स्वप्न भी उसे छोड़कर जाने की धृष्टता कर सकता है, यह वह नहीं जानता था।

तभी, जब मुंडेर पर उसने कुछ नहीं पाया, तब उसे धक्का-सा लगा; उसे लगा, विशेष उसी को लक्ष्य करके यह इंसल्ट फेंकी गयी है। वह कुछ क्रुद्ध-सा झोंपड़े की ओर चला।

झोंपड़े पर पहुँचकर उसने देखा, वह भी खाली था।

तब वह एकाएक भूमि पर बैठ गया। उसे लगा, उसका कुछ बहुत अपना, शरीर के एक अवयव की तरह प्रिय और आवश्यक खो गया है।

थोड़ी देर बाद वह उठा, उठकर झोंपड़े के दो चक्कर लगा आया और वहीं आकर बैठ गया। झोंपड़ा फिर भी उतना ही खाली रहा।

अभी आध घंटा पहले उसके लिए यह झोपड़ा न कुछ के बराबर था, अभी आध घंटा बाद फिर न कुछ रह जाएगा, पर इस क्षण वह अपनी सारी शक्ति से उस झोंपड़े से कुछ माँग रहा है, वह क्यों नहीं है, वहाँ पर? यह असह्य था उसके लिए, इतनी बड़ी चोट, इतना रूखा तिरस्कार, कभी उसकी अहंता को नहीं मिला था...

तभी वह पूछ-ताछ करने के लिए गया। कुछ दूर एक और झोंपड़ा था जहाँ उसने पड़ताल आरम्भ की। और वहीं वह समाप्त हो गई। जो कुछ वह जान पाया, वह यों है :

उस झोंपड़े में एक बहुत बूढ़े माता-पिता और उनकी एकमात्र कन्या (नाम जसुमति) रहते थे। पास का एक खेत भी उनका था, जिसमें वे सरसों बोते थे। मानी बात है कि वैसे रूखे, नंगे देश में इससे जीविका चलना असम्भव है, पर यह भी प्रकट है कि वहाँ और कुछ काम भी नहीं था, शहर होता तो मजूरी हो सकती थी, वहाँ कहाँ? तो (आप कहेंगे, वही पुरानी बात!) उन्होंने एक पठान से दस रुपये क़र्ज़ लिये थे; और उसे ही कभी उतार देने की आशा पर जी रहे थे। दो आने रुपया महीना के हिसाब से, वह अब तक पाँच बार दिया जाकर भी अब पंचगुना था—मूल चुका देने की आशा कभी उन्होंने की भी होती, पर सूद कौन चुका सकता? और वे कभी सोचा करते थे, दस रुपये लेकर किसी के नाम जो काल्पनिक तोड़ा जमा किया जा सकता है, वही दस रुपये देकर वे पा सकते, तो शायद चोरी करके ही दस रुपये ले आते, या अपने को ही बेच लेते! ख़ैर, हुआ वही जो होना था—एक दिन पठान ने आकर उनका खेत, झोंपड़ा वग़ैरह सब कुर्क करा लिया, उन्हें निकलवा दिया।

...वे कहाँ गए? पता नहीं। किसी शहर की ओर गए होंगे मजूरी कमाने। या...

चलते-चलते उसे यह भी मालूम हुआ कि पठान ने बड़ी उदारता से यह भी प्रस्ताव किया था कि यदि जसुमति के पिता उससे जसुमति का विवाह करना मंजूर कर लें, तो वह उन्हें और झोंपड़ा वगैरह सब रहने देगा, और क़र्ज़ भी बाकी सब माफ़ कर देगा—वे मान जायें सही। लेकिन...

लेकिन कुछ नहीं, उस सूखी नंगी, प्यासी और कठोर भूमि का अदम्य अभिमान...बूढ़े माता-पिता का क्षीण शरीर क्रोध से काँप गया था...

पर इस सबसे क्या? वहाँ था अब कुछ नहीं—

सत्य फिर वहीं मुंडेर पर पहुँचा। उसी जगह को खोजकर, जहाँ उस दिन जसुमति बैठी थी, बैठ गया। कैमरा पैरों के पास धरकर, शून्य दृष्टि से रेल की ओर देखने लगा।

एकाएक जसुमति के शब्द उसके कानो में गूँज गए, एकाएक उसकी आँखें उसके आगे नाच गईं, एकाएक उन आँखों में छिपी बात उसे दिख गई...

"बीस रुपये!"

"बीस रुपये के लिए तुम फ़ोटो से कहीं अधिक कुछ माँग सकते थे—कहीं अधिक कुछ..."

वह खड़ा हो गया। आवेश में, वह अपने को गालियाँ देने लगा, सारे व्यक्तित्व की शक्ति बटोर कर घोर, भयंकर, रौद्र शाप देने लगा—"बेवकूफ़! बेवकूफ़! अकथ्य-अक्षम्य-जड़मति-बेवकूफ़!"

लेकिन क्या बेवकूफ़ी उसने की थी, वह नहीं जानता था। और जानता तो अपने आगे भी स्वीकार करने को वह तैयार होता, इसमें सन्देह है।

तभी उसे ध्यान हुआ, आध घंटे में सांगानेर से दूसरी गाड़ी चलती है।

•

शत्रु

ज्ञान को एक रात सोते समय भगवान ने स्वप्न में दर्शन दिए और कहा, ''ज्ञान, मैंने तुम्हें अपना प्रतिनिधि बनाकर संसार में भेजा है। उठो, संसार का पुनर्निर्माण करो।''

ज्ञान जाग पड़ा। उसने देखा, संसार अन्धकार में पड़ा है और मानव-जाति उस अन्धकार में पथ-भ्रष्ट होकर विनाश की ओर बढ़ती चली जा रही है। वह ईश्वर का प्रतिनिधि है, तो उसे मानव-जाति को पथ पर लाना होगा, अन्धकार से बाहर खींचना होगा, उसका नेता बनकर उसके शत्रु से युद्ध करना होगा।

और वह जाकर चौराहे पर खड़ा हो गया और सबको सुनाकर कहने लगा, ''मैं मसीह हूँ, पैग़म्बर हूँ, भगवान का प्रतिनिधि हूँ। मेरे पास तुम्हारे उद्धार के लिए एक सन्देश है!''

लेकिन किसी ने उसकी बात नहीं सुनी। कुछ उसकी ओर देखकर हँस पड़ते, कुछ कहते, पागल है; अधिकांश कहते, यह हमारे धर्म के विरुद्ध शिक्षा देता है, नास्तिक है, इसे मारो! और बच्चे उसे पत्थर मारा करते।

आख़िर तंग आकर वह एक अँधेरी गली में छिपकर बैठ गया, और सोचने लगा। उसने निश्चय किया कि मानव-जाति का सबसे बड़ा शत्रु है धर्म, उसी से लड़ना होगा।

तभी पास कहीं से उसने स्त्री के करुण क्रन्दन की आवाज़ सुनी। उसने देखा, एक स्त्री भूमि पर लेटी है, उसके पास एक छोटा-सा बच्चा पड़ा है, जो या तो बेहोश है, या मर चुका है, क्योंकि उसके शरीर में किसी प्रकार की गति नहीं है।

ज्ञान ने पूछा, ''बहन, क्यों रोती हो?''

उस स्त्री ने कहा, ''मैंने एक विधर्मी से विवाह किया था। जब लोगों को इसका पता चला, तब उन्होंने उसे मार डाला और मुझे निकाल दिया। मेरा बच्चा भी भूख से मर रहा है।''

ज्ञान का निश्चय और दृढ़ हो गया। उसने कहा, ''तुम मेरे साथ आओ, मैं तुम्हारी रक्षा करूँगा।'' और उसे अपने साथ ले गया।

ज्ञान ने धर्म के विरुद्ध प्रचार करना शुरू किया। उसने कहा, ''धर्म झूठा बन्धन है। परमात्मा एक है, अबाध है, और धर्म से परे है। धर्म हमें सीमा में रखता है, रोकता है, परमात्मा से अलग करता है, अत: हमारा शत्रु है।''

लेकिन किसी ने कहा, ''जो व्यक्ति परायी और बहिष्कृत औरत को अपने पास रखता है, उसकी बात हम क्यों सुनें! वह समाज से पतित है, नीच है।''

तब लोगों ने उसे समाज-च्युत करके बाहर निकाल दिया।

ज्ञान ने देखा कि धर्म से लड़ने से पहले समाज से लड़ना है। जब तक समाज पर विजय नहीं मिलती, तब तक धर्म का खंडन नहीं हो सकता।

तब वह इसी प्रकार का प्रचार करने लगा। वह कहने लगा, ''ये धर्मध्वजी, ये पोंगे-पुरोहित-मुल्ला, ये कौन हैं? इन्हें क्या अधिकार है हमारे जीवन को बाँध रखने का? आओ, हम इन्हें दूर कर दें, एक स्वतन्त्र समाज की रचना करें, ताकि हम उन्नति के पथ पर बढ़ सकें।''

तब एक दिन विदेशी सरकार के दो सिपाही आकर उसे पकड़ ले गए, क्योंकि वह वर्गों में परस्पर विरोध जगा रहा था।

ज्ञान जब जेल काटकर बाहर निकला, तब उसकी छाती में इन विदेशियों के प्रति विद्रोह धधक रहा था। यही तो हमारी क्षुद्रताओं को स्थायी बनाए रखते हैं, और उससे लाभ उठाते हैं! पहले अपने को विदेशी प्रभुत्व से मुक्त करना होगा, तब समाज को तोड़ना होगा, तब...

और वह गुप्त रूप से विदेशियों के विरुद्ध लड़ाई का आयोजन करने लगा।

एक दिन उसके पास एक विदेशी आदमी आया। वह मैले-कुचैले, फटे-पुराने, ख़ाकी कपड़े पहने हुए था। मुख पर झुर्रियाँ पड़ी थीं, आँखों में एक तीखा दर्द था। उसने ज्ञान से कहा, ''आप मुझे कुछ काम दें ताकि मैं अपनी रोज़ी कमा सकूँ। मैं विदेशी हूँ, आपके देश में भूखा मर रहा हूँ। कोई भी काम आप मुझे दें, मैं करूँगा। आप परीक्षा लें। मेरे पास रोटी का टुकड़ा भी नहीं है।''

ज्ञान ने खिन्न होकर कहा, ''मेरी दशा तुमसे कुछ अच्छी नहीं है, मैं भी भूखा हूँ।''

वह विदेशी एकाएक पिघल-सा गया। बोला, ''अच्छा! मैं आपके दु:ख से बहुत दु:खी हूँ। मुझे अपना भाई समझें। यदि आपस में सहानुभूति हो, तो भूखे मरना मामूली बात है। परमात्मा आपकी रक्षा करे। मैं आपके लिए कुछ कर सकता हूँ?''

ज्ञान ने देखा कि देशी-विदेशी का प्रश्न तब उठता है, जब पेट भरा हो। सबसे पहला शत्रु तो यह भूख ही है। पहले भूख को जीतना होगा, तभी आगे कुछ सोचा जा सकेगा...

और उसने 'भूखे' लड़कों का एक दल बनाना शुरू किया, जिसका उद्देश्य था अमीरों से धन छीनकर सबमें समान रूप से वितरित करना, भूखों को रोटी देना, इत्यादि; लेकिन जब धनिकों को इस बात का पता चला, तब उन्होंने एक दिन चुपचाप अपने चरों द्वारा उसे पकड़ मँगवाया और एक पहाड़ी क़िले में क़ैद कर दिया। वहाँ एकान्त में उसे सताने के लिए नित्य एक मुट्ठी चबैना और एक लोटा पानी दे देते, बस।

धीरे-धीरे ज्ञान का हृदय ग्लानि से भरने लगा। जीवन उसे बोझ जान पड़ने लगा। निरन्तर यह भाव उसके भीतर जगा करता कि मैं, ज्ञान, परमात्मा का प्रतिनिधि, इतना विवश हूँ कि पेट-भर रोटी का प्रबन्ध मेरे लिए असम्भव है! यदि ऐसा है, तो कितना व्यर्थ है यह जीवन, कितना छूँछा, कितना बेमानी!

एक दिन वह क़िले की दीवार पर चढ़ गया। बाहर खाई में भरा हुआ पानी देखते-देखते उसे एकदम से विचार आया और उसने निश्चय कर लिया कि वह उसमें कूदकर प्राण खो देगा। परमात्मा के पास लौटकर प्रार्थना करेगा कि मुझे इस भार से मुक्त करो; मैं तुम्हारा प्रतिनिधि तो हूँ, लेकिन ऐसे संसार में मेरा स्थान नहीं है।

वह स्थिर, मुग्ध दृष्टि से खाई के पानी में देखने लगा। वह कूदने को ही था कि एकाएक उसने देखा, पानी में उसका प्रतिबिम्ब झलक रहा है और मानो कह रहा है, ''बस, अपने-आपसे लड़ चुके?''

ज्ञान सहमकर रुक गया, फिर धीरे-धीरे दीवार पर से नीचे उतर आया और क़िले में चक्कर काटने लगा।

और उसने जान लिया कि जीवन की सबसे बड़ी कठिनाई यही है कि हम निरन्तर आसानी की ओर आकृष्ट होते हैं।

•

प्रतिध्वनियाँ

गिरजाघर से कुछ दूर हटकर जो सरू के सुन्दर वृक्षों से सजा हुआ छोटा-सा टीला था, उसी के ऊपर एक सुन्दर साड़ी पहने एक युवती टहल रही थी।

उसका मुख कुछ चिन्तित-सा था, लेकिन चिन्ता इतनी गहरी नहीं थी कि उसके सुन्दर मुख को विकृत करे। केवल हल्की-सी एक रेखा थी, जो किसी दर्शक को एकाएक और भी आकर्षित कर लेती थी और वह पूछ बैठता था, इतने सुन्दर मुख पर यह क्यों?

यह बाग़ के मध्य से टीले के सिरे पर एक सरू वृक्ष तक टहल रही थी। यह टीला नैसर्गिक नहीं था, मनुष्यों की मेहनत से बना था, और इसके सिरे पर, उसे क़ायम रखने के लिए ईंटें चुनी गई थीं। उस ईंटों के मोर्चे तक आकर युवती एक बार उड़ती हुई निगाह से नीचे देख लेती थी और फिर लौट जाती थी।

नीचे एक छोटी-सी सड़क—चाहे गली कह लीजिए—थी। एक तरह से यह टीलेवाले बाग़ का पिछवाड़ा था। और इधर नीचे मामूली हैसियत के लोग रहते थे—जो कभी उन लोगों की बराबरी करने का ख़याल नहीं कर सकते थे जो गिरजे के सामनेवाली ओर रहते हैं और जिनमें उस युवती का अपना एक स्थान है।

युवती का नाम था अरुणा। वह ईसाई नहीं थी—लेकिन उसके अपने धर्म की तफ़सील यह है कि वह अपने को हिन्दू भी नहीं कहती थी। उसके पिता ने अपने पिता से काफ़ी धन पाया था और इसलिए यह नहीं सीखा था कि अमीरों का जो जुआ है, सट्टा, वह असल में ग़रीबों को ही खेलना चाहिए। वह आजकल सट्टे के मशहूर व्यापारी थे।

अरुणा ईसाई नहीं थी, पर मन्दिर भी नहीं जाती थी। क्योंकि उस बड़े नगर में कोई भी सुन्दर मन्दिर नहीं था। जब कभी उसे कोई सोच होती, या उसका मन अपने दैनिक जीवन में उचाट हो जाता, तब वह गिरजाघर से सटे हुए इसी छोटे-से बाग़ में आकर, कुछ देर टहलकर, कुछ शान्त और सुस्थ होकर लौट जाती।

अरुणा टहलती हुई टीले के छोर पर पहुँची ही थी कि गिरजे के घंटे एकाएक

बजने लगे। अरुणा चौंकी, फिर ठिठक गई और सुनने लगी। पाँच भिन्न-भिन्न स्वरों के घंटे थे—जिनकी एक खास क्रम से आवृत्ति हो रही थी—टिन्-टिन्-टेन् टन्-टन्!...

अरुणा ने धीरे से कहा, "आज इतवार है क्या?" फिर उन घंटों के संगीत में उसे कुछ भी होश नहीं रहा। वह जड़ित, स्तब्ध, तन्मय, उस स्वर को सुनने लगी; स्थूल निराकार होकर वातावरण को चीरकर जाते हुए पंख-युक्त तीरों पर बैठकर उन्मुक्त उड़ने लगी—वह गई...उसकी आँखें नीचे गली की ओर लगी हुई थीं, खड़ी थी, लेकिन जिस अनुभूति में वह बही जा रही थी—जो अनुभूति उसे बहाये लिये जा रही थी, उसकी गति का परिमाण कहाँ है?

अरुणा के मुख पर वह विस्मृति का भाव टूट गया। आकाश से कठोर भूतल पर गिरकर उसने देखा, नीचे गली में एक कलईगर अपनी भट्ठी सुलगाए एक हाथ से धौंकनी चला रहा था और दूसरे से एक चिमटी पकड़े एक पतीली को आँच में घुमाता जा रहा था। आग की लाल चमक में उसके मुख पर एक अमानुषी रंग छाया हुआ था और जिस उत्साहमय एकाग्रता से वह पतीली घुमाने में लगा हुआ था, वह भी अरुणा को अमानुषी ही मालूम हुआ, क्योंकि क्या मानुष भी इतना अन्धा, इतना बहरा, इतना संज्ञाहीन हो सकता है कि वैसे सुन्दर संगीत के आँचल में बैठकर भी अँगीठी और पतीली में इतना लीन हो—उस दिव्य उपहार की उपेक्षा किए जाए!

अरुणा को बहुत बुरा लगा। यहाँ तक कि वह चाहने पर भी उस वातावरण में नहीं लौट सकी जिसमें वह क्षण-भर पहले थी, हालाँकि घंटे अभी बज रहे थे। तब झुँझलाकर उसने पुकारा, "कलईवाले! ओ कलईवाले!"

ख़ैर, कलईवाले ने सुन तो लिया। सिर उठाकर देखा, फिर बड़े इत्मीनान से भट्ठी में कुछ कोयले हटाकर पतीली वहाँ रखी, धौंकनी को बन्द किया, फिर उठकर धीरे-धीरे टीले के पास आकर बोला, "कहिए बीबी जी, कुछ काम है?"

अरुणा ने कहा, "नहीं, काम तो कुछ नहीं है। पर तुम कैसे काम में लगे हुए हो। जो गिरज़े के घंटे हैं, ये क्या तुमने नहीं सुने?"

जिस तरह कलईवाले ने कहा, "कौन-से घंटे?"—और रुक गया, उससे अरुणा ने उत्तर पा लिया। उसने फिर पूछा, "तुम्हारे पास ही इतनी सुन्दरता और मिठास बही जा रही है, और तुम्हें खबर नहीं है, तुम अपनी धौंकनी और पतीली से मस्त हो! माना की रोटी भी कमानी होती ही है, लेकिन उसमें क्या कोई इतना रम जाता है कि दुनिया के लिए मर ही जाए?"

कलईगर ने भौचक-सा होकर कहा, "क्या—"

"तुम्हारी उम्र कितनी है?"

"यही कोई बाईस साल—"

"कुल! तुम्हें अभी पचास बरस और जीना है—बल्कि शायद ज़्यादा। पचास बरस तक धौंकनी और पतीलियाँ—उफ़्! तुम्हारा दिल कभी इसके अलावा कुछ नहीं माँगता?"

कलईगर ने और भी घबराकर कहा, ''बीबी जी—''

अरुणा ने अधिकार के स्वर में कहा, ''यहीं खड़े रहकर ज़रा सुनो तो सही, इन घंटों की आवाज़! ये क्या तुम्हें कुछ भी नहीं कहते?''

कलईगर सहमा हुआ-सा खड़ा होकर सुनने लगा। उसकी मुद्रा मानो यह दिखाने की कोशिश कर रही थी कि ''मैं सुन रहा हूँ। है बिलकुल निकम्मी बात, वक़्त ज़ाया करना, लेकिन मैं सुन रहा हूँ!''

और अरुणा उसकी ओर देखने लगी।

धीरे-धीरे कलईगर के शरीर की तनी हुई पेशियाँ ढीली पढ़ने लगीं। बलात् केन्द्रित ध्यान का भाव उस पर से मिटने लगा और सहज, आकर्षित ध्यान का आने लगा। मानो कानों ने जान लिया कि यह काम सिर्फ़ हमारा है, और बाक़ी शरीर को छुट्टी दे दी कि वह आराम करे, और उस दैवी देन को पाए, भोगे, जो कानों द्वारा उसे प्राप्त हो रही है...

और अरुणा उसकी ओर देखने लगी...

कलईगर मानो संगीत में घुल गया। संगीत मानो उसके भीतर समाकर, उसका होकर उसके चेहरे से फूट निकलने लगा—ऐसा पूर्ण संगीतमय हो गया था उसका चेहरा...

थोड़ी देर बाद जब घंटे एकाएक बन्द हो गए, तब भी कलईगर चौंका नहीं, उसी स्वप्न-से में, उसी प्रकार मुँह उठाए, मुँह पर संगीत की ज्योतिर्मय छाया लिये, धीरे-धीरे वहाँ से हटकर अपनी भट्ठी की ओर चल पड़ा। अरुणा से उसने बात नहीं की, उसकी अनुमति नहीं माँगी, उस वरदान के लिए उसे धन्यवाद नहीं दिया। पर अरुणा को इसका तनिक भी खेद नहीं हुआ, वह प्रसन्नमना उसे देखती रही। उसके अपने मुख पर जो चिन्ता की रेखा थी, उसका स्थान लिया एक सन्तोषमय आनन्द ने, क्योंकि किसी दूसरे की आत्मा को जगा देना, उसमें कला को ग्रहण करने की शक्ति को चेता देना, कितने गौरव की बात है!

अरुणा फिर भी उसकी ओर देखती रही। जब कलईगर अपने स्थान पर जा कर बैठ गया, एक हाथ में धौंकनी उठा ली और दूसरे में चिमटी, तब भी उसके मुँह पर वही पारलौकिक भाव था, पर जभी उसकी चिमटी पतीली से टकराई, उसने धौंकनी और चिमटी को ऐसे चौंककर छोड़ दिया जैसे साँप पकड़ लिया हो...और फिर उसकी ओर अनदेखती-सी आँखों से देखने लगा—

अरुणा मुस्कुराई। उसने जान लिया कि अब यह व्यक्ति सदा के लिए अपने वातावरण और संसार से असन्तुष्ट है—कि अब इसकी आत्मा जाग गई है, और सदा जागेगी, सदा अतृप्त रहेगी...अब वह पारखी की आत्मा है, कलाकार की आत्मा है।

अरुणा ने एक काग़ज़ पर अपना नाम और पता लिखा, और फहराकर टीले से नीचे गिरा दिया।

वह लौटी, तब उसके हृदय में आनन्द और अभिमान था। वह आत्मा मैंने जगाई है—उसके हृदय में जिस वाणी के तार झनक उठे हैं उसे मैंने छेड़ा था, मैंने!

2 एक-एक सीढ़ी ऊपर—एक-एक सीढ़ी नीचे...

धौंकनी और पतीली जाती है, सट्टे का व्यापार गर्म होता है; बीवी भूखी मरती है, रुपये की माँग बढ़ती है; सारंगी आती है, धन जाता है; प्रसिद्धि होती है, दीवाले निकलते हैं; कला आती है, कला जाती है...

एक-एक सीढ़ी ऊपर—एक-एक सीढ़ी नीचे...

और घंटे बजते जाते हैं...

बीस वर्ष...

साँझ की प्रार्थना हो चुकी थी। गिरज़े के बाहर टीले पर, अच्छा-सा सूट पहने और हाथ में वायलिन थामे हुए अधेड़ उम्र का किन्तु देखने में आकर्षक एक व्यक्ति टहल रहा था। उसका मन कहीं और था, लेकिन कभी-कभी उसकी उँगलियाँ तारों पर कमान को खींच ले जाती थीं, तब एक गम्भीर गूँज से मानो सरू भी काँप से जाते थे...

जो लोग प्रार्थना करने आए थे, वे एक-एक करके जा रहे थे। जब सब चले गए, तब उस व्यक्ति ने वायलिन को अच्छी तरह ठोड़ी से दबाया, कमान उठाई, और क्षण-भर सोचकर बजाने लगा...

बिजलियाँ काँपीं। पपीहे बोले। विरहिणियाँ पुकारा कीं। पहाड़ी झरने, मानो एक हँसी से दूसरी हँसी की ओर उछलते हुए बहा किए। फूल फूटे और कुम्हलाए और कलियों के नीचे छिप गए। प्रकाश की लहरें बहती रहीं...

और संगीतकार वायलिन बजाता हुआ टहला किया...

एकाएक टीले के सिरे पर आकर वह रुक गया। नीचे एक भीड़ एकत्र हो रही थी। सुन रही थी, आनन्दित हो रही थी। सन्नाटा था। और वायलिन बजता जा रहा था...

खुट्...खुट्...,खुट्

गली की एक ओर से एक बुढ़िया लकड़ी टेकती हुई बढ़ी आ रही थी। सिर उसका झुका हुआ था, चेहरे पर झुर्रियाँ थीं। और वह गली को जल्दी से पार कर लेने की चेष्टा में धीरे-धीरे चली जा रही थी।

संगीतकार को अच्छा नहीं लगा। उस बुढ़िया की ओर देखने लगा जिसने उसके संगीत की ओर ध्यान नहीं दिया—तन्मय होना तो दूर, बिलकुल अनसुनी कर दी...

भीड़ बुढ़िया के सब तरफ़ होती हुई बिखरने लगी। बुढ़िया अपना आगे बढ़ना असम्भव पाकर लाठी टेक कर खड़ी हो गई, मानो कह रही हो, 'लो, पहले तुम्हीं चले जाओ। तुम्हारे ठहरने से दुनिया का काम रुक जाएगा; पर मैं और दुनिया अलग-अलग हैं। मेरा कोई हर्ज नहीं होता...'

थोड़ी देर में भीड़ छँट गई—गली सूनी हो चली। तब बुढ़िया फिर आगे बढ़ने को हुई—खुट्-खुट्-खुट्...

संगीतकार ने अपने उलहना-भरे स्वर में कुछ विनय लाने की चेष्टा करते हुए, कहा, "बुढ़िया, तुम्हें संगीत अच्छा नहीं लगता?"

बुढ़िया ने कुछ पास आकर, रुककर, सिर उठाकर उसकी ओर ऐसे देखा, मानो कहना चाहती हो, "क्या कहते हो तुम?"

चेहरा देखकर व्यक्ति ने जाना, वह उतनी बुढ़िया नहीं थी—अकाल ही में ये झुर्रियाँ पड़ गई थीं, उसके चेहरे पर, जो कभी बहुत सुन्दर रहा होगा...

वह उसकी ओर देखती जा रही है, यह नोट करते हुए उसने पूछा, "क्यों बुढ़िया, संगीत तुम्हें अच्छा नहीं लगता?"

बुढ़िया फिर भी कुछ नहीं बोली, ध्यान से उसकी ओर देख रही है तो बस, देखती जा रही है, यह जानकर, कुछ अचकचाए स्वर में वह फिर बोला, "क्या—"

बुढ़िया ने एक शब्द कहा, लेकिन उस शब्द में था विस्मय, उसमें थी वेदना, उसमें था अभिमान-सा भी कुछ, जो नींद से नहीं, मौत से जागने की चेष्टा कर रहा था, 'कलईगर!'

संगीतकार के सधे हुए कान ने इस पुकार में वह जान लिया जो आँखों ने नहीं पाया था और वह भी बोल उठा, "अरुणा!"

थोड़ी देर बाद, कुछ अधिक अनिश्चित-से, सहमे हुए-से बहुत ही धीमे स्वर में उसने फिर कहा, "अरुणा..."

•

नयी कहानी का प्लॉट

रात के ग्यारह बजे हैं; लेकिन दफ़्तर बन्द नहीं हुआ है। दो-तीन चरमराती हुई लँगड़ी मेज़ों पर सिर झुकाए, बायें हाथ से अपनी तक़दीर पकड़े और दायें से क़लम घिसते हुए कुछेक प्रूफ़रीडर बैठे हैं। उनके आगे, दायें, बायें, सब ओर काग़ज़ों का ढेर लगा है, जो अगर फ़र्श पर होता, तो कूड़ा कहलाता; लेकिन मेज़ पर पड़ा होने की वजह से 'काफी' या 'गेली' या 'आर्डरी' कहलाने का गौरव पाता है।

दफ़्तर से परे हटकर दूसरे लम्बे-से कमरे में बिजली के प्रकाश में कम्पोजीटर अपनी उलटे अक्षरों की दुनिया में मस्त हैं। पीछे प्रेस की गड़गड़ाहट के मारे कान बहरे हो रहे हैं।

और कम्पोजिंग रूम के बाहर बरामदे में सम्पादक जी टहल रहे हैं। माथे पर झुर्रियाँ पड़ी हैं, कमरे के पीछे टिके हुए एक हाथ में स्लिपों की पैड है, दूसरे में पेन्सिल। सम्पादक जी बैठकर काम करनेवाले जीव हैं; लेकिन आज वे बैठे नहीं हैं। आज उनसे बैठा नहीं जा रहा है। आज सम्पादक जी व्यस्त हैं; सन्त्रस्त हैं।

विशेषांक निकल रहा है। शुरू के पेजों में एक कहानी देनी है। लेकिन अच्छी कहानी कोई है नहीं। क्या करूँ? दो सड़ी-सी कहानियाँ हैं जो देने के काबिल नहीं हैं। लेकिन देनी तो होंगी। आग्रह करके मँगाई हैं। नखरे करके भेजी हैं। लक्ष्मीकान्त *शारदा* का सम्पादक है, उसकी कहानी मँगाकर न छापूँगा तो जान को आ जाएगा। आलोचना में वैर निकालेगा। फ़ोटो भी छपाएगा, पैसे भी लेगा, उस पर देगा यह सड़ी-सी चीज़! नाली की दुर्गन्ध आती है। आख़िरी पेजों में सही...लेकिन पहली कहानी—कहानी तो चाहिए। कहाँ से लाऊँ, क्या करूँ?

लेखक बहुत हैं। मर गए लेखक। कम्बख़्त वक्त पर काम न आए तो क्या करूँ—आग लगाऊँ?

लेकिन—पहली कहानी। क्या करूँ? खुद लिखूँ? लेकिन—पहले ही मैं? दीवालियापन? लेकिन...

एकाएक घूमकर सम्पादक जी ने आवाज़ दी—"लतीफ़! ओ मियाँ अब्दुल लतीफ़!"

मियाँ लतीफ़, आकर सम्पादक जी के सामने खड़े हो गए। उन्होंने न आवाज़ का जवाब दिया था, न अब बोले। सिर्फ़ सामने आकर खड़े हो गए।

"देखो लतीफ़, एक कहानी चाहिए। कल सवेरे तक।"

"जी। लेकिन—"

"कल सवेरे तक। एक कहानी। दो पेज। दूसरा फ़रमा।" कहकर सम्पादक जी ने और भी व्यस्तता दिखाते हुए टहलाई पुनः जारी करने के लिए मुँह मोड़ा।

"जी!" कहकर मियाँ अब्दुल लतीफ़ लौट पड़े और प्रूफ़रीडरों से कुछ हटकर एक टीन की कुर्सी पर बैठ गए।

मियाँ लतीफ़ का नाम कुछ और है। क्या है, उससे मतलब नहीं। सब लोग उन्हें मियाँ अब्दुल लतीफ़ कहते हैं। नाम से ध्वनि होती है कि वे पागल हैं। लेकिन हैं वे वैसे नहीं। उनमें एक खास प्रतिभा है। जो काम औरों से हताश होकर उन्हें सुपुर्द कर दिया जाता है, वह हो जाता है, चाहे कैसा ही हो। इस सर्वकार्य दक्षता का परिणाम है कि वह किसी भी काम पर नियुक्त नहीं हैं, सभी उन्हें या तो मदाख़लत का अपराधी समझते हैं, या एक आलसी और निकम्मा घोंघाबसन्त। प्रूफ़रीडर समझते हैं, वह मशीनमैन का असिस्टेंट है; मशीनमैन समझता है, वह कामचोर कम्पोजीटर है; कम्पोजीटरों का विश्वास है कि वह चपरासी है। चपरासी उन्हें कह देता है कि बाबू, मुझे फ़ुर्सत नहीं है, इसलिए ज़रा यह चिट्ठी तुम पहुँचा देना।

और मियाँ लतीफ़ सब कुछ कर देते हैं। कभी उन्हें याद आ जाता है कि वे सहकारी सम्पादक के पद के लिए बुलाए गए थे, तो वे उस स्मृति को निकाल बाहर करते हैं। उससे उनकी हेठी होती है। वे क्या केवल सम्पादक के सहकारी हैं? उन्हें 'सहकारी' कुछ कहा जा सकता है, तो 'सहकारी विधाता' ही कह सकते हैं...

ख़ैर। जैसे विधाता को सुख में कोई याद नहीं करता, वैसे ही अब काम ठीक चलने पर मियाँ लतीफ़ की पूछ नहीं है। वे अलग कोने में टीन की कुर्सी पर बैठे हैं, बायें हाथ में दवात है, दाहिने में कलम, घुटने पर स्लिप-बुक और मस्तिष्क में—मस्तिष्क में क्या है?

2

माथापच्ची।

दो पेज। दूसरा फ़रमा। कहानी अच्छी होनी चाहिए।

विशेषांक है।

रोमांस। रोमांटिक कहानी हो। रोमांटिक यानी प्रेम। प्रेम यानी—यानी—रोमांटिक। नहीं, ऐसे काम नहीं चलेगा।

क्या बचपन में मैंने कभी प्रेम नहीं किया? प्रेम न सही, वही कुछ अधचकरा खटमिट्ठा-सा ही सही! कुछ।

मियाँ लतीफ़ को याद आया, जब वे गाँव में रहते थे, तब एक बार रोमांस उनके जीवन के बहुत पास आया था। गाँव से पूर्व की ओर एक शिवालय था, जिसके साथ एक बगीचा था, जिसमें नींबू और अमरूद के कई पेड़ थे। लतीफ़ स्कूल से भागकर वहाँ जाते थे। एक दिन वहीं अमरूद के पेड़ के नीचे उन्होंने देखा, उनकी समवयस्का एक लड़की खड़ी है और लोलुप दृष्टि से पेड़ पर लगे एक कच्चे अमरूद को देख रही है। लतीफ़ ने चुपचाप पेड़ पर चढ़कर वह अमरूद गिरा दिया। वह लड़की के पैरों के पास गिरा। लतीफ़ खड़े रहे कि लड़की उठा लेगी; लेकिन लड़की ने वैसा न कर उनसे पूछा, ''क्यों जी, तुमने मेरा अमरूद क्यों गिरा दिया?''

''तुम्हारे खाने के लिए।'' लतीफ़ ज़रा हैरान हुए; लेकिन उन्होंने जेब में से एक चाक़ू निकाला, जिसका फल कुछ टूटा हुआ था, फिर दूसरी जेब में से एक पुड़िया निकाली, अमरूद काटा और आगे बढ़ाते हुए कहा, ''यह लो, नमक-मिर्च भी है। खाओ।''

लड़की ने अमरूद तो खा लिया; लेकिन खा चुकने के बाद कहा, ''अब बिना पूछे मेरे अमरूद मत तोड़ना, नहीं तो मैं नहीं खाऊँगी।'' और चली गई।

हाँ, पहला दृश्य तो कुछ ठीक है। दूसरा?

एक दिन फिर मिले। अब की लड़की ने अपना नाम बताया किस्सो—लेकिन कहानी में किस्सो कैसे जाएगा? नाम बताया रश्मि। नहीं जी, यह बहुत संस्कृत है। रोमांटिक नाम चाहिए। किरण—लेकिन यह बहुत 'कॉमन' (प्रचलित) हो गया। हाँ, तो नाम बताया मदालसा। मियाँ लतीफ़ ने अपना नाम और उसका नाम एक अमरूद के पेड़ पर चाकू से खोद दिए। अमरूद पर नाम बहुत साफ़ खुद सकता है।—किस्सो—मदालसा—ख़ुश हो गई। उसने लतीफ़ के—नहीं लतीफ़ कैसे?—मदालसा ने चित्रांगद के गले में हाथ डालकर कहा, ''तुम बड़े अच्छे हो। यहाँ हमारा नाम साथ लिखा है, अब हमारा नाम साथ ही लिया जाएगा।''

ठीक तो है। दूसरा दृश्य भी ठीक है। और नामों का जोड़ा क्या फिट बैठता है—''मदालसा-चित्रांगद!''

पर—

किस्सो की शादी हो गई। कह लो मदालसा; शादी तो हो गई, और एक अहीर के साथ हुई, जिसने मुर्गियों का फ़ार्म खोल रखा था।

रोमांटिक। दुःखान्त। मदालसा। चित्रांगद। अहीर को बलराम कह लो। लेकिन शादी तो हुई, मुर्गी फ़ार्म के मालिक के साथ तो हुई? रोमांटिक कहानी की नायिका रहे किस्सो और पाले मुर्गियाँ!

टन्-टन्-टन्...टन्! घड़ी ने बारह बजा दिए।

मियाँ लतीफ़ उठे। उठकर उन्होंने कुर्सी को घुमाया। अब तक उनका रुख प्रूफ़रीडरों की ओर था, अब ठीक उल्टी ओर दीवार की तरफ़ हो गया, मानो कुरसी का रुख पलटने से विचार-धारा भी पलट जाएगी।

रोमांटिक की ऐसी-तैसी। यथार्थवाद का ज़माना है। क्यों न वैसा लिखूँ!

यथार्थवाद। सुबह भुने चने, दुपहर को खेसारी की दाल, शाम को मकई की रोटी और मूली के पत्ते का साग। कभी फ़ाका। पसीना और मैल और लीद-गोबर और ठिठुरन और मच्छर। और मलेरिया और न्युमोनिया और कुएँ का कच्चा पानी और नंग-धड़ंग बच्चे।

तो, वहीं से चलें। किस्सो और बल्ली। और उनका मुर्ग़ियों का फ़ार्म। बीमारी आती है, मुर्ग़ियाँ एक-एक करके मरने लगती हैं। चूज़े सुस्त होकर बैठ जाते हैं। किस्सो अंडे गिनती है और सोचती है, भविष्य में क्या होगा?

बल्ली का प्रिय एक मुर्गा है, विलायती लेगहॉर्न नस्ल का। एक दिन वह भी सुस्त होकर बैठ गया। दिन ढलते उसकी गर्दन एक ओर को झुक गई, शाम होते ऐंठ गई। बल्ली हतसंज्ञा-सा देखता रह गया। किस्सो मुर्गे को गोद में लेकर दहाड़ें मारकर रोने लगी...

किस्सो-विलाप।

अब्दुल-लतीफ़ की कहानी—और नायिका एक मुर्ग़े के लिए रोती है। कहते हैं, कालिदास 'अज-विलाप' बहुत सुन्दर लिख गए हैं। अज माने बकरा। 'मुर्ग़ी-विलाप।'

अब्दुल लतीफ़। काठ का उल्लू।

घड़ी ने एक खड़का दिया।

3 अब्दुल लतीफ़ बाहर निकल आए। बरामदे से नीचे झाँककर देखा, एक अख़बार के पोस्टर का टुकड़ा पड़ा था—"स्पेन-युद्ध : लाखों स्त्रियाँ—"

हाँ तो। आज संसार इतनी तूफ़ानी गति से जा रहा है, क्या उसमें एक भी प्लॉट काम का नहीं निकल सकता? प्लॉटों से अखबार भरे पड़े हैं। मुझे क्या ज़रूरत है रोमांटिक-रियलिस्टिक की, मैं सामयिक लिख दूँ—वही तो चाहिए भी।

लतीफ़ ने कई-एक अख़बार उठाए और पन्ने उलटने लगा।

अबीसीनिया में घोर युद्ध। इटली आगे बढ़ रहा है। मुसोलिनी की आज्ञा : इटली के तमाम वयस्क आदमी शस्त्र सम्हाल लें।

जर्मनी की घोषणा : हम पर ज़बर्दस्ती प्रतिबन्ध लगाए गए हैं, ताकि हम निकम्मे रहें; हमने तय किया है कि हम सब प्रतिबन्धों को तोड़कर अपने राष्ट्र का शस्त्रीकरण करेंगे।

ब्रिटेन में सब ओर पुकार : इंग्लैंड खतरे में है! हमारी शान्तिप्रियता हमारा सर्वनाश करेगी! अब शस्त्रीकरण में ही हमारा निस्तार है, अतः हम ज़ोरों से अस्त्र-शस्त्र और जहाज़ी बेड़ों का निर्माण करेंगे।

स्पेन से युद्ध...पक्ष लेने के लिए सभी राष्ट्र तैयार हो रहे हैं...

रूस में फ़ौजी तैयारियाँ...

चीन में लड़ाई...

जापान में सैनिकों की सरगर्मियाँ...

मंचूरिया...

संसार-भर में अशान्ति है। एक नहीं, असंख्य कहानियों का प्लॉट यहाँ रखा है, कोई लिखनेवाला तो हो! लेकिन प्लॉट क्या बनाया जाए?

धीरे-धीरे लतीफ़ के आगे चित्र खिंचने लगे, विचार आने लगे।

एक बड़ी तोप। बहुत-सा धुआँ। इधर-उधर गड़गड़ाहट की ध्वनि। जहाँ-तहाँ लाशें। और जाने क्यों और कैसे, एक ही शब्द—कुटुम्ब। और इस सबको घेरे हुए ऊपर-नीचे, दायें-बायें सर्वत्र फालतू खाद्य-वस्तुओं के जलने की दुर्गन्ध...

और टन्-टन्-ट्न...तीन!

नहीं। हाँ। उनकी कहानी युद्ध के बारे में ही तो होनी चाहिए—संसारव्यापी युद्ध के बारे में। हाँ। नहीं। हाँ, शुरू तो की जाए। हाँ।

'सर्वत्र अशान्ति के बादल—समझ लीजिए कि प्रलय-पावस में अशान्ति-रूपी घनघोर घटा उमड़ी आ रही है। सब ओर कारखाने हैं—जो कल कपड़ा बुनने की मशीनें बनाते थे, तो आज बन्दूकें बना रहे हैं; कल मोटरें बना रहे थे, तो आज लड़ाकू टैंक बना रहे हैं; कल खिलौने बना रहे थे, तो आज बम फेंकने की मशीनें बना रहे हैं; कल शराब बनाते थे, तो आज भयंकर विस्फोटक पदार्थ बना रहे हैं। सारा देश पागल—सारा यूरोप पागल—सारी दुनिया पागल! इस विराट पृष्ठ-भूमि के आगे हमारी कहानी का नायक खड़ा है और सोचता है, क्या मैं अकेला इस सबको बदल सकूँगा, ठीक कर सकूँगा?'

उँहुक। सब ग़लत!

नहीं।

लतीफ़ ऊँघने लगे। उन्होंने एक स्वप्न देखा कि सवेरे छह बजे घर पहुँच रहे हैं। सब लोग सो गए हैं, शायद भूखे ही सो गए हैं, क्योंकि पहले दिन सवेरे लतीफ़ घर से चले थे, तब उनके शाम तक कुछ प्रबन्ध करने की बात थी। किवाड़ बन्द है। लतीफ़ ने किवाड़ खटखटाया, फिर दुबारा खटखटाया। आखिर उनकी पत्नी ने आकर दरवाज़ा खोला और उन्हें देखते ही बन्दूक की गोली की तरह कहा—''खाना खा आए?'' फिर क्षण-भर रुककर—''नहीं, कहाँ खा आए होंगे। मिला ही नहीं होगा। भरा पेट होता, तो भला घर आते? लेकिन यहाँ क्या रखा है? यहाँ रोटी नहीं है। जाओ, हमें मरने दो।'' फिर वह किवाड़ बन्द करने को हुई; लेकिन न जाने क्या सोचकर रह गई और एक हाथ से मुँह ढाँपकर भीतर चली गई। मियाँ लतीफ़ स्तब्ध रह गए, केवल देखते रह गए।

तभी एक झोंके से स्वप्न टूट गया। वे चौंककर उठ बैठे। और उन्होंने देखा, कहानी बिलकुल साफ़ होती चली जा रही है—बन गई है। उन्होंने क़लम उठाई और तेज़ी से लिखना शुरू किया। अन्तिम वाक्य उनके सामने चमकने लगे—

'...और वह देखता है कि उसका भोजन 'आधिक्य के कारण' उसकी आँखों के आगे जला जा रहा है, और संसार के सब राष्ट्र उस पर पहरा दे रहे हैं कि कहीं वह आग बुझा न दे, कुछ खा न ले। और देखते-देखते उसे लगने लगता है, वह

अकेला नहीं है, व्यक्ति नहीं है, वह सारा संसार ही है, जो अपने ही इन शक्ति-सम्पन्न गुलामों के अत्याचार से पिसा जा रहा है, गुलाम जो अपने मालिक के भोजन को फालतू माल कहकर जलाए डाल रहे हैं...भूख का बन्धन उसके भीतर वह प्रेम जगाता है, वह विश्वैक्य जगाता है, जो धर्म और दर्शन और बुद्धिवाद नहीं जगा सके थे। वह पूछता है, क्या सभ्यता ही हमारी गुलामी का कारण है? क्या सभ्यता का नाश कर दिया जाए?

'सभ्यता क्या जवाब देती?'

कहानी लिखी गई। लतीफ़ उठे और सम्पादक के पास ले गए।

सम्पादक ने कहानी उनके हाथ से छीन ली, जल्दी से पढ़ गए, पढ़कर कुछ शिथिल हो गए, फिर एक तीखी दृष्टि से लतीफ़ की ओर देखकर बोले—"तुम्हें क्या हो गया?"

"क्यों?"

सम्पादक जी ने धीरे-धीरे, मानो बड़ी एकाग्रता से कहानी को फाड़ा। दो टुकड़े किए, चार किए, आठ किए और रद्दी को हाथ से गिरा दिया, टोकरी में डालने की कोशिश नहीं की। फिर संक्षेप में बोले—"फिर लिखो!" और मानो लतीफ़ को भूल गए।

"चार बज गए हैं।"

"अभी छह घंटे और हैं। दो पेज मैटर—काफ़ी समय है।"

"अच्छा, मैं ज़रा घर हो आऊँ।"

"हूँ।"

4

यथार्थता स्वप्न से आगे है। घर पहुँचने पर लतीफ़ ने किवाड़ खटखटाए, फिर खटखटाए; लेकिन दरवाज़ा नहीं खुला। थककर वे सीढ़ी पर बैठ गए। तब उनके सामने स्पष्ट होने लगा कि वे कहाँ हैं, क्या हैं, क्यों हैं? यानी दिखने लगा कि वे कहीं नहीं हैं, कुछ नहीं हैं, बिला वजह हैं—धब्बे की तरह हैं, सलवट की तरह हैं। उनका हृदय ग्लानि से भर गया। उन्होंने चाहा, अपना अन्त कर दें। जेब में हाथ डाला, तो वहाँ चाकू तो था नहीं, पेन्सिल थी। लतीफ़ ने दृढ़ता से उसे खींचकर इस्तीफ़ा लिखना शुरू किया। उन्हें मालूम नहीं था कि वे किस पद पर से इस्तीफ़ा दे रहे हैं, अतः उन्होंने 'अपने पद से' लिखकर काम चला लिया।

इस्तीफ़ा लेकर वे दफ़्तर पहुँचे। लेकिन सम्पादक जी दफ़्तर में थे नहीं।

लतीफ़ टीन की कुर्सी पर घुटने समेटकर बैठ गए और खिड़की से बाहर झाँकने लगे। बाहर पौ फट रही थी। ऊषा में चमक नहीं थी, उसके भूरेपन ने केवल रात के स्निग्ध अन्धकार को मलिन कर दिया था।

तभी लड़के ने आकर कहा, "चलिए, माँ बुला रही हैं। रात-भर बाहर रहे हैं, अब तो चलिए। नाश्ता हो रहा है।"

लतीफ़ ने चौंककर कहा, "क्या?"

"मामा के यहाँ से गुड़ आया था, उसके गुलगुले बना लिये हैं।"

लतीफ़ कुछ सोच में पड़ गए, कुछ उठने की तैयारी में रह गए।

"और माँ ने कहा है, तनख़्वाह के कुछ रुपये तो लेते आना। तीन-चार दिन में भैयादूज है, कई जगह भेजने होंगे।" कहती हुई लड़की भी आ गई।

मियाँ लतीफ़ ने एक गहरी साँस ली। अपना इस्तीफ़ा उठाया और उसकी पीठ पर अपनी पिछले महीने की तनख़्वाह का एक हिस्सा पाने के लिए दरख़्वास्त लिखने लगे।

तभी सम्पादक जी आ गए। लतीफ़ को यों घिरा हुआ और लिखता देखकर बोले, "यह क्या है?"

पास आकर उन्होंने मोड़े हुए काग़ज़ पर इस्तीफ़ा पढ़कर काग़ज़ छीनते हुए फिर पूछा, "यह क्या है?"

"कुछ नहीं, मैं नयी कहानी लिखने लगा हूँ।"

सम्पादक जी ने काग़ज़ उलट कर देखा और फिर ज़ोर देकर पूछा—"यह क्या है?"

"यह मेरी नयी कहानी का प्लॉट है, जी।"

सम्पादक जी को एकाएक कुछ कहने को नहीं मिला। उन्होंने बाहर जाने के लिए लौटते हुए कहा, "तुम रहे सदा वही अब्दुल लतीफ़!"

लेकिन अब्दुल लतीफ़ तब तक लिखने लग गए थे।

●

सभ्यता का एक दिन

नरेन्द्र जीवन के झमेलों से बेफ़िक्र रहता था। लापरवाही उसका सिद्धान्त था। राह चलते जो मिल गया, ले लिया और चलते बने। सुख मिला, हँस लिये; दु:ख मिला, सह लिया। पैसे मिल गए तो इस हाथ से ले उस हाथ खर्च कर डाले, फटकार मिली तो इस कान सुनी उस कान बाहर कर दी। ऐसा वह तभी से हुआ था जब से घर-बार छोड़कर भाग आया था, पहले ऐसा नहीं था वह। लेकिन फिर भी इस थोड़े-से अर्से में ही, यह ढंग उस पर ऐसा बैठ गया था कि इसके अलावा और किसी ढंग की कल्पना ही वह नहीं कर सकता था। इस वर्ष-भर में कई बार वह भूखा लेट गया, कई बार सर्दी से ठिठुरता पड़ा रहा, कई बार सड़क की पटरी पर बैठकर भीगा किया, लेकिन क्या उसे कभी उस पीछे छूटे हुए घर की याद आई? कभी नहीं। ऐसे समय में दार्शनिकता के झोले में अपने को छिपा लेता, कुछ गा गुनगुना लेता और बस ठीक रहता, बेफ़िक्र रहता; बेफ़िक्र ही नहीं, लापरवाह रहता।

आज सवेरे वह बेफ़िक्र ही नहीं, ख़ुश था। उसकी जेब में एक रुपया था— यह सोचने की उसे ज़रूरत नहीं थी कि वह कैसे वहाँ पहुँचा है, वहाँ पहुँचना चाहिए था या नहीं। वह रुपया था, और नरेन्द्र की जेब में था, बस इतना काफ़ी था।

नरेन्द्र दोनों हाथ जेब में डाले, एक में रुपया थामे, सीटी बजाता हुआ शहर की मुख्य सड़क पर चला जा रहा था। मन में कोई विचार नहीं था। केवल सीटी के गीत पर ताल देती हुई सन्तोष की लहर-सी थी।

तभी नरेन्द्र ने सुना, एक रेडियो कम्पनी के भीतर से रेडियो चिल्ला रहा है— अपना भी विज्ञापन कर रहा है और अन्य चीज़ों का भी...

''...इन न्यामतों में एक हैं कैलिफ़ोर्निया के आड़ू। एक दिन था, जब अमरीका के बाहर, बल्कि कैलिफ़ोर्निया के बाहर, ये आड़ू एक सपना थे। लोग इनका नाम सुनते थे, और आह भर लेते थे। जो अमीर थे, वे कैलिफ़ोर्निया जाते थे और लौटकर उन आड़ुओं की तारीफ़ करके अपने दोस्तों को ईर्ष्या से जलाते थे; जिन्हें खाने के लिए स्वर्ग की अप्सराएँ उतरती हैं; जिन्हें पकाने के लिए फ़रिश्ते अपनी गर्म साँसों

से उन्हें फूँक-फूँक कर लाल करते हैं...आज आप यहीं पर उन्हें मामूली दाम पर खरीदकर खा सकते हैं। आज...''

नरेन्द्र आगे बढ़ गया। अब उसके मन में उस सन्तोष के साथ एक और भी विचार अस्पष्ट रूप में छा गया—कि क़ैलिफ़ोर्निया के आड़ू मामूली दाम पर मिलते हैं, और उसकी ज़ेब में पूरा एक रुपया है।

एक दुकान पर उसने बोर्ड लगा देखा, 'सब प्रकार के अचार, मुरब्बे, जैम, डिब्बे के फल—' और आगे बढ़ने की चिन्ता न कर भीतर घुस गया।

एक छोटा डिब्बा क़ैलिफ़ोर्निया के आड़ू। साढ़े पाँच आने।

नरेन्द्र बाक़ी पैसे जेब में डालकर और टीन हाथ में लेकर बाहर आ गया। बाहर आकर उसने देखा, सड़क पर भीड़ है। वह एक गली में हो लिया, और धीरे-धीरे चलने लगा। डिब्बे पर लगे हुए काग़ज़ का चित्र उसने देखा, फिर ऊपर लिखी हुई पूरी इबारत उसने पढ़ डाली, कम्पनी के नाम तक, फिर चाकू न होने के कारण एक मकान की पत्थर की सीढ़ी के कोने पर पटककर डिब्बे में छेद किया, फिर दाँतों से खींचकर ढक्कन अलग कर दिया। तब, एक बार चारों ओर देखकर वह चलता-चलता ही आड़ू खाने लगा।

और दार्शनिकता भी उसके भीतर चेत उठी।

...न्यामत। स्वर्ग की अप्सराएँ। कैसी होती होंगी वे? फ़रिश्ते। पहले तो केवल क़ैलिफ़ोर्निया खाती थी, अब दुनिया इन्हें खाती होगी। उपज बहुत बढ़ गई होगी। अब भी फ़रिश्ते ही पकाते होंगे? कितने फ़रिश्ते लगे होंगे इस काम में?...उँह, बकवास। विज्ञापनबाज़ी।

लेकिन फिर भी बड़ी बात है। आज मैंने रेडियो पर सुना। रेडियो विदेशी कारखाने में बना। उसके अलग-अलग हिस्से बनाने, पैक करने और यहाँ तक पहुँचाने में हज़ारों आदमियों के हाथ लगे होंगे। हज़ारों ने यह मेहनत की कि मैं, नरेन्द्र, इस खबर को सुनूँ। और आड़ू। कैलिफ़ोर्निया में तोड़े गए, छाँटे गए, पकाये गए, गिने गए, तौले गए। डिब्बे में डाले गए, जिसके लिए डिब्बे का कारखाना बना। मोटर में लदकर स्टेशन आए—मोटर का कारखाना काम आया। रेल में लदे, जहाज़ में लदे। लोहे के कारखाने काम में आए। ढालने की मशीनें काम आईं, बिजली-घर काम आए, कील बनानेवाले, पुर्जे-पेच बनानेवाले, रस्से बनानेवाले, झंडे बनानेवाले, नावें बनानेवाले, हाँ तोपें तक बनानेवाले, सब काम आए। बन्दरगाह के राज-मज़दूर काम आए, कुली काम आए। शायद कुल दुनिया का एक गिना जाने लायक़ हिस्सा काम आया कि ये आड़ू वहाँ पहुँचें—और मैंने इतने हज़ारों आदमियों का श्रम खरीदा है। साढ़े पाँच आने में! और वह साढ़े पाँच आने भी है आडुओं की क़ीमत, उस श्रम की नहीं।

तो?

यह क्या है? कैसे है? क्यों है?

क्या पहले भी ऐसे ही था? पहले तो एक प्राणी अपना पेट तब भरता था, जब दूसरे को मार डाले—उसी को भूनकर, या कच्चा ही खा जाए। और अब...

आड़ुओं का डिब्बा खाली हो गया। नरेन्द्र ने एक बार उसे मुँह के पास ले जाकर भीतर देखा, उसमें कुछ नहीं था। लेकिन फिर भी वह एक क्षण देखता ही रहा।

यह सब विज्ञान की देन है। विज्ञान से ही ऋद्धि मिलती है—और सुख। असल में यह सब सभ्यता की देन है। सभ्यता ने ही विज्ञान दिया है, सभ्यता ही इस दुनिया को सहयोग में चला रही है।

सभ्यता!

नरेन्द्र ने एक साँस लेकर टीन फेंक दिया। उसके गिरने की आवाज़ ने मानो फिर कहा, 'सभ्यता।'

नरेन्द्र को लगा कि वह सभ्यता से जैसे अलग है, अछूत है, निर्वासित है।

वह गली से लौटकर सड़क पर आया। आधे घंटे बाद उसने पाया कि वह "सब प्रकार के अचार, मुरब्बे, जैम, डिब्बे के फल, टॉफ़ी, चॉकलेट, बिस्कुट इत्यादि" बेचनेवाले हुसैनभाई करीमभाई के यहाँ लगभग साढ़े पाँच आने रोज़—दस रुपये मासिक का नौकर है।

2

यह थी सवेरे की बात। दोपहर में जब उसे आधे घंटे की छुट्टी दी गई, तब उस लापरवाह ने एक और डिब्बा क़ैलिफ़ोर्नियन आड़ुओं का खरीदा, गली में घुसकर खोला, और धीरे-धीरे टहलता हुआ खाने लगा।

ज्यों-ज्यों उसकी जीभ उस नये परिचित स्वाद के अनुभव से तृप्त होने लगी, त्यों-त्यों उसका हृदय दर्शन की बजाय एक अनुग्रह के भाव से भरने लगा। उसे लगने लगा कि वह संसार का भला चाहता है, उसके लिए सचेष्ट है। उसके मन में इच्छा हुई कि संसार के प्रति अपनी सद्भावना को किसी तरह किसी पर प्रकट कर सके, अपने अनुग्रह के घेरे में किसी को घेरकर अपना सके। सवेरे जिस निर्वासन का, सभ्यता के अलगाव का अनुभव उसे हुआ था, उसे मिटा दे, सभ्यता की आत्मा से एक हो जाए।

तभी उसे सामने से एक आदमी आता हुआ दिखाई दिया जो मामूली गाढ़ का फटा कुरता और घुटने तक की धोती बाँधे था, लोहे के फ्रेम का टेढ़ा चश्मा लगाए था, और सिर झुकाए चल रहा था। जब वह नरेन्द्र के पास आ गया, तब नरेन्द्र ने एकाएक उसकी ओर आड़ू का डिब्बा बढ़ाते हुए कहा, "लीजिए—मेरे साथ हिस्सा बँटाइएगा?"

उस आदमी ने कुछ चौंककर डिब्बे की ओर देखा—नरेन्द्र को लगा कि वह भूखी-सी आँखों से डिब्बे पर लिखी इबारत पढ़ रहा है। नरेन्द्र हाथ बढ़ाए, साकार आग्रह बना खड़ा रहा।

एकाएक उस व्यक्ति ने कुछ पीछे हटकर कहा, "तुम्हें शर्म नहीं आती कि देश का रुपया विदेशी माल पर उड़ा रहे हो? और वह भी ग़ैर-ज़रूरी माल पर, निरी स्वाद-लोलुपता के लिए?"

नरेन्द्र सहम गया। किसी तरह बोला, "ये क़ैलिफ़ोर्निया के आड़ू हैं। सभ्यता की देन हैं।"

"जी हाँ। यह शैतान की चाट है। हमारे पतन की निशानी है। आपका कलंक है। वह—"

"सब लोग तो खाते हैं—"

"खाते हैं। लेकिन तुम जानते हो, संसार का कितना बड़ा हिस्सा आज पतन के मुँह में जा रहा है? हमारे भीतर घुन लग गया है। हम सड़ रहे हैं। और अगर शीघ्र न चेते तो—"

"क्या तुम्हें भूख नहीं लगती?"

"लगती है, लेकिन मैं उसे अपने भाइयों का जिगर खाकर नहीं मिटाना चाहता। यह भूख ही, सब ओर फैला हुआ विनाश ही हमें आत्माभिमान की शिक्षा देता है।"

वह व्यक्ति एक बार फिर घृणा से उस डिब्बे की ओर देखकर आगे बढ़ गया।

नरेन्द्र भी स्थिर दृष्टि से उस डिब्बे को पकड़े हुए अपने हाथ की ओर देखता रहा। उसका मन जैसे पथरा गया था, और हाथ भी अवश हो गया था। धीरे-धीरे हाथ की पकड़ शिथिल होती गई, और एकाएक डिब्बा उसके हाथ से छूट पड़ा।

वह एकदम से जाग गया।

वह ठीक कहता है। यह कलंक है। ज़बान की चाट है।

सब ओर पतन है। सभ्यता ही ने हमें इस पतन की ओर बढ़ाया है। विज्ञान ने हमें सुख नहीं, प्राचुर्य दिया है और प्राचुर्य की सड़ान्ध ने हमारा दिमाग़ विकृत कर दिया है।

पतन। पतन। सभ्यता। लेकिन पतन में आत्माभिमान जागा है।

सभ्यता! आत्माभिमान!

नरेन्द्र दृढ़ क़दमों से लौट पड़ा। हुसैनभाई करीमभाई की दुकान पर पहुँचकर उसने कहा, "मैं आपकी नौकरी नहीं करूँगा।"

"क्यों?"

"आप विदेशी माल बेचते हैं—वह हमारा कलंक है।"

मालिक मुस्कुरा दिए। नरेन्द्र बाहर निकलकर फिर सड़क पर टहलने लगा। कोई व्यक्ति उसकी ओर देखता तो वह कुछ अकड़ जाता, और उसके भीतर मानो एक शब्द गूँज उठता—'आत्माभिमान'।

3

शाम को नरेन्द्र टहलते-टहलते थम गया। सीटी बजाने की इच्छा भी उसे न हुई। कुछ ठंड-सी भी हो चली।

नरेन्द्र ने पीठ झुका ली। हाथ ज़ेब में डाल लिये।

साढ़े पाँच और साढ़े पाँच, ग्यारह। पाँच आने।

नरेन्द्र को याद आया कि पाँच आने उसकी जेब में बाक़ी हैं। साथ ही यह भी विचार आया कि उसे अभी अपने पतन का प्रायश्चित करना है।

वह एक दुकान में गया और देशी मुरब्बे माँगने लगा। एक दुकान, दूसरी, तीसरी दुकान। आखिर उसे हिन्दुस्तान ही में बने हुए आड़ू के मुरब्बे का डिब्बा मिल गया—दाम पाँच आने।

नरेन्द्र ने डिब्बा लिया, पैसे चुकाए और बाहर निकला। उसका अभिमान दीप्त हो उठा। उसने देश के नाम पर पाँच आने खर्च किए हैं। पाँच आने—जो उसके अन्तिम पाँच आने थे, जिनके जाने में उसकी जेब खाली हो गई है।

अब वह गली में नहीं गया। जितना अभिमान उसमें भर रहा था, उसके लिए गली बहुत तंग जगह थी। वह सड़क पर ही एक दुकान के बाहर तख़्त पर बैठ गया और डिब्बा खोलकर खाने लगा।

मुरब्बा खाकर, उँगली चाटकर, डिब्बे के भीतर झाँककर, उँगली फिर उसमें फिराकर और मुँह में डालकर, होंठ चूसकर, अन्त में नरेन्द्र ने डिब्बा फेंक दिया। डिब्बा खनखनाता हुआ लुढ़कता चला गया। नाली में गिरा। शान्ति हो गई।

एक ओर से एक लड़का दौड़ा हुआ आया। उसने डिब्बा उठाया, झटककर नाली की कीच झाड़ दी; और चलने को हुआ।

दूसरी ओर से दो लड़के निकले, पहले से डिब्बा छीनने की कोशिश में लगे।

तीसरी ओर से एक नंग-धड़ंग मैला बच्चा निकला और ललचाई आँखों से डिब्बे की ओर देखने लगा।

चौथी ओर से क़द में कुछ बड़ा एक लड़का निकला, अधिकार के स्वर में बोला, ''हटो!'' और डिब्बा छीनकर बोला, ''अरे यह तो जैम का डिब्बा है।'' दो काली उँगलियाँ भीतर घुसीं, घूमीं, बाहर निकलीं और मुँह में चली आईं।

तब मारपीट, गाली-गलौज, नोच-खसोट होने लगी। डिब्बे में कुछ नहीं था, उन शरीरों में भी कुछ नहीं था, लेकिन कुछ चीथड़े इधर-उधर गिरे, कुछ नोचे हुए बाल, कुछ मैला रक्त।

नरेन्द्र देखता रहा। उसका हृदय ग्लानि से भर गया। क्या यही है हमारा आत्माभिमान! यही है हमारी सभ्यता!

नहीं, सभ्यता ने हमें कुछ नहीं दिया। विज्ञान नहीं दिया। सुख नहीं दिया। वह क्रियाशीलता भी नहीं दी, जिससे प्राचुर्य आता है। आत्म-गौरव नहीं दिया। वह पतन ही दिया जिससे अभिमान जागता है।

सभ्यता ने हमें कुछ नहीं दिया।

दिया है। यही दिया है। यह—यह—यह...

4 एकदम से नरेन्द्र को जैसे किसी ने थप्पड़ मार दिया हो। भूतकाल में से एक आग की लपट-सी निकली जो दार्शनिकता को, बेफ़िक्री को,

लापरवाही को भस्म कर गई। उसे याद आया कि उसके घरवाले भी हैं जिन्हें वह छोड़ आया है। उसके भाई-बहिन, क्या वे भी ऐसे होंगे? उसकी स्त्री—क्या वह ऐसी ही सन्तान की माँ होगी? उसका शिशु—क्या वह भी ऐसा होगा, नाली के पड़े हुए गन्दे टीन के लिए लड़ मरनेवाला सभ्य?

हाँ, उसके भाई-बहिन, उसकी स्त्री, उसका बच्चा भी भूखे होंगे। और बिलकुल अकेले होंगे—एक-दूसरे के शत्रु।

वह उन्हें इस हालत में बचा सकता था। शायद अब भी बचा सकता है। सभ्यता से बचा सकता है।

वे गाँव में हैं, जहाँ सभ्यता अभी नहीं पहुँची। उसे भी गाँव जाना चाहिए। सभ्यता के बाहर निकलना चाहिए। लेकिन कैसे? कैसे?

गाँव दूर है, उसे रेल का टिकट चाहिए। उसे ताँगा चाहिए। उसे बल के लिए भोजन चाहिए। कैसे?

उसे यह सब कुछ चाहिए। इस सब कुछ के लिए पैसा चाहिए। कैसे?

कैसे? उसे मजूरी चाहिए। उसे नौकरी चाहिए। उसे चाहिए...उसे चाहिए— कुछ ही चाहिए जो उसे सभ्यता से बाहर निकालकर ले जाए, जहाँ उसके भाई-बहिन हैं, स्त्री है, बच्चा है—और यह सभ्यता नहीं है।

वह सड़क की ओर, सभ्यता की उन सब दुकानों की ओर लौट पड़ा।

5 लेकिन तब शाम हो चुकी थी। दुकानें बन्द हो गई थीं।

•

ताज की छाया में

कैमरे का बटन दबाते हुए अनन्त ने अपनी साथिन से कहा, "खींचने में कोई दस मिनट लग जाएँगे—टाइम देना पड़ेगा।" और बटन दबाकर वह कैमरे से कुछ अलग हटकर पत्थर के छोटे-से बेंच पर अपनी साथिन के पास आ बैठा।

वह सारा दिन दोनों ने इस प्रतीक्षा में काटा था कि कब शाम हो और कब वे चाँदनी में ताजमहल को देखें। दिन में उन्हें कोई काम नहीं था; लेकिन दिन में आकर वे पाँच-सात मिनट में ही एक बार ताज की परिक्रमा करके चले गए थे, यह निश्चय करके कि शाम को ही पूर्णप्राय चन्द्रमा की शुभ्र देन से अभिभूत-व्याकुल, वे उसे देखेंगे और उसी समय फ़ोटो भी लेंगे।

अनन्त ने घड़ी देखी, और फिर धीरे-धीरे बोला, "देखो, ज्योति, आखिर वह क्षण भी आया कि हम ताज को देख सकें—तुम्हें याद है, तुम कहती थीं, कभी मैं तीर्थ करने निकलूँगी तो पहले यह तीर्थ करूँगी? देखो..."

ज्योति ने उत्तर नहीं दिया। मानो उसके आदेश को मानते हुए, अपलक दृष्टि से सामने देखती रही।

साँझ के रंग बुझ चुके थे—सन्धि-बेला नहीं थी, निरी रात थी, अकेली और अतिशः रात...और अनन्त की आँखों के सामने, ज्योति की आँखों के सामने, सरो वृक्षों की सम्मिश्रणहीन श्यामता के ऊपर एकाएक ही प्रकट हो जाती थी रौज़े की दूषणहीन शुभ्रता।

बैठे-बैठे अनन्त का मन भागने लगा, उसे लगा कि संसार-भर का अँधेरा, पुँजीभूत होकर वहाँ एकत्र हो गया है, मानो ताज का गौरव बढ़ाने के लिए; और उसके ऊपर विश्व-भर की चाँदनी भी साकार होकर, अस्थूल पैरों से दबे-पाँव आकर, अनजाने में स्थापित हो गई है और चाँदनी भी ऐसी, जो मानो अपने-आप में नहाकर निखर आती है, अतिशः चन्द्रिकामय हो गई है।

...क्यों है इतना निष्कलंक सौन्दर्य पृथ्वी पर? क्यों किसी का इतना सामर्थ्य हुआ कि वह अकेला ही इतने साधन इकट्ठे कर सके—इस अनुपम विराट स्मारक की सृष्टि कर सके।

...सौन्दर्य का पूरा अनुभव करने के लिए क्या निर्वेद अवस्था ज़रूरी है? क्या ज़रूरी नहीं है? सौन्दर्य वह है, जिसकी अनुभूति में हम ऐहिक सुख-दुःख से परे निकल जावें—यानी भावानुभूति से परे चले जावें; पर सौन्दर्य की अनुभूति तो स्वयं एक भाव ही है।

उसे एक कहानी याद आई। जाने कब उसने पढ़ी थी—ताजमहल को देखकर मन के किसी गहरे तल से उफनकर ऊपर आ गई। ऐसे ही एक स्मारक की कहानी थी—जो किसी सम्राट् ने अपनी प्रेयसी के लिए बनवाया था।

जब सम्राज्ञी मर गई, तब सम्राट् ने देश-भर के कलाकार एकत्र करके हुक्म दिया, "मेरी प्रियतमा की स्मृति में एक ऐसी इमारत खड़ी करो, जैसी न कभी देखी गई हो, न कभी देखी जाए। चन्द्रिका लजा जाए, तारे रो पड़ें, ऐसा हो उसका सौन्दर्य। और मेरी सारी प्रजा, मेरा कुल राजकोष इस विराट् उद्देश्य के लिए अर्पित है। नहीं, मैं स्वयं भी इसी यज्ञ में आहुति दूँगा—मैं आज के अपने महल के तहख़ाने में अन्धकार में पड़ा रहूँगा, और मेरी आँखें तब तक कुछ नहीं देखेंगी, जब तक वह स्मारक तैयार न हो जाए—जो वैसा ही अद्वितीय सुन्दर हो, जैसी कि मेरी प्रियतमा थी।"

सम्राट् चले गए। और राष्ट्र-भर की शक्तियाँ उस तीन हाथ लम्बे और हाथ-भर चौड़े क्षार-पुंज के आस-पास केन्द्रित होने लगीं, और स्मारक धीरे-धीरे खड़ा होने लगा।

दिन बीते, महीने बीते, वर्ष बीते। दस वर्ष बीत गए। एक दिन कलाकारों ने जाकर सूचना दी, "सम्राट् बाहर पधारें, भवन तैयार हो गया है।"

सम्राट् आए। अन्धकार में रहते उनके केश पीले पड़ गए थे, त्वचा मानो झुर गई थी, और आँखों की ज्योति चली गई थी।

सम्राट् ने भवन देखा। सचमुच उनकी साधना, उनके प्रतिपालित समूचे राष्ट्र की साधना-सफल हो गई थी—दिवंगता सम्राज्ञी की तरह अद्वितीय सुन्दर था वह भवन। सम्राट् को रोमांच हो आया, हाथ-पैर भावातिरेक से काँपने लगे; पर एक उन्मत्त आवेश में वह आगे बढ़े, भवन के भीतर, जहाँ काले प्रस्तर के निर्मम, निःस्पन्द आलिंगन में सम्राज्ञी का निःस्पन्द शरीर बँधा हुआ था।

"आह, सुन्दरता..." कहते-कहते सम्राट् की दृष्टि उस काले पत्थर की समाधि पर पड़ी—और उनकी ज़बान रुक गई, वह तल्लीनावस्था टूट गई, उन्होंने क्रुद्ध आज्ञा के स्वर में कहा, "इस कुरूप चीज़ को यहाँ से उठवा दो, भवन का सौन्दर्य बिगाड़ रही है!"

इतनी ही कहानी थी। बिलकुल छोटी; मामूली; लेकिन मानव-हृदय का कितना गहरा ज्ञान है इसमें—मानवीय प्यार की कितनी वज्र-कठोर परिभाषा! यह सच है। लेकिन क्या सचमुच यही मात्र सच है? इतना ही है प्रेम का अमरत्व? फूल जो झर जाएँगे, और जिनके बाद रह जाएँगे—काँटे, और उनमें सनसनाता हुआ अन्धड़—

फूल फूल हैं, खिलकर झर जावेंगे रातो-रात—
कल काँटों में सन्नाता रोवेगा झंझावात!

पर, काँटे क्यों? न सही प्रेम अमर; पर उसके शव पर जो स्मारक खड़े होने हैं, उनका सौन्दर्य तो अमर हो सकता है—मिस्र के पिरामिड की तरह अचल, परिवर्तनहीन अमर।

पिरामिड भी क्या ऐसे ही बने थे? और एक और कहानी याद आई—पहले की-सी कठोर, और मानव-हृदय के विश्लेषण—नहीं, चीरफाड़—में उतनी ही सच्ची और अपने मन में उसको कहते हुए अनन्त का शरीर काँप गया—'मिस्र के फ़राऊन की एक लड़की थी—'

अनन्त के शरीर के कम्पन को ज्योति ने भाँप लिया। अपने हाथ से बेंच पर अनन्त का हाथ टटोलते हुए कोमल आग्रह से बोली, "क्यों, क्या सोच रहे हो?"

"एक कहानी याद आ रही थी—"

"क्या?"

अनन्त ने धीमे स्वर में सम्राज्ञी के स्मारक की कहानी कह दी। ज्योति सुनते-सुनते अपना मनोयोग दिखाने के लिए 'हूँ' करती रही थी; लेकिन कहानी का अन्त होते समय एकदम शान्त-सी हो गई और चुप रही। थोड़ी देर बाद बोली—"तुम काँपे क्यों थे?"

"वह? वह और बात थी।"

"क्या?"

"यों ही—"

"तो भी—"

"मैं सोच रहा था, सजीव आदमी के प्यार से, उसका निर्जीव स्मारक बनाना स्थायी होता है, तब तो प्यार करने की अपेक्षा प्यार का स्मारक बनाना ही अधिक लाभकर है।"

ज्योति ने अन्यमनस्क स्वर में कहा, "तो..."

"मुझे एक कहानी याद आई थी। मिस्र देश के एक फ़राऊन ने अपनी लड़की को यही राय दी थी—"

"क्या?"

"लड़की की अपार रूप-राशि की कीर्ति देश-विदेश में फैली हुई थी। जब वह युवती हुई, तब उसने विवाह करने का निश्चय किया। वह कल्पना करने लगी, संसार में कहीं उस-सा ही सुन्दर कोई राजकुमार होगा, जिससे वह विवाह करेगी; और उन दोनों-सा ही अनुपम और अपरिमति होगा उनका प्रेम, जिसके द्वारा वह अपने को अमर कर जाएगी। उसने पिता से जाकर कहा—'पिता, मैं विवाह करूँगी।'

"पिता ने पूछा, 'क्यों?'

" 'मैं प्रेम में अमर होना चाहती हूँ।'

" 'प्रेम में अमर? और ऐसे?'

"कन्या ने कुछ लजाते हुए कहा, 'और मैं यह भी चाहती हूँ, अपने पीछे कुछ छोड़ जाऊँ, जिससे लोग मेरा नाम लें और मेरी स्मृति बनी रहे।'

''अनुभवी पिता ने मुस्कुराकर कहा, 'तुम अमरत्व चाहती हो न, अमरत्व? वह ऐसे नहीं मिलेगा, क्योंकि आदमी का प्यार क्या चीज़ है? बालू की लिखत—पानी का बुलबुला—अमरत्व मैं तुम्हें दूँगा; बोलो, मेरी बात मानोगी?'

''कन्या ने कहा, 'हाँ, मैं अमरत्व चाहती हूँ। आप आज्ञा कीजिए।'

''सम्राट् ने देश-देशान्तर में हरकारे भेजकर घोषणा करवा दी कि फ़राऊन की लड़की स्वयंवर द्वारा शादी करना चाहती है, जितने प्रणयार्थी हों, वे राजधानी में आकर आवेदन करें। अपनी पात्रता प्रमाणित करने के लिए काली वज्रशिला का एक-एक खंड लेते आवें।

''विवाहेच्छु युवकों का ताँता बँध गया; लेकिन फ़राऊन के आज्ञानुसार राजकन्या के दर्शन किसी को प्राप्त नहीं हो सके। सब आ-आकर वज्रशिला खंड एक निर्दिष्ट स्थान पर जमा करते जाते और यह समाचार पाकर लौट जाते कि राजकुमारी ने उन्हें पसन्द नहीं किया।

''कई वर्ष हो गए और यही क्रम जारी रहा। शिलाखंडों का ढेर बढ़ता गया, निराश युवकों की संख्या बढ़ती गई, और राजकन्या का यौवन भी पराकाष्ठा तक पहुँचकर ढलने लगा। एक दिन उसने खिन्नमन होकर पिता से कहा—'पिता जी, अब तो मेरा शरीर भी जर्जरित होने लगा, अब बताइए, मैं अमरत्व कब पाऊँगी?'

''फ़राऊन उसे महल की खिड़की के पास ले गए और उसे खोलते हुए बोले, 'बेटी, तुम तो अमर हो गईं—वह देखो, तुम्हारा अमरत्व!'

''बेटी ने बाहर झाँका। सामने सांध्य प्रकाश में लोहितवर्ण पिरामिड चमक रहा था। पिता ने कहा, 'वह देखो, बेटी! अब तुम क्या करोगी मानव का प्यार...' ''

अनन्त एकाएक चुप हो गया। फिर बोला, ''उफ़, कैसी कहानी है यह...''

ज्योति ने धीरे-धीरे अपना हाथ खींच लिया। दोनों फिर चुप हो गए।

मिनट-भर बाद ज्योति ने फिर पूछा, ''अब क्या सोच रहे हो?''

वह अनन्त की ओर देखती नहीं थी, देख वह अपलक दृष्टि से ताज की ओर ही रही थी; फिर भी जाने कैसे अनन्त का नाड़ी-स्पन्दन निरन्तर उसमें प्रतिध्वनित हो जा रहा था।

कुछ चुप रहकर अनन्त बोला, ''बताओ, क्या दिन के प्रकाश में प्यार भी उतना ही कठोर लगता है, जितना कि पत्थर?''

ज्योति ने कुछ विस्मय से कहा, ''क्यों, क्या मतलब? मैं नहीं समझी।''

''आज दोपहर को देखा था, ताज कितना बेहूदा लग रहा था? क्यों? इसलिए कि पत्थर भी कठोर है; दोपहर की धूप भी कठोर है और दोनों एक साथ तो...तभी दोपहर को लग रहा था, जैसे किसी ने निर्दय हाथों से ताज की सुन्दरता का अवगुठन उतार लिया हो, उसे नंगा कर दिया हो। लेकिन अब चाँदनी में—ऐसा लगता है कि ओस की तरह चाँदनी ही जमकर इकट्ठी हो गई हो।''

''नहीं, तुम और कुछ सोच रहे थे—बताओ न?'' कहकर ज्योति ने फिर अनन्त के हाथ पर अपना हाथ रख दिया।

अनन्त को नहीं लगा कि प्रतिवाद करने की ज़रूरत है, या उसे झूठ बोलने पर लज्जित होना चाहिए। उसका अपने मन की बात न कहकर और बात कहना और ज्योति का इस बात को फ़ौरन ताड़ जाना उसे बिलकुल ठीक और स्वाभाविक लगे। वह फ़ौरन ही कहने लगा, "हाँ, दोपहर को ताज की परिक्रमा करते समय मैंने किसी को कहते सुना था कि एक बार विलायत से एक मेम वहाँ आई थी और ताज को देखकर कहती थी, अगर मुझे कोई लिखकर दे दे कि मुझे यहीं दफ़नाया जाएगा, तो मैं अभी यहीं मर जाऊँ—इतनी प्रभावित हुई थी वह इसके सम्मोहन सौन्दर्य से। मैं यही सोच रहा था, कैसी भावना है यह—क्या इसका मूल्य जीवन से अधिक है?"

ज्योति ने अनन्त का हाथ झटक दिया। वह चौंककर बोला, "क्यों, क्या हुआ?"

"दो-दो बार झूठ बोलोगे? बताओ, क्या सोच रहे थे?"

"सच तो बता रहा हूँ—"

"भला मैं नहीं जानती—झूठे कहीं के!"

"अच्छा, तुम कैसे जानती हो—"

ज्योति क्या बताए कि कैसे जानती है? जैसे वह जानती है, वह बताने की बात नहीं, न उसे कहना आता है। एक बीज होता है, जब अंकुर फूटता है, तब बीज के दो आधे हो जाते हैं, तो अंकुर किसका अधिक होता है—कौन उसका अधिक अपना होता है? और अंकुर की अत्यन्त सुकुमार जड़ों में जब रस खिंचता है, तब वे बीजांश कैसे जान लेते हैं कि जीवन का प्रवाह जारी है? ज्योति जानती है कि अनन्त कुछ कहना चाहता है जो उससे कहते नहीं बन रहा; वह उसकी इतनी गहरी अनुभूति है कि सचमुच निकलती ही नहीं, झूठ की आड़ में ही आ सकती है, जैसे मिट्टी के नीचे रसोद्भव—ज्योति जानती है, और बस जानती है, कैसे कहे कि कैसे...

ज्योति ने कहा, "नहीं, तुम बताओ मुझे, मेरे शिशु-स्नेह!"

जाने क्यों, इस सम्बोधन का आग्रह अनन्त नहीं टाल सकता। वह कुछ सरककर, ज्योति से कुछ विमुख होकर, ताज की ओर देखते हुए ही कहने लगा, "मैं सोच रहा था, यदि तुम इस समय न होतीं, तो मैं यहीं सिर पटककर समाप्त हो जाता—यहाँ दफ़नाए जाने के मोह के बिना भी। वैसी गारंटी, मुझे लगता है, अपने आत्मदान का अपमान करना है।"

" मैं साथ न होती, तब—यह कैसी बात?"—ज्योति ने कुछ सम्भ्रान्त स्वर में कहा।

अनन्त चुप। फिर कुछ और भी विमुख होकर, कुछ लज्जित-से और बहुत धीमे स्वर में वह बोला, "इसलिए कि तुम साथ हो, तब मेरा अपना अलग व्यक्तित्व इतना नहीं है कि मैं लुटा सकूँ—इस ताज पर भी लुटा सकूँ—"

उस समय अधिक लोग वहाँ नहीं थे; लेकिन ज्योति को लगा, क्यों उनके अतिरिक्त एक भी व्यक्ति वहाँ है? कोई न होता तब...पर उस समय उसने केवल अनन्त का हाथ दबा दिया था।

अनन्त का मन फिर भटकने लगा। तीन शब्द उसके मन में घूम-घूमकर आने लगे—मृत्यु, प्रेम, अमरत्व। और धीरे-धीरे, मानो चोरी से, एक शब्द और साथ आकर मिल गया—निर्धनता।

लेकिन, निर्धनता क्यों? क्या प्रेम को अमर बनाने के लिए धन की ही आवश्यकता है? यदि है, तो क्या है वह प्रेम!

कवि भी तो हुए हैं, जिन्होंने अमरता प्राप्त की है—क्या धन-सम्पत्ति के ज़ोर से? प्रेम के उन अमर गायकों में ऐसे भी तो थे, जिनको पेट-भर भोजन नहीं मिलता था। पेट-भर भोजन, हृदय-भर प्यार—ये अलग-अलग चीज़ें हैं।

अनन्त धीरे-धीरे तर्कना के क्षेत्र से परे जाने लगा—भावों की नदी में बहने लगा। और वैसे ही धीरे-धीरे उसके प्रश्न, उसके सन्देह, उसकी आशंकाएँ मिटने लगीं, और उस पर छाने लगा अतिशय आत्मदान का आनन्दमय उन्माद—वह कवि हो गया—कविता उसमें से फूट पड़ने लगी।

उसने जाना—जाना नहीं, अनुभव किया—कि उसका और ज्योति का प्यार इसी में अमर है कि उन दोनों ने इस विराट् सौन्दर्य को प्रेम के इस अमर स्मारक को साथ देखा है।

और बिना चाहे उसके मन में प्रेरणा उठी, वह इस भावना को कविता में कह डाले, किसी तरह प्रकट कर दे, इतना विवशकर था उसका दबाव; पर वह कविता जी रहा है, तो कविता वह कह भी सकेगा, ऐसा तो नहीं है।

वह कहना चाहता था; मैं अनन्त नाम का एक क्षुद्र साधनहीन व्यक्ति हूँ, कला मुझमें नहीं है, रस मुझमें नहीं है—आत्माभिव्यंजना का कोई साधन भी मेरे पास नहीं है, न मैं किसी साधन का उपयोग करना जानता हूँ—क्योंकि मैं अनन्त नाम का एक क्षुद्र व्यक्ति मात्र हूँ। पर—क्या यही मेरे लिए गौरव की बात नहीं है कि मैं कला में अपने को खो सकता हूँ, दूसरों के प्रेम में, दूसरों की साधना में निमग्न हो सकता हूँ—मेरे लिए, और हाँ, ज्योति, तुम्हारे लिए भी गौरव की बात...

क्योंकि, ज्योति, इस विराट् रचना के आगे, प्रेम के इस दिव्य स्मारक की छाया में, कन्धे-से-कन्धा मिलाए और अँगुलियाँ उलझाए बैठे हुए हमें भी अमरता प्राप्त हुई है—हमें, जो निर्धन हैं, साधनहीन हैं, किन्तु जो फिर भी दानी हैं, क्योंकि उनके पास साधन है। सामने हमारे सौन्दर्य है, जिसमें हम तन्मय हैं, तब हम भी सौन्दर्य के स्रष्टा हैं, अमर हैं।

यह सब वह कहना चाहता था—पर कह नहीं पाया। एक पंक्ति उसके मन में आई—'प्रिये, यही है अचिर अमरता का क्षण,' पर इसके बाद उसका मस्तिष्क जैसा सूना हो गया, और बार-बार 'यही है, यही है' कि निरर्थक आवृत्ति करने लगा। उसने जेब से काग़ज़-पेन्सिल निकाली, यह पंक्ति उस पर लिखी—शायद इस आशा में कि उससे मन कुछ आगे चले; पर नहीं...यही है, यही है, यही है...

ज्योति ने पूछा, ''क्या लिख रहे हो?''

अनन्त ने काग़ज़ फाड़कर फेंक दिया और बोला, ''कुछ नहीं, इतना यथार्थ

था कि कविता में नहीं आता।''

''क्या?''

''कि ताज के इस सौन्दर्य को एक साथ अनुभव करने में ही हम अमर हो गए हैं।''

ज्योति ने अपना सिर कोमलता के आर्द्र स्पर्श से अनन्त के कन्धे पर रख दिया। उसके सूखे बालों की एक लट अनन्त के होंठों के कोनों को छू गई। अनन्त ने जाना, उनमें एक सुरभि है, जो उनकी आत्यन्तिक है, और जिसकी तुलना के लिए उसे कुछ सूझता नहीं।

ज्योति ने पूछा, ''वह मुमताज बेग़म का प्रसाद तुमने ठिकाने रखा है न—वह फूल, जो मैंने कब्र पर से उठाकर तुम्हें दिया था?''

अनन्त ने धीरे से कहा, ''उससे भी बड़ा प्रसाद है मेरे पास इस समय—'' और सिर एक ओर झुकाकर, ठोड़ी से ज्योति का सिर दबा लिया।

तभी ज्योति ने कहा, ''और तुम्हारी फ़ोटो?''

अनन्त चौंककर उछल पड़ा। कैमरे का शटर बन्द करते-करते उसे लगा, एक बड़ा महत्त्वपूर्ण क्षण बीत गया है—उसके जीवन का एकमात्र क्षण।

कैमरा उठाकर उसने कहा, ''चलो, चलें।'' उसके स्वर में गहरा विषाद था।

ज्योति ने कहा, ''चलो।'' और उठ खड़ी हुई।

कविता की वही पंक्ति 'प्रिये यही है, अचिर अमरता का क्षण' फिर अनन्त के मस्तिष्क में गूँज गई; लेकिन अभी ही उसे लगा, जैसे उसका अर्थ नष्ट हो गया हो।

•

गृहत्याग

Let us rise up and part : no one will know.
Let us go seaward as the great winds go.
Full of blown sand and foam : what
help is here?

—Swinbern

"कितने भोले थे हम—जो सच्चे दिल से इस शिक्षा को अपना कर सन्तुष्ट हो गए!'' कहकर बूढ़े ने एक बहुत लम्बी साँस ली और उठ खड़ा हुआ। खड़े होकर एक बार उसने अपने चारों ओर देखा, फिर धीरे-धीरे खिड़की के पास जाकर चौखट पर बैठ गया, और घुटने पर ठोड़ी टेककर धीरे-धीरे कुछ गुनगुनाने लगा।

खिड़की के बाहर कोई बहुत सुन्दर दृश्य हो, यह बात नहीं थी। वह घर जिसकी कोठरी में वृद्ध बैठा था, मद्रास नगर की एक बहुत छोटी, बहुत गन्दी गली में था, और उस कोठरी तक सूर्य का प्रकाश कभी नहीं आ पाता था...उस खिड़की के बाहर का दृश्य—एक तंग गली, जिसके दोनों ओर नालियाँ बह रही थीं, जिसमें छोटे-छोटे श्यामकाय बच्चे खेल रहे थे...इसमें ऊपर एक पकौड़ी की दुकान थी, जिसमें एक तेल के कड़ाहे के पास बैठी एक बुढ़िया धीरे-धीरे कुछ गा रही थी...कभी-कभी वह रुककर कीच से लथपथ लड़कों को धमकी देती थी, जिससे वे दूर भाग जाते थे और फिर नाली की कीच में कूद पड़ते थे...

बूढ़ा इसी दृश्य को देख रहा था—या इसी दृश्य में किसी सुदूर प्रदेश की कल्पना किए बैठा था...और वह धीरे-धीरे गुनगुनाता जाता था, मानो तेल से उठते हुए धुएँ से बातचीत कर रहा हो।

कमरे में वृद्ध अकेला ही था—बहुत अकेला। इतना अधिक अकेला कि उसे अपने वहाँ होने का भी ज्ञान नहीं था—उसके मुख से शब्द बिना आयास के या

नियन्त्रण के निकलते जान पड़ते थे और ऐसा प्रतीत होता था कि वह स्वयं उन्हें सुन नहीं रहा—न समझ ही रहा है...

''कितने भोले थे हम—इतने बड़े जीवन में हम एक इतनी बात भी नहीं जान पाए कि स्वत्व क्या है...हमारे लिए वह एक सैद्धान्तिक चीज़ थी, हम उसकी परिभाषा कर सकते थे...किन्तु हमने उसका उपभोग कभी नहीं किया, न हमें उसकी कुछ अनुभूति ही है...

''कारखाने के निर्दय कार्यक्रम से समय बचाकर हमने किताब माँग-माँगकर पढ़ना शुरू किया, तो क्या पढ़ें? वही हृदय को जलानेवाली शिक्षा—जिसके सिद्धान्त बचपन से ही हमारे वक्ष-स्थल पर अमिट अक्षरों में खुद गए थे। हम, जो जन्म के समय से वंचित, छलित, विवस्त्र, विवृत और विदग्ध थे, पढ़-लिखकर भी यही सीखे कि सम्पत्तिहीन होकर भी हमें शिकायत नहीं करनी चाहिए—क्योंकि जिन अधिकारों से हम वंचित रह गए, वे व्यक्तिगत होने ही नहीं चाहिए, वे समाज में ही अभिहित होने चाहिए...अभी तक हम बाध्य होकर निर्धन और वंचित थे, अब हमें शिक्षा मिली कि इस दशा में रहना मनुष्य मात्र का कर्तव्य है...''

बूढ़ा कुछ देर तक रुक गया, फिर एकाएक बोला, ''कितने भोले थे हम!''

इसी समय खिड़की के नीचे कुछ कोलाहल हुआ, पकौड़ीवाली बुढ़िया का कर्कश स्वर सुन पड़ा, फिर एक लड़के के रोने की चीख...

''बुढ़िया ने मेरा खिलौना तोड़ दिया!''

वृद्ध एकाएक चौंका। उसने खिड़की के बाहर झाँककर पुकारा, ''आ बेटा, मैं तुझे दूसरा खिलौना दूँगा!''

लेकिन वह लड़का रोता हुआ भाग गया था।

बूढ़े की बात सुनकर पकौड़ीवाली बुढ़िया चिल्लाकर बोली, ''अरे कौन है यह खिलौनोंवाला? छोकरे को और बिगाड़ रहा है! खिलौने देने चला है—पहले अपने मुँह के दाँत तो गिन ले!''

गली में खड़े हुए सब लड़के, जो अब तक सशंक दृष्टि से बुढ़िया की ओर देख रहे थे, उसकी इस बात पर खिलखिलाकर हँस पड़े।

वृद्ध ने उठकर खिड़की बन्द कर दी और अन्धकार में एक बड़ी लम्बी साँस ली।

फिर उसने दियासलाई से एक बहुत छोटा-सा दीपक जलाया और एक ओर आले में रखकर उसके सामने खड़ा हो गया। उसकी ओर देखता हुआ बोला, ''क्यों रे, कल भी तुझे जलानेवाला कोई होगा, या नहीं?''

क्षण-भर वृद्ध ने अपने-आप ही सिर हिलाया और, 'तुझमें स्नेह नहीं है!' कह कर वहाँ से चला। एक कोने से एक मिट्टी का घड़ा और पीतल का कमंडल लेकर वह कोठरी से बाहर निकल पड़ा।

सीढ़ियों से उतरकर वह एक छोटे-से आँगन में पहुँचा। यहाँ पर नल के नीचे उसने घड़ा रख दिया और स्वयं पास के चबूतरे पर बैठकर पानी की बहुत पतली धार की ओर देखने लगा।

घड़े में पड़ते हुए पानी की 'घहर घहर घर!' सुनते-सुनते उसे अपना तिरस्कार भूल गया और उसके मुख पर खिंचाव कुछ ढीला हो गया।

उसके विचारों की तरंग फिर बहने लगी—''हमने अपने घोर नारकीयगत जीवन का कुछ भी प्रतीकार नहीं किया, प्रतिवाद तक नहीं! प्रबुद्ध होकर भी हमने कोई चेष्टा नहीं की कि जिन वस्तुओं से हम सदा वंचित रहे, उन्हें अब स्वयं प्राप्त करें, या दूसरों को ही दिलाएँ...उलटे हम स्वयं इसी सिद्धान्त का प्रचार करने लगे कि किसी व्यक्ति का किसी वस्तु पर कोई स्वत्वाधिकार नहीं है, कभी-कभी संघ और समाज का है...

''किन्तु हमारा सिद्धान्त मिथ्या थोड़े ही था? हमारा मन कभी-कभी कठोर-से-कठोर यन्त्रणा से निकलकर अदम्य और उद्दंड भाव से स्वत्व-कामना करने लगता है, एक स्वत्व विशेष का—लेकिन इस आन्तरिक प्रेरणा का प्रज्ज्वलन विवेक-बुद्धि की शीतलता को मिथ्या नहीं करता...शायद वह प्रेरणा बिलकुल मरीचिका—''

बूढ़ा फिर एकाएक रुक गया, क्योंकि एक छोटी-सी, कोई सात-आठ वर्ष की बालिका, उस घड़े के पास आकर खड़ी हो गई थी, और अपनी हथेली नल पर रखकर पानी इधर-उधर छिटका रही थी। बूढ़े ने उसे देखकर कहा ''छोटी, घड़ा भर लेने दे। फिर मैं ही पानी उड़ाकर दिखाऊँगा।''

वह बालिका नल से हटकर बूढ़े के पास आकर खड़ी हो गई। बोली, ''बूढ़े बाबा, तुम्हारा नाम ही गंगाधर है?''

''हाँ, क्यों?''

''ऐसे ही। पिता कुछ बात कर रहे थे।''

वृद्ध ने बालिका का हाथ थामते हुए पूछा, ''क्या?''

बालिका उसके और पास चली आई और बोली, ''बाबा, तुम हमारा घर छोड़कर चले जाओगे?''

वृद्ध ने प्रश्न से समझ लिया कि बालिका गृहस्वामी की लड़की है। उसने उसका नाम बहुत बार पुकारा जाता सुना था, किन्तु उसे देखा कभी नहीं था! उसने कुछ देर चुप रहकर कहा, ''हाँ, मुझे जाना ही पड़ेगा। कल चला जाऊँगा।''

''क्यों गंगाधर, तुम्हें हमारा घर अच्छा नहीं लगा?''

वृद्ध ने एकाएक जवाब नहीं दिया। फिर टालते हुए बोला, ''देखो, तुम्हारी शक्ल से तुम्हारा नाम बता सकता हूँ। तुम्हारा नाम कनकवल्ली है—क्यों ठीक है न?''

बालिका हँसकर बोली, ''उँह, पिता से सुन लिया होगा!'' फिर एकाएक गम्भीर होकर कहने लगी, ''तुमने बताया नहीं, तुम्हें हमारा घर अच्छा नहीं लगता?''

वृद्ध ने उदास होकर कहा, ''बहुत अच्छा लगता है।''

''नहीं, तुम मुँह बनाकर कह रहे हो। तुम्हें अच्छा नहीं लगता।'' बालिका ने कहा।

वृद्ध ने बालिका का मन रखने के लिए कहा, ''नहीं, नहीं। मैंने मुँह इसलिए बनाया है कि मुझे यह घर छोड़कर जाना पड़ेगा! मैं जाना नहीं चाहता।''

"तो फिर क्यों जाते हो? यहीं रहो न?"

वृद्ध ने फिर थोड़ी देर चुप रहकर कहा, "कनक, मेरे पास किराया देने को पैसे नहीं हैं, इसीलिए जाना पड़ेगा।"

बालिका थोड़ी देर गम्भीर मुद्रा से उसकी ओर देखती रही, फिर बोली, "तुम यहीं बैठे रहना, मैं अभी आती हूँ।"

"अच्छा।"

"कहीं जाना मत!" कहकर बालिका भाग गई।

थोड़ी देर बाद वृद्ध ने देखा, वह लौटी आ रही है। उसकी दोनों बाँहों पर, पीठ पर, हाथों में, सिर पर कई तरह के बाँस और लकड़ी के खिलौने लदे हुए थे। वृद्ध उसको देखकर मुस्कुराने लगा।

वह पास आकर बोली, "ये देखो मेरे खिलौने!"

वृद्ध ने बहुत धीमे स्वर में पूछा, "ये क्यों ले आईं?"

बालिका ने कुछ अप्रतिभ होकर पूछा, "क्यों, तुम्हें अच्छे नहीं लगे?"

वृद्ध बालिका को अपनी ओर खींचते हुए बोला, "कनक, ये खिलौने मेरे ही बनाए हुए हैं!"

कनक ने बड़े विस्मय और अविश्वास के स्वर में कहा, "सच?" फिर आप-ही-आप बोली, "जानते हो, मैं ये सब क्यों लाई हूँ?"

वृद्ध कुछ नहीं बोला, चुपचाप उसकी ओर देखता रहा।

"इन्हें बेच डालो। फिर उन पैसों से घर का किराया दे देना।" कहकर कनक ने सब खिलौने गंगाधर के पैरों में डाल दिए।

गंगाधर की आँखों में आँसू भर आए...उसने भर्राई हुई आवाज़ में कहा, "कनक, ये खिलौने उठाकर ले जाओ।"

कनक रुआँसी हो गई और गंगाधर के मुख की ओर देखती रही।

वृद्ध ने यह देखकर फिर स्नेह के स्वर में कहा, "कनक, ये रख आओ, फिर मैं तुम्हें एक चीज़ दिखाऊँगा। बड़ी अच्छी चीज़ है!"

कनक ने धीरे-धीरे खिलौने उठाए और चली गई। वृद्ध गंगाधर उठा और घड़े को हटाकर कमंडल भरने लगा। जब वह भर गया, तब वह दोनों को चबूतरे पर रखकर कनक की प्रतीक्षा करने लगा।

कनक आई, तो आते ही बोली, "क्या दिखाओगे?"

गंगाधर बोला, "मेरे साथ आओ।" और घड़ा तथा कमंडल उठाकर अपने कमरे की ओर चला। कनक बोली, "कमंडल मुझे दे दो, मैं ले चलती हूँ!" और वृद्ध से कमंडल लेकर उसके पीछे-पीछे सीढ़ियाँ चढ़ने लगी। कभी उसके हाथ से पानी छलक जाता, तो हँस पड़ती।

गंगाधर ने कमरे में पहुँचकर घड़ा यथास्थान रख दिया। कनक ने कमंडल भी उसके पास रख दिया।

गंगाधर बोला, ''आओ देखो।'' कहकर दीया उठाकर कमरे के एक कोने में गया। सामने चादर से ढँका हुआ एक बड़ा-सा ढेर था। उसने चादर उठा ली और फिर बोला, ''यह देखो, कनक!''

कनक ने देखा, उस ढेर में बाँस और लकड़ी के पचासों खिलौने रखे हुए थे—हाथी, घोड़े, बन्दर, हाथ-पैर हिलानेवाले आदमी, गाड़ियाँ, पक्षी...वह थोड़ी देर के लिए स्तम्भित हो गई। फिर बोली, ''इतने खिलौने!''

गंगाधर हँस पड़ा। बालिका ने पूछा, ''तो फिर इन्हें क्यों नहीं बेच देते?''

वृद्ध बोला, ''आजकल लोग विदेशी खिलौने ही मोल लेते हैं, इनकी बिक्री ही नहीं होती। इसीलिए मैंने बनाना बन्द कर दिया है, और अब घर छोड़ रहा हूँ।''

''ये सब तुमने बनाए हैं?''

''सब!''

''तुमने सीखा कहाँ? मुझे भी सिखा दो! कैसे अच्छे खिलौने हैं?''

गंगाधर उदास भाव से बोला, ''हाँ, बुरे नहीं हैं।''

बालिका का मन किसी दिशा में चला गया था! उसने पूछा, ''गंगाधर, तुम बहुत दिन से हमारे घर में रहते थे?''

''हाँ, मुझे पच्चीस साल हो गए हैं।''

''अरे, तब तो मैं थी ही नहीं। तब तुम्हें घर अच्छा लगता था?''

गंगाधर उसके इस भोले अहंकार पर हँस पड़ा।

''तुम तब से ही खिलौने बनाते थे?''

''नहीं। पहले मैं लड़कों को पढ़ाया करता था। फिर—''

''लड़कों को पढ़ाने से तो यह काम अच्छा है न? मैं तो यही करूँ।''

गंगाधर ने एक लम्बी साँस ली और चुप हो गया।

''गंगाधर, तुम तो रोने लगे?''

''नहीं, मैं एक बात याद कर रहा था। सुनो, तुम्हें अपनी कहानी सुनाऊँ! बहुत अजीब है, लेकिन तुम्हें सारी समझ नहीं आएगी।''

''क्यों नहीं। माँ जब कहानी कहती है, तो मैं समझ लेती हूँ!''

बिना किसी प्रेरणा के दोनों फिर खिड़की के चौखटे पर बैठ गए और गंगाधर खिड़की खोलते हुए बोला, ''तो सुनो!''

गंगाधर धीरे-धीरे, बिना बालिका की ओर देखे, अपनी कहानी कहने लगा। पच्चीस वर्षों में उसे तमिल भाषा का बहुत ज्ञान हो गया था और लड़की से उसने बातचीत तमिल में ही की थी। अब वह अपनी कहानी भी तमिल में ही कह रहा था। किन्तु बीच में कभी-कभी जब आवेश में आ जाता, तब तमिल छोड़कर एकाएक हिन्दी बोलने लगता था—और कितनी परिष्कृत, परिमार्जित हिन्दी! फिर एकाएक चौंककर पूछता, ''कनक, तुम क्या समझीं?'' और उसके एकाग्र भाव को देखकर हँस पड़ता था। इसके बाद कथाक्रम पुनः चल पड़ता...।

''मैं जब बहुत बच्चा था, तब कानपुर में रहता था। वहाँ एक कारखाने में

मेरे पिता मज़दूरी करते थे; और मैं जब आठ साल का हुआ, तब मुझे भी उसी कारखाने में लगा दिया गया। मैं सुबह से शाम तक—दस-दस घंटे लगातार सूत के गोले बनाया करता था...घुमाते-घुमाते हाथ थक जाते थे, पेशियाँ जड़ हो जाती थीं, पर फिर भी हाथ मशीन की तरह चलते जाते थे...शाम को जब छुट्टी मिलती, तब मैं इतना थका हुआ होता था कि उठकर घर भी नहीं जा सकता था। पिता आते और उठाकर ले जाते थे। वे खुद इतने थके होते थे कि मैं अपने को उनकी गोद में देखकर लज्जित हो जाता था...पर करता क्या?''

गंगाधर ने कनक की ओर देखा। वह सहज सहानुभूति में बोली, ''तो क्या दिन-भर में खेलना नहीं मिलता था? खिलौने—''

गंगाधर एक विषाद-पूर्ण मुस्कुराहट के साथ कहने लगा, ''वह भी कहता हूँ, सुनती जाओ।''

''हमें प्रातःकाल छह बजे ही काम पर चले जाना पड़ता था, इसलिए सवेरे तो कुछ खेलना मिलता ही नहीं था। शाम को छह बजे के क़रीब मैं घर पहुँचता तो थोड़ी देर तो फटी हुई चटाई पर लेटा रहता था। भूख लगती थी तो इतना भी नहीं होता था कि रो कर रोटी माँग लूँ—चुपचाप पड़ा हुआ गली हुई छत की ओर देखा करता था कि बरसात में पानी से बचने के लिए कहाँ सोऊँगा...लेकिन जब सात बजने को होते थे, तब नीचे गली में बहुत-से लड़कों का क्रीड़ा-रव सुनकर मुझसे नहीं रहा जाता था, अपने थके-माँदे शरीर को किसी प्रकार मैं गली में ले जाता और उन लड़कों के खेलों में अपने को भुला देने का प्रयत्न करता था...

''हमारे पास कोई खिलौने नहीं थे, कोई भी चीज़ ऐसी नहीं थी जिसे हम अपना कह सकते। जब हमारा भाग्य बहुत ही अच्छा होता था, और आधे दिन की छुट्टी मिल जाती थी, तब हम सड़कों के किनारे की घास में लोटकर नदी के किनारे की रेत में घर बनाकर और आपस में लड़कर ही अपना मनोरंजन कर लेते थे। और जब ऐसा सुयोग नहीं मिलता था, तब...सड़कों की धूल में लोटकर, कूड़े के ढेरों में से सिगरेट की डिबिया निकालकर, किताबों की दुकानों के बाहर से फटे-पुराने अख़बारों के चित्रों का संकलन करके ही हम अपनी आत्मा की भूख मिटाया करते थे!''

वृद्ध ने एक बार कनक की ओर ध्यान से देखा और फिर कहने लगा, ''और जो चीज़ सबको मिल जाती है, अपने आत्मीयों का प्रेम—मुझे वह भी नहीं मिला। पिता को काम से ही छुट्टी नहीं मिलती थी, और माता मुझे बोध होने के पहले ही मर गई थी...कनक, तुम्हारी माता हैं न?''

कनक ने कहा, ''माँ मुझे बहुत प्यार करती है!''

गंगाधर ने यह सुना या नहीं, इसमें सन्देह है। उसका ध्यान बहुत दूर कहीं चला गया था। वह तमिल को छोड़कर हिन्दी में ही गुनगुनाने लग गया था।

''शायद अपनी बाल्यकालीन स्थिति के कारण, अपनी शिक्षा के दोष—या गुण?—के कारण, मेरी दशा बाद में ऐसी हो गई...संघ-स्वत्व का प्रचार करते-करते कभी मानो पैरों के तले से धरती खिसक जाती है, अपने सब तर्क भूल जाते

हैं, अपना आत्म-विश्वासजनित सन्तोष नष्ट हो जाता है, संसार सूना हो जाता है—
केवल एक विराट् आशंका से, एक भैरव प्रशान्ति से, एक उद्भ्रान्त कामना से आकाश
व्याप्त हो उठता है—जिन मनश्चेष्टाओं को हम अब तक छिपाते आ रहे हैं, वे एकाएक
प्रलयंकर वेग से सामने आती हैं, एक ही आकांक्षा—स्वप्नेच्छा—कि इस विशाल
विश्व में कम-से-कम एक वस्तु तो ऐसी हो जिस पर हमारा एकान्त स्वत्व हो,
जिसे हम अपनी कह सकें...हमारे निरीह, निःस्नेह, नीरव हृदयों में कभी-कभी जो
उथल-पुथल मच जाती है, कनक, तुम क्या समझीं?''

कनक हँसकर बोली, ''तुम बोल रहे थे, तो तुम्हारे मुँह पर दीये का प्रकाश
बहुत काँपता मालूम होता था, मैं वही देख रही थी। अब कहानी नहीं सुनाओगे?''

''मैं क्या कह रहा था? हाँ, कि हमारे पास खिलौने नहीं थे। जब मैं तेरह
साल का हुआ, तब मेरे पिता मर गए। उसके बाद—''

कनक ने गंगाधर के घुटने पर हाथ रखकर कहा, ''गंगाधर, तुम तो बहुत
रोये होगे?''

''नहीं, रोने का समय नहीं मिला। मेरे पास पैसे नहीं थे, पाँच आने रोज़ी
मिलती थी। जब पिता मर गए तब मैंने वह काम छोड़कर आदमी का काम शुरू
किया। काम में हाथ-पैर टूटने लगते थे, पर पैसे ज़्यादा मिलते थे—दस आने रोज़।
मेरी एक बहन भी थी, मुझसे साल-भर छोटी। उसे भी अब कारखाने में काम करना
पड़ा—उसे चार आने रोज़ मिलते थे। पर वह उसी साल हैज़े से मर गई, और मैं
अकेला रह गया।''

कनक ने क्षण-भर के लिए अपना चिबुक गंगाधर के घुटने पर रख दिया।
वृद्ध फिर कहने लगा, ''मैंने फिर वह घर भी छोड़ दिया जिसमें रहता था। उसके
बाद कारखाने के बाहर ही कहीं छप्पर में सो रहता था, और दिन-भर में पेट भरने
के लिए दो आने भर खर्च करता था। बाक़ी पैसे बचा-बचाकर मैं एक शिल्पशाला
में भर्ती हुआ, और दो साल तक काम सीखता रहा। फिर मैंने मज़दूरी छोड़ दी और
उसी स्कूल में नौकर हुआ। यहीं मैंने पढ़ाई की और बढ़ती भी पाई... इसी तरह
मैं कॉलेज में भर्ती हुआ और मैंने बी.ए. भी पास कर लिया।''

''बी.ए. क्या, चौदहवीं जमात को ही कहते हैं न?''

गंगाधर हँसा और बोला, ''हाँ।''

''मैं तो अभी दूसरे में ही पढ़ती हूँ।''

गंगाधर फिर हँसा और बोला, ''इस समय तक मेरे विचारों में बहुत बदली
हो गई थी। मैं अब अमीरों से डरता नहीं था, उनसे घृणा करता था। मुझे विश्वास
हो गया था कि अपने देश की सरकार और अमीरों से लड़ाई किए बिना मुझ जैसे
मज़दूरों का कोई भला नहीं होगा। और मैं यह भी समझता था कि ग़रीबी का एक
ही इलाज है कि सब पूँजी संघ को दे दी जाए—संघ जानती हो?''

''नहीं।''

''मतलब यह था कि पूँजी पर, रुपये-पैसे पर, सबका बराबर-बराबर हक़ हो; एक आदमी दूसरे को भूखा मारकर अमीर न हो जाए। मैंने यह लड़ाई छेड़ने के लिए और भी आदमी इकट्ठे कर लिये, वे भी मेरी ही तरह विश्वास रखते थे और मेरी ही तरह ग़रीबी से उठे हुए थे।''

गंगाधर फिर हिन्दी में कहने लगा, ''हमारी दीक्षा यही थी कि 'प्रत्येक को उसकी पात्रता के अनुसार मिले।' हमारा प्रयत्न भी यही था कि हरेक को यथोचित दें और हमें इस बात का अभिमान था कि हम अपने अधिकार से अधिक कुछ नहीं माँगते। अब अपनी इस कारातुल्य कोठरी की छोटी परिधि में, एक नीरस और निरानन्द शान्ति में मुझे यह स्पष्ट दिख पड़ता है कि हममें एक बड़ी भारी त्रुटि थी—जीवन में एक स्थान पर आकर हम इस सिद्धान्त को भूल जाते थे...इस स्थान पर हमारे लिए यह असह्य होता था कि हम किसी के भी द्वितीय हों—चाहे वह संसार का सर्वश्रेष्ठ व्यक्ति ही क्यों न हो। वहाँ पर हम सदा प्रथम होना चाहते हैं—या फिर होते ही नहीं— हमारा अस्तित्व ही मिट जाता है...'' फिर एकाएक, तमिल में, ''कनक, अगर तुम्हारे माता-पिता तुम्हें प्यार न करें, कोई भी न करे, तो तुम क्या करो?''

कनक ने प्रश्न पर विस्मित होकर कहा, ''क्यों न करें, मैंने कोई बुरा काम किया है?''

गंगाधर एक फीकी हँसी हँसकर बोला, ''ठीक है। तुम्हारी कल्पना के बाहर की बात है।'' फिर वह अपने अभ्यस्त साधारण स्वर में कहने लगा, ''दो साल ऐसे ही बीत गए। फिर एक दिन एकाएक मेरे सब साथी पकड़े गए—पुलिस को मालूम हो चुका था कि हम क्या करना चाहते हैं; और हममें से किसी ने बता दिया था कि कौन-कौन आदमी हैं। अकेला मैं ही बचा रहा—और मैं भी एक स्थान पर नहीं रह सका, कभी बंगाल, कभी महाराष्ट्र; मैं सब जगह भागा फिरता था कि पुलिस मुझे भी न पकड़ ले। लेकिन कहीं कोई सहायक नहीं मिलता था, हर जगह झूठ बोलकर, धोखा देकर ही मैं अपने-आपको सुरक्षित रख सकता था। बंगाल और महाराष्ट्र दोनों में ही मेरे सिद्धान्त के आदमी थे, पर वे मुझे जानते नहीं थे और बाहर के लोगों से डरते-बचते थे। अगर कभी कोई आश्रय भी दे देता था, तो वैसे जैसे किसी बाज़ारू कुत्ते को एक टुकड़ा डाल देता है...

''मैं बहुत दिनों से इसी बात का भूखा था जो मुझे नहीं मिलती थी। मैं संसार से अलग होकर नहीं रहना चाहता था—क्यों चाहता? अपना स्थान जो मैंने इतने परिश्रम से प्राप्त किया था, क्यों छोड़ देता? मैं उनमें से नहीं था जो वन्य फूल की तरह अज्ञात, अदृष्ट, नामहीन रहकर ही जीवन व्यतीत करने में सन्तुष्ट होते हैं— मैं और कुछ चाहता था...मैंने बहुत-कुछ सहा था, स्नेह की कामना करते हुए भी उसके अभाव में प्रसन्न था, घृणा का सामना किया था, पर यह उपेक्षा मैं नहीं कर सका! मैं संसार का प्रतिद्वन्द्वी होकर रह लेता, परित्यक्त होकर नहीं रहा जाता था! कनक, तुम सुन रही हो न?''

''हाँ, सुनती हूँ। पर जल्दी-जल्दी कहो, नहीं तो पिता मारेंगे।''

''अच्छा! सब ओर से धक्के खाते-खाते तंग आ गया। पर हताश नहीं हुआ। मेरे लिए तिरस्कार नयी वस्तु नहीं थी—मेरी स्वाभाविक स्थिति ही यही थी कि मैं समाज की उपेक्षा का, घृणा का, तिरस्कार का पात्र रहूँ! अगर कोई मुझसे स्नेह करता, तो वही अपवाद होता—अस्वाभाविक और अस्थायी और भ्रान्तिमय!

''मैंने फिर यही निश्चय किया कि किसी से कुछ आशा नहीं करूँगा, अपने कार्य के अतिरिक्त किसी से कोई सम्पर्क नहीं रखूँगा। इसीलिए मैं पागलों की तरह अपने-आपको अपने काम में खो देने का प्रयत्न करने लगा। मैं रोज़ यह प्रार्थना किया करता कि मुझमें इतनी शक्ति, इतनी दृढ़ता हो कि मैं समाज की, मैत्री की, स्नेह की कमी और आवश्यकता का कभी अनुभव न करूँ, प्रत्युत उसकी उपेक्षा करता हुआ, उसकी ईर्ष्या का पात्र होकर चला जाऊँ!

''पर यह बात भी नहीं हो सकी। मेरा काम भी तो ऐसा ही था कि नित्य ही लोगों से मिलना पड़ता, उनसे आश्रय माँगना पड़ता, भिक्षा माँगनी पड़ती...मैं स्नेह नहीं माँगता था, तो भी यह अपने-आपसे नहीं छिप सकता था कि उसको पाने का अधिकार होकर भी मैं वंचित हूँ।

''बहुत दिनों तक मैं भरसक प्रयत्न करता रहा, देखते हुए भी अन्धा बना रहा...फिर एक दिन एकाएक मेरी सहनशीलता टूट गई। किस कारण, यह नहीं कहूँगा। मैं एकाएक उठा, और जिस कोठरी में सोया था, उसका किवाड़ खोलकर बाहर निकल गया। बाहर वर्षा हो रही थी, उसकी ठंडी बूँदों से मेरा दिमाग़ कुछ स्थिर हुआ तो मैं सोचने लगा, कहाँ जाऊँ? संसार में ऐसा कोई नहीं था, जिसके पास जाकर मैं किसी अधिकार से कह सकता, ''मुझे स्थान दो!''

कनक अपनी बड़ी-बड़ी आँखें वृद्ध पर गड़ाकर बोली, ''क्यों, तुम्हारे कोई सखा नहीं थे?''

''मेरे सखा? मेरे मित्र? कनक, ग़रीब का दुनिया में कोई सखा नहीं होता...''

गंगाधर क्षण-भर के लिए चुप हो गया, फिर कहने लगा, ''पहले तो मेरे जी में आया, इन सबों को चिढ़ाऊँ, गाली दूँ, मारूँ, इन सबका गला घोंट डालूँ, ताकि अगर वे मेरे प्रति स्नेह नहीं कर सकते तो मुझसे शत्रुता ही करें, इस प्रकार स्तिमित होकर न रह जाएँ! फिर उसी वक़्त मैंने अनुभव किया, वह केवल जी की जलन है, इसके आगे झुकना नीचता होगी। इसलिए मैंने अपने-आपको उस पुराने संसार से अलग कर देने का निश्चय कर लिया। सुन रही हो, न, कनक?''

''हाँ, हाँ, फिर क्या हुआ?''

''फिर मैं यहाँ चला आया। इस बात को आज पच्चीस साल हो गए हैं! मेरा असली नाम अनन्त था, पर यहाँ आकर मैंने अपना नाम गंगाधर रखा, और खिलौने बनाकर बेचने लगा। पहले मेरे खिलौने बहुत चलते थे, पर अब धीरे-धीरे उनकी क़द्र घट गई है। अब तो जिधर देखो, विलायती मोटर-गाड़ियों, हवाई जहाज़ों और गुड़ियों की धूम है। इसीलिए मेरा यह हाल हो गया है!''

''पर मेरे पास तो ऐसे ही खिलौने हैं!''

गंगाधर ने एक लम्बी साँस लेकर कहा, "हर एक लड़की कनकवल्ली तो नहीं होती!"

कनक इस सीधी-सादी प्रशंसा से प्रसन्न हो गई। बोली, "अगर मुझे पहले मालूम होता तो मैं और खिलौने भी ले लेती।"

वृद्ध हँस पड़ा। फिर कहने लगा, "अब कहानी समाप्त करता हूँ, तुम घर चली जाना। अब मेरी यह दशा हो गई है कि मैं इस घर का किराया भी नहीं दे सकता। इसीलिए अब छोड़कर जा रहा हूँ।"

"कहाँ जाओगे?"

"पता नहीं।"

"क्या करोगे?"

"पता नहीं।"

"फिर वापस आओगे?"

"पता नहीं।"

बालिका हँसने लगी। बोली, "कुछ पता भी है?"

गंगाधर फिर हिन्दी में बातें करने लगा। "चला तो जाऊँगा, पर वह भूख कहाँ मिटेगी? अब मैं बूढ़ा हो गया, अब बदलना मेरे लिए सम्भव नहीं है। और फिर मेरी भूख तो नयी नहीं है, लाखों वर्षों की संस्कृति और मनश्चालन से उत्पन्न एक प्रवृत्ति है। पृथ्वी पर मनुष्य का आविर्भाव हुए करोड़ों वर्ष हो गए, और इन करोड़ों वर्षों से बिना किसी बाधा के हमारे हृदयों में व्यक्तिगत स्वत्व का भाव जाग्रत् रखा गया है। और उससे भी पूर्व जब हमारे पुरखों ने अभी मनुष्यत्व नहीं प्राप्त किया था, तब भी यह स्वत्व-भाव पशुओं में था...इन असंख्य वर्षों से जो भाव हमारे मन में घर किए है, जिसकी रूढ़ि असंख्य वर्षों से हमारे मन को बाँधे हुए है, उसे विवेक के एक क्षण में, एक दिन में, एक वर्ष में—एक समूचे जीवन में भी समूल उखाड़ फेंकना हमारे लिए सम्भव नहीं है। विवेक द्वारा स्वत्व-भाव को दबाकर भी हम इस अस्फुट आकांक्षा के विद्रोह को दबा नहीं सकते..."

बालिका इतनी देर से चुप बैठी थी। अब बोली, "गंगाधर!"

"क्या है, कनक? मेरी बात नहीं समझीं? मैं बीच-बीच में अपनी भाषा बोलने लग जाता हूँ।"

"एक बात कहूँ—मानोगे?"

"कहो?"

"हमारा घर छोड़कर मत जाओ।"

"क्यों? और फिर रहूँ कैसे?"

"मैं पिताजी से कहूँगी, वे किराया कम कर लें, या न ही लें। तुम खिलौने बनाया करना और बेचा करना। मैं भी मदद करूँगी। बोलो, रहोगे न?"

गंगाधर उसके इस आग्रह का सहसा कोई उत्तर न दे सका। उसने मुँह खिड़की से बारह कर लिया, ताकि कनक उसकी आँखों के आँसू न देख सके।

बहुत देर तक दोनों ऐसे ही चुप बैठे रहे।

फिर गंगाधर बोला, ''कनक, तुमने आज से पहले मुझे क्यों नहीं कहा? तब शायद...''

''आज से पहले मुझे कभी इधर आना ही नहीं मिला। आज जब पिताजी ने कहा कि तुम चले जाओगे, तब मैं तुम्हें देखने चली आई थी।''

''तुम मुझे क्यों रहने को कहती हो?''

''मुझे तुम्हारे खिलौने, और तुम्हारी कहानियाँ, और तुम बहुत अच्छे लगते हो।''

वृद्ध एक लम्बी साँस लेकर चुप रहा। थोड़ी देर बाद कनक ने फिर पूछा, ''गंगाधर, रहोगे न?'' कहकर वह अपना कपोल धीरे-धीरे वृद्ध के घुटने पर मलने लगी।

गंगाधर का हृदय द्रवित हो गया। वह बोला, ''कनक, पता नहीं, अब रह सकूँगा कि नहीं...पर तुम इतना कहती हो, तो यत्न करूँगा...''

''नहीं, ऐसे नहीं। वायदा करो, नहीं जाओगे।''

वृद्ध चुप रहा। कनक फिर बोली, ''मेरी बात नहीं मानोगे? कह दो, नहीं जाओगे!''

''अच्छा, जैसे तुम कहो।''

''नहीं, कहो, वायदा करता हूँ, नहीं जाऊँगा।''

''अच्छा, वायदा करता हूँ, नहीं जाऊँगा। लो, अब तुम दौड़कर घर चली जाओ, बहुत देर हो गई है।''

''अच्छा, कल फिर आऊँगी। तुम जाना मत।'' कहकर बालिका भाग गई।

गंगाधर खिड़की की चौखट पर सिर रखकर बैठ गया, उसका दुबला शरीर अन्तर्दाह से हिलने लगा। इसी समय उसने दूर पर एक स्त्री का क्रुद्ध स्वर सुना, ''क्यों री, चुड़ैल, कहाँ गई थी?'' और उसके बाद ही कनक के रोने की आवाज़...

वह एकाएक उठकर दीपक के पास आकर खड़ा हो गया। बोला, ''मैं किस विडम्बना में अपने-आपको भुला रहा हूँ। पचास वर्ष तक जो नहीं मिल सका, उस के मोह में आज भी पागल हो रहा हूँ। और आज भी, वह कहाँ मिला है? एक बच्चे का अस्थायी चापल्य...अगर कल वह चली गई, या विमुख हो गई, या भूल ही गई, तो? गंगाधर, तुम पागल हो गए हो। तुम्हारे हृदय में, तुम्हारी नस-नस में, जो जीवन की तीक्ष्णता नाच रही है, उसको तुम एक सामान्य और क्षण-भंगुर आनन्द में कैसे भुला दोगे? तुम्हें चाहिए कि एक अशान्तिमय उपद्रव—या कुछ नहीं! हटाओ इस मोहजाल को!''

गंगाधर ने एक बहुत लम्बी साँस लेकर चारों ओर देखा, फिर एक काग़ज़ के टुकड़े पर पेन्सिल से तमिल अक्षरों में लिखा, ''मेरे सब खिलौने कनकवल्ली के लिए हैं,'' और उसे खिलौने के ढेर पर रख दिया। फिर किवाड़ से बाहर एक बार सीढ़ियों की ओर झाँककर देखा, फिर वापस आकर दीये के सामने खड़ा हो गया।

गंगाधर एक क्षण दीये की ओर देखता रहा, फिर फूँक से उसे भी बुझाकर टूटे हुए स्वर में बोला, ''अब आगे अँधेरा है, अनन्त!''

•

दुःख और तितलियाँ

शेखर उस पहाड़ी से उतरता हुआ चला जा रहा था। उसके क़दम अपनी अभ्यस्त साधारण गति से पड़ रहे थे, वह किसी प्रकार की जल्दी नहीं कर रहा था। क्योंकि यद्यपि वह अपने मन में उसे स्वीकार नहीं कर रहा था, तथापि उसके बहुत भीतर कहीं, उसकी आत्मा के छिपे-से-छिपे स्तर में लिपटी हुई कहीं, इस बात की पूर्ण अनुभूति थी कि वह व्यर्थ जा रहा है, कि उसकी माँ तो मर चुकी है, कि अब डॉक्टर आकर कुछ नहीं कर सकता—सिवाय इसके कि एक क्रिया को जो पूर्ण हो चुकी है, अपने विशेष ज्ञान द्वारा एक और पूर्णता, एक अन्तिमत्व दे दे; एक विशिष्ट महत्त्व, जिसे जानकर वे सब—शेखर, शेखर के पिता, शेखर के भाई—रो पड़ें।

और वह सोच रहा था : हमारे सुन्दर घर की इकाई छिन्न-भिन्न होकर नष्ट हो जाएगी—क्यों? उसका अवश मन भाग-भाग जाता था भूत की ओर—उसके भाई-बहनों के बाल्यकाल की ओर, बहुत पूर्व आबाद किए हुए घरों और स्थानों की ओर, पुराने मकानों की ओर, पुराने फ़र्नीचर की ओर, भूले हुए चित्रों की ओर...और वह इन सब विचारों से लदा हुआ भी, बिना किसी प्रकार की व्यस्तता या जल्दी के, अपनी अभ्यस्त साधारण गति से चला जा रहा था उस पहाड़ी रास्ते से उतरता हुआ...

एकाएक वह रास्ते के मध्य में रुककर खड़ा हो गया, और एक तीखे फुसफुसाते स्वर में बोला, ''वह मर गई है...'' फिर दो-चार क़दम चला और फिर रुक गया।

कौन मर गई है?

माँ। माँ मर गई है। माँ मर गई है...

मर गई है। क्या अभिप्राय है इसका—मर गई है?

कोई अभिप्राय नहीं है। कोई अर्थ नहीं है। कुछ नहीं है।

कुछ परवाह नहीं है...

और शेखर फिर उसी गति से चल पड़ा।

पता नहीं, उसने डॉक्टर से क्या कहा। या कैसे कहा। पर कुछ कहा ज़रूर, क्योंकि

डॉक्टर ने अमोनिया, ब्रांडी, इंजेक्शन के लिए एड्रिनलिन और अन्य दवाइयाँ, जो हार्ट-फ़ेल्योर में दी जाती हैं, निकालकर उसे देकर और इंजेक्शन की पिचकारी अपनी जेब में रखते हुए पूछा था, ''कितनी दूर है?'' और उसका उत्तर, ''तीन मील है—और चढ़ाई में,'' सुनकर कहा था, ''देर हो जाएगी—यहाँ पहाड़ों में यही तो मुश्किल है।''

वे दोनों उसी रास्ते पर वापस चढ़े जा रहे थे। शेखर की अभ्यस्त गति से भी धीरे, क्यों वयस्क डॉक्टर धीरे चलता था।

शेखर की डॉक्टर से जितनी बात चलने से पहले हो गई थी, उतनी ही होकर रह गई थी, उससे अधिक कुछ नहीं हुई। वे बिलकुल चुपचाप बढ़े जा रहे थे। और किसी समय ऐसे जाना अशिष्टता होती; किन्तु इस समय चुप रहने के लिए यही कारण पर्याप्त था कि चढ़ाई में साँस फूल जाती है, बोलना असम्भव नहीं तो कठिन अवश्य हो जाता है।

पर शेखर बोल नहीं रहा था, इसलिए सोच भी नहीं रहा हो, यह बात नहीं थी। वह सदा की अपेक्षा अधिक एकाग्रता से सोच रहा था, जिस घटना ने उसे विभिन्न विषयों पर विचार करने में असमर्थ कर दिया था, वही उसे एक विषय-विशेष पर अपनी सारी शक्ति लगाकर अत्यन्त उग्र-अनुभूतिपूर्ण विचार करने को बाध्य कर रही थी।

वह सोच रहा था, वह घटना कैसे हुई—पहले-पहल उसे उसका क्या संकेत मिला...

उसे याद आया, वह अपने कमरे में बैठा एक पत्र पढ़ रहा था—अपनी विधवा बहन का पत्र, जो उसी समय आया था। उसे वह वाक्य भी याद आया, जिसे पढ़ते-पढ़ते उसने अपने पिता की अत्यन्त करुण और विवश करने वाली पुकार सुनी थी—''शेखर, देख तो!'' वह वाक्य पता नहीं क्यों, उसकी बहन ने उसी पत्र में लिखा था; पता नहीं क्यों, वह पत्र उसी समय आया था; पता नहीं क्यों, वह उस समय वही वाक्य पढ़ रहा था जो अब इतना अभिप्राय पूर्ण हो गया है...

''हमारे वंश में एक परम्परा है कि हममें बहनें प्राय: निस्सन्तान होती थीं, और इसलिए अपने छोटे भाइयों को गोद ले लेती थीं। और मैं सोचती हूँ कि बहन जब माँ बनती है, तब माँ से कितनी अधिक हो जाती है...''

क्यों नहीं उसे उसी समय ध्यान आया था कि—कि अब कौन बनेगी उसकी माँ! वह दौड़ा हुआ उस कमरे में गया था जहाँ उसकी माँ कई दिनों से शय्याग्रस्त पड़ी थी, और जहाँ उस समय उसके पिता एक विचित्र मुद्रा से अपने सामने पड़े हुए एक क्षीण, मुरझाए हुए और किसी अवाक् पीड़ा से इधर-उधर सिर पटकते हुए प्रौढ़ शरीर को देख रहे थे...शेखर के पहुँचते ही उन्होंने एक प्रश्न-भरी दृष्टि से उसकी ओर देखा। शेखर उसका उत्तर नहीं दे सका। उसने नाड़ी की गति देखी। श्वास की गति देखी। आँखों की पलकें उठाकर देखा। चुप रहा।

पिता ने पूछा, ''क्या हुआ है?''

विवशत: उसे कहना ही पड़ा, ''कोलैप्स है!''

''फिर?''

उत्तर में शेखर ने ब्रांडी की बोतल उठाई, थोड़ी-सी एक काँच के गिलास में डाली और हाथ से मुँह खोलकर उसमें डाल दी।

वह गले से उतरी नहीं, एक निरर्थक-सी धारा में होंठों से बह गई।

एकाएक माँ ने फिर आँखें खोलीं। गर्दन फेरकर पति की ओर देखने की चेष्टा करने लगी। गर्दन अधिक नहीं घूमी, तो आँखें फिराकर पति के मुख की ओर देखने लगी!—स्थिर, अपलक और किस उग्र अभिप्राय-भरी दृष्टि से।

पिता ने टूटती-सी आवाज़ में पूछा—''क्या, कहो, क्या होता है?''

शरीर वैसा ही स्थिर, किन्तु एक जड़ता लिये हुए। आँखें उधर ही उन्मुख, अपलक। पर अब चिर-अपलक! उस अभिप्राय से शून्य!

शेखर ने दबे-पाँव बढ़कर पास पड़ी टॉर्च उठाई, आँखों में उसका प्रकाश छोड़कर पुतली देखी। वह भी शून्य। रिक्त।

ये सब घटनाएँ, सब दृश्य एक-एक करके शेखर के आगे हो गए—ऐसे, जैसे उसके सामने के पथ पर ही, किसी दीप्त रंगराशि से वे चित्रवत् खींच दिए गए हों...

डॉक्टर ने पूछा, ''उनकी आयु कितनी है?''

''कोई पचास।''

''हूँ।''

चुप।

शेखर फिर वहीं पहुँच गया। उसके पिता ने पूछा था, ''क्या—'' और चुप रह गए थे। और वह किस मुख से उत्तर देता कि क्या...

पिता ने मुँह फेर लिया। शेखर ने जल्दी से हाथ बढ़ाकर माँ की पलकें दाबकर बन्द कर दीं; किन्तु वे फिर खुल गईं—पहले-सी नहीं, अधखुली रह गईं।

शेखर ने पूछा, ''डॉक्टर को बुला लाऊँ?''

''अच्छा!''

जिस प्रकार प्रश्न में आशा या निराशा कुछ भी व्यक्त नहीं की गई थी, उसी प्रकार उत्तर भी पूर्ण संवेदन-शून्य वाणी से दिया गया था। इतनी शून्य कि शेखर सोचने लगा, ''क्या ये भी जान गए हैं और मुझसे छिपाना चाहते हैं, या अभी अनभिज्ञ हैं...''

वह उस कमरे से निकला, तो किसी आशंकित भाव से नहीं; उसने कोई इंगित नहीं दिया कि—क्या हो गया है। केवल उस साधारण शीघ्रता से जिससे डॉक्टर को बुलाने जाना चाहिए...

जब शेखर अपने पुकारे जाने से लेकर डॉक्टर को बुलाने के लिए निकल पड़ने तक सब घटनाओं को देख चुका, तब उसका मन कुछ क्षण के लिए रुक गया। वह बिलकुल शून्य दृष्टि से पथ की ओर देखता हुआ चलता रहा।

उस दिन सवेरे वर्षा दो दिन के बाद थमी थी। शेखर ने देखा, पथ पर अनेकों फिलें, अपनी पीठ पर अपनी ऐहिक सम्पत्ति, अपना घोंघा घर लादे हुए अपनी लेसदार मूँछों से पथ टटोलती हुई मन्थर-गति से चली जा रही हैं; जब शेखर गया था, तब भी वे ऐसे ही चली जा रही थीं; किन्तु तब कोई उनकी छाप शेखर के मन पर नहीं

बैठी थी। अब इन्हें देखकर उसे याद आया, वह तब भी इन्हें देख गया था।

चलते-चलते शेखर ने देखा, एक फिल डॉक्टर के पैर के नीचे आकर कुचल गई है—डॉक्टर सामने देखता हुआ चल रहा था और शेखर भूमि की ओर। तब शेखर ने यह भी देखा, पथ में अनेक स्थलों पर वैसी अनेक दुर्घटनाएँ हो चुकी हैं, अनेक स्थलों पर एक घिनौनी कीच-सी पड़ी है, जो थोड़ी ही देर पहले एक प्राणी थी—एक प्राणी ही नहीं, एक समूची गृहस्थी, क्योंकि उनका घोंघा-रूपी घर भी तो पीठ पर ही लदा होता है!

शेखर फिर एकाएक रुक गया। उसे ऐसा लगा कि वह कुछ सोचने के लिए रुका है, एक विचार उसके मन में उठने ही वाला है। किन्तु वह उठा नहीं। शेखर ने अपने-आपसे पूछा, 'क्या सोचने लगे थे?' और उत्तर न पाकर, अपने पर नीरस हँसी हँसकर, वह फिर चल पड़ा।

और चलते-चलते उसे विचार आया, हम व्यर्थ ही मृत्यु को इतना तूल देते हैं...

2

पर घर से कुछ दूर पहुँचकर ही उसे जान पड़ा, वह भूल है। मृत्यु में एक भयंकर यत्परोनास्तित्व है, जो क्षुद्र हो ही नहीं सकता, जो एक व्यक्ति के जीवन से सम्बद्ध होकर भी व्यापक रूप से सर्वत्र छायी है। उसे लगा, घर के वातावरण में ही कुछ बदल गया है, एक भीमकाय, दैत्य-सा आकार, झूम-झूमकर फुंकार कर रहा है; किन्तु वह फुंकार है शीतल और बिलकुल शब्दहीन, और इसलिए और भी भयंकर!

क्या यह व्यक्ति-संवेदना से उत्पन्न एक भावना-मात्र है? उसके दु:ख-जनित मोह की परछाईं। किन्तु वह तो इस घटना को बिलकुल असम्पृक्त दृष्टि से देख रहा है, उसे तो यह जान ही नहीं पड़ता कि वह किसी प्रकार की पीड़ा का अनुभव कर रहा है! वह तो मानो सम्पूर्णतया असंलग्न, निरीह होकर इसकी आलोचना कर रहा है।

उसने दबे-पाँव भीतर प्रवेश किया!

आँगन में कोई नहीं था।

पहले कमरे में भी कोई नहीं था।

कहीं कोई दिख भी नहीं पड़ता था।

शेखर ने चाहा, किसी को पुकारूँ, ताकि सूचना हो जाए कि डॉक्टर साहब आ गए हैं; पर उससे पुकारा नहीं गया।

तीसरे कमरे में शेखर का भाई खड़ा था; पर उसने शेखर से आँख नहीं मिलाई, हिला भी नहीं।

शेखर और डॉक्टर 'उस' के साथवाले कमरे में पहुँचे। वहाँ पिता खड़े थे। देखते ही उन्होंने अँग्रेज़ी में कहा, ''यू आर टू लेट!'' (आप बहुत देर से आए हैं।)

उस नीरस वाणी को सुनकर शेखर के मन में भाव उठा कि उसके पिता अँग्रेज़ी

इसलिए बोले हैं कि एक विदेशी भाषा में अपने को छिपा लेना अधिक सहज है। अपनी भाषा का अपनापन हमें अपना हृदय खोल देने को खामख़ाह विवश कर देता है। और साथ ही उसे विस्मय भी हुआ कि वह कैसे इस समय भी ऐसी बातें सोच सकता है।

पिता के मूक संकेत की अनुमति से डॉक्टर उस कमरे की ओर बढ़ा—शेखर पीछे-पीछे। वहाँ 'वह,' जो शेखर की माँ थी, एक रज़ाई से पूर्णतया ढँपी हुई पड़ी थी। डॉक्टर ने मुँह पर से रज़ाई हटाई और तुरन्त फिर ज्यों-की-त्यों कर दी।

पिता दूर ही से देख रहे थे। बोले, "हूँ..."

थोड़ी देर एक बोझिल-सा मौन रहा। फिर डॉक्टर ने कहा, "कारण हार्ट-फ़ेल्योर ही रहा होगा। तपेदिक था तो—"

पिता ने कहा "नहीं, तपेदिक नहीं था—"

डॉक्टर ने शेखर की ओर इशारा करते हुए कहा, "मुझसे यह कह रहे थे—"

"नहीं, पहले वह खयाल था, किन्तु बाद का डायग्नोसिस (निदान) उसके विरुद्ध था।" फिर एकाएक बिखरते हुए-से स्वर में, "पर इससे अब क्या—मृत्यु मृत्यु है..."

थोड़ी देर फिर स्तब्धता। शेखर ने चुपचाप दवाइयाँ इत्यादि डॉक्टर को दे दीं। डॉक्टर ने शेखर के पिता की ओर देखते हुए, कुछ झिझकते हुए कहा, "मैं अत्यन्त दुःखी हूँ। आप—" और चुप रह गया। क्षण-भर बाद वह चला गया। फ़ीस उसने नहीं ली।

शेखर उसे दरवाज़े तक छोड़कर लौटा, तो जिस कमरे में पिता बैठे थे, उसके दरवाज़े पर आकर खड़ा रहा। बहुत देर खड़ा रहा। तब एकाएक पिता उसकी ओर देखकर बोले, "खड़े क्यों हो, जाओ, कुछ करो।" फिर कुछ कठोर, कुछ चिड़चिड़े-से स्वर में, "अब क्या फ़ायदा है। अब लौटकर थोड़े ही आएगी। वह तो गई अब। वह तो मर गई। अब क्या। वह तो मर गई..." और दृढ़, ललकार भरी-सी चाँप से, मानो पृथ्वी को दबाते हुए, ऊपर जाने के लिए सीढ़ियाँ चढ़ने लगे।

और पिता के वाक्यों में 'मर' शब्द पर दिया हुआ ज़ोर बार-बार उसके मन में गूँजने लगा। मानो उसके हतसंज्ञ मस्तिष्क पर मृत्यु की अगाध, अच्छेद्य अन्तिमता की छाप बिठा देने का व्यर्थ प्रयत्न करता हुआ।

3 घाटी पर उतरकर, उसकी तलहटी के छोर पर ही, एक छोटा-सा पत्थरों से चुना हुआ चबूतरा। ऊपर छिड़का हुआ पानी। उससे ऊपर लकड़ी से चुना हुआ एक और चौकोर स्तूप, जिसमें लकड़ी के भीतर से लाल और श्वेत वस्त्रों की झाँकी मिल जाती है। पास में पड़ा हुआ मटका-भर पानी, और एक बड़े-से थाल में हवन-सामग्री।

कुछ दूर पर शेखर के पिता, भाई और कई-एक लोग। दूसरी ओर शेखर अकेला।

उसके बाद एक तन्द्रा। एक गतिमान तन्द्रा, जिसमें कोई भी निश्चल नहीं बैठता, सभी कुछ-न-कुछ करते जाते हैं; पर कोई जानता नहीं कि क्या हो रहा है।

केवल जब चिता जलने लगी, तब मन्त्रोच्चार के साथ-साथ एक लम्बे हत्थेवाले स्रुवा से उसमें घी की आहुति डालते हुए शेखर को याद आया, जब चिता चुनी जा रही थी, सारा शरीर ढका जा चुका था, केवल मुख ढकना बाकी रह गया था, तब उसके पिता ने आकर एकाएक कहा था, ''एक फ़ोटो ले लेते—'' पर सब ओर से मौन पाकर, स्वयं भी कुछ देर मौन रहकर प्रश्न-सूचक आवाज़ में कह दिया था, ''क्या करना है...'' तब शेखर ने दबे स्वर में कहा था, ''क्या करना है...'' यद्यपि स्वयं उसके मन में भी यह बात उठी थी कि फ़ोटो ले लेना चाहिए। तब पिता ने धीरे से एक लज्जित-सी हँसी हँसकर—मानो अपनी कोई कमज़ोरी प्रकट करते हुए लज्जित हों पर रह भी न सकते हों—कहा था, ''मुख तो देखूँगा ज़रूर...''

पता नहीं, वह कैसे क्यों हुआ कि बहुत कोशिश करने पर भी कपड़ा नहीं हट सका। ऊपर जो सूत लपेटा गया था, वह खोला गया; पर कपड़ा कहीं लकड़ी में अटक गया था, नहीं छूटा, नहीं छूटा। पिता ने फिर एक हँसी—किस-किस कुछ को 'हँसी' कहा जा सकता है!—हँसकर उसे छोड़ दिया और पीछे हट गए।

शेखर सोचने लगा कि उस समय उनके मन पर क्या बीती होगी। पर क्यों? उसके अपने मन पर उस घटना का क्या प्रभाव हुआ था? कुछ नहीं, उस समय तो प्रभाव के लिए अवकाश कहाँ था; प्रभाव तो बाद में होगा, जब उस सब-कुछ की तात्कालिक उग्रता कम हो जाएगी, जब वह जड़ बनानेवाली न रहकर केवल रुलानेवाली रह जाएगी...

शेखर को पता नहीं था कि उसके हाथ उस लम्बे स्रुवा को उठाए-उठाए थक गए हैं, पर तभी उसके पीछे भाई ने वह उसके हाथ से ले लिया। शेखर घाटी के उतार पर ही बैठ गया, और अपलक-नयन चिता की ओर देखने लगा।

उन लपलपाती जिह्वाओं में, उन असंख्य रक्त-मुकुरों में, उसे माँ की साधारण सौम्य मूर्ति का प्रतिबिम्ब नहीं दिखा। दिखे भूत के चित्र, वार्तालाप, भाव, जो थोड़ी देर में एक भयंकर स्मृति में परिणत हो गए—एक स्मृति जो साकार हो उसके आगे नाचने लगी और हटाए नहीं हटी...

वह दृष्टि—माँ उस अन्तिम क्षण में पिता की ओर देख रही...क्यों? क्या कहने को? उस अन्तिम एक क्षण में, ऐसी कौन-सी बात उसे याद आ गई थी जो वह अपने तीस वर्ष के वैवाहिक जीवन में नहीं कह चुकी थी, जिसका इसी समय कह डालना इतना महत्त्वपूर्ण हो गया था—मृत्यु के अन्तिम, अमोघ आघात से भी अधिक महत्त्वपूर्ण? क्या यही मात्र कहना चाहती थी कि वह आघात अन्तिम है, अमोघ है, कि अब...

अब क्या?

शेखर भूल गया कि वह किस भाँति वाक्य को पूरा करना चाहता था। वह उसी दृश्य में खो गया, उसी समय की विकार-मालाएँ फिर उसके मन में भर गईं। उसे

याद आया, उसी समय उस दृष्टि को देखकर उसके मन में एक तूफ़ान-सा उठा था—विचार आए थे लहरों की तरह, एक के ऊपर एक, किसी एक ही गति से प्रेरित किन्तु परस्पर-असम्बद्ध। उसने मन-ही-मन में, किन्तु खिंचे हुए स्वर में कहा था—

''माँ, माँ, तुम्हारी दृष्टि क्या मेरे लिए नहीं है? किसी और के लिए नहीं? किसी वस्तु के लिए नहीं? केवल, मात्र उसी के लिए वह अचल, शब्दहीन सन्देश...? ओफ़, वह इस सन्देश को भस्म कर देनेवाली तीक्ष्णता के आगे झुक क्यों नहीं जाता, नष्ट-भ्रष्ट, क्षार क्यों नहीं हो जाता! कहता जाता है, 'पथरायी जा रही हैं—पथराती हैं—यह क्या हो रहा है'...''

वह क्रोध था या और कुछ, जिससे अभिभूत होकर शेखर ने ज़ोर से अपना मुँह बन्द कर लिया था ताकि होंठों पर आए हुए शब्द न निकल जाएँ?—

''मूढ़, सुनो, वे क्या कहती हैं, सुनो; यह शिकायत फिर भी हो सकेगी—बाद में; अभी उनका सन्देश मत खोओ...''

तब फिर, रिक्त! तब वह खिंचाव नष्ट हो गया था, और वह डॉक्टर के पास जाने की तैयारी करते हुए एक शान्त भाव से सोचने लगा, माँ को सम्बोधित करके कहने लगा था, ''माँ, अब निर्जीव शरीर-मात्र, उस एक दृष्टि से तुमने सब-कुछ कह दिया है, तुमने अपना जीवन समाप्त किया है एक अन्तिम दिव्य सौन्दर्यमयी मुद्रा में! तुम माँ रही हो, तुम्हारा जीवन अपनी सन्तान में और गृहस्थी की सैकड़ों-हज़ारों छोटी-छोटी उलझनों में फँसा रहा है; किन्तु तुम्हारी प्रकृति के घोरतम तल में कुछ था, जो माँ नहीं, स्त्री था; जो उसका था, उसका रहा और अब सदा के लिए रहेगा...मृत्यु क्या है? पारलौकिक जीवन क्या है? स्मृतियाँ, श्रुतियाँ क्या हैं? ईश्वर क्या है? मान लिया कि तुम मर गईं, सम्पूर्णतया नष्ट, बिलकुल लुप्त, नि:शेष हो गईं। उससे क्या होता है? तुमने वह कह दिया है...''

शेखर एकाएक उठ खड़ा हुआ। एक बार उसने अपने चारों ओर देखा, मन्त्रोच्चार करते हुए भी तीन-चार जन उसी की ओर देख रहे थे। उसने अपने भाई से स्रुवा ले लिया और यन्त्रवत चिता में घी डालने लगा।

जब चिता जल भी चुकी, दाह-संस्कार समाप्त हो चुका, तब भी कुछ देर शेखर को होश नहीं हुआ। उसके बाद वह एकाएक चौंका-सा और चारों ओर देखकर, लज्जित-सा होकर, स्रुवा रखकर चुपचाप खड़ा हो गया। उसके पिता ने कहा,''अब क्या है शेखर, अब चलो।'' तो बिना लौटकर देखे भी चल पड़ा। पीछे-पीछे पंडित लोग और अन्य लोग आए, सबसे पीछे पिता, दो-एक बार लौट-लौटकर देखकर, चोरी से आँखें पोंछकर!

किन्तु शेखर की आँखें? निर्निमेष। गम्भीर, हर चिन्ताहीन। किसी भी प्रकार की अनुभूति से हीन। वह उस सारे जुलूस (!) के आगे-आगे चला जा रहा था...

4

पथ पर।

मन्दिर के पथ पर, जहाँ पहुँचकर यह समूह बिखरेगा; जहाँ जाकर अनन्तपथ-पथिक की अन्तिम झाँकी लेकर, फिर उसे भुलाया जाएगा, सदा के लिए जीवन की परिधि के बाहर धकेलकर उससे अलग कर दिया जाएगा।

उस समय तक वह माँ है, स्त्री है, मानवी है, अपनी है; उस समय वह हो जाएगा—एक स्मृति।

शेखर सोच रहा है कि लोग मन्दिर क्यों जाते हैं, क्या करने जाते हैं? वह स्वयं जाता रहा है; किन्तु वह जाता रहा है वहाँ का संगीत सुनने, वहाँ के समवेत आरती-गान की श्रद्धा-भरी ध्वनि के कम्पन से एक अकथ्य अनुभूति प्राप्त करने, जो मन्दिर के बाहर, देवस्थान के बाहर, कहीं नहीं प्राप्त होती—या किसी असाधारण अवसर पर ही प्राप्त होती है। वह जाता है उस अनुभूति को प्राप्त करने ही नहीं, उस कोमल झुटपुटे में चुपचाप उसे दृढ़ करने, धूप-धूम्र, सुमन-सौरभ और घंटानाद से सजीव उस रहस्यपूर्ण वातावरण में उसका संचय करके उसे साथ ले आने के लिए। क्या अन्य लोग भी इसी भावना से जाते हैं?

वह देखता है कि इसका कोई प्रमाण कहीं नहीं मिलता—न उसके साथ जानेवालों के चेहरों में, न उनकी वाणी में, न उनकी बातचीत में।

उस भीड़ में कई ऐसे भी हैं जो अपने को शेखर का सम्बन्धी बताते हैं। यही उनका शेखर से सम्बन्ध है। अन्यथा शेखर के पुरखों के वे चाहे कुछ रहे हों, शेखर उन्हें न जानता है, न मानता है, न उनसे किसी प्रकार की निकटता का अनुभव ही कर सकता है। वह उनकी बातें सुनता जाता है और अधिकाधिक विस्मय में सोचता जाता है कि यदि ये मनुष्य हैं, तो क्या मैं ही कोई पशु हूँ, या प्रेत हूँ, जो इनकी दृष्टि से देख नहीं सकता!

''कैसी दर्दनाक मृत्यु है! मरते वक्त एक शब्द भी नहीं कह सकीं। हमारा सारा कुनबा बिखर गया। माली बाग़ लगाकर छोड़ गया। उसकी रेख-देख कौन करेगा? बेचारी ने कुछ सुख भी नहीं देखा, मरते वक्त कोई बात भी तो नहीं कह सकीं। अब घर कौन सँभालेगा? किसी को कुछ पता नहीं कि कहाँ क्या है। जानेवाली तो गई। कुछ कह ही जाती। मृत्यु तो हर एक को ही आती है, पर ऐसी मृत्यु! बिना एक शब्द कहे मर जाना! हरे राम!''

शेखर चुपचाप सुनता है। पर ज्वालामुखी के उबलते हुए लावा के उफान की भाँति उसके भीतर कुछ उठता है, उठता रहता है। यदि वह कुछ कह भी पातीं, तो क्या कह पातीं? कुछ-एक निरर्थक शब्दों के अतिरिक्त क्या? मृत्यु की इतनी बड़ी महत्ता के आगे—क्षुद्र! उनसे होता क्या—अब जब वह मर ही चुकीं? वह मर ही चुकीं, तो उनके कहे हुए, या उनके द्वारा कहे जा सकनेवाले, किसी भी शब्द से क्या—किसी भी शब्द से! अब इस सबसे क्या...

फिर कहीं कोई कह रहा है—

"सुना है, मरते समय उनकी कुछ खातिर भी नहीं हो सकी। उसी दिन सवेरे उन्होंने एक पान माँगा था—वह नहीं मिल सका। वे यह कहती ही मर गईं कि मेरे लिए एक पान का भी प्रबन्ध नहीं हो सकता—देखो न उनकी दशा—"

शेखर को एकाएक वह क्षण याद आया, जब उसके पिता ने उससे पूछा था, "क्या—?" और उसने कहा था, "कोलैप्स है..." और उसके थोड़ी देर बाद, पिता ने फिर पूछा था—इस बार अँग्रेज़ी में—"इज़ देयर लाइफ़? (जीवन शेष है?)" और वह चुप रह गया था—यह सोचकर कि शायद नहीं शेष है, और कैसी परिस्थिति में खोया है—एक अन्तिम क्षुद्र शिकायत लेकर कि मेरे लिए पान नहीं आ सका...ईश्वर!

शेखर ने एक लम्बी साँस ली। पर उसे दु:ख नहीं मालूम हुआ। उसने बात कहनेवाले व्यक्तियों की ओर देखा। एकाएक क्रोध से उसका बदन जल उठा; पर वह होंठ काटकर उसे दबा गया। होंठ से ख़ून निकल आया...

शेखर की गति धीमी हो गई। अभी तक सारी भीड़ उसके पीछे थी, अब धीरे-धीरे आगे निकलने लगी। एक-आध व्यक्ति ने चाहा, उसे ढाढ़स दिलाए और आगे चलने के लिए कहे, पर उसके मुख की ओर देखकर किसी को साहस नहीं हुआ।

शेखर की गति क्रमश: और भी धीमी होती गई...

5 शेखर अभी मन्दिर से बहुत इधर ही था जब सारी भीड़ उसे पीछे छोड़कर आगे निकल गई, और वह चुपचाप लौटकर चला आया उसी के अवशेष के पास।

क्रोध कहीं उठता है, और किधर-किधर बहकर कहाँ पहुँच जाता है! इस समय शेखर अपने ही को कह रहा था—"यदि तुम्हारा दु:ख उनसे भिन्न है, यदि तुम्हारी अनुभूति उनसे तीखी, उनसे गहरी है, तो तुम ऐसे निर्वेद क्यों हो? तुम्हें क्यों क्लेश नहीं होता, तुम क्यों नहीं रोते? या तुम्हारा दु:ख रोने से परे है, तो क्यों नहीं तुम वज्राहत की तरह पड़े हो? तुम्हें कुछ भी नहीं हुआ, रत्ती-भर दु:ख नहीं हुआ, तुम यहाँ चिता के किनारे खड़े भी सुस्थचित्त यह सोच सकते हो कि तुम्हें दु:ख हुआ या नहीं? दिव्य पुरुष तुम नहीं हो; तब पशु, या पत्थर..."

उसे कुछ भी समझ नहीं आ रहा था। उसका मस्तिष्क ठीक काम कर रहा था, किन्तु वह सारा काम था निष्फल, किसी परिणाम तक पहुँचने में पूर्णतया असमर्थ; बिलकुल व्यर्थ।

शेखर चिता की ओर देखने लगा। वह अभी तक सुलग रही थी, और जहाँ शेखर बैठा था, वहाँ तक उसका ताप पहुँचता था।

उसमें से धुआँ निकल रहा था; पर एक उत्तप्त वाष्प-सा उठ रहा था, जिसके कारण उसके पार का दृश्य शेखर की दृष्टि में एक विशेष प्रकार से कम्पित हो रहा

था, मानो अधूरा जीवन पाकर लड़खड़ा-सा रहा हो...शेखर उसी को देख रहा था, मुग्ध-सा, मूढ़-सा, ऐन्द्रिय अनुभूति से परे कहीं।

एकाएक किसी ओर से तितलियों का एक जोड़ा उड़ता हुआ आया, सीधा चिता की ओर। शेखर ने देखा, वे चिता के पास आकर, शायद गर्मी का अनुभव करके, एकाएक ऊपर उठीं, किन्तु उठते-उठते उस उत्तप्त वाष्प के घेरे में आ गईं; निकलने की चेष्टा में उद्भ्रान्त इधर-उधर लड़खड़ाईं, फिर काँपकर, मुरझाकर झड़ती हुई पंखुड़ी की भाँति, चिता में गिर गईं। जल गईं।

शेखर ने किसी अपर इन्द्रिय से यह सब देखा। उसे कुछ भी अनुभव नहीं हुआ। एक छोटे-से क्षण में उसके मन में एक भाव गुज़रा कि यह घटना भी उस जैसी है, इन दोनों में कोई भेद नहीं है। पर यह कितनी निरर्थक है, उसके अनुभव से कितनी परे—यद्यपि यह उससे सौ-गुनी करुणा-भरी है, और कुछ नहीं तो इस निरर्थकता के कारण! इनके मर जाने पर, इनका क्या रह गया होगा? घर-बार? यश? कीर्ति? कृतियाँ? स्मृतियाँ? सन्तान रही होगी, किन्तु उस मस्तिष्कहीन, ज्ञानशून्य सन्तान को इससे क्या कि वह किससे पैदा हुई थी! कितनी साधारण, कितनी निरर्थक, कितनी क्षुद्र, प्रकृतिगति में कितनी नगण्य घटना है यह मृत्यु!

शेखर को अनुभव कुछ भी नहीं हुआ। पर वह लड़खड़ाकर बैठ गया, एक बड़ा-सा बुलबुला-सा उसकी छाती में उठा और गले में आकर फूट गया, आँखें उमड़ आईं; और एक व्यथा-भरी सिसकी में वह रो पड़ा—''माँ!''

•

पगोड़ा वृक्ष

उस वृक्ष में पत्ते नहीं थे।

उसकी यह विशेषता थी—विधवा के हृदय की तरह उसमें विस्फोट धीरे-धीरे वृद्धिगत नहीं होता था, उसके लिए वसन्त की वासना के कोमल अंकुर नहीं फूटते थे, न बाल-लीलामयी मधुर झकोरें आती थीं, न नवयौवन के चिकने पत्ते ही निकल पाते थे...केवल वर्ष में एक बार किसी उमस-भरे दिन की वेदना में, प्रगल्य यौवन के उन्मद सौरभ से भरे, हल्के पीले हृदयवाले श्वेत तारक-फूल, एकाएक ही उसके सर्वांग पर छा जाते थे—उसकी नंगी वीभत्स शाखें एकाएक ही अदृश्य हो जाती थीं...

जीवन! वे मानो प्रौढ़ावस्था के फूल! वसन्त में, जब और सब वृक्ष फूल रहे होते, तब उसमें केवल आगे से चपटे बड़े-बड़े कठोर पत्ते पकते हुए दिखते—मानो सजीले सामन्तों की पाँत में एक बूढ़ा शूद्र-पुत्र...और ग्रीष्म में मरुस्थल की लपलपाती गर्म साँस से बचने के लिए सब पेड़ सजाव-सिंगार छोड़कर मोटी-हरी चादर ओढ़ चुके होते, तब उसके पके पत्ते एक-एक करके झर जाते, मानो नंगी निरीह शाखों ने पल्ला झाड़कर मरुभूमि के दस्यु को दिखा दिया हो कि हम निःस्व हैं...केवल जब वर्षा के दौंगरे आकाश के कसैले रोष को शान्त कर देते थे, तब वृक्ष की चिरसंचित आत्मग्लानि द्रवित होकर फूट पड़ती थी। विराट वेदना सुन्दर ही होती है—और उस वृक्ष की वेदना पुष्पित हो उठती थी, और वह मानो अपने आन्तरिक सौन्दर्य के उन्मेष से लजाकर स्वयं उसमें छिप जाता था—या सौन्दर्य के आवरण में और नंगा हो जाता था...मानो किसी बुड्ढे ने संसार की तिरस्कार-भरी दृष्टि से लज्जित होकर अपने को यौवन के आवरण में लपेट लिया हो।

या किसी विधवा के हृदय में एकाएक प्रेम का पूर्ण विकास हो उठा हो...

अब वह दिन नहीं आया था। वसन्त समाप्त हो चुका था, ग्रीष्म भी पार हो चुकी थी, पर उन्मेष का दिन नहीं आया था—वृक्ष के पत्ते गिर गए थे, पर फूल नहीं आए थे।

साँझ हो रही थी। आकाश में बादल के छोटे-छोटे टुकड़े मँडरा रहे थे। उनमें एक ओछा सौन्दर्य था, शक्तिहीन और दर्पहीन—वे बरस चुके थे। और वे मानो

एक प्रकार के छिछोरेपन से जमुना के जल में, अपना रंगीन प्रतिबिम्ब देखकर मुस्कुरा रहे थे...

उस वृक्ष की नंगी शाखों-तले एक स्त्री बैठी हुई थी। वह एक स्थिर दृष्टि से बादलों की ओर देख रही थी, और शून्य भाव से एक पद की निरर्थक आवृत्ति किए जा रही थी—'प्रीतम, इक सुमिरिनिया मोहि देहि जाहु।' धीरे-धीरे अन्धकार होता जा रहा था, किन्तु उसे इसका बिलकुल ध्यान नहीं था। वह मानो हमारे संसार से परे कहीं विचर रही थी, उसके लिए मानो हमारे काल की गति थी ही नहीं...

उसकी सफ़ेद धोती धुँधले प्रकाश में कुछ नीली-सी जान पड़ रही थी, और उसके मुख का वेदना-विकृत भाव भी एक फीकी मुस्कुराहट का भ्रम उत्पन्न कर देता था। और जिस मुद्रा में वह बैठी हुई थी, उससे किसी भी दर्शक के हृदय में मूर्तिमती प्रतीक्षा की भावना जाग्रत हो जाती, यद्यपि उसने कई वर्षों से किसी की प्रतीक्षा नहीं की थी—प्रतीक्षा का विचार भी नहीं किया था—क्योंकि वह कई वर्षों से विधवा थी...

यह उसका नित्यक्रम था—नित्य ही संध्या को वह अपने छोटे-से मकान—या झोंपड़े—के इस बगीचे में आकर बैठ जाती थी और कभी-कभी घंटों बैठी रहती थी। जब वह इस प्रकार आत्मविस्मृत हो जाती, तब उसे अपनी दैनिक प्रार्थना का ध्यान नहीं रहता...तब तो किसी आकस्मिक शब्द से—किसी पशु के रम्भाने से या कभी वायु के झोंके से ही वह चौंककर उठती थी और भीतर चली जाती थी...

आज भी यही दशा थी। उसके बैठे-ही-बैठे रात भी होने को आई, जो बादल बिखरे हुए थे, वे नयी शक्ति पाकर पुन: आकाश में छा गए—धीरे-धीरे एक अत्यन्त कोमल, नि:शब्दप्राय वर्षा भी होने लगी; पर उसका ध्यान भंग नहीं हुआ। जब वायु के एक झोंके ने उसकी धोती के एक छोर को हिलाकर मानो कहा, ''उठो!'' तब वह उसके गीलेपन से चौंकी, और एक बार मानो जाड़े से काँपकर, पेड़ के सहारे खड़ी हो गई और जल्दी-जल्दी अपने झोंपड़े की ओर चल दी। वह वृक्ष मानो सत्सर्ग-भरी आवाज़ में बादलों से कहने लगा, ''भिगो लो तुम भी मेरी नग्नता को!''

2 वह विधवा थी—उसका नाम था सुखदा। जब से उसका विवाह हुआ, तब से ही वह उस झोंपड़े में रहती थी। उसके विवाह को आज बारह वर्ष हो चुके थे—जिनमें से आठ वर्ष उसने वैधव्य में काटे थे। विधवा हो जाने के बाद भी उसने वह घर नहीं छोड़ा—छोड़कर कहीं जाने को कोई स्थान ही नहीं था। वह समाज की ही नहीं, व्यक्तिमात्र की परित्यक्ता थी; समाज की शरण की ही नहीं, किसी व्यक्ति के स्नेह से भी वंचिता थी; उसका अपना कोई नहीं था। जिस झोंपड़े में वह रहती थी, उसकी सफ़ाई इत्यादि करने के लिए एक बुढ़िया नित्य सवेरे आती थी और दो घंटे बाद चली जाती थी। सुखदा का संसार से कोई सम्बन्ध था तो इतना ही। वह अपना गुजारा कैसे करती थी, कोई नहीं जानता। स्त्रियाँ

किस प्रकार गृहस्थी चलाती हैं, यह न आज तक किसी ने जाना है, न जानेगा। हमारे वैज्ञानिक तो कहते हैं कि स्वयंचालित यन्त्र असम्भाव्य है।

सुखदा का पति देहली में काम करता था। वह नित्य सवेरे ही झोंपड़े से चल पड़ता, और कुछ एक खेत पार करके मेरठ से देहली जाने वाली सड़क को जमुना के पुल के पास ही पा लेता। उन दिनों सुखदा दूर से जमुना-पुल की ओर देखकर, उस पर रेंगते हुए चींटी-से आकारों को देखती हुई अपने पति को चीन्हने का प्रयत्न किया करती। और, इसी प्रकार जब उसके लौटकर आने का समय होता, तब भी वह पुल पर उसे खोजा करती।

इसका कारण था। पति की अनुपस्थिति में उसे कोई कष्ट या क्लेश होता हो, या वियोग की पीड़ा उसके लिए असह्य हो, यह बात नहीं थी। वर्ष-भर पति के साथ रहकर भी उसने इतनी घनिष्ठता नहीं उत्पन्न की थी, जितने कॉलेज के लड़के-लड़कियाँ सप्ताह-भर में कर लेते हैं...उसका और उसके पति का जीवन मानो दो अलग और समानान्तर दिशाओं में बह रहे थे, और वे निकट नहीं आ पाते थे। इसीलिए, वह अपने पति के पतित्व का अनुभव एक खास दूरी पर करती थी—जब वह उसके निकट आता, तब वह सुखदा के लिए बिलकुल अजनबी हो जाता। जब वह घर में होता, तब सुखदा के हृदय में उसके प्रति एक उद्वेग, एक प्रकार की झुँझलाहट के अतिरिक्त कोई भावना नहीं होती थी। जब वह दूर पुल पर होता, तब सुखदा अपने हृदय को यह समझाया करती कि 'वह तेरा पति है।' स्वच्छन्द, शीतल निरपेक्षता से जैसे कोई बच्चे को इशारे से चिड़िया दिखाकर बताए—''यह अबाबील है।''

उसे स्वयं कभी-कभी इससे अत्यन्त कष्ट होता था। पातिव्रत्य के जो संस्कार उसे मिले थे, वे उसे कभी-कभी अत्यन्त दु:खी कर डालते थे। वह इस निरपेक्षता को दूर करने की चेष्टा भी करती थी; किन्तु इसमें मुख्य अड़चन होता था स्वयं उसका पति। उसमें भी ऐसी ही एक उपेक्षा थी—मानो किसी दिन उसे बैठे-बैठे विचार आया हो, 'मेरे घर में बहू नहीं है,' और इस न्यूनता को पूरा करने के लिए उसने एक बहू झोंपड़े में ला रखी हो!

इसी प्रकार सुखदा के दाम्पत्य जीवन के चार वर्ष बीते। (ऐसे भी हैं, जिनका सारा जीवन यों ही बीतता है!) उस समय तक एक विराट् दु:खांत नाटक के लिए पूरा उपक्रम हो चुका था। किंतु मुख्य पात्र की अकाल-मृत्यु के कारण वह खेला नहीं जा सका। सुखदा अकेली रह गई। ट्रेजेडी के अंकुर से भरा हुआ उसका जीवन केवल एक विषाद से भरा रह गया—एक विषाद, जिसकी नीरसता में एक हल्का किन्तु मधुर रस था...

जिसके आधार पर उसने आठ वर्ष बिता दिए थे। नित्य ही जब वह अपने छोटे-से स्वच्छ बगीचे में आकर बैठती, तब मानो उसे इस रस का एक घूँट मिल जाता था। जिस वृक्ष के नीचे वह नित्य बैठती थी, वह उसके पति का लगाया हुआ था। वह इसे मद्रास से लाया था। यद्यपि सुखदा के इस वृक्ष-तले बैठने का कारण यह नहीं था, तथापि वह नित्य ही इस बात का स्मरण कर लिया करती थी।

क्षण-भर के लिए उसे यही विश्वास हो जाता था कि वह पति की स्मृति के लिए ही वहाँ बैठी है...इस विश्वास से उसके हृदय की पुरानी अशान्ति, वह अनौचित्य की भावना, मिट जाती थी...

3 यदि दुःख की अनुपस्थिति को, अनुभूति की अचेतना को, सुख कह सकते हैं, तो सुखदा सुखी थी। यदि—! किन्तु वह स्वयं सोचा करती, क्या मेरे जीवन का उद्देश्य यही है? उस वृक्ष-तले बैठकर जब वह जमुना का कम्पित वक्ष देखती, तब उसके हृदय में सदा यही प्रश्न उठता, 'क्या हमारा जीवन बालू पर के मिटाए हुए चिह्न से अधिक कुछ भी नहीं है?' पर इस प्रश्न से उसकी शान्ति भंग नहीं होती थी, यद्यपि विषाद कुछ गहरा हो जाता था। उसके हृदय से मानो अशान्ति की क्षमता नष्ट हो गई थी—समुद्र मानो तूफ़ान लाना भूल गया था...

वह जो नित्य नियमपूर्वक प्रार्थना किया करती थी, वह किसी आन्तरिक अशान्ति की प्रेरणा से नहीं, वह केवल एक नियम-भर था—या उससे कुछ ही अधिक। कभी वह इस विषय पर सोचती थी, तो एक ही बात का निश्चय कर पाती थी—उसे ईश्वर के अस्तित्व में विश्वास था—बस। वह अपनी आत्मा से पूछती थी कि वह प्रार्थना क्यों करती है, तो यही उत्तर मिलता था कि सबसे सरल पथ यही है—कुछ लाभ हो या न हो, उससे क्या...किन्तु फिर भी अपने वैधव्य के आठ वर्षों में एक दिन भी उसका नियम भंग नहीं हुआ था—और वह कल्पना भी नहीं कर सकती थी कि इस नियम को भंग कर दे...

आज जब वर्षा होने लगी और वह चौंककर उठी, तब उसे याद आया कि वह अपनी प्रार्थना भी भूल गई है, और वह दौड़ी हुई इस त्रुटि को पूरा करने गई।

झोंपड़े में प्रवेश करके उसने एक दीपक जलाया और उसे झोंपड़े के एक कोने में ले गई। उसे एक छोटे-से आले में रखकर वह घुटने टेककर बैठ गई, उसकी आँखें बन्द हो गईं...और कुछ ही क्षण में वह इस संसार से परे कहीं पहुँच गई...

एक अभूतपूर्व घटना घटी। किसी ने किवाड़ खटखटाए। सुखदा का ध्यान भंग हो गया, उसने चौंककर कहा, ''कौन!''

कोई उत्तर नहीं आया, पर किवाड़ पहले से भी ज़ोर से खटखटाए जाने लगे।

सुखदा क्षण-भर सोचती रही, खोलूँ या न खोलूँ? इस असमय में कौन आया है? एकाएक हिन्दू समाज के कानूनों का एक पुलिन्दा ही उसकी आँखों के आगे हो गया—समय, परिस्थिति, एकान्त, विधवा, और सबसे बड़ी चीज़ हिन्दू धर्म की नाक—लज्जा...

उसके प्रश्न का बुद्धि ने कोई उत्तर नहीं दिया। किन्तु किसी अज्ञात प्रेरणा से उसने उठकर किवाड़ खोल दिया, और गम्भीर स्वर में पूछा, ''कौन है?''

एक युवक ने आगे बढ़कर धीमे स्वर में कहा, ''मैं हूँ, बहिन जी! आपको नमस्कार करता हूँ।''

सुखदा विस्मय में कुछ बोली नहीं। स्थिर भाव से उसके मुख की ओर देखती रही। मुख की ओर देखते-ही-देखते उसने बहुत-सी बातें देख लीं।

युवक के शरीर पर कपड़े अधिक नहीं थे; एक धोती, जो घुटनों तक बँधी हुई थी, गले में एक फटी कमीज़। हाथ में एक छोटी-सी पोटली-सी थी। सुखदा ने यह भी देखा कि युवक के शरीर पर के कपड़े वर्षा से नहीं, किसी अधिक गँदले पानी से भीगे हुए थे और हाथ की पोटली प्राय: सूखी थी...वस्त्रों से वह बिलकुल साधारण गँवार मालूम होता था, किन्तु उसका मुख मानो किसी आवरण के भीतर से भी कह रहा था, मैं पढ़ा-लिखा हूँ, सभ्य हूँ, सुसंस्कृत हूँ...

सुखदा को चुप देखकर युवक फिर बोला, ''बहिन जी, मुझे यहाँ रात-भर के लिए आश्रय मिल सकता है?''

सुखदा सहसा उत्तर नहीं दे सकी। फिर उसने अत्यन्त गम्भीर स्वर में कहा, ''आप कौन हैं, मैं जानती भी नहीं।''

''मैं एक बिलकुल साधारण व्यक्ति हूँ। कष्ट में होने के कारण रात-भर के लिए आश्रय माँगता हूँ—इससे अधिक आप क्या जानना चाहती हैं?''

''आप स्वयं समझ सकते हैं,'' फिर कुछ हिचकिचाकर, ''मैं विधवा हूँ, और यहाँ अकेली रहती हूँ।''

युवक ने सहानुभूति के स्वर में कहा, ''अच्छा!'' और चुप रह गया।

''आप और कहीं नहीं जा सकते?''

युवक एक अत्यन्त सरल-सी हँसी हँसकर बोला, ''नहीं।''

सुखदा को वह हँसी अच्छी नहीं लगी। वह उसे समझ नहीं सकी। उसने सन्देह के स्वर में पूछा, ''क्यों? आप आए कहाँ से हैं?''

''जमुना-पार से आया हूँ।

''देहली से?''

''जी हाँ।''

''तो यहाँ कैसे आए? सड़क तो इधर नहीं आती। पुल के पास ही कहीं क्यों नहीं ठहरे?''

''मैं पुल पर से नहीं आया।''

''तो?''

''यहीं सामने—तैरकर आया हूँ।''

''हैं? जमुना तैरकर! आज—अभी?''

युवक फिर हँसकर चुप रह गया।

थोड़ी देर बाद सुखदा बोली, ''आपने अपना जो परिचय दिया है, उससे मेरा सन्देह बढ़ना ही चाहिए।''

युवक का चेहरा उतर गया। वह बोला, ''ठीक है।''

थोड़ी देर फिर दोनों चुपचाप एक-दूसरे को देखते रहे। दोनों मानो एक-दूसरे का माप ले रहे थे। फिर युवक ने मानो अन्दर-ही-अन्दर किसी निश्चय पर पहुँचकर

कहा, ''आप मुझे थोड़ी देर के लिए अन्दर आने दें, तो आपको सन्तोष हो जाएगा।''

सुखदा कुछ कह भी नहीं पाई थी कि युवक भीतर चला आया। तब सुखदा भी धीरे-धीरे झोंपड़े के मध्य की ओर चली। एक ओर एक छोटी-सी चौकी पड़ी थी, उसी की ओर इशारा करके युवक से बोली, ''बैठ जाइए।''

युवक क्षण-भर खड़ा ही रहा, फिर बैठ गया। सुखदा उससे कुछ दूरी पर खड़ी रही।

''आप क्या जानना चाहती हैं, जिससे आपको सन्तोष हो जाए?''

सुखदा ने बिना किसी कौतूहल के कहा, ''आप स्वयं ही कुछ बताना चाहते हैं, मैंने तो कुछ नहीं पूछा।''

युवक ने एक तीव्र दृष्टि से उसकी ओर देखा, और बोला, ''अच्छा, ऐसे ही सही। तो सुनिए। मैं दो-तीन साल से इसी प्रकार मारा-मारा फिरता हूँ। आमतौर पर तो अपना कुछ-न-कुछ प्रबन्ध रहता ही है, और काम चल जाता है। किन्तु कभी-कभी हमारी दशा बहुत बुरी हो जाती है—हमारे लिए इस विराट् ब्रिटिश साम्राज्य में कहीं पैर रखने को भी स्थान नहीं रहता! तब हम इधर-उधर मारे-मारे फिरते हैं, कि कहीं कुछ समय के लिए हमें आश्रय मिल जाए, और फिर हम अपना अस्तित्व मिटाकर, एक नया और मिथ्या रूप धारण करके ही उस साम्राज्य में स्थान पाते हैं, जिसमें हमारी सच्चाई के लिए स्थान नहीं...''

सुखदा रोककर कहने को हुई, ''आपकी बात मुझे तो कुछ भी समझ नहीं आई।'' किन्तु जब यह कहने के लिए उसने मुँह खोला, तब अपना प्रश्न सुनकर उसे स्वयं आश्चर्य हुआ—''आप खाना खा चुके हैं?''

युवक ने मुस्कुराकर कहा, ''हाँ, कल शाम को तो खाया था।''

सुखदा झोंपड़े के एक सिरे पर ताक की ओर जाती-जाती बोली, ''तो अब तक क्यों नहीं बताया था? इतना तो मैं कर ही सकती हूँ।''

उसने ताक में से कुछ रोटी, साग और केले निकाले, और फिर बोली, ''साग ज़रा गरम कर लाऊँ।'' यह कहकर, बिना उत्तर की प्रतीक्षा किए हुए, वह झोंपड़े के पिछली ओर सटे हुए छोटे-से छप्पर के नीचे चली गई।

युवक चौकी पर घुटने समेटकर बैठा था। जब उसने छप्पर की ओर से फूँकने की आवाज़ सुनी, तब उसने अपनी ठोड़ी को अपने घुटने पर टेक दिया और चुपचाप झोंपड़े में पड़ी वस्तुओं को देखने लगा।

एक कोने में, एक छोटे-से लकड़ी के बक्स पर, आठ-दस किताबें पड़ी थीं। युवक के मन में एक क्षीण कौतूहल हुआ कि उठकर देखे कैसी पुस्तकें हैं, पर उसके शरीर पर एक सम्मोहिनी थकान छायी हुई थी, वह नहीं उठा। बक्स से हटकर उसकी आँखें दीयेवाले आले की ओर पहुँचीं। उसने देखा, आले के ऊपर, एक लकड़ी के तख्ते पर एक छोटी-सी धातु की प्रतिमा रखी है, जिसके कुछ अंश उस अप्रत्यक्ष प्रकाश में चमक रहे हैं। प्रतिमा के पैर शायद फूलों से ढके हुए थे। युवक के मन में प्रश्न हुआ कि किसकी प्रतिमा है, किन्तु यह प्रश्न बिलकुल बौद्धिक था, इसमें स्वाभाविक कौतूहल

नहीं था। उसकी आँखें उस प्रतिमा से भी हट गईं। वह छत की ओर देखने लगा। छत पर किसी चीज़ का एक छोटा-सा गोल प्रतिबिम्ब पड़ रहा था। युवक ने ज़रा घूमकर देखा, वह एक छोटे शीशे-से प्रतिबिम्बित हो रहा दीये का प्रकाश था। उसी शीशे के पास ही एक लकड़ी की कंघी पड़ी थी, और शीशे के कुछ ऊपर, किसी गाढ़े रंग के गिलाफ़ में कोई वाद्य टँगा हुआ था। पास ही टँगी हुई गज़ से युवक ने अनुमान किया कि वह बेला या सारंगी होगी। उसे कुछ विस्मय हुआ। वह अब घुटनों पर सिर टेककर सोचने लगा, इस छोटे-से झोंपड़े में इतनी संस्कृति।

छप्पर की ओर से साग के गरम होने का 'छिम-छिम-छ-छ-छिम-छिम' स्वर आ रहा था। एक बहुत क्षीण प्रतीक्षा, और अपने शरीर की थकान की बढ़ती हुई किन्तु अभी तक मधुर अनुभूति के साथ-ही-साथ युवक के मन में यह प्रश्न भी उठा कि क्या यह स्त्री गाती भी होगी...स्वर तो बड़ा मधुर है, और वेदना के सहवास ने उसे एक कम्पित निखार दे दिया है...

4 सुखदा जब रोटी लेकर झोंपड़े में आई, तब पहले तो वह सीधी युवक के सामने चली आई, किन्तु फिर एकाएक ठिठक गई।

युवक उसी प्रकार, घुटनों पर सिर टेके, बिलकुल निश्चल पड़ा था—साँस बिलकुल नियमित रूप से चल रही थी।

वह सो रहा था!

सुखदा थाली लिये खड़ी सोचने लगी, 'क्या करूँ? इसे जगाऊँ या सोने दूँ? वह सो भी रहा है या कुछ सोच ही रहा है?' इसका निश्चय करने के लिए उसने धीमे स्वर में कहा, ''मैं बड़ी देर से थाली लिये खड़ी हूँ।''

कोई उत्तर नहीं मिला। सुखदा फिर असमंजस में पड़ गई। उसकी आँखें हठात् युवक के शरीर की आलोचना करने लगीं। युवक ने अपने पैरों पर अपनी पोटली रख ली थी, जिसे वह बायें हाथ से थामे हुए था। दाहिने हाथ से उसने बायें हाथ की कलाई पकड़ ली थी और इस प्रकार घिरे हुए अपने घुटनों पर सिर रखे बैठा था। उसकी तनी हुई भुजाओं की पेशियाँ उभर रही थीं, किन्तु फिर भी ऐसा जान पड़ता था, वे भूखी हैं। फटी हुई कमीज़ में से कन्धे के नीचे का कुछ अंश दिख पड़ता था। पीठ यों झुकी हुई थी, मानो किसी दिक्पाल की पीठ हो...

देखभाल कर सुखदा की दृष्टि फिर उसी पोटली पर जा पड़ी। इसमें क्या है? अवश्य कोई मूल्यवान वस्तु होगी, नहीं तो वह क्यों उसे हाथ में लिये रहता—क्यों सोते समय भी न छोड़ता? सुखदा उसे ध्यान से देखने लगी। उसे भास हुआ, उसमें एक तो काला-सा चारखाने का कोट है और उसके अन्दर कुछ लिपटा हुआ है। क्या?

कहीं यह व्यक्ति चोर या हत्यारा तो नहीं है?

इसे जगाकर बाहर निकाल दिया जाए?

आश्रय दिया जाए?

रोटी–पानी ?

धमकाने पर यदि वार कर बैठे ?

पर इतना भोला क्यों मालूम होता है ?

बाढ़ में जमुना तैरकर पार कर आया है ?

कपड़े अभी तक गीले ही हैं !

फिर भी सो रहा है !

पागल है ?

सुखदा ने धीरे से थाली ज़मीन पर रख दी और छप्पर की ओर लौट गई। वहाँ से एक जलती हुई अँगीठी लेकर आई और युवक के पास ही रखकर फिर खड़ी हो गई। क्षण-भर वह अनिश्चय में खड़ी रही, फिर उसने युवक के कन्धे पर हाथ रखकर कहा, ''उठिए।''

युवक नहीं उठा।

सुखदा ने उसे धीरे से हिलाया। युवक ने सोते-ही-सोते कहा, ''क्या है, उमा ?'' और फिर चौंककर जाग पड़ा। जागते ही कुछ लज्जित स्वर में बोला, ''मैं कुछ अनाप-शनाप तो नहीं बक गया ?''

सुखदा ने गम्भीर भाव से कहा, ''नहीं तो, क्यों ?''

''मैं सो गया था; मुझे ऐसा मालूम हुआ कि मैंने सोते-सोते कुछ कहा था।''

सुखदा ने अपने स्वर को स्वाभाविक रखने की चेष्टा करते हुए कहा, ''नहीं।'' फिर बोली, ''खाना तैयार है, आप खावें।'' कहकर थाली उसके सामने रख दी।

युवक ने कृतज्ञतापूर्वक कहा, ''मैंने आपको बहुत कष्ट दिया। पर इतना सन्तोष मुझे है कि जहाँ तक हो सकता है, मैं किसी को कष्ट न देने की चेष्टा करता हूँ।'' यह कहकर वह सिर झुकाए धीरे-धीरे खाना खाने लगा।

सुखदा बोली, ''आपके कपड़े सुखाने के लिए अँगीठी भी ले आई हूँ। वह पोटली मुझे दे दें, मैं उन्हें सुखा देती हूँ।''

युवक ने जल्दी से कहा, ''नहीं-नहीं, उसे सुखाने का कष्ट न करें !'' किन्तु उसके कहते-कहते सुखदा ने पोटली खोल ही तो डाली।

एक कोट था, उसके अन्दर लिपटी हुई एक गाँधी टोपी, और टोपी के अन्दर— एक रिवॉल्वर !

सुखदा ने जल्दी से उसे भूमि पर रख दिया, और कुछ सहमकर युवक की ओर देखने लगी। युवक ने कोमल स्वर में कहा, ''इसे मुझे दे दें।''

सुखदा निश्चल खड़ी रही। वह सोचने लगी, इससे अभी कह दूँ, चला जाए ? यह सोचते-ही-सोचते उसने कहा, ''आप अपने बदन पर के कपड़े भी सुखा लें।''

युवक कुछ झिझकते हुए बोला, ''पर मेरे पास और पहनने को कुछ नहीं है।''

इसका उत्तर स्पष्ट था, किन्तु सोचने लगी, जब मैं इसे यहाँ से निकाल ही रही हूँ, तब क्यों अधिक दया दिखाऊँ ? इसलिए उसने यह नहीं कहा कि मैं और कपड़े दे सकती हूँ। वह युवक के पास से हटकर दीये के पास चली गई और स्थिर

दृष्टि से प्रतिमा की ओर देखने लगी। देखते-देखते वह न जाने किस विचार में लीन हो गई। उसे युवक का ध्यान ही न रहा।

युवक जब खाना खा चुका, तब उसने सुखदा की ओर देखा। किन्तु उसे इस प्रकार तल्लीन देखकर वह बोला नहीं, स्वयं उठकर दबे-पाँव छप्पर की ओर चला गया। वहाँ जाकर हाथ धोकर वह लौटा तो उसने देखा, सुखदा जहाँ खड़ी थी, वहीं घुटने टेके बैठी है, किन्तु हाथ जोड़े हुए नहीं...उसे कुछ कहने का साहस नहीं हुआ। युवक फिर लौटकर छप्पर में चला गया और वहाँ से सुखदा के उठने के स्वर की प्रतीक्षा करता हुआ वह बाहर होती हुई वर्षा का स्वर सुनता हुआ बैठा रहा...

5

भीतर से सुखदा ने पुकारा, "आप कहाँ हैं?"

युवक ने चौंककर कहा, "आया!" और झोंपड़े के भीतर चला गया।

उसके अन्दर आते ही सुखदा ने प्रश्न किया, "आपका नाम क्या है?"

एक क्षण, बहुत छोटे-से क्षण के बाद युवक ने उत्तर दिया, "मेरा नाम दिनेश है।" उस क्षण में उसने देख लिया कि विधवा के स्वर में विरोध या वैमनस्य तो नहीं, किन्तु एक प्रकार का कवचबद्ध दूरत्व, एक स्वरक्षात्मक कठोरता अवश्य है।

रिवॉल्वर की ओर इंगित करके, "यह क्या है?"

उत्तर में एक प्रश्न-भरी दृष्टि मानो कहती हो, "क्या आप नहीं जानतीं?"

"यह क्यों?"

"आत्मरक्षा के लिए।"

"किससे? सच क्यों नहीं कहते, हत्या के लिए?"

"कभी नहीं। मैं हिंसा को घोर पाप समझता हूँ।"

"आप पुलिस से बचते फिरते हैं—मफ़्रूर हैं?"

"यही समझ लीजिए।"

"तो आप मेरे पास क्यों आए?"

"शरण माँगने।"

"मेरे पास क्यों?"

"मैंने नदी पार की, तो यही स्थान पहले दिखा। और मुझे राह नहीं मालूम थी।"

"आपने नदी क्यों पार की—पुल से क्यों नहीं आए?"

"पुलिस ने मेरा पीछा किया था—मैं और किसी प्रकार बच नहीं सकता था। इसलिए कोट उतारकर जमुना में कूद पड़ा।"

"तो पुलिस यहाँ भी आ सकती है?"

"हाँ, सम्भव है। पर मैं अँधेरे में कूदा था, उन्हें कुछ अनुमान नहीं होगा कि कहाँ कूदा—या कूदा भी था कि नहीं। और फिर, ऐसी बाढ़ में जमुना पार कर लेना भी आसान नहीं, वे शायद समझें कि डूब गया होगा या नीचे बह गया होगा।"

"अगर आप यहाँ पकड़े जाएँ, तो मुझे भी दंड मिल सकता है?"

“हाँ। मुझे आश्रय देना जुर्म है। और अगर आप मुझे गिरफ़्तार करा दें तो बहुत कुछ लाभ भी हो सकता है।”

सुखदा ने युवक की ओर तीव्र दृष्टि से देखा, किन्तु उसके मुख पर तिरस्कार का भाव न था। वह थोड़ी देर चुप रही। फिर एकाएक बोली, “आपने यह सब मुझे क्यों बताया? अनजाने में—”

“आपने पूछा था। मैं झूठ भी बोल सकता था, पर आपको धोखे में रखने की इच्छा नहीं हुई।”

“डरे नहीं?”

“नहीं। विश्वासघात आसान नहीं है—विशेषतः वहाँ जहाँ विश्वास हो।”

“तो, आपने मेरी अनुमति प्राप्त करना ज़रूरी समझा? आप जानते हैं, मैं अकेली हूँ, आपको यहाँ से निकाल नहीं सकती।”

“आपका जो अभिप्राय है, उसकी मैंने कल्पना भी नहीं की।”

“क्यों?”

“अगर आप निकाल दें तो मैं बाहर भी रात बिता सकता हूँ। कष्ट होगा, पर कष्ट मात्र पर्याप्त नहीं है।”

“क्या मतलब? विशेष परिस्थिति में आप मेरी इच्छा के विरुद्ध भी यहाँ रहते?”

“हाँ, यदि व्यक्तिगत कष्ट या प्राणों के बचाव के अतिरिक्त और कारण होता तो—”

“अगर मैं लड़ती तो—क्या मार डालते?”

युवक ने थोड़ी देर सोचकर, अधिक गम्भीर होकर कहा, “शायद—नहीं।”

“शायद! निश्चय नहीं है?”

“आप स्त्री हैं, इसलिए शायद नहीं। पर परिस्थिति भी कुछ चीज़ होती है—हम कल्पना नहीं कर सकते।”

“अच्छा!” कहकर सुखदा धीरे-धीरे इधर-उधर टहलने लगी।

थोड़ी देर बाद उसने कठोर स्वर में कहा, “अपने कपड़े पहन लो।”

विस्मय से—“क्यों?”

“मैं तुम्हें आश्रय नहीं दे सकती—तुम जाओ!”

एक क्षण के अंश-भर के लिए युवक अप्रतिभ हो गया, किन्तु फिर बोला, “आपकी जो आज्ञा!'

वह चुपचाप कोट में रिवॉल्वर लपेटने लगा।

सुखदा ने कहा, “इसे पहन क्यों नहीं लेते?”

“वर्षा हो रही है, रिवॉल्वर भीग जाएगा।”

“हूँ।”

एक क्षण चुप। फिर युवक ने पूछा, “सड़क किधर मिलेगी, यह बता दें।”

“यहाँ से बायें हाथ चलते जाना। थोड़ी दूर जाकर एक-दो खाली खेत आएँगे, वहाँ से फिर बायें मुड़ जाना—बस।”

फिर थोड़ी देर नि:स्तब्धता। युवक की पोटली तैयार हो गई। उसे बगल में लेकर वह बोला, ''अच्छा, अब आज्ञा दें। आपने जो भोजन दिया है, उसके लिए धन्यवाद। और आपने आश्रय देने से पहले जो प्रश्न पूछे, उन्हें तो अब भूल ही जावें—''

''हूँ'' से अधिक सुखदा कुछ भी नहीं कह सकी।

युवक चल पड़ा। वह झोंपड़े के किवाड़ पर पहुँच गया, पर सुखदा किवाड़ खोलने या बन्द करने को भी आगे नहीं बढ़ी।

युवक ने किवाड़ खोला, और बाहर होकर उसे पुन: बन्द करने के लिए मुड़ा। तब, एकाएक सुखदा ने वहीं से पूछा, ''उमा कौन है?''

युवक चौंक पड़ा। किवाड़ को थामे-थामे बोला, ''कौन उमा?''

''उमा, कोई भी उमा।''

''उमा—थी। मेरी बहिन का नाम था।'' कहकर युवक ने किवाड़ बन्द कर दिया।

6 सुखदा अब तक मन्त्रमुग्ध-सी खड़ी थी, अब चौंकी। एकाएक उसके मन में दो प्रश्न हुए, ''मैंने यह क्या पूछा?'' ''मैंने उसे क्यों निकाल दिया?''

अपने शरीर पर से उसका नियन्त्रण मानो एकाएक टूट गया—उसका रेशा-रेशा चौकन्ना होकर किसी को खोजने लगा—उसके अंग-प्रत्यंग में यह अनुभूति हुई कि बाहर गिरती हुई वर्षा की बूँदें दबे स्वर में कह रही हैं, ''समय बीता जा रहा है— बीता जा रहा है...''

सुखदा कमान की तनी हुई प्रत्यंचा की तरह उछल कर किवाड़ पर पहुँची और उसे खोलकर, आँखें फाड़-फाड़कर, बाहर के सजीव और चलायमान अन्धकार को चीर कर देखने की चेष्टा करने लगी...

कहीं कुछ नहीं दिख पड़ा...सुखदा ने आवाज़ दी—''कहाँ चले गए?'' पर उत्तर नहीं मिला...उसने फिर पुकारा, ''दिनेश, चले आओ! लौट आओ, तुम्हें आश्रय मिलेगा!''

उत्तर में वही, वर्षा की बूँदों की अपरिवर्त नूतनता...

सुखदा लौट आई। झोंपड़े के मध्य में आकर उसके अन्धे पाँव एकाएक रुक गए, और धम् से भूमि पर बैठ गई...

मैंने उसे क्यों निकाल दिया? मैंने उसे वापस क्यों बुलाया?

मैंने उसे पहले ही क्यों भीतर आने दिया? अब उसने आवाज़ सुनी होगी या नहीं—

अब लौटकर आ सकता है?

सुखदा ने देखा, उसके हाथ काँप रहे थे। क्यों, यह स्वयं नहीं सोच सकी। वह एकाएक लज्जित हो गई, और उठकर दीये के नीचे, प्रतिमा के आगे, घुटने टेककर बैठ गई। प्रतिमा के पास से ही उसने एक छोटा-सा फ्रेम उठाया, और क्षण-भर उसमें जड़े हुए फ़ोटो को देखती रही। उसके मुख ने एक पवित्र किन्तु नीरस मुद्रा धारण की,

उसकी आँखें बन्द हो गईं, वह अस्पष्ट शब्दों में शायद प्रार्थना करने लगी...

आकाश में से किसी की ध्वनि आई, ''आपने मुझे बुलाया था?''

सुखदा के हाथ से फ्रेम गिर पड़ा। उसने उसे जल्दी से उठाकर यथास्थान रख दिया। फिर वह धीरे-धीरे किवाड़ पर गई और उसे खोलकर एक ओर खड़ी हो गई।

दिनेश ने फिर पूछा, ''आपने मुझे क्यों बुलाया है?''

सुखदा ने धीरे से कहा, ''आप रात-भर यहाँ ठहर सकते हैं।''

युवक सहसा अन्दर नहीं आया। बोला, ''नहीं, आप आवेश में आकर कोई ऐसा काम न करें, जिसे करने के बाद आपकी अन्तरात्मा आपको कोसे, मैं तो—''

''आप चले आइए, मैं सोच चुकी।''

युवक अन्दर चला आया। सुखदा ने किवाड़ बन्द किया, फिर एक कोने की ओर जाकर, बिस्तर बिछाते हुए बोली, ''आप थके हुए होंगे, सो जाइए।''

बिस्तर बिछाकर, एक बार झोंपड़े के चारों ओर दृष्टि डालकर वह पिछले छप्पर की ओर जाने लगी।

युवक अब तक चुपचाप खड़ा था। उसे जाती देखकर बोला, ''और आप?''

''मैं भी सो जाऊँगी, छप्पर में बहुत स्थान है।''

''नहीं, यह नहीं हो सकता। मैं छप्पर में चला जाता हूँ।''

''नहीं, आप अतिथि हैं—ऐसा नहीं हो सकता।''

''मैं शरणागत हूँ। आप मेरे लिए इतना कष्ट न करें।''

''आप मेरे अतिथि हैं; और आपको मेरे प्रबन्ध में हस्तक्षेप नहीं करना चाहिए।''

युवक धीमे स्वर में, कुछ डरते-डरते बोला, ''आप मुझे विवश न करें, नहीं तो मैं आपका आतिथ्य स्वीकार नहीं कर सकूँगा।''

सुखदा क्षण-भर चुप रह गई। फिर उसने कहा—''जैसी आपकी इच्छा!'' और दो-तीन कम्बल इत्यादि निकालकर युवक को दे दिए। युवक उन्हें लेकर छप्पर में चला गया।

सुखदा धीरे-धीरे उस झोंपड़े में टहलने लगी। थोड़ी देर बाद उसने सुना, युवक बिलकुल निश्चिन्त और निःस्वप्न नींद की नियमित साँसें ले रहा है। तब वह छप्पर से कुछ हटकर झोंपड़े के दूसरी ओर जाकर टहलने लगी। ज्यों-ज्यों रात बढ़ती जाती थी, त्यों-त्यों उसकी टहलने की गति अधिक तीव्र होती जा रही थी...

वर्षा कुछ देर के लिए बन्द हो गई थी, इसलिए सुखदा बहुत दबे-पाँव चल रही थी, ताकि दिनेश की नींद न भंग होने पावे...

7 उसके भीतर एकाएक ही कुछ जाग उठा—या कुछ टूट गया। जिस प्रकार उन्मत्त व्यक्ति के ऊपर ठंडा पानी पड़ने से उसका खुमार एकाएक टूट जाता है—या उसकी साधारण चेतना जाग उठती है। उसे मालूम हुआ, अब तक वह जो

कुछ कर रही थी, एक नशे में कर रही थी...बाह्य वस्तुओं की अनुभूति उसे होती थी, पर नहीं होती थी। इन्द्रियाँ अपना काम करती थीं, किन्तु मस्तिष्क उनकी भाषा को कुछ काल के लिए भूल गया था—या समझता ही नहीं था—और दिनेश के सो जाने के कुछ क्षण बाद ही उसने जागकर अपने सामान्य कर्म आरम्भ कर दिए थे—अब वह एक अपूर्व चेतना से धधक उठा था...

उसके मन में रौरव मचा हुआ था...प्रश्नों का तूफ़ान इतने ज़ोरों से उठा हुआ था कि वह एक प्रश्न को दूसरे से अलग भी नहीं कर पाती थी। मानो उसका समूचा मस्तिष्क विद्रोही हो गया हो, और हज़ारों नयी माँगें उपस्थित कर रहा हो—माँगें जो एक-दूसरे से मिलकर एक विराट कोहराम हो गई थीं—एक उद्दीप्त ललकार का रूप लेकर पूछ रही थीं—'तूने क्या किया?'

सुखदा इस रौरव से घबरा उठी। उसने दीये की बत्ती को सरकाकर तेज़ कर दिया और फिर प्रार्थना करने बैठ गई।

'ईश्वर, मुझे शान्ति दे। मेरे मन में जो रौरव मचा हुआ है, इसका शमन कर दे, ताकि मैं जान पाऊँ कि मैं क्या चाहती हूँ। मुझे सद्बुद्धि दे...

'मैंने अच्छा किया या बुरा, मैं नहीं जानती—इसमें संसार का लाभ है या हानि, मुझे नहीं मालूम...पर मैं यह भी नहीं जानती कि मैंने अपनी आत्मा से विश्वासघात किया है या नहीं—यही मुझे बता दे! यदि मैंने किसी मोह में पड़कर, जान-बूझकर बुरा किया है, तो मुझे दंड दे, मुझे उससे शान्ति मिलेगी...यदि मैंने ऐसा नहीं किया, तो भी कर दे—मुझे शान्ति मिलेगी...

'ईश्वर! इस अनिश्चय को दूर कर दे—क्षण-भर, एक अत्यन्त छोटे क्षण-भर के लिए प्रकट होकर मेरी प्रार्थना का उत्तर दे दे!'

पर कहाँ? यदि ईश्वर प्रत्येक प्रार्थना की अत्यन्त सूक्ष्म काल में ही पूर्ति कर डाले, तो कुछ ही दिनों में उसका अस्तित्व ही मिट जाए! उसका अस्तित्व ही इस बात पर निर्भर करता है कि आकांक्षा के समय कुछ न मिले, उपभोग के समय दारिद्र्य हो, विरक्ति में लोभ हो; कि वे याचना के समय दिवालिया और समृद्धि के समय दयालु हों...

जब उस मूर्तिमती प्रतीक्षा की काफ़ी उपेक्षा करके भगवान अपनी सर्वशक्तिमत्ता दिखा चुके, तब सुखदा चुप हो गई और कुछ सोचने लगी...किन्तु प्रार्थना में वह जिस प्रकार अपने भावों का उच्चारण कर रही थी, उसी प्रकार अब भी करती रही।

'प्रपीड़ित को क्या आश्रय न दिया जाए? पर वह तो हत्या भी कर सकता है! आत्मरक्षा क्या हत्या है? पर और भी तो संसार बसता है, उनकी भी तो आत्मरक्षा होती है। अत्याचार का विरोध नहीं करना चाहिए? पर अत्याचार का विरोध अत्याचार से नहीं होता।

'इसका निश्चय मैं नहीं कर सकूँगी—बड़े-बड़े नहीं कर सके...

'मैंने पहले उसे निकाल दिया था। वह मुझसे आश्रय माँगता था, पर उसे मेरे जीवन की क़द्र नहीं? कहता था कि स्त्री पर हाथ नहीं उठाऊँगा—कहता था कि उसके भी आदर्श हैं...पर अगर मैं उसका विरोध करती, तो शायद मुझे मार डालता!

'मैंने क्या डरकर आश्रय दिया? मैंने उसे निकाल दिया था, फिर बुलाया।

'क्यों?

'उमा कैसी थी, उसके बारे में कल पूछूँगी। उसे कितना याद करता होगा?

'कहता था, मेरी बहिन थी। अगर बहिन न हो तो? अगर...'

इससे आगे वह नहीं सोच सकी; एकाएक उठ खड़ी हुई। अगर क्या? अगर उमा उसकी प्रेमिका रही हो! सुखदा को यह विचार असह्य प्रतीत हुआ। वह तीव्र गति से इधर-उधर टहलने लगी...'यह कभी नहीं हो सकता—उसकी प्रेमिका नहीं हो सकती! नहीं हो सकती—वह ऐसा नहीं हो सकता!'

सुखदा इस विचार को मन से हटा नहीं सकी, न स्वीकार ही कर सकी! वह उन्मत्त की भाँति चलती रही, इधर-से-उधर, उधर-से-इधर, किन्तु पाँव दबी चाप से पड़ रहे थे...

उसका मुँह लाल हो आया—फिर पीला पड़ गया। वह खड़ी हो गई। प्रतिमा के पास पड़ा हुआ फ्रेम उठाकर वह उसकी ओर देखने लगी और बोली, ''क्या मैं पापिनी हूँ? मैंने अपना व्रत तोड़ा है? तुम्हारे प्रति अपने कर्तव्य को भूल गई हूँ। नहीं तो क्यों मुझे वह विचार असह्य होता—असह्य है?

''पर अगर तुम हत्यारे होते और मैं तुमसे घृणा करती होती, तो क्या मैं तुम्हें निकाल देती?''

किसी तिरस्कार-भरी हँसती आवाज़ ने उसके कानों में कहा, 'तो दिनेश क्या तेरा पति है?'

फिर वही आरक्त मुद्रा, वही उन्मत्त चाल, इधर-से-उधर, उधर-से-इधर...

उसके रक्त में विद्रोह जाग रहा था। यह कैसा अत्याचार है—कैसे बन्धन? वह क्या मेरा बन्धु नहीं? वह क्या मानव नहीं? अगर मैं विधवा हो गई हूँ, समाज ने मुझे जूठन की तरह अलग फेंक दिया है, तो मैं समाज के एहसान से मुक्त हूँ! मैं अपना कर्तव्य जो समझूँगी, करूँगी!

और पति?

इसमें क्या अनौचित्य है? अगर उसे आश्रय देना मेरा धर्म था, तो वैधव्य उसमें क्यों बाधक हो—पति भी क्यों हो?

फिर वही तिरस्कार की हँसी—वही उन्मादक प्रश्न—'तू उससे प्रेम करती है?'

सुखदा ने चित्र वहीं रख दिया, हाथ से बत्ती दबाकर दीपक बुझा दिया, और फिर बड़ी तीव्र गति से टहलने लगी...उसके पैरों की दबी हुई चाप में भी एक ललकार थी—अपने को, या मानवता को, न जाने...

यही है मानवता का जीवन—यह अन्धकार में अशान्ति, उन्माद में जलन, विश्वास में अनिश्चय, सम्पन्नता में विद्रोह; रात्रि की प्रशान्त गति में यह अपूर्ति और ललकार...

8 बादल फट रहे थे। रात बीत चुकी थी।

अभी उषा के प्रकाश का भास नहीं होता था, किन्तु मानो अन्धकार का रंग बदल गया था।

सुखदा थक गई थी। उसके उन्माद की पराकाष्ठा धीरे-धीरे ढीली पड़कर बहुत उतर आई थी।

वह झोंपड़े के किवाड़ खोलकर देहरी पर बैठ गई और बाहर देखने लगी।

दूर पर जमुना के विशाल वक्ष का कुछ अंश दिख रहा था। उसका जल पहले-सा क्षीण 'सर-सर-सर' छोड़ अब खेतों को लाँघता हुआ एक दर्प-भरा 'झूल-झूल-झूल' गुर्राता हुआ चला जा रहा था...उससे कुछ इधर दो वृक्षों के आकार कुछ स्पष्ट-से नज़र आते थे, जिनकी ओर सुखदा देख रही थी। इन्हीं में से एक वह पगोड़ा वृक्ष था, जिसके नीचे उसने इतनी बार अपने हृदय की परीक्षा ली थी...

सुखदा को एकाएक ऐसा ज्ञात हुआ, उस वृक्ष के नीचे कोई खड़ा है। वह ध्यान से उसकी ओर देखने लगी, उसे ऐसा प्रतीत हुआ कि कोई अपनी आँखों पर हथेली की आड़ दिए, दूर कहीं देखने का प्रयत्न कर रहा था...पर, देर तक देखने पर भी जब वह आकार हिला-डुला नहीं, तब सुखदा की दृष्टि उस पर से हटकर बहुत दूर पर जगमगाती हुई जमुना के पुल के लैम्पों की ओर गई...उस पर कई एक लैम्प चलते हुए नज़र आ रहे थे—देहली से मेरठ की ओर। सुखदा ने सोचा, 'ये मोटरें होंगी,' और फिर उन्हें भूल गई। वह फिर उस वृक्ष की ओर देखने लगी—पर अब वह आकार, जिसकी ओर उसका ध्यान पहले आकृष्ट हुआ था, वहाँ नहीं था।

न जाने क्यों, सुखदा का ध्यान एकाएक फिर दिनेश की ओर गया। उसकी आन्तरिक अशान्ति, जो कुछ क्षीण हो पड़ी थी, फिर धधक उठी—वही प्रश्न फिर उसके मन में नाचने लगा—'मैंने क्या किया...मुझे क्या हो गया...'

वह उठकर अन्दर गई। दबे-पाँव छप्पर के पास जाकर उसने देखा, वहाँ खाली कम्बल पड़े थे—दिनेश नहीं था!

उसका हृदय धक् से होकर रह गया। उसे ऐसा जान पड़ा, उसके मस्तिष्क पर फ़ालिज पड़ गया है...उसकी आन्तरिक अशान्ति भी मानो स्तिमित हो गई...

पता नहीं कैसे, वह छप्पर से कुछ दूर तक चलकर आई, और खूँटी से सारंगी और गज़ लेकर फिर पूर्ववत् देहरी पर आ बैठी। उसका शरीर क्या कर रहा है, यह वह स्वयं नहीं जानती थी...

उसकी उँगलियाँ गज़ को इधर-उधर चलाने लगीं, तारों से दो-चार टूटे-से, अनमिल स्वर निकलने लगे...धीरे-धीरे उनका प्रकार बदलता गया—और थोड़ी देर बाद वे एक प्रकार के संगीत में परिणत हो गए—एक संगीत जिसमें उत्कंठा और

रोना मिला हुआ था, जिसमें एक विराट् भव्यता के साथ ही एक भयंकर निरर्थकता फूटी पड़ती थी...वैसे ही जैसे किसी सम्पूर्ण जीवनी में सब-कुछ रहने दिया गया हो, केवल एक उद्देश्य निकाल दिया गया हो...

थोड़ी देर बाद नदी में कहीं एक 'छपाक्!' शब्द हुआ, किन्तु सुखदा ने उसे सुनकर भी नहीं सुना। इस शब्द का कुछ अर्थ हो सकता है, यह विचार उसके स्तिमित मन पर नहीं उदित हुआ। वह उस समय अपने ही संगीत की निरर्थकता में बही जा रही थी...

उसका मन जगा तब, जब उसने सामने से बहुत-से बूटों की चाप सुनी, और आँख उठाकर देखा कि कई एक सशस्त्र पुलिस के सिपाही और अफ़सर उसकी ओर बढ़े चले आ रहे हैं।

एक हाथ में सारंगी और दूसरे में गज़ लिये वह धीरे-धीरे उठकर खड़ी हो गई।

एक सिपाही ने उसके मुख पर टॉर्च का तीक्ष्ण प्रकाश डालते हुए कड़ककर पूछा, ''कौन है तू? क्या नाम है?''

सुखदा ने शान्त भाव से कहा, ''मेरा नाम सुखदा है।''

''तेरे घर में और कौन है?''

''मैं अकेली हूँ।''

सिपाही घर में घुस आए, सुखदा किवाड़ के एक तरफ़ खड़ी रही। सिपाहियों ने क्षण-भर में झोंपड़े को देख डाला, और छप्पर में घुसे। घुसते ही एक ने पूछा, ''यहाँ कौन सोया था?''

''मैं सोती हूँ।''

''और उसमें कौन सोता है, तेरा खसम?'' सिपाही ने झोंपड़ेवाले बिस्तर की ओर इंगित करके पूछा।

''वहाँ कोई नहीं सोता है, मैं विधवा हूँ।''

उसके इस शान्त उत्तर को सुनकर यदि सिपाही कुछ लज्जित हुआ, तो उसने इसे प्रकट नहीं होने दिया।

इसी समय दो अँग्रेज़ अफ़सर भी आ पहुँचे। सिपाही दोनों ओर हटकर खड़े हो गए। अफ़सर ने पूछा, ''तलाशी ली?''

''जी हाँ, कुछ नहीं मिला।''

''अच्छा, तुम लोग बाहर रहो, हम इससे बात करेंगे।''

सिपाही बाहर चले गए, सुखदा चित्रवत् खड़ी रही। जब सब सिपाही बाहर हो चुके, तब अफ़सर सुखदा के सामने खड़े होकर बोला, ''तुम जानता है, तुमको कितना सज़ा मिल सकता है?''

''मैंने क्या किया है?''

''तुमने एक मफ़रूर आदमी का मदद किया है। तुम्हारे पास इधर रात को सूर्यकान्त नाम का एक डाकू और ख़ूनी आदमी रहा है—जिसको पकड़ने का पाँच हज़ार रुपया इनाम है।''

"आप भूलते हैं। यहाँ कोई नहीं आया। मैंने इस नाम को सुना भी नहीं।"

कहते हुए सुखदा सोच रही थी, 'तो उसका असली नाम सूर्यकान्त था।'

"हूँ। सब मालूम पड़ जाएगा।"

अब दूसरा अफ़सर बोला, "देखो, हमको सब पता लग गया है। हमको जमुना में उसका लाश मिला है—वह पार जाने को था, डूब गया। तुम्हारे घर के बाहर उसके पैर का निशान भी है। तुम सच बता देगा तो छूट सकता है, नहीं तो..."

सुखदा का हृदय धड़कने लगा। उसकी लाश! तो वह वापस भी तैर कर ही गया—क्यों? सुखदा को एकाएक याद आया, उसने वह 'छपाक्!' का शब्द सुना था...उस समय पुल पर से मोटरें चली आ रही थीं—ऐसे समय में...

इस पीड़ा में, धड़कन में, एक विचित्र शान्ति थी...वह रात-भर की कसक, वह जलन और अशान्ति, और उनसे उत्पन्न हुए भूतकाल के दृश्य, सब एक साथ ही बुझ गए, उसे ऐसा मालूम हुआ, सैकड़ों वर्षों की थकान के बाद उसे शय्या पर लेट जाने का सौभाग्य प्राप्त हुआ हो...

उसे चुप देखकर पुलिस अफ़सरों ने सोचा उस पर कुछ प्रभाव पड़ा है। उन्होंने कहा, "हाँ, जल्दी कहो, जो कुछ कहना है। हम पूरा कोशिश करेगा कि तुम छूट जाओ।"

सुखदा ने दृढ़ स्वर में कहा, "मुझे कुछ नहीं कहना है। मैंने सूर्यकान्त का कभी नाम भी नहीं सुना है।"

अफ़सर ने कुछ क्रुद्ध होकर कहा, "अच्छा, तुम गिरफ़्तार है।" फिर उसने आवाज़ दी, "सिपाही!"

दो सिपाही अन्दर आए। अफ़सर ने कहा, " इसको गिरफ़्तार करके ले चलो।"

"अच्छा, हुज़ूर," कहकर सिपाही आगे बढ़े।

सुखदा ने कहा,"मुझे तैयार होने के लिए पाँच मिनट का समय दीजिए।"

अफ़सरों ने आपस में इशारा किया, फिर एक बोला, "अच्छा, हम दो मिनट दे सकता है।"

सिपाही रुक गया।

सुखदा ने कहा, "आप बाहर जावें।"

अफ़सरों ने घूरकर उसकी ओर देखा, पर फिर बाहर जाते-जाते बोले, "दो मिनट से ज़्यादा नहीं मिलेगा, जल्दी करो।"

सुखदा ने किवाड़ बन्द कर लिया। छप्पर से एक लोटा पानी लेकर उसने मुँह धोया फिर एक चादर निकालकर कन्धों पर डाल ली। एक बार धीरे-धीरे दृष्टि फिराकर उसने सारे झोंपड़े को देख डाला। इन सबका अब कौन रखवाला होगा?

वह उस आले के पास गई, जिसमें प्रतिमा रखी थी, और वहाँ से उसने अपने पति का चित्र उठाया। उसे फ्रेम में से निकालकर क्षण-भर देखती रही, फिर धीरे-धीरे फाड़ने लगी...दो, चार, आठ....सैकड़ों टुकड़े करके उसे प्रतिमा के पास ही रख दिया।

फिर उसने लकड़ी के बक्स पर पड़ीं किताबों में से दो-तीन चुनकर धोती के छोर में लपेट लीं।

क्षण-भर वह झोंपड़े के मध्य में अनिश्चित खड़ी रही।

और क्या करना है? एक बार फिर उसने चारों ओर दृष्टि दौड़ाकर देख लिया—यह उसकी विदा थी।

उसकी दृष्टि चौकी पर जाकर रुकी। रात की बुझी हुई अँगीठी उसके सामने पड़ी थी।

सुखदा को याद आया, उसके पास कुल दो मिनट का समय था। वह क्षण-भर अनिश्चित खड़ी रही, फिर एकाएक प्रार्थना के लिए झुक गई। अपने देवता के आगे नहीं, अपने पति के फटे हुए चित्र के आगे नहीं, किन्तु उस चौकी के आगे, जिस पर दिनेश—या सूर्यकान्त—बैठे-बैठे सो गया था। उसने घुटने ज़मीन पर टेक दिए और सिर को धीरे से चौकी पर नवा दिया...

उस अपने जीवन के अपूर्व एक मिनट में उसने किससे क्या प्रार्थना की, कौन जाने...किन्तु जब वह उठी, तब मानो उसके प्राणों का तूफ़ान बैठ गया था...उसकी आत्मा के सभी संस्कार, अच्छे या बुरे, नये या पुराने, एक पुरानी केंचुल की तरह झड़ गए थे, वह निरावरण हो गई थी...सुखदा के मुख पर शान्ति थी—उस शान्ति में वैराग्य की, त्याग की भावना स्पष्ट थी; किन्तु वह त्याग वैधव्य की भाँति मलिन या उद्विग्न नहीं था...

9

किन्तु जब वह किवाड़ खोलकर वापस आई, तब एकाएक उसके हृदय पर मानो कोई दैवी प्रकाश छा गया...उसे किसी दिव्य ज्ञान की एक रेखा ने कहा, 'ये झूठे हैं!'

सूर्यकान्त मरा नहीं, वह मर सकता ही नहीं था...यह विचार भी असम्भव था—असम्भावना से भी अधिक असम्भव...

वह ज्ञान-रेखा कह रही थी, 'ये झूठे हैं! वह नहीं मरा! तुम्हारे कर्म की सफ़ाई के लिए यह आवश्यक नहीं है कि उसकी मृत्यु हो गई हो!'

सुखदा इस ज्ञान के प्रकाश के आगे यह सोच ही नहीं सकी कि उसे कैसे पुलिस के कथन पर विश्वास हो गया—चाहे क्षण-भर के लिए ही...जब उसे याद आया कि यह समाचार सुनकर ही उसकी आत्मा की पीड़ा के साथ-साथ शान्ति का अनुभव हुआ था, तब उसका हृदय लज्जा से भर गया...

वह धीरे-धीरे झोंपड़े के सामनेवाले पगोड़ा वृक्ष की ओर अग्रसर हो रही थी। पुलिसवाले उसे बाहर आया देखकर इकट्ठे हो रहे थे। वह उनकी उपेक्षा करती हुई, वृक्ष की ओर देखती हुई चल रही थी।

वह रुकी। एकाएक उसका हृदय एक अदम्य सुख से, एक ज्वलन्त उल्लास से भर आया।

यही जीवन का चरम उद्देश्य था—सृष्टि का चरम साफल्य, अनुभूति का अन्तिम विकास—सुख की अन्तिम पराकाष्ठा...पीड़ा का, उत्कट पीड़ा का ज्ञान—ऐसी पीड़ा का, जो कि स्वयं अपनी इच्छा से, अपने हाथों की स्वागत भावना से, अपने ऊपर ली गई है...यह आत्म-निछावर की चेतना...

सुखदा को ऐसा प्रतीत हुआ, उसका वर्षों का वैधव्य, और उससे पूर्व की जीवित मृत्यु, दोनों आज एकाएक अपनी सीमा पर पहुँच गए हैं—समाप्त हो गए हैं; और वह आज एक नयी स्त्री, एक नयी शक्ति हो गई है...

उसने एक बार अपने छोटे-से बगीचे के चारों ओर दृष्टि दौड़ाई। वह जमुना के विशाल वक्ष को छूती हुई फिर उसी पगोड़ा वृक्ष पर आकर रुक गई। क्षण-भर सुखदा स्थिर दृष्टि से उसकी ओर देखती रही, उसके मुख पर एक शान्त-स्निग्ध हँसी छा गई...

फिर उसने कहा, ''चलो!'' और विस्मित सिपाहियों के आगे अभिमान-भरी मुद्रा से चल पड़ी।

रात-रात में पगोड़ा वृक्ष ने पुरानी केंचुल उतार फेंकी थी—या नये वस्त्र धारण कर लिये थे। आज उसकी कालिमा का चिह्न भी कहीं नज़र नहीं आता था, वह फूलों से भरा हुआ, सौन्दर्य से आवृत्त, सौरभ से झूम रहा था।

उस समय उषा का प्रकाश नभ में फूट रहा था।

•

सिगनेलर

भाई विमल,

आख़िर मैं यहाँ पहुँच ही गया। और पहुँचकर सोचता हूँ, अच्छा ही हुआ, क्योंकि फिर क्या जाने ऐसी सुन्दर जगह देखने को मिलती या न मिलती? ज़िन्दगी का कोई ठिकाना नहीं है—अच्छे-भले तन्दुरुस्त लोग देखते-देखते लुढ़क जाते हैं, मैं तो बीमार हूँ। देखने को अच्छा दिखता हूँ, और आमतौर पर होता भी हूँ, अच्छा ही; पर जब धड़कन का दौरा होता है, तब...तभी मैं कहता हूँ, रोमांस अच्छी चीज़ है। जीवन में जब इतना अनिश्चय है, तब रोमांस के बिना उसे कैसे सहा जाए, यह मुझे तो समझ ही नहीं आता। निश्चय कहाँ है? विश्वास कहाँ है? तुम्हारे विज्ञान में? विज्ञान जब अपनी इति पर पहुँचता है, तब एक प्रश्न-विराम का रूप ले लेता है। और जहाँ वैसा नहीं करता, जहाँ वह निश्चय का, आत्यन्तिक, अकाट्य सत्य का रूप लेता है, वहाँ वह झूठ बोलता है। क्या इसी को निश्चय कहते हैं? लेकिन तुम कहोगे पत्र में भी कहाँ की बात ले बैठा; इसलिए जहाँ हूँ, वहाँ की बात कहूँ।

यह तो तुम जानते हो कि मैं यहाँ आया कैसे। मेरे मामा बहुत वर्षों से यहाँ रहते हैं। अपने माता-पिता से वसीयत में उन्होंने एक विचित्र तबीयत पाई थी (अपनी माँ से शायद मैंने भी उसका कुछ अंश पाया है!) जिसके कारण उनका मन साधारण लोगों में, साधारण कामों में, साधारण स्थान पर लगता ही नहीं था। ज़बर्दस्ती शादी कर दिए जाने के बाद वे यहाँ भाग आए और जंगल में ही छोटा-सा घर बनाकर रहने लगे। वह उस समय का घर अब एक शानदार बँगला है, जिसके चारों ओर सेब, नाशपाती, खूबानी, आड़ू, आलूचे इत्यादि के सैकड़ों वृक्ष हैं। आज की इस हालत को देखकर कोई सोच भी नहीं सकता कि पन्द्रह-बीस साल पहले—बल्कि अभी पाँच-छह साल पहले तक—यहाँ इनके सिवाय कोई नहीं रहता था—नज़दीक कोई मकान था तो तराई के पार सामने की पहाड़ी पर, जो कौए की उड़ान से तो दो मील से अधिक नहीं होगा; लेकिन वैसे दस मील से कम नहीं! मामा ने अकेले आकर इस चीड़ की झड़ी हुई सूइयों और कुकुरमुत्तों से भरी हुई ज़मीन को फलदायिनी

बनाया, बाग़ खड़ा किया, और तब (अभी पाँच-एक वर्ष हुए हैं इस बात को) दो-चार और परिवार यहाँ आस-पास आ बसे। अत्यन्त सुन्दर जगह, एकान्त, शान्त और शीतल। काई की हरियावल यहाँ का मखमली बिछौना है, मुनाल के रंगीन पंखों की फड़फड़ाहट ही यहाँ के चामर हैं, पंडुकियों का कूजन ही यहाँ का संगीत है। रोमांस के राजा का यह दरबार है।

तुम पूछोगे, लेकिन रोमांस वहाँ है भी? मैं स्वयं जब संध्या की (मेरी ममेरी बहन का नाम छायावादी मामा ने संध्या रखा था, यह तुम्हें बता चुका हूँ कि नहीं?) आँखों की ओर देखता हूँ, तब मेरे स्वर में यह प्रश्न उठता है। उन आँखों ने उन्नीस वसन्त देखे हैं, उन्नीस बार वसन्त के सुन्दर स्वप्न को पावस के जल से सींचे जाते और शरद की परिपक्वता में फलित होकर भी शिशिर की तुषार-धवल कठोरता में लुट जाते देखा है; फिर भी उनमें उस रहस्य की पहचान नहीं है, स्वप्न की माँग भी नहीं है। ऐसी स्वच्छ—ऐसी तरल और हाँ, ऐसी भावहीन आँखें मैंने आज तक नहीं देखीं। भावहीन इसलिए कहता हूँ कि उनमें अपना कुछ नहीं दिखता—जान पड़ता है, संध्या के पास अपना कुछ है ही नहीं जो आँखों में आए—चाहे व्यक्त होने के लिए, चाहे छिपा रहने के लिए। वायु चलती है, चीड़ के वृक्षों में सर-सर ध्वनि उठती है, तो मैं देखता हूँ कि संध्या की आँखों में भी उस ध्वनि का कम्पन है; आड़ू के वृक्ष से कोई बची-खुची फूल की पंखुड़ी गिरती है, तो मुझे जान पड़ता है कि उन आँखों में भी अवसान की एक रेखा खिंच गई है; सूर्य अस्त होता है, तो मैं पाता हूँ कि रंगों की बिछलन पर टिकी हुई उन आँखों में भी अनुराग की झलक है। लेकिन जब मैं उन्हें पकड़ने के लिए बात करता हूँ, तब पाता हूँ कि वहाँ कुछ नहीं है—संध्या शून्य है। उसकी आँखों में प्रकृति-ही-प्रकृति है! तभी मैं कहता हूँ, वे आँखें बहुत ही सुन्दर हैं, लेकिन बहुत ही भावहीन।

तुम मन में हँसोगे कि रोमांस के लिए उपयुक्त वातावरण नहीं मिला; लेकिन मुझे ऐसा तो नहीं लगता। तुम्हें मैं कोई प्रमाण तो नहीं दे सकता, फिर भी मैं सिद्धान्ततः यह मानता हूँ कि प्रत्येक व्यक्ति में रोमांस की क्षमता है, और वह कभी-न-कभी प्रकट भी होती है—दूसरों के आगे नहीं, तो उस व्यक्ति के आगे अवश्य, जिसमें वह हो। संध्या में रोमांस है या नहीं, मैं चाहे न जानूँ, वह स्वयं एक दिन अवश्य जानेगी। और मैं भी क्यों नहीं जानूँगा? जैसी उसकी आँखें हैं, उनमें भला कुछ छिप सकता है? पहाड़ी झील का अन्तर इतना स्वच्छ होता है, तभी तो उसमें छोटे-से-छोटा मेघपुंज भी, एक उड़ता हुआ पक्षी तक साफ़ झलक जाता है; नहीं तो क्या तालाब के गँदले पानी में कुछ दिखता है?

तुम ऊब उठे होगे। थोड़ा-सा विस्मय मुझे भी होता है कि आने के पहले ही दिन तुम्हें इतना लम्बा पत्र कैसे लिख गया! रात यहाँ पहुँचा था, रात बारह बजे तक हम लोग बातें करते रहे। सवेरे उठकर दिन-भर संध्या के साथ घूमा किया—बाग़ देखा, घर देखा, खेतों की क्यारियाँ और उनसे परे एक रहस्य-भरे पर्दे की तरह दृष्टि को रोकनेवाला चीड़ का जंगल भी देखा। नीचे घाटी में फैली हुई और भागती

हुई धूप देखी, टूटते तारों की तरह गिरकर सर्राता हुआ निकल जानेवाला कुरर का जोड़ा देखा। पड़ोसियों से परिचय प्राप्त किया; फिर संध्या के पाले हुए पक्षियों, मुर्ग़े-मुर्ग़ियों, हंसों की जोड़ी और जंगली बिलार के बच्चे से पहचान की। और अब रात को तुम्हें पत्र लिखने बैठा हूँ, तब भी थकान नहीं है, परिश्रम एक विचित्र अत्यन्त मधुर नशे की तरह शरीर में छाया हुआ है! इस सबसे तुम अनुमान लगा सकते हो कि यह स्थान कैसा होगा!

लेकिन तुम्हें क्या? तुम्हें अच्छी तुम्हारी बीमे की एजेंटी और नगर कांग्रेस कमेटी की रीं-रीं-चीं-चीं! इस आख़िरी 'इन्सल्ट' के साथ।

—तुम्हारा स्नेही

2

27 जून

प्रिय विमल,

मैं कहता था, मैं जीतूँगा! रोमांस—रोमांस—रोमांस—कितना चाहते हो तुम रोमांस? मैंने उस दिन देखा नहीं था; लेकिन क्या वह था नहीं? वह तो बरसों से यहाँ चक्कर काट रहा है—माई डियर मैन, बरसों से! पर गर्व पीछे करूँगा, बात तो कह लूँ। तो सुनो!

पिछला पत्र लिखने के बाद फिर तबीयत खराब हो गई, और तीन दिन बाहर निकलना नहीं हुआ। इस बीच मैंने संध्या को कुछ और पहचाना। मामी तो हैं नहीं, और मामा काफ़ी बुज़ुर्ग भी हैं और अब बोलते-चालते भी कम हैं, अक्सर अपनी लाइब्रेरी में रहते हैं, इसलिए घर की देख-रेख और सेवा-सुश्रूषा का सब भार संध्या पर ही रहता है। और वह उसे ऐसे निभाती है, जैसे जानती ही न हो कि वह बोझ है। मैंने अपने को बिलकुल आराम में पाया, और इतना ही नहीं; मैंने यह भी पाया कि संध्या साधारण घरू चिकित्सा के अलावा और भी बहुत-कुछ जानती है। 'मेघदूत' उसे ज़बानी याद है, 'कुमार-सम्भव' उसने कई बार पढ़ रखा है, भारवि और श्रीहर्ष की वह तुलना कर सकती है! ख़ैर। तीन दिन बाद मैं उठने-फिरने लायक हुआ तो यह तय हुआ कि बाहर खुले में बैठा जाए। बँगले के सामने घास पर मेरे लिए एक आरामकुर्सी डाल दी गई, अपने लिए संध्या ने एक स्टूल रख लिया। मैं लेट गया, टाँगों पर कम्बल डालकर रंग-बिरंगे बादलों की ओर देखकर क्या कुछ सोचने लगा। संध्या भी चुपचाप बैठी कभी मेरी ओर, कभी बादलों की ओर, कभी सामने की पहाड़ी की ओर देखने लगी।

बहुत समय ऐसे ही बीत गया। अँधेरा होने लगा। मैं इतनी देर तक संध्या से कुछ भी नहीं बोला था; लेकिन सोच रहा था संध्या के बारे में ही। अब जब मुझे ध्यान हुआ कि मैं बहुत देर से चुप हूँ, तब मैंने उसकी ओर देखा। वह अब स्थिर दृष्टि से सामने की पहाड़ी की ओर देख रही थी। मैंने भी उधर ही देखते हुए पूछा, "उस पहाड़ी पर क्या कोई नहीं रहता? कहीं प्रकाश नहीं है।"

वह उत्तर देने को हुई ही थी कि सामने पहाड़ पर कहीं एक बत्ती जल उठी। प्रकाश दूर था, छोटा-सा दिखता था; लेकिन वह तेल के दीये-सा लाल नहीं था, पीला भी नहीं था; काफ़ी सफ़ेद दिखता था, मानो बिजली का हो। और वह लैम्प की तरह स्थिर नहीं था, कभी जलता था, कभी मिट जाता था, कभी थोड़े काल के लिए, कभी अधिक।

पहले मैंने समझा कि वह पेड़ों में से छनकर आता होगा, और हवा से पेड़ों के हिलने के कारण झिपता-बलता होगा। लेकिन हवा बिलकुल शान्त थी, यहाँ तक कि पहाड़ों में हमेशा होती रहनेवाली चीड़ों की साँय-साँय भी बन्द थी। अत्यन्त स्तब्धता छायी हुई थी। फिर मुझे ऐसा भी लगा कि वह झिपना-बलना आकस्मिक नहीं है, मानो किसी विशेष प्रणाली पर चल रहा है, जैसे उसमें चिन्तन है, कुछ अभिप्राय है। मेरी रोमांटिक वृत्ति जागी—क्या यह सिगनल है? मैं ध्यान से देखने लगा, और मैंने पाया कि मैं उस प्रकाश के सन्देश को साफ़-साफ़ पढ़ सकता हूँ—मोर्स प्रणाली पर सन्देश भेजा जा रहा था—आई लव यू—आई लव यू—आई लव यू...

मैं भौचक रह गया। इस जंगल में मोर्स कोड और प्रेमालाप का यह आधुनिक तरीक़ा! मुझे इतना आश्चर्य हुआ कि मैं बोल नहीं सका, दस मिनट तक चुपचाप वह सिगनल ही देखता रहा। जब वह बन्द हो गया, और थोड़ी देर बाद पहाड़ के एकरूप अन्धकार को चीरकर मामूली तेल के दीये का लाल और फैला हुआ-सा प्रकाश जगने लगा, तब मैंने किसी तरह संध्या से कहा, ''वह जानती हो क्या था? कोई सिगनल कर रहा था, 'मैं तुम्हें प्रेम करता हूँ'।''

संध्या ने अचम्भे में आकर कहा, ''सच? लेकिन मैं तो इसे आठ वर्षों से नित्य देख रही हूँ!''

मेरा विस्मय और बढ़ गया। ''आठ वर्षों से? नित्य? कौन रहता है वहाँ? किसे सन्देश भेजता है?''

संध्या ने मेरे प्रश्न की उपेक्षा करते हुए कहा ''अजब बात है। आठ वर्ष पहले तो इधर हमारे सिवाय कोई था ही नहीं।''

थोड़ी देर बाद उसने फिर धीरे से कहा, ''अजब बात है।''

थोड़ी और देर बाद उसने और भी धीरे से कहा, ''बड़ी अजब बात है। आठ वर्षों से—''

फिर वह एकाएक उठकर भीतर भाग गई।

और सवेरे मैं देखता हूँ, झील पर बादल घिर आए हैं, सारा आकाश छा गया है। अब संध्या की आँखों के और संसार के बीच में सदा के लिए एक परदा छा गया है, जिस पर संध्या का सच्चा रूप दिखता है—और वह रूप है सारे विश्व का रहस्य—रोमांस, रोमांस, रोमांस...

29 जून

परसों मैं पत्र अधूरा ही छोड़कर उठ गया था। वैसे वह अधूरा था भी नहीं,

क्योंकि जो असल बात मुझे लिखनी थी, वह तो लिख ही चुका था। फिर भी उतनी बात से ही मन नहीं भरता। अगर रोमांस के आ जाने से ही उसकी हौस मिट जाती, तो बात ही क्या बनती? आकर तो वह निरन्तर माँगती है कि उसका रहस्य खोला जाए, इस माँग में ही तो उसकी शक्ति है। मैं समझता हूँ, पिछली सदी में यूरोप में जो रोमांटिक गाथाओं की लहर आई थी, उसमें संकेत रूप से यही बात कही गई थी। रोमांस की इसी रहस्यमयी शक्ति को शाप का रूप दिया गया था। टेनीसन की 'लेडी आफ़ शैलाट' का शाप भी यही था—शीशे में 'बाहर' का दृश्य देखना रोमांस की पुकार था, जिसके वश होकर वह बन्दी रमणी नाव में बैठकर बह चली, जाने किस रहस्य का उद्घाटन करने के लिए! कीट्स की 'ला बेल डाम सां मेर्सी' की हृदयहीन नायिका भी तो वही रहस्यमयी शक्ति है, जिसके एक चुम्बन से अभिभूत होकर पुरुष सदा उसकी तलाश में मारा-मारा फिरता है...

लेकिन साहित्य-मीमांसा भी क्या बीमे के आँकड़े हैं जो तुम्हें रुचेंगे। लौटूँ कहानी की ओर ही!

रोमांस तो संध्या का है, लेकिन रहस्य तो मेरे लिए भी है न! मैंने खोज-खाज़कर बहुत-सी बातें पता लगाई हैं। और जो पता लगीं, उनके आधार पर बहुत कुछ सोचा भी है, जिसके कुछ परिणाम भी निकले हैं। ये सब अब लिखता हूँ कि आयु की लम्बाई से ही जीवन की क़ीमत लगानेवाले तुम उसकी गहराई भी कुछ समझ पाओ।

वह जो परली पहाड़ी पर आदमी रहता है, उसका नाम है बलराज। उसने कहीं शिक्षा नहीं पाई है, लेकिन सुनने में आता है कि वह केवल पढ़ा-लिखा ही नहीं, बहुत-सी विद्याओं में पारंगत भी है। यह सब कुछ उसने स्वयं अपनी हिम्मत से सीखा है, क्योंकि उसका बाप देवराज यहाँ के हिसाब से काफ़ी सम्पन्न होते हुए भी पढ़ाई के विरुद्ध था और वैसे भी अक्खड़ था। बेटा ऐसा तीक्ष्ण-बुद्धि कैसे निकला, इसका कारण कई प्रकार से बताते हैं; लेकिन उन सब बातों में इतना साम्य अवश्य है कि उसकी माँ का ठीक-ठाक पता नहीं है, और जिस स्त्री ने उसे पाला-पोसा, वह देवराज की दूसरी पत्नी थी। सौतेली माँ का जैसा चित्र खींचा जाता है, इस स्त्री ने अपने को उसके योग्य साबित करने में कोई कसर नहीं छोड़ी। देवराज न केवल बुढ़ापे की स्त्री का गुलाम था, बल्कि वैसे भी अत्यन्त कठोर और नीरस तबीयत का आदमी था। लोग बताते हैं कि वह कई बार बलराज को इतना पीटा करता था कि वह बेहोश हो जाता था, और तब उसे घर से कुछ दूर राह के किनारे डाल आता था। कई बार आते-जाते लोग उसकी पट्टी कर जाते थे, और कभी कुछ फल भी खाने को दे जाते थे।

जब बलराज कुछ बड़ा हुआ, तब उसे घर से बिलकुल बहिष्कृत कर दिया गया—एक अलग झोंपड़ा उसके लिए डाल दिया गया, जिसमें वह उसी कड़वी आज़ादी में पलने लगा, जो बन्दी को उस समय मिल जाती है, जब वह काल-कोठरी के एकान्त में पाता है कि वह सारे संसार से अलग है। यहीं उसने तरह-तरह की किताबें पढ़ीं, थोड़ी-बहुत हिकमत, कुछ संगीत, कुछ बढ़ईगिरी और न जाने क्या-क्या...

मैं कुछ-कुछ उसकी हालत का अनुमान कर सकता हूँ। दुबला लम्बा शरीर, बड़ी-बड़ी आँखें, लम्बे किन्तु सिर से सटकर रुखाई से लटकते हुए बाल, एकदम मनोविज्ञान-ग्रन्थों के 'प्रॉब्लेम चाइल्ड' की-सी सूरत। उस जंगल में अकेले रहते, यह देखते हुए कि उसके संसार में जो दो व्यक्ति हैं जिनसे वह कुछ स्नेह की आशा कर सकता है, उनमें से एक तो उसे नित्य पीटता है, उसे कुचलकर मिट्टी करके ही अपनाना चाहता है; और दूसरा व्यक्ति, जिससे मृदुता और सहानुभूति की उम्मीद प्रकृति ने न जाने कैसे पुरुष की नस-नस में तड़पा दी है, उसकी विमाता है, जो दूर ही धकेलती है, और कभी पास खींचती है, तो एक विष में लपटाए हुए सूत्र से। बलराज किधर गया होगा, यह समझना कठिन नहीं है। बच्चा जब माँ को माँगता है, और पाता है केवल एक स्त्री जो किसी दूसरे की पत्नी है, तब उसकी आत्मा दूसरे रास्ते में पड़कर वह कमी पूरा करना या छिपाना चाहती है—संगीत द्वारा, शारीरिक परिश्रम द्वारा, आत्मपीड़न द्वारा और सबसे बढ़कर दिवास्वप्नों के द्वारा— उस अमोघ अस्त्र रोमांस के द्वारा।

देवराज मर गया, और बलराज की विमाता कहीं चली गई। बलराज अपने पिता के विस्तृत खेतों का स्वामी होकर रहने लगा।

संध्या को याद है कि दस-एक वर्ष पहले वह एक बार इस तरफ़ आया था और एक दिन यहाँ रह गया था। संध्या उस समय केवल नौ वर्ष की थी; लेकिन उस दिन बलराज से उसकी जो कुछ बातचीत हुई, वह उसे बखूबी याद है, और याद होने का कारण भी है। संध्या ने अपना समवयस्क लड़का तब तक देखा नहीं था, लेकिन वह स्वच्छन्द वातावरण में पली होने के कारण प्रगल्भ और बेधड़क थी; बलराज ने भी अपनी समवयस्क लड़की नहीं देखी थी, पर वह अपनी आहत और पीड़ित आत्मा के कारण अत्यन्त संकोची और एकान्तप्रिय था। सवेरे वह आया था, और संध्या कहती है कि दोपहर तक उसके मुख से एक शब्द नहीं निकला! चुपचाप एक फीकी-सी, दिख जाने पर फ़ौरन झिप जानेवाली दृष्टि से संध्या की ओर देखते हुए ही उसने खाना खाया, वैसे ही लाइब्रेरी में बैठा रहा। पहली बात उसने यही की कि 'घूमने जाऊँगा,' और बिना उत्तर की प्रतीक्षा किए चीड़ के जंगल की ओर चल दिया।

और वहाँ जंगल में और भी मज़े की बात हुई। संध्या उसके बर्ताव से हैरान तो हुई; लेकिन कुंठित होना उसने सीखा नहीं था, और न जाने क्यों उसे इस बारह बरस के लड़के की बीमार आँखों पर करुणा-सी भी आई थी। वह भी पीछे-पीछे वन की ओर चल दी। वहाँ वह बलराज की तलाश में घूमती हुई जंगली स्ट्राबेरियाँ भी बीनती रही, और जब आखिर बलराज मिला, तब उसे स्ट्राबेरियाँ देती हुई बोली, ''लो तुम्हारे लिए बीनी हैं।'' बलराज विस्मय में वह ले भी नहीं सका, बोला, ''किसी के लिए नहीं बीनी जातीं।'' कल्पना करो इस उत्तर की, और सोचो उस बच्चे की हालत, जो यह कहता है! समझो उसकी प्रवासी आत्मा का अकेलापन, जिसमें उसकी सारी मिठास, सारा रस, अन्तर्मुख होकर भीतर-ही-भीतर घुमड़ रहा है, विकृत हो रहा है—ठीक वैसे ही, जैसे अंगूर का रस निचोड़कर दाब दिए जाने

के बाद सड़ता है और शराब में परिणत हो जाता है...

संध्या उसे साथ लेकर ही लौटी। रास्ते में उसने न जाने कितने और कैसे-कैसे प्रश्न पूछे, जिनके उत्तर में बलराज धीरे-धीरे अपना तो नहीं, अपने ज्ञान का परिचय देने लगा। जंगल की अनेक तरह की जड़ी-बूटियों के नाम उसने बताए, सुगन्धित जड़ों की खूबियाँ गिनाईं, और यहाँ तक खुल सका कि जेब में से एक जड़ निकालकर संध्या की ओर बढ़ाते हुए बोला, ''लो, सूँघो!'' जब संध्या ने सूँघकर प्रशंसा की और लौटाने लगी, तब बोला, ''तुम रखो।'' संध्या ने पूछा, ''मेरे लिए नहीं लाए थे, तब मैं नहीं लूँगी।'' और उसने देखा कि ''रखो,'' कहता हुआ भी बलराज जैसे लेने के लिए हाथ बढ़ाने की चेष्टा कर रहा हो, मानो उसमें इतना भी साहस नहीं है कि आग्रह कर सके! संध्या ने वह जड़ रख ली, और वे लौट आए। इसी शाम बलराज चला भी गया।

बस, इतनी-सी बात तब हुई थी—दस साल पहले। और आज यही व्यक्ति सिगनल करके कहता है, ''मैं प्रेम करता हूँ,'' और आठ वर्षों से कह रहा है! कितना कच्चा सूत्र है, जो मृत्यु और जीवन का सम्बन्ध जोड़ता है; कितना कमज़ोर तन्तु है, जिस पर प्रेम अपनी पीड़ाओं का गुरु-भार लिये नाचता हुआ बढ़ता है!

तुम कहोगे, क्या बेहूदगी है, पागलपन है! तुम्हारी समझ में प्रेम का यह रूप आ ही नहीं सकता। मिलने के बाद किसी के भीतर कल्पना का कल्पवृक्ष फल उठे, वह सम्भावनाओं के आसरे ही, कल्पित के आसरे ही प्रेम का उद्यान खड़ा कर ले और उसी में इतना तन्मय हो जाए कि बाहर न निकले, यथार्थता न देखे, यह तुम्हारी दृष्टि में बेहूदगी ही हो सकती है। तुम प्रेम को आत्म-दान के, उपासना के रूप में— बल्कि अछूत की उपासना के रूप में—कब देख सके! तुम्हें तो यह जँचता कि यहीं जंगल में उसका और संध्या का चोरी से मिलन हुआ करता, या वह कभी संध्या के घर में घुस आता और फ़िल्म के बनमानस के ढंग पर उसे उठा ले जाता! तब तुम कहते, ''यही तो यथार्थता है साहब!'' या ''मर्द का प्यार ऐसा ही होता है!'' लेकिन तुम जानते हो, यथार्थता का यह रूप भी रोमांस का उबाल होता? तुम्हारे सड़े मस्तिष्क का रोमांस भी सड़ा हुआ होगा—और अन्तत: यह तुम्हारी 'यथार्थता' क्या एक मोहावरण नहीं होती उस यथार्थता को छिपाने के लिए, जिसमें तुम, स्वयं तुम हो? लेकिन जाने दो, मैं बहस नहीं करना चाहता; मैं इस अभागे बलराज के स्वप्न में रहना चाहता हूँ, उसके सिगनल के स्पन्दन में जीना चाहता हूँ।

—स्नेही

3

12 जुलाई

भाई,

यह उम्मीद नहीं थी कि यहाँ का मौसम ऐसा दगा देगा। आज आठ दिन से बारिश बन्द नहीं हुई है। सुबह से तीसरे पहर तक हल्की बारिश और घोर

गड़गड़ाहट, उसके बाद रात-भर मूसलाधार वर्षा। मैं तंग आ गया हूँ। संध्या के मामा तो अब लाइब्रेरी से निकलते ही नहीं, वहीं खिड़की-दरवाज़े बन्द करके आग जलाकर बैठे रहते हैं, क्योंकि नमी से उनके जोड़ों में दर्द होने लगता है; और संध्या बारिश में भी जहाँ-तहाँ घूमती-फिरती है और अजब तर्क के पहाड़ी गीत गाती है। मैं बहुत अकेला हूँ। जब कभी उस अकेलेपन का ध्यान आ जाता है, तब आत्मा अपने सारे दु:खों को याद करके बेकल हो उठती है, और वह सनातन प्रश्न पूछने लगती है, जो मानवता का वरदान भी है और शाप भी—मैं क्या हूँ, क्यों हूँ और कब तक हूँ? वैसे तो इन प्रश्नों के आगे कौन अकेला नहीं है? सुख में, संग में, रस-प्लावन में, जब यह प्रश्न उठा है तो तभी उठा है जबकि व्यक्ति एक प्रकार से इन सबसे दूर हट गया है, हटे बिना भी अलग हो गया है—यानी अकेला हो गया है। ऐसा अकेलापन क्यों आता है? मुझे लगता है कि भीतर-ही-भीतर एक आग पैदा होती है, जिससे सुख-ऐश्वर्य में भी एक दर्द-सा छा जाता है और उसे खोखला बना देता है...भाप अन्तत: है तो पानी ही, लेकिन आन्तरिक ताप के कारण उसका आकार बदल जाता है, वह पानी होकर भी तृप्तिदायिनी नहीं रहती, और इसलिए भाप में रखी जाने पर 'पानी में मीन प्यासी' ही हो सकेगी।

मैं अकेला हूँ। भीतर के किस दाह के कारण अकेला? सुनो। मैं रोगी हूँ, इस समय लगभग अपाहिज हूँ, क्योंकि दूसरे के आसरे रहता हूँ। मेरे जीवन में क्या आपूर्तियाँ नहीं हैं? मैं रोमांस का जाल बुनता हूँ। पर क्या उसके तन्तु नहीं टूट जाते? फिर मैं दूसरों के लिए महल बनाता हूँ, लेकिन क्या वे दूसरों के होने के कारण अधिक मज़बूत होते हैं?

मैं संध्या को देखा किया हूँ। ऐसे कई दिन आए हैं, जब मैं घंटों मुग्ध निष्काम विस्मय में उसे देखा किया हूँ, किसी तरह का कोई भाव मुझमें नहीं जागा है—देखते रहने का भी नहीं—बच्चा तितली को देखते हुए जिस तरह उसमें, उसके उड़ने में नहीं, उसकी रंगीनी में, सुकुमारता में नहीं, उसकी सम्पूर्णता में, तितलीपन में तन्मय हो जाता है, उसी तरह मुग्ध हो सकने का अवसर मुझे मिला है। फिर मैंने उसकी आँखों में बड़ी हल्की-सी बदली छायी देखी है, और उसे ही देखा किया हूँ, और नित्यप्रति आते रहनेवाले उस सिगनल-सन्देशों से मुझे उसे देखने में सहारा मिलता रहता है। मैंने देखा है, शाम को चाहे बारिश हो, चाहे पत्थर पड़ें, जब साँझ घिर आती है और दीये बालने का समय होता है, तब संध्या एक अजब विनय का भाव लिये बाहर जाकर खड़ी हो जाती है और सिगनल की प्रतीक्षा करती है। सिगनल के बाद जब पहाड़ी पर वह मैला-सा स्थिर प्रकाश जाग जाता है, तब वह लौट आती है और बरामदे में आकर कुछ देर चुप खड़ी रहती है, फिर भीतर आकर अपने काम में लग जाती है। पर अब तीन दिन से सिगनल बन्द है। संध्या के मन की बात मैं नहीं जानता; लेकिन मेरे लिए कुछ टूट-सा गया है। आठ साल बाद एक दिन वह सिगनल बन्द हो जाए, जबकि आठ साल बाद ही वह मेरे द्वारा पढ़ा गया था, इसमें मुझे लगता है

कि विधि खास तौर से मेरा अपमान करना चाहती है।

उस दिन हमेशा की भाँति संध्या बाहर खड़ी थी। सिगनल होकर देखा जाना ऐसी अभ्यस्त दैनिक क्रिया थी कि शायद उधर ध्यान भी नहीं जाता था। मामा ने पुकारा, ''संध्या!'' तब मुझे एकाएक खयाल आया कि तारे निकल आए हैं, रात घनी हो गई है और सर्दी खूब हो रही है। मामा की आवाज़ सुनकर संध्या चुपचाप सिर झुकाये चली गई। उसके बाद नौकर मुझे खाना दे गया—संध्या नहीं आई।

और अब तीन दिन हो गए हैं, वह सिगनल बन्द है। जब बन्द होने के कारण सोचता हूँ तब आशंका से हृदय भर जाता है। मुझे एक लेखक की कहानी याद आती है, जो नित्य नियम से प्रात:काल घूमने जाता था और ठीक आठ बजे लौट आता था। एक दिन वह आठ बज के कुछ मिनट तक नहीं लौटा, तब उसकी स्त्री रोने लगी— उसे दृढ़ विश्वास हो गया कि वह मर गया है। और उसका विश्वास ठीक निकला! क्या बलराज को कुछ हो गया है? यह सोचकर मैं सहम जाता हूँ। उस अज्ञात दूरस्थ आदमी को मैं भाई-सा मानने लग गया हूँ। और संध्या के लिए भी मुझे चिन्ता हो रही है। उसकी आँखों में जो बादल छाने लगे हैं, वे कुछ महत्त्व रखते हैं। संध्या मौन है, मैं नहीं जानता कि उसके भीतर कुछ जागा है या नहीं; लेकिन इतना जानता हूँ कि वह वैसी नहीं बनी है कि दो बार प्यार कर सके। और अगर बलराज...

मेरा मन बहुत उदास हो गया है। लिखने की इच्छा नहीं होती। क्षमा करना। मन आता है कि अभी उठकर चल दूँ और बलराज का पता लगाकर लाऊँ। लेकिन वह बारिश का जल प्लावन, और यह स्वास्थ्य की टूटी हुई नाव...और वह रोमांस का आलोक। कितनी दूर—कितनी दूर!

तुम्हारा—

प्रिय विमल,

लिखना चाहता हूँ, पर लिख नहीं सकूँगा! अपनी डायरी के कुछ पन्ने फाड़कर भेज रहा हूँ, पढ़ लो!

18 जुलाई। क्या इस साहस को बुद्धिमत्ता कहा जा सकता है? कीच और पानी और सील, छाये हुए बादल, पहाड़ों का उतार-चढ़ाव—इस हालत में क्या मुझ रोगी को यह काम लेना चाहिए था? लेकिन और चारा कहाँ है? जिसे जीना है, उसका मार्ग यही है कि क्षण-क्षण पर जीवन को लापरवाही से परे फेंक देने को तैयार रहे। जीवन का मोह लेकर भी कोई जिया है? दिन-भर में रुक-रुककर मैं छह मील आ सका हूँ, और फिर भी लगता है, टूट गया हूँ! पता नहीं, कल चार मील भी जा पाऊँगा या नहीं। लेकिन जाना तो होगा। मुझे लगता है कि बलराज मेरा भाई है—भाई से बढ़कर कुछ है, क्योंकि, मैं उसे देखे बिना भी अपना सका हूँ।

मैंने संध्या से कहा था, ''कल प्रात:काल मैं उधर जाना चाहता हूँ, मामा से कह देना।'' उसने कहा, ''अच्छा।'' सवेरे मैंने देखा, वह तैयार खड़ी है, और घोड़े

पर आवश्यक सामान भी लदा हुआ है! मैंने पूछा, ''तुम भी जाओगी?'' लेकिन पूछते ही मुझे लगा कि मैंने बिलकुल व्यर्थ यह प्रश्न पूछा है। उसने उत्तर में कुछ कहा नहीं, केवल इतना ही, ''तुम अकेले जाने लायक़ नहीं हो।''

और दिन-भर चलकर हमने यहाँ पड़ाव भी कर लिया है। मैं यहाँ बैठा बलराज की बात सोच रहा हूँ, शायद संध्या भी सोच रही होगी—आज सिगनल को बन्द हुए आठ दिन हो गए...मुझे लगता है, जैसे हम लोग ध्रुव-प्रदेश में गिरे हुए किसी उड़ाके को बचाने जा रहे हों; और देर होने से उत्कंठा और चिन्ता बढ़ती है कि क्या वह कल तक बचा रहेगा? क्या मैं झूठ-मूठ का रोमांस गढ़ रहा हूँ?

19 जुलाई, शाम। पथ में शाम हो गई—लेकिन अब वह स्थान दूर नहीं है। रात में हम वहाँ जा लेंगे। यहाँ पहाड़ी रास्ते के मोड़ पर मुड़ते ही वह घर दिखने लगा, और देखते ही मुझे याद आया, मैं कितना थका हुआ हूँ! अब हम यहाँ बैठे हैं; संध्या कभी उस घर की ओर देखती है, कभी दूसरी पार अपने बाग़ की ओर, और धीरे-धीरे कुछ गुनगुनाती है। उसने अभी तक इस घर की या बलराज की कोई बात नहीं की है, मानो उसे सारे रास्ते-भर मेरी ही चिन्ता रही है; मुझसे उसने रह-रहकर पूछा है कि तबीयत कैसी है...कभी मुझे लगता है कि उसे इस सारे क़िस्से में मामूली कौतूहल से अधिक कुछ नहीं है! पर क्या संध्या इतनी शून्य हो सकती है? उसकी आँखों में जो मुझे दिखता है, वह क्या मेरी ही सृष्टि है? इस समय साँझ के धुँधलके में उसका गुनगुनाना क्या केवल साँझ के रंगों का मुखर रूप है, और उससे अधिक कुछ नहीं?

लेकिन—संध्या की हल्की-सी चीख सुनकर मैं देखता हूँ—सिगनल! घर की खिड़की से बिजली की बैटरी का सिगनल, ''मैं तुमसे प्रेम करता हूँ—मैं तुमसे प्रेम करता हूँ—मैं तुम से—'' और बस।

हमें जाना चाहिए, अभी चलना चाहिए। मन में संशय का दानव कहता है, शायद उसकी बैटरी खत्म हो गई थी और नयी बैटरी की प्रतीक्षा में आठ-नौ दिन बीते, यही तुम्हारी इस सारी बेवकूफ़ी का नतीजा निकलेगा; पर मन नहीं लगता, अभी चलना ही होगा, चाहे पहुँचते-पहुँचते मेरे हृदय का स्पन्दन बन्द हो जाए...सत्य को जानना ही होगा...

24 जुलाई। सत्य—किसे कहते हैं हम सत्य? लेकिन ऊपर का पन्ना पढ़ता हूँ तो मन कहता है, आखिर तुम सत्य जान ही गए...जब पूछता हूँ, क्या जान गया, तो उत्तर नहीं मिलता। सिवाय इसके कि अब यहाँ अच्छा नहीं हो सकूँगा।

एक अस्वस्थ पीला शरीर, अपनी श्यामता में सुनहले तारे उलझाए हुए बाल, शान्त चेहरा...उस अँधेरे घर में घुसकर जब मैंने बत्ती जलाई तब यही देखा। चारपाई खाली थी, बलराज खिड़की के पास ज़मीन पर लेटा हुआ था, और उसके हाथ के पास टॉर्च पड़ी थी। मैंने लपककर बलराज का कन्धा पकड़कर हिलाया, नब्ज़ देखी और घबराकर कहा, ''हैं?'' पर संध्या अपने स्थान पर ही ऐसे स्तब्ध, गतिहीन

खड़ी रही मानो मैं अनुसन्धान करके जो कुछ पता लगाऊँगा, वह उसे पहले से जानती है, वह सब उसके भीतर घटित हो चुका है....वह छोटी-सी लड़की जिसने अभी तक यह नहीं जाना था कि प्रेम क्या होता है, कैसे बिना प्रयास के प्रेम, मृत्यु, अनन्तता तक का अर्थ मानो ज्ञान का एक ही घूँट पीकर जान गई और उससे विचलित नहीं हुई...

आज छह दिन हो गए इसको; लेकिन वे सब दृश्य मेरे आगे ऐसे फिर रहे हैं, जैसे अभी वह सब कुछ हो रहा हो...फिर भी सोचने को, लिखने को, कुछ नहीं है। ऐसे भी क्षण होते हैं, जो जीने के लिए होते हैं—और उसके बाद याद करने के लिए नहीं, पीछे देख-देखकर बार-बार फिर जीने के लिए होते हैं...ऐसा ही क्षण वह था, जब मैं बलराज के सिरहाने झुककर बैठा हुआ उसके चेहरे की ओर देखता जा रहा था, उस मन:शक्ति की लहरों में बहा जा रहा था, जो इस चिर-रुग्ण क्षीण शरीर को चारपाई से खींचकर खिड़की तक लाई थी, एक अज्ञात-स्वप्न को अपनी दीप्ति द्वारा खींच बुलाने के लिए; और जब संध्या खिड़की पर खड़ी पार की ओर टकटकी लगाए देख रही थी....और वह क्षण तब समाप्त हुआ, जब संध्या ने घूमकर बहुत धीमे स्वर में पूछा, ''अगर मैं टॉर्च ले लूँ, तो चोरी तो न होगी?''

मैंने टॉर्च उठाकर उसे दे दी और एक मूक दृष्टि से उसे वह कह देना चाहा जो ज़बान से नहीं निकला कि यह तो आठ वर्ष से तुम्हारी ही है...

लेकिन अब टॉर्च से क्या? जीवन में जो टॉर्च होती है, रोमांस, वह संध्या के लिए बुझ गई है। अब उसे सिगनल द्वारा कोई बुलाता है तो काल—और उसका संकेत, उसका प्रसाद, क्या है? शून्य, शून्य, शून्य...

●

मनसो

जब उस दिन एक विचित्र विस्मय से भरकर अपने झोंपड़े के द्वार पर आते ही मैंने अपने हाथों को हथकड़ियों में बँधे हुए पाया, तब उस अनहोनी, यद्यपि चिर-अपेक्षित घटना के दबाव के बीच में भी, मैंने यह सोचा था कि इस विघ्न द्वारा कुछ पूर्ण हो गया है—कुछ ऐसा जिसका और कोई अन्त मैं सोच नहीं पाता था...पर आज इतने दिन बाद, तुम्हारे सम्बन्ध में एक दूरस्थ भाव हृदय में जमा कर जब मैं अपने उस दिन के विचारों को लिखने बैठा हूँ, तब यह सोच-सोचकर मेरी आँखों में आँसू आ जाते हैं कि मैं तुम्हारे सम्बन्ध में जो कुछ लिख रहा हूँ, जो कुछ लिखूँगा, वह कभी तुम नहीं जान पाओगी—तुम्हें कभी यह भी ज्ञात नहीं होगा कि मैंने कभी तुम्हारे बारे में कुछ लिखा—कभी कुछ सोचा भी! मनसो, जब ऐसा है, तब वे सारे विचार, यह सारा एकाग्र चिन्तन, यह लिखना, यह सौन्दर्य को घेर-घेरकर इकट्ठा करने की चेष्टा, यह निरन्तर खोज और यह अप्राप्ति के प्रति विद्रोह—ये सब कितने व्यर्थ हैं!

यदि मैं अपने को विश्वास दिला सकता कि मैं जो लिख रहा हूँ, जो निर्माण कर रहा हूँ, वह कला की वस्तु है और इसलिए मेरे व्यक्तिगत जीवन से अलग है, तब शायद मैं लिख सकता। पर वह झूठ है, मैं जानता हूँ, वह झूठ है! यह कला नहीं है, यह सार्वलौकिक वस्तु नहीं है; यह है मेरी घोर व्यक्तिगत व्यथा, जिसे दुबारा भुगतकर मैं चाह रहा हूँ भूत को जिला लेना, एक धुँधले चित्र में नयी दीप्ति और नया जीवन डाल देना—यह जानते हुए कि वह चेष्टा है व्यर्थ!

मैं विवश हूँ! जब-जब इस चेष्टा की निरर्थकता जानकर मेरे प्राण रो उठते हैं, तभी कविता की दो-एक पंक्तियाँ मेरे मस्तिष्क में फिर जाती हैं, और उन्हें गुनगुनाते हुए मुझे फिर भ्रम हो जाता है कि एक धुँधला-सा चित्र मेरे आगे खड़ा है और मेरे स्पर्शमात्र से जी उठेगा, और मैं आत्मविस्मृत होकर तत्काल आगे हाथ बढ़ा देता हूँ—

स्पिरिट ऑफ़ सैडनेस, इन द स्फ़ीयर्स
इज़ देयर ऐन एंड ऑफ़ मार्टल टीयर्स?
ऑर इज़ देयर स्टिल इन दोज़ ग्रेट आइज़
दैट लुक ऑफ़ लोनली हिल्स एंड स्काइज़? [1]

मुझे अभी याद है, उन दिनों में एक दिन, मैं तुम्हें अपने दृष्टिपथ से जाते देखकर तुम्हारा वह वन्य-सौन्दर्य, तुम्हारी आँखों की अतल नीलिमा देखकर, यह सोचकर रो उठा था कि सौन्दर्य की जिस प्रकार की अनुभूति मैं कर सकता हूँ, जिसके लिए मेरे पास इतने साधन हैं, उस प्रकार की अनुभूति तुम्हें कभी नहीं प्राप्त हो सकती, क्योंकि वे साधन तुम्हारे पास नहीं हैं, न होंगे। कालिदास और शैली, रैफ़ेल और रोज़ेटी, हमारी संस्कृति की असंख्य सौन्दर्यानुभूतियाँ, तुम्हारे जीवन-क्षितिज से परे हैं और रहेंगी, हम तुम्हारे विवश उपासक रहेंगे, किन्तु तुम वही सरल, स्वच्छन्द, अछूती वन्य मनसो ही रह जाओगी...एक ओछी पहाड़ी झील की तरह, जिसके उथले, किन्तु स्वच्छ शान्त मुकुर में जहाँ तल के कंकर-पत्थर दिख जाते हैं, वहाँ आकाश का अबाध विस्तार और शरत्कालीन मेघ-पुंजों की रहस्यमयी गति भी प्रतिबिम्बित होती रहती है...

पर यह शायद मेरा मिथ्या दर्प मात्र है? सम्भवत: तुममें भी उसी दर्जे की अनुभूति-क्षमता थी, पर उन वस्तुओं के सम्बन्ध में नहीं। नहीं तो, यह कैसे होता कि उस दिन तुम्हारी आँखें एकाएक ऊपर उठकर मेरी दृष्टि को ललकार कर पूछतीं, 'परदेशी, कभी तुमने— ?'

1 महेश जिस झोंपड़े में छिपकर अपने दिन बिता रहा था, वह पहाड़ के उतार में, एक बड़ी-सी चट्टान की आड़ में बना हुआ था। किसी ज़माने में वह शायद गूजरों ने गायें बाँधने के लिए बनाया था, किन्तु बाद में जब वह ज़मीन किसी राजपूत के हाथ में आ गई थी, तब उसने उसी को लीप-पोतकर किराये पर देने लायक झोंपड़े में परिवर्तित कर दिया था। उस समय उसे एक और राजपूत ने किराये पर लिया हुआ था, और अपने को दीन-मलिन वस्त्रों में छिपाए हुए महेश इसी राजपूत की नौकरी में यहाँ रहा करता था—उसकी भूमि के रक्षक-मात्र की हैसियत से। उसे काम कुछ नहीं था, अत: यही उसका सबसे बड़ा काम था कि सोचे, क्या करे। वह झोंपड़े के तंग और नीचे दरवाज़े में बैठ जाता और कुछ नीचे जाते हुए श्वेत पहाड़ी पथ की ओर या तलहटी के पारवाले पहाड़ के अंक में एक-स्वर रोते (या गाते या हँसते) हुए छोटे झरने की ओर देखा करता। कभी एकाएक उसकी

---

1. ओ विषाद की आत्मा, इस लोक में मानवीय आँसुओं का कोई अन्त भी है? अथवा कि उन विशाल आँखों में अब भी वैसी ही एकाकी पहाड़ियाँ और सूने आकाश झाँकते हैं?

इच्छा होती, कुछ गाये, किन्तु पहाड़ी गीत न जानने के कारण अपना भेद खुल जाने के डर से वह चुपचाप रह जाता। इसी डर से वह कुछ पढ़-लिख भी नहीं सकता था...वह वहीं चुपचाप आँखोंवाले अन्धे और ज़बानवाले गूँगे की तरह बैठा रहता, उसके मन में अस्फुट कविता की अधूरी पंक्तियाँ दौड़ा करतीं, या कहाँ-कहाँ की स्मृतियाँ, और उसे क्षोभ होता कि उसका जीवन कितना सूना है, आज ही नहीं, सदा से कितना सूना रहा है...

हाँ, तो वह उस श्वेत पहाड़ी पथ की ओर स्थिर दृष्टि से देखा करता था। उस पथ में कुछ नयी बात नहीं थी, एक साधारण पहाड़ी पथ था। किन्तु महेश जो उसकी ओर इतनी देर देखते-देखते भी नहीं उकताता था, उसका कारण यह था कि सब ओर हरियाली से घिरे रहने के कारण उसे चीड़ वृक्षों की आड़ में से थोड़ी देर के लिए निकलकर खो जानेवाले इस पथ की धवलता एक नयेपन का, एक कोमलता या सजीवता का आभास दे जाती थी। महेश को मानो जान पड़ता था कि वह पथ उसी के जीवन का प्रतिबिम्ब है—प्रतिकूल अवस्थाओं से घिरा हुआ, किन्तु क्षण-भर के लिए उस आच्छादन को काटकर प्रकट और देदीप्यमान...

कुछ दिनों तक यही एकमात्र कारण था। फिर एक दिन एकाएक महेश ने जाना, जो ये महत्त्वपूर्ण घटनाएँ होती हैं, उनका पूर्वाभास नहीं मिलता, लोकश्रुति चाहे जो कहे। जिस क्षण ने उसके जीवन की स्वीकृतिमय थकान को एक उग्र उत्कंठित प्रतीक्षा में बदल दिया, उसका कोई आभास महेश को पहले नहीं मिला।

महेश न जाने क्या-क्या सोचते-सोचते थक गया था। उसका सिर मानो घूम रहा था। वह दरवाज़े से उठकर भीतर जाने को ही था कि उसने देखा—

आकस्मिक अनुभूति घटनाक्रम को उलट-पुलट कर देती है। उस समय महेश की स्मृति में जो चित्र जम गया, वह था केवल यों चौंककर ऊपर उठी हुई आँखें— किन्तु आँखें कैसी! महेश जानता है कि जिस समय वह पहले-पहल पथ पर दिखी, उसका सिर झुका हुआ था, क्योंकि उसने एक कन्धे और ग्रीवा-बंक के ऊपर एक घड़ा टेका हुआ था और दूसरे कन्धे पर उसके सिर को ढकनेवाला काला और बोझल रूमाल लटक रहा था। यह तो बाद में हुआ था कि शायद महेश की कोई आहट पाकर उसने क्षण के अंश भर रुककर चौंकी हुई दृष्टि से ऊपर देखा था और फिर महेश की उत्कंठित दृष्टि के आगे सिमटकर जल्दी से आगे बढ़ गई थी...

वह सब ऐतिहासिक दृष्टि से बिलकुल ठीक और आनुक्रमिक है, पर—वे आँखें! उस सारे चित्र का केन्द्र वे हैं, वैसे ही जैसे चन्द्रोदय के समय उसकी पूर्व-ज्योति, पर्वतों की रजत-रेखा चित्रित करती हुई प्रथम किरणें, खिल उठनेवाले बादल, तारों की क्रमशः छिप जानेवाली झिल-मिल कम्पन, सब ऐतिहासिक क्रमबद्ध सत्य होकर भी उदय के प्रकांड मुग्धकारी सत्य के आगे कुछ नहीं रहते—उस समय नहीं रहते, केवल बाद में धीरे-धीरे चोरों की तरह चित्र में अपने-अपने स्थान पर आ विराजते हैं...

आँखें देखती हैं, मन परखता है, वाणी कहती है। इन तीनों की शक्तियाँ

अलग-अलग क्षमता रखती हैं—अत: उसकी आँखों का वर्णन ऐसा करना कि दूसरा उन्हें चित्रित कर सके, असम्भव है। बर्न-जोन्स के चित्र देखने से जान पड़ता है, उसके हृदय में ऐसी ही किन्हीं आँखों ने स्थान पाया होगा, जिन्हें चित्रित करने में उसने जीवन बिता दिया; किन्तु यदि मनसो की आँखें उसने देखी होतीं...तो वह अवश्य कह उठता, यह है वह अवर्ण्य सत्य जिसे मैं नहीं पाया हूँ...

महेश ने सोचा, उसका जीवन उतना सूना नहीं है जितना उसने समझा था। उसके जीवन में प्रकट हुई एक नयी उत्कंठा, अस्तित्वमात्र के प्रति एक ममत्व, एक आग्रह, एक प्यास....उसके दिन पहले की अपेक्षा छोटे हो गए—कितने छोटे और कितने सरल! एक क्षण तक प्रतीक्षा, उसके बाद उस क्षण का चिन्तन, बस यही तो थी उसकी चर्या...

पर ईश्वर की बुद्धिमत्ता का (यद्यपि स्वयं ईश्वरवादी इसका घोर विरोध करेंगे!) सबसे अच्छा प्रमाण है मानव-हृदय का असन्तोष—तृप्ति की असम्भाविता। यदि एक बार पाकर ही हम सन्तुष्ट हो जाते, तो कुछ दिन में संसार जड़ होकर नष्ट हो जाता। निरन्तर भूख, निरन्तर माँग, निरन्तर प्राप्ति, निरन्तर वृद्धिगत भूख, यही जीवन का अनिवार्य और नितान्त आवश्यक क्रम है...

2 वह नित्यक्रम हो गया था।

नित्य ही वह प्रतीक्षा, वह आकस्मिक चौंकी हुई ऊपर उठी हुई दृष्टि, वह आँखों का मिलन, वह क्षणिक क्या? एक अनैच्छिक किन्तु सचेतन स्थिर मुद्रा, उसके बाद एक त्वरगति कँपकँपी-सी और काले रूमाल का अवगुंठन और कन्धे पर रखे हुए घड़े की ओट! कभी शायद वेणी में बँधे हुए छोटे-से घुँघरू का बहुत हल्का-सा रुनझुन।

यह सब अभी तक आकस्मिक ही था, किन्तु शायद नित्य होने के कारण इसकी आकस्मिकता पुरानी हो गई थी। तभी तो, उस दिन जब महेश अपने अभ्यस्त स्थान पर खड़ा-खड़ा एक विचारपूर्ण प्रतीक्षा में उलझा हुआ था, तब उसके मन में एक दबा हुआ-सा असन्तोष था—कि इस क्रम में कोई परिवर्तन क्यों नहीं होता। वह अपने सामने की पर्वत-माला, स्वच्छ आकाश, जिसकी स्वच्छता को बादल का एक छोटा-सा टुकड़ा मानो अधिक मुखर कर रहा था। उसमें उड़ते हुए एक विशालकाय गरुड़, सामने के छोटे-से झरने और चीड़ों की छाया में जड़े हुए उस पथ के टुकड़े को देखकर, एक विचित्र आत्म-विस्मृति के भाव से मनसो को सम्बोधित करके कह रहा था, ''यह सारी पर्वत-माला तुम्हारी है, यह सारा प्रदेश, यह सारा बिखरा सौन्दर्य! मेरे लिए है केवल यह छोटा-सा द्वार, यह निर्जन प्रान्त का छोटा-सा टुकड़ा; वह एक रेखा जो पथ की धवल रेतीली धूल पर तुम्हारे पैरों की छाप से बन जाती है और जिसे तुम्हारे कन्धे पर के घड़े से छलका हुआ पानी बूँद-बूँद

करके धो जाता है...मैं भागा हुआ क़ैदी तुम्हारी इस विशाल सुन्दर सृष्टि में आकर भी अपनी उस छोटी-सी क़ैद में से नहीं भाग पाता...''

तभी वह आई। वह नित्यवाला क्रम फिर हुआ। महेश एक विस्मृति से जाग कर दूसरी विस्मृति में खो गया और फिर क्षण ही भर में जाग पड़ा। उसके मन में अपने ही विचार के उत्तर में एक प्रश्न उठा, 'क्यों नहीं भाग पाता?' और वह अकारण खिलखिलाकर हँस पड़ा। उसने स्वयं नहीं जाना—कभी नहीं, कभी भी नहीं जाना—कि क्यों।

उसने घूमकर, रूमाल उठाकर, महेश की ओर देखा। और उसकी हँसी का कारण न जानकर भी, उसकी बिलकुल स्वच्छ सरलता का अनुभव करके विवश होकर मुस्कुरा दी।

महेश ने किसी तरह पूछा, ''तुम्हारा नाम क्या है?'' यह उसे प्रश्न पूछने के बाद ध्यान आया कि उसका हृदय किस अनभ्यस्त गति से धड़क रहा है।

उसने कहा, ''मनसो।'' उसकी आवाज़ में रस से बढ़कर कुछ एक अजीब कम्पन-सा था, जो वय:सन्धि की भर्राई हुई ध्वनि के सम्मिश्रण से और अधिक आकर्षक हो गया था।

वह आगे बढ़ने लगी। संस्कृति की परिचय-प्रथा के अभ्यस्त महेश ने शायद आशा की थी कि मनसो अपना नाम बताकर पूछेगी, 'और तुम्हारा?' पर जब वैसा नहीं हुआ, तो महेश ने कहा, ''मेरा नाम है दाता।'' दाता ही वह नाम था जिसकी आड़ में उसने उस समय अपने को छिपाया हुआ था।

महेश ने जब फिर घूमकर देखा, तब अभी उसकी मुस्कुराहट गई नहीं थी। वह थोड़ी देर स्थिर दृष्टि से महेश की ओर देखती रही—इतनी स्थिर दृष्टि से कि महेश स्तब्ध होकर अपने दिल की धड़कन गिनने लगा—एक, दो, तीन, चार...फिर वह खिलखिलाकर हँस पड़ी, बोली, ''मुझे क्या?'' और जल्दी से घूमकर, रूमाल से अपना मुँह छिपाकर, पहले से अधिक मुखर स्वर से घुँघरू रुनझुनाकर चली गई।

कुछ देर तक मनसो के उस प्रश्न की कोई प्रतिक्रिया नहीं हुई। किन्तु उसके बाद ही वह आई, एक बवंडर की तरह, जो इस नयी घटना की नूतनता को भी उड़ा ले गयी और हूल-हूल कर एक ही प्रश्न उसके कानों में, मस्तिष्क में, समूचे शरीर, समूचे संसार में ध्वनित करने लगा—मुझे क्या? मुझे क्या? मुझे क्या?

हाँ, तुम्हें क्या! महेश कौन है, या दाता कौन है, किस संसार का वासी है, किस संस्कृति का प्रतिनिधि, तुम्हें क्या! किसका शत्रु है, किसका मित्र, किससे लड़ता है, किससे भागता है; किसका सखा है, किसका प्रतिस्पर्द्धी, किसका विरोधी, किसका प्रेमी, तुम्हें क्या! कविता से तुम्हें क्या, कला से तुम्हें क्या, बर्न जोन्स से तुम्हें क्या! अवर्ण्य आँखों और दिव्य सौन्दर्यानुभूति से भी तुम्हें क्या!

पर क्यों नहीं तुम्हें कुछ? क्यों कैसे, किस अधिकार से तुम जीवन की पुकार से परे, सौन्दर्य की अनुभूति से परे, आन्तरिक न्यूनता की प्यासी रिक्तता से परे? तुम्हें जानना होगा, मानना होगा, झुकना होगा उसकी प्रेरणा के आगे, उसी प्रेरणा के जो...

जो क्या?

जो हमारे विश्व के स्थायित्व का मूल है जो उसे बनाए रखता ही नहीं, चलाता भी है, वह अप्रतिहत आकर्षण...

महेश धीरे-धीरे कुछ गुनगुनाने लगा और सोचने लगा कि क्या कभी मनसो के जीवन में ऐसा क्षण नहीं आएगा जब वह लौटकर देखेगी, नहीं किसी वस्तु की कमी पाकर परिताप करेगी कि क्यों नहीं, जब समय था तब उसने स्मृतियों का भंडार भर लिया...फिर उसे ध्यान आया, क्या वही एक है जो उस भंडार को भर सकता है...क्या उसी की, उस भागे हुए क़ैदी की स्मृति ही एक वस्तु है जो मनसो के जीवन में मूल्यवान् हो सकती है, और यह विराट् सौन्दर्य, ये प्रकट और अप्रकट निधियाँ उसके लिए कुछ भी मायने नहीं रखतीं—एक स्मृति-भर भी नहीं?

उसके बाद तीन-चार दिन तक मनसो उस पथ पर से गई या नहीं, महेश ने नहीं जाना। जानने की चेष्टा ही नहीं की। जड़वत् झोंपड़े के मध्य में, द्वार की ओर पीठ करके, बैठा रहा, विशेषत: मनसो के जाने के समय के आस-पास।

3

साँझ घिरती आ रही थी। पर्वत-शृँगों से घिरे हुए उस बड़े प्याले में जिसमें पहाड़ी झरना बहता था, अन्धकार भर गया था और बढ़ रहा था। केवल ऊँची चोटियों पर कहीं-कहीं एक रक्तिम-सा प्रकाश था, जो शीघ्र उस बढ़ते हुए सजीव अन्धकार में घुलता-सा जा रहा था। प्रकृति मानो थककर सोने की तैयारी कर रही थी, केवल उसकी साँस की तरह चीड़ों में वायु की सर-सर ध्वनि अनवरत होती जा रही थी...

महेश का ध्यान उधर नहीं था। वह एक चोटी से कुछ ही उतरकर, एक ऊँचे पत्थर पर खिन्न-मन बैठा हुआ था। पहला क्रम टूट जाने से उसका यही क्रम हो गया था—नित्य ही साँझ को यहाँ आकर बैठ जाता, और अँधेरा हो आने पर धीरे-धीरे उतरकर आ जाता। इसमें सुख नहीं था, थी एक कुढ़न, पर फिर भी वह नित्य ऐसा ही करता था, ऐसा करना अपने झोंपड़े के द्वार पर प्रतीक्षा करने से अधिक सहज पाता था...

बैठे-बैठे वह शून्य दृष्टि से कुछ दूर नीचे के एक झोंपड़े की ओर देख रहा था। उसने देखा, वहाँ से कोई निकलकर धीरे-धीरे उसकी ओर आ रहा है, कमर झुकाए, मानो कुछ ढूँढता आ रहा हो। उस धुँधलके में वह पहचान नहीं सका कि कौन है, किन्तु समीप आक़र जब उसने पूछा, "यहाँ क्यों बैठे हो?" तब महेश चौंक उठा, मनसो! वह बिना उत्तर दिए ही मनसो के मुख की ओर देखने लगा। मनसो ने फिर कहा, "यहाँ साँझ को मत बैठा करो, इधर रीछ आते हैं।"

महेश की बड़ी उत्कट इच्छा हुई कि कह दे, 'तुम्हें क्या?' पर वह कह नहीं पाया। अपना क्षोभ निकाल देने का इतना सरल उपाय वह न जाने क्यों स्वीकार नहीं कर सका। उसने उदास-से स्वर में पूछा, "तुम यहाँ क्या कर रही हो?"

"एक बूटी ढूँढ़ रही हूँ।"

"कैसी बूटी?"

"दवाई है।" कहकर उसने अपने हाथ में पकड़ी हुई एक-दो फुनगियाँ महेश को दिखा दीं।

"लाओ, मैं भी देखूँ—" कहकर महेश ने हाथ बढ़ाया, तो वह पलटकर हँसकर भागती हुई बोली, "क्यों, तुम्हें क्या हुआ है?"

क्षण ही भर में वह झोंपड़े के भीतर जा पहुँची। तब महेश अपने-आपको कोसने लगा कि क्यों उसने इतनी शीघ्र हार मान ली और इतनी बुरी तरह पिटा! वह जान-बूझकर बहुत रात गए तक वहीं बैठा रहा, किन्तु न तो रीछ ही आया, और न—हाँ, इसकी भी एक छिपी-छिपी आशा थी—न मनसो ने ही झोंपड़े के बाहर आकर देखा कि वह चला गया है या अभी बैठा है। झोंपड़े में जो धीमा प्रकाश था, वह जब बुझ गया, तब महेश धीरे-धीरे सिर झुकाये उतर आया।

महेश ने निश्चय कर लिया था कि वह अब फिर उधर नहीं देखेगा। वह झोंपड़े में बैठा, ज्यों-ज्यों मनसो के आने का समय निकट आता जाता था, त्यों-त्यों अधिक निश्चयात्मक भाव से अपने को कहे जा रहा था, 'नहीं देखूँगा, नहीं देखूँगा, नहीं देखूँगा...' और उसे लग रहा था, सामनेवाले पहाड़ी झरने की ध्वनि भी, मानो उसी निश्चय की आवृत्ति साथ-साथ ताल देते-देते, अधिकाधिक तीखी होती जा रही है...

जब वह समय आया और बीत गया, और महेश अपने स्थान से हिला नहीं, तब वह एकाएक विजय के उल्लास से फूल उठा—कितनी बार ऐसा होता है कि ठीक पराजय के समय ही हम विजय के उल्लास से भरते हैं! और उठकर सीधा द्वार की ओर गया। वह तो चली गई होगी, पर शायद उसके पदचिह्नों को धोनेवाली बूँदों की रेखा बनी होगी, यह सोचते हुए उसने झाँककर देखा।

पथ के किनारे पर बनी हुई मेड़ पर वह बैठी थी, गोद में घड़ा रखे, घड़े के मुँह पर दोनों हाथ रखकर उन पर ठोड़ी टेके, स्थिर दृष्टि से उसकी ओर देख रही थी।

क्या वह थकी थी? यदि ऐसा, तो क्यों महेश से आँखें चार होते ही सकपका कर उठी और घड़ा उठाकर जल्दी से चीड़ों की ओट हो गई? महेश को ऐसा अनुभव हुआ, उसकी विजय और भी पुष्ट हो गई है—मानो, उसने कोई चोर पकड़ लिया है। वह फिर खिलखिलाकर हँस पड़ा। जब वह लौटा, तब उसके मन में कविता की एक पंक्ति सहसा गूँज उठी, 'ऐसे भी क्या दिन होंगे जब स्मृति भी नष्ट हो चुकी होगी?' किन्तु कविता की पंक्ति में जो आशंका, जो संशय-भाव था, वह उसके मन में नहीं जागा, उसके मन में प्रश्न का उत्तर बिलकुल सीधा, बिलकुल निश्चयात्मक था...

पर उसके बाद, जब महेश नित्य ही पूर्ववत् झोंपड़े के द्वार पर बैठकर प्रतीक्षा करने लगा, और मनसो नहीं आई, तब धीरे-धीरे उसे ज्ञान हुआ कि जिसे वह अपनी विजय समझे था, वह वास्तव में उसकी पराजय, घोर आत्म-समर्पण था। विजय मनसो की ही थी, और उसी की रहेगी।

वह यह जानने की जितनी ही कोशिश करता कि मनसो क्यों नहीं आई, उतनी

ही उसकी उलझन बढ़ती जाती। एक ही कारण उसे उचित जान पड़ता था—कि वह जान-बूझकर नहीं आई, किन्तु इसी को स्वीकार करने के विरुद्ध उसकी समूची आत्मा विद्रोह कर उठती थी। यदि वह उसे बिलकुल महत्त्व नहीं देती, उसकी इतनी उपेक्षा है, तब वह उसे इतना महत्त्व क्यों देने लगी कि केवल मात्र उसी के कारण, उसी को चिढ़ाने के लिए, उस पथ पर से आना छोड़ दे? यह तो केवल तब हो सकता है जब—जब कुछ नहीं...

एकाएक महेश को ध्यान आया, मनसो पानी भरकर ले जाती है, पर वह उसे लौटती ही देखता है, आती कभी नहीं देखता। इसका यही कारण हो सकता है कि वह पानी लेने किसी दूसरे पथ से जाती थी, अब वापस उधर से ही लौटने लगी है। पर क्यों? क्यों?

जिस समय महेश ने यह सोचा, उस समय बिलकुल सवेरा था। पर यह उलझन इतनी गौरवान्वित हो गई थी, उसका सुलझाना इतना नितान्त आवश्यक कि महेश उसी समय निकलकर मनसो के झोंपड़े की ओर चल पड़ा—यह देखने के लिए कि वह किधर से जाती है...

सूर्य की पहली किरण नहीं तो किरणों का पहला पुंज अवश्य मनसो की झोंपड़ी को छूता था। जिस समय महेश उसके पास पहुँचा, उस समय समूची झोंपड़ी उस कोमल धूप में नहा रही थी, पर धूप के रंग में अभी तक वह स्निग्ध लाली थी जो संध्या की धूप में देर तक रहती है, किन्तु प्रातःकाल में अत्यन्त क्षणस्थायी होती है...

महेश ठिठक गया।

मनसो अपनी झोंपड़ी के बाहर एक काली गाय को दुह रही थी। काली घघरी में आवृत्त घुटनों से टीन का कमंडल दबाए, काले रूमाल में छिपे हुए सिर को गाय के पेट पर टेके, महेश की ओर पीठ किए वह बैठी थी, और दूध दुहते हाथों की गति के साथ उसकी वेणी के सिरे पर बँधा हुआ लोलक धीरे-धीरे इधर-उधर झूल जाता था।

उसे पता लग गया कि कोई उसे देख रहा है, क्योंकि उसने कलाई से सिर का रूमाल एक ओर हटाकर कनखियों से उधर देखा और महेश को देखकर सिर को गाय के पेट में और भी छिपाकर दूध दुहती रही—महेश को ऐसा लगा कि जैसे सदियों तक दुहती रही।

थोड़ी देर बाद महेश आगे बढ़ गया—सिर झुकाये और धीरे-धीरे, और काफ़ी दूर चला गया। एक चोटी पर पहुँचकर, चारों ओर देखकर धप्प से नीचे बैठ गया। और उसका मन-पक्षी जो अब तक आकाश में उड़ रहा था, उतरता नहीं था, अब उत्तरोत्तर वृद्धिगत होती हुई गति से नीचे गिरने लगा, जैसे गुरुत्वाकर्षण के कारण पत्थर।

महेश सोचने लगा कि वह भी मनसो को अपनी कल्पना में एक विशेष स्थान दे रहा है, वह क्या भूल कर रहा है? यदि वह चाहता है, मनसो उसके वास्तविक जीवन का अंश हो, तो क्यों वह उसे कल्पना की, देवोचित आराधना की, अधिकाधिक

ऊँची सीढ़ी पर चढ़ाए जा रहा है? और यदि मनसो कल्पना की ही वस्तु है, उसके भाव-संसार का कल्पना-सत्य, तो क्यों वह उसे खींच-खींचकर यथार्थता के घेरे में बाँधने की चेष्टा कर रहा है?

वह अपने को समझाने लगा। मनसो कुछ नहीं है। जो वास्तविकता है और जो उसकी कल्पित मनसो है, उनमें कुछ भी साम्य नहीं है। उसकी मनसो एक वातावरण है, एक स्वप्न, एक छाया जिसकी अस्पृश्यता ही उसका सौन्दर्य और आकर्षण है। मनसो बाहर कहीं नहीं, उसके सामने नहीं, उसके हृदयस्थ एक चित्र है, बस!

और यह क्या है जो सामने है? ये बर्न जोन्स के स्वप्नों से भरी रहस्यमयी आँखें, यह अमा-निशा की स्वर्गंगा के समान काले अम्बर पर चमकता हुआ वेणीसूत्र, यह...

कुछ नहीं। बर्न जोन्स कहाँ है? उससे पूछो, उसने कभी बर्न जोन्स का नाम सुना है? 'बर्न जोन्स के चित्र-सी आँखें'—यह वर्णन क्या उसके लिए कुछ भी अभिप्राय रखता है? स्वर्गंगा उसके लिए क्या है?

एक बड़े पीड़ित विस्मय में महेश को यह ज्ञान हुआ कि उसकी मनोगतियाँ बिलकुल भिन्न तलों पर चलती हैं, महेश के लिए जो वाक्य संसार का सारा अभिप्राय लिये रहते हैं, वे मनसो के लिए कुछ भी महत्त्व नहीं रखते, कुछ भी अस्तित्व तक नहीं! और बढ़ते हुए विस्मय, बढ़ती हुई पीड़ा में वह अपने को बताने लगा कि किसी भी वस्तु का सौन्दर्य वह मनसो के साथ नहीं बँटा सकता—उस मनसो के साथ जो उसके मन में नहीं, अपने घर में बसती है! ओफ़, संसार की कोई भी (उसकी दृष्टि में) अच्छी, सुन्दर वस्तु ऐसी नहीं है, जिसे देखकर, सुख पाकर वह मनसो की आँखों की ओर देखे और उनमें अपने सुख का प्रतिबिम्ब पा सके! क्या हुआ यदि वे बर्न जोन्स के स्वप्न की आँखें हैं, क्या हुआ...

महेश की आँखों में आँसू आ गए—इतना आकस्मिक, इतना अभूतपूर्व था यह ज्ञान...

जब आदमी को चोट लगती है, तब उसकी ओर ध्यान देने से पीड़ा अधिक होती है, पर यह जानते हुए भी उसका ध्यान बार-बार उधर ही जाता है। महेश भी रह-रहकर अपने को कहने लगा, 'वह दूध दुहती है, पानी लाती है, गायें चराती है। बूटियाँ बीनती है, पानी पीती है, सो जाती है। इससे बाहर उसका कुछ नहीं, इसके आगे का संसार न उसने देखा है, न देख सकती है, न देखने की इच्छा करती है। इससे बाहर उसकी तृष्णा जाती ही नहीं और इससे कभी उकताती नहीं कि बाहर जाने को उत्सुक हो।'

वह सोचने लगा, चाहने लगा कि मनसो में इस सबके अतिरिक्त भी कुछ होता, उसकी आँखों में इन पहाड़ों और आकाश के सूनेपन की छाया के साथ ही कुछ और भी छाया से बढ़कर; उस सूनेपन की अनुभूति नहीं, तो उसे अनुभव करने का सामर्थ्य...

ये विचार उसको जितने ही अप्रिय लगते, उतना ही वह और उन्हें सोचता और जितना अधिक वह सोचता, उतना ही उसका विक्षोभ बढ़ता जाता, भरी आँखें बहती जातीं...

तब एक क्षण आया जब वह आगे नहीं सोच सका। वह उठा और वापस उतरने लगा।

मनसो की झोंपड़ी के पास आने तक उसकी पीड़ा की तीक्ष्णता बहुत-कुछ धीमी पड़ गई थी। उतरते-उतरते जब बीच-बीच में वह उस झोंपड़ी की ओर देखता, तब उसमें किंचित् विषण्ण शून्य-भाव के अतिरिक्त कुछ नहीं होता था। किन्तु झोंपड़ी के पास आते ही, उसके पुराने सब संशय, वे सारी दु:खद आशंकाएँ पुन: जाग उठीं।

झोंपड़ी के बाहर खुली धूप में घुटने टेककर बैठी हुई मनसो बछिया को नहला रही थी। उसकी मुद्रा में एक तन्मयता का, एक दिव्य आर्जव का भाव था, किन्तु उसके चेहरे पर, उसकी आँखों में थी वही गहरी रहस्यमयी हल्की मुस्कान...

महेश उसके बहुत समीप पहुँच गया था। उसने शायद अपने विचारों के दबाव के कारण ही सहसा पूछा, ''मनसो, तुम थक नहीं जातीं?'' मनसो ने चौंककर केवल आँखें उठाकर महेश के मुख की ओर देखा—वे आँखें और उनकी वह उठती हुई चितवन!—और एक दूरस्थ विस्मय के स्वर में कहा, ''नहीं तो—काहे से?''

महेश जैसे एकाएक बुझ गया। थकना काहे से, यह भी नहीं जानती! और नीचे उतर गया, एक बार लौटकर भी नहीं देखा।

महेश में कुछ बदल गया। वह झोंपड़ी के बाहर नहीं निकलता, उसके द्वार पर खड़ा रहता, किन्तु किसी प्रतीक्षा में नहीं, किसी आशा में नहीं, किसी उल्लास में नहीं। केवल वहीं पड़ा रहने के लिए पड़ा रहता...

और मनसो में भी कुछ परिवर्तन हो गया था—या कम-से-कम उसकी चर्या में अवश्य हो गया था। जहाँ उसने महेश के झोंपड़े के सामने जाना छोड़ ही दिया था, वहाँ अब दो बार जाने लगी थी—पानी लेने भी और लेकर वापस भी।

यह बात महेश को पहले ही दिन नहीं ज्ञात हुई। उसका मस्तिष्क इतना निकम्मा हो गया था कि दो-तीन दिन तक मनसो को दो-दो बार देखकर भी उसे किसी परिवर्तन का ध्यान नहीं हुआ था। किन्तु धीरे-धीरे यह बात उसके मन में स्थान पाने लगी और एक दिन सहसा उसे पूर्ण ज्ञान हो गया कि यह परिवर्तन हो गया है, अकस्मात् एक दिन के लिए नहीं हुआ, दैनिक क्रम बन गया है। पर इससे उसे किंचित्मात्र भी आनन्द नहीं हुआ। अब मनसो दो बार उधर से जाकर भी उस स्थान-विशेष पर रुकती नहीं थी, बिजली की गति से मुस्कुराती नहीं थी। इसके विपरीत महेश को लगता था, वह जान-बूझकर सिर अधिक झुका लेती है, आँखें अधिक यत्न से पथ पर जमाए रहती है, घड़े को उस कन्धे पर रखती है, जो महेश के सामने होता है, और रूमाल भी दूसरे कन्धे पर न डालकर उसी कन्धे पर डालती है, ताकि किसी तरह वायु की सहायता पाकर भी महेश उसके मुख को न देख पाए और महेश को समझ नहीं आता कि यह सब क्यों...

कई दिन बाद एक दिन, जब मनसो पानी लेकर लौट गई, तब घड़े की टपकी हुई बूँदों की रेखा देखते-देखते महेश को ध्यान आया कि वह शायद उसकी ग़लती है। शायद उसी में कोई त्रुटि है, कोई अक्षमता; शायद मनसो उससे किसी वस्तु की, किसी भाव की, किसी चेष्टा की आशा करती है। शायद वह किसी चीज़ की प्रतीक्षा, किसी घटना की इच्छा करती है, और महेश में उसकी न्यूनता पाती है। एक संशय नाचने लगा उसके हृदय में कि यदि उमसें वह मौलिक अक्षमता न होती तो शायद यह सारी क्रिया किसी नयेपन की ओर बढ़ती, कुछ फलित होती, कुछ बन सकती! कितनी भयंकर थी वह कल्पना, कि मनसो प्राप्य, स्पृश्य, ज्ञेय थी, पर उसी की किसी कमी के कारण, प्राप्त, स्पृष्ट, ज्ञात नहीं हो पाई...

उस समय वह कुछ नहीं कर सकता था, अत: उसने निश्चय किया कि अगले दिन जब मनसो उधर से जाएगी, तब वह अवश्य उससे पूछेगा, पूछेगा कि...

महेश ने पुकारा, ''मनसो!''

आवाज़ से वह चौंकी अवश्य, किन्तु रुकी नहीं, न उसने ऊपर ही देखा। प्रत्युत कुछ अधिक सिर झुकाकर, कुछ अधिक तीव्र गति से, आगे निकल गई। चीड़ के पेड़ों की ओट हो गई।

महेश जड़वत् उस पथ की ओर देखता रह गया, जिस पर आज अभी वह बूँदों की रेखा भी नहीं थी।

जब मनसो पानी भरकर लौटकर आई, तब भी महेश वैसे ही बैठा था; मनसो को देखकर ही उसकी मूर्छा टूटी। उसने फिर पुकारा, ''मनसो!'' किन्तु अबकी बार वह परिवर्तन भी नहीं, सम्पूर्ण उपेक्षा, मानो उसने पुकारा ही नहीं था, यद्यपि उसके स्वर में था कितना विषण्ण आग्रह!

जब वह चली गई, तब महेश सोचने लगा, क्यों नहीं मैंने पथ पर जाकर उसे बुलाया? पर तब उसके लिए बहुत देर हो चुकी थी। इस ध्यान के साथ-ही-साथ उसने सोचा, यदि वह तब भी न बोलती तो?

तो क्या? उचित ही होता!

ज्ञेय? प्राप्य? स्पृश्य! मनसो, मैं तुम्हें नष्ट कर सकता हूँ, पर छू नहीं सकता...

और इस व्यथित ज्ञान में वह अपनी असलियत को भूलकर, अपने खतरे को भूलकर, अपने-आपको भूलकर, दाता से महेश होकर एक विह्वल, कम्पित किन्तु बहुत ऊँचे और भेदक स्वर से गाने लगा...

4

बहुत सवेरे ही उस झरने का पता लगाकर, जहाँ से मनसो पानी लेने जाती थी, महेश उसके पास जा बैठा था और बैठा हुआ था। अनेकों विचार उसके मन में उठते थे और लीन हो जाते थे, किन्तु सभी का सम्बन्ध किसी-न-किसी प्रकार मनसो से था और उसके आकर्षण की विह्वलता से...

आज न जाने क्यों उसका मन अपेक्षाकृत स्वच्छ और प्रखर हो गया था—

अधिक अलगाव से प्रत्येक बात पर विचार कर सकता था। वह सोच रहा था कि इस आकर्षण का कारण, औचित्य और फल चाहे जो हो, एक बात अवश्य थी कि वह अब तक मनसो के प्रति अन्याय करता आया था—और वह अन्याय, आकर्षण के—क्या वह उसे प्रेम कह सकता है?—कारण नहीं, केवल स्वार्थ के कारण। मनसो क्या सोचती है इस पर उसने विचार नहीं किया, वह अपना ही पक्ष सोचता रहा है,...और मनसो का पक्ष अवश्यमेव विचारणीय है, इसका प्रमाण है उसका कल का बर्ताव। कल ही क्यों, उसका प्रत्येक कार्य, प्रत्येक शब्द। मनसो कुछ हो, असभ्य हो, जंगली हो, अपढ़ हो, है स्त्री और इसलिए स्त्री की स्वाभाविक सहज बुद्धि रखती है और स्त्री-जीवन की माँगों का अनुभव करती है। महेश क्यों सदा उसे भुला-भुलाकर, अपनी ही बुद्धि के अभिमान पर, अपनी माँगों की पूर्ति खोजता आया है? क्यों नहीं देख पाया कि मनसो का प्रत्येक शब्द एक ललकार है, जो प्रत्येक स्त्री प्रत्येक पुरुष को करती है, वह पुरुष चाहे वांछित हो, चाहे अवांछित, संगी बनने के योग्य हो अथवा अयोग्य? बल्कि वह ललकार ही तो कसौटी है जिस पर वह वांछनीयता या योग्यता परखती है...इस चिन्ता में वह इतना लीन था कि उसने मनसो को आते हुए नहीं देखा। मनसो ने आकर, उसे वहाँ बैठे देखकर, अपना घड़ा झरने की धार के नीचे टिका दिया था और दबे-पाँव उसके कुछ ही दूर तक आकर भूमि पर बैठ गई थी। तब भी महेश ने उसे नहीं देखा। वह चौंका तब; जब मनसो ने अपनी भर्राई-सी आवाज़ में पूछा—''परदेशी, तुम इतने दुःखी क्यों दिखते हो?''

महेश ने एक बार आँख भरकर उसकी ओर देखा। वह उस दृष्टि के आगे सिमटी नहीं, स्थिर होकर महेश की आँखों से आँखें मिलाए रही। महेश ने अनुभव किया, उसमें कहीं परिताप का-सा भाव है, और उससे उत्पन्न एक कोमलता।

''इतने दुःखी क्यों दिखते हो, परदेशी?''

हाँ, क्यों? महेश अपने-आप से पूछता है। क्या इसलिए कि मनसो उसकी ओर देखती नहीं? महेश चाहता है, अपने को यह विश्वास दिला ले! यद्यपि वह झूठ है! तब क्यों? क्या इसलिए कि मनसो उसके प्रति कठोरता का व्यवहार करती है? हाँ यद्यपि महेश जानता है, वह भी झूठ है। तब क्या इसलिए कि महेश का निर्माण ही दुःख के लिए हुआ है? हाँ, हाँ, हाँ! पर यह झूठ भी दूसरे दोनों की अपेक्षा अधिक समुचित नहीं है...

तब महेश की बुद्धि से अधिक गहरी कोई चेतना, उसकी प्रज्ञा से अधिक विशाल कोई सत्य उसके भीतर जागता है, और उसके मुख से उत्तर दिलाता है, ''हाँ, इसलिए कि दुःखी दिखना बहुत सहज है...''

और एक विस्मय में महेश सोचता है, मनसो ने इतनी अनुभूति, इतनी सर्वग्राही विदग्धता कहाँ पाई जो उसकी चितवन में व्यक्त हो रही है? उसमें इतनी संवेदना, इतनी सहानुभूति, इतना विस्तीर्ण और सम्पूर्ण भावैक्य है, महेश के साथ...महेश को ऐसा लगता है, उसका अस्तित्व ही मिट गया है, वह मनसो के भाव-संसार का

एक अंश हो गया है, मनसो के किसी स्वप्न का एक पर्दा—उस मनसो के लिए जो स्वयं आज तक उसके स्वप्न का एक पर्दा थी। उसकी अनुभूति; उसकी चेतना, उसका अस्तित्व-मात्र, मानो कुचलकर उसमें से निष्कासित कर लिया जाता है, और वह मनसो से एक सम्पूर्ण एकान्त, आत्यन्तिक एकत्व प्राप्त कर लेता है, कैवल्य...

मनसो फिर पूछती है, महेश के जाने एक असम्भव प्रश्न—''परदेशी, तुमने कभी प्यार किया है?''

और फिर कुछ महेश के गले में उठता है जो उसे वह उत्तर देने से रोकता है जो वह ऐसी परिस्थिति में देता, जो सभ्यता उससे माँगती है—हाँ, इस समय वह क्या है जो उसे बाध्य करके, और बिना किसी प्रकार की लज्जा या आत्मग्लानि के उत्तर दिलाता है, ''हाँ, अनेक बार, अनेकों दिन...''

उसे फिर ज्ञात होता है कि वह अपना विचार अधूरा ही कह पाया है, किन्तु वह मनसो के मस्तिष्क में जाकर सम्पूर्ण हुआ है, कि अपना भाव व्यक्त नहीं किया है, किन्तु मनसो उसे समझ गई है; उसे ही नहीं, उसके आगे की असंख्य कथित और अकथित बातों को भी...

तभी ऊपर कहीं से एक तीखी, भयभीत-सी पुकार आई, ''मनसो! ओ मनसो ओ मनसो!''

मनसो जल्दी से उठी और घड़ा उठाकर झरने से ऊपर के चीड़ों की ओर चल दी। चीड़ों के छोर पर पहुँचकर उसने रूमाल हटाकर एक बार स्थिर दृष्टि से महेश की ओर देखा—एक बहुत दीर्घ क्षण तक, फिर ओझल हो गई चीड़ों के भीतर घुसकर।

चीड़ों के झुरमुट के भीतर, और महेश के जीवन से बाहर। महेश जब वहाँ से उठकर एक विचित्र स्निग्ध, सन्तोष-मिश्रित विस्मय का भाव लिये अपने झोंपड़े के द्वार पर पहुँचा, तब वहाँ दस-बारह सिपाही खड़े थे। महेश ने एक बार चारों ओर देखा, फिर किंचित् मुस्कुराकर दोनों हाथ बढ़ा दिए।

इसको बहुत दिन हो गए हैं। आज मैं कारागार में बैठा इस सब कुछ को कल्पना में खींचकर लाता हूँ, तो मुझे याद आता है कि उस समय अपने हाथों पर हथकड़ियाँ देखकर मुझे यही ध्यान हुआ था कि यह उचित हुआ, इसने इस एक स्मृति को पूर्णता दे दी; कि यह यदि उस समय न होता तो एक स्वप्न कभी बन ही न पाता, मैं सदा के लिए उसके प्रति एक अत्याचार कर आता जिसका कोई प्रायश्चित नहीं। पर इसके साथ ही एक घोर अतृप्ति का भाव भी आया है, जो उस दूसरे से किसी तरह भी कम सच्चा नहीं है...

समय के साथ अनुभव आता है, अनुभव के साथ बुद्धि, बुद्धि के साथ जीवन के प्रत्येक कर्म और प्रत्येक भूल की तर्क-संगत सफ़ाई। पर यह छोटी-सी घटना अभी तक तर्क के फन्दे में नहीं फँसी—क्या इसीलिए कि वह घटना होने का गौरव

पा ही नहीं सकी, एक शक्ति का बीज-मात्र रह गई जो अंकुरित नहीं हुआ, और जो इसलिए तर्क से सिद्ध नहीं हो सकता?

एक स्मृति बची है। मैंने अनेकों बार, अनेकों दिन प्यार किया है। वे सारे प्रेम एक-एक करके खो गए हैं, एक बढ़ती हुई प्रणय-भूख के दबाव के आगे। किन्तु वह एक बार प्यार—वह क्या प्यार था?—अचल बना रहा है, एक विचित्र, उग्र लालसामयी, किन्तु फिर भी भावुकता-भरी स्मृति। क्या इसीलिए कि उसे स्वप्न में भी पूर्ति नहीं मिली—कि मैं उसकी उस एक वाक्य द्वारा हत्या नहीं कर पाया जो कि कहे जाने के पूर्व इतना विशाल, इतना अर्थपूर्ण, इतना अतिशय गौरवान्वित होता है, और कहे जाने के बाद ही इतना निरर्थक—'मैं तुम्हें प्यार करता हूँ...?'

कुछ हो, वह स्मृति बची है, एक सजीव कम्पन-युक्त भर्राई हुई आवाज़ पूछती है, 'तुम इतने दु:खी क्यों दिखते हो?' और दो रहस्य-भरी आँखें असीम संवेदना, असीम सहानुभूति, असीम आत्यन्तिक भावैक्य और असीम अस्पृश्यता की दृष्टि में स्त्री-हृदय की चिरन्तन ललकार करती हैं—'तुमने कभी प्यार किया है?'

'कभी किया है? कभी किया है? कभी किया है?'

●

पुलिस की सीटी

सीटी बजी।

सत्य सड़क पर चलता-चलता एकाएक रुक गया, स्तब्ध, बिलकुल निश्चेष्ट होकर खड़ा रह गया।

सीटी फिर बजी।

सत्य के हाथ-पैर काँपने लगे, टाँगें लड़खड़ा-सी गईं, उसे जान पड़ा, मानो अभी संसार में अँधेरा हो जाएगा, पृथ्वी स्थानच्युत हो जाएगी—उसने सहारे के लिए हाथ आगे बढ़ाया। हाथ कुछ थाम नहीं सका, मुट्ठी-भर उड़ती हुई हवा को अँगुलियों में से फिसल जाने देकर खाली ही रह गया, तब सत्य ने समझ लिया कि वह गिरेगा, गिरकर ही रहेगा। उसने आँखें बन्द कर लीं...

एक साल पहले—

पार्क में सत्य धीरे-धीरे टहल रहा था। उसके हृदय में जो व्यग्रता भर रही थी उसे किसी तरह वह छिपा लेना चाहता था, लेकिन वह छिपती नहीं थी। इस पर उसका मन एकाएक झल्ला उठता था, क्योंकि वह तो क्रान्तिकारी है, उसकी तो पहली सीख ही यह है कि अपने उद्वेगों को प्रकट मत होने दो। जो आत्मिक शक्ति उद्वेग पैदा करना चाहती है उसे क्रिया-शक्ति में, कठोर कर्मठता में परिवर्तित कर दो। फिर उसी झल्लाहट से वह उद्वेग और भी प्रकट हो गया-सा जान पड़ता, और सत्य ज़रा तेज़ी से टहलने लग जाता...

विस्तृत हरियाली के परले पार से एक आदमी निकलकर सत्य की ओर आ रहा था। जब वह सत्य के बिलकुल निकट आ गया, तब सत्य ने धीरे से कहा, ''कहिए—'' और फिर दोनों बाँह में बाँह डाले एक घने छायादार वृक्ष की ओर चल पड़े।

''क्या-क्या समाचार हैं?''

सत्य जल्दी-जल्दी अपनी बात कहने लगा। समाचार उसके पास अधिक नहीं

थे, लेकिन इस मितभाषी, प्रचंडकर्मी नेता चूड़ामणि के प्रति उसमें इतनी श्रद्धा थी कि उसके प्रत्येक आदेश को वह एक साँस में ही पूरा कर डालना चाहता था। अभी उसकी कोई बात पूरी नहीं हुई थी कि चूड़ामणि ने उसे टोककर शान्त किया, किन्तु फिर भी न जाने क्यों, अधिकार-भरे स्वर में कहा, "अच्छा, मेरे पीछे पुलिस है। मेरे यहाँ होने का तो पता था ही, आज एक आदमी ने शायद पहचान भी लिया है। पुराना दोस्त था। कुछ गड़बड़ हो सकती है।"

सत्य ने अचकचाकर कहा, "तो—?"

"मैं उसके लिए तैयार हूँ। तुम हो कि नहीं? तुम्हें अभी यहाँ से निकल जाने के लिए तैयार होना चाहिए।"

एकाएक सत्य को लगा कि पार्क में कहीं कुछ शंकनीय बात है। अकारण ही उसके मन में घिर गए होने का, थोड़ी-सी घबराहट का भाव उदित हुआ। जो लोग खतरे में रहते हैं वही इस तर्कातीत भावना को समझ सकते हैं—बल्कि वे भी सदा नहीं समझते। सत्य भी नहीं समझ सका कि वह ऐसा शंकित और कंटकित क्यों हो उठा है। उसने अनिश्चित स्वर में कहा, "मुझे शक होता है कि कुछ गड़बड़ है—"

चूड़ामणि स्थिर दृष्टि से हरियाली के पार तीव्र गति से पेड़ों के झुरमुट की ओर जाते हुए एक मानवी आकार की ओर देख रहे थे। आँखें उधर गड़ाए हुए ही बोले, "तुम्हें शक है, मुझे निश्चय। उस आदमी को मैं जानता हूँ। अभी पाँच मिनट के अन्दर कुछ होगा। इधर आओ।"

चूड़ामणि उठकर पेड़ के तने की ओट हो गए। सत्य भी पीछे-पीछे हो लिया। इस तरफ़ पेड़ के पीछे एक पत्थरों की दीवार थी, दीवार के दूसरी ओर एक खाई जिसमें बरसाती पानी भरा हुआ था।

चूड़ामणि ने कहा, "अभी जो कुछ होनेवाला है उससे चौंकना मत। उसका सम्बन्ध मुझसे है—मुझी से है। तुम सुनो, तुम्हें क्या करना है और सुनकर जाओ यहाँ से—"

तभी सीटी बजी। एक बार, दूसरी बार कुछ अधिक तीखी, फिर एक साथ कई सीटियाँ—वातावरण मानो अनेक साँपों की फुफकार से सजीव होकर चीख उठा हो।

चूड़ामणि ने अपने कपड़ों के भीतर से दो रिवॉल्वर निकाले और दोनों के चैम्बर जाँचकर सन्नद्ध होकर बैठ गए।

सत्य ने देखा, सामने एक झुरमुट की आड़ में तीन-चार व्यक्ति—छिपी-छिपी, दिख न सकनेवाली, किसी छठी इन्द्रिय से जानी जानेवाली गति—फिर इस्पात की नीली-सी चमक...

"मेरे ठीक पीछे खड़े रहो—पेड़ के इधर-उधर न होना।"

सत्य ने आज्ञा का पालन किया। सर्राती हुई एक गोली उसके पास से निकल गई।

"ठीक। शुरू है।"

एक और गोली। फिर एक साथ सनसनाती हुई कई गोलियाँ।

''अब मेरी बारी है।''

एक !

दो !

तीन !

दूसरी ओर से कराहने की आवाज़ें, और उसके बाद गोलियों की तीव्र बौछार।

''लो और!'' चूड़ामणि ने भी तीन-चार फ़ायर और किए।

''लो, इसे, भरो।'' रिवॉल्वर सत्य को थमाकर वह दूसरे रिवॉल्वर से निशाना साधने लगे।

''हाँ सुनो। तुम्हें यहाँ से सीधे कानपुर जाना होगा। वहाँ विश्वनाथ से मिलो। उसे एक पत्र देना है—मेरी बायीं जेब से निकाल लो, और कहना है कि इसमें दी हुई हिदायतों के अनुसार वह काम करे। पते भी इसी पत्र में दिए हुए हैं। पढ़ने की विधि वह जानता है।''

दो-एक गोलियाँ चलाकर वे फिर कहने लगे, ''वहाँ से फिर यहाँ लौटकर आना—पर बहुत जल्दी नहीं, और गरिमा से मिलना। उसे मैं कह आया था कि जब तक मेरा आदेश न हो, वहाँ से टले नहीं। और अब—अब मैं आदेश देने नहीं जा सकूँगा।'' उनकी हँसी बिलकुल खोखली थी। ''उसे कहना कि यहाँ से टल जाए—लेकिन तुम उसे पहचान तो लोगे न? एक ही बार देखा है—''

''हाँ!'' सत्य को याद आ गया। गरिमा चूड़ामणि की बहन थी और विधवा थी। उसका पति चूड़ामणि के क्रान्तिकारी दल की ओर से किसी आक्रमण की तैयारी में अकस्मात् विस्फोट हो जाने से मर गया था। वही उस आक्रमण का नेता था, इसलिए उसकी आकस्मिक मृत्यु से सबके हौसले पस्त हो गए थे। लेकिन गरिमा ने कहा, ''उनका काम मैं पूरा करूँगी। और अगर उनके चले जाने से लोगों के हौसले टूट जाएँगे, तो—तो मैं उनकी मृत्यु को अत्यन्त गुप्त रखूँगी। उसका किसी को पता भी नहीं लगेगा। मैं अपने मन, वचन और कर्म के ज़ोर से लोगों के सामने उन्हें जीवित रखूँगी। आप लोग इसमें मेरी सहायता करें।'' सत्य ने गरिमा को केवल एक बार देखा था—पति के देहान्त के अगले दिन प्रातःकाल के समय। उस समय वह स्नान के उपरान्त एक ऐसा काम कर रही थी, जिसके एक क्रान्तिकारिणी द्वारा किए जा सकने की बात सत्य ने कल्पना में भी नहीं देखी थी—वह माँग में सिन्दूर भर रही थी। सत्य ने जब जाकर उससे अपना सन्देश कहा था तब वह मुस्कुरा भी सकी थी...

''पहचान लूँगा।'' एक ही बार देखा है, पर वैसे दो बार दिखता कौन है?

''लेकिन—''

''क्या?''

''लेकिन यदि मैं पहुँच न सका तो?''

''सकना क्या होता है? मैं कहता हूँ कि पहुँचना होगा, तो पहुँचना होगा। तुम्हें नहीं, मेरे सन्देश को। होना, न होना, सम्भव होना, यह आदमियों के साथ,

जीवन के साथ है। कर्तव्य के साथ एक ही बात होती है—होना। चाहे किसी तरह, किसी के हाथ।''

गोलियों की बौछार फिर हुई।

''अच्छी बात; तो गरिमा से कह देना। यदि वह न माने कि तुम मेरा सन्देश लेकर आए हो, तो उसे याद दिलाना कि हरनौटा गाँव के पास उसने मेरी बाँह पर पट्टी बाँधी थी तो उसमें एक फूल भी बाँध दिया था। और वह फूल—''

फिर गोलियों की तीखी बौछार हुई। चूड़ामणि ने धीरे-धीरे निशाना साधकर उत्तर दिया। दूसरी ओर से फिर बौछार हुई। लेकिन गोलियों का शोर कराहने की आवाज़ों को छिपा न सका।

''इसे भरो—वह मुझे दे दो।''

सत्य चुपचाप दूसरे रिवॉल्वर में कारतूस भरने लगा।

''और कितने राउंड हैं?''

''बाइस।''

''दस अलग करो।''

अनैच्छिक क्रिया से चलती हुई गोलियों में धमाके गिनते हुए सत्य ने चूड़ामणि की आज्ञा का पालन किया। गोलियाँ चलती रहीं। दूसरी ओर से फिर कराहने का स्वर आया और फिर उसके बाद एकाएक गोलियों की तीखी उत्क्रुद्ध बौछार...

''हूँ। किसी अफ़सर के गोली लगी है।''

''कैसे?''

''देखते नहीं, कैसी क्रुद्ध और बेअन्दाज़ फ़ायरिंग हो रही है?''

''हूँ।''

क्षण-भर की नीरवता, जिसे एकाध गोली ने ज़रा-सा कँपा-सा दिया।

''इसे भरो। बाक़ी चार राउंड अपनी जेब में डाल लो।''

सत्य ने वैसा ही किया।

''बाक़ी बारह मेरे आगे रख दो।''

यन्त्रचालित-से सत्य ने यह आदेश भी पूरा किया।

''अब तुम्हारे जाने का वक़्त आ गया—जाओ! उफ़...!''

एक गोली चूड़ामणि की दाहिनी बाँह में कलाई से कुछ ऊपर लगी थी।

''यह तो ठीक नहीं हुआ। ख़ैर।'' उन्होंने दूसरा हाथ सत्य की ओर बढ़ाया ''वह भरा रिवॉल्वर मुझे दो—और यह खाली कारतूस तुम ले जाओ—भागते-भागते भर लेना।''

''पर—''

इसकी अनसुनी करते हुए चूड़ामणि ने कहा, ''यहाँ से पेड़ की आड़ रखते हुए ही दीवार के पास जाओ—वहाँ झाड़ी के पीछे झुककर गोली की मार से बाहर हो जाना। बस, फिर दौड़ना—निकल जाओगे।''

''पर आपको छोड़कर—''

"जाओ! कारतूस थोड़े हैं और मेरा बायाँ हाथ है। जाओ—मैं कहता हूँ—चले जाओ!"

सत्य अत्यन्त अनिच्छापूर्वक हटने लगा। झाड़ी के पास पहुँचकर उसने लौटकर देखा। रिवॉल्वर में कारतूस भरते समय चूड़ामणि के एक और गोली लगी थी।

"भइया, प्रणाम।" भर्राई हुई आवाज़ में सत्य ने पुकारा।

"हूँ। अभी यहीं हो? मेरी आख़िरी फ़िल है।"

सत्य दीवार के नीचे पहुँच गया। अब उसे दौड़कर गोलियों की मार से बाहर निकल जाना ही शेष था। दौड़ने से पहले उसने एक बार फिर लौटकर देखा।

"गए?" चूड़ामणि एकाएक पेड़ की आड़ में से निकलकर खुले में आ गए थे, निशाना साधकर गोली चलाते हुए आगे बढ़े जा रहे थे।

कराहने की आवाज़ें—उसके ऊपर चूड़ामणि का कृत निश्चय से गूँजता हुआ स्वर—"और लो! और लो! और यह लो! सिर्फ़ आखिरी राउंड मेरा है।"

चीखें। कराहने का स्वर। फिर और तीखी दर्द-भरी चीखें।

सत्य दौड़ा।

"और गरिमा से कहना, वह फूल अभी तक मेरे पास है।"

भागते हुए सत्य ने गोली का एक दबा हुआ-सा स्वर सुना, मानो नली शरीर के बहुत नज़दीक रखकर रिवॉल्वर चलाया गया हो। उसके बाद गोलियों की लगातार कई मिनट की तीखी बौछार...

फिर सीटियाँ, तीखी, कर्कश सीटियाँ...और खाई का एक छोटा-सा पुल, फिर सड़क का एक मोड़, और फिर नीरवता!

एकदम अखंड नीरवता—केवल उसके पैरों का 'धम्-धम्' और उसके हृदय का 'धक्-धक्'—स्पन्दन...

सीटी फिर बजी, तीखी और कर्कश।

जितना ही सत्य का शरीर अवश जड़ित होता जाता था, उतना ही उसका मन अवश गति से दौड़ रहा था...

गरिमा की आँखें कैसी थीं? गति नहीं थी, ज्योति नहीं थी—थी एक भीषण जड़ता, एक साहस रोमांचित कर देनेवाली प्राणहीन स्थिरता। और वह वैसे ही निष्प्राण स्वर से सत्य की कही हुई बात का एक-एक वाक्य उसके पीछे दोहराती जा रही थी—एक अबोध पक्षी की तरह जिसे बोलने को ज़बान तो है लेकिन समझने को मस्तिष्क नहीं। 'पट्टी बाँधी थी, तो एक फूल भी बाँध दिया था।' 'हाँ, बाँध दिया था।' 'कहा था, मेरे आदेश के बिना कहीं मत जाना।' 'हाँ, कहा था।' 'उससे कहना, वह फूल अभी तक मेरे पास है।' 'आखिरी राउंड'....'

हाँ, जब सत्य को जान पड़ा था कि अगर गरिमा कुछ देर भी और ऐसे रही, तो वह या तो अपना सिर फोड़ लेगा या उसे मार डालेगा—इतना अमानुषी थी वह

परिस्थिति—तभी उसकी आँखों में एक आँसू आया था। एक ही आँसू—दूसरा नहीं आया था, और पहला आँख से टपका नहीं था। लेकिन दुबारा उसने कहना चाहा था, 'राउंड मेरा है' तब उसकी आवाज़ बदल गई थी, टूट गई थी—

आज एक साल बाद भी क्यों वह आँसू भरी आँख—

सीटी फिर बजी। अब की बार सत्य के बहुत ही निकट। इतने निकट कि उसकी घबराहट दूर हो गई, हाथ-पैर काँपने बन्द हो गए, उसने आँखें खोलीं कि अब तो वह घिर ही गया। उसकी बारी आ ही गई, क्या हुआ एक साल बाद आई तो—क्या हुआ ऐसे घटना-पूर्ण खिंचाव-भरे एक साल बाद आई तो!

लेकिन आज एक साल भी बाद क्यों वह आँसू-भरी आँख—

एक छोटा-सा लड़का सत्य के आगे खड़ा था। उसके हाथ में चमकता-सा कुछ था—

सत्य को एकाएक लगा कि वह बेवकूफ़ है—परले दर्जे का बेवकूफ़, वज्र-मूर्ख है—उसने हँसना चाहा, लेकिन हँसी उसके गले के भीतर ही सूख गई। अपने-आपको और भी अधिक बेवक़ूफ अनुभव करते हुए अटकती हुई ज़बान से उसने किसी तरह कहा, "ओ बच्चे, तुम—तुम..."

बच्चे ने सीटी मुँह में डालते हुए सन्देह-भरे स्वर में पूछा, "क्या तुम—तुम?"

•

अछूते फूल

मीरा वायुसेवन के लिए चली जा रही थी, लेकिन उसका सिर झुका था, आँखें अधखुली थीं। और उसका ध्यान अपने आस-पास की चीज़ों की ओर, पथ के दोनों ओर बिखरी हुई और आत्मनिवेदन करती हुई-सी 'संस्कृत' प्रकृति की ओर बिलकुल नहीं था।

मीरा की आयु छब्बीस वर्ष की हो गई थी। इन छब्बीस वर्षों में, वयस्क हो जाने के बाद मीरा ने अपने कॉलेज के चार वर्ष पूरे करके बी.ए. की डिग्री प्राप्त कर ली थी, और उसके बाद क्रमश: राजनीति में हिस्सा लिया था, जेल भी हो आई थी, 'सोसाइटी' में, सभ्य समाज में भी मेल-जोल बढ़ाया था और अपना स्थान बनाया था, बीमा की एजेन्सी भी की थी। कहा जा सकता था कि उसने अपने समाज में सफलता प्राप्त की थी।

पुरुषों पर प्रभाव डालने की उसमें कुछ विशेष शक्ति थी। उस शक्ति को प्रतिभा कहें, तो अनुचित न होगा। मीरा के हमजोली सभ्यों की भाषा में कहा करते थे— 'शी हैज़ ए वे विथ मेन।' अब भी, घूमते समय अपना ध्यान आस-पास के सौन्दर्य से खींचकर अपने ही भीतर समेटे, मीरा इसी बात को सोच रही थी। जहाँ तक उसकी याद जाती थी, अपने पिछले दस-एक वर्षों में, जब से उसने होश सँभालकर आत्मनिर्णय का अधिकार पाया और विद्यार्थी-समाज के स्वच्छन्द वातावरण में पैर रखा, तब से उसे एक भी पुरुष ऐसा नहीं मिला था जो उसके सम्पर्क में आया हो और अप्रभावित रहा हो। पुरुष आते थे, कोई झुककर, कोई अकड़कर, कोई लोलुप भाव से, कोई कठोर उपेक्षा से, लेकिन फिर मानो उन पर कोई सम्मोहिनी-सी छा जाती थी, मानो उनके पंख भीग जाते थे और फड़फड़ाना बन्द हो जाता था—या यों कहें कि किसी फ़ैन्सी नस्ल के पालतू कुत्ते की तरह वे मीरा के पीछे-पीछे दुम हिलाते हुए चल पड़ते थे। मीरा उनसे खेलती थी, उन्हें नचाती थी, उनसे काम लेती थी। कुत्तेपन के कारण वे सेवा करते थे, यद्यपि फ़ैन्सीपन के कारण वे मुँह-लगे भी होते थे और मानो थोड़ी-सी दुलार-पुचकार के भूखे भी। मीरा इस बात को जानती थी और इसकी अनदेखी

भी नहीं करती थी।

लेकिन इतना होने पर भी मीरा ने पुरुषों से एक विशेष दूरी क़ायम की थी, एक अलगाव स्थापित रखा था। इतने पुरुषों के सम्पर्क में आकर, उनसे मिल-जुल कर, उनसे 'मिक्स' करके भी वह अछूती रह गई थी—अछूती ही नहीं, अस्पृश्य भी। उसे इसका अभिमान भी था। स्त्री के लिए पुरुष-समाज में आकर भी उससे बचे रहना एक बड़ी बात होती है, और फिर भारत के 'नव-संस्कृत' समाज में, जिसमें आचार के पुराने शास्त्र नष्ट हो गए हैं और नये 'स्टैंडर्ड' बन नहीं पाए, स्त्री के लिए अपने शील की रक्षा करते हुए चलना तो बहुत ही बड़ी बात है। मीरा ने यही महान कार्य बड़ी सफलता से किया था, और उसका अभिमान अनुचित नहीं था।

इस समय टहलने के लिए घर से निकलकर पैदल घूमती हुई मीरा इसी बात पर विचार कर रही थी। मन-ही-मन एक-एक करके उन लोगों को गिन रही थी, जो उसकी अर्दली में आए थे, जो उसके जीवन की रंगशाला में अपना पार्ट अदा कर रहे थे, कोई नाचकर, कोई झल्लाकर, कोई हँसकर, कोई रोनी सूरत बनाकर, और जिन्हें एक-एक करके उसने मंच पर से हटा दिया था। अवश्यमेव वह अपनी सफलता के लिए अपने को बधाई दे सकती थी। 'कीच में कमल' की उपमा शायद एक अनुचित डींग हो, लेकिन वह अपनी तुलना उस मधुमक्खी से अवश्य कर सकती थी, जो भाँति-भाँति के फूलों का रस लेकर मधु संचय करती है, पर अपने पंख कभी उसमें नहीं लिपटाने देती।

यही सब सोचती हुई मीरा टहलने चली जा रही थी। लेकिन वह प्रसन्न नहीं थी। वह अपने को बधाई देती जा रही थी, लेकिन उसका मन मुरझाया हुआ था। उसके बधाई के शब्द मानो अर्थहीन थे, वह उन्हें दुहरा-दुहराकर भी उनसे ज़रा-सा सन्तोष या आनन्द नहीं खींच पाती थी। उसके पैर पथ पर क्रमानुसार पड़ते जा रहे थे, यही उसका टहलना था।

2

मीरा का रास्ता पूर्णतया निर्विघ्न नहीं था। साँझ घिरती आ रही थी, और अधिकांश सैर करनेवाले मुख्यतया बूढ़े, औरतें, बच्चे—अपने-अपने घर-घोंसलों की ओर चल दिए थे। फिर भी जब-तब उस सँकरी सड़क पर कोई साइकिल पर सवार नवयुवक सैलानी आ निकलता और मीरा के पास से सर्राता हुआ चला जाता, तब मीरा को चौंककर एक ओर हटना पड़ता। उस ढंग के सैलानी प्राय: बिना रोशनी के घर से निकलते हैं, और फिर वक्त तंग पाकर खूब तेज़ी से घर की ओर साइकिल दौड़ाते हैं। घंटी बजाना या ब्रेक लगाना उनके लिए महापाप का गौरव प्राप्त कर लेना है, और जो ज़रा और मनचले होते हैं, वे हैंडल को हाथ से छूना भी अनुचित समझते हैं। तब एक अवस्था ऐसी आती है कि सतयुग से हमारा युग बढ़ता जाता है। सतयुग में लोग परलोक की तलाश में फिरते थे और वह लभ्य नहीं होता था, अब परलोक ही मुँह बाये फिरता है और पैदल चलनेवाले लोगों

को अपनी जान बचाकर भागना पड़ता है।

यह बात नहीं थी कि मीरा को इस ढंग के लोगों पर क्रोध आता हो— साहसिक वृत्ति उसमें पर्याप्त मात्रा में थी और खतरे का नशा वह खूब पहचानती थी। लेकिन उस समय उसे अकारण क्रोध आया हुआ था। वह भीतर-ही-भीतर कुढ़ रही थी, उसके मन में बार-बार एक खुजली-सी उठती थी कि किसी से कठोर व्यवहार करे, किसी से लड़े, बुरी तरह पेश आए, किसी को चोट पहुँचाए, किसी चीज़ को बिगाड़े। क्यों, किसे, कैसे, यह सब उसके आगे स्पष्ट नहीं था, पर उसका मन मनुष्य-मात्र के प्रति एक तीखी अप्रीति से लबालब भर रहा था और छलक पड़ता था।

सामने से जो लोग साइकिलों पर आते, मीरा घूरकर उन्हें देखती। जो कुरूप होता, वह उसके रोष से बच जाता, लेकिन औरों पर वह दृष्टि ऐसे पड़ती, मानो उन्हें भस्म कर डालेगी।...प्रत्येक ऐसे आगन्तुक के साथ उसका रोष बढ़ता ही जाता। अन्त में एक अवस्था ऐसी आई कि उसका इस सुलगते हुए अप्रीति-भाव को दबाना असम्भव हो गया, और वह मानो कार्य में परिणत होकर फूट निकलना चाहने लगा।

दूर ही से साइकिल की घंटी सुनकर मीरा कुछ चौंकी, फिर उसने पथ पर से एक छोटी-सी टूटी हुई डाल उठा ली। सामने ही सड़क का मोड़ था। शायद इसीलिए आते हुए साइक्लिस्ट ने घंटी बजाई थी। धुँधलके में मीरा उसे तब तक न देख सकी, जब तक कि वह बहुत ही पास न आ गया। तब एकदम से उसने वह छोटी-सी डाल साइकिल के पहिये की ओर फेंक दी।

साइकिल तीव्र गति से जा रही थी। डाल की लकड़ी पहिये की सलाइयों में अड़ गई, साइकिल लड़खड़ाई और एकदम से रुक गई। सवार उस पर से उछल कर छह-सात फुट दूर जाकर औंधे-मुँह गिरा। एक बाँह से उसने शायद अपना मुँह बचाया था, पर उसका सिर सड़क के किनारे के एक पेड़ से टकरा गया।

साइकिल क्षण-भर बिना सवार के ही खड़ी रही, फिर कुछ इंच आगे सरककर एक ओर गिर गई।

3 विद्युत्-गति से हो जानेवाली इस घटना की पहली प्रतिक्रिया मीरा के मन में एक तीव्र आनन्द के रूप में प्रकट हुई—वह आनन्द, जो विजय के बाद होता है, जब बहुत दिनों की अनेक असफलताओं के बाद एक दिन एकाएक सफलता मिल जाती है। पर दूसरे ही क्षण उसने जाना, वह उल्लास जीत का नहीं है, कुछ काम कर लेने का नहीं है; उल्लास का कारण यह है कि अब सामने कुछ काम करने को है। कैदी को जब मुक्ति मिलती है, तब एक तरह का आनन्द उसे होता है, पर इस समय मीरा को आनन्द हो रहा था, जैसा कि बहुत दिनों से कालकोठरी में निकम्मे पड़े हुए कैदी को उस समय होता है, जब उसे मशक्कत दी जाती है— फिर वह चाहे पत्थर कूटना या 'जगाई' या कोल्हू ही क्यों न हो...

मीरा लपककर उस आदमी के पास पहुँची। वह सड़क पर फैला हुआ पड़ा

था। उसके शरीर में किसी तरह की गति नहीं थी। मीरा ने कलाई पकड़कर देखा, वह नब्ज़ भी नहीं पा सकी। उसने युवक का सिर उठाया, वह भारी जान पड़ा और एक ओर लुढ़क गया।

तब मीरा एकाएक घोर चिन्ता से सिहर उठी। आँखें फाड़-फाड़कर वह देखने लगी, कभी युवक की ओर, कभी साइकिल की ओर, कभी अपने उस हाथ की ओर जिसने वह डाल पहिये में अटकाई थी।

बहुत शोर के बाद अगर एकाएक मौन हो जाए, तो हमारे भीतर से ही मानो कोई चीख उठता है और नीरवता नहीं होने पाती। मीरा के भीतर भी कोई एकाएक पुकार उठा कि सड़क पर कोई नहीं है, आस-पास कहीं कोई नहीं है, सैर का समय खत्म हो गया है।

और बरसों बाद अब मीरा की नयी शिक्षा उसके काम आई—उसने बिना किसी प्रकार के संकोच या झिझक के उस बिलकुल अजनबी नवयुवक को घुमाकर सीधा किया और "ओह, लार्ड!" कहते हुए बाँहों में उठा लिया। बोझ बहुत काफ़ी था, लेकिन परिताप में दानवी शक्ति होती है।

लगभग डेढ़ फ़र्लांग चलकर मीरा एक चौराहे पर पहुँची, जहाँ एक बेंच पड़ी हुई थी। मीरा ने 'हुफ़्फ़' कहकर युवक को उस पर डाला, फिर कुछ बढ़कर एक ताँगेवाले को पुकारा और उसकी मदद से युवक को ताँगे में लादकर कहा, "चलो अस्पताल!"

4

कानकशन ऑफ़ द ब्रेन। कानकशन। कानकशन ऑफ़ द ब्रेन। ब्रेन। कानकशन—ऑफ़—द—ब्रेन।

अस्पताल के दुर्घटना-वार्ड के बाहर के बरामदे में मीरा बैठी है। उसे वैसे ही बैठे हुए लगभग पौन घंटा हो गया है। बेंच पर वह बिलकुल सीधी बैठी है, मुख पर ज़रा भी मलिनता नहीं है, किसी तरह की गति नहीं है; वह आँख भी नहीं झपकाती है; लेकिन इतने काल का वह निश्चल तनाव ही प्रकट करता है कि उसके भीतर कैसी अशान्ति भर रही है। मीरा मानो अपने नाड़ी-स्पन्दन के साथ ताल देती हुई गिनती जा रही है कि उस घटना को कितनी देर हो गई है, प्रति सेकेंड कितनी और देर होती जा रही है...

आखिर डॉक्टर ने आकर आश्वासन देते हुए कहा, "अब कोई चिन्ता की बात नहीं है।"

"क्या—"

डॉक्टर ने अपने स्वर में कुछ घनिष्ठता, कुछ वात्सल्य लाकर पूछा, "आपके कोई सम्बन्धी हैं क्या?"

मीरा ने जल्दी से कहा, "नहीं, सड़क पर एक दुर्घटना हो गई वहीं—"

डॉक्टर ने कुछ बदले हुए दैनिक व्यवहार के, यद्यपि अब भी दया-भरे स्वर में कहा, "कोई फ़िक्र नहीं। बच जाएगा।"

मीरा बेंच पर से उठकर एकदम चल दी। डॉक्टर की विनयपूर्ण प्रशंसा को

स्वीकार करने या सुनने के लिए भी वह नहीं रुकी—"आपकी सहृदयता—"

5 घर।

मीरा सर्र से लौटकर सीधी ऊपर अपने कमरे में चली गई और धड़ाके से द्वार बन्द कर खिड़की के पास बैठ गई। खिड़की खुली थी, आधी दूर तक लगा हुआ रेशमी छींट का पर्दा हल्की हवा के झोंके से मदमाता-सा झूम रहा था, कभी भीतर की ओर, कभी बाहर की ओर। दूर घने नीले स्वच्छ आकाश में तारे टिमटिमा रहे थे। मीरा को याद आया, जब उसने घोर आकांक्षा से भरकर उस बेहोश युवक की बन्द पलकों को खोलकर भीतर झाँका था, तब उनमें का स्वाभाविक आलोक बुझा हुआ-सा था। आत्मा के वे द्वार बन्द नहीं हुए थे। पर उनके आगे एक झीना पर्दा-सा छाया हुआ था। उस फीके पड़े हुए चेहरे में वे ज़बर्दस्ती खोली हुई आँखें ऐसी लगती थीं, मानो—

लेकिन वह नहीं चाहती उस युवक की बात सोचना। उसे क्या अब उस युवक से? वह उसे अस्पताल पहुँचा आई है, वह ठीक है अब। मर नहीं जाएगा।

लेकिन उसका चेहरा मीरा की आँखों के आगे फिरने लगा।

नहीं। मीरा ने अपने होंठ ज़ोर से काट लिये। वह नहीं देखेगी वह चेहरा, वह पीड़ा से सिकुड़ा हुआ शरीर। वह नहीं देखेगी—

लेकिन क्या नहीं देखेगी, यह दुहराते हुए तो वह बार-बार उसे देखती ही जा रही है। उसने फिर होंठ काट लिया, मुट्ठियाँ घोंट लीं—

एक मुट्ठी में अभी तक वह फूल दबा हुआ था, जो उसने टहलते समय राह के किनारे लगी क्यारी में से तोड़ लिया था। अब वह उसे मुट्ठी में ही लिये हुए थी!

मीरा का शरीर ढीला पड़ गया, उसका देर का संचित तनाव मिटने लगा। वह स्थिर अनदेखती दृष्टि से उस फूल की ओर देखने लगी।

मुरझाया हुआ, कुचला हुआ, गर्मी और पसीने और दबाव से अपनी सफ़ेदी खोकर काला पड़ा हुआ फूल।

उसे अपनी डींग याद आई। 'पंक में पंकज तो नहीं, पर हाँ, वह मधुमक्खी अवश्य, जो अपने संचित किए हुए मधु में अपने पंख नहीं लिपटाती, फँसती नहीं, मुक्त ही रहती है...अछूती। अस्पृश्य...'

अब उसने फिर अपने होंठ काट लिये—अब की बार कुछ भुलाने के लिए नहीं। इस बार केवल उस एक शब्द के उच्चारण को रोक देने के लिए, जो उसकी सारी विदेशी शिक्षा और सभ्यता और संस्कृति का निचोड़ बनकर उसके होंठों तक आया था—"डेम!"

तब एकाएक उसकी आँखों से आँसू गिरने लगे। शब्दहीन, लेकिन बड़े-बड़े गोल-गोल आँसू।

•

अभिशापित

अंगारे लाल-लाल चमक रहे थे; किन्तु फिर भी छोटी-सी झोंपड़ी में बैठा हुआ व्यक्ति जाड़े से काँप रहा था। रात बहुत बीत गई थी, उस झोंपड़े में दीया तक नहीं जल रहा था। अंगारों के क्षीण किन्तु अरुण प्रकाश में झोंपड़े में पड़ी प्रत्येक वस्तु ने एक अद्भुत, अलौकिक रूप धारण किया था। एक कोने में पड़ी हुई थाली ऐसी चमक रही थी मानो निशाचर अपनी आरक्त आँखें खोले किसी शिकार की प्रतीक्षा में बैठा हो। और दूसरे कोने में शायद कपड़ों का एक गट्ठर पड़ा था।

बाहर घनघोर वर्षा हो रही थी। छप्पर से कभी-कभी थोड़ा-सा पानी अन्दर चू पड़ता था। वह जहाँ गिरता, वहाँ एक धब्बा-सा पड़ जाता। लाल प्रकाश में वह रक्त-कुंड-सा प्रतीत होने लगता। झोंपड़े में बैठा हुआ व्यक्ति चौंककर उसकी ओर देखता, फिर अपने विचारों में लीन हो जाता।

उस व्यक्ति के शरीर पर एक फटी कमीज़ और एक पाजामे के अतिरिक्त कुछ भी नहीं था। क्षण-भर वह निस्तब्ध बैठा रहता, फिर एक दीर्घ निश्वास छोड़कर काँप उठता और आग की ओर सरक जाता।

रात्रि की निविड़ता बढ़ती जा रही थी और अंगारों का प्रकाश क्षीणतर होता जाता था; किन्तु वह व्यक्ति आग की ओर विस्मय-विस्फारित नेत्रों से देखता हुआ बैठा था, और उसमें एक भयानक अरुण दीप्ति काँप रही थी। उसमें अमानुषिकता का, उदासीनता का, और जड़ता का एक विचित्र भाव था जैसे हिमगह्वर में ठिठुरते हुए भूखे एकाकी भेड़िए की आँखों में होता है।

अंगारों की दीप्ति राख से धीरे-धीरे आवृत्त होती जाती थी, किन्तु उस व्यक्ति के हृदय से शायद कोई भार उठता जा रहा था। उसका झुका हुआ शरीर ठिठुरने पर भी धीरे-धीरे सीधा हो रहा था। ऐसा विदित होता था मानो उसके अन्दर कोई घोरतम परिवर्तन हो रहा हो और उसकी टक्कर की चोट से, उसकी प्रतिक्रिया से, उसका हृदय कम्पित हो गया हो।

एकाएक उसके जड़प्राय शरीर में स्फूर्ति आ गई। उसने अंगारों को हिलाकर

पुनः दीप्त कर दिया। झोंपड़े में फिर प्रकाश हो गया। वह व्यक्ति धीरे-धीरे, मन्त्र के उच्चारण की तरह कुछ कहने लगा—'तुम अविश्वस्त हो, तुम सन्दिग्ध हो; तुमने एक कार्य में हाथ बँटाया था, किन्तु तुम अयोग्य गिने गए और तिरस्कृत कर निकाल दिए गए...।

'तुम विश्वास के अपात्र हो! तुम्हारे मुँह पर कालिख पुत गई है! अब तुम कभी भी उस महान् कार्य में भागी नहीं हो सकते। तुम जहाँ जाओगे, मृत्यु की छाया की तरह अपरिहार्य यह कलंक तुम्हारा पीछा करेगा कि तुम पर लोग विश्वास नहीं कर सके...।

'तुम...तुम भ्रष्ट प्रतिमा की तरह कलंकित, अभिशापित...अभिशापित... अभिशापित...हो।'

एकाएक झोंपड़े के कोने में पड़ा वह गट्ठर हिला और उसमें से एक मुख—एक स्त्री-मुख, बाहर निकल आया। एक चिन्तित, स्नेह-प्लावित स्वर ने पूछा,"भइया, क्या सोच रहे हो? अब सो जाओ।"

वह व्यक्ति चौंका और उस गट्ठर की ओर देखकर क्षण-भर चुप खड़ा रहा। फिर उसने कहा—उसकी वाणी में वेदना और प्रेरणा का विचित्र सम्मिश्रण था, "यहाँ आओ।"

वह कपड़ों का गट्ठर उठा और पास चला आया। उसने स्नेह-भाव से एक हाथ उस व्यक्ति के कन्धे पर रख दिया और बोला, "क्या है, लियांग?"

"देखो, शौ-वा, हम विश्वास के योग्य नहीं समझे गए और इसी से मैं क्रुद्ध होकर यहाँ चला आया हूँ; पर यह अविश्वास असह्य है। मैं तुम्हारे आगे इस आग को साक्षी करके प्रण करता हूँ कि अपने को विश्वास के योग्य सिद्ध करूँगा, नहीं तो—नहीं तो—अपने देश न लौटूँगा—न अपना ही नाम धारण करूँगा। और शौ-वा, तुम मेरी एकमात्र सहायक होगी..."

शौ-वा ने अपना सिर धीरे से लियांग के कन्धे पर रख दिया, कुछ उत्तर न दे सकी।

कहीं से रोने का अत्यन्त अस्फुट स्वर सुन पड़ा...।

थोड़ी देर में आग बुझ गई।

2

हांकाउ नगर में अन्धकार फैला था। नगर के मुख्य चौक में बहुत भीड़ थी। स्त्री-पुरुष, बच्चे एकत्र हो रहे थे...और बीच में कहीं-कहीं, कीच से लथपथ फटी वर्दियाँ पहने, कुछ सशस्त्र और अनेक निहत्थे सैनिक चिल्ला रहे थे।

दूर क्षितिज के ऊपर मलिन-सी लाल ज्योति थी, और उसमें से धुएँ के पहाड़-से उठ रहे थे। आकाश में काले-काले बादल छाये थे, कभी-कभी कोई भूखे शेर की तरह गुर्रा उठता था। हवा नहीं चल रही थी; किन्तु वातावरण में मानो दबी हुई

विद्युत के कम्पन का अनुभव होता था और नागरिकों की वह भीड़ चिन्तित होकर उस लाल दीप्ति की ओर देख रही थी। सैनिक चिल्ला रहे थे, "वह है हमारा संकेत! क्रान्ति! क्रान्ति!" चौक के आस-पास के घरों से शोर हो रहा था, "मारो! मारो! भूखी प्रजा की जय हो!"

किन्तु प्रजा? निस्तब्ध खड़ी थी...वह केवल चिन्तित दृष्टि से उस रक्त-संकेत की ओर देख रही थी। उसका पूरा आशय उसके उन्मत्त मस्तिष्क के अन्दर अभी तक नहीं समा पाया था। बादल गरज रहे थे, अग्नि का क्षीण 'धू-धू' शब्द सुन पड़ रहा था, वातावरण काँप रहा था, सैनिक क्रान्ति का आह्वान कर रहे थे, पर प्रजा...प्रजा एक बुझी चिता की तरह, एक मूर्च्छित कामना की तरह, फ़ालिज मारे जड़मति मस्तिष्क की तरह एक निराकार, निरीह, संज्ञाहीन, किन्तु अशान्ति से उत्क्षिप्त प्रेत की तरह विमूढ़, निस्तब्ध खड़ी थी।

किन्तु उस निराकार शून्य से कोई भावना जागने को हो रही थी, उस मृत सागर में कोई निश्चय प्रस्फुटित हो रहा था। फ़ौलाद की तरह अभेद्य उस खोपड़ी में व्यथा-ज्योति की किरण धीरे-धीरे प्रविष्ट हो रही थी।

फ़ौलाद की तरह ही वह तन्द्रा सहसा टूट गई—अन्तर्दीप्ति सहसा धधक उठी! पुरुष जागे, स्त्रियाँ जागीं, श्रमिक जागे, नागरिक जागे, सोता हुआ एक समूचा राष्ट्र सहसा जाग उठा और गरजा, "क्रान्ति!"

वह निरुद्देश्य समुद्र एकाएक किसी अदृष्ट प्रेरणा से एक ओर उमड़ पड़ा—उसी लाल दीप्ति की ओर!

चौक खाली हो गया! केवल एक ओर एक दुकान के आगे, दस-बारह व्यक्ति रह गए। उनके मुख पर चिन्ता थी और साथ ही किसी महान् उद्देश्य की आभा भी, और वे धीरे-धीरे बातें कर रहे थे।

एक कह रहा था, "बन्धुओ, क्वोमिङ्ताङ की यह सभा, आज एक महत्त्वपूर्ण कार्य का निर्णय करने को सम्मिलित हुई है। आप जानते ही होंगे कि लियांग चिचाओ—जिनकी विद्वता और सद्बुद्धि पर हमें इतनी आशाएँ थीं, आज के कार्य के लिए...."—यह कहते हुए उसने लाल दीप्ति की ओर इंगित किया—"संचालक नियुक्त किए गए थे। किन्तु कुछ दिनों से यह प्रतीत हो रहा था कि वे काम समुचित रूप से नहीं करते। पिछली सभा में इसकी आलोचना भी हुई थी...।"

श्रोता उत्सुक होकर सुन रहे थे। एक बोल उठा, "उन पर जो आक्षेप किया गया था, वह अनुचित था। वह सर्वथा—"

पहला ही व्यक्ति अधिकारपूर्ण स्वर से फिर बोला, "आप ध्यान से सुनें, मुझे रोकें नहीं।" दो-तीन और व्यक्ति भी बोले, "प्रधान की बात सुनो!"

"उस समय कुछ लोगों के मन में यह भाव था—अब भी है—कि लियांग का कथन ठीक था और इस कार्य का उपयुक्त अवसर नहीं आया था। किन्तु अब जो नयी घटना हुई है, उससे प्रतीत होता है..."

"क्या? क्या?"

''कि आक्षेप झूठा नहीं था। लियांग कल संध्या से लापता हैं, उनकी बहिन भी! कहा जाता है कि वे मंचूरिया की ओर भाग गए हैं।''

जिस व्यक्ति ने आक्षेप किया था, वह बोला, ''सच?''—फिर सिर झुकाकर बैठ रहा।

क्षण-भर तक कोई नहीं बोला। फिर प्रधान ने कहा, ''जो कायर सिद्ध होते हैं, विश्वास के अपात्र होते हैं, उनकी विद्वत्ता किस काम की? उनके लिए दु:ख या संवेदना न होनी चाहिए। वे राष्ट्र के शत्रु हैं, राष्ट्र की आह उन्हें लगेगी, अभिशाप की तरह मृत्यु-पर्यन्त उनका पीछा करेगी...''

किसी ने कहा, ''हमें अपने बन्धुओं को सूचित कर देना चाहिए।''

सब बोल उठे, ''हाँ! अवश्य।''

वर्षा होने लगी। सब लोग उठ खड़े हुए। प्रधान ने कहा, ''मैं सूचना दे दूँगा।''

लोग चले गए, केवल प्रधान वहाँ खड़ा रह गया। एक बार चारों ओर देख कर विचारपूर्ण स्वर से वह बोला, ''लियांग, लियांग, कितना भीषण कार्य मैं कर रहा हूँ; पर मैं बाध्य हूँ—क्या करूँ? तुम मेरे मित्र थे, पर मैं क्रान्ति का दास हूँ। और शै-वा! शै-वा! तुम एक कायर की बहिन थीं, नहीं तो—नहीं तो अब क्रान्ति के...अभिशाप के आगे मैं....''

दूर पर एक धड़ाका हुआ। वह लाल दीप्ति एकाएक फटकर आकाश में बिखर गई, क्षण-भर आकाश धधकते हुए लाल तारों से भर गया; फिर अन्धकार, बादलों की गुर्राहट, प्रजा का कोलाहल...।

क्रान्ति के उपकरण...।

''बहिन, तुमने सुना?''

''क्या हुआ?''

''युवान शिकाई को सम्राट् ने वापस बुला लिया है, और राष्ट्र का सेनापति नियुक्त किया है।''

प्रात:काल का समय था। जापान के सुन्दर प्रदेश में, फूजीयामा की छाया में, सारा गाँव मानो सुख-स्वप्न ले रहा था। बाल-रवि की किरणों में फूलों के समुद्र हँस रहे थे। दूर के घरों के प्रांगण में कहीं-कहीं मयूरों के जोड़े धीरे-धीरे आपस में चोंच रगड़कर अपना स्नेह व्यक्त कर रहे थे।

किन्तु उस घर का रूप और घरों से भिन्न था। वह कच्चा था और उसका प्रांगण बहुत छोटा-सा और पुष्पविहीन था। घर स्वच्छ था; किन्तु उसमें कहीं भी अलंकार का कोई चिह्न न था।

प्रांगण में दो व्यक्ति खड़े थे। दोनों साधारण श्रमिकों के कपड़े पहने थे, और पुरुष के हाथ में एक बेंत-सा था, जिसका सहारा लेकर वह खड़ा था। पास में ही वह स्त्री खड़ी थी, उसके हाथ मिट्टी में सने थे, उसके मुख पर विचारशीलता का भाव था।

कुछ रुककर वह बोला, ''मालूम होता है अब सम्राट् का पतन शीघ्र ही हो जाएगा।''

"क्यों?"

"जब एक व्यक्ति अविश्वसनीय कहकर निकाल दिया जाए, तब उसे अकारण बुलाना कमज़ोरी है।"

"हाँ—और भी समाचार है।"

"क्या?"

"हांकाउ में घोर संग्राम हो रहा है; किन्तु क्रान्तिकारी पीछे हट रहे हैं। और—और उनके प्रधान वू सुंग लापता हो गए हैं।"

"वू सुंग लापता? वू सुंग...तब क्या क्रान्तिकारी हार जाएँगे?"

पुरुष ने मुट्ठियाँ बाँधते हुए कहा, "यह नहीं होगा! लीना, लीना, हम यहाँ बैठे नहीं रह सकेंगे...चलो चलें, हम भी..."

"लेकिन—लेकिन—हम...क्या कर सकते हैं?"

दोनों के सिर सहसा झुक गए। उसी समय घर के भीतर से किसी ने पुकारा, "आज क्या काम में खाना-पीना भी भूल गए?" दोनों व्यक्ति चौंके और अन्दर चले गए।

अन्दर उस कमरे में तीन व्यक्ति और बैठे थे—एक वृद्ध, एक युवक और एक युवती—उनके चेहरों के साम्य से प्रतीत होता था कि वे पिता और सन्तान हैं।

काशेई, जो बाहर से आया था, आते ही बोला, "आज बहुत-से नये समाचार हैं।"

वृद्ध और दोनों सन्तान उत्सुक होकर बोले, "क्या?"

काशेई ने अपना वृत्तान्त सुना दिया। सुनने में सब लोग इतने तन्मय थे कि सामने पड़ी हुई चाय की ओर किसी का भी ध्यान नहीं गया।

वृद्ध ने रहस्यपूर्ण मुद्रा से कहा, "दरवाज़ा बन्द कर दो।" काशेई किवाड़ बन्द करते हुए बोला, "कहो दादा तुंगफ़ू, क्या है?"

वृद्ध धीरे-धीरे बोला, "मैंने पता लगा लिया है।"

"क्या? क्या? कब?"

"डॉक्टर टोकियो में ही हैं। और उनकी पत्नी..."

चारों श्रोता व्यग्रता से बोले, "हाँ-हाँ...."

"बीमार हैं, इसलिए वापस नहीं जा सकते। वे शीघ्र ही जाने का प्रबन्ध कर रहे हैं।"

काशेई ने एक बार अपनी बहिन की ओर भेद-भरी दृष्टि से देखा। आँखों में ही कुछ बात हुई, फिर बहिन ने सम्मतिसूचक सिर हिला दिया।

काशेई बोला, "दादा, मुझे पता बता दो, मैं उनसे मिलूँगा।"

"क्यों?"

"दादा, तुम सब कुछ जानते हुए भी पूछते हो? मैं चीन जाना चाहता हूँ। वहाँ हमारी ज़रूरत है, वहाँ क्रान्तिकारी..."

आवेश में आकर काशेई चुप हो गया। फिर उसकी बहिन बोली, "दादा, हम

यहाँ आ गए हैं; किन्तु अब देश से अलग रहना असम्भव है। विशेषकर जब देश संकट में हो...लेकिन हम यहाँ ऐसे फँसे हैं। एकदम अजनबी हैं। कभी शहर में जाना पड़े तो आफत आ जाती है। कभी-कभी सोचती हूँ, अगर आप न होते तो...''

''वाह लीना! तुम भी कैसी बातें करती हो...''

युवक बोला, ''पिता! बहिन ठीक कहती है। हम तो यहाँ बस गए हैं, यहाँ रहकर काम चला लेते हैं; किन्तु ये नये आए हैं, क्रान्ति के दिनों में तो यहाँ सरकार इन पर सन्देह करेगी। और ये वापस भी नहीं जा सकेंगे। इनको मिलकर बात कर लेनी चाहिए। डॉक्टर अनुभवी आदमी हैं, कुछ तो बताएँगे ही।''

वृद्ध ने कुछ सोचकर कहा, ''ठीक कहते हो बेटा!'' फिर अपनी पुत्री की ओर उन्मुख होकर बोला, ''ता, जा, मेरे कागज़ उठा ला।''

'ता' गई और कुछ कागज़ ले आई। वृद्ध उन्हें देखकर धीरे-धीरे काशेई से बातें करने लगा। लीना और 'ता' उठकर वहाँ से चली गईं।

टोकियो नगर की रंग-बिरंगी रोशनियों में काशेई चुपचाप चला जा रहा था। आज उसके शरीर पर वे श्रमिक के वस्त्र नहीं थे। वह विलायती ढंग का सूट पहने हुए था, और उसके हाथ में एक छोटा-सा बेंत था।

लोग उसके मुख की ओर देखते, फिर उसके वस्त्रों की ओर, और फिर मुँह फेर कर मुस्कुरा देते। वह किसी की ओर देखता नहीं था; किन्तु किसी अज्ञात शंका से उसे इस बात का अनुभव होता और वह लज्जित-सा होकर बढ़ चलता।

वह सड़क ऐसी नहीं थी जिस पर रात के समय कोई भी भद्र पुरुष जाता हो; क्योंकि वहाँ पर पुरुषों की 'सभ्यता' रात्रि में नग्न तांडव करती थी। काशेई एक गली में हो लिया। कुछ दूर चलकर वह किवाड़ के आगे रुक गया। उसने ध्यान से किवाड़ पर लिखे हुए नम्बर को देखा, और फिर उसे खटखटाने लगा।

अन्दर से किसी ने कहा, ''आता हूँ।''

किवाड़ खुला। नाटे-से पुरुष ने आकर पूछा, ''कहिए।''

''मुझे डॉक्टर सुन वेन से मिलना है।''

उसने तीव्र दृष्टि से काशेई की ओर देखकर पूछा, ''आपका नाम?''

''मैं उनके लिए पत्र लेकर आया हूँ। उसे पहुँचा दो!''—कहकर काशेई ने पत्र दे दिया।

किवाड़ बन्द हो गया। थोड़ी देर बाद फिर खुला और उसी व्यक्ति ने आकर कहा, ''आइए।''

काशेई आगे हो लिया। किवाड़ फिर बन्द हो गया। दोनों अँधेरे में धीरे-धीरे सीढ़ियाँ चढ़ने लगे।

वह कमरा बहुत बड़ा नहीं था। एक कोने में छोटा-सा लैम्प जल रहा था और उस पर रंगीन कागज़ का शेड लगा था। लैम्प के आगे ही चारपाई पर एक स्त्री लेटी थी, और पास ही एक प्रौढ़ पुरुष खड़े थे। काशेई ने उन्हें देखते ही पहचान

लिया और बोला, ''डॉक्टर सुन!''

डॉक्टर ने घूमकर गम्भीर स्वर में पूछा, ''आपको तुंगफ़ू ने भेजा है?''

''हाँ!''

''कहिए।''

''मैं आपके पास आदेश प्राप्त करने आया था। मैं वापस जाकर...''

''आप कहाँ से आए हैं? पहले आप क्या करते थे?''

काशेई ने बहुत देर तक कोई उत्तर नहीं दिया, सिर झुकाये खड़ा रहा। फिर बोला, ''खेद है कि मैं आपकी बात का पूरा उत्तर नहीं दे सकता। इतना ही कह सकता हूँ कि मैं चीन का उच्छिष्ट हूँ और मेरा कोई नाम या घर नहीं है।''

डॉक्टर ने कुछ अचरज से काशेई की ओर देखा और फिर बोले, ''तो आप मुझ से किस सहायता की आशा करते हैं?''

''मैं चीन लौट जाना चाहता हूँ। अगर आप इस कार्य में मेरी सहायता कर सकें तो।''

''धन द्वारा?''

''नहीं, यात्रा का प्रबन्ध। मैं अजनबी हूँ।''

डॉक्टर गम्भीर होकर कुछ देर सोचते रहे, फिर बोले, ''देखिए, आप मुझे अपने विषय में कोई बात बताने को तैयार नहीं हैं, तुंगफ़ू ने भी इतना ही लिखा है कि आप चीन से आए हैं और विश्वस्त हैं; किन्तु उसे भी आपकी पूर्व-कथा नहीं मालूम है। ऐसी दशा में...मैं आपकी केवल आर्थिक सहायता कर सकता हूँ। आप बुरा न मानें, हम सहसा अपने को जोखिम में नहीं डाल सकते।''

काशेई ने फिर सिर झुका लिया। थोड़ी देर बाद बोला, ''आप ठीक कहते हैं। मैं भी क्रान्तिकारी हूँ और स्वयं इस बात को जानता हूँ...अच्छा अनुमति दीजिए, मैं जाता हूँ।''

''आर्थिक सहायता करने को मैं....''

''नहीं, ऐसी दशा में आपको किसी प्रकार की सहायता नहीं करनी चाहिए। मैं स्वीकार भी नहीं कर सकता।''

डॉक्टर कुछ देर खड़े उधर ही देखते रहे जिधर काशेई गया था। फिर शय्यारूढ़ स्त्री से बोले, ''यह व्यक्ति चरित्रवान् जान पड़ता था, अवश्य ही कभी सफल होगा। किन्तु अभी नहीं, अभी नहीं...।''

इसी समय उस नाटे भृत्य ने प्रवेश किया। डॉक्टर ने कहा—''काओटी! हमें इस स्थान से हट जाना चाहिए। कौन जाने...।''

''कहाँ चलना होगा?''

''जहाँ स्थान मिल जाये। इसी सप्ताह चीन चलना है...।''

शय्यारूढ़ स्त्री की मुख-मुद्रा खिल उठी। उसने कहा—''....घर....घर''— और फिर चुप हो गई।

3 "लीना? क्या सोच रही हो?"

लीना ने चौंककर कहा, "कुछ नहीं!"—किन्तु उसके विषादपूर्ण मुख पर एक हल्की-सी लाली दौड़ गई।

ताकिफ़ू ने बड़े आग्रह से फिर पूछा, "कुछ तो अवश्य सोच रही थीं!"

लीना फिर क्षण-भर संकोच करके बोली, "मैं अपने देश की बात सोच रही थी।....हमारे एक योग्य नेता थे वू सुंग—वह न जाने कहाँ लापता हो गए हैं...।"—कहते-कहते लीना रुक गई।

उसने फिर पूछा, "लीना, यह वू सुंग कौन हैं?"

"कौन हैं से तुम्हारा क्या अभिप्राय है, ता? वह हांकाउ में एक कॉलेज के प्रोफ़ेसर थे।"

"नहीं, लीना! मेरी ओर देखो। जो मैं पूछती हूँ, उसका जवाब दो!"

"क्या?"

क्षण-भर ता लीना की आँखों की ओर देखती रही। फिर बोली, "लीना, जो मैं समझती हूँ, वह ठीक है न?"

लीना ने फिर धीरे-धीरे सिर झुका लिया। थोड़ी देर बाद बोली, "नहीं।"

ता ने हँसकर कहा, "नहीं तो जाने दो। मैं समझ तो गई ही।"

इसी समय प्रांगण के फाटक से आवाज़ आई, "लीना! ताकिफ़ू! किवाड़ खोलो!"

ता ने फाटक खोला तो काशेई अन्दर आ गया। उसका मुख देखकर लीना ने चिन्तित स्वर से पूछा, "क्या हुआ?"

"कहता हूँ।"—कहकर काशेई चुप हो गया और उसकी ओर देखने लगा। ता संकेत समझ गई और बोली, "पिताजी अन्दर प्रतीक्षा कर रहे होंगे, मैं जाती हूँ।"—यह कहकर वह चली गई।

"लीना! लीना! वही हुआ जिसका भय था।"

"क्या?"

"डॉक्टर साहब ने पूछा, तुम कौन हो? कहाँ से आए हो? मैंने कोई उत्तर नहीं दिया।"

"फिर?"

"फिर क्या? उन्होंने वही किया जो ऐसी दशा में हम करते। जवाब दे दिया।"

"फिर? अब क्या करना होगा?"

"अब कहीं से सहायता की आशा करना व्यर्थ है। यहाँ भी अधिक देर नहीं रहना चाहिए—तुंगफ़ू ने हमारा इतना सत्कार किया है, पर उसके पास भी तो हमारे पक्ष में कोई प्रमाण नहीं है...हमें अपने पैरों पर खड़े होना होगा...।"

"तो फिर कोई उपाय सोचा है?"

बहुत देर चुप रहकर काशेई बोला, "एक सोचा तो है; पर...।"

"पर?"

"शायद तुम उसे उचित न समझो!"

“फिर भी कहो तो?”

काशेई लीना के पास आकर खड़ा हो गया और उसके दोनों कन्धों पर हाथ रखकर कहने लगा, “जब मैं डॉक्टर के यहाँ से चला आ रहा था तब शहर में इश्तिहार बँट रहा था, उसकी एक प्रति मैं भी ले आया हूँ।” उसने जेब से एक पत्र निकाला और लीना के हाथ में दे दिया। लीना ने उसे धीरे-धीरे पढ़कर कहा, “मैं इसका और अपने कार्य का कोई सम्बन्ध नहीं समझती।”

काशेई बोला, “लीना! जापान-सरकार को चीन में भेजने के लिए जासूस चाहिए। हम चीन के उच्छिष्ट शायद इस काम के योग्य हो सकेंगे। सरकार हमें चीन पहुँचा देगी। फिर...”

“लेकिन फिर हम निकल नहीं पाएँगे और फिर निकल भी गए तो कहाँ आश्रय मिलेगा?”

“क्रान्ति में किसे किसका आश्रय? कहीं लड़ लेंगे, अगर जीत गए तो आश्रय मिल ही जाएगा, अगर हार गए तो फिर आश्रय को करना ही क्या है?”

लीना एक विषादपूर्ण मुस्कान से बोली, “यह तो ठीक है; किन्तु अगर कुछ कर लें तो अच्छा ही है।”

“और क्या कर सकते हैं।?”

“तुंगफ़ू की सम्मति क्यों न ली जाए?”

“वह शायद इसका विरोध करेंगे।”

“निर्णय तो हमारे ही हाथ में है। उनकी बात सुनकर भी हम जो उचित समझें कर सकते हैं।”

“जैसा कहो।”

क्षण-भर दोनों चुप रहे। फिर लीना ने बड़े कोमल स्वर में पूछा, “भैया, सफल होने की कोई आशा भी है?”

न जाने काशेई ने क्या उत्तर दिया, उत्तर दिया भी या नहीं। सांध्यरवि की अन्धकार-मिश्रित लालिमा में काशेई का मुख स्पष्टतया नहीं दिखता था और पक्षी-रव के कारण कुछ सुनाई भी नहीं पड़ता था। अगर उसने कोई उत्तर दिया भी तो वह प्रकृति की चित्र-विचित्र विशालता में कहीं खो गया, जैसे शून्य के प्रवाह में अनेकों जीवनियाँ खो जाती हैं।

4

लोग क्रान्ति की उपमा प्रलय से देते हैं। किन्तु क्रान्ति की लपट के बीत जाने के बाद जिस प्रकार एक समूचा देश भग्न-जीवनियों से, उत्पाटित सम्बन्धों से, दीन, जीर्ण, भूखे, आहत, निराश मानव-स्तूपों से भर जाता है, उसकी उपमा प्रलय में कहाँ है? उस जीवित व्यथा-सागर के आगे प्रलय की अखंड निस्तब्धता क्या रह जाती है?

पेकिंग में आतंक छाया हुआ था। क्रान्ति की लपट पेकिंग तक नहीं आई थी। हांकाउ से परास्त होकर नानकिंग की ओर चली गई थी; किन्तु फिर भी पेकिंग में आतंक छाया हुआ था। जिस निर्दयता से युवान शिकाई ने उपद्रवों का दमन किया था, जिस प्रकार क्रान्तिकारियों के सिर काट-काटकर नगरों और गाँवों की गलियों में लटका दिए गए थे; उसकी कथाएँ सुनकर ही पेकिंग की आलस्यप्रिय, सुखपालित प्रजा के प्राण सूख गए थे; और आज वही युवान शिकाई राष्ट्र-सचिव होकर पेकिंग में प्रवेश कर रहा था। चीन की बागडोर एक उच्छृंखल साहसिक के हाथों दी जा रही थी। प्रजा दिन गिन रही थी कि कब सुन यात सेन लौट आएँ। चारों ओर लोग कह रहे थे, ''डॉक्टर सुन वेन आ रहे हैं! डॉक्टर सुन वेन आ रहे हैं! चीन के उद्धारक आ रहे हैं!'' किन्तु प्रतीक्षा के ज्वर में प्रलाप कर रही प्रजा को कोई विश्वस्त सूचना नहीं मिलती थी।

बिजली गिरने से पहले वातावरण की जैसी दशा होती है, उत्तप्त, कम्पायमान अव्यक्त अशान्ति से पूर्ण पेकिंग का वातावरण वैसा ही हो रहा था। पर बिजली— बिजली अभी गिरी नहीं थी, और आकाश आच्छन्न भी नहीं प्रतीत होता था।

फिर एकाएक ज्वालामुखी के विस्फोट की तरह समाचार आने लगे, ''युवान शिकाई के मुख्य सहायक टैंगशाओ द्रोही हो गए।'' ''डॉक्टर सुन वेन आ गए!'' ''युवान शिकाई ने क्रान्तिकारियों से सन्धि कर ली।'' प्रजा उद्भ्रान्त होकर सोचती ही रह गई कि किसका विश्वास किया जाए और किसका नहीं।

मध्याह्न का समय था; किन्तु पेकिंग की गलियों में अन्धकार था। एक गली में होकर एक पुरुष चला आ रहा था और उसके पीछे-पीछे एक स्त्री। दोनों के मुख उदास; किन्तु सशंक थे, और वे बड़ी तेज़ गति से युवान शिकाई के महल की ओर अग्रसर हो रहे थे।

पुरुष ने धीरे से अपनी सहगामिनी से कहा, ''लीना! युवान शिकाई के अधीन होकर न जाने क्या-क्या करना पड़ेगा!''

लीना बोली, ''सम्भव है...किन्तु अपना स्थान सुदृढ़ करके हम क्रान्ति की रक्षा कर सकेंगे।''

काशेई ने विचारपूर्ण स्वर में कहा, ''लीना, अगर हमें कोई पुराने मित्र मिल गए तो...''

''भैया, अब इधर-उधर की सम्भावनाएँ सोचने का समय नहीं है! अपना ध्येय—अपना ध्येय...बस...''

5 ''राष्ट्रपति युवान की जय!''
युवान शिकाई के महल का विस्तृत प्रांगण प्रजागण की भीड़ से भरा हुआ था। चारों ओर महल की अटारियों पर युवान की सेना के अफ़सर और अन्य सहायक बैठे हुए थे। इन्हीं में एक ओर काशेई और लीना भी बैठे थे। दोनों विलायती

कपड़े पहने हुए थे और उनकी टोपी माथे पर खिंची हुई थी, जिससे उनका मुख स्पष्ट नहीं दिख पड़ता था।

प्रांगण के मध्य में एक ऊँचे मंच पर युवान शिकाई बैठा था। उसके चारों ओर अन्य राज्याधिकारी खड़े थे। सब लोगों की आँखें इसी मंच की ओर लगी हुई थीं।

काशेई को अनुभव हुआ, लीना बड़े ज़ोर से उसकी भुजा को दबा रही है। उसने लीना के मुख की ओर देखा। लीना एकाग्र होकर मंच पर खड़े किसी व्यक्ति की ओर देख रही थी। काशेई ने उसकी दृष्टि का अनुसरण किया।

काशेई भी चौंककर बोला, ''लीना! लीना! यह तो वू सुंग हैं।''

लीना के विस्फारित नेत्रों में आँसू आ गए थे, वह कुछ बोल नहीं सकी, केवल मन्त्र-मुग्ध की तरह उस व्यक्ति की ओर देखती रह गई।

शायद उनकी दृष्टि की तीक्ष्णता उसके अन्तस्तल में चुभ गई। उसने भी आँख उठाकर देखा और देखता ही रह गया। उसके मुख से दो-चार अस्फुट शब्द ही निकल पाए—फिर उसने घृणा से मुँह फेर लिया। लीना और काशेई ने भी सिर झुका लिया और जब तक उत्सव होता रहा, इसी प्रकार बैठे रहे। आत्म-विस्मृति की मात्रा इतनी बढ़ गई थी कि जब उत्सव समाप्त होने पर राष्ट्रपति युवान का जयघोष हुआ, तब वे उसमें भाग लेना भी भूल गए।

6 ''काशेई! मुझे मालूम हुआ है कि युवान शिकाई का मुख्य सहायक यह टैंगशाओ ही है। सुना है कि वह वास्तव में प्रजातन्त्रवादियों से सहानुभूति रखता है, पर जहाँ तक मैं जानती हूँ, वह युवान का आदमी है।''

''वह है कौन? कुछ मालूम हुआ?''

''नहीं। जब युवान हांकाउ से लौटा, तब यह व्यक्ति उसके साथ आया। उससे पहले यह कौन था, कहाँ से आया, कोई नहीं जानता।''

''फिर! वह रहता कहाँ है, जानती हो?''

''हाँ, मैं पूरा पता लगा लायी हूँ। उसके घर के रास्ते, उसका शयनागार इत्यादि सब...''

''अच्छी बात है, तो अब...''

''भइया, मैं यह सोच रही हूँ कि इस प्रकार का काम करने से हानि होगी।''

''क्यों?''

''अगर हम पकड़े गए तो युवान को क्या उत्तर देंगे?''

''युवान को स्वयं ऐसा सन्देह है कि टैंग की सहानुभूति क्रान्तिकारियों से भी है। हमारे कहने पर....''

''एक और बात है।''

''क्या?''

''यह काम कौन करेगा?''

''मैं!''

"नहीं। इसे मेरे हाथ सौंप दो।"

"क्यों?"

"मैं वहाँ का पूरा पता जानती हूँ, तुम वहाँ अनभिज्ञ होगे। और...."

"और क्या?"

"कुछ नहीं, इतना ही पर्याप्त है।"

काशेई ने लीना का हाथ थामकर कहा, "लीना, तुम मुझसे कुछ छिपा रही हो?"

लीना ने सिर झुका लिया।

काशेई ने बड़े आग्रह से पूछा, "लीना बताओगी नहीं?"

लीना सिर झुकाये ही बोली, "मुझे तुम्हारे अनिष्ट की कल्पना बार-बार होती है, न जाने क्यों?"

"नहीं लीना, यह भी सच नहीं है।"

लीना बहुत देर तक फिर चुप रही। फिर शीघ्रता से कहने लगी, "मुझे टैंग के व्यक्तित्व के बारे में कुछ मालूम हुआ है, वह तुम्हारा एक पुराना मित्र है। इसीलिए शायद तुम मोह में पड़कर...।"

"वह कौन है, लीना?"

लीना ने क्षण-भर काशेई की ओर देखा, फिर बोली, "वू सुंग!"

काशेई ने धीरे-से कहा, "तभी तो...तभी तो..."

"क्या?"

"कुछ नहीं। मैं समझ गया, पर तुमने मुझसे क्यों नहीं कहा?"

"वू सुंग तुम्हारे मित्र थे..."

"पर लीना, यहाँ मैत्री का प्रश्न नहीं हो सकता फिर तुम भी तो वू सुंग को..."

"भइया, उस बात को जाने दो! लेकिन यह काम मैं ही करूँगी।"

"क्यों?"

"मुझे प्रतीत होता है कि इस काम में मैं अधिक दृढ़ होऊँगी।"

"क्यों, लीना, तुम्हें मेरा विश्वास नहीं है।"

"है! पर..."

"पर क्या?"

"यह सब तर्क मैं नहीं जानती; मेरा मन कहता है और मैंने निश्चय कर लिया है...मेरा आग्रह रहने दो।"

काशेई चुपचाप लीना की ओर देखता रहा, उसने 'हाँ' या 'न' कुछ भी नहीं कहा। किन्तु लीना ने समझ लिया कि काशेई उसका आग्रह नहीं तोड़ सकेगा।

---

7 दिन-भर की उड़ी हुई धूल से आकाश भर गया था और अपराह्न की धूप में पीला प्रतीत हो रहा था। नदी का चौड़ा पाट, मन्थर-गति पीले जल के

कारण ऐसा प्रतीत हो रहा था मानो पृथ्वी माता के शरीर पर किसी विराट् फोड़े से पीप बही जा रही हो।

संसार में वसन्त का राज्य था; किन्तु चीन में अभी तक शिशिर की जड़ता छायी हुई थी। और स्थानों में रंगों की विचित्र छटा छा रही थी; किन्तु चीन मानो क्रान्ति-ज्वर के एक ही आक्रमण की भीषणता से पीला पड़ गया था।

पेकिंग के एक पीले-से घर में दस-बारह व्यक्ति सम्मिलित थे। कुछ ने युवान शिकाई की सेना की वर्दी पहनी हुई थी। सभी की मुख-मुद्रा रहस्य से भरी हुई थी, मानो वे किसी अत्यन्त गोपनीय विषय पर विचार कर रहे हों।

एक, जो कि अपनी मुद्रा से सम्मिलित व्यक्तियों का नेता जान पड़ता था, कह रहा था—‘‘बन्धुओ! उसके विषय में हमें शीघ्र ही निर्णय कर लेना चाहिए। वह विद्वान् है और उसमें प्रतिभा है, उसे हम भुला नहीं सकते...’’

एक सदस्य बोला, ‘‘टैंगशाओ, आप कोई क्रियात्मक मत भी तो दीजिए!’’

‘‘देश-द्रोह के प्रति हमारा क्या भाव हो सकता है?’’

‘‘लेकिन, उसके पास उसके द्रोही होने का क्या सबूत है?’’

‘‘मैं उसे बहुत देर से जानता हूँ। पहले उसने मेरे साथ काम किया था। और उसकी बहिन भी...उसकी बहिन...’’

‘‘उसकी बहिन क्या, वू सुंग?’’

किवाड़ धड़ाके से खुला। लोगों ने घूमकर देखा—एक चीनी गाउन पहने हुए एक सुन्दरी हाथ में पिस्तौल लिये खड़ी थी। उसके धधकते हुए अचल अनिमेष नेत्र टैंगशाओ की ओर घूर रहे थे।

उसने बिना टैंगशाओ के मुख से आँख हटाए फिर कहा—और उसकी वाणी में असि-धार-सा तीक्ष्ण तिरस्कार था!

‘‘उसकी बहिन क्या, वू सुंग?’’

वू सुंग हिला नहीं। धीरे-धीरे बोला, ‘‘उसकी बहिन भी विश्वासघातिनी थी।’’

‘‘वू सुंग, तुम झूठे हो! तुम्हें शर्म आनी चाहिए! तुम—एक क्रान्तिकारी दल का नेतृत्व छोड़कर एक क्रान्ति के शत्रु की दासता करनेवाले, एक वीर की प्रतिष्ठा पर झूठा लांछन लगानेवाले, उसकी हत्या का आयोजन करनेवाले, तुम किसी को विश्वासघाती कह सकते हो—तुम, जो कि स्वयं मित्रघाती, प्रणयघाती, देशघाती हो!’’

टैंगशाओ उसी प्रकार शान्त भाव से बोला, ‘‘मैं एक स्त्री की गालियों का उत्तर नहीं देना चाहता। मैं जिस उद्देश्य से युवान की सेना में भर्ती हुआ था, उसे मैं नहीं जानता हूँ...’’

‘‘क्या उद्देश्य था, ज़रा मैं भी तो सुनूँ!’’

‘‘मैं तुम्हारे आगे जवाब देने को बाध्य नहीं हूँ। किन्तु इधर आओ, मैं तुम्हें दिखा देता हूँ...देखकर फिर अगर तुम लज्जा से डूब मरो, तो...’’

किसी ने पूछा, ‘‘यह वू सुंग कौन है?’’

किन्तु उस हलचल में मानो यह प्रश्न सुना ही नहीं गया।

वह स्त्री बेधड़क आगे चली आई। टैंगशाओ ने उसे एक दरवाज़े के पास ले जाकर दरवाज़ा खोल दिया। खोलते-खोलते बोला, ''हम सब सशस्त्र हैं, तुम कहीं भाग नहीं सकतीं।''

स्त्री ने दरवाज़े पर पैर रखते ही देखा—सामने लगभग चालीस वर्ष का एक व्यक्ति खड़ा था। दरवाज़े में टैंगशाओ को देखते ही वह बोला, ''क्या है, टैंग?''

स्त्री ने एक बार सिर से पैर तक उस व्यक्ति को देखा।

उसके अंग शिथिल पड़ गए, पिस्तौल उसके हाथ से गिर गया। उसने टूटे हुए स्वर में कहा, ''डॉक्टर सुन...यात..सेन!''—और बैठ गई।

टैंग ने पूछा, ''अब क्या कहती हो?''

कोई उत्तर नहीं मिला! टैंग ने कहा, ''देश-द्रोही लियांग चिंचाओ की बहिन—उर्फ लीना शेई, मैं तुम्हें प्रजातन्त्र के नाम पर बन्दी करता हूँ।''

वह स्त्री हिली भी नहीं, सिर झुकाये बैठी गुनगुनाती रही—''वू सुंग, वू सुंग! मैं कुछ नहीं समझ पाती।''

8

महल के एक बड़े कमरे में युवान शिकाई और काशेई बैठे हुए थे। उनके आगे मेज़ पर कुछ कागज़ पड़े थे। बात करते-करते युवान बार-बार उन्हें उठाकर पढ़ लेता था।

काशेई ने पूछा, ''कहिए, और क्या आज्ञा है?''

''हाँ, अभी टैंगशाओ की बात बाक़ी रह गई। मुझे उसके बारे में बहुत-से समाचार मिले हैं।''

काशेई उत्सुकता से बोला, ''क्या?''

''परसों जब वह लापता हो गया, तभी मैंने उसके पीछे चर भेजे थे। अब मालूम हुआ कि वह शंघाई में पहुँच गया है।''

''और कुछ?''

''हाँ! यह भी मालूम हुआ है कि वास्तव में हांकाउ में क्वोमिङ्ताङ दल का प्रधान था—वू सुंग—जो वहाँ के बलवे के बाद लापता हो गया था। और...'' काशेई प्रतीक्षा में चुप बैठा रहा। उसकी ओर देखकर युवान फिर बोला, ''और यह भी मालूम हुआ कि उस दिन डॉक्टर सुनयात सेन छिपकर उसके घर में ठहरे थे।''

''सुनयात सेन! टैंगशाओ के घर में!''

थोड़ी देर तक दोनों चुप रहे। फिर काशेई धीरे से बोला, ''मुझसे गलती हुई...''

''क्या कहा?''

''कुछ नहीं, मैं अभी तक टैंगशाओ को आपका विश्वस्त व्यक्ति समझता था।''

''गलतियाँ सबसे होती हैं, लेकिन अब तुम्हारी क्या राय है?''

काशेई चुप रहा। युवान फिर बोला, ''मैंने शंघाई में अपने चरों को सूचना

दी है। मालूम हुआ है कि उसने वहाँ पर सुंगचाओ जेन के नाम से घर लिया है और वहीं रहता है।''

''तो आप क्या करना चाहते हैं?''

''मैंने उन्हें लिख भेजा है कि उसका पता लगते ही उसे...''

युवान ने एक कुटिल हँसी हँसकर एक अँगुली धीरे से अपनी गर्दन पर फेर दी।

काशेई चुपचाप देखता रहा।

युवान फिर बोला, ''पहले मैंने एक और चाल सोची थी; पर शायद उसमें देर लगती, इसलिए...''

''वह क्या चाल थी?''

''मैंने सोचा था,''—युवान कुछ हिचकिचाते हुए बोला—''मैंने सोचा था कि तुम्हारी बहिन लीना वहाँ जाए और—और टैंग—यानी वू सुंग—को...लीना बहुत सुन्दरी है।...पर वह है कहाँ?''

काशेई दूसरी ओर देखते हुए बोला, ''वह बाहर गई हुई है...नानकिंग में कुछ पता लगाने। वहाँ मालूम हुआ कि क्वोमिडत्ताङ का एक बड़ा दल बन रहा है। पर यह तो बताइए, वू सुंग का निर्णय कब तक हो जाएगा?''

''तीन दिन में, या चौथे दिन अवश्य...।''

काशेई बोला, ''अच्छा, अब अनुमति दें, मैं जाकर काम देखूँगा।''

''अच्छा, पर लीना कब वापस आएगी?''

काशेई बोला, ''पता नहीं।'' और जल्दी से बाहर चला गया।

बाहर आते काशेई ने एक लम्बी साँस ली और धीरे से बोला, ''उफ़! कितना अन्तर है, कितना! लीना, तुम कहाँ हो? और मैं....मेरा सिर कैसा घूमता है...''

फिर वह धीरे-धीरे प्रांगण के द्वार की ओर चल दिया।

प्रांगण में शान्ति थी। भृत्यगण अपना-अपना काम करते चले जा रहे थे, किसी ने काशेई की ओर नहीं देखा। समृद्धि के कुछ ही दिनों में वे देशव्यापी क्रान्ति को भूल गए थे, फिर किसी एकाकी व्यक्ति के अन्तस्तल की क्रान्ति की ओर उनका ध्यान कैसे पहुँचता?

9

रात्रि...

गगन की नीलिमा धूल के सम्मिश्रण से मैली हो गई थी। तारागण कहीं नहीं दिख पड़ते थे, केवल इधर-उधर कहीं-कहीं धुएँ के स्तम्भ खड़े हो रहे थे। वे इतने अचल खड़े थे कि भावना होती थी मानो धूसर आकाश को गिरने से उन्हीं ने थाम रखा हो।

आकाश के मध्य में एक बड़ा-सा पीला अस्फुट बिम्ब दिख पड़ता था; शायद यह धूल से आवृत्त चन्द्रमा का मुख था।

काशेई अपने घर के कमरे में तीव्र गति से चक्कर लगा रहा था—अँगीठी

से मेज़ तक, मेज़ से किवाड़ तक, किवाड़ से फिर वापस अंगीठी की ओर। उसके हाथ अनियन्त्रित-से होकर खुलते और बन्द हो जाते थे। कभी-कभी वह चलते-चलते रुक जाता और एक हाथ की हथेली को दूसरे के घूँसे से पीटकर फिर और द्रुत गति से चलने लगता। कभी-कभी घड़ी की ओर देख लेता।

उसके शरीर पर कोट इत्यादि नहीं था। वह रेशमी कमीज़ पर ब्रिचिस पहने था, और उसके सिर पर एक बड़ा-सा रंगदार रूमाल बँधा था।

एकाएक वह रुक गया और क्षण-भर एकाग्र होकर कमरे के लैम्प की ओर देखता रहा। इतने समय में मानो उसके मुख पर से बादल हट गए हों, उसकी चिन्तन मुद्रा अब दृढ़ निश्चय में परिणत हो गई थी।

उसने मानो लैम्प से कहा, ''अपनी मूर्खता के प्रतिकार का और कोई उपाय नहीं है उसे बचाना है!'' फिर शीघ्रता से मेज़ पर से कुछ कागज़ उठाकर जेब में रखे। फिर मेज़ की दराज़ में से चमड़े के बटुओं में बन्द दो पिस्तौलें लेकर पेटी में खोंस लीं। फिर उसने एक बार खिड़की से बाहर नगर की बत्तियों की ओर देखा और धीरे-धीरे बोला, ''पेकिंग! मैं लीना को यहाँ खो चला हूँ, अब शंघाई में शायद स्वयं खो जाऊँगा; पर एक नामहीन पुरुष और उसकी बहिन की तुम्हें क्या परवाह है, तुम जो चवालीस करोड़ व्यक्तियों के प्राण हो।''

फिर वह घूमा और खटाखट सीढ़ियों से नीचे उतर गया।

10 उस अस्पष्ट ज्योत्स्ना में पृथ्वी पीली-सी प्रतीत हो रही थी; आकाश भी पीला-पीला जान पड़ता था। दोनों के रंगों में इतनी समता थी कि क्षितिज का पता नहीं लगता था; यह भी नहीं जान पड़ता था कि कहाँ पृथ्वी की सीमा का अन्त और आकाश का प्रारम्भ होता है।

और उस विश्वव्यापी पांडुता में, स्वयं पीला-सा प्रतीत हो रहा है, किन्तु एक भीमकाय काले घोड़े पर सवार, काशेई शंघाई की ओर बढ़ा चला जा रहा था—उसकी आँखें पथ की ओर नहीं, अपने सामने शून्य में किसी स्थिर ध्रुव पर लगी हुई थीं।

नियति का प्रतिद्वन्द्वी, निराश न होते हुए भी निरीह, कामना-रहित होते हुए भी दुर्जेय...

शंघाई...

एक चौड़ी सड़क के दोनों ओर बड़ी-बड़ी अट्टालिकाएँ थीं। सड़क पर ट्रामगाड़ियाँ दौड़ रही थीं और उनमें प्रत्येक देश और राष्ट्र के लोग चढ़-उतर रहे थे। किन्तु उस सड़क और उसके दोनों ओर की गलियों में शराबखानों और जुआघरों की भरमार थी, और उनमें गन्दे, विकृत, रुग्ण व्यक्ति बैठे हुए थे। इन्हीं की ऊपरी मंज़िलों के छोटे-छोटे झरोखों में रँगे हुए चेहरोंवाली अनेकों स्त्रियाँ, उनके मुखों पर एक स्थिर, अचल मुस्कान चिपकी हुई थी और उनकी आँखों में कुम्भीपाक की वीभत्सता एक लालसापूर्ण आह्वान की ओट में नाच रही थी।

कवियों ने संध्या का जो भी वर्णन किया है, शंघाई की संध्या पर कोई भी लागू नहीं होता। पक्षियों का कूजन, आकाश की लालिमा, शान्ति और लवलीनता की अनुभूति—शंघाई में कुछ भी नहीं था। शंघाई की संध्या कृत्रिम और कर्कश रव से, कृत्रिम और कठोर प्रकाश से, कृत्रिम सुख और विषय-लिप्सा से भरी हुई थी। मनुष्य-रचित सभ्यता की विराट् चक्की में नैसर्गिकता पिस चुकी थी और उसकी धूल से अस्वाभाविक और वीभत्स लालसाओं की तृप्ति के लिए उपकरण तैयार किए जा रहे थे।

नैसर्गिकता के प्रेत के उस नृत्य-प्रांगण में रात्रि की प्रगति की ओर किसी का भी ध्यान नहीं था। ज्यों-ज्यों रात बीतती जाती थी, त्यों-त्यों बड़ी सड़क सूनी होती जाती थी, और उसका प्रकाश बुझता जाता था; किन्तु उन गलियों में प्रकाश बढ़ता जा रहा था, उनकी आकीर्णता भी बढ़ती जाती थी। उस प्रेत का नर्तन अधिक अनियन्त्रित, उन्मत्त होता जा रहा था।

एकाएक उस बड़ी पक्की सड़क पर घोड़े की टाप सुनाई पड़ी—टप-टप! टप-टप! टप-टप!

एक भीमकाय घोड़े पर एक सवार...उसकी आँखों में उग्र तपस्या की और घोर संशय की छायायें साथ-ही-साथ नाच रही थीं। घोड़ा अवरुद्ध गति से चला जा रहा था, उसका और सवार का शरीर कीच में सना हुआ था, घोड़े के मुँह से फेन गिर रहा था, और कभी-कभी उसकी गर्दन एकाएक नीचे झुक जाती थी; किन्तु सवार लगाम को झटका देता और घोड़ा फिर सिर उठाकर दौड़ चलता। मालूम होता था कि उस सवार की अन्तर्दीप्ति उसे और उसके घोड़े को किसी बृहत् उद्देश्य से प्रेरित कर रही थी और वे बाध्य होकर बढ़े जा रहे थे। सवार के वक्ष पर जो पीतल का चिह्न था, वह कभी-कभी जगमगा उठता था, मानो आन्तरिक दीप्ति के प्रकोप की छाया उसमें झलक उठी हो।

वह सड़क इतनी सूनी थी कि किसी का ध्यान भी घुड़सवार की ओर आकृष्ट नहीं हुआ। जब वह उन प्रकाशमय गलियों को पार करके एक अँधेरी गली में घुसा, तब उसने देखा—एक कोने में छिपे हुए चार-पाँच व्यक्ति चौंके और फिर शीघ्र ही अन्तर्ध्यान हो गए।

पर वह उनका अनुसन्धान करने के लिए नहीं रुका। कुछ आगे जाकर उसने एकाएक घोड़े की लगाम खींची और घोड़े के खड़ा होने से पहले ही कूदकर अलग हो गया। घोड़े ने दीनता से एक बार सवार की ओर देखा और फिर सिर उठाकर एक बार एक हिचकी ली और लड़खड़ाकर गिर गया।

सवार ने उसकी ओर भी नहीं देखा। वह एक ओर सीढ़ियाँ चढ़ गया और एक खुले किवाड़ पर पहुँचा। उसने धीरे से कहा, ''शायद देर हो गई है!''—और फिर दौड़कर अन्दर जा पहुँचा।

एक छोटे कमरे में एक दीया टिमटिमा रहा था। उसके अस्पष्ट प्रकाश में भूमि पर पड़ा हुआ खून से लथपथ एक शरीर और उसके सिरहाने खड़ी हुई एक श्वेत-वसना स्त्री दिख पड़ती थी—उसके हाथ शायद बँधे हुए थे।

काशेई दौड़ा हुआ आ रहा था, दरवाज़े पर एकाएक रुक गया। बिजली से विक्षिप्त व्यक्ति की तरह एक बार उसने चारों ओर देखा, फिर भर्राई हुई आवाज़ में बोला, ''वू सुंग, मुझे देर हो गई, और लीना! लीना! तुम....''

उसका शरीर एकाएक ढीला पड़ गया, मुख पर से वह दीप्ति बुझ गई—वह काँपकर आगे की ओर गिर पड़ा।

11 जब काशेई की आँखें खुलीं, तब प्रकाश हो रहा था। घर में बहुत भीड़ लग रही थी, और आलोचना का हुल्लड़ मचा हुआ था।

काशेई ने सिर कुछ एक ओर घुमाकर कहा, ''लीना!''

''क्या है भैया?''

''कुछ नहीं, यह भीड़ क्या है?''

लीना ने एक हाथ काशेई के मस्तक पर रख दिया, कुछ बोल नहीं सकी।

काशेई ने आँखें बन्द कर लीं।

किन्तु आलोचना बन्द नहीं हुई। कोई कह रहा था, ''इसी ने खून किया है! इसी ने!''

''पर इसके तो सेना का बैज लगा हुआ है?''

''वह औरत कौन है?''

''तो क्या सैनिक खून नहीं करते?''

''यह युवान शिकाई का आदमी होगा।''

''वह ज़रूर इसकी प्रेमिका है।''

लीना का हाथ काँप गया। काशेई चौंका और विकृत मुद्रा से बोला, ''लीना, ये सब क्या बक रहे हैं?''

उसने उठने का प्रयत्न किया; किन्तु एक आह भरकर रह गया, ''कितना थक गया हूँ!''

दर्शकों में से फिर एक ने कहा, ''यह देखो, क्या है?''

मेज़ पर से एक कागज़ उठाकर वह पढ़ने लगा—''लियांग चिंचाओ, उर्फ़ काशेई, देशद्रोही....''

काशेई का शरीर फिर हिला, वह उछलकर खड़ा हो गया और लीना का हाथ थामकर बोला—''चलो!''

लीना चुपचाप उसके साथ हो ली। उसकी आकृति देखकर किसी को उन्हें रोकने का साहस नहीं हुआ। वे बाहर चले गए।

जब पुलिस वहाँ पहुँची तब उन दोनों की खोज आरम्भ हुई; किन्तु उनका कोई पता नहीं मिल सका।

12

''शंघाई, मार्च, 1912

''आज सवेरे छह बजे नगर की मुख्य सड़क के पास एक गली में एक सनसनी फैला देनेवाली घटना का पता चला है। कहा जाता है कि सुंगचाओ जेन नामक व्यक्ति के घर के बाहर एक मरा हुआ घोड़ा पाया गया, जिसे देखकर लोगों को कौतूहल हुआ और वे घर के भीतर चले गए। वहाँ सुंगचाओ का मृत शरीर पड़ा हुआ था और उसके पास एक स्त्री की गोद में एक और व्यक्ति बेहोश पड़ा था। लोगों के पहुँचने पर वे दोनों भाग गए। बहुत खोज करने पर भी इनका कोई पता नहीं चल सका। सुंगचाओ की हत्या तलवार से या कटार से की गई मालूम होती है। उसके शरीर पर दस-बारह घाव हैं। मृत्यु का कारण उसके सिर का घाव बताया जाता है।

''बाद की खबर :

''सवेरे की घटना के विषय में बहुत-सी और बातों का पता चला है जिससे हत्या का निमित्त कुछ स्पष्ट होने लगा है। घर की तलाशी में जो काग़ज़ मिले, उनसे विदित होता है कि सुंगचाओ वास्तव में हांकाउ के क्रान्तिकारी दल क्वोमिङताङ का नेता वू सुंग था, जो कि हांकाउ के उपद्रव के बाद से ही लापता हो गया था। यह भी मालूम हुआ है कि उसके बाद यह व्यक्ति टैंगशाओ के नाम से युवान शिकाई की सेना में भी रहा; किन्तु भेद खुल जाने पर भागकर शंघाई में आया और सुंगचाओ जेन के नाम से रहने लगा।

''यह भी पता चला है कि जो स्त्री और पुरुष लापता हो गए, वे भी हांकाउ के ही हैं। पुरुष का असली नाम लियांग चिंचाओ है जो कि हांकाउ की क्वोमिङताङ से, वू सुंग के कहने पर निकाल दिया गया था। स्त्री इसकी बहिन थी। ये दोनों व्यक्ति भी युवान शिकाई की सेना में चर का काम करते थे। अनुमान किया जाता है कि पेकिंग में इस स्त्री ने वू सुंग की हत्या का प्रयत्न किया था, किन्तु सफल नहीं हुई और बन्दी करके यहाँ लाई गई थी। यहाँ शायद क्रान्तिकारी उसके अभियोग का निर्णय करनेवाले थे। सुंगचाओ के घर से जो कागज़ मिले हैं, उनसे इस अनुमान की पुष्टि होती है।

''अगर यह अनुमान सत्य है तो यह सम्भव है कि लियांग चिंचाओ अपनी बहिन को छुड़ाने के लिए अथवा युवान की आज्ञा से शंघाई आया हो और सुंगचाओ की हत्या करके अपनी बहिन को ले गया हो। यह व्यक्ति पेकिंग से आया था, इसका सबूत घोड़े की गर्दन पर लगा हुआ पेकिंग-सेना का चिह्न है।

''पुलिस अनुसन्धान कर रही है; किन्तु यहाँ यह भावना है कि युवान के कार्य में कोई अनुचित हस्तक्षेप नहीं करना चाहिए, क्योंकि विदेशी राष्ट्र उससे मित्र-भाव रखना चाहते हैं।''...

13

सीक्यांग नदी में पानी बढ़ रहा था। वर्षा की बड़ी-बड़ी बूँदें जब नदी की सतह पर पड़तीं, तब नदी का पानी उछल पड़ता था, मानो उन बूँदों का स्वागत कर रहा हो।

नदी के किनारे, पतली कीच में, दो सवार सरपट चले जा रहे थे—एक पुरुष और एक स्त्री। दोनों के चेहरों पर व्यथा के भाव थे और उनके कपड़े अस्त-व्यस्त थे। स्त्री के केश खुले थे; किन्तु गीले और कीच में सने होने के कारण वे भारी हो गए थे और उस आँधी में इधर-उधर उड़ते नहीं थे, केवल कन्धे पर पड़े थे और घोड़े की गति के साथ उठते और गिरते रहते थे।

वे दोनों थे लियांग और शै-वा, किन्तु उनकी मुख-मुद्रा में कितना परिवर्तन आ गया था! इन छह मास के अनुभवों ने उनकी आकृति में अँधेर मचा दिया था, और वे एक-दूसरे का सम्बोधन भी किसी नये नाम से कर रहे थे।

''साइसुन! हम नानकिंग कब पहुँचेंगे?''

''शायद दो दिन में; पर तुम पेकिंग जाना अधिक उचित समझती हो या नानकिंग?''

''मैं क्या बताऊँ? हम लोग अब क्या करेंगे, इसी पर सब कुछ निर्भर करता है।''

थोड़ी देर तक दोनों चुप रहे। फिर स्त्री ने पूछा, ''क्या सोच रहे हो?''

''कुछ नहीं! एक दिन की याद आ रही है।'' फिर थोड़ी देर रुककर—''उस दिन की, जब हांकाउ से...''

''भैया, यह सब क्यों सोचते हो? अब भविष्य में क्या करना है, यही सोचना है।''

''अब हम शायद कुछ नहीं कर सकते। सिवाय...''

''सिवाय क्या?''

फिर कुछ रुककर—''मैं पेकिंग जाऊँगा और वहाँ युवान को...''

''क्यों?''

''और हम कुछ नहीं कर सकते। उस अभिशाप से छूटने का हमारे पास कोई उपाय नहीं है।''

''भैया! भैया! निराश न होओ! अब भी हम विश्वास प्राप्त कर सकेंगे, अपने नाम से यह दाग़ हटा सकेंगे...''

साइसुन एक विद्रूप हँसी हँसकर बोला, ''शायद! पर दाग़ हटाने से पहले हम ही हट जाएँगे।''

दोनों बिलकुल चुप हो गए। रात्रि की प्रलयान्वित अशान्ति में उनके हृदयों की प्रज्ज्वलनमय अशान्ति छिप गई।

रात्रि पानी बरसा रही थी, उनके हृदय आँसू बरसा रहे थे। रात्रि के पानी से नदी का प्रवाह बढ़ता जा रहा था; किन्तु आँसू बह-बहकर उसके आशा-निर्झर को सुखाए जा रहे थे।

अभिशाप की छाया...नियति का प्रवाह...

14 युवान ने अपनी शक्ति पुष्ट कर ली। 'प्रजातन्त्र' के आदर्श को वह भुला चुका था, पार्लियामेंट तोड़ दी गई थी और राज-कार्य का भार युवान ने अपने हाथों में ले लिया।

अब महल में अनेक परिवर्तन हो गए थे। कोई व्यक्ति सहसा भीतर नहीं जा पाता था, न कोई बिना आज्ञा के युवान के आगे प्रार्थना कर सकता था। अब युवान प्रजातन्त्र के संचालक मात्र नहीं रह गए थे, वे अब सम्राट् पद के अभिलाषी थे।

उस दिन भी, जब दस बजे युवान की अन्तरंग कमेटी की सभा आरम्भ हुई, तब महल के बाहर सैनिक पहरा था। जिस समय वह व्यक्ति दौड़कर पहरे के पार निकलकर महल के अन्दर घुस गया, तब सैनिक स्तब्ध रह गए और उसे रोक नहीं सके; किन्तु फिर भी उसका पीछा करने और लोगों को सावधान करने में उन्हें देर नहीं लगी।

जब तक वह व्यक्ति सभा-भवन में पहुँचता, तब तक वह सैनिकों से घिर चुका था। एक बार उसने चारों ओर देखा, फिर जेब से पिस्तौल निकालकर मध्य में बैठे हुए युवान शिकाई की ओर चार-पाँच फ़ायर किए। एक गोली युवान के कान के पास से होकर चली गई; किन्तु उसके लगी कोई भी नहीं।

फिर किसी ने उस व्यक्ति का हाथ पकड़ लिया। उसने शीघ्रता से हाथ छुड़ाया और अन्तिम फायर अपने मस्तिष्क पर कर लिया।

सभा में शोर मच गया था। उस व्यक्ति के पास आकर युवान शिकाई बोला, ''अरे काशेई!''

काशेई ने तिरस्कारपूर्वक कहा, ''नहीं, काशेई नहीं, द्रोही, घातक, अभिशापित-अभिशापित-अभि....''

फिर एकाएक उसका शरीर निःस्पन्द हो गया।

वे उसे उठाकर बाहर ले गए।

15 शव उठाए आठ सैनिक दौड़े जा रहे थे, लोग उत्सुक होकर निकट आते; किन्तु सैनिकों के—युवान शिकाई के सैनिकों के डर से पीछे हट जाते थे।

जब वह वीभत्स जुलूस चौक से कुछ आगे निकला, तो उसे रुक जाना पड़ा। सड़क पर भीड़ लगी हुई थी, उसके मध्य में खड़ी एक स्त्री पर्चे बाँट रही थी और साथ-साथ कहती जाती थी, ''युवान शिकाई का नाश होनेवाला है! युवान शिकाई का नाश हो! उठो, वीरो, क्रान्ति की रक्षा करो!''

सैनिकों ने शव को नीचे रख दिया और भीड़ में जा घुसे। एक ने भीड़ में किसी से पर्चा छीनकर पढ़ा, उसके नीचे लियांग चिंचाओ के हस्ताक्षर थे। उसने अपने साथियों से कहा—''बन्दी कर लो!''

सैनिकों ने स्त्री को बन्दी कर लिया और उसे लेकर वापस चल पड़े। लियांग का शव सड़क पर पड़ा रह गया, लोगों की भीड़ भूखे कौओं की तरह उसको घेरकर खड़ी हो गई।

स्त्री के विषादपूर्ण किन्तु उद्धत चेहरे को देखकर कुछ व्यक्ति हँस रहे थे।

एक कह रहा था, ''यह अवश्य ही युवान शिकाई की गुप्तचर है, हमें फँसाने आई थी!'' दूसरे ने उत्तर दिया, ''हाँ, नहीं तो ऐसा हो सकता है कि कोई सड़कों पर पर्चे बाँटे?'' तीसरा बोला, ''इसका दंड केवल मृत्युदंड है। बन्दूक से उड़ा दी जाएगी!''

स्त्री उपेक्षा से उनकी ओर देख रही थी। उसके लिए मानो वे थे ही नहीं। किन्तु वह शव के पास पहुँची, तब उसके मुँह से एक चीख निकल गई—''लियांग! लियांग! हमारा प्रायश्चित पूरा हो गया! और वू सुंग का अभिशाप! अब...।''

उसने यत्न से अपने को वश में किया और धीरे-धीरे कदम रखती हुई आगे बढ़ गई।

एक सैनिक ने पूछा, ''यह कौन था, तुम जानती हो?''

स्त्री ने विमनस्कता से उत्तर दिया, ''हाँ, वह मेरा भाई लियांग''—फिर एकाएक चौंककर—''नहीं-नहीं, वह कुछ नहीं...केवल अभिशापित...।''

वह चली गई, लोग देखते रह गए...एक ने कहा, ''ऊँह, कोई पगली होगी...।''

उसी वर्ष के दिसम्बर मास में युन्नान प्रान्त में विद्रोह हुआ। जनवरी में दो और प्रान्त भी युवान के विरुद्ध उठ खड़े हुए। अन्य प्रान्त भी युवान से विमुख हो गए। मार्च में युवान की स्थिति इतनी बुरी हो गई कि उसके मित्रों ने उसे राज्य छोड़कर भाग जाने का परामर्श दिया। अप्रैल में उसके मित्रों ने उसे द्रोही कहकर उसका तिरस्कार किया। इसी मास कैंटन में...स्वतन्त्र प्रजातन्त्र स्थापित हुआ। जून के आरम्भ में युवान की मृत्यु हो गई।

इस प्रकार शै-वा की भविष्यवाणी पूर्ण हुई; किन्तु उस समय तक चीन लियांग चिंचाओ और उसकी बहिन को भुला चुका था। अविश्वास के अभिशाप का एक भाग यह भी है कि लोग अभिशापित व्यक्ति को शीघ्र भूल जाते हैं।

•

शिक्षा

गुरु थोड़ी देर चुपचाप वत्सल दृष्टि से नवागन्तुक की ओर देखते रहे। फिर उन्होंने मृदु स्वर में कहा, ''वत्स, तुम मेरे पास आए हो, इसे मैं तुम्हारी कृपा ही मानता हूँ। जिनके द्वारा तुम भेजे गए हो उनका तो मुझ पर अनुग्रह है ही कि उन्होंने मुझे इस योग्य समझा कि मैं तुम्हें कुछ सिखा सकूँगा। किन्तु मैं जानता हूँ कि मैं इसका पात्र नहीं हूँ। मेरे पास सिखाने को है ही क्या? मैं तो किसी को भी कुछ नहीं सिखा सकता, क्योंकि स्वयं निरन्तर सीखता ही रहता हूँ। वास्तव में कोई भी किसी को कुछ सिखाता नहीं है; जो सीखता है, अपने ही भीतर के किसी उन्मेष से सीख जाता है। जिन्हें गुरुत्व का श्रेय मिलता है वे वास्तव में केवल इस उन्मेष के निमित्त होते हैं। और निमित्त होने के लिए गुरु की क्या आवश्यकता है? सृष्टि में कोई भी वस्तु उन्मेष का निमित्त बन सकती है?''

नवागन्तुक ने सिर झुकाकर कहा, ''मैंने तो यहाँ आने से पहले ही मन-ही-मन आपको अपना गुरु धार लिया है। आगे आपका जैसा आदेश हो।''

गुरु फिर बोले, ''जैसी तुम्हारी इच्छा, वत्स। यहीं रहो। स्थान की यहाँ कमी नहीं है। अध्ययन और चिन्तन के लिए जैसी भी सुविधा की तुम्हें आवश्यकता हो, यहाँ हो ही जाएगी। और तो...'' गुरु ने एक बार आँख उठाकर चारों ओर देखा, और फिर हाथ से अनिश्चित-सा संकेत करते हुए बोले, ''यह सब है ही। देखो-सुनो, चाहो तो सोचो, जितना कर सको आनन्द प्राप्त करो।''

''क्या देखा?''

''गुरुदेव, मैंने एक पक्षी देखा। बहुत ही सुन्दर पक्षी!''

''और?''

''इतना सुन्दर पक्षी! मेरा मन हुआ कि अगर मैं भी ऐसा पक्षी होता, तो आकाश में उड़ जाता और दूर-दूर तक विचरण करता।''

गुरु थोड़ी देर स्थिर दृष्टि से युवक की ओर देखते रहे, फिर बिना उत्तेजना के बोले, ''यह तो पाखंड है। जाओ, फिर देखो। सभी कुछ सुन्दर है। जितना कर सको, आनन्द ग्रहण करो।''

''क्या देखा?''

''गुरुदेव, मैंने एक बड़ा सुन्दर पक्षी देखा। ऐसा अद्वितीय सुन्दर!''

''फिर?''

''मेरा मन हुआ कि किसी प्रकार उसे पकड़कर पिंजड़े में बन्द कर लूँ कि वह सर्वदा मेरे निकट रहे और मैं उसे देखा करूँ।''

''चलो, कुछ तो देखा! पहले देखने से इस देखने में सत्य तो अधिक है।'' गुरु थोड़ी देर उसी खुली किन्तु रहस्यमय दृष्टि से शिष्य को देखते रहे। ''अधिक सच्चाई है, किन्तु ज्ञान अभी नहीं है। जाओ, फिर देखो, सुनो। जितना कर सको, आनन्द ग्रहण करो।''

''क्या देखा?''

''मैंने एक पक्षी देखा। अत्यन्त सुन्दर पक्षी। वैसा मैंने दूसरा नहीं देखा और कल्पना नहीं कर सकता कि भविष्य में कभी देखूँगा—कि इतना सुन्दर पक्षी हो भी सकता है।''

''फिर?''

''फिर कुछ नहीं गुरुदेव। मैं उसे देखता रहा और देखता ही रहा। मैंने अपने-आप से कहा, यह पक्षी है, यह सुन्दर है, यह अप्रतिम है। फिर वह पक्षी उड़ गया। फिर मैंने अपने-आप से कहा, मैंने देखा था, वह पक्षी सुन्दर था, और अप्रतिम था, और वह उड़ गया, किन्तु मुझे उस पक्षी से क्या? उसका जीवा उसका है। फिर मैं चला आया।''

गुरु स्थिर दृष्टि से शिष्य को देखते रहे। न उस दृष्टि के खुलेपन में कोई कमी हुई, न उसकी रहस्यमयता में। फिर उनका चेहरा एकाएक एक वात्सल्यपूर्ण स्मिति में खिल आया और उन्होंने कहा, ''तो तुमने देख लिया, इतना ही ज्ञान है। इससे अधिक मेरे पास सिखाने को कुछ नहीं है। यह भी मेरे पास नहीं है, सर्वत्र बिखरा हुआ है । मैंने कहा था कि कोई किसी को कुछ सिखाता नहीं है। उन्मेष भीतर से होता है। गुरु निमित्त हो सकता है। किन्तु निमित्त तो कुछ भी हो सकता है।'' एक बार फिर उनका हाथ उसी अस्पष्ट संकेत में उठा और फिर घुटने पर टिक गया।

''जाओ, वत्स! देखो-सुनो! जितना कर सको, आनन्द ग्रहण करो!''

•

सेब और देव

प्रोफ़ेसर गजानन पंडित ने अपना चश्मा पोंछ कर फिर आँखों पर लगाया और देखते रह गए।

मोटर पर से उतरकर और सामान डाकबँगले में भिजवाकर उन्होंने सोचा था, अभी आराम करने की ज़रूरत तो है नहीं, ज़रा घूम-घामकर पहाड़ी सौन्दर्य देख लें; और इसीलिए मोटर के अड्डे के धक्कम-धक्के से अलग होकर वे इस पहाड़ी रास्ते पर हो लिये थे। छाया में जब चश्मे का काँच ठंडा हो गया और उस पर उनके गर्म बदन से उठी हुई भाप जमने लगी, तब उन्होंने चश्मा उतारकर रूमाल से मुँह पोंछा, फिर चश्मा साफ़ करके आँखों पर चढ़ाया, और फिर देखते रह गए।

पहाड़ी रास्ता आगे एकाएक खुल गया था; चीड़ के वृक्ष समाप्त हो गए थे। आगे रास्ते को पार करता हुआ एक झरना बह रहा था। उसका जितना अंश समतल भूमि में था उस पर तो छाया थी, लेकिन जहाँ वह मार्ग के एक ओर नीचे गिरता था, वहाँ प्रपात के फेन पर सूर्य की किरणें भी पड़ रही थीं। ऐसा जान पड़ता था कि अन्धकार की कोख में से चाँदी का प्रवाह फूट पड़ा है—या कि प्रकृति-नायिका की कजरारी आँख से स्नेह के गद्गद आँसुओं की झड़ी...और उसके पार एक चट्टान के सहारे एक पहाड़ी राजपूत बाला खड़ी थी। उसकी चौंकी हुई भोली शक्ल से साफ़ दिखता था कि प्रोफ़ेसर साहब का वहाँ अकस्मात् आ जाना उसे एकदम अनधिकार-प्रवेश मालूम हो रहा है।...

प्रोफ़ेसर साहब दिल्ली के एक कॉलेज में प्राचीन इतिहास और पुरातत्त्व के अध्यापक हैं। वे उन थोड़े से लोगों में हैं, जिनका पेशा और मनोरंजन एक ही है। मनोरंजन के लिए भी वे पुरातत्त्व की ओर ही जाते हैं। यहाँ कुल्लू पहाड़ की सुरम्य उपत्यकाओं में भी वे यही सोचते हुए आए हैं कि यहाँ भारत की प्राचीनतम सभ्यता के अवशेष उन्हें मिलेंगे, और हिन्दू-काल की शिल्प-कला के नमूने, और धातु या प्रस्तर या सुधा की मूर्तियाँ, और न जाने क्या-क्या...लेकिन इतना सब होते हुए भी सौन्दर्य के प्रति—जीते-जागते स्पन्दनयुक्त क्षण-भंगुर सौन्दर्य के प्रति—उनकी आँखें

अन्धी नहीं हैं। बाला को वहाँ खड़ा देखकर उसके पैरों के पास बहते हुए झरने का स्वर सुनते हुए उन्हें पहले तो एक हंसिनी का खयाल आया, फिर सरस्वती का (यद्यपि बाला के हाथ में वीणा नहीं, एक छोटी-सी छड़ी थी)। उन्होंने अपने स्वर को यथासम्भव कोमल बनाकर पूछा, "तुम कहाँ रहती हो?"

बाला ने उत्तर नहीं दिया, ससम्भ्रम दृष्टि से उनकी ओर देखकर जल्दी-जल्दी पहाड़ पर चढ़ने लगी।

प्रोफ़ेसर साहब मुस्कुराकर आगे चल दिए। बालिका का भोलापन उन्हें अच्छा-अच्छा-सा लगा। सोचने लगे, कितने सीधे-सादे, सरल स्वभाव के होते हैं, यहाँ के लोग! प्रकृति की सुखद गोद में खेलते हुए इन्हें न फिक्र है, न खटका है, न लोभ-लालच है। खाते-पीते, ढोर चराते, गाते-नाचते अपने दिन बिता देते हैं। तभी तो बाहर से आनेवाले आदमी को देखकर संकोच होता है। अपने-आप में लीन रहनेवाले इन भले प्राणियों को बाहरवालों से क्या सरोकार?

आगे बढ़ते-बढ़ते प्रोफ़ेसर साहब सोचने लगे, ऐसे भले लोग न होते, तो प्राचीन सभ्यता के जो अवशेष बचे हैं वे भी क्या रह जाते? खुदा-न-खास्ता ये लोग यूरोपियन सभ्यता के सीखे हुए होते तो एक-दूसरे को नोचकर खा जाते, उसकी राख भी न बची रहने देते। लेकिन यहाँ तो फ़ाहियान के ज़माने का ही आदर्श है; सबको अपने काम से मतलब है, दूसरे के काम में दखल देना, दूसरे के मुनाफे की ओर दृष्टि डालना यहाँ महापाप है। लोग ढोर चरने छोड़ देते हैं, शाम को ले आते हैं। कभी चोरी नहीं, शिकायत नहीं। खेती खड़ी है, कोई पहरेदार नहीं। मजाल क्या एक भुट्टा भी चोरी हो जाए। मेरे ख़याल में तो अगर मैं एक चवन्नी यहाँ राह में फेंक दूँ तो कोई उठाएगा नहीं कि न जाने किसकी है और कौन लेने आ जाए!

रास्ता अब फिर घिर गया था, लेकिन चीड़ के दीर्घकाय वृक्षों से नहीं, अब उसके दोनों ओर थे सेब के छोटे-छोटे लचीले गातवाले पेड़, डार-डार पर लदे हुए फलों के कारण मानो विनय से झुके हुए—क्योंकि जहाँ सार होता है, वहाँ विनय भी अवश्य होता है, क्षुद्र व्यक्ति ही अविनयी हो सकता है—और कभी-कभी हवा से झूम-से जाते हुए, कुल्लू के जगत्प्रसिद्ध सेबों की प्रशंसा प्रोफ़ेसर साहब ने सुन ही रखी थी, कई बार मँगाकर सेब खाये भी थे, लेकिन आज इस प्रकार पेड़ पर लगे हुए असंख्य फलों को देखकर उनकी तबीयत खुश हो गई। और इससे भी अधिक खुशी हुई इस बात से कि गन्ध और स्वाद और रस की उस विपुल राशि का न कोई रक्षक कहीं देखने में आता है, न बचाव के लिए बाड़ तक लगाई गई है। पहाड़ी सभ्यता के प्रति उनका आदर-भाव और भी बढ़ गया—क्या शहर में इस तरह बाग़ रह सकता? फलों के पकने की कभी नौबत ही न आती और नहीं तो स्कूल-कॉलेजों के लड़के ही टिड्डी दल की तरह आकर सब साफ़ कर देते और जितना खाते नहीं उतना बिगाड़ देते। वहाँ तो कोई बाग लगाए तो दस-एक भोजपुरिये लठैत पहरेदार रखे, और फिर भी चारों ओर जेल की-सी दीवार खड़ी करे कि कोई लुक-छिपकर न ले भागे, तब कहीं जाकर चैन से रह सके। और यहाँ—यहाँ बाग़

की सीमा बताने के लिए एक तार का जंगला तक नहीं है। पेड़ों के नीचे जो लम्बी-लम्बी घास लग रही है, वही रास्ते के पास आकर रुक जाती है, वहीं तक बाग़ की सीमा समझ लो तो समझ लो। यहाँ तो...

प्रोफ़ेसर साहब के पास ही धम्म से कुछ गिरा। उन्होंने चौंककर देखा, उन्हें आते देख एक लड़का पेड़ पर से कूदा है और उसकी अपर्याप्त आड़ में छिपने की कोशिश कर रहा है। उसके हाथ में दो सेब हैं जिन्हें वह अपने फटे हुए भूरे कोट में किसी तरह छिपा लेना चाहता है।

उसकी झेंपी हुई आँखें और चेहरा साफ़ कह रहा था कि वह चोरी कर रहा है।

साधारणतया ऐसी दशा में प्रोफ़ेसर साहब किंचित् ग्लानि से उसकी ओर देखते और आगे चल देते, लेकिन इस समय वैसा नहीं कर सके। उन्हें जान पड़ा कि यह लड़का उस सारी प्राचीन आर्य सभ्यता को एक साथ ही नष्ट-भ्रष्ट किए दे रहा है जो फ़ाहियान के समय से सदियों पहले से अक्षुण्ण बनी चली आई है। वे लपककर उस लड़के के पास पहुँचे और बोले, ''क्यों बे बदमाश, चोरी कर रहा है? शर्म नहीं आती दूसरे का माल खाते हुए?''

लड़का घबराया-सा खड़ा रहा, बोल नहीं सका। प्रोफ़ेसर साहब और भड़क उठे। उन्होंने एक तमाचा उसके मुँह पर जमाया, सेब छीनकर घास में फेंक दिए, जहाँ वे ओझल हो गए। फिर वे गर्दन पकड़कर लड़के को धकेलते हुए रास्ते की ओर ले आए।

''पाजी कहीं का! चोरी करता है! तेरे-जैसों के कारण ही पहाड़ी लोग बदनाम हो गए हैं। क्यों चुराए थे सेब? यहाँ तो पैसे के दो मिलते होंगे, एक पैसे के खरीद लेता? ईमान क्यों बिगाड़ता है?''

रास्ते पर लड़के को उन्होंने छोड़ दिया। वह वहीं खड़ा आँसू भरी आँखों से उधर देखता रहा जहाँ घास में उसके तोड़े हुए सेब गिरकर आँखों से ओझल हो गए थे।

प्रोफ़ेसर साहब आगे बढ़ते हुए सोच रहे थे, खड़ा देख रहा होगा कि चोरी भी की तो फल नहीं मिला। बहुत अच्छा हुआ! सेबों का सड़ जाना अच्छा, चोर को मिलना नहीं। सड़े, चोर को क्या हक है कि खाये?

प्रोफ़ेसर साहब एक गाँव के पास आ रुके। अन्दाज़ से उन्होंने जाना कि यह मनाली गाँव होगा, और उन्हें याद आया कि यहाँ पर एक दर्शनीय प्राचीन मन्दिर है। गाँव के लोगों से पता पूछते हुए वे मनु के मन्दिर पर पहुँच ही गए। मन्दिर छोटा था, सुन्दर भी नहीं था, लेकिन संसार-भर में मनु का एकमात्र मन्दिर होने के नाते वह अपना अलग महत्त्व रखता था। प्रोफ़ेसर साहब कितनी ही देर तक एकटक उसकी ओर देखते रहे, यहाँ तक कि देहरी पर बैठे हुए बूढ़े पुजारी का ध्यान भी उनकी ओर आकृष्ट हो गया, आने-जानेवाले तो खैर देखते ही थे।

प्रोफ़ेसर साहब ने गद्गद स्वर में पूछा, ''आस-पास और भी कोई मन्दिर है?''

पास खड़े एक आदमी ने कहा, ''नहीं, बाबू जी, यहाँ कहाँ मन्दिर है!''

"यहाँ मन्दिर नहीं? अरे भले आदमी, यहाँ तो सैकड़ों मन्दिर होने चाहिए। यहाँ पर...."

"बाबू जी, यहाँ तो लोग मन्दिर देखने आते नहीं। कभी-कभी कोई आता है तो यह मनूरिखि का मन्दिर देख जाता है, बस। और तो हम जानते नहीं।"

पुजारी ने खाँसते हुए पूछा, "कौन-सा मन्दिर देखिएगा बाबू?"

"कोई और मन्दिर हो। आस-पास के सब मन्दिर-मूर्तियाँ मैं देखना चाहता हूँ।"

पुजारी ने थोड़ी देर सोचकर कहा, "और तो कोई नहीं, उस चोटी के ऊपर जंगल में एक देवी का स्थान है। वहाँ पहले कभी एक किला भी था जिसके अन्दर देवी के स्थान में पूजा होती थी। पर अब तो उसके कुछ पत्थर ही पड़े हैं। वहाँ कोई जाता नहीं अब, उस जंगल में भूत बसते हैं।"

प्रोफ़ेसर साहब कुछ मुस्कुराए, लेकिन बोले, "कैसे भूत?"

"कहते हैं कि पुराने राजाओं के भूत रहते हैं—वे राजा बड़े परतापी थे।"

"अरे, उन भूतों से मेरी दोस्ती है!" कहकर प्रोफ़ेसर साहब ने रास्ता पूछा, और क्षण-भर सोचकर पहाड़ पर चढ़ने लगे। पुजारी ने 'पास ही' बताया था, तो मील-भर से अधिक नहीं होगा, और अभी तीन बजे हैं, शाम होने तक मज़े में बँगले में पहुँच जाऊँगा...

जंगल का रूप बदलने लगा। बड़े-बड़े पेड़ समाप्त हो गए; अब छोटी-छोटी झाड़ियाँ ही दिख पड़ने लगीं। यह पड़ाव का वह मुख था जो हवा के थपेड़ों से सदा पिटता रहता था; जाड़ों में तो बर्फ़ की चोटें यहाँ लगे हुए किसी भी पेड़-पौधे को कुचल डालतीं। प्रोफ़ेसर साहब को समझ आने लगा कि यह ऊँचा शिखर क़िले के लिए बहुत उपयुक्त जगह है, और यह भी वे जान गए कि यहाँ बना हुआ क़िला उजड़ कर कितनी जल्दी निरवशेष हो जाएगा।

झाड़ियाँ भी छोटी होती चलीं। घास की बजाय अब पथरीली ज़मीन आई, जिसमें किसी तरफ़ कोई बनी हुई पगडंडी नहीं थी, जिधर चले जाओ वही मार्ग। कहीं-कहीं लाल पत्थर के भी कुछ टुकड़े दिख जाते थे, जो शायद क़िले की इमारत में कहीं लगे होंगे; नहीं तो उधर लाल पत्थर होता नहीं। कहीं-कहीं पत्थर और मिट्टी के स्तूपाकार टीले की आड़ में कोई गाढ़े रंग के पत्तोंवाली झाड़ी लगी हुई दिख जाती, तो वह आस-पास के उजाड़ सूनेपन को और भी गहरा कर देती। साँझ के धुँधलके में ऐसी झाड़ी को देखकर स्तूप में धूम्रवत् निकलते हुए किसी प्रेत की कल्पना होना कोई असम्भव बात नहीं थी।

एक ऐसे ही स्तूप की आड़ में प्रोफ़ेसर साहब ने देखा, एक गड्ढे में कीच भरी है जिसकी नमी से पोसे जाते हुए दो वृक्ष खड़े हैं, और उनके नीचे पत्थर का छोटा-सा मन्दिर है, जिसका द्वार बन्द पड़ा है।

प्रोफ़ेसर साहब ने कुंडे में अटकी हुई कील निकाली तो द्वार खुलने की बजाय

आगे गिर पड़ा। उसके कब्जे उखड़ गए थे। उन्होंने किवाड़ को उठाकर एक ओर धर दिया।

थोड़ी देर वे पीछे हटकर खड़े रहे कि बन्द और सीलन के कारण बदबूदार हवा बाहर निकल जाए, फिर भीतर झाँकने लगे।

मन्दिर की बुरी हालत थी। भीतर न जाने कब के बलि-पशुओं के सींग—बकरे के और हिरन के—पड़े हुए थे जो सूखकर धूल के रंग के हो गए थे। उन पर कीड़े भी चल रहे थे। फ़र्श के पत्थरों के जोड़ों में काई उग आई थी। उन सींगों के ढेर से देवी की काले पत्थर की मूर्ति एक ओर लुढ़क गई थी, पास में पड़ी हुई गणेश की पीतल की मूर्ति ज़ंग से विकृत हो रही थी। केवल दूसरी ओर खड़ा श्वेत पत्थर का शिवलिंग अब भी साफ़, चिकना और सधे हुए सिपाही की तरह शान्त खड़ा था। आस-पास की जर्जर अव्यवस्था में उसके दर्पोन्नत भाव से ऐसा जान पड़ता था मानो क्रुद्ध होकर कह रहा हो, ''मेरी इस निभृत अन्त:शाला में आकर मेरे कुटुम्ब की शान्ति भंग करने वाले तुम कौन?''

दो-एक मिनट प्रोफ़ेसर साहब देहरी पर खड़े-खड़े ही इस दृश्य को देखते रहे। फिर उन्होंने बाँह पर टँगा हुआ अपना ओवरकोट नीचे रखा, एक बार चारों ओर देखकर, निर्जन पाकर भी जूते खोल देना ही उचित समझा, और भीतर जाकर देवी की मूर्ति उठाकर देखने लगे।

मूर्ति अत्यन्त सुन्दर थी। पाँच सौ वर्ष से कम पुरानी नहीं थी। इस लम्बी अवधि का उस पर ज़रा भी प्रभाव नहीं पड़ा था या पड़ा तो पत्थर को और चिकना करके मूर्ति को सुन्दर ही बना गया था। मूर्ति कहीं बिकती तो तीन-चार हज़ार से कम की न होती; किसी अच्छे पारखी के पास होती तो दस हज़ार भी कुछ अधिक मूल्य न होता। और यह यहाँ ऐसी उपेक्षित हालत में पड़ी है। न जाने कब से कोई इस मन्दिर तक आया भी नहीं है!

प्रोफ़ेसर साहब ने मूर्ति ठीक स्थान पर सीधी करके रख दी, और फिर देहरी पर आकर उसका सौन्दर्य देखने लगे।

पाँच सौ वर्ष...पाँच सौ वर्ष से यह यहीं पड़ी होगी; न जाने कितनी पूजा इस ने पाई होगी, कितनी बलियों के ताज़े-गर्म-पूत रक्त से स्नान करके अपना दैवी सौन्दर्य निखारा होगा, और अब कितने बरसों से इन रेंगते हुए कीड़ों की लम्बी-लम्बी जिज्ञासु मूँछों की ग्लानिजनक गुद्‌गुदाहट सह रही होगी...उफ़, देवत्व की कितनी उपेक्षा! मानव नश्वर है; वह मर जाये और उसकी अस्थियों पर कीड़े रेंगें, यह समझ में आता है। लेकिन देवता पत्थर जड़ हैं, उसका महत्त्व कुछ नहीं, लेकिन मूर्ति तो देवता की है; देवत्व की चिरन्तनता की निशानी तो है। एक भावना है, पर भावना आदरणीय है—क्या यह मूर्ति यहीं पड़े रहने के क़ाबिल है, इन कीड़ों के लिए जिनके पास श्रद्धा को दिल नहीं, पूजने को हाथ नहीं; देखने को आँखें नहीं, छूने को त्वचा तक नहीं, केवल टटोलने को हिलती हुई गन्दी मूँछें हैं...यह मूर्ति कहीं ठिकाने से होती...

न जाने क्यों प्रोफ़ेसर साहब ने एकाएक मन्दिर–द्वार से हटकर चारों ओर घूम कर देखा; फिर न जाने क्यों आस–पास निर्जन पाकर तसल्ली की साँस ली, और फिर वहीं आ खड़े हुए।

मूर्ति गणेश की भी बुरी नहीं, लेकिन वह उतनी पुरानी नहीं, न उतनी सुन्दर शैली पर निर्मित है। पीतल की मूर्ति में कभी वह बात आ ही नहीं सकती जो पत्थर में होती है। देवी की मूर्ति को देखते–देखते प्रोफ़ेसर साहब के हृदय की स्पन्दन–गति तीव्र होने लगी—इतनी सुन्दर जो थी वह! वे फिर आगे बढ़कर उसे उठाने को हुए, लेकिन फिर उन्होंने बाहर झाँककर देखा। पर वहाँ कोई नहीं था, कोई आता ही नहीं उस बिचारे उजड़े हुए मन्दिर के पास! किसे परवाह थी निर्जन को अपनी दीप्ति से जगमग करती हुई उस देवी की! देवी के प्रति दया और सहानुभूति से गद्‌गद होकर प्रोफ़ेसर साहब फिर भीतर आए। लपककर उन्होंने मूर्ति को उठाया, और अपने धड़कते हुए हृदय को शान्त करने की कोशिश करते हुए एकटक उसे देखने लगे।

दिल इतना धड़क क्यों रहा है? प्रोफ़ेसर साहब को ऐसा लगा जैसे वे डर रहे हैं। फिर उन्हें इस विचार पर हँसी–सी भी आ गई। डर किससे रहा हूँ मैं? प्रेतों से? मैं भी क्या यहाँ के लोगों की तरह अन्धविश्वासी हूँ जो प्रेतों को मानूँगा? कविता के लिहाज़ से भले ही मुझे सोचना अच्छा लगे कि यहाँ प्रेत बसते हैं, और रात को जब अँधेरा हो जाता है, तब इस मन्दिर में आकर देवी के आस–पास नाचते हैं...देवी हैं, शिव हैं, उनके गण भी तो होने ही चाहिए! रात को मूर्तियों को घेर–घेरकर नाचते होंगे और इन न जाने कब के बलि–पशुओं के भस्मीभूत सींगों से प्रेतोचित प्रसाद पाते होंगे। और दिन में मन्दिर की कन्दराओं में दरारों में छिपकर अपनी उपास्य मूर्तियों की रक्षा करते होंगे, देखते होंगे कि कौन आता है, क्या करता है...

उन्होंने फिर मूर्ति को रख दिया और लौटकर देखा। उन्हें एकाएक लगा जैसे उस अखंड नीरवता में कोई छाया–सा आकार उनके पीछे से भागकर कहीं छिप गया है—प्रेत! वे फिर एक रुकती–सी हँसी–हँसकर बाहर निकल आए। इस घोर निर्जन ने मेरे शहर के शोर से उलझे स्नायुओं को और उलझा दिया है—इसी नतीजे पर वे पहुँचे और फिर मन्दिर की ओर देखने लगे।

दिन ढल रहा था। मन्दिर की लम्बी पड़ती हुई छाया को देखकर प्रोफ़ेसर साहब को ऐसा लगा, मानो वह दूर हटती–हटती भी मन्दिर से अलग होना नहीं चाहती; उससे चिपटी हुई, मानो उसकी रक्षा करना चाहती हो, मानो वह मन्दिर और उसकी मूर्तियाँ उस छाया की गोद के शिशु हों। प्रोफ़ेसर साहब का मन भटकने लगा।

...इजिप्ट के पिरामिड भी इतने ही उपेक्षित पड़े थे। यह मन्दिर आकार में बहुत छोटा है, वे विराट् थे; लेकिन उपेक्षा तो वही थी। उनमें भी न जाने क्या–क्या खजाने ऐसे ही पड़े थे जैसे यहाँ यह मूर्ति। उनके बारे में भी अज्ञान ने क्या–क्या बातें फैला रखी थीं, भूत–प्रेतों की...अन्त में यूरोप के पुरातत्त्वविद् साहस करके वहाँ गए; उन्होंने उनमें प्रवेश किया और अब संसार के बड़े–बड़े संग्रहालयों में वे खज़ाने पड़े हैं और महत्त्व के अनुरूप सम्मान पाते हैं। फ़िलोडेल्फ़िया के अजायबघर

में तूतांखेमन् की वह स्वर्ण-मूर्ति—उस नौ सेर खरे सोने का ही मूल्य तीस हज़ार रुपये होगा—फिर प्राचीनता का मूल्य अलग और उसमें जड़े हुए हीरे-जवाहरात का अलग...कुल मिलाकर लाखों रुपये की चीज़ वह...

वे फिर भीतर गए। मूर्ति उठाई और फिर रख दी। रखकर फिर बाहर आ गए। उन्होंने फिर चारों ओर देखा। कोई नहीं था। सूर्य भी एक छोटे-से बादल के पीछे छिप गया था।

एकाएक उनकी घबराहट का कारण स्पष्ट हो गया। कुछ ठंडी-सी जानकर उन्होंने जल्दी से ओवरकोट पहना और फिर भीतर चले गए।

मूर्ति के उपयुक्त यह स्थान कदापि नहीं है। मन्दिर है, पर जहाँ पूजा ही नहीं होती वह कैसा मन्दिर? और गाँववाले परवाह कब करते हैं? यहाँ मन्दिर भी गिर जाए तो शायद महीनों उन्हें पता ही न लगे। कभी किसी भटकी हुई भेड़-बकरी की खोज में आया हुआ गड़रिया आकर देखे तो देखे! यहाँ मूर्ति को पड़ा रहने देना भूल ही नहीं, पाप है।

इस निश्चय पर आकर भी उन्होंने एक बार बाहर आकर तसल्ली की कि कहीं कोई देख तो नहीं रहा है; तब लौटकर मूर्ति उठाकर जल्दी से कोट के भीतर छिपाई, किवाड़ को यथास्थान खड़ा किया, बूट एक हाथ में उठाए, और बिना लौटकर देखे भागते हुए उतरने लगे।

जब देवी का स्थान और उसके ऊपर खड़े दोनों पेड़ों की फुनगी तक आँखों की ओट हो गई, तब उन्होंने रुककर बूट पहने, और फिर धीरे-धीरे उतरते हुए ऐसा मार्ग खोजने लगे जिससे गाँव में से होकर न जाना पड़े, शिखर के दूसरे मुख से ही वे उतर सकें।

गाँव मील-भर पीछे छूट गया। सेबों के बगीचे फिर शुरू हो गए थे। कहीं-कहीं कोई मधु पीकर अघाया हुआ मोटा-सा काला भौंरा प्रोफ़ेसर साहब के कोट से टकरा जाता; कभी कोई तितली आकर रास्ता काट जाती थी। सूर्य की धूप लाल हो गई थी—ये सब अपना-अपना ठिकाना खोज रहे थे। प्रोफ़ेसर साहब भी अपने ठिकाने की ओर जा रहे थे—उनका हृदय आह्लाद से भरा हुआ था। उनका पहला ही दिन कितना सफल हुआ था। कितना सौन्दर्य उन्होंने देखा था, और कितना सौन्दर्य, बहुमूल्य सौन्दर्य, उन्होंने पाया था। कुल्लू का अनिर्वचनीय सौन्दर्य—वास्तव में वह देवताओं का अंचल है...

उस समय प्रोफ़ेसर साहब के भीतर जो कुल्लू-प्रेम का ही नहीं, मानव-प्रेम का संसार-भर की शुभेच्छा का रस उमड़ रहा था, उसकी बराबरी कुल्लू के प्रसिद्ध रस-भरे सेब भी क्या करते! प्रोफ़ेसर साहब की स्नेह उड़ेलती हुई दृष्टि के नीचे वे सेब मानो पककर, रस से और भर जाते थे, उनका रंग कुछ लाल हो जाता था। कितने रस-गद्गद हो रहे थे प्रोफ़ेसर साहब!

सेब के बाग में फिर कहीं धमाका हुआ। प्रोफ़ेसर साहब ने देखा, एक लड़का

उन्हें देखकर शाख से कूदा है, उसके कूदने के धक्के से फलों से लदी हुई शाखा भी टूटकर आ गिरी है।

प्रोफ़ेसर साहब ने रौब के स्वर में कहा, ''क्या कर रहा है?''

लड़के ने सहमकर उनकी तरफ़ देखा—वही लड़का था। हाथ का थोड़ा-सा खाया हुआ सेब वह कोट के गुलूबन्द के भीतर छिपा रहा था।

प्रोफ़ेसर साहब के तन में आग लग गई। लपककर बालक के कोट का गला उन्होंने पकड़ा, झटका देकर सेब बाहर गिराया, दो तमाचे उसके मुँह पर लगाते हुए कहा, ''बदमाश, फिर चोरी करता है! अभी मैं डाँट के गया था, बेशर्म को शर्म भी नहीं आती!''

उन्होंने लड़के को छाती से धक्का दिया। वह लड़खड़ाकर कुछ दूर जा पड़ा, गिरने को हुआ, सँभल गया; फिर एक हाथ से कोट को थामकर जहाँ प्रोफ़ेसर साहब ने धक्का दिया था, एक दर्द-भरी चीख मारकर रो उठा।

चीख सुनकर प्रोफ़ेसर साहब को कुछ शान्ति हुई, कुछ आनन्द-सा हुआ। विद्रूप से उन्होंने कहा, ''क्यों दु:खती है छाती? और छिपाओ सेब वहाँ पर!''

बात में भरे तिरस्कार को और तीखा बनाने के लिए उनके हाथ ने उसका अनुकरण किया, उठकर तेज़ी से प्रोफ़ेसर साहब के ओवरकोट के कॉलर में घुसा।

एकाएक प्रोफ़ेसर साहब पर मानो गाज गिरी। एक चौंधिया देनेवाला आलोक क्षण-भर उनके आगे जलकर एक वाक्य लिख गया, 'इसने तो सेब ही चुराया है, तुम देवस्थान लूट लाए!'

सहमे हुए, स्तम्भित-से प्रोफ़ेसर साहब क्षण-भर खड़े रहे, फिर धीरे-धीरे उलटे-पाँव गाँव की ओर चल पड़े।

तर्क उन्हें सुझाने लगा कि यह बेवकूफ़ी है, उनकी दलील बिलकुल गलत है, तुलना आधारहीन है, लेकिन ये न जाने कैसे इस तर्कबुद्धि की प्रेरणा के प्रति बहरे हो गए थे। जैसे-जैसे भीतर कोलाहल बढ़ने लगा, उसे रोक रखने के लिए उनकी गति भी तीव्रतर होती गई...जब वे आँधी की तरह गाँव में से गुज़र रहे थे तब घर जाता हुआ प्रत्येक व्यक्ति कुछ विस्मय से उनकी ओर देखता, और उन्हें लगता कि वे उनकी छाती की ओर ही देख रहे हैं, जैसे उस काले ओवरकोट की ओट में छिपी हुई देवमूर्ति को, और उसके पीछे प्रोफ़ेसर साहब के दिल में बसे हुए पाप को, वे खूब अच्छी तरह जानते हैं...

अँधेरा होते-होते वे मन्दिर पर पहुँचे। किवाड़ एक ओर पटककर उन्होंने मूर्ति को यथास्थान रखा। लौटकर चलने लगे, तो आस-पास छाये हुए और अब अँधेरे में भयानक हो गए सुनसान ने उन्हें फिर सुझाया कि वे एक निधि को नष्ट कर रहे हैं, लेकिन न जाने उनके मन में शान्ति उमड़ आई; उन्हें लगा कि दुनिया बहुत ठीक है, बहुत अच्छी है।

●

कैसांड्रा* का अभिशाप

प्यासे खजूर के वृक्षों की छोटी-सी छाया उस कड़ाके की धूप में मानो सिकुड़कर अपने-आपमें, या पेड़ के पैरों तले, छिपी जा रही है। अपनी उत्तप्त साँस से छटपटाते हुए वातावरण से दो-चार केना के फूलों की आभा एक तरलता, एक चिकनेपन का भ्रम उत्पन्न कर रही है, यद्यपि है सब ओर सूनापन, प्यासापन, रुखाई...

उन केना के फूलों के पास ही, एक छींट के टुकड़े से अपने कन्धे ढके हुए, मेरिया बैठी है। उससे कुछ ही दूर भूमि पर एक अख़बार बिछाए उसकी छोटी बहन कार्मेन एक रूमाल काढ़ रही है। वे दोनों अपने-अपने ध्यान में मस्त हैं, किन्तु उनके ध्यान एक ही विषय को दो विभिन्न दृष्टियों से देख रहे हैं...यद्यपि वे स्वयं इस बात को नहीं जानतीं कि उनके विचार एक-दूसरे के कितने पास मँडरा रहे हैं— यद्यपि मेरिया उसे कभी स्वीकार नहीं करेगी, क्योंकि वह इसे अपने हृदय का गुप्ततम रहस्य समझती है...

कार्मेन की आँखें उसके हाथ के रूमाल पर लगी हुई हैं। वह उस पर लाल धागे से एक नाम काढ़ रही है, जो मेहँदी के रंग से उस पर लिखा हुआ है—मिगेल! नाम के चारों ओर एक बेल काढ़ी जा चुकी है और बेल के ऊपर एक लाल झंडा।

मेरिया अपने पास की किसी चीज़ को अपने चर्मचक्षुओं से भी नहीं देख रही है। केना के फूलों के आगे जो खजूर के दो-चार झुरमुट-से हैं, उनके आगे जो छोटे-

---

* प्राचीन यूनान की एक पौराणिक कथा है—एपोलो के वरदान से कैसांड्रा को भवितव्यदर्शिता प्राप्त हुई थी, किन्तु उसकी प्रणय-भिक्षा को ठुकराने पर एपोलो ने उसे शाप दिया कि उसकी भविष्यवाणी पर कोई विश्वास नहीं करेगा। ट्रॉय के युद्ध के समय, और उसके बाद एगामेम्नन की स्त्री बनकर, भावी घोर दुर्घटनाओं को देखकर वह चेतावनी देती रही, किन्तु ट्रॉयवालों ने उसे पागल समझकर बन्द कर रखा और एगामेम्नन ने भी उसकी उपेक्षा की। कैसांड्रा का अभिशाप यही है कि वह भविष्य देखेगी और कहेगी, किन्तु कोई उसका विश्वास नहीं करेगा।

छोटे नये गन्ने के खेत हैं, उनके भी पार कहीं जो स्पष्ट किन्तु अदृश्य सत्यताएँ हैं, उन्हीं पर उसकी आँखें गड़ी हैं...

वहाँ है तो बहुत-कुछ। वहाँ मार-काट है, हत्या है, भूख है, प्यास है, विद्रोह है, पर मेरिया उसे देख ही नहीं रही। वह तो वहाँ एक स्वप्न की छाया देख रही है। एक स्वप्न, जो टूट चुका है, किन्तु बिखरा नहीं, जो बद्ध हो चुका है, किन्तु मरा नहीं है...

वह मिगेल को याद कर रही है; मिगेल, जो जेल में बैठा है; मिगेल, जो...

पर क्या मन को उलझाने के लिए कोई स्पष्ट विचार आवश्यक ही है? क्या कवि कविता लिखने से पहले उसे लिखने के विचार में और उसके अनुकूल झुकाव में ही इतना तल्लीन नहीं हो सकता है कि कविता की अभिव्यक्ति एक अकिंचन, आकस्मिक, द्वैतीयिक वस्तु हो जाए? तभी तो मेरिया भी उसकी याद में तल्लीन हो रही है, उसे याद ही नहीं कर रही, उसे याद करने की अवस्था में ही ऐसी खो गई है कि वह याद सामने नहीं आती...

मेरिया और कार्मेन साधारणतया इस समय घर से बाहर नहीं बैठतीं। एक तो धूप-गर्मी, दूसरे विद्रोह के दिन, तीसरे घर का काम; और सबसे बड़ी, सबसे भयंकर बात यह कि उन दिनों में वेश्याएँ ही दिन-दहाड़े बाहर निकलती हैं या वे कुलवधुएँ जो भूख और दारिद्रय से पीड़ित होकर दिन में ही अपने-आपको बेच रही हैं—चोरी से नहीं, धोखे से नहीं, धर्मध्वजियों की कामलिप्सा से नहीं (इन सब सभ्यता के अलंकारों के लिए उन्हें कहाँ अवकाश?) किन्तु, केवल छह आने पैसे के लिए, जिसमें वे रोटी-भर खा सकें...। मेरिया विधवा है, कार्मेन अविवाहिता, और दोनों ही अनाथिनी और दरिद्र, किन्तु वे अभी...वे अभी वहाँ तक नहीं पहुँचीं, वे अभी घर में बैठकर अपने टूटते अभिमान से लिपटकर रो सकती हैं, इसलिए किसी हद तक स्वाधीन हैं...आज वे बाहर बैठी हैं तो इसलिए कि आस-पास आने-जानेवालों को देख सकें, और आवश्यकता पड़ने पर पुकार सकें, क्योंकि आज वे एक अतिथि की प्रतीक्षा कर रही हैं...

दोनों ही उद्विग्न हैं, क्योंकि प्रतीक्षा का समय हो चुका है। पेड़ों की छाया अपना लघुतम रूप प्राप्त करके अब फिर हाथ-पैर फैलाने लगी है। शायद पेड़ों के चरणों में आसन पाने से निराश होकर उसी प्राची दिशा की ओर बढ़ने लगी है, जिससे सूर्य का उदय हुआ था—शायद इस भावना से कि जो सूर्य को काँख में दाबकर रख सकती है, वह क्या उसे आश्रय नहीं देगी? अतिथि के आने की बेला, बहुत देर हुए, हो चुकी है, पर मेरिया और कार्मेन दोनों अपने कामों, या कामों की निष्क्रियता में, ऐसी तन्मय दिख रही हैं कि दोनों ही एक-दूसरे को धोखा नहीं दे पातीं और व्यक्त हो जाती हैं।

कार्मेन कहती है, ''बहन, देखो, यह ठीक बन रहा है?...तुम सोच क्या रही हो?''

और, मेरिया बिना उसके प्रश्न का उत्तर दिए ही स्वयं पूछती है, ''हाँ, कार्मेन,

तू तो कम्युनिस्ट है न पक्की?''

''मैं जो हूँ सो हूँ, तुम यह बताओ कि तुम सोच क्या रही थीं?''

''मैं? मैं क्या सोचूँगी? तू ही तो अपने झंडे में इतनी तल्लीन हो रही है कि कुछ बात नहीं करती।''

''मैं झंडे में, और तुम इस नाम में, क्यों न?''—कहकर कार्मेन शरारत से हँसती है।

''चुप शैतान!''—हँसकर मेरिया एकाएक गम्भीर हो जाती है...

और कार्मेन भी चुप रहती है, कभी-कभी बीच-बीच में कनखियों से उसकी ओर देखकर कुछ कहने को होती है, पर कहती नहीं।

गन्ने के खेत के इधर एक व्यक्ति आता दिख रहा है। मेरिया स्थिर उत्कंठा से देखने लगी है। कार्मेन ने उधर नहीं देखा, किन्तु किसी अलौकिक बुद्धि से वह भी अनुभव कर रही है कि उसकी बहन व्यग्रता से कुछ देख रही है और वह भी एक तनी हुई प्रतीक्षा-सी में अपना काम कर रही है...

जब वह व्यक्ति पास आ गया, तो मेरिया ने उठकर हाथ से उसे इशारा किया और कार्मेन से बोली, ''कार्मेन, तू भीतर जा। मैं बात करके आऊँगी।''

कार्मेन एक बार मानो कहने को हुई, ''मैं भी रह जाऊँ?'' फिर उस वाक्य को एक चितवन में ही उलझाकर चली गई।

''कहो, सेबेस्टिन, मिलने को क्यों कहला भेजा था?''

''तुम्हारे लिए समाचार लाया हूँ। कोई सुनता तो नहीं?''

''नहीं।''

''फिर भी, धीरे-धीरे कहूँ। मिगेल का समाचार है।''

मेरिया चुप। उसके चेहरे पर उत्कंठा भी नहीं दिखती।

''वह मैटांज़ास की जेल में है।''

''यह तो मैं भी जानती हूँ।''

सेबेस्टिन स्वर और भी धीमा करके बोला, ''वह वहाँ से निकलकर अमेरिका जाने का प्रबन्ध कर रहा है।''

मेरिया फिर चुप। पर, अब की उत्कंठा नहीं छिपती।

''उसे धन की ज़रूरत।''

''फिर?''

सेबेस्टिन सन्दिग्ध स्वर में बोला, ''यही मैं सोच रहा हूँ। मेरा जो हाल है, सो देखती हो—अभी तीन दिन से रोटी नहीं खायी और तुमसे भी कुछ कह नहीं सकता। और, और यहाँ कौन बच रहा है—सभी भूखे मर रहे हैं। माँगूँ किससे?''

मेरिया थोड़ी देर चुप रही। फिर बोली, ''कितना धन चाहिए?''

सेबेस्टिन ने एक बार तीव्र दृष्टि से उसकी ओर देखा, फिर कहा, ''क्या करोगी पूछकर—बहुत!''

''फिर भी कितना?''

''लाओगी कहाँ से? अगर सौ डालर चाहिए तो?''

''सौ चाहिए?''

तनिक विस्मय से, ''अगर दो सौ डालर चाहिए—तीन सौ?''

''तीन सौ डालर चाहिए?''

अब विस्मय को छिपाकर उदासीनता दिखाते हुए, ''नहीं चाहिए तो इससे भी अधिक—कम-से-कम पाँच सौ डालर खर्च होंगे। बड़े जोखिम का काम है...पर इन बातों से क्या लाभ? हो तो कुछ सकता ही नहीं...तुम पूछती क्यों हो?''

मेरिया चुप है। उसके मुख पर अनेक भाव आते हैं और जाते हैं। सेबेस्टिन उन्हें पढ़ नहीं पाता और सोचता है—'यह औरत बड़ी गहरी मालूम पड़ती है, मुझसे बहुत-कुछ छिपाए हुए है, जिसका मैं अनुमान भी नहीं कर पाता...'

मेरिया एकाएक बोली, ''यहाँ कोई बैंकर है? कोई अमेरिकन?''

''हाँ, है तो। क्यों?''

''गिरवी रखेंगे?''

''क्या? शायद कोई खरी चीज़ हो तो रख लें—पर आजकल गिरवी से बेचना अच्छा, क्योंकि मिलेगा बहुत थोड़ा। पर क्या तुम कुछ गिरवी रखना चाहती हो? अभी तो तुम्हारा खर्च चलता होगा?''

मेरिया ने उत्तर नहीं दिया, कुछ देर सोचने के बाद पूछा, ''उसे निकालने में कितने दिन लगेंगे?''

''दिन क्या? सब प्रबन्ध तो है, धन भिजवाते ही वह निकल जाएगा।''

''यहाँ से मैटांज़ास भिजवाओगे?''

''प्रबन्ध करनेवाले यहीं हैं। उन्हीं को देना होगा। उनके पास धन पहुँचते ही वे कर लेंगे, ऐसा मुझसे कहा है।'' सेबेस्टिन ने एक दबी हुई अनिच्छा-सी से कहा, मानो अधिक रहस्य खोलना न चाहता हो।

''हूँ!''

मेरिया फिर किसी सोच में पड़ गई। थोड़ी देर बाद उसने उतरे हुए चेहरे से फीके स्वर में कहा, ''शायद मैं पाँच सौ डालर का प्रबन्ध कर सकूँ। तुम—रात को आना!''

''तुम! पाँच सौ डालर!''

''हाँ! मेरा विश्वास है कि कर सकूँगी! पर निश्चय नहीं कह सकती—तुम रात को आना।''

''पर—''

''अभी जाओ, रात को आना। अभी बस, अभी बस! मैं कुछ सोचना चाहती हूँ—मेरा स्वास्थ्य ठीक नहीं है।'' कहकर मेरिया मुड़कर घर की ओर चली।

''अच्छा, मैं जाता हूँ, विदा!'' कहकर सेबेस्टिन चलने लगा, किन्तु जब मेरिया अन्दर चली गई, तब वह रुककर, उसकी ओर देखकर बोला, ''मेरिया, तुम्हारे पास इतना धन कैसे? यह तो अँधेरे में तीर लग गया है।''

फिर, धीरे-धीरे उसके मुख पर विस्मय या आग्रह का भाव मिट गया, उसका

स्थान लिया एक लज्जा या विक्षोभ के भाव ने। पर जब सेबेस्टिन फिर गन्ने के खेत की ओर चला, तब वह भाव मिट गया था—तब वह था पहले-सा ही शान्तिप्राय, किंचित विस्मित...

खजूरों की लम्बी छाया, अब ठीक केना की क्यारी पर छा रही थी; मानो अनन्त पथ पर चलते हुए भी, उसके तरल चिकनेपन के भ्रम में पड़कर थोड़ी देर के लिए प्यासी छाया अपनी आँखें ही ठंडी कर रही हो...

2 अब वे दिन नहीं रहे, जब मेरिया की गिनती सैकड़ों से आरम्भ होती थी—वे भी नहीं, जब वह अकेली इकाई को इकाई समझने लगी थी...अब तो, यदि डालर इकाई है तो उसकी गिनती सेंट से आरम्भ हो जाती है और सेंट ही में सम्पूर्ण हो जाती है। और, वह देगी पाँच सौ डालर—अपनी गिनती की असंख्य सम्पत्ति!

मेरिया के माँ-बाप, सेंटियागो के पहाड़ी प्रदेश में बड़े ज़मींदार थे। यद्यपि उनकी समृद्धि को बीते वर्षों हुए जान पड़ते हैं, तथापि मेरिया को कभी-कभी यह विचार आता है, अभी कल ही तो वे दिन थे।

हवाना शहर के आस-पास, देहात में, मेरिया के पिता की बहुत-सी ज़मीन थी—जिसमें गन्ने बोये जाते थे; किन्तु कुछ वर्षों से, जब से अमेरिका के चीनी के व्यापारियों और मज़दूरों तक ने क्यूबा से चीनी के आयात का विरोध किया और देशभक्ति की आड़ लेकर लड़ने को तत्पर हुए, जब से अमेरिकन सरकार ने उनका मान रखने के लिए और अपनी छूँछी जातिभक्ति या देशभक्ति की शान रखने के लिए, क्यूबा से आनेवाली चीनी के आयात पर कर बढ़ा दिया, तब से धीरे-धीरे उनकी ज़मीन घटने लगी और उनका साहस भी टूटने लगा—मेरिया को वह दिन याद है (यद्यपि बहुत दूर से, ऐसे जैसे पिछले जीवन के सुख-दु:ख याद आ रहे हों!) जब उसके पिता ने आकर एक दिन थके हुए स्वर में मेरिया की माँ से कहा, ''रोज़ा, हम लुट गए हैं,—दिवालिया हो गए हैं...''

उस बात को दो वर्ष हो गए। उसके बाद ही वह दिन भी आया, जब सेंटियागो में उनका मकान भी बिक गया और वे एक साधारण परिवार बनकर हवाना आए— मज़दूरी करने के लिए....। वह दिन भी, जबकि मेरिया के पिता एक दिन गन्ने के खेत की निराई करते-करते लू लगने से मर गए और उसके कुछ ही दिन बाद मेरिया की माँ भी—जो सब कष्ट और क्लेश सहकर भी अभिमान की चोट को नहीं सहार सकी थीं।

तब से मेरिया और कार्मेन उस घर में रहती हैं। वे दोनों मज़दूरी नहीं करतीं— अब मज़दूरी करने से उतना भी नहीं मिलता, जितने के उसमें नित्य कपड़े ही घिस जाते हैं, खाने की कौन कहे...इसलिए, मेरिया अब कभी-कभी किसी अमेरिकन यात्री के यहाँ एक-आध दिन सेवा करके कुछ कमा लेती है और उसी पर तोष कर लेती है। इस सेवा में, कभी-कभी उसे अपने मन से छिपना पड़ता है—तब, जब किसी यात्री को सूझता है कि मेरिया तो सुन्दरी है। तब मेरिया डरती नहीं, छिपती

नहीं, सह लेती है और अपना वेतन कमा लेती है; क्योंकि नैतिक तन्त्र तो काल और परिस्थिति के बनाए होते हैं और प्रत्येक काल में जैसे ऊँचाई की एक सीमा-सी होती है, वैसे ही निचाई की भी। और, मेरिया समझती है कि वर्तमान परिस्थिति में, वह कम-से-कम पतित नहीं, जूठी नहीं है...

सीपी जब समुद्र में पड़ी होती है, तब उसकी गति अबाध होती है और वह अस्पृश्य; जब वह तीर पर पड़ी सूखती है, तब लोग उसके बाह्य आकार को छू लेते हैं, सहला लेते हैं पर उससे उसके अन्दर छिपा हुआ जीव आहत नहीं होता, वैसा ही अस्पृश्य रहता है। फिर एक दिन ऐसा भी आ सकता है, जब सूखे उत्ताप से छटपटा कर, सीपी अपना बाह्य कठोर कवच खोल देती है, तब लोग उसके भीतर से मुक्तामणि लूट ले जाते हैं, तब उसका कवच कहीं पड़ा रहता और उसके जीव को कौए नोच ले जाते हैं।

मेरिया विधवा थी पर पवित्र थी—अछूती थी। उसका विवाह उसके पिता ने अपने पड़ोस के एक उच्चकुल के निकम्मे युवक से कर दिया था, जो विवाह के कुछ ही दिन बाद मर गया था। उसके बाद ही मेरिया के माता-पिता सकुटुम्ब हवाना आए और दोनों लड़कियों को छोड़ परलोक सिधारे थे—जहाँ शायद चीनी पर विदेशी कर नहीं लगता था। तब पहले कुछ दिन मेरिया ने मज़दूरी भी की थी, पर फिर यात्रियों की टहल करने लगी थी। यात्री उससे अधिक कुछ नहीं माँगते थे—अधिक-से-अधिक एक मुस्कान, हाथों का स्पर्श, एक कोमल सम्बोधन...इतने के लिए वह इनकार नहीं करती थी, उपेक्षा से देती थी, और अपनी मज़दूरी ले जाती थी। इससे आगे उसके भी एक कठोर कवच था, तीर-पड़ी सीपी की तरह, और वह सोचती थी कि उसका कौमार्य सदा ऐसा ही अक्षत रहेगा...

एक बार, ऐसा हुआ था कि वह इस गीत को बदलने लगी थी—वह अपने को उत्सर्ग करने लगी थी। अपनी ओर से तो वह उत्सर्ग हो भी चुकी थी, शायद स्वीकृत भी; पर यदि ऐसा हुआ था, तो न वह उत्सर्ग-चेष्टा ही व्यक्त हुई थी और न उसकी स्वीकृति ही!

वह पिछले साल की बात है। तब मिगेल उसके पड़ोस में रहता था। वह स्वयं गरीब था और मज़दूरी करता था, किन्तु वह मेरिया के छिपे अभिमान को समझता था। कभी-कभी वह मेरिया की अनुपस्थिति में आता, कार्मेन से बातचीत करता और उसके लिए खाने-पीने का बहुत-सा सामान छोड़ जाता। कार्मेन स्वयं खाती, तो मिगेल कहता, ''रख लो, बहन के साथ खाना।'' और कार्मेन इस उपदेश का औचित्य देखकर इसे स्वीकार कर लेती। इसी प्रकार, मिगेल हर दूसरे दिन कुछ भेंट छोड़ जाता, जिससे दोनों बहनों का एक दिन का खर्च बच जाता...तब एक दिन मेरिया ने उसे मना करने के लिए उसका सामना किया था और तब से फिर सामना कर सकने के अयोग्य हो गई थी—बिक गई थी...

मेरिया, मिगेल से बात बहुत कम करती। वह आता और कार्मेन से बातें करता, हँसता-खेलता और मेरिया उनकी तरुण माता की तरह ही उन्हें देखा करती...पर

कई बार उसे विचार होता, मिगेल के कार्मेन के साथ खेलने में एक प्रेरणा है, उसकी बातचीत में एक आग्रह, उसकी हँसी में एक सहानुभूति, जो कार्मेन को दी जाकर भी उसकी ओर आती है, उसी के लिए है...तब वह लज्जित भी होती, पुलकित भी; और एक विषण्ण आनन्द से और भी चुप हो जाती...और यह सब इसलिए कि उसकी अपनी सब प्रेरणाएँ, अपने सब आग्रह, अपनी सब सहानुभूति एक ही रहस्यपूर्ण अभिव्यक्ति में मिगेल की ओर जा चुकी थी...

मिगेल में प्रतिभा थी, और प्रतिभावान व्यक्ति कभी एक स्थिर, व्यक्तिगत प्रेम नहीं पाता—चाहे अपने व्यक्ति-वैचित्र्य से उसका अनुभव करने के अयोग्य होता है, चाहे भाग्य द्वारा ही उससे वंचित होता है। मिगेल और मेरिया भी ऐसे ही रहे। मिगेल हवाना के एक गुप्त मज़दूर-दल का अगुआ था—इस बात का पता लग जाने पर उसके नाम वारंट निकल गए और वह भाग गया। इस बात को भी छह मास हो गए—और, अब तो मिगेल महीने-भर से मैटांज़ास के फ़ौजी जेल में पड़ा है। उसे पता नहीं क्या होगा—शायद बिना मुक़दमे के ही वह फाँसी लटका दिया जाएगा। क्योंकि अब है मैकाडो का राष्ट्रपतित्व, जो कि अमेरिकन छत्रच्छाया से भी बुरा है, क्योंकि मैकाडो दास ही नहीं, वह अधिकार-प्राप्त दास है। इसलिए अधिकारी से अधिक क्रूर और हृदयहीन है...आज, अगस्त 1933 में, जब प्रजा पहले ही भूखी मर रही है, तब उसके बचे-खुचे जीविका के साधन भी छीने जा रहे हैं; और इतना ही नहीं जो इस भूखी मृत्यु का विरोध करते हैं, उन्हें सबसे पहले चुन-चुनकर मारा जा रहा है। हाँ, सभ्यता और प्रगति!

मेरिया ने मिगेल को अपनाया नहीं था, शायद इसीलिए मिगेल का एक चिह्न मेरिया के पास सदा रहता है—उसकी द्वादश वर्षीया बहन। मेरिया का प्रेम मौन था, कार्मेन का स्नेह अत्यन्त मुखर, क्योंकि वह प्रेम नहीं था, वह था एक पूजा-मिश्रित अधिकार—वैसा ही, जैसा किसी बच्चे के मन में अपने देवता के प्रति होता है। कार्मेन न हर समय मिगेल का नाम जपती थी; हरेक परिस्थिति में उसके मुख पर एक ही प्रश्न आता था कि "इसमें मिगेल को कैसा लगता?" यहाँ तक कि जब वह रूखा-सूखा खाना खाने बैठती, तब सर्वोत्तम खाद्य वस्तु (बहुधा तो एक ही वस्तु होती!) पर अंश निकालकर उसे एक अलग पात्र में रखकर पूर्वस्थ मैटांज़ास की ओर उन्मुख होकर कहती, "यह मिगेल के लिए है"...मेरिया हँसती, "पगली!" पर कार्मेन के कर्म से, उसे ऐसा जान पड़ता है कि मिगेल की एक सकरुण साँस उसके पास से, उसकी किसी लट को किंचित्मात्र कम्पित करती हुई, शायद उसके श्रुतिमूल को छूती हुई चली गई है...वह ज़रा पीछे झुक जाती है—विश्रान्ति की मुद्रा में क्षण-भर पलकें मींचकर एक छोटी-सी साँस लेती, और फिर प्रकृतिस्थ हो जाती; भोजन अधिक मधुर जान पड़ने लगता और मेरिया को एकाएक ध्यान आता कि कार्मेन उसकी कितनी अपनी, कितनी अत्यन्त प्रिय है...पता नहीं, वह कार्मेन का अधिकृत प्रेम है, या मेरिया के हृदय में मिगेल की अनुपस्थिति के रिक्त को पूरा करनेवाला और अन्ततः मिगेल पर आश्रित भाव—पर मेरिया उसे कार्मेन पर बिखेरती है और बड़ी आत्मविस्मृति से (या शायद

आत्मविस्मृति के लिए ही?) बिखेरती है...

कार्मेन इसे जानती है। वह छोटी है, अबोध है, अपने इष्टदेव की पूजा में, अपनी वीर-पूजा में खोयी हुई है, पर मेरिया को जानती है। वह जानती है कि उसका देवता मेरिया का कुछ है और मेरिया सर्वथा उसकी, और उसे इससे ईर्ष्या नहीं होती। प्रेम किसी-न-किसी प्रकार के प्रतिदान का इच्छुक होता है—चाहे वह प्रतिदान कितना ही वंचक और मारक क्यों न हो—इसीलिए प्रेम में ईर्ष्या होती है। पर पूजाभाव, विशेषत: वीर-पूजा में प्रतिदान की इच्छा नहीं होती, इसीलिए उसमें विरोध की भावना भी नहीं होती। एक पुजारी अपने देवता के अन्य उपासकों से एक समीपत्व ही अनुभव करता है। और, फिर कार्मेन यह भी तो समझती है कि वह स्वयं मेरिया की कितनी अपनी है क्योंकि वह देखती है, मेरिया के जीवन का कोई भी रिक्त अगर भरा है तो कार्मेन से ही, मेरिया ने मानो अपने प्राणसूत्र के सब तन्तु सब ओर से समेट कर उसी में लपेट दिए हैं और उसी की आश्रित हो रही है...कार्मेन यह तो समझ सकती नहीं कि मेरिया की जीवन-लता कितनी अधिक उसके सहारे की आकांक्षी है, वह इसीलिए कि उसके भीतर कहीं घुन लग रहा है, जो उसकी शक्ति को चूस जाता है और उसे बाह्य आश्रय के लिए बाध्य कर रहा है। कार्मेन समझती है कि मेरिया का उसके प्रति सच्चा स्नेह है, और वह वास्तव में है भी सच्चा और विशुद्ध—किन्तु वह स्वयंभूत नहीं है, वह एक रिक्त की प्रतिक्रिया है...जैसे, जब पैर में कहीं जूता चुभता है, तब उस चुभन से उस स्थान की रक्षा के लिए एक फफोला उठता है, और स्नेह से भरता है। वह फफोला भी सच्चा होता है और स्नेह भी, पर वह स्वाभाविक होकर भी स्वयंभूत नहीं होता, वह एक बाह्य कारण से, एक रिक्ति की या पीड़ा की प्रतिक्रिया से उत्पन्न होता है...

इसे कार्मेन भी नहीं जानती, मेरिया भी नहीं जानती। क्योंकि जो स्वयं जीने की क्रिया में व्यस्त होते हैं, उन्हें जीवन के स्रोतों का अन्वेषण करने का समय नहीं होता, शायद प्रवृत्ति भी नहीं...

मेरिया और कार्मेन के इस पाँच डालर मासिक के—साढ़े सात आने रोज़ के—जीवन में एक व्यक्ति और भी उलझा हुआ है। वास्तव में उलझा ही हुआ है, क्योंकि मिगेल तो उसका एक स्वाभाविक अंग है और यह व्यक्ति है एक पहेली, एक उलझन भी, जो विभिन्न अवस्था में शायद सुलझाई भी जा सकती, और जो किसी भी अवस्था में उनके जीवन का आवश्यक अंग नहीं हुई और न होगी...यह व्यक्ति है सेबेस्टिन।

वर्तमान युग की गिनती में सेबेस्टिन से दोनों बहनों का परिचय बहुत दिन से है। वह भी किसी समय समृद्ध था, उसकी पत्नी मोटर में बैठती थी, उसके बेटे अभिजनों के स्कूल में पढ़ते थे...पर अब वह भी मज़दूरी करता है और दिन-भर खून-पसीना एक करके भी अपना खर्च नहीं चला सकता—विशेषत: इसलिए कि अपनी स्त्री का तुषारमय, उलाहना-भरा मौन उससे नहीं सहा जाता, उसे देखकर वह कई बार किसी भयंकर आग से भर जाता है और बिलकुल हृदयहीन एक मारक शस्त्र की तरह हो जाता है—अनुभूति, दया, आचार-ज्ञान तक से परे, उठे हुए खांडे की तरह, जो गिर

ही सकता है, और जिसके गिरने को नीति-शास्त्र नहीं नियन्त्रित कर सकता।

वह मिगेल का सखा था, सहयोगी था, विश्वासपात्र था। मिगेल के साथ सामान्य दारिद्र्य में बँधा था। और मिगेल, इस बन्धन को ही सबसे बड़ा बन्धन समझता था और इसी के कारण सेबेस्टिन का विश्वास करता था। पर मिगेल अकेला था और स्वच्छन्द, सेबेस्टिन अपनी गृहस्थी के बन्धनों में बँधा हुआ और सुरक्षित था। इसलिए मिगेल मित्रता में पूर्णतया बँध जाता था, और सेबेस्टिन उससे घिर कर भी उसके भीतर एक आत्मनिर्णयाधिकार बनाए रखता था...

मेरिया से मिगेल ने सेबेस्टिन का भी परिचय कराया था। मेरिया उन दोनों व्यक्तियों का अन्तर देखती थी, किन्तु सेबेस्टिन के प्रति मिगेल का आदर-भाव देख कर अपने विचारों को दबा लेती थी। मिगेल उसका कुछ नहीं था, किन्तु उसके बिना जाने ही उसका मन इस निश्चय पर पहुँच चुका था कि जो कुछ मिगेल का निजी है, वही उसका भी है।

मिगेल चला गया, बन्दी भी हो गया। मेरिया के जीवन में इससे कोई विशेष परिवर्तन प्रकट नहीं हुआ—सिवाय इसके कि अब बहनों को जो कुछ खाने-पीने को प्राप्त होता है, वह मेरिया की अपनी कमाई का फल होता है, क्योंकि सेबेस्टिन उनकी कुछ सहायता नहीं कर सकता—वह स्वयं इसका आकांक्षी है! सेबेस्टिन और मेरिया अब कभी-कभी मिलते हैं, बस! कभी मेरिया सेबेस्टिन के घर का स्मरण करके, उसे अपने यहाँ रोटी खिला देती है। तब सेबेस्टिन कृतज्ञ तो होता है, पर उसके हृदय में स्वभावत: ही यह भाव उदय होता है कि इन बहनों के पास आवश्यकता से अधिक धन है, नहीं तो ये क्यों मुझे खिलातीं—कैसे खिला सकतीं? बेचारे सेबेस्टिन के अब वे दिन नहीं थे, जब वह सोचे, मैं किसी को खिला सकता हूँ। और उसका यह भाव, उसकी कृतज्ञता के पीछे छिपा होने पर भी, मेरिया को दिख जाता था। तब वह विषण्ण-सी होकर, सेबेस्टिन के चरित्र को समझने की चेष्टा करती थी। वह उसके बहुत पास पहुँच जाती थी, किन्तु पूर्णतया हल नहीं कर पाती थी; सेबेस्टिन उसके लिए एक उलझन रह जाता था, जो सुलझ सकती है, यद्यपि अभी सुलझी नहीं; जो एक पहेली है। जिसका हल है तो, पर अभी प्राप्त नहीं हुआ...

तब वह सान्त्वना के लिए जाती थी—अपने चिर अभ्यस्त कवियों के पास नहीं—उस चिर अभ्यस्त कविता के जीवन-राहु, आँधी-पानी-धुएँ के पैगम्बर कार्ल मार्क्स की शरण में! क्योंकि, उस समय उसकी मन:स्थिति कोमल कविता के अनुकूल नहीं होती थी, वह चाहती थी एक भैरव कविता, उच्छल लहरी की तरह एक ही भव्य गर्जन में सब कुछ डुबोनेवाली, घोर विनाशिनी।

वह कार्मेन को बुलाकर पास बिठा लेती और उसके साथ पढ़ने लगती। कार्मेन के उत्साहशील तरुण हृदय को मिगेल ने पूरा कम्युनिस्ट बना दिया था। वह कार्ल मार्क्स के नाम पर किसी समय कुछ भी पढ़ने को प्रस्तुत थी। उसकी इस तत्परता में वही व्यग्र भावुकता थी, वही सहज स्वीकृति, जिसका मार्क्स प्राणशत्रु था, पर उससे क्या?

मार्क्स उसकी बुद्धि पुष्ट कर सकता था, पर उसकी स्वाभाविक चंचलता को नहीं।

मेरिया भी मार्क्स को अपने मस्तिष्क से नहीं, अपने हृदय से पढ़ती थी। कार्मेन जब देखती कि मेरिया किस प्रकार उसके उच्चारण में ही लीन हुई जा रही है, उसके तर्क की ओर नहीं जाती केवल उसकी विराट् विध्वंसिनी प्रेरणा में बही जा रही है, तब मेरिया के भाव को प्रतिबिम्बित करता हुआ एक रोमांच-सा उसे भी हो जाता था, एक कँपकँपी-सी उसके शरीर में दौड़ जाती थी—वैसी ही, जैसी किसी अनीश्वरवादी मूर्तिपूजक हृदय में, किसी भव्य मन्दिर में आरती को देख-सुनकर हो उठती है।...जब मेरिया पढ़ चुकती थी, तब कार्मेन अकस्मात् कह उठती, ''मिगेल के पढ़ाने में तो यह ऐसा नहीं होता था—''

मेरिया पूछती, ''क्या?'' तो कार्मेन से उत्तर देते न बनता! वह मन-ही-मन कल्पना करती, कहीं विजन समुद्र-तट पर बने गिरजाघर में समवेत गान हो रहा हो और लहरों के नाद से मिल रहा हो...और इस भाव को कह नहीं पाती थी, एक खोयी-सी मुस्कान मुस्कुरा देती थी!

आज, सेबेस्टिन के जाने के बाद भी यही हुआ। मेरिया पढ़ने लगी और कार्मेन चुपचाप सुनने। किन्तु मेरिया से बहुत देर तक नहीं पढ़ा गया। उसने उकताकर पुस्तक रख दी और बोली, ''फिर सही।''

कार्मेन ने धीरे से पूछा, ''मेरिया, आज तुम्हें कुछ हो गया है? बताओ, सेबेस्टिन क्या कहता था?''

मेरिया जैसे चौंकी। बोली, ''कुछ तो नहीं।''

उस स्वर में कुछ था, जिसने कार्मेन को झकझोरकर कहा,''पास आ!'' कार्मेन आई और मेरिया की गोद में सिर रखकर बैठ गई। मेरिया ने उसे पास खींच लिया और उसे गले से लिपटाये बैठी रही...कभी-कभी कार्मेन को मालूम होता, मेरिया वहाँ नहीं है तब वह सिर उठाकर मेरिया का मुँह देखना चाहती, पर मेरिया उसे और भी ज़ोर से चिपटा लेती, सिर उठाने न देती थी...

ऐसे ही धीरे-धीरे संध्या हो गई। खजूर के पेड़ों के पीछे सारा वायुमंडल स्वर्णधूलि से भर-सा गया, जिसमें गन्ने के खेत अदृश्य हो गए। जो क्षितिज दोपहर में बहुत दूर जान पड़ रहा था, अब मानो बहुत पास आ गया, मानो खजूर के वृक्षों के नीचे ही घोंसला बनाने को आ छिपा। दूर कहीं, अमेरिकन राजदूत भवन से घंटे का स्वर सुन पड़ने लगा और नगर से शोर भी एकाएक बहुत पास जान पड़ने लगा...

कार्मेन, मेरिया की गोद में बहुत चुप पड़ी थी, मेरिया ने पूछा, ''कार्मेन, सो गई क्या?'' तब कार्मेन ने गोद में रखा हुआ सिर, मेरिया के शरीर से रगड़कर हिला दिया और झूठ-मूठ के रूठे स्वर में बोली, ''तुम बताती तो हो नहीं।''

''ओ, वह?'' कहकर मेरिया फिर चुप हो गई। थोड़ी देर बाद बोली, ''कार्मेन, तुझसे एक बात पूछनी है; न, उठ मत, ऐसी ही पड़ी रह!''

कार्मेन ने विस्मय से कहा, ''क्या आज रोटी नहीं खानी है?''

''खा लेंगे। तू सुन तो!''

''हाँ, कहो।''

''कार्मेन, जानती है, जब माँ मरी, तब हमें बिलकुल अनाथ नहीं छोड़ गई?'' मेरिया ने गम्भीर स्वर में ऐसी मुद्रा में यह प्रश्न किया, जैसे उत्तर की भी अपेक्षा नहीं और ऐसे ही कहती चली। कार्मेन चुपचाप सुनने लगी।

''वह मुझे थोड़े-से गहने सौंप गई थी। बहुत तो नहीं थे, पर आजकल के ज़माने में उतने ही बहुत होते हैं। कुछ तो हमारे वंश की परम्परा से ही चले जा रहे थे, कुछ माँ ने तेरे विवाह के लिए बनवाए थे।''

''मेरे? और तुम्हारे लिए नहीं?''

''हाँ, मेरे भी थे, सुन तो। यह सब वह सौंप गई थी, और सँभालकर रखने को भी कह गई थी। इसके अलावा एक मोती भी है, जो मिगेल ने दिया था।''

''मिगेल ने? उसके पास था?''

''हाँ। उसे उसकी बुआ दे गई थी। पर, तू ऐसे प्रश्न पूछेगी, तो मैं बात नहीं करूँगी!''

मेरिया फिर कहने लगी, ''यह सब मैंने एक बर्तन में रखकर दाब दिए थे कि कहीं गुम न हो जाएँ। आज उन्हें निकालने की सोच रही हूँ। मिगेल ने मँगवाए हैं।''

''पर वह तो कैद है न?''

''हाँ, वह वहाँ से निकलकर अमेरिका जाएगा। इसलिए ज़रूरत है।''

''अच्छा, जभी मुझे भगाकर बातें कर रही थीं। हाँ, तो निकाल लाओ, रखे कहाँ हैं?''

मेरिया ने इस प्रश्न की उपेक्षा करके कहा, ''जो वंश के हैं, और जो तेरे विवाह के लिए बने थे, उन पर मेरा अधिकार नहीं है।''

कार्मेन सिर को झटककर उठ बैठी, कुछ बोली नहीं, मेरिया के मुख की ओर देखने लगी।

मेरिया ने देखा कि कार्मेन को यह बात चुभ गई है, पर वह कहती गई, ''वे तेरे हैं, इसीलिए तुझसे पूछना था कि उन्हें बिकवा दूँ?''

कार्मेन ने आहत स्वर में कहा, ''मुझसे पूछती हो?''

मेरिया ने जान-बूझकर उस स्वर को न समझते हुए, फिर पूछा, ''हाँ बता तो!''

''मैं नहीं बताती—'' कार्मेन की आँखों में आँसू भर आए। उसने मुँह फेर लिया, मेरिया उसकी मनुहार करने लगी। एक दृश्य हुआ, जिसे न देखना, देखकर न कहना ही उचित है।

तब कार्मेन ने रो कर कहा, ''मैं कभी मना करती?''

मेरिया एकाएक शिथिल हो गई।

3 संध्या घनी हो गई।

कार्मेन अपनी बहन की प्रतीक्षा में बैठी थी। अन्धकार हो रहा है, इसलिए

उसने पढ़ना छोड़ दिया है, पर अभी बत्ती नहीं जलाई। आवश्यकता भी क्या है? तेल बचेगा! और, इस कोमल अन्धकार में बैठकर सूर्यास्त के पट पर अपने स्वप्नों का नृत्य देखना अच्छा लगता है।

कार्मेन ने बहुत दिनों से इस प्रकार अपने-आपको प्रकृति की प्रकृतिता में नहीं भुलाया—उसका जीवन ऐसा हो गया है कि इसके लिए अवसर नहीं मिलता; इसलिए जब अवसर मिल भी जाता, तब उस स्वप्न-संसार से लौटकर आने की चोट के भय से वह उधर जाती ही नहीं, पर आज, इतने दिनों बाद न जाने क्यों, उसे बड़ी प्रसन्नता हो रही है। शायद एकाएक मिगेल के निकलने की सम्भावना के कारण, शायद इस अनुभूति से कि आज उसकी बहन के प्यार में सदा से अधिक कुछ था—कोई वस्तु नहीं, किन्तु एक प्रकार की विशिष्टता का कोई सूक्ष्म भेद...कार्मेन एक विचित्र, अदम्य त्याग-भावना से भरी सांध्य नभ को देख रही है। देख नहीं रही, प्रतिबिम्बित कर रही है। नभ के प्रत्येक छाया-परिवर्तन के साथ-ही-साथ उसके प्राणों में भी मानो एक पर्दा बदलता है।

सूर्यास्त के बाद का रंग जाने कैसा कलुष लिये लाल-लाल, मैला-सा हो रहा है...उसे देखकर कार्मेन के मनःक्षेत्र में किसी अँधेरे विस्मृत कोने में एक विचार, या छाया, या कल्पना आ रही है...वह आकाश उसे ऐसा लग रहा है, जैसे वन में किसी रहस्यपूर्ण नैश-उत्सव की अपनी आग से दीप्त, उसे प्रतिबिम्बित करती हुई, किसी भैरव देवता की विराट्, चमकती हुई, काली प्रस्तर-मूर्ति की खुली-खुली, चपटी-चपटी, फैली हुई छाती...

कार्मेन सोचती है कि वे दोनों बहनें उस देवता की रक्षिता हैं, यद्यपि वह देवता बड़ा विकराल है...पर, मेरिया अभी तक आई क्यों नहीं?

हम सांध्य आकाश की छटा को एक स्वतन्त्र विभूति मानते हैं, पर वह है क्या? वह है किसी अन्य के, किसी अस्त हुए आलोक की प्रतिच्छाया-मात्र...

और, हम समझते हैं, संध्या में एक आत्मभूत, आत्यन्तिक सौन्दर्य है, पर वहाँ वैसा कुछ नहीं है...हम संध्या में देखते हैं—केवल अपने अन्तर का प्रतिबिम्ब, अपनी बुझी हुई, आशाओं-आकांक्षाओं का स्फूर्तिमान कंकाल...

नहीं तो, यह कैसे होता कि जिस सांध्य आकाश में कार्मेन को ऐसा भव्य चित्र दिखता है, उसी में चालीस मील दूर मैटांज़ास के फ़ौजी जेल में बैठे मिगेल को इतना वीभत्स चित्र दिखता है...

चार-पाँच खेमे गड़े हैं, जिनके आस-पास कँटीले तार का जँगला लगा हुआ है। उसके भीतर-बाहर, दोनों ओर सशस्त्र सिपाहियों का पहरा है और उससे कुछ दूर एक और खेमा लगा है, जिसके बाहर बैठे सिपाही गाली-गलौज कर रहे हैं। उसके सामने ही तीन-तीन बन्दूकों को मिलाकर बनाए हुए चार-पाँच कुन्दले हैं और उनसे आगे प्रशान्त खेत और पश्चिमीय क्षितिज...

एक खेमे के बाहर मिगेल खड़ा है। उसे बाहर निकलने की अनुमति नहीं है, किन्तु पहरेवाले सिपाही की दया से वह कुछ देर के लिए बाहर का दृश्य देखने

निकला है। वह उन बन्दूकों के कुन्दले की अग्रभूमि से, और खेतों के मौन से पार के सांध्य आकाश को देख रहा है और सोच रहा है...

'इसी दिशा में चालीस मील दूर हवाना है, वहाँ उसका सब कुछ है। कुल चालीस मील; पर चालीस मील! वह सोचता है, यदि आज मैं छूटकर हवाना पहुँच सकूँ तो क्या कुछ कर सकूँगा...न जाने वहाँ क्या परिस्थिति है—बहुत दिनों से समाचार नहीं आया है, विद्रोह की इतनी तैयारियाँ थीं और शायद उसका आरम्भ भी हो गया हो...जिस विद्रोह को जगाने में उसने इतना यत्न किया, जिसके लिए वह यहाँ भी आया, उसी में वह भागी नहीं हो सकेगा—हाय वंचना!'

वह चाहता है, तीव्र गति से इधर-उधर चलकर अपने अन्दर भरते हुए इस अवसाद को कुछ कम कर ले; पर उसे तो वहाँ निश्चल खड़ा रहना है। उसे तो हिलना भी नहीं, वह तो वहाँ खड़ा भी है तो एक सिपाही की अनुकम्पा से, मैकाडो के सिपाही की अनुकम्पा से...हाय परवशता!

उसके मन में विचार उठता है, आज रात ही इसका अन्त करना है। वह अकेला ही है, अकेला ही यत्न करेगा। वह इस बन्धन का अन्त आज ही रात में करेगा—मुक्ति के लिए प्राणों पर खेल जाएगा। प्राण तो जाते ही हैं—शायद पहले मुक्ति मिल जाए। एक सिपाही ने उसे सहायता का वचन दिया है, वह उसे कँटीले तार के पार तक जाने देगा। उसके आगे मिगेल का अधिकार है। उसके पास एक पिस्तौल है। वह यदि निकल कर भाग न सकेगा, तो अपना अन्त तो कर सकेगा। यदि शत्रु की गोली से भी मरेगा, तो उस कँटीले तार के उस पार तो मरेगा! उस कँटीले तार की रेखा ही उसके लिए जीवन और मरण की विभाजक रेखा हो रही है, मुक्ति का संकेत—हाय दासता!

बुद्धि उसे कहती है, ये विचार तुझे विचलित कर देंगे। युद्ध में निश्चय हो जाने के बाद विकल्प नहीं करना चाहिए—वह तो उससे पूर्व की बातें हैं...तब वह कहीं पढ़ी हुई कविता की दो-चार पंक्तियाँ दुहराता है और सूर्यास्त को देखकर वही वीभत्स कल्पनाएँ करने लगता है...

यह वही आकाश है, वही आलोक का छायानर्तन...वही कलुषमयी लाली, वह फीका-फीका मैलापन...पर मिगेल क्या देखता है! जैसे रोगिणी क्षितिज का रक्तमिश्रित रजस्राव...या, जैसे कालगति से किसी विकराल जन्तु के प्रसव के बाद गिरे हुए फूल... अपनी कल्पना की वीभत्सता से वही मचमचा जाता है, पर वह आती है और आती है... और इतना ही नहीं, वह यह भी सोचने लगता है कि वह विकराल जन्तु क्या होगा, जिसके प्रसव के ये फूल हैं—वह क्रूर, भयंकर, नामहीन, आंतक...

वह तो बहुत दूर है। यहीं हवाना के अन्तिक में उसी सूर्यास्त को एक और व्यक्ति देख रहा है—सेबेस्टिन।

वह अपने घर में अकेला है, यद्यपि उसके पास ही उसकी स्त्री और बच्चे हैं, और उसकी स्त्री उसे कुछ कह रही है। वह कुछ सुन नहीं रहा, उसे आज अपनी स्त्री के चुभ जानेवाले शब्दों का भी ध्यान नहीं, वह उससे भी अधिक चुभनेवाली बातों पर विचार कर रहा है...वह विश्वासघात की तैयारी कर रहा है; वह जानता

है कि यह विश्वासघात होगा; यह भी अनुभव कर रहा है कि यह भयंकर पाप, अत्यन्त नीचता होगी, वह इस पर लज्जित भी है; किन्तु किसी अमर शक्ति से बँधा हुआ-सा वह यह अनुभव कर रहा है कि यह होगा अवश्य, उससे होगा, और वह सब कुछ देखते हुए भी अन्धा होकर इसे करेगा...

क्या करेगा? कुछ भी तो नहीं। किसी के पास आवश्यकता से अधिक धन है, उसे ले लेगा, उनके लिए जिन्हें उसकी आवश्यकता है—अपनी बीवी और बच्चों के लिए...यह कोई पाप है? और फिर, उसने इसके लिए योजना तो बनाई नहीं, उसे कब आशा थी कि मेरिया धनी है—उसने तो पता लगाने के लिए प्रश्न पूछा था...मेरिया स्वयं ही कहती है...भाग्य उसे कुछ देता है, तो वह न लेनेवाला कौन? वह झूठा, दगाबाज़, आत्मवंचक। अब उसे दिखता है, वह कुछ हो, वह एक अप्रतिरोध प्रेरणा से बँधा हुआ है...। और उसके लिए, यदि कहीं क्षमा नहीं तो उसी प्रेरणा से अवश्य मिलेगी...

सारा आकाश, सारी सृष्टि, आग के लाल प्रतिबिम्ब, और काले-काले धुएँ से भरी हुई है! तब वही कहाँ से एक शीतल आत्मा ले आवे, वही कहाँ से आदर्श पुरुष हो जाए, वही कहाँ उस लाल प्रतिज्योति और उस काले धुएँ से बचकर जा पहुँचे।

और वह अकेला ही उसे नहीं देख रहा, यहीं हवाना शहर में, उसी सूर्यास्त में, अनेक व्यक्तियों को क्या कुछ दिख रहा है...

यहाँ हवाना का वह अंश रहता है, जिसे कभी उसका अंश गिना नहीं जाता, किन्तु जिस पर उसका अस्तित्व निर्भर करता है...जो हवाना की ग़रीबी का निकेत है, किन्तु जो हवाना की सम्पत्ति को बनाता है...यहाँ वे पुरुष हैं जो दिन-भर मज़दूरी करके एक मास में उतना कमा पाते हैं, जितना अमेरिकन मज़दूर एक घंटे में, जिसके भले के नाम पर इन लोगों को पीसा जा रहा है और जो स्वयं किसी और के लिए पिसेंगे? यहाँ वे औरतें भी हैं, जो दिन-भर और आधी रात-भर सिलाई का काम करती हैं और एक दर्जन कमीज़ें सीकर पाँच आने वेतन पाती हैं, या जो अपने शरीर को बेचकर उसके मूल्य में कुछ आने पैसे और कोई मारक रोग पाकर, कृतज्ञ भी हो सकती हैं...यहाँ वे लड़के भी हैं, जो अपने माता-पिता का पेट भरने—माता-पिता के पेट का ख़ालीपन कम करने के लिए वह भी करने को तैयार रहते हैं, जिसके विरुद्ध समस्त मानवता चिल्लाती है—

वे सब, सूर्यास्त को देख नहीं रहे हैं, पर सूर्यास्त उनकी आँखों के आगे है। उन्हें कुछ-न-कुछ दिखता भी है, उनके पास इतना समय नहीं कि रुककर उसे देखें, उस पर विचार करें, पर उनकी अशान्ति में सूर्यास्त के प्रति एक भाव जाग रहा है...

वही कलुषपूर्ण लाल-लाल, मैला-सा आकाश...उनके मन में ऐसा है, जैसे क्रोध की पिघली हुई आग उबल-उबलकर बैठ गई हो; ऊपर सतह पर छोड़ गई हो एक धूसर-सी, जली-बुझी-सुलगती-सी एक कुढ़न की आग...

उनके हृदय में भी कुढ़न की आग-सी उठ रही है...वे समझते हैं, उनमें क्रोध की ज्वाला है, पर क्रोध करने के लिए शक्ति की आवश्यकता होती है, और वे हैं निर्बल और अपनी निर्बलता से परिचित। वे कुढ़ ही सकते हैं, जैसे कि वे अब तक करते रहे हैं...

आज वे जो तैयारी कर रहे हैं, वह क्रोध नहीं, वह भी कुढ़न की आग ही है। तभी तो वे ऐसे चुप-चुप से हैं, यद्यपि वे विद्रोह की तैयारी में हैं; उसी के लिए निकल भी पड़े हैं...उनके प्रतिनिधियों का एक दल जा रहा है महल और फ़ौजी बैरकों की ओर, और दूसरा दल चला है विद्रोह के द्रोहियों की तलाश में, पर उनकी प्रेरणा क्रोध नहीं, उनकी प्रेरणा है केवल भूख...उन्हें फ़ौज से सहायता की आशा है, पर वे पुलिस से डर भी रहे हैं, क्योंकि वे जानते हैं कि पुलिस के जत्थे भी विद्रोहियों की खोज में हैं। और क्योंकि उनके हृदय में डर है, इसीलिए वे सोच भी सकते हैं, तैयारी भी कर सकते हैं, भविष्य की ओर उन्मुख भी हो सकते हैं...

संध्या बहुत घनी हो गई...

4 कार्मेन, मेरिया से पूछ रही थी, ''बड़ी देर कर दी?'' कि सेबेस्टिन ने पुकार कर पूछा, ''आ जाऊँ?''

मेरिया ने कन्धे पर से चादर उतारकर रखी और कार्मेन से बोली, ''ले, देख!''

कार्मेन व्यग्रता से हँडिया को खोलकर, उसके भीतर मोमजामे में लिपटे हुए आभूषणों को निकालकर देखने लगी। सेबेस्टिन ने दबे विस्मय से पूछा, ''इन्हें कहाँ से लायी है?''

मेरिया एक छोटी-सी सन्तुष्ट हँसी हँसी। फिर कार्मेन से बोली, ''कार्मेन, तू इन्हें ले जाकर सो, हम ज़रा बातें कर लें।''

कार्मेन चली गई तो मेरिया ने धीमे स्वर में सेबेस्टिन से पूछा, ''पर्याप्त होंगे?''

''होने तो चाहिए। तुम्हें मूल्य का कुछ अनुमान है?''

''पाँच सौ से तो कहीं ज़्यादा के हैं।''

''हाँ, पर आजकल तो बहुत घाटे पर देने पड़ेंगे। और, आज तो बहुत ही कम।''

''आज कोई खास बात है?''

''हाँ, पर वह ठहरकर बताऊँगा। तो, ये मैं ले जाऊँ?''

मेरिया ने कुछ हिचकिचाते हुए कहा, ''हाँ।'' सेबेस्टिन ने समझा, शायद सन्देह के कारण हिचकिचा रही है। ऐसी अवस्था में उसने चुप रहना ही उचित समझा। मेरिया बोली, ''मैं ले आऊँ?'' और भीतर चली गई।

वहाँ से लौटकर आते, उसे केवल आभूषण लाने में जितनी देर लगनी चाहिए थी, उससे अधिक लगी। क्योंकि उसे एक बार फिर कार्मेन से पूछना था कि आभूषण देखकर उसकी राय बदल तो नहीं गई, उसे बताना था कि कौन किसका था, उसे और कुछ नहीं तो मिगेलवाला मोती उसके हाथों गले में पहनकर दिखाना भी था, उसके मोती रखने का आग्रह सुनकर उसे टालना भी था और फिर सब आभूषण दे डालने के लिए प्रसन्न स्वीकृति पर, उसे चूमना भी था और उसके शरारत-भरे इस कथन पर कि 'तुम्हारे मिगेल के लिए तो है।' एक हल्का-सा मीठा चपत लगाकर तब कहीं बाहर आना था।

सेबेस्टिन ने चुपचाप गहने लेकर वस्त्रों में कहीं रख लिये। तब बोला,

''कोशिश करूँगा, आज ही धन का प्रबन्ध हो जाए, एक-दो अमेरिकन बैंकर हैं, जो रात में भी काम करते हैं—बल्कि रात में ही काम करते हैं।''

''हाँ।''

थोड़ी देर चुप्पी रही। फिर मेरिया एकाएक बोली, ''हाँ, यह तो बताओ, वह खास बात क्या थी?''

''अरे, मैं तो भूल ही चला था इतनी ज़रूरी बात! यहाँ फ़ौजवालों और विद्यार्थियों के साथ मिलकर लोगों ने कल बड़े सवेरे विद्रोह कर देने का निश्चय किया है।''

''हैं! कल? अभी पिछले निश्चय को दस ही दिन तो हुए हैं!''

''हाँ, अब भी आशा बहुत है। फ़ौज सारी विद्रोही है, मैकाडो के पक्ष में पुलिस ही होगी। अगर कहीं मार-काट हुई भी तो थोड़ी ही। अकस्मात् ही कहीं हो जाए, नहीं तो जितनी होगी, हवाना शहर के बाहर ही होगी।''

''पर घुड़सवार पुलिस भी तो सशस्त्र है, और खुफ़िया?''

''हाँ, उनसे आशंका है। पर वे हैं कितने?''

''जितने भी हों।''

''देखा जाएगा!'' कहकर सेबेस्टिन ने विदा माँगी और चला। चलते-चलते न जाने क्या सोचकर एकाएक रुक गया और बोला, ''मेरिया, इन आभूषणों में से कोई एक-आध रखना हो तो रख लो।''

''नहीं, जब पाँच सौ डालर पूरे होने की आशा नहीं तो क्यों? यदि अधिक मिल सके, तब चाहे कोई रख लेना—।''

''कौन-सा ?''

मेरिया ने इस प्रश्न का उत्तर विधि पर डालते हुए कहा, ''जो भी हो! पर, कोई भी क्यों रखना, जितना धन मिले, सब भेज देना। क्या पता, उसे अधिक की ज़रूरत पड़ जाए—ऐसे समय लोभ नहीं करना चाहिए!''

''हाँ, यह बात तो है।'' कहकर सेबेस्टिन जल्दी से चला गया। मेरिया वहीं खड़ी-खड़ी बाहर अन्धकार की ओर देखकर कुछ सोचने लगी, कुछ देखने लगी, तभी कार्मेन की आवाज़ आई, ''सोने नहीं आओगी?''

उसके ऊपर एक कोमल उदासी छा गई।

मेरिया कोहनी टेके एक करवट लेटी हुई थी, किन्तु सिर उठाए, उसे हथेली पर टेककर। और कार्मेन उससे चिपटकर उसकी छाती में मुँह छिपाए पड़ी थी!

समाचार मेरिया सुन चुकी थी। दोनों ने यह निश्चय कर लिया था कि कल उन्हें क्रान्ति-विद्रोह में मिल जाना होगा; यद्यपि कैसे, क्या करना होगा, यह वे नहीं सोच सकी थीं।

और, इस निश्चय पर पहुँच जाने के बाद, जो विचार-रहस्य-गर्भित मौन छा गया था, उसी में दोनों पर वह उदासी छा गई थी, न जाने क्यों...

कार्मेन देख रही थी क्रान्ति की विजय का स्वप्न, और उस स्वप्न की भव्यता में उसे एक कँपकँपी-सी आती थी, एक रोमांच-सा होता था, किन्तु मेरिया और मिगेल की उस विजय पर छायी हुई छाया और मेरिया का इस समय का घनिष्ठ

समीपत्व उसे उदासी के उस नशे में से बाहर नहीं निकलने देता था...

मानो मेरिया के शरीर में से, किसी अज्ञात मार्ग से, उसका प्रगाढ़ नैराश्य कार्मेन में प्रविष्ट हो रहा था। क्योंकि मेरिया के हृदय पर नैराश्य की छाया थी; ऐसा नैराश्य, जो अपनी सीमा पर पहुँचकर नष्ट हो गया है, भाव नहीं रहा, एक आदत-सी हो गई है और इसलिए स्वयं मेरिया को भी दृश्य नहीं होता।

कार्मेन ने किसी गहरी छाया के दबाव का अनुभव करके धीरे से कहा, ''कुछ गाओ !''

मेरिया ने दूरस्थ भाव से कहा, ''आज तो मन नहीं करता कार्मेन ! कल सुन लेना।''

''कल तो...'' कहकर कार्मेन एकाएक चुप हो गई। जिस छाया से वह बच रही थी, वह तनिक और भी गहरी हो गई...

बहुत देर बाद, कार्मेन एकाएक चौंकी। मेरिया की आँखों से एक आँसू उसके गाल पर गिरा था—एक अकेला, बड़ा-सा, गर्म...

उसके चौंकते ही मेरिया ने ज़ोर से उसे अपने से चिपटा लिया और बार-बार घूँटने लगी...

मेरिया का भाव कार्मेन समझ नहीं सकी, किन्तु फिर भी, यह अतिरेक अच्छा-सा लगा... वह मेरिया के मानसिक संसार में प्रविष्ट नहीं हो सकी, किन्तु मेरिया के शरीर के इस दबाव का प्रतिदान देने लगी...उस श्रोता की तरह, जो किसी कलाकार गायक का गान सुनते हुए, स्वयं गाने की क्षमता न रखकर भी अपने को भूलकर गुनगुनाने और ताल देने लगता है...

तब न जाने कितनी और देर बाद, मेरिया भी बहुत धीमे स्वर में गाने लगी— एक अँग्रेज़ी कविता का टुकड़ा, जो उसने अपने समृद्ध जीवन में कभी सीखा था...

> 'मस्ट ऐ लिटल वीप, लव,
> फूलिश मी !
> एंड सो फ़ाल एस्लीप लव,
> लव्ड बाई दी... ' [1]

और उन्हें इस व्यवहार में लीन देखकर रात चुपके-चुपके तीव्र गति से भागने लगी, मानो उन्हें धोखा देने के लिए, मानो ईर्ष्या से...

और मेरिया और कार्मेन बार-बार चौंक-सी जातीं और थोड़ी देर बातें कर लेतीं और फिर चुप हो जातीं, और कार्मेन दो-चार झपकियाँ सो भी लेती...कभी-कभी एकाध आँसू गिर जाता तो दोनों ही अपने आँसू-भरे हृदयों में सोचतीं, किसका था ? और, फिर अपने को छिपाने के लिए बातें करतीं, या आलिंगन करतीं और इसी चेष्टा में वही प्रकट हो जाता जो वे छिपा रही थीं...तब वे इसी अतिशय समीपत्व की वेदना से घबरा कर आगे देखने लगतीं——भविष्य की ओर। मेरिया किधर और कार्मेन किधर...

---

1. थोड़ा-सा रोऊँगी—
   भोली मैं !
   और तब सोऊँगी,
   तेरे प्यार में...

उनके पथ विभिन्न थे और प्रतिकूल, किन्तु न जाने कैसे अपने अन्त में वे मिल जाते थे—एक खारी बूँद में, एक दबाव में, एक साँस में, एक तपे हुए मौन में, या इन सभी की अनुपस्थिति की शून्यता में!

प्रतीक्षा की रातों को प्रतीक्षक का भाव ही लम्बा बनाता है, किन्तु यदि उनसे वह भी न हो, तो वे रातें कैसे कटें—अन्तहीन ही न हो जाएँ!

5 रात में आग फट पड़ी है।

जलती हुई पृथ्वी को रौंदते हुए, काल के घोड़े दौड़े जा रहे हैं...और उनके मुँह से पिघली हुई आग का फेन गिर रहा है, उनके फटे-फटे नथुनों में से ज्वाला की लपटें निकल रही हैं...और काल-पुरुष मृत्यु के धुएँ में घिरा बैठा है, घोड़ों को ढील देता जा रहा है, और शब्दहीन किन्तु सदर्प आज्ञापना से कह रहा है, ''बढ़ो, रौंदते चले जाओ!'' और पृथ्वी की लाली और काल-पुरुष के प्रयाण की लाली के साथ उषा के जलते हुए आकाश की लाली मिल रही है—

हवाना में विद्रोह हो गया है।

उसमें बुद्धि नहीं है—अशान्ति को कहाँ बुद्धि? उसमें संगठन नहीं है—रिक्तता का कैसा संगठन? उसमें नियन्त्रण नहीं है—भूख का क्या नियन्त्रण? उसकी कोई प्रगति भी नहीं—विस्फोट की किधर प्रगति?

विद्रोह इन सबसे परे है...वह मानवता के स्वाभाविक विकास का पथ नहीं, वह उसके अस्वाभाविक संचय के बचाव का साधन है, उसकी बाढ़ का रेचन...वह ज्वार की तरह बढ़ रहा है।

उसका घात है—

इधर जहाँ मैकाडो के महल के आगे इतनी बड़ी भीड़ इकट्ठी हो रही है, जहाँ महल लूट लिया गया है, जहाँ महल का सब सामान यथावत् पड़ा है, केवल खाद्य-पदार्थ लूटे जा रहे हैं, और बिखर रहे हैं;

इधर जहाँ बहुत-से निहत्थे लोगों ने किसी समृद्ध राज-कर्मचारी के एक घर से एक मोटा-सा सूअर निकाला है और उसे कच्चा ही काट-काटकर, नोच-नोचकर खा रहे हैं; भूनने के लिए भी नहीं रुक सकते, तथापि आग पास ही जल रही है;

इधर जहाँ कई एक कर्मचारी अपने अच्छे-अच्छे वस्त्र फेंककर अपने नौकरों के फटे मैले-कुचैले कपड़े पहन रहे हैं कि वे भी इस गन्दी शून्यता में छिप सकें;

इधर जहाँ बीसियों नंगे लड़के, महलों के पीछे जमे हुए कूड़े-कर्कट के ढेर में से टुक्कड़ बीन-बीनकर खा रहे हैं—वही टुक्कड़, जिन्हें वहाँ के कौए भी न खाते थे;

इधर जहाँ पुरुषों की भीड़ में अनेक अच्छी-बुरी स्त्रियाँ और वेश्याएँ तक उलझ रही हैं, पर किसी को ध्यान नहीं कि वे स्त्रियाँ भी हैं;

इधर जहाँ पाँच-चार विद्रोही सैनिकों के साथ जुटी हुई विद्यार्थियों और नव-युवकों की भीड़ केना के फूल और खजूर की डालियाँ तोड़-तोड़कर, उछाल-उछाल

कर चिल्ला रही है, और मैकाडो के पलायन की खुशी में अपना ध्येय, कर्तव्य और योजनाएँ भूल गई है; पागल हो गई है...

इधर जहाँ शोर हो रहा है, पर शोर की भावना से नहीं; नाच हो रहा है, पर नाच की भावना से नहीं; झगड़ा हो रहा है, पर झगड़े की भावना से नहीं; हत्या हो रही है, पर हत्या की भावना से नहीं; बदले लिये जा रहे हैं, पर बदले की भावना से नहीं...

इधर जहाँ क्रान्ति हो रही है, पर बिना उसे क्रान्ति समझे हुए, बिना उसे किये हुए ही...

और उसका प्रतिघात...

उधर जहाँ मैकाडो के कर्मचारियों की स्त्रियाँ व्यस्त-वस्त्रों में किन्तु मुँह को चित्र-विचित्र पंखों की आड़ में छिपाए, मोटरों या गाड़ियों में बैठ-बैठकर भाग रही हैं;

उधर जहाँ मैकाडो की पुलिस, मैकाडो के भाग जाने पर भी अपने पुलिसपन की धुन में मदमत्त, स्त्री-पुरुष-बच्चा जो सामने आ जाता है उसी को पीटती हुई बढ़ी जा रही है;

उधर जहाँ खुफ़िया पुलिस के सिपाही एक छोटे-से लड़के से उसके विद्रोही पिता का पता पूछ रहे हैं और उसकी प्रत्येक इनकारी पर कैंची से उसकी एक-एक उँगली काटते जाते हैं;

उधर जहाँ उन्हीं का एक समूह लोगों को पकड़-पकड़कर समुद्र में डाल रहा है, जहाँ शार्क मछलियाँ उन्हें चबाती हैं;

उधर जहाँ विद्रोहियों के नाखूनों के नीचे तप्त सूए चुभाए जा रहे हैं; और तपी हुई सलाखों से उनकी जननेन्द्रियाँ जलाई जा रही हैं;

उधर जहाँ घुड़सवार पुलिस के सिपाहियों ने एक ग्यारह-बारह साल की लड़की को पकड़ लिया है, और किसी पाशव उद्देश्य से उसके कपड़े फाड़ रहे हैं; उन सिपाहियों में से एक कहता है, ''छोड़ दो, अभी बच्ची है'' दूसरा वीभत्स हँसी हँसकर कहता है, ''क्यूबा में तो बारह साल की लड़की को...''

उधर जहाँ सेबेस्टिन मेरिया के गहनों को बेच आया है, अपनी स्त्री को सन्तुष्ट कर आया है और स्वयं अपने हृदय से आत्मग्लानि मिटाकर अपने को निर्दोष मानकर, धीरे-धीरे एक गली में टहलता हुआ सोच रहा है कि यदि उसकी स्त्री न होती तो वह मेरिया को ठगने की बजाय उससे विवाह ही कर लेता, क्योंकि उसकी ठगी निर्दोष होकर भी ठगी ही है...

और उधर जहाँ मिगेल, जो रात-भर एक चुराए हुए घोड़े को दौड़ाता हुआ सैंटियागो से हवाना आया है, जिसका घोड़ा गोली से मर चुका है और जिसकी टाँग भी गोली लगने से लँगड़ी हो गई है और खून से भरी पट्टी में लिपटी हुई है। मिगेल मेरिया और कार्मेन को घर में न पाकर हवाना की सूनी-सूनी गलियाँ पार करता हुआ जा रहा है, देखने कि कहाँ क्या हो रहा है, यह सोचता हुआ कि कोई परिचित या विश्वासी मिल जाए तो पता ले कि मेरिया और कार्मेन कहाँ हैं, कि बन्धुओं के और विद्रोह के समाचार क्या हैं, और नगर को एकाएक यह क्या हो गया है। मिगेल, जिसका चेहरा पीड़ा से नहीं, पीड़ाओं से विकृत है; जिसका

अधनंगा बदन भूख का नहीं, अनेक बुभुक्षाओं का साकार पुंज है...जो थकान से नहीं, अनेक थकानों में चूर है और गिरता-पड़ता भी नहीं, गिरता ही चला जाता है...

और मेरिया और कार्मेन, जो इस भयंकर ज्वार के घात में भी नहीं, प्रतिघात में भी नहीं, वे कहाँ, किस अपूर्व और स्वच्छन्द समापन की ओर जा रही हैं? इस रौद्ररस-प्रधान नाटक की मुख्य कथा से अलग होकर, किस अन्त:कथा की नायिका बनने, किस विचित्र प्रहसन की नटी बनने, विधि की वाम रुचि की कौन-सी पुकार का उत्तर देने, कौन-सी कमी पूरी करने?

इस व्यापक तूफ़ान के बाहर भी कहीं कुछ है?

कहाँ?

क्या?

6 मेरिया और कार्मेन स्त्रियाँ हैं, जाति-दोष से ही वे प्रतिघात पक्ष की हैं, पर अपनी शिक्षा और अपनी रिक्तताओं के कारण उनमें विद्रोह जागा हुआ है, इसलिए वे उधर नहीं जा सकतीं...तभी तो वे कहीं दिख नहीं पड़तीं, न उस लुटी हुई भीड़ में, न उस लूटनेवाली भीड़ में; न उस भूखी भीड़ में, न उस भूखा रखनेवाली भीड़ में...वे उस क्रान्ति में नहीं मिलतीं, क्योंकि वे उसकी संचालिका नहीं हैं, वे केवल सन्देश-वाहिका हैं...

मानव बनाता है, विधि तोड़ती है। मानव अपने सारे मंसूबे बाँधता है रात में अँधेरे में छिपकर; विधि उन्हें छिन्न-भिन्न करती है दिन में, प्रकाश में, खुले, परिहास-भरे दर्प से। मेरिया और कार्मेन ने, बहुत रो-धोकर रात में निश्चय किया था कि दिन में वे भी क्रान्ति में खो जाएँगी, कार्मेन ने छिपे उत्साह से और मेरिया ने छिपी निराशा से, किन्तु दोनों ने ही दृढ़ होकर...पर, दिन में उन्हें कुछ भी नहीं दिखा, वे नहीं सोच पाईं कि क्या करें...उन्होंने क्रान्ति की गति के बारे में जो कुछ सीखा था, वह मिगेल से सीखा था, पर मिगेल वहाँ था नहीं। उसके साथी उनके अपरिचित थे, और जो परिचित थे भी, वे मिल नहीं सकते थे। तब, वे क्या करतीं—कैसे उसके संगठन में हाथ बँटातीं? उनके पास कोई साधन नहीं था—यदि था, तो उन्हें ज्ञात नहीं था। वे अपनी एक ही प्रेरणा पहचानती थीं—अपना निश्चय, और उसी को लेकर वे क्रान्ति करने निकल पड़ी थीं...

यह कोई नयी बात नहीं है। संसार में नित्य ही, हज़ारों और लाखों व्यक्ति कुछ करने निकलते हैं, बिना जाने कि क्या; और कुछ कर जाते हैं, बिना जाने के क्या या कैसे या क्यों! यह तो सामान्य जीवन में ही होता है, जहाँ आदमी की सामान्य बुद्धि काम कर सकती है, तब क्रान्ति में क्यों नहीं सौ-गुना और सहस्र-गुना अधिक होगा...जो क्रान्ति करते हैं, उनमें कोई इना-गिना होता है जो जानता है कि वह क्या कर रहा है; यदि कोई कुछ जानते हैं तो इतना ही कि वे कुछ कर रहे हैं, कुछ करना चाहते हैं, कुछ करेंगे...और इतना भी बहुत है; क्योंकि अधिकांश तो इतना भी नहीं जानते कि

वे कुछ कर भी रहे हैं, इतना भी नहीं कि कुछ हो रहा है! वे तो एक भीड़ के भीड़पन के नशे में खोकर, नींद में चलनेवाले रोगी की तरह, एकाएक चौंककर जागते हैं और तब वे जानते हैं कि कुछ हो गया है; अब जो है, वह पहले नहीं था, और पहले जो था, वह अब नहीं है...जो कुछ हो चुका होता है, वह एक प्रगूढ़ आवश्यकता के कारण होता है। प्राय: परिस्थितियों की अनियन्त्रणीय प्रतिच्छवि होती है, जो सर्वसाधारण के लिए भले ही क्रियाशील होती है; पर यह सब दूसरी बात है, बल्कि यह तो यही सिद्ध करती है कि सर्वसाधारण का उसके करने में कोई हाथ नहीं होता...

हाँ, तो मेरिया और कार्मेन एक ऐसी आन्तरिक माँग को लेकर, अपने जीवन की किसी छिपी हुई न्यूनता को, किसी और भी छिपी हुई प्रेरणा को आज्ञापना से पूरा करने के लिए निकल पड़ी थीं। वह था उषा के तत्काल बाद ही, और अब तो दिन काफ़ी प्रकाशमान हो चुका था, धूप में काफ़ी गर्मी आ गई थी...

उन्होंने हवाना की गलियों में आकर देखा—कहीं कोई नहीं था। वे इधर-उधर ढूँढ़ती फिरीं, पर सभी लोग किसी अज्ञात अफ़वाह के उत्तर में इतने सवेरे ही कहीं गुम हो गए थे...

केवल कहीं गली में दो-चार लड़कियाँ और बूढ़ी औरतें उन्हें मिलीं, और वे उनके साथ हो लीं। और वे धीरे-धीरे हवाना के बन्दरगाह की ओर उन्मुख होकर चलीं कि और कहीं नहीं तो वहाँ पर लोग अवश्य मिलेंगे, क्योंकि उसके सब ओर हवाना का अभिजात वर्ग और उनके सहायक—राजकर्मचारी, अफ़सर, सिपाही, पुलिसवाले, व्यापारी—इस विराट प्रपंच के स्तम्भ—बसते हैं।...

वे क्रान्तिकारिणी नहीं थीं—उनमें क्या था, जो क्रान्तिकारी कहा जा सकता है? वे एक निश्चय, और जीवन के प्रति एक भव्य विस्मय का भाव लेकर चल पड़ी थीं! उनमें वह क्रूर प्रचार-भाव नहीं था, जिससे क्रूसेडर लड़ा करते थे, या इस्लाम के मुजाहिद। यदि प्रचार की कोई भावना उनमें थी तो वैसी ही, जैसी तिब्बत में होकर चीन जाते हुए बौद्ध प्रचारक कुमारगुप्त के हृदय में...

जिधर वे जा रही थीं, उधर बहुत शोर हो रहा था और उसको सुन-सुनकर वे और भी तीव्र गति से चलती जाती थीं, उन दो-एक बूढ़ी स्त्रियों में भी किसी प्रकार का जोश जाग रहा था...

आगे-आगे कार्मेन उछलती हुई जा रही थी—जैसे सूर्य के सात घोड़ों के आगे उषा...बीच-बीच में, कभी वह किलकारी भरकर कहती थी, "क्रान्ति चिरंजीवी हो!" और मानो क्रान्ति की सत्यता के आगे इस नारे की क्षुद्रता के ज्ञान से, एकाएक-चुप हो जाती थी—तब तक, जब तक कि आत्मविस्मृति उसे फिर नारा लगाने की ओर प्रेरित नहीं कर देती थी। बुड्ढियाँ चुप थीं—शायद इसलिए कि उन्हें क्या, उनके सात पुरखाओं को भी क्रान्ति का पता नहीं रहा था...

और मेरिया? वह इस परिवर्तन और अशान्ति में भी अपना वैधव्य नहीं भूली थी। वह कार्मेन के साथ-साथ चलने का प्रयत्न कर रही थी, किन्तु फिर भी बिना जल्दी के, एक भव्य मन्थरता लिये हुए। उसमें कार्मेन का उत्साह, सुख, यौवन की

प्रतीक्षमान चुनौती नहीं थी! न उन बुड्ढियों का उदासीन, विवश स्वीकृतिभाव, उसमें था एक सन्तुष्ट अलगाव, मानो वह कहीं और हो, कुछ और सोच रही हो, कोई और जीवन जी रही हो, उसने मानो इस जीवन की सम्पूर्णता पा ली थी...

क्यों?

उसके जीवन में आरम्भ से ही वंचना रही थी, लगातार आज तक; तब फिर सन्तोष कहाँ था?

यह जीवन का अन्याय (या एक क्रूर न्याय!) है कि उन्हीं की वंचना सबसे अधिक होती है, जो जीवन से सबसे अल्प माँगते हैं। मेरिया ने कभी जीवन से कुछ नहीं माँगा, इसीलिए वह इतनी वंचिता रही है कि उसे कुछ भी नहीं मिला...किन्तु शायद इसीलिए वह आज वंचना में इतनी सन्तुष्ट है कि सोचती है, वह सफल हो चुकी है, जीवन पा चुकी है और जी चुकी है।

उसने अपना कुछ—अपना सब कुछ!—मिगेल को नहीं तो मिगेल के नाम पर दे दिया है...

वह विधवा है। मिगेल उसका कोई नहीं है। पर...

उसका जीवन सम्पूर्ण हो गया है। उसके जाने, मिगेल उसकी सहायता से छूट गया है, अमेरिका चला गया है, आकर क्यूबा को स्वाधीन और सुशासित कर गया है। इसके अलावा और कुछ हो ही नहीं सकता—क्या उसने अपना सब कुछ इसी उद्देश्य से नहीं दे दिया?

विधवा मेरिया! तेरी फूटी आँखें, फूटी बुद्धि, फूटे भाग्य! चलो दोनों, देखो, सम्पूर्णता से भी आगे कुछ है...

गली से सड़क, सड़क से चौराहे पर आकर वे एकाएक रुक गई हैं।

चौराहे के आगे ही हवाना महल के सामने का खुला मैदान है। वहाँ बहुत-सी भीड़ इकट्ठी हो रही है, इकट्ठी हो चुकी है, और फिर भी लोग सब ओर से धँसे चले आ रहे हैं। कोई कुछ कर नहीं रहा—क्रान्ति में कौन क्या करता है?—पर सब धँसे आ रहे हैं, मानो स्वाधीनता यहीं बिखरी पड़ी है और वे उसे बटोरकर ले जाएँगे। और कोई जानता नहीं कि वे किसलिए वहाँ आ रहे हैं, केवल और लोगों के उपस्थित होने के कारण वे भी यहाँ आ जुटते हैं...

यहाँ क्या होगा? कुछ नहीं होगा, मानवता अपनी मूर्खता का प्रदर्शन अपने ही को करेगी, और फिर झेंपकर स्वयं लौट जाएगी। या अपने ही से पिटी हुई—सब लोग कहेंगे कि क्रान्ति सफल हो गई; या दूसरों से—तब लोग जानेंगे कि प्रतिक्रान्ति की जीत रही। और दोनों अवस्थाओं में वे उस ध्येय को नहीं पाएँगे, जिसके लिए उनमें अशान्ति उठ रही थी—क्योंकि अभी उनमें उसे प्राप्त करने की शक्ति नहीं है। वे स्वाधीनता के किसी एक नाम से दासता का कोई एक नया रूप ले जाएँगे!

मेरिया स्तिमित-सी होकर खड़ी देख रही है। ये सब भाव उसके हृदय में से होकर दौड़े जा रहे हैं। उसका व्यथा से निर्मल हुआ अन्तर बहुत दूर भविष्य को भेद कर देख रहा है, यद्यपि वह वर्तमान नहीं देख पाता। उसके मन में एक निराश प्रश्न उठ रहा है, जिसे वह कह नहीं सकती; एक प्रकांड संशय, जिसका

वह कारण नहीं समझती। उसका हृदय एकाएक रोने लगा है, यद्यपि वह यही जानती है कि उसे इस समय आह्लाद से भर जाना चाहिए, इस नवल प्रभात में, जब उसका देश जागकर स्वतन्त्र हो रहा है।

एक थी कैसांड्रा, जिसकी दिव्य-दृष्टि अभिशप्त थी, जिसके फलस्वरूप उसकी भविष्यवाणी का कोई विश्वास नहीं करता था...एक है मेरिया, जो इतनी अभिशप्त है कि स्वयं ही अपनी दृष्टि पर विश्वास नहीं कर पाती...उसे कुछ समझ ही नहीं आता, वह पागल की तरह देख रही है...

नहीं तो, वह तो सफल हो चुकी है, सम्पूर्ण हो चुकी है, उसे अब क्या? वह तो सन्तुष्ट है, प्रसन्न है।

वह मुड़कर, कार्मेन को आँखों से खोजती है। कार्मेन उससे कुछ ही दूर खड़ी किसी से बात कर रही है।

क्या कह रही है? उस व्यक्ति को सुनाकर कार्ल मार्क्स के कुछ वाक्य दुहरा रही है, जिसे उन दोनों ने इकट्ठे पढ़ा था। और मेरिया को अनुभव होता है, कार्मेन प्रयत्न कर रही है कि उन वाक्यों को मेरिया की तरह बोले...वह व्यक्ति उपेक्षा से, तिरस्कार से, शायद क्रोध से या भय से या किसी मिश्रित भाव से, सुन रहा है, क्योंकि वह मैकाडो की पुलिस का आदमी है (होने दो!)। कार्मेन की ध्वनि सुनकर मेरिया आनन्द से और आह्लाद से भर जाती है, उसका सारा निराशावाद और असन्तोष निकल जाता है...क्या हुआ यदि वह कुछ नहीं है, वह कुछ नहीं पा सकी, वह रोती रही, वह अनाथिनी, अभागी, वंचिता रही है? उसके दो हैं, जो ऐसे नहीं, और उसी के कारण ऐसे नहीं—कार्मेन और मिगेल...कार्मेन, जिसे उसने सुखी रखा और जो उसके पास खड़ी है, मिगेल, जिसे उसने छुड़ाया है और जो इस समय अमेरिका के पथ पर होगा...ओ स्वतन्त्र, स्वाधीन क्यूबा, तुझे मेरे ये दो उपहार हैं; और मेरा जीवन अब सफल और सम्पूर्ण हो चुका है—

मेरिया का गला घुटता है, वह चीख भी नहीं सकती, झपटती है—

उस व्यक्ति ने जेब से रिवॉल्वर निकालकर कार्मेन पर गोली चला दी है, कार्मेन बिना खींची हुई साँस को छोड़े ही, ढेर हो गई है...

7

वहाँ उसके आस-पास, एक छोटा-सा घेरा खाली हो गया है।

वह उसके मध्य में खड़ी है। वह एक स्वप्न में आई थी, एक स्वप्न में झुकी थी, अब एक स्वप्न में खड़ी है। एक मरा हुआ स्वप्न उसकी बाँह में लटक रहा है; मरा हुआ, किन्तु रक्त-रंजित, अभी गर्म...और उसकी दूसरी बाँह उसके सिर पर धरी हुई है, मानो सिर से कह रही हो, "ठहर, अभी यहीं रह..."

कहीं से उसी व्यक्ति की कर्कश हँसी सुनाई पड़ती है, पर सहमी हुई भीड़ में कोई नहीं है, जो इस समय भी उसे चुप करा दे! और मेरिया के सिर पर से तूफ़ान बहा जा रहा है, निःशब्द भैरव, निरीह तूफ़ान...पर उसका सिर झुका नहीं,

उसकी आँखें झपकी नहीं। वह स्थिर, शून्य, जड़, स्वप्न-दृष्टि से सामने देख रही है, नींद में भीड़ के मुखों में कुछ पढ़ रही है, उन मुखों में लगी हुई आँखों में, जो उसकी बाँह से लटकते हुए अभी तक गर्म रक्त-रंजित स्वप्न को देख रही हैं, किन्तु जो मेरिया की फटी आँखों से मिलतीं नहीं...

मेरिया टूट गई है, पर अभी जीती है, और सामने देख रही है...सामने जहाँ भीड़ स्तब्ध हो रही है...

यह सब क्षण-भर में—क्षण-भर तक! तब भीड़ में कुछ फैलता है जो भय से हज़ार गुना त्वरगामी जान पड़ता है, और भीड़ भागती है—इधर-उधर, जिधर हो...कहाँ को न जाने; किससे, न जाने; पर यहाँ से कहीं अन्यत्र, इस स्वप्निल स्त्री-रूप की छाया से बाहर कहीं भी, जहाँ संसार का अस्तित्व हो...

स्वप्न टूटता है। मेरिया उस भगदड़ में देखती है—एक भूखा, लँगड़ा, अधनंगा शरीर, एक प्यासा, थका हुआ, व्यथित मुख, जो उसके देखते-देखते क्षण-भर में ही अत्यन्त आह्लाद और अत्यन्त पीड़ा में चमक उठता है—और खो जाता है।

मेरिया एक हाथ से कार्मेन को उठाए है—उसका दूसरा हाथ आगे बढ़ता है, मानो सहारे के लिए! होंठ कुछ उठकर खुलते हैं, मानो पुकार के लिए—और मिगेल के लड़खड़ाकर गिरे हुए शरीर को रौंदती हुई भीड़ चली जाती है, चली जाती है, चली जाती है...

इसका भी अन्त होगा। सभी कुछ का अन्त होगा। और नयी चीज़ें होंगी, जो इससे विभिन्न होंगी। अच्छी हों, बुरी हों, ऐसी तो नहीं होंगी। वह देश के अमर शहीदों में से होगी या अपमानित परित्यक्त वेश्या, सब एक ही बात है—ऐसे तो नहीं होगी, ऐसे खड़ी तो नहीं रहेगी...जैसे अब खड़ी है। एक हाथ से कार्मेन का शव लटक रहा है, और दूसरा मानो सहारे के लिए आगे बढ़ा है; शरीर और मुँह एक दर्प से उठा हुआ है, जो टूटता भी नहीं; आँखें एक भावातिरेक को लेकर भरी हुई हैं; और यह चित्र मानो शब्दहीन, जीवहीन, अत्यन्त श्वेत पत्थर का खिंचा हुआ उस जनहीन मैदान में खड़ा है...

यह क्या किसी कुछ का संकेत नहीं है—कुछ नश्वर, कुछ अमर; कुछ अच्छा, कुछ बुरा; कुछ सच्चा, कुछ झूठा; कुछ मूक, कुछ व्यंजक; कुछ अतिशय विकराल...

एक हाथ पर मरे हुए प्रेम का बोझ लिये, दूसरे हाथ से किसी चिर-विस्मृति मृत प्रेम को भीड़ में से बुलाती हुई, आँखों से भव को फाड़ती हुई, एक सन्देशवाहिनी पीड़ा...

घोड़े गुज़र जाते हैं। मनुष्य गुज़र जाते हैं। भीड़ गुज़र जाती है। प्रमाद गुज़र जाता है। पर आशा—आशा—विभ्राट; भूख—भूख—रिक्तता; वेदना—वेदना—पराजय; बिखरी हुई प्रतिज्ञाएँ, यह है क्रान्ति की गति। प्रलय-लहरी क्यूबा में—जैसे वह अन्यत्र गुज़री है; वैसे वह सर्वत्र गुज़रेगी—विद्रोह...

किन्तु कोई जानता नहीं। कोई देखता नहीं। कोई सुनता नहीं। कोई समझता नहीं। मेरिया की अनझिप आँखें—कैसांड्रा का अभिशाप...

•

कोठरी की बात

मुझ पर किसी ने कभी दया नहीं की, किन्तु मैं बहुतों पर दया करती आई हूँ। मेरे लिए कभी कोई नहीं रोया, किन्तु मैंने कितनों के लिए आँसू बहाये हैं, ठंडे, कठोर, पत्थर के आँसू...

किन्तु इसके विपरीत, कितने ही भावुक व्यक्तियों ने मेरे विषय में काव्य रचे हैं, कितने ही मेरे ध्यान में तन्मय हो गए हैं, पर मैं कभी किसी की ओर आकर्षित नहीं हुई, मेरी भावना किसी व्यक्ति के व्यक्तित्व में नहीं बँधी, मुझे कभी आत्म-विस्मृति और तन्मयता का अनुभव नहीं हुआ...

क्योंकि मैं सदा दूसरों पर विचार करती आई हूँ; और मेरा निर्णय, मेरा न्याय, सदा ही कठोर रहा है, यद्यपि पक्षपातपूर्ण नहीं; नपा-तुला रहा है पर दया से विकृत नहीं...

मुझमें जीवन नहीं है, किन्तु मैं जीवन देने की उतनी ही क्षमता रखती हूँ जितनी उसे छीन लेने की, विनष्ट करने की। मेरा काम है तोड़ना; मेरा आविष्कार ही इसलिए हुआ है; किन्तु जब मैं बनती हूँ, तब जो कुछ मैं बनाती हूँ, वह अखंड और अजेय होता है। मैं स्वयं पत्थर की हूँ, वज्र-हृदय हूँ, इसलिए मेरी रचनाएँ भी वज्र की सहिष्णुता रखनेवाली होती हैं...

मैं हूँ एक नगण्य वस्तु, सभ्यता के विकास का एक बड़े यत्न से छिपाया हुआ उच्छिष्ट अंश, जो उसी सभ्यता में अपनी कुढ़न के अत्यन्त अकिंचन कीटाणु फैलाता जाता है—बिना जाने ही नहीं बल्कि जान-बूझकर अपने से छिपाये गए साधनों द्वारा, चुपचाप, चोरी-चोरी किसी भावी, व्यापक, चिरन्तन, घोर आतंकमय जीवन-विस्फोट के लिए...

मैं हूँ मुक्ति का साधन एक बन्धन—मैं संसार के किसी भी राज्य के किसी भी जेल की एक छोटी-सी कोठरी हूँ...

मैं जहाँ हूँ, वहाँ से कभी हिली नहीं। एक बार, कभी किसी ने मुझे बना

दिया था, तब से मैं वैसी ही चली आ रही हूँ। कभी-कभी लोग आकर मेरे अलंकार-भूषण बदल जाते हैं अवश्य; मुझे नयी कड़ियाँ, नयी शृंखलाएँ, और नये पट दे जाते हैं, मेरे मुख और वक्ष पर नया आलेप कर जाते हैं, पर इससे मौलिक और प्रत्यक्ष एकरूपता नहीं बदलती—वैसे ही जैसे स्त्री के आचरण और अलंकार बदल देने पर भी उसका आन्तरिक रूप वही रहता है...पर ऐसा होते हुए भी मैंने दुनिया देखी है और देखती हूँ, दुनिया के अनुभव सुने हैं और सुनती हूँ, और इसके अतिरिक्त अपने प्रगाढ़ अकेलेपन में मैंने एक शक्ति पाई है—मैं आत्माएँ पढ़ती हूँ। मेरे पास जो आता है, मैं उसे आर-पार देख, पढ़ और समझ लेती हूँ...

कभी सोचती हूँ, मेरा जीवन एक निष्प्राण पत्थर की बनी हुई वार-वधू का-सा है; क्योंकि मेरे अपने स्थान से टले बिना ही अनेकों लोग मेरे पास से हो जाते हैं, अपना गूढ़तम निजत्व मुझ पर व्यक्त कर जाते हैं, और लुटकर, कुछ सीखकर, अवश्य पुनः आने का या कभी फिर आने का नाम न लेने का निश्चय करके चले जाते हैं; और मैं अपना अपरिवर्त्त अनन्त-यौवन लिये, उसी भाँति निर्लिप्त और अजेय और सम्पूर्णतः अनासक्त, उन्हें जाने देती हूँ, और अग्रिम आगन्तुक की प्रतीक्षा करने लग जाती हूँ...

और जब याद आता है कि किसी भी नवागन्तुक के लिए मुझे सजाया और साफ़ किया जाता है, मेरा प्रत्यंग धोया और अलिप्त किया जाता है, मेरे धातु के आभूषण चमकाए जाते हैं, और जब प्रति संध्या को आकर मेरे कपाट और ताले खड़काकर मानो घोषित करते हैं कि 'वस्तु अच्छी है,' तब तो मुझे स्वयं यह विश्वास हो जाता है कि मैं वार-वधू ही हूँ और मैं लज्जा से सकुचा जाती हूँ, कुंठित होकर पहले से भी अधिक छोटी और घिरी हुई जान पड़ने लगती हूँ, मेरा दम घुटने लगता है...तभी तो कभी-कभी मेरे क़ैदियों को एकाएक ध्यान आ जाता है कि वे बद्ध हैं, या कि उनके बन्धन एकाएक अधिक संकुचित और कठोर हो गए हैं; और वे 'कुछ' कर डालने के लिए तड़पने लगते हैं...

कभी सोचा करती हूँ, मेरा आदिम पिता, मेरा अत्यन्त पूर्वज, कौन था? क्योंकि कोई व्यक्ति यदि संसार की कुत्सा और घृणा का पात्र है तो वही...तब जान पड़ता है कि मेरा एकमात्र सम्भव आदिम निर्माता स्वयं ईश्वर है (यदि वह है तो) क्योंकि मैं अत्यन्त प्राचीन काल से किसी-न-किसी रूप में संसार में चली आ रही हूँ, संसार की प्रत्येक वस्तु, प्रत्येक घटना, प्रत्येक आकार, प्रत्येक अनुभूति, मेरा ही कोई छिपा हुआ या विकृत रूप है...मैं ही वह आदिम समुद्र थी जिससे सृष्टि की उत्पत्ति हुई है, मैं ही ईडन-उद्यान की परिधि थी, मैं ही उस आदिम धूम्रपुंज का आकार थी जिससे तारे और ग्रह और नक्षत्र और अन्य भौतिक आकार उत्पन्न हुए....यदि संसार में पहले प्रज्ञा और माया थीं, तब मैं माया का अन्धकार थी; यदि पहले-पहल लिलिथ को बनाया तो मैं लिलिथ के कांचन कचों की एक लट थी जिसके द्वारा वह युवकों के हृदय बाँधती थी और घोंट देती थी...

किन्तु ये सब विचार मिथ्या हैं, आत्मप्रवंचना हैं। मैं वास्तव में कुछ नहीं हूँ; केवल एक समय एक मिथ्या डर, ज्यामिति के आकारों की भाँति एक काल्पनिक रेखा-जाल जिसे समाज ने पत्थर में खींच दिया है...यही मेरे अन्तर्विरोध का हल है। मैं कुचलती हूँ तो उद्दीप्त भी करती हूँ; दबाती हूँ तो स्वयं उपेक्षित भी होती हूँ; आतंक फैलाती हूँ तो पराजित भी होती हूँ। मैं सब-कुछ हूँ जो लोग मुझे बना देते हैं; और वास्तव में मैं हूँ 'कुछ' अपरिवर्त्त, तुषार-शीतल, निष्प्राण...

मैं बाँधती हूँ, पर निष्क्रिय रहकर, न्याय करती हूँ तो निरीह होकर। मैं चुप रहती हूँ—पर कभी-कभी उस मौन के विरुद्ध किस कारण मेरा सारा अस्तित्व उठ खड़ा होता है? तब चुप रहना मुझे स्वयं चुभता है, सालता है, मैं चाहती हूँ कि फटकर खुल जाऊँ, एक मार्ग बना दूँ, पर कहाँ...मैं रो भी नहीं सकती और यही सोचकर और भी रोना आता है—कि मैं रोने से वंचित इसलिए हूँ कि मेरी सम्पूर्णता ही एक जड़ीभूत प्रस्तर-खचित आँसू है!

इस विक्षोभ से मेरे कहाँ-कहाँ घाव हो गए हैं...और इतने कि मैं गिना भी न सकूँ, न इंगित कर सकूँ। घाव की स्थिति तो तब बताई जा सके जब उसकी वेदना की कोई सीमा हो। वह तो इतनी फैली हुई है कि सर्वत्र एक ही घाव की पीड़ा जान पड़ती है...

पर, बिना स्थिति बता सकने के भी, मुझे कभी-कभी याद आ जाता है कि कैसे कभी कहीं कोई घाव हुआ था...और तब फिर मैं सोचने लगती हूँ...

यह वेदना क्यों होती है? मैं काम करके थक जाती हूँ, पर याद नहीं आता कि यह कब से होने लगी और कैसे...संसार की बहुत-सी वेदनाएँ इसी प्रकार की होती हैं। जब कोई आत्मीय मरता है, तब हम उसे याद करके रोते हैं, पर शीघ्र ही आत्मीय की स्मृति तो खो जाती है, किन्तु एक कोमल-सी कसक रह जाती है। हम रोते रहते हैं, पर पीड़ा के उद्रेक से नहीं, केवल अभ्यास के वश...और फिर ये वेदनाएँ लुप्त भी इसी भाँति हो जाती हैं। तब हमें उनकी सत्यता में ही सन्देह होने लगता है। जिस प्रकार मूल कारण के लुप्त हो जाने के बाद भी पीड़ा की अनुभूति रह जाती है, उसी प्रकार पीड़ा के लुप्त हो जाने के बाद भी हमारे मन में उसकी भावना देर तक रहती है, जैसे लम्बी यात्रा के बाद भी हमारे मन में उसकी भावना देर तक रहती है, जैसे लम्बी यात्रा के बाद जहाज़ से उतरने पर भूमि डगमगाती हुई जान पड़ती है, जब हमें ध्यान होता है कि भूमि नहीं डगमगा रही, केवल अभ्यास का भ्रम है; तब हम जहाज़ के डगमगाने को भी भ्रम समझने लगते हैं। उसी भाँति, जब हमें एक दिन ज्ञान होता है जिस पीड़ा की अनुभूति से हम रो रहे हैं, वह चिरकाल से वहाँ नहीं है, तब हमें इस बात में ही सन्देह होने लगता है कि वह कभी थी भी...

पर—

यह मानव-हृदय की कमज़ोरी है, या सभ्यता से उत्पन्न एक गहरा विषण्ण दु:खवाद या पीड़ा की व्यापकता और सार्वजनिक अनुभूति कि जहाँ हम आनन्द को एक भंगुर भावना मानते हैं, वहाँ पीड़ा को अवश्यम्भावी और चिरन्तन समझते हैं...

मुझे याद आता है...

पर, उसे कहने के पहले यह कहूँ कि मैं कहाँ हूँ, कैसी हूँ, और मेरे पास-पड़ोस में कौन है...

मैं अन्धी हूँ, मुझे साधारण दृष्टि से कुछ नहीं दिखता। इसीलिए, साधारण वस्तुओं के साधारण रूपाकार का वर्णन मैं नहीं कर सकती...मुझे दिखती हैं, विभिन्न आकारों के किसी श्याम आवरण में लिपटी हुई आत्माएँ—जिन्हें आकार-भेद के अनुसार हम विभिन्न नाम देते हैं...

मेरे तीन ओर मुझ-सी ही अनेक कोठरियाँ हैं, और चौथी ओर एक ऊँचा परकोटा जिसकी आत्मा मानो विद्रूप से हँस रही है...और इसके बाहर विस्तृत मरु, जिसमें कहीं-कहीं सरकंडे का एकाध झुरमुट, कहीं करील की एक सूखी-सी झाड़ी, या कहीं दो-चार खजूर खड़े हैं, ऐसी मुद्रा में मानो मरु से कह रहे हों, 'हम दीन हैं, पर झुकते नहीं; हम झुकते नहीं, पर अत्यन्त दीन और दु:खी हैं...' ग्रीष्म में, जब यहाँ उत्तप्त लू बहती है, रेत उड़-उड़कर खजूरों से उलझती है मानो मरु ने उन दीनों को कुचलने के लिए सेना भेजी हो, तब कुछ उत्तप्त कण आकर मेरे आश्रित कैदी को भी झुलसाते हैं; वैसे ही जैसे रणोन्मत्त सैनिक प्रतिद्वन्द्वी के पास-पड़ोस में बसे हुए लोगों का भी विनाश कर देते हैं, क्योंकि विनाश-भावना औचित्य नहीं देखती...तब मैं स्वयं आहत होकर अपने आश्रित की रक्षा करती हूँ। मेरा शरीर लू की तपन से नहीं, अपने आन्तरिक विक्षोभ से उत्तप्त हो जाता है, और मैं उद्देश्य-भ्रष्ट हो जाती हूँ—अपने आश्रित का भला करने की भावना लेकर उसके अनिष्ट का साधन होती हूँ...और शीतकाल में...किन्तु शीत और ग्रीष्म केवल मात्रा के भेद हैं, हम सब रहते तो वहीं हैं और हमारे परस्पर सम्बन्धी भी...यदि चन्द्रमा आकाश में आकर मेरे बालरूप पर अपनी सम्मोहिनी ज्योत्स्ना का आवरण डालकर, मुझे सुन्दर और आकर्षक तक बना देता है, तो क्या इससे मैं कोठरी नहीं रहती? क्या मैं उसी प्रकार लोगों को बाँधती और तोड़ती नहीं?...और, मेरे इन दो-चार सीखचों के बाहर विस्तीर्ण आकाश या प्रच्छन्न मेघमंडल होने से क्या मेरे बन्धन ढीले या अधिक कठिन हो जाते हैं? क्या दृष्टि की सीमा, या अन्य इन्द्रियों की सीमा ही प्राणों की गुणानुभूति की सीमा है?...

हाँ तो, मुझे याद आता है...

वह बहुत पुरानी बात है—मेरी बाल्य स्मृतियों में से एक...यद्यपि उससे पहले मेरे पास कई लोग आ चुके थे, तथापि उसमें कुछ था जिसने एकाएक मुझे चौंका दिया, जिसमें मैंने कुछ देखा जिसके कारण मैं उसे भूल नहीं सकी...उसके पहले, एक ऐसा आया था जो मानो किसी के प्राण उधार लेकर आया था। इसे प्राणों का कोई मूल्य नहीं था—वीरोचित उपेक्षा के कारण नहीं, किसी गूढ़ अक्षमता के कारण, जीवन-शक्ति के किसी भीतरी अपघात के कारण...यह उन व्यक्तियों में से था जो कुछ भी कर सकते हैं, किन्तु अपनी प्रेरणा से नहीं, सक्रिय होकर नहीं, केवल काल-गति के पुतले बनकर...इनमें

अपनी नीति, अपना आचार, अपना चारित्र्य, कुछ नहीं होता, वे मानो जीवन-ज्वार पर तैरते हुए घास-फूस होते हैं। उन्हें अपने किसी कार्य के लिए दोषी भी नहीं ठहराया जा सकता और क्षमा भी नहीं किया जा सकता; वे स्वयं कुछ भी नहीं करते, किन्तु समाज के सच्चे शत्रु वही होते हैं...इनमें आरम्भ में तो थोड़ी-बहुत अनुभूति होती है, शायद वे कभी-कभी यह भी देखते हैं कि वे किधर बहे जा रहे हैं, पर इस ज्ञान के पीछे बतलाने की प्रेरणा नहीं होती। वे देखकर खिन्न हो लेते हैं, और फिर, उसी खेद की प्रतिक्रिया में पहले से अधिक गिर जाते हैं, और यह प्रक्रिया बराबर होती रहती है, तब तक जब तक कि उनमें यह अनुभूति भी सर्वथा नष्ट नहीं हो जाती, और वे बिलकुल पाषाणहृदय नहीं हो जाते...

और एक और भी आया था...जिसे भूलना ही क्षमा है, और जिसकी स्मृति उसका सबसे बड़ा दंड है, क्योंकि वह महत्त्वाकांक्षी था, संसार पर अपनी छाप बिठाना चाहता था, पर उसके लिए जो त्याग करना पड़ता, उससे घबराता था...महत्त्वाकांक्षा ने उसे विद्रोह की ओर प्रेरित किया था, किन्तु जब महत्त्वाकांक्षी ने ही विद्रोह का मूल्य उससे माँगा तब उसने न केवल किए को ही विनष्ट किया, प्रत्युत औरों के भी, जो कि महत्त्वाकांक्षी न होकर भी त्याग करने को तैयार थे...वह अपना पुरस्कार यह समझता था कि वह लोगों की स्मृति में जीवित रहे, किन्तु आज उसे याद रखना उसकी सत्यता को याद रखना, उसका सबसे बड़ा दंड है...

किन्तु मैं उसे याद रखने का यत्न करना नहीं चाहती। वह संसार का कार्य है, जो दंड देता है। मैं दंड नहीं देती, न पुरस्कार देती हूँ; मैं केवल विचार करती हूँ, निर्णय करके रह जाती हूँ...ये व्यक्ति आते हैं और मेरे वज्रवक्ष पर बनते या टूटते हैं, और मैं संसार को जता देती हूँ कि उन पर क्या हुआ...मैं उनके भग्नावशेषों को पुन: जोड़ती नहीं, उन्हें छिपाती भी नहीं...

जिसे याद करती हूँ उसकी बात कहूँ...

परिधियाँ, बन्धन व्यक्तियों को अधोगामी बनाते हैं, किन्तु कुछ ऐसे भी होते हैं जो उसकी स्फूर्तिदायिनी उत्तेजना के बिना जी ही नहीं सकते...जिसकी मैं बात कहने लगी हूँ, वह इसी दूसरी श्रेणी में था...उसका नाम था सुशील। इस नाम से यह नहीं सिद्ध होता कि उसमें शील का आधिक्य या न्यूनता थी, यह केवल यही जताता है कि उसके पिता को शील की आवश्यकता थी—वे क्रोधी, सहसा बिगड़ उठनेवाले, और सहसा ही शान्त हो जानेवाले, प्राय: संसार के प्रति एक विक्षुब्ध चिड़चिड़ापन लिये किन्तु कभी-कभी अत्यन्त प्रसन्न; साधारणत: अपनी सन्तान को उपेक्षापूर्ण सीमा में बाँधकर रखनेवाले किन्तु कभी-कभी, या किसी-किसी सम्बन्ध में, बहुत स्वच्छन्दता दे देनेवाले या छीन लेनेवाले, व्यक्ति थे...सम्भवत: उनका मन उन्हें कोसा करता था कि उनमें गम्भीरता की, एकरूप शील की कमी है, और इसीलिए उन्होंने उसका नाम सुशील रखा था...हम सभी अपनी न्यूनता को अपनी कृतियों द्वारा छिपाने की चेष्टा करते हैं...

सुशील स्वभावत: विद्रोही था। किन्तु जो 'स्वभावत: विद्रोही' होते हैं, उनकी

विद्रोह-चेष्टा बौद्धिक नहीं होती, उसका मूलोद्भव एक भावुकता से होता है। कभी वह भावुकता बौद्धिक विद्रोह से परिपुष्ट भी होती है, तब वह विद्रोही अपनी छाया देश और काल पर बिठा जाता है। पर बहुधा ऐसा नहीं होता, बहुधा भावुक विद्रोही समय के किसी बवंडर में फँसकर खो जाते हैं—क्योंकि भावुकता स्वयं एक बवंडर है...हाँ तो, सुशील अपने घर के नियमित अत्याचार से और अनियमित आकस्मिक दुलार में, अधिकाधिक विद्रोही होता जाता था, क्योंकि घर का वातावरण उसे स्थैर्य नहीं देता था, बल्कि ज्वालामुखी-सी एक विस्फोटक निश्चेष्टा—जो एक दिन फूट पड़ी! सुशील घर से भाग निकला, और इधर-उधर सच्चे-झूठे विद्रोहियों में फँसकर मेरे पास आ गया...

लोग समझते हैं कि जो नवयुवक जेल में आते हैं, वे स्वेच्छा से, एक बौद्धिक प्रेरणा से आते हैं...झूठ! वे आते हैं एक अनिवार्यता के वश, जिस पर उनका किंचितमात्र भी नियन्त्रण नहीं है! अगर कोई प्रौढ़ व्यक्ति आवे, तब तो यह बात सम्भव है, किन्तु युवकों के आने का कारण, उनका आह्वान करनेवाली प्रेरणा, उनके मस्तिष्क से नहीं आती! वह आती है एक अज्ञात मार्ग द्वारा, और आती है उन युवकों के घरों से, माता-पिता से और उनकी परिस्थिति से, उनके समाज की उनसे मिलनेवाली (या बहुधा न मिलनेवाली) स्त्रियों से—विशेषत: उनकी बहिनों से...सुशील से कोई पूछता कि वह क्यों विद्रोही हुआ, उससे तर्क करता कि उसका मार्ग लाभकर नहीं है, तो उसकी बुद्धि शायद इसका समुचित उत्तर न दे पाती, किन्तु उसका हृदय अवश्य पुकार उठता—'नहीं! मैंने इस मार्ग को ग्रहण इसलिए नहीं किया कि यह अधिक लाभकर है, प्रत्युत इसलिए कि मेरे वास्ते और कोई मार्ग है ही नहीं...यदि मेरे कार्य से देश को लाभ होता है, तो अच्छा है, पर मैंने यह मार्ग इसलिए नहीं ग्रहण किया। मैं यदि विद्रोही हूँ तो बस इसीलिए कि मेरी प्रकृति यह माँगती है मेरी जीवन-शक्ति की वही निष्पत्ति है...' और उसके हृदय का कथन बिलकुल सच होता...मैं जानती हूँ! मैं अपनी सूक्ष्म दृष्टि से देखती हूँ—उसके जीवन के कुछ एक दिन—कुछ एक क्षण...एक वह क्षण जिसमें उसकी विस्फारित आँखें रात में दीये के प्रकाश से, उसके माता-पिता के बीच एक छोटे-से, अत्यन्त प्राचीन, अत्यन्त साधारण किन्तु अत्यन्त महत्त्वपूर्ण और गोपनीय दृश्य को देखती हैं—अच्छी आँखें, क्योंकि वे मन के पट पर जो कुछ लिखती हैं, मन उसे पढ़ नहीं पाता।...वह लिखावट उसी भाँति मन के एक कोने में पड़ी रहती है जैसे किसी पुरातत्त्ववेत्ता के दफ़्तर में कोई ताम्रपट, जिसकी लिपि से वह अभ्यस्त नहीं है, और जिसे किसी दिन वह एक कोष की, और अन्य लिपियों की सहायता से एकाएक पढ़ लेता है...फिर एक वह क्षण जब वह और उसकी बहिन पास-पास लेटे हुए किसी विचार में निमग्न हैं—शायद अपने उस समीपत्व के पवित्र, रहस्यमय सुख में, और जब उसके पिता एकाएक आकर उसे उठा देते हैं, फटकारते हैं कि वह अपनी बहिन के पास क्यों लेटा है, और एक ऐसी क्रुद्ध, सन्देहपूर्ण, जुगुप्सा-मिश्रित ईर्ष्यावाली और इतनी विषाक्त दृष्टि से उनकी ओर देखते हैं कि उसके मन में कोई पर्दा फट जाता है,

उसे एक कोष मिल जाता है, जिससे पहला दृश्य भी सुलझ जाता है, और अन्य अनेकों दृश्य और शब्द और विचार अपना रहस्य सहसा उस पर बिखरा देते हैं, जिनके बोझ से वह दब जाता है, जिनकी तीखी गन्ध से उसका मानसिक वातावरण असह्य हो उठता है, और वह एक अँधेरे कोने में बैठकर रोता है और निश्चय करता है कि अब कभी बहिन के पास खड़ा भी नहीं होऊँगा...और वह क्षण जब यह देखकर कि उसकी बहिन ने भी ऐसा ही निश्चय किया है, और बहिन की अकथ्य मर्मव्यथा समझकर, वह एक साथ ही अपना और उसका निश्चय तोड़कर उसके गले लिपटकर रोता है और उसे भी रुलाता है...और वह क्षण—पर ये तीन क्षण ही प्रखर प्रकाशक हैं, किसी व्यक्ति का इतना जीवन देखकर ही मैं उसके जीवन का इतिहास लिख सकती हूँ—उसके जीवन की घटनाओं का नहीं, समूचे जीवन का, उसकी प्रगति का, मानसिक प्रेरणाओं का, उसके उद्देश्य का...

जब वह मेरे पास आया था, तब उसे पक्का निश्चय था कि उसके जीवन के कुछ एक दिन बाक़ी रह गए हैं, किन्तु उसे फाँसी नहीं मिली, नहीं मिली...तब धीरे-धीरे, जो शक्ति उसे ढकेलकर वहाँ तक लाई थी, वह बिखर गई, उसका स्थान लिया एक विक्षोभ ने, एक थकान ने, एक अश्रुहीन उद्रेकहीन रुआँसेपन ने, जिसमें कभी-कभी तूफ़ान की तरह एक पागलपन आ जाता है। यह पागलपन मानो उसके जीवन का आधार था, उसकी परिवर्तनहीन समरूपता को तोड़कर कुछ दिन के लिए उसे शान्त कर देता था...यानी अशान्त कर देता था—क्योंकि जीवन और अशान्ति एक ही क्रिया के दो नाम हैं शान्ति तो उस तूफ़ान के पहले होती थी जब वह बिलकुल ही निर्लिप्त, बिलकुल निरीह, एक गतिमान अचेतना-सा हो जाता था, शिथिल किन्तु घातक, जैसे दलदल...उस तूफ़ान में वह उन्मत्त होकर मेरे वक्ष पर सिर पटक-पटक कर कहता था, ''मैं पागल हो जाऊँ! पागल हो जाऊँ! यदि मैं इस जीती मृत्यु से नहीं बच सकता, तो इसकी अनुभूति ही नष्ट हो जाए! शरीर को जितने कष्ट मिलें, मिलें; आत्मा की पीड़ा—अच्छा ही है; पर इस नीरस विशेष शून्यता का अनुभव करनेवाली मन:शक्ति मर जाए! मर जाए! मर जाए!'' पर व्यथा पर यदि विचार किया जाए, तो वह भी कुछ पिघल जाती है...वह इस बात को समझता कि उसके असह्य कष्ट का कारण जीवन का विशेषाभाव है, और इसी समझ के कारण वह आगे टूटता नहीं था...चिन्तन से उसे पीड़ा होती थी, किन्तु पीड़ा उसे चिन्तन का आधार देती थी...

और इसीलिए वह पागल नहीं हुआ...इसीलिए, जब वह तूफ़ान आकर उसे अशान्त करके चला जाता था, तब वह उन्मत्त दानव की भाँति उस छोटी-सी कोठरी में टहलने लगता था—एक सिरे से दूसरे सिरे तक, एक, दो, तीन, चार, पाँच क़दम फिर वापस, एक, दो, तीन, चार, पाँच, फिर लौटकर एक, दो, तीन...और इसी तरह वह सारी रात बिता देता, तब उसकी टाँगें थक जातीं, वह एकाएक रुककर भूमि पर बैठ जाता, और चुपचाप मन-ही-मन रोने या कविता करने लगता...उसका एक शब्द भी बाहर नहीं निकलता, एक छाया भी उसके मुख पर व्यक्त नहीं होती, वह मानो किसी अदृश्य समुद्र के भाटे की भाँति धीरे-धीरे उतर जाती और निश्चल हो

जाती—उस समय तक जब कि दूसरा तूफ़ान पुनः उसे न उठावे...पर मैं उसे देखती भी थी और सुनती भी थी—केवल मैं ही उसके नस-नस में उसके प्राणों से भी अधिक अभिन्नता से व्याप्त थी...

वह सोचा करता था...एक चित्र, एक कल्पना...कहीं पर्वत की उपत्यका में, एक काठ का झोंपड़ा, एक खुली हुई खिड़की। उसके सामने, रीछ का चर्म बिछा हुआ है, जिसके पास चौकी पर वह बैठा है। और उसके आगे, चर्म पर बैठी है— कौन? वह सुशील के घुटने पर सिर टेके हुए है, उसके केश बिथुरे हुए हैं। दोनों स्थिर दृष्टि से सामने बुझती हुई आग को देख रहे हैं। सुशील धीरे-धीरे उसके ललाट पर अपनी ठोड़ी टेक देता है, और उसके बिथुरे केशों को और भी बिखेरकर उनमें अपना शीश, अपने स्कन्ध, और उसका शीश, सभी लपेट लेता है...उसका मन कहता है, ''इनके सौरभ में ही खो जाऊँ, इन्हीं में घुटकर चाहे मर भी जाऊँ...''

यह दृश्य न जाने सुशील को कैसा कर देता था! मानो उसे बेधता था; मानो उसका अप्रतिहत मौन साँय-साँय करके सुशील के कानों में कहता, ''तुम्हारा जीवन कितना सूना है—जैसे रेगिस्तान में अनभ्र अमावस्या की रात ! जिसके तारों का असंख्य अनुपात और अकिंचन प्रकाश उसकी शून्यता और आलोकहीनता को दिखाता भर ही है...''

तब फिर वह मेरे कपाट के पास आकर, सीखचों को दोनों हाथों से पकड़कर और भिंची हुई मुट्ठियों पर सिर टेककर बाहर देखने लगता। तब फिर उसका मन भागता—उसके जीवन के गुप्ततम विचारों, भावों और आकांक्षाओं की ओर, और मैं फिर उन्हें पढ़ती, चुपचाप...

'आकाश...निर्बाध आकाश...नील, हरित, शुभ्र, श्याम का विस्तीर्ण प्रसार— हा मेरी कल्पना के पर्वत और झरने और शिलाखंड और चीड़ के वृक्ष और काही के बिस्तर, और हा यह लोहे के सीखचों में से दिखता मरु, उसकी सीमा पर धुँधले- से सरकंडे के झुरमुट, नीरस करील की सूखी हुई झाड़ियाँ और यह रुग्ण आकाश!...'

वह निकम्मा था, फिर भी निकम्मा नहीं बैठ सकता था। उसका मन सदा किसी विचार में लगा रहता—कभी भूत की ओर, कभी भविष्य की, कभी वर्तमान का विश्लेषण करता हुआ, किन्तु सदा निरत...और इस अनवरत चेष्टा का कारण केवल वहाँ का जीवन ही नहीं था, केवल उसका स्वभाव ही नहीं था। मैं, सूक्ष्मदर्शी मैं भी कुछ दिन भुलावे में रही थी, किन्तु अन्त में मैंने देख ही लिया कि उसके भीतर एक और प्रेरणा छिपी है, उसके भीतर कहीं बहुत गहरे तल में, कहीं जहाँ प्रेम का प्रकाश भी नहीं पहुँच पाता...

यह मैंने कैसे जाना? एक दिन संध्या के समय वह अकेला बैठा था, बिलकुल शान्त, निश्चल; और बाहर देख रहा था। उस समय सांध्य-प्रकाश फीका पड़ चुका था, और उदय होनेवाले चाँद की पीली पूर्वज्योति रुग्ण न रहकर दीप्तिमान-सी जान पड़ने लगी थी। सुशील बिलकुल शान्त बैठा था, किन्तु मेरे भीतर किसी संज्ञा ने कहा कि जिस प्रकार समुद्र के बहुत नीचे अत्यन्त शीत स्रोत गतिमान होते हैं,

उसी भाँति उसके शान्त बाह्य पट के नीचे कुछ दौड़ रहा है...वह शान्ति किसी तल्लीनता की शान्ति थी, इसलिए मैंने चुपचाप उसके प्राणों में झाँककर देखा, बहुत गहराई तक? इतनी दूर तक कि यदि वह तल्लीन न होता तो चौंककर प्रात: कुमुद की भाँति एकाएक बन्द हो जाता, छिप जाता, डूब जाता, मुझे अपने हृदय का रहस्य न देखने देता—जो मैंने अनजाने में देख लिया!

सुशील बाहर झाँक रहा था। मरुभूमि के उस सूखे पट पर एक छाया चली जा रही थी—मरु को चीरती हुई किसी बादल के टुकड़े की छाया की भाँति—और (सुशील के लिए) उतनी ही नि:सत्त्व! घघरी पहने हुए एक स्त्री, सिर पर एक छोटा-सा मटका और बाँह के नीचे एक टोकरी दाबे...सुशील उसी को देख रहा था, और उसका हृदय किसी अज्ञात कारण से धड़क रहा था, बिलकुल निष्काम होकर, उस स्त्री के प्रति बिना कोई भी भाव अच्छा या बुरा धारण किए हुए...

मैं उसे देख रही थी और सब कुछ समझ रही थी। पर, एकाएक उसने मुँह फेर लिया...मैंने सुना (उसके मुख से नहीं, उसके मस्तिष्क के भीतर)—‘‘मेरे लिए कोई आधार आवश्यक है...मेरे सखा-बन्धु सब मर चुके हैं। एक तुम हो, तुम भी कितना दूर, अनुपगम्य....और एक है यह छाया! मैं तुम्हारी ओर ही उन्मुख हूँ, फिर भी ऐसा जान पड़ता है, उस छाया के बिना जी नहीं सकता...’’ फिर थोड़ी देर चुप रहकर, धीरे-धीरे...गाने लगा—

‘मिथ्या कथा, के बोले ये बोलो नाइ?
के बोले ये खोलो नाइ
स्मृतिर पिंजर द्वार?’...

मैंने पूछा, ‘‘यह ‘तुम’ कौन है?’’ उसकी मुझे एक झाँकी मिली, जिसमें मैं उसे पहचान नहीं पाई! शायद सुशील की बहिन, शायद वही नामहीन आकार जिसे लेकर वह बिथुरे बालों की कल्पना करता था, शायद कोई और...इसलिए मेरी उस प्रश्न-भरी दृष्टि का उत्तर नहीं मिला...

कभी सोचती हूँ, संसार में कभी किसी प्रश्न का उत्तर मिलता भी है? जो प्रश्न एक बार पूछा जावे, वह क्या कभी भी अपना उत्तर पाकर सम्पूर्णता में लीन हो सकता है?

प्रश्न जब पूछा जाता है, तब वह आकाश में फैल जाता है...उसका उत्तर कितनी भी शीघ्रता से दिया जाए, प्रश्न और उत्तर में कुछ अन्तर रह ही जाता है। प्रश्न अबाध गति से अनन्त की ओर बढ़ता जाता है, और उत्तर उसी की गति से उसका पीछा करता जाता है...वे सदा निकट रहते हैं, किन्तु केवल निकट—वे कभी मिलकर और एक होकर सम्पूर्ण, सम्पन्न, समाप्त नहीं होते...

पर, इससे शायद जीवन को स्थायित्व, नित्यता मिलती है, शायद इसके कारण ही जीवन की द्रोही-शक्ति मृत्यु के बाद तक अपरिवर्त रहती है, क्योंकि मृत्यु उसे पकड़ नहीं पाती...हाँ, तो उस प्रश्न का उत्तर मैंने कभी नहीं पाया। उसके बाद बहुत अवसर भी नहीं मिले। एक दिन मैंने देखा, उसके भीतर कुछ अधिक चहल-पहल

है। उस दिन उसने भूख-हड़ताल आरम्भ कर दी...

उसके बाद...उसके हृदय में ऐसे तूफ़ान उठने लगे कि मैं भी घबरा जाती! मैं जो पत्थर की हूँ, जो अनुभूतिहीन हूँ, मैं उन भावनाओं की चोट नहीं सह सकती, जिन्हें वह लेटा-लेटा नित्य-प्रति अपने मन में फेरा करता। कई-एक मास बीत जाने के बाद, कभी-कभी मैं डरते-डरते उसके कोमलतर विचारों की आहट पाकर, क्षण-भर में कान लगाकर सुनती, एक-आध अभूतपूर्व उद्‌भावनाएँ चुरा लेती, अपने वज्रकोष में संचित करके रख लेती...मुझ जैसे प्राणहीन पत्थरों से ही विकासगति में पड़कर मानव बने हैं, तब किसी दिन मेरे कण-कण के भी बन जाएँगे; उन्हीं भविष्यत् प्राणियों के लिए मैं ये भावनाएँ एकत्र किया करती...

सदियों पहले, जब मैं किसी पहाड़ का एक अंश थी, तब बहुत-से प्राकृतिक दृश्य देखा करती थी, उन्हीं की स्मृति से एक कल्पना मुझे सूझती है। कभी, जब वायु-मंडल अत्यन्त स्वच्छ होता है, पर आकाश में दो-एक छोटे-छोटे बादल के टुकड़े मँडरा रहे होते हैं, ऐसी सांध्य में सांध्य तारे के आलोक से एक कोमल धवल दीप्तिमंडल बन जाता है। श्वास की भाँति चंचल और स्वप्न की भाँति विचित्र। उसी दीप्तिमंडल के छायानृत्य की भाँति सुशील के मुख पर विचार-विवर्तन होता रहता, और मैं उसे देखती।

''मैं क़ैदी हूँ—तीन-चार वर्षों से मैंने किसी स्वतन्त्र व्यक्ति का मुख नहीं देखा—ये जेल के कर्मचारी तो मुझसे भी अधिक क़ैदी हैं! और यदि जीता रहा तो दस वर्ष और नहीं देखूँगा। मैं सब ओर बन्धनों से, सीखचों से, पशु-बल से घिरा हुआ हूँ। कोई मुझसे मिल नहीं सकता, कोई मुझसे बात नहीं कर सकता; मैं सदा इन्हीं सीखचों से घिरा और बन्द रहता हूँ।...

''मैं प्राणिमात्र का उपासक हूँ, पर मुझे हिंसावादी कहते हैं। मैं संसार को दबाव और अनुचित प्रभुत्व से मुक्त करना चाहता हूँ, पर मेरा नाम आतंकवादी है।

''मैं जनशक्ति का सेवक हूँ, इसलिए सर्वथा अकेला हूँ।

''इस विराट् षड्‌यन्त्र के विरुद्ध, अपने अकेलेपन से घिरे हुए मैंने, क्या अस्त्र ग्रहण किया है? विस्तीर्ण और दुर्जेय पशु-बल से, सूक्ष्म किन्तु अजेय आत्मा की रक्षा के लिए, एक युक्ति की है?

''भूख-हड़ताल!''

और फिर, एक दूसरी बार :

''मैं निहिलिस्ट नहीं हूँ, मैं रोमांटिक नहीं हूँ। मुझे आत्मपीड़न में ऐन्द्रियक सुख नहीं मिलता, मुझे गौरव का उन्माद भी नहीं हुआ है। पर मेरी परिस्थिति में एक ऐसी अपरिवर्त, तुषारमय, अमोघ अनिवार्यता है कि मुझे और कोई उपाय सूझता ही नहीं, जिससे कुछ लाभ हो सके...

''मैं एक महीने से भूखा हूँ—भूखा तो नहीं हूँ, क्योंकि भूख चार-पाँच दिन में ही मर गई थी—एक महीने से मैंने कुछ नहीं खाया। जब मैंने खाना छोड़ा था, तब भी यही सब सोचकर छोड़ा था, तब भी अपने जीवन का मूल्य आँक लिया

था। पर ज्यों-ज्यों दिन बीतते जाते हैं, ज्यों-ज्यों जीवन की शक्ति क्षीणतर होती जाती है, त्यों-त्यों उसका महत्त्व क्यों बढ़ता जाता है? इस हीन दशा में आकर मुझे जान पड़ता है, मैंने पहले कभी जीवन का अनुभव ही नहीं किया! यद्यपि अब मेरे जीवन में क्या है? दिन में दो बार, बहुत-से क़ैदी और नम्बरदार आकर मेरे क्षीण शरीर पर अपनी शक्ति की परीक्षा करते हैं, डॉक्टर मेरे बिस्तर और मुँह पर थोड़ा दूध बिखेर जाता है, और मैं थका पड़ा रहता हूँ! हाय जीवन!

''पर जब तक हम मरते नहीं, तब तक जीवन नहीं जाता। मैं यहाँ बन्द हूँ, मेरे आस-पास सनसनाती हुई शिशिर की हवा बह रही है, पर...''

और फिर भी...

''बाहर मैं देख सकता हूँ, अनभ्र आकाश में चन्द्रमा की ज्योति...दूर पर, शुभ्र आकाश के पट पर श्याम, स्पष्ट और भीमकाय एक सन्तरी खड़ा है, और उसके हाथ की बन्दूक पर लगी हुई संगीन ज्योत्स्ना में चमचमा रही है... लोहे की छड़ी से सीमित मेरे 'अनन्त' आकाश में एक साथ ही दो वस्तुएँ चमक रही हैं—ऊपर प्रकृति का सर्वोत्तम रत्न चन्द्रमा, और नीचे उसका उपहास करती हुई मानवीय शिल्प की सर्वोत्तम कृति, वह हिंसा का निमित्त, संगीन...

''दूर, जेल की दीवारों से बाहर, मैं देख सकता हूँ एक छोटा-सा ऊजड़ भूमि का टुकड़ा—एक काव्यबद्ध सहरा मरुस्थल...उसके सिर पर खजूरों के छोटे-से झुरमुट में कहीं से एक क्षीण-सी आवाज़ रहट चलने की आ रही है; बाहर कहीं लड़के खेल में चिल्ला रहे हैं, और चन्द्रमा के छलिया प्रकाश में मुझे जान पड़ता है कि उस भूमि को पार करती हुई एक बैलगाड़ी जा रही है...और इस सबके ऊपर वह एक संगीन चमचमा रही है...

''मानवता और प्रकृति एक-दूसरे के सामने खड़े हो रहे हैं। मानवता की एक ललकार है किन्तु उसमें डर का भाव निहित है। प्रकृति का भाव सम्पूर्ण उपेक्षापूर्ण है, किन्तु उस उपेक्षा में एक कविता, एक प्रशान्त भव्य विराट् तत्त्व है...''

बुझते समय दीपक का आलोक सहसा दीप्त हो उठता है, किन्तु दीपक आजीवन उसी प्रखरता दीप्ति से नहीं जल सकता। मरणासन्न मानव का मानसिक जीवन पहले से अधिक गतिमान हो जाता है, किन्तु मानव आजीवन उसी तल पर नहीं रह सकता...एक दिन सुशील बेहोश हो गया, और बहुत देर तक रहा...जब उसे होश हुआ, तब उसने जाना कि अब उसका विद्रोह शान्त होनेवाला है, क्योंकि उसकी दासता मिटनेवाली है...तब, एकाएक ही, वह बहुत थके हुए प्राणी की तरह मेरे वक्ष पर सिर टेककर रोया...

पागल! पागल! किन्तु कितना स्नेहपूर्ण पागल! रोया जीवन के लिए नहीं, मुक्ति के लिए नहीं, उन रहस्यपूर्ण आकारों के लिए नहीं, रोया इसलिए कि वे उसे मेरे पास से ले जाएँगे; कि उसे अपनी अन्तिम निद्रा और अन्तिम (या सर्वप्रथम?) जागृति मेरी छाती पर नहीं प्राप्त होगी, रोया कि वह मुझसे बिछुड़ जाएगा...

मैं पत्थर, कठोर पत्थर! और अपनी जड़ता के ज्ञान से ही, अपनी गति-विवशता से ही, मैं उस दिन पिघल जाने के कितना निकट आ गई...पर पत्थर कविता-कहानी के बाहर कभी नहीं पिघलता, मैं भी पिघल नहीं सकी, उसके भस्म कर देनेवाले आँसुओं से भी नहीं...

किन्तु मैंने जो किया, वह उसमें कहीं अधिक व्यथापूर्ण, कहीं अधिक यातनाभिभूत था—मैं उन आँसुओं को पी गई...

उन्हीं की ज्वाला से, मेरा वक्ष अभी झुलसा हुआ है। पर वह उन्हें देखने को नहीं है, वह मुझे अकृतज्ञ समझता हुआ ही चला गया...

स्मृति भी मानो अफ़ीम की तरह का एक सम्मोहक विष है, वह एक विचित्र, थकी हुई-सी तन्द्रा लाती है, और ज्यों-ज्यों हम उसके आगे नमित होते जाते हैं, त्यों-त्यों विष का प्रभाव द्रुततर होता जाता है और फिर सोते समय एकाएक वह पूरा हो जाता है, भीतर कुछ नष्ट कर डालता है...

मैं कह चुकी हूँ कि मैं कुछ नहीं हूँ और सब कुछ हूँ। प्रत्येक व्यक्ति मुझमें अपने प्राणों का, अपनी भावना का, प्रतिरूप पाता है। मैं कृष्ण-मन्दिर नहीं हूँ, न दासता की संकेत हूँ। मैं हूँ केवल एक दर्पण किन्तु काले शीशे का दर्पण...मुझमें प्रत्येक व्यक्ति अपनी आत्मा-भर देखता है, बिलकुल यथा-तथा; बिना किसी भी प्रकार के परिवर्तन या गोपन-चेष्टा के—आत्मा की नग्नता में, निवारणता में बाह्य आडम्बर और दर्प और प्रतिभा और शक्तिमत्ता की हीनता में....नंगे सत्य की तरह अकोमल और कृष्णकाय...

एक और की बात कहती हूँ। वह मेरे पास बहुत दिन नहीं रहा, किन्तु मेरे पास आने से पहले भी वह कुछ काल जेल में रह चुका था। वह आया ही, तो मैंने देखा, उसने अपने भीतर एक छोटी-सी मंजूषा अलग बन्द कर रखी है; और वह समझता है, उसमें बहुमूल्य वस्तुएँ हैं; वह समझता है, वे परकीय आँखों से अत्यन्त सुरक्षित हैं...पर मैंने पहले-पहल उन्हीं की परीक्षा ली, और मैंने देखा, उनमें महत्त्वपूर्ण वस्तु कोई नहीं है—यदि किसी भावना की प्राचीनता और अनिवार्यता ही उसे महत्त्वपूर्ण नहीं बना देती तो।

मैंने देखकर और जाँचकर कहा, ''कायर!''

यह बात मेरे अतिरिक्त कोई नहीं जानता था। संसार उसे सच्चा वीर, एक नेता, पौरुष की सम्पूर्णता का पुरुष समझता था। किन्तु मैंने देखा—

मेरी ललकार, उसके प्राणों ने सुन ली। हमारे बाह्य आकार अपनी चेतनाएँ खो चुके हैं, इसलिए परस्पर व्यवहार नहीं कर सकते, किन्तु हमारे प्राण अब भी वह क्षमता रखते हैं, और स्वतन्त्र रूप से अपना व्यवहार जारी रखते हैं। तो उसके प्राणों ने उत्तर दिया, ''मैं कायर नहीं हूँ। मैं कायर शरीर में बसनेवाली वीर आत्मा हूँ। मैं शारीरिक कष्ट से डरता हूँ, पर मुझमें नैतिक बल है।''

मैंने कहा, ''तुम किसी प्रकार के भी आघात से डरते हो। तुम जो विद्रोही बने हो, उसका कारण कोई नैतिक विशालता या बौद्धिक विश्वास या शारीरिक बल नहीं है, उसका कारण है केवल आघात के डर की प्रतिक्रिया-मात्र!''

उसके प्राण, मानो किसी अभौतिक चादर से अपने को ढाँपने का प्रयत्न करते हुए बोले, ''नहीं! मैं इसलिए नहीं रोता कि मैं अपने आघात से डरता हूँ; मेरी खिन्नता का कारण है कि मैं इतना कुछ तोड़ता और विनष्ट करता हूँ, इतनों को इतने भयंकर आघात पहुँचाता हूँ...''

मैं हँसी। उसके प्राणों ने भी अनुभव किया कि उस हँसी में एक कठोरता है—वह आखिर एक पत्थर की ही हँसी तो थी! मैंने कहा, ''तुम कायर ही नहीं, झूठे भी हो!'' पर वह अपने में इतना लीन था, अपने को धोखा देने में इतना पटु कि उसने सुना नहीं, कोई लम्बी-चौड़ी स्कीम लेकर उसी पर विचार करने लगा...मैंने फिर कहा, ''जो आज के दिन इसलिए रोते हैं कि उनके हाथों से पाप हो रहे हैं, कल इसलिए रोयेंगे कि उनकी आत्मा भूखी मर रही है! क्योंकि स्वस्थ और सक्षम पुरुष को रोने का समय कहाँ है? मैं यह अनुभव से कहती हूँ, क्योंकि मेरी आत्मा भी रुग्ण और भूखी है...'' पर उसने यह भी नहीं सुना...

एक और दिन की बात है, मैंने देखा, वह मेरे मध्य में चुप खड़ा है। मैंने यह भी देखा उसके प्राणों पर एक पर्दा छाया हुआ है—यानी वह किसी विषय में फिर आत्मप्रवंचना कर रहा है...

मैंने उसके विचार पढ़े। वह, अपनी ओर से अब भी क्रान्ति के विषय में विचार कर रहा था। किन्तु उनका धरातल सत्यता से इतनी दूर, बौद्धिक बारीकियों में इतना उलझा हुआ, और मानव जाति के प्रति ऐसी विमुख उपेक्षा से पूर्ण था कि मैंने अपना साधारण नियम तोड़कर उन्हें बिखेर दिया और कहा, ''युवक, वह धोखा है, उधर मत देखो, उतनी दूर! अपने सामने, अपने पास, अपने सब ओर देखो, उसमें मिल जाओ! तुम्हारा जन्म पृथ्वी की अक्षय कोख से हुआ है, तुम्हारा पोषण भी आकाश से नहीं, धरती से ही हो सकता है...शक्ति, प्रेरणा, सूर्य की प्रखर दीप्ति, आकाश से आती है अवश्य, किन्तु केवल धरती को जीवन का एक आधार देने के लिए...''

उसने सुना, पर माना नहीं। मैंने देखा, उसके नख अकारण और अकामतः मेरे वक्ष पर लिख रहे हैं, 'गेट दी बिहाइंड मी, सेटन'...हा अन्याय! पर मेरा विचारकर्ता कौन है?

तब वह दिन भी आ गया जब वह अपने पापों के लिए नहीं, अपनी भूख के लिए रोया...

वह स्नान कर चुका था। हाथ में शीशा लिये हुए, वह स्थिर दृष्टि से उसमें अपने प्रतिबिम्ब को देख रहा था। उसका शरीर तना हुआ, सिर कुछ पीछे मुड़ा हुआ, आँखें अर्धनिमीलित,—उसकी मुद्रा में कौतूहलपूर्ण पर्यवेक्षण के अतिरिक्त कुछ नहीं था, किन्तु मैंने जाना, उसका हृदय दर्पण में प्रतिबिम्बित अपनी छाया का आलिंगन कर रहा था, एक कोमल लालसा से कह रहा था, ''मैं तुम्हें चाहता हूँ, मैं तुम्हें प्रेम करता हूँ...'' और एक डर से घबरा रहा था—''तुम नष्ट हो जाओगे, व्यर्थ खो जाओगे, अपूर्ति में मर जाओगे...''

मैंने सहसा उसे रोककर कहा, ''युवक! तुममें एक ही शक्ति, एक पौरुष-

प्रेरणा है, जो अपनी निष्पत्ति माँगती है। वह विद्रोह से भी मिल सकती है, और इस—इस प्रेम से भी; पर दोनों से नहीं! प्रेम की शक्ति उस नागिन के सिर की तरह है; जो उसे एक बार देख लेता है, वह फिर जड़ हो जाता है...'' मैंने यह नहीं सोचा कि यदि ऐसा है, तो फिर मेरी शिक्षा का क्या लाभ है? वह तो उस मूर्ति को देख चुका है, जिसके प्रति अन्धा रहना अन्धेपन से बचे रहना है...

मैंने उसे 'प्रेम' तो कहा, पर वह प्रेम नहीं था, वह थी एक और शक्ति जो अन्धकार से उत्पन्न होती है, और जो अधिकार पा लेने पर अन्धकार की ओर, शून्यत्व की ओर, अधोगमन की ओर खींचती है...

जाने दो। कोई अन्धा है, तो हमारे रो-रोकर अपनी आँख फोड़ लेने से उसे कुछ दिखेगा नहीं। उसके अन्धेपन को ही फलने दो, उसकी वही गति है। और जिनके आँखें हैं—

वे एक तरह से अलग हैं—

इस अलगाव का पता सहसा नहीं लगता, क्योंकि निर्बलताओं में बँधे इस संसार में हम निर्बलताएँ ही देखते हैं, और निर्बलता के क्षण में आँखें होने या न होने से कोई विशेष भेद नहीं होता...

सच्चे विद्रोही, और साधारण व्यक्ति में एक बहुत ही बड़ी समानता है— एक समानता जिससे उनकी आत्यन्तिक विभिन्नता प्रखर दीप्ति से चमक जाती है— कि विद्रोही अपनी कमज़ोरी के क्षण में वह इच्छा करता है जो कि साधारण व्यक्ति अपनी शक्ति के चरम विकास में—मुक्ति की, बचाव की, छुटकारे की इच्छा, इस झंझट से, इस उलझन से, इस प्रपीड़न और यातना और अपवित्रता से भरे जीवन और संसार से निकल भागने की तीव्र, भयंकर, आत्मा को झुलसानेवाली इच्छा...

क्योंकि, विद्रोही अपनी सारी दीप्ति और तेज अपने भीतर से पाता है, और उसी की आँच पर संसार को परखता है, और साधारण व्यक्ति अपनी प्रेरणा संसार से पाता है और उसकी आँच पर स्वयं परखा जाता है...

और, साधारण व्यक्ति एक व्यक्ति, एक इकाई होता है जो अपने-आपको खोजती हुई अपनी निष्पत्ति की ओर बढ़ती है, किन्तु खोयी रहती है संसार की समष्टि में; विद्रोही होता है एक समष्टि में छिपी हुई प्रेरणा, एक विराट् समूह में वितरित शक्ति, किन्तु होता है अत्यन्त आत्म-सन्निहित और अकेला...

ऐसा भी, एक आया था। मैंने उसे देखा, परखा, और जाना; मुझे मालूम हुआ, यही है मेरे जीवन का पूरक, यही है जिसके लिए मैं बनी थी और जिसकी प्रतीक्षा में इतनी देर तक जड़वत् मुग्ध खड़ी थी...फिर मुझे ध्यान आया, कैसा है मेरा यह प्रणय, जो अपने वांछित को कष्ट-ही-कष्ट दे सकता है, जिसका असमापन ही उसकी सफलता है, क्योंकि उसी में सुख है! पर उसे कोई पीड़ा नहीं हुई, कोई कष्ट नहीं हुआ। उसमें इतनी निर्वैयक्तिकता थी कि उसे व्यक्तिगत अनुभूति मानो थी ही नहीं, और इसीलिए मैं उसका आदर करके भी प्यार नहीं कर सकती—पवन

की गति को कौन प्यार कर सकता है?

वह राजनैतिक खून के मामले में आया था, किन्तु यदि मैंने किसी को अहिंसा का मूर्तिमान् स्वरूप कहाने लायक देखा है तो उसी को। उसकी आत्मा ने कभी हिंसा नहीं की, कभी अत्याचार नहीं किया, यद्यपि उसके हाथों से अवश्य ही कई मृत्युएँ हुई होंगी और उसके जैसी शक्तिमती घृणा (यद्यपि बिलकुल बौद्धिक, विषयाश्रित घृणा) का अनुभव करनेवाले कम ही होंगे...

मानव समझते हैं, अहिंसा एक नकारात्मक परिस्थिति है—हिंसा का न करना मात्र। वे यह नहीं समझते कि संसार में कोई भी नकारात्मक परिस्थिति कभी नहीं टिक सकती—हिंसा न करना, पीड़ा न पहुँचाना, घृणा न करना बिलकुल निरर्थक, नहीं असम्भव है, तब तक जब तक कि हम शान्ति नहीं फैलाते, सुख नहीं देते, प्रेम नहीं करते; शक्ति अपने को बाँधने में नहीं, अपने को सीमाओं से उन्मुक्त करने में है...

वह भी मेरे पास से चला गया—या यह कहूँ कि नहीं गया? क्योंकि उसे फाँसी के लिए ही निकालकर ले गए थे...

यह एक भयंकर स्मृति में—मुझे याद है कि मुझे उस समय भी ध्यान हुआ था कि यह पहला व्यक्ति है जो मेरे वक्ष पर अपना नाम नहीं लिख गया है; उससे पूर्व जितने आए थे, वे सभी अपना नाम कोयले से, या पेन्सिल से, या नाखून से ही खोद-खोदकर लिख गए थे, किन्तु उसने ऐसा नहीं किया...शायद उसे परवाह नहीं थी कि उसे कोई स्मरण करता है या नहीं; या शायद अपने प्रकांड आत्मविश्वास में वह जानता था कि उसे मेरे वक्ष पर यह छोटी-सी छाप छोड़ जाने की आवश्यकता नहीं; या शायद विद्रोही की संसार के प्रति अवज्ञा के कारण ही—एक अन्तिम अवमानना की तरह...

एक अन्तिम स्मृति...

वह भावुक था, किन्तु उसका मोह टूट चुका था, वह खट्टा हो गया था। इतना नहीं कि उसके लिए जीवन निस्सार हो जाए, इतना नहीं कि वह निरीह होकर पाप करने में प्रवृत्त हो जाए, पर इतना अवश्य कि उसके पुराने नैतिक आदर्श बिखर जाएँ, और नये आदर्श उनका स्थान लें—आदर्श, जो वास्तव में किसी प्रकार की भी आदर्शवादिता के शत्रु हैं...

ऐसा था मानो उसके लिए संसार के मुख पर पहना हुआ कोई छद्म-मुख उतर गया हो, या मानो उसका मनःक्षेत्र एकाएक विस्तृत होकर मानवीय चेतना से परे की—ऊपर और नीचे दोनों ओर परे की—अनुभूत शक्ति पा गया हो, और इतना ही नहीं, उस अनुभूति को वह पहले की अपेक्षा कम काल में प्राप्त कर लेने में समर्थ हो गया हो...

उसका नाम था दिनमणि। वह आया था केवल दो दिन के लिए, किन्तु मैं

उसे नहीं भूलती। जब वह उठकर बाहर चल दिया, तब उसने लौटकर मेरी ओर देखा भी नहीं, चुपचाप चला गया। मैंने सोचा, क्या है? जब मुझे याद करनेवाले आते हैं तब भूलनेवाले भी होने चाहिए, जब मेरे प्रति एक पूजाभाव रखनेवाले होते हैं, तब ऐसे उपेक्षाभाव रखनेवाले भी तो होने चाहिए...पर नहीं, दूसरे दिन मैंने देखा— यानी एक शारीरिक अनुभूति से अनुभव किया—कि वह दूर पर, बड़ी दीवार के बाहर बैठा है—उसी स्थान पर जहाँ कभी सुशील आँख लगाए रहता था, किसी एक छाया के लिए, जहाँ आकर वह छाया कभी-कभी सम्भ्रम की दृष्टि से मेरी ओर देख लेती थी और सुशील को एक सुखद शान्ति दे जाती थी...

दिनमणि को वहाँ बैठा देखकर मुझे जिज्ञासा हुई कि यह क्यों आया है? तब मैं उसकी आत्मा से मूक वार्तालाप करने लगी, और मैंने जाना कि वह कितना थका हुआ है, किन्तु हारता नहीं है। संसार में आकर वह अनुभव कर रहा है कि वह संसार से बाहर है, किन्तु उसे छोड़ता नहीं...मैंने पूछा, ''दिनमणि, तुम्हें क्या हो रहा है?''

उसकी आत्मा ने उत्तर नहीं दिया, केवल एक आँख-भर मेरी ओर देख दिया...उसका सिर, उसका मन, उसकी समूची आत्मा एक दबी हुई, स्पन्दनयुक्त, और कभी-कभी तीखी हो जानेवाली, एक अद्भुत पीड़ा से दुख रही थी।

हमारा वार्तालाप होने लगा :

मैंने पूछा, ''तुम सुखी क्यों नहीं थे?''

''यह देखो, संसार का खोखलापन...इधर, और उधर, और इधर—'' उसने आँखों-ही-आँखों से संसार का फेरा करते हुए कहा—''यह देखो, इसकी झूठी प्रशंसा और निस्सारता, और यह देखो मेरी मौन ग्लानिपूर्ण लज्जा, जिससे मैं इसे सहे जाता हूँ, और जो इसलिए अधिकाधिक होती जाती है कि मुझे बड़े यत्न से इसे चुपचाप सहना पड़ता है, ताकि मैं किसी को कष्ट न पहुँचाऊँ...यद्यपि मेरा हृदय चाहता है इस पर आक्रमण करना, इसका विध्वंस करके, इसे तहस-नहस करके जला डालना...''

''तुम अपने सच्चे भावों को छिपाकर चुपचाप यह सहते हो, यह क्या ढोंग नहीं है?''

''है, किन्तु ढोंग हमेशा ही दुर्बलता नहीं होता—कई बार यह शक्ति का और बड़ी गहन शक्ति का, द्योतक होता है, और ऐसी अवस्था में जो ढोंगी नहीं होता वह कायर और दगाबाज़ होता है...मैं कहता हूँ, सच्चाई अमाया, जितनी बार नैतिक बल से उत्पन्न होती है, उतनी ही बार नैतिक दुर्बलता, कायरता से भी...''

''पर, यदि ऐसा है, तो तुम्हें संसार को देखकर पीड़ा क्यों होती है? वह पीड़ा तो ढोंग नहीं है...''

''नहीं। वह इसलिए है कि मैं अपने विश्वास में दृढ़ होकर भी उस तक पहुँच नहीं पाता! क्योंकि, जो जीवन मैंने देखा है, उसने मेरे प्राणों को ही नहीं, संसार को ही निरावरण कर दिया है...उसकी खून से लथपथ और वीभत्स कुरूपता के प्रति मैं आँख बन्द नहीं कर पाता...''

''यह कब से? तुम क्या सदा से ऐसे थे?''

''नहीं। जब मैं जेल गया, (पाँच वर्ष हुए) तब ऐसा नहीं था; तब सब-कुछ भिन्न था—यद्यपि यह नहीं है कि संसार बदल गया है, या कि मैं ही बहुत बदला हूँ। केवल इसी अज्ञात क्रिया द्वारा वह पहले की तरुण आवेगपूर्ण उद्धतता जैसे खो गई है, वह अपने सम्पूर्ण, सदर्प आत्म-गौरवमय विश्वास, उन कुछ-एक सिद्धान्तों में विश्वास जिनके लिए मैंने त्याग और संग्राम किया था,—मानो नष्ट हो गया है। आज वह सब-कुछ नहीं है; आज मैं सोच सकता हूँ, किन्तु उन सच्चे विचारकों की भाँति जो समझते हैं कि प्रत्येक प्रश्न के एक से अधिक पहलू होते हैं, और इतना ही नहीं, उन अनेक पहलुओं को देखते भी हैं...और जितना भी सोचता हूँ, उतना ही सन्देह विकल्प बढ़ता है...''

''तुम्हारी इस प्रगति को कोई समझता है?''

''मैं तो समझता हूँ।''

मैंने फिर पूछा, ''संसार समझता है?''

दिनमणि की आत्मा एक फीकी हँसी हँसी। ''संसार! संसार में मेरा व्यवहार ऐसा है कि मानो मैं आज जो कहता हूँ उसे यह पाँच वर्ष बाद सुनता है—मेरे और संसार के मध्य में एक आलोक तथ्य की भाँति सदा उन पाँच वर्षों का अन्तर रहेगा जो मैंने जेल में बिताए हैं...''

मैं और प्रश्न नहीं पूछ सकी। चुपचाप दिनमणि को देखने लगी, और सोचने लगी कि ऐसी समस्याओं का कभी हल होगा या नहीं...संसार में, शासन-संस्थाएँ बदलती ही रहेंगी, विधान भी बदलते ही रहेंगे...साथ-ही-साथ स्वाधीनता के आदर्श भी बदलते रहेंगे, तब सदा ही पूर्ण स्वाधीनता में कुछ न्यूनता रहेगी, उसे पूरी करने के लिए उद्धत और मनचले युवक भी उठते ही रहेंगे, ...बाह्य प्रश्नों का, राजनैतिक समस्याओं का हल तो अनेक बार होगा और फिर होगा, किन्तु मानव-हृदय की वह समस्या, यह ऊर्ध्वगति या पागलपन, कब कैसे मिटेगा—यह तो सदा ऐसा ही बना रहेगा, यही तो मानव-हृदय की स्पन्दन-गति है जिसके बिना वह नहीं चलेगा...

तब तो, मुझे कभी मुक्ति नहीं मिलेगी? मैं सदा ही दूसरों को पीड़ा देकर अपनी पीड़ा के बोझ को चुकता करती रहूँगी, किन्तु कभी कर नहीं पाऊँगी, बूढ़ी और कमज़ोर होती जाऊँगी, किन्तु मरूँगी नहीं—अभिशप्त टाइथोनस की भाँति कुढ़-कुढ़कर रह जाऊँगी—निर्दय अमरत्व एकमात्र मुझे ही सालेगा...

एकाएक मैंने सुना, दिनमणि बिलख-बिलखकर रो रहा है और अपने से एक निराश प्रश्न पूछ रहा है, ''मैं क्यों यहाँ आया, मैं यहाँ क्या करने आया...'' ओह, वह रात्रि की घोंट देनेवाली नीरवता, ओह, उस प्रश्न की यन्त्रणा...उसके लिए भी और मेरे लिए भी, जिसे याद आ रहा है कि मैं अमर हूँ, और मेरे अमरत्व का बोझ मुझ पर से उठ नहीं सकता...

दिनमणि उठा। एक बार उसने अत्यन्त स्थिर दृष्टि से मेरी ओर देखा—देखता रहा। फिर एक भयंकर अभिशापमय स्वर में बोला, ''मैं नहीं आऊँगा, नहीं आऊँगा,

इधर उन्मुख नहीं होऊँगा! प्रत्येक प्रेरणा मुझे इधर धकेलती है (क्यों धकेलती है? क्यों चाहता हूँ कि संसार से लौट जाऊँ अपने कारावास में?) पर मैं नहीं आऊँगा, मैं जीते रहकर ही अपनी मृत्यु-यन्त्रणा भोगूँगा..."

और चला गया।

मैं चुप रही, शान्त रही। पत्थर हूँ—पत्थर रही...पर, मैंने इतने जीवन में जो कुछ अनुभव प्राप्त किया है, वह विद्रोह कर उठा...तब मैंने कहा ही तो—विवश होकर कहा...

"पागल! पागल! नहीं आओगे, अपनी माता के पास नहीं आओगे, जो तुम्हें सत्य देती है और प्यार करती है; जो निर्दय और कठोर घृणा से तुम्हें संसार में धकेलती है कि तुम काम करो और दुःख भोगो और लड़ो और फिर उसके पास लौट आओ उसके अकेलेपन में...उस माँ के पास नहीं आओगे?..."

पर वह चला गया—उस समय उसने कुछ नहीं सुना। पर मैं अपनी बात पूरी कर डालने के लिए बोलती गई—क्योंकि मैं जानती हूँ कि कोई अपने मन में निश्चय नहीं कर सकता कि वह मेरे पास आएगा या नहीं...यह निश्चय मैं करती हूँ, और मेरी सहायक होती है मानव-हृदय की भूख...दिनमणि ने आज नहीं सुना, पर किसी दिन उसके प्राण ही उसे यह सुनाएँगे...

मैं कहकर चुप हो गई। और निविड़ रात्रि में तारों द्वारा बढ़ाए हुए अन्धकार की ओर उन्मुख होकर सोचने लगी—उस तारापट में अपना भी एक अमर आँसू गूँथने लगी, जो कि मेरी जीवनी का सार और मेरी कहानी का सबसे गूढ़तम सत्य, उसका अन्त है; एक आँसू जो नीरवता में बोलता है, अन्धकार में चमकता है, विस्मृति में जागता है और जो नियति के वक्ष पर लिखता है मेरी एकमात्र स्मरणीय बात, मेरा एकमात्र सन्देश...

कि मैं कहती हूँ, तुम आओगे मेरे पास, और फिर जाओगे और फिर आओगे; तुम—और तुम—और तुम...

कि मैं कहती हूँ, तुम आओ। मैं तुम्हारा आह्वान करती हूँ, दुर्निवार आह्वान। जब तुम लौटोगे, तो एक आहत और रुग्ण आत्मा लेकर; तब मैं हँसूँगी और तुम रोओगे; पर मेरी हँसीबद्ध नियति का नैराश्यवाद होगा, और तुम्हारे रोने में नवजीवन की अनुभूति का रस...मैं हँसूँगी जैसे प्रसूतिकाल में मरती हुई माता वह सुख-समाचार सुनकर हँस उठती है एक उन्मत्त और दुःख भरी, हँसी; तुम रोओगे जैसे नवजात शिशु संसार की असह्य सजीवता और ज्योति को देखकर एकाएक रो उठता है...

कि मैं कहती हूँ, यही मैंने अपने पत्थर के जीवन में सीखा है, पत्थर के आँसू में सींचा है, और पत्थर की कठोरता से तुम्हें सिखाऊँगी...

●

इन्दु की बेटी

जब गाड़ी खचाखच लदी होने के कारण मानो कराहती हुई स्टेशन से निकली, तब रामलाल ने एक लम्बी साँस लेकर अपना ध्यान उस प्राण ले लेनेवाली गर्मी, अपने पसीने से तर कपड़ों, और साथ बैठे हुए नंगे बदनवाले गँवार के शरीर की बू से हटाकर फिर अपने सामने बैठी हुई अपनी पत्नी की ओर लगाया; और उसकी पुरानी कुढ़न फिर जाग उठी।

रामलाल की शादी हुए दो बरस हो चले हैं। दो बरस में शादी का नयापन पुराना हो जाता है, तब गृहस्थ-जीवन का सुख नयेपन के अलावा जो दूसरी चीज़ें होती हैं, उन्हीं पर निर्भर करता है। मातृत्व या पितृत्व की भावना, समान रुचियाँ, इकट्ठे बिताए हुए दिनों की स्मृतियाँ, एक-दूसरे को पहुँचाए गए सुख-क्लेश की छाप—नयापन मिट जाने के बाद ये और ऐसी चीज़ें ही ईंटें होती हैं, जिनसे गृहस्थी की भीत खड़ी होती है। और रामलाल के जीवन में ये सब जैसे थे ही नहीं। उसके कोई सन्तान नहीं थी, जहाँ तक उसके दाम्पत्य जीवन के सुख-दुःख की उसे याद थी, वहाँ तक उसे यही दिखता था कि उन्होंने एक-दूसरे को कुछ दिया है तो क्लेश ही दिया है। इससे आगे थोड़ी-बहुत मामूली सहूलियत एक-दूसरे के लिए पैदा की गई है, लेकिन उसका शिक्षित दिमाग उन चीज़ों को सुख कहने को तैयार नहीं है। उदाहरणतया वह कमाकर कुछ लाता रहा है, और स्त्री रोटी पकाकर देती रही है, कपड़े धोती रही है, झाड़ू लगाती रही है, चक्की भी पीसती रही है। क्या इन चीज़ों का नाम सुख है? क्या उसने शादी इसलिए की थी कि एक महरी उसे मिल जाए और वह खुद एक दिन से दूसरा दिन करने की चख-चख बच जाए और बस? क्या उसने बी.ए. तक पढ़ाई इसीलिए की थी कि हर महीने बीस-एक रुपल्लियाँ कमाकर इसके आगे लाकर पटक दिया करे कि ले, इस कबाड़खाने को सँभाल और इस ढाबे को चलता रख!—इस गँवार, अनपढ़, बेवकूफ़ औरत के आगे जो चक्की पीसने और झाड़ू लगाने से अधिक कुछ नहीं जानती और यह नहीं समझती कि एक पढ़े-लिखे आदमी की भूख दो वक्त की रोटी के अतिरिक्त कुछ और भी माँगती है!

उसकी खीझ एकाएक बढ़कर क्रोध बन गई। स्त्री की ओर से आँख हटाकर वह सोचने लगा, इसका यह नाम किसने रखा? इन्दु! कैसा अच्छा नाम है—जाने किस बेवक़ूफ़ ने यह नाम इसे देकर डुबाया! और कुछ नहीं तो सुन्दर ही होती, रंग ही कुछ ठीक होता!

लेकिन जब यह पहले-पहल मेरे घर आई थी, तब तो मुझे इतनी बुरी नहीं लगी थी! क्यों मैंने इसे कहा था कि मैं अपने जीवन का सार, बोझ तुम्हें सौंपकर निश्चिन्त हो जाऊँगा—कैसे कह पाया था कि जो जीवन मुझसे अकेले चलाए नहीं चलता, वह तुम्हारा साथ पाकर चल जाएगा? पर मैं तब इसे जानता कब था—मैं तो समझता था कि—

रामलाल ने फिर एक तीखी दृष्टि से इन्दु की ओर देखा और फौरन आँखें हटा लीं। तत्काल ही उसे लगा कि यह अच्छा हुआ कि इन्दु ने वह दृष्टि नहीं देखी। उसमें कुछ उस अहीर का-सा भाव था जो मंडी से एक हट्टी-कट्टी गाय खरीदकर लाये और घर आकर पाए कि वह दूध ही नहीं देती।

तभी गाड़ी की चाल फिर धीमी हो गई। रामलाल अपने पड़ोसी गँवार की ओर देखकर सोच ही रहा था कि कौन-सी वीभत्स गाली हर स्टेशन पर खड़ी हो जानेवाली इस मनहूस गाड़ी को दे, कि उसकी स्त्री ने बाहर झाँककर कहा, ‘‘स्टेशन आ गया!’’

रामलाल की कुढ़न फिर भभक उठी। भला यह भी कोई कहने की बात है? कौन गधा नहीं जानता कि स्टेशन आ रहा है? अब क्या यह भी सुनना होगा कि गाड़ी रुक गई। गार्ड ने सीटी दी। हरी झंडी हिल रही है। गाड़ी ने सीटी दी। गाड़ी चल पड़ी...

लेकिन मैं इस पर क्यों खीझता हूँ? इस बिचारी का दिमाग जहाँ तक जाएगा, वहीं तक की बात वह करेगी न? अब मैं उससे आशा करूँ कि इस समय वह मेघदूत मुझे सुनाने लग जाए और वह इस आशा को पूरा न करे तो उसका क्या कसूर है?

लेकिन मैंने उसे कभी कुछ कहा है? चुपचाप सब सहता आया हूँ। एक भी कठोर शब्द उसके प्रति मेरे मुँह से निकला हो तो मेरी ज़बान खींच ले। आखिर पढ़-लिखकर इतनी भी तमीज न आई तो पढ़ा क्या खाक? समझदार का काम है सहना। मैंने उससे प्यार से कभी बात नहीं की; लेकिन जो हृदय में नहीं है, उसका ढोंग करना नीचता है। क्रोध को दबाने का यह मतलब थोड़े ही है कि झूठ-मूठ का प्यार दिखाया जाए?

गाड़ी रुक गई। इन्दु ने बाहर की ओर देखते-देखते कहा, ‘‘प्यास लगी है...’’

रामलाल को वह स्वर अच्छा नहीं लगा। उसमें ज़रा भी तो आग्रह नहीं था कि हे मेरे स्वामी, मैं प्यासी हूँ, मुझे पानी पिला दो! सीधे शब्दों में कहा नहीं तो खैर, पर वहाँ तो ध्वनि भी नहीं है। ऐसा कहा है, जैसे ‘‘मैं जता देती हूँ कि मैं प्यासी हूँ—आगे कोई पानी ला देगा तो मैं पी लूँगी। नहीं तो ऐसे भी काम चल जाएगा। इतनी उत्सुक? मैं किसके लिए हूँ कि पानी लाने के लिए कह सकूँ?’’ फिर भी रामलाल ने लोटा उठाया, बाहर झाँका और यह देखकर कि गाड़ी के पिछले

सिरे के पास प्लेटफ़ॉर्म पर कुछ लोग धक्कम-धक्का कर रहे हैं और एक-आध जो ज़रा अलग हैं, कान में टँगा हुआ जनेऊ उतार रहे हैं, वह उतरकर उधर को चल पड़ा।

वह मुझे ही कह देती कि पानी ला दो, तो क्या हो जाता? मैं जो कुछ बन पड़ता है, उसके लिए करता हूँ। अब अधिक नहीं कमा सकता तो क्या करूँ? गाँव में गुंजाइश ही इतनी है। अब शहर में शायद कुछ हो—पर शहर में खर्च भी होगा।

मैं खर्च की परवाह न करके उसे अपने साथ लिये जा रहा हूँ—और होता तो गाँव में छोड़ जाता—शहर में अकेला आदमी कहीं भी रह सकता है, पर गृहस्थी लेकर तो—और उसे इतना खयाल नहीं कि ठीक तरह बात ही करे—बात क्या करे, रोटी-पानी, पैसा माँग ही ले...क्या निकम्मेपन में भी अभिमान होता है?

रामलाल नल के निकट पहुँच गया।

2

गाड़ी ने सीटी दी और चल दी। रामलाल को यह नहीं सुनना पड़ा कि "हरी झंडी हिल रही है—गाड़ी चली" इन्दु ने कहा भी नहीं। गार्ड की सीटी हो जाने पर भी जब रामलाल नहीं पहुँचा, तब इन्दु खिड़की के बाहर उझककर उत्कंठा से उधर देखने लगी, जिधर वह गया था। गाड़ी चल पड़ी, तब उसकी उत्कंठा घोर व्यग्रता में बदल गई। लेकिन तभी उसने देखा, एक हाथ में लोटा थामे रामलाल दौड़ रहा है। वह अपने डिब्बे तक तो नहीं पहुँच सकेगा, लेकिन पीछे के किसी डिब्बे में शायद बैठ जाए।

इन्दु ने देखा कि रामलाल ने एक डिब्बे के दरवाज़े पर आकर हैंडल पकड़ लिया है और उसी के सहारे दौड़ रहा है, लेकिन गाड़ी की गति तेज़ होने के कारण अभी चढ़ नहीं पाया। कहीं वह रह गए तब? क्षण-भर के लिए एक चित्र उसके आगे दौड़ गया—परदेस में वह अकेली—पास पैसा नहीं, और उससे टिकट तलब किया जा रहा है और वह नहीं जानती कि पति को कैसे सूचित करे कि वह कहाँ है। लेकिन क्षण-भर में ही इस डर का स्थान एक दूसरे डर ने ले लिया। कहीं वह उस तेज़ चलती हुई गाड़ी पर सवार होने के लिए कूदे और—...यह डर उससे नहीं सहा गया। वह जितना बाहर झुक सकती थी, झुककर रामलाल को देखने लगी—उसके पैरों की गति को देखने लगी...और उसके मन में यह होने लगा कि क्यों उसने पति से प्यास की बात कही—यदि कुछ देर बैठी रहती तो मर न जाती...

एकाएक रामलाल गाड़ी के कुछ निकट आकर कूदा। इन्दु ज़रा और झुकी कि देखे, वह सवार हो गया कि नहीं और निश्चिन्त हो जाए। उसने देखा—

अन्धकार—कुछ डूबता-सा—एक टीस—जाँघ और कन्धे में जैसे भीषण आग—फिर एक दूसरे प्रकार का अन्धकार।...

गाड़ी मानो विवश क्रोध से चिचियाती हुई रुकी कि अनुभूतियों से बँधे हुए

इस क्षुद्र चेतन संसार की एक घटना के लिए किसी ने चेन खींचकर उस जड़, निरीह और इसलिए अडिग शक्ति को क्यों रोक दिया है।

गाड़ी के रुकने का कारण समझ में उतरने से पहले ही रामलाल ने डिब्बे तक आकर देख लिया कि इन्दु उसमें नहीं है।

3 रेल का पहिया जाँघ और कन्धे पर निकल गया था। एक आँख भी जाने क्यों बन्द होकर सूज आई थी—बाहर कोई चोट दिख नहीं रही थी—और केश लहू में सनकर जटा-से हो गए थे।

रामलाल ने पास आकर देखा और रह गया! ऐसा बेबस, पत्थर रह गया कि हाथ का एक लोटा भी गिरना भूल गया।

थोड़ी देर बाद जब ज़रा काँपकर इन्दु की एक आँख खुली और बिना किसी की ओर देखे ही स्थिर हो गई और क्षीण स्वर ने कहा, ''मैं चली,'' तब रामलाल को नहीं लगा कि वे दो शब्द विज्ञप्ति के तौर पर कहे गए हैं—उसे लगा कि उनमें खास कुछ है, जैसे वह किसी विशेष व्यक्ति को कहे गए हैं, और उनमें अनुमति माँगने का-सा भाव है...

उसने एकाएक चाहा कि बढ़कर लोटा इन्दु के मुँह से छुआ दे, लेकिन लोटे का ध्यान आते ही वह उसके हाथ से छूटकर गिर गया।

रामलाल उस आँख की ओर देखता रहा, लेकिन फिर वह झिपी नहीं। गाड़ी चली गई। थोड़ी देर बाद एक डॉक्टर ने आकर एक बार शरीर की ओर देखा, एक बार रामलाल की ओर, एक बार फिर उस खुली आँख की ओर, और फिर धीरे से पल्ला खींचकर इन्दु का मुँह ढँक दिया।

4 गाड़ी ज़रा-सी देर रुककर चली गई थी। दुनिया ज़रा भी नहीं रुकी। गाड़ी आदमी की बनाई हुई थी, दुनिया को बनानेवाला ईश्वर है।

बीस साल हो गए। घिरती रात में हरेक स्टेशन पर रुकनेवाली एक गाड़ी के सेकेंड क्लास डिब्बे में रामलाल लेटा हुआ था। वह कलकत्ते से रुपया कमाकर लौट रहा था। आज उसके मन में गाड़ी पर खीझ नहीं थी—आज वह यात्रा पर जा नहीं रहा था, लौट रहा था। और वह थका हुआ था।

एक छोटे स्टेशन पर वह एकाएक भड़भड़ाकर उठ बैठा। बाहर झाँककर देखा, कहीं कोई कुली नहीं था। वह स्वयं बिस्तर और बैग बाहर रखने लगा। तभी, स्टेशन के पाइंटमैन ने आकर कहा, ''बाबूजी, कहाँ जाइएगा?'' छोटे स्टेशनों पर लाइनमैन और पाइंटमैन ही मौके-बे-मौके कुली का काम कर देते हैं। रामलाल ने कहा,''यहीं एक तरफ़ करके रख दो।''

''और कुछ सामान नहीं है?''

"बाकी ब्रेक में है, आगे जाएगा।"

"अच्छा।"

गाड़ी चली गई। बूढ़े पाइंटमैन ने सामान स्टेशन के अन्दर ठीक से रख दिया। रामलाल बेंच पर बैठ गया। स्टेशन के एक कोने में एक बड़ा लैम्प जल रहा था, उसकी ओर पीठ करके जाने क्या सोचने लग गया, भूल गया कि कोई उसके पास खड़ा है।

बूढ़े ने पूछा, "बाबूजी, कैसे आना हुआ?" ऐसा बढ़िया सूट-बूट पहननेवाला आदमी उसने उस स्टेशन पर पहले नहीं देखा था।

"यों ही।"

"ठहरिएगा?"

"नहीं। अगली गाड़ी कब जाती है?"

"कल सवेरे। उसमें जाइएगा?"

"हाँ।"

"इस वक्त बाहर जाइएगा?"

"नहीं।"

"लेकिन यहाँ तो वेटिंग रूम नहीं है—"

"यहीं बेंच पर बैठा रहूँगा।"

बूढ़ा मन में सोचने लगा, यह अजब आदमी है, जो बिना वजह रात-भर यहाँ ठिठुरेगा और सवेरे चला जाएगा! पर अब रामलाल प्रश्न पूछने लगा—

"तुम यहाँ कब से हो?"

"अजी, क्या बताऊँ—सारी उमर यहीं कटी है।"

"अच्छा! तुम्हारे होते यहाँ कोई दुर्घटना हुई?"

"नहीं—" कहकर बूढ़ा रुक गया। फिर कहने लगा, "हाँ, एक बार एक औरत रेल के नीचे आकर कट गई थी—उधर प्लेटफ़ॉर्म से ज़रा आगे।"

"हूँ।" रामलाल के स्वर में जैसे अरुचि थी, लेकिन बूढ़ा अपने-आप ही उस घटना का वर्णन करने लगा।

"कहते हैं, उसका आदमी यहाँ पानी लेने के लिए उतरा था, इतनी देर में गाड़ी चल पड़ी। वह बैठने के लिए गाड़ी के साथ दौड़ रहा था, औरत झाँककर बाहर देख रही थी कि बैठ गया या नहीं, तभी बाहर गिर पड़ी और कट गई।"

"हूँ।"

थोड़ी देर बाद बूढ़े ने फिर कहा—"बाबूजी, औरत-जात भी कैसी होती है! भला वह गाड़ी से रह जाता, तो कौन बड़ी बात थी! दूसरी में आ जाता। लेकिन औरत का दिल कैसे मान जाए—"

रामलाल ने जेब से चार आने पैसे निकालकर उसे देते हुए संक्षेप में कहा—"जाओ।"

"बाबूजी—"

रामलाल ने टाँगें बेंच पर फैलाते हुए कहा, "मैं सोऊँगा।"

बूढ़ा चला गया। जाते हुए स्टेशन का एकमात्र लैम्प भी बुझा गया—अब उसकी कोई ज़रूरत नहीं थी।

रामलाल उठकर प्लेटफ़ॉर्म पर टहलने लगा और सोचने लगा...

उसने पानी नहीं माँगा था, लेकिन अगर मैंने ही कह दिया होता कि मैं अभी लाए देता हूँ पानी, तो—तो—

आदमी जब चाहता है जीवन के बीस वर्षों को बीस मिनट—बीस सेकेंड में जी डालता है; और वे बीस सेकेंड भी ऐसे जो आज के नहीं हैं, बीस वर्ष पहले के हैं, मर चुके हैं, तब उसकी आत्मा का अकेलापन कहा नहीं जा सकता, अँधेरे में ही कुछ अनुभव किया जा सकता है...

5

रामलाल स्टेशन का प्लेटफ़ॉर्म पार करके रेल की पटरी के साथ हो लिया। एक सौ दस कदम चलकर वह रुका और पटरी की ओर देखने लगा। उसे लगा, पटरी के नीचे लकड़ी के स्लीपरों पर जैसे खून के पुराने धब्बे हैं। वह पटरी के पास ही बैठ गया। लेकिन बीस वर्ष में तो स्लीपर कई बार बदल चुकते हैं। ये धब्बे खून के हैं, या तेल के?

रामलाल ने चारों ओर देखा। वही स्थान है—वही स्थान है। आस-पास के दृश्य से अधिक उसका मन गवाही देता है।

और रामलाल घुटनों पर सिर टेककर, आँखें बन्द करके पुराने दृश्यों को जिलाता है। वह कठोर एकाग्रता से उस दृश्य को सामने लाना चाहता है—नहीं, सामने आने से रोकना चाहता है—नहीं, वह कुछ भी नहीं चाहता, वह नहीं जानता कि वह क्या चाहता है। या नहीं चाहता है। उसने अपने-आपको एक प्रेत को समर्पित कर दिया है। जीवन में उससे खिंचे रहने का यही एक प्रायश्चित्त उसके पास है। और इस समय स्वयं मिट्टी होकर, स्वयं प्रेत होकर, वह मानो उससे एक हो लेना चाहता है, उससे कुछ आदेश पा लेना चाहता है...

जाने कितनी देर बाद वह चौंकता है। सामने कहीं से रोने की आवाज़ आ रही है। एक औरत के रोने की। रामलाल उठकर चारों ओर देखता है, कहीं कुछ नहीं दिखता। आवाज़ निरन्तर आती है। रामलाल आवाज़ की ओर चल पड़ता है—जो स्टेशन से परे की ओर है...

इन्दु कभी रोयी थी? उसे याद नहीं आता। लेकिन यह कौन है जो रो रहा है? और इस आवाज़ में यह कशिश क्यों है...

"कौन है?"

कोई उत्तर नहीं मिलता। दो-चार क़दम चलकर रामलाल कोमल स्वर में फिर पूछता है, "कौन रोता है?" रेल की पटरी के पास से कोई उठता है। रामलाल देखता है। किसी गाढ़े रंग के आवरण में बिलकुल लिपटी हुई एक स्त्री उसे पास

आता देखकर जल्दी से एक ओर को चल देती है और क्षण-भर में झुरमुट की ओट हो जाती है। रामलाल पीछा भी करता है, लेकिन अन्धकार में पीछा करना व्यर्थ है—कुछ दिखता ही नहीं।

रामलाल पटरी की ओर लौटकर वह स्थान खोजता है, जहाँ वह बैठी थी।

क्या यहीं पर? नहीं, शायद थोड़ा और आगे। यहाँ पर? नहीं, थोड़ा और आगे।

उसका पैर किसी गुदगुदी चीज़ से टकराता है। वह झुककर टटोलता है—एक कपड़े की पोटली। बैठकर खोलने लगता है। पोटली चीख उठती है। काँपते हाथों से उठकर वह देखता है, पोटली एक छोटा-सा शिशु है जिसे उसने जगा दिया है।

वह शिशु को गोद में लेकर थपथपाता हुआ स्टेशन लौट आता है और बेंच पर बैठ जाता है। घड़ी देखता है, तीन बजे हैं। पाँच बजे गाड़ी मिलेगी। अपने ओवरकोट से वह बच्चे को ढक लेता है—दो घंटे के लिए इतना प्रबन्ध काफ़ी है। गाड़ी में बिस्तर खोला जा सकेगा...

6 रामलाल ने अपने गाँव में एक पक्का मकान बनवा दिया है और उसी में रहता है। साथ रहती है वह पाई हुई शिशु-कन्या जिसका नाम उसने इन्दुकला रखा है, और उसकी आया, जो दिन-भर उसे गाड़ी में फिराया करती है।

गाँव के लोग कहते हैं कि रामलाल पागल है। पैसेवाले भी पागल होते हैं। और इन्दु जहाँ-जहाँ जाती है, वे उँगली उठाकर कहते हैं—''वह देखो, उस पागल बूढ़े की बेटी।'' इसमें बड़ा गूढ़ व्यंग्य होता है, क्योंकि वे जानते हैं कि बूढ़ा रामलाल किसी के पाप का बोझ ढो रहा है। लेकिन रामलाल को किसी की परवाह नहीं है, वह निर्द्वन्द्व है। उसके हृदय में विश्वास है। वह खूब जानता है कि उसकी क्षमाशीला इन्दु ने स्वयं प्रकट होकर अपने स्नेहपूर्ण अनुकम्पा के चिह्न-स्वरूप अपना अंश और प्रतिरूप वह बेटी उसे भेंट की थी।

•

जिजीविषा

कलकत्ता, सेंट्रल एवेन्यू, गिरीश पार्क से कुछ आगे दक्खिन की ओर सड़क किनारे की चौड़ी पटरी।

बातरा अपनी घुटनों तक ऊँची, कमर के पास फटी हुई और छाती के सिर्फ़ बायें भाग को मुश्किल से ढाँपने में समर्थ मैली धोती का छोर पकड़कर उसे बदन से सटाती हुई चल रही है। वह चलना निरुद्देश्य है, लेकिन रस की अनुपस्थिति के कारण उसे टहलना नहीं कहा जा सकता। वह यों ही वहाँ चल रही है; क्योंकि उसे भूख तो लगी है, लेकिन भीख माँगने का उसका मन नहीं होता है। उसमें आत्माभिमान अभी तक थोड़ा-थोड़ा बाक़ी है, और उसे यह भी दिखता है कि इस इतने बड़े बहुत यथार्थ और बहुत यथार्थवादी शहर कलकत्ते में आकर भी वह यथार्थता को ठीक-ठीक समझ नहीं पाई है, उसके हृदय में कुछ रस की माँग रहती है। जैसे अब वह भूखी भी है तो सिर्फ़ रोटी पाना ही नहीं चाहती, पाने में कुछ मिठास भी चाहती है। भूखे कुत्ते को रोटी मिलती है, तो लार तो उसके मुँह से टपक ही आती है, फिर भी वह (हो सके तो) किसी घर से खास अपने लिए आई हुई रोटी को पसन्द करेगा, गली में माँगने नहीं जाएगा...

बातरा संथाल है। बच्ची थी, तभी उसके माँ-बाप इधर चले आए थे और ईसाई हो गए थे। पादरी ने ईसाइयत के पानी से लड़की की खोपड़ी सींचते हुए जब उसका नाम बीएट्रिस रख दिया था, तब माता-पिता भी बड़े चाव से उसे 'बातरा! बातरा!' कहकर पुकारने लगे थे।

लेकिन वे मर गए। बातरा ने चाहा, मिशन में जाकर नौकरी कर ले; लेकिन मिशन के भीतर पंजाब से आए हुए ईसाई खानसामों का जो अलग मिशन था, उसकी नौकरी उसे मंजूर न हुई और वह भाग आई।

बातरा जानती थी कि वह कुत्तों से अच्छी है। उसने मेमों के चिकने-चुपड़े मखमल में लिपटे और प्लेट में 'सामन' मच्छी खानेवाले कुत्ते देखे थे और इस समय अपने बिखरे और उलझे हुए जूँ-भरे केश, बिवाइयोंवाले नंगे पैर, और कलकत्ते

की धूप, बारिश और मैल से बिलकुल काला पड़ गया अपना पहले ही से साँवला शरीर, यह सब भी वह देख रही थी; फिर भी वह जानती थी कि वह कुत्तों से अच्छी है। वह चाहती थी, अच्छी तरह साफ़-सुथरे इन्सान की तरह जीवन बिताए, चाहती थी कि उसका अपना घर हो, जिसके बाहर गमले में दो फूल लगाए और भीतर पालने में दो छोटे-छोटे बच्चों को झुलाए, और चाहती थी कि कोई और उस पालने के पास खड़ा हुआ करे, जिसके साथ वह उन बच्चों को देखने का सुख और अपने हाथ का सेंका हुआ टुक्कड़ बाँटकर भोगा करे—कोई और जो उसका अपना हो—वैसे नहीं, जैसे मालिक कुत्ते का अपना होता है, वैसे जैसे फूल खुशबू का अपना होता है। अब तक यह सब हुआ नहीं था; लेकिन बातरा जानती थी कि वह होगा, क्योंकि बातरा अभी जवान है, और उस कीच-कादों में पल रही है, जिससे जीवन मिलता है, जीवन-शक्ति मिलती है...

बातरा एवेन्यू की पटरी पर टहलती जाती है और यह सब सोचती जाती है, और बीच-बीच में सिर उठाकर इधर-उधर आने-जानेवाले लोगों की ओर भी देखती जाती है, आस-पास के भिखमंगों-आवाराओं-बेघरों की ओर भी।

उसकी आँखें एक आदमी की आँखों से मिलती हैं जो उसकी ओर जाने कब से देख रहा है, अटकती हैं, हट जाती हैं और फिर मिल जाती हैं। अब की बार उनमें एक उद्दंडता-सी है, मानो कह रही हों, तुम नहीं हटाते, तो मैं ही क्यों हटाऊँ? मुझे काहे की लज्जा?

वह आदमी मुस्कुरा देता है, फिर उठकर गिरीश पार्क की ओर चल देता है।

थोड़ी देर बाद बातरा उसी के पीछे चल देती है। वह नहीं जानती कि क्यों उसे इस आधे से अधिक नंगे गठे हुए बदनवाले गन्दे आदमी के बारे में कौतूहल हो आया है।

वह गिरीश पार्क की दीवार पर बैठा हुआ आगे जानेवालों से भीख माँग रहा था। उसे कुछ खास मिलता नहीं था; लेकिन माँगते वक्त वह एक विचित्र ढंग से मुस्कुरा देता था, जिसमें कुछ बेबसी थी और कुछ बेशर्मी, और उसने अनुभव से जान लिया था कि विशुद्ध गिड़गिड़ाहट से यह ढंग अधिक फलदायक होता है, क्योंकि गिड़गिड़ाने से करुणा तो जाग उठती है, पर अहंकार झुँझलाता है, लेकिन इस बेशर्मी से अहंकार भी चुप होकर पैसा-दो पैसे क़ुर्बान कर ही देता है।

बातरा ने पूछा, "ऐसे कुछ मिलता भी है?"

वह एक हाथ से अपने पेट के पास टटोलते हुए बोला, "तुम को आज कुछ मिला?"

"मैंने तो छुट्टी कर दी।"

"कुछ खाया? तुम्हारा नाम क्या है? कहाँ की हो?"

"बातरा।" कहकर बातरा चुप हो गई, और उसकी चुप्पी में बाक़ी दोनों प्रश्नों का उत्तर हो गया।

"मेरा नाम दामू है।" कहकर उसने दूर पर बैठे हुए एक छाबड़ीवाले को

बुलाकर कहा, "ओ बे, दो अमरूद दे जा!"

छाबड़ीवाले ने उपेक्षा से कहा, "आव, ले जाव।"

"अबे पैसे मिलेंगे, दे जा!"

"वाह रे तेरे नखरे, भिखमंगे!" कहता हुआ छाबड़ीवाला मुस्कुराता हुआ उठा और दो अमरूद दे गया और पैसे ले गया।

"खा।" कहकर दामू ने बड़ा अमरूद बातरा को दिया और दूसरा स्वयं खाने लगा।

बातरा भी खाने लगी। और ज्यों-ज्यों वह खाती जाती थी, उसके भीतर जीवन-शक्ति जाग्रत होती जाती थी...

2

बातरा के अट्ठारह सालों की संचित लालसा ने मानो एक आधार पाया। गिरीश पार्क में कुछ आगे एक छोटा किन्तु घना अशोक का पेड़ था, उसी के नीचे उसने अपना क़रीब-क़रीब स्थायी अड्डा जमा लिया और उसी पेड़ के नीचे दूसरी तरफ़ दामू ने अपना अँगोछा डालकर माँगने की और रहने की जगह बना ली। किसी दिन वह भीख माँगता, यदि कभी चार पैसे मिल जाते, तो उसके अमरूद खरीदकर अपने अँगोछे पर सजाकर दुकान कर लेता।

आस-पास के दुकानदार जो उससे परिचित थे,—मज़ाक़ बनाते, लेकिन फिर अमरूद महँगे दामों पर खरीद भी लेते। इसी प्रकार कभी दिन में चार-छह पैसों का नफ़ा हो जाता, तो दामू बातरा के लिए तरबूज की एक फाँक खरीद लेता, या पकौड़ियाँ ले आता और उसे कहता, "देख, आज तू किसी से मत माँगना।"

वह हँसकर कहती, "और कोई दे जाये तो?"

"तो कहना, ले जा, हम कोई भिखमंगे हैं?"

और दोनों हँस पड़ते।

लेकिन इस लापरवाही से और कभी दैवात् बिक्री न होने से उसकी शाम इतनी सुखद न होती और बातरा थके हुए स्वर में कहती, "भूख लग आई..." तब दामू एकाएक दुकान उठा देता और दोनों जने फल बाँटकर खा जाते। अगले दिन सवेरे ही दामू कहीं चल देता, गली-गली में भटककर और कचरा-पेटियाँ देखकर पुराने टीन, बोतलें, टूटे पुर्ज़े बटोरकर लाता और एक कबाड़िये के पास दो-तीन पैसों में बेच लेता...

एक दिन से दूसरा दिन हो जाता, लेकिन कुछ जुटने की नौबत न आती और बातरा की संचित लालसा उस कभी न फूलनेवाले अशोक के आस-पास चक्कर काटकर रह जाती...लेकिन जैसे उसने हारना सीखा ही नहीं था, लालसा को कम उग्र करना भी नहीं सीखा था।

साल-भर होने को आया। गर्मियाँ फिर चुक चलीं, आकाश में बादल घिरने लगे। वे आते, घिरकर बिना बरसे ही फिर बिखर जाते और बातरा को लगता, दुनिया गलत हो गई है। वह अशोक के दूसरी ओर बैठे हुए दामू की ओर देखती और

न जाने क्यों उसका हृदय उमड़ आता, उसमें खलबली-सी मच जाती, उसकी आँखों को धुँधला-सा कुहरा-सा दिखने लगता और उन दोनों के बीच में खड़ा वह अशोक वृक्ष का तना उसकी दृष्टि में काँप-सा उठता....वह आकाश की ओर मुँह उठाकर कहती—''अब तो बारिश होनी ही चाहिए!'' और दामू भी आकाश की ओर देखता हुआ ही उत्तर देता—''हाँ, अब तो मेरा जी भी तरस गया।''

बातरा का हृदय मानो उछल पड़ता, और वह जैसे पूछने को ही उठती—''किस चीज़ के लिए तरस गया है?'' पर साहस न होता और दिल फिर बैठ जाता...

और आस-पास के लोग भी देखने लगे कि उस अशोक वृक्ष के नीचे कुछ बदल गया है। वे लोग बीच-बीच में कभी एक तीखी दृष्टि से बातरा की ओर देखते, उस दृष्टि में थोड़ा-सा उपहास और थोड़ी-सी लोलुप-सी प्रशंसा भी होती। बातरा उस दृष्टि को देखती, तो सिमट-सी जाकर अपने से पूछ उठती, ''क्या मेरी सूरत अच्छी है?'' फिर उसका ध्यान अपने साँवले बदन की और अपने सूखे बालों की ओर जाता और प्रश्न मानो मूक होकर बैठ जाता।

3

''आज तो होकर रहेगी!''

दामू ने बातरा की ओर देखा, फिर उसकी दृष्टि का अनुसरण करते हुए आकाश की ओर, और बैठते हुए बोला—''हाँ, लो, यह लाया हूँ।''

रात को बातरा ने गली में कचरा-पेटी के पीछे छिपकर यह दूसरी धोती लपेटी, जो पुरानी और कुछ मैली तो थी, पर फटी कहीं से नहीं थी और मोटी भी खूब थी। अपनी जगह लौटकर उसने पुरानी धोती नीचे बिछाई, कुछ दिन पहले लाए गए बोरिये के टुकड़े को ऊपर ओढ़ने के लिए रखा और पेड़ की आड़ से दामू की ओर देखने लगी।

रात को बारिश शुरू हुई। लेकिन बातरा को लगा कि वह जैसे भीग ही नहीं रही है, उस बोरिये के टुकड़े से इतना काफ़ी बचाव हो रहा था। लेकिन हवा के झोंकों से जब वह बोरिया बार-बार उड़ने लगी और साथ ही धोती को भी उड़ाने लगी, तब बातरा पेड़ की आड़ लेने के लिए बिलकुल उसके तने से सट गई।

दूसरी ओर से सटे हुए दामू ने पूछा, ''क्यों, भीग रही हो?'' और बोरिये का छोर पकड़कर बातरा के बदन के नीचे दाब दिया।

तब आधी रात थी। वक्त वैसे बहुत नहीं हुआ था, फिर भी बारिश की वजह से एवेन्यू सुनसान पड़ा था। बिजली की गड़गड़ाहट सभ्यता की नीरवता को और भी स्पष्ट कर रही थी। बातरा को लगा, वह अकेली है, और उसे कुछ ठंड-सी भी लगी। उसने पेड़ के और निकट सिमटते हुए कहा, ''नहीं...''

दामू ने उसकी ओर हाथ बढ़ाकर बाल छूते हुए कहा, ''भीग तो गईं...''

बातरा के भीतर उसका एकान्त सहसा उमड़-उमड़ आया, उसकी पुरानी लालसा तड़प उठी...दामू का कोमल स्वर सुनकर उसके भीतर न जाने क्या हुआ,

वह एकाएक हतप्रभ, शून्य-सी अपने ऊपर छाये हुए और कभी-कभी चमक जानेवाले अशोक के गीले पत्तों की ओर देखने लगी...

दामू ने फिर बुलाया, ''क्या हुआ, बातरा?''

''कुछ नहीं।''

''कुछ कैसे नहीं? बताओ न? कोई तकलीफ़ है?''

बातरा से सहा नहीं गया। उसका बदन जैसे एकदम तप उठा। वह उठकर बैठ गई, बोरिया उसने उतार फेंकी, अशोक के तने की छाल में एक हाथ के नाखून ज़ोर से गड़ाकर, आँखें फाड़-फाड़कर सड़क की धुली हुई कालिख की ओर देखने लगी...

दामू ने उसका हाथ धीरे-धीरे पेड़ से अलग करके अपने दोनों हाथों में ले लिया। बातरा ने छुड़ाया नहीं—उसे जैसे पता नहीं था कि वह कहाँ है...

दामू ने पुकारा, ''बातरा!''

वह चौंकी। उसने दामू का हाथ झटक दिया, पेड़ से कुछ हटकर बैठ गई। बोली, ''मुझे मत बुलाओ!''

''क्यों?'' अचम्भे के स्वर में पूछता हुआ दामू उठा और पेड़ के इधर बैठ गया।

''मुझे माँ की याद आ गई—वह ऐसे बुलाती थी।''—कहकर बातरा एकाएक रो उठी और थोड़ी देर में उसकी हिचकी बँध गई...

दामू ने कहा—''लेट जाओ!'' वह बिना विरोध किए लेट गई। दामू उसका सिर थपकने लगा और वह सो गई।

सवेरा होने को हुआ, तब भी अभी दामू वहीं बैठा था। बातरा एकदम हड़बड़ाकर उठी और बोली, ''अरे—''

दामू ने जल्दी से टोकते हुए पूछा, ''क्यों, फिर भी याद आई?''

बातरा को अपनी रात में कही हुई बात याद आ गई। वह झूठ नहीं बोली थी; लेकिन अब उसे लगा कि वह सच नहीं था...

उसने दामू से कहा, ''तुम सोये नहीं? जाओ सोओ!''

लेकिन दामू पेड़ के दूसरी तरफ़ नहीं लौटा। उसे लगा कि पेड़ के एक तरफ़ से दूसरी तरफ़ आने का पड़ाव डेढ़ वर्ष में तय कर पाया है, तो एक बार कहने से नहीं लौटेगा।

और एक बार से अधिक बातरा ने कहा भी नहीं। आस-पास के दुकानदारों ने यह नयी व्यवस्था देखी, तो एक-दूसरे को बुलाकर उन पर फबतियाँ कसने लगे; एक ने सुनाकर कहा, ''आखिर खुल ही गई हकीकत राँड़ की!'' लेकिन बातरा ने जब उद्दंड रोष से कहा, ''चुप रहो, लाला!'' तब वह वीभत्स हँसी हँसकर चुप हो गया।

और बातरा को पैसे अधिक मिलने लगे। लोगों के भीतर छिपा हुआ शैतान जब समझता है कि दूसरों के भीतर भी शैतान बसा है, तब अपनी उस कल्पित मूर्ति को सिर झुकाये बिना नहीं रहता, फिर बाहर से चाहे जो कहे!

और बातरा के भीतर जीवन-शक्ति उमड़ने लगी, उसकी वह उत्कंठा घनी

होने लगी—कभी-कभी रात में वह न जाने कैसा स्वप्न देखकर चौंक उठती और अपना भीगा हुआ सिर दामू के कन्धे में छिपाकर अपना बोरिये का टुकड़ा कुछ दामू के ऊपर भी खींचकर ज़रा-सा काँपकर फिर सो जाती...

4 सर्दियाँ आईं, तो बातरा के ऊपर एक जेल से नीलाम हुए काले कम्बल का आधा हिस्सा था, दामू के सिर पर एक पुरानी खाकी पगड़ी। और जब वसन्त के दिनों एक शाम को गिरीश पार्क के पिछवाड़े से मधुमालती की एक बेल में से कुछ फूल तोड़कर उन्हें दामू के पास डालते हुए बातरा ने अपनी पीड़ा को दबाते हुए लज्जित स्वर में कहा था—‘‘मैं अभी आती हूँ, तुम यहीं रहना।’’ और एक ओर को चल दी थी, तब अशोक के पेड़ के नीचे एक एल्युमिनियम का गिलास पड़ा था, एक लिपटी हुई छोटी चटाई, एक टूटी कंघी, एक पीतल की डिबिया, और पेड़ की शाख में एक पीले कपड़े की पोटली भी टँगी हुई थी। बातरा जब इन दो बरसों में इकट्ठी हुई चीज़ों को देखती थी, तब उसका जी भर आता था, उसे लगता था कि उसकी लालसा अब फलने के निकट है, क्योंकि अब तो...अब तो...और वह लज्जा में सिमट जाती थी, चोरी से दामू की तरफ़ देखती थी कि कहीं उसने यह देख तो नहीं लिया, उसके स्वप्न पढ़ तो नहीं लिये...

तो उस दिन साँझ को वह दामू को मधुमालती के फूल देकर चल दी, और रात नहीं लौटी। दामू को प्रतीक्षा में बैठे-बैठे भोर हो आई, तब वह आई, अपनी लालसा के स्वर्ग की एक और सीढ़ी चढ़कर—गोद में एक गुदड़ी में लिपटा हुआ शिशु लिये हुए। दामू ने उसके पीले मुँह की ओर देखा, फिर उसकी एक विचित्र स्निग्ध प्रकाश से भरी हुई आँखों की ओर, और मौन स्वीकृति में सब कुछ अपनाकर कहा—‘‘अरे, हम तो कुनबा हो गए!’’

कितना मधुर था वह एक शब्द ‘कुनबा’—एक सिरहन-सी बातरा के शरीर में दौड़ गई। वह खड़ी न रह सकी, धम से बैठ गई—

दामू ने कहा—‘‘अब धूप तो नहीं लगा करेगी?’’

धीरे-धीरे टीन की चादर का एक टुकड़ा आया जो पेड़ के साथ बँध गया और छतरी का काम देने लगा, फिर एक बहुत छोटी-सी खाट जिसकी रस्सियाँ धुएँ से काली पड़ी हुई थीं और जिस पर बातरा के बहुत सँभलकर बैठने पर भी रोज़ एक-न-एक रस्सी टूट ही जाती थी, फिर एक छाबड़ी जिसमें चकोतरे की फाँकें और पान के बाड़े तक सजने लगे। कभी-कभी कोई आकर दामू के पास बैठता, तो एक बोतल सोडे की भी आ जाती...

बातरा अपने सब ओर फैलते हुए परिग्रह की ओर देखती, फिर ऊपर टीन की छत की ओर फिर अनदेखती-सी दृष्टि से दूर की उस मधुमालती लता के फूलों की ओर देखकर सोचती, कभी गमले भी आ जाएँगे—मेरे फूल...

फिर बरसात आई, तब बच्चे ने चिल्ला-चिल्लाकर नाक में दम कर दिया।

तब अशोक की शाख में एक पालना भी बँधा और टीन को छत के साथ बाँधकर बोरिये के टुकड़े आड़ के लिए लटक गए।

एक आदमी के भीतर जो शैतान होता है, वह तब तक दूसरे आदमी के भीतर के शैतान का पक्ष लेता है, जब तक कि उसका स्वार्थ न बिगड़े। पास-पड़ोस के दुकानदार दामू को बदमाश और बातरा को राँड़ से कम कभी कुछ नहीं कहते थे, फिर भी उनके प्रति काफ़ी सहनशील रहते थे, अपने गन्दे मज़ाक के भाईचारे में उन्हें खींच लिया करते थे। लेकिन अब पेड़ के बने इस घोंसले को देखकर कुछ को लगा कि उनकी दुकान के आगे की जगह घिर रही है और ग्राहक की दृष्टि से वह छिप गई है। दामू और बातरा के प्रति उनकी उदारता मिटने लगी, और अब उन्हें यह सोचकर दुगुना क्रोध आने लगा कि इस परिवार पर उन्होंने इतनी मेहरबानी क्यों दिखाई...

लेकिन दिन बीतते गए, और बातरा स्वप्न देखती आई...उसके भीतर जो शक्ति थी, जिसने हारना नहीं जाना था, आगे देखना ही जाना था, वह भोजन पाकर बढ़ने लगी।

5 और फिर सर्दियाँ आईं, फिर ग्रीष्म। फिर बारिश हुई, खूब हुई और चुक चली। शरद के मधुर दिन आए, दीवाली के आलोक से कलकत्ता जगमगा उठा, उस बोरिये से घिरे हुए और टीन से छाये हुए थोड़े-से स्थान में भी दो मोमबत्तियों के आलोक ने काँपकर कहा, "अरे, मुझे इससे अधिक आड़ नहीं मिलेगी?" और निराश होकर बुझ गया; फिर धीरे-धीरे ठंड बढ़ने लगी और रातों में ओस भी पड़ने लगी...दिन अच्छे थे, बातरा को कभी बचपन में देखे हुए अपने ऊबड़-खाबड़ प्यारे देश की याद आ जाती; लेकिन वह कुछ अस्वस्थ रहने लगी। उसकी आँखें भर-भर-सी आतीं और दूर कहीं के ध्यान में—अनुभूति में—खो जातीं; कभी उसे लगता, उसके भीतर न जाने क्या काँप-सा रहा है, कभी उसका जी मिचला उठता, उसे लगता कि उसका शरीर एकदम से शिथिल हो गया है, टाँगें भारी होकर निकम्मी हो गई हैं। वह घबराकर बैठ जाती...तब एक दिन एकाएक वह जान गई कि उसे क्या हुआ है, और लज्जा से भरकर उसने दामू से कहा, "मैं भीतर ही रहूँगी—" दामू पहले समझा नहीं, फिर गम्भीर हो गया, फिर कुछ चिन्तित-सा होकर बातरा के कन्धे पर हाथ रखकर थोड़ी देर खड़ा रहा, और तब बाहर चला गया...

महीने-भर के अन्दर ही बातरा ने देखा, उस अशोक के नीचे बँधे हुए टीन के चारों ओर बोरिये की बजाय टीन की चादरें लग गई हैं, जिसे उसका छोटा-सा बच्चा हाथ से पकड़कर हिलाता है, और खन-खन ध्वनि होने पर ज़रा रुककर माँ की ओर देखता हुआ अपनी चालाक आँखों से मुस्कुरा देता है। बातरा कहती है, "चल, बदमाश!" तब खिलखिलाकर हँस पड़ता है।

जिस दिन सामने की ओर टीन की कटी हुई चादर बाँधकर बन्द हो सकनेवाला

किवाड़ बन गया, उस दिन भीतर आकर दामू ने झूठ-मूठ की कठोरता से कहा, "अब तो झूठ बोलकर नहीं भागेगी, बाती?"

बातरा कुछ बोल न सकी। उसकी आँखें, उसका हृदय, उसका मन एकाएक उस स्वप्न से पुलक उठा—दो बच्चे, दो गमले, दो-एक फूल, और—और...

6

लेकिन सवेरे पिछवाड़े के दुकानदार ने कहा—"क्यों बे दामू के बच्चे, यहाँ हवेली खड़ी करेगा क्या?"

दामू ने कहा—"लाला, हमें भी तो रहने को जगह चाहिए; तुम तो—"

"ऐंहें! बड़ा आया घर में रहनेवाला! और जब यहीं नंगा पड़ा रहता था और कुत्ते बदन चाटते थे?" फिर तीखे वीभत्स व्यंग्य से, "अब वह आ गई है न लुगाई, तभी तो घर चाहिए उसके—"

दामू ने उद्धत होकर कहा—"लाला, आबरू रखनी है तो ज़बान सँभालकर बात कहो!"

लाला चुप हो गया। पर शाम को कारपोरेशन के इंस्पेक्टर ने आकर अपनी छड़ी बातरा की पीठ में गड़ाते हुए कर्कश स्वर में पूछा, "क्यों री, यह सब क्या है?"

बातरा लेटी थी। दामू कहीं गया हुआ था। उठकर बच्चे को गोद से उतारती हुई बोली, "क्यों? मेरा घर।"

"तेरे बाप की खरीदी हुई ज़मीन थी, जो घर बनाया? बनी है नवाबजादी, टके-टके के लिए गलियों में ऐसी-तैसी कराती है, यहाँ सेंट्रल एवेन्यू पर घर चाहिए?"

बरस-भर से बातरा ने किसी को गाली नहीं दी थी, न दुकानदारों के तकियाकलाम 'राँड़' शब्द के अतिरिक्त कोई गाली सुनी ही थी। अब इंस्पेक्टर के मुँह से यह पुण्यसलिला फूटती देखकर वह एकाएक कुछ कह न सकी, उससे हुआ तो सिर्फ़ इतना कि उसने खींचकर एक थप्पड़ इंस्पेक्टर के मुँह पर मार दिया!

इंस्पेक्टर एक क्षण भौचक रह गया, फिर उसने अपनी छड़ी से बातरा की छाती में, कमर में, टाँगों में प्रहार करना आरम्भ किया और ज़बान से इंस्पेक्टर के दौरे करते-करते दिमाग में भरकर सड़ान्ध पैदा करती हुई तमाम कलकत्ते की गन्दगी उगलने लगा। और आखिर में बच्चे को एक ठोकर मारकर आगे बढ़ा और पुकारने लगा—"पुलिस! पुलिस!"

पुलिस आई। बातरा के हथकड़ी लग गई। सहमे हुए बच्चे को अपनी नंगी छाती से चिपटाए उसने देखा, उसकी पोटली, चटाई, चारपाई, गिलास, सब पुलिस ने जब्त कर लिये, और उसकी स्थिर-अनझिप आँखों के आगे टीन की चादरें भी उतर गईं और अशोक का पेड़ वैसा ही नंगा हो गया, जैसा तीन वर्ष पहले था—नशे-से में ही बातरा घिसटती हुई थाने की ओर चली, उसे होश तब तक नहीं आया, जबकि हिरासत में बन्द होकर वह बच्चे को नीचे बिठाने लगी—तब उसने देखा कि बच्चे की गर्दन एक ओर लटक रही है और मुँह से राल में मिला हुआ खून बह रहा है।

सिपाही ने आकर उसकी फटी धोती का छोर खींचते हुए कहा—‘‘इसे निकालो, तलाशी ली जाएगी।’’ लेकिन बातरा को होश नहीं था। सिपाही उसका बहुत बढ़ा हुआ कुरूप पेट देखकर धोती वहीं फेंककर झेंपा हुआ-सा बाहर निकल गया है, यह भी उसे नहीं मालूम हुआ; बाहर दो-तीन कान्स्टेबलों की वीभत्स हँसी भी उसने नहीं सुनी। उसने यन्त्रवत् धोती में बच्चे को लपेटा, उसे गोद में लेकर धोती के छोर से उसका मुँह पोंछा, फिर उठकर कोठरी के कोने के अँधेरे में सिमटकर बैठ गई।

सवेरे चार बजे उसे कोठरी से निकाल दिया गया। बच्चा उसे नहीं दिया गया— साधनहीन लोगों के मुर्दे जलाने का पुण्यकार्य कारपोरेशन कर देता है।

7 गिरीशपार्क से पूर्व की ओर मुड़कर विवेकानन्द रोड पर एक कोयले की दुकान के अहाते के घेरनेवाली टीन की चादरों की दीवार की आड़ में दामू और बातरा।

दामू कुछ पुराने अखबारों के गट्ठर में से अखबार निकालकर एक के ऊपर एक बिछाता जा रहा है, कि बैठने लायक जगह बन जाए; बातरा टीन की चादर को सँभालनेवाले खम्भों के सहारे खड़ी प्रतीक्षा कर रही है। मदद उससे की नहीं जाती, उसकी टाँगें काँप रही हैं। वह फटी-फटी सी, दृष्टिहीन-सी आँखों से बिछते हुए कागज़ों की ओर देखती जाती है, ऐसे मानो आँखें बाहर की ओर नहीं; भीतर की ओर देख रही हों, जहाँ उसमें दुर्बल, असहाय, लेकिन नया जीवन छटपटा रहा है; जहाँ एक अदम्य जीवन-शक्ति नींद में भी तड़प उठती है अकथनीय सपने देखकर—दरवाज़े के आगे दो छोटे-छोटे फूल-भरे गमले, भीतर पालने में दो छोटे-छोटे बच्चे, और बातरा के पास एक और—कोई एक और...

•

चिड़ियाघर

रमा ने तिनककर कहा—"हाँ, और तुम्हें क्या सूझेगा! कॉलेज से छुट्टी हुई, आए फैलकर पड़ रहे। न हुई छुट्टी, तो शाम को सिनेमा जाकर ऊँघ लिया। फिर जब मैं कह दूँगी कि मर्द तो शादी इसीलिए करते हैं कि रसोइया-कहारिन को तनख़्वाह न देनी पड़े, तो कहेंगे अन्याय करती हो। मैं कहती हूँ, राजे क्या रोज़-रोज़ मरते हैं। आज सोचा कि छुट्टी हुई है, तो चलो, कहीं घूम आएँ, लेकिन इन्हें क्या घूमने से—वह भी मेरे साथ! ये तो लेट के हुक्का गुड़गुड़ाएँगे। हाँ, होती कोई मेम साहब—"

मैंने बात खत्म करने के लिए कहा—"अच्छा, भाई, चले चलते हैं। लेकिन तुम कपड़े तो पहनो, मैं भी ज़रा पाँच मिनट सिगार पी लूँ।"

सिगार के नाम से रमा फिर भड़क उठी, लेकिन मैंने उसके कुछ कहने से पहले ही जोड़ दिया—"वह पीली साड़ी पहनना—काले किनारेवाली—तुम तो कभी अच्छा कपड़ा पहनतीं ही नहीं अब—"

रमा ने भीतर-भीतर पिघलकर, लेकिन बाहर से और कठोर बनकर कहा—"तुम ला के भी दो कभी कुछ!" और चली गई। मैंने सन्तोष की एक लम्बी साँस ली और आरामकुर्सी पर टाँग फैलाकर लेट गया।

बात यह थी कि उस दिन अपने राजा साहब के ससुर—के. राजा की मृत्यु के कारण कॉलेज बन्द हो गया था और मैं लौट आया था। मन में आया, घर चलकर पड़े-पड़े ऊँघा जाए। ऐसा मौका भी कब मिलता है। इतवार को छुट्टी होती है, तो पढ़ाई के नोट रगड़ते-रगड़ते नष्ट हो जाती है। लेकिन श्रीमती को यह कब मंज़ूर? उनका आग्रह हमेशा यही रहता है, चलो, घूमने चलें। सुबह हो, शाम हो, दोपहर हो, गर्मी हो, बारिश हो, उन्हें एक ही धुन रहती है—घूमने चलो। और घूमने भी कहाँ? बाग नहीं, नदी पर नहीं; शहर में नहीं—चलो चिड़ियाघर! लड़ने लगेंगी, तो बप्पा रावल भी सामना नहीं कर सकेंगे, लेकिन 'टेस्ट' बिलकुल बच्चों का-सा! मुझे चिड़ियाघर के नाम से चिढ़ है। आज तक कभी रमा की बात मानी नहीं है, मैंने, सो इसीलिए। चिड़ियाघर भी कोई देखने की चीज़ है? दुर्गन्ध से नाक सड़ती है।

आज भी मुझे उम्मीद थी, वह कहेगी, "चलो चिड़ियाघर देख आएँ।" उसने नहीं कहा। तभी मैंने घूमने चलना स्वीकार कर लिया, यद्यपि मुझे निश्चय नहीं था कि अब भी रास्ते में नहीं कह बैठेगी कि "चलो इधर चलें" और हाथ पकड़कर घसीट न ले चलेगी!

मैं आरामकुर्सी में पड़ा सिगार के कश खींचने लगा। सिगार बढ़िया थे—यद्यपि अब की बार रमा खरीदकर लाई थी—इस महीने से घर का खर्च चलाने का ज़िम्मा उसने लिया था और शर्त थी कि मुझसे अच्छा चलाएगी और किफायत से।

मैं ऊँघने लगा। रमा से हारना भी कुछ मीठा-मीठा-सा लगने लगा।

रमा ने आकर कहा, "चलो, चलो, चलो—"

मैं हड़बड़ाकर उठ बैठा।

"कहाँ चलें?"

"चिड़ियाघर, और कहाँ। जाने कब से कह रही हूँ।" कहकर रमा मेरी ओर देखकर मुस्कुराई। हौआ ने जब आदम को वह वर्जित फल खाने को कहा होगा, तब वह भी ऐसे मुस्कुराई होगी—और हौआ के पास वह काले बॉर्डरवाली पीली साड़ी भी नहीं थी...

मैंने एक लम्बी साँस लेकर कहा—"चलो!"

बाहर बादल छाये थे। हवा चल रही थी। मौसम अच्छा था। हम लोग ताँगे में बैठकर चिड़ियाघर पहुँचे। रमा ने बटुआ खोलकर चार आने की मूँगफली और चने लिये और बोली, "जानवरों को खिलाएँगे।"

मैं मुस्कुरा दिया और आगे बढ़ा।

"इधर नहीं बाबू, इधर!" मेरे कन्धे के बिलकुल पास किसी ने कहा। मैंने घूमकर देखा, एक दढ़ियल बुड्ढा खाकी कपड़े पहने खड़ा था और मुझे कह रहा था, "इधर नहीं बाबू, इधर!"

मैंने पूछा—"तुम कौन हो?"

"मैं गाइड हूँ। मेरे साथ आइए, मैं दिखाऊँगा।" और वह आगे चल पड़ा। हम भी कुछ अनिच्छा से पीछे हो लिये—मैं चाहता था कि मेरे साथ सिर्फ़ रमा ही हो...

मैंने कहा—"चिड़ियाघर में गाइड? आज तक तो सुना नहीं—"

उसने बात काटकर कहा, "मैं चिड़ियाघर की एक-एक बात जानता हूँ। आपको वह हाल सुनाऊँगा कि फिर कभी चिड़ियाघर देखने की ज़रूरत ही नहीं पड़ेगी।" कहकर उसने बड़ी तीखी दृष्टि से रमा की ओर देखकर मुस्कुरा दिया।

मैंने मन-ही-मन हँसकर कहा, "बुड्ढा बड़ा घाघ है।"

और उसने मानो मेरे विचार पढ़कर स्वर मिलाकर कहा, "हाँ, समझ लीजिए कि मैं चिड़ियाघर की आत्मा हूँ।"

बन्दर

"ये आप कहते हैं?"

दो कठघरों में बन्दर बन्द थे। पाँच-छह तरह के एक में, वही पाँच-छह तरह के दूसरे में। कुछ नीचे रेत में, कुछ बीच में गड़ी हुई पानी की नाँद के किनारे, और कुछ दोनों कठघरों के बीच जँगले से सटकर बैठे थे। अधिकांश ऊपर आकाश की ओर देख रहे थे।

रमा ने मूँगफलियां फेंकीं। दो-एक ने सुस्त चाल से आकर उठाईं, तब मैंने देखा कि अधिकांश बन्दरों के शरीर पर खुजली हो रही है, कइयों के बाल झड़ रहे हैं, और कुछ ने बदन छील-छीलकर घाव कर लिये हैं। एकाएक ग्लानि से भरकर मैंने कहा, "चलो, चलें!"

गाइड ने कहा—"देख लिया आपने? अब मैं दिखाऊँ। आपने पहचाना, दो कठघरों के बन्दरों में कुछ फ़र्क है? एक में नर हैं, एक में मादा। ये हिमालय के बन्दर हैं, यहाँ की गर्मी में इनका रहना मुश्किल है। लेकिन ज्ञान के लिए वह कष्ट ज़रूरी है। आदमी के ज्ञान के लिए जानवरों का सुख क्या चीज़ है? यहाँ सबको खुजली हो गई; और जो बच्चे पैदा हुए, वे और भी रोगी हुए। रेत में पड़े वे शून्य आँखों से बाहर देखा करते थे उस पीपल की छाँह की ओर। उनके शरीर से निकली हुई पीब से यह जगह सड़ रही थी। एक दिन राजा साहब आए, उन्हें चिड़ियाघर के साहब ने कहा कि इन बच्चों को गोली मार देनी चाहिए। लेकिन राजा साहब को यह हिंसा नहीं जँची, उन्होंने व्यवस्था की कि अब इनके बच्चे नहीं होने दिए जाएँ, और हर साल दो नये बन्दर खरीदकर यहाँ रखे जाएँ ताकि प्रदर्शन ठीक रहे, तभी से नर और मादा अलग कठघरों में रखे जाते हैं। देखिए—"

मैं स्थिर दृष्टि से बन्दरों की ओर देख रहा था। जो बीच के जँगले के पास बैठे थे, उनकी निश्चेष्टता, मूँगफली के प्रति उनकी उपेक्षा, एक बड़ी भारी और बड़ी भयंकर बात बनकर मेरे मन में समा रही थी...

रमा ने मेरी कोहनी पकड़कर कहा, "आगे चलो!"

एकाएक जी चाह उठा, रमा के उस स्पर्श को कोहनी के दबाव में बाँध लूँ, अलग न होने दूँ, और वहाँ से भाग जाऊँ....मैंने कहा...."चलो, चलो!" पर मुग्ध दृष्टि बन्दरों से नहीं हटी, जब तक कि बुड्ढे ने नहीं कहा, "अभी बहुत देखना है आपको!"

हाथी

रमा बोली, "अरे, चिड़ियाघर में हाथी भी रखा है।"

मैंने कहा—"हाँ, इधर हाथी भी एक अजीब चीज़ है न—"

गाइड बीच में बात काटकर कहने लगा, "यह हाथी, हाथियों में भी अजीब है। इसका एक इतिहास है। यह पहले राजा साहब के निजी पीलखाने का सबसे तगड़ा हाथी था। साल में दो बार जब दंगल होता था, तब राजा साहब इसे लड़ाया

करते थे। बाहर भी लड़ने भेजते थे। लेकिन बहुत ज़्यादा लड़ने से खोपड़ी पर ज़ोर पड़ा और दोनों आँखें अन्धी हो गईं, तब राजा साहब ने पाँच सौ रुपये में स्टेट को बेच दिया और चिड़ियाघर में रख दिया। अब इसके हिलते हुए सिर, लटके हुए दाँत और झुर्रियाँ पड़े शरीर को देखकर आप अन्दाज़ भी नहीं लगा सकते कि यह कैसा यमदूत रहा होगा; लेकिन देखिए—'' कहकर उसने हाथी के पेट के पास लटकती हुई चमड़ी को पड़ककर कहा—''यह देखिए, फुट-फुट-भर लटक रही है अब! इसमें अगर मांस और पुट्ठे होते, तब—''

मैंने समर्थन करते हुए कहा, ''हाँ, वाक़ई, है हाथी ही।''

''अब इसे चौथाई खुराक पर रखा गया है। खर्च बहुत होता है न! साहब ने इसे भी गोली मरवा देने की राय दी थी, और राजा साहब ने पुछवाया भी था कि दाँत और हड्डी बेचकर क्या आमदनी होगी। लेकिन मालूम हुआ कि कोई खास फ़ायदा नहीं होगा, और यह भी कहा गया कि यह राजा साहब की शान के खिलाफ़ होगा। लोग कहेंगे कि सारी उम्र तो बेचारे को लड़वाते रहे और बूढ़ा हो गया तो थोड़े-से चारे के लोभ में गोली मरवा दी। इन दोनों बातों पर ध्यान रखकर राजा साहब ने धर्म का विचार करके यह तजवीज़ नामंजूर कर दी।''

रमा ने मुट्ठी-भर मूँगफली बढ़ाई। हाथी शायद गन्ध से पहचान गया कि खाने को कुछ दिया जा रहा है, लेकिन सूँड़ से टटोलकर भी नहीं पहुँच सका। तब एकाएक उसने सूँड़ लटका दी और वह बहती हुई कीचड़वाली आँखें शून्य पर जमाकर रह गया, मानो कह रहा हो—'भूखे तो मरना है; तब खायी तो क्या, न खायी तो क्या...'

मेरे मन में अपने पूर्ववर्ती प्रोफ़ेसर डॉक्टर कृष्ण का चित्र घूम गया, जो बीमार हो जाने के कारण छुट्टी न पा सके थे और डिसमिस कर दिए गए थे...वह भी ऐसा ही बाँका जवान था, लेकिन जब उसने मुझे कहा था, ''मेरा कुछ भरोसा नहीं है, बीमे की रक़म वसूल करने में उसकी (स्त्री की) मदद करना, रियासत की कम्पनी है...'' और चुप होकर मेरी ओर देख दिया था, तब...

मैंने रमा से कहा, ''तुमने क्या हाथी भी नहीं देखा?'' और बाँह पकड़कर आगे खींच ले चला।

तोते

गाइड बोला, ''पहले इधर।''

मैंने कहा, ''दिखाने का कुछ तरीका भी है? हाथी के बाद तोते—''

वह बोला, ''मेरा तरीक़ा आप अभी नहीं समझते। मैं किताबी कीड़ा तो हूँ नहीं। मैं आपको चिड़ियाघर के जानवर नहीं, उसकी आत्मा दिखा रहा हूँ। उस आत्मा का विकास ही आप मेरी कहानी में पाएँगे।''

बुड्ढे में कुछ अजीब प्रभावशालिता थी। हम पीछे हो लिये।

तोते ऊँघ रहे थे। गाइड ने चुटकी बजाकर उन्हें जगाया, रमा बुलाने लगी,

''मिट्ठू, मियाँ मिट्ठू!''

तोते रमा की तरफ़ देखते रहे। रमा ने दाने भीतर डाल दिए, पर तोते वहीं बैठे रहे; एक ने चिड़चिड़े-से स्वर में कहा, ''टेऊँ!'' मानो यह जतला रहा हो कि तुम अपना काम कर चुके, अब जाओ, खा लेंगे!''

गाइड बोला, ''ये तोते अब प्रातःकाल या सायंकाल को ही बोलते हैं। जब पहले-पहल ये चिड़ियाघर के लिए खरीदे गए तब खूब बोलते थे। लेकिन खरीदकर भीतर रखे जाते ही वे चुप हो गए, हिलाने-डुलाने, बुलाने-पुचकारने और भूखे रहने तक का कोई असर नहीं हुआ; तब राजा साहब ने उस सौदागर को बुलाया जिससे तोते खरीदे गए थे और जवाब तलब किया। सौदागर ने जगह देख-भाल कर निवेदन किया, ''हुज़ूर, ये तोते जंगलों के रहनेवाले हैं। आकाश के डकैत हैं; इसीलिए इनका सुख-दुःख, गाना-रोना सब आज़ादी के ही आसरे है। यहाँ इन्हें उसकी झलक भी नहीं मिलती। आप इनके रहने के लिए ऐसी जगह बनवाइए जहाँ सामने दीवार न हो, आगे खुला नज़ारा हो, ये सूर्योदय भी देख सकें और सूर्यास्त भी; उस आज़ादी से इनका नाता न टूटे जो इनका जीवन है।'' राजा साहब को बात जँची तो नहीं, लेकिन तोते सुन्दर थे, और चार सौ रुपये में खरीदे गए थे, इसलिए सौदागर के कहे अनुसार इमारत खड़ी कर दी गई। जब तोते उसमें रख दिए गए, तब एक दिन राजा साहब उस सौदागर को लेकर सवेरे-सवेरे देखने आए। रास्ते में राजा कहते आए कि सिर्फ़ रहने की जगह तैयार करने में हज़ार से अधिक रुपया खर्च हो गया है...खैर। उन्होंने पहुँचकर देखा, सूर्य की पहली किरण के पड़ते ही तोते सजग हो उठे हैं, आगे की ओर लटककर गर्दन झुकाकर, अपनी गोल-गोल स्थिर आँखों से पूर्व की लाली को मानो व्याकुल उत्कंठा से पी रहे हैं, उससे कुछ स्फूर्ति पा रहे हैं, जिससे उनके डैने फड़फड़ा तो नहीं ज़रा-से उठ-उठकर काँप रहे हैं, सारा बदन काँप रहा है; एकाएक वे भरे हुए स्वर से भरे हुए दिल से चीत्कार कर उठे—कुछ मिनटों के लिए कोलाहल-सा मच गया...फिर सूर्य पूरा निकल आया और तोते धीरे-धीरे चुप हो गए, केवल कभी-कभी कोई एक मानो भूली-सी याद लेकर पुकार उठता, ''टीं!''

राजा साहब खुश होकर बोले, ''बोलते तो हैं।''

''सौदागर ने बाँछें कुछ खिलाकर कहा, ''राजा साहब, मेरे तोतों की एक-एक आवाज़ हज़ार रुपये की है!''

तनिक चुप रहकर गाइड फिर बोला, ''इस हिसाब से ये तोते अब तक करोड़ों रुपये कमा चुके हैं।''

मैंने कहा, ''तरकीब तो अच्छी रही—''

''अच्छी? अजी साहब, ग़ज़ब की रही तरकीब! आप देखें, यह कहाँ-कहाँ लागू नहीं होती? आप दिन-भर कॉलेज में लेक्चर झाड़ते हैं, सो क्या आपका धर्म है? आपको भी दूर कहीं पर दिखता है—पेन्शन, एक अपना घर, बगिया में धनिया-पुदीना की अपनी खेती, वग़ैरह-वग़ैरह-इसी आसरे तो—''

मैंने कहा, ''रहने दो अपना दर्शन, हमें चिड़ियाघर देखना है।''

उसने ज़रा भी अप्रतिभ हुए बग़ैर कहा, ''यह चिड़ियाघर नहीं तो और क्या है। और आप उनसे पूछकर देखें—'' उसने रमा की ओर इशारा किया, ''ये रोटी पकाती हैं, घर सँभालती हैं, शायद हारमोनियम बजाती हैं, सो सब किसलिए? इनके हृदय में भी कोई स्वप्न है या—''

रमा ने अनावश्यक क्रोध से भभककर कहा, ''चुप रहो तुम!'' लेकिन मैंने देखा, उसकी आँखों में कुछ घना-सा घिर आया है, जिसे मैं नहीं समझता।

शेर

रमा की फटकार का शायद उस पर कुछ असर हुआ। तभी जब हम शेर के कठघरे पर पहुँचे, तब उसने धीरे से कहा, ''वह देखिए,'' और कठघरे के सींखचे से लगे हुए बोर्ड की ओर हमारा ध्यान खींचा।

हमने पढ़ा, ''यह शेर—के. राजा साहब ने चिड़ियाघर के लिए भेंट किया था। गुजरात के जंगलों में यह राजा साहब के पुरुषार्थ से ही पकड़ा गया था।''

हमने शेर को देख लिया, वह रेत में गड्ढा-सा खोदकर, उसमें बसी हुई नमी की शीतलता पकड़ने के लिए उससे ठोड़ी सटाए हाँफ रहा था, उसकी अधखुली आँखें करुणा से हम लोगों की ओर देख रही थीं, मानो कह रही थीं, ''मैं भी क़ैद में हूँ, नहीं तुम लोग हो क्या चीज़''...और देखकर हम लोग आगे बढ़ने लगे।

गाइड ने कहा, ''राजा साहब के पुरुषार्थ की कहानी है, शायद आपको दिलचस्पी हो।'' उसका स्वर ऐसा निरीह था, मानो जोड़ रहा हो, ''स्वयं मुझे कोई दिलचस्पी नहीं है।'' हम कहानी को ललच गए। मैंने कहा, ''कहो।''

''राजा साहब के यहाँ अक्सर विदेशी शिकारी आते रहते हैं, और विदेशी होने के नाते यह ज़रूरी हो जाता है कि साहब उनके ओहदे के मुताबिक एक या दो शेर मरवाएँ। इसलिए अब शेर बहुत थोड़े हो गए हैं। लेकिन दशहरे के दिनों राजा साहब को एक शेर मारना ज़रूरी होता है, क्योंकि परम्परा चली आई है। उसी की कच्ची खाल पर खड़े होकर राजा साहब दरबार से मुजरा लेते हैं। तो उस बार भी तैयारी हुई। मचान बँधे, और शिकारपार्टी चली। लेकिन बहुत खोजने और हो-हल्ला करने पर भी शेर नहीं मिला। केवल एक बुड्ढे ने यह खबर दी कि जंगल में एक ताल के पास शेरनी ने बच्चे दिए हैं, और उनके साथ माँद में पड़ी रहती है। तब नया मचान बँधा, नये सिरे से शोर मचाया गया कि शेरनी बाहर निकले। लेकिन वह नहीं निकली। आखिर राजा साहब ने अपने दो नौजवान शिकारियों को हुक्म दिया कि वे माँद के पास जाएँ और शेरनी को भड़काएँ। उन्हें आत्मरक्षा के लिए बन्दूकें दे दी गईं, और कड़ा हुक्म दिया गया कि शेरनी पर फ़ायर न करें, उसे राजा साहब के लिए ही आने दें। वे माँद के पास गए और कुछ दूर से उन्होंने बड़ा-सा पत्थर माँद की ओर लुढ़काया। शेरनी तड़पकर बाहर निकली, तब शिकारी भागे। एक तो निकल गया, लेकिन दूसरे पर शेरनी का पंजा पड़ा, और वह गिर

गया। बन्दूक अभी उसके हाथ में थी, और शायद वह गोली चला भी सकता, लेकिन राजा साहब की आज्ञा नहीं थी! राजा साहब ने तीन-चार फ़ायर किए, शेरनी मर गई। घायल शिकारी को उठा ले गए, राजा साहब ने अपने निजी डॉक्टर से उसका इलाज कराया, लेकिन वह सातवें दिन मर गया!''

मैंने कहा, ''लेकिन यह शेर, इसकी तो बात ही नहीं हुई—''

''हाँ, शेरनी के दो बच्चे पकड़ लिये गए। राजा साहब ने खुद माँद में घुसकर पकड़वाए उनमें से एक शेर है जो आप देखते हैं।''

हम आगे बढ़ गए।

ऊदबिलाव

''यह ठंडे देशों का जानवर है, इससे यहाँ की गर्मी सही नहीं जाती, इसीलिए पहले इसके लिए खासतौर से कुएँ का ठंडा पानी लाया जाता था, लेकिन अब वह बन्द कर दिया गया है। तभी देखिए वह पानी के बाहर बैठकर हाँफ रहा है, शायद हवा के झोंके से बदन कुछ ठंडा हो।''

मैंने कहा, ''उसके पैर में क्या हुआ है?'' पैर से रक्त बह रहा था।

रमा बोली, ''यही है न जो हौज में से पैसे निकाल लाता है?''

गाइड ने कहा, ''हाँ, आप दोनों के प्रश्नों का एक ही उत्तर है, मैं अभी कहता हूँ। ठहरिए, पैसा मत डालिए—''

रमा रुक गई। गाइड कहने लगा,''जब से यह यहाँ आया, तभी से यह पैसा निकालनेवाला खेल शुरू हो गया। ऊदबिलाव तो पानी का जानवर है, मच्छी-मेंढक खाता है; लेकिन यहाँ उसे छीछड़े दिए जाते थे, और उन्हीं के पीछे वह पानी में भागता था। लोग पैसे फेंकते तो खाद्य समझकर वह उन पर भी झपटता, लेकिन निराश होकर उन्हें किनारे पर ला रखता, सब लोग अपने पैसे उठा लेते। इसी तरह वह सध भी गया। पिछले साल गर्मियों में कुछ लोग देखने आए। तब भी यह ऐसे ही गर्मी से घबराया हुआ पड़ा था, जैसा अब है—तब ठंडे पानी का इन्तज़ाम नया-नया बन्द हुआ था। देखनेवालों में एक लड़के ने चवन्नी फेंकी, वह काँपती हुई डूब गई। ऊदबिलाव ने उधर देखा नहीं, न अपनी जगह से हिला। लड़का रोने लगा। बाप ने पूछा, ''क्या है?'' चवन्नी की बात सुनकर उसे भी फिक्र हुई और वह अपनी छड़ी से ऊदबिलाव को उठाने लगा। थोड़ी देर तो ऊदबिलाव ने इसकी उपेक्षा की, लेकिन जब उसने देखा कि उपेक्षा से छुटकारा नहीं मिलता है, तब क्रुद्ध होकर फुफकारने और दाँत दिखाने लगा। लड़के के पिता तो हताश हो रहे थे, पर चचा भी साथ थे; वे बम्बई की एक मिल के मैनेजर थे और काम निकालना जानते थे। बोले, ''मैं देखता हूँ, कैसे नहीं लाता।'' उन्होंने जेब से चाकू निकालकर छड़ी के आगे बाँधा और उसे ऊदबिलाव को चुभाने लगे। ऊदबिलाव झपटा, तो चाकू उसके पैर में लगा, उसने और भी क्रोधान्ध होकर वार किया, तब एक आँख में भी चाकू लगा। तब उसने पराजित होकर डुबकी लगाई और चवन्नी बाहर ला रखी। तभी से पैर का ज़ख्म ठीक नहीं होता है—जब

कभी वह पानी में जाता है, तो खून की एक लकीर खिंच जाती है। और आँख का ज़ख्म तो गन्दा हो गया था, उससे आँख ही नष्ट हो गई। आप जानते हैं कि गर्म देशों में ज़ख्म कितनी जल्दी खराब होता है—"

मैंने कहा, "आँख गई बेचारे की? किसी ने—"

"जी हाँ, आप उसे जगाएँ तो दिख जाएगी; अभी दिखती है न।"

रमा ने इकन्नी निकाली थी, वह वापस पर्स में डाल ली, और चुपकी-सी खड़ी रही। गाइड बोला, "नहीं, आप इकन्नी की फिक्र न करें, वह ले आएगा। उजड्डु-से-उजड्डु आदमी भी सबक सीखकर सीधा हो जाता है, ये तो बेचारे बेबस जानवर हैं। यही वे मिल-मैनेजर कहते थे।"

मैं जानता था कि रमा ने इकन्नी क्यों वापस रख ली, लेकिन गाइड के ग़लत समझने से मुझे क्रोध नहीं हुआ। रमा मुझे चिड़ियाघर घसीटकर लाई है, चखे मज़ा! अब कभी आने का नाम नहीं लेगी।

बाघ के बच्चे

हमने बोर्ड की ओर देखकर पढ़ा, "पुत्र के जन्म की खुशी में नवाब की ओर से दान।"

रमा ने कहा, "कैसे सुन्दर बच्चे हैं! खेलने को जी चाहता है।"

गाइड ने कहा, "बच्चे कैसे इतने सुन्दर होते हैं, यही एक ताज्जुब की बात है। शायद पीड़ा से जो चीज़ पैदा होती है, वह सुन्दर ही होती है, नहीं तो—" एकाएक मेरी ओर देखकर वह रुक गया और बोला, "अच्छा लीजिए, नहीं कहता। आप, मालूम होता है, दर्शन-शास्त्र के प्रोफ़ेसर हैं, तभी दर्शन से चिढ़ते हैं। खैर, मैं अपना काम करूँ, कहानी ही कहूँ। सुनिए। जिस रात नवाबज़ादे का जन्म हुआ, उस रात नवाब साहब ने भारी उत्सव किया। शराब में मस्त होकर जब वे बैठने के नाक़ाबिल हो गए, तब भीतर महलों की ओर चले। शयनागार के बाहर एक बाँदी खड़ी थी, उससे उन्होंने कुछ भद्दा मज़ाक़ किया। वह बोली कुछ नहीं, बोलना ज़रूरी नहीं था; लेकिन उसने वह मुस्कान की अदा नहीं की, जो पाने का हक़ नवाब के मज़ाक़ को है। नवाब साहब बिगड़ उठे और बाँदी को भीतर खींच ले गए, वहाँ उससे छेड़छाड़ करने लगे। उसने बहुत अनुनय-विनय की, लेकिन कोई लाभ नहीं हुआ। वह गर्भवती थी, और अन्त में उसने अपने अजात बच्चे के नाम पर नवाब से दया माँगी। लेकिन नवाब आपे में नहीं थे, उन्होंने उसके पेट में लात मारी। बाँदी लड़खड़ाकर बैठ गई, पीड़ा और एक असह्य आशंका से उसका चेहरा स्याह पड़ गया, तब उसने फुफकार मारकर कहा, 'नवाब साहब, याद रखिए, माँ बाघिन होती है!...' नवाब साहब ने अट्टहास करके कहा, 'नवाब क्या बाघिन से डरता है?' पर बाँदी को बाहर निकलवा दिया। अगले दिन जब बाँदी क्षमा न माँगने पर जेल भेजी गई, तब नवाब साहब को सूझा कि गाभिन बाघिन का शिकार करना चाहिए। शिकार का प्रबन्ध हुआ, और एक बाघिन मारी गई। गोली लगने पर जब वह छटपटाने लगी तब इन तीन बच्चों का प्रसव हुआ। असमय पैदा होने से, देखिए, इनकी खाल कितनी मुलायम और सुन्दर है। तभी मैं कहता हूँ

कि पीड़ा सौन्दर्य की माँ है—''

रमा ने टोककर पूछा, ''और बाँदी का क्या हुआ? उसका बच्चा—''

गाइड हँस दिया। बोला, ''मुझे मालूम नहीं। मालूम हो भी क्यों? मैंने आपसे पहले ही कहा न, 'मैं इस चिड़ियाघर की आत्मा हूँ, दुनिया की आत्मा नहीं हूँ।' मेरी कहानी इसी की कहानी है। अगर दुनिया भी एक चिड़ियाघर है, तो उसकी कहानी के लिए आप—''

लेकिन मेरी सहनशीलता की इति हो चुकी थी। मैं रमा को खींचता हुआ एक ओर निकल चला। मुझे बाहर की राह मालूम नहीं थी, लेकिन एक ओर फाटक देखकर उधर ही मैं लपका।

चिड़ियाघर का साहब

फाटक के पास मैं ठिठक गया। उस पर बड़े-बड़े अक्षरों में लिखा था, 'सावधान! बिना लिखित इजाज़त के भीतर मत आओ!'

मैं कहने को था, अब क्या करें? कि मैंने देखा, गाइड पास खड़ा मुस्कुरा रहा है। मैंने अपना क्रोध दबाकर पूछा, ''यहाँ कौन-सा जानवर रहता है?''

''वह चिड़ियाघर के साहब का बँगला है।''

''ऐं?''

''इनकी भी कहानी कह दूँ?'' कहकर बिना उत्तर की प्रतीक्षा किए चिड़ियाघर की आत्मा बोली, ''साहब हमारे राजा के चचेरे भाई की सन्तान हैं—एक वेश्या से। यह कहानी बहुत कम लोग जानते हैं, क्योंकि वह वेश्या बहुत देर तक कुँवर साहब की चहेती रही और वे उसके लड़के को कुमार की तरह पालते रहे। उसे भी अपनी माँ का पता नहीं लगा। एक बार राजकुमार की कॉलेज में किसी दूसरे कुमार से लड़ाई हो गई थी, और उसने उसे वेश्यापुत्र कह दिया। जब पूछने पर सच्चाई का पता चला, तब वह दुःख और ग्लानि से पागल हो गया। जब पागलपन कुछ ठीक हुआ, तब उसने कॉलेज जाने से इनकार किया और यहीं रहने लगा। अब भी उसका पागलपन मिटा नहीं, लेकिन अब यह हालत हुई कि जब कोई उसका नाम लेकर या कुँवर साहब कहकर बुलाता, तब उसे दौरा हो जाता और वह हत्या करने को तैयार हो जाता। अजनबी भी यदि उसका नाम पूछ बैठते या कोई और बात करते, जिससे उसका ध्यान अपने माँ-बाप की ओर जाए; तब भी यही हालत होती, अन्यथा वह बहुत ठीक रहता। जानवरों में उसे विशेष दिलचस्पी थी। इसलिए राजा साहब ने उसे यहाँ नियुक्त करके इस बँगले में रख दिया और बाहर यह बोर्ड लगवा दिया कि कोई भूलकर भी उधर न चला जाए।''

थोड़ी देर मौन रहा। फिर गाइड ने ही कहा—''मालूम होता है, आप और नहीं देखना चाहते।'' मेरे उत्तर देने से पहले ही वह रमा की ओर देखकर बोला, ''मैंने पहले ही कहा था, आपको दुबारा देखने की ज़रूरत नहीं पड़ेगी।''

और मैंने फिर देखा, उसकी मुस्कुराहट में एक तीखा व्यंग्य है। मैंने रमा से

कहा, ''देख लिया? अब चलो बाहर!''

हम चले। रमा कुछ बोली नहीं, तब मेरा सारा क्रोध उसी पर फूटना चाहने लगा। मैंने व्यंग्य से पूछा, ''कैसी रही सैर चिड़ियाघर की?''

उसने मेरा गुस्सा पढ़कर, मानो ज्वाला में घी छोड़ने के लिए शान्त भाव से कहा, ''अजीब थी—''

''अजीब कहती हो तुम—अजीब? ऐसा सड़ा, गन्दा, वीभत्स, डिसगस्टिंग दिन मैंने कभी नहीं बिताया। अब कभी चिड़ियाघर आऊँ तो मेरा नाम—''

''कैसे नहीं आओगे तुम चिड़ियाघर में?''

अपने बिलकुल पास क्रोध से जलता हुआ यह गर्जन सुनकर मैं सहम गया। चिड़ियाघर की आत्मा वह गाइड मेरे बिलकुल पास खड़ा। मेरी ओर देख रहा था। उसके विस्फारित नेत्रों से आग बरस रही थी, बदन गुस्से से काँप रहा था। ''कैसे नहीं आओगे तुम चिड़ियाघर में? जाओगे कहाँ तुम? वहाँ बाहर! वहाँ एक बहुत बड़ा चिड़ियाघर है जिसमें तुम बन्द हो, तुम!''

वह एकाएक इतना पास आ गया कि उसकी गर्म साँस मेरे गले पर पड़ने लगी और लम्बी दाढ़ी के बाल मुझे चुभ गए। मैंने एकाएक घबड़ाकर रमा को खींचते हुए कहा, ''रमा, चलो, बाहर चलो...''

मैं काँपता हुआ जागा, तो पाया कि मेरा झबरा कुत्ता टिम मेरे कन्धे पर अपनी थूथनी रगड़कर मुझे जगाना चाहता है और उसके पीछे रमा वही पीली साड़ी पहने हुए प्यार-भरे स्वर में कह रही है, ''पोस्ती जी, चलना नहीं बाहर?'' मैं अपने को सँभालने की कोशिश करते-करते बोला, ''चलो। लेकिन कहाँ?''

उसने और भी आकर्षक मुस्कान अपने चेहरे पर जाल की तरह बिखेरकर कहा, ''क्यों, चिड़ियाघर नहीं ले चलोगे?''

मैं डूबते हुए स्वर में किसी तरह कह पाया, ''चलो...''

•

आदम की डायरी

मैं क्यों और कैसे बना ?

'बनना' क्या होता है, मैं जानता हूँ। क्योंकि यवा ने और मैंने मिलकर इस सुन्दर उद्यान की मिट्टी में कई बार टीले बनाकर ढहा दिए हैं, कई बार अपने पैरों से ऊपर गीली मिट्टी जमाकर पैर खींचकर वैसी ही खोह बनाई है जैसी में हम रहते हैं...यह भी मैं जानता हूँ कि जैसे पैर ढक लेने से और हाथ छिपा लेने से भी उनकी बनाई हुई खोह बनी ही रहती है, उसी तरह जिन चीज़ों को बनानेवाला नहीं दिखता, उसका भी कोई बनानेवाला होता अवश्य है। खोह के भीतर पैर के आकार का खोखल देखकर हम उस पैर की कल्पना कर सकते हैं जिस पर वह कन्दरा टिकी थी; बाहर से कन्दरा की दीवार पर उँगलियों की छाप देखकर हाथ का अनुमान कर लेते हैं...इसी तरह यदि हम इस उद्यान के रंग-बिरंगे, सूखे-गीले, चल-अचल विस्तार से परे देख सकते, तो शायद इसके भीतर भी हमें किसी के पैर के आकार की प्रतिकृति दिख पड़ती, इस पर भी किसी के हाथों की छाप पहचानी जा सकती...हम छोटे हैं, बनानेवाला बड़ा होगा; हो सकता है कि जैसे मैं इस उद्यान की मिट्टी पर बड़ी लम्बी लकीर बना सकता हूँ उसी तरह बनानेवाला वैसे तो छोटा हो, पर बड़ाई को भी घेर सकने की, मिटा और फिर बना और आड़ा-तिरछा बना सकने की भी सामर्थ्य रखता हो...

''तो मुझे कैसे, किसने, क्यों बनाया ?...समझ में नहीं आता।'' वह कोने के पेड़ में पड़ा हुआ साँप अपनी गुंजलक खोलकर और जीभ लपलपाकर कहता था— पर साँप की बात मुझे बुरी लगती है...वह जब इधर-उधर पलोटता हुआ सरकता है और मिट्टी पर सूखे नाले-सी लकीर डालता चलता है, तब मेरे रोयें न जाने क्यों खड़े हो जाते हैं। साँप को देखता हूँ, तो दिन-भर अनमना-सा रहता हूँ; यवा पूछ-पूछकर तंग कर देती है कि क्यों ? पर मेरा दिन अच्छा नहीं बीतता...साँप अनिष्ट है...

क्यों उसने मेरे मन को ठीक वैसे ही घेरकर बाँध लिया है जैसे वह उस फल देनेवाले पेड़ को अपनी गुंजलक से कसे रहता है ? क्यों मेरा मन या तो सोच ही नहीं सकता, या साँप के दबाव के अनुसार ही सोच सकता है ?

वह मुझे देखकर हँसता है। उसकी हँसी में कुछ ऐसा होता है, जो काँटे की तरह सालता है। वह बताना चाहता है कि वह मुझसे अधिक जानता है, मुझसे अधिक समर्थ है, मुझसे अधिक पराक्रमी है, किन्तु मैं तो यवा को देखकर, यवा को दर्द पहुँचाने के लिए कभी नहीं हँसा हूँ। यवा भी तो बहुत-सी बातें नहीं जानती जो मैं जानता हूँ। यवा से भी बहुत-से काम नहीं होते, जो मैं कर सकता हूँ।

यवा मेरे साथ रहती है। यवा मेरी है। मैं उसके लिए फल लाता हूँ, मैं उसके लिए फूल तोड़कर बिछाता हूँ। मैं अपने मुँह में पानी लेकर एक-एक घूँट उसके मुँह में छोड़ता हूँ। मुझे इसमें सुख मिलता है कि जो काम मैं करता हूँ वे सब-के-सब यवा न कर सकती हो। मुझे इसमें भी सुख मिलता है कि जो काम वह कर भी सकती है, वे भी मेरी मदद के बिना न करे। यवा मेरी है।

साँप तो मेरा कोई नहीं है। उसका दिया हुआ तो मैं कुछ लेता नहीं। एक फल दिखाकर कभी वह बुलाया करता है, कभी डराया करता है, कभी तिरस्कार से हँसता है, पर मैंने तो वह फल भी कभी चाहा नहीं है, मैंने तो उसकी ओर देखा भी नहीं है, मैंने साँप की बुलाहट की अनसुनी ही सदा की है, तब वह क्यों हँसता है? मैं साँप का नहीं हूँ, क्या इसीलिए वह हँसता है? यदि मैं भी उसका होता, जैसे यवा मेरी है, तब क्या वह भी मेरी कमज़ोरी में सुख पाता, क्या वह भी अपनी लपलपाती हुई जीभ से चाटा हुआ पानी मुझे...पर उँह! मैं नहीं चाहता वह!

लेकिन साँप हँसता था और कहता था, ''मैं उसका हूँ।'' कहता था, ''जब तुम बने भी नहीं थे, तब से तुम मेरे ही थे; जब तुम नहीं रहोगे, तब भी तुम मेरे ही रहोगे। मेरी गुंजलक तुम को घेरनेवाली लकीर है। उसके बाहर कहीं भी, नहीं जाओगे, कहीं भी नहीं रह पाओगे।''

मैं उसका हूँगा, जिसने मुझे बनाया है और यह सब कुछ बनाया है। पर यह कौन है, मैं कैसे जानूँ...

वह साँप तो कुछ भी नहीं मानता। उसकी हँसी एक भीषण अवमानना की हँसी है। उसमें विश्वास नहीं है...वह कहता है, ''मैं सब कुछ जानता हूँ;'' क्या जानना ही विश्वास छोड़ना है और क्या विश्वास छोड़ने से ही कोई बड़ा और समर्थ बन जाता है?

उसकी किसी बात में विश्वास नहीं है। पर वह बात कहता है तो लगने लगता है, इस बात में विश्वास किया जा सकता है...

जब से मैंने साँप का इशारा मानकर उसकी बताई हुई दिशा में देखा है, तब से मेरा तन अभी तक थर-थर काँपता ही जा रहा है...

उसने कहा था, ''तुम कहते हो, यवा मेरी है, इसीलिए हम दोनों एक हैं। पर जो चीज़ें एक-जैसी हैं, एक तरह नहीं बनी हैं, वे एक कैसे हैं? तुम धोखे में हो, धोखे में।''

मैंने उसकी बात नहीं सुनी थी। मैंने जवाब भी नहीं दिया था। मन ही में सोचा था, यह झूठ है। हम दोनों एक हैं, क्योंकि इतने बड़े उद्यान में एक यवा

ही थी जिसको देखकर मैंने जाना था कि यह मेरे-जैसी है, और जो सहसा ही मेरे पास आकर आई ही रह गई थी, भोजन खोजने भी नहीं गई थी; जिसके लिए मुझे स्वयं ही भोजन लाने की और बैठने की जगह बनाने की इच्छा हुई थी...हम दोनों में कुछ भी भेद नहीं है, हम दोनों एक ही हैं, उद्यान से हम दोनों हैं जो एक-दूसरे को जानते हैं...साँप झूठा है।

पर वह ठठाकर हँस पड़ा था और बोला था, ''तुम यवा को नहीं जानते, नहीं जानते। तुम अपने को भी नहीं जानते। तुम नंगे हो, नंगे!''

वह शायद मेरा मौन तुड़वाना चाहता था; तभी तो जब मैंने उसकी बात न समझकर पूछा था, ''नंगा क्या होता है?'' तब वह ठठाकर हँस पड़ा था और बोला था,—''नंगे हो तुम! नंगी है यवा! तुम दोनों नंगे हो, तुम अलग हो, तुम दो हो!''

मैं तब भी नहीं समझा था, किन्तु तभी से न जाने क्यों मेरे शरीर में कँपकँपी शुरू हो गई थी। और यवा को अपने पार्श्व में आया देखकर मैं आश्वस्त नहीं हुआ था, और उसकी तरफ़ देखकर जैसे सहसा मुझे लगा था, क्या यवा सचमुच और है? अपनी देह देखकर तो मुझे ऐसा कौतूहल नहीं होता जैसा यवा की देह को देखकर होता है, तब क्या सचमुच वह देह मेरी देह से और है!

यवा ने कुछ समझकर मेरा कन्धा पकड़ लिया था, और जैसे मेरे रोंगटे और भी काँपकर खड़े हो गए थे...और साँप ने फिर हँसकर कहा था, ''यवा कहती थी, 'सब कुछ एक ही किसी ने बनाया है।' तब तो सब-कुछ एक है, है न? तब हमें सर्वत्र एकता दिखनी चाहिए। पर देखो तुम्हारे शरीर और-और हैं—वे तुम्हारे बनानेवाले की एकता को झूठा बताते हैं! जाओ, उसे छिपाओ—और उसे, और उसे, और उसे!''

और उसकी पलकहीन आँखें और लपलपाती दुहरी जीभ जैसे हमारी देहों को जगह-जगह छेदने लगी...

मैंने अपने ही कम्पन पर क्रुद्ध होकर कहा, ''यवा ने तुमसे कहा, यवा ने! तुम झूठे हो, यवा तुम्हारी ओर देखती भी नहीं!''

साँप कुछ शान्त होकर बोला, ''क्या कहा?'' और जैसे हमें भूलकर चक्कर-पर-चक्कर देता हुआ उस पेड़ पर लिपटने लगा। पेड़ का तना छिप गया, फिर एक-एक करके शाखें भी छिपती चलीं...

पता नहीं क्यों पेड़ का छिपते जाना मुझे अच्छा नहीं लगा। लगने लगा कि यह अनिष्ट है, पर जैसे मेरी आँख उस पर से हटी नहीं, और मेरी देह और भी काँपने लगी।

यवा ने मुझे खींचते हुए कहा, ''चलो, यहाँ से चलो...''

एकाएक मुझे कुछ याद आया; मैंने यवा से पूछा, ''यवा, क्या तूने सचमुच साँप से बात की थी?''

यवा ने डरकर मुझे और भी ज़ोर से खींचते हुए कहा, ''चलो, आदम, चलो यहाँ से !''

हम लोग हट गए। दूर चले गए, जहाँ वह पेड़ और साँप की खड़े पानी-सी आँखें हमें न दिखें। पर मेरे शरीर का कम्पन बन्द नहीं हुआ, और मुझे लगता

रहा कि शून्य हवा में से कहीं से साँप की आँख निरन्तर मुझे भेद रही है...

जब झील में से नहाकर तपती रेत पर लेटे-लेटे हमें फिर भोजन की इच्छा हुई, और हमने देखा कि आकाश का वह पीला फल फिर लाल हो चला है, तब एकाएक मुझे बहुत अच्छा लगने लगा। मन में हुआ, आज साँप की हर एक बात का मैं सामना कर सकता हूँ। मैं यवा का हाथ पकड़कर उसे उसी पेड़ की ओर खींच ले चला जिस पर साँप लिपटा था।

मुझे डर नहीं लगा, मैं काँपा भी नहीं। राह में एकाएक मैंने पूछा, ''यवा, तुमने सचमुच साँप से वह बात कही थी?''

यवा ने जवाब नहीं दिया। फिर एकाएक चौंककर बोली, ''वह देखो, वह!''

मैंने देखा।

पेड़ सारा साँप की गुंजलक में छिप गया था। जैसे कीड़ा पत्ते को समूचा खा जाता है, वैसे ही साँप की गुंजलक ने भूतल से लेकर ऊपर तक समूचे पेड़ को लील लिया था—तना, शाखा-प्रशाखाएँ, टहनी-फुनगी सब छिप गई थीं—और स्वयं साँप भी गुंजलक के भीतर कहीं सिर छिपाकर सोया था—जैसे वहाँ न साँप था, न पेड़, केवल एक गुँथी हुई विराट् गुंजलक—

और हाँ, उस गुंजलक के ऊपर, जैसे उसी से निर्भर, एक अकेला पका हुआ लाल फल...

यवा ने ज़ोर से मुझे पकड़ लिया। मैंने एक हाथ से उसे सँभालते हुए जाना, वह काँप रही है, और उसके भीतर कुछ बड़े ज़ोर से धक्-धक् कर रहा है।

मैंने हौसला दिलाने को कहा, ''क्यों यवा, क्या है?''

उत्तर में वह और भी ज़ोर से मेरे साथ चिपट गई। मैंने फिर पूछा, ''यवा, यवा डरती हो?''

उसने और भी चिपटकर कान के पास मुँह रखकर धीरे से कहा, ''साँप सोया है।''

मैं बोला, ''तो फिर?''

यवा फिर चुप हो गई, मैंने देखा, वह मेरे साथ अधिकाधिक चिपटती जा रही है, और उसके भीतर धक्-धक् द्रुततर होती जाकर जैसे मुझे भी भर रही है...

मेरे रोयें फिर खड़े होने लगे, पर डर से नहीं, डर से कदापि नहीं—किससे, यह मैं नहीं जानता!

मैंने कहा, ''कहो यवा, क्या है?''

वह फिर चुप रही। मैंने फिर उसकी काँपती देह-लता, सकुची हुई मुद्रा और लाल होते चेहरे को देखते हुए, दूसरा हाथ उसके माथे पर रखते हुए पूछा, ''मेरी बीरबहूटी, बता, क्या चाहती है?''

उसने एक बार बड़े ज़ोर से धक्-से होकर कहा, ''वह फल मुझे ला दोगे?'' और मुँह छिपा लिया।

मुझे नहीं समझ आया कि क्या कहूँ। न जाने कैसे मैंने एक हाथ में यवा को पकड़े-ही-पकड़े दूसरा हाथ बढ़ाकर वह फल तोड़ लिया—शायद यवा के भीतर की वह धक्-धक् मुझे धकेल गई।

एकाएक साँप हिला। यवा ने लपककर फल में एक चाक दे मारा और शेष मेरे मुँह में ठूँस दिया—साँप ने ज़रा इधर-उधर सरककर सिर बाहर को निकाला—और साँप का कुंठित कर देनेवाला उन्मत्त अट्टहास सारे उद्यान में गूँज गया...

"जो मैं स्वयं तुम्हें दे रहा था, वह तुमने मुझसे छिपाकर तोड़ खाया। छिपाकर, छिपकर, अलग होकर, तुम जो सब कुछ एक बताते हो, तुम मेरी झूठ-मूठ की नींद से धोखा खा गए! अब तुम्हारी देह के भीतर मेरा लाल फल है, और तुम्हारी देह को मेरी यह गुंजलक बाँधेगी—बाँधेगी तुम्हारी नंगी देह को जो—तुम नंगे हो, नंगे! नंगे!"

क्या जिस समर्थ भाव से भरकर मैं वहाँ गया था, वह भुलावा था? साँप ने हमें धोखा भी दिया तो भी मैं समर्थ हूँ। मैं अपनी यवा को लेकर उसे उद्यान से बाहर चला आया हूँ। यहाँ केवल वीरान है, पेड़-फल-फूल नहीं हैं; लेकिन यहाँ साँप भी नहीं है। यहाँ केवल मैं हूँ और मेरी यवा है।

वहाँ की खुली हवा में बैठकर यवा ने पूछा, "कैसा था फल?"

मैंने कहा, "यवा, सारी बात ऐसे हो गई कि समझ में नहीं आया। तुम्हारी छाती के भीतर की धक्-धक् ने न जाने मुझे कैसा कर दिया था।"

एकाएक मैंने देखा कि यद्यपि यवा ने मेरी बात से सहसा संकुचित होकर दोनों हाथों से अपनी छाती ढाँप ली है, तथापि वह मेरी बात नहीं सुन रही है। उसकी आँखें मुझ पर नहीं जमी हैं, आकाश की तरफ़ देख रही हैं जिसका रंग कुछ गहरा हो गया है, नीचे की ओर जाते हुए और लाल होते हुए आकाश के मुँह को शायद पहचानने की कोशिश कर रही हैं...

मैंने फिर कहा, "यवा, उस समय तुमने मुझे क्या कर दिया था? कैसे कँपा दिया—"

यवा ने जैसे नहीं सुना। उसकी आँखें खुली थीं; पर वैसी ही दूर की कुछ बात देख रही थीं, जैसी कभी-कभी काली रात के अँधेरे में सोते-सोते देखा करती हैं...

मैंने फिर पूछा, "यवा, क्या देख रही हो?" वह धीरे-धीरे बोली, "मैं सोच रही थी, साँप की गुंजलक में बँधे हुए पेड़ को कैसा लगता होगा...अगर वैसी गुंजलक मुझ पर लिपट जाए, मैं सारी जकड़ी जाऊँ, तो कैसा लगे?" वह तनिक-सा काँप गई, फिर बोली, "अच्छा बताओ तो, अगर तुम उसी तरह बाँहों से मुझे बाँधकर छा लो और मेरे बाल पकड़कर उनमें मुँह छिपा लो, तो कैसा लगे, बताओ तो!" और वह काँपती-सी झूठ-मूठ-की-सी हँसी हँस दी, मैंने सहमकर कहा, "दुर!"

और वह हाथ और बाँहों से मुँह और छाती ढँककर, सिमटकर मेरी ही आड़ में हो ली और मेरी जाँघ पर अपने लम्बे बाल फैलाकर सो गई।

और वह सोयी है। दिन लाल हो रहा है। शीघ्र ही वह काला पड़ जाएगा, रात आ जाएगी, सब कुछ छिप जाएगा, हम भी छिप जाएँगे। दो नहीं रहेंगे, अलग नहीं रहेंगे, बिना आड़ के भी अलग नहीं रहेंगे—मैं यवा के पास आऊँगा, बहुत

पास, बहुत पास, बहुत पास, उससे एक...और वहाँ कुछ नहीं होगा, साँप भी नहीं होगा, बनानेवाला भी नहीं होगा, हम भी इस मरुभूमि में होंगे और हम एक होंगे...

2 यह क्या गया है?

उस समय साँप नहीं देख रहा था, वह साँप जो सब कुछ जानता था, तब जो साँप का और हमारा बनानेवाला है वह भी नहीं देख रहा होगा; और अँधेरे में हम भी एक-दूसरे को नहीं देख सकते थे, यवा और मेरे बीच के भेद को नहीं देख सकते थे; तब छिपना हम किससे चाहते थे?

यवा मेरी जाँघ पर सिर रखे लेटी थी, मैं कोहनी टेके अध-लेटी मुद्रा में था। हम दोनों सोना चाहते थे, पर शरीर नहीं मानता था। न जाने हम दोनों के भीतर क्या खूब जागरूक होकर धक्-धक् कर रहा था। और उसके दबाव से शरीर भी जैसे टूटते-से थे, थकित-चकित-क्लान्तर-से होते थे, पर फिर भी ढीलना नहीं चाहते थे, तने-ही-तने रहना चाहते थे, अशान्त, अश्लथ, खंडित, असंकुचित, अपरावर्त...और इसे न समझे हुए, न चाहे हुए दबाव के नीचे मैं बहुत अकेला, बहुत ही छोटा और दयनीय-सा अपने को जान रहा था...

बहुत ही दयनीय, बहुत ही छोटा, बहुत ही अकेला...यवा मेरी जाँघ पर चुपचाप पड़ी थी, पर न जाने कैसे मैं अनुभव कर रहा था, उस रात की निविड़, निरालोक स्तब्धता में मेरे साथ घनिष्ठ होकर भी वह जैसे अकेली अनुभव कर रही है, हम दोनों बिना बताए अलग-अलग अपने को तुच्छ और अकेला समझते हुए कहीं छिप जाना चाहते हैं, समा जाना चाहते हैं—एक-दूसरे की आँखों से नहीं, एक-दूसरे से तो सटकर, किन्तु अन्य न जाने किसकी आँखों से...

जैसे किसी अनदीखते साँप की अनदीखती, अस्पृश्य गुंजलक में हम दोनों बद्ध हों, और—

और मेरे मन में रह-रहकर यवा की काँपती हुई हँसी से कही हुई बात गूँज जाती थी, ''अगर वैसी गुंजलक मुझ पर लिपट जाए, मैं सारी जकड़ी जाऊँ, तो कैसा लगे? अच्छा बताओ तो, अगर तुम उसी तरह बाँहों से मुझे बाँधकर छा लो और मेरे बाल पकड़कर उनमें मुँह छिपा लो, तो कैसा लगे बताओ तो!....''

कैसा लगे, बताओ तो...न जाने, कैसा लगे, यवा, न जाने कैसा लगे...पर मैं तो बड़ा दयनीय, बहुत अकेला हूँ और मैं छिप जाना चाहता हूँ न जाने किसकी आँखों से—मुझे अच्छा नहीं लगता...

मेरा शरीर सिहरकर तनिक-सा काँप गया। यवा ने चौंककर आधी उठकर भर्राए-से स्वर में कहा, ''कैसा लगता है आदम, बताओ तो?''

मेने मन में हुआ, यवा, इस मरुभूमि में न वनस्पति है, न साँप है, न फल, शायद इन सबका बनानेवाला इस मरुभूमि में नहीं है; यहाँ हैं केवल तुम और मैं और हमारा अकेलापन—और मैंने विवश-भाव से यवा को पास खींचकर घेरते हुए कहा, ''तुम्हीं

जानो, यवा, कैसा लगेगा, मैं तुम्हें बाँध लेता हूँ इस गुंजलक में—'' और यवा ने जैसे बिजली की तरह काँपकर सिमटते-सिमटते हुए कहा, ''हाँ, बाँध लो मुझे, छा लो, पेड़ की एक फुनगी तक न दिखे, केवल फल, केवल फल...''

और तब मेरे भीतर धक्-धक् करनेवाला वह 'कुछ' चीत्कार कर उठा, ''क्यों मैं दयनीय हूँ, क्यों मैं छोटा हूँ, क्यों मैं अकेला हूँ...इस मरुभूमि में और कोई नहीं है, मैं ही गुंजलक हूँ, मैं ही साँप हूँ, मैं ही फल हूँ....और क्यों नहीं हूँ, मैं ही वह फल हूँ...और क्यों नहीं हूँ, मैं ही वह बनानेवाला हूँ, जिसका नाम हम नहीं जानते—मैं!''

और यवा के भीतर का धक्-धक् ताल देता हुआ बोला, ''और मैं!'' और एक लहर-सी मेरे ऊपर आई, डुबा देनेवाली, घोंट देनेवाली, तहस-नहस करनेवाली, यह आकाश का जलता हुआ लाल फल और अनगिनत फल—जो कुछ मैं देखता और जानता हूँ, सब कुछ जैसे मुझे रौंदता हुआ और खींचता हुआ चला गया और यवा को बाँधे-छिपाए हुए मुझे लगा कि मैं ही बनानेवाला हूँ—

और तब—

नहीं, यवा नहीं! हम नंगे हैं! नंगे हैं! और मैंने सहसा परे हटकर अपना मुँह ज़मीन में छिपा लिया, जो होने लगा कि समूची देह उसी में धँस जाए। और यवा भी मुँह फेरकर धीरे-धीरे रोने लगी...

3 यह जो मेरे भीतर और यवा के भीतर निरन्तर धक्-धक् किया करता है, क्या यही उस बनानेवाले के पैर की प्रतिकृति वह खोखला नहीं है जिससे कन्दरा को बनानेवाला पहचाना जाता है? साँप के आगे मेरी हार हुई है, लेकिन मैं जानता हूँ कि साँप ने झूठ कहा था; मैं जानता हूँ कि बनानेवाला एक है और निश्चय है...उसकी छाया भी मेरे भीतर है और यवा के भीतर, और निस्सन्देह उस अनिष्ट साँप के भीतर...

लेकिन यह यवा में क्या नयी बात प्रकट हुई है? मेरे और यवा के बनानेवाले के और उसके प्रतिस्पर्धी साँप के बीच यह एक नया डर और नया आग्रह कैसा देखता हूँ, जो यवा की आँखों में काँपा करता है?

यवा, सच बताओ, मेरे और तुम्हारे, साँप के और सबके नियन्ता के बीच यह चीज़ क्या है, जिसे तुम जानती हो और हम नहीं? बताओ, तुम्हारा यह डर और चिन्तित उत्कंठा कैसी है? किसके लिए तुम कोमलता से भरा करती हो, किसके लिए तुम मुझे भूल-सी जाती हो, पहचानती नहीं हो, किसके लिए तुम्हारी आँखें सर्दी की बरसात के बाद की-सी धुँध से भरकर तैरने-सी लगती हैं? बताओ मुझे, तुम्हें क्या हो गया है...

क्या मैंने तुम्हें क्लेश दिया है? पीड़ा पहुँचाई है? लेकिन क्या वैसा मैंने चाहा है? इस अनिष्टकर साँप की देखादेखी मैंने तुम्हें गुंजलक में बाँधना चाहा था अवश्य,

और उससे हम दोनों स्तम्भित हुए थे अवश्य, पर वह तो तुम्हीं ने जानना चाहा था; और फिर तब तो तुम ऐसी बदली भी नहीं थीं...

यवा, बताओ मुझे, वह अन्य कौन है...

मैं जैसे बदल रहा हूँ। कुछ और ही होता जा रहा हूँ। मैं नहीं जानता कि क्या बदल रहा है; पर कुछ फ़र्क हो गया है ज़रूर। पहले की तरह भागना-दौड़ना और यवा के साथ ऊधम करना अब उतना ही नहीं सुहाता, और यवा में भी जैसे उसका उतना आग्रह नहीं है। अब मुझे यही अच्छा लगता है कि यवा के आस-पास कहीं निकट ही रहूँ, भूख होने के समय यवा को लेकर घूमने की बजाय वहीं पर खाने को फल-फूल ले जाऊँ, यवा के लिए एक बड़ी-सी कन्दरा बना दूँ और उसके आस-पास फल के पौधे लगा दूँ, जिससे दूर जाना ही न पड़े...और यवा भी मानो यही चाहती है, जैसे कन्दरा के बनने में उसका मुझसे भी अधिक आग्रह है—वह उसके भीतर बैठकर दिन में रात के सपने देखना चाहती है...

वही तो शायद सर्दी की धुँध की तरह उसकी आँखों में छाया और जाया करते हैं, जमा और घुला करते हैं...पर क्या चीज़ है वह जिसकी माँग उस धुँध के पीछे यवा की आँखों में झलक जाया करती है, कौन है वह मेरे अतिरिक्त, जिसकी चाह यवा करती जान पड़ती है...

अक्सर बादल छाये रहते हैं, कभी-कभी पानी भी बरसा करता है। यवा अनमनी-सी कन्दरा में पड़ी रहती है, और मैं अनमना-सा आकाश की ओर देखा करता हूँ। कभी बादल घने होकर काले पड़ जाते हैं, कभी छितराकर उजले हो जाते हैं, और थोड़ी-सी धूप भी चमक जाती है। समझ नहीं आता कि मेरे इस अपने दो जनों के उद्यान पर क्या बदली छा गई है जो हम ऐसे हो गए हैं। यवा मुझे अब भी उतनी ही अच्छी और अपनी लगती है; वह भी शान्त विश्वास से आकर मेरे द्वारा सहलाए जाने के लिए अपनी ग्रीवा झुकाकर बैठ जाया करती है; फिर भी जैसे उसकी आँखों की उस धुँध में अस्पष्ट-सा दिख पड़नेवाला आकार हर समय हमारे बीच में बना रहता है...

और कभी यवा एकाएक थकी और खिन्न हो जाती है, कभी उसका जी कैसा होने लगता है, कभी उसके पीड़ा होने लगती है...मुझे समझ नहीं आता कि मैं क्या करूँ कि वह फिर पहले-जैसी हो जाए...मुझे कुछ भी समझ नहीं आता कि मैं क्या करूँ कि वह फिर पहले-जैसी हो जाए...मुझे कुछ भी समझ नहीं आता, कुछ भी अच्छा नहीं लगता...

ओ तू—मेरे और यवा के बनानेवाले, मुझे बता कि क्या करूँ, यवा को कैसे सान्त्वना दूँ, कैसे शान्ति पहुँचाऊँ...मुझे बता, कैसे उसका दर्द दूर हो, कैसे वह उठे, कैसे वह मुझे जाने...

यवा भीतर बैठी है और रो रही है। मैं उसे बाहर लाना चाहता हूँ, धूप में बिठाना चाहता हूँ, कोई बूटी खिलाना चाहता हूँ जिससे उसे कुछ चैन हो, पर वह निकलती नहीं, उसे कन्दरा का अँधेरा और एकान्त ही पसन्द है, वहीं की गीली

मिट्टी कुरेदकर कभी-कभी वह खा लेती है, यही उसे अच्छा लगता है...मुझसे सहा नहीं जाता यह, मेरा जी न जाने कैसा होता है, पर वह मेरा पास रहना भी नहीं सह सकती, वह मुझे अपने से दूर रखना चाहती है, वह कन्दरा के अन्धकार में मेरी भी दृष्टि से छिपना चाहती है—बल्कि मेरी ही दृष्टि से...उफ़—कुछ समझ नहीं आता...

ओ तू मेरे और यवा के बनानेवाले, मुझे बता कि मैं क्या करूँ...यहाँ बाहर बेबस और अकेला बैठकर बादल के टुकड़े गिनने से तो कुछ नहीं होगा; बता कि उसके अकेलेपन में और उस वेदना में मैं कैसे काम आऊँ...

अँधेरे में शायद मैं सो गया था।

एकाएक एक बड़ी भेदक चीख़ सुनकर मैं उठकर भीतर कन्दरा में दौड़ने को हुआ; किन्तु क्या यह चीख़ यवा की थी? वैसी चीख़ तो मैंने यवा के मुँह से कभी नहीं सुनी थी...क्षण ही भर बाद वह फिर आई—नहीं, यह यवा की नहीं हो सकती...एक बार और—हाँ, यह यवा की पुकार है शायद—

यवा ने सहसा धीमे, दर्द-भरे स्वर में पुकारा, ''आदम!'' मैं दौड़कर भीतर गया और स्तम्भित खड़ा रह गया। यवा ने सिमटकर मुँह फेरते हुए सकुचाए-से स्वर में कहा, ''आदम, यह क्या हो गया है...''

मैं समझा नहीं, लेकिन एकाएक मैं जान गया, साँप झूठा है, झूठा है, मेरे भीतर धक्-धक् करनेवाली शक्ति ही सच है, बनानेवाली है; और एकाएक मैं इस सब कुछ के बनानेवाले का नाम भी जान गया जो साँप कहता था कोई जान ही नहीं सकता, क्योंकि वह है नहीं—स्रष्टा! मैंने जान लिया है कि स्रष्टा हूँ...और मैंने पुकारकर कहा, ''यवा, ठहरो, मैं जान गया हूँ कि स्रष्टा को छिपाकर ही जिया जा सकता है, सबसे छिपकर ही उससे मिलना सम्भव है...''

मैं एकाएक बाहर दौड़ गया, अँधेरे में ही मैंने सेमल का पेड़ खोजकर उसके ढेर-से फूल तोड़कर एक लता की छाल में गूँथकर बाँध लिये; लौटकर वह आवरण यवा के और उसकी छाती पर चिपटकर पड़े हुए मेरे प्रतिरूप एक अत्यन्त छोटे-से आदम के ऊपर ओढ़ा दिया।

यवा ने सिहरकर कहा, ''हाँ, मेरे आदम, इसी तरह गुंजलक से मुझे बाँध दो, छा लो समूचे पेड़ को, कि कुछ भी न दिखे—एक फुनगी तक नहीं। केवल फल—केवल फल...''

और छाती से मेरी सृष्टि को चिपटाए हुए और सब तरफ़ से आवृत्त यवा की हँसी से चमक गए दाँत देखकर मैंने सदा के लिए जान लिया कि साँप झूठा है; कि स्रष्टा है, कि एकता है...

●

कविता और जीवन : एक कहानी

मैं आपको सिर्फ़ कहानी नहीं, कहानी से कहीं अधिक कुछ सुनाने लगा हूँ। ज़रा कान लगाकर—नहीं कान से अधिक मन लगाकर—सुन लीजिए। जो गाली आप देना चाहते हैं—पढ़कर आप गाली देंगे, यह तो निश्चित है—उसे ज़रा अन्त तक रोक रखिए। 'सब्र का फल मीठा होता है'—क्या पता, आपके सब्र का मुझे मिलनेवाला फल वह गाली भी मीठी हो जाए! इस 'कहानी' पर कलम घिसने का पारिश्रमिक मुझे नहीं मिलेगा, यह तो आप जानते होंगे, इसलिए गाली के बारे में फ़िक्रमन्द होने के लिए आप मुझे क्षमा कर देंगे, यह उम्मीद है।

और जब 'कहानी से अधिक कुछ' कहने लगा हूँ, तब प्लॉट-कथानक के झगड़े में क्या पड़ना? ये छोटी बातें कहानी के लिए ठीक होती हैं। यहाँ तो जो सामने आ जाए, वही उपयुक्त है। तो लीजिए, याद आती है हरिद्वार की बात—

शिवसुन्दर को सूझा था कि वह कलकत्ते में रहकर गली-गली की खाक छानकर कविता करना चाहता है, तभी कविता नहीं बनती। बंगाली क्लर्क, सिख ड्राइवर, एंग्लो-इंडियन, लोफर-लफंगे, बिहारी कांस्टेबल और सभी जगहों के भिखमंगे—सब आदमी, आदमी, आदमी—भला यह भी कोई कविता का विषय है! इन्सान और कविता—हुँह! कविता के लिए चाहिए प्रकृति—नदी-नाले, पलाश के उपवन, लता-फूल, मलय पवन और दूर कहीं कुछ अस्पष्ट, अदृष्ट—नहीं, दूर कहीं किसी नुपूरवलयित रहस्यमयी की पग-ध्वनि...और इस सूझ के उठते ही वह बोरिया-बिस्तर—बिस्तर कम बोरिया अधिक—लेकर हरिद्वार चला आया था। गुरुकुल की तरफ़ नहर के किनारे एकान्त में एक मकान में सिरे का कमरा उसे मिल गया था, वहीं रहकर वह कविता के प्रादुर्भाव की प्रतीक्षा कर रहा था।

वह अभी तक प्रकटी नहीं थी। दिन-भर अरहर के खेतों में भटकना उसे अच्छा लगा था, दूर एक पहाड़ी की चोटी पर बने हुए देवी के मन्दिर की आड़ में सूर्य का मुँह छिपा लेना और भी अच्छा लगा था; और शाम को गंगा की ओर से जो तेज़ और शीत हवा आकर बारीक पिसी हुई रेत का परिमल उसके सारे चेहरे

पर चिपका गई थी, वह भी उसे बुरी नहीं लगी थी...लेकिन अच्छे लगकर ही ये सब रह गए थे, जिस दैवी घटना की, उन्मेष की आशा उसने की थी, वह नहीं हुआ था। रात को चारपाई पर लेटा-लेटा वह सोच रहा था कि क्यों नहीं हुआ वह उन्मेष, और कुछ उत्तर नहीं पा रहा था। केवल एक अतृप्ति-सी उसे घेर रही थी। वह कभी ऊँघ लेता, फिर जाग जाता; और जागने पर न जाने क्यों उसे सूना-सूना लगता और झल्लाहट होती। उसे लगता कि जीवन बहुत अधिक नीरस है, उसे जीने के लिए कविता की ज़रूरत है, मुखर सौन्दर्य की ज़रूरत है...

वह फिर ऊँघ गया और जब चौंककर जागा तब आधी रात थी। उस सन्नाटे में अकस्मात् जाग जाने का कारण उसे नहीं समझ आया, वह कान लगाकर सुनने लगा कि किस स्वर ने उसे जगाया था।

कुछ नहीं। यों ही जाग गया था वह।

लेकिन...

उसे जान पड़ा कि कमरे की खिड़की के बाहर कहीं नुपूरों की ध्वनि हो रही है, रह-रहकर और बदल-बदल कर मानो कोई स्त्री सम्भ्रान्त गति से चल रही है, कभी रुककर और कभी तेज़ी से।

इतनी घनी रात में कौन बाहर? और क्यों?

शिवसुन्दर पूरी तरह जाग गया। उसकी अशान्ति केन्द्रित होकर एक तनी हुई-सी प्रतीक्षा बन गई।

नूपुरों की ध्वनि फिर आई। उसने कोशिश की, कान लगाकर पहचान सके कि कहाँ से आती है, लेकिन उसे लगा कि कभी वह एक तरफ़ से आती है, कभी दूसरी।

क्या हवा ही उसे धोखा दे रही है? रह-रहकर एक मीठा-सा झोंका आ जाता है, कभी एक तरफ़ से, कभी दूसरी तरफ़ से। क्या इसीलिए तो नहीं वह स्वर भी भागता हुआ जान पड़ता? क्योंकि किसी अभिसारिका का—यदि वह स्त्री अभिसारिका है तो, लेकिन और हो क्या सकती है?—ऐसे समय इधर-उधर भागना, वह भी जब उसकी पायलें इतनी ज़ोर से बज रही हों, कुछ जँचता नहीं। कवि भी कह गए हैं—'मुखरम्धीरम् त्यज मंजीरम्'...

तभी पायलें बड़े ज़ोर से बज उठीं—खनन्-खनन्!

शिवसुन्दर उठ बैठा। यह स्वर मानो उसके सिरहाने के पास से ही आ रहा था...उसका हृदय धक्-धक् करने लगा—इस एकान्त निर्जन स्थल में किसी अपरिचिता का इतना साहस...

पायलें फिर बजीं, और शिवसुन्दर जान गया कि वे कहाँ हैं। उसके सिरहाने के पास की खिड़की के बाहर ही वह स्वर है।

लेकिन कौन है यह स्त्री, और इतनी रात वहाँ क्यों है? और इतना हौसला उसका कैसे है...? शायद कोई पुश्चली स्त्री होगी। लेकिन पुश्चली होती तो क्या इससे अधिक चतुर न होती, चुपचाप न आती?

शिवसुन्दर को प्रतीत हुआ कि बहुत तेज़ गति से बहुत-सा सोच जाने की ज़रूरत है। वह जल्दी-जल्दी दिन-भर में देखते हुए प्रत्येक स्त्री-मुख की याद करने लगा—कौन हो सकती है जो उसके पास आई है?

...तमोलिन से जब पान लिया था, तब वह पैसा लेते हुए सिर मटकाकर मुस्कुरा दी थी। लेकिन उस मुस्कुराहट में तो खास कोई बात नहीं थी। लगी तो वह ऐसी ही थी मानो गाहक का दस्तूर हो। जैसे पान के साथ तम्बाकू मुफ्त मिलता है, वैसे ही मुफ्त यह मुस्कान दी गई जान पड़ती थी। लेकिन कौन जाने, ये आधी रात में बजती हुई पायल भी उसके 'दस्तूर' में ही शामिल हो...

शाम को उसने हलवाई से दूध लिया था, तब हलवाई की लड़की भी बैठी थी। शिवसुन्दर एकटक उसकी ओर देख रहा है, सहसा यह जानकर वह शर्म से लाल हो आई थी और भीतर चली गई थी। शर्म क्या है? पुरुष को आकर्षित करने का एक साधन—तभी तो मारवाड़िनें पति के सामने घूँघट निकालती हैं। लेकिन मेलों में अधनंगा नहा आती हैं—पति को आकर्षित करना होता है और गैर-आदमी, आदमी थोड़े ही हैं, सिर्फ़ गैर हैं।

और वह माँगनेवाली औरत—ऐसी उसने कभी नहीं देखी थी। जब वह साधारण अपील से आकृष्ट नहीं हुआ, तब बोली, "तेरा धोबन पी लूँ बाबू, एक पैसा दे, तेरा थूक चाट लूँ बाबू..." जब इससे भी उसे ग्लानि ही हुई, तब, "तेरे गुलाबी गालों पै मरू बाबू, एक पैसा दे। तेरी दाढ़ी को हाथ लगाऊँ बाबू..." और बढ़कर उसकी ठोड़ी ही तो पकड़ ली थी उसने...

शिवसुन्दर उठकर खिड़की पर जा पहुँचा। आँखें फाड़-फाड़कर उसने बाहर देखा, कोई नहीं दिखा। वह फिर आकर चारपाई पर लेट गया।

और तभी पायल फिर बजी। वह फिर उठ बैठा।

अपने हृदय का स्पन्दन उसके लिए असह्य होने लगा। उसने फिर खिड़की पर जाकर देखा—कुछ नहीं। तब उसने एकदम किवाड़ खोल दिया और बाहर निकल आया। घर का चक्कर काटा, लेकिन कोई नहीं दिखा। वह फिर किवाड़ पर आकर रुका—कि दूर कहीं पायल फिर बजे। शायद वह स्त्री हताश होकर लौटी जा रही है, अरहर के खेतों में से वह स्वर आया था। शिवसुन्दर के भीतर उत्कंठा इतनी उमड़ आई थी कि अब उस रहस्य को खोल डालना बहुत ज़रूरी हो गया था—उस स्त्री को खोज लेना...और रात भी तीव्र गति से बीतती जा रही है, यह भी फ़िक्र उसे हो आई थी। नींद उसकी आँखों में नहीं थी, कुछ और था जो उसके लिए अभ्यस्त नहीं था और जिसका वह नाम नहीं जानता था...

वह लपककर अरहर के खेत में घुसा। उसके मन में आया, अगर मैं शब्दवेधी बाण चलाने की क्रिया जानता तो उसे बाणों से ऐसा घेर लेता कि एक जगह टिककर खड़ी रहती, लेकिन....लेकिन...

उसका हृदय धक् से हो गया—बहुत पास ही कहीं बहुत ही मधुर कोमल स्वर से पायल बजी—खनन्।

शिवसुन्दर की आतुर आँखों ने अन्धकार को भेद डालना चाहा, पर कुछ दिखा नहीं। उसे शीघ्र ही आनेवाले सवेरे की याद आई, पर सवेरा हो जाने से सब चौपट हो जाएगा। उसने धीरे से पुकारा, ''कौन हो तुम?''

जवाब नहीं आया। उसने फिर कहा, ''कौन हो? इधर निकल आओ।''

फिर भी उत्तर नहीं मिला। उसे बिहारी का एक दोहा याद आया, 'अरहर, कपास, ईख, सब कट जाएँगे...' अभी अरहर कटने के दिन नहीं आए, पर वह तो रात भी नहीं बीतने देना चाहता... उसने फिर पुकारा, ''कहाँ हो तुम?''

उत्तर में कुछ दूर पर पायल बजी। दायीं ओर कहीं पर—लेकिन नहीं, वह फिर बजी तो उसे प्रतीत हुआ कि बायीं ओर है। वह खेत से बाहर निकलकर मेड़ पर आया, हताश-सा बैठ गया।

हवा का झोंका कभी-कभी आता था, तब उसमें बसे हुए शीत से शिवसुन्दर का कुंठित मन और भी सिकुड़ जाता था...और तब दूर कहीं, कभी इधर, कभी उधर, पायल बज उठती थी...

रात या यों कहें कि भोर—क्योंकि पौ फटने ही वाली थी—अत्यन्त सुन्दर था। लेकिन शिवसुन्दर का ध्यान उधर नहीं था। वह मर्माहत-सा मेड़ पर बैठा था...

ऊषा की एक लाल किरण आकाश में फिर गई। मानो देवी के आने के लिए मार्ग को बुहार गई, किसी मंगल-सूचक लाल चूर्ण से चौक पूर गई। शिवसुन्दर की थकी आँखों ने देखा, चारों ओर प्रकृति का लास है—नदी है, नहर है, पलाश के फूले हुए उपवन हैं, समीरण धीरे-धीरे बहने लगा है और फिर न जाने किसकी पायलों की ध्वनि उसके पास लिये आ रहा है...लेकिन इस सबकी जैसे उस पर छाप नहीं पड़ी। उसमें सिर्फ़ एक ही जिज्ञासा थी—जिसकी पायल हैं, वह कहाँ है?

पायल उसके हाथ के पास ही बजी। उसने चौंककर देखा, वहाँ एक छोटा-सा, सूखा-सा पौधा था, और कुछ नहीं।

और पौधा हवा के झोंके में फिर काँप कर बोला—खनन्!

क्षण-भर शिवसुन्दर स्तब्ध रह गया, फिर मानो आकाश से गिरा....फिर उसमें एकाएक निराशा का क्रोध उमड़ आया, उसने एक ही झटके में उस पौधे को जड़ समेत नोच लिया।

और उसके क्रोध-कम्पित हाथों में भी उस पौधे में लगी हुई पकी फलियों ने कहा, खनन्!

शिवसुन्दर ने उस हताशा में मानो सत्य को देख लिया, लेकिन समझने से पहले ही वह सत्य बुझ भी गया। उसने जाना कि वह सिर्फ़ कविता ही नहीं चाहता है, सिर्फ़ सौन्दर्य ही नहीं चाहता है, इससे अधिक कुछ चाहता है...लेकिन क्या चाहता है? वह नहीं जानता। इतना जानता है कि वह अतृप्त रह गया है, भूखा रह गया है, चौंककर ऐसे जाग गया है कि उन्निद्र हो गया है, उसे...

शिवसुन्दर धीरे-धीरे घर लौटा। रात-भर की घटनाएँ मानो एक पहले कभी

सुने हुए ग्राम्यगीत की एक पंक्ति में सिमटकर उसके मन में गूँजने लगीं, 'तेरी पैंजणिया न्यूँ बाजे ज्यूँ बाजे बीज सणी दा।' बेवकूफ़ कहीं का—उल्टी बात कहता है। आखिर गँवार रहा होगा। 'बीज सणी दा न्यूँ बाजे ज्यूँ बाजे तेरी पैंजणिया' होना चाहिए था।

पर घर पहुँचते-पहुँचते वे घटनाएँ इससे भी छोटे एक सूत्र में सिमट आईं—वह जीवन माँगता है।

कविता माँगना, सौन्दर्य माँगना बेवकूफ़ी है।

जहाँ जीवन नहीं है, वहाँ कविता क्या और सौन्दर्य क्या? वे होंगे वैसे ही खोखले, जैसा यह बजता हुआ सनी का बीज।

—तब फिर कलकत्ता? लेकिन कलकत्ता जीवन कहाँ है, वह तो निरा सत्य-ही-सत्य है, कड़वाहट-ही-कड़वाहट है। 'वाक्यम् रसात्मकम् काव्यम्'—और कड़वा अधिक-से-अधिक छह रसों में से एक है, तब सत्य भी जीवन का अधिक-से-अधिक एक छठा हिस्सा है...बाक़ी पाँच? और कहा है, 'मधुरेण समापयेत्।' मधुर नहीं तो कुछ नहीं—वही रसों में रस है...

शिवसुन्दर को समझ आ गया कि उसने गुरुकुल की तरफ़ आकर ग़लती की। वह सामान लेकर हर की पौड़ी पहुँचा, वहाँ मेले की भीड़ को चीरता हुआ भीतर घुसा और अन्त में ठीक-ठाक करके उसने एक कमरा ले लिया जिससे गंगा और उसके पार की पहाड़ियाँ भी दिखती थीं, और उस पार घाट की सीढ़ियाँ, उन पर आने-जानेवाली भक्त-भक्तिनियों की भीड़ें और ऊपर का रास्ता भी दिखता था।

सामान एक ओर रखकर वह झरोखे पर बैठ गया और नीचे झाँकने लगा।

जीवन पाने का यही एक ढंग है। कलकत्ता में तो आदमी पिस जाता है—और वह भी किन में? गन्दे, मैले-कुचैले लोगों में, जिनसे छू जाने पर दिन-भर अपने शरीर से बू आती है। यहाँ और बात है,—सौन्दर्य भी है, लोग भी हैं, गति भी है, और फिर भी वह अलग है, इस भीड़-भड़क्के के अधीन नहीं, उससे ऊपर है, दर्शक है। दर्शक होकर ही जीवन से काव्य-रस खींचा जा सकता है—जो स्वयं उसमें पड़ गया वह तो तिल हो गया जिसे पेर कर तेल खींचा जाएगा।

शिवसुन्दर की दृष्टि नीचे घाट की सीढ़ियाँ चढ़ती हुई दो स्त्रियों पर टिक गई। तभी न जाने क्यों उन्होंने भी आपस में बात करते-करते ही ऊपर देखा, शिवसुन्दर से आँख मिलने पर वे मुस्कुरा दीं और आगे बढ़ गईं।

हाँ, ठीक तो है, जिस चीज़ की ओर यह इशारा है, वह प्रेम ही तो है। जीवन ही तो है, क्योंकि जीवन का मधुरतम रस है।

लेकिन मन शिवसुन्दर का चाहे जितना भागे, दृष्टि उसकी नीचे ही लगी हुई थी। दो और स्त्रियाँ उसके दृष्टि-पथ पर गुज़र रही थीं। शिवसुन्दर एकटक उनकी ओर देख रहा था। एक ने तिरछी चितवन से उसे देखा। वह दृष्टि मानो कौंधकर कुछ कह गई, पर दूसरी ने एक तीखी, सशंक और कुछ-कुछ भीत दृष्टि अपनी संगिनी पर और शिवसुन्दर पर डाली, और अधिक तीव्र गति से आगे चल पड़ी।

शिवसुन्दर थोड़ा-सा मुस्कुरा दिया। फूल के साथ काँटे तो होने ही चाहिए,

नहीं तो जीवन का मज़ा क्या। एक ओर आकर्षण, दूसरी ओर विघ्न, यही तो है जीवन!

न जाने क्यों, स्त्रियाँ जोड़ों में ही जा रही थीं, अकेली नहीं। एक और जोड़ा सामने से गुज़रा। इन्होंने भी न जाने क्यों झरोखे के पास आकर ऊपर देखा। उनकी दृष्टि में सन्देह पहले से था, जब उन्होंने शिवसुन्दर को एकटक देखते हुए पाया तब उससे क्रोध भी आ मिला। अवज्ञा से सिर हिलाकर वे आगे निकल गईं।

शिवसुन्दर ने सोचा, विरोध में एक आकर्षण होता है, एक ललकार होती है। वह आह्वान करता है कि आओ, मुझसे दो-दो हाथ खेल लो। आचार्य भी कह गए हैं कि बिना संघर्ष के, बिना कानफ़्लिक्ट के कला का विकास नहीं होता। हो कैसे सकता है?

ज्यों-ज्यों दिन चढ़ता आता था, स्नानार्थी अधिकाधिक संख्या में आते-जाते थे। अब औरतें भी झुंड बाँध-बाँधकर आ रही थीं, और झुंड ही लौटने लगे थे।

एक टोली शिवसुन्दर के झरोखे के नीचे से निकली। उन कई-एक औरतों में से एक ने भी आँख उठाकर नहीं देखा, उनके लिए मानो शिवसुन्दर था ही नहीं।

शिवसुन्दर ने तड़पकर कहा, "नहीं, नहीं, यह नहीं है जीवन! यह झूठ है, यह असत् है, अशिव है, असुन्दर है, यह हो ही नहीं सकता, यह जीवन नहीं है।"

लेकिन वह समूह निकल गया। उसके बाद और भी कई टोलियाँ स्त्रियों की आईं और निकल गईं, पर किसी ने नहीं देखा कि जीवन का भिक्षु शिवसुन्दर झरोखे में खड़ा है, वह प्रवाह उसकी आँखों के आगे से वैसे ही निकल गया जैसे नदी के बीच में अथाह पानी बहता हुआ चला जाता है पर किनारे से सटे हुए और सड़ते हुए तृण को वहीं पड़ा रहने देता है, हिलाता भी नहीं...उसे लगा, वह समुद्र की लहरों द्वारा उच्छिष्ट रेत पर पड़े एक घोंघे के भीतर सड़ते हुए जीव की तरह, कि वह इस प्रभाव के आगे जूठन की तरह अत्यन्त नगण्य, क्षुद्र हो गया है...

और उसने फिर तड़पकर कहा, "नहीं यह झूठ है, यह नहीं है जीवन। मैं नहीं माँगता यह!"

लेकिन वह क्या माँगता है आखिर? वह जानता है कि यह नहीं है जो उसने माँगा था, लेकिन क्या माँगा था उसने, यह तो वह नहीं जानता है। वह इतना ही जानता है कि वह क्षुद्र हो गया है, अपनी आँखों में गिर गया है, जबकि आशा थी उसे बड़े हो जाने की, स्वामित्व की...

वह झरोखे से हट गया और सोचने लगा, क्या मैं कलकत्ता लौट जाऊँ? लेकिन इस विचार से वह सहम गया। कलकत्ता में तो कविता नहीं बनेगी, यहाँ शायद—इस अतृप्त और अपदस्थता में शायद...

विधि हँसती है। विधि है या नहीं, कौन जाने; पर वह हँसती ज़रूर है। मुहावरे ने उसे हँसने का हक़ दिया है...

लेकिन शिवसुन्दर की माँगें? उसकी तृप्ति? उसकी वासनाएँ?

विज्ञान की कुछ पुस्तकें उसकी समस्याओं का उत्तर देने की कोशिश करती हैं। लेकिन वे विदेशी हैं। विदेशी ज्ञान शिवसुन्दर क्यों चाहे? वह हिन्दी लेखक है। हिन्दी राष्ट्रभाषा है। वह राष्ट्रभाषा का लेखक है। क्या इतना ही इसलिए पर्याप्त नहीं है कि वह आँखें बन्द करके गाया करे, गाया करे अपनी माँग के गान, अपनी अनुभूति के गीत, नहीं अनुभूति के अपने अनुभव का आलाप! चाहे वह गाना उस खिखियाए हुए मँगते की पुकार की तरह क्यों न हो जो एक दमड़ी की उपलब्धि के लिए पहले स्वर में दीनता लाता है, फिर उस दीन स्वर को सुनकर स्वयं मान लेता है कि वह आर्त है! शिवसुन्दर भी तो आकाश के तारे तोड़ने का दम नहीं भरता, सामर्थ्य की डींग नहीं हाँकता, अभिमान के तिक्त और कर्म के कषाय रसों से उसे क्या, वह तो 'मधुरेण समापन' चाहता है; वह तो माँगता है, सिर्फ़ माँगता है एक छदाम!

अब आपको मौक़ा है कि आप गाली दे लें। मेरी कहानी खत्म हो गई है। लेकिन जो आपको कहना है, जल्दी कह डालिए, क्योंकि मुझे अभी कुछ और निवेदन करना है। मैंने कहा था न, 'कहानी से अधिक कुछ' कहूँगा।

शायद आपको लगे कि मैंने कहानी भी नहीं कही, अधिक की क्या बात! लेकिन अगर आपको यह लगा है तो आप अब तक दिल के गुबार निकाल चुके होंगे। अन्त में 'अधिक कुछ' मुझे यह कहना है कि अगर मेरी रचना में आपको 'छोटे मुँह बड़ी बात' जान पड़ी हो, तो यह सोचकर क्षमा कर दीजिए कि आखिर मैं भी दुर्भाग्य का मारा एक हिन्दी-लेखक हूँ; उस हैसियत से मैं भी आकाश के तारे तोड़ने या सामर्थ्य की डींग मारनेवाला, अभिमान का तिक्त और कर्म का कषाय रस पीने वाला, कौन होता हूँ, मैं भी तो 'मधुरेण समापयेत्' के लिए माँगता हूँ सिखाए हुए आर्त स्वर में आपकी दया का छदाम!

•

परम्परा : एक कहानी

खेलावन गली के मोड़ की ओर बेतहाशा भागा जा रहा था। उसके भागने का कोई कारण नहीं था; बात यह थी कि पहली सन्तान के होने की खुशी से वह फूला नहीं समा रहा था और उसे जान पड़ता था कि वह गली में घुटा जा रहा है। भागकर बड़ी सड़क पर निकलेगा, तभी बचेगा। मोड़ के आगेवाली बड़ी सड़क पर, जो किसी दानव की शय्या की तरह उस बड़े शहर के आर-पार बिछी हुई है, चिकनी तपी हुई, चमाचम, खचाखच...

खुशी से जैसे उसकी आँखें चढ़ी हुई थीं। वह बिना देखे-सुने सड़क की ओर बढ़ा जा रहा था...

उसे सड़क के इस किनारे चलना है, या उस किनारे, अथवा सड़क पार करनी है, इसका कोई ज्ञान उसे नहीं था। मुख्य बात यह थी कि गली से सड़क पर जाना है, और बेतहाशा जाना है, और चलना नहीं, दौड़ना है।

किन्तु मोड़ के कुछ आगे ही बीच सड़क पर से गुज़रती हुई एक लॉरी उसके ऊपर से निकल गई। वह दानव की शय्या की चादर मानो लाल रंग के कलफ़ से ऐंठ गई।

सिपाही ने ड्राइवर को पकड़ लिया। ड्राइवर बहुत गिड़गिड़ाया, पर उसकी एक न चली। चलती भी कैसे? इतनी भीड़ तो वहाँ देख रही थी कि सिपाही क्या करता है। उसके पास और कोई चारा नहीं था सिवाय इसके कि उसे थानेदार के आगे पेश करे।

पर थानेदार को कोई देखता नहीं था। ड्राइवर ने साहस बटोरकर थानेदार से एक सीधी-सी युक्तिपूर्वक बात कही, जो थानेदार को जँच गई। उसने ड्राइवर से और मोटर के मालिक से ग्यारह सौ रुपये रिश्वत लेकर उसे छुट्टी दे दी, इसलिए कि वह जाकर और लोगों को मारे और इस प्रकार थानेदारों को और आमदनी कराए! ड्राइवर छूट गया।

ग्यारह सौ रुपये बड़ी चीज़ होते हैं। थानेदार हिसाब लगाने बैठे तो उन्हें मालूम हुआ कि ग्यारह सौ में वे अपनी पिछले महीने में पी हुई शराब की कीमत देकर आगे

के छह महीने के लिए भी बेहिसाब शराब पी सकते हैं। वे शराब की दुकान में गए, पुराना हिसाब चुकाकर उन्होंने ठेकेदार से तय किया कि वे अब वहीं दुकान में रहेंगे और शराब पियेंगे—बचा हुआ साढ़े नौ सौ रुपया उन्होंने उसी के पास जमा करा दिया।

और उन्होंने अपनी बात भी सच्ची कर दिखाई। वे उसी दुकान में रहते रहे—तब तक, जब तक कि दो महीने के बाद वे वहीं आर्थ्राइटिस से बीमार होकर मर नहीं गए। साढ़े पाँच सौ की शराब तब तक वे और पी चुके थे।

ठेकेदार को शराब के मुनाफ़े के अलावा चार सौ रुपये घाते में मिले तो उसे याद आया : उसकी कई इच्छाएँ हैं जो हाथ की तंगी के कारण उसने अपने आगे नहीं आने दीं। उसने जो कुछ सुन रखा था, उससे उसने अपने ठेकेदाराना दिमाग़ से हिसाब लगाया कि वह चार सौ रुपये में अधिक नहीं तो कम-से-कम अस्सी भली वेश्याओं के यहाँ जा सकता है—या एक ही वेश्या के यहाँ कम-से-कम सौ बार जा सकता है। क्योंकि धन है तो सामर्थ्य है। और सामर्थ्य बेकार नहीं बैठ सकती; उसे कारगर होना ही होगा।

किस वेश्या पर यह पूँजी लगाई जाए, यह निश्चय करते कुछ समय लगा। जब आखिर निश्चय हुआ तब वह अपने रुपये के अतिरिक्त एक और चीज़ भी अपनी चहेती को दे आया।

अभी ठेकेदार के रुपये चुके नहीं थे कि वेश्या उससे पाए हुए रोग से बीमार होकर मर गई। ठेकेदार के बचे हुए रुपये वेश्या की लड़की माया ने माँ की दवा-दारू के लिए माँगे थे। जब माँ मर गई और ठेकेदार अपने रुपये नक़द या सेवा द्वारा माँगने लगा, तब लड़की के मन की दुविधा मिट गई और वह रुपया-उपया लेकर एक गुंडे के साथ भाग गई!

गुंडे के लिए माया 'पहली प्राप्ति' नहीं थी, आखिरी भी वह नहीं हुई। ऊब कर वह एक दिन उसे अकेली छोड़ गया। जब माया को अपनी दशा पर समझ आ गई, तब वह समाज के कबाड़खाने—एक अनाथाश्रम—में दाखिल हो गई। कबाड़ से उठने की कोशिश उसके लिए व्यर्थ है—यह सोचकर कुछ शान्ति से दिन बिताने की उम्मीद में उसने अपना भाग्य चुपचाप स्वीकार कर लिया।

गुंडे के मन से उतरकर भी माया के पास अभी पर्याप्त रूप है, यह बात उसे समझाने की अनाथालय के मैनेजर ने पूरी कोशिश की। इसका सुबूत देने के लिए उसने उस रूप की क़ीमत भी लगाई, पर जब माया के निरीह उपेक्षा-भाव पर कोई असर नहीं हुआ, और इस बीच एक ऐसा व्यक्ति भी आ गया, जो माया के रूप की और अधिक क़ीमत लगा रहा था, तब मैनेजर ने माया को एक नये बने हुए सेठ के पास बेच दिया।

सेठ साहब को अपने बहुत जल्दी कमाए हुए अर्थ और बहुत देर से चेते हुए काम के लिए एक साझीदार की ज़रूरत थी। जब माया की मारफ़त दोनों उद्देश्य पूरे होने लगे, तब उनको सब चिन्ता भूल गई और वे दिलेर होकर सट्टा करने लगे। एक दिन उनका दिवाला निकल गया।

जब उन्होंने देखा कि अर्थ समाप्त हो जाने से माया—जिसका घना उपेक्षा-भाव अभी मिटा नहीं था—अब काम की उपेक्षा करती है, तब एक दिन उन्होंने मार-पीटकर उसे निकाल दिया। लेकिन इससे कोई भी समस्या हल नहीं होती थी, इसलिए फेर लाए। फिर एक दिन निकाल दिया और फिर लौटा लाये। फिर आखिर एक दिन निकाल दिया और फिर लौटा लाये। फिर आखिर एक दिन जब माया बीमार हुई, तब उन्होंने समझ लिया कि जब उद्देश्य ही पूरे न हो सके तब अर्थ का ही खयाल कर लेना चाहिए; क्योंकि अर्थ हो तो काम भी पूरा हो सकता है; और माया-जैसी 'रंडी की बेटियाँ' गुलाम बनाई जा सकती हैं। नतीजा यह हुआ कि बीमारी की हालत में माया फिर एक बार बिक गई।

उसे एक मारवाड़ी सेठ की कोठी के दरबान ने खरीद लिया था, जिसके सगे कोई नहीं थे और जिसकी भंग पीने की आदत के कारण उसकी शादी नहीं होती थी।

दरबान ने माया को अच्छी तरह रखा। अपने घर में वेश्या की लड़की और दूसरे घरों में वेश्या की तरह रहकर माया ने इस घर में कुछ नया वातावरण पाया, और दरबान की ममता के आगे वह पिघल गई। यहाँ तक कि जब झोंक में आकर दरबान उसे प्यार की बातें कहता, तब यह जानकर भी कि ये सब बड़ी-बड़ी बातें भंग के सहारे ही सूझती हैं, माया उसके गले का भारी रुद्राक्ष का दाना और पीतल का ताबीज़ पकड़कर इतना ही कहती, ''कितने बक्की हो तुम!''

तब एक दिन दरबान के घर उजाला फूटा; अभी दरबान हक्का-बक्का खड़ा ही था कि ऊपर से मालिक की आवाज़ आई और नीचे कराहती हुई माया ने कहा, ''दाई बुला लाओ—''

और फिर एक नये जन्म की छाया में, एक दरबान रामभुज (या खेलावन या लालबहादुर या भरोसे या रामबहोरी) बेतहाशा भागा बाहर की गली की ओर, बड़ी सड़क की ओर, लॉरियों और मोटरों के गोरखधन्धे के बीच, उस चमाचम, खचाखच दानवी शय्या पर बिछने के लिए—

2   बड़ी सुन्दर कहानी है! यदि इसे एक-एक बात से रस लेकर, घटना के हर कौर को लज़ीज़ और चटपटा बनाकर कहा जाए; यदि उससे वासना की मिठास या अतृप्त वासना की हल्की कसक जाग्रत हो, तो यह कहानी 'कला कला के लिए' का नमूना हो जाएगी; यदि उसे तीखे आक्रोश के साथ, कुढ़न और क्रोध के साथ कहा जाए तो वह प्रगतिशील कला का प्रतीक बन जाएगी। लेकिन जनता और जनार्दन का झगड़ा छोड़ दें, तो भी यह स्पष्ट है कि कहानी में जीवन की निर्व्याघात प्रवहमानता, मानवता की अटूट परम्परा प्रतिबिम्बित होती है, इसलिए मानना पड़ेगा कि यह चाहे कैसे भी कही जाए, वह सच्ची कला है, महान कहानी है।

लेकिन आपको यह पसन्द नहीं है। क्यों पसन्द नहीं है?

क्योंकि इसमें जीवन के प्रति एक विद्रूप, तिरस्कार का भाव है। क्योंकि इसमें निष्ठा की, विश्वास की कमी है।

कला से हम क्या चाहते हैं?

कला से हम माँगते हैं कि वह हमारी परिस्थिति का भार हल्का करे, यानी हमारी तारीफ़ करे, हम पर तरस खाये, हम से सहानुभूति दिखाए—जैसे भी हो, हमारा अपने में विश्वास बनाए रखे और हमारे अहं की पुष्टि करे।

और जो कहानी मैंने कही है, उसमें आपको वे गुण नहीं मिलते। आपको लगता है, आपको धोखा दिया गया है, अपमानित किया गया है, ओछा दिखाया गया है! आप तिरस्कृत अनुभव करते हैं, आपमें ग्लानि उत्पन्न होती है; क्योंकि आप विश्वास माँगते हैं; आप निष्ठा माँगते हैं; आप नहीं चाहते कि आप पर कोई हँसे; आपकी अवज्ञा करे; आपको उपहास का पात्र बनावे!

किन्तु क्या मेरी कहानी में सचमुच विश्वास और निष्ठा की कमी है? क्या उसका व्यंग्य एक बन्द गली में जाकर समाप्त होनेवाला वह करुण विश्वास ही नहीं है जो प्रत्येक मानव में, समूची मानवता की आत्मा में समाया है और जो मेरी कहानी को उसकी 'एपिक क्वालिटी' देता है—इतनी विराट् और इतनी कटु! मेरी कहानी का सड़क का मोड़ आपकी समूची सभ्यता का चित्र है—पहली सन्तान के होने की खुशी में फूली न समाती हुई वह मदहोश होकर बाहर को भागी जा रही है, एक नृशंस दानवी यन्त्र के नीचे बजरी से लदी हुई एक निष्प्राण मशीन के नीचे कुचली जाने के लिए!

मेरी कहानी में आपको विश्वास नहीं दिखता, तो मैं क्या करूँ? जबकि वह आपके विश्वास की ट्रेजेडी की कहानी है, आपको लगता है जैसे आपके पेट में किसी ने लात मार दी हो, तो मैं क्या करूँ जबकि लात आपकी है!

•

पुरुष का भाग्य

मानव की मानव के प्रति जागरूकता आज के इस ज़माने में एक मशीन की आड़ में प्रकट होती है—या तो वह मोटर के स्टीयरिंग पर बैठा राहियों को बचाकर चलने में चौकन्ना है, या वह स्वयं राही है और मोटर के स्टीयरिंग पर बैठे हुए अनेक मानवों से बचकर चलने में चौकन्ना है। बचने और बचाने का ही रिश्ता जब मानव-मानव में हो, तब इसकी सम्भावना कम है कि उस अकेली चलती हुई औरत की विचित्र क्रिया पर किसी का भी ध्यान गया हो—फिर चाहे कोल्हू के बैल-से आज के मानव के जीवन में वह क्रिया कितना ही गहरा अभिप्राय रखती हो...

मानिकतल्ले की सड़क पर, कॉलेज-स्क्वेयर से कुछ आगे, काली के मन्दिर के पास ही पटरी पर वह चली जा रही थी। मन्दिर में अर्च्चा में बहाए हुए, या प्रार्थिनी विधवाओं के गीले कपड़ों से बहे हुए, पानी से वह पटरी कुछ दूर तक पैरों-जूतों के पिच-पिच उपहारों से क्लान्त और बोझल, फिर क्रमशः सूखी होती चली गई थी।

इसी स्थल पर चलती हुई वह औरत एकाएक अकचकाकर रुकी, हड़बड़ाई-सी पैर बचाकर एक ओर को हटी और फिर सिमटकर बचती हुई-सी आगे बढ़ी, दो कदम चलकर रुकी और फिर धीरे-धीरे, काँपती-सी आगे चली गई...

कोई भी इस क्रिया को देखता तो अनुमान लगाता कि बहुत देर से व्रतादि करनेवाली किसी जीवन-विक्षत, धर्मपरायण हिन्दू स्त्री के अनुष्ठान से लौटते समय पैर के नीचे अचानक किसी जीव—जीव भी सख्त त्वचावाला नहीं, पिलपिला और चेंपदार, जिससे छूकर तलवे का संवेदनशील मध्य भाग तड़प जाए, जैसे मेंढक या केंचुए—के आ जाने से जो प्रतिक्रिया होती, वही प्रतिक्रिया यहाँ भी देखी है।

लेकिन पटरी पर तो कोई जीव नहीं था, किसी भूतपूर्व जीव की लोथ भी नहीं।

केवल सूखी हुई धूल के ऊपर दो गीले पैरों की छाप वहाँ पर थी—पास-पास, छोटे-छोटे। इन्हीं बाल पद-चिह्नों पर पैर पड़ने से वह इतनी आकुलता से

बची थी—उसका सारा पिंजर काँप गया था और वह जैसे गिरने लगी थी, फिर सँभलकर आगे बढ़ी थी।

वह ऐसे था, जैसे घोर कारागार में एकाएक कोई फाटक खुल गया हो...

1 पाँच क़दम लम्बाई की उस कोठरी के भीतर भ्रान्त गति से आगे-पीछे घूमती हुई प्रतिमा एकाएक रुक गई। क्या आगे-पीछे ही जीवन-क्रम है? वह बन्दिनी है, लेकिन इस परिपाटी के खिलाफ़ विद्रोह करना चाहती है। क्यों जीवन में, या आगे ही बढ़ना या पीछे ही हटना? क्यों पाँच क़दम आगे और पाँच क़दम वापस? वह आगे-पीछे का क्रम छोड़कर कोठरी के चारों ओर चक्कर काटने लगी—बीच में चक्की, खड्डी, पतरा, कई विघ्न थे, लेकिन सीधी की बजाय मंडलाकार चाल चलने से उसे कुछ सन्तोष हुआ। यह गोल-गोल घूमना भी कोल्हू के बैल की तरह है, पर सन्तोष शायद इसलिए मिलता है कि वह केवल घिरी हुई नहीं है, कुछ है जो उसकी भी मुट्ठी में है; कुछ जो उसकी देन है, जो उसके अन्तरतम से प्रसूत होकर बाहर की ओर, संसार की ओर उन्मुख है, कुछ जो—

प्रतिमा को लगता है, वह बद्ध रहेगी, जेल ही में रहेगी, पर जैसे किसी अव्यक्त, दिव्य निमित्त से कहीं को एक फाटक उसके लिए खुल गया है...

2 आत्म-प्रवंचना! कौन-सा, किधर का, कहाँ को है—वह फाटक जो खुला है? जेल के इन पिछले चार वर्षों में प्रतिमा के जीवन-मन्दिर में कई फाटक खुले और बन्द हुए हैं। कभी कहीं फाटक न होने से सेंध लगाकर ही कालतस्कर घुस आया है और न जाने किधर को निकल गया है। प्रतिमा का पति किसी षड्यन्त्र के मुक़दमे में फाँसी लटक गया है; वह स्वयं एक ऐसे ही अपराध में, स्कूल में अध्यापन करती हुई, क्लास में से पकड़कर जेल में डाल दी गई है और वहीं सात वर्ष की कारावास की सज़ा की घोषणा होते-होते तक स्त्री से माता हो गई है। वरे हुए पुरुष का खोना और जने हुए पुरुष का पाना इतना पास-पास हुआ है कि वह उद्भ्रान्त-सी हो गई है, लेकिन खुलने और बन्द होनेवाले इन फाटकों की भूलभूलैया में उसने अपना अभिमान नहीं खोया है। लोगों ने उसे विश्वास दिलाया था कि माता होने पर वह छूट जाएगी, उसने तिरस्कारपूर्वक इस विश्वास को निकाल फेंका था। छोड़ी वह नहीं गई, और विश्वास व्यर्थ गया, लेकिन उसने तिरस्कार किया था तो निराश होने के डर से नहीं, एक सहज दर्प से, जो किसी की दया से छूटना नहीं चाहता था।

और न जाने किस दिव्य या दैव क्रिया से, प्रतिमा को अकेलापन नहीं अखरा था, न जाने कैसे वरे हुए पुरुष के अन्तर्धान होने की ख़लिश इस जने हुए पुरुष ने धीरे-धीरे दूर कर दी थी। वह पुरुष अभी शिशु था, उसकी चाल अटपटी और वाणी

तुतली थी, पर प्रतिमा को ऐसा लगता था कि वह भाग्य के फाटक की ओर समर्थ पैरों से बढ़ रहा है, कि उसके स्पर्श से फाटक खुल जाएगा, कि उसके पीछे खड़ी होकर प्रतिमा भी देखेगी कि वह भाग्य शिशु का नहीं, पुरुष का है...

3 कब की बात है? कैसे उसे याद आती है? याद नहीं आनी चाहिए, क्योंकि आज उसका सारा जीवन एक ही अनुभूति पर केन्द्रित है, और वह अनुभूति शिशु-पुरुष की समीपता की नहीं है, वह दूसरी अनुभूति है, ओफ़ कितनी दूसरी!

क्योंकि वह शिशु-पुरुष आज उसके साथ नहीं है। एक दिन जेलवालों ने कहा था, ''बालक अब बड़ा हो गया है, अब तुम्हारे साथ नहीं रह सकता। तुम्हारे सम्बन्धी हैं?'' तब उसने अभिमान से कह दिया था, ''मेरा कोई नहीं है। यह मेरे पास रहेगा।'' और एक बार जगाकर इस अभिमान को छोड़ना कठिन हो गया था—फाटक कई हैं, लेकिन आलोक अभिमान का है। उस दिन वे चले गए थे, पर पीछे प्रतिमा को पता लग गया था कि उसका भाग्य उसके साथ नहीं है, कि जिस शिशु को जेलवालों ने पुरुष मान लिया है, उसका मार्ग अलग होगा ही। और एक दिन वे आकर उसे ले गए थे—कह गए थे कि ''वे उसे अनाथाश्रम में रखने का प्रबन्ध कर रहे हैं''...जेल के फाटक के बाहर—पर अनाथाश्रम का फाटक...

4 एक दिन ले गए थे? आज है वह दिन—अभी वे उसे ले गए हैं। अभी, जब मैं यह चक्कर काटने लगी हूँ। अभी! पुरुष को पाना, पुरुष को खो देना—क्या वह आगे-पीछे की गति ही जीवन की गति है? मैं इसे अस्वीकार करती हूँ। मैं कोठरी का चक्कर काटती हूँ; मैं पृथ्वी का एक अंश घेरती हूँ, जीवन का एक अंश है, जो मेरी मुट्ठी में है; जो मुझसे प्रस्तुत होकर संसारोन्मुख है, जो—

इस समय वह जेल के दफ़्तर में होगा। कुछ लिखा-पढ़ी हो रही होगी, कुछ काग़ज़ी कार्रवाई, उसके बाद वह वहाँ से भी आगे चलेगा, वह फाटक उसके लिए खुलेगा और वह उतनी सब सीढ़ियाँ उतरकर आगे बढ़ेगा—कि फाटक अब तक खुल ही चुका है।

—मैं अपनी कोठरी में आगे-पीछे नहीं, चक्कर काटती हुई चल रही हूँ; यह भी कोल्हू के बैल की तरह है, पर उसकी मारफ़त मुझे लगता है, जैसे कहीं को एक फाटक मेरे लिए खुल गया है; मेरे लिए किसी अव्यक्त, दिव्य निमित्त से, पर उसी की मारफ़त, उसी पुरुष की मारफ़त, जिसका भाग्य मैंने गढ़ा है...

दफ़्तर में।

क्या बच्चे को पता है कि वह अब पुरुष है, कि वह माँ से छिन नहीं रहा, पुरुषत्व को प्राप्त कर रहा है, पुरुष के भाग्य की ओर जा रहा है? क्योंकि वह रो नहीं रहा है, एक अपरिचित, अस्पष्ट-सा अभिमान उसके भीतर भर रहा है कि

इन अनेक छोटे-बड़े अफ़सरों के बीच वह एक बच्चे की तरह नहीं, उनके परामर्शों का केन्द्र बनकर खड़ा है...तभी तो, जब जेल का सुपरिंटेंडेंट उसे बाहर भेजने की कार्रवाई समाप्त करके चलने को हुआ, ड्योढ़ी से निकलकर फाटक तक आया, कई साँकलों और कुंडों की खड़खड़ झनझन के साथ फाटक खुला, तब सुपरिंटेंडेंट को पहुँचाने आए हुए छोटे अफ़सरों के साथ वह भी आगे बढ़ता आया। उस समय कोई विशेष आह्लाद उसके मन में नहीं था, केवल वह कुछ-कुछ चेतता हुआ अभिमान— बढ़कर साहब के बराबर को हो लिया, किसी ने उसे रोका नहीं (क्या इसलिए नहीं कि वह बच्चा है? नहीं, उससे नये अभिमान ने कहा, नहीं इसलिए कि वह पुरुष है!), वह और आगे बढ़ा—

चौदह सीढ़ियाँ और फिर रास्ता और उसके ऊपर आकाश—आकाश को चीरता हुआ एक आरक्त-कंठ तोता—आह, यहाँ नहीं हैं सीखचें, नहीं हैं फाटक—है एक आकुल निमन्त्रण—

स्वतान्त्र्य—पुरुष का भाग्य...

उसका पैर फिसल गया। जैसे अनन्त का फाटक खुला और बन्द हो गया। दृश्य को घेरनेवाली आँखें फिर अपनी ज्योति में घिर गईं।

5 चक्कर काटती हुई प्रतिमा क्षण-भर रुक गई, न जाने क्यों। फिर वह घेरा छोड़कर पहले की तरह चलने लगी क्या आगे और पीछे ही जीवन-क्रम है? वह विद्रोह करना चाहती है। पुरुष को पाना और पुरुष को खोना, आगे और पीछे, पीछे और आगे—काले सीखचों से अन्धी दीवार तक, अन्धी दीवार से काले सीखचों तक, जिसके आगे दूसरी दीवार के सीखचे, जिसके आगे—

क्या है, क्या है, मेरे पुत्र का भवितव्य, मेरे वरे हुए नहीं, जने हुए पुरुष का भाग्य!

क्रमश: वह जान जाएगी।

काली के मन्दिर के पास की पटरी पर वह औरत लड़खड़ाकर फिर सँभल गई है और आगे चल पड़ी है। कोई फाटक खुला नहीं है, आगे सीखचे हैं।

•

बन्दों का खुदा, खुदा के बन्दे

धूल, धूल, धूल...। प्रातःकाल के नाम पर मेहतर के सीढ़ियाँ उतरने की खटपट, फ़्लश के पानी के बह जाने के बाद वह धूम...एक-आध बच्चे का रोना, दो-एक बूढ़े गलों का खँखारना और उबासियाँ लेना, और इन सबको एक सूत्र में गूँथनेवाली दर्जन-एक झाड़ुओं की रगड़ की आवाज़...और सायंकाल के नाम पर...

आनन्द ने आँखें मूँद लीं और जैसे किसी विभीषिका की कल्पना से काँप-सा गया। उफ़, सभ्य मानव ने क्या बना दिया है उस चिर रहस्यमय विभूति को, जिसे हम जीवन कहते आए हैं। नगरों की सुरक्षितता और कथित व्यवस्था में कैद होकर उसने उस ईश्वर-प्रदत्त जोखिम और अव्यवस्था से बचना चाहा है, जो कि वास्तव में जीवन की परिवर्तनशील और निरन्तर आगे-ही-आगे बढ़ती रहनेवाली प्रवहमान विविधता है...सभ्यताएँ आई हैं, ईश्वर के नाम पर उन्होंने नगर बसाए हैं, मनुष्यों के भारी-भारी संघट्ट जुटाए हैं, और अन्त में इतनी भीड़ कर दी है कि वह बिचारा ईश्वर ही बहिष्कृत हो गया है।

आनन्द ने क्षण-भर ठिठककर आयासपूर्वक इस विचार श्रृंखला को भी झटक कर तोड़ दिया, और जैसे सौन्दर्य को पा ही लेने के निश्चय से चारों ओर देखा।

चकरौते के ऊपर की यह सड़क घूमती और बलखाती, चीड़ और देवदार और जंगली गुलाब की बड़ी-बड़ी झाड़ियों की आड़ लेती हुई बहुत दूर चली गई थी और एक मोड़ के पास घनी छाया में अदृश्य हो गई थी। आनन्द कल ही चकरौते पहुँचा था, पहुँचने के बाद ही उसने गाइड-पुस्तकों में उलट-पलटकर पता लगाया था कि इसी सड़क पर डेढ़-दो मील जाकर एक ऐसा स्थल आता है जहाँ से सुदूर बदरीधाम की हिमाच्छादित पर्वतशृंग-मालाएँ दिखती हैं। संध्या सूर्य के लाल आलोक में यह दृश्य एक नयी भव्यता प्राप्त कर लेगा, यह सोचकर आनन्द तीसरे पहर की लम्बी छायाओं को पैरों तले रौंदता हुआ उधर बढ़ा जा रहा था। चढ़ाई बहुत नहीं थी—उससे दम नहीं फूलता था और जितना आगे झुकना पड़ता था, उतना तो विचार की मुद्रा में आदमी अपने-आप ही झुक जाता है। अतएव आनन्द के विचार-प्रवाह

में बाहरी कोई बाधा नहीं थी। किन्तु इसका यह मतलब तो नहीं है न कि आदमी जो कुछ भी जी में आए अनाप-शनाप सोचता ही जाए। न वह शहर के तंग घरों और तंग दिलों के जीवन के बारे में झूठ-मूठ का दर्शन बघारना चाहता था। उससे परिणाम कुछ नहीं होता, केवल मूड बिगड़ता है। और आनन्द सिद्धान्ततः जानता था कि सौन्दर्य-लाभ के लिए ग्रहणशीलता, एक खुलापन आवश्यक है...

अपने विचारों को उसने यत्नपूर्वक ऐसी दिशा में मोड़ना शुरू किया जो कि उसकी समझ में सौन्दर्य-बोझ के अनुकूल होती है। उसने अपने को याद दिलाया कि वह शहर को पीछे छोड़ आया है, जहाँ कि मकान-मालिक समूचा घर किराये पर देकर खुद गैराज में रहते हैं ताकि पैसा बचे, जहाँ मकान-मालकिन नित्य किरायेदारों से लड़ती है कि पम्प का हैंडल इतनी ज़ोर से न चलाया जाए क्योंकि उसकी ढिबरियाँ घिस जाएँगी, जहाँ दिन में किरायेदारों के बच्चे और रात में स्वयं किरायेदार अपने पड़ोसियों की देहरियों पर बैठकर पेशाब करते हैं, और जहाँ...लेकिन अब उस शहर की खूबियाँ क्यों गिनाई जाएँ! शहर तो पीछे रह गया था—अब तो चकरौता है और हिमालय का वह अनिन्द्य-अनन्ध्य सौन्दर्य, जिसका आश्वासन गाइड-पुस्तकों ने दिलाया है...

पक्की सड़क का पाट पहले से कुछ तंग हो गया था। सौन्दर्य का पथ राजपथ नहीं है—जितना कि सँकरा होगा उतना ही अधिक भवितव्य की आशा से भरा हुआ। चौड़ी सड़क—'बिछी सड़क, चौड़ी चौरंगी, खड़ी लठ-सी तेरह मंज़िल की बेशर्म इमारत...गद्दे गुल-गुल...बैठे होंगे राजा थुल-थुल...' अथवा कि बहुत लड़ने के बाद खुत्थे हुए और नुचे पंखों को फुलाकर फिर एक-दूसरे को ललकारनेवाले मुर्गों की तरह आमने-सामने अधफटे और नये विज्ञापन उघाड़ते सिनेमाघर, और दर्शकों की भीड़ें—एक तरफ़ शानदार चौथे सप्ताह में 'मेरे साजन' तो दूसरी तरफ़ गलपोलिया का अमर शाहकार 'मर्दमार औरत'—चौड़ी सड़कों से खुदा बचाए! आनन्द को याद आया कि चकरौते तक में सड़क के उस एकमात्र हिस्से पर, जिसे वास्तव में चौड़ा कहा जा सकता है, यानी चकरौता और कैलाना की सड़कों के सन्धिस्थल पर, उसने जो कुछ देखा वह सब अप्रीतिकर ही था। एक तरफ़ वहाँ का एकमात्र आमोद-गृह, जिस पर बड़े-बड़े अक्षरों में लिखा था 'केवल सैनिकों के लिए', और उसके नीचे इतराते हुए सैनिक अपनी-अपनी बाँह पर एक-एक मेम को सहारे हुए...'केवल सैनिकों के लिए,' यों कि ये मेमें तो व्यक्ति नहीं हैं...ये तो केवल सैनिकों की साज-सामग्री का एक अनिवार्य अंश हैं...और दूसरी तरफ़ एक छोटा-सा चाय-घर, जो गुलाबी रंग की लेस के पर्दों से ऐसे सजाया गया था, मानो किसी अच्छे यूरोपीय बँगले का बाथरूम, और जो बाहर के बोर्ड से सूचित कर रहा था, 'केवल यूरोपियनों के लिए'। अजीब प्राणी है मानव। कौए तक को जब रोटी का टुकड़ा पड़ा हुआ दिखता है तो वह उसे उठाने से पहले काँव-काँव करके अपनी बिरादरी को जुटा लेता है। और एक मानव है कि अच्छी चीज़ देखकर सबसे पहले यह सोचता है कि मैं किस-किस को किससे वंचित रख सकता हूँ या बहिष्कृत कर सकता हूँ...

फिर दार्शनिकता? आनन्द, याद करो कि तुम चकरौते में ही, जहाँ की हवा भारत-भर की सबसे अधिक स्वास्थ्यकर हवा है, जहाँ के रास्ते भारत-भर के सर्वोत्तम सैर के रास्ते हैं...ये उद्धहरण गाइड-बुक के हैं तो क्या? उस सड़क के सौन्दर्य ने तुम्हें अभी ही अभिभूत नहीं कर लिया तो क्या? तुम बढ़ तो रहे हो उधर को, चढ़ तो रहे हो ऊपर, ऊपर, ऊपर उस छत्र की तरफ़ जहाँ से हिमालय का हृदय दिखता है।

सामने आहट सुनकर आनन्द ने आँख उठाकर देखा। दो गोरे उसी ओर को चले जा रहे थे। उसने अनुभव किया कि अनजाने ही उसकी गति काफ़ी तेज़ हो गई थी। अब उसने गति कुछ और बढ़ा दी ताकि इन सैनिकों से आगे निकल जाए। गोरों से उसे घृणा है। इन कमबख्तों ने भारत के तमाम सुन्दर स्थलों को कुरूप कर रखा है...जिस पहाड़ी स्थल पर जाओ, इन ललमुँहों की छावनियाँ उसे भद्दा कर रही हैं। अच्छा बहाना है कि ठंड इनके स्वास्थ्य के लिए ज़रूरी है। सहारा के रेगिस्तान में कहाँ की ठंड है? वहाँ क्या ये मर जाते हैं? बियर चढ़ाकर ठंडे से पड़े रहते हैं। और हमने क्या ठेका लिया है कि इनके लिए ठंडी जगह दें? हर जगह छावनी बनाते हैं और फिर उसका अंग्रेज़ी नाम रखते हैं : डलहौज़ी, लैंसडाउन, कैम्बलेपुर, अटपटपुर...कितने दुःख की और ग्लानि की बात है कि भारत के अधिकांश सुन्दर स्थलों के नाम विदेशी हों...और तो और, हमारी पवित्रम चोटी गौरीशंकर का नाम इन्होंने एवरेस्ट कर दिया है, क्योंकि गौरीशंकर भारत की ही नहीं संसार की उच्चतम चोटी थी। पुराणों ने उसे कैलाश धाम कहा तो इन्होंने एक कम ऊँची चोटी को कैलाश नाम से पहचान दी और नक्शों में लिख दिया। फिर हम लोग कैलाश से उच्चतर गौरीशंकर की बात कहने लगे तो उन्होंने एक दूसरी चोटी को गौरीशंकर बना दिया। फिर हम लोगों ने तिब्बती नाम जाना तो वह भी एक और चोटी पर चस्पा कर दिया गया...अब अगर हम कोई और भारतीय या कम-से-कम अनांग्लीय नाम सोचेंगे तो उसे भी 'सी-1' 'सी-2' अथवा ऐसी ही किसी अब तक अनामा चोटी का नाम बता दिया जाएगा। चोटियाँ न होंगी तो कथित एवरेस्ट कोई शीशे का पहाड़ तो है नहीं, उसकी ढाल पर पच्चीसों छुटभैया चट्टानें होंगी...सारांश यह है कि गोरों से उसे घृणा है, घोर घृणा है। उनके पीछे या बराबर वह नहीं चलना चाहता।

लेकिन अब तक तो उनके पैरों की आहट भी आनन्द के पीछे कहीं मौन हो गई थी। आनन्द उनसे बहुत आगे निकल आया था। सड़क के ऊपर की तरफ़ एक विशालकाय सिन्दूर वृक्ष के नीचे एक लाल टीन की छतवाला बँगला दिख पड़ा, और कुछ आगे बढ़कर उस बँगले से उतरनेवाला रास्ता सड़क में आ मिला। आनन्द को रस्किन का आक्रोश याद आया—जिस तरह के घर इंग्लैंड के समझदार लोग उन्नीसवीं सदी में भी बर्दाश्त नहीं कर सके थे, उसी तरह के घर बीसवीं सदी में भारत पर थोपे जा रहे हैं।

आनन्द ने कल्पना करनी चाही कि रस्किन उस समय वहाँ होता तो क्या कहता। लेकिन बँगले के रास्ते से उतरती हुई दो स्त्रियों ने उसकी कल्पना में व्याघात

डाला। पाउडर का पलस्तर किए हुए चेहरे, रँगे हुए होंठ—टीन की लाल रँगी हुई छत—जैसा घर वैसी घरनी और आनन्द फिर अपनी कल्पना की ओर लौट गया—रस्किन क्या कहता है...और कहीं रस्किन नहीं, लारेंस होता, बाँका मुँहफट लारेंस, तो क्या कहता इन घरों के बारे में—और इन घरनियों के बारे में...कहता कि "घरों के पेट में, घरनियों के पेड़ू में, जीवनाशक्ति नहीं, भुस भरा है..."

लेकिन बँगला भी पीछे रह गया। एकाएक आनन्द ने एक काँपते-से सन्नाटे का अनुभव किया। उसने अनुमान किया कि अब वह छत्री बहुत आगे नहीं होगी। आगे देखा तो धूप लाल नहीं, पर कुछ भूरी अवश्य हो गई थी, कुछ भूरी-सी और अलसाई-सी; और वृक्षों की छायाएँ इतनी लम्बी हो गई थीं कि अपनी ओर के पहाड़ को छोड़कर तलहटी के दूसरी पार के शृंगों को छूती-सी जान पड़ती थीं। जैसे कोई माता नींद से चौंककर अलसाई हुई बाँह बढ़ाकर शिशु को टटोल रही हो, पुनः आश्वस्त हो जाने के लिए...आनन्द ने अनुभव किया कि पवन में एक नयी शीतलता आ गई है जो उसके नासा-पुटों में भर रही है, और मानो उन्हें प्रहर्षित कर रही है। उसने चकित हिरन की तरह मुँह उठाकर और नथुने फुलाकर हवा सूँघी। उससे मानो उसका जी कुछ हल्का हो गया और एक कौतूहल, एक रहस्यमय-प्रतीक्षा-भाव उसके मन में जाग्रत होने लगा...अब बहुत दूर नहीं हो सकती वह छत्री—इसी अगले मोड़ के आगे ही शायद गाइड-बुक में बताई हुई खुली जगह आएगी और उस फर्लांग-भर की हरियाली को लाँघकर दूसरी पार—उस पार...वह पीछे छोड़ आया है शहर को, चौड़ी सड़क को, सिनेमाघरों को, झाड़ुओं से उड़ी हुई धूल को, रँगे हुए घर को, ललमुँहे सैनिकों को, गुलाबी पर्दों को, रंगी हुई औरतों को, तमाम रंगी हुई क्षुद्रताओं को—वह बाहर निकल आया है, आगे निकल आया है, द्वार पर खड़ा है मुक्ति के, सौन्दर्य से उर्वर हिम-क्षेत्र के निष्ठावान उन्नत-मस्तक देवदारु वृक्षों के वन के...क्षुद्रता की छूत उससे धुल गई है, एक नये जगत में वह प्रवेश कर रहा है, जहाँ उसके नये सखा उसे मिलेंगे, जहाँ पर्वतवधुओं के तुषार-किरीट सूर्य के आशीर्वादमय स्पर्श से हेमल हो रहे होंगे, जहाँ उपत्यकाओं में एक अस्पृश्य-अलौकिक भव्यतता प्रवाहमान होगी, जहाँ कुररी के साहसिक आपतन की तन्मयता होगी, जहाँ मुनाल में फैले हुए पंखों का झलमल इन्द्रधनुष होगा, जहाँ भवितव्य की प्रतीक्षा से मुग्ध मुनाली रोमांचित देह को सँभालती हुई बाँके प्रणयार्थियों का रंग-तांडव देख रही होगी, जहाँ स्वच्छ वायु अपने ही आन्तरिक उल्लास को सँभाल न पाकर झूम उठती होगी, सूर्य अपने दिनभर के प्राणोन्मेषकारी उद्योग की सफलता देखकर हँस उठता होगा, जहाँ रेंगते गिरगिट भी सौन्दर्य के रहस्यमय आवरण में चमक उठते होंगे...

मुक्ति के द्वार पर, जहाँ मानव ईश्वर को प्रतिबिम्बित करता है, जहाँ ईश्वर मानव की शक्ति का प्रक्षेपण हो जाता है, जहाँ ईश्वर और मानव का साक्षात्कार होता है जीवन के अन्तिम चरम एकान्त में—निभृत, अवाक्, रहस्यमय साक्षात्

संगम—किसी चीनी दार्शनिक ने कहा है, ''जब मैं आनन्दित होता हूँ तब मैं मौन होता हूँ।'' मौन ही आनन्द की चरमावस्था है, मौन ही परम सत्य है। मौन ही परम चिन्मयता है।''

आनन्द ने वह खुली जगह भी पार कर ली थी—सामने हरे रंग से रँगी होने के कारण नीचे की घास से एकप्राण छत्री थी, जिसके अन्दर प्रविष्ट होने पर सामने की ओर खुल जाएगा सौन्दर्य का अन्तिम रहस्य—फट जाएगा उसका झीना आवरण—

तब आनन्द की उद्दीप्त चेतना की अवस्था में तीव्र गति से घटनाएँ घटने लगीं।

छत्री के पिछवाड़े के किवाड़ पर खड़िया से बड़े-बड़े अक्षरों में लिखा हुआ था, 'यहाँ बैठनेवाले की माँ की—'

आनन्द किवाड़ खोल चुका था, लेकिन उसका हाथ अवश हो चला—भटकती सी, अनिश्चय-सी आँखें छत्री के अन्दर पड़ी हुई बेंच की पीठ की पट्टी पर टिक गईं—बेंच का रुख परली तरफ़ को था, सौन्दर्य के रहस्यागार की तरफ़ को—

आनन्द की अनिश्चित दृष्टि के आगे बेंच की पट्टी पर की अधपढ़े हाथ की लिखावट—आनन्द के हत-निश्चय मन में एक प्रश्न, कि क्यों मैंने यात्रा के अन्त में उस बात की उपेक्षा नहीं की जो यात्रा के साधन रेलगाड़ी के प्रत्येक डिब्बे में मैंने देखी थी, क्यों मुक्ति की कल्पना की उससे जो कि मैं अपने साथ लेकर आया हूँ—

'इस बेंच पर बैठनेवाले की—'

शेष बुझ गया था या मन्द पड़ गया था—या लड़खड़ाकर गिरने के से हृत्कम्प से दर्शक की आँखें ही मन्द पड़ गई थीं।

'जब मैं आनन्दित होता हूँ तब मैं मौन होता हूँ—हाँ, मैं अवाक् होता हूँ, अवाक्—निभृत, अवाक्, रहस्यमय साक्षात्कार—मानव का प्रतिबिम्ब ईश्वर, ईश्वर का प्रतिबिम्ब मानव—बन्दों का खुदा, खुदा के बन्दे—'

•

लेटर-बक्स

शरणार्थी कैम्प में मेरा अपना कोई नहीं था, पर जिन-जिन अपनों का पता लेना चाहता था, प्राय: सभी का कोई-न-कोई साथी वहाँ मिल गया और सबकी खबर मुझे मिल गई थी। कितनी बड़ी-से-बड़ी दुर्घटना को मनुष्य 'न कुछ' करके निकाल देता है, यदि वह कह सके कि 'मेरे अपनों की कोई क्षति नहीं हुई!' मैंने कैम्प के बाहर निकलकर कई-एक चिट्ठियाँ लिखीं—कुछ जिनके पते मिल गए थे उनको, कुछ अपने और परिचितों को जो उनके बारे में जानने को उत्सुक होंगे—सब पर पते लिखे और जेबी डायरी में से टिकट निकालकर लगाए, और डाक में छोड़ने चला। छुट्टी का दिन था, पर मुझे डाकघर से कुछ लेना नहीं था, कैम्प जाते हुए मैंने देख लिया था कि रास्ते में वहाँ डाकघर पड़ता है ताकि डाक जल्दी से निकल जाए। छोटी जगहों में लेटर-बक्स से डाक निकलने में एक दिन की देरी तो होती है, अधिक न हो—छोटी जगहों में कोई त्वरा का बोध ही नहीं होता, बड़ी जगह में ही यह धुन होती है कि सब कुछ जल्दी हो, तेज़ी के साथ हो, क्योंकि हर किसी को काम है, और हर काम ज़रूरी है, और हर ज़रूरत तात्कालिक।

डाकघर पहुँचकर देखा, लेटर-बक्स के मुँह पर टीन का जो ढक्कन लगा रहता है, वह टेढ़ा होकर मुँह में ऐसा फँसा है कि चिट्ठी भीतर डालना मुश्किल है; चिट्ठी फँस कर रुक जाती है। कोशिश करके देखा, एक-एक चिट्ठी को मोड़कर भीतर घुसाकर और हाथ डालकर अन्दर कुछ दूर तक ठेल देने से फिर वह भीतर जा गिरती है—भीतर फ़र्श पर गिरने की आवाज़ 'खिश्' सुनाई देती थी। मैं चिट्ठियों को एक-एक करके डालने लगा।

देखा, मुझसे कुछ दूर पर एक छोटा-सा लड़का मेरी ओर देख रहा है। मन उस पर केन्द्रित नहीं हुआ, यों ही मैं उसकी ओर मुस्कुरा दिया। बच्चों के लिए लेटर-बक्स ताजमहल और पिरामिडों से कम पात्रता नहीं रखता। संसार के सात अचरजों में स्थान पाने की यह बात मुझे अपने बचपन से याद थी! भीतर चिट्ठी छोड़ दो और जहाँ चाहो पहुँच जाए, और लेटर-बक्स ज्यों-का-त्यों—क्या यह जादू

से कुछ कम है? और लेटर-बक्सों में यह अनोखा है जिसके मुँह में चिट्ठी डालने के लिए मुँह ढूँढ़ना पड़ता है और फिर चिट्ठी तक ठेलनी पड़ती है—लेटर-बक्सों में कबन्ध है यह! लड़का मेरे चिट्ठी डालने के व्यायामों को देख रहा होगा। अस्पष्ट ढंग से यही सब सोचते हुए मैं उसकी ओर मुस्कुरा दिया।

अन्तिम चिट्ठी छोड़ता हुआ मैं फिर चेहरे पर मुस्कान फैलाकर उसकी ओर मुड़ा। वह अब भी मेरी ओर देख रहा था, पर अब की बार मैंने लक्ष्य किया, उसके चेहरे पर कौतूहल नहीं, धैर्य का भाव है—अपार धैर्य का और प्रतीक्षा का—

मैंने लेटर-बक्स से हाथ निकाला और जाने को हुआ कि लड़के ने जैसे साहस बटोरकर पूछा, ''जी, इसमें कहाँ की चिट्ठी जाती है?''

मैंने कहा, ''सब जगह की। तुझे कहाँ भेजनी है चिट्ठी?''

''बाबूजी को।''

''हाँ, मगर कहाँ—कोई जगह भी तो हो?'' कहते हुए मैंने देखा उसके हाथ में एक कुचला-मुचला पोस्टकार्ड भी है। मैंने उसके लिए हाथ बढ़ाकर कहा, ''देखूँ—''

उसने कुछ अनाश्वस्त भाव से पोस्टकार्ड मेरी ओर बढ़ाया। मैंने उसे हथेली पर बिलकुल सीधा किया, देखा कि पोस्टकार्ड पर तो मोटे-मोटे अक्षरों में कुछ लिखा है पर पते की जगह खाली है। मैंने हँसकर कहा, पता, ''पता भी तो लिखना होगा, पगले! क्या पता है?''

''सो तो बाबूजी बताएँगे—मुझे क्या मालूम—'' आवाज़ रुआँसी हो गई और मैंने देखा, होंठों की कोर काँप रही है। मैंने तनिक नरम होकर पूछा, ''तुम्हारा घर कहाँ है?''

''शेखूपुरे—''

अब स्थिति बिजली की कौंध की तरह मेरी समझ में आ गई। मैंने उसे ध्यान से देखा। उम्र कोई पाँच वर्ष; उजला-गोरा रंग, यद्यपि इस समय मैल की धारियों ने उसे छिपा लिया है; तन पर एक फटी कमीज़ और एक और भी फटा कोट, कमर के नीचे नंगा, टाँगों पर जहाँ-तहाँ चोटों के सूखे खुरंट और पैर सूजे हुए। सिर नंगा, बाल रूखे और कुछ भूरे से, आँखों में एक गहराई जो निरी बचपन की गहराई नहीं, एक छिपाव, एक काठिन्य और दूरी लिये हुए है। मैंने और भी नरम स्वर में पूछा, ''शेखूपुरे में कहाँ?''

''वीरावाली।'

''बाबूजी तेरे वहीं हैं?''

''नहीं, वहाँ से तो चले थे—''

''तू यहाँ किसके साथ आया?''

''एक आदमी के साथ।''

''कौन आदमी ? नाम नहीं पता?''

''नहीं। रास्ते में था।''

मैं डाकघर के बरामदे की रेलिंग के सहारे बैठ गया और उससे पूरी बात पूछने लगा। लड़के का नाम था रोशन; घर से वह माँ और चाचा के साथ चला था लाहौर जाने के लिए। पिता भी गाँव से शेखूपुरे तक साथ आए थे, वहाँ से अलग हो गए थे, एक दूसरे गाँव में जाने के लिए, जहाँ से रोशन की बुआ और फूफा को लाना था। दोनों बूढ़े थे और बाल-बच्चा उनका कोई नहीं था—दो बेटे जंग में मारे गए थे जापान की तरफ़। लाहौर में आ मिलने को कह गए थे। लाहौर की तरफ़ जाते-जाते और भी कई लोग उनके साथ हो गए थे, लेकिन रास्ते में कुछ लोगों ने बन्दूकों से बहुत-सी गोलियाँ चलाईं और कुछ साथ के मारे गए—चाचा भी मर गए। पर साथियों ने रुकने नहीं दिया। बहुत जल्दी-जल्दी बढ़ते गए। लाहौर में बाबूजी के मिलने की बात थी, पर लाहौर वे लोग गए ही नहीं। रास्ते में और बहुत से लोग मिले थे, उन्होंने कहा कि लाहौर जाना ठीक नहीं इसलिए रास्ते में से मुड़ गए। दूसरे दिन फिर दो-चार लोग गोलियों से मर गए, फिर एक जगह बहुत से लोगों ने लाठी और कुल्हाड़ी लेकर वार किया। जमकर लड़ाई हुई, पर हमला करनेवाले बहुत थे, इधर के आदमी बहुत-से मारे गए या गिर गए। वे लोग औरतों को पकड़कर ले जाने लगे। माँ को भी उन्होंने पकड़ लिया। माँ चिल्लाई, पर जिसने पकड़ा था उसने ज़ोर से उनका मुँह अपने कन्धे के साथ दाब दिया, तब माँ ने कन्धे पर बड़े ज़ोर से काट लिया और उस आदमी के झँझोड़ने पर भी नहीं छोड़ा। तब उस आदमी ने चीखकर माँ को झटके के साथ अलग करके ज़मीन पर पटक दिया, और कुल्हाड़ी की उल्टी तरफ़ से मुँह पर वार किया—माँ चिल्लाई तो रोशन ने आँखें बन्द कर लीं, खोलीं तो माँ का मुँह, नाक, जबड़ा, कुछ नहीं था; लहू से भरा सिर था, बस, और वह आदमी माँ की छाती पर एक पैर रखकर अभी और चोट करता जा रहा था मुँह पर—साथियों ने रोशन को पकड़ा और लड़ते-लड़ते भागते चले। दूर निकल गए तो आक्रमणकारियों ने पीछा छोड़ दिया—कुछ औरतों को वे पकड़ ले गए—आठ-दस दिन में रोशन की टोली जालन्धर पहुँची, पर तब उसमें पहले दिन का एक भी साथी नहीं था, सब नये चेहरे थे, और इन्हीं में से एक उसे वहाँ तक ले आया था। वह कैम्प में था, रोशन भी, पर रोशन का जी नहीं लगता वहाँ और वह बाबूजी के पास जाना चाहता है—माँ तो मर गईं।

लड़का रोने लगा था। रोता जाता था और कहानी कहता जाता था। मैं और भी पूछ सकता, पर इससे आगे जानने को क्या था?

मैंने कहा, "रोशन, तू कैम्प में लौट जा और वहीं रह अभी। मैं तेरा नाम और कैम्प का पता देकर रेडियो से ख़बर करवाऊँगा, तेरे बाबूजी अगर सुनेंगे तो तुझे चिट्ठी लिखेंगे। और फिर यहीं कैम्प में आ सकेंगे। समझा?" मैं उसकी पीठ थपथपा कर उठा।

"और मेरी चिट्ठी? मैं भी तो उन्हें लिखना चाहता हूँ।"

मैं ठिठक गया।

"हाँ, तेरी चिट्ठी। तेरी चिट्ठी—" आगे क्या कहूँ? बच्चे से धोखा करना बहुत

बड़ा पाप है—मैंने कहा, ''इस कार्ड को तू शेखूपुरे गाँव के पते पर डाल दे—''

''हूँ:, वहाँ से तो चले गए—''

''बुआ के गाँव गए थे, वहीं का पता—''

''वहाँ तो उनको लेने गए थे, वहाँ बैठे थोड़े ही रहेंगे।''

''ठीक कहते हो, बेटा!'' लड़के का तर्क बिलकुल ठीक है। मैं उसे क्या बताऊँ कि कहाँ का पता लिखे, जिससे पत्र उसके बाबूजी को मिल ही जाए! सोचकर मैंने कहा, ''लेकिन वहाँ से डाकखानेवाले आगे भेज देंगे न, जहाँ तेरे बाबूजी गए होंगे।''

''डाकखानेवालों को क्या पता भला? तुम कुछ नहीं जानते बाबू साहब! मेरी चिट्ठी मुझे दो—''

मैंने चाहा, कहूँ, 'हाँ बेटा, ठीक कहते हो तुम, मैं सचमुच कुछ नहीं जानता' —पर प्रत्यक्ष मैंने केवल कहा, ''लो—''

उसने पोस्टकार्ड फिर मेरे हाथ से ले लिया। मैंने मेहनत से उसे सीधा किया था, उसने फिर उसे कसकर पकड़ा और पहले-सा मरोड़ लिया। मैं धीरे-धीरे वहाँ से हटकर चलने लगा। चलते-चलते मैंने देखा, उसके चेहरे के आँसू सूख गए हैं, और वही धैर्य का, सीमाहीन धैर्य का भाव उसके चेहरे पर लौट आया है कि शायद अब मेरे बाद जो चिट्ठी छोड़ने आए वह मुझसे अधिक जानता हो और उसे बता दे कि वह अपनी चिट्ठी किस पते पर छोड़े ताकि वह बाबूजी को मिल जाए!

●

शरणदाता

"यह कभी हो ही नहीं सकता, देविन्दरलाल जी!"

रफ़ीकुद्दीन वकील की वाणी में आग्रह था, चेहरे पर आग्रह के साथ चिन्ता और कुछ व्यथा का भाव। उन्होंने फिर दुहराया, "यह कभी नहीं हो सकता देविन्दरलाल जी!"

देविन्दरलाल जी ने उनके इस आग्रह को जैसे कबूलते हुए, पर अपनी लाचारी जताते हुए कहा, "सब लोग चले गए। आपसे मुझे कोई डर नहीं, बल्कि आपका तो सहारा है, लेकिन आप जानते हैं, जब एक बार लोगों को डर जकड़ लेता है, और भगदड़ पड़ जाती है, तब फिज़ा ही कुछ और हो जाती है, हर कोई हर किसी को शुबहे की नज़र से देखता है, और खामखाह दुश्मन हो जाता है। आप तो मुहल्ले के सरवरा हैं, पर बाहर से आने-जाने वालों का क्या ठिकाना है? आप तो देख ही रहे हैं, कैसी-कैसी वारदातें हो रही हैं—"

रफ़ीकुद्दीन ने बात काटते हुए कहा, "नहीं साहब, हमारी नाक कट जाएगी! कोई बात है भला कि आप घर-बार छोड़कर अपने ही शहर में पनाहगर्ज़ी हो जाएँ? हम तो आपको जाने न देंगे—बल्कि ज़बर्दस्ती रोक लेंगे। मैं तो इसे मेजारिटी का फ़र्ज़ मानता हूँ कि वह माइनारिटी की हिफ़ाज़त करे और उन्हें घर छोड़-छाड़कर भागने न दे। हम पड़ोसी की हिफ़ाज़त न कर सके तो मुल्क की हिफ़ाज़त क्या खाक करेंगे! और मुझे पूरा यकीन है कि बाहर की तो खैर बात ही क्या, पंजाब में ही कई हिन्दू भी, जहाँ उनकी बहुतायत है, ऐसा ही सोच और कर रहे होंगे। आप न जाइए, न जाइए। आपकी हिफ़ाज़त की ज़िम्मेदारी मेरे सिर, बस!"

देविन्दरलाल के पड़ोस के हिन्दू परिवार धीरे-धीरे एक-एक करके खिसक गए थे। होता यह कि दोपहर-शाम जब कभी साक्षात् होता, देविन्दरलाल पूछते, "कहो लाला जी (या बाऊ जी या पंडत्जी) क्या सलाह बणायी है आपने?" और वे उत्तर देते, "जी, सलाह क्या बणाणी है, यहीं रह रहे हैं, देखी जाएगी..." पर शाम को या अगले दिन सवेरे देविन्दरलाल देखते कि वे चुपचाप ज़रूरी सामान लेकर

कहीं खिसक गए हैं, कोई लाहौर से बाहर, कोई लाहौर में ही हिन्दुओं के मुहल्ले में। और अन्त में यह परिस्थिति आ गई थी कि अब उनके दाहिनी ओर चार मकान खाली छोड़कर एक मुसलमान गूजर का अहाता पड़ता था, जिसमें एक ओर गूजर की भैंसें और दूसरी ओर कई छोटे-मोटे मुसलमान कारीगर रहते थे; बायीं ओर भी देविन्दर और रफ़ीकुद्दीन के मकानों के बीच के मकान खाली थे और रफ़ीकुद्दीन के मकान के बाद मोज़ंग का अड्डा पड़ता था, जिसके बाद तो विशुद्ध मुसलमान बस्ती थी। देविन्दरलाल और रफ़ीकुद्दीन में पुरानी दोस्ती थी, और एक-एक आदमी के जाने पर उनमें चर्चा होती थी। अन्त में जब एक दिन देविन्दरलाल ने जताया कि वह भी चले जाने की बात पर विचार कर रहे हैं तब रफ़ीकुद्दीन को धक्का लगा और उन्होंने व्यथित स्वर में कहा, ''देविन्दरलाल जी, आप भी!''

रफ़ीकुद्दीन का आश्वासन पाकर देविन्दरलाल रह गए। तब यह तय हुआ कि अगर खुदा न करे, कोई खतरे की बात हुई भी, तो रफ़ीकुद्दीन उन्हें पहले ही खबर कर देंगे और हिफ़ाजत का इन्तज़ाम भी कर देंगे—चाहे जैसे हो। देविन्दरलाल की स्त्री तो कुछ दिन पहले ही जालन्धर मायके गई हुई थी, उसे लिख दिया गया कि अभी न आए, वहीं रहे। रह गए देविन्दरलाल और उनका पहाड़िया नौकर सन्तू।

किन्तु यह व्यवस्था बहुत दिन नहीं चली। चौथे ही दिन सवेरे उठकर उन्होंने देखा, सन्तू भाग गया है। अपने हाथों चाय बनाकर उन्होंने पी, धोने को बर्तन उठा रहे थे कि रफ़ीकुद्दीन ने आकर खबर दी, सारे शहर में मारकाट हो रही है और थोड़ी देर में मोज़ंग में भी हत्यारों के गिरोह बँध-बँधकर निकलेंगे। कहीं जाने का समय नहीं है, देविन्दरलाल अपना ज़रूरी और कीमती सामान ले लें और उनके साथ उनके घर चले चलें। यह बला टल जाए तो फिर लौट आएँगे—

'क़ीमती' सामान कुछ था नहीं। गहना-छल्ला सब स्त्री के साथ जालन्धर चला गया था, रुपया थोड़ा-बहुत बैंक में था; और ज़्यादा फैलाव कुछ उन्होंने किया नहीं था। यों गृहस्थ को अपनी गृहस्थी की हर चीज़ कीमती मालूम होती है—देविन्दर लाल घंटे-भर बाद ट्रंक-बिस्तर के साथ रफ़ीकुद्दीन के यहाँ जा पहुँचे।

तीसरे पहर उन्होंने देखा, हुल्लड़ मोज़ंग में आ पहुँचा है। शाम होते-होते उनकी निर्निमेष आँखों के सामने ही उनके घर का ताला तोड़ा गया और जो कुछ था, लुट गया। रात को जहाँ-तहाँ लपटें उठने लगीं, और भादों की उमस धुआँ खाकर और भी गलाघोंटू हो गई—

रफ़ीकुद्दीन भी आँखों में पराजय लिये चुपचाप देखते रहे। केवल एक बार उन्होंने कहा, ''यह दिन भी था देखने को—और आज़ादी के नाम पर ! या अल्लाह !''

लेकिन खुदा जिसे घर से निकालता है, उसे फिर गली में भी पनाह नहीं देता।

देविन्दरलाल घर से बाहर तो निकल ही न सकते, रफ़ीकुद्दीन ही आते-जाते। काम करने का तो वातावरण ही नहीं था, वे घूम-घाम आते, बाज़ार कर आते। और शहर की खबर ले आते, देविन्दरलाल को सुनाते और फिर दोनों बहुत देर तक देश के भविष्य पर आलोचना किया करते। देविन्दरलाल ने पहले तो लक्ष्य नहीं किया,

लेकिन बाद में पहचानने लगे कि रफ़ीकुद्दीन की बातों में कुछ चिन्ता का, और कुछ एक और पीड़ा का भी स्वर है जिसे वह नाम नहीं दे सकते—थकान? उदासी? विरक्ति? पराजय? न जाने—

शहर तो वीरान हो गया था। जहाँ-तहाँ लाशें सड़ने लगीं; घर लुट चुके थे और अब जल रहे थे। शहर के एक नामी डॉक्टर के पास कुछ प्रतिष्ठित लोग गए थे यह प्रार्थना लेकर कि वे मुहल्लों में जायें; उनकी सब लोग इज़्ज़त करते हैं, इसलिए उनके समझाने का असर होगा और मरीज़ भी वे देख सकेंगे। वे दो मुसलमान नेताओं के साथ निकले। दो-तीन मुहल्ले घूमकर मुसलमानों की बस्ती में एक मरीज़ को देखने के लिए स्टेथस्कोप निकालकर मरीज पर झुके थे कि मरीज के ही एक रिश्तेदार ने पीठ में छुरा भोंक दिया...

हिन्दू मुहल्ले में रेलवे के एक कर्मचारी ने बहुत-से निराश्रितों को अपने घर में जगह दी थी जिनके घर-बार सब लुट चुके थे। पुलिस को उसने खबर दी थी कि वे निराश्रित उसके घर टिके हैं, हो सके तो उनके घरों और माल की हिफ़ाज़त की जाए। पुलिस ने आकर शरणागतों के साथ उसे और उसके घर की स्त्रियों को गिरफ़्तार कर लिया और ले गई! पीछे घर पर हमला हुआ, लूट हुई और घर में आग लगा दी गई। तीन दिन बाद उसे और उसके परिवार को थाने से छोड़ा गया और हिफ़ाज़त के लिए हथियारबन्द पुलिस के दो सिपाही साथ किए गए। थाने से पचास क़दम के फ़ासले पर पुलिसवालों ने अचानक बन्दूक उठाकर उस पर और उसके परिवार पर गोली चलाई। वह और तीन स्त्रियाँ मारी गईं। उसकी माँ और स्त्री घायल होकर गिर गईं और सड़क पर पड़ी रहीं—

विषाक्त वातावरण, द्वेष और घृणा की चाबुक से तड़फड़ाते हुए हिंसा के घोड़े, विष फैलाने को सम्प्रदायों के अपने संगठन और उसे भड़काने को पुलिस और नौकरशाही! देविन्दरलाल को अचानक लगता कि वह और रफ़ीकुद्दीन ही गलत हैं जो कि बैठे हुए हैं जबकि सब कुछ भड़क रहा है, उफन रहा है, झुलस और जल रहा है—और वे लक्ष्य करते कि वह अस्पष्ट स्वर, जो वे रफ़ीकुद्दीन की बातों में पाते थे, धीरे-धीरे कुछ स्पष्ट होता जाता है—एक लज्जित-सी रूखाई का स्वर—

हिन्दुस्तान-पाकिस्तान की अनुमानित सीमा के पास के एक गाँव में कई सौ मुसलमानों ने सिक्खों के गाँव में शरण पायी। अन्त में जब आस-पास के गाँव के और अमृतसर शहर के लोगों के दबाव ने उस गाँव में उनके लिए फिर आसन्न संकट की स्थिति पैदा कर दी, तब गाँव के लोगों ने अपने मेहमानों को अमृतसर स्टेशन पहुँचाने का निश्चय किया जहाँ से वे सुरक्षित मुसलमान इलाके में जा सकें, और दो-ढाई सौ आदमी किरपाणें निकालकर उन्हें घेर में लेकर स्टेशन पहुँचा आए—किसी को कोई क्षति नहीं पहुँची—

घटना सुनकर रफ़ीकुद्दीन ने कहा, "आखिर तो लाचारी होती है, अकेले इन्सान को झुकना ही पड़ता है। यहाँ तो पूरा गाँव था, फिर भी उन्हें हारना पड़ा। लेकिन आखिर

तक उन्होंने निबाहा, इसकी दाद देनी चाहिए। उन्हें पहुँचा आए—''

देविन्दरलाल ने हामी भरी। लेकिन सहसा पहला वाक्य उनके स्मृति-पटल पर उभर आया—''आखिर तो लाचारी होती है—अकेले इन्सान को झुकना ही पड़ता है!''

उन्होंने एक तीखी नज़र से रफ़ीकुद्दीन की ओर देखा, पर वे कुछ बोले नहीं।

अपराह्न में छह-सात आदमी रफ़ीकुद्दीन से मिलने आए। रफ़ीकुद्दीन ने उन्हें अपनी बैठक में ले जाकर दरवाज़े बन्द कर लिये। डेढ़-दो घंटे तक बातें हुईं। सारी बात प्राय: धीरे-धीरे ही हुई, बीच-बीच में कोई स्वर ऊँचा उठ जाता और एक-आध शब्द देविन्दरलाल के कान में पड़ जाता—'बेवकूफ़ी', 'गद्दारी', 'इस्लाम'—वाक्यों को पूरा करने की कोशिश उन्होंने आयासपूर्वक नहीं की। दो घंटे बाद जब उनको विदा करके रफ़ीकुद्दीन बैठक से निकलकर आए, तब भी उनसे लपककर पूछने की स्वाभाविक प्रेरणा को उन्होंने दबाया। पर जब रफ़ीकुद्दीन उनकी ओर न देखकर खिंचा हुआ चेहरा झुकाये उनके बगल से निकलकर बिना एक शब्द कहे भीतर जाने लगे तब उनसे न रहा गया और उन्होंने आग्रह के स्वर में पूछा, ''क्या बात है, रफ़ीक साहब, खैर तो है?''

रफ़ीकुद्दीन ने मुँह उठाकर एक बार उनकी ओर देखा, बोले नहीं। फिर आँखें झुका लीं।

अब देविन्दरलाल ने कहा, ''मैं समझता हूँ कि मेरी वजह से आपको ज़लील होना पड़ रहा है। और खतरा उठाना पड़ रहा है सो अलग। लेकिन आप मुझे जाने दीजिए। मेरे लिए आप जोखिम में न पड़ें। आपने जो कुछ किया है उसके लिए मैं बहुत शुक्रगुज़ार हूँ। आपका एहसान—''

रफ़ीकुद्दीन ने दोनों हाथ देविन्दरलाल के कन्धों पर रख दिए। कहा, ''देविन्दरलाल जी!'' उनकी साँस तेज़ चलने लगी। फिर वह सहसा भीतर चले गए।

लेकिन खाने के वक्त देविन्दरलाल ने फिर सवाल उठाया। बोले, ''आप खुशी से न जाने देंगे तो मैं चुपचाप खिसक जाऊँगा। आप सच-सच बतलाइए, आपसे उन्होंने कहा क्या?''

''धमकियाँ देते रहे और क्या।''

''फिर भी, क्या धमकी आखिर...''

''धमकी को भी 'क्या' होती है क्या? उन्हें शिकार चाहिए—हल्ला करके न मिलेगा तो आग लगाकर लेंगे।''

''ऐसा! तभी तो मैं कहता हूँ, मैं चला। मैं इस वक्त अकेला आदमी हूँ, कहीं निकल ही जाऊँगा, आप घर-बार वाले आदमी—ये लोग तो सब तबाह कर डालने पर तुले हैं।''

''गुंडे हैं बिलकुल!''

''मैं आज ही चला जाऊँगा...''

''यह कैसे हो सकता है? आखिर आपको चले जाने से हमीं ने रोका था, हमारी भी तो कुछ ज़िम्मेदारी है...''

"आपने भला चाहकर ही रोका था—उसके आगे कोई ज़िम्मेदारी नहीं है..."

"आप जावेंगे कहाँ..."

"देखा जाएगा..."

"नहीं, यह नामुमकिन बात है।"

किन्तु बहस के बाद तय हुआ यही कि देविन्दरलाल वहाँ से टल जाएँगे। रफ़ीकुद्दीन और कहीं पड़ोस में उनके एक और मुसलमान दोस्त के यहाँ छिपकर रहने का प्रबन्ध कर देंगे—वहाँ तकलीफ़ तो होगी पर खतरा नहीं होगा, क्योंकि देविन्दरलाल घर में ही रहेंगे। वहाँ पर रहकर जान की हिफ़ाज़त तो रहेगी, तब तक कुछ और उपाय सोचा जाएगा निकलने का...

देविन्दरलाल शेख अताउल्लाह के अहाते के अन्दर पिछली तरफ़ पेड़ों के झुरमुट की आड़ में बनी हुई एक गैराज में पहुँच गए। ठीक गैराज में तो नहीं, गैराज के बगल में एक कोठरी थी जिसके सामने दीवारों से घिरा एक छोटा-सा आँगन था। पहले शायद यह ड्राइवर के रहने के काम आती हो। कोठरी में ठीक सामने और गैराज की तरफ़ के किवाड़ों को छोड़कर खिड़की वगैरह नहीं थी। एक तरफ़ एक खाट पड़ी थी, आले में एक लोटा। फ़र्श कच्चा, मगर लिपा हुआ। गैराज के बाहर लोहे की चादर का मज़बूत फाटक था, जिसमें ताला पड़ा था। फाटक के अन्दर ही कच्चे फ़र्श में एक गड्ढा-सा खुदा हुआ था जिसकी एक ओर चूना-मिली मिट्टी का ढेर और एक मिट्टी का लोटा देखकर गड्ढे का उपयोग समझते देर न लगी।

देविन्दरलाल का ट्रंक और बिस्तर जब कोठरी के कोने में रख दिया गया और बाहर आँगन का फाटक बन्द करके उसमें भी ताला लगा दिया गया, तब थोड़ी देर वे हतबुद्धि खड़े रहे। यह है आज़ादी! पहले विदेशी सरकार लोगों को कैद करती थी, वे आज़ादी के लिए लड़ना चाहते थे; अब अपने ही भाई अपनों को तनहाई क़ैद दे रहे हैं क्योंकि वे आज़ादी के लिए ही लड़ाई रोकना चाहते हैं! फिर मानव प्राणी का स्वाभाविक वस्तुवाद जागा, और उन्होंने गैराज-कोठरी-आँगन का निरीक्षण इस दृष्टि से आरम्भ किया कि क्या-क्या सुविधाएँ वे अपने लिए कर सकते हैं।

गैराज—ठीक है; थोड़ी-सी दुर्गन्ध होगी, ज़्यादा नहीं; बीच का किवाड़ बन्द रखने से कोठरी में नहीं आएगी। नहाने का कोई सवाल ही नहीं—पानी शायद मुँह-हाथ धोने को काफ़ी हो जाया करेगा...

कोठरी—ठीक है। रोशनी नहीं है, पढ़ने-लिखने का सवाल नहीं उठता। पर कामचलाऊ रोशनी आँगन से प्रतिबिम्बित होकर आ जाती है, क्योंकि आँगन के एक ओर सामने के मकान की कोनेवाली बत्ती से रोशनी पड़ती है। बल्कि आँगन में इस जगह खड़े होकर शायद कुछ पढ़ा भी जा सके। लेकिन पढ़ने को है ही कुछ नहीं, यह तो ध्यान ही न रहा था!

देविन्दरलाल फिर ठिठक गए। सरकारी क़ैद में तो गा-चिल्ला भी सकते हैं, यहाँ तो चुप रहना होगा!

उन्हें याद आया, उन्होंने पढ़ा है, जेल में लोग चिड़िया, कबूतर, गिलहरी, बिल्ली आदि से दोस्ती करके अकेलापन दूर करते हैं; यह भी न हो तो कोठरी में मकड़ी-चींटी आदि का अध्ययन करके...उन्होंने एक बार चारों ओर नज़र दौड़ाई। मच्छरों से भी बन्धु-भाव हो सकता है, यह उनका मन किसी तरह नहीं स्वीकार कर पाया।

वे आँगन में खड़े होकर आकाश देखने लगे। आज़ाद देश का आकाश! और नीचे से, अभ्यर्थना में—जलते हुए घरों का धुआँ! धूपेन धापयामः। लाल चन्दन—रक्त चन्दन...

अचानक उन्होंने आँगन की दीवार पर एक छाया देखी—एक बिलार! उन्होंने बुलाया, "आओ, आओ!" पर वह वहीं बैठा स्थिर दृष्टि से ताकता रहा।

जहाँ बिलार आता है, वहाँ अकेलापन नहीं है। देविन्दरलाल ने कोठरी में जाकर बिस्तरा बिछाया और थोड़ी देर में निर्द्वन्द्व भाव से सो गए।

दिन छिपे के वक़्त केवल एक बार खाना आता था। यों वह दो वक़्त के लिए काफ़ी होता था। उसी समय कोठरी और गैराज के लोटे भर दिए जाते थे। लाता था एक जवान लड़का, जो स्पष्ट ही नौकर नहीं था; देविन्दरलाल ने अनुमान किया कि शेख साहब का लड़का होगा। वह बोलता बिलकुल नहीं था। देविन्दरलाल ने पहले दिन पूछा था कि "शहर का क्या हाल है" तो उसने एक अजनबी दृष्टि से इन्हें देख लिया था। फिर पूछा कि "अभी अमन हुआ है या नहीं?" तो उसने नकारात्मक सिर हिला दिया था। "और सब खैरियत?" तो फिर सिर हिलाया था—हाँ।

देविन्दरलाल चाहते तो खाना दूसरे वक्त के लिए रख सकते थे; पर एक बार आता तो एक बार ही खा लेना चाहिए, यह सोचकर वे डटकर खा लेते थे और बाक़ी बिलार को दे देते थे। बिलार खूब हिल गया था, आकर गोद में बैठ जाता और खाता रहता, फिर हड्डी-वड्डी लेकर आँगन के कोने में बैठकर चबाता रहता या ऊब जाता तो देविन्दरलाल के पास आकर घुरघुराने लगता।

इस तरह शाम कट जाती थी, रात घनी हो जाती थी। तब वे सो जाते थे। सुबह उठकर आँगन में कुछ वरज़िश कर लेते थे कि शरीर ठीक रहे; बाक़ी दिन कोठरी में बैठे कभी कंकड़ों से खेलते, कभी आँगन की दीवार पर बैठनेवाली गौरैया देखते, कभी दूर से कबूतर की गुटर-गूँ सुनते—और कभी सामने के कोने से शेखजी के घर के लोगों की बातचीत भी सुन पड़ती। अलग-अलग आवाज़ें वे पहचानने लगे थे, और तीन-चार दिन में ही वे घर के भीतर के जीवन और व्यक्तियों से परिचित हो गए थे। एक भारी-सी ज़नाना आवाज़ थी—शेख साहब की बीवी की; एक और तीखी ज़नाना आवाज़ थी जिसके स्वर में वय का खुरदरापन था—घर की कोई और बुज़ुर्ग स्त्री; एक विनीत युवा स्वर था जो प्रायः पहली आवाज़ की 'ज़ैबू! ज़ैबूनी!' पुकार के उत्तर में बोलता था और इसलिए शेख साहब की लड़की ज़ेबुन्निसा का स्वर था। दो मर्दानी आवाज़ें भी सुन पड़ती थीं—एक तो आबिद मियाँ की जो, शेख साहब का लड़का हुआ और जो इसलिए वही लड़का है जो खाना लेकर आता है, और एक बड़ी भारी और चर्बी से चिकनी आवाज़ तो शेख साहब की आवाज़

है। इस आवाज़ को देविन्दरलाल सुन तो सकते लेकिन इसकी बात के शब्दाकार कभी पहचान में न आते—दूर से तीखी आवाज़ों के बोल ही स्पष्ट समझ आते हैं।

ज़ैबू की आवाज़ से देविन्दरलाल का लगाव था। घर की युवती लड़की की आवाज़ थी, इस स्वाभाविक आकर्षण से ही नहीं, वह विनीत भी थी, इसलिए। मन-ही-मन वे ज़ेबुन्निसा के बारे में अपने ऊहापोह को रोमानी खेलबाड़ कहकर अपने को थोड़ा झिझक भी लेते थे, पर अक्सर वे यह भी सोचते थे कि क्या यह आवाज़ भी लोगों में फ़िरकापरस्ती का ज़हर भरती होगी? भर सकती होगी? शेख साहब पुलिस के किसी दफ़्तर में शायद हेड क्लर्क हैं। देविन्दरलाल को यहाँ लाते समय रफ़ीकुद्दीन ने यही कहा था कि पुलिसियों का घर तो सुरक्षित होता है; वह बात ठीक भी है, लेकिन सुरक्षित होता है इसलिए शायद बहुत-से उपद्रवों की जड़ भी होता है।—ऐसे घर में लोग ज़हर फैलानेवाले हों तो अचम्भा क्या...

लेकिन खाते वक्त भी वे सोचते, खाने में कौन-सी चीज़ किस हाथ की बनी होगी, परोसा किसने होगा। सुनी बातों से वे जानते थे कि पकाने में बड़ा हिस्सा तो उस तीखी खुरदरी आवाज़वाली स्त्री का रहता था, पर परोसना शायद ज़ेबुन्निसा के ही ज़िम्मे था। और यही सब सोचते-सोचते देविन्दरलाल खाना खाते और कुछ ज़्यादा ही खा लेते थे...

खाने में बड़ी-बड़ी मुसलमानी रोटी की बजाय छोटे-छोटे हिन्दू फुल्के देखकर देविन्दरलाल के जीवन की एकरसता में थोड़ा-सा परिवर्तन आया। मांस तो था, लेकिन आज रबड़ी भी थी जबकि पीछे मीठे के नाम पर एक-आध बार शाह टुकड़ा और एक बार फिरनी आई थी। आबिद जब खाना रखकर चला गया, तब देविन्दरलाल क्षण-भर उसे रखते रहे। उनकी उँगलियाँ फुल्कों से खेलने-सी लगीं—उन्होंने एकाध को उठाकर फिर रख दिया; पल-भर के लिए अपने घर का दृश्य उनकी आँखों के आगे दौड़ गया। उन्होंने फिर दो-एक फुल्के उठाए और फिर रख दिए।

हठात् वे चौंके।

तीन-एक फुल्कों की तह के बीच में काग़ज की एक पुड़िया-सी पड़ी थी।

देविन्दरलाल ने पुड़िया खोली।

पुड़िया में कुछ नहीं था।

देविन्दरलाल उसे फिर गोल करके फेंक देनेवाले ही थे कि हाथ ठिठक गया। उन्होंने कोठरी से आँगन में जाकर कोने में पँजों पर खड़े होकर बाहर की रोशनी में पुर्ज़ा देखा, उस पर कुछ लिखा था। केवल एक सतर—

''खाना कुत्ते को खिलाकर खाइएगा।''

देविन्दरलाल ने कागज़ की चिन्दियाँ कीं। चिन्दियों को मसला। कोठरी से गैराज में जाकर उसे गड्ढे में डाल दिया। फिर आँगन में लौट आए और टहलने लगे।

मस्तिष्क ने कुछ नहीं कहा। सन्न रहा। केवल एक नाम उसके भीतर खोया-सा चक्कर काटता रहा, ज़ैबू...ज़ैबू...ज़ैबू...

थोड़ी देर बाद वह फिर खाने के पास जाकर खड़े हो गए।

यह उनका खाना है—देविन्दरलाल का। मित्र के नहीं, तो मित्र के मित्र के यहाँ से आया है। और उनके मेज़बान के, उनके आश्रयदाता के।

ज़ैबू के।

ज़ैबू के पिता के।

कुत्ता यहाँ कहाँ है?

देविन्दरलाल टहलने लगे।

आँगन की दीवार पर छाया सरकी। बिलार बैठा था।

देविन्दरलाल ने बुलाया। वह लपककर कन्धे पर आ रहा। देविन्दरलाल ने उसे गोद में लिया और पीठ सहलाने लगे। वह घुरघुराने लगा। देविन्दरलाल कोठरी में गए। थोड़ी देर बिलार को पुकारते रहे, फिर धीरे-धीरे बोले, ''देखो बेटा, तुम मेरे मेहमान, मैं शेख साहब का, है न? वे मेरे साथ जो करना चाहते हैं, वही मैं तुम्हारे साथ करना चाहता हूँ। चाहता नहीं हूँ, पर करने जा रहा हूँ। वे भी चाहते हैं कि नहीं, पता नहीं, यही तो जानना है। इसीलिए तो मैं तुम्हारे साथ वह करना चाहता हूँ जो मेरे साथ वे पता नहीं चाहते हैं कि नहीं...नहीं, सब बात गड़बड़ हो गई। अच्छा, रोज़ मेरी जूठन तुम खाते हो, आज तुम्हारी मैं खाऊँगा। हाँ, यह ठीक है। लो, खाओ...''

बिलार ने मांस खाया। हड्डी झपटना चाहता था, पर देविन्दरलाल ने उसे गोदी में लिये-लिये ही रबड़ी खिलाई—वह सब चाट गया। देविन्दरलाल उसे गोदी में लिये सहलाते रहे।

जानवरों में तो सहज ज्ञान होता है खाद्य-अखाद्य का, नहीं तो वे बचते कैसे? सब जानवरों में होता है, और बिल्ली तो जानवरों में शायद सबसे अधिक ज्ञान के सहारे जीनेवाली है, तभी तो कुत्ते की तरह पलती नहीं...बिल्ली जो खा ले वह सर्वथा खाद्य है—यों बिल्ली बड़ी मछली खा ले जिसे इन्सान न खाये वह और बात है...

सहसा बिलार ज़ोर से गुस्से से चीखा और उछलकर गोद से बाहर जा कूदा, चीखता-गुर्राता-सा कूदकर दीवार पर चढ़ा और गैराज़ की छत पर जा पहुँचा। वहाँ से थोड़ी देर तक उनके कानों में उसके अपने-आपसे ही लड़ने की आवाज़ आती रही। फिर धीरे-धीरे गुस्से का स्वर दर्द के स्वर में परिणत हुआ, फिर एक करुण रिरियाहट में, एक दुर्बल चीख में, एक बुझती हुई-सी कराह में, फिर एक सहसा चुप हो जाने वाली लम्बी साँस में—

मर गया...

देविन्दरलाल फिर खाने को देखने लगे। वह कुछ साफ़-साफ़ दिखता हो सो नहीं; पर देविन्दरलाल जी की आँखें निःस्पन्द उसे देखती रहीं।

आज़ादी भाईचारा। देश—राष्ट्र...

एक ने कहा कि हम ज़ोर करके रखेंगे और रक्षा करेंगे, पर घर से निकाल दिया। दूसरे ने आश्रय दिया, और विष दिया।

और साथ में चेतावनी कि विष दिया जा रहा है।

देविन्दरलाल का मन ग्लानि से उमड़ आया। इस धक्के को राजनीति की भुरभुरी रेत की दीवार के सहारे नहीं दर्शन के सहारे ही झेला जा सकता था।

देविन्दरलाल ने जाना कि दुनिया में खतरा बुरे की ताक़त के कारण नहीं, अच्छे की दुर्बलता के कारण है। भलाई की साहसहीनता ही बड़ी बुराई है। घने बादल से रात नहीं होती, सूरज के निस्तेज हो जाने से होती है।

उन्होंने खाना उठाकर बाहर आँगन में रख दिया। दो घूँट पानी पिया। फिर टहलने लगे।

तनिक देर बाद उन्होंने आकर ट्रंक खोला। एक बार सरसरी दृष्टि से सब चीज़ों को देखा, फिर ऊपर के खाने में से दो-एक काग़ज़, दो-एक फ़ोटो, एक सेविंग बैंक की पास-बुक और एक बड़ा-सा लिफ़ाफ़ा निकालकर, एक काले शेरवानीनुमा कोट की जेब में रखकर कोट पहन लिया। आँगन में आकर एक क्षण-भर कान लगाकर सुना।

फिर वे आँगन की दीवार पर चढ़कर बाहर फाँद गए और बाहर सड़क पर निकल आए—वे स्वयं नहीं जान सके कि कैसे!

इसके बाद की घटना, घटना नहीं है। घटनाएँ सब अधूरी होती हैं। पूरी तो कहानी होती है। कहानी की संगति मानवीय तर्क या विवेक या कला या सौन्दर्य-बोध की बनाई हुई संगति है, इसलिए मानव को दिख जाती है और वह पूर्णता का आनन्द पा लेता है। घटना की संगति मानव पर किसी शक्ति की—कह लीजिए काल या प्रकृति या संयोग या दैव या भगवान की—बनाई हुई संगति है। इसलिए मानव को सहसा नहीं भी दिखती। इसलिए इसके बाद जो कुछ हुआ और जैसे हुआ, वह बताना ज़रूरी नहीं। इतना बताने से काम चल जाएगा कि डेढ़ महीने बाद अपने घर का पता लेने के लिए देविन्दरलाल अपना पता देकर दिल्ली रेडियो से अपील करवा रहे थे तब एक दिन उन्हें लाहौर की मुहरवाली एक छोटी-सी चिट्ठी मिली थी।

"आप बचकर चले गए, इसके लिए खुदा का लाख-लाख शुक्र है। मैं मनाती हूँ कि रेडियो पर जिनके नाम आपने अपील की है, वे सब सलामती से आपके पास पहुँच जाएँ। अब्बा ने जो किया या करना चाहा, उसके लिए मैं माफ़ी माँगती हूँ और यह भी याद दिलाती हूँ कि उसकी काट मैंने ही कर दी थी। एहसान नहीं जताती—मेरा कोई एहसान आप पर नहीं है—सिर्फ़ यह इल्तजा करती हूँ कि आपके मुल्क में अक़लियत का कोई मज़लूम हो तो याद कर लीजिएगा। इसलिए नहीं कि वह मुसलमान है, इसलिए कि आप इन्सान हैं। खुदा हाफिज़!"

देविन्दरलाल की स्मृति में शेख अताउल्लाह की चर्बी से चिकनी भारी आवाज़ गूँज गई, "ज़ैबू! ज़ैबू!" और फिर गैराज की छत पर छटपटाकर धीरे-धीरे शान्त होनेवाले बिलार की वह दर्द-भरी कराह, जो केवल एक लम्बी साँस बनकर चुप हो गई थी।

उन्होंने चिट्ठी को छोटी-सी गोली बनाकर चुटकी से उड़ा दी।

•

मुस्लिम-मुस्लिम भाई-भाई

छूत की बीमारियाँ यों कई हैं; पर डर-जैसी कोई नहीं। इसलिए और भी अधिक, कि यह स्वयं कोई ऐसी बीमारी है भी नहीं—डर किसने नहीं जाना?—और मारती है तो स्वयं नहीं, दूसरी बीमारियों के ज़रिये। कह लीजिए कि वह बला नहीं, बलाओं की माँ है...

नहीं तो यह कैसे होता है कि जहाँ डर आता है, वहाँ तुरन्त घृणा और द्वेष, और कमीनापन आ घुसते हैं, और उनके पीछे-पीछे न जाने मानवात्मा की कौन-कौन-सी दबी हुई व्याधियाँ!

वबा का पूरा थप्पड़ सरदारपुरे पर पड़ा। छूत को कोई-न-कोई वाहक लाता है; सरदारपुरे में इस छूत को लाया सर्वथा निर्दोष दिखनेवाला एक वाहक—रोज़ाना अखबार!

यों अखबार में मार-काट, दंगे-फ़साद, और भगदड़ की खबरें कई दिन से आ रही थीं, और कुछ शरणार्थी सरदारपुरे में आ भी चुके थे—दूसरे स्थानों से इधर और उधर जानेवाले काफ़िले कूच कर चुके थे। पर सरदारपुरा उस दिन तक बचा रहा था।

उस दिन अखबार में विशेष कुछ नहीं था। जाटों और मेवों के उपद्रवों की खबरें भी उस दिन कुछ विशेष न थीं—पहले से चल रहे हत्या-व्यापारों का ही ताज़ा ब्यौरा था। केवल एक नयी लाइन थी, 'अफ़वाह है कि जाटों के कुछ गिरोह इधर-उधर छापे मारने की तैयारियाँ कर रहे हैं।'

इन तनिक-से आधार को लेकर न जाने कहाँ से खबर उड़ी कि जाटों का एक बड़ा गिरोह हथियारों से लैस, बन्दूकों के गाजे-बाजे के साथ खुले हाथों मौत के नये खेल की पर्चियाँ लुटाता हुआ सरदारपुरा पर चढ़ा आ रहा है।

सवेरे की गाड़ी तब निकल चुकी थी। दूसरी गाड़ी रात को जाती थी; उसमें यों ही इतनी भीड़ रहती थी और आजकल तो कहने क्या...फिर भी तीसरे पहर तक स्टेशन खचाखच भर गया। लोगों के चेहरों के भावों की अनदेखी की जा सकती तो यही लगता कि किसी उर्स पर जानेवाले मुरीद इकट्ठे हैं...

गाड़ी आई और लोग उस पर टूट पड़े। दरवाज़ों से, खिड़कियों से, जो जैसे घुस सका, भीतर घुसा। जो न घुस सके वे किवाड़ों पर लटक गए, छतों पर चढ़ गए या डिब्बों के बीच में धक्का सँभालनेवाली कमानियों पर काठी कसकर जम गए। जाना ही तो है, जैसे भी हुआ, और फिर कौन टिकट खरीदा है जो आराम से जाने का आग्रह हो...

गाड़ी चली गई। कैसे चली और कैसे गई, यह न जाने, पर जड़ धातु होने के भी लाभ हैं ही आखिर!

और उसके चले जाने पर, मेले की जूठन-से जहाँ-तहाँ पड़े रह गए कुछ एक छोटे-छोटे दल, जो किसी-न-किसी कारण उस ठेलमठेल में भाग न ले सके थे—कुछ बूढ़े, कुछ रोगी, कुछ स्त्रियाँ और तीन अधेड़ उम्र की स्त्रियों की वह टोली, जिस पर हम अपना ध्यान केन्द्रित कर लेते हैं।

सकीना ने कहा, ''या अल्लाह, क्या जाने क्या होगा।''

अमिना बोली, ''सुना है एक ट्रेन आने वाली है—स्पेशल। दिल्ली से सीधी पाकिस्तान जाएगी—उसमें सरकारी मुलाज़िम जा रहे हैं न? उसी में क्यों न बैठें?''

''कब जाएगी?''

''अभी घंटे-डेढ़ घंटे बाद जाएगी शायद...''

जमीला ने कहा, ''उसमें हमें बैठने देंगे? अफ़सर होंगे सब...''

''आखिर तो मुसलमान होंगे—बैठने क्यों न देंगे?''

''हाँ, आखिर तो अपने भाई हैं।''

धीरे-धीरे एक तन्द्रा छा गई स्टेशन पर। अमिना, जमीला और सकीना चुपचाप बैठी हुई अपनी-अपनी बातें सोच रही थीं। उनमें एक बुनियादी समानता भी थी और सतह पर गहरे और हल्के रंगों की अलग-थलग छटा भी...तीनों के स्वामी बाहर थे—दो के फ़ौज में थे और वहीं फ्रंटियर में नौकरी पर थे—उन्होंने कुछ समय बाद आकर पत्नियों को लिवा ले जाने की बात लिखी थी; सकीना का पति कराची के बन्दरगाह में काम करता था और पत्र वैसे ही कम लिखता था, फिर इधर की गड़बड़ी में तो लिखता भी तो मिलने का क्या भरोसा! सकीना कुछ दिन के लिए मायके आई थी सो उसे इतनी देर हो गई थी, उसकी लड़की कराची में ननद के पास ही थी। अमिना के दो बच्चे होकर मर गए थे; जमीला का खाविन्द शादी के बाद ही विदेशों में पलटन के साथ-साथ घूम रहा था और उसे घर पर आए ही चार बरस हो गए थे। अब...तीनों के जीवन उनके पतियों में केन्द्रित थे, सन्तान में नहीं, और इस गड़बड़ के ज़माने में तो और भी अधिक...न जाने कब क्या हो— और अभी तो उन्हें दुनिया देखनी बाक़ी ही है, अभी उन्होंने देखा ही क्या है? सरदारपुरा में देखने को है भी क्या—यहाँ की खूबी यही थी कि हमेशा अमन रहता और चैन से कट जाती थी, सो अब वह भी नहीं, न जाने कब क्या हो...अब तो खुदा यहाँ से सही-सलामत निकाल ले सही...

स्टेशन पर कुछ चहल-पहल हुई, और थोड़ी देर बाद गड़गड़ाती हुई ट्रेन

आकर रुक गई।

अमिना, सकीना और जमीला के पास सामान विशेष नहीं था, एक-एक छोटा ट्रंक, एक-एक पोटली। जो कुछ गहना-छल्ला था, वह ट्रंक में अँट ही सकता था, और कपड़े-लत्तर का क्या है—फिर हो जाएँगे। और राशन के ज़माने में ऐसा बचा ही क्या है जिसकी माया हो।

ज़मीला ने कहा, ''वह उधर ज़नाना है!''—और तीनों उसी ओर लपकीं।

ज़नाना तो था, पर सेकेंड क्लास का। चारों बर्थों पर बिस्तर बिछे थे, नीचे की सीटों पर चार स्त्रियाँ थीं, दो की गोद में बच्चे थे। एक ने डपटकर कहा, ''हटो, यहाँ जगह नहीं है।''

अमिना आगे थी, झिड़की से कुछ सहम गई। फिर कुछ साहस बटोरकर चढ़ने लगी और बोली, ''बहिन, हम नीचे ही बैठ जाएँगे—मुसीबत में हैं...''

''मुसीबत का हमने ठेका लिया है? जाओ, आगे देखो...''

जमीला ने कहा, ''इतनी तेज़ क्यों होती हो बहिन? आखिर हमें भी तो जाना है।''

''जाना है तो जाओ, थर्ड में जगह देखो। बड़ी आयीं हमें सिखानेवाली!'' और कहनेवाली ने बच्चे को सीट पर धम्म से बिठाकर, उठकर भीतर की चिटकनी भी चढ़ा दी।

जमीला को बुरा लगा। बोली, ''इतना गुमान ठीक नहीं है, बहिन! हम भी तो मुसलमान हैं...''

इस पर गाड़ी के भीतर की चारों सवारियों ने गरम होकर एक साथ बोलना शुरू कर दिया। उससे अभिप्राय कुछ अधिक स्पष्ट हुआ हो सो तो नहीं, पर इतना जमीला की समझ में आया कि वह बढ़-बढ़कर बात न करे, नहीं तो गार्ड को बुला लिया जाएगा।

सकीना ने कहा, ''तो बुला लो न गार्ड को। आखिर हमें भी कहीं बिठाएँगे।''

''ज़रूर बिठाएँगे, जाके कहो न! कह दिया कि यह स्पेशल है स्पेशल, ऐरे-ग़ैरों के लिए नहीं है, पर कम्बख़्त क्या खोपड़ी है कि...'' एकाएक बाहर झाँककर बग़ल के डिब्बे की ओर मुड़कर, ''भैया! ओ अमजद भैया! देखो ज़रा, इन लोगों ने परेशान कर रखा है...''

'अमजद भैया' चौड़ी धारी के रात के कपड़ों में लपकते हुए आए। चेहरे पर बरसों की अफ़सरी की चिकनी पपड़ी, आते ही दरवाज़े से अमिना को ठेलते हुए बोले, ''क्या है?''

''देखो न, इनने तंग कर रखा है। कह दिया जगह नहीं है, पर यहीं घुसने पर तुली हुई हैं। कहा कि स्पेशल है, सेकेंड है, पर सुनें तब न। और यह अगली तो...''

''क्यों जी, तुम लोग जातीं क्यों नहीं? यहाँ जगह नहीं मिल सकती। कुछ अपनी हैसियत भी तो देखनी चाहिए—''

जमीला ने कहा, ''क्यों, हमारी हैसियत को क्या हुआ है? हमारे घर के ईमान

की कमाई खाते हैं। हम मुसलमान हैं, पाकिस्तान जाना चाहते हैं। और....''

''और टिकट?''

''और मामूली ट्रेन में क्यों नहीं जातीं?''

अमिना ने कहा, ''मुसीबत के वक्त मदद न करें, तो कम-से-कम और तो न सताएँ! हमें स्पेशल ट्रेन से क्या मतलब?—हम तो यहाँ से जाना चाहते हैं जैसे भी हो। इस्लाम में तो सब बराबर हैं। इतना ग़रूर—या अल्लाह!''

''अच्छा, रहने दे। बराबरी करने चली है। मेरी जूतियों की बराबरी की है तैने?''

गाड़ी ने सीटी दी।

किवाड़ की एक तरफ़ का हैंडल पकड़कर जमीला चढ़ी कि भीतर से हाथ डालकर चिकटनी खोले, दूसरी तरफ़ का हैंडल पकड़कर अमजद मियाँ चढ़े कि उसे ठेल दें। जिधर जमीला थी, उधर ही सकीना ने भी हैंडल पकड़ा था।

भीतर से आवाज़ आई, ''खबरदार हाथ बढ़ाया तो, बेशर्मो! हया-शर्म छू नहीं गई इन निगोड़ियों को...''

सकीना ने तड़पकर कहा, ''कुछ तो खुदा का खौफ़ करो! हम ग़रीब सही, पर कोई गुनाह तो नहीं किया...''

''बड़ी पाक़दामन बनती हो! अरे, हिन्दुओं के बीच में रहीं, और अब उनके बीच भागकर जा रही हो, आखिर कैसे? उन्होंने क्या यों ही छोड़ दिया होगा? सौ-सौ हिन्दुओं से ऐसी-तैसी कराके पल्ला झाड़ के चली आयीं पाक़दानी का दम भरने...''

जमीला ने हैंडल ऐसे छोड़ दिया मानो गरम लोहा हो! सकीना से बोली, ''छोड़ो बहिन, हटो पीछे यहाँ से!''

सकीना ने उतरकर माथा पकड़कर कहा, ''या अल्लाह!''

गाड़ी चल दी। अमजद मियाँ लपककर अपने डिब्बे में चढ़ गए।

जमीला थोड़ी देर सन्न-सी खड़ी रही। फिर उसने कुछ बोलना चाहा, आवाज़ न निकली। तब उसने होंठ गोल करके ट्रेन की ओर कहा, ''थू:!'' और क्षण-भर बाद फिर, ''थू:!''

अमिना ने बड़ी लम्बी साँस लेकर कहा, ''गई पाकिस्तान स्पेशल। या परवरदिगार!''

•

रमन्ते तत्र देवताः

अक्तूबर सन् 1946 का कलकत्ता। तब हम लोग दंगे के आदी हो गए थे, अख़बार में इक्के-दुक्के खून और लूट-पाट की घटनाएँ पढ़कर तन नहीं सिहरता था; इतने से यह भी नहीं लगता था कि शहर की शान्ति भंग हो गई। शहर बहुत-से छोटे-छोटे हिन्दुस्तान-पाकिस्तानों में बँट गया था, जिनकी सीमाओं की रक्षा पहरेदार नहीं करते थे, लेकिन जो फिर भी परस्पर अनुल्लंघ्य हो गए थे। लोग इसी बँटी हुई जीवन-प्रणाली को लेकर भी अपने दिन काट रहे थे; मान बैठे थे कि जैसे ज़ुकाम होने पर एक नासिका बन्द हो जाती है तो दूसरी से श्वास ली जाती है—तनिक कष्ट होता है तो क्या हुआ, कोई मर थोड़े ही जाता है।—वैसे ही श्वास की तरह नागरिक जीवन भी बँट गया तो क्या हुआ...एक नासिका ही नहीं, एक फेफड़ा भी बन्द हो जा सकता है और उसकी सड़न का विष सारे शरीर में फैलता है और दूसरे फेफड़े को भी आक्रान्त कर लेता है, इतनी दूर तक रूपक को घसीट ले जाने की क्या ज़रूरत?

बीच-बीच में इस या उस मुहल्ले में विस्फोट हो जाता था। तब थोड़ी देर के लिए उस या आस-पास के मुहल्लों में जीवन स्थगित हो जाता था, व्यवस्था पटकनी खा जाती थी और आतंक उसकी छाती पर चढ़ बैठता था। कभी दो-एक दिन के लिए भी गड़बड़ रहती थी, तब बात कानोंकान फैल जाती थी कि 'ओ पाड़ा भालो ना' और दूसरे मुहल्लों के लोग दो-चार दिन के लिए उधर आना-जाना छोड़ देते थे। उसके बाद ढर्रा फिर उभर आता था और गाड़ी चल पड़ती थी...

हठात् एक दिन कई मुहल्लों पर आतंक छा गया। ये वैसे मुहल्ले थे जिनमें हिन्दुस्तान-पाकिस्तान की सीमाएँ नहीं बाँधी जा सकती थीं, क्योंकि प्याज की परतों की तरह एक के अन्दर एक जमा हुआ था। इनमें यह होता था कि जब कहीं आस-पास कोई गड़बड़ हो, या गड़बड़ की अफ़वाह हो, तो उसका उद्‌भव या कारण चाहे हिन्दू सुना जाए चाहे मुसलमान, सब लोग अपने-अपने किवाड़ बन्द करके जहाँ के-तहाँ रह जाते, बाहर गए हुए शाम को घर न लौटकर बाहर ही कहीं रात

काट देते, और दूसरे-तीसरे दिन तक घर के लोग यह न जान पाते कि गया हुआ व्यक्ति इच्छापूर्वक कहीं रह गया है या कहीं रास्ते में मारा गया है...

मैं तब बालीगंज की तरफ़ रहता था। यहाँ शान्ति थी और शायद ही कभी भंग होती थी। यों खबरें सब यहाँ मिल जाती थीं, और कभी-कभी आगामी 'प्रोग्रामों' का कुछ पूर्वाभास भी। मन्त्रणाएँ यहाँ होती थीं, शरणार्थी यहाँ आते थे, सहानुभूति के इच्छुक आकर अपनी गाथाएँ सुनाकर चले जाते थे...

आतंक का दूसरा दिन था। तीसरे पहर घर के सामने बरामदे में आरामकुर्सी पर पड़े-पड़े मैं आने-जानेवालों को देख रहा था। 'आने-जानेवाले' यों भी अध्ययन की श्रेष्ठ सामग्री होते हैं, ऐसे आतंक के समय में तो और भी अधिक। तभी देखा, मेरे पड़ोसी एक ही सिख सरदार साहब, अपने साथ तीन-चार और सिखों को लिये हुए घर की तरफ़ जा रहे हैं। ये अन्य सिख मैंने पहले उधर नहीं देखे थे—कौतूहल स्वाभाविक था, और फिर आज अपने पड़ोसी को लम्बी किरपाण लगाये देखकर तो और भी अचम्भा हुआ। सरदार बिशनसिंह सिख तो थे, पर बड़े संकोची, शान्तिप्रिय और उदार विचारों के; प्रतीक-रूप से किरपाण रखते रहे हों, मैंने देखी नहीं थी और ऐसे उद्धत ढंग से कोट के ऊपर कमरबन्द के साथ लटकाई हुई तो कभी नहीं।

मैंने कुछ पंजाबी लहज़ा बनाकर कहा, ''सरदार जी, अज्ज किद्धर फ़ौजां चल्लियाँ ने?''

बिशनसिंह ने व्यस्त आँखों से मेरी ओर देखा। मानो कह रहे हों, ''मैं जानता हूँ कि तुम्हारे लहज़े पर मुस्कुराकर तुम्हारा विनोद स्वीकार करना चाहिए, पर देखते हो, मैं फँसा हूँ...'' स्वयं उन्होंने कहा, ''फेर हाज़िर होवाँगा...''

टोली आगे बढ़ गई।

जो लोग आरामकुर्सियों पर बैठकर आने-जानेवालों को देखा करते हैं, उन्हें एक तो देखने को बहुत कुछ नहीं मिलता है, दूसरे जो कुछ वे देखते हैं उसके साथ उनका रागात्मक लगाव तो ज़रा भी नहीं होता कि वह मन में जम जाए। मैं भी सरदार बिशनसिंह को भूल-सा गया था जब रात को वे मेरे यहाँ आए। लेकिन अचम्भे को दबाकर मैंने कुर्सी दी और कहा, ''आओ बैठो, बड़ी किरपा कीत्ती?''

वे बैठ गए। थोड़ी देर चुप रहे। फिर बोले, ''अज जी बड़ा दु:खी हो गया ए?''

मैंने पंजाबी छोड़कर गम्भीर होकर कहा, ''क्या बात है सरदार जी? खैर तो है?''

''सब खैर ही खैर है इस अभागे मुल्क में, भाई साहब, और क्या कहूँ! मैं तो कहता हूँ, दंगा और खून-खराबा न हो तो कैसे न हो जबकि हम रोज़ नयी जगह उसकी जड़ें रोप आते हैं फिर उन्हें सींचते हैं...मुझे तो अचम्भा होता है, हमारी क़ौम बची कैसे रही अब तक!''

उनकी वाणी में दर्द था। मैंने समझा कि वे भूमिका में उसे बहा न लेंगे तो बात न कह पाएँगे, इसलिए चुप सुनता रहा। वे कहते गए, ''सारे मुसलमान अरब और फ़ारस या तातार से नहीं आए थे। सौ में एक होगा जिसको हम आज अरब या फ़ारस या तातार की नस्लें कह सकें। और मेरा तो ख़याल है—ख़याल नहीं तजरुबा है कि अरब या ईरानी बड़ा नेक, मिलनसार और अमनपसन्द होता है। तातरियों से साबिका नहीं पड़ा। बाक़ी सारे मुसलमान कौन हैं? हमारे भाई, हमारे मज़लूम जिनका मुँह हम हज़ारों बरसों से मिट्टी में रगड़ते आए हैं! वही, आज वही मुँह उठाकर हम पर थूकते हैं, तो हमें बुरा लगता है। पर वे मुसलमान हैं, इसलिए हम खिसियाकर अपने और भाइयों को पकड़कर उनका मुँह मिट्टी में रगड़ते हैं! और भाइयों को ही क्यों, बहिनों को पैरों के नीचे रौंदते हैं, और चूँ नहीं करने देते, क्योंकि चूँ करने से धरम नहीं रहता—''

आवेश में सरदार की ज़बान लड़खड़ाने लगी थी। वे क्षण-भर चुप हो गए। फिर बोले, ''बाबू, साहब, आप सोचते होंगे, यह सिख होकर मुसलमान का पच्छ करता है। ठीक है, उनसे किसी का वैर हो सकता है तो हमारा ही। पर आप सोचिए तो, मुसलमान हैं कौन? मज़लूम हिन्दू ही तो मुसलमान हैं। हमने जिससे हिकारत की, वह हमसे नफ़रत करे तो क्या बुरा करता है—हमारा क़र्ज ही तो अदा करता है न! मैं तो यह कहता हूँ कि यह ठीक न भी हो, तो भी हम नुक्स निकालनेवाले कौन होते हैं? इन्सान को पहले अपना ऐब देखना चाहिए, तभी वह दूसरे को कुछ कहने लायक बनता है। आप नहीं मानते?''

मैंने कहा, ''ठीक कहते हैं आप। लेकिन इन्सान आखिर इन्सान है, देवता नहीं।''

उन्होंने उत्तेजित स्वर में कहा, ''देवता! आप कहते हैं देवता। काश कि वह इन्सान भी हो सकता! बल्कि वह खरा हैवान ही होता तो कुछ भी बात थी—हैवान भी अपने नियम-क़ायदे से चलता है! लेकिन बहस करने नहीं आया, आप आज की बात सुन लीजिए।''

मैंने कहा, ''आप कहिए। मैं सुन रहा हूँ।''

''आप जानते हैं कि मेरे घर के पास गुरुद्वारा है। जहाँ जब-तब कुछ लोगों ने पनाह पाई है, और जब-तब मैंने भी वहाँ पहरा दिया है। यह कोई तारीफ़ की बात नहीं, गुरुद्वारे की सेवा का भी एक ढर्रा है, पनाह देने की भी रीत चली आई है, इसलिए यह हो गया है। हम लोगों ने इन्सानियत की कोई नयी ईजाद नहीं की। खैर, कल शाम मैं बाज़ार से वापस आ रहा था तो देखा, रास्ते में अचानक मिनटों में सन्नाटा छाता जा रहा है। दो-एक ने मुझे भी पुकारकर कहा, ''घर जाओ, दंगा हो गया है,'' पर यह न बता पाये कि कहाँ। ट्राम तो बन्द थी ही।

''धरमतल्ले के पास मैंने देखा, एक औरत अकेली घबराई हुई आगे दौड़ती चली जा रही है, एक हाथ में एक छोटा बंडल है, दूसरे में ज़ोर से एक छोटा मनी-बैग दाबे है। रो रही है। देखने से भद्दरलोक की थी। मैंने सोचा, भटक गई है और

डरी हुई है, यों भी ऐसे वक्त में अकेले जाना—और फिर बंगालिन का—ठीक नहीं, पूछकर पहुँचा दूँ। मैंने पूछा, 'माँ, तुम कहाँ जाओगी?' पहले तो वह और सहमी, फिर देखकर कि मुसलमान नहीं सिख हूँ, ज़रा सँभली। मालूम हुआ कि उत्तरी कलकत्ता से उसका खाविन्द और वह दोनों धरमतल्ले आए थे, तय हुआ कि दोनों अलग-अलग सामान खरीदकर के.सी. दास की दुकान पर नियत समय पर मिल जाएँगे और फिर घर जाएँगे; इसी बीच गड़बड़ हो गई, वह सन्नाटे से डरकर घर भागी जा रही है—दास की दुकान पर नहीं गई, रास्ते में चाँदनी पड़ती है जो उसने सदा सुना है कि मुसलमानों का गढ़ है।

"मैंने उससे कहा कि डरे नहीं, मेरे साथ धरमतल्ला पार कर ले। अगर के.सी. दास की दुकान पर उसका आदमी मिल गया तो ठीक, नहीं तो वहाँ से बालीगंज की ट्राम तो चलती होगी, उसमें जाकर गुरुद्वारे में रात रह जाएगी और सवेरे मैं उसे घर पहुँचा आऊँगा। दिन छिप चला था, बिजली सड़कों पर वैसे ही नहीं है, ऐसे में पाँच-छह मील पैदल दंगे का इलाक़ा पार करना ठीक नहीं है।" इतना कहकर सरदार बिशनसिंह क्षण-भर रुके, और मेरी ओर देखकर बोले, "बताइए, मैंने ठीक कहा कि ग़लत? और मैं क्या कर सकता था?"

"ठीक ही तो कहा, और रास्ता ही क्या था?"

"मगर ठीक नहीं कहा। बाद में पता लगा कि मुझे उसे अकेली भटकने देना चाहिए था।"

"क्यों?" मैंने अचकचाकर पूछा।

"सुनिए!" सरदार ने एक लम्बी साँस ली, "के.सी. दास की दुकान बन्द थी। पति देवता का कोई निशान नहीं था। मैं उस औरत को ट्राम में बिठाकर यहाँ ले आया। रात वह गुरुद्वारे के ऊपरवाले कमरे में रही। मैं तो अकेला हूँ आप जानते हैं, मेरी बहिन ने उसे वहीं ले जाकर खाना खिलाया और बिस्तरा वगैरह दे आई। सवेरे मैंने एक सिख ड्राइवर से बात करके टैक्सी की, और ढूँढ़ता हुआ उसके घर ले गया। शामपुकुर लेन में था—एकदम उत्तर में। दरवाज़ा बन्द था, हमने खटखटाया तो एक सुस्त-से महाशय बाहर निकले—पति देवता।"

"आप लोगों को देखते ही उछल पड़े होंगे?"

सरदार क्षण-भर चुप रहे।

"हाँ, उछल तो पड़े। लेकिन बहू को देखकर तो नहीं, मुझे देखकर।" उन्होंने फिर एक लम्बी साँस ली। "महाशय के.सी. दास के घर पर नहीं ठहरे थे, दंगे की खबर हुई तो कहीं एक दोस्त के यहाँ चले गए थे। रात वहीं रहे थे, हमसे कुछ पहले ही लौटकर आए थे। आँखें भरी थीं। दरवाज़ा खोलकर मुझे देखकर चौंके, फिर मेरे पीछे स्त्री को देखकर तनिक ठिठके और खड़े-खड़े बोले, 'आप कौन?' मैंने कहा, 'पहले इन्हें भीतर ले जाइए, फिर मैं सब बतलाता हूँ।' स्त्री पहले ही सकुची झुकी खड़ी थी, इस बात पर उसने घूँघट ज़रा आगे सरकाकर अपने को और भी समेट-सा लिया।"

बिशनसिंह फिर ज़रा चुप रहे, मैं भी चुप रहा।

''पति ने फिर पूछा, 'ये रात आपके यहाँ रहीं?' मैंने कहा, 'हाँ, हमारे गुरुद्वारे में रहीं। शाम को यहाँ आना मुमकिन नहीं था।' उन्होंने फिर कहा, 'आपके बीवी-बच्चे हैं?' मैंने कहा, 'नहीं, मेरी विधवा बहिन साथ रहती है, पर इससे आपको क्या?'

''उन्होंने मुझे जवाब नहीं दिया। वहीं से स्त्री की ओर उन्मुख होकर बंगाली में पूछा, 'तुम रात को क्या जाने कहाँ रही हो, सवेरे तुम्हें यहाँ आते शरम न आई?' '' सरदार बिशनसिंह ने रुककर मेरी ओर देखा।

मैंने कहा, ''नीच!''

बिशनसिंह के चेहरे पर दर्द-भरी मुस्कान झलककर खो गई। बोले, ''मैं न जाने क्या करता उस आदमी को—और सोचता हूँ कि स्त्री भी न जाने क्या जवाब देती। लेकिन औरत ज़ात का जवाब न देना भी कितना बड़ा जवाब होता है, इसको आजकल का कीड़ा इन्सान क्या समझता है? मैंने पीछे धमाका सुनकर मुड़कर देखा, वह-औरत गिर गई थी—बेहोश होकर! मैं फ़ौरन उठाने को झुका, पर उस आदमी ने ऐसा तमाचा मारा था कि मेरे हाथ ठिठक गए। मैंने उसी से कहा, 'उठाओ, पानी का छींटा दो...' पर वह सरका नहीं, फिर उसकी ढबर-ढबर आँखें छोटी होकर लकीरें-सी बन गईं, और एकाएक उसने दरवाज़ा बन्द कर लिया।''

मैं स्तब्ध सुनता रहा। कुछ कहने को न मिला।

''लोग इकट्ठे होने लगे थे। मैं उस स्त्री की बात सोचकर ज़्यादा भीड़ करना भी नहीं चाहता था। ड्राइवर की मदद से मैंने उसे टैक्सी में रखा और घर ले आया। बहिन को उसकी देखभाल करने को कह के बाबा बचित्तरसिंह के पास गया—वे हमारे बुज़ुर्ग हैं और गुरुद्वारे के ट्रस्टी। वहीं हम लोगों ने मीटिंग करके सलाह की कि क्या किया जाए। कुछ की तो राय थी कि उस आदमी को क़त्ल कर देना चाहिए, पर उससे उसकी विधवा का मसला तो हल न होता। फिर यही सोचा गया कि पाँच सरदारों का जत्था गुरुद्वारे की तरफ़ से उस औरत को उसके घर लेकर जाए, और उसके आदमी से कहे कि या तो इसको अपनाकर घर में रखो या हम समझेंगे कि तुमने गुरुद्वारे की बेइज़्ज़ती की है और तुम्हें काट डालेंगे।''

''आप शायद कल तीसरे पहर वहीं से लौट रहे होंगे...''

''हाँ। नहीं तो आप जानते हैं कि मैं वैसे किरपाण नहीं बाँधता। एक ज़माने में जिन वजूहात से गुरुओं ने किरपाण बाँधना धर्म बताया था, आज उनके लिए राइफ़ल से कम कोई क्या बाँधेगा? निरी निशानी का मोह अपनी बुज़दिली को छिपाने का तरीका बन जाता है, और क्या! खैर, हम लोग औरत को लेकर गए। हमें देखते ही पहले तो और भी कई लोग जुट गए, पर जत्थे को देखकर शायद पति देवता को अक़्ल आ गई, उन्होंने हम से कहा, 'अच्छा ठीक है, आप लोगों की मेहरबानी,' और औरत से कहा, 'चल, भीतर चल' और बस। हमें आने या बैठने को नहीं कहा...हम बैठते तो क्या उस कमीने के घर में...''

''औरत भीतर चली गई? कुछ बोली नहीं?''

''बोलती क्या? जब से होश आया तब से बोली नहीं थी। उसकी आँखें न जाने कैसी हो गई थीं, उनमें झाँककर भी कोई जैसे कुछ नहीं देखता था, सिर्फ़ एक दीवार। मुझसे तो उसके पास नहीं ठहरा जाता था। वह चुपचाप खड़ी रही। जब हम लोगों ने कहा, 'जाओ माँ, घर में जाओ अब...' तब जैसे मशीन-सी दो-तीन क़दम आगे बढ़ी। पति के फैलते-सिकुड़ते नथुनों की ओर उसने नहीं देखा, एक-एक क़दम पर जैसे और झुकती और छोटी होती जाती थी। देहरी तक ही गई, फिर वहीं लड़खड़ाकर बैठ गई। मैं तो समझा था फिर गिरी, पर बैठते-बैठते उसका सिर चौखट से टकराया तो चोट से वह सँभल गई। बैठ गई। उसे वैसे ही छोड़कर हम चले आए।''

हम दोनों देर तक चुप रहे।

थोड़ी देर बाद सरदार बिशनसिंह ने कहा, ''बोलिए कुछ, भाई साहब!''

मैंने कहा, ''चलिए, बात खत्म हो गई जैसे-तैसे। उन्होंने उसे घर में ले लिया...''

बिशनसिंह ने तीखी दृष्टि से मेरी तरफ़ देखा। ''आप सच-सच कह रहे हैं बाबू साहब?''

मैंने चौंककर कहा, ''क्यों? झूठ क्या है?''

''आप सचमुच मानते हैं कि बात खत्म हो गई?''

मैंने कुछ रुकते-रुकते कहा, ''नहीं, वैसा तो नहीं मान पाता। यानी हमारे लिए भले ही खत्म हो गई हो, उनके लिए तो नहीं हुई।''

''हमारे लिए भी क्या हुई? पर उसे अभी छोड़िए, बताइए कि उस औरत का क्या होगा?''

मैंने अपने शब्द तौलते हुए कहा, ''बंगाल में आए दिन अखबारों में पढ़ने को मिलता है कि स्त्री ने सास या ननद या पति के अत्याचार से दु:खी होकर आत्महत्या कर ली, जहर खा लिया या कुएँ में कूद पड़ी। और...कभी-कभी ऐसे एक्सीडेंट भी होते हैं कि स्त्री के कपड़ों में आग लग गई, चाहे यों ही, चाहे मिट्टी के तेल के साथ...''

''हाँ, हो सकता है। आप माफ़ करना, मैं कड़वी, बात कहनेवाला हूँ। इससे अगर आपको कुछ तसल्ली हो तो कहूँ कि अपने को हिन्दू मानकर ही यह कह रहा हूँ। आप हिन्दू हैं न, इसलिए यही सोचते हैं। वह मर जाएगी; छुटकारा हो जाएगा। हिन्दू धर्म उदार है न; मानता नहीं, मरने का सब तरह से सुभीता कर देता है। इसमें दो फ़ायदे हैं—एक तो कभी चूक नहीं होती, दूसरे यह तरीक़ा दया का भी है। लेकिन यह बताइए, अगर आदमी पशु है तो औरत क्यों देवता हो? देवता मैं जान-बूझकर कहता हूँ, क्योंकि इन्सान का इन्साफ़ तो देवताओं से भी ऊँचा उठ सकता है। देवता सूद न लें, धेले-पाई की वसूली पूरी करते हैं।...करते हैं कि नहीं?''

मैंने कहा, ''सरदार साहब, आपको सदमा पहुँचा है इसलिए आप इतनी कड़वी बात कह रहे हैं। मैं उस आदमी को अच्छा नहीं कहता, पर एक आदमी की बात

को आप हिन्दू जाति पर क्यों थोपते हैं?''

''क्या वह सचमुच एक आदमी की बात है? सुनिए, मैं जब सोचता हूँ कि क्या हो तो उस आदमी के साथ इन्साफ़ हो, तब यही देखता हूँ कि वह औरत घर से दुत्कारी जाकर मुसलमान हो, मुसलमान जने, ऐसे मुसलमान जो एक-एक सौ-सौ हिन्दुओं को मारने की कसम खाये। और आप तो साइकॉलोजी पढ़े हैं न, आप समझेंगे—हिन्दू औरतों के साथ सचमुच वही करे जिसकी झूठी तोहमत उसकी माँ पर लगाई गई! देवताओं का इन्साफ़ तो हमेशा से यही चला आया है—नफ़रत के एक-एक बीज से हमेशा सौ-सौ ज़हरीले पौधे उगे हैं। नहीं तो यह जंगल यहाँ उगा कैसे, जिसमें आज हम-आप खो गए हैं और क्या जाने निकलेंगे कि नहीं? हम रोज़ दिन में कई बार नफ़रत का नया बीज बोते हैं और जब पौधा फलता है तो चीखते हैं कि धरती ने हमारे साथ धोखा किया!''

मैं काफ़ी देर तक चुप रहा। सरदार बिशनसिंह की बात चमड़ी के नीचे कंकड़-सी रड़कने लगी। वातावरण बोझीला हो गया। मैंने उसे कुछ हल्का करने के लिए कहा, ''सिख क़ौम की शिवेलरी मशहूर है। देखता हूँ, उस बिचारी का दुःख आपकी शिवेलरी को छू गया है!''

उन्होंने उठते हुए कहा, ''मेरी शिवेलरी!'' और थोड़ी देर बाद फिर ऐसे स्वर में, जिसमें एक अजीब गूँज थी, ''मेरी शिवेलरी, भाई साहब!''

उन्होंने मुँह फेर लिया, लेकिन मैंने देखा, उनके होंठों की कोर काँप रही है—हल्की-सी, लेकिन बड़ी बेबसी के साथ...

•

बदला

अँधेरे डिब्बे में जल्दी-जल्दी सामान ठेल, गोद के आबिद को खिड़की से भीतर सीट पर पटक, बड़ी लड़की जुबैदा को चढ़ाकर सुरैया ने स्वयं भीतर घुसकर गाड़ी के चलने के साथ-साथ लम्बी साँस लेकर पाक परवरदिगार को याद किया ही था कि उसने देखा, डिब्बे के दूसरे कोने में चादर ओढ़े जो दो आकार बैठे हुए थे, वे अपने मुसलमान भाई नहीं—सिख थे! चलती गाड़ी में स्टेशन की बत्तियों से रह-रहकर जो प्रकाश की झलक पड़ती थी, उसमें उसे लगा, उन सिखों की स्थिर अपलक आँखों में अमानुषी कुछ है। उनकी दृष्टि जैसे उसे देखती है, पर उसकी काया पर रुकती नहीं, सीधी भेदती हुई चली जाती है, और तेज़ धार-सा एक अलगाव उनमें है, जिसे जैसे कोई छू नहीं सकता, छुएगा तो कट जाएगा! रोशनी इसके लिए काफ़ी नहीं थी, पर सुरैया ने मानो कल्पना की दृष्टि से देखा कि उन आँखों में लाल-लाल डोरे पड़े हैं, और...और...वह डर से सिहर गई। पर गाड़ी तेज़ चल रही थी; अब दूसरे डिब्बे में जाना असम्भव था : कूद पड़ना एक उपाय होता, किन्तु उतनी तेज़ गति में बच्चे-कच्चे लेकर कूदने से किसी दूसरे यात्री द्वारा उठाकर बाहर फेंक दिया जाना क्या बहुत बदतर होगा? यह सोचती और ऊपर से झूलती हुई खतरे की चेन के हैंडिल को देखती हुई वह अनिश्चित-सी बैठ गई...आगे स्टेशन पर देखा जाएगा...एक स्टेशन तक तो कोई खतरा नहीं है—कम-से-कम अभी तक तो कोई वारदात इस हिस्से में हुई नहीं...

"आप कहाँ तक जाएँगी?"

सुरैया चौंकी। बड़ा सिख पूछ रहा था। कितनी भारी उसकी आवाज़ थी! जो शायद दो स्टेशन बाद उसे मारकर ट्रेन से बाहर फेंक देगा, वह यहाँ उसे 'आप' कहकर सम्बोधन करे, इसकी विडम्बना पर वह सोचती रह गई और उत्तर में देर हो गई। सिख ने फिर पूछा, "आप कितनी दूर जाएँगी?"

सुरैया ने बुरका मुँह से उठाकर पीछे डाल रखा था, सहसा उसे मुँह पर खींचते हुए कहा, "इटावे जा रही हूँ।"

सिख ने क्षण-भर सोचकर कहा, "साथ कोई नहीं है?"

उस तनिक-सी देर को लक्ष्य करके सुरैया ने सोचा, 'हिसाब लगा रहा है कि कितना वक़्त मिलेगा मुझे मारने के लिए...या रब, अगले स्टेशन पर कोई और सवारियाँ आ जाएँ...और साथ कोई ज़रूर बताना चाहिए—उससे शायद यह डरा रहे! यद्यपि आज-कल के ज़माने में वह सफ़र में साथ क्या जो डिब्बे में साथ न बैठे...कोई छुरा भोंक दे तो अगले स्टेशन तक बैठी रहना कि कोई आकर खिड़की के सामने खड़े होकर पूछेगा, "किसी चीज़ की ज़रूरत तो नहीं..." '

उसने कहा, "मेरे भाई हैं...दूसरे डिब्बे में..."

आबिद ने चमककर कहा, "कहाँ माँ! मामू तो लाहौर गए हुए हैं...।"

सुरैया ने उसे बड़ी ज़ोर से डपटकर कहा, "चुप रह!"

थोड़ी देर बाद सिख ने पूछा, "इटावे में आपके अपने लोग हैं?"

"हाँ।"

सिख फिर चुप रहा। थोड़ी देर बाद बोला, "आपके भाई को आपके साथ बैठना चाहिए था; आजकल के हालात में कोई अपनों से अलग बैठता है?"

सुरैया मन-ही-मन सोचने लगी कि 'कहीं कम्बख़्त ताड़ तो नहीं गया कि मेरे साथ कोई नहीं है!'

सिख ने मानो अपने-आपसे ही कहा, "पर मुसीबत में किसी का कोई नहीं है, सब अपने ही अपने हैं..."

गाड़ी की चाल धीमी हो गई। छोटा स्टेशन था। सुरैया असमंजस में थी कि उतरे या बैठी रहे? दो आदमी डिब्बे में और चढ़ आए—सुरैया के मन ने तुरन्त कहा, "हिन्दू" और तब वह सचमुच और भी डर गई, और थैली-पोटली समेटने लगी।

सिख ने कहा, "आप क्या उतरेंगी?"

"सोचती हूँ, भाई के पास जा बैठूँ..." क्या जीव है, इन्सान कि ऐसे मौक़े पर भी झूठ की टट्टी की आड़ बनाए रखता है...और कितनी झीनी आड़, क्योंकि डिब्बा बदलवाने भाई स्वयं न आता? आता कहाँ से, हो जब न?—

सिख ने कहा, "आप बैठी रहिए। यहाँ आपको कोई डर नहीं है। मैं आपको अपनी बहिन समझता हूँ और इन्हें अपने बच्चे...आपको अलीगढ़ तक ठीक-ठीक मैं पहुँचा दूँगा। उससे आगे खतरा भी नहीं है, और वहाँ से आपके भाई-बन्द भी गाड़ी में आ ही जाएँगे।"

एक हिन्दू ने कहा, "सरदार जी, जाती है तो जाने दो न, आपको क्या?"

सुरैया न सोच पाई कि सिख की बात को, और इस हिन्दू की टिप्पणी को किस अर्थ में ले, पर गाड़ी ने चलकर फैसला कर दिया। वह बैठ गई।

हिन्दू ने पूछा, "सरदार, आप पंजाब से आए हो?"

"जी।"

"कहाँ घर है आपका?"

"शेखूपुरे में था। अब यहीं समझ लीजिए..."

''यहीं ? क्या मतलब?''

''जहाँ मैं हूँ, वहीं घर है! रेल के डिब्बे का कोना।''

हिन्दू ने स्वर को कुछ संयत कर, जैसे गिलास में थोड़ी-सी हमदर्दी उंडेलकर सिख की ओर बढ़ाते हुए कहा, ''तब तो आप शरणार्थी हैं...''

सिख ने मानो गिलास को ''जी, मैं नहीं पीता'' कहकर ठेलते हुए, एक सूखी हँसी हँसकर कहा, जिसकी अनुगूँज हिन्दू महाशय के कान नहीं पकड़ सके। ''जी!''

हिन्दू महाशय ने तनिक और दिलचस्पी के साथ कहा, ''आपके घर के लोगों पर तो बहुत बुरी बीती होगी—''

सिख की आँखों में एक पल के अंश-भर के लिए अंगार चमक गया, पर वह इस दाने को भी चुगने न बढ़ा। चुप रहा।

हिन्दू ने सुरैया की ओर देखते हुए कहा, ''दिल्ली में कुछ लोग बताते थे, वहाँ उन्होंने क्या-क्या जुल्म किए हैं हिन्दुओं और सिखों पर। कैसी-कैसी बातें वे बताते थे, क्या बताऊँ, ज़बान पर लाते शर्म आती है। औरतों को नंगा करके...''

सिख ने अपने पास पोटली बनकर बैठे दूसरे व्यक्ति से कहा, ''काका, तुम ऊपर चढ़कर सो रहो।'' स्पष्ट ही वह सिख का लड़का था, और जब उसने आदेश पाकर उठकर अपने सोलह-सत्रह बरस के छरहरे बदन को अँगड़ाई में सीधा करके ऊपरी बर्थ की ओर देखा, तब उसकी आँख में भी पिता की आँखों का प्रतिबिम्ब झलक आया। वह ऊपरी बर्थ पर चढ़कर लेट गया, नीचे सिख ने अपनी टाँगें सीधी कीं और खिड़की से बाहर की ओर देखने लगा।

हिन्दू महाशय की बात बीच में रुक गई थी, उन्होंने फिर आरम्भ किया, ''बाप-भाइयों के सामने ही बेटियों-बहिनों को नंगा करके....।''

सिख ने कहा, ''बाबू साहब, हमने जो देखा है वह आप हमीं को क्या बताएँगे...'' इस बार वह अनुगूँज पहले ही स्पष्ट थी, लेकिन हिन्दू महाशय ने अब भी नहीं सुनी। मानो शह पाकर बोले, ''आप ठीक कहते हैं, हम लोग भला आपका दुःख कैसे समझ सकते हैं! हमदर्दी हम कर सकते हैं, पर हमदर्दी भी कैसी जब दर्द कितना बड़ा है यही न समझ पाएँ! भला बताइए, हम कैसे पूरी तरह समझ सकते हैं कि उन सिखों के मन पर क्या बीती होगी जिनकी आँखों के सामने उनकी बहू-बेटियों को...''

सिख ने संयम से काँपते हुए स्वर में कहा, ''बहू-बेटियाँ सबकी होती हैं, बाबू साहब!''

हिन्दू महाशय तनिक-से अप्रतिभ हुए कि सरदार की बात का ठीक आशय उनकी समझ में नहीं आ रहा। किन्तु अधिक देर तक नहीं। बोले, ''अब तो हिन्दू-सिख भी चेते हैं। बदला लेना बुरा है, लेकिन कहाँ तक कोई सहेगा? इधर दिल्ली में तो उन्होंने डटकर मोर्चे लिये हैं, और कहीं-कहीं तो ईंट का जवाब पत्थर से देने-वाली मसल सच्ची कर दिखाई है। सच पूछो तो इलाज ही यह है। सुना है करौल बाग में किसी मुसलमान डॉक्टर की लड़की को...''

अब की बार सिख की वाणी में कोई अनुगूँज नहीं थी, एक प्रकट और रड़कने-वाली रुखाई थी। बोला, ''बाबू साहब, औरत की बेइज़्ज़ती सबके लिए शर्म की बात है। और बहिन...'' यहाँ सिख सुरैया की ओर मुखातिब हुआ, ''आपसे माफ़ी माँगता हूँ कि आपको यह सुनना पड़ रहा है।''

हिन्दू महाशय ने अचकचाकर कहा, ''क्या-क्या, क्या-क्या? मैंने इनसे कुछ थोड़े ही कहा है?'' फिर अपने मन को कुछ सँभालते हुए, और ढिठाई से कहा, ''ये—आपके साथ हैं?''

सिख ने और भी रुखाई से कहा, ''जी! अलीगढ़ तक मैं पहुँचा रहा हूँ।''

सुरैया के मन में किसी ने कहा, 'यह बिचारा शरीफ़ आदमी अलीगढ़ जा रहा है! अलीगढ़-अलीगढ़...' उसने साहस करके पूछा, ''आप अलीगढ़ उतरेंगे?''

''हाँ।''

''वहाँ कोई हैं आपके?''

''मेरा कहाँ कौन है? लड़का तो मेरे साथ है।''

''वहाँ कैसे जा रहे हैं? रहेंगे?''

''नहीं, कल लौट आऊँगा।''

''तो...तफ़रीहन जा रहे हैं।''

''तफ़रीह!'' सिख ने खोये-से स्वर में कहा, ''तफ़रीह!'' फिर सँभलकर, ''नहीं; हम कहीं नहीं जा रहे—अभी सोच रहे हैं कि कहाँ जाएँ—और जब टिकाऊ कुछ न रहे, तब चलती गाड़ी में ही कुछ सोचा जा सकता है...''

सुरैया के मन में फिर किसी ने कोंचकर कहा, 'अलीगढ़...अलीगढ़...बेचारा शरीफ़ है...'

उसने कहा, ''अलीगढ़...अच्छी जगह नहीं है। आप क्यों जाते हैं?''

हिन्दू महाशय ने भी कहा, जैसे किसी पागल पर तरस खा रहे हों, ''भला पूछिए...''

''मुझे क्या अच्छी और क्या बुरी!''

''फिर भी—आपको डर नहीं लगता? कोई छुरा ही मार दे रात में...''

सिख ने मुस्कुराकर कहा, ''उसे कोई नजात समझ सकता है, यह आपने कभी सोचा है?''

''कैसी बातें करते हैं आप!''

''और क्या! मारेगा भी कौन? या मुसलमान, या हिन्दू। मुसलमान मारेगा, तो जहाँ घर के और सब लोग गए हैं वहीं मैं भी जा मिलूँगा; और अगर हिन्दू मारेगा, तो सोच लूँगा कि यही कसर बाक़ी थी—देश में जो बीमारी फैली है वह अपने शिखर पर पहुँच गई—और अब तन्दुरुस्ती का रास्ता शुरू होगा।''

''मगर भला हिन्दू क्यों मारेगा? हिन्दू लाख बुरा हो, ऐसा काम नहीं करेगा...''

सरदार को एकाएक गुस्सा चढ़ आया। उसने तिरस्कारपूर्वक कहा, ''रहने

दीजिए, बाबू साहब! अभी आप ही जैसे रस ले-लेकर दिल्ली की बातें सुना रहे थे—अगर आपके पास छुरा होता और आपको अपने लिए कोई खतरा न होता, तो आप क्या—अपने साथ बैठी सवारियों को बख्श देते? इन्हें—या मैं बीच में पड़ता तो मुझे?'' हिन्दू महाशय कुछ बोलने को हुए पर हाथ के अधिकारपूर्ण इशारे से उन्हें रोकते हुए सरदार कहता गया, ''अब आप सुनना ही चाहते हैं तो सुन लीजिए कान खोलकर। मुझसे आप हमदर्दी दिखाते हैं कि मैं आपका शरणार्थी हूँ। हमदर्दी बड़ी चीज़ है, मैं अपने को निहाल समझता अगर आप हमदर्दी देने के काबिल होते। लेकिन आप मेरा दर्द कैसे जान सकते हैं, जब आप उसी साँस में दिल्ली की बातें ऐसे बेदर्द ढंग से करते हैं? मुझसे आप हमदर्दी कर सकते होते—इतना दिल आप में होता तो जो बातें आप सुनाना चाहते हैं उनसे शर्म के मारे आपकी ज़बान बन्द हो गई होती—सिर नीचा हो गया होता! औरत की बेइज़्ज़ती औरत की बेइज़्ज़ती है, वह हिन्दू या मुसलमान की नहीं, वह इन्सान की माँ की बेइज़्ज़ती है, शेखूपुरे में हमारे साथ जो हुआ सो हुआ—मगर मैं जानता हूँ कि उसका मैं बदला कभी नहीं ले सकता—क्योंकि उसका बदला हो ही नहीं सकता! मैं बदला दे सकता हूँ—और वह यही, कि मेरे साथ जो हुआ है, वह और किसी के साथ न हो। इसीलिए दिल्ली और अलीगढ़ के बीच इधर और उधर लोगों को पहुँचाता हूँ मैं; मेरे दिन भी कटते हैं और कुछ बदला चुका भी पाता हूँ; और इसी तरह, अगर कोई किसी दिन मार देगा तो बदला पूरा हो जाएगा—चाहे मुसलमान मारे, चाहे हिन्दू! मेरा मकसद तो इतना है कि चाहे हिन्दू हो, चाहे सिख हो, चाहे मुसलमान हो, जो मैंने देखा है वह किसी को न देखना पड़े; और मरने से पहले मेरे घर के लोगों की जो गति हुई, वह परमात्मा न करे, किसी की बहू-बेटियों को देखनी पड़े!''

इसके बाद बहुत देर तक गाड़ी में बिलकुल सन्नाटा रहा। अलीगढ़ के पहले जब गाड़ी धीमी हुई, तब सुरैया ने बहुत चाहा कि सरदार से शुक्रिया के दो शब्द कह दे, पर उसके मुँह से भी बोल नहीं निकला।

सरदार ने ही आधे उठकर ऊपर के बर्थ की ओर पुकारा, ''काका उठ, अलीगढ़ आ गया है।'' फिर हिन्दू महाशय की ओर देखकर बोला, ''बाबू साहब, कुछ कड़ी बात कह गया हूँ तो माफ़ करना, हम लोग तो आपकी सरन हैं!''

हिन्दू महाशय की मुद्रा से स्पष्ट दिखा कि वहाँ वह सिख न उतर रहा होता तो वे स्वयं उतरकर दूसरे डिब्बे में जा बैठते।

•

जय दोल

लेफ़्टिनेंट सागर ने अपना कीचड़ से सना चमड़े का दस्ताना उतारकर, ट्रक के दरवाज़े पर पटकते हुए कहा, ''गुरूंग, तुम गाड़ी के साथ ठहरो, हम कुछ बन्दोबस्त करेगा।''

गुरूंग सड़ाक् से जूतों की एड़ियाँ चटकाकर बोला, ''ठीक ए सा' ब!''

साँझ हो रही थी। तीन दिन मूसलाधार बारिश के कारण नवगाँव में रुके रहने के बाद, दोपहर को थोड़ी देर के लिए आकाश खुला तो लेफ़्टिनेंट सागर ने और देर करना ठीक न समझा। ठीक क्या न समझा, आगे जाने के लिए वह इतना उतावला हो रहा था कि उसने लोगों की चेतावनी को अनावश्यक सावधानी माना, और यह सोचकर कि वह कम-से-कम शिवसागर तो जा ही रहेगा रात तक, वह चल पड़ा था। जोरहाट पहुँचने तक शाम हो गई थी, पर उसे शिवसागर के मन्दिर देखने का इतना चाव था कि वह रुका नहीं, जल्दी से चाय पीकर आगे चल पड़ा। रात जोरहाट में रहे तो सवेरे चलकर सीधे डिबरूगढ़ जाना होगा, रात शिवसागर में रहकर सवेरे वह मन्दिर और ताल को देख सकेगा। शिवसागर, रुद्रसागर, जयसागर—कैसे सुन्दर नाम हैं। सागर कहलाते हैं तो बड़े-बड़े ताल होंगे—और प्रत्येक के किनारे पर बना मन्दिर कितना सुन्दर दिखता होगा...असमिया लोग हैं भी बड़े साफ़-सुथरे, उनके गाँव इतने स्वच्छ होते हैं तो मन्दिरों का क्या कहना...शिव-दोल, रुद्र-दोल कहना कैसी सुन्दर कवि-कल्पना है। सचमुच जब ताल के जल में, मन्द-मन्द हवा से सिहरती चाँदनी में, मन्दिर की कुहासे-सी परछाईं डोलती होगी, तब मन्दिर सचमुच सुन्दर हिंडोले-सा दिखता होगा...इसी उत्साह को लिये वह बढ़ता जा रहा था—तीस-पैंतीस मील का क्या है—घंटे-भर की बात है...

लेकिन सात-एक मील बाक़ी थे कि गाड़ी कच्ची सड़क के कीचड़ में फँस गई। पहले तो स्टीयरिंग ऐसा मक्खन-सा नरम चला, मानो गाड़ी नहीं नाव की पतवार हो, और नाव बड़े-से भँवर में हिचकोले खाती झूम रही हो, फिर लेफ़्टिनेंट

के सँभालते-सँभालते गाड़ी धीमी होकर रुक गई, यद्यपि पहियों के घूमते रहकर कीचड़ उछालने की आवाज़ आती रही...

इसके लिए साधारणतया तैयार होकर ही ट्रक चलते थे। परन्तु बेलचा निकाला गया, कीचड़ साफ़ करने की कोशिश हुई, लेकिन कीचड़ गहरा और पतला था, बेलचे का नहीं, पम्प का काम था! फिर टायरों को लोहे की ज़ंजीरें चढ़ाई गईं। पहिये घूमने पर कहीं पकड़ने को कुछ मिले तो गाड़ी आगे ठिले—मगर चलने की कोशिश पर लीक गहरी कटती गई और ट्रक धँसता गया, यहाँ तक कि नीचे का गीयर-बक्स भी कीचड़ में डूबने को हो गया...मानो इतना काफ़ी न हो; तभी इंजन ने दो-चार बार फट्-फट्-फटर का शब्द किया और चुप हो गया—फिर स्टार्ट ही न हुआ...

अँधेरे में गुरूंग का मुँह नहीं दिखता था और लेफ़्टिनेंट ने मन-ही-मन सन्तोष किया कि गुरूंग को उसका मुँह नहीं दिखता होगा...गुरूंग गोरखा था और फ़ौजी गोरखों की भाषा कम-से-कम भावना की दृष्टि से गूँगी होती है मगर आँखें या चेहरे की झुर्रियाँ सब समय गूँगी नहीं होतीं—और इस समय अगर उनमें लेफ़्टिनेंट सा'ब की भावुक उतावली पर विनोद का आभास भी दिख गया, तो दोनों में मूक वैमनस्य की एक दीवार खड़ी हो जाएगी...

तभी सागर ने दस्ताने फेंककर कहा, "हम बन्दोबस्त करेगा," और पिच्च-पिच्च कीचड़ में जमा-जमाकर बूट रखता हुआ आगे चढ़ चला।

कहने को तो उसने कह दिया, पर वह बन्दोबस्त करेगा क्या रात में? बादल फिर घिरने लगे; शिवसागर सात मील है तो दूसरे सागर भी तीन-चार मील तो होंगे और क्या जाने कोई बस्ती भी होगी कि नहीं; और जयसागर तो बड़े बीहड़ मैदान के बीच में है...उसने पढ़ा था कि उस मैदान के बीच में ही रानी जयमती को यन्त्रणा दी गई थी कि वह अपने पति का पता बता दे। पाँच लाख आदमी उसे देखने इकट्ठे हुए थे, और कई दिनों तक रानी को सारी जनता के सामने सताया और अपमानित किया गया था।

एक बात हो सकती है कि पैदल ही शिवसागर चला जाये, उस पर कीचड़ में पिच्च-पिच्च सात मील! उसी में भोर हो जाएगी, फिर तुरन्त गाड़ी के लिए वापस जाना पड़ेगा...फिर नहीं, वह बेकार है। दूसरी सूरत...रात गाड़ी में ही सोया जा सकता है। पर गुरूंग? वह भूखा ही होगा...कच्ची रसद तो होगी, पर बनाएगा कैसे? सागर ने तो गहरा नाश्ता किया था, उसके पास बिस्कुट वग़ैरह भी है...पर अफ़सरी का बड़ा क़ायदा है कि अपने मातहत को कम-से-कम खाना तो ठीक खिलाये...शायद आस-पास कोई गाँव हो—

कीचड़ में कुछ पता न लगता था कि सड़क कितनी है और अग़ल-बग़ल का मैदान कितना। पहले तो दो-चार पेड़ भी किनारे-किनारे थे, पर अब वह भी नहीं...दोनों ओर सपाट-सूना मैदान था, और दूर के पेड़ भी ऐसे धुँधले हो गए थे कि भ्रम हो, कहीं चश्मे पर नमी की ही करामात तो नहीं है...अब रास्ता जानने

का एक ही तरीका था, जहाँ कीचड़ कम गहरा हो वही सड़क; इधर-उधर हटते ही पिंडलियाँ तक पानी में डूब जाती थीं और तब वह फिर धीरे-धीरे पैर से टटोलकर मध्य में आ जाता था...

यह क्या है? हाँ पुल-सा है—यह रेलिंग है। मगर दो पुल हैं समकोण बनाते हुए...क्या दो रास्ते हैं? कौन-सा पकड़ें?

एक कुछ ऊँची ज़मीन की ओर जाता जान पड़ता था। ऊँचे पर कीचड़ कम होगा, इस बात का ही आकर्षण काफ़ी था; फिर ऊँचाई पर से शायद कुछ दिख भी जाए। सागर उधर ही चल पड़ा। पुल के पार ही सड़क एक ऊँची उठी हुई पटरी-सी बन गई, तनिक आगे इसमें कई मोड़ से आए, फिर जैसे धान-खेत में कहीं-कहीं कई-एक छोटे-छोटे खेत एक साथ पड़ने पर उनकी मेड़ मानो एक साथ कई ओर जाती जान पड़ती है, इसी तरह वह पटरी भी कई ओर को जाती-सी जान पड़ी। सागर मानो एक बिन्दु पर खड़ा है, जहाँ से कई रास्ते हैं, प्रत्येक के दोनों ओर जल...मानो अथाह समुद्र में पटरियाँ बिछा दी गई हों...

सागर ने एक बार चारों ओर नज़र दौड़ाई। शून्य! उसने फिर आँखों की कोरें कसकर झाँककर देखा, बादलों की रेखा में एक कुछ अधिक घनी-सी रेखा उसे दिखी...बादल ऐसा समकोण नहीं हो सकता। नहीं, यह इमारत है...सागर उसी ओर को बढ़ने लगा। रोशनी नहीं दिखती, पर शायद भीतर कोई हो—

पर ज्यों-ज्यों वह निकट जाता गया, उसकी आशा धुँधली पड़ती गई। यह असमिया घर नहीं हो सकता—इतने बड़े घर अब कहाँ हैं? फिर यहाँ, जहाँ बाँस और फूस के बासे ही हो सकते हैं, ईंट के घर नहीं—अरे यह तो कोई बड़ी इमारत है—क्या हो सकती है?

मानो उसके प्रश्न के उत्तर में ही सहसा आकाश में बादल कुछ फीका पड़ा और सहसा धुँधला-सा चाँद भी झलक गया। उसके अधूरे प्रकाश में सागर ने देखा— एक बड़ी-सी, ऊपर से चपटी-सी इमारत—यानी दुमंज़िली बारादरी...बरामदे से, जिसमें कई-एक बार महराबें; एक के बीच से मानो आकाश झाँक दिया...

सागर ठिठककर क्षण-भर उसे देखता रहा। सहसा उसके भीतर कुछ जागा जिसने इमारत को पहचान लिया—यह तो अहोम राजाओं का क्रीड़ा-भवन है— क्या नाम है?—रंग महल, नहीं हवा-महल—नहीं, ठीक याद नहीं आता, पर यह बड़े पठार के किनारे पर है जिसमें जयमती—

एकाएक हवा सनसना उठी। आस-पास के पानी में जहाँ-तहाँ नरसल के झोंप थे, झुककर फुसफुसा उठे, जैसे राजा के आने पर भृत्यों-सेवकों में एक सिरहन दौड़ जाए...एकाएक यह लक्ष्य करके कि चाँद फिर छिपा जा रहा है, सागर ने घूमकर चीन्ह लेना चाहा कि ट्रक किधर कितनी दूर है, पर वह अभी यह भी तय नहीं कर सकता था कि कहाँ क्षितिज है, जिसके नीचे पठार है और ऊपर आकाश या मेघाली कि चाँद छिप गया, और अगर उसने खूब अच्छी तरह पहचान न रखा होता, तो रंग महल या हवा महल भी खो जाता...

महल में छत होगी। वहाँ सूखा होगा। वहाँ आग भी जल सकती है। शायद बिस्तर लाकर सोया भी जा सकता है। ट्रक से तो यही अच्छा रहेगा—गाड़ी को तो कोई खतरा नहीं—

सागर जल्दी-जल्दी आगे बढ़ने लगा।

रंग महल बहुत बड़ा हो गया था। उसकी कुर्सी ही उतनी ऊँची थी कि असमिया घर उसकी ओट में छिप जाए। पक्के फ़र्श पर पैर पड़ते ही सागर ने अनुमान किया, तीस-पैंतीस सीढ़ियाँ होंगी...सीढ़ियाँ चढ़कर वह असली ड्योढ़ी तक पहुँचेगा।

ऊपर चढ़ते-चढ़ते हवा चीख उठी। कई मेहराबों से मानो उसने गुर्राकर कहा, "कौन हो तुम, इतनी रात गए मेरा एकान्त भंग करनेवाले?" विरोध के फूत्कार का यह थपेड़ा इतना सच्चा था कि सागर मानो फुसफुसा ही उठा, "मैं...सागर, आसरा ढूँढ़ता हूँ—रैनबसेरा—"

पोपले मुँह का बूढ़ा जैसे खिखियाकर हँसे, वैसे ही हवा हँस उठी। "ही—ही—ही—खी—खी—खीः। यह हवा महल—अहोम राजा का लीलागार—अहोम राजा का—व्यसनी, विलासी, छहों इन्द्रियों से जीवन की लिसड़ी बोटी से छहों रसों को चूसकर उसे झँझोड़कर फेंक देने वाले नृशंस लीलापिशाचों का—यहाँ आसरा—यहाँ बसेरा—ही—ही—ही—खी—खी—खीः।"

सीढ़ियों की चोटी से मेहराबों के तले खड़े सागर ने नीचे और बाहर की ओर देखा। शून्य, महाशून्य बादलों से, बादलों में बसी नमी और ज्वाला से प्लवन, वज्र और बिजली से भरा हुआ शून्य। क्या उसी की गुर्राहट हवा में है, या कि नीचे फैले नंगे पठार की, जिसके चूतड़ों पर दिन-भर सड़-सड़ पानी के कोड़ों की बौछार पड़ती रही है? उसी पठार का आक्रोश, सिसकन, रिरियाहट?

इसी जगह, इसी मेहराब के नीचे खड़े कभी अधनंगे अहोम राजा ने अपने गठीले शरीर को दर्प से अकड़ाकर, सितार की खूँटी की तरह उमेठकर, बायें हाथ के अँगूठे को कमरबन्द में अटकाकर, सीढ़ियों पर खड़े क्षत-शरीर राजकुमारों को देखा होगा, जैसे कोई साँड़ खसिया बैलों के झुंड को देखे, फिर दाहिने हाथ की तर्जनी को उठाकर दाहिने भ्रू को तनिक-सा कुंचित करके संकेत से आदेश किया होगा कि यन्त्रणा को और कड़ी होने दो।

लेफ़्टिनेंट सागर की टाँगें मानो शिथिल हो गईं। वह सीढ़ी पर बैठ गया, पैर उसने नीचे को लटका दिए, पीठ मेहराब के निचले हिस्से से टेक दी। उसका शरीर थक गया था दिन-भर स्टीयरिंग पर बैठे-बैठे, और पौने दो सौ मील तक कीचड़ की सड़क से बनी लीकों पर आँखें जमाए रहने से आँखें भी ऐसे चुनचुना रही थीं मानो उनमें बहुत बारीक पिसी हुई रेत डाल दी गई हो—आँखें बन्द भी वह करना चाहे और बन्द करने में क्लेश भी हो—वह आँख खुली रखकर ही किसी तरह पीठ को समेट ले, या बन्द करके देखता रह सके तो...।

अहोम राजा चूलिक-फा...राजा में ईश्वर का अंश होता है, ऐसे अन्धविश्वास पालनेवाली अहोम जाति के लिए यह मानना स्वाभाविक ही था कि राजकुल का

अक्षत-शरीर व्यक्ति ही राजा हो सकता है, जिसके शरीर में कोई क्षत है, उसमें देवत्व का अंश कैसे रह सकता है? देवत्व—और क्षुण्ण? नहीं ईश्वरत्व अक्षुण्ण ही होता है, और राज-शरीर अक्षत...

अहोम-परम्परा के अनुसार कुल-घात के सेतु से पार होकर चूलिक-फा भी राजसिंहासन पर पहुँचा। लेकिन वह सेतु सदा के लिए खुला रहे, इसके लिए उसने एक अत्यन्त नृशंस उपाय सोचा। अक्षत-शरीर राजकुमार ही राजा हो सकते हैं, अतः सारे अक्षत-शरीर राजकुमार उसके प्रतिस्पर्धी और सम्भाव्य घातक हो सकते हैं। उनके निराकरण का उपाय यह है कि सबका एक-एक कान या छिगुनी कटवा ली जाए—हत्या भी न करनी पड़े, मार्ग के रोड़े भी हट जाएँ। लाठी न टूटे, साँप भी मरे नहीं, पर उसके विषदन्त उखड़ जाएँ। क्षत-शरीर, कनकटे या छिगुनी-कटे राजकुमार राजा हो ही नहीं सकेंगे, तब उन्हें राज-घात का लोभ भी न सताएगा!

चूलिक-फा ने सेनापति को बुलाकर गुप्त आज्ञा दी कि रात में चुपचाप राजकुल के प्रत्येक व्यक्ति के कान (या छिगुनी) काटकर प्रातःकाल दरबार में राज-चरणों में अर्पित किए जाएँ।

और प्रातःकाल, वहीं, रंग महल की सीढ़ियों पर उसके चरणों में यह वीभत्स उपहार चढ़ाया गया होगा—और उसने उसी दर्प-भरी अवज्ञा में, होंठों की तार-सी तनी पतली रेखा को तनिक मींड़-सी देकर, शब्द किया होगा, 'हूँ' और रक्त-सने थाल को पैर से तनिक-सा ठुकरा दिया होगा!

चूलिक-फा—निष्टकंटक राजा। लेकिन नहीं, यह तीर-सा कैसा साल गया? एक राजकुमार भाग गया—अक्षत!

लेफ़्टिनेंट सागर मानो चूलिक-फा के चीत्कार को स्पष्ट सुन सका। अक्षत! भाग गया?

वहाँ सामने लेफ़्टिनेंट ने फिर आँखों को कसकर बादलों की दरार को भेदने की कोशिश की—वहाँ सामने कहीं नगा पर्वत-श्रेणी है। वनवासी वीर नगा जातियों से अहोम राजाओं की कभी नहीं बनी—वे अपने पर्वतों के नंगे राजा थे, ये अपनी समतल भूमि के कौशेय पहनकर भी अधनंगे रहनेवाले महाराजा, पीढ़ियों के युद्ध के बाद दोनों ने अपनी-अपनी सीमाएँ बाँध ली थीं और कोई किसी से छेड़छाड़ नहीं करता था—केवल सीमा-प्रदेश पर पड़ने वाली नमक की झीलों के लिए युद्ध होता था, क्योंकि नमक दोनों को ही चाहिए था। पर अहोम राजद्रोही नगा जातियों के सरदार के पास आश्रय पाए—असह्य है! असह्य!

हवा ने साँय-साँय करके दाद दी...असह्य। मानो चूलिक-फा के विवश क्रोध की लम्बी साँस सागर की देह को छू गई—यहीं खड़े होकर उसने वह साँस खींची होगी—उस मेहराब ही की ईंट-ईंट में तो उसके सुलगते वायु-कण बसे होंगे?

लेकिन जाएगा कहाँ! उसकी वधू तो है? वह जानेगी उसका पति कहाँ है, उसे जानना होगा! जयमती अहोम राज्य की अद्वितीय सुन्दरी—जनता की लाड़ली—

होने दो! चूलिक्-फा राजा है, वह शत्रु-विहीन निष्कंटक राज्य करना चाहता है। जयमती को पति का पता देना होगा—उसे पकड़वाना होगा—चूलिक-फा उसके प्राण नहीं चाहता, केवल एक कान चाहता है, या एक छिगुनी—चाहे बाएँ हाथ की भी छिगुनी! क्यों नहीं बताएगी जयमती? वह प्रजा है; प्रजा की हड्डी-बोटी पर भी राजा का अधिकार है!

बहुत ही छोटे एक क्षण के लिए चाँद झलक गया। सागर ने देखा, सामने खुला आकारहीन, दिशाहीन, मानातीत निरा विस्तार; जिसमें नरसलों की साँय-साँय, हवा का असंख्य कराहटों के साथ रोना, उसे घेरे हुए मेहराबों की क्रुद्ध साँपों की-सी फुफकार...चाँद फिर छिप गया और पानी की नयी बौछार के साथ सागर ने आँखें बन्द कर लीं...असंख्य सहमी हुई कराहें; और पानी की मार ऐसे जैसे नंगे चूतड़ों पर स-दिया प्रान्त के लचीले बेंतो की सड़ाक्-सड़ाक्। स-दिया अर्थात् शव-दिया; कब किसका शव वहाँ मिलता था याद नहीं आता, पर था शव ज़रूर—किसका शव...

नहीं, जयमती का नहीं। वह तो—वह तो उन पाँच लाख बेबस देखनेवालों के सामने एक लकड़ी के मंच पर खड़ी है, अपनी ही अस्पृश्य लज्जा में, अभेद्य मौन में, अटूट संकल्प और दुर्दमनीय स्पर्द्धा में लिपटी हुई; सात दिन की भूखी-प्यासी, घास और रक्त की कीच से लथपथ, लेकिन शेषनाग के माथे में ठुकी हुई कीलों की भाँति अडिग, आकाश को छूनेवाली प्रात:शिखा-सी निष्कम्प...

लेकिन यह क्या? सागर तिलमिलाकर उठ बैठा। मानो अँधेरे में भुतही-सी दिख पड़नेवाली वह लाखों की भीड़ भी काँपकर फिर जड़ हो गई—जयमती के गले से एक बड़ी तीखी करुण चीख निकलकर भारी वायुमण्डल को भेद गई—जैसे किसी थुलथुल कछुए के पेट को मछेरे की बर्छी...सागर ने बड़े ज़ोर से मुट्ठियाँ भींच लीं...क्या जयमती टूट गई? नहीं, यह नहीं हो सकता; नरसलों की तरह बिना रीढ़ के गिरती-पड़ती इस लाख जनता के बीच वही तो देवदारु-सी तनी खड़ी है, मानवता की ज्योति-श्लाका...

सहसा उसके पीछे से एक दृप्त, रूखी, अवज्ञा-भरी हँसी से पीतल की तरह झनझनाते स्वर ने कहा, ''मैं राजा हूँ!''

सागर ने चौंककर मुड़कर देखा—सुनहला रेशमी वस्त्र, रेशमी उत्तरीय, सोने की कंठी और बड़े-बड़े अनगढ़ पन्नों की माला पहने भी अधनंगा एक व्यक्ति उसकी ओर ऐसी दया-भरी अवज्ञा से देख रहा था, जैसे कोई राह-किनारे के कृमि-कीट को देखे। उसका सुगठित शरीर, छेनी से तराशी हुई चिकनी मांसपेशियाँ, दर्प-स्फीत नासाएँ तेल-सी चमक रही थीं; आँखों की कोर में लाली थी जो अपनी अलग बात कहती थी—''मैं मद भी हो सकती हूँ, गर्व भी, विलास-लोलुपता भी, और निरी नृशंस नर-रक्त-पिपासा भी...''

सागर टुकुर-टुकुर देखता रह गया। न उठ सका, न हिल सका। वह व्यक्ति फिर बोला, ''जयमती? हुँ; जयमती!'' अँगूठे और तर्जनी की चुटकी बनाकर उसने झटक दी, मानो हाथ का मैल कोई मसलकर फेंक दे। बिना क्रिया के भी वाक्य

सार्थक होता है, कम-से-कम राजा का वाक्य...

सागर ने कहना चाहा, ''नृशंस! राक्षस!'' लेकिन उसकी आँखों की लाली में एक बाध्य करनेवाली प्रेरणा थी, सागर ने उसकी दृष्टि का अनुसरण करते हुए देखा, जयमती सचमुच लड़खड़ा गई थी। चीखने के बाद उसका शरीर ढीला होकर लटक गया था, कोड़ों की मार रुक गई थी, जनता साँस रोके सुन रही थी...

सागर ने भी साँस रोक ली। तब मानो स्तब्धता में उसे अधिक स्पष्ट दिखने लगा, जयमती के सामने एक नया बाँका खड़ा था, सिर पर कलगी, गले में लकड़ी के मुंडों की माला, मुँह पर रंग की व्याघ्रोपम रेखाएँ, कमर में घास की चटाई की कौपीन, हाथ में बर्छी। और वह जयमती से कुछ कह रहा था।

सागर के पीछे एक दर्प-स्फीत स्वर फिर बोला, ''चुलिक-फा के विधान में हस्तक्षेप करनेवाला वह ढीठ नगा कौन है?'' पर सहसा उस नगे व्यक्ति का स्वर सुनाई पड़ने लगा और सब चुप हो गए...

''जयमती, तुम्हारा साहस धन्य है। जनता तुम्हें देवी मानती है। पर और अपमान क्यों सहो? राजा का बल अपार है—कुमार का पता बता दो और मुक्ति पाओ!''

अब की बार रानी चीखी नहीं। शिथिल-शरीर, फिर एक बार कराहकर रह गई।

नगा वीर फिर बोला, ''चूलिक-फा केवल अपनी रक्षा चाहते हैं, कुमार के प्राण नहीं। एक कान दे देने में क्या है? या छिगुनी? उतना तो कभी खेल में या मल्ल-युद्ध में भी जा सकता है।''

रानी ने कोई उत्तर नहीं दिया।

''चूलिक-फा डरपोक है, डर नृशंस होता है। पर तुम कुमार का पता बताकर अपनी मान-रक्षा और पति की प्राण-रक्षा कर सकती हो।''

सागर ने पीछे सुना है, ''हुँः'', और मुड़कर देखा, उस व्यक्ति के चेहरे पर एक क्रूर-कुटिल मुस्कान खेल रही है।

सागर ने उद्धत होकर कहा, ''हुँः! क्या?''

वह व्यक्ति तनकर खड़ा हो गया, थोड़ी देर सागर की ओर देखता रहा, मानो सोच रहा हो, इसे क्या उत्तर दे? फिर और भी कुटिल होंठों के बीच से बोला, ''मैं चूलिक-फा, डरपोक! अभी जानेगा। पर अभी तो मेरे काम की कह रहा है—''

नगा वीर जयमती के और निकट जाकर धीरे-धीरे कुछ कहने लगा। चूलिक-फा ने भौं सिकोड़कर कहा, ''क्या फुसफुसा रहा है?''

सागर ने आगे झुककर सुन लिया।

''जयमती, कुमार तो अपने मित्र नगा सरदार के पास सुरक्षित है। चूलिक-फा तो उसे पकड़ ही नहीं सकता, तुम पता बताकर अपनी रक्षा क्यों न करो? देखो, तुम्हारी कोमल देह—''

आवेश में सागर खड़ा हो गया, क्योंकि उसकी कोमल देह में एक बिजली-सी दौड़ गई और उसने तनकर, सहसा नगा वीर की ओर उन्मुख होकर कहा, "कायर नपुंसक!—तुम नगा कैसे हुए? कुमार तो अमर हैं, कीड़ा चूलिक-फा उन्हें कैसे छुएगा? मगर लोग क्या कहेंगे, कुमार की रानी जयमती ने देह की यन्त्रणा से घबराकर उनका पता बता दिया? हट जाओ, अपना कलंकी मुँह मेरे सामने से दूर करो!"

जनता में तीव्र सिहरन दौड़ गई। नरसल बड़ी ज़ोर से काँप गए, गँदले पानी में एक हलचल उठी, जिससे लहराते गोल वृत्त फैले कि फैलते ही गए, हवा फुफकार उठी, बड़ी ज़ोर की गड़गड़ाहट हुई। मेघ और काले हो गए—यह निरी रात है कि महानिशा, कि यन्त्रणा की रात—सातवीं रात, कि नवीं रात? और जयमती क्या अब बोल भी सकती है, क्या यह उसके दृढ़ संकल्प का मौन है, कि अशक्तता का? और यह वही भीड़ है, नयी भीड़, वही नगा वीर, कि दूसरा कोई, कि भीड़ में कई नगे बिखरे हैं...

चूलिक-फा ने कटु स्वर में कहा, "फिर आया वह नगा!"

नगा वीर ने पुकारकर कहा, "जयमती! रानी जयमती!"

रानी हिली-डुली नहीं।

वीर फिर बोला, "रानी! मैं उसी नगा सरदार का दूत हूँ, जिसके यहाँ कुमार ने शरण ली है। मेरी बात सुनो!"

रानी का शरीर काँप गया। वह एकटक आँखों से उसे देखने लगी, कुछ बोली नहीं। बोल सकी नहीं।

"तुम कुमार का पता दे दो। सरदार उसकी रक्षा करेंगे। वह सुरक्षित है।"

रानी की आँखों में कुछ घना हो आया। बड़े कष्ट से उसने कहा, "नीच!" एक बार उसने होंठों पर जीभ फेरी, कुछ और बोलना चाहा, पर सकी नहीं।

चूलिक-फा ने वहीं से आदेश दिया, "पानी दो इसे—बोलने दो!"

किसी ने रानी के होंठों की ओर पानी बढ़ाया। वह थोड़ी देर मिट्टी के कसोरे की ओर वितृष्ण दृष्टि से देखती रही, फिर उसने आँख भरकर नगा युवक की ओर देखा, फिर एक घूँट पी लिया। तभी चूलिक-फा ने कहा, "बस, एक-एक घूँट, अधिक नहीं!"

रानी ने एक बार दृष्टि चारों ओर लाख-लाख जनता की ओर दौड़ाई।

फिर आँखें नगा युवक पर गड़ाकर बोली, "कुमार सुरक्षित हैं। और कुमार की यह लाख-लाख प्रजा—जो उनके लिए आँखें बिछाए है—एक नेता के लिए, जिसके पीछे चलकर आततायी का राज्य उलट दे—जो एक आदर्श माँगती है—मैं उसकी आशा तोड़ दूँ—उसे हरा दूँ—कुमार को हरा दूँ?"

वह क्षण-भर चुप हुई। चूलिक-फा ने एक बार आँख दौड़ाकर सारी भीड़ को देख लिया। उसकी आँख कहीं टिकी नहीं...मानो उस भीड़ में उसे टिकने लायक कुछ नहीं मिला, जैसे रेंगते कीड़ों पर दीठ नहीं जमती...

नगा ने कहा, ''प्रजा तो राजा चूलिक-फा की है न?''

रानी ने फिर उसे स्थिर दृष्टि से देखा। फिर धीरे-धीरे कहा, ''चूलिक—'' और फिर कुछ ऐसे भाव से अधूरा छोड़ दिया कि उसके उच्चारण से मुँह दूषित हो जाएगा। फिर कहा, ''यह प्रजा कुमार की है—जाकर नगा सरदार से कहना कि कुमार—'' वह फिर रुक गयी। ''पर तू—तू तो नगा नहीं, तू तो उस गिद्ध की प्रजा है—जा, उसके गन्दे पंजे को चाट!''

रानी की आँखें चूलिक-फा की ओर मुड़ीं, पर उसकी दीठ ने उसे छुआ नहीं, जैसे किसी गिलगिली चीज़ की ओर आँखें चढ़ाने में भी घिन आती है...

नगा ने मुस्कुराकर कहा, ''कहाँ है मेरा राजा?''

चूलिक-फा ने वहीं से पुकारकर कहा, ''मैं, यह हूँ—अहोम राज्य का एकछत्र शासक!''

नगा युवक सहसा उसके पास चला आया।

सागर ने देखा, भीड़ का रंग बदल गया है। वैसा ही अन्धकार, वैसा ही अथाह प्रसार, पर उसमें जैसे कहीं व्यवस्था, भीड़ में जगह-जगह नये दर्शक बिखरे, पर बिखरेपन में भी एक माप...

नगा ने पास से कहा, ''मेरे राजा!''

एकाएक बड़े ज़ोर की गड़गड़ाहट हुई। सागर खड़ा हो गया उसने आँखें फाड़कर देखा, नगा युवक सहसा बर्छी के सहारे कई एक सीढ़ियाँ फाँदकर चूलिक-फा के पास पहुँच गया है, बर्छी सीढ़ी की ईंटों की दरार में फँसी रह गई है, पर नगा चूलिक-फा को धक्के से गिराकर उसकी छाती पर चढ़ गया है; उधर जनता में एक बिजली कड़क गई है, ''कुमार की जय!'' किसी ने फाँदकर मंच पर चढ़कर कोड़ा लिये जल्लादों को गिरा दिया है, किसी ने अपना अंग-वस्त्र जयमती पर डाला है और कोई उसके बन्धन की रस्सी टटोल रहा है...

पर चूलिक-फा और नगा...सागर मन्त्र-मुग्ध खड़ा था, उसकी दीठ चूलिक-फा पर जमी थी...सहसा उसने देखा, नगा तो निहत्था है, पर नीचे पड़े चूलिक-फा के हाथ में एक चन्द्राकार डाओ है जो वह नगा के कान के पीछे साध रहा है—नगा को ध्यान नहीं है, मगर चूलिक-फा की आँखों में पहचान है कि नगा और कोई नहीं, स्वयं कुमार है; और वह डाओ साध रहा है...

कुमार छाती पर है, पर मर जाएगा....या क्षत भी हो गया तो...चूलिक-फा ही मर गया तो भी, अगर कुमार क्षत हो गया तो—सागर उछला। वह चूलिक-फा का हाथ पकड़ लेगा—डाओ छीन लेगा।

पर वह असावधानी से उछला था, उसका कीचड़-सना बूट सीढ़ी पर फिसल गया और वह लुढ़कता-पुढ़कता नीचे जा गिरा।

अब? चूलिक-फा का हाथ सध गया है, डाओ पर उसकी पकड़ कड़ी हो गई है, अब—

लेफ़्टिनेंट सागर ने वहीं पड़े-पड़े कमर से रिवॉल्वर खींचा और शिस्त लेकर

दाग दिया....धाँय!

धुआँ हो गया। हटेगा तो दिखेगा—पर धुआँ हटता क्यों नहीं? आग लग गई—रंगमहल जल रहा है, लपटें इधर-उधर दौड़ रही हैं। क्या चूलिक-फा जल गया?—और कुमार—क्या यह कुमार की जयध्वनि है? कि जयमती की—यह अद्‌भुत, रोमांचकारी गूँज, जिसमें मानो वह डूबा जा रहा है, डूबा जा रहा है—नहीं, उसे सँभलना होगा।

लेफ़्टिनेंट सागर सहसा जागकर उठ बैठा। एक बार हक्का-बक्का होकर चारों ओर देखा, फिर उसकी बिखरी चेतना केन्द्रित हो गई। दूर से दो ट्रकों की दो जोड़ी बत्तियाँ पूरे प्रकाश से जगमगा रही थीं और एक से सर्च-लाइट इधर-उधर भटकती हुई रंग महल की सीढ़ियों को क्षण-क्षण ऐसे चमका देती थी मानो बादलों से पृथ्वी तक किसी वज्र-देवता के उतरने का मार्ग खुल जाता है। दोनों ट्रकों के हॉर्न पूरे ज़ोर से बजाए जा रहे थे।

बौछार से भीगा हुआ बदन झाड़कर लेफ़्टिनेंट सागर उठ खड़ा हुआ। क्या वह रंग महल की सीढ़ियों पर सो गया था? एक बार आँखें दौड़ाकर उसने मेहराब को देखा, चाँद निकल आया था, मेहराब की ईंटें दिख रही थीं। फिर धीरे-धीरे उतरने लगा।

नीचे से आवाज़ आई, ''सा'ब, दूसरा गाड़ी आ गया, टो करके ले जाएगा!''

सागर ने मुँह उठाकर सामने देखा, और देखता रह गया। दूर चौरस ताल चमक रहा था, जिसके किनारे पर मन्दिर भागते बादलों के बीच में काँपता हुआ, मानो शुभ्र चाँदनी से ढका हुआ हिंडोला—क्या एक रानी के अभिमान का प्रतीक, जिसने राजा को बचाया, या एक नारी के साहस का, जिसने पुरुष का पथ-प्रदर्शन किया; या कि मानव-मात्र की अदम्य स्वातन्त्र्य-प्रेरणा का अभीत, अजय-जयदोल?

•

वे दूसरे

हेमन्त कई क्षण तक चुपचाप बालू की ओर देखता रहा। यह नहीं कि उसके मन में शून्य था; यह भी नहीं कि मन की बात कहने को शब्द बिलकुल ही नहीं थे, केवल यही कि बालू पर उसके अपने पैरों की जो छाप पड़ी हुई थी—गीली बालू पर, जो चिकनी पाटी की तरह होती है—उसमें उसके लिए एक आकर्षण था जिसमें निरा कौतूहल नहीं, जिज्ञासा की एक तीखी तात्कालिकता थी। छालियाँ उसके पास तक आकर लौट जाती थीं—क्या कोई बड़ी लहर आकर उस छाप को लील जाएगी। क्या एक ही लहर में वह छाप मिट जाएगी—या कि केवल हल्की पड़ जाएगी—मिटने के लिए कई लहरों को आना होगा, जिन लहरों को पैदा करने के लिए समुद्र की पृथ्वी की आन्तरिक हलचल की, चन्द्र-सूर्य-तारागण के आकर्षण की एक विशेष अन्योन्य-सम्बद्ध स्थिति को बार-बार आना होगा...क्या उसका एक-एक अनैच्छिक पदचिह्न मिटाने के लिए सारे विश्व-चक्र के एक विशेष आवर्तन की आवश्यकता है?

''कोरा अहंकार!'' उसने अपने को झकझोरने के लिए कहा, ''कोरा अहंकार! इसलिए नहीं कि बात मूलत: झूठ है, इसलिए कि उसको तूल देना झूठ है। झूठ मूलत: तथ्य का नहीं, आग्रह की दृष्टि का दोष है : झूठ-सच विषयों पर आश्रित सापेक्ष हैं, तथ्य विषयी से परे और निरपेक्ष है।''

और तब उसने अपनी साथिन से कहा, ''सुधा, मैं कह नहीं सकता कि मेरे मन में कितनी ग्लानि है और मैं जानता हूँ कि वह वर्षों तक मुझे खाती रहेगी—मुझे लगता है कि अनुपात का यह बोझ मैं सारा जीवन ढोता रहूँगा। लेकिन—'' क्षण-भर रुककर उसने सुधा के चेहरे की ओर देखा—''लेकिन मैं नहीं चाहता कि कटुता का बोझ तुम्हें ही ढोना पड़े या कि तुम उसे याद भी रखो। और—''

वह फिर थोड़ी देर चुप हो गया। इसलिए भी कि आगे वह जो कहना चाहता था, उसे झिझक थी, और इसलिए भी कि वह चाहता था कि ठीक इस स्थल पर सुधा उसकी बात काटकर कुछ कह दे, जिससे उसे कुछ सहारा मिल जाए।

पर सुधा ने कुछ कहा नहीं। वह पिघली भी नहीं। हेमन्त ने यह आशा तो नहीं की थी कि उस पर भी अनुताप का इतना गहरा बोझ होगा कि उसे उदार बना दे, पर इतने की आशा उसने शायद की थी कि सुधा में और नहीं तो करुणा का ही इतना भाव होगा कि उसकी सच्ची भावना को स्वीकार करा दे। पर सुधा ने जल्दी से मुँह फेर लिया—और हेमन्त ने देखा कि उस फिरते हुए मुँह पर मुस्कान दौड़ने वाली है—विजय के गर्व की मुस्कान—मानो कहती हो कि अब जाकर तुम जानोगे, अनुताप की आग में जलोगे तो मुझे शान्ति मिलेगी—तुम, जिसने मुझे सताया—जलाया—

ऐसी विदा की उसने कल्पना नहीं की थी। उसे सहसा लगा कि वह मूर्ख है, महामूर्ख, क्योंकि जब साथ रहना असम्भव पाकर वे अलग हुए, और इतनी कटुता के बाद तलाक़ हुआ ही, तब और अलग विदा लेना चाहने का क्या मतलब था? क्या यह कलाकार का दम्भ ही नहीं है कि वह पराजय को भी सुघड़ रूप देना चाहे? अन्त का सौन्दर्य उसकी सुचारुता में, सुघराई में नहीं है, करुणा में भी नहीं है, वह उसके अपरिहार्य अन्तिमपन और काठिन्य में है...अन्त सुन्दर है, क्योंकि वह महान् है, क्योंकि हम उसका कुछ नहीं कर सकते, उसे केवल स्वीकार कर सकते हैं...

किन्तु उसका मन नहीं माना। देखकर भी उसने सुधा की गर्वीली मुस्कान देखनी नहीं चाही। क्योंकि यह तो निरी मृत्यु-पूजा है। अन्त इसलिए महान् है कि हम उसके आगे अशक्त हैं?—नहीं, हमारी स्वीकृति का संयम और साहस उसे महत्ता देता है—

और उसने पूरा साहस बटोरकर अपने मन की बात कह ही डाली, ''और अगर तुम मुझे इतना भूल सको—यानी मेरे साथ की कटुता को—दोबारा विवाह की बात तुम्हारे मन में उठे, तो—तो मुझे बड़ी सान्त्वना मिलेगी—मेरा अनुताप तब भी मिटेगा या नहीं यह तो नहीं कह सकता, पर इतना तो मान सकूँगा कि मैं सदा के लिए शाप न बना, कि—''

अब सुधा फिर उसकी ओर मुड़ी। अब उसने अपने को वश में कर लिया था—वह अप्रतिहत मुस्कान उसके चेहरे पर नहीं थी। उसने रूखे स्वर से कहा, ''मेरे विवाह की बात सोचने की तुम्हें ज़रूरत नहीं है। हाँ, उससे तुम अपने को अधिक स्वतन्त्र महसूस कर सकोगे, यह तो मैं समझती हूँ।''

हेमन्त थोड़ी देर बोल ही नहीं सका। फिर जब उसने सोचा कि शायद अब सकूँ, तब उसने पाया कि वह चाहता नहीं है। तीन वर्षों की व्यर्थ चेष्टा में, अलग होने की कटुता में और फिर तलाक़ की क़ानूनी कार्रवाई के ग्लानि-जनक प्रसंग में वह जितना नहीं टूटा था, उतना इस क्षण में टूट गया। उसने आँखें फिर पैर की उसी छाप पर टिका लीं। एक लहर आकर उस पर हल्के हाथ से लिपाई कर गई थी, गड्ढे कम गहरे हो गए थे पर छाप का आकार स्पष्ट पहचाना जाता था, बल्कि लहर के पीछे हटने के साथ पैर की छाप में भरा हुआ पानी एक ओर को मानो मोर्चा

तोड़कर बह निकला था और उधर को बालू में एक नयी लीक पड़ गई थी। इस छाप को मिटाना ही होगा—लहर को आना ही होगा, यह लीक—यह लीक एक अनावश्यक आकस्मिक घटना है जिसे और एक आकस्मिक घटना अवश्य मिटाएगी, नहीं तो सब ग़लत है, सब व्यवस्था ग़लत है, कार्य-कारणत्व ही धोखा है—और तब सृष्टि एक आधारहीन, कारणहीन, अर्थहीन विसंगति है—पर वह वैसी हो नहीं सकती—

वह आँखों से उस पैर की छाप को पकड़े रहेगा। उसमें स्वास्थ्य है—उसके सहारे यथार्थ से उसका सम्बन्ध जुड़ा है—उस यथार्थ से जिसमें भावनाएँ अर्थ रखती है; और संयत हैं, नहीं तो यथार्थ तो सब कुछ है जो है—पर ऐसा भी हो सकता है कि भावनाएँ ही एक भूल-भूलैया हो जावें—

उसने फिर कहा, ''मैं यहाँ से कटुता की स्मृति भी वापस न लेकर जाऊँगा, यही सोचकर यहाँ आया था। और इसीलिए सागर के किनारे—कि शायद यहाँ अपनी क्षुद्रता उतनी प्यारी न लगे, और—'' वह फिर रुक गया, उसके वाक्य का गठन ठीक नहीं था क्योंकि इसके अर्थ दोनों तरफ़ लग सकते हैं और वह केवल अपनी क्षुद्रता की बात करना चाहता है। इस वक्त आरोप-अभियोग उसमें नहीं है, न होने देना होगा, केवल स्वीकृति...एक और लहर आई, जिसके उफनते झाग पैर की छाप के बहुत आगे तक छा गए। जब लहर लौटी, और झाग के बुलबुले बैठ गए, तब हेमन्त ने देखा, छाप मिट गई है। या कि नहीं, उसकी झाईं-सी भी दिखती है? नहीं, निश्चय ही वह उसका भ्रम है; और कोई कुछ न देख सकता, वह इसलिए देखता है कि उसे याद है—

'याद' है! कितनी धुली हुई मिथ्या छायाओं को हम केवल स्मृति के—स्मरण-भ्रम के!—ज़ोर से सच बनाए रहते हैं! सागर का जो तट मीलों तक फैला है—मीलों क्यों, अगर कोई चीज़ भौतिक यथार्थ से इस छोर से उस छोर तक, इस सीमा से उस सीमा तक, इस असीम से उस असीम तक फैली है तो वह सागर का तट है! उसी पर एक अदृश्य पैर की छाप को मैं 'देख' रहा हूँ, वह भी इतनी स्पष्टता से कि उससे मेरा जीवन बँध रहा है—क्या यह यथार्थ है? क्या देखना यथार्थ है? क्या—

हेमन्त देखता है—

वे दोनों पहाड़ की चोटी पर खड़े हैं। सामने अत्यन्त सुन्दर दृश्य है—छोटी-छोटी पहाड़ियों से घिरी हुई-सी झील जो साँझ के आलोक में ऐसी है मानो रंग-बिरंग और मेघिल आकाश ही जमकर नीचे बैठ गया हो; ऊपर पहली शरद् के मेघ जिन्हें डूबते सूरज की आभा ने रँग दिया है—पीला, लाल, धूमिल, बैंगनी। और ऊपर एक अकेला तारा। लेकिन हेमन्त उस दृश्य में नहीं है। वह सुधा के साथ भी नहीं है। वह कहीं और हो, ऐसा नहीं है, वह सुधा और हेमन्त को इस परिपार्श्व

में जैसे बाहर से देख रहा है, वह भी पीछे से—और सोच रहा है कि उन दोनों की पीठ इस झील और आकाश के पर्दे पर कैसी दिखती होगी? क्या उन पीठों में, उन छायाकृतियों के परस्पर रखाव-झुकाव में, इस बात का कोई संकेत है कि ये दो प्रेमी हैं, या कि पति-पत्नी हैं, विवाह के सप्ताह-भर बाद ही इस पहाड़ी झील की सैर, एकान्त सैर के लिए आए हैं, इसलिए 'हनीमूनर' युगल हैं? वह जानता है कि ऐसा कोई संकेत नहीं है, क्योंकि यह झूठ है। तथ्य सब ठीक हैं— पर आग्रह की चूक है, भावना की चूक है। और निरा तथ्य तब तक सत्य की अभिधा नहीं पाता जब तक उसके साथ रागात्मक सम्बन्ध न हो...

बल्कि वह साथ भी नहीं है। मानो वह अगर हाथ बढ़ाकर सुधा का हाथ पकड़ लेगा तो भी उसे छूएगा नहीं, क्योंकि दोनों एक भावात्मक दूरी की चादर में लिपटे हुए हैं।

सुधा ने धीरे से कहा, ''हम यहाँ नहीं होंगे, तब भी वह तारा ऐसा ही चमकेगा। पर जैसे हम आज इसे देख रहे हैं, वैसे और कोई नहीं देखेगा—यह आज इस क्षण का तारा है।''

हेमन्त को थोड़ा-सा अचम्भा हुआ। क्या यह सच है? ऐसे क्षण पर भावुकता क्या ज़रूरी है? जो सच होता तो मौन में भी प्रकट होता, वह जब सच नहीं है तो क्या इस बात को भी मौन में ही न छिपे रहना चाहिए? पर यह वह कह भी कैसे सकता है? लेकिन उसे कुछ कहना है, क्योंकि दूसरा जो उत्तर हो सकता है— कि सुधा का हाथ पकड़कर धीरे से दबा दिया जाता—वह उत्तर भी झूठ है...

उसने कहा, ''तारे सबके अलग-अलग होते हैं।'' इस वाक्य में चाहे जितना जो अर्थ पढ़ा जा सकता है, अधिक या कम...और अपने मन का सच भी उसने कह दिया है, छिपाया नहीं है...

सुधा ने उसकी ओर देखा। क्या हेमन्त को धोखा ही हुआ कि जब देखा, तब पहचान उस आँखों में नहीं थी, तत्काल बाद आई—कुछ अचकचाहट के साथ!

सुधा बोली, ''क्या सुन्दर में हम सब अपने-अपने अलगाव डुबा नहीं सकते?''

''सकते हैं। अपने-अपने एकान्त का लय—'' और रुक गया। लेकिन मन के भीतर कुछ बोला; ''सुन्दर में, लेकिन एक-दूसरे में नहीं, एक-दूसरे में नहीं!''

अपने को लय करने के लिए सागर की विशालता से अच्छा और कौन द्रावक मिल सकता है? कितने लोग सागर-तट पर खड़े-खड़े इयत्ता को उसमें विलीन कर देते होंगे...लेकिन उससे क्या एक-दूसरे के कुछ भी निकट आ सकते होंगे? सागर में डूबकर भी क्या प्रत्येक चट्टान अलग चट्टान नहीं बनी रहती? जो द्रव नहीं होती, द्रव हो नहीं सकती...

और सागर की छाली, पैर की छाप को मिटाने से पहले उसमें छेद करती है, दरार डालती है, नयी लीक बना देती है...

हेमन्त ने फिर देखा :

नदी पर बजरा धीरे-धीरे बह रहा है, उसके डोलने में, और बाहर लकड़ी पर पड़ती माँझी की दबी हुई पद-चाप से ही मालूम हो रहा है कि वह बह रहा है, क्योंकि जहाँ वह बैठा है, वहाँ चारों ओर के पर्दे खिंचे हुए हैं, बाहर कुछ नहीं दिख रहा है। कहीं भी कुछ दिख रहा है, ऐसा नहीं है; क्योंकि उसका शरीर एक अन्य शरीर से उलझा-गूँथा हुआ है और उस गुँथन में सुलझाव की, तारतम्य की कुछ ऐसी कमी है कि दृष्टि देनेवाली वासना केवल धुआँ दे रही है, जिससे आँखें कड़ुआ जाती हैं; क्यों नहीं सब कुछ को दृष्टि से बाहर करके, उस मन्द-मन्द दोलन पर झूलते हुए यह अपर-शरीरत्व का भाव मिटता—क्यों नहीं—

उसने किंचित् बल से सुधा का परे को मुड़ा मुँह अपनी ओर फिराया—कदाचित् उसकी आँखों में आँखें डालकर दोनों इस खाई को पार कर सकें—लेकिन सुधा की आँखें ज़ोर से भिंची हुई थीं—क्यों? वासना अन्धकार माँगती है, शायद, ताकि वह अपनी ज्वालामयी सृष्टि को अपने ढंग से देखे, यथार्थ उसमें बाधा न दे—पर बन्द आँखें—क्या वह ज्योति:शरीर अन्धी आँखों से ही देखा जाएगा? पर अन्धी आँखें पृथक् आँखें हैं, और वासना अगर युत नहीं है तो कुछ नहीं है—

उसने भर्राये स्वर में कहा, ''आँखें खोलो—''

वह जान सका कि आँखें खुलने के साथ-साथ सुधा का शरीर सहसा कठोर पड़ गया है, और वह जान सका कि पहचान उन आँखों में नहीं थी; उन आँखों में था—वह, वह दूसरा, और इसीलिए आँखें बन्द थीं। बाहर एक धुएँ का खोल है जो उसे भी लपेट लेगा, और भीतर एक ज्योति:शरीर जो—जो कहाँ है? क्या है भी?

और थोड़ी देर के लिए, नाव का दोलना, गति, हवा, साँस, हृदयगति—सब कुछ रुक गया था, और फिर धीरे-धीरे अनजाने वह वासना की गुंजलक खुल गई थी—साँप मर गया था—हेमन्त अलग जाकर पर्दा हटाकर बाहर देखने लगा था। नदी-किनारे के गाँव की मुर्गाबियाँ कगार की छाँह में तैरती हुई, और सुधा अपने अस्त-व्यस्त कपड़ों की सलवटें ठीक करके पास पड़ी चौकी के फूल सँवारने लगी थी। हेमन्त का मन आत्मग्लानि से भर गया था—वह जो जानता है उसे क्यों भूल सका; भूल नहीं सका, क्यों उसकी अनदेखी करना चाह सका? सुधा की आँखों में वह दूसरा है, और स्वयं उसकी अपनी—क्या उसकी आँखों में भी एक परछाईं नहीं है? और जब तक है तब तक यह उलझन, यह गुँथन उस ज्योति:शरीर का किरण-जाल नहीं है, केवल साँप की गुंजलक है जिसके दंश में केवल मरण है....

और सुधा ने कहा था, ''हेमन्त, तुम मेरी एक इच्छा पूरी करोगे?''

''क्या?''

''मैं...मेरे लिए शराब ला सकोगे? मैं शराब पीना चाहती हूँ।''

मुर्गाबियाँ...कगार के कीचड़ में चोंच फिचफिचाती हुई मुर्ग़ाबियाँ और उनके आस-पास बनते हुए लहरों के वृत्त—जो सागर की लहरों में घुल जाते हैं, और

सागर, वह रेत की पैरों की छाप धीरे-धीरे मिटा देता है।

शराब वह लाया था। मूक विद्रोह से भरा हुआ, पर लाया था। दोपहर को वे खाना खाने बैठे थे, और साथ सुधा ने शराब पीनी चाही थी—पी थी। दोपहर को कोई नहीं पीता, खाने के साथ कोई नहीं पीता, कम-से-कम जिन-व्हिस्की-जैसी भभके की शराब, और उस ढंग से—यह न वे ठीक जानते थे, न वह सोचने की बात थी। क्योंकि वह शराब वातावरण को रंगीनी देने, बातचीत को आलोकित करने के लिए नहीं थी, वह शराब स्वयं अपनी इन्द्रियों को थप्पड़ मारकर सन्न कर देने के लिए थी...हेमन्त देख रहा था; और केवल देखना, वह भी स्त्री को शराब पीते, स्वयं ग्लानि-जनक है, इसलिए साथ पी रहा था। और जब उसने देखा कि सुधा ने बड़े निश्चय-पूर्वक बहुत-सी अपने ग्लास में एक साथ डाल ली है तब मुख्यत: इसलिए कि सुधा और न पी सके, उसने सहसा बोतल उठाकर मुँह को लगा ली थी और सुधा के हाथापाई करते-करते भी सारी पी गया था।

तेज़ शराब में स्वाद यों भी नहीं होता; और ऐसे पीने में तो और भी नहीं, उसे बड़ी ज़ोर से उबकाई आई थी, पर उसने किसी तरह उसे दबाकर चार-छह ग्रास खाना खा ही लिया था...

फिर उसकी चेतना भी कुछ मन्द पड़ गई थी। याद सब कुछ है, और उसकी प्रत्येक हरकत में एक स्पष्ट प्रेरणा भी काम कर रही थी जिसका उसे ध्यान भी था, पर जैसे उसके भीतर का कोई उच्चतर संचालक हथौड़े की चोट से चित हो, और ऐरे-ग़ैरों की बन आई हो...उसने उठकर सब किवाड़-खिड़कियाँ बन्द कर दी थीं, पर्दे तान दिए थे। थी अभी दोपहर; पर उसे अभी कुछ धुँधला, कुछ नीला-दिखने लगा था, जैसे पानी के नीचे गोता लगाकर आँख खोलने से दिखता है। हवा भी जैसे पानी-जैसी भारी और ठोस हो गई थी—चलने में उसे ऐसा जान पड़ता था जैसे वह पानी को ठेल-ठेल कर बढ़ रहा हो...जैसे ठीक प्रतिरोध तो कहीं न हो, लेकिन प्रत्येक अंगक्षेप में अजीब जड़ता आ गई हो...

इससे आगे उसे ठीक या स्पष्ट याद नहीं। यह नहीं कि स्मृति धुँधली और नीले पानी में से मछलियों की तरह नि:शब्द-से, वे दोनों एक-दूसरे के पास आए थे और मछलियाँ पानी में भी बलखाती-सी मानो एक-दूसरे से सटती-सी, पेच देती-सी चली जाती हैं, उसी तरह धीरे-धीरे आगे बढ़ गए थे...फिर सहसा उसने पाया था कि उन मछलियों के पेच नहीं खुल रहे हैं, कि वह ठिठुरा हुआ साँप जैसे जाग उठा है, और उसकी गुंजलक में दोनों कसे जा रहे हैं, पर पानी नीला होता जा रहा है, और उनके कपड़े भी मानो मोम-से जान पड़ रहे हैं, या कि हैं ही नहीं, केवल नीले पानी में काँपती उनकी परछाईं है, तभी तो उनके हाथों की पकड़ में आते—

और फिर सब नीला-ही-नीला हो गया था, एक द्रव जिसमें वे जड़ होते जा रहे हैं; न उलझे न अलग; गरम पानी में पड़ी हुई मोम की बूँद जो न घुल सकती है, न जम सकती है।

और इसके बाद जो याद है, वह यह है कि जब वह चौंककर जागा था और

हड़बड़ाकर उठा था कि वमी करने के लिए कम-से-कम यथास्थान पहुँच जाए, तब दिन छिप रहा था। मुँह-हाथ धोकर जब वह सख्त सिर-दर्द लिये कमरे में लौटा था, तब सुधा सोयी पड़ी थी। उसने नींद में, या बीच में जागकर, वहीं पास ही क़ै कर दी थी, पर उसका भी उसे होश नहीं था।

और उसने सब किवाड़-खिड़कियाँ खोली थीं; नौकर बाहर मुस्कुराया था कि बाबू साहब दिन-भर किवाड़ बन्द करके सोये रहे, चाय-पानी और ब्यालू की चिन्ता भूलकर—नयी शादी है न...

तब उसने बैठकर आमने-सामने उस दूसरे की बात को फिर से सोचा था और गहरे बैठा लिया था...जब विवाह हुआ था, तब दोनों जानते थे कि दोनों का पहले अन्यत्र लगाव रहा है जो मिटा नहीं है, लेकिन जिसका कोई रास्ता भी नहीं है। एक विवाहित व्यक्ति था, और पति-पत्नी दोनों ही सुधा के भी और हेमन्त के भी घने मित्र थे...वह परिवार न टूटे, यह भी सबके ध्यान में था, और विवाह हुआ वह जैसे यह भी एक बात पीछे कहीं पर थी कि सभ्य समाज में अगर ऐसी उलझनें पैदा होती हैं, तो सभ्य व्यक्ति उनका सामना भी सभ्य तरीक़ों से कर सकता है; प्यार जहाँ है वहाँ हो, और विवाह...विवाह तो सामाजिक सम्बन्ध है, व्यक्ति के जीवन में यह बाधक हो ही, ऐसा क्यों?

वह अपनी भूल जानता और मानता है—जान गया। और भूल दोनों की थी, इस बात के पीछे उसने आड़ नहीं ली।

वह दूसरा...क्या वह आज भी उस दूसरे की बात कर सकता है? अपनी ओर से, या दूसरी ओर से? हेमन्त ने सागर की ओर देखा; उसकी लहर में उसे बुरूस के फूलों का एक बड़ा लाल-सा गुच्छा दिखा, जो वास्तव में किसी की कबरी में खोंसा हुआ है। कबरी और माथे की रेखा भी उसे दिख गई, और ग्रीवा की भी; शायद जिस बोध की स्मृति है वही धुँधला, धुएँ से कड़वा, मैला, एक जड़ता लिये हुए है, जैसे जाड़े में ठिठुरा हुआ साँप। उसे याद है कि कहीं नील-बंकिम भंगिमा, किन्तु चेहरा—वहाँ उसकी दृष्टि रुक गई। नहीं...वह दूसरी थी—और आज भी वह कैसे कहे कि वह है नहीं केवल थी, यद्यपि वह जानता है कि वह होकर भी हेमन्त के जीवन से सदा के लिए चली गई है। पर उसको इस झमेले में नहीं लाना होगा, वह अलग ही है। उसने कभी कुछ माँगा...न प्यार, न ब्याह, न वासना...वह देखकर चली गई जैसे बिजली कौंधकर गिरकर मिट जाती है...

और सुधा? हेमन्त को याद आया, ब्याह के बाद सुधा को उस दूसरे की एक चिट्ठी भी आई थी। कई दिन बाद। उसने देखी नहीं थी, कुछ पूछा नहीं था, सुधा को अनमना और अस्थिर देखकर भी नहीं। पर दूसरे-तीसरे दिन सुधा ने ही कहा था, "यह चिट्ठी आई थी—पढ़ लो।"

और उसमें अनिच्छा स्पष्ट थी। "मैंने कह दिया, मेरा कर्तव्य था। तुम इनकार करो पढ़ने से, क्योंकि तुम्हारा भी वह कर्तव्य है—तुम्हें मुझ पर विश्वास करना होगा!"

हेमन्त ने चिट्ठी लेते हुए कहा था, "क्या लिखा है?"

''कुछ नहीं—यों ही शुभ कामनाएँ—और अपने इलाक़े का वर्णन—''

हेमन्त ने अनचाहे लक्ष्य किया था कि चिट्ठी लम्बी है। आशीर्वाद छोटे होते हैं...खासकर उसके, जो वह दूसरा व्यक्ति हो...उसकी आँखें चोरी से कागज़ पर फिसलती हुई एक वाक्य पर रुक गई थीं : ''और मैं सोचता हूँ कि तुम शीघ्र ही उसके बच्चे की माँ भी होगी—उस बच्चे की सूरत उस जैसी होगी लेकिन वह तुम्हारी देह—'' और जैसे उसने स्वयं चोर को पकड़ लिया हो, ऐसे चौंककर उसकी दृष्टि हट गई थी।

क्या वह बहुत बड़ा स्वीकार नहीं है? किन्तु कैसी अद्‌भुत है, यह बात कि जिसकी आत्मा हम दूसरों को सौंपने को तैयार हैं—क्योंकि उसके ब्याह की बात स्वीकार करते हैं—उसी की देह को सौंपते क्यों हमें इतना क्लेश होता है? 'दूषित' या 'भ्रष्ट' क्या देह होती है, या मन—आत्मा? या कि देह को हम देख, छू, सकते हैं, बस, इतनी-सी बात है?

उसने कहा था, ''ठीक है, मैं पढ़कर क्या करूँगा। तुम उत्तर दे देना।'' और उठकर हट गया था...

बुरूस के गुच्छे-गुच्छे लाल फूल...वह भी क्या ऐसे ही सोचती-कहती? कल्पना का क्या भरोसा, लेकिन हेमन्त जानता है, कभी कुछ कहने का अवसर उसे होता, या कुछ वह कहना चाहती, तो यही कहती, ''मैंने अपनी आत्मा तुम्हें दी, इसलिए मेरी देह भी तुम लो—क्योंकि वह आत्मा का खोल है। और उसके बदले कुछ देना कभी मत चाहना, क्योंकि वह मेरे इस उपहार का अपमान है। तुम निरपेक्ष भाव से जब जो दोगे, मैं वर समझकर ले लूँगी...''

यह आदिम, अराजक, व्यक्तिपरक दृष्टिकोण है। लेकिन यही क्या एकमात्र सभ्य दृष्टिकोण नहीं है, जो हमारे सभ्य जीवन के बोझ के नीचे दबा जा रहा है?

''तुम अपने को अधिक स्वतन्त्र महसूस कर सकोगे''...स्मृति का दंश!...लेकिन नहीं, मन; इस पर मत अटक, यह व्यर्थ है; अत्यन्त व्यर्थ! हमारा जीवन हमसे है, उन दूसरों से नहीं, वे हमारे कितने ही निकट क्यों न हों; और हमारी न चाहने की उदारता में ही हमारी स्वतन्त्रता है। पाने में नहीं, न पाने की याद करने में। पैर की जो छाप सागर-तट की बालू पर बन गई है, उसे सागर की लहरों में घुस जाने दो, चाहे धीरे-धीरे यों ही, चाहे दरारों में कटकर...

''इसीलिए तुम्हें सागर के किनारे पर मिला, कि शायद अपनी क्षुद्रता यहाँ इतनी प्यारी न लगे—''

और स्मृति? व्यर्थ, व्यर्थ, व्यर्थ! क्षमा की पराजय, जीवन की खोज...जीवन की देन हमें या तो विनयूपर्वक स्वीकार करनी है—जिस दशा में स्मृति बेकार है; विनय चरित्र का एक अंग है और स्मृति केवल मस्तिष्क का एक गुण—या फिर...अगर हम में विनय नहीं है, हमें स्वीकार नहीं है, तो स्मृति एक कीड़ा है। जिसके दंश से फोड़े होते हैं, और हम केवल अपने फोड़े चाटते रहते हैं। फोड़े चाटना क्या सभ्य

कर्म है, सागर का भी अपना विनय है; वह पैरों की छाप मिटाता है, दरारें मिलाता है; सागर का विनय मुग्ध नहीं करता, वह स्वास्थ्य-लाभ को प्रेरित करता है—पैरों की छापें मिटाता हुआ...

''सुधा, मैं सच्चे दिल से कहता हूँ—सागर की क़सम खाकर—मेरे मन में कोई कटुता नहीं है। जो कुछ था, या होना चाहता था, उसे जब मिटा दिया तो कटुता क्यों अनिवार्य है? मेरा अपराध का बोध नहीं मिटा, न मिटेगा—पर तुम जाओ तो क्षमा करके जाओ—सागर की तरह; और मैं तो—''

उसकी आवाज़ फिर रुक गई। तभी एक बड़े ज़ोर की छाली आई—हेमन्त के पैर की छाप को पार करती हुई; आगे बढ़कर हेमन्त के पैरों से भी लिपट गई। झाग में खड़े-खड़े उसने बड़ी लम्बी साँस ली और कहा, ''सुधा, तुम सुखी रहो!''

सुधा की मुस्कुराहट में तीखापन था। उसने पीछे हटते हुए नमस्कार किया और चल पड़ी।

हेमन्त क्षण-भर उसे देखता रहा। फिर उसने पैरों की ओर देखा, वह भगोड़ी छाली लौटती हुई उसके पैरों के तले से थोड़ी-सी बालू काट ले गई थी, और गीली रेत पर पड़े हुए सब पैरों की छाप बिलकुल मिट गई थी—और लिपी-पुती एक नयी वेदिका खड़ी हो...

हेमन्त ने लम्बी साँस ली। फिर जैसे सहसा याद करके देखा; सुधा दूर चली जा रही थी। और अभी तक वह अकेली थी, अब दूर के एक झाऊ के पीछे से एक और व्यक्ति उसके साथ हो लिया और क्षण ही भर बाद क़दम-से-क़दम मिलाकर चलने लगा। हेमन्त ने पहचाना, वही दूसरा...

पर वह चौंका नहीं। ठीक है। पैरों की छाप बिलकुल मिट गई है। मन-ही-मन उसने सागर को प्रणाम किया है।

इसी तरह पैरों की छाप मिट जाएगी। सबसे पहले उसकी। धीरे-धीरे उन दूसरों की...सागर आदिम, अराजक, व्यक्तिपरक है, और स्वयं संयत है। सभ्य है...

•

नीली हँसी

देवकान्त ने एक बार फिर नीचे बहते हुए और ऊपर से बरसते हुए पानी की मिलन-रेखा पहचानने की कोशिश की। पर नीचे का मटमैला धुँधला आलोक, कब कहाँ ऊपर से भूरे धुँधले आलोक में परिवर्तित हो जाता था, यह पहचान पाना असम्भव था। पानी-पानी...केवल पैरों के बिलकुल निकट, जहाँ ब्रह्मपुत्र के बौराए हुए पानी ने अभी थोड़ी देर पहले किनारों के एक बड़े टुकड़े को निवाला बना लिया था, वह देख सकता था कि पानी की बौराहट मानो अन्तर्मुख होकर अपने को ही निगल जा रही थी—पानी के चक्रावर्त घूमते हुए अपने को ही नीचे पाताल की ओर खींचते हुए बहते चले जाते थे...आवर्त्त के छोर को जो कुछ भी छूता—जलकुम्भी के बहते हुए पौधे, गली हुई टहनियाँ, पुराने छप्पर के काले पड़े हुए बाँस, बाढ़ की नदी में बहकर आनेवाला नानाविध नमकीन कचरा—सब उसे छूते ही मानो आविष्ट हो जाता और बगूले के बीचोबीच जाकर पाताल की ओर कूद पड़ता...दृष्टि भी तो उसे छूते ही मानो नीचे की ओर को चूस ली जाती है, तो और चीज़ों का क्या कहना...

थोड़ी देर स्थिर दृष्टि से बगूले को देखते रहने पर देवकान्त के शरीर में एक सिहरन-सी दौड़ गई—उसकी देह कंटकित हो आई। उसने फिर बलात् आँखें उठाकर उसकी ओर देखा जहाँ क्षितिज होना चाहिए। ठाकुर की एक पंक्ति उसकी स्मृति में उभरकर डूब गई : 'रात्रि एशे जेथाय मेमे दिनेर परावारे'—दिन और रात्रि तो इस निर्विशेष प्रकाश में पहचाने नहीं जाते, पर पारावार में मिस जाने का प्रत्यक्ष दृश्य इससे बढ़कर क्या हो सकता है...

लेकिन मिस जाने की बात ऐसे सोचने से काम नहीं चलेगा। नदी और सागर, दिन और रात, आकाश और धरातल, पानी और किनारा—ये उसे अलग-अलग पहचानने होंगे—इन्हें पृथक् करके ही वह उस काम में सफलता की आशा कर सकता है जिसे उसे उठाना ही है, असफलता का जोखिम उठाकर भी हाथ लगाना ही

है—यद्यपि असफल उसे नहीं होना है—असफलता की गुंजाइश छोड़ सकने लायक़
गुंजाइश उसकी सहनशक्ति में नहीं है...

वह, वह—क्या वह क्षितिज-रेखा है—जल-रेखा है ? क्या यह उसका भ्रम
है कि ठीक वहाँ पर एक पतली-सी श्यामल रेखा भी वह देख सका है—द्वीप की
तरु-पंक्तियों की रेखा? नहीं, भ्रम की गुंजाइश नहीं है, आँखों को, हाथों को, जी
को, किसी को भी चूकने की गुंजाइश नहीं है...

देवकान्त ने एक लम्बी साँस लेकर नाव के एक सिरे से दूसरे तक नज़र डाली,
फिर उसकी रस्सी हाथ में लिये-लिये उसके किनारे पर चढ़े हुए हिस्से को ठेलते
हुए, कूदकर उस पर सवार हो लिया। नाव थोड़ा-सा, काँपी, डगमगाई। फिर धार
में पड़ते ही तीर की तरह एक ओर बढ़ चली...देवकान्त ने एक बार फिर पार के
क्षितिज की ओर देखा, और स्थिर भाव से डाँड़ चलाने लगा। तनिक-सी देर में
ही वह भी किनारे से दूर होकर इतना छोटा-सा दिखने लगा मानो वह भी जलकुम्भी
का बहता हुआ एक पौधा हो—वह नहीं, समूची नाव एक छोटा-सा उन्मूलन पौधा
हो, और वह उसका ऊब-डूब करता हुआ-सा नीला फूल, कोमल क्षणजीवी फूल,
किन्तु जो जब तक है सुन्दर है। मानो एक स्वतःसम्पूर्ण दुनिया है...

कहीं से हवा उठी। उससे पानी के ऊपर की धुँध मिटने लगी, वर्षा भी थम
गई, पानी स्पष्ट दिखने लगा। स्पष्ट किन्तु सम नहीं, बगूलों का स्थान उत्ताल तरंगों
ने ले लिया था—पर ये छोटी-छोटी तरल पहाड़ियाँ न भी होतीं तो भी देवकान्त
और उसकी नाव कब के ओझल हो चुके थे...

देश और काल का फैलाव वहीं सबसे अधिक होता है जहाँ उनका महत्त्व सबसे कम
होता है—जब-जब जीवन में तनाव आता है और सारी प्राणशक्ति एक केन्द्र या बिन्दु
में संचित होने लगती है, तब-तब देश-काल भी उसी अनुपात में सिमट आते
हैं...देवकान्त नाव खे रहा है, उसके सामने, आगे-पीछे कहीं, उस क्षण के सिवाय
कुछ नहीं है जिसमें वह है और नाव खे रहा और मोहन की बड़ी-बड़ी काली आँखों
की ओर जा रहा है—मोहन जो एक हिरन का छौना है जिसे नीलिमा ने उसे दिया
था—किन्तु फिर भी उस क्षण में ही कई देश-काल संचित हो आए हैं—वह एक साथ
ही कई स्थानों, कई कालों में जी रहा है, कई घटनाओं का घटक है...

द्वीप के आर-पार पत्थरों का ढेर लगाकर पटरी बनाई गई है जिस पर से सड़क
के पास ही नीची भूमि पर बाँस की एक बाड़ है, जिसके भीतर कदली की घनी
बाड़ है। देवकान्त बाहर बैठा बाँसुरी बजा रहा है। कदली के पत्तों के बीच में उसे
कभी-कभी एक सफ़ेद आँचल की झलक मिल जाती है—नीलिमा भीतर फूल बीन
रही है...वह वहीं रहती है, वहीं और लड़कियों के साथ पढ़ती है, वहीं से कभी
बाहर वसन्तों के कूजन से भरा हुआ स्वर नाम-कीर्तन करता हुआ सुनाई दे जाया
करता है, वहीं...

बाढ़ आती है तो द्वीप में पानी भर जाता है, उतरती है तो जगह-जगह खाल, बील, दिग्घी, ताल बनाकर छोड़ जाती है। निर्धन लोग बचने के लिए पेड़ों पर मचान बनाते हैं, सम्पन्न दो-एक व्यक्तियों ने बजरे रख छोड़े हैं, पानी उतर जाने पर किसी खाल-पोखर में खड़े रहते हैं। साधारण बाढ़ में यही जीवन-रक्षा के लिए यथेष्ट होते हैं—अधिक बाढ़ में उनका भी ठिकाना नहीं—पर ऐसी कौन-सी स्थिति है जिसमें किसी प्रकार भी कोई खतरा न हो...ऐसे ही एक बजरे की ओट में पोखर के किनारे उसका घर है। उसका पिता कुशल महावत है और हाथी को साधने में उसकी बराबरी सारे असम में कोई विरला ही कर सकता है। और देवकान्त स्वयं एक मटकी दही की लेकर बजरे के नीचे से गुज़रता है—वह नाव में बैठा भी अपने को मटकी लिये जाता देख रहा है...

दो वर्ष बराबर बाढ़ आई थी, द्वीप प्रायः नामशेष हो गया था। और अब वहाँ न जलाने को तेल था, न खाने को नमक—दोनों ही 'चालानी' आते थे...देवकान्त कदली के तने जलाकर उनकी राख मसल रहा है—इसी का खार उन्हें दुर्दिन में नमक का काम देता है...खार वह हँडिया में भर लेगा—न जाने कितने दिन चलेगी वह। भोजन का धूमिल रंग मानो उसकी दृष्टि के आगे से दौड़ गया, और उसके कटु स्वाद से उसका मुँह कड़वा हो आया—वह थूककर मुँह साफ़ कर लेता पर उसे ध्यान आया कि कदली की अवज्ञा अनुचित है—जिसकी जड़ें, हाड़, छाल, फूल, फल सभी उपयोगी हैं और उनके भोजन-छाजन का सहारा हैं...

''देबू, यह लो!''

देवकान्त चौंककर देखता है। नीलिमा के वस्त्र उजले हैं, नेत्र काले, केश भीगे और डोर से झूलती एक छोटी-सी मुँह-बँधी हँडिया उसकी ओर बढ़ा रही है।

''यह क्या है, नीली?''

''नमक। हमारे पास एक हाँडी और है। बिहू तक चल जाएगा।''

''लेकिन खार तो अच्छी होती है—हमने इतनी बना ली—''

''लो—बहस मत करो!'' आज्ञापना।

''अच्छा, लाओ।'' कुछ विनोद का भाव, ''नीली, तो आज से हम तुम्हारा नमक खायेंगे—''

''धत्!''

ढोलकों का स्वर। खोल, मादल, झाँझ, वेणु, घंटी। बीच-बीच में ऊँचा उठता समवेत गायन का स्वर।

देवकान्त दौड़ रहा है। विष्णुवोत्सव का आमोद-प्रमोद, और वह अभी पहुँचा नहीं—पिता ने उसे काम में रोक लिया था...

लड़कियों की खिलखिलाहट। पुआल की और पुआल के धुएँ की गन्ध; बूढ़ों

के खाँसने में भी जैसे प्रसन्नता की मींड। गुड़ और खीलों का कसैला मीठा स्वाद। एकाएक पुआल की आग की एक भभकती लपट, उसके लाल प्रकाश में नीलिमा का दमकता चेहरा—उन आँखों में देवकान्त के शायद वैसे ही दमकते चेहरे की उभरती पहचान—क्या पुआल की आग में उसकी शतांश भी दीप्ति है जो क्षण-भर नीलिमा की आँखों में दमक उठती है?

झाँझ, मजीरा, वेणु, खोल, मादल...

कुछ नहीं बचा है, केवल द्वीप के आर-पार की ऊँची पटरी और पेड़ों के ऊपरी हिस्से—उन पर मचान, पटरी के निकट तीन-चार बजरे...और पटरी पर अनगिनत ढोर-डाँगर, कुछ कुत्ते, कहीं-कहीं दुबकते लोमड़ी-सियार, जगह-जगह अधमरे रेंगते साँप, तीन-चार हाथी...और कभी-कभी दूर के एक टीले की हाथी-डूब घास में से आती हुई बाघ की चिंघाड़। और कुछ नहीं बचा है, लेकिन यही तो सब कुछ है, इससे कम पर भी बार-बार उनका जीवन फिर भरा-पूरा हुआ है, बाढ़ उतरेगी तो फिर मादल गूँजेंगे और मृदंग गमक लेंगे और ऋतुस्नाता की भाँति कान्तिमान् द्वीप-भूमि मेमनों की मिमियाती हँसी से मुखरित हो उठेगी...

अब भी बजरे की ओट में देवकान्त है। पटरी के पार मचान के पास नीलिमा आती है—उसकी गोद में एक मृग का बच्चा है। किन्तु सुन्दर! देवकान्त ललककर कहता है, "यह कहाँ पाया?"

पर नीलिमा के स्वर में अप्रत्याशित गम्भीरता है—"इसे रखोगे?"

"क्यों—क्या बात है?"

"मचान में नहीं रह सकता। तुम अपने साथ पटरी पर रखो, या बजरे पर—वहाँ बच जाएगा।"

"पर पाया कहाँ?"

"पिता लाए थे। भटका हुआ मिला था। मैंने मोहन नाम रखा है।"

"सचमुच मोहन है। इतना प्यारा है! मैं ज़रूर पाल लूँगा—बचा लूँगा।" फिर शरारत से, "पर फिर मैं लौटाऊँगा नहीं—मेरा हो जाएगा!"

"मैंने कुछ भी जो तुम्हें दिया है कभी वापस माँगा है?" स्वर शान्त है, लेकिन उमसें दबी हुई एक कँपकँपी है जिससे देवकान्त चौंक-सा जाता है, "आगे भी जो दूँगी, वापस नहीं माँगूगी।"

"नीलिमा—नीली?"

"तुम बचाकर रख सको सही।"

"नहीं, भूल नहीं हो सकती, इस बात का मोहन से कोई सम्बन्ध नहीं है..." देवकान्त अवाक् उसे देखता है, उनके भीतर कहीं, कुछ गा उठता है—ब्रह्मपुत्र की बहाव की तरह मन्द्र-गम्भीर, मोहन की आँखों की तरह गहरा, गहरा, गहरा...

"नीली, यह देखो, देखो, क्या लाया!"

केवड़े का फूल है गमले में लिपटा हुआ। देवकान्त खोलकर उसे दे देता है।

"गन्ध तो कभी-कभी आती थी। कहाँ पर था? पटरी पर तो मैंने सब देखा था।"

"हाँ, देखा?" देवकान्त के स्वर में विजय का गर्व है। "पटरी पर नहीं था—ऐसी चीज़ें ज़रा मेहनत से मिलती हैं। उस झोंप के अन्दर—" कहते-कहते उसने टीले की ओर इशारा किया।

"झोंप—क्या कहा"—नीली का स्वर सहसा चीत्कार-सा बन गया; "उस टीले की ओर से ही तो बाघ की दहाड़ सुनाई दी थी! हटो, मुझे नहीं चाहिए तुम्हारी केतकी—"

नीली ने फूल उसके हाथ पर पटक दिया, काँटे से उसका हाथ छिल गया, पर उससे बोला ही नहीं गया।

"हज़ार बार कहा है, देबू, मुझे फूल नहीं चाहिए, मुझे तुम्हारी—" सहसा रुक कर उसने होंठ काट लिया, उसका चेहरा लाल हो आया, "अच्छा लाओ दो—" कहकर उसने फूल झपट लिया और आँचल से उसे ढाँपती हुई भाग गई।

डिबरूगढ़ का स्कूल। देवकान्त ने पढ़ाई पूरी कर ली है, और अभी स्कूल में मास्टरी शुरू की है। इतने छोटे मास्टर से उसने स्वयं कभी नहीं पढ़ा, पर प्रगति तो इसी का नाम है कि कल जो छत्तीस बरस के बुज़ुर्ग करते थे, आज अट्ठारह बरस के जवान करें...

नीली की चिट्ठी। वे लोग द्वीप छोड़कर आनेवाले हैं। बाढ़ आ रही है, और सुना है कि इस साल सब डूब जाएगा—मोहन की उसे चिन्ता है—अगर सचमुच उतनी बाढ़ आई तो पटरी पर जमा असंख्य जानवरों में उसकी कौन चिन्ता करेगा? वह सोच रही है कि उसके लिए पटरी पर ही एक छोटी-सी झोंपड़ी बना जाए, पर क्यों नहीं वह आकर उसे ले जाता? जल्दी आए तो नीली भी उसे देख लेगी—लेकिन अब बड़ा आदमी होकर क्या वह नीली को पहचानेगा भी? नहीं तो मोहन को तो वह ले जा ही सकेगा—स्कूल के मास्टर साहब तो लड़कों से ढोर चरवा लेते हैं, क्या वह मोहन की देख-भाल नहीं करा सकेगा?

देवकान्त चिट्ठी पर मोहर देखता है, तारीख पढ़ता है, मानो उँगलियों पर कुछ गिनने को होता है—और फिर हाथ ढीला छोड़ देता है...

झाँझ, मँजीरा, ढोल मादल...पानी का घर्र-घर्र, सर-सर-सर-सर, छप्प-छप्प, छप्प-छाऽप-छप्प, डाँड़ों का खट्ट-हुट, देवकान्त की अपनी साँसों का स्वर जो कानों के पास से सरसराती पवन के स्वर में डूबता नहीं, क्योंकि अपनी साँस भीतर से सुनी

जाती है, बाहरी कान से नहीं, और डाँड़ों की विलम्बित लय पर अधीर उसके हृदय का द्रुत-धक्क-धुक्-धक्क-धुकु...और स्वरों में इस छोटी-सी गठरी के आस-पास चारों ओर मटमैला ललौहाँ रानी-पानी...पानी...

वह—वह—वह क्या भूमि की रेखा है? वह छाया-सी—क्या पेड़ हैं?

मोहन—मोहन...क्योंकि नीली का नाम वह लेगा तो चंचल हो उठेगा, और चंचल उसे नहीं होना है, उसे धैर्य रखना है, जितना धैर्य उसने जीवन में कभी नहीं रखा उतना...

धैर्य का काम अभी शेष नहीं हुआ है। नाव पर मोहन उसके साथ है पर अब हवा सामने की है, और तेज़ है। और मोहन की चिन्ता के मिटने में जो अनेक नयी दुश्चिन्ताएँ उसे घेर रही हैं उनसे हारना नहीं है, नहीं है...

खट्ट-हुट्, खट्ट...हुट्...सर-सर-सर सर-छप्प-छाऽप....उद्वेलित पानी का प्रसार, हवा के थप्पड़ खाकर फुँफकारती हुई लहरें, धुँधला पड़ता हुआ पहले ही से मेघिल साँझ का आकाश...ऊब-डूब नाव, डाँड़ चलानेवाला अकेला देवकान्त—तैरता हुआ उन्मूलित जलकुम्भी का पौधा—पौधा नहीं, फूल—फूल की एक कलगी—नीली, जैसे मोहन की आँखें नीली—

नीली...

न, न, नीली का नाम उच्चारना नहीं होगा, उसे मन ही में रहने देना होगा...ऊब-डूब जलकुम्भी का पौधा...लेकिन पौधा तो डूबता नहीं, मीलों बहता है, दिनों बहता है...

पंजिका में लिखा है, इस वर्ष का नाम है, 'प्लव संवत्सर'—

ब्रह्मपुत्र...ब्रह्मा का पुत्र और मानव? वह भी ब्रह्मा की सन्तान...तो क्या यह भ्रातृ-कलह है? खट्ट-हुट्—सोचना कुछ नहीं है, ब्रह्मा का केवल एक पुत्र है और उसका नाम है देवकान्त, बाक़ी केवल तत्त्व हैं, जड़ तत्त्व, जिनमें आदमी नष्ट होकर मिलता है—नीचे एक तत्त्व है पानी—नष्ट होकर क्या इनमें मिलना होगा! क्यों मिलना होगा—नष्ट ही क्यों होना होगा?

लहर आती है और जलकुम्भी के पौधे को उछालकर फेंक देती है। वह डूबता नहीं, पर जाएगा कहाँ—दिनों और मीलों तक भी बहकर...

न—यह लहर नाव से बड़ी है, यह अँधेरा साँझ से गहरा है—

भूरा और शीतल, कठोर, डगमग, बिना पेंदी का अँधेरा, बाँह के नीचे स्निग्ध, मुट्ठी में गीला और कठैठा—

दिन और रात दोनों पारावार हैं, सारे क्षितिज आकार मिल जाते हैं, जलकुम्भी डूबती नहीं है, पर जलकुम्भी पानी का पौधा है, लकड़ी की नाव नहीं...

फिर देश-काल का संकुल : कौन-सा देश, कौन-सा काल, न जाने, पर घोर संकुल...

द्वीप पर केवल पटरी थी और पेड़ों के शिखर थे। और पशु थे।

मोहन था। अलग एक छोटे-से बाड़े में।

और कौन कहाँ था। पर काल का संकुल था, वह जान न सका। कहीं बजरा भी रहा होगा—लोग भी रहे होंगे...

नीली—नीलिमा?

वहाँ कोई नहीं था। वे बाढ़ के पहले चले गए होंगे। पर कब, कैसे? कहाँ?

नाव में—तो नाव बाढ़ में कहाँ गई होगी?

नीलिमा—नीली—सागर-तल नीला होता है—पर नदी-तल तो उसने छुआ है, वहाँ तो नीलिमा नहीं, कीचड़ होता है या रेती, नीलिमा तो—

कहाँ है नीलिमा?

नीलिमा...नीलिमा...नहीं, मोहन—मोहन उसकी बाँह के नीचे है, मोहन को वह बचा लेगा। वह नहीं बचेगा तो? तो भी वह मोहन को बचा लेगा, उसकी दूसरी मुट्ठी में कठैठा कुछ है—क्या है? डाँड़ तो उसके हाथ से छूट गई थी—कुछ भी हो, कुछ है। कठैठा है। वह ज़रूर ऊपर आएगा—वह छोड़ेगा नहीं—तुम बचाकर रख सको सही—आगे भी जो दूँगी वापस नहीं माँगूँगी—मैंने कुछ भी जो तुम्हें दिया है कभी वापस माँगा है? न माँगा सही, मैं दूँगा, मैं दूँगा, नीली! क्या दोगे, प्राण ही तो न? हा-हा—तभी तो तुम कुछ नहीं दे सकोगे—कुछ नहीं सँभाल सकोगे...

नहीं—नहीं—नहीं...मोहन अब भी उसकी बाँह के नीचे है, दूसरे हाथ की मुट्ठी में अब भी कठैठा है—वह उभरेगा, उभरेगा—यह पानी के नीचे ऐसी जलती प्यास कैसी—यह हवा की प्यास है, वह—उसकी मुट्ठी में कठैठा कुछ...

कितनी गहरी है नीलिमा आकाश की—उस आकाश की जो आँखों के भीतर समा जाता है, कितनी स्निग्ध है तरलता जल की—उस जल की जिसमें चेतना डूब जाती है, कितना सुन्दर है जलकुम्भी का खोया हुआ फूल, वह फूल जो जीवन का प्रतीक है, कितना रसमय, स्फूर्तिमय है विस्तार अवचेतन का...

वह नहीं जानता, किन्तु वह जानता है कि वह बार-बार किसी चीज़ से रगड़ खा जाता है—कुछ जो चिकना है पर छील भी देता है, जिससे दर्द नहीं होता, पर ठंड की सूइयाँ चुभती हैं। उसे स्पर्श-ज्ञान नहीं है पर वह छूता है एक लोमिल त्वचा को जो मोहन है, और एक कठैठे कुछ को जो न जाने क्या है। उसके मुँह में पानी का एक बुलबुला है, पर न जाने कब कैसे उसके फेफड़ों में क्या चला जाता है जो गीला नहीं है...

ये स्वर हैं। पानी के नहीं, नाव के नहीं, हवा के नहीं। स्वर हैं—

मानव-स्वर हैं। झिपते-उभरते, मानो रव-हीन।

''बाँह तो उठाओ...पकड़े...गला घोंट देगा...अकड़ गई हैं...कपड़े में लपेटो...

मलो...पानी...ऊँचा...वह...हिरन...पागल...''

हिरन...हिरन...

क्या हिरन? उफ़् कितना कठिन प्रयास है यह—क्या उसे बटोरना है—

सहसा उसकी आँखें खुल गईं—उसे स्वयं नहीं मालूम हुआ—और उसने कहा, ''मोहन—हिरन—''

किसी ने कहा, ''हाँ, वह है—बच जाएगा—''

कौन बच जाएगा? मोहन? वह?

वह कौन? वह देवकान्त। पर वह तो बच गया है—नहीं तो वह देवकान्त कैसे है? सोचता कौन है?

उसने फिर रवहीन स्वर से कहा, ''मोहन...''

उसकी आँखें झिप गयीं! नीलिमा ने फिर उसे घेर लिया। दूर कहीं सुना, ''चिन्ता नहीं—बच जाएगा—'' फिर सब कुछ बुझ गया।

मन-ही-मन उसने कहा, ''नीली, मैं रख सकूँगा बचाकर,'' पर जैसे उसका कहा उसी ने नहीं सुना। नीली तो बहुत दूर थी, पता नहीं, थी भी कि नहीं।

पर और कुछ उसने फिर सुना बड़ी दूर से, जैसे पानी के नीचे से, ब्रह्मपुत्र के अथाह पानी के नीचे से—''पागल—बेहोशी में हँसता है।''

''हाँ, तो हँसता तो है, नीली हँसी—सम्पृक्त हँसी—वह हँसी जो नीली थी—उसकी नीलिमा!''

•

पठार का धीरज

ऊँचे-नीले टीले, खण्डहर, मटमैली-भूरी हरियाली; धुँधले छोटे झोंप, अँधेरी खोहें; बिखरे हुए पत्थर, कुछ गोल, कुछ चपटे, कुछ उभरे, चुभन-से तीखे; दूर पर चपटी लम्बी इमारत की बत्तियाँ, मानो रेलगाड़ी खड़ी हो।

ये सब यथार्थ हैं।

किस पठार का धीरज-भरा फैलाव, दुराव-भरा सन्नाटा, झनझनाती तेज़ हवा चपटे पत्थरों पर मीने के-से हरे-चिट्टे-ललौहें काही के तारा-फूल, उड़ते-उड़ते बे-भरोस बादल, तीतरों की चौंकी-सी पुकार 'त-तीत्तिरि-त-तीत्तिरि-त-तुः,' दूर पर गीदड़ के रोने और भूँकने के बीच का-सा सुर।

ये भी यथार्थ हैं।

लेकिन यथार्थता के स्तर हैं। स्थूल वास्तव, फिर सूक्ष्म वास्तव जिसमें हमारे भाव का भी आरोप है, फिर—क्या और भी कोटियाँ नहीं हैं, जिनमें भाव ही प्रधान हो, जिनमें तथ्य वहीं पहचाना जाए, जहाँ वह व्यक्ति-जीवन के प्रसार में गहरी लीकें काट गया हो, नहीं तो और पहचानने का कोई उपाय न हो, क्योंकि व्यक्ति-जीवन, व्यक्ति-जीवन के क्षण का स्पन्दन इतना तीव्र हो कि सब कुछ उसी से गूँज रहा हो, दूसरी कोई ध्वनि न सुनी जा सके?

उस चट्टानों और खण्डहरों से भरे पठार की खुली, फैली, लचीली प्रवहमान व्यापकता से अभिभूत किशोर अगर सहसा सुनता है कि तीतर की बोली 'त-तीत्तिरि-त तीत्तिरि' न होकर कुछ और है—क्या है, वह ठीक-ठीक सुन लेता है—और उस रेलगाड़ीनुमा इमारत की बत्तियाँ टिमटिमाकर उसे कुछ बहुत ज़रूरी सन्देश कह रही हैं जो उसे चाँद निकलने से पहले सुन लेना है, क्योंकि फीके होते हुए दिग्बिन्दु से अगर चाँद उभर आया और खण्डहर की अधूरी मेहराब पर उसकी जुन्हाई पड़ गई तो न जाने उनकी कौन-सी पोल खुल जाएगी—अगर वह यह सब सुनता है तो क्या उसका सुनना धोखा ही है, क्या वह भी वास्तविकता का नया स्तर नहीं है? और क्या हमेशा ही हमारा जीवन एकाधिक स्तर पर नहीं चलता; हमारा अधिक

तीव्रता के साथ जीना, क्या एक ही स्तर पर अधिक गति या विस्तार की अपेक्षा अधिक या नये स्तरों का हठात्, जागा हुआ बोध ही नहीं? तीव्र जीवन के क्षण नयी दृष्टि, नये बोध के क्षण, अनेक स्तरों पर जीवन के स्पन्दन की द्रुत अनुभूति— ये विरले ही होते हैं, जैसे कि तीसरा नेत्र कभी-कभी ही खुलता है...

किशोर ने धीरे से कहा, ''सुनती हो, यह पक्षी क्या पुकार रहा है? वह कहता है—प्र-मीला, प्र-मीला!''

प्रमीला नि:शब्द हँस दी।

''सच, तुम सुनकर देखो—वह देखो—प्र-मीला, प्र-मीला—''

प्रमीला ने मानो कान देकर सुना। अब की वह ज़रा जोर से हँस दी,...''हाँ ठीक तो, अगर मानकर अनुकूलता से सुनें तो सचमुच तीतर उसी का नाम पुकार रहे हैं, 'प्रमीला, प्रमीला!' ''

उसने धीरे से किशोर का हाथ अपने हाथ में लेकर दबा दिया।

''और अभी जब चाँद निकलेगा, तब तुम देखना, वह जो धुँधली-सी मेहराब दिखती है न टूटी हुई, उसका आकार भी ठीक 'प्र' जैसा बन जाएगा, मानो चाँदनी तुम्हारा नाम लिख रही हो।''

प्रमीला की आँखें चमक उठीं। उसने कहा, ''हाँ, और जब मोर पुकारेगा तो मैं सुनूँगी, वह कह रहा है, 'किशोर, किशोर!' और जब चाँद निकलेगा और बादलों में रुपहली झालर लग जाएगी—''

''हँसी करती हो?''

''नहीं, हँसी क्यों करूँगी भला? मैं सच कह रही हूँ—ये जो दूर-दूर तक पलाश के झुरमुट हैं, उनकी काँपती पत्तियाँ न जाने किसके-किसके नामों पर ताल देकर नाचती हैं, और वह कुंड के पानी में चक्कर काटती टिटिहरी चौंककर न जाने किसे बुलाती है—हम सारा इतिहास थोड़े ही जानते हैं? केवल अपने नाम सुन चुके, वह इसीलिए कि—इसीलिए कि—''

''कहो न!''

''इसलिए कि मैं—नहीं कहती। कहना नहीं चाहिए।''

''कहो भी न?''

''इसीलिए कि मैं—कि तुम—तुम मुझे'' और प्रमीला ने पास आकर अपनी आवाज़ को किशोर के कन्धे की ओट करते हुए कहा, ''तुम मुझे प्यार करते हो।''

किशोर का हाथ घेरा हुआ-सा बढ़ गया, पर प्रमीला के आस-पास शून्य में ही वृत्त बनाकर खड़ा रहा।

''और इसी तरह कुँवर राजकुमारी को प्यार करता होगा, और कुंड के किनारे मिलने आता होगा, और उसी की बातें पलाशों ने सुन रखी हैं और हवा को सुनाते हैं...''

दूर गीदड़ फिर भूँका। किशोर तनिक-सा चौंका; प्रमीला ने पूछा, ''क्या— कौन है?''

किशोर ने भी अचकचाए-से स्वर में कहा, ''कौन है?''

थोड़ी दूर पर एक स्त्री-स्वर बोला, ''तुम लोग वास्तव से भागना क्यों चाहते हो? कुँवर राजकुमारी को प्यार नहीं करता था।''

''फिर किसको करता था? हाथी पर सवार होकर रोज़ राजकुमारी से मिलने आता था तो—''

''अपनी छाया को। चन्द्रोदय होते ही वह कुंड पर आता था, हाथी पर सवार उसकी अपनी छाया कुंड के एक ओर से बढ़कर दूसरे किनारे नहाती हुई राजकुमारी की जुन्हाई-सी देह को घेर लेती थी। उसी लम्बी बढ़ने वाली छाया से कुँवर को प्रेम था, राजकुमारी तो यों ही उसकी लपेट में आ जाती थी।''

''ऐसा! तो वह रोज़ आता क्यों था? हाथी को पानी में बढ़ाकर जब वह दोनों बाँहें राजकुमारी की ओर फैलाता है—''

''तुम नहीं मानते? मैं कुँवर से ही पुछवा दूँ? अच्छा, ठहरो, वह आता ही होगा—देखो—''

किशोर ने देखा। एक बड़ी-सी छाया कुंड के आर-पार पड़ रही थी—नीचे गोल-सी, मानो हाथी की पीठ; ऊपर सुघड़, लम्बी और नोकदार मानो टोपी पहने राजकुमार।

हाथी धीरे-धीरे पानी में बढ़ रहा था। जब गहरे में उसकी पीठ का पिछला हिस्सा पानी में डूब गया, तब वह खड़ा होकर पानी में सूँड़ हिलाने लगा। कुँवर ने एक बार नज़र चारों ओर दौड़ाई; राजकुमारी को न देखकर वह हाथी की पीठ पर खड़ा हो गया। दोनों हाथों को मुँह के आस-पास रखकर उसने दो बार मोर के पुकारने का-सा शब्द किया—''मैं-तू: मैं-तू:।'' और फिर धीरे-से पुकारा, ''राजकुमारी! राजकुमारी हेमा!''

स्त्री-स्वर ने कहा, ''मैं जा रही हूँ वहाँ...कुँवर के पास। लेकिन वह मुझे नहीं, अपनी छाया को प्यार करता था।''

गोरोचन की एक पुतली-सी कुंड की सीढ़ियाँ एक-एक करके उतरने लगी। निचली सीढ़ी पर पहुँचकर वह थोड़ी देर रुकी, देह पर ओढ़ी हुई चादर उतारी और फिर एक पैर पानी की ओर बढ़ाया। पानी में चाँदनी की लहरें-सी खेल गयीं।

हाथी की पीठ पर खड़े राजकुमार ने शरीर को साधा, फिर एक सुन्दर गोल रेखाकर बनाता हुआ पानी में कूद गया, क्षण-भर में तैरकर पार जा पहुँचा। दोनों साथ-साथ तैरने लगे।

''हेमा, तुम आज उदास क्यों हो? तुम्हारा अंग-चालन शिथिल क्यों है?''

''नहीं तो। क्या मैं बराबर साथ-साथ नहीं तैर रही हूँ?''

''हाँ, पर...वह स्फूर्ति नहीं है—तुम ज़रूर उदास हो—''

''नहीं-नहीं, मैं तो बहुत प्रसन्न हूँ। मेरी तो आज सगाई हो गई है—''

''क्या? राजकुमारी हेमा—क्या कहती हो तुम? ठट्ठा मत करो—'' कुँवर तैरता हुआ रुक गया।

हेमा ने रुककर उसे भरपूर देखते हुए कहा, ''हाँ, आज तिलक हो गया।''

''कौन—किसके साथ? तुम कैसे मान सकीं?''

हेमा ने धीरे-धीरे कहा, ''मैं राजकुमारी हूँ। ऐसी बातों में राजकुमारियों की राय नहीं पूछी जाती। साधारण कन्याएँ राय देती होंगी, पर हमारा जीवन राज्य के कल्याण के पीछे चलता है।''

''और हमारा कल्याण—''

''वह उसी में पाना होगा। अपना अलग हानि-लाभ सोचना क्षत्रियवृत्ति नहीं है, वैसा तो बनिये—''

''यह सब तुमसे किसने कहा है?''

''मेरी शिक्षा यही है—''

दोनों किनारे की ओर बढ़ रहे थे। कुँवर ने लपककर सीढ़ी को जा पकड़ा, और बाहर निकलकर उस पर जा बैठा। हेमा भी निकलकर पास खड़ी हो गई। शरीर से चिपकते गीले कपड़ों के कारण वह और भी पुतली-सी दिख रही थी, गोरोचन का रंग और चमक आया था।

दोनों देर तक चुप रहे। फिर कुँवर ने कहा, ''तो—यह क्या विदा है?''

हेमा ने अचकचाकर कहा, ''नहीं, नहीं!''

''सुनो हेमा, राजकुमारी, तुम—अभी मेरे साथ चलो। हाथी पर सवार होकर यहाँ से निकलेंगे, फिर घोड़े लेकर—''

''कहाँ?''

''हाथ में वल्गा, पार्श्व में हेमा राजकुमारी—तो सारा देश खुला पड़ा है...उधर कामरूप-मणिपुर तक, उधर विन्ध्या के पार कन्याकुमारी तक, नहीं तो उत्तराखण्ड के पहाड़ों—''

''और यहाँ पीछे—विग्रह और मार-काट, और लोहे की साँकलों में बँधे हुए बन्दी, और—''

''प्यार पीछे नहीं देखता हेमा; उसकी दृष्टि आगे रहती है। मैं देखता हूँ वह सुन्दर भविष्य जिसमें हम दोनों—''

''मैं भी देखती हूँ, कुँवर, मगर वह भविष्य वर्तमान से कटकर नहीं, उसी का फूल है—जैसे बिना पत्ती के भी मधूक में नया बौर...जैसे पलाश की फुनगी को चूमती हुई आग...''

''नहीं राजकुमारी, मैं सम्पूर्ण जलना चाहता हूँ। धू-धू करके धधक उठना, बेबस, पागल, जैसे चैत्र में पलाश का समूचा वन...''

''कुँवर!''

''कहो, तुम मेरे साथ चलोगी...अभी?''

राजकुमारी चुप रही। फिर उसने धीरे-धीरे कहा, ''सगाई तो हुई है क्योंकि नयी सन्धि भी हुई है। विवाह की तो अभी कोई बात नहीं है; क्योंकि विवाह के बाद शायद सन्धि में वह बल नहीं रहेगा—मैं उधर की जो हो जाऊँगी। इस प्रकार

मैं देश की शान्ति की धरोहर हूँ...इधर की कुमारी, उधर की वाग्दत्ता...मैं कैसे भाग जाऊँ?''

''तो क्या कहती हो?''

''कुछ नहीं कहती, कुँवर! मैं रोज़ यहाँ आती हूँ, आती रहूँगी। तुम...तुम भी आते हो। यह कुंड हमारा अपना राज्य है...नहीं, राज्य नहीं, हमारा घर है जहाँ हम अपनी इच्छा के स्वामी हैं, धरती के दास नहीं। यहीं हम रहते रहेंगे, चाँदनी और तारों-भरा अन्धकार हमें घेरे रहेगा...कुँवर, क्या तुम मुझे ऐसे ही नहीं प्यार कर सकते?''

''और भविष्य?''

''वह किसी का जाना नहीं है। और उतावली करके उसको नष्ट करना...''

''धीरज, धीरज, हेमा! मैं तुम्हें चाँदनी की तरह नहीं चाहता जो आवे और चली जावे, मैं तुम्हें—मैं तुम्हें...अपनी छाया की तरह चाहता हूँ हर समय मेरे साथ, जब भी चाँदनी निकले तभी उभरकर मुझे घेर लेनेवाली...''

''और जब चाँदनी न हो तब क्या अन्धकार मुझे लील लेगा...मैं खो जाऊँगी?'' राजकुमारी का शरीर सिहर उठा।

''तब तुम मुझी में बसी रहोगी, राजकुमारी!''

दूर कहीं पर चौंककर तीतर पुकार उठे। पहले एक, फिर दूसरी ओर से और एक। राजकुमारी ने सचेत होकर कहा, ''अच्छा, कुँवर, मैं चली। कल फिर आऊँगी। तुम चिन्ता मत करना।''

कुँवर ने कहा, ''राजकुमारी!'' फिर कुछ भर्राये-से स्वर में कहा, ''हेमा!''

हेमा ने धीरे से कहा, ''अपने चाँद को तुम्हें सौंप जाती हूँ। देवता तुम्हारी रक्षा करें, कुँवर...''

उसने जल्दी से चादर ओढ़ी और निःशब्द लचीली गति से सीढ़ियाँ चढ़ चली।

कुँवर ने एक बार दक्षिण आकाश में उभरे वृश्चिक को देखा, फिर झुककर पानी में हो लिया और क्षण-भर में हाथी की पीठ पर पहुँच गया। अँधेरे का एक पुंज-सा पानी में से उठा और कुंड के छोर पर अँधेरे की एक बड़ी-सी कन्दरा में खो गया।

हेमा का स्वर फिर पास कहीं बोला, ''समझे?''

किशोर ने कहा, ''राजकुमारी, तुम तो कहती हो वह प्यार नहीं करता? वह तो—''

''कब कहती हूँ नहीं करता था? पर मुझे नहीं, अपनी प्रलम्बित छाया को। तभी तो मुझे छोड़कर चला गया—''

''चला गया?''

''हाँ, दूसरे दिन वह नहीं आया। मैं देर रात तक कुंड पर बैठी रही। तीसरे दिन भी नहीं। फिर पता लगा, जहाँ मेरी सगाई हुई थी वहाँ—वहाँ उसने आक्रमण कर दिया है एक अश्वारोही टुकड़ी के साथ—''

''फिर?''

''फिर! इतिहास बाँचना मेरा काम नहीं है, अपरिचित! वह सब तुमने पढ़ा होगा—कितने राज्य, कितने राजकुल विग्रहों से धुल गए, इसका लेखा-जोखा रखना तो तुम्हारी शिक्षा का मुख्य अंग है! हम तो स्वयं जीनेवाले हैं, जीवन के प्रति समर्पित होकर, क्योंकि जीवन का एक अपना तर्क है जो इतिहास के तर्क से—''

''पर कुँवर! राजकुमारी, कुँवर का क्या हुआ?''

''वह नहीं आया। दूसरे दिन नहीं, तीसरे दिन नहीं, सप्ताह नहीं, पखवाड़े नहीं। महीने और वर्ष बीत गए। विग्रह फैला और फैलता ही गया। वह नहीं आया फिर। और—आज भी मैं नहीं जानती कि मैं—कि मैं केवल वाग्दत्ता हूँ कि विधवा, कि—कि केवल इस कुंड की विवाहिता वधू, जिसकी लहरियों से खेलते मैंने वर्ष बिता दिए।''

''पर यह तो कुछ समझ में नहीं आया। बात कुछ बनी नहीं।''

''बात का न बनना ही उसका सार है, अपरिचित! प्यार में अधैर्य होता है, तो वह प्रिय के आस-पास एक छायाकृति गढ़ लेता है, और वह छाया ही इतनी उज्ज्वल होती है कि वही प्रेय हो जाती है, और भीतर की वास्तविकता—न जाने कब उसमें घुल जाती है, तब प्यार भी घुल जाता है। तुम मुझे देख रहे हो, क्योंकि मेरे साथ तुम्हारा कोई रागात्मक सम्बन्ध नहीं है। मैं खण्डहर की जमी हुई चाँदनी हूँ...कुंड की एक विजड़ित लहर हूँ! पर मुझे देखो, देर तक देखो, लालसा से देखो— तब देखोगे, मेरे आस-पास कितनी घनी दुर्भेद्य छाया तुमने गढ़ ली है—क्यों भद्रे, तुम क्या कहती हो?''

प्रमीला इस सम्बोधन से अचकचा गई। उसने तनिक-सा किशोर की ओर हटते हुए कहा, ''मैं-मैं—कुछ नहीं राजकुमारी, मैं तो—''

राजकुमारी ईषत् स्मित-भाव से बोली, ''मैं तो जो कहूँगी इस पार्श्ववर्ती अपरिचित से कहूँगी, यही न?'' फिर कुछ गम्भीर होकर, ''लेकिन भद्रे, वही ठीक है। यह फैला पठार देखो—आकाश, आँधी, पानी, शीतातप, सबके प्रति यह समर्पित है, किसी के आस-पास छायाएँ नहीं गढ़ता, और सबकी वास्तविकता देखता है। तुम तो जानती हो, तुम मेरी बहिन हो। तुम्हें कुछ कहना ही हो, ऐसा क्यों आवश्यक है? यह पठार भी तो कुछ नहीं पूछता! अपरिचित, क्या यह पठार वास्तव है, तुम्हें लगता है?''

''हाँ, और नहीं। मैं नहीं जानता। इस समय मैं मानो इससे आत्मसात् हूँ, अलग उसको जोखने की दूरी मुझमें नहीं।''

''वह तो जानती हूँ। पठार से, कुंड से आत्मसात् न होते, तो क्या मुझे देखते? मेरी बात सुनते? क्योंकि मैं—''

''राजकुमारी, तुम कौन हो? क्या तुम वास्तव में नहीं हो?''

''वास्तव!'' राजकुमारी हँसी। तारे मानो कुछ और चमक उठे, और हवा कुछ तेज़ हो गई। ''वास्तव तो हूँ, शायद; जो कुछ है सभी वास्तव है। लेकिन वास्तविकता के स्तर हैं। धीरज हमें एक साथ ही अनेक स्तरों की चेतना देता है,

अधैर्य एक प्रकार का चेतना का धुआँ है जिससे बोध का एक-एक स्तर मिटता जाता है और अन्त में हमारी आँखें कड़वा जाती हैं, हमें कुछ दिखता नहीं—''

फिर वही तीतर बोले, ''त-तीत्तिरि, त-तीत्तिरि!''

राजकुमारी ने कहा, ''कभी इस पठार के तीतर और मोर दूसरे नाम पुकारा करते थे। मैंने अपना नाम अनेक बार सुना था। पर अब—'' उसने फिर मुस्कुराकर अर्थ-भरी दृष्टि से दोनों को देखा, ''अब कदाचित् वह और नाम पुकारते हैं—है न?''

तीतर फिर बोले, ''त-तीत्तिरि, त-तीत्तिरि।''

प्रमीला कुछ लजा गई। किशोर ने अचम्भे में आकर कहा, ''राजकुमारी, तुम कौन हो?''

''मैं कोई नहीं हूँ। मैं पठार का धीरज हूँ। वह दृष्टि देता है। लेकिन मैं चली—''

एक ज़ोर का झोंका आया। कुंड पर अठखेलियाँ करती चाँदनी लहराकर चक्कर खाकर मूर्च्छित हो गई, अदृश्य टिटिहरी उड़ता वृत्त बना चीख उठी, बादल का एक चिथड़ा चाँद का मुँह पोंछ गया, पलाश के झोंप सनसना उठे, कहीं गीदड़ भूँका, प्रमीला किशोर के और निकट सरक आई, और उसे मग्न-सा देखकर बड़े हल्के स्पर्श से उसे छूकर स्वयं ठिठक गई; किशोर ने अचकचाए नि:शब्द स्वर से मानो कहा, ''कौन—कहाँ?'' और फिर सचेत होकर चारों ओर आँखें दौड़ाईं।

कहीं कोई नहीं था, केवल पठार का सन्नाटा।

तीतर एक साथ ज़ोर से पुकार उठे, ''त-तीत्तिरि, त-तीत्तिरि।''

किशोर और प्रमीला की आँखें मिलीं, स्थिर होकर मिलीं और मिली रह गईं।

नहीं यह बिलकुल आवश्यक नहीं है कि तीतर किसी का भी नाम पुकारे। पठार की अपनी एक वास्तविकता है, उनकी अपनी एक वास्तविकता है। दोनों समानान्तर हैं, सहजीवी हैं, संयुक्त हैं; यह बिलकुल आवश्यक नहीं है कि वास्तविकता के अलग-अलग स्तर कहीं भी एक-दूसरे को काटें। जो बोध हो, स्वयं ही हो; चेतना स्वत: उभरकर फैलकर जिस स्तर को भी छू आवे; चेतना स्वच्छन्द रहे, क्योंकि धीरज उनमें है, उनमें रहेगा—

किशोर ने हाथ बढ़ाकर प्रमीला के दोनों शीतल हाथ थाम लिये।

तीतर फिर बोला, ''त-तीत्तिरि!''

आँखों में बड़ी हल्की मुस्कान लिये दोनों ने एक-दूसरे को सिर से पैर तक देखा।

और स्थिर धीरज-भरे विश्वास से जान लिया कि छाया किसी के आस-पास नहीं है, दोनों वास्तव में आमने-सामने हैं, हैं।

तब चाँद गोरोचन के बहुत बड़े टीके-सा बड़ा हो गया।

•

हीली-बोन् की बत्तखें

हीली-बोन् ने बुहारी देने का ब्रुश पिछवाड़े के बरामदे के जँगले से टेककर रखा और पीठ सीधी करके खड़ी हो गई। उसकी थकी-थकी-सी आँखें पिछवाड़े के गीली लाल मिट्टी के काई-ढँके किन्तु साफ़ फ़र्श पर टिक गईं। काई, जैसे लाल मिट्टी को दिखने देकर भी एक चिकनी झिल्ली से उसे छाये हुए थी; वैसे ही हीली-बोन् की आँखों पर भी कुछ छा गया जिसके पीछे आँगन के चारों ओर तरतीब से सजे हुए जरेनियम के गमलों, दो रंगीन बेंत की कुर्सियों और रस्सी पर टँगे हुए तीन-चार धुले हुए कपड़ों की प्रतिच्छवि रहकर भी न रही। और, कोई और गहरे देखता तो अनुभव करता कि सहसा उसके मन पर भी कुछ शिथिल और तन्द्रामय छा गया है, जिससे उसकी इन्द्रियों की ग्रहण-शीलता तो ज्यों-की-त्यों रही है पर गृहीत छाप को मन तक पहुँचाने और मन को उद्वेलित करने की प्रणालियाँ रुद्ध हो गई हैं...

किन्तु हठात् वह चेहरे का चिकना बुझा हुआ भाव खुरदरा होकर तन आया; इन्द्रियाँ सजग हुईं, दृष्टि और चेतना केन्द्रित, प्रेरणा प्रबल—हीली-बोन् के मुँह से एक हल्की-सी चीख निकली और वह बरामदे से दौड़कर आँगन पार करके एक ओर बने हुए छोटे-से बाड़े पर पहुँची; वहाँ उसने बाड़े का किवाड़ खोला और फिर ठिठक गई। एक और हल्की-सी चीख उसके मुँह से निकल रही थी, पर वह अधबीच में ही रव-हीन होकर एक सिसकती-सी लम्बी साँस बन गई।

पिछवाड़े से कुछ ऊपर की तरफ़ पहाड़ी रास्ता था; उस पर चढ़ते व्यक्ति ने वह अनोखी चीख सुनी और रुक गया। मुड़कर उसने हीली-बोन् की ओर देखा। कुछ झिझका, फिर ज़रा बढ़कर बाड़े के बीच में छोटे-से बाँस के फाटक को ठेलता हुआ भीतर आया और विनीत भाव से बोला, ''खू-ब्लाई!''

हीली-बोन् चौंकी। 'खू-ब्लाई' खासिया भाषा का 'राम-राम' है, किन्तु यह उच्चारण परदेसी है और स्वर अपरिचित—यह व्यक्ति कौन है? फिर भी खासिया जाति के सुलभ आत्म-विश्वास के साथ तुरन्त सँभलकर और मुस्कुराकर उसने उत्तर दिया, ''खू-ब्लाई!'' और क्षण-भर रुककर फिर कुछ प्रश्न-सूचक स्वर में कहा, ''आइए! आइए!''

आगन्तुक ने पूछा, ''मैं आपकी कुछ मदद कर सकता हूँ? अभी चलते-चलते—शायद कुछ।''

''नहीं, वह कुछ नहीं''—कहते-कहते हीली का चेहरा फिर उदास हो आया। ''अच्छा, आइए, देखिए।''

बाड़े की एक ओर आठ-दस बत्तखें थीं। बीचोबीच फ़र्श रक्त से स्याह हो रहा था और आस-पास बहुत-से पंख बिखर रहे थे। फ़र्श पर जहाँ-तहाँ पंजों और नाखूनों की छापें थीं।

आगन्तुक ने कहा, ''लोमड़ी!''

''हाँ। यह चौथी बार है। इतने बरसों में कभी ऐसा नहीं हुआ था; पर अब दूसरे-तीसरे दिन एक-आध बत्तख मारी जाती है और कुछ उपाय नहीं सूझता। मेरी बत्तखों पर सारे मण्डल के गाँव ईर्ष्या करते थे—स्वयं 'सियेम' के पास भी ऐसा बढ़िया झुण्ड नहीं था! पर अब—'' हीली चुप हो गयी।

आगन्तुक भी थोड़ी देर चुपचाप फ़र्श को और बत्तखों को देखता रहा। फिर उसने एक बार सिर से पैर तक हीली को देखा और मानो कुछ सोचने लगा। फिर जैसे निर्णय करता हुआ बोला, ''आप ढिठाई न समझें तो एक बात कहूँ?''

''कहिए।''

''मैं यहाँ छुट्टी पर आया हूँ और कुछ दिनों नाङ्-थ्लेम ठहरना चाहता हूँ। शिकार का मुझे शौक है। अगर आप इजाज़त दें तो मैं इस डाकू की घात में बैठूँ—'' फिर हीली की मुद्रा देखकर जल्दी से, ''नहीं, मुझे कोई कष्ट नहीं होगा, मैं तो ऐसा मौका चाहता हूँ। आपके पहाड़ बहुत सुन्दर हैं, लेकिन लड़ाई से लौटे हुए सिपाही को छुट्टी में कुछ शग़ल चाहिए।''

''आप ठहरे कहाँ हैं?''

''बँगले में। कल आया था, पाँच-छह दिन रहूँगा। सवेरे-सवेरे घूमने निकला था, इधर, ऊपर जा रहा था कि आपकी आवाज़ सुनी। आपका मकान बहुत साफ़ और सुन्दर है—''

हीली ने एक रूखी-सी मुस्कान के साथ कहा, ''हाँ, कोई कचरा फैलानेवाला जो नहीं है! मैं यहाँ अकेली रहती हूँ।''

आगन्तुक ने फिर हीली को सिर से पैर तक देखा। एक प्रश्न उसके चेहरे पर झलका, किन्तु हीली की शालीन और अपने में सिमटी-सी मुद्रा ने जैसे उसे पूछने का साहस नहीं दिया। उसने बात बदलते हुए कहा, ''तो आपकी इजाज़त है न? मैं रात को बन्दूक लेकर आऊँगा। अभी इधर आस-पास देख लूँ कि कैसी जगह है और किधर से किधर गोली चलाई जा सकती है।''

''आप शौकिया आते हैं तो ज़रूर आइए। मैं इधर को खुलनेवाला कमरा आपको दे सकती हूँ।'' कहकर उसने घर की ओर इशारा किया।

''नहीं, नहीं मैं बरामदे में बैठ लूँगा—''

''यह कैसे हो सकता है? रात को आँधी-बारिश आती है। तभी तो मैं कुछ

सुन नहीं सकी रात! वैसे आप चाहें तो बरामदे में आरामकुर्सी भी डलवा दूँगी। कमरे में सब सामान है।'' हीली कमरे की ओर बढ़ी, मानो कह रही हो, ''देख लीजिए।''

''आपका नाम पूछ सकता हूँ?''

''हीली-बोन् यिर्वा। मेरे पिता सियेम के दीवान थे।''

''मेरा नाम दयाल है—कैप्टन दयाल। फ़ौजी इंजीनियर हूँ।''

''बड़ी खुशी हुई। आइए—अन्दर बैठेंगे?''

''धन्यवाद—अभी नहीं। आपकी अनुमति हो तो शाम को आऊँगा। खू-ब्लाई—''

हीली कुछ रुकते स्वर में बोली, ''खू-ब्लाई!'' और बरामदे में मुड़कर खड़ी हो गई। कैप्टन दयाल बाड़े में से बाहर होकर रास्ते पर हो लिये और ऊपर चढ़ने लगे, जिधर नयी धूप में चीड़ की हरियाली दुरंगी हो रही थी और बीच-बीच में बुरूस के गुच्छे-गुच्छे गहरे लाल फूल मानो कह रहे थे—पहाड़ के भी हृदय है, जंगल के भी हृदय है...

2 दिन में पहाड़ की हरियाली काली दिखती है, ललाई आग-सी दीप्त; पर साँझ के आलोक में जैसे लाल ही पहले काला पड़ जाता है। हीली देख रही थी; बुरूस के वे इक्के-दुक्के गुच्छे न जाने कहाँ अन्धकार-लीन हो गए हैं, जबकि चीड़ के वृक्षों के आकार अभी एक-दूसरे से अलग स्पष्ट पहचाने जा सकते हैं। क्यों रंग ही पहले बुझता है, फूल ही पहले ओझल होते हैं, जबकि परिपार्श्व की एकरूपता बनी रहती है?

हीली का मन उदास होकर अपने में सिमट आया। सामने फैला हुआ नाङ्-थ्लेम का पर्वतीय सौन्दर्य जैसे भाप बनकर उड़ गया; चीड़ और बुरूस, चट्टानें, पूर्व पुरुषों और स्त्रियों की खड़ी और पड़ी स्मारक शिलाएँ, घास की टीलों-सी लहरें, दूर नीचे पहाड़ी नदी का ताम्र-मुकुट, मखमली चादर में रेशमी डोरे-सी झलकती हुई पगडंडी—सब मूर्त आकार पीछे हटकर तिरोहित हो गए। हीली की खुली आँखें भीतर की ओर ही देखने लगीं—जहाँ भावनाएँ ही साकार थीं, और अनुभूतियाँ ही मूर्त...

हीली के पिता उस छोटे-से माण्डलिक राज्य के दीवान रहे थे। हीली तीन सन्तानों में सबसे बड़ी थी, और अपनी दोनों बहिनों की अपेक्षा अधिक सुन्दर भी। खासियों का जाति-संगठन स्त्री-प्रधान है; सामाजिक सत्ता स्त्री के हाथ में है और वह अनुशासन में चलती नहीं, अनुशासन को चलाती है। हीली भी मानो नाङ्-थ्लेम की अधिष्ठात्री थी। 'नाङ् क्रेम' के नृत्योत्सव में, जब सभी मण्डलों के स्त्री-पुरुष खासिया जाति के अधिदेवता नगाधिपति को बलि देते थे और उसके मर्त्य प्रतिनिधि अपने 'सियेम' का अभिनन्दन करते थे, तब नृत्य-मण्डली में हीली ही मौन सर्वसम्मति से नेत्री हो जाती थी, और स्त्री-समुदाय उसी का अनुसरण करता हुआ झूमता था, इधर और उधर, आगे और दायें और पीछे...नृत्य में अंगसंचालन

की गति न द्रुत थी न विस्तीर्ण; लेकिन कम्पन ही सही, सिहरन ही सही, वह थी तो उसके पीछे-पीछे; सारा समुद्र उसकी अंग-भंगिमा के साथ लहरें लेता था...

एक नीरस-सी मुस्कान हीली के चेहरे पर दौड़ गई। वह कई बरस पहले की बात थी...अब वह चौंतीसवाँ वर्ष बिता रही है; उसकी दोनों बहिनें ब्याह करके अपने-अपने घर रहती हैं; पिता नहीं रहे और स्त्री-सत्ता के नियम के अनुसार उनकी सारी सम्पत्ति सबसे छोटी बहिन को मिल गई। हीली के पास है यही एक कुटिया और छोटा-सा बगीचा—देखने में आधुनिक साहबी ढंग का बँगला, किन्तु उस काँच और पर्दों के आडम्बर को सँभालनेवाली इमारत वास्तव में क्या है? टीन की चादर से छूता हुआ चीड़ का चौखटा, नरसल की चटाई पर गारे का पलस्तर और चारों ओर जरेनियम, जो गमले में लगा लो तो फूल हैं, नहीं तो निरी जंगली बूटी...

यह कैसे हुआ कि वह 'नाङ् क्रेम' की रानी, आज अपने चौंतीसवें वर्ष में इस कुटी के जरेनियम के गमले सँवारती बैठी है, और अपने जीवन में ही नहीं, अपने सारे गाँव में अकेली है?

अभिमान? स्त्री का क्या अभिमान! और अगर करे ही तो कनिष्ठा करे जो उत्तराधिकारिणी होती है—वह तो सबसे बड़ी थी, केवल उत्तरदायिनी! हीली के होंठ एक व्रिदूप की हँसी से कुटिल हो आए। युद्ध की अशान्ति के इन तीन-चार वर्षों में कितने ही अपरिचित चेहरे दिखे थे, अनोखे रूप; उल्लसित, उच्छ्वसित, लोलुप, गर्वित, याचक, पाप-संकुचित, दर्पस्फीत मुद्राएँ...और वह जानती थी कि इन चेहरों और मुद्राओं के साथ उसके गाँव की कई स्त्रियों के सुख-दुःख, तृप्ति और अशान्ति, वासना और वेदना, आकांक्षा और सन्ताप उलझ गए थे, यहाँ तक कि वहाँ के वातावरण में एक पराया और दूषित तनाव आ गया था। किन्तु वह उससे अछूती ही रही थी। यह नहीं कि उसने इसके लिए कुछ उद्योग किया था या कि उसे गुमान था—नहीं, यह जैसे उसके निकट कभी यथार्थ ही नहीं हुआ था।

लोग कहते थे कि "हीली सुन्दर है, पर स्त्री नहीं है। वह बाँबी क्या, जिसमें साँप नहीं बसता?"...हीली की आँखें सहसा और घनी हो आयीं—नहीं, इससे आगे वह नहीं सोचना चाहती! व्यथा मरकर भी व्यथा से अन्य कुछ हो जाती है? बिना साँप की बाँबी—अपरूप, अनर्थक मिट्टी का ढूह! यद्यपि, वह याद करना चाहती तो याद करने को कुछ था—बहुत-कुछ था—प्यार उसने पाया था और उसने सोचा भी था कि—

नहीं, कुछ नहीं सोचा था। जो प्यार करता है, जो प्यार पाता है, वह क्या कुछ सोचता है? सोच सब बाद में होती है, जब सोचने को कुछ नहीं होता।

और अब वह बत्तखें पालती है। इतनी बड़ी, इतनी सुन्दर बत्तखें खासिया प्रदेश में और नहीं हैं। उसे विशेष चिन्ता नहीं है, बत्तखों के अंडों से इस युद्धकाल में चार-पाँच रुपये रोज़ की आमदनी हो जाती है, और उसका खर्च ही क्या है? वह अच्छी है, सुखी है, निश्चिन्त है—

लोमड़ी...किन्तु वह कुछ दिन की बात है—उसका तो उपाय करना ही होगा। वह फ़ौजी अफ़सर ज़रूर उसे मार देगा—नहीं तो कुछ दिन बाद थेङ् क्यू के इधर आने पर वह उसे कहेगी कि तीर से मार दे या जाल लगा दे...कितनी दुष्ट होती

है लोमड़ी। क्या रोज़ दो-एक बत्तख खा सकती है? व्यर्थ का नुकसान—सभी जन्तु ज़रूरत से ज़्यादा घेर लेते और नष्ट करते हैं—

बरामदे के काठ के फ़र्श पर पैरों की चाप सुनकर उसका ध्यान टूटा। कैप्टन दयाल ने एक छोटा-सा बैग नीचे रखते हुए कहा, ''लीजिए, मैं आ गया।'' और कन्धे से बन्दूक उतारने लगे।

''आपका कमरा तैयार है। खाना खायेंगे?''

''धन्यवाद—नहीं। मैं खाना खा आया हूँ। रात काटने को कुछ ले भी आया बैग में! मैं ज़रा मौका देख लूँ, अभी आता हूँ। आपको नाहक तकलीफ़ दे रहा हूँ लेकिन—''

हीली ने व्यंग्यपूर्वक हँसकर कहा, ''इस घर में न सही, पर खासिया घरों में अक्सर पलटनिया अफ़सर आते हैं—यह नहीं हो सकता कि आपको बिलकुल मालूम न हो।''

कैप्टन दयाल खिसिया-से गए। फिर धीरे-धीरे बोले, ''नीचेवालों ने हमेशा पहाड़वालों के साथ अन्याय ही किया है। समझ लीजिए कि पातालवासी शैतान देवताओं से बदला लेना चाहते हैं!''

''हम लोग मानते हैं कि पृथ्वी और आकाश पहले एक थे—पर दोनों को जोड़ने वाली धमनी इन्सान ने काट दी। तब से दोनों अलग हैं और पृथ्वी का घाव नहीं भरता।''

''ठीक तो है।''

कैप्टन दयाल बाड़े की ओर चले गए। हीली ने भीतर आकर लैम्प जलाया और बरामदे में जाकर रख दिया; फिर दूसरे कमरे में चली गई।

3 रात में दो-अढ़ाई बजे बन्दूक की 'धाँय!' सुनकर हीली जागी और उसने सुना कि बरामदे में कैप्टन दयाल कुछ खटर-पटर कर रहे हैं। शब्द से ही उसने जाना कि वह बाहर निकल गए हैं, और थोड़ी देर बाद लौट आए हैं। तब वह उठी नहीं; लोमड़ी ज़रूर मर गई होगी और उसे सवेरे भी देखा जा सकता है, यह सोचकर फिर सो रही।

किन्तु पौ फटते-न-फटते वह फिर जागी। खासिया प्रदेश के बँगलों की दीवारें असल में तो केवल काठ के पर्दे ही होते हैं; हीली ने जाना कि दूसरे कमरे में कैप्टन दयाल जाने की तैयारी कर रहे हैं। तब वह भी जल्दी से उठी, आग जलाकर चाय का पानी रख, मुँह-हाथ धोकर बाहर निकली। क्षण-भर अनिश्चय के बाद वह बत्तखों के बाड़े की तरफ़ जाने को ही थी कि कैप्टन दयाल ने बाहर निकलते हुए कहा, ''खू-ब्लाई, मिस यिर्वा; शिकार जख्मी तो हो गया पर मिला नहीं, अब खोज में जा रहा हूँ।''

''अच्छा? कैसे पता लगा?''

''खून के निशानों से। ज़ख्म गहरा ही हुआ है—घसीटकर चलने के निशान साफ़ दिखते थे। अब तक बचा नहीं होगा—देखना यही है कि कितनी दूर गया होगा।''

"मैं भी चलूँगी। उस डाकू को देखूँ तो—'' कहकर हीली लपककर एक बड़ी 'डाओ' उठा लाई और चलने को तैयार हो गई।

खून के निशान चीड़ के जंगल को छूकर एक ओर मुड़ गए, जिधर ढलाव था और आगे जरैंत की झाड़ियाँ, जिनके पीछे एक छोटा-सा झरना बहता था। हीली ने उसका जल कभी देखा नहीं था, केवल कल-कल शब्द ही सुना था—जरैंत का झुरमुट उसे बिलकुल छाये हुए था। निशान झुरमुट तक आकर लुप्त हो गए थे।

कैप्टन दयाल ने कहा, ''इसके अन्दर घुसना पड़ेगा। आप यहीं ठहरिए।''

''उधर ऊपर से शायद खुली जगह मिल जाए—वहाँ से पानी के साथ-साथ बढ़ा जा सकेगा—'' कहकर हीली बायें को मुड़ी, और कैप्टन दयाल साथ हो लिये।

सचमुच कुछ ऊपर जाकर झाड़ियाँ कुछ विरल हो गई थीं और उनके बीच में घुसने का रास्ता निकाला जा सकता था। यहाँ कैप्टन दयाल आगे हो लिये, अपनी बन्दूक के कुन्दे से झाड़ियाँ इधर-उधर ठेलते हुए रास्ता बनाते चले। पीछे-पीछे हीली हटाई हुई लचकीली शाखाओं के प्रत्याघात को अपनी डाओ से रोकती हुई चली।

कुछ आगे चलकर झरने का पाट चौड़ा हो गया—दोनों ओर ऊँचे और आगे झुके हुए करारे, जिनके ऊपर जरैंत और होली की झाड़ी इतनी घनी छायी हुई कि भीतर अँधेरा हो, परन्तु पाट चौड़ा होने से मानो इस आच्छादन के बीच में एक सुरंग बन गई थी जिसमें आगे बढ़ने में विशेष असुविधा नहीं होती थी।

कैप्टन दयाल ने कहा, ''यहाँ फिर खून के निशान हैं—शिकार पानी में से इधर घिसटकर आया है।''

हीली ने मुँह उठाकर हवा को सूँघा, मानो सीलन और जरैंत की तीव्र गन्ध के ऊपर और किसी गन्ध को पहचान रही हो। बोली, ''यहाँ तो जानवर की—''

हठात् कैप्टन दयाल ने तीखे फुसफुसाते स्वर से कहा, ''देखो—श्-श्!''

ठिठकने के साथ उनकी बाँह ने उठकर हीली को भी जहाँ-का-तहाँ रोक दिया।

अन्धकार में कई-एक जोड़े अंगारे-से चमक रहे थे।

हीली ने स्थिर दृष्टि से देखा। करारे में मिट्टी खोदकर बनाई हुई खोह में— या कि खोह की देहरी पर—नर-लोमड़ी का प्राणहीन आकार दुबका पड़ा था— कास के फूल के झाड़ू-सी पूँछ उसकी रानों को ढँक रही थी, जहाँ गोली का ज़ख्म होगा। भीतर शिथिल-गत लोमड़ी उस शव पर झुकी खड़ी थी, शव के सिर के पास मुँह किये, मानो उसे चाटना चाहती हो और फिर सहमकर रुक जाती हो। लोमड़ी के पाँवों से उलझते हुए तीन छोटे-छोटे बच्चे कुनमुना रहे थे। उस कुनमुनाने में भूख की आतुरता नहीं थी; वे बच्चे लोमड़ी के पेट के नीचे घुसड़-पुसड़ करते हुए भी उसके थनों को ही खोज रहे थे...माँ और बच्चों में किसी को ध्यान नहीं था कि गैर और दुश्मन की आँखें उस गोपन घरेलू दृश्य को देख रही हैं।

कैप्टन दयाल ने धीमे स्वर से कहा, ''यह भी तो डाकू होगी—''

हीली की ओर से कोई उत्तर नहीं मिला। उन्होंने फिर कहा, ''इसे भी मार दें—तो बच्चे पाले जा सकें—''

फिर कोई उत्तर न पाकर उन्होंने मुड़कर देखा और अचकचा कर रह गए। पीछे हीली नहीं थी।

थोड़ी देर बाद, कुछ प्रकृतिस्थ होकर उन्होंने कहा, ''अजीब औरत है!'' फिर थोड़ी देर वह लोमड़ी को और बच्चों को देखते रहे। तब ''ऊँह, मुझे क्या!'' कह कर वह अनमने-से मुड़े और जिधर से आए थे, उधर ही चलने लगे।

4 हीली नंगे पैर ही आई थी; पर लौटती बार उसने शब्द न करने का कोई यत्न किया हो, ऐसा वह नहीं जानती थी। झुरमुट से बाहर निकलकर वह उन्माद की तेज़ी से घर की ओर दौड़ी, और वहाँ पहुँचकर सीधी बाड़े में घुस गई। उसके तूफ़ानी वेग से चौंककर बत्तखें पहले तो बिखर गईं, पर जब वह एक कोने में जाकर बाड़े के सहारे टिककर खड़ी अपलक उन्हें देखने लगी तब वे गर्दनें लम्बी करके उचकती हुई-सी उसके चारों ओर जुट गईं और 'क-क्! क-क्-' करने लगीं।

वह अधैर्य हीली को छू न सका, जैसे चेतना के बाहर से फिसलकर गिर गया। हीली शून्य दृष्टि से बत्तखों की ओर ताकती रही।

एक ढीठ बत्तख ने गर्दन से उसके हाथ को ठेला। हीली ने उसी शून्य-दृष्टि से हाथ की ओर देखा। सहसा उसका हाथ कड़ा हो आया, उसकी मुट्ठी डाओ के हत्थे पर भिंच गई। दूसरे हाथ से उसने बत्तख का गला पकड़ लिया और दीवार के पास खींचते हुए डाओ के एक झटके से काट डाला।

उसी अनदेखते अचूक निश्चय से उसने दूसरी बत्तख का गला पकड़ा, भिंचे हुए दाँतों से कहा : ''अभागिन!'' और उसका सिर उड़ा दिया। फिर तीसरी, फिर चौथी, पाँचवीं...ग्यारह बार डाओ उठी और 'खट्' के शब्द के साथ बाड़े का खम्भा काँपा; फिर एक बार हीली ने चारों ओर नज़र दौड़ाई और बाहर निकल गई!

बरामदे में पहुँचकर जैसे उसने अपने को सँभालने को खम्भे की ओर हाथ बढ़ाया और लड़खड़ाती हुई उसी के सहारे बैठ गई।

कैप्टन दयाल ने आकर देखा, खम्भे के सहारे एक अचल मूर्ति बैठी है जिसके हाथ लथपथ हैं और पैरों के पास खून से रँगी डाओ पड़ी है। उन्होंने घबराकर कहा, ''यह क्या, मिस यिर्वा?'' और फिर उत्तर न पाकर उसकी आँखों का जड़ विस्तार लक्ष्य करते हुए उसके कन्धे पर हाथ रखते हुए फिर, धीमे-से ''क्या, हुआ, हीली?''

हीली कन्धा झटककर, छिटककर परे हटती हुई खड़ी हो गई और तीखेपन से थर्राती हुई आवाज़ से बोली, ''दूर रहो, हत्यारे!''

कैप्टन दयाल ने कुछ कहना चाहा, पर अवाक् ही रह गए, क्योंकि उन्होंने देखा, हीली की आँखों में वह निर्व्यास सूनापन घना हो आया है जो कि पर्वत का चिरन्तन विजन सौन्दर्य है।

•

मेजर चौधरी की वापसी

किसी की टाँग टूट जाती है, तो साधारणतया उसे बधाई का पात्र नहीं माना जाता। लेकिन मेजर चौधरी जब छह सप्ताह अस्पताल में काटकर बैसाखियों के सहारे लड़खड़ाते हुए बाहर निकले, तो बाहर निकलकर उन्होंने मिज़ाजपुर्सी के लिए आए हुए अफ़सरों को बताया कि ''उनकी चार सप्ताह की 'वारलीव' के साथ उन्हें छह सप्ताह की 'कम्पैशनेट लीव'[1] भी मिली है, और इसके बाद ही शायद कुछ और छुट्टी के अनन्तर उन्हें सैनिक नौकरी से छुटकारा मिल जाएगा,'' तब सुननेवालों के मन में अवश्य ही ईर्ष्या की लहर दौड़ गई थी। क्योंकि मोकोक्चङ् यों सब-डिवीज़न का केन्द्र क्यों न हो, वैसे वह नगा पार्वत्य जंगलों का ही एक हिस्सा था, और जोंक, दलदल, मच्छर, चूती छतें, कीचड़ फ़र्श, पीने को उबाला जाने पर भी गँदला पानी और खाने को पानी में भिगोकर ताज़ा किए गए सूखे आलू-प्याज़—ये सब चीज़ें ऐसी नहीं हैं कि दूसरों के सुख-दुःख के प्रति सहज-औदार्य की भावना को जाग्रत करें!

मैं स्वयं मोकोक्चङ् में नहीं, वहाँ से तीस मील नीचे मरियानी में रहता था, जो कि रेल की पक्की सड़क द्वारा सेवित छावनी थी। मोकोक्चङ् अपनी सामग्री और उपकरणों के लिए मरियानी पर निर्भर था, इसलिए मैं जब-तब एक दिन के लिए माकोक्चङ् जाकर वहाँ की अवस्था देख आया करता था। नाकाचारी चार-आली[2] से आगे रास्ता बहुत ही खराब है और गाड़ी कीच-काँदों में फँस-फँस जाती है, किन्तु उस प्रदेश की आवनगा जाति के हँसमुख चेहरों और साहाय्य-तत्पर व्यवहार के कारण वह जोखिम बुरा नहीं लगता।

मुझे तो मरियानी लौटना था ही, मेजर चौधरी भी मेरे साथ ही चले—मरियानी से रेल द्वारा वह गौहाटी होते हुए कलकत्ते जाएँगे और वहाँ से अपने घर पश्चिम को...

स्टेशन-वैगन चलाते-चलाते मैंने पूछा, ''मेजर साहब, घर लौटते हुए कैसा

---

1. संवेदना-जन्य छुट्टी।
2. चार-आली—चौरास्ता, आली असमिया में सड़क को कहते हैं।

लगता है?'' और फिर इस डर से कि कहीं मेरा प्रश्न उन्हें कष्ट ही न दे, ''आपके इस एक्सिडेंट से अवश्य ही इस प्रत्यागमन पर एक छाया पड़ गई है, पर फिर भी घर तो घर है—''

अस्पताल के छह हफ़्ते मनुष्य के मन में गहरा परिवर्तन कर देते हैं, यह अचानक तब जाना जब मेजर चौधरी ने कुछ सोचते-से उत्तर दिया, ''हाँ घर तो घर ही है। पर जो एक बार घर से जाता है, वह लौटकर भी घर लौटता ही है, इसका क्या ठिकाना?''

मैंने तीखी दृष्टि से उनकी ओर देखा। कौन-सा गोपन दु:ख उन्हें खा रहा है—'घर' की स्मृति को लेकर कौन-सा वेदना का ठूँठ इनकी विचारधारा में अवरोध पैदा कर रहा है? पर मैंने कुछ कहा नहीं, प्रतीक्षा में रहा कि कुछ और कहेंगे।

देर तक मौन रहा, गाड़ी नाकाचारी की लीक में उचकती-धचकती चलती रही।

थोड़ी देर बाद मेजर चौधरी फिर धीरे-धीरे कहने लगे, ''देखो प्रधान, फ़ौज में जो भर्ती होते हैं, न जाने क्या-क्या सोचकर, किस-किस आशा से। कोई-कोई अभागा आशा से नहीं, निराशा से भी भर्ती होता है, और लौटने की कल्पना नहीं करता। लेकिन जो लौटने की बात सोचते हैं—और प्राय: सभी सोचते हैं—वे मेरी तरह लौटने की बात नहीं सोचते—''

उनका स्वर मुझे चुभ गया। मैंने सान्त्वना के स्वर में कहा, ''नहीं मेजर चौधरी, इतने हतधैर्य आपको नहीं—''

''मुझे कह लेने दो, प्रधान!''

मैं रुक गया।

''मेरी जाँघ और कूल्हे में चोट लगी थी, अब मैं सेना के काम का न रहा, पर आजीवन लँगड़ा रहकर भी वैसे चलने-फिरने लगूँगा, यह तुमने अस्पताल में सुना है। सिविल जीवन में कई पेशे हैं जो मैं कर सकता हूँ। इसलिए घबराने की कोई बात नहीं। ठीक है न? पर—'' मेजर चौधरी फिर रुक गए और मैंने लक्ष्य किया कि आगे की बात कहने में उन्हें कष्ट हो रहा है : ''पर चोटें ऐसी भी होती हैं—जिनका इलाज—नहीं होता...''

मैं चुपचाप सुनता रहा।

''भर्ती होने के साल-भर पहले मेरी शादी हुई थी। तीन साल हो गए। हम लोग साथ लगभग नहीं रहे—वैसी सुविधाएँ नहीं हुई। हमारी कोई सन्तान नहीं है।''

फिर मौन। क्या मेरी ओर से कुछ अपेक्षित है? किन्तु किसी आन्तरिक व्यथा की बात अगर वह कहना चाहते हैं, तो मौन ही सहायक हो सकता है, वही प्रोत्साहन है।

''सोचता हूँ, दाम्पत्य-जीवन में शुरू में—इतनी—कोमलता न बरती होती! कहते हैं कि स्त्री-पुरुष में पहले सख्य आना चाहिए—मानसिक अनुकूलता—''

मैंने कनखियों से उनकी तरफ़ देखा। सीधा देखने से स्वीकारी अन्तरात्मा की खुलती सीढ़ी खट् से बन्द हो जाया करती है। उन्हें कहने दूँ।

पर उन्होंने जो कहा उसके लिए मैं बिलकुल तैयार नहीं था और अगर उनके

कहने के ढंग में ही इतनी गहरी वेदना न होती तो जो शब्द कहे गए थे उनसे पूरा व्यंजनार्थ भी मैं न पा सकता...

"हमारी कोई सन्तान नहीं है। और जब—जिससे आगे कुछ नहीं है वह सख्य भी कैसे हो सकता है? उसे—एक सन्तान का ही सहारा होता...कुछ नहीं? प्रधान, यह 'कम्पैशनेट लीव' अच्छा मज़ाक है—कम्पैशन भगवान् को छोड़कर और कौन दे सकता है और मृत्यु के अलावा होता कहाँ है? अब इति से आरम्भ है! घर!" कुछ रुककर, "वापसी! घर!"

मैं सन्न रह गया! कुछ बोल न सका। थोड़ी देर बाद चौंककर देखा कि गाड़ी की चाल अपने-आप बहुत धीमी हो गई है, इतनी कि तीसरे गीयर पर वह झटके दे रही है। मैंने कुछ सँभलकर गीयर बदला और फिर गाड़ी तेज़ करके एकाग्र होकर चलाने लगा—नहीं, एकाग्र होकर नहीं, एकाग्र दिखता हुआ।

तब मेजर चौधरी एक बार अपना सिर झटके से हिलाकर मानो उस विचार-शृंखला को तोड़ते हुए सीधे होकर बैठ गए। थोड़ी देर बाद उन्होंने कहा, "क्षमा करना, प्रधान, मैं शायद अनकहनी कह गया। तुम्हारे प्रश्नों के लिए तैयार नहीं था—"

मैंने रुकते-रुकते कहा—"मेजर, मेरे पास शब्द नहीं हैं कि कुछ कहूँ—"

"कहोगे क्या, प्रधान? कुछ बातें शब्द से परे होती हैं—शायद कल्पना से भी परे होती हैं। क्या मैं भी जानता हूँ कि—कि घर लौटकर मैं क्या अनुभव करूँगा? छोड़ो इसे। तुम्हें याद है, पिछले साल मैं कुछ महीने मिलिटरी पुलिस में चला गया था?"

मैंने जाना कि मेजर विषय बदलना चाह रहे हैं। पूरी दिलचस्पी के साथ बोला, "हाँ-हाँ। वह अनुभव ही अजीब रहा होगा।"

"हाँ। तभी की एक बात अचानक याद आई है। मैं शिलङ् में प्रोवोस्ट मार्शल* के दफ़्तर में था। तब—वे डिवीज़न की कुछ गोरी पलटनें वहाँ विश्राम और नये सामान के लिए बर्मा से लौटकर आई थीं।"

"हाँ, मुझे याद है। उन लोगों ने कुछ उपद्रव भी वहाँ खड़ा किया था—"

"काफी! एक रात मैं जीप लिये गश्त पर जा रहा था। हैपी वैली की छावनी से जो सड़क शिलङ् बस्ती को आती है वह टेढ़ी-मेढ़ी और उतार-चढ़ाव की है और चीड़ के झुरमुटों से छायी हुई, यह तो तुम जानते हो। मैं एक मोड़ से निकला ही था कि मुझे लगा, कुछ चीज़ रास्ते से उछलकर एक ओर को दुबक गई है। गीदड़-लोमड़ी उधर बहुत हैं, पर उनकी फलाँग ऐसी अनाड़ी नहीं होती, इसलिए मैं रुक गया। झुरमुटों के किनारे खोजते हुए मैंने देखा; एक गोरा फ़ौजी छिपना चाह रहा है। छिपना चाहता है तो अवश्य अपराधी है, यह सोचकर मैंने उसे ज़रा धमकाया और नाम, नम्बर, पलटन आदि का पता लिख लिया। वह बिना पास के रात को बाहर तो था ही, पूछने पर उसने बताया कि "वह एक मील और नीचे नाङ्-थिम्-माई की बस्ती को जा रहा था।" इससे आगे का प्रश्न मैंने नहीं पूछा—उन प्रश्नों का उत्तर तुम जानते ही हो और

---

* सैनिक, पुलिस का उच्चाधिकारी प्रोवोस्ट मार्शल कहलाता है।

पूछकर फिर कड़ा दंड देना पड़ता है जो कि अधिकारी नहीं चाहते—जब तक कि खुल्लम-खुल्ला कोई बड़ा स्कैंडल न हो।''

''हूँ। मैंने तो सुना है कि यथासम्भव अनदेखी की जाती है ऐसी बातों की। बल्कि कोई वेश्यालय में पकड़ा जाए और उसकी पेशी हो तो असली अपराध के लिए नहीं होती, वर्दी ठीक न पहनने या अफ़सर की अवज्ञा या ऐसे ही किसी जुर्म के लिए होती है।''

''ठीक ही सुना है तुमने। असली अपराध के लिए ही हुआ करे तो अव्वल तो चालान इतने हों कि सेना बदनाम हो जाए; इससे इसका असर फ़ौजियों पर तो उल्टा पड़े—उनका दिमाग़ हर वक्त उधर ही जाया करे। खैर! उस दिन तो मैंने उसे डाँट-डपटकर छोड़ दिया। पर दो दिन बाद फिर एक अजीब परिस्थिति में उसका सामना हुआ।''

''वह कैसे?''

''उस दिन मैं अधिक देर करके जा रहा था। आधी रात होगी, गश्त पर जाते हुए उसी जगह के आस-पास मैंने एक चीख सुनी। गाड़ी रोककर मैंने बत्ती बुझा दी और टॉर्च लेकर एक पुलिया की ओर गया जिधर से आवाज़ आई थी। मेरा अनुमान ठीक ही था; पुलिया के नीचे एक पहाड़ी औरत गुस्से में भरी खड़ी थी, और कुछ दूर पर एक अस्त-व्यस्त गोरा फ़ौजी, जिसकी टोपी और पेटी ज़मीन पर पड़ी थी और बुशर्ट हाथ में। मैंने नीचे उतरकर डाँटकर पूछा, 'यह क्या है?' पर तभी मैंने उस फ़ौजी को आँखों में देखकर पहचाना कि एक तो वह परसोंवाला व्यक्ति है, दूसरे वह काफ़ी नशे में है। मैंने और भी कड़े स्वर में पूछा, 'तुम्हें शरम नहीं आती! क्या कर रहे थे तुम?'

''वह बोला, 'यह मेरी है।'

''मैंने कहा, 'बको मत!' और उस औरत से कहा कि वह चली जाए। पर वह ठिठकी रही। मैंने उससे पूछा, 'जाती क्यों नहीं?' तब वह कुछ सहमी-सी बोली, 'मेरे रुपये ले दो'।''

''काफ़ी बेशर्म ही रही होगी वह भी !''

''हाँ, मामला अजीब ही था। दोनों को डाँटने पर दोनों ने जो टूटे-फूटे वाक्य कहे उससे यह समझ में आया कि दो-तीन घंटे पहले वह गोरा एक बार उस औरत के पास हो आया था और फिर आगे गाँव की तरफ़ चला गया था। लौटकर फिर उसे वह रास्ते में मिली तो गोरे ने उसे पकड़ लिया था। झगड़ा इसी बात का था कि गोरे का कहना था, वह रात के पैसे दे चुका है, और औरत का दावा था कि पिछला हिसाब चुकता न था, और अब फ़ौजी उसका देनदार है। मैंने उसे धमकाकर चलता किया। पहले तो वह गालियाँ देने लगी, पर जब उसने देखा कि गोरा गिरफ्तार हो गया है तो बड़बड़ाती चली गई।''

''फिर गोरे का क्या हुआ? उसे तो कड़ी सज़ा मिलनी चाहिए थी?''

मेजर चौधरी थोड़ी देर तक चुप रहे। फिर बोले, ''नहीं प्रधान, उसे सज़ा

नहीं मिली। मालूम नहीं, वह मेरी भूल थी या नहीं, पर जीप में ले आने के घंटा-भर बाद मैंने उसे छोड़ दिया।''

मैंने अचानक कहा, ''वाह, क्यों?'' फिर यह सोचकर कि यह प्रश्न कुछ अशिष्ट-सा हो गया है, मैंने फिर कहा, ''कुछ विशेष कारण रहा होगा—''

''कारण? हाँ, कारण...था शायद। यह तो इस पर है कि कारण कहते किसे हैं। मैंने जैसे छोड़ा, वह बताता हूँ।''

मैं प्रतीक्षा करता रहा। मेजर कहने लगे, ''उसे मैं जीप में ले आया। थोड़ी देर टॉर्च का प्रकाश उसके चेहरे पर डालकर घुमाता रहा कि वह और ज़रा सहम जाए। तब मैंने कड़ककर पूछा, 'तुम्हें शरम नहीं आई अपनी फ़ौज का और ब्रिटेन का नाम कलंकित करते? अभी परसों मैंने तुम्हें पकड़ा था और माफ कर दिया था।' मेरे स्वर का उसके नशे पर कुछ असर हुआ। ज़रा सँभलकर बोला, 'सर, मैं कुछ बुरा नहीं करना चाहता था—' मैंने फिर डाँटा, 'सड़क पर एक औरत को पकड़ते हो और कहते हो कि बुरा करना नहीं चाहते थे?' वह बगलें झाँकने लगा, पर फिर भी सफ़ाई देता हुआ-सा बोला, 'सर, वह अच्छी औरत नहीं है। वह रुपया लेती है—मैं तीन दिन से रोज़ उसके पास जाता हूँ।' मैंने सोचा, बेहयाई इतनी हो तो कोई क्या करे! पर इस टामी जन्तु में जन्तु का-सा सीधापन भी है जो ऐसी बात कर रहा है। मैंने कहा, 'और तुम तो अपने को बड़ा अच्छा आदमी समझते होगे न, एकदम स्वर्ग से झरा हुआ फ़रिश्ता!' वह फिर बोला, 'नहीं सर, लेकिन—लेकिन—'

''मैंने कहा, 'लेकिन क्या? तुमने अपनी पलटन का और अपना मुँह काला किया है, और कुछ नहीं।' तभी मुझे उस औरत की बात याद आई कि यह कुछ घंटे पहले उसके पास हो गया था, और मेरा गुस्सा फिर भड़क उठा। मैंने उससे कहा, 'थोड़ी देर पहले तुम एक बार बचकर चले भी गए थे, उससे तुम्हें सन्तोष नहीं हुआ? आगे गाँव में कहाँ गए थे? एक बार काफ़ी नहीं था!'

''अब तक वह कुछ और सँभल गया था। बोला, 'सर, गलती मैंने की है। लेकिन—लेकिन मैं अपने साथियों के बराबर होना चाहता हूँ—'

''मैंने चौंककर कहा, 'क्या मतलब?'

''वह बोला, 'हमारा डिवीज़न छह हफ़्ते हुए यहाँ आ गया था, आप जानते हैं। डेढ़ साल से हम लोग फ्रंट पर थे जहाँ औरत का नाम नहीं, खाली मच्छर और कीचड़ और पेचिश होती है। वहाँ से मेरी पलटन छह हफ़्ते पहले लौटी थी, पर मैं एक ब्रेकडाउन टुकड़ी के साथ पीछे रह गया था।'

'' 'तो फिर?' मैंने पूछा।

''बोला, 'डिवीज़न में मेरी पलटन सबसे पहले यहाँ आई थी, बाक़ी पलटनें पीछे आईं। छह हफ़्ते से वे लोग यहाँ हैं, और मैं कुल परसों आया हूँ और दस दिन में हम लोग वापस चले जाएँगे।'

''मैंने डाँटा, 'तुम्हारा मतलब क्या है?' उसने फिर धीरे-धीरे जैसे मुझे समझाते हुए कहा, 'सारे शिलङ् के गाँवों की नेटिव बस्तियों की छाँट उन्होंने की है। मैं

केवल परसों आया हूँ और दस दिन हमें और रहना है। मैं उनके बराबर होना चाहता हूँ, किसी से पीछे मैं नहीं रहना चाहता'।''

मेजर चौधरी चुप हो गए। मैं भी कुछ देर चुप रहा। फिर मैंने कहा, ''क्या दलील है! ऐसा विकृत तर्क वह कैसे कर सका—नशे का ही असर रहा होगा। फिर आपने क्या किया?''

''मैं मानता हूँ कि तर्क विकृत है। पर इसे पेश कर सकने में मनुष्य से नीचे के निरे मानव-जन्तु का साहस है, बल्कि साहस भी नहीं, निरी जन्तु-बुद्धि है, और इसलिए उस पर विचार भी उसी तल पर होना चाहिए ऐसा मुझे लगा। समझ लो, जन्तु ने जन्तु को माफ़ कर दिया। बल्कि यह कहना चाहिए कि जन्तु ने जन्तु को अपराधी ही नहीं पाया।'' कुछ रुककर वह कहते गए, ''यह भी मुझे लगा कि व्यक्ति में ऐसी भावना पैदा करनेवाली सामूहिक मन:स्थिति ही हो सकती है, और यदि ऐसा है तो समूह को ही दायी मानना चाहिए।''

स्टेशन-वैगन हिचकोले खाती हुई बढ़ती रही। मैं कुछ बोला नहीं। मेजर चौधरी ने कहा, ''तुमने कुछ कहा नहीं। शायद तुम समझते हो कि मैंने भूल की, इसीलिए चुप हो। पर वैसा कह भी दो तो मैं बुरा न मानूँ—मेरा बिलकुल दावा नहीं है कि मैंने ठीक किया।''

मैंने कहा, ''नहीं, इतना आसान तो नहीं है कुछ कह देना—'' और चुप लगा गया। अपने अनुभव की एक घटना मुझे भी याद आई, उसे मैं मन-ही मन दोहराता रहा। फिर मैंने कहा, ''एक ऐसी ही घटना मुझे भी याद आती है—''

''क्या?''

''उसमें ऐसा तीखापन तो नहीं है, पर जन्तु-तर्क की बात वहाँ भी लागू होती। एक दिन जोरहाट में क्लब में एक भारतीय नृत्य-मण्डली आई थी—हम लोग सब देखने गए थे। उस मण्डली को और आगे लीडो रोड की तरफ़ जाना था, इसलिए उसे एक ट्रक में बिठाकर मरियानी स्टेशन भेजने की व्यवस्था हुई। मुझे उस ट्रक को स्टेशन तक सुरक्षित पहुँचा देने का काम सौंपा गया।

''ट्रक में मण्डली की छहों लड़कियाँ और साजिन्दे वगैरह बैठ गए, तो मैंने ड्राइवर को चलने को कहा। गाड़ी से उड़ी हुई धूल को बैठ जाने के लिए कुछ समय देकर मैं भी जीप में क्लब से बाहर निकला। कुछ दूर तो बजरी की सड़क थी, उसके बाद जब पक्की तारकोल की सड़क आई और धूल बन्द हो गई तो मैंने तेज़ बढ़कर ट्रक को पकड़ लेने की सोची। कुछ देर बाद सामने ट्रक की पीठ दिखी, पर उसकी ओर देखते ही मैं चौंक गया।''

''क्यों, क्या बात हुई?''

''मैंने देखा, ट्रक की छत तक बाँहें फैलाए और पीठ की तख्ती के ऊपरी सिरे को दाँतों से पकड़े हुए एक आदमी लटक रहा था। तनिक और पास आकर देखा, एक बावर्दी गोरा था। उसके पैर किसी चीज़ पर टिके नहीं थे, बूट यों ही झूल रहे थे। क्षण-भर तो मैं चकित सोचता ही रहा कि क्या दाँतों और नाखूनों की

पकड़ इतनी मज़बूत हो सकती है! फिर मैंने लपककर जीप उस ट्रक के बराबर करके ड्राइवर को रुक जाने को कहा!''

''फिर?''

''ट्रक रुका तो हमने उस आदमी को नीचे उतारा। उसके हाथों की पकड़ इतनी सख़्त थी कि हमने उसे उतार लिया, तब भी उसकी उँगलियाँ सीधी नहीं हुईं—वे जकड़ी-जकड़ी ही ऐंठ गई थीं! और गोरा नीचे उतरते ही ज़मीन पर ही ढेर हो गया!''

''ज़रूर पिये हुए होगा—''

''हाँ—एकदम धुत्! आँखों की पुतलियाँ बिलकुल विस्फारित हो रही थीं, वह भौचक्का-सा बैठा था। मैंने डपटकर उठाया तो लड़खड़ाकर खड़ा हो गया। मैंने पूछा, 'तुम ट्रक के पीछे क्यों लटके हुए थे?' तो बोला, 'सर, मैं लिफ्ट चाहता हूँ।' मैंने कहा, 'लिफ्ट का यह कोई ढंग है? चलो, मेरी जीप में चलो, मैं पहुँचा दूँगा। कहाँ जाना है तुम्हें?' इसका उसने कोई उत्तर नहीं दिया। हम लोग जीप में घुसे, वह लड़खड़ाता हुआ चढ़ा और पीछे सीटों के बीच में फ़र्श पर धम् से बैठ गया।

''हम चल पड़े। हठात् उसने पूछा, 'सर, आप स्कॉच हैं?' मैंने लक्ष्य किया, नशे में वह यह नहीं पहचान सकता कि मैं भारतीय हूँ कि या अंग्रेज़, पर इतना पहचानता है कि मैं अफ़सर हूँ और 'सर' कहना चाहिए। फ़ौजी ट्रेनिंग भी बड़ी चीज़ है। जो नशे की तह को भी भेद जाती है! खैर! मैंने कहा, 'नहीं, मैं स्कॉच नहीं हूँ।'

''वह जैसे अपने से ही बोला, 'डैम फ़ाइन व्हिस्की।' और ज़बान चटखारने लगा। मैं पहले तो समझा नहीं, फिर अनुमान किया कि स्कॉच शब्द से उसका मदसिक्त मन केवल व्हिस्की का ही सम्बन्ध जोड़ सकता है...तब मैंने कहा, 'हाँ। लेकिन तुम जाओगे कहाँ?'

''बोला, 'मुझे यहीं कहीं उतार दीजिए—जहाँ कहीं कोई नेटिव गाँव पास हो।' मैंने डपटकर कहा, 'क्यों, क्या मंशा है तुम्हारी?' तब उसका स्वर अचानक रहस्य-भरा हो आया, और वह बोला, 'सच बताऊँ सर, मुझे औरत चाहिए!' मैंने कहा, 'यहाँ कहाँ है औरत?' तो बोला, 'सर, मैं ढूँढ़ लूँगा, आप कहीं गाँव-वाँव के पास उतार दीजिए'।''

''फिर तुमने क्या किया?''

''मेरे जी में तो आयी कि दो थप्पड़ लगाऊँ। पर सच कहूँ तो उसके 'मुझे औरत चाहिए' के निर्व्याज कथन ने ही मुझे निरस्त्र कर दिया—मुझे भी लगा कि इस जन्तुत्व के स्तर पर मानव ताड़नीय नहीं, दयनीय है। मैंने तीन-चार मील आगे सड़क पर उसे उतार दिया—जहाँ आस-पास कहीं गाँव का नाम-निशान न हो और लौट जाना भी ज़रा मेहनत का काम हो। अब तक कई बार सोचता हूँ कि मैंने उचित किया या नहीं—''

''ठीक ही किया—और क्या कर सकते थे? दंड देना कोई इलाज न होता।

मैं तो मानता हूँ कि जन्तु के साथ जन्तुतर्क ही मानवता है, क्योंकि वही करुणा है; और न्याय, अनुशासन, ये सब अन्याय हैं जो उस जन्तुत्व को पाशविकता ही बना देंगे।''

हम लोग फिर बहुत देर चुप रहे। नाकाचारी चार-आली पार करके हमने मरियानी की सड़क पकड़ ली थी; कच्ची यह भी थी पर उतनी खराब नहीं, और हम पीछे धूल के बादल उड़ाते हुए ज़रा तेज़ चल रहे थे। अचानक मेजर चौधरी मानो स्वगत कहने लगे, ''और मैं मनुष्य हूँ। मैं नहीं सोच सकता कि 'यह मेरी है' या कि 'मुझे औरत चाहिए!' मैं छुट्टी पर जा रहा हूँ—कम्पैशनेट छुट्टी पर। कम्पैशन यानी रहम—मुझ पर रहम किया गया है, क्योंकि मैं उस गोरे की तरह हिर्स नहीं कर सकता कि मैं किसी के बराबर होना चाहता हूँ। नहीं, हिर्स तो कर सकता हूँ, पर मनुष्य हूँ और मैं वापस जा रहा हूँ घर। घर!''

मैं चुपचाप आँखें सामने गड़ाए स्टेशन-वैगन चलाता रहा और मनाता रहा कि मेजर का वह अजीब स्वर में उच्चरित शब्द 'घर!' गाड़ी की घर्र-घर्र में लीन हो जाए; उसे सुनने, सुनकर स्वीकारने की बाध्यता न हो।

उन्होंने फिर कहा, ''एक बार ट्रेन में आ रहा था तो उसी कम्पार्टमेंट में छुट्टी से लौटता हुआ एक पंजाबी सूबेदार मेजर अपने एक साथी को अपना छुट्टी का अनुभव सुना रहा था। मैं ध्यान तो नहीं दे रहा था, पर अचानक एक बात मेरी चेतना पर अंक गई और उसकी स्मृति तनी रह गई। सूबेदार मेजर कह रहा था, 'छुट्टी मिलती नहीं थी, कुल दस दिन की मंजूरी हुई तो घरवाली को तारीखें लिखीं, पर उसका तार आया कि छुट्टी और पन्द्रह दिन बाद लेना। मुझे पहले तो सदमा पहुँचा, पर उसने चिट्ठी में लिखा था कि दस दिन की छुट्टी में तीन तो आने-जाने की, बाकी छह दिन में से मैं नहीं चाहती कि तीन यों ही ज़ाया हो जाएँ।' और इस पर उसके साथी ने दबी ईर्ष्या के साथ कहा था, 'तक़दीरवाले हो भाई'...''

मैंने कहा, ''युद्ध में इन्सान का गुण-दोष सब चरम रूप लेकर प्रकट होता है। मुश्किल यही है कि गुण प्रकट होते हैं, तो मृत्यु के मुख में ले जाते हैं, दोष सुरक्षित लौटा लाते हैं। युद्ध के खिलाफ़ यह कम बड़ी दलील नहीं है—प्रत्येक युद्ध के बाद इन्सान चारित्रिक दृष्टि से और गरीब होकर लौटता है।''

''यद्यपि कहते हैं कि तीखा अनुभव चरित्र को पुष्ट करता है—''

''हाँ, लेकिन जो पुष्ट होते हैं वे लौटते कहाँ हैं?'' कहते-कहते मैंने जीभ काट ली, एक बात मुँह से निकल गई थी।

मेजर चौधरी की पलकें एक बार सकुचकर फैल गईं, जैसे नश्तर के नीचे कोई अंग होने पर। उन्होंने सँभलकर बैठते हुए कहा,''थैंक यू, कैप्टन प्रधान! हम लोग मरियानी के पास आ गए—मुझे स्टेशन उतारते जाना, तुम्हारे डिपो जाकर क्या करूँगा—''

तिराहे से गाड़ी मैंने स्टेशन की ओर मोड़ दी।

•

नगा पर्वत की एक घटना

"मेरी समझ में तो समस्या इससे गहरी है। आप उसे जिस रूप में देख रहे हैं, उतनी ही बात होती तब तो कोई बात न थी।'' कप्तान अर्जुन ने समर्थन के लिए कप्तान वासुदेवन् की ओर देखा।

"हाँ, फ़ौजी जीवन आदमी को इतना अनुशासनाधीन बना देता है कि फायर का हुक्म मिलते ही गोली दाग देता है, उचित-अनुचित कुछ नहीं सोचता; यह तो कोई इतनी बड़ी बुराई नहीं है। क्योंकि ऐसा डिसिप्लिन तो हम चाहते ही हैं, और जो चाहा जाए उसका हो जाना क्यों बुरा?''

"पर चाहना तो बुरा हो सकता है?'' कप्तान चोपड़ा बोले, ''क्या आदमी को ड्रिल करा-करा के ऐसा यन्त्र बना देना, कि उसकी मॉरल जजमेंट बिलकुल बेहोश हो जाए, बड़ा पाप नहीं है? यही तो फ़ौजी जीवन करता है?''

"इससे किसे इनकार है? अपनी जजमेंट को दूसरों की जजमेंट के अधीन कर सकना सिपाहीगिरी के लिए ज़रूरी है। लेकिन ऐसा सिर्फ़ फ़ौज में ही नहीं होता; यह तो हमें हर क्षेत्र में करना पड़ता है।'' वासुदेवन् ने उत्तर दिया।

"और फिर यह वैसे भी किसी पेशे का दोष नहीं, यह तो मानव का ही दोष है कि वह ऐसा करना चाहता है। मानव को मॉरल जजमेंट की हम चाहे जितनी दुहाई दें, असल में वह इतने गहरे मॉरल में नहीं है कि उस जजमेंट को दूसरों पर छोड़ने में खुश न हो; उसके लिए यह जजमेंट का मामला एक गले में पड़ी आफ़त है, जिसे वह जितनी जल्दी दूसरों के गले डाल सके, उतना ही अच्छा। इसलिए मैं कहता हूँ कि आप समस्या को आसान करके देख रहे हैं। फ़ौज का पेशा मानव में कोई नया ऐब पैदा नहीं कर देता, उसमें जो सहज दुर्बलता है उससे लाभ उठाकर चलता है। यह बल्कि ज़्यादा बड़ी आलोचना है। यह क्या कम बात है कि छह हज़ार बरस की संस्कृति से—वासुदेवन्, छह हज़ार बरस ठीक है न?—पैदा हुआ नैतिक बोध छह महीने की फ़ौज ड्रिल से ही ऐसा पस्त हो जाए कि हम बिना सोचे-समझे चाहे जिसकी जान ले डालें?''

"नहीं, बोध बिलकुल तो नहीं मर जाता। ऐसे भी तो केस होते हैं, जहाँ फ़ौज गोली चलाने से इनकार कर देती है, जैसे सिविलियनों पर, या औरतों पर—आखिर वह नैतिक बोध ही तो होता है न?"

"हाँ, मगर वह इसलिए कि डिसिप्लिन में ऐसे अपवाद रखे जाते हैं। शिक्षा में दुश्मन की बात सामने लायी जाती है, और आमतौर पर 'दुश्मन' का अर्थ फ़ौजी ही लिया जाता है। बल्कि सिविलियन शत्रु नहीं है, या कि उसे नरमी से जीता जावे, ऐसी शिक्षा भी दी जाती है।"

"यानी आप कह रहे हैं कि अगर ट्रेनिंग में यह भी होता कि दुश्मन ही दुश्मन नहीं, दुश्मन के सिविलियन और औरत-बच्चे भी दुश्मन हैं, तो उनको भी मारने में फ़ौजी को झिझक न होती?"

"बिलकुल, और इस सभ्य लड़ाई में इसकी मिसालें भी कम नहीं हैं। जर्मनी के कंसेंट्रेशन कैम्पों में—"

"तो क्या नैतिक जजमेंट बिलकुल मर जाता है? मगर—"

"मरता है, या बेहोश भी होता है कि नहीं, पता नहीं। कहें कि स्थगित हो जाता है या दूसरे पर टाल दिया जाता है। और टाल देना मानव-मात्र का सहज स्वभाव है, फ़ौज का उसमें कोई हाथ नहीं।"

"मेजर वर्धन, आपकी क्या राय है?"

वासुदेवन् कुछ कहना चाहते थे। पर मेजर से प्रश्न पूछा गया था, उत्तर के लिए रुके रहे। मेजर वर्धन ने सहसा उत्तर नहीं दिया; अन्य अफ़सरों ने देखा कि वह चुपचाप आगे को झुके हुए आग की ओर स्थिर दृष्टि से देख रहे हैं। आग की लपटें जैसे-जैसे उठती-गिरती थीं, वैसे-वैसे उनके चेहरे पर एक अजीब धूप-छाँह खेल उठती थी; उनके चेहरे पर एक क्लान्ति, एक उदासीनता का भाव तो था, पर उसके पीछे जैसे कहीं एक घोर करुणा भी छिपी हुई थी, ऐसी करुणा जो जानती है कि वह अपर्याप्त है, लेकिन फिर भी हार नहीं मानती; जैसे निर्धन माँ, पूस-माघ की सर्दी में अपने सर्वथा अपर्याप्त एवं फटे आँचल को बच्चे पर उढ़ाकर, आँचल के सहारे उतना नहीं, जितना अपनी लगन के सहारे, उसे ठिठुरने से बचा लेना चाहती हो...

फ़ौज से छुट्टी पाकर ये परिचित अफ़सर कभी-कभी ऐक्स-सोल्जर्स क्लब के छोटे कमरे में आ बैठते थे। तीनों कप्तानों ने अपने को सिविलियन जीवन में भी कप्तान कहने के अधिकार का उपयोग किया था; मेजर वर्धन अब अपनी 'मुफ्ती' पोशाक में 'मिस्टर वर्धन' रहना ही पसन्द करते थे, पर अभ्यासवश बाकी उन्हें मेजर कह ही जाते थे...

सहसा सन्नाटे में जैसे चौंककर वह बोले—"मेरी राय तो तुम लोग जानते हो। असल में हम लोग युद्ध की ओर ही ध्यान दें, तो ज़्यादा अच्छा है, फ़ौजी जीवन के दोष देखने से हमारी दृष्टि स्खलित हो जाती है।"

"लेकिन क्या दोनों एक-दूसरे में निहित नहीं हैं? फ़ौजी जीवन और युद्ध को अलग कैसे किया जाए—युद्ध के लिए ही तो फ़ौजी जीवन है?"

''हाँ, लेकिन यह साध्य और साधन वाले झमेले में पड़ना है। यह ठीक है कि साधन की भी परख होनी चाहिए; अच्छे साध्य के लिए लगकर भी बुरा साधन बुरा है। मगर असल में तो साध्य ही बुरा है। साधन तो शायद—उतना बुरा न भी हो।''

''यानी, आप नहीं मानते कि फ़ौजी जीवन आदमी को नीचे खींचता है?''

''हाँ—और नहीं। अनुशासन उसे मशीन—या कि सधा हुआ पशु या शिशु बनाता है, यह ठीक है। लेकिन एक तो हम इच्छा से यह परिणाम चाहते हैं, जैसा कि वासुदेवन् ने कहा। दूसरे, सधा हुआ पशु मानव से ऐसा बुरा ही है, यह दावा करना दम्भ नहीं है?''

तीनों ने कुछ चौंकी हुई दृष्टि से मेजर की ओर देखा, मानो कहना चाहते हों, ''आपसे ऐसी बात की आशा नहीं थी।''

मेजर वर्धन ने कहा, ''आप सोचते होंगे कि मैं सिनिकल हो रहा हूँ। नहीं। सचमुच सधे पशु के लिए मेरे मन में सम्मान है और यह भी मैं जानता हूँ कि वह उतना अधिक बुरा नहीं हो सकता जितना कि युद्ध की परिस्थितियों में मनुष्य हो सकता है, और मनुष्य भी कोई विकृत मन वाला खूँखार प्राणी नहीं; सीधा-सादा, भाई-बहिनों, जोरू-बच्चों के बीच रहनेवाला, दस से छह तक दफ़्तर में—या छह से दस तक खेत में—खटनेवाला अत्यन्त मामूली मनुष्य, जैसे कि फ़ौजी आमतौर पर होते हैं। इसीलिए जहाँ आदमी पशु बन जाता है, वहाँ मैं उसे उतना खतरनाक नहीं मानता। फ़ौज का डिसिप्लिन केवल इतना करता है, इससे बदतर कुछ नहीं। लेकिन युद्ध...''

''यह तो ठीक है कि युद्ध जो करता है, वह फ़ौजी जीवन नहीं करता। मगर युद्ध से आदमी के गुण भी तो उभरते हैं...'' चोपड़ा ने कहा।

''हाँ, वैसा भी होता है। और यह भी होता है कि जिनके गुण उभरते हैं वे आगे जाकर मर जाते हैं, और जिनके ऐब उभरते हैं वे जान बचाकर घर लौटते हैं। 'हतो वा प्राप्स्यसे स्वर्गम्' आज भी उतना ही सच है, मगर 'जित्वा वा भोक्ष्यसे महीम्'—न मालूम! बल्कि जयी आजकल क्या भोगता है, कोई कह नहीं सकता।''

''लेकिन आप यह क्यों कहते हैं कि मनुष्य पशु से बदतर हो जाता है?''

''यों तो 'मनुष्य जब पशु होता है तब पशु से बदतर होता है...' यह आपने सुना ही है। क्योंकि पशु पशु होकर अपने पद पर है, और मनुष्य अपदस्थ, पतित। मगर आपको इस पर आपत्ति क्यों है? यह बताइए कि जब आप कहते हैं कि मनुष्य सधा हुआ पशु है, तब आपका अभिप्राय क्या होता है?''

कप्तान अर्जुन धीरे-धीरे बोले—''यही कि वह अपना विवेक छोड़कर सिर्फ़ अनुशासन पर चलता है—हुक्म दो 'गोली मारो' तो गोली मार देगा; 'आग में कूदो' तो आग में कूद पड़ेगा। कभी झिझक भी हो सकती है, डर से, पर अगर पशु ठीक सधा है तो डर रहते भी कूद पड़ेगा।''

''और अनुशासन से डर को दबाने के कारण ही फ़ौज में इतने मेंटल केस होते हैं।''—चोपड़ा ने दाद दी।

''हाँ, ठीक है। तो सधा हुआ मानव-पशु अपनी सहज इच्छा या विवेक के

ऊपर दूसरे की इच्छा या विवेक को मानकर उसके अनुसार चलता है! यानी मानव का जो अपने विवेक को अमल में लाने का कर्तव्य है; उसे वह—चलिए, ताक़ पर रख देता है कुछ काल के लिए। यह फ़ौजी अनुशासन की देन है। पर अगर वह पशु अनुशासन के नाम पर अपने नैतिक बोध को, सद्-विवेक को ताक़ पर रख दे, और फिर सजह पशु-प्रवृत्ति की झोंक में अनुशासन को भी भुला दे...तब? तब तो वह पशु से बदतर है न?''

वासुदेवन् ने तनिक मुस्कुराकर कहा, ''पशु-प्रवृत्ति में बहनेवाला तो पशु ही हुआ; पशु से बदतर कैसे कहेंगे—''

''हाँ, मगर सधा हुआ पशु वह नहीं है; और हम यह मान ले रहे हैं कि अशिक्षित पशु शिक्षित पशु से बुरा है। और युद्ध फ़ौज के शिक्षित पशु को अशिक्षित बना देता है।''

वासुदेवन् ने दिलचस्पी से पूछा, ''क्या प्रसंग है वह?''

''वह है न—कि अहम्मन्य मूर्ख कॉलेजों में अपना दिमाग खराब करते हैं—दाखिल होते हैं बछेड़े, लेकिन निकलते हैं पूरे गधे[1]—।''

''हाँ!'' कहकर चोपड़ा ने ठहाका लगाया।

''मगर एक बात है, बर्न्स ने पशु को और घटिया पशु बनाया, मनुष्य को पशु नहीं।''

''हाँ, क्योंकि वह कॉलेज की पढ़ाई की बात थी—उसमें इससे ज़्यादा ताकत नहीं है। मगर जंग''—मेजर वर्धन ने फिर वातावरण को गम्भीर कर दिया। फिर मानो उन्हें स्वयं ध्यान आया कि क्लब के सामाजिक वातावरण को हल्का ही रहना चाहिए, और वह सहसा चुप हो गए।

कप्तान चोपड़ा थोड़ी देर देखते रहे, मानो सोच रहे हों कि उस मौन को तोड़ना उचित है या नहीं। फिर उन्होंने पूछ ही डाला, ''मेजर वर्धन, आपकी बात से मैं पूरी तरह कनविन्स तो नहीं हुआ; मगर ऐसा लगता है कि आप किसी घटना के परिणाम से ऐसा कह रहे हैं। और घटनाओं का तर्क भी एक अलग तर्क है ही।''

कप्तान अर्जुन भी बढ़ावा देते हुए बोले, ''और अपने ढंग का अकाट्य तर्क! सुनाइए, हम सब सुन रहे हैं!''

मेजर वर्धन ने एक बार तीनों की ओर देखा फिर एक स्थिर दृष्टि से आग की ओर देखकर बोले, ''हाँ, घटना का अपना अलग तर्क होता है। जो घटना अभी मेरे ध्यान में आई थी, वह मेरी बात की पुष्टि करती है या नहीं, न जाने; मगर उसको समझा जा सकता है तो उसी के भीतर तर्क के आधार पर; नहीं तो इन्सान ऐसा अनरीजनेबल् कैसे हो सकता है, समझ नहीं आता। आखिर पशु-बुद्धि भी तो बुद्धि है—''

---

1. A set of dull conceited hashes
Confuse their drains in college classes
They gang in stirks and come out asses. —Robert Burns

थोड़ी देर सन्नाटा रहा। चारों आग की ओर देखते रहे। मेजर वर्धन के चेहरे की रेखाएँ कड़ी हो आयीं, मानो उनकी स्थिर दृष्टि आग में कुछ देख रही हो और निश्चलता के ज़ोर से उसे पकड़े रहना चाहती हो...फिर उनकी मुद्रा तनिक-सी पसीजती जान पड़ी, मानो बात कहने का ही निश्चय करके उन्हें कुछ तसल्ली मिली हो।

"बात कोहीमा की है। यानी ठीक कोहीमा की नहीं, कोहीमा और जासीम के बीच के इलाके की; डि-चिड् के पार जो खुमनुबाटो का शिखर और जंगल है, वहीं की। मैं कोहीमा की इसलिए कहता हूँ कि मैं तब 33वीं डिवीज़न के साथ कोहीमा और जुबजा के बीच डिव-हेडक्वार्टर में पड़ा हुआ था।" वह क्षण-भर रुके, फिर कहने लगे, "वासुदेवन्, तुम तो आगे थे—और अर्जुन तो डीमापुर में रहे—यह तो तुम्हें मालूम है कि मैं डीमापुर से इंटेलिजेंस के लिए आगे गया था—"

"हाँ, वह तो ऐसा गुपचुप कुछ काम था कि हम सबको बड़ा कौतूहल रहा। फिर हमने सोच लिया कि कोहीमा के पार जापानी लाइन के पीछे जासूसी करने जा रहे हैं। यह तो हमें मालूम था कि नगा स्काउटों की एक टोली तैयार हुई है, और यह भी सुना था कि उसके कुछ जवान आपके साथ जाएँगे—"

"हाँ, था तो गुपचुप ही; बल्कि जो बात बताने जा रहा हूँ, वह भी उसी दर्जे की है—टॉप सीक्रेट। और अगर वह मेरा या हिन्दुस्तानी फ़ौज का सीक्रेट रहा होता तो मैं शायद अब भी उसकी बात न करता—पता नहीं, अब भी वह कहानी कहना फ़ौजी कानून के खिलाफ़ है कि नहीं। पर जो हो, सुनकर तुम लोग खुद तय करना कि आगे कही जाए या नहीं। मुझे तो यह बात अचानक ही एक अमेरिकन से पता लगी—हालाँकि थी शुरू में वह मेरी ही बात।"

"आप हमें भड़काने के लिए पहेलियाँ बुझा रहे हैं?"

"नहीं। तुम्हें मालूम नहीं, उन दिनों जापानियों के साथ बहुत-से आज़ाद हिन्द भी शामिल हो गए थे; इससे अंग्रेज़ों के मन में बड़ा डर बैठा हुआ था। भेद-भाव तो यों भी था, पर इस डर से इंटेलिजेंस के बहुत-से काम सिर्फ़ अंग्रेज़ों-अमेरिकनों को सौंपे जा रहे थे, भले ही हिन्दुस्तानी उसके लिए ज़्यादा उपयुक्त हों। मैं भी, जो नगा जासूसों के साथ गया तो मेरे साथ एक अमेरिकी कर्नल भी था, अमेरिकी इंटेलिजेंस का, जो जापानी भाषा भी जानता था। और हम लोग गए भी उस इलाके में, जिधर सिर्फ़ जापानी थे—कोहीमा से उत्तर तेर्हेमत्येमिन्यू वाले इलाके में। दक्षिण में जहाँ यह खयाल था कि जापानियों के साथ हिन्दी भी हैं वहाँ किसी हिन्दुस्तानी को नहीं भेजा गया—उधर सब ब्रिटिश अफ़सर थे।"

"हाँ।"

"तो इस इलाके में भटकते हुए मुझे एक बात सूझी। उधर का जंगल ऐसा दुर्गम था और अंगामी नगा जातियों के इलाके में ऐसी खेती-पट्टी कुछ होती नहीं कि जापानी लोग लूट-खसोटकर खाते रहें और टिके रहें। आए तो वे इसी भरोसे थे कि पहले लूट-पाटकर खाते रहेंगे, फिर डीमापुर पर कब्जा हो जाएगा तो वहाँ ढेरों रसद जमा होगी ही—हम आखिरी वक्त तक उसे बचाने का लोभ ज़रूर करेंगे।

तो मुझे यह सूझा कि नगा पहाड़ियों में नगे तो कन्दमूल और बूटियाँ खाकर रह भी लें, जापानी तो ये सब बातें जानेगा नहीं; जब नगा गाँवों का थोड़ा-बहुत चावल और बकरी कुत्ते खा चुकेगा, तब भूखे पेट बड़ी जल्दी डिमॉरलाइज होगा। और वैसे अर्ध-बर्बर का हौसला जब गिरता है तो धीरे-धीरे फिसलता नहीं, एकदम नीचे आता है। ऐसे में अगर उसमें यह प्रचार किया जाए कि वह आत्म-समर्पण कर दे, तो उसकी जान भी बचेगी और खाना भी मिलेगा, तो—

''हाँ, विकट लड़ाका था जापानी। पकड़ा नहीं जाता था—मरता था या आत्मघात कर लेता था। मैंने एक बार पाँच-छह कैदी जापानी देखे—वैसा पस्त जन्तु मैंने कभी नहीं देखा होगा। उनकी आँख नहीं उठती थी। उन्हें कैद का दुःख नहीं था, यह था कि वह आत्मघात न कर सके, पहले पकड़े गए। मगर यह भी बात थी कि उन्हें सिखाया जाता था कि पकड़े न जाएँ, नहीं तो बड़ी दुर्गति होगी और यह बात उनकी समझ में भी आ जाती थी, क्योंकि वे खुद कैदियों की बड़ी दुर्दशा करते थे—कम-से-कम कई बार तो ज़रूर। जो हो, मुझे यह सूझा कि यहाँ खाइयों में जो दो सौ-तीन सौ जापानी कीचड़, मच्छर, जोंकों में पड़े सड़ रहे हैं, तिस पर खाने को चावल-मांस कुछ नहीं और पीने को गँदला पानी जो पियो और पेचिश से मरो; और एक बड़ी बात कि दुश्मन कहीं दिखता नहीं—क्योंकि उस घने जंगल में वहाँ दिन में भी अँधेरा-सा रहता था, दो सौ गज दूर पर दुश्मन की खाइयाँ हो सकती थीं और चिल्लाएँ तो एक-दूसरे की आवाज़ सुन सकते थे।...तो ऐसी हालत में अगर लाउडस्पीकर से जापानियों में प्रोपेगेंडा किया जाए तो शायद बहुत असर हो—हत्याकांड भी बचे। मुझे यह विचार ही उन जापानी कैदियों को देखकर आया था, क्योंकि उन्हीं से जापानी बुलवाने की बात सूझी थी।''

''मगर क़ैदी क्या कभी राज़ी होते?''

''यह तो कोशिश करने की बात थी। बाद में हुए भी। मैंने उस अमेरिकी कर्नल को अपनी योजना बताई तो उसने भी कहा कि कोशिश करके देखना चाहिए—उसने यह भी कहा कि उसके साथ दो अमेरिकी सार्जेंट हैं जो वैसे तो जापानी हैं मगर अमेरिकी नागरिक हैं और अमेरिकी फ़ौज में हैं; ये लोग खुद भी ब्रॉडकास्ट कर सकेंगे और करा भी सकेंगे—और ऐसी तो कई जगहें होंगी जहाँ सामने-सामने खाइयाँ हों। उसके प्रोत्साहन से मैंने योजना बनाकर डीमापुर में एरिया कमांडर के पास आगे जी.एच.क्यू. के लिए भेज दी। फिर बैठकर प्रतीक्षा करने लगा कि आगे कुछ हो। हफ़्ता हुआ, दो हफ़्ते हुए—तीन हफ़्ते हुए—महीना हो गया। मोर्चा सँभल गया, जापानी रुक गए, 33 डिव हवाई जहाज़ से जोरहाट पहुँचा और आगे बढ़ने लगा; सूने कोहीमा पर दोनों ओर से गोले बरसने लगे। कभी उनके जीरो आकर बम गिरा गए, कभी हमारे टैंक बढ़े तो कोहीमा के परले मोड़ तक बढ़ते गए, मगर मोड़ से मुड़ते ही पार की पहाड़ी से ऐसे ज़ोर की गोला-बारी होती कि बस। तो हुआ यह कि बीच में कोहीमा कस्बे की पहाड़ियों पर न वे, न हम, उधर परली पहाड़ी में ऊपर नगा बस्ती में जापानी, इधर जुबजा के आगे को जंगल-ढकी पहाड़ी पर हम। मैं यह सोचता रहा कि जी.एच.क्यू.

वाले इतनी देर कर रहे हैं—अमल करने का वक्त तो फिर निकल जाएगा। अन्त में मैंने जनरल को कहा कि याद दिलावें।''

''एक महीना तो बहुत होता है सचमुच—''

''रिमाइंडर का जवाब चौथे दिन आ गया।'' मेजर वर्धन ने तनिक रुककर साथियों की ओर देखा। चोपड़ा ने कुछ अधैर्य से कहा, ''क्या?''

''कहा गया कि यह योजना 'आइडिया ब्रांच' को भेज दी गई है। वहाँ उस पर विचार हो जाएगा, हमें आगे याद दिलाने या पूछने की ज़रूरत नहीं है।''

''यह खूब रही!''

''और दो हफ़्ते हो गए। अन्त में मैंने समझ लिया कि मेरी योजना व्यावहारिक नहीं समझी गई। मैंने भी उसे मन से निकाल दिया। इस बीच उस अमेरिकी कर्नल से अलग भी हो गया था—डीमापुर वापस बुलाए जाकर वह किसी दूसरे और भी गुपचुप मिशन पर भेज दिया गया था, और मैं 33 डिव के साथ कर दिया गया था; एडवांस के लिए इलाके की जानकारी उन्हें देने के लिए। 33 डिव पूरा गोरा डिव था—लड़ाके अच्छे मगर नगा पर्वत के भूगोल और नगा जाति के मामले में बिलकुल सिफर। लेकिन डिव का हरावल जब कोहीमा में घुसा, और दो-तीन दिन में मुर्दों को हटाकर उस मटियामेट ढूहे में हमने किरमिच के बासे खड़े कर लिये, तो हमने पाया कि इधर डीमापुर से एक अमेरिकी अस्पताली टोली आई। और इधर ऊपर से बीस-एक नगा बाँकों को साथ लिये वही अमेरिकी कर्नल। मुझे मालूम हुआ कि वह पहले तो डीमापुर से रेल से ही मरियानी चला गया था, वहाँ से मोकोक्चङ् की ओर से नगा पर्वतों में घुसा, पहले आया जासूसों के साथ, फिर अंगामियों के; और उधर से बढ़ता हुआ लोङ्सा से दक्खिन को उतरता हुआ चिपोकेटामी से फाकेकेङ् जूमी की ओर जा रहा था। खुई-वी तक गया भी था, लेकिन उसके आगे की स्थिति स्पष्ट नहीं थी इसलिए लौट आया। अब अगर 33 डिव कोहीमा के पूरब जसामी वाली सड़क से आगे बढ़ेगा तो बीच के इलाके का महत्त्व भी नहीं; जापानी या तो पीछे हटेगा या बीच में फँस जाएगा, और अंगामी फिर किसी को छोड़ने के नहीं—एक तो यों ही वे परदेशी को धँसने नहीं देते, फिर जिसने उनके घर जलाए हों, खलिहान लूटे हों, औरतों को बेइज़्ज़त किया हो, उनको तो वह भूनकर खा जाएँगे। बातचीत के सिलसिले में मैंने अपनी योजना की बात छेड़ी, और कहा कि जी.एच.क्यू. वाले भी अजीब हैं, जहाँ छह हफ़्ते आइडिया ब्रांच एक आइडिया को सेती रहती है। कर्नल ने एक तीखी नज़र मुझ पर डालकर कहा, 'ओ, फ़र्गेट इट्, वर्धन।' मैंने फिर कहा, 'खैर, आइडिया तो अब गया ही, पर आखिर जी.एच.क्यू. का संगठन क्या है? न ही अच्छा हो आइडिया, एक बार आजमाकर तो देखते! फिर मैंने खुद आगे जाकर प्रयोग करने के लिए वालंटियर किया था।' अब की बार उसने और भी निश्चयात्मक स्वर में कहा, 'आः पाइप डाउन!' और मेरे जिद करने पर बोला, 'वह आइडिया सड़ा हुआ था...इट स्टैंक!'

''मुझे अचम्भा हुआ, कुछ धक्का भी लगा। मैंने कहा, 'कर्नल, जब मैंने पहले आपको बताया था, तब तो आपको वह ऐसा सड़ा हुआ नहीं मालूम हुआ था...'

''अबकी बार उसने फिर मेरी ओर तीखी दृष्टि से देखा, और पूछा, 'तुम्हें सचमुच नहीं मालूम कि उस आइडिया का क्या हुआ?' मैंने और भी विस्मय से कहा, 'नहीं तो...'

''तब वह बोला, 'ऑल राइट, आई'ल टेल यू। वैसे जितना सिक्रेट वह तब था, जब तुमने बताया था, उससे ज़्यादा सिक्रेट अब हो गया है...क्योंकि...वह आजमाया जा चुका...'

''मैं सन्नाटे में आ गया। 'कब...? और...असफल हुआ?'

''मैंने पूछा, 'आपको कैसे मालूम है?' बोला, 'वही मेरा हश-हश मिशन था।' ''

तीनों श्रोताओं ने चौंककर कहा, ''रियली, मेजर वर्धन! ऐसी बात थी!''

''हाँ, मैं हक्का-बक्का एक मिनट उसकी ओर देखता रहा। फिर मैंने कहा, 'मेरी कुछ समझ में नहीं आया, कर्नल! शुरू से कहिए।'

''वह कहने लगा, 'हाँ, शुरू से ही कहता हूँ। वैसे शुरू तो तुम्हीं जानते हो; तुम जो सोच रहे हो कि आइडिया ब्रांचवाले गुम होकर बैठे रहे, वह बात नहीं थी। लेकिन...' वह थोड़ा-सा झिझका, लेकिन मैं उसका भाव ताड़ गया। मैंने कहा, 'ओह, मैं समझा। शायद उन्होंने सोचा कि इस आइडिया की जाँच हिन्दुस्तानी को नहीं सौंपनी चाहिए। यही न?'

'' 'हाँ, मुझे डर है कि यही। जो हो, मुझे यही आज्ञा मिली। इधर से तो मोकोक्चङ् गया, वहाँ आदेश मिला। उधर से फ़ौजें आगे बढ़ रही थीं, सब ब्रिटिश ही थीं, थोड़ी-सी अमेरिकी टुकड़ियाँ थीं, बस। उनके साथ बढ़ते हुए हम साटाका से नीचे खुइ-वी पहुँचे, खुइ-वी के पास ही, खुमनुबाटो शिखर है और उसकी ढाल पर भारी जंगल। दूसरी पार जुलहामी में और साथाजूमी में जापानी थे, यह हमें मालूम था, पर जंगल में अजीब खिचड़ी थी। कहीं हमारी खाइयाँ, कहीं दुश्मन की; हमें तो कुछ पता न लगता पर वे अंगामी जवान तो जैसे हवा सूँघकर दुश्मन पहचानते थे, उन्हीं के भरोसे हम बढ़ते थे। यानी आइडिया की जाँच के लिए वह आइडियल जगह थी।'

''मेरा कौतूहल बढ़ता जा रहा था। मैंने पूछा, 'फिर...जाँच हुई?'

'' 'हाँ, हुई।' उसने कहा, फिर कुछ सोचते हुए, 'मगर कैसी जाँच! यों तो खैर बहुत ठीक जगह थी। इधर जहाँ हमने लाउडस्पीकर फिट किए वहाँ टामियों की खाई थी। दो कम्पनियाँ सात दिन से उस खाई में थीं; चार दिन बारिश होती रही थी और उनकी हालत ऐसी हो रही थी...कि कुछ पूछो मत। तुम्हें तो कुछ खुद ही अनुभव है'...कहकर वह थोड़ा हँस दिया, क्योंकि कीचड़ से लदफद कहीं रुककर सब कपड़े उतारकर जोंकें ढूँढ़ने का काम हम साथ कर चुके थे। मच्छर से तो मच्छर क्रीम बचा लेती, पर कीचड़ और जोंक से बचाव नहीं था! फिर उसने कहना शुरू किया, 'टामियों की हालत देखकर मैंने उन्हें बताया कि हम जापानियों को सरेंडर करने को कहने वाले हैं...मैंने सोचा कि इससे उनके ऊबे और हारे हुए मन को कुछ सहारा मिलेगा। सात दिन से वहाँ पड़े-पड़े उनका खाना-पीना-सोना सब खाई में ही हो रहा था। इतने दिन में उन्हें एक भी जापानी नहीं दिखा था।

लेकिन बाहर निकलकर आगे बढ़ने या झाँकने की भी सख्त मनाही थी, क्योंकि यह सब जानते थे कि सामने बहुत पास दुश्मन है। जापानी की घात में बैठे सड़ रहे हैं, पर जापानी है कि दिखकर नहीं देता, यही हाल था। उधर जापानियों का भी ठीक यही हाल होगा, यह तय बात थी। बल्कि बदतर, क्योंकि हमारी लाइन में कम-से-कम रसद-पट्टी तो ठीक-ठीक थी, और वे कमबख्त खाने-पीने से भी लाचार थे...उनकी सप्लाई सर्विस ही नहीं थी! मैंने लाउडस्पीकर लगवा दिए, और एकाएक पूरे ज़ोर से जापानी में ब्रॉडकास्ट शुरू हो गया।'

"मैंने पूछा, 'फिर? क्या असर हुआ?' वह बोला, 'पहले तो आवाज़ होते ही ज़ोरों से मशीनगनों से गोलियों की बौछार हुई। इसका इमकान ही था, हमने खाई से दूर-दूर दो-तीन लाउडस्पीकर लगाए थे, कभी कोई बोलता था कभी कोई। फिर धीरे-धीरे बौछार कुछ मद्धिम पड़ी, मानो अनमनी-सी हो गई...जैसे वे बीच-बीच में सुन रहे हों। हमने और ज़ोरों से चिल्लाना शुरू किया...तुम हार गए; तुम्हारी मौत निश्चित है; गोली से नहीं तो भूख और बीमारी से; जोंकों से खून चुसवाना सिपाही का काम नहीं है, हथियार डालकर इधर चले आओ! इधर तुम्हारी जान भी बचेगी, खाइयों से छुट्टी भी मिलेगी, अच्छा खाना मिलेगा—जो आत्म-समर्पण करेगा, उसकी प्राण-रक्षा की हम शपथ लेते हैं, वगैरह। इधर कम्पनी कमांडरों को बता दिया गया था कि जो जापानी आत्म-समर्पण करने आएँ—निहत्थे या हाथ उठाकर, उन्हें आने दिया जाए, बन्दी करके आराम से रखा जाए, और फिर उन्हीं से आगे ब्रॉडकास्ट कराया जाए।' "

मेजर वर्धन साँस लेने रुके। फिर उन्होंने जैसे जागते हुए पूछा, "तुम लोगों का क्या खयाल है—अपील का क्या असर हुआ?"

वासुदेवन् ने कहा, "मेरी समझ में तो असर होना चाहिए था—पर आप तो बता चुके हैं कि वह नाकामयाब हुई थी।"

मेजर वर्धन फीकी हँसी हँसे। "हाँ, असर हुआ, ज़ोरों का असर हुआ। नाकामयाब वह अपील नहीं—मेरी योजना हुई थी।"

तीनों प्रतीक्षा में चुप रहे। मेजर वर्धन फिर कहने लगे, "कर्नल मोज़ ने—यही उस अमेरिकी का नाम था—मुझे बताया, 'एक घंटे के हुल्लड़ के बाद राइफ़लें ऊपर उठाए दो सौ जापानी सहसा खाई में से निकल आए और आगे बढ़ने लगे। मुझे स्वप्न में भी उम्मीद नहीं थी कि इतनी जल्दी इतना असर होगा—बाद में मालूम हुआ कि सामने की खाई में कुल इतने ही आदमी थे...दो-तीन अफ़सरों ने आत्मसमर्पण का विरोध किया था, पर उनको जापानियों ने मार डाला और बाक़ी पीछे भाग गए दूसरी खाई में—जापानी जंगल की ओट से निकलकर सामने दिखने लगे।'

"मैंने कहा, 'यह तो आश्चर्यजनक सफलता रही!' वह बोला, 'हाँ...या कि रहती।' और चुप हो गया। मैंने पूछा, 'क्या मतलब?' तो थोड़ा रुककर बोला, 'जैसे ही उनकी मटमैली हरी वर्दी जंगल की हरियाली से अलग पहचानी गई, और मैंने खुशी से भरकर कहा कि देखो, वे आ रहे हैं, वैसे ही एक अनहोनी घटी। टामियों

की पूरी क़तार ने बिना हुक्म के, बल्कि हुक्म के खिलाफ़, खट् से सब मशीनगनें उठाईं और दनादन दाग दीं!'

"मैंने कहा, 'हैं?' और कर्नल की ओर देखता रह गया। उसने स्थिर दृष्टि से मेरी ओर देखते हुए कहा, 'हाँ! शिस्त लेने की बात ही नहीं थी, पूरी क़तार सामने थी, अभी मैं समझ भी नहीं सका था कि हुआ क्या कि सब जापानी चित्त हो गए—दो सौ के दो सौ। बहुत-से तो एक साँस भी न खींच पाए होंगे, कुछ एक-आध बार कराह सके, दो-एक सिर्फ़ जख्मी हुए थे और बाद में अस्पताल में मरे। उस पर वक्त सब साफ़ हो गया।'

"मैंने पूछा, 'मगर यह हुआ कैसे?' वह बोला, 'अब कैसे क्या बताऊँ? ब्रिटिश आर्मी डिसिप्लिन बहुत अच्छी है; सबसे अच्छी। मगर स्थिति की कल्पना करो : वैसे में जापानी की भावना पर भी गोली दाग देना और ऑटोमैटिक ऐक्शन था...वह हुक्मअदूली है, यह किसी के ध्यान में नहीं आया होगा। और विश्वासघात है, यह तो किसी को सूझा भी नहीं होगा!' वह थोड़ी देर चुप रहा। फिर बोला, 'लेकिन—इस तरह योजना फ़ेल कर दी गई—दुबारा मौक़ा नहीं मिला। हमने फिर भी कोशिश की, मगर विश्वास उठ गया था। हर अपील पर और ज़ोर की बौछार होती, हमारे लाउडस्पीकर भी उड़ा दिए गए। हमारी रिपोर्ट पर कमांड से हुक्म आया कि आइडिया ठप्प है, और इस प्रयोग का कहीं ज़िक्र न किया जाए।' मैं सुनकर चुप रह गया...मेरे आइडिया का क्या हुआ था, मेरी समझ में आ गया।"

मेजर वर्धन चुप हो गए। तीनों साथी थोड़ी देर तक प्रतीक्षा करते रहे, फिर वासुदेवन् ने कहा, "मैं सोचता हूँ, उन जापानियों के मन की क्या हालत रही होगी उस वक्त।"

अर्जुन ने बात काटकर कहा, "उनकी ही क्यों, टामियों की मानसिक अवस्था भी स्टडी के लायक़ रही होगी—उस वक्त भी, और फ़ौरन बाद भी जब उन्हें मालूम हुआ होगा कि अपनी बेवकूफ़ी से ही लड़ाई कुछ और लम्बी हो गई—या कम-से-कम उनकी मुसीबत—"

मेजर वर्धन ने कहा, "हाँ, जापानियों के मन की हालत की कल्पना कम मुश्किल है। टामियों की अधिक मुश्किल!"

सहसा चोपड़ा ने कहा, "लेकिन मेजर, अगर कहानी इतनी ही है तो इसका हमारी बहस से क्या सम्बन्ध है?"

वर्धन ने मानो बात न सुनी हो, अपनी ही बात के सिलसिले में वह कहते गए, "लेकिन कल्पना ज़्यादा मुश्किल इसलिए नहीं है कि हम टामियों के मन की हालत कम जानते हैं और जापानियों की अधिक, बल्कि इससे उल्टा। जहाँ ज्ञान कम होता है वहाँ कल्पना सहज होती है। टामियों की मनोदशा की कल्पना इसलिए मुश्किल है कि हम उसे ठीक-ठीक जानते हैं—एकदम ठीक, अलजेब्रा की इक्वेशन की तरह।"

चोपड़ा ने आग्रह किया, "यह तो और पहेली है। लेकिन हमारी बहस—"

मेजर वर्धन ने कहा, "ओ हाँ, हमारी बहस! हाँ, जो जापानी आए वे—पशु

थे, सने हुए पशु, यन्त्र की अपील थी; सुननेवाला भी यन्त्र था—विवेक सोया या मरा या स्थगित जो कह लो था; भूख, नींद, सूखे कपड़ों की आस, प्राणों का आश्वासन...ये उस पशु को खींच लाये। ठीक है न?''

''वैसी परिस्थिति में आत्म-समर्पण अस्वाभाविक तो नहीं है—?''

''वही तो। वही तो। एकदम स्वाभाविक है इसीलिए तो मैं कह रहा हूँ, पशु-वत्, विवेक से परे। लेकिन टामियों का कर्म—वह तो सधे हुए पशु का नहीं था? उसे क्या कहोगे?''

सब थोड़ी देर तक चुप रहे। फिर मेजर वर्धन ने ही कहा, ''स्वाभाविक वह भी था—इसलिए पशु-कर्म उसे भी कह सकते हैं लेकिन अनुशासन से उसका कोई सम्बन्ध नहीं था, और प्राण-रक्षा से भी नहीं था कि प्राण-रक्षावाला पशु तर्क वहाँ लगाया जा सके।''

''यान्त्रिक तो उस कर्म को कह सकते हैं—जैसे आँख के पास कुछ आने से आँख झपकती है हमारे बिना चाहे, वैसे ही यह भी अनैच्छिक...''

''हाँ...और आँख के झपकने को आप डिसिप्लिन से नहीं दबा सकते, है न? अगर इस तरह गोली दाग देने को आप उस लेबिल पर ले जा रहे हैं, तब तो मुझसे भी आगे जा रहे हैं...मुझे और कुछ कहना नहीं है। फ़ौजी जीवन में आदमी विवेक छोड़कर अनुशासन के सहारे चलता है, और युद्ध का दबाव उसे अनुशासन से भी परे ले जाता है—उस स्थिति को मैं क्या नाम दूँ?''

थोड़ी देर चुप रहकर मेजर वर्धन उठ खड़े हुए। खड़े-खड़े बोले, ''उसके लिए नाम नहीं है। मेरा खयाल है कि नाम जिस भाषा में होता वह भाषा हम लोग नहीं जानते।''

तीनों ने कौतूहल से उनकी ओर देखा! वह फिर कहने लगे, ''हमारी भाषा—या विवेकी भाषा—बस्ती-गाँव की भाषा है। पशु की भाषा उसका अर्थहीन चीखना-चिल्लाना है...उसमें अर्थ नहीं है पर अभिप्राय हो सकता है। उस अभिप्राय को समझने के लिए हमें दो-चार-छह-आठ या चलो बीस हज़ार बरस की संस्कृति को भूलना यथेष्ट है। मगर जिस भाषा में जंगल में पेड़ पेड़ से बोलता है, पत्ती-पत्ती मर्मर कर उठती है...उस भाषा को क्या हम जानते हैं? जान सकते हैं? उसे समझने के लिए हज़ारों बरस की सांस्कृतिक परम्परा को नहीं, लाखों-करोड़ों बरस की जैविक परम्परा को भूलना ज़रूरी है। आदम-हव्वा के युग में नहीं, कच्छ, मछली और सूअर के अवतारों के युग में जाना ज़रूरी है...सूअर के दाँत पर जो धरती टँगी हुई थी...बल्कि उसमें भी नहीं, वह सूअर जिस कीच में खड़ा था उसमें।''

मेजर वर्धन का स्वर आविष्ट था, उसकी गरमी तीनों साथियों को छू रही थी। मगर अँगीठी की आग ठंडी पड़ गई थी, मेजर का चेहरा अँधेरे में था; और तीनों एक हल्की-सी सिहरन से काँप गए।

•

कविप्रिया

शान्ता : कवि दिवाकर की पत्नी
सुधा, मालती : शान्ता की सहेलियाँ।
सुरेश : बन्धु, सुधा का पति
अशोक : बन्धु
दिवाकर : कवि
बालक, माली, बेयरा
(बँगले के सामने बगीचे के एक भाग में, शान्ता और माली।)
माली : पानी तो हम बराबर देत रहेन, माँ जी। मगर लू—
शान्ता : (जिसके स्वर में अपार धैर्य और एक स्निग्ध अन्तर्मुखीन भाव है)
रहने दो, माली; ऐसे बहाने मत बनाओ। तुम्हें आदत है सब चीज़
दैव पर छोड़ने की—'दैव नहीं बरसेगा तो बीज नहीं जमेगा।' ऐसे
भी देश होते हैं जहाँ दैव कभी बरसता ही नहीं—वहाँ...वहाँ क्या
पौधे ही नहीं होते?
माली : (मानो अपने बचाव में) माँ जी—
(निकट आती हुई हँसती आवाज़ें : मालती, सुधा और सुरेश)
सुधा : वह रही, बगीचे में। शान्ता!
सुरेश : नमस्कार, शान्ता भाभी। बाग़बानी हो रही है?
शान्ता : अरे सुधा—सुरेश भैया! आइए! (सकपकाती-सी) मेरे हाथ मिट्टी
के हो रहे हैं—माली, दौड़कर ज़रा देवीसरन से कुरसियाँ डाल देने
को कहो तो—
मालती : जी हाँ, मेरी तरफ़ तो देखेंगी क्या श्रीमती शान्ता देवी—उर्फ़
कवि-प्रिया—
शान्ता : ओहो मालती। ज़रा सामने तो आओ, मैंने तो देखा ही नहीं।
मालती : जी, यही तो कह रही हूँ। मुझे क्यों देखने लगीं। मैं न कवि, न
बुलबुल, न गुलाब का फूल।

शान्ता : (हैरान-सी) आखिर मामला क्या है?

सुधा : (धीरे से) न सही गुलाब का फूल, मालती का सही।

मालती : (डपटकर) चुप रहो जी! (शान्ता से) अच्छा कविप्रिया, देवी जी, पहले तो मिठाई खिलाइए—

सुरेश : नाम ठीक रखा है आपने—कविप्रिया देवी! आपको भी कवि होना चाहिए था—

मालती : मुझे खामखाह। कवि तो जो हैं सो हई हैं—पूछो न उनकी देवीजी से!

शान्ता : यह पहेली क्या है आखिर! मालती, तुम्हीं बताओ, क्या बात है— लेकिन पहले सब लोग बैठ तो जाओ!

मालती : अब तुम बनो मत, शान्ता। कल तुम्हारे कविजी सम्मेलन में सभापति रहे, उनके कविता-पाठ की सारे शहर में धूम है—तुमने तो हमें कभी बताया ही नहीं कि वह कविता लिखते भी हैं!

सुरेश : अच्छा शान्ता भाभी, वह सारे प्रेमगीत अकेले तुम्हीं को सुनाते होंगे और छिपाकर रख लेते होंगे?

सुधा : और शान्ता जी तो भला किसी को बताने क्यों लगीं अपनी सूम की दौलत!

मालती : तभी तो आज हम दल बाँधकर तुम्हें देखने आए हैं।

शान्ता : (कुछ हँसकर) तो मुझे क्यों देखने आयीं? मैं तो वही-की-वही शान्ता हूँ, अनपढ़, बेसमझ—मुझे तो कविता छू भी नहीं गई। और वह तो इस समय यहाँ हैं नहीं, न जाने कब आएँगे। खैर, तुम लोग बैठो, वह जब भी आवें—

मालती : नहीं देवीजी, यों नहीं। हम आप ही को देखने आए हैं, आपके दर्शन करने, आपसे कविता सुनने—

शान्ता : (मानो अवाक्) मुझसे! कविता?

मालती : जी हाँ। आपकी कविता और आपके उनकी कविता। सुर से—ठीक वैसे ही जैसे 'वह' जो आपको अकेले में सुनाते होंगे!

सुधा : जी हाँ, वैसे ही।

शान्ता : तुम लोग सब पागल हो गई हो क्या?

सुधा : यह लो। अभी अपने को अनपढ़ बता रही थीं, अब हमें पागल बता रही हैं!

शान्ता : मैंने कहा तो, वह घर नहीं हैं, आवेंगे तो कविता सुन लेना।

सुधा : आप तो घर पर हैं न, यह पहले बताइए।

शान्ता : मैं घर पर न हूँगी तो और कहाँ हूँगी—उनके साथ सम्मेलनों में घूमूँगी? मुझे यह सब अच्छा नहीं लगता, मैं यहीं ठीक हूँ घर में।

सुधा : तो तुम कभी कहीं नहीं जातीं—

शान्ता : न, मुझे क्या करना है बाहर? यहीं बगीचे में टहल लेती हूँ...मुझे

बगीचे में काम करना अच्छा लगता है।

सुधा : बुरी बात है शान्ता! तुम एकदम बाहर ही नहीं निकलतीं—

मालती : हाँ, यह तो बहुत बुरा है। जहाँ न जाए रवि, वहाँ पहुँचे कवि। और कवि की स्त्री घर से बाहर न निकले? कविप्रिया बन्दिनी होगी, यह हमने कभी नहीं सोचा था!

शान्ता : अब बस भी करो! बन्दिनी काहे की? वह कवि हैं, वह बाहर जावेंगे, मुझे घर में कम काम है?

मालती : ओह, मैं समझी! (सुधा से) बात यह है कि अगर कवि भी घर ही रहेंगे तो उनकी काव्य-धारा फूटेगी कैसे? प्रिया हर वक्त पास रहेगी तो कवि का चिर-विरही हिया तो चुप ही हो जाएगा। और हम सांसारिक की तरह प्रिया को साथ लेकर घूमे-फिरेगा, सिनेमा देखेगा, तब तो उसकी कविता का स्रोत ही सूख जाएगा। प्रिया को निर्वासन देकर ही तो कवि, कवि बन सकता है—उसका जीवन बलि देकर ही काव्य साधना कर सकता है।

शान्ता : तुम रखो अपना पांडित्य! मैं यह सब-कुछ नहीं जानती।

सुधा : अच्छा, ये बहाने रहने दो अब। यह बताओ कि दिवाकर बाबू— कवि जी आवेंगे कब? हम उन्हीं से उनकी कविता सुन लेंगे।

शान्ता : सो मैं क्या जानूँ? एक बार घर से निकले तो कब लौटेंगे यह भगवान् भी नहीं बता सकते। मालती कह रही थी न, जहाँ न जाए रवि, तहाँ जाए कवि? सो रवि सुबह का निकला साँझ को घर लौटता ही है, पर कवि का क्या ठिकाना!

मालती : तुम रूठतीं नहीं?

शान्ता : क्यों? उन्हें कुछ काम रहता होगा...

मालती : और तुम्हें कोई काम हो, कहीं जाना हो तो?

सुधा : चाय पीकर गए हैं?

शान्ता : (कुछ रुककर) नहीं, चाय पीकर तो नहीं गए। लेकिन मैं तो घर पर ही हूँ, जब आवेंगे, तभी चाय हो जाएगी। मुझे तो कहीं जाने-आने का काम होता ही नहीं...यहीं बगीचे में काम कर लेती हूँ, रूठने की बात ही क्या है!

सुधा : और रात को आए तो?

शान्ता : तो रात को चाय होगी...भोजन देर से हो जाएगा।

सुधा : भई वाह! मानो बच्चा हो...जो मिल जाए उसी में खुश।

मालती : लेकिन मुझे तो भई, बहुत गुस्सा आता। मैं तो कभी बात भी न करती।

शान्ता : (कुछ गम्भीर होकर) हाँ भई, तुम्हें शायद गुस्सा आता, या न आता तो कम-से-कम दिखातीं ज़रूर (लम्बी साँस के साथ) लेकिन यहाँ यह सब नहीं चलता। मैं गुस्सा करूँ तो वह दुगुना गुस्सा करेंगे।

रूठा वहाँ जाता है जहाँ कोई मनानेवाला हो—जैसे माँ के साथ...माँ के साथ मैं भी बहुत रूठा करती थी...(सहसा खिलखिलाकर) दीवार के साथ और कवि के साथ भी भला रूठा जाता है?

सुधा : अच्छा, तुम कभी रोतीं नहीं? ज़रूर रोती होगी?

शान्ता : (थोड़ी देर बाद) रोती तो हूँ शायद! लेकिन तुम लोगों की तरह शायद नहीं। कोई मेरे आँसू पोंछकर मुझे मनावेगा, यह सोचकर नहीं। कभी रात के अँधेरे में रो लेती हूँगी...अन्धकार को परचाने के लिए...(गला भारी हो आता है।)

(बालक का प्रवेश)

बालक : माँ, माँ, मैं ज़रा साइकिल चला लूँ?

शान्ता : (सुस्थ होकर) नहीं बेटा, अब रात में...

बालक : हाँ, माँ, यहीं थोड़ी दूर ही रहूँगा...बेयरा को साथ ले जाऊँगा...

शान्ता : अच्छा जा! पर दूर मत जाना।

बालक : अहा हा...जाएँगे—जाएँगे!

(बालक उछलता हुआ जाता है।)

शान्ता : (मानो स्वगत) यह भी तो मेरे साथ कभी-कभी बहुत रूठता है, मैं मना लेती हूँ।

सुरेश : बड़ा अच्छा लड़का है। शान्ता भाभी, तुम्हारा तो मन यही बहलाए रखता होगा।

शान्ता : हाँ, सो तो है ही।

सुधा : और जो तंग करता होगा सो?

शान्ता : तंग तो बच्चे करते ही हैं, पर उससे कोई तंग होता थोड़े ही है। मैं तो सोचती हूँ, मुन्ने के कारण मुझे दुनिया के हिसाब-किताब से छुट्टी मिली—क्या पाया, क्या नहीं पाया, इसका लेखा-जोखा रखने की ज़रूरत नहीं अब मुझे। मैं समझती हूँ कि जीवन जो देता, मैंने पा लिया...

मालती : कैसा हिसाब-किताब?

शान्ता : हिसाब-किताब नहीं तो और क्या! कहने को तो यह सब भावना, आकांक्षा, मन और अध्यात्म की बातें हैं, लेकिन असल में तो हिसाब-किताब ही है न। कितना रंग, कितना उजाला, कितना अँधेरा, कितना प्रकाश, कितनी छाया, कितना प्यार, कितना आराम, कितना परिश्रम जीवन में मिला...जो लोग रोमांस के पंखों पर उड़ते हैं, वे भी इस हिसाब-किताब को भूलते नहीं। और इस जोड़-बाक़ी में अगर मुनाफ़ा देखें तो खुश होते हैं, घाटा देखें तो जीवन के प्रति असन्तोष उन्हें होता है। सुधा, तुम क्या सोचती हो मैं नहीं जानती, पर मैं तो भावना के हिंडोले नहीं झूलती। मेरा जीवन शान्त, स्थिर हो गया है क्योंकि मैं प्रिया नहीं, माता हूँ। (स्वर क्रमशः

भावाविष्ट होता जाता है।) मैं स्नेह और आदर की अपेक्षा में रहनेवाली नहीं, स्नेह देनेवाली हूँ। मैं सुबह से शाम तक जो कुछ करने का है, करती जाती हूँ—जागती हूँ, उठती हूँ, खिलाती हूँ, खाती हूँ, देखती हूँ, सुनती हूँ—और मैं किसी चीज़ का, किसी बात का प्रतिवाद नहीं करती। प्रतिवाद कोई किसका करे—जीवन कोई बुझौवल थोड़े ही है, वह सबसे पहले अनुभव है!

सुरेश : (मानो अधिक गम्भीर बात को हँसी में टालने का यत्न करता हुआ) जीवन बुझौवल है कि नहीं, यह तो अलग बात है, पर भाभी, तुम ज़रूर हो।

शान्ता : (उसी प्रकार आविष्ट) हूँगी। ज़रूर हूँगी—इसीलिए कि मुझमें बुझौवल कहीं नहीं है...मैं सुलझाव-ही-सुलझाव रह गई हूँ। 'दो' पहेली है जिसका सुलझाव है 'एक' और 'एक'। लेकिन 'एक'... 'एक' भी पहेली है इसीलिए कि उसका आगे सुलझाव नहीं है, वह निरी इकाई है...होने और न होने की सीमा-रेखा। उसे सुलझाना चाहने का मतलब है। उसे मिटा ही देना।

सुरेश : (प्रयत्नपूर्वक विषय को बदल देने के लिए) शान्ता भाभी, सामने बगीचा तो देखा, पीछे भी कुछ बना है?

शान्ता : (सँभलकर, बदले हुए स्वर में) अभी तो बन रहा है। मगर अँधेरे में दिखेगा क्या? (ज़ोर से) माली!

माली : हाँ माँ जी! का हुकुम है माँ जी?

शान्ता : उधर क्यारी में पानी लगा दिया है?

माली : हाँ माँ जी—

शान्ता : देखोगे तुम लोग? चलो!

(उधर जाते हुए स्वर)

सुधा : उधर चबूतरे के आस-पास तो बेला फूला होगा?

सुरेश : अहा, यह करौंदे की झाड़ी तो बड़ी सुन्दर है। यहीं बैठकर कवि जी कविता लिखते होंगे न?

शान्ता : सो मैं क्या जानूँ कि वह कहाँ बैठकर लिखते हैं? लेकिन तुम लोग तो बैठो इस चबूतरे पर।

सुधा : तभी तो मैंने तुमसे पूछा था कि तुम घर पर रहती हो न?

मालती : फिर तुमने शुरू की वही बात? कवि की प्रिया घर नहीं रहती। घर पर रहे तो वह प्रिया नहीं है। आज तक कभी सुना है कि किसी कवि ने प्रिया को सामने बिठाकर काव्य लिखा हो और वह काव्य सफल हुआ हो? कवि एक अपार्थिव प्रेम का चित्र मन में लिये उस चित्र से जीवन का मिलान करते हुए चलता है...और जीवन को घटिया पाता है। उसकी एक कल्पना की प्रिया होती है जिसे

वह सारी दुनिया में ढूँढ़ता फिरता है और कभी पाता नहीं। जीवन में जो प्रिया मिलती है वह तो मानवी है, उसके कल्पनालोक की देवी थोड़े ही है। वह देवी जो सोच सकती है—यानी कवि की कल्पना में—वह कोई पार्थिव प्रिया नहीं सोचती, जो कह सकती है, जैसे-जैसे प्रेम कर सकती है, वह कोई हाड़-मांस की प्रिया क्या कर पाएगी! तभी तो कवि लोग ऐसे तोता-चश्म होते हैं...अगर उन्हें कल्पना के प्रति सच्चा रहना है तो फिर वास्तव से तो मन फेरना ही होगा, क्योंकि वास्तव तो जिस चीज़ को वे छूते हैं वही पाते हैं कि निरी मिट्टी है, और मिट्टी को ही प्यार करें, तो फिर कल्पना बिचारी क्या हो? किसी भी बड़े कवि का जीवन ले लो, उसकी सारी ज़िन्दगी एक खोज है जिसका नतीजा केवल इतना है कि 'नहीं। यह नहीं। यह भी नहीं। यह भी नहीं।' इसी कभी न मिटनेवाली खोज को, कभी न बुझनेवाली प्यास को, कोई कूँची से आँकता है, कोई क़लम से लिखता है, कोई छन्दों में बाँधता है; और लोग देख-सुनकर कहते हैं 'कितना सुन्दर! कितना मार्मिक! कैसा दिव्य प्रेम!' कवि को जीवन में आनन्द नहीं मिलता पर यश तो मिलता है, उनकी कीर्ति अमर हो जाती है। पर कवि की स्त्री— मृत्यु के पार अमर होने की बात तो दूर, वह तो जीवन में भी—

सुधा : भई मालती, तुमने तो कमाल कर दिया। अब तो तुम्हें किसी मीटिंग में ले जाकर मंच पर खड़ा कर देना चाहिए। ऐसी फुलझरी-सी लगा दी तुमने तो—

मालती : तुम्हें तो हर वक्त ठट्ठा ही सूझता है। पूछो न शान्ता से, वह भी तो हमारी-तुम्हारी उम्र की है; कोई बात है भला कि ऐसी दार्शनिकों की-सी बातें करे? शान्त स्थिर—होने और न होने की सीमा-रेखा! हुँ:! मुझे तो ऐसा गुस्सा आ रहा है इन कवियों पर कि—

सुरेश : सो तो दिख ही रहा है। लेकिन अब आप गुस्सा मत कीजिए; चाहे तो इस करौंदे की छाँह में बैठकर कविता कीजिए। (सुधा से) क्यों जी, अब चलना चाहिए न?

सुधा : हाँ, बड़ी देर हुई। अच्छा शान्ता बहिन, फिर आएँगे कभी—कविजी से कह देना, कविता ज़रूर सुनेंगे।

सुरेश : नमस्ते, भाभी।

शान्ता : हाँ ज़रूर आना, बहिन। वह होंगे तो ज़रूर सुनाएँगे ही तुम लोगों को। नमस्ते, सुरेश भैया—

मालती : मैं भी तो चल रही हूँ भई, कि मुझे छोड़े जा रहे हो?

सुधा : (हँसती हुई) हमने सोचा, शायद तुम्हारा व्याख्यान अभी समाप्त न हुआ हो!

मालती : अच्छा, शान्ता, मेरी किसी बात का गुस्सा मत करना—

शान्ता : वाह गुस्सा कैसा। फिर आना!

मालती : हाँ नमस्ते!

(जाते हैं)

शान्ता : (स्वगत) अब! (धीरे-धीरे गुनगुनाने लगती है)
सखी, मेरी नींद नसानी हो!
पिया को पन्थ निहारते सब रैन बिहानी हो,
बिन देखे कल ना परे, मेरी नींद नसानी हो।
सखी, मेरी नींद नसानी हो।
पिया को पन्थ निहारते सब रैन बिहानी हो।
रैन बिहानी हो... ।

शान्ता : (सहसा चुप होकर) आ गए? (ज़ोर से) बैरा! चाय तैयार करो! अरे नहीं—(चौंककर और फिर सुस्थ होकर) ओह, अशोक!

अशोक : पहचानती भी नहीं दीदी!

शान्ता : मैं समझी थी—

अशोक : क्या समझी थीं?

शान्ता : कुछ नहीं। आओ, बैठो।

अशोक : (बैठता है) शान्ता दीदी, अँधेरे में बैठी क्या कर रही थीं?

शान्ता : कुछ नहीं, आकाश देख रही थी। मुझे साँझ के बाद आकाश देखना बहुत अच्छा लगता है। कैसे धीरे-धीरे अन्धकार घिरता आता है और धीरे-धीरे सब कुछ पर छा जाता है...इस जीवन के, इस लोक के सब आकार मिट जाते हैं, एक मौन निःस्तब्धता में, और फिर दूर—कितनी दूर!—उदय हो आते हैं कितने नये लोक और उनके अपने नये आकार! लोग सूर्यास्त के रंगों को सुन्दर बताते हैं, लेकिन उससे भी सुन्दर होता है सूर्यास्त की लालिमा का मिटना—

अशोक : रोभू देखते-देखते ऊबतीं नहीं, एक ही दृश्य?

शान्ता : ऊबना कैसा? यह मिटने का खेल तो नित नया है—यही तो एक खेल है जो हमेशा नया है। और इसे देखते-देखते इन्सान विभोर होकर अपने को निरे जीवन पर छोड़ देता है—हम अपने को जीवन पर छोड़ दे सकते हैं, तभी तो हम जी सकते हैं, उसका हल खोजना हो तो उसे पहेली बनाना है।

अशोक : दीदी, मैं आया तब तुम शायद गा रही थीं न? मैं सोचता हूँ, यहाँ चुपचाप बैठकर गाना सुनूँगा।

बेयरा : चाय तैयार है, सा'ब।

शान्ता : लो, पहले चाय पियो।

अशोक : दीदी, यही तो बात मुझे अच्छी नहीं लगती। यह भी कोई चाय का

समय है भला? और मैं कोई अजनबी तो हूँ नहीं जो खातिर करें—

शान्ता : तुम्हीं थोड़े ही पियोगे? मैं भी तो लूँगी—

अशोक : उससे क्या! रात के तो नौ बजे हैं। इस समय आपने मेरे लिए चाय क्यों मँगाई?

शान्ता : आपके लिए क्यों? चाय का ऑर्डर तो मैं तुम्हारे आने से पहले दे चुकी थी!

अशोक : ओह, तो आप लीजिए। मैं तब तक आपका आकाश देखता हूँ— मैं तो चाय लूँगा नहीं।

शान्ता : नहीं, मैं तो चाय केवल साथ के लिए पी लेती हूँ—मुझे भी इच्छा नहीं रही।

अशोक : तब?

शान्ता : मैंने अपने लिए नहीं मँगाई थी।

(बेयरा आता है।)

बेयरा : जी सा'ब—

शान्ता : चाय उठा ले जाओ। और बाबा वापस आ गया है न? साइकिल अन्दर रख दी है?

बेयरा : जी। बाबा सोने जाते हैं।

(ट्रे समेट ले जाता है।)

अशोक : शान्ता दीदी, आप जो गाना गा रही थीं, वह गाइये।

शान्ता : मैं क्या गाती हूँ। वह तो यों ही कभी गुनगुनाती हूँ—

अशोक : जो हो—

(शान्ता बाहर की ओर जाती है, आकाश की ओर देखती है। उसका स्वर दूर से आता है।)

शान्ता : अच्छी बात है, मैं तो तारे देखते-देखते कभी गुनगुनाया करती हूँ—

(धीरे-धीरे गाती है)

सखी, मेरी नींद नसानी हो।

पिया को पन्थ निहारते सब रैन बिहानी हो।

बिन देखे कल ना परे, मेरी नींद नसानी हो।

सखी मेरी नींद नसानी हो—

पिया को पन्थ निहारते सब रैन बिहानी हो।

रैन बिहानी हो—

(गाते-गाते शान्ता का गला भारी हो आता है—फिर आवाज़ सहसा टूट जाती है। एक बार गला साफ़ करने का शब्द, फिर एक कड़ी गाती है, फिर गला रुँधता है और वह सहसा चुप हो जाती है)

अशोक : (सहसा चिन्तित) क्या बात है, शान्ता दी—

(बहुत हल्की-सी सिसकी का शब्द)

अशोक : (धीमे, कोमल स्वर से) शान्ता दी—

(क्षण-भर मौन)

(बाहर से निकट आता ताँगे का शब्द और घंटी)

अशोक : (शान्ता को थोड़ी देर अकेली छोड़ देना उचित समझकर बहाना बनाता हुआ-सा) शान्ता दी, मैं ज़रा मुन्ने को देख आऊँ, नहीं तो अभी सो जाएगा। अभी आया।

(बाहर दूर पर ही कवि का शब्द, क्रमशः निकट आता हुआ)

कवि : ओह, शान्ता। मुझे अभी तत्काल फिर बाहर जाना होगा, ज़रा जल्दी से एक प्याला चाय दे दोगी—

शान्ता : (सँभलकर) जी!

(भीतर जाती है।)

(भीतर से बालक की हँसी का शब्द)

बालक : (भीतर से) बस; अशोक मामा गिलगिली मत चलाइए—

अशोक : तो तुम बोलते क्यों नहीं?

कवि : अरे, कौन, अशोक? (ज़ोर से) अशोक!

अशोक : (भीतर से) आ गए आप?

कवि : अरे यहाँ आओ यार, दो मिनिट गप्प ही करें, अभी तो चला जाऊँगा।

अशोक : (निकट आकर, विस्मित स्वर में) कहाँ?

कवि : यहीं ज़रा बैठो। चाय पियोगे?

अशोक : नहीं, इस समय नहीं।

(भीतर से शान्ता के गुनगुनाने का स्वर, जो क्रमशः कुछ स्पष्ट हो जाता है।)

शान्ता : (गाती है।)

सखी री, नींद नसानी हो।
पिया को पन्थ निहारते सब रैन बिहानी हो।
ज्यों चातक घन को रटै, मछरी जिमि पानी हो,
मीरा ब्याकुल बिरहिनी, सुधि-बुधि बिसरानी हो।

कवि : (अर्ध स्वगत) फिर वही गाना।

अशोक : क्यों आपको गाना अच्छा नहीं लगता?

कवि : नहीं, गाना क्यों नहीं अच्छा लगेगा, पर शान्ता वही एक ही रोने-रोने सुर गाती है। (सहसा चुप हो जाता है।)

(शान्ता का स्वर स्पष्ट हो गया है, वह पास आ रही है।)

''सखी, मेरी नींद नसानी हो।
पिया को पन्थ निहारते सब रैन—''

(गाना सहसा बन्द हो जाता है।)

शान्ता : लीजिए, चाय!

•

देवीसिंह

"**बा**बूजी, कुछ मैगज़ीन ख़रीदेंगे?"

मिस्टर अस्थाना ने उसका सवाल नहीं सुना। सवाल तो दूर, किसी का जवाब सुनना भी उन्हें गवारा नहीं होता। अपनी ही बात उन्हें कितनी प्रिय है, यह मैं अक्सर सोचा करता हूँ। मुझसे बोले, "तुम्हारी दलीलें सब वैसी होती हैं। तुम, एक आदमी के प्रयास को देखकर ही मुग्ध हो जाते हो; तुम्हें यह दिखता ही नहीं कि एक आदमी कुछ नहीं, एक आदमी की 'इस्ट्रगिल' कोई माने नहीं रखती, असल चीज़, वर्गों का संघर्ष है!"

जवाब देने की व्यर्थता जानते हुए भी मैं कुछ कहता, पर लड़के ने फिर पुकारा, "बाबूजी, मैगज़ीन ख़रीदेंगे? नयी आई हैं कई-एक..."

और मैं क्षण-भर उसे देखता ही रह गया। किसी तरह मैंने कहा, "अरे, देवीसिंह, तुम!" और एक बार फिर सिर से पैर तक उसे देख गया। उसने कुछ आहत अभिमान के भाव से कहा, "हाँ, बाबूजी, मैं दिन में स्कूल में पढ़ता हूँ, शाम को अखबार बेचता हूँ।"

मिस्टर अस्थाना से मैंने कहा, "इसकी कहानी आप जानते, तो आपकी बात का जवाब आपको खुद मिल जाता।"

"हुँ: !"

हाँ, वह 'हुँ:' करके बात उड़ा दे सकते हैं। पर मेरी स्मृति में सहसा कई बातें काँटे-सी उभर आयीं। कोई दो साल पहले की बातें, जब मैंने देवीसिंह को पहले-पहल देखा था और फिर उसका नाम जाना था।

फ़ैन्सी बाज़ार के लम्बे बरामदे में से होता हुआ मैं चला जा रहा था। जहाँ-तहाँ कंघी-शीशे, चादर-तौलिये और फीते-तस्मे बेचनेवाले बरामदे के खम्भों से लगे बैठे थे। उनके बीच में से गुज़रना वैसा ही था जैसे सागर के किनारे सूखती सीपियों के बीच

में से होते हुए जाना। एक ओर सागर-सी दुकानें, जिनसे लुभावने आलोक की लहरियाँ जब-तब आकर बरामदे को सींच जाती थीं, और दूसरी ओर जन-संकुल...

तभी एक खम्भे के पीछे से एक टेढ़ी-मेढ़ी छाया ने लपककर हाथ बढ़ाए और एक बेमेल स्वर में कहा, "बाबूजी, एक अधन्ना दोगे?"

स्वर तो बेमेल था ही, क्योंकि भिखारियों के स्वर में दीनता होती है, ऐसा सहज अपनापन नहीं, और अधन्ना माँगनेवाले भिखारी भी मुझे याद नहीं पड़ता, मुझे कभी मिले हों—या तो पैसा माँगते हैं, या इकन्नी।

भिखारियों को पैसा देने या न देने का अर्थशास्त्र मैं नहीं जानता। मिस्टर अस्थाना कभी-कभी समझाने लगते हैं कि यह दया-वया की भावना ग़लत चीज़ है और भिखारियों को बढ़ावा देना वर्ग-संघर्ष को कमज़ोर बनाना है। पर मैं अधिक ध्यान नहीं देता। मैंने मान लिया है कि मानव के प्रति आर्द्रता को भी सुखा डालना अगर अक्लमन्दी है तो वैसी अक्लमन्दी को दूर से सलाम कर लेना ही ठीक है। और सौभाग्य से उस समय मिस्टर अस्थाना साथ थे भी नहीं।

मैंने लड़के को सिर से पैर तक देखा या सच कहूँ तो सिर से धड़ तक; क्योंकि उसका धड़ ही बरामदे पर टिका था। हाथों में थामी हुई लकड़ी की घोड़ियों के सहारे, भुजाओं पर बल देकर वह घिसटता हुआ चलता था। टाँगें थीं तो, पर सूखी हुई निर्जीव। देखते ही ज्ञात हो जाता था कि शैशव में विटामिन 'सी' की कमी और उसके साथ-साथ 'पोलियो' या शिशुकालीन लकवे से उसका अध:शरीर बेकार हो गया होगा। लेकिन शरीर की सहज क्षतिपूरकता के कारण उसका धड़ भी सुगठित था, और उसके कन्धे अकाल यौवन की पुष्ट मांस-पेशियों को सूचित कर रहे थे। और उसके चेहरे पर एक दृढ़ता और आत्मविश्वास की झलक थी।

मैंने लड़के से पूछा, "अधन्ना क्यों? और इकन्नी हो तो?"

उसने मानो मुझ पर एहसान करते हुए कहा, "तो आपकी इकन्नी ही ले लेंगे।"

मैंने जेब में हाथ डाला। वहाँ इकन्नी भी नहीं थी, दुअन्नी थी। उसी के लहज़े के अनुकूल, मैंने भी मानो अपनी सफ़ाई देते हुए कहा, "अरे, मेरे पास तो सिर्फ़ दुअन्नी है!"

उसने मेरी ओर कुछ सन्दिग्ध भाव से देखा—कहीं मैं उसे बना तो नहीं रहा हूँ। फिर तनिक मुस्कुराकर बोला, "चलिए, दुअन्नी ही दे दीजिए—काम आ जाएगी।"

दुअन्नी देकर मैं उससे उसका नाम, पता और इतिहास पूछने लगता तो कोई अजब बात न होती। मैंने अक्सर लोगों को ऐसा करते देखा है। शायद किसी की करुण कहानी सुनकर अपने इकन्नी-दुअन्नी के बलिदान के इयत्ता बढ़ जाती है। पर मैं चाहता भी तो उसने मौका नहीं दिया। दुअन्नी लेते ही उसका हाथ नीचे पड़ी घोड़ी पर टिका, देह का भार उस पर साधकर वह मुड़ा और इस फुर्ती से खम्भे की ओट हो गया कि मैं भौचक-सा रह गया। साथ ही ओट से उसके कंठ का स्वर मैंने सुना, "अबे, हो गया बे! अबे, ले आ बे—यहीं ले आ!"

मेरा कौतूहल उचित था या नहीं, सो मैं क्या जानूँ, पर मैं खम्भे की ओट रह कर आगे की बातों पर कान लगाए रहा।

उसी के समवयस और एक लड़के की आवाज़ आई, ''क्या हो गया बे, देवीसिंह ?''

''बस देखता रै—अभी पता लग जाएगा...''

और एक तीसरा स्वर, निकट आता हुआ, ''अबे साले, तू बता दे।''

''देख बे, गाली-वाली मत दे, नहीं तो अभी ठीक कर दूँगा—हाँ!''

और फिर दूर किसी की ओर उन्मुख होकर देवीसिंह ने आवाज़ दी, ''ले आ बे, जल्दी ले आ, इनको भी दिखा दीजो!''

क्षण-भर बातचीत स्थगित रही। फिर एक चौथा, कुछ रूखा पछाहीं स्वर बोला, ''अबी देक्खो।''

देवीसिंह ने बड़े उत्कंठ स्वर से कहा—''अच्छावाला दिखाना—पूरा! बीच में कुछ छोड़-छाड़ मत जाना, हाँ!'' और उसने एक चीत्कार किया, जैसा सामने मधुर भोजन आने पर कभी लोग करते हैं।

रूखा स्वर कुछ और रुखाई से बोला, ''चार तो पैस्से दोग्गे।''

देवीसिंह ने डपटकर कहा, ''अबे चार क्यों बे—अब तू आठ ले लेना, पर देखेंगे हम पूरा।'' फिर कुछ रुककर, ''देख बे, तू भी कंगाल है, और हम भी कंगाल हैं। तू जो तुझ पे आता है दिखा दे, और जो हमसे बनेगा दे देंगे, समझा? और इससे ज़्यादा बाश्शा भी क्या दे देंवे ?...क्यों बे, ठीक कही कि नहीं?''

मैंने तनिक झाँककर देखा। रूखे स्वर के मालिक ने कन्धों पर से बहँगी उतार कर दो पिटारियाँ ज़मीन पर टिका दी थीं। उसकी रूखी लटें उसके थके और धूल-भरे चेहरे से चिपक रही थीं। एकाग्र होकर वह पिटारियाँ खोलकर एक मैली गुदड़ी की ओट में तरह-तरह की चीज़ें इधर-उधर जमा रहा था...

उस दिन मैंने इतना ही देखा था। यों यह भी काफ़ी असाधारण और स्मरणीय था ही। क्रमश: उसके बारे में और भी कुछ ज्ञात हुआ। लेकिन ज्ञान उसे कहना चाहिए जिससे नयी दृष्टि मिले, नहीं तो जानकारियों का कोई अन्त थोड़े ही है। देवीसिंह के माता-पिता नहीं थे, कम-से-कम उसके सम्पर्क में नहीं थे, किसी चाचा ने उसे पाला था और फिर शहर के मरुस्थल में डाल दिया था कि 'जा सके तो कोई हरियाली ठाँव ढूँढ़ ले!' किन्तु देवीसिंह को जीवन में रुचि थी—अपार रुचि थी—वह हारा हुआ भिखारी नहीं बन सका था...

मुझे बरामदे में वह अक्सर दिख जाता। लेकिन हर बार पैसे नहीं माँगता, मुस्कुरा कर रह जाता। धीरे-धीरे समझ में आया कि वह किसी एक व्यक्ति से सप्ताह में एक बार से अधिक नहीं माँगता, और समय, मुस्कुरा कर मानो कह देता है कि हाँ मैं जानता हूँ आप मेहरबान हैं, जब मुझे ज़रूरत होगी आपसे माँग लूँगा।

कुछ महीनों बाद वह एकाएक लापता हो गया। उस बरामदे से गुज़रते हुए जब-तब उसकी अनुपस्थिति खटक जाती। पर जल्दी ही मैं उसका भी आदी हो गया...फिर कोई डेढ़ वर्ष बाद ही उस दिन मिस्टर अस्थाना के साथ जाते अचानक उसे मैगजीन बेचते हुए देखा। जब अचम्भा कुछ सँभला तो मैंने उसे फिर सिर से पैर तक देखा। अबकी बार धड़ तक नहीं, पैर तक ही, क्योंकि अब वह खड़ा था। उसकी दोनों टाँगें लोहे और लकड़ी के एक चौखट में कसकर सीधी कर दी गई थीं—अभी उनमें ज़ोर इतना नहीं था कि वह केवल उन्हीं के सहारे खड़ा हो सके, पर वह चल तो सकता था, और अब उसके चेहरे पर आत्मविश्वास और भी स्पष्ट था...पूछने पर मालूम हुआ कि उसने पैसे जुटाकर अपने इलाज का प्रबन्ध किया था, पोलियो रोग के एक विदेशी विशेषज्ञ के पास छह महीने बिताए थे, और अब अपने भविष्य के बारे में आश्वस्त था...अब जो हो, वह भीख नहीं माँगेगा और मैगज़ीनों की बिक्री के सहारे पढ़ भी लेगा...

एक दिन मैंने पूछा, ''देवीसिंह, मदारी का तमाशा अब नहीं देखते?''

उसने हँसकर उत्तर दिया, ''बाबूजी, सब तो तमाशा-ही-तमाशा है।''

इस अकाल-परिपक्वता से कुछ सहमकर मैंने पूछा, ''क्या मतलब?''

वह बोला, ''पहले मैं ज़मीन पर रेंगता था, कुछ भी देखने के लिए मुझे गर्दन उठानी पड़ती थी। तब हमेशा ऐसे तमाशे की तलाश रहती थी जो बिना गर्दन थकाए देख सकूँ, अब तो खड़ा-खड़ा सब देखता हूँ। सभी तमाशा है!'' फिर कुछ रुककर, ज़रा शरारात-भरी हँसी से, ''देखिए, न, कैसे-कैसे बाबू साहब आते हैं और क्या-क्या मैगज़ीन ख़रीदते हैं।''

उस दिन मैंने सोचा था, इस समय कहीं मिस्टर अस्थाना साथ होते! पर अच्छा ही हुआ, नहीं थे। नहीं तो सारी बात सुनकर उन्हें केवल वर्गयुद्ध का और प्रमाण ही दिखता, क्योंकि नहीं तो विटामिन 'सी' की कमी ही क्यों हो, और पोलियो ही क्यों हो?

ऐसे भी लोग हैं जो मानते हैं कि अभाव में भी अपने को उपयोगी बनाना, पंगु होकर भी समाज में अपने अस्तित्व को सार्थक बनाना, केवल पलायन है। उनके लिए वर्गों का संघर्ष ही सब कुछ है, व्यक्ति का आत्मदान कुछ नहीं। वे यह नहीं देखते कि आत्मदान से पलायन, सबसे बड़ा पलायन है—वह जीवन के रस से पलायन है—किसी मरुभूमि की ओर, कौन जाने!

•

नारंगियाँ

उस दिन जब मोहल्लेवालों ने देखा कि हरसू ने मोहल्ले के बाहर की, नाम को पक्की, पर वास्तव में धूल-भरी सड़क पर पुआल और बोरिये का टुकड़ा बिछाकर उस पर नारंगियाँ सजाकर दुकान कर ली है, तो सब-के-सब विस्मय से ताकते रह गए। हरसू, और दुकान!

जब से हरसू और परसू दोनों भाई अचानक आकर मोहल्ले के सिरे की पुरानी दीवार की एक मेहराब के नीचे घर बनाकर जम गए थे, तब से किसी ने उनको काम करते हुए या काम की तलाश भी करते हुए कभी नहीं देखा था। रिफ़्यूजी दूसरे मोहल्लों की तरह इस मोहल्ले में भी अनेकों आए थे, लेकिन सभी बहुत जल्द इस कोशिश में जुट गए थे कि वे 'शरणार्थी' न रहकर 'पुरुषार्थी' कहलाने के अधिकारी हो जाएँ। सभी ने कुछ-न-कुछ जुगत कर ली थी या गुज़र-बसर का कोई वसीला निकाल लिया था। लेकिन हरसू और परसू ज्यों-के-त्यों बने हुए थे। किसी ने उन्हें कभी भीख माँगते नहीं देखा, चोरी करते भी कम-से-कम देखा तो कभी नहीं, यद्यपि यह सब समझते थे कि दोनों भाई अगर कुछ लेकर नहीं आए हैं और कुछ कमाते भी नहीं हैं तो चोरी के बिना कैसे काम चलता होगा! हाँ, चोर-जैसे वे दिखते भी नहीं थे, किसी के सामने उनकी आँखें नीची नहीं होती थीं और दोनों का बर्ताव कुछ ऐसा शालीनता-भरा होता था कि किसी को कुछ पूछने का साहस भी नहीं होता था।

शालीनता के स्तर में कुछ गिराव कभी दिखता था तो दोनों भाइयों के आपस के व्यवहार में। यही नहीं कि वे आपस में लड़ते-झगड़ते थे—इतना ही कि परसू हमेशा हरसू को ताने देता रहता था या जैसे सम्भव हो कोंचता रहता था। हरसू प्रायः दीन-भाव से सब कुछ सह लेता था, लेकिन कभी-कभी वह भी बिना अपना स्वर ऊँचा उठाए जला-भुना उत्तर दे देता था। पछाहीं लोगों में ऐसी बातों पर फ़ौरन तू-तड़ाक और मार-पीट की नौबत आ जाती है, और रिफ़्यूजी तो और भी आसानी से जिस-तिस पर हाथ छोड़ बैठते हैं; इसलिए मोहल्लेवाले इन दोनों भाइयों के

इस तनाव-भरे सह-अस्तित्व पर और भी अचम्भा किया करते थे।

खैर, अब हरसू ने नारंगियों की दुकान लगाई है, और परसू दुकान से कुछ दूर पर एक पुलिया पर बैठा हुआ बड़ी अवज्ञा से दुकान की और हरसू की ओर देख रहा है।

एक-एक करके मोहल्ले के दो-चार बच्चे नारंगियों की दुकान के आस-पास इकट्ठे हो गए हैं। नारंगियों का आकर्षण तो है ही, लेकिन उससे अधिक इस बात का कौतूहल कि दुकान हरसू की है।

एक छोटी लड़की दूसरों से कुछ आगे बढ़कर, एक हाथ से अपने झबले का छोर उठाकर मुँह में खोंसती हुई दूसरे हाथ से मानो अतर्कित भाव से नारंगियों की ओर इशारा करती है, और फिर हाथ समेटकर टुकुर-टुकुर हरसू की ओर देखने लगती है।

"लेगी?" हरसू पूछता है।

लड़की कुछ उत्तर दे, इससे पहले परसू बड़बड़ाता है, "हाँ, दे दे, दुकान उठाकर दे दे इसको! क्या ऐसे ही दुकान चलाएगा?"

हरसू भाई की बात को अनसुनी-सी करता हुआ लड़की से कहता है, "लेगी, तो जा, घर से पैसे ले आ। चार-चार पैसे की एक है।"

"तो ऐसे दुकान चलाएगा तू! छोटे बच्चों को फुसलाकर घर से पैसे मँगाकर मुनाफ़ा करेगा! बच्चों को बिगाड़ते शर्म नहीं आती?"

भाइयों में झगड़ा हो रहा है या नहीं, बच्चों की समझ में नहीं आता। क्योंकि ऐसे सम-स्वर से और तटस्थ भाव से झगड़ा होते उन्होंने कभी देखा नहीं है। लेकिन वातावरण में कहीं पर तनाव है, यह वे समझते हैं। लड़की एक बार हरसू और एक बार परसू की ओर देखती है और रुआँसी-सी हो जाती है।

हरसू एक क्षण के लिए उसकी ओर देखता है और फिर दो नारंगियाँ उठाकर लड़की को दे देता है।

"ले, रो मत, ले जा। पैसे जब होंगे तब देना—नहीं तो न सही।"

परसू असम्पृक्त भाव से आकाश की ओर देख रहा है, मानो उसने यह देखा न हो, न उसे इस सबसे कोई मतलब हो। लेकिन यही सम-स्वर कहता है, "हाँ-हाँ, बाप का माल है, दे दे। कल देखूँगा, कहाँ से और माल लायेगा और दुकान चलाएगा। बड़ी फैयाज़ी दिखाने चला है। सब साले रिफ़्यूजी जैसे घर के नवाब होते हैं।"

हरसू एक बार भाई की ओर देखता है और फिर चुप बना रहता है। लड़की चली जाती है।

बोरिया झाड़कर फिर बिछा दिया गया है। नारंगियाँ कपड़े से रगड़कर चमका दी गई हैं। ऊपर नीम की पत्तियों की हल्की सरसराहट सुनते हुए हरसू सोचता है, उसका दिन इसी के सहारे जैसे-तैसे कट जाएगा।

नारंगियों के आस-पास दो-चार बच्चे फिर इकट्ठे हो गए हैं। नारंगियों का चाव तो चिरन्तन है, दुकान के नयेपन का कौतूहल भी अभी मिटा नहीं है।

"भीड़ क्यों करते हो बच्चो, नारंगियाँ लेनी हों तो घर जाकर पैसे ले आओ।"

परसू अपनी पुलिया पर से सुन रहा है। देखने की ज़रूरत उसे नहीं है। वह मानो अतीन्द्रिय चक्षुओं से सब कुछ देख लेता है। बल्कि सब कुछ पहले से ही उस का देखा-दिखाया है। व्यंग्य की एक रेखा उसके होंठों को तिरछा कर जाती है, बस, इतना हरसू देख लेता है। परसू जानता है कि वह देख लेगा—उसके द्वारा देखी जाने के लिए ही वे वहाँ तक लाई गई हैं।

बच्चों की टोली में से दो-एक अलग होकर चले जाते हैं। थोड़ी देर बाद एक लौटकर आता है। उसकी चाल ही बता रही है कि उसकी मुट्ठी में इकन्नी है। उसके पीछे-पीछे छह और अधनंगे बच्चे चले आते हैं, और वे भी जानते हैं कि उनके अगुआ की मुट्ठी में पैसे हैं। पैसों से उन्हें कोई सरोकार नहीं है, लेकिन अगुआ की मुट्ठी का पैसा आगे जो काम कर सकता है, उसमें उनकी दिलचस्पी ज़रूर है।

इकन्नी और नारंगी का विनिमय हो जाता है। बच्चा विजय से भरा हृदय और नारंगी से भरी मुट्ठी लिये हुए एक ओर को हटकर नारंगी छीलकर खाने लगता है।

दुकान पर जो करिश्मा होनेवाला था वह हो चुका, और वहाँ अब देखने को कुछ नहीं है। दूसरे बच्चों की आँखें हरसू की साबुत नारंगियों से हटकर अगुआ के हाथ की छिलती हुई नारंगी पर अटक जाती हैं। कैसे उस नारंगी से फाँकें अलग होती हैं और धीरे-धीरे उठकर अगुआ के मुँह में चली जाती हैं, कभी उधर-इधर नहीं जातीं, यह कितना बड़ा अचरज है!

परसू गर्दन ज़रा एक ओर को मोड़कर कहता है, "अबे, इन सबको भी कह दे, घर जाकर पैसे ले आएँ। गाड़कर रखे होंगे पैसे इन्होंने, सब लाकर तुझे दे देंगे।"

हरसू तिलमिलाकर बच्चों से कुछ कहने को होता है, लेकिन फिर रुक जाता है। एक बार बच्चों को सिर से पैर तक देखता है और आँखें झुका लेता है। बच्चे अधनंगे हैं, इसका ठीक अर्थ अब उसके मन में बैठता है—इस मोहल्ले में बच्चों को निचले आधे शरीर में तो यों भी कुछ पहनाने का रिवाज़ नहीं है, इसलिए अधनंगे का मतलब यही हो सकता है कि ऊपर का आधा शरीर भी ढका नहीं है। हरसू आँखें झुकाये गट् से थूक का एक घूँट निगलता है। थूक का स्वाद कुछ नहीं होना चाहिए, पर हरसू के लिए वह घूँट कितना कड़वा है यह उसके दबे होंठों से दिख जाता है।

हरसू और परसू की खींचातानी की ओर बच्चों का ध्यान नहीं है। वे एकटक फाँक-फाँक गायब होनेवाली नारंगी के अचरज को देख रहे हैं।

परसू कानी आँख से हरसू को देखता है, मानो उसे तौल रहा हो। फिर मुँह बच्चों की ओर फेर लेता है।

"लड़के, अपने साथियों को भी एक-एक फाँक दे दे।" अगुआ की ओर उन्मुख होकर परसू का स्वर कुछ कम रूखा हो गया है, "साथियों के साथ बाँटकर खाना चाहिए।"

अगुआ अगुआ है, और इस वक्त नारंगी का मालिक भी है। परसू की ओर देखकर उद्धत स्वर से कहता है, ''क्यों दे दूँ? मैंने पैसे देकर नहीं खरीदी?''

परसू वहीं पुलिया पर लेटे-लेटे मुँह दूसरी ओर करके थूकता है।''अबे हरसू, सुनीं नवाबज़ादे की बातें! पैसे देकर खरीदी है! पैसा तेरे बाप ने कहाँ से खरीदा है भला?'' लेकिन फिर परसू का स्वर कुछ धीमा होकर मानो भीतर को मुड़ जाता है। ''लेकिन बच्चे को क्या डाँटना! बाप मिलता तो पूछता, कहाँ से ब्लैक करके कमाया है पैसा, और क्यों लड़के को अभी से ऐसा कमीनापन सिखाया है।'' फिर कुछ रुककर, बदले हुए स्वर में, ''अबे हरसू, तू ही दे दे न सबको एक-एक नारंगी—देख, बेचारे कैसे मुँह ताक रहे हैं! बच्चों को बेबसी सिखाना अच्छा नहीं होता।''

हरसू अचकचाकर भाई की ओर देखता है। बात निस्सन्देह उसी से कही गई है, लेकिन उसमें एक ऐसा अलगाव है कि उसका जवाब कोई भी दे दे—या न भी दे—परसू को कोई फ़र्क नहीं पड़ेगा। हरसू ज़रा साहस बटोरकर कहता है, ''कहाँ से दे दूँ सबको? फिर तू ही कहता है कि दुकान कैसे चलेगी और कल को माल कहाँ से खरीदकर लाऊँगा।''

''अबे, बस, यही है तेरी रिफ़्यूजी का जिगरा? अबे, जानता नहीं, हम सब लोग पीछे बड़ी-बड़ी जायदादें छोड़कर आए हैं। और देखता नहीं, यहाँ भी कितनों ने फिर जायदादें खड़ी कर ली हैं? तू ही बता, पहली बार नारंगी खरीदने को पैसा कहाँ से आया था—या कि नारंगियाँ तेरे साथ माँ की कोख से जन्मी थीं?''

हरसू चुप है। चुप में सौ विरोध समा जाते हैं। बोलते हुए कुछ बनता नहीं है।

''अबे, दे दे न नारंगी—उन्हें ऐसे देखते देख तुझे तरस नहीं आता—शर्म नहीं आती? तू इन्सान का बेटा है...''

''तरस तो आता है, परसू...पर पैसा कहाँ से आएगा?''

''चल, पैसा मैं देता हूँ—खिला सबको नारंगियाँ।'' परसू लेटे से आधा बैठा होकर अपनी फटी जेब टटोलता है और एक अठन्नी निकालकर हरसू की ओर फेंकता है।

हरसू चुपचाप छह नारंगियाँ उठाकर एक-एक बच्चों को बाँट देता है। बच्चे झिझकते हुए हाथ बढ़ाकर ले लेते हैं। क्षण-भर अँजुली भरे-भरे अचकचाए-से कभी हरसू की ओर और कभी नारंगी की ओर देखते हैं, और फिर धीरे-धीरे खाने लगते हैं। हरसू टाट के नीचे से टटोलकर एक दुअन्नी निकालता है और परसू की ओर बढ़ाता है, ''यह ले अपनी बाक़ी।''

''क्या?'' परसू अजनबी-सा कहता है! ''मेरी बाक़ी? बाकी कैसी?''

''तूने अठन्नी दी थी, दो आने तेरे बाक़ी बचे कि नहीं?''

''मेरे दो आने! हुँह! मेरे दो आने! मेरे बाप के हैं! जा, ये भी उस छोकरे को दे दे जो अपने पैसे से नारंगी खरीदता है; कह दे उसे, जाकर यह भी अपने बाप को दे दे!''

हरसू दबे स्वर से कहता है, ''उसने क्या बिगाड़ा है, वह तो बच्चा है; बाप जैसा हो...''

''हाँ, बे, ठीक कहता है तू। अच्छा तो रख, सिगरेट-पानी कर लेना। या नहीं, आगे भी तो ऐसे बच्चे आएँगे—उन्हें दे देना। नहीं तो दुकान तेरी कैसे चलेगी? लोग भी क्या कहेंगे कि रिफ़्यूजी बच्चा दुकान करने लगा तो दिल-आत्मा भी बेचकर खा गया।''

हरसू बोला, ''तो तेरे दो आनों से सदावर्त चल जाएगा? और दो नारंगियाँ खिला दूँगा, फिर...''

''अरे, तो हम मर तो नहीं गए हैं। साले, रिफ़्यूजी बनकर आया है तो हौसला रखना सीख। दिल बढ़ने से कोई नहीं मरता, उसके सिकुड़ने से ही मरते हैं सब— डॉक्टर साले चाहे जो बकवास करते रहें।''

हरसू दुकान करता है, आज उसने सात नारंगियाँ बेची हैं और माल के सात आने के अलावा दो आने घेलुए में पाए हैं। उसकी आँखें नारंगियों की तरह गूँगी और घुटी हुई हो गई हैं और उसके कान नीम की सरसराहट पर अनसुनते टिक गए हैं।

और परसू के पहले कई बार ऐसे भी दिन आए हैं, जब उसकी दोनों जेबों में दो-दो अठन्नियाँ हुई हैं और उसने नहीं जाना कि क्यों, और ऐसे भी, जब किसी जेब में कुछ नहीं है और वह नहीं सोचता कि तो फिर क्या! वह वहीं पुलिया पर फिर लेटकर नीम के ऊपर आसमान की ओर देखने लगता है। आसमान-जैसी ही खाली, गहरी और अन्तहीन हैं उसकी आँखें।

•

हजामत का साबुन

दु कान में घुसा तो छोटे लाला नौकर को पीट रहे थे।

लाला की दुकान से मैं जब-तब थोड़ा-बहुत सामान लेता रहता हूँ। इसलिए बड़े लाला और छोटे लाला और उनके दोनों नौकरों को पहचानता हूँ। यों लाला कहने से जो चित्र आँखों के सामने आता है उसके चौखटे में दोनों में से कोई ठीक नहीं बैठता था। मुटापा तो दोनों में इतना था कि नाम के साथ मेल खा जाये, लेकिन इससे आगे थोड़ी कठिनाई होती थी। दोनों प्राय: सूट पहनकर दुकान पर बैठते थे, दुकान का फ़र्नीचर लोहे का था और मेज़ पर काँच लगी हुई थी। दुकान में किराने से लेकर परचून तक की चीज़ें तो थीं ही, इसके अलावा साज-सिंगार का सामान, अंग्रेज़ी दवाइयाँ वगैरह भी थीं और पिछले दो-एक वर्ष से दुकान को स्पिरिट और शराब रखने का भी परमिट मिल गया था। मुझे इस तरह की बहुधन्धी दुकानों से कोई विशेष प्रेम हो, ऐसा तो नहीं है, लेकिन दुकान बस-स्टैंड के निकट पड़ती थी और दफ़्तर से घर लौटते समय वहाँ से कुछ खरीद ले जाने में सुभीता था।

थोड़ी देर मैं असमंजस में खड़ा रहा। लाला पीटने में इतना व्यस्त था तो नौकर का पिटने में और अधिक व्यस्त होना स्वाभाविक था। ग्राहक की तरफ़ ध्यान देने की फ़ुर्सत किसी को नहीं थी। समझदारी की बात तो यही थी कि वहाँ से चल देता और जो खरीदारी दूसरे दिन तक न टल सकती, वह कहीं और से कर लेता। इससे भी बड़ी समझदारी की बात यह है कि जहाँ हाथापाई हो रही हो, वहाँ नहीं ठहरना चाहिए। लेकिन मुझमें दोनों तरह की समझदारी की कमी है और हमेशा रही है। आज से कल तक टालने की बात तो समझ में आ सकती, लेकिन आदमी को पिटता हुआ देखकर समझदारी-भरी उपेक्षा मेरे बस की नहीं है।

लाला के मोटे थुलथुल हाथ का थप्पड़ जो नौकर के गाल पर और आड़े आए हुए हाथ पर पड़ा तो मेरे मन में तीखी प्रतिक्रिया हुई, ''ओ लाले के बच्चे, क्यों पीटता है!''

ऐसी मेरी भाषा नहीं है, गुस्से में भी नहीं। पर उस समय लाला को 'लाला का बच्चा' कहना ही मुझे ठीक जान पड़ा, या ऐसे कह लीजिए कि लाला के बच्चे के नाम से ही मोटे और भौंडे रूप को मैं कोई संगति दे सका।

लाला ने फिर एक थप्पड़ मारा और चिल्लाकर कहा, ''बोल, तूने मुझे टेलीफ़ोन क्यों नहीं कर दिया?''

मेरी मुट्ठियाँ भिंच गयीं। टेलीफ़ोन न करने पर नौकर को मारना मुझे सहन नहीं हुआ। मुझे पूरा विश्वास हो गया कि नौकर को भी वह सहन नहीं होगा। मैंने जैसे मान लिया कि अभी-अभी नौकर भी वापस एक थप्पड़ लाला के—लाला के बच्चे के—मुँह पर जड़ देगा।

पर वह हुआ नहीं। नौकर ने वह थप्पड़ भी चुपचाप खा लिया। और उसके बाद भी मार खाता गया और लाला के बच्चे की फटकार सुनता गया।

लाला ने और चीखकर कहा, ''बोलता क्यों नहीं—हीरू के बच्चे?''

तो नौकर का नाम हीरू है। इस तरह थोड़ा-थोड़ा करके परिस्थिति मेरी समझ में आने लगी। घटना कुल जमा यह हुई थी कि छोटे लाला जब दुकान पर आये थे तो नौकर को घर पर ललाइन की सेवा में और उनके छोटे बच्चे की टहल में छोड़ आए थे। इस बीच ललाइन ने नौकर को हुक्म दिया कि दुकान से चावल ला दे। नौकर बच्चे को घर पर छोड़कर दुकान से चावल ले आया। आधे घंटे के इस अवकाश में बच्चा ललाइन के अनदेखे बाहर निकल गया और पड़ोसी लाला के घर चला गया, जिसके हमउम्र लड़के से उसकी दोस्ती थी। नौकर ने लौटकर जब बच्चे को नहीं देखा, तब उसे और उसके कहने पर ललाइन को चिन्ता हुई। कोई आधे घंटे में यह पता लग गया कि बच्चा पड़ोस के घर में ही है, लेकिन इस बीच ललाइन का घबराहट से बुरा हाल हो चुका था। दोपहर को लाला जब खाने घर गए थे तब ललाइन ने उन्हें बता दिया था कि कैसे उन्हें बड़ी घबराहट हुई थी। अब लाला दुकान पर लौटकर नौकर से जवाब तलब कर रहे थे कि अगर बच्चा नहीं मिल रहा था तो फौरन उन्हें टेलीफ़ोन क्यों नहीं कर दिया गया कि बच्चा नहीं मिल रहा है। अगर उसको कुछ हो गया होता तो?

टेलीफ़ोन ललाइन भी कर सकती थीं—या अगर खुद नम्बर मिलाना उन्हें नहीं आता था तो टेलीफ़ोन करने की बात उन्हें भी सूझ सकती थी, यह नौकर ने अभी तक नहीं कहा। पता नहीं उसे सूझा ही नहीं था, या कि मार का डर उसका मुँह बन्द किए हुए था।

लाला ने काँच की मेज़ पर रखे हुए टेलीफ़ोन को उठाकर पकड़ते हुए फिर कहा, ''यह साला है किसलिए? अगर तू...'' और फिर एक थप्पड़ हीरू को जड़ दिया।

मैंने बड़ी एकाग्रता से मन में कहा, ''अरे हीरू, तू भी इन्सान है। मार लाला के बच्चे को एक थप्पड़ और पूछ इससे कि...''

लेकिन हीरू ने एक और थप्पड़ खा लिया, थोड़ा-सा लड़खड़ाया और फिर ज्यों-का-त्यों हो गया।

आप रेस खेलते हैं? मैं खेलता तो नहीं, लेकिन घुड़दौड़ भी मैंने देखी है और रेस खेलनेवाले भी, इसलिए पूछता हूँ। हारते हुए घोड़े पर दाँव लगानेवाले की घुड़दौड़ देखते हुए जो हालत होती है वही हालत मेरी हो रही थी। भीतर दुस्सह

उत्तेजना और तनाव, काँपते हुए हाथ और सूखकर तालू से चिपकती ज़बान, और ऊपर से इतना एकाग्र, उपशमन का अंकुश कि जैसे अपने एकाग्रता के बल पर ही हारे हुए घोड़े को जिता दूँगा।

हर उत्तेजना में एक बेबसी होती है। सहसा अपने में उसका अनुभव करके मैंने अपने-आपसे कहा, ‘‘यह उत्तेजना क्यों? क्यों तुम इस सेकेंड हैंड सनसनी का शिकार हुए? इतना घबरा क्यों रहे हो? छटपटाहट किस बात की है?’’ ‘‘अरे साहब कुत्तों की दौड़ में मेरा कुत्ता पिछड़ा जा रहा है, दूसरा कुत्ता खरगोश को लपक लेगा!’’ ‘‘अरे, तुम तो कुत्ते नहीं हो, न तुम खरगोश ही हो...तुम अपने जीवन की उत्तेजना से जूझो, कुत्ते की या खरगोश की उत्तेजना से तुम्हें मतलब? बल्कि कुत्ता तो उत्तेजित भी नहीं है, वह एकाग्र होकर खरगोश के पीछे दौड़ रहा है। और वह...बिना चेतन भाव से ऐसा सोचे भी... यह जानता है कि उत्तेजना उसकी मदद नहीं करेगी बल्कि उसके काम में बाधक होगी। और खरगोश को तो और भी उत्तेजना के लिए फ़ुर्सत नहीं है...जिसके सामने ज़िन्दगी और मौत का सवाल हो, उसको ऐसी टुच्ची सनसनी से क्या मतलब? और तुम, तुम दौड़ देखकर छटपटा रहे हो। बल्कि तुम चाह रहे हो, मना रहे हो कि खरगोश उलटकर कुत्ते पर खिसिया उठे या कि उसे अपने जबड़ों में दबोच ले! तुम्हारा दिमाग़ खराब हो रहा है!’’

लेकिन नहीं, नौकर निरा खरगोश नहीं है। वह आदमी है। आखिर वह विरोध में कुछ कह रहा है।

‘‘मगर लाला जी, मैं तो कुक्कू लाला को बीबीजी को सौंप के चला था।’’ हाँ, नौकर इन्सान है। अब वह तन जायेगा। अब वह...

‘‘ऊपर से सामने जवाब देता है? उल्लू के पट्ठे, साले, सूअर के बच्चे।’’

‘‘लाला—लाला के बच्चे...हीरू का बच्चा है और तुम्हारा साला है, तो तुम कौन हो, ओ सूअर के दामाद!’’

लेकिन यह तो मैं मन में कह रहा हूँ। और मुझे लाला से मतलब नहीं है। लाला से हीरू का मतलब है। मुझे तो नौकर से मतलब है। क्योंकि नौकर जो करे—या मैं जो चाहता हूँ कि वह करे—उसके नाते मुझे उसकी इन्सानियत से मतलब है। अबे हीरू, तू एक थप्पड़ तो मार दे लाला के बच्चे को। चाहे धीरे से ही—चाहे असफल ही...

नहीं, फ़िज़ूल है। हीरू कुछ नहीं कर रहा है। और मुझे उससे जो मतलब है और उसके नाते इन्सानियत से जो मतलब है वह मेरे सामने एक बड़ी-सी गरम-गरम और ठोस ललकार के रूप में आ खड़ा हुआ है। जैसे किसी ने एक बहुत गरम निवाला मुँह में रख लिया हो और तुरन्त निगल जाना ज़रूरी हो गया हो।

‘‘मैं भी मारूँगा लाला के बच्चे को!’’ मैं बढ़कर लाला के बहुत पास आ गया।

कि सहसा हीरू बोला—ऐसे स्वरों में जिसको मैं कभी पहचान सकता लेकिन जिसको तुरन्त हीरू का मान लेने को मैं लाचार हूँ क्योंकि हम तीनों के अलावा चौथा व्यक्ति वहाँ है ही नहीं। ‘‘मालिक, आप माई-बाप हैं। आपका लड़का मेरे अपने बच्चे के बराबर है। और मैं उस पर जान देने को तैयार हूँ। आप...’’

लाला का फिर उठता हुआ बेडौल हाथ हवा में ही रुक गया है। उनकी चुँधी आँखों में कुछ हुआ है। जिसने मानो उनके हाथ को वहीं-का-वहीं कर जड़ दिया है। आँखों और हाथों में ऐसा सीधा क्या सम्बन्ध होता है, यह तो मैं नहीं जानता, लेकिन जैसे हठात् बिजली फेल कर जाने से किसी मशीन का उठा हुआ हथौड़ा आकाश में रुक जाये, वैसी ही हालत लाला की हो गयी है।

लाला ने धीरे-धीरे जैसे ज़बर्दस्ती हाथ को नीचे झुकाकर मेज़ पर से झाड़न उठा लिया है और वह हाथ पोंछने लगा।

अब मैं कुछ नहीं कर सकता—लड़ाई तो खत्म हो गई है। इससे पहले ही मार देता तो...

असमंजस में मैंने जल्दी की थी, उसकी कुंठा का गुस्से का रूप ले लेना तो स्वाभाविक था। लेकिन लाला का बच्चा नौकर को मारकर अब हाथ पोंछता है। चाहिए तो नौकर को जाकर नहाना कि वह इस गलीज चीज़ से छू गया है जो लाला बनी फिरती है।

"हाँ, साऽब—आपको क्या चाहिए?"

मुझे? अच्छी तश्तरी पर रखा हुआ तुम्हारा कटा हुआ सिर!...इस दुकान से अब कभी कुछ लेने का मन नहीं है। यह लाला जैसे इन्सानियत के घावों पर जमा हुआ कच्चा खुरंट है, जिससे सम्पर्क में आने की बात ही घिनौनी जान पड़ती है...

मैंने कहा, "अब कुछ नहीं चाहिए। हुल्लड़ सुनकर रुक गया था। जो देखा, वह मुझे तो बड़ी शर्म की बात लगी..."

लाला बगले झाँकने लगा। फिर घिघियाता हुआ-सा बोला, "हाँ, सा'ब, शर्म की बात तो है। क्या बताऊँ, मुझे गुस्सा आ गया। बच्चे की बात है, आप जानते हैं।" फिर कुछ रुककर अनिश्चय से, जैसे छोटे मुँहवाले कनस्तर से उँगली से खोदकर घी निकाला जा रहा हो, "वैसे यह थोड़े ही है कि मैं इस नौकर की कदर नहीं करता—उसकी लायल्टी का मुझे पूरा भरोसा है..." फिर सहसा व्यस्त होते हुए, "लेकिन सा'ब, आप बिना कुछ लिये न जाएँ—नहीं तो मुझे बड़ा मलाल रहेगा—क्या चाहिए आपको?"

वह कहानी क्या कभी सुनी थी—बुढ़िया बूचड़ की दुकान में गई तो बूचड़ ने सिर पर से पैर तक उसको देखकर रुखाई से पूछा, "तुम्हें क्या चाहिए बुढ़िया?" गरीबिनी बुढ़िया को सवाल बड़ा अपमानजनक लगा—क्या हुआ अगर उसे छोटा सौदा खरीदना है? तो वह बोली, "चाहिए— चाहिए मुझे माल रोड पर हवेली और तीन मोटरें और चंदन का पलँग। लेकिन तुझसे, मियाँ बूचड़, मुझे चाहिए सिर्फ़ दो पैसे का सूखा गोश्त।"

मैं थोड़ी देर चुपचाप लाला की तरफ़ देखता रहा। फिर जैसे मैंने भी अपने भीतर से कहीं खोदकर निकाला, "एक पैकेट चाय—छोटा पैकेट—और कोई सस्ता हजामत का साबुन।"

•

साँप

अच्छाई-बुराई की बात मैं नहीं जानता। कम-से-कम इतनी नहीं जानता कि सबके, और खासकर अपने, बारे में यह फैसला कर सकूँ कि हम अच्छे हैं कि बुरे। लेकिन उसके बिना जी न सकें, चल न सकें, चाह न सकें, ऐसा तो नहीं है! उसके लिए जानता हूँ कि वह अच्छी है। और यह भी जानता हूँ कि इस बात को जाने रहना, पकड़े रहना ज़रूरी है कि वह अच्छी है।

सवेरे-सवेरे उससे मिलने गया था। यों तो अक्सर हम मिलते हैं, पर वह सवेरे-सवेरे का मिलन कुछ बहुत विशेष था। मैं चौंककर उठा था, तो एक तो जिस स्वप्न से उठा था, वह मेरे मन पर छाया था; दूसरे आँख खोलते ही सामने देखा, बगुलों की एक छोटी-सी डार आकाश में उड़ी जा रही थी, तो पहले तो मैं इसमें उलझा; स्वप्न बहुत मीठा था, उसकी मिठास बिगड़ने का डर नहीं था, बल्कि उलझने से ही डर था, यों छोड़ देने से वह और छायी जा रही थी...इसलिए बगुलों की डार पर चित्त स्थिर किया। न जाने उससे क्यों एक हिलोर, एक ललक मन में उठी। उसे मैंने कविता में बाँधना चाहा—कविता मुझे नहीं आती, छन्द बाँधने से तो कसीदा काढ़ना कम दुष्कर मालूम होता है; पर हाँ, आधुनिक ढंग की अनकहनी को अर्थ की बजाय ध्वनि से कहना चाहनेवाली कविता से कुछ ढाढ़स बँधता है कि हाँ, यह तो हीरा-पन्ना-मोती जड़ा देव-मुकुट नहीं है, देशी पहरावा है, यह दुपल्ली शायद हम भी ओढ़ लें। तो मैंने कहना चाहा, ''भाले की अनी-सी बनी, बगुलों की डार, फूटकियाँ छिटपुट, गोल बाँध डोलतीं, सिरहन उठती है एक दाह में, कोई तो पधारा नहीं मेरे सूने गेह में, तुम फिर आ गए, क्वाँर देह में?'' देह में, गेह में तो बाक़ायदा तुक बन गई; और अन्त में क्वाँर की तुक जो दूर कहीं बगुलों की डार से मिल बैठी तो जैसे स्मृति में कविता छा गई, और कुछ पूरेपन का भाव आ गया, मुझे अच्छा लगा। इतना अच्छा लगा कि फिर आगे नहीं सोचा; फिर स्वप्न-ही-स्वप्न था और मैं डूब गया। स्वप्न-भरी आँखें लिये-लिये ही उसके पास पहुँचा, और उससे बोला, ''घूमने चलोगी? दूर लम्बी सैर को—जंगल में को चलोगी?''

इतना तो खैर उसे जवाब का मौका देने से पहले कह ही गया। पर इतना ही नहीं। मन-ही-मन आगे और भी बहुत-कुछ कह गया, जैसे बगुले की डार देखकर मन-ही-मन क्वाँर से बतिया गया था, वह भी कविता में। मैंने कहा कि ''चलोगी, जंगल में को, जहाँ सन्नाटा है, एकान्त है, जहाँ सब अपनी-अपनी धुन में ऐसे मस्त हैं कि मस्ती की एक नयी धुन बन गई है जिसमें सब गूँजते हैं—पर अलग-अलग, बिना एक-दूसरे पर हावी हुए जैसे शहर में होता है—शहर में जहाँ तुम कुछ ही करो, दूसरों को बड़ी दिलचस्पी है, टाँग नहीं अड़ाएँगे तो शोर मचाएँगे; और नहीं तो राह चलते खँखारते हुए ही चले जाएँगे; जंगल में, मस्त मनचले, निर्जन जंगल में जहाँ बड़ा मीठा-मीठा धुँधला अँधेरा है, आसरा और ओट देनेवाली घनी छाँह की बाँह है...उस जंगल में चलोगी? वहाँ जहाँ कोई न होगा, वहाँ—'' लेकिन इतना कहकर न जाने क्यों ज़बान रुक जाती थी। मन ही रुक जाता था, भोर को देखा हुआ स्वप्न ही छा जाता था। स्वप्न मुझे याद था, बार-बार उभरकर याद आता था, पर गूँगे के गुड़ की तरह—स्वप्न-भरी आँख से मैं अब भी देखता था कि उसमें हम—

वह चल पड़ी मेरे साथ सैर को। वह अच्छी जो है। मैं जानता हूँ। मेरे साथ-साथ चलती जा रही थी और चलते-चलते मेरे जैसे दो मन हो गए थे। एक उमंग रहा था कि वह कितनी अच्छी है और साथ है और दूसरा अभी स्वप्न की खुमारी में ही था, मीठे स्वप्न की जिसमें हम—

हम लोग जंगल में पहुँच गए। पहले, गीली-गीली, भारी-भारी, ओस से दूधिया घास—उससे भी मैंने चलते-चलते बात कर ली कि घास, ऊपर से तो चिट्टी-चिट्टी दूध-धुली, साधु-बाबा, भीतर-भीतर उमंगों से कितनी हरी हो रही है, क्या कहा है किसी ने, 'अरमान मचलते हैं'—फिर झाड़ियाँ शुरू हो गयीं, फिर छोटे पेड़, फिर न जाने कब जंगल चुपके से घना हो गया। पहले करंज और झाऊ और ढाक, फिर सेमल और तूने और फिर बड़े-बड़े महा-रूख। ज़मीन भी ऊँची-नीची हो गई, कहीं टीला, कहीं पगडंडी तो कहीं पानी की लीक, जहाँ कुछ दिन पहले नाला बहता होगा। लेकिन टीला तो उसे कहें जो खुला हो, जिसकी टाँट देखी जाए, यहाँ तो सब ऐसा ढका था! फिर बीहड़ में सहसा एक थोड़ी-सी खुली जगह भी, ज़रा ऊँची मगर वैसे चिपटी, जैसे एक चौकी-सी पड़ी हो झाड़ियों में, उस पर एक पुराना देवी मन्दिर। मैं इतनी उमगती उदार तरंग में था कि कह गया मन्दिर, नहीं तो उस छोटी-सी, अधटूटी, काही से काली देवली को बहुत कोई माई का थान कह देता, मन्दिर; लेकिन मैंने देवी का मन्दिर ही देखा; बीहड़ वन के बीच मन्दिर; मैंने सोचा, यहाँ कभी तान्त्रिक साधक बैठकर देवी को साधते होंगे। और उनकी साधना के औघड़ रूप भी जल्दी से मेरी दृष्टि के सामने दौड़ गए—बहुत-से, क्योंकि दृष्टि असल में तो अभी स्वप्न से आविष्ट थी, उसे साधकों की रंगी विकृतियों से क्या मतलब था, वह तो उसी स्वप्न को देख रही थी जिसमें हम—

हम...यानी वह और मैं, और मेरे साथ चली आ रही थी। बड़े भोलेपन से। उसकी आँखों में मेरी तरह दोहरी दीठ नहीं थी, वे खुली बावड़ियाँ थीं, स्वच्छ, शीतल

उड़ते बादल की परछाईं दिखानेवालीं। वह वैसी ही मुग्ध अपने में सम्पूर्ण मेरे साथ चली आ रही थी। मैं उसे देख लेता था, उसके साथ होने की बात सहसा मन में उभरती थी, फिर बीहड़ वन के अकेले, हरे, गीले, धुँधलेपन की, फिर मेरी आँखें उसकी आँखों की कोर से एक ढुलकी हुई लट के साथ फिसलकर उसके होंठों तक आती थीं और फिर मेरा मन ठिठक जाता था। फिर आगे नहीं सोचता था। फिर पीछे लौट जाता था। क्योंकि पीछे स्वप्न था, स्वप्न जो पूरा था, जिस स्वप्न में हम...

तभी सामने पीछे कुछ तीखी सुरसुराहट हुई। हम ठिठक गए। सहसा वह बोली, ''वह देखो सामने साँप!''

मैंने भी देख लिया। घास के किनारे पर, मन्दिर के आस-पास की बज़री पर रेंगता हुआ, ललौहें-भूरे रंग का साँप था।

वह गोल-गोल आँखें करके बोली, ''कितना सुन्दर है साँप!''

उसकी आँखें सचमुच बड़ी भोली थीं। डर उनमें बिलकुल नहीं था। केवल एक भोला विस्मय, एक मुग्ध भाव कि अरे, ऐसी सुन्दर चीज़ भी होती है, वह भी मिट्टी में पड़ी हुई, अनदेखी, उपेक्षित!

मैंने भी देखा। सचमुच साँप सुन्दर होता है। निर्माता की एक बड़ी सफलता है, बड़े कलाकार की प्रतिभा का एक करिश्मा—कहीं कोने नहीं, कहीं अनावश्यक रेखा नहीं, बाधा नहीं, भार नहीं, लहरीली, निरायास, लययुक्त गति, बिजली-सी त्वरा-युक्त। लेकिन बिजली की कौंध में भी कहीं नोकें होती हैं और साँप की गति निरा प्रवाह है...सुन्दर, लचीला, ललौहाँ-भूरा रंग, झिलमिल चमकीली केंचुल, चित्तियाँ जो न मालूम केंचुल के ऊपर हैं कि भीतर, ऐसी काँच के भीतर झाँकती-सी जान पड़ती हैं...

मैंने तो देख लिया। फिर मैं उसे देखने लगा, और वह साँप को देखती रही। हम दोनों जैसे मन्त्रमुग्ध थे, लेकिन एक ही मन्त्र से नहीं। वह साँप को देखती थी, मैं उसे देखता था। वह साँप के लयमय प्रवाह पर विस्मय कर रही थी, मैं उसके चेहरे की मानो क्षण-भर के लिए थम गई चंचल बिजलियों को देख रहा था और सोच रहा था, कोने एक-दूसरे को काटते हैं, पर लहरीली गतिमान रेखाएँ काटतीं नहीं, झट से कौंधकर मिल जाती हैं, बिजली की कौंध तो है ही लय होने के लिए; लहर को देखो और खो जाओ, डूब जाओ, लय हो जाओ। उसकी आँखें साँप पर टिककर मुग्ध थीं। मेरी आँखों में मेरे भोर में देखे हुए स्वप्न की खुमारी थी। स्वप्न में इसी तरह देखा था कि...

साँप आगे बढ़ गया। मन्दिर की दीवार के साथ सट गया, ऐसा सटकर चिपक गया कि बस—जैसे मन्दिर की रेखा से अलग उसकी रेखा नहीं है, जैसे मन्दिर की नींव से ही वह सटा हुआ उठा है और वैसा ही रहेगा।

और चिपके-चिपके भी वह स्थिर नहीं था, वह आगे सरक रहा था। आगे-आगे, और गहरा चिपकता हुआ। जैसे उसकी देह की रगड़ की आरी से कटकर मन्दिर की दीवार के नीचे उसके लिए जगह बनती जाती हो और उसमें वह धँसता-पैठता जाता हो।

बढ़ता हुआ वह हमारे सामने की दीवार के कोने तक बढ़कर दूसरी दीवार के साथ मुड़ चला। थोड़ा और बढ़ा, फिर रुक गया। आधा इस दीवार के साथ जो हमारे सामने थी; आधा साथ की, जो हमारी ओट थी। उसका सिर ओट में हो गया, कमर दोनों दीवारों के जोड़ पर टिक गई।

मैंने सहसा कहा, ''इस वक्त यह कैसा वेध्य है। अगर मैं मारना चाहूँ, तो निरीह मर जाए—''

''हाँ, लेकिन क्यों मारना चाहो? इतना सुन्दर—''

मैंने अपनी ही झोंक में कहा, ''अभी ढेला मारूँ, तो बस, काटने को मुड़ भी न सके—''

''क्या ज़हरीला है?''

''हो भी तो क्या? इस समय असहाय है, मौके की बात है, कुछ कर भी न सके, सारा रूप लिये ज्यों-का-त्यों पड़ा रह जाए बिटुर-बिटुर तकता!''

उसकी पहले ही मुग्ध गोल आँखें करुणा से और बड़ी-बड़ी हो आयीं। बोली, ''बेचारा कितना असहाय!'' कितनी करुणा थी उस स्वर में, कितना निरीह था वह स्वर भी शायद साँप से अधिक निरीह! स्वप्न में मैंने देखा था वह और मैं—हम—लेकिन स्वप्न की उलझन—जैसे सुलझ गई, मेरी दोहरी दीठ इकहरी हो गई और मैंने देखा, मैं अलग यहाँ, वह अलग वहाँ, बड़ी सुन्दर, बड़ी अच्छी, मेरे साथ जंगल में अकेली, लेकिन अलग वहाँ। और हम दोनों खड़े उस सुन्दर चित्तीदार ललौहें-भूरे, लचीली लहर से बल खाते साँप को देखते रहे। मैं भी, वह भी। चाहे मैं साँप को जितना देख रहा था, उससे अधिक उसी को देख रहा था। साँप तो मन्दिर की भीत से सटा खड़ा था, और वह मुझसे सटी खड़ी थी।

फिर मैंने कहा, ''चलो, आगे चलें।''

हम लोग चल पड़े। पर असल में आगे हम नहीं चले, हम लौट आए। वह बीहड़ में का मन्दिर वहीं खड़ा रह गया। तान्त्रिक वहाँ कभी अपनी औघड़-पूजा किया करते होंगे, किया करें। उन्होंने वैसा सुन्दर साँप कभी थोड़े ही देखा होगा—कम-से-कम उतना असहाय और वेध्य? यों तो मैंने भी कभी नहीं देखा, स्वप्न में भी नहीं, यद्यपि सपने मैंने एक-से-एक सुन्दर देखे हैं, जिन्हें मैं कह भी नहीं सकता। और किसी को तो क्या, उसको भी नहीं, जो मैं जानता हूँ कि इतनी अच्छी है, चाहे मैं अच्छा होऊँ या बुरा।

●

वसन्त

मधुर कंठवाली एक स्त्री, जो गाती हुई प्रवेश करती है। उसका स्वर आज की सिनेमा आर्टिस्ट का सधा-बँधा स्वर नहीं है। जो 'प्रीफ़ैब' सिमेंट की चौरस सिल्ली की तरह नपा-खिंचा मगर बिलकुल ठस होता है, यानी जो होता है उससे अधिक कुछ नहीं होता—सब कुछ सामने है और जो सामने नहीं है वह हई नहीं—बल्कि सामने भी क्या है? एक ठप्पे की छाप। उसका स्वर बिल्लौर की तरह पारदर्शी है, जिसके भीतर रंगीन कहानियाँ दिखती हैं, आगे और पीछे की कहानियाँ, उजली और फीकी छायाएँ, और सब पारदर्शी...जैसे चन्द्रकान्त मणि के अन्दर चाँदनी दूधिया ओस-सी जम गई हो।

पहला वसन्त, जिसका स्वर एक हँसते युवक का स्वर है, जो जब बोलता है तो साथ-साथ कई बाँसुरियाँ बज उठती हैं, बड़े द्रुत लय से मानो उनका पलातक संगीत पकड़ में तो आने का नहीं, उसके पीछे दौड़ना भी व्यर्थ है, हाँ, कोई अपनी भावनाएँ भी, उसके पास के साथ-साथ छोड़ दे तो छोड़ दे।

दूसरा वसन्त, जैसे अनुभवों की दोहर ओढ़े भारी पैरों से चलनेवाला, भारी गले से बोलनेवाला अग्रज; उसका धीमा गुरु-स्वर मानो इसराज का एक मन्द स्वर है, और प्रत्येक शब्द को तोल-तोलकर, श्रोता की आत्मा में उसे बैठा देता हुआ-सा बोलता है।

स्त्री गाती है—

"फूल काँचनार के
प्रतीक मेरे प्यार के
प्रार्थना-सी अर्धस्फुट काँपती रहे कली
पत्तियों का सम्पुट, निवेदिता ज्यों अंजली
आए फिर दिन मनुहार के, दुलार के...
फूल काँचनार के।"

तब बाँसुरी का तीखा स्वर द्रुत लय पर दौड़ता हुआ आता है और तुरन्त ही खो जाता है।

स्त्री : "अरे कौन?"

वसन्त 1 : मैं वसन्त।
फिर बाँसुरी का स्वर।

स्त्री : कौन वसन्त?

वसन्त 1 : यह भी बताना होगा? सुनो...
फिर द्रुत लय पर बाँसुरी जिससे प्राण ललक उठे, लेकिन सुनते-सुनते
उसका स्वर खो जाता है।

वसन्त 1 : सुना? अब पहचानती हो?

स्त्री : अम्-म्-म्...

वसन्त 1 : मैं वह हूँ जो मलय समीर के हर झोंके में आकर तुम्हारी अलकों
को सहला जाता है। सरसों के फूल में मेरा ही रंग खिलता है,
आम्रमंजरी में मेरा ही आह्लाद उमगता है। मैं कोयल के स्वर से तुम्हें—
तुम्हें क्यों, प्राणिमात्र को—पुकारता हूँ कि 'देखो, अब समय बदल
गया। दिन भी अपनी निरन्तर सिकुड़न छोड़कर साहसपूर्वक बढ़ने
लगा। जिस सूर्य से जीवमात्र और सब वनस्पतियाँ शक्ति पाती हैं,
वह स्वयं इतने दिनों की निस्तेज क्लान्ति के बाद फिर दीप्त होने
लगा।' केवल बाहर ही नहीं, तुम्हारे शरीर की शिरा-शिरा में, तुम्हारे
अंगों के स्फुरण में, तुम्हारे मन के उत्साह में मेरा स्वर बोलता है...
फिर वही बाँसुरी का स्वर, मानो निहोरे करता हुआ, वैसी ही पहले
वसन्त की आवाज़ मानो उसकी मनुहार सुननी ही पड़ेगी; उससे कोई
बचकर निकल जाएगा तो कैसे? धीरे-धीरे, प्राणों को आविष्ट करता
हुआ-सा, वह गाता है—

"सुनो सखी, सुनो बन्धु!
प्यार ही में यौवन है, यौवन में प्यार।
जागो, जागो,
जागो, सखी वसन्त आ गया!"

और स्त्री भी विवश साथ-साथ गुनगुनाने लगती है—

"वसन्त आ गया—
आज डाल-डाल पै आनन्द छा गया..."

तब, पीछे कहीं, धीरे-धीरे इसराज मन्द्र बज उठता है, पहले बहुत
धीरे, फिर क्रमश: स्पष्ट, मानो उसे अब अपनी बात पर विश्वास हो
आया हो...इतना कि अब वह हर किसी को अपनी बात मनवाकर
ही छोड़ेगा। स्त्री सहसा चौंक पड़ती है।

स्त्री : कौन?

वसन्त 2 : मैं वसन्त।

स्त्री : वसन्त तुम? वसन्त तो मेरे साथ गा रहा है। सुनो सखी, सुनो बन्धु...

वसन्त 2 : हाँ, ठीक तो है, सुनो सखी, सुनो बन्धु! वसन्त ज़रूर आ गया। तुम

पूछती हो, 'कौन वसन्त?' क्या तुमने लक्ष्य नहीं किया कि सवेरा जल्दी होने लगा, तुम्हें काम जल्दी आरम्भ करना पड़ता है? क्या तुमने नहीं देखा कि पिछली बरसात में वनस्पतियों ने जो हरी चादर ओढ़ ली थी, शरद् ने जिसमें शेफाली की बूटियाँ काढ़ी थीं, जो जाड़ों में हरे रेशमी वसन से बदलकर लाल और भूरा दुशाला बन गई थीं, वही आज जीर्ण-शीर्ण होकर, तार-तार होकर झर रही हैं? वह पतझड़ मैं हूँ। जो सनसनाती हुई ठंडी हवा वनस्पतियों के सब आवरण उड़ाए ले जा रही है, वह मैं हूँ। सवेरे-सवेरे झाड़ू की मार से उड़ी हुई धूल मैं हूँ। धूल का झक्कड़ मैं हूँ। सुबह की धुँध मैं हूँ। शाम को क्षितिज पर जमा हुआ धुआँ हूँ। बाहर ही नहीं, मैं भीतर भी हताश हूँ कि 'एक वर्ष और गुज़र गया!' मैं आतंक हूँ आनेवाले ग्रीष्म की सनसनाती हुई लू के फूत्कारों से उड़ती हुई गरम रेत का...

स्त्री : ओह! ओह!

द्रुत लय पर बाँसुरी और विलम्बित पर इसराज बारी-बारी से बजने लगते हैं। एक स्वर उभरता है और डूबता है, फिर दूसरा उभरता है और पहला डूब जाता है। ये स्वर हैं, या कि भावों की धूप-छाँह ही स्त्री के मुँह पर खेल कर रही है?

वसन्त 1 : मैं तुम्हारे जीवन का स्वप्न हूँ। मैं तुम्हारा भविष्य, भविष्य की आशा हूँ।

वसन्त 2 : मैं भी तुम्हारे जीवन का स्वप्न हूँ। मैं तुम्हारा अतीत हूँ और अतीत का अनुभव। क्या आनेवाले कल की आशा ही स्वप्न होती है, क्या जो आशाएँ बीत गई हैं वे स्वप्न नहीं हैं?

वसन्त 1 : मैं वह हूँ जो तुम हो सकती थीं—

वसन्त 2 : मैं वह हूँ जो तुम हो।

वसन्त 1 : मैं वह हूँ जो तुम हो सकती हो...

वसन्त 2 : थीं भी, और होगी भी, तो फिर आज क्यों नहीं हो?

(तिरस्कारपूर्वक) 'सुनो सखी, सुनो बन्धु?' अगर बहरा होना ही सुनना है, तो ज़रूर सुनो।

फिर इसराज और बाँसुरी, विलम्बित और द्रुत, कौन पहचाने कि कौन स्वर उभरता है और कौन डूबता; क्योंकि फीकी धूप की हल्की छाँह है, और फीकी छाँह ही नयी चमक, और...धीरे-धीरे दोनों ही लीन हो जाते हैं, मानो अस्तित्व उस तल पर से अब उतर आना होगा जिस पर वसन्त—पहला और दूसरा वसन्त—मूर्त होकर वाणीयुक्त होकर सामने आते हैं। इस निचले स्तर पर तो वसन्तों के संगीतमय सुर नहीं, बर्तनों की खनखनाहट है...नये मँजते और धुलते हुए बर्तन, धोकर ताक में रखे जाते हुए बर्तन। यह दूसरा ही दृश्य है, और स्त्री की बात मानो स्वगत-भाषण है।

स्त्री : मैं वह हूँ जो तू है। मैं वह हूँ जो तू हो सकती है—मैं वह हूँ जो
तू थी। मैं वह हूँ जो तू होगी—लेकिन मैं क्या थी—क्या हूँगी...क्या
हूँ? शायद उसे नहीं सोचना चाहिए। नहीं तो इतने वर्षों से इसी एक
प्रश्न का उत्तर देना क्यों टालती आई हूँ? क्या थी—फूल, या मिट्टी?
क्या हूँगी—मिट्टी, या फूल? एक बार—एक बार सोचा था...लेकिन
क्या सचमुच था? इतनी पुरानी बात लगती है कि सन्देह होता
है...लेकिन जल्दी करूँ, पानी चला जाएगा।

और ठीक उसी समय स्त्री का पति प्रवेश करता है। पति-जैसा ही
उसका स्वर है; साधारण, न रूखा न मीठा; जिसमें कुछ अपनापा भी
है, कुछ उदासीनता भी; लेकिन क्या अपनापा और उदासीनता प्यार
के परिचय के ही दो पहलू नहीं हैं?

पति : मालती!

स्त्री : जी!

पति : (चिढ़ता हुआ) अगर मैं बाहर ही खड़ा रहता, तो सोचता कि न जाने
कौन तुमसे बातें कर रहा है। यह क्या पता था कि आप जूठे बर्तनों
से भी बातें कर सकती हैं।

स्त्री : नहीं...हाँ...

पति : यानी इतनी तन्मय होकर बात कर रही थीं कि तुम्हें मालूम ही नहीं?
कौन था आखिर वह मन-मोहन सुध-बिसरावन...कौन आया था?

स्त्री : (अनमनी-सी) वसन्त।

स्त्री : यह तो मैं नहीं जानती। (धीरे-धीरे) वह कहता था, मैं मलय-समीर
में रहता हूँ और कोयल के स्वर से पुकारता हूँ। कहता था, वह सरसों
के फूल के रंग में है। (कुछ रुककर, और भी अनमनी, खोयी-सी)
नहीं वह कहता था, मैं पतझड़ हूँ। और धूल का झक्कड़। और निराशा।

पति : मालती, मालूम होता है तुम बहुत थक गई हो। क्या करूँ, सोचता
तो बहुत दिनों से हूँ कि कुछ छुट्टी लेकर घूम आएँ, लेकिन मौका
ही नहीं बनता। न छुट्टी ही मिलती है, न कोई सहूलियत—

स्त्री : (सहानुभूति से तिलमिलाकर) रहने भी दो, मुझे क्या करनी है छुट्टी?
थकते तो मर्द हैं, स्त्री कभी नहीं थकती है। काम और विश्राम—यह
मर्द की ईजाद है। स्त्रियाँ विश्राम नहीं करतीं, क्योंकि वे शायद काम
नहीं करतीं। वे कुछ करतीं ही नहीं...वे शायद होती ही हैं। बालिका
से किशोरी, कुमारी से पत्नी, बेटी से माँ, एक निस्संग आत्मा से परिगृहीत
कुनबा—वे निरन्तर कुछ-न-कुछ होती ही चलती हैं। क्योंकि वे हैं कुछ
नहीं, वे केवल होते चलने का, बनने में नष्ट होते चलने का, या कि
कह लो, नष्ट होते रहने में बनने का, दूसरा नाम हैं। वे भविष्य हैं जो
कि पीछे छूट गया, एक अतीत हैं जो कि आगे मुँह-बाये बैठा है...

पति : (कुछ त्रस्त स्वर में) मालती, क्या तुम सुखी नहीं हो? (पीड़ित-सा) लेकिन शायद मेरा यह पूछना भी अमान्य है। मैं तुम्हें कुछ दे भी तो नहीं सका। यह तो नहीं कि मैंने चाहा नहीं। लेकिन चाहना ही तो काफ़ी नहीं है, सकत भी तो चाहिए। (सहसा नये विचार के उत्साह से) चलो, कहीं घूम आएँ—या चलो, सिनेमा चलें—

स्त्री : उँहुक्, सिनेमा में मेरा दम घुटता है।

पति : तो चलो, कहीं बाग में चलें। या बाहर खेतों की तरफ़। आजकल नदी की कछार पर सरसों खूब फूल रही है। बीच-बीच में कहीं अलसी के नीले फूल—

(नेपथ्य में कहीं धीरे-धीरे वही बाँसुरी बजने लगती है। मानो स्मृति को जगाती हुई, मानो पुरानी बात दुहराती हुई।)

स्त्री : (मानो स्वगत) यह कहता था, सरसों के फूल में मेरा ही रंग खिलता है...और आम के बौर में...

पति : क्या गुनगुना रही हो, मालती? तुम्हें याद है, उस बार जब मैं...

स्त्री : कब?

पति : बनो मत। उस बार जब गौने के बाद तुम आई ही थीं, और मैंने कहा था कि...

स्त्री : (मानो स्तब्ध-सी और न पसीजती हुई) मुझे कुछ याद नहीं है। मैं तो सोचती हूँ, यह याद भी मर्दों की ईजाद है। उनके लिए भूलना इतना सत्य तो है।

एक बालक...उनका बालक...उसका बालक। बालकों के स्वर का वर्णन हो भी सकता हो तो नहीं करना चाहिए, उसमें जो अकल्पित सम्भावनाएँ मचलती हैं, उन्हें बाँध देने का यत्न क्यों किया जाए? वह निकट आ रहा है...और वे सम्भावनाएँ मानो एक झलक-सी दे जाती हैं...

बालक : माँ—माँ!

पति : यह लो, आ गया ऊधमी! अच्छा, तो तुम जल्दी से उठो, मैं अभी-अभी तैयार हो जाता हूँ—हाँ!

बालक : माँ—माँ!

स्त्री : क्या है बेटा?

बालक : माँ, सब लड़के कह रहे हैं कि आज वसन्त है, आज पतंग उड़ाने का नियम है।

स्त्री : हुँः नियम है। पतंग नहीं उड़ाया करते अच्छे लड़के।

बालक : क्यों, माँ? मुझे तो पतंग बहुत अच्छी लगती है...

स्त्री : न! उड़ जाने वाली चीज़ों को प्यार नहीं करना चाहिए। छोड़कर चली जाती हैं तो दुःख होता है।

बालक : वह उड़ थोड़े ही जाएगी? मैं फिर उतार लूँगा—मेरे पास ही तो रहेगी...

स्त्री : मैं पतंग होती तो उड़ जाती, दूर—दूर। फिर कभी वापस न आती।

बालक : (आहत) हमें छोड़ जातीं, माँ?

स्त्री : तो क्या हुआ? तुम तो अपनी पतंग में मस्त रहते, तुम्हें ध्यान ही न आता।

बालक : नहीं माँ, मुझे तो तुम बहुत अच्छी लगती हो। मुझे नहीं चाहिए पतंग-वतंग, मैं तुम्हारे पास बैठूँगा।

स्त्री : अरे छोड़ मुझे...दंगा न कर। जा, पिताजी के साथ जाकर बगीचा देख आ।

बालक : वहाँ क्या है?

स्त्री : (जैसे याद करती हुई) है क्या? वहाँ सुन्दर फूल हँसते हैं...वहाँ कोयल कूकती है...वही तो वसन्त है।

बालक : (मान से भरा) हमें नहीं चाहिए वहाँ का वसन्त। हमारा वसन्त तो तुम हो, माँ...तुम हँसती क्यों नहीं? अरे, तुम तो उदास हो गयीं...

स्त्री : (सोचती हुई) यह तो उन दोनों ने नहीं कहा था...वह कहता था मैं आशा हूँ, वसन्त मैं हूँ। वह कहता था मैं अनुभव हूँ, वसन्त मैं हूँ। मुझे तो किसी ने नहीं कहा कि वसन्त तुम हो...फूलों का खिलना भी और पतझड़ भी, समीर भी और धूल का झक्कड़ भी...

बालक : माँ—किसने कहा था, माँ?

स्त्री : किसी ने नहीं बेटा, मेरी चेतना ने। तू तो केवल पतंग का वसन्त जानता है, मगर मुझमें बहुत-से-वसन्त हैं, कुछ मीठे, कुछ फीके, कुछ हँसते, कुछ उदास।

बालक : उन सबमें सबसे अच्छा कौन-सा है, माँ?

स्त्री : (सहसा सुस्थ होकर) सबसे अच्छा वसन्त तू है, बेटा। तू हँसता रह, फूल-फल...

और अब नेपथ्य में बाँसुरी क्रमशः स्पष्ट होने लगती है। मानो अब वह स्पष्ट हो जाएगी तो फिर मन्द नहीं पड़ेगी, फिर बजती ही रहेगी, उसमें नया धीरज जो आ गया है।

बालक : वाह! मैं कोई पौधा हूँ...

स्त्री : हाँ, यह तू क्या जाने! तू मेरी सारी आशाओं का, सारे अनुभव का पौधा है, मेरे युगों-युगों का वसन्त।

बाँसुरी बिलकुल स्पष्ट बजने लगती है, अपने आत्म-विश्वास से वातावरण को गुँजाती हुई, उसके प्राणों में अपने स्वर को बसा देती हुई। और बाँसुरी के साथ-साथ गान के शब्द भी स्पष्ट होने लगते हैं।

''किंशुकों की आरती सजा के बन गई वधू वनस्थली।
डाल-डाल रंग छा गया।
जागो, जागो—
जागो सखि, वसन्त आ गया!''

•

खितीन बाबू

वो चेहरे। कौन-से चेहरे? कौन-सा चेहरा? जो जीवन-भर चेहरों की स्मृतियाँ संग्रह करता आया है, उसके लिए यह बहुत कठिन है कि किसी एक चेहरे को अलग निकालकर कह दे कि यह चेहरा मुझे नहीं भूलता; क्योंकि जिसने भी जो चेहरा वास्तव में देखा है, सचमुच देखा है, वह उसे भूल ही नहीं सकता—फिर वह चेहरा मनुष्य का न होकर चाहे पशु-पक्षी का ही क्यों न हो...यूरोपीय को हर हिन्दुस्तानी चेहरा एक जान पड़ता है; हिन्दुस्तानी को हर फिरंगी का चेहरा एक। मानव को सब पशु एक-से दिखते हैं। वह भी एक तरह का देखना ही है। लेकिन जिसने सचमुच कोई भी चेहरा देखा है, वह जानता है कि हर व्यक्ति अद्वितीय है, और हर चेहरा स्मरणीय। सवाल यही है कि हम उसके विशिष्ट पहलू को देखने की आँखें रखते हों।

मैं भी जब किसी एक चेहरे पर ध्यान केन्द्रित करना चाहता हूँ, तो और अनेक चेहरे सामने आकर उलाहना देते हैं, ''क्या हम नहीं? क्या हमें तुम भूल गए हो?'' इनमें पुरुष हैं, स्त्रियाँ हैं, बच्चे हैं; इतर प्राणियों में घोड़े हैं; कुत्ते हैं, तोते हैं, एक गिलहरी है, जो मैंने पाली थी और मेरी जेब में रहती थी; एक मुनाल है, जो मेरी गोली से घायल होकर चीखता हुआ मीलों दौड़ा था; एक कुत्ता है जो मेरी बीमारी में मेरे सिरहाने बैठकर आँसू गिराता था; एक टूटी चोंच और कटे पंखवाला कौआ, है जो मुल्तान-जेल में मेरा दोस्त बना था और 'परकटे' नाम से पुकारने पर आधा उड़ता और चमकता हुआ आकर हाज़िर हो जाता था—कहाँ तक गिनाया जाए, पेड़-पौधों के हम चेहरे नहीं मानते, नहीं तो शायद वे भी सामने आ खड़े होते। कालिदास ने शकुन्तला के जाने पर रोती हुई वनस्पतियों का वर्णन किया है :

''अपसृतपाण्डुपत्रा मुञ्चति अश्रु इव लता:।''

मेरी सहानुभूति उतनी दूर तक शायद नहीं है, लेकिन चेहरों का मेरे पास यथेष्ट संग्रह है—सभी अद्वितीय, सभी स्मरणीय। अगर एक चुनता हूँ, तो किसी असाधारणत्व

के लिए नहीं। चुनता हूँ एक अत्यन्त साधारण व्यक्ति का अत्यन्त साधारण चेहरा; क्योंकि यही तो मैं कहना चाहता हूँ—''असाधारण ही स्मरणीय नहीं है, हर गुदड़ी में लाल है, ज़रा उसे लौटकर झाँकने का कष्ट तो करो।''

वो चेहरे। वह एक चेहरा। खितीन बाबू का चेहरा न सुन्दर था, न असाधारण; न वह 'बड़े आदमी' ही थे—साधारण पढ़े-लिखे साधारण क्लर्क। मैंने पहले-पहल उन्हें देखा, तो कोई देखने की बात उनमें नहीं थी। इतना ही कि औरों से कुछ कम उनके पास देखने के लायक़ था; चेचक के दागों से भरे चेहरे पर एक आँख गायब थी और एक बाँह भी नहीं थी—कोट की आस्तीन पिन लगाकर बदन के साथ जोड़ दी गई थी। काने को अपशकुन तो मानते हैं, अति चतुर भी मानते हैं; पर खितीन बाबू की हँसी में एक विलक्षण खुलापन और ऋजुता थी, इसलिए बाद में औरों से उनके बारे में पूछा, तो मालूम हुआ, आँख बचपन में चेचक के कारण जाती रही थी, बाँह पेड़ से गिरने पर टूट गई थी और कटवा देनी पड़ी। उनके हँसमुख और मिलनसार स्वभाव की सभी प्रशंसा करते थे।

मेरी उनसे भेंट अचानक एक मित्र के घर हो गई थी। मैं दौरे पर जानेवाला था, इसलिए दोस्तों से मिल रहा था। दो-तीन महीने घूम-घामकर फिर आया; लेकिन खितीन बाबू के दर्शन कोई छह महीने बाद उन्हीं मित्र के यहाँ हुए—अब की बार उनकी एक टाँग भी नहीं थी। रेलगाड़ी दुर्घटना में टाँग कट जाने से वे अस्पताल में पड़े रहे थे, वहाँ से बैसाखियों का उपयोग सीखकर बाहर निकले थे।

उनके लिए घटना पुरानी हो गई थी, मेरे लिए तो एक नयी सूचना थी। मैं सहानुभूति प्रकट करना चाहता था; पर झिझक भी रहा था, क्योंकि किसी की असमर्थता की ओर इशारा भी उसे असमंजस में डाल देता है; कि उन्होंने स्वयं हाथ बढ़ाकर पुकारा, ''आइए, आइए, आपको अपने नये आविष्कार की बात बतानी है।'' उनसे हाथ मिलाते हुए समझ में आया कि एक अवयव के चले जाने से दूसरे की शक्ति कैसे दुगुनी हो जाती है। वैसी ज़ोर की पकड़ जीवन में एक-आध बार ही किसी हाथ से पाई होगी। मैं बैठ ही रहा था कि वे बोले, ''देखा आपने, कितना व्यर्थ बोझा आदमी ढोता चलता है? मैंने टांसिल कटवाए थे, कोई कमी नहीं मालूम हुई; एपेंडिक्स कटवाई, कुछ नहीं गया; केवल उसका दर्द गया। भगवान औघड़दानी हैं न, सब कुछ फालतू देते हैं—दो हाथ, दो कान, दो आँखें! अब जीभ तो एक है; आप ही बताइए, आपको कभी स्वाद लेने के साधन की कमी मालूम हुई है?''

मैं अवाक् उन्हें देखता रहा। पर उनकी हँसी, सच्ची हँसी थी, और उनकी आँखों में जीवन का जो आनन्द चमक रहा था, उसमें कहीं अधूरेपन की पंगुता की झाईं नहीं थी। उन्होंने शरीर के अवयवों के बारे में अपनी एक अद्भुत थ्योरी भी मुझे बताई थी; यह ठीक याद नहीं कि वह इसी दूसरी भेंट में या और किसी बार, लेकिन थ्योरी मुझे याद है, और उनका पूरा जीवन उसका प्रमाण रहा। वैसे शायद बताई होगी उन्होंने थोड़ी-थोड़ी करके दो-तीन किस्तों में।

तीसरी बार मैंने देखा, तो वे दूसरी बाँह भी खो चुके थे। मालूम हुआ कि रिक्शे

से उतरते समय गिर गए थे; कोहनी टूट गई थी और फिर घाव दूषित हो गया, जिससे कोहनी से कुछ ऊपर से बाँह काट दी गई। इस बार भी भेंट तो उन्हीं मित्र के यहाँ हुई, मगर उनकी बैठक में नहीं, उनके रसोईघर में। मित्र-पत्नी भोजन बना रही थीं, और खितीन बाबू एक मूढ़े पर बैठे हुए बताते जा रहे थे कि कौन व्यंजन कैसे बनेगा। वे खाने के शौकीन तो थे ही, खिलाने का शौक उन्हें और भी अधिक था, और पाकविद्या के आचार्य थे। मेरे मित्र ने उनकी दावत की थी। दावत का उपलक्ष्य बताया नहीं गया था, लेकिन था यही कि खितीनदा बच गए और अस्पताल से लौट आए; क्योंकि इस बार कई दिन तक उनकी स्थिति संकटापन्न रही थी। खितीनदा भी इस बात को समझ गए थे, तभी उन्होंने कहा था, ''दावत रही और तुम्हारे यहाँ ही रही; पर दूँगा मैं, और सब कुछ मैं ही बनाऊँगा।'' और खुलासा यह किया था कि वे रसोईघर में बैठकर सब कुछ अपनी देख-रेख में बनवाएँगे, बनाएँगी गृहपत्नी, मगर विधान खितीन बाबू का होगा। मित्र ने यह बात सहर्ष मान ली थी। खितीन बाबू का उत्साह इतना था कि वही सबके लिए सहारा बन जाता था।

मैं भी एक मूढ़ा लेकर उनके पास बैठ गया। निमन्त्रण मुझे भी बाहर ही मिल चुका था। मैंने गृहपत्नी से पूछा, ''क्या बना रही हैं?' और उन्होंने उत्तर दिया, ''मैं क्या बना रही हूँ, बना तो खितीनदा रहे हैं।'' इस पर खितीनदा बोले, ''हाँ; मेरा छुआ हुआ आप खा तो लेंगे न!'' और ठहाका मारकर हँस दिए। उनका छुआ हुआ, जिनके दोनों हाथ नदारद! फिर बोले, ''आपने भोजन-विलासी और शय्या-विलासी की कहानी सुनी है?''

मैंने नहीं सुनी थी। वे सुनाने लगे—''एक राजा के पास दो व्यक्ति नौकरी की तलाश में आए। पूछने पर एक ने कहा, 'मैं भोजन-विलासी हूँ।' यानी? यानी राजा जो भोजन करेंगे, उसे पहले चखकर वह बताएगा कि भोजन राजा के योग्य है या नहीं। जाँच के लिए उसी दिन का भोजन लाया गया; थाली पास आते-न आते भोजन-विलासी ने नाक बन्द करते हुए चिल्लाकर कहा, 'उँ-हूँ-हूँ, ले जाओ; इसमें से मुर्दे की बू आती है!' बहुत खोज करने पर मालूम हुआ, जिस खेत के धान से राजा के लिए चावल आए थे, उसके किनारे के पेड़ में एक मरा हुआ पक्षी टँगा था! भोजन-विलासी को नौकरी मिल गई। शय्या-विलासी ने बताया कि वह राजा के बिछौने की परीक्षा करेगा। उसे शयन-कक्ष में ले जाया गया। मखमली गद्दे पर ज़रा बैठा ही था कि कमर पकड़कर चीखता हुआ उठ खड़ा हुआ, 'अरे रे, मेरी तो पीठ में बल पड़ गया, क्या बिछाया है किसी ने!' सबने देखा, कहीं कोई सलवट तक न थी, सब गद्दे-वद्दे उठाकर झाड़े गए, कहीं कुछ न था जो विलासी की कमर में चुभ सकता—पर हाँ, आखिरी गद्दे के नीचे एक बाल पड़ा हुआ था! इस प्रकार शय्या-विलासी को भी नौकरी मिल गई।''

कहानी सुनाकर खितीन बाबू बोले, ''वे भी क्या ज़माने थे!''

मित्र-पत्नी ने कहा, ''आप उन दिनों होते, तो क्या बात होती?''

खितीनदा ने कहा, ''और नहीं तो क्या। मैं होता, तो राजा को दो नौकर थोड़े ही रखने पड़ते।''

मित्र-पत्नी ने मेरी ओर उन्मुख होकर कहा, ''खितीन बाबू गाते भी बहुत सुन्दर हैं।''

खितीनदा फिर हँसे। बोले, ''हाँ-हाँ संगीत-विलासी की नौकरी भी मैं ही कर लेता न?''

चार बजे भोजन तैयार हुआ; हम आठ-दस आदमियों ने खाया। मेरे लिए स्मरणीय स्वादों में भोजन का स्वाद प्रधान नहीं है, फिर भी उस भोजन की याद अभी बनी है।

तब लगातार दो-चार दिन उनसे भेंट होती रही; पर उसके बाद मैंने खितीन बाबू को एक बार और देखा, एक लम्बी अवधि के बाद। और अब की बार उनकी दूसरी टाँग भी मूल से गायब थी।

दोनों हाथ नहीं, दोनों टाँगें नहीं, एक आँख नहीं। टांसिल, एपेंडिक्स वगैरह तो, जैसा वे स्वयं कहते, रूँगे में चढ़ा दी जा सकती हैं। केवल एक स्थाणु: बैठक में गद्देदार मूढ़े पर बैठा था। घर तक वे एक विशेष पहियेदार कुर्सी में लाए गए थे, लेकिन वह कुर्सी कमरे में ले जाने में उन्हें आपत्ति थी; क्योंकि वह अपाहिजों की कुर्सी है। कुर्सी से उठाकर उन्हें भीतर ला बिठाया गया था, और यहाँ वे बिलकुल सहज भाव से बैठे थे। मानो किसी स्वप्नाविष्ट चतुर मूर्तिकार ने पत्थर से मस्तक और कन्धे तो पूरे गढ़ दिए हों, बाकी स्तम्भ अछूता छोड़ दिया हो।

मैं जाकर चुपके से एक तरफ़ बैठ गया—वे कुछ बात कर रहे थे। उन्हें देखते हुए मुझे बचपन में आत्मा के सम्बन्ध में की गई अपनी बहसें याद आ गयीं। आत्मा है, तो सारे शरीर में व्याप्त है, या किसी एक अंग में रहती है? अगर सारे शरीर में, तो कोई अंग कट जाने पर क्या आत्मा भी उतनी कट जाती है? अगर एक अंग में, तो अंग कट जाने पर क्या होता है? अपनी थ्योरी याद आ गयी, जिसमें इस पहेली को हल कर दिया गया था, कि जब कोई अंग कटता है, तो उसमें से आत्मा सिमट कर बाकी शरीर में आ जाती है, पंगु नहीं होती। यह थ्योरी कहाँ तक मान्य है, इस बहस में तो वैज्ञानिक पड़ें, पर उनको देखते हुए उनके बारे में ज़रूर इसकी सच्चाई मानो ज्वलन्त होकर सामने आ जाती थी, उनकी आत्मा न केवल पंगु नहीं थी, वरन् शरीर के अवयव जितने कम होते जाते थे, उनमें आत्मा की कान्ति मानो बढ़ती जाती थी— मानो व्यर्थ अंगों से सिमट-सिमटकर आत्मा बचे हुए शरीर में और घनी पुंजित होती जाती—सारे शरीर में भी नहीं, एक अकेली आँख में— प्रेतात्माओं से भरे हुए विशाल शून्य में निष्कम्प दिपते हुए एक आकाश-दीप के समान...

तभी खितीन बाबू ने मुझे देखा। छूटते ही बोले, ''बोले छीलम, बेचे थाक्ते बेशि किछु लागे ना!'' (मैंने कहा था, बचे रहने के लिए ज़्यादा कुछ नहीं चाहिए!) और हँस दिए।

इसके बाद मैंने फिर खितीन बाबू को नहीं देखा। कहानी की पूर्णता के लिए एक बार और देखना चाहिए था, पर मैं कहानी नहीं सुना रहा, सच्ची बात सुना रहा हूँ। तो मैंने उन्हें फिर नहीं देखा। लेकिन सुननेवाले की कमी में कहानी नहीं रुकती, देखनेवाला न होने से जीवन-नाटक बन्द नहीं हो जाता। मैंने भी सुनकर ही जाना, खितीन बाबू की कहानी अपने चरम उत्कर्ष तक पहुँचकर ही पूरी हुई, टहलने ले जाते समय उनकी पहियेदार कुर्सी एक मोटर-ठेले से टकरा गई थी, वे नीचे आ गए और गाड़ी का पहिया उनके कन्धे के ऊपर से चला गया—बाँह का जो ठूँठ बचा हुआ था, उसे भी चूर करता हुआ। वे अस्पताल ले जाए गए, बाँह अलग की गई और कन्धे की पट्टी हुई, ऑपरेशन के बाद उन्हें होश रहा और उन्होंने पूछा कि कन्धा है या नहीं? फिर कहा ''जाना गेलो, ऐटा छाड़ाओ चले!'' (मालूम हो गया कि इसके बिना भी चल सकता है!) लेकिन अब की बार वह चलना अधिक देर तक नहीं हुआ; अस्पताल से वे नहीं निकले। शरीर में विष फैल गया था और भोर में अनजाने में उनकी मृत्यु हो गई।

खितीन बाबू : एक साधारण क्लर्क : साधारण दुर्घटना : मृत्यु हो गई। लेकिन क्या सचमुच? अब भी उन्हें देख सकता हूँ। कभी लगता है कि जिसे देखता हूँ वह केवल अंगहीन ही नहीं है। मानो अशरीरी है, केवल एक दीप्त—अंगों से क्या? अवयवों से क्या? ''जाना गेलो, ऐटा छाड़ाओ चले''—इस सबके बिना काम चल सकता है। केवल दीप्ति : केवल संकल्प-शक्ति। रोटी, कपड़ा, आसरा, हम चिल्लाते हैं, ये सब ज़रूरी हैं, निस्सन्देह जीवन के एक स्तर पर ये सब निहायत ज़रूरी हैं, लेकिन मानव-जीवन की मौलिक प्रतिज्ञा यह नहीं है; वह है केवल मानव का अदम्य, अटूट संकल्प...

●

कलाकार की मुक्ति

मैं कोई कहानी नहीं कहता। कहानी कहने का मन भी नहीं होता, और सच पूछो तो मुझे कहानी कहना आता भी नहीं है। लेकिन जितना ही अधिक कहानी पढ़ता हूँ या सुनता हूँ उतना ही कौतूहल हुआ करता है कि कहानियाँ आखिर बनती कैसे हैं! फिर यह भी सोचने लगता हूँ कि अगर ऐसे न बनकर ऐसे बनतीं तो कैसा रहता? और यह प्रश्न हमेशा मुझे पुरानी या पौराणिक गाथाओं की ओर ले जाता है। कहते हैं कि पुराण-गाथाएँ सब सर्वदा सच होती हैं क्योंकि उनका सत्य काव्य-सत्य होता है, वस्तु-सत्य नहीं। उस प्रतीक सत्य को युग के परिवर्तन नहीं छू सकते।

लेकिन क्या प्रतीक सत्य भी बदलते नहीं? क्या सामूहिक अनुभव में कभी परिवर्तन नहीं आता? वृद्धि भी तो परिवर्तन है और अगर कवि ने अनुभव में कोई वृद्धि नहीं की तो उसकी संवेदना किस काम की?

यहाँ पहुँचते-पहुँचते मानो एक नयी खिड़की खुल जाती है और पौराणिक गाथाओं के चरित-नायक नये वेश में दिखने लगते हैं। वह खिड़की मानो जीवन की रंगस्थली में खुलनेवाली एक खिड़की है, अभिनेता रंगमंच पर जिस रूप में आएँगे उससे कुछ पूर्व के सहज रूप में उन्हें इस खिड़की से देखा जा सकता है। या यह समझ लीजिए कि सूत्रधार उन्हें कोई आदेश न देकर रंगमंच पर छोड़ दे तो वे पात्र सहज भाव से जो अभिनय करेंगे वह हमें दिखने लगता है, और कैसे मान लें कि सूत्रधार के निर्देश के बिना पात्र जिस रूप में सामने आते हैं—जीते हैं—यही अधिक सच्चा नहीं है?

शिप्र द्वीप के महान कलाकार पिंगमाल्य का नाम किसने नहीं सुना? कहते हैं कि सौन्दर्य की देवी अपरोदिता का वरदान उसे प्राप्त है—उसके हाथ से असुन्दर कुछ बन ही नहीं सकता। स्त्री-जातिमात्र से पिंगमाल्य को घृणा है, लेकिन एक के बाद एक सैकड़ों स्त्री-मूर्तियाँ उसने निर्माण की हैं। प्रत्येक को देखकर दर्शक उसे उससे पहले निर्मित से अधिक सुन्दर बताते हैं और विस्मय से कहते हैं, ''इस व्यक्ति के हाथ में न जाने

कैसा जादू है। पत्थर भी इतना सजीव दिखता है कि जीवित व्यक्ति भी कदाचित् उसकी बराबरी न कर सके। कहीं देवी अपरोदिता प्रस्तर-मूर्तियों में जान डाल देतीं। देश-देशान्तर के वीर और राजा उस नारी के चरण चूमते जिसके अंग पिंगमाल्य की छेनी ने गढ़े हैं और जिसमें प्राण स्वयं देवी अपरोदिता ने फूँके हैं।''

कभी कोई समर्थन में कहता, ''हाँ, उस दिन पिंगमाल्य की कला पूर्ण सफल हो जाएगी, और उसके जीवन की साधना भी पूरी हो जाएगी—इससे बड़ी सिद्धि और क्या हो सकती है!''

पिंगमाल्य सुनता और व्यंग्य से मुस्कुरा देता। जीवित सौन्दर्य कब पाषाण के सौन्दर्य की बराबरी कर सका है! जीवन में गति है, ठीक है; लेकिन गति स्थानान्तर के बिना भी हो सकती है—बल्कि वही तो सच्ची गति है। कला की लयमयता—प्रवहमान रेखा का आवर्तन और विवर्तन—वह निश्चल सेतु जो निरन्तर भूमि को अन्तरिक्ष से मिलाता चलता है—जिस पर से हम क्षण में कई बार आकाश को छूकर लौट आ सकते हैं—वही तो गति है! नहीं तो सुन्दरियाँ पिंगमाल्य ने अमथ्य के उद्यानों में बहुत देखी थीं—उन्हीं की विलासिता और अनाचारिता के कारण तो उसे स्त्री-जाति से घृणा हो गई थी...उसे भी कभी लगता कि जब वह मूर्ति बनाता है तो देवी अपरोदिता उसके निकट अदृश्य खड़ी रहती है—देवी का छाया-स्पर्श ही उसके हाथों को प्रेरित करता है, देवी का यह ध्यान ही उसकी मन:शक्ति को एकाग्र करता है। कभी वह मूर्ति बनाते-बनाते अपरोदिता के अनेक रूपों का ध्यान करता चलता—काम की जननी, विनोद की रानी, लीला-विलास की स्वामिनी, रूप की देवी...

एक दिन साँझ को पिंगमाल्य तन्मय भाव से अपनी बनाई हुई एक नयी मूर्ति को देख रहा था। मूर्ति पूरी हो चुकी थी और एक बार उस पर ओप भी दिया जा चुका था। लेकिन उसे प्रदर्शित करने से पहले साँझ के रंजित प्रकाश में वह स्थिर भाव से देख लेना चाहता था। वह प्रकाश प्रस्तर को जीवित त्वचा की-सी क्रान्ति दे देता है, दर्शक उससे और अधिक प्रभावित होता है, लेकिन कलाकार उसमें कहीं कोई कोर-कसर रह गई हो तो उसे भी देख लेता है।

किन्तु कहीं कोई कमी नहीं थी, पिंगमाल्य मुग्ध भाव से उसे देखता हुआ मूर्ति को सम्बोधन करके कुछ कहने ही जा रहा था कि सहसा कक्ष में एक नया प्रकाश भर गया जो साँझ के प्रकाश से भिन्न था। उसकी चकित आँखों के सामने प्रकट होकर देवी अपरोदिता ने कहा, ''पिंगमाल्य, मैं तुम्हारी साधना से प्रसन्न हूँ। आजकल कोई मूर्तिकार अपनी कला से मेरे सच्चे रूप के इतना निकट नहीं आ सका है, जितना तुम। मैं सौन्दर्य की पारमिता हूँ। बोलो, तुम क्या चाहते हो—तुम्हारी कौन-सी अपूर्ण, अव्यक्त इच्छा है?''

पिंगमाल्य अपलक उसे देखता हुआ किसी तरह कह सका, ''देवि, मेरी तो कोई इच्छा नहीं है, मुझ में कोई अतृप्ति नहीं है।''

''तो ऐसे ही सही,'' देवी तनिक मुस्कुराई, ''मेरी अतिरिक्त अनुकम्पा ही सही। तुम अभी मूर्ति से कुछ कहने जा रहे थे। मेरे वरदान से अब मूर्ति ही तुम्हें पुकारेगी—''

रोमांचित पिंगमाल्य ने अचकचाते हुए कहा, "देवि..."

"और उसके उपरान्त..." देवी ने और भी रहस्यपूर्ण भाव से मुस्कुराकर कहा, "पर उसके अनन्तर जो होगा वह तुम स्वयं देखना, पिंगमाल्य! मैं मूर्ति को ही नहीं, तुम्हें भी नया जीवन दे रही हूँ—और मैं आनन्द की देवी हूँ!"

एक हल्के-से स्पर्श से मूर्ति को छूती हुई देवी उसी प्रकार सहसा अन्तर्धान हो गई, जिस प्रकार वह प्रकट हुई थी।

लेकिन देवी के साथ जो आलोक प्रकट हुआ था, वह नहीं बुझा। वह मूर्ति के आस-पास पुंजित हो आया।

एक अलौकिक मधुर कंठ ने कहा, "मेरे निर्माता—मेरे स्वामी!" और पिंगमाल्य ने देखा कि मूर्ति पीठिका से उतरकर उसके आगे झुक गई है।

पिंगमाल्य काँपने लगा। उसके दर्शकों ने अधिक-से-अधिक अतिरंजित जो कल्पना की थी वह तो यहाँ सत्य हो आई है। विश्व का सबसे सुन्दर रूप सजीव होकर उसके सम्मुख खड़ा है, और उसका है। रूप भोग्य है, नारी भी...

मूर्ति ने आगे बढ़कर पिंगमाल्य की भुजाओं पर हाथ रखा और अत्यन्त कोमल दबाव से उसे अपनी ओर खींचने लगी।

यह मूर्ति नहीं, नारी है। संसार की सुन्दरतम् नारी, जिसे स्वयं अपरोदिता ने उसे दिया है। देवी जो गढ़ती है उससे परे सौन्दर्य नहीं है; जो देती है उससे परे आनन्द नहीं है। पिंगमाल्य के आगे सीमाहीन आनन्द का मार्ग खुला है।

जैसे किसी ने उसे तमाचा मार दिया है, ऐसे सहसा पिंगमाल्य दो क़दम पीछे हट गया। स्वर को यथासम्भव सम और अविकल बनाने का प्रयास करते हुए उसने कहा, "तुम यहाँ बैठो।"

रूपसी पुनः उसी पीठिका पर बैठ गई, जिस पर से वह उतरी थी। उसके चेहरे की ईषत् स्मित कक्ष में चाँदनी बिखेरने लगी।

दूसरे दिन पिंगमाल्य का कक्ष नहीं खुला। लोगों को विस्मय तो हुआ, लेकिन उन्होंने मान लिया कि कलाकार किसी नयी रचना में व्यस्त होगा। सायंकाल जब धूप फिर पहले दिन की भाँति कक्ष के भीतर वायुमंडल को रंजित करती हुई पड़ने लगी तब देवी अपरोदिता ने प्रकट होकर देखा कि पिंगमाल्य अपलक वहीं-का-वहीं खड़ा है और रूपसी जड़वत् पीठिका पर बैठी है। इस अप्रत्याशित दृश्य को देखकर देवी ने कहा, "यह क्या देखती हूँ, पिंगमाल्य? मैंने तो तुम्हें अतुलनीय सुख का वरदान दिया था?"

पिंगमाल्य ने मानो सहसा जागकर कहा, "देवी, यह आपने क्या किया?"

"क्यों?"

"मेरी जो कला अमर और अजर थी, उसे आप ने जरा-मरण के नियमों के

अधीन कर दिया! मैंने तो सुख-भोग नहीं माँगा—मैं तो यही जानता आया कि कला का आनन्द चिरन्तन है।''

देवी हँसने लगी, ''भोले पिंगमाल्य! लेकिन कलाकार सभी भोले होते हैं। तुम यह नहीं जानते कि तुम क्या माँग रहे हो—या कि क्या तुम्हें मिला है कि जिसे तुम खो रहे हो। किन्तु तुम चाहते हो तो और विचार करके देख लो। मैं तुम्हारी मूर्ति को फिर जड़वत् किए जाती हूँ। लेकिन रात को तुम उसे पुकारोगे और उत्तर न पाकर अधीर हो उठोगे। कल मैं आकर पूछूँगी—तुम चाहोगे तो कल मैं इसमें फिर प्राण डाल दूँगी। मेरे वरदान वैकल्पिक नहीं होते। लेकिन तुम मेरे विशेष प्रिय हो, क्योंकि तुम रूपसृष्टा हो।''

देवी फिर अन्तर्धान हो गई। उसके साथ ही कक्ष का आलोक भी बुझ गया। पिंगमाल्य ने लपककर मूर्ति को छूकर देखा, वह मूर्ति ही थी, सुन्दर ओपयुक्त, किन्तु शीतल और निष्प्राण।

विचार करके और क्या देखना है? वह रूप का सृष्टा है, रूप का दास होकर रहना वह नहीं चाहता। मूर्ति सजीव होकर प्रेय हो जाए, यह कलाकार की विजय भी हो सकती है, लेकिन कला की निश्चय ही वह हार है।...पिंगमाल्य ने एक बार फिर मूर्ति को स्पर्श करके देखा। कल देवी फिर प्रकट होगी और इस मूर्ति में प्राण डाल देगी। आज जो पिंगमाल्य की कला है, कल वह एक किंवदन्ती बन जाएगी। लोग कहेंगे कि इतना बड़ा कलाकार पहले कभी नहीं हुआ, और यही प्रशंसा या अपवाद भविष्य के लिए उसके पैरों की बेड़ियाँ बन जाएगा...। किन्तु कल...

चौंककर पिंगमाल्य ने एक बार फिर मूर्ति को छुआ और मूर्ति की दोनों बाँहें अपनी मुट्ठियों में जकड़ लीं। कल...उसकी मुट्ठियों की पकड़ धीरे-धीरे शिथिल हो गई। आज यह मूर्ति है, पिंगमाल्य की गढ़ी हुई अद्वितीय सुन्दर मूर्ति, कल यह एक नारी हो जाएगी—अपरोदिता से उपहार में मिली हुई अद्वितीय सुन्दरी नारी।... पिंगमाल्य ने भुजाओं को पकड़कर मूर्ति को ऊँचा उठा लिया और सहसा बड़े ज़ोर से पटक दिया।

मूर्ति चूर-चूर हो गई।

अब वह कल नहीं आएगा। पिंगमाल्य की कला जरा-मरण के नियमों के अधीन नहीं होगी। कला उसकी श्रेय ही रहेगी, प्रेय होने का डर अब नहीं है।

किन्तु अपरोदिता? क्या देवी का कोप उसे सहना होगा? क्या उसने सौन्दर्य की देवी की अवज्ञा कर दी है! और इसीलिए अब उसकी रूप-कल्पी प्रतिभा नष्ट हो जाएगी?

किन्तु अवज्ञा कैसी? देवी ने स्वयं उसे विकल्प का अधिकार दिया है।

पिंगमाल्य धरती पर बैठ गया और अनमने भाव से मूर्ति के टुकड़ों को अँगुलियों से धीरे-धीरे इधर-उधर करने लगा।

क्या देवी अब भी छायावत् उसकी कोहनी के पीछे रहेगी और उसकी

अँगुलियों को प्रेरित करती रहेगी? या कि वह उदासीन हो जाएगी? और वह—क्या वह आज से कला-साधना में अकेला हो गया है?

पिंगमाल्य अविष्ट-सा उठकर खड़ा हो गया। एक दुर्दान्त साहसपूर्ण भाव उसके मन में उदित हुआ और शब्दों में बँध आया। कला-साधना में अकेला होना ही तो साधक होना है। वह अकेला नहीं हुआ है, वह मुक्त हो गया है।

वह आसक्ति से मुक्त हो गया है और वह देवी से भी मुक्त हो गया है।

कथा है कि पिंगमाल्य ने उस मूर्ति से जिसमें देवी ने प्राण डाले थे, विवाह कर लिया था और उससे एक सन्तान भी उत्पन्न की थी, जिसने अनन्तर प्रपोष नाम का नगर बसाया। किन्तु वास्तव में पिंगमाल्य की पत्नी शिलोद्भवा नहीं थी। बन्धनमुक्त हो जाने के बाद पिंगमाल्य ने पाया कि वह घृणा से भी मुक्त हो गया है। और उसने एक शीलवन्ती कन्या से विवाह किया। भग्न मूर्ति के खंड उसने बहुत दिनों तक अपनी मुक्ति की स्मृति में सँभाल रखे। मूर्ति के लुप्त हो जाने का वास्तविक इतिहास किसी को पता नहीं चला। देवी ने भी पिंगमाल्य के लिए व्यस्त होना अनावश्यक समझा। क्योंकि कला-साधना की एक दूसरी देवी है, और निष्ठावान गृहस्थ जीवन की देवी उससे भी भिन्न है।

और पिंगमाल्य की वास्तविक कला-सृष्टि इसके बाद ही हुई। उसकी कीर्ति जिन मूर्तियों पर आधारित है वे सब इस घटना के बाद ही निर्मित हुईं।

कहानी मैं नहीं कहता। लेकिन मुझे कौतूहल होता है कि कहानियाँ आखिर बनती कैसे हैं? पुराण-गाथाओं के प्रतीक सत्य क्या कभी बदलते नहीं? क्या सामूहिक अनुभव में कभी कोई वृद्धि नहीं होती? क्या कलाकार की संवेदना ने किसी नये सत्य का संस्पर्श नहीं पाया?

□ □ □

कहानियों का लेखन-क्रम

1. जिज्ञासा	:	(मूलरूप 1929), लाहौर, अगस्त 1935
2. विपथगा	:	दिल्ली जेल, सितम्बर 1931
3. मिलन	:	दिल्ली जेल, सितम्बर 1931
4. अकलंक	:	दिल्ली जेल, सितम्बर 1931
5. हारिति	:	दिल्ली जेल, अक्टूबर 1931
6. अमरवल्लरी	:	दिल्ली जेल, अक्टूबर 1931
7. छाया	:	दिल्ली जेल, अक्टूबर 1931
8. द्रोही	:	दिल्ली जेल, अक्टूबर 1931
9. विवेक से बढ़कर	:	दिल्ली जेल, मई 1932
10. एक घंटे में	:	दिल्ली जेल, जून 1932
11. गृहत्याग	:	दिल्ली जेल, जुलाई 1932
12. क्षमा	:	दिल्ली जेल, फरवरी 1933
13. अंगोरा के पथ पर	:	मुल्तान जेल, मई 1933
14. एकाकी तारा	:	मुल्तान जेल, अक्टूबर 1933
15. पगोड़ा वृक्ष	:	मुल्तान जेल, अक्टूबर 1933
16. कड़ियाँ	:	मुल्तान जेल, नवम्बर 1933
17. गैंग्रीन (रोज़)	:	डलहौज़ी, मई 1934
18. पहाड़ी जीवन	:	डलहौज़ी, मई 1934
19. अलिखित कहानी	:	डलहौज़ी, जून 1934
20. दुःख और तितलियाँ	:	डलहौज़ी, अगस्त 1934
21. हरसिंगार	:	लाहौर, दिसम्बर 1934
22. शान्ति हँसी थी	:	लाहौर, जनवरी 1935
23. सूक्ति और भाष्य	:	लाहौर, फरवरी 1935
24. शत्रु	:	लाहौर, जून 1935
25. प्रतिध्वनियाँ	:	लाहौर, दिसम्बर 1935
26. ताज की छाया में	:	लाहौर, फरवरी 1936
27. नयी कहानी का प्लाट	:	आगरा, नवम्बर 1936
28. सभ्यता का एक दिन	:	आगरा, दिसम्बर 1936
29. नवम्बर दस	:	मेरठ, मार्च 1937
30. दरोगा अमीचन्द	:	मेरठ, मार्च 1938
31. अभिशापित	:	मुल्तान जेल, 1932
32. कैसांड्रा का अभिशाप	:	मुल्तान जेल, दिसम्बर 1933

परिशिष्ट-2

'अज्ञेय' के समकालीन लेखकों द्वारा उनकी कहानियों का मूल्यांकन व समीक्षाएँ

जीवनमय कहानी, कहानीमय जीवन*

बनारसीदास चतुर्वेदी

'विपथगा' किसी लेखक की साढ़े-सात कहानियों का संग्रह है, सात पूरी और एक अधूरी।[1] कहानियों के नाम निम्नलिखित हैं—

(1) विपथगा, (2) मिलन, (3) हारिति, (4) छाया, (5) द्रोही, (6) अमरवल्लरी, (7) अभिशापित और (7½) गृह-त्याग (अधूरी)।

इनमें 'हारिति' विशाल भारत के कहानी-अंक में प्रकाशित हो चुकी है, और 'अमरवल्लरी' इस अंक में छापी जा रही है। 'अज्ञेय' महाशय से हमारा परिचय नहीं है, और 'विपथगा' की कहानियों को पढ़कर उनसे परिचय करने की आवश्यकता रह भी नहीं जाती। अपनी प्रत्येक कहानी में वह विद्यमान हैं एक ऐसे युवक के रूप में, जिसमें उत्साह है, दृढ़ता है, आदर्श के लिए मर-मिटने की चाह है, जो हथेली पर जान रखकर उस पर प्रयोग करने में आनन्द लेता है, पर जिसमें उस विवेक का अभाव है जो बेजान बुड्ढे आदमियों को मयस्सर होता है; उस हिसाबीपन की कमी है जिस पर दुनियावी आदमी अभिमान किया करते हैं, और फूँक-फूँककर कदम रखने की उस प्रवृत्ति का नामो-निशान नहीं जो हाथ-पाँव बचाकर मूज़ी को टकरानेवाले आदमियों में पाई जाती है। 'विपथगा' ऐसी कहानियों का संग्रह है, जो किसी पहुँचे हुए आदमी द्वारा ही लिखी जा सकती है। 'पहुँचे हुए' से हमारा अभिप्राय यही है कि जो किसी सिद्धान्त पर पहुँच चुका है। इन कहानियों में जो वाक्य-रत्न यत्र-तत्र पाए जाते हैं, उन्हें पढ़कर लेखक की प्रशंसा किए बिना नहीं रहा जाता। चाहे उनके विचारों से कोई सहमत हो या न हो; क्रान्ति वांछनीय है या नहीं, यह सवाल ही दूसरा है; पर उनके कहने के ढंग में लौह दृढ़ता है, पाँवों को उखाड़ देने वाला प्रवाह है, और वह शक्ति है जो केवल लेख लिखने से ही नहीं, लेक्चर झाड़ने से नहीं, कोरमकोर

---

* दिल्ली-जेल से 'अज्ञेय' की कहानियों की प्रतिलिपि तैयार करके सुरक्षा के लिए बाहर भेज दी जाती थी। 'विपथगा' संग्रह की कहानियों की प्रतिलिपि पूरी नहीं हुई थी, जब कॉपी बाहर भेजने का सुयोग मिला तो वह जैसी थी वैसी ही भेज दी गई। इसीलिए एक कहानी (प्रतिलिपि में) अधूरी थी।

1. इस कॉपी में से दो कहानियाँ 'विशाल भारत' में छापी गयीं; अनन्तर दो 'विश्वमित्र' में भी छपीं। प्रस्तुत समीक्षा 'विशाल भारत' के मार्च, 1933 अंक में छपी थी।

आदर्शवाद से नहीं वरन् काम—ठोस काम—करने से—ऐसा काम करने से, जिसमें खतरे की भरमार हो—प्राप्त होती है। एक वाक्य सुन लीजिए—

"क्रान्ति का विरोध करोगे, उसे रोकोगे तुम? सूर्य का उदय होता है, उसको रोकने की चेष्टा की है? समुद्र से प्रलय-लहरी उठती है, उसे रोका है? ज्वालामुखी में विस्फोट होता है, धरती काँपने लगती है, उसे रोका है? क्रान्ति सूर्य से भी अधिक दीप्तिमान, प्रलय से भी अधिक भयंकर, ज्वाला से भी अधिक उत्तप्त, भूकम्प से भी अधिक विदारक है...उसे क्या रोकोगे?"

विपथगा कहानी का अन्तिम वाक्य पढ़िए—

"ज्वालामुखी में से आग निकलती है और बुझ जाती है, किन्तु जमे हुए लावे के काले-काले पत्थर पड़े रह जाते हैं। आँधी आती है और चली जाती है, किन्तु वृक्षों की टूटी हुई डालियाँ सूखती रहती हैं। नदी में पानी चढ़ता है, और उतर जाता है, किन्तु उसके प्रवाह से एकत्रित घास-फूस-लकड़ी किनारे पर पड़ी सड़ती रह जाती है। यह टूटी तलवार उसके आवागमन का स्मृति-चिह्न है। जब भी इसकी ओर देखता हूँ, दो धधकते हुए निर्निमेष वृत्त मेरे आगे आ जाते हैं। मैं सहसा पूछ बैठता हूँ—'मेरिया इवानोव्ना, तुम मानवी थीं या दानवी, या स्वर्गभ्रष्टा विपथगा देवी?' "

लेखक में विचारशीलता भी अच्छी मात्रा में पाई जाती है। नीचे का वाक्य उसका एक उदाहरण है—

"संसार में कितनी ही विचित्र घटनाएँ होती हैं, जिन्हें देख-सुनकर हम सोचने लगते हैं, यह क्यों हुई? इसका क्या अभिप्राय था? यदि वह किसी की आन्तरिक प्रेरणा से हुई तो उस प्रेरणा की जड़ कहाँ थी? यदि किसी बाह्य प्रेरणा से, तो उस प्रेरणा का आधार कौन था? और अगर इस घटना में दैव का हाथ है, तो इस घटना के ऐसे स्थान पर, ऐसे समय में, इस प्रकार होने में क्या अभिप्राय था, क्या गूढ़ तत्त्व था?

"जब हमारे मन में ऐसे प्रश्न उठने लगते हैं, तब पहले हमें इस बात का आभास होता है कि संसार में ऐसी महती शक्ति है, जिसका परिणाम, जिसका तत्त्व हम नहीं जान पाए; जिसमें लचक है, पर साथ ही कठोरता भी, जिसमें दया है, पर साथ ही घोर परिहास भी। इस शक्ति को कोई आत्मा कहता है, कोई भावी; कोई इसे आन्तरिक प्रेरणा समझता है, कोई बाह्य; कोई इसे ऐहिक समझता है, और कोई नैसर्गिक। किसी की राय में इस शक्ति का प्रवाह उन्मत्त, पथहीन, अनवरुद्ध है; किसी की राय में इसका संचालन संयमित है। सभी को इसके प्रवाह में एक अनियन्त्रित उन्माद दिखता है, और इसके उन्माद में एक अनियन्त्रित प्रवाह। और इस प्रवाह को, इस उन्माद को और इस विचित्र असंयमित नियन्त्रण को, कोई नहीं समझ पाता। सभी अन्वेषक मानो एक दीवार से टकराकर रुक जाते हैं।

"मैं बहुत दिनों से इस शक्ति का प्रवाह देख रहा हूँ। कभी-कभी उसे समझने की चेष्टा भी कर लेता हूँ, पर प्रायः उनके विचित्र विन्यास को देखने में ही मेरा समय बीत जाता है।

"सन् 1905 में रूस में जो विस्फोट हुआ, उसे उत्पात कहना चाहिए या दंगा, विप्लव या क्रान्ति इसका निर्णय नहीं कर सका, इसलिए विस्फोट ही कहता हूँ।"

भावों का घात-प्रतिघात दिखलाने में भी लेखक काफ़ी कुशल है। निम्नलिखित वाक्य लीजिए—

"कैसा घोर परिवर्तन है यह। अभी उस दिन हम उस पर्वत-श्रेणी पर भटक रहे थे। चारों ओर मीलों तक हिमाच्छादित पर्वत-शिखर दिख पड़ते थे, इधर-उधर जाने में कोई रोक-टोक न थी। स्वेच्छाचारिता के लिए कितना विशद क्षेत्र था वह! आज भी प्रात:काल को कितना स्वछन्द होकर मैं यमुना-तट पर बाइसिकिल लिये चला जा रहा था। कोई रोक न थी, कोई यह नहीं कह सकता था कि इधर मत जाओ। और अब! इस छोटी-सी अँधेरी कोठरी में चारपाई के साथ हथकड़ी लगाए पड़ा हूँ। इतनी भी स्वतन्त्रता नहीं कि लेटे हुए से उठकर बैठ जाऊँ।

"लोग कहते हैं, आत्मा निराकार है, उसे कोई बाँध नहीं सकता। पर जब शरीर बँध जाता है, तो क्यों आत्मा मानो आकाश से गिरकर भूमि पर आ जाती है? क्यों उसे ऐसी व्यथा होती है?"

"आदमी का घर जब जलता है, तब उसे दु:ख होता है, क्योंकि आग की तपन को आदमी अनुभव कर सकता है। पर आदमी तो साकार है, आत्मा की तरह तो नहीं है?

"कैसी वीभत्स है यह कोठरी! सामने दरवाज़ा है, उसमें सीखचे लगे हुए हैं—कारागार! उसके आगे दालान है, पर उसके किवाड़ ऐसी जगह हैं कि मैं देख न पाऊँ, बन्धन! कोठरी के ऊपर एक छोटा-सा रोशनदान है पर वह भी ढाँप दिया गया है कि मैं आकाश का एक छोटा-सा टुकड़ा भी न देख पाऊँ। कैसा विकट बन्धन है यह, जिसमें शरीर, दृष्टि और आत्मा तीनों ही बँधे हुए हैं!

"कोठरी की दीवारों पर सफ़ेदी तक नहीं की गई। अलग-अलग ईंटें साफ़ दिखती हैं, और उनके बीच में से मिट्टी गिर रही है। फ़र्श भी गीला है, और उसमें से सड़ने की बू आ रही है। छत में खड़-खड़ का शब्द कहीं हो रहा है—शायद चूहे कूद रहे हैं। और यह मृत्यु की छाया की तरह काले चमगादड़ मेरे सिर पर मँडरा रहे हैं, इनके परों के फड़फड़ाने की आवाज़ तक नहीं आती? किसी भावी अनिष्ट की प्रतिच्छाया की तरह किसी घोरतम पतन के पूर्व अपशकुन की तरह प्रशान्त भैरव नि:शब्द होकर ये वृत्ताकार घूम रहे हैं और वह वृत्त धीरे-धीरे छोटा होता जाता है।

"आँखें बन्द करके सोचता हूँ, भविष्य के क्रोड़ में क्या है, जो मुझसे छिपा हुआ है? बहुत सोचता हूँ, पर एक प्रशस्त अंधकार के अतिरिक्त कुछ नहीं दिखता। विचार करने लगता हूँ कि मेरा कर्तव्य क्या है, तो कितनी ही सम्भावनाएँ आगे आ जाती हैं। इतने कष्ट में पड़ने का क्या लाभ होगा? वह महान् व्रत धारण किया था, वर्षों जेल में क्यों सड़ता रहूँ? उस दिन एक प्रतिज्ञा की थी...पुलिस सब कुछ तो पहले से ही जानती है, अगर मैं अपने मुँह से कह तो दूँ तो क्या हर्ज है? बन्धुओं की रक्षा के लिए मृत्यु के मुख में भी...माफ़ी मिल सकती है, उसे क्यों छोड़ूँ?

"संसार में सबसे पतित व्यक्ति वह है, जो डरकर कर्तव्यविमुख हो जाता है। हमारे संघ में अनेकों अयोग्य व्यक्ति हैं, उन्हें बचाने के लिए मैं क्यों आग में पड़ूँ? विश्वास की रक्षा कितनी बड़ी निष्ठा है।...अगर मैं निकलकर संघ का नये

और उच्चतर आदर्श पर निर्माण कर सकूँ तो, तो क्यों एक मरीचिका के लिए जेल जाऊँ? यह वह संग्राम है जिसमें एक चूक भी अक्षम्य होती है। इसमें वे ही हाथ बँटा सकते हैं, जो सर्वथा अकलंक हों।

''उफ्! जब स्वतन्त्र था, तब तो कभी कर्तव्य-पथ अदृश्य नहीं हुआ था। यहाँ आकर क्यों मेरी अन्तर्ज्योति बुझ गई है? क्या करूँ? क्या करूँ?

''मैं आँखें बन्द किये पड़ा हूँ, फिर भी उन चमगादड़ों की रवहीन उड़ान की अनुभूति मेरे हृदय में अजीब ग्लानिमिश्रित भय-सा उत्पन्न कर रही है। यह वृत्त ज्यों-ज्यों छोटा होता जाता है, मेरी अशान्ति बढ़ती जाती है।

''पर जिस विकल्प में पड़ा हुआ हूँ, वह हटता जाता है। मुझे जो प्रगति की सम्भावनाएँ दिखती थीं, उनकी संख्या कम होती जाती है।

''ज्यों-ज्यों उन चमगादड़ों की उड़ान का मंडल छोटा होता जाता है, त्यों-त्यों मेरी मनोगति का मार्ग भी संकीर्णतर होता जाता है। एक ही कामना मेरे हृदय में पुकारती है, एक ही संकीर्ण पथ मेरी आँखों के आगे है, एक ही ज्वलन्त प्रश्न मेरे मन में नाच रहा है। वह कामना उत्तम है या अधम, वह पथ उन्नतिशील है या अवगति की ओर जाता है, इसकी विवेचना करने की शक्ति मुझ में नहीं। वह प्रश्न और उसके उत्तर इतने प्रज्ज्वलित, इतने दीप्तिमान हैं कि आदर्श कुछ नहीं दिखता। कमला! कमला! तुम्हें कैसे पाऊँगा?''

'अज्ञेय' जी की कहानियों में यह खूबी है कि वे पाठक की उत्कंठा अन्त समय तक जाग्रत रखती हैं। बिना इस गुण के कहानी कहानी नहीं, शुष्क निबन्ध बन जाती है। दूसरी खूबी उनमें यह है कि पढ़ चुकने के बाद पाठक के हृदय में उनकी एक कसक बाकी रह जाती है। कौन ऐसा पत्थर-हृदय पाठक होगा, जिसके कानों में फाँसी पर लटकनेवाली सुषमा का यह गान बहुत दिनों तक गूँजता न रहे—

दीप बुझेगा पर दीपक की स्मृति को कहाँ बुझाओगे?
तारें वीणा की टूटेंगी, लय को कहाँ दबाओगे?
फूल कुचल दोगे तो भी सौरभ को कहाँ छिपाओगे?
मैं तो चली चली पर प्रिय, तुम क्यों कर मुझे भुलाओगे?

इस अंक में प्रकाशित 'अमरवल्लरी' का वह भाग जिसमें उस परित्यक्ता गर्भवती स्त्री के प्राणत्याग का वर्णन है, बड़ा हृदयद्रावक है। प्रेम की निम्नलिखित परिभाषा कितनी बढ़िया है—

''मैं देखता हूँ, संसार दो महच्छक्तियों का घोर संघर्ष है। ये शक्तियाँ एक-दूसरे से भिन्न नहीं हैं। एक ही प्रकृति की प्रगति के दो विभिन्न पथ हैं। एक संयोजक है, इसका भास फूलों से भौंरे के मिलन में, विटप से लता के आश्लेषण में, चन्द्रमा से ज्योत्स्ना के सम्बन्ध में, रात्रि से अन्धकार के प्रणय में, उषा से आलोक के ऐक्य में होता है। दूसरी शक्ति विच्छेदक है, इसका भास आँधी से पेड़ के विनाश में, विद्युत से लतिकाओं के झुलसने में, दावानल से वनों के जलने में, शकुन्त से कपोतों के मारे जाने में होता है। कभी-कभी दोनों शक्तियों का एक ही घटना में ऐसा सम्मिलन होता है कि हम भौचक हो जाते हैं, कुछ भी समझ नहीं पाते। प्रेम भी

शायद ऐसी ही एक घटना है।''

'अमरवल्लरी' का अन्तिम वाक्य भी काफ़ी काव्यमय है।

हिन्दी-गल्पों के उपवन में कुछ ऐसे काँटेदार वृक्षों की आवश्यकता है, जिनके पुष्प बहुत ऊँचे पर दिखते हैं, और जिन पर पहुँचने के लिए कंटकाकीर्ण मार्ग का अवलम्बन करना पड़ता है। 'उग्र' जी ने अपनी 'चिनगारियाँ' से इस पथ को किंचित् प्रकाशित किया था, पर फिर वे स्वयं सेक्स की रपटती गली में फिसल गए, जहाँ अनुभूति बहुत सस्ती मिलती है। चतुरसेन जी भी भूले-भटके केवल मानसिक रूप से इस सड़क पर आ निकलते हैं, पर राजा-रईसों के लिए जाड़े के मौसम में काम आने वाली बादामपाक बनाना आसान है, इस क्षेत्र में अनुभव करना कठिन। चन्द्रगुप्त जी चित्र खींचने के लिए भले ही इस कूचे में क़दम रखें, पर चलने के लिए नहीं। अनेक भारों से दबे हुए जैनेन्द्र जी इधर आने का साहस करते हैं, पर थोड़ी दूर तक एक खास सीमा तक। 'अज्ञेय' जी इस क्षेत्र में इन चारों से आगे बढ़ जाते हैं। यह बात ध्यान में रहे कि हम यह बात कला की दृष्टि से नहीं, बल्कि स्वानुभूति की दृष्टि से कह रहे हैं। हमने विदेशी कहानियाँ बहुत कम पढ़ी हैं, इसलिए हम यह नहीं कह सकते कि 'अज्ञेय' जी की कहानियों पर विदेशी कहानियों का कहाँ तक प्रभाव पड़ा है। उनकी 'अमरवल्लरी' पर तो कवीन्द्र की 'सड़क की बात' की छाया स्पष्टतया प्रतीत होती है।

हमारे कहने का अभिप्राय केवल यही है कि जिन कहानियों में स्वानुभूति होती है, जिनमें लेखक अपनी आत्मा उंडेलकर रख देता है, वे ही सजीव होती हैं और लेखक के अन्तस्तत्व की जितनी गहराई से वे आती हैं पाठक के हृदय की उतनी ही गहराई तक पहुँच जाती हैं। 'विपथगा' की कहानियों को पढ़ते समय हृदय में अनेक भाव उत्पन्न हुए। कहानी लिखने की अपेक्षा यह कहीं अच्छा है कि मनुष्य अपने जीवन को इस ढंग का बनाने का प्रयत्न करे कि दूसरे लोग उसकी जीवन-कहानी को बड़े चाव के साथ पढ़ें। जो कहानी लिखते हैं, और साथ ही जो अपने जीवन को कहानीमय भी बना सकते हैं, ऐसे लेखक हिन्दी-साहित्य में थोड़े ही हैं, और यह प्रतीत होता है कि 'विपथगा' के लेखक में ये दोनों बातें एक अच्छी मात्रा में पाई जाती हैं। वह अपनी पाँच-सात कहानियों से ही हिन्दी गल्प-लेखकों की उच्च श्रेणी में आ विराजे हैं, और यदि उन्हें अपनी प्रतिभा को सुचारु रूप से विकसित करने का अवसर मिला, तो आगे चलकर उनकी चमत्कारपूर्ण लेखनी हिन्दी साहित्य को अनेक उज्ज्वल रत्न प्रदान करेगी।

'अज्ञेय' : जितने कि वह मुझे ज्ञेय हुए*

प्रभाकर माचवे

तार के नीचे वैसे अक्सर वह अपने को 'वत्स' लिख देते हैं; मगर एक बार अंग्रेज़ी में 'अज्ञेय' लिखा। 'ज्ञ' के द्विविध उच्चारण के कारण उसके हिज्जे हुए

---

*हंस, रेखाचित्र अंक, मार्च 1939 में प्रकाशित।

AGNEYA—जिसे चाहो तो हिन्दी में पढ़ सकते हो 'आग्नेय'। 'अज्ञेय' की कोई भी कहानी जिसने पढ़ी हो, वह जान सकता है कि उनमें कितनी साग्निकता है, कितना विद्रोहीपन! या जैसे उन्होंने स्वयं अपना 'आत्म-परिचय' कविता में लिखा था—**'मैं वह धन हूँ जिसे साधने में प्रत्यंचा टूट गई है...'**

कहा जाता है कि समकालीनों पर कुछ लिखना नहीं चाहिए। और मैं भी मानता हूँ कि निर्णयात्मक रूप में अवश्य कुछ कहना नहीं चाहिए; परन्तु उनके बारे में जो मेरा-आपका, सबका कुतूहल है, उसे तो ज़रूरी तौर पर कुछ-न-कुछ गति मिलती रहनी चाहिए। नहीं तो व्यक्ति साहित्यिक को आप पाठक के निकट न लाइए, और देख लीजिए, कि साहित्य और जीवन में कितनी बड़ी खाई उत्पन्न हो जाती है, मसलन् आज हिन्दी में...

इस चित्र में व्यक्ति और साहित्य-स्रष्टा 'अज्ञेय' का 'सिलहुट' खींचने की कोशिश करना चाहता हूँ। '**भग्नदूत**' और '**विपथगा**', ये दो उनकी किताबें अब तक निकल चुकीं—एक तो है गद्यकाव्य और कविता और छोटी कहानीनुमा बिन्दु-रूपकों का संग्रह, दूसरी है कहानी की पुस्तक। पर साहित्य-स्रष्टा 'अज्ञेय' को सिर्फ़ दो किताबों से ही नहीं जाँचना होगा, वरन् '**विश्वमित्र**' और '**हंस**' और '**विशाल भारत**' और कभी '**माधुरी**, '**विश्व-बन्धु**' आदि अनेक पत्रों में निकलीं उनकी कहानियाँ और कविताएँ, और लेखादि जैसे शान्तिनिकेतन में 'महायुद्धोपरान्त हिन्दी कविता' पर अंग्रेज़ी में दिया हुआ व्याख्यान आदि ले लेने होंगे। और साहित्य में ही 'सच्चिदानन्द हीरानन्द वात्स्यायन' को और जानना हो तो, '**सैनिक**' के सन् 1937 के शुरू के मासों के सम्पादकीय, '**विशाल भारत**' की आजकल की सम्पादकीय टिप्पणियाँ और कई छोटी-बड़ी आलोचनाएँ और '**नक्काश : एक बन्दी कवि**' और '**अन्धों की शिक्षा**' जैसे लेख भी ले लेने होंगे। और '**एशिया**' और दूसरे पत्रों में प्रकाशित आपकी अंग्रेज़ी कविताएँ भी क्या छोड़ देने की बात है? और इधर हाल में '**शेखर : एक जीवनी**' के अंश पाठक रुचि से पढ़ते ही होंगे। आख़िर इतने विविध क्षेत्रों में एक-से अधिकार के साथ लेखनी चलानेवाले 'अज्ञेय' उपनाम वाले लेखक के सम्बन्ध में हिन्दी पाठकों को क्या-क्या जिज्ञासाएँ नहीं होंगी?

2

पहले व्यक्ति 'अज्ञेय' की बात लें, क्योंकि व्यक्ति ही से तो साहित्य बनता है। और कौन जानता है कि वह साहित्यिक व्यक्तित्व भी साहित्य ने ही न बनाया हो—मसलन् रोमे रोलां, डी.एच्. लारेन्स, वोल्टेयर, अप्टन सिंक्लेअर आदि 'अज्ञेय' के सबसे ज़्यादा पसन्द के लेखक हैं। (मासिक पत्रों के नियमित पाठक को याद होगा कि सन् 1934 में 'विशाल भारत' में 'हिन्दी में सजीव साहित्य की आवश्यकता' - नाम की एक विज्ञप्ति छपी थी।) और यह निर्विवाद है कि इन चारों लेखकों की रचनाओं ने उनकी लेखनी को भी अप्रत्यक्षत: प्रभावित किया ज़रूर है।

सबसे पहले सन् 1937 के मराठी '**चित्रमय जगत्**' में दिल्ली-लाहौर-मेरठ

षड्यन्त्रों के क्रान्तिकारियों का कुछ दिलचस्प बयान पढ़ने में आया था। वहीं नाम पहली बार पढ़ा—'वात्स्यायन'।

पर 'वात्स्यायन' नाम से लिखनेवाली लेखनी का लेखन-विषय और 'अज्ञेय' का लेखन-विषय, किंचित् क्यों काफ़ी अलग-अलग ढंग का होता है! वात्स्यायन कांग्रेस के वक्तव्यों और अन्तरराष्ट्रीय राजनीति पर और 'रोटी और बोटी' या 'साहित्य और राजनीति' पर सम्पादकीय 'मैटर' लिख सकते हैं, खासी व्यंग्य और तर्कशुद्धता से भरी हुई बातें, मगर 'अज्ञेय' तो 'अमरवल्लरी' और 'हरसिंगार' और 'हारिल' और 'चिड़ियाघर' लिखता है।

ऊपर जो दो नाम बताये वे एक ही आदमी के हैं—एक खासे मोटे-ताज़े, कुछ पंजाबी गठन के, सौम्य भव्य चेहरे के भले आदमी के ही ये दो नाम हैं, जो सचमुच स्वभाव के 'आग्नेय' भी हैं, और 'अज्ञेय' भी।

मुझे वह दिन खूब याद है कि आगरे में मैं पढ़ता था, तब एक संध्या को मैंने पाया कि किले की परिक्रमा कर ताज पर जाने वाली राह पर, उसी आग्नेय-अज्ञेय शान्तमितभाषी युवक के साथ मैं सश्रद्ध श्रवणातुरता से चला जा रहा हूँ क्योंकि 'अज्ञेय' के पास से जानने-जैसी बातें बहुत ज़्यादा हैं, उन्हें जताने-जैसी चीज़ें बहुत कम। कभी बातें करते समय लग उठता है कि अरे, इन्हें मालूम नहीं, ऐसा क्या है?

फिर उसी आगरे में एक रोज़ होटल के कमरे में बैठे हुए उन्होंने अपने पर्वतारोहण और हिडिम्बा के मन्दिर की अटपटी चट्टानों-भरी राह और कुल्लू-उपत्यका में वह कुटिया जहाँ उनके **शेखर** उपन्यास का सूत्रपात हुआ, के व और भी कई जगहों और बस्तियों के फ़ोटोग्राफ़ दिखाए, जिनमें से अधिकांश **विशाल भारत** में 'मौत की घाटी में', 'देवताओं के अंचल में' नामक लेखों में 'कापीराइट : वात्स्यायन' के पुछल्ले के साथ छप भी चुके हैं। निरी फ़ोटोग्राफ़ी ही नहीं, चित्र-कला का भी उन्हें बेहद शौक़ है। इसी बात की वजह से मेरी और उनकी काफ़ी घनिष्ठता बहुत ही कम समय में हो गई। चित्र-संग्रह उनके पास बहुत बड़ा है ही; पर साथ ही उनके सम्बन्ध में उनकी जानकारी भी खूब गहरी है। 'लिनोकट' और कार्टून भी वह मज़े के बना लेते हैं, जिनमें से कुछ मेरठ कवि-सम्मेलन की 'सम्मेलन' नामक परिहासपूर्ण रिपोर्ट में **सैनिक** में छपे थे। परन्तु मुझे तब तक यह पता नहीं था कि चित्रों के साथ-ही-साथ शिल्प में भी उन्हें इस तरह इतनी अधिक रुचि होगी, जबकि एक शाम को यह सैनिक-सम्पादक महाशय, किसी कुम्हार के यहाँ से गीली मिट्टी का बोझ लेकर मेरे यहाँ आए और बड़ी देर तक मिट्टी के शिल्प पर बात होती रही। बाद में मैंने जाना कि बाबू मैथिलीशरण गुप्त, महावीरप्रसाद द्विवेदी आदि कइयों के मिट्टी के 'रिलीफ़' 'अज्ञेय' जी ने बनाए हैं, जिनमें से एक—जैनेन्द्र जी वाले रिलीफ़ का फ़ोटो—उनकी विचार-पुस्तक में छप चुका है।

मैं उनके मुँह से, समय का मान भूलकर, सूने बन्दी-जीवन के रोचक अनुभव क्या कभी भूल सकता हूँ? ऐसे जान पड़ता है कि कथा-लेखक या सैनिक से पहले वह एक चित्रकार हैं, जीवन के सहृदय छायाचित्रकार।

3 उनकी प्रतिभा-शक्ति का प्रवाह न केवल साहित्य, कविता, चित्र-कला की दिशा में ही प्रवाहित होता है, वरन् जैसे उन्होंने स्वयं 'साहित्य और राजनीति' की चर्चा में 'झगड़े का हल' नामक एक पत्र में लिखा था—''एक आदमी के लिए बिलकुल सम्भव होना चाहिए कि वह एक साथ दोनों (साहित्य और राजनीतिक कार्यकर्ता) हो सके, बल्कि इन दोनों के अलावा बीस चीज़ें और हो सकती हैं। और फिर भी शिकायत नहीं हो सकती। सवाल असल में 'Intensity' का है। शक्ति काफ़ी हो तो फिर सवाल ही नहीं उठता कि वह किधर से बहे और कितने रास्ते से बहे।''

''राजनीति से, साहित्य से—अभिव्यंजना के बीसियों प्रकार से—अधिक स्थायी एक चीज़ है, वह है रचने की, सृजन करने की प्रेरणा। उसी से आदमी ईश्वर का समकक्षी होता है। जो उस प्रेरणा का आदर करता है, वह स्वयं आदर का पात्र है। जो उसे बेचता है, वह नीच है, और नीच से बढ़कर बेवकूफ़ है; क्योंकि वह स्वयं अपना नाश कर रहा है। यह सिर्फ़ राजनैतिक प्रतिभा के बारे में ही नहीं, वरन् सब तरह के सृजन के बारे में कहा जाता है। फिर वह शक्ति चाहे साहित्य पैदा करने की हो, चाहे इंकलाब पैदा करने की, चाहे बच्चे पैदा करने की।''

यह आखिरी वाक्य इस बात का ही प्रमाण नहीं है कि 'अज्ञेय' के विश्वास कितने बुलन्द और स्पष्ट व्यक्त हैं; वरन् वे कितने वैज्ञानिक भी हैं। आधुनिक बायोलॉजी और मनोवैज्ञानिक को साथ लेकर उनके मत चलते हैं; पर उनसे वे आविष्ट नहीं हैं। सर्वत्र वात्स्यायन का यह बुद्धिवादी दृष्टिकोण हमें मिलता है जो उनका मूल्य बढ़ा देता है; मगर 'अज्ञेय' निरे बौद्धिक कहाँ हैं? तब कवि भी जो हैं। शायद उनकी महानता इसी पश्चिमी बुद्धि और पूर्वीय भावना के उस सामंजस्य में निहित है, जहाँ समीक्षक और कलाकार एकप्राण हो जाते हैं। उनका आगमिष्यत् उपन्यास 'शेखर' इसी प्रकार के एक भावना व बुद्धि के सन्तुलित चरित्र की सृष्टि है।

उनकी राजनैतिक प्रतिभा का पता मुझे सिर्फ़ 'सैनिक' में की या 'विशाल भारत' की सम्पादकीय टिप्पणियों से ही नहीं मिला, बल्कि उनके साथ रहने का भी जो सौभाग्य मुझे मिला है, उसके आधार पर मैं यह कह रहा हूँ। बागपत (मेरठ) में किसान-कॉन्फ्रेंस का वह आयोजन था। लगातार कई दिन और रात गाँवों में घूम-घूमकर किसान-मार्च का संगठन करने में उन्होंने अपने को लगा दिया था। दिल्ली में वह मिले, तो उनका गला लगातार व्याख्यान देने की वजह से भारी हो गया था। और न जाने कितने मील घूमने की वजह से वह बेहद थक गये थे। थकने पर भी वह थकान महसूस नहीं कर रहे थे। उत्साह और लगन उनमें इतनी अदम्य भरी हुई हमेशा ही रहती है—वह निरन्तर कर्मरत अपने को रख लेते हैं। वह अविश्रान्त जान पड़ते हैं। यह अथक कर्मशक्ति जहाँ एक ओर उन्हें निर्माण की ओर लेकर बढ़ती है, वहीं उसके साथ-ही-साथ, जो प्रशान्त विवेक और संयत गाम्भीर्य उनकी उस शक्ति को थामे है, वह उन्हें एक निर्भीक और निष्पक्ष आलोचक भी बना देता है।

किसानों के मेले जैसी भीड़ में बहुत-से समाजवादी नेताओं के वे व्याख्यान जैसे थे, उनसे अलग इनकी व्याख्यान-शैली नहीं जान पड़ी; परन्तु राजनैतिकता भी

उनके व्यक्तित्व का ऐसा पहलू है, जिसे जाने बिना साहित्य का शक्ति-स्रोत समझा नहीं जा सकता।

इन्दौर में एक बार प्रगतिशील साहित्य पर चर्चा वहाँ के उत्साही युवकों की एक संस्था में चल रही थी। संयोग से 'अज्ञेय' जी वहाँ आये हुए थे और मैं उन्हें वहाँ खींच ले गया। वहाँ पर जो छोटा-सा भाषण उन्होंने दिया, वह सिर्फ़ दिलचस्प ही नहीं; मगर उनके कला-सम्बन्धी विचारों पर उससे अच्छा प्रकाश पड़ता है। इसीलिए मैं अपने लिये हुए 'नोट्स' में से अंग्रेज़ी से अनुवाद करके उनके कुछ वाक्य यहाँ देना चाहता हूँ : 'कलाकार एक प्रकार के मानसिक संघर्ष में जिया करता है। संघर्ष कला की जननी है। यह संघर्ष संकल्प और परिस्थिति में चला करता है। इसी संघर्ष के कारण प्रगति दृश्यमान है। प्रगति शब्द सापेक्ष है। आज जो प्रगति है वह प्रगति कल शायद न रहे। इसी से प्रगति को सृजन का मूल बिन्दु नहीं मान सकते। वह आलोचक के सरजे हुए साहित्य पर लगाया हुआ आक्षेप हो सकती है।...कलाकार यदि सच्चा कलाकार है तो वह अमुक एक दिशा की लकीर ही नहीं पीटता बैठता; मगर सर्वांगीण प्रगति में विश्वास रखता है और जीता है। प्रगति जीवन के लिए लक्ष्य नहीं है, उपलक्ष्य मात्र, क्योंकि प्रगति ही प्रगति अपने-आप में अन्तिम नहीं है।'...आदि।

4 एक बार, जब 'अज्ञेय' जी आगरे से जाने को हुए तो उनका कहा हुआ एक वाक्य अब भी याद है—''मैं यहाँ जिस जगह पर रहता हूँ, उसके एक ओर है पागलखाना, दूसरी ओर रेल की पटरियाँ, तीसरी ओर है सेंट्रल जेल और चौथी ओर कब्रिस्तान।''

बचपन में खूब प्रवास करते हुए इस व्यक्ति का जीवन सरकार द्वारा लगाये हुए 'षड्यन्त्र' में शामिल होने के इल्ज़ाम का शिकार, कई बरस, जब तक केस चलता रहा, इस-उस कारागृह में बन्दी रहकर, क्या हम कह सकते हैं कि अधिक निखर नहीं उठा? कि वह एक कलाकार पर एकाकिता का अभिशाप था! वह युवावस्था के तरुण स्वप्न और लोहे के सीखचे! तभी तो उन छड़ों के पीछे बैठकर वह मुक्ति-पिपासु आत्मा चीख उठी—Mine is the song of a man...

और

You can pass under the boulder
But the boulder cannot pass over you.

(ये पंक्तियाँ उनकी 'Prison Days and other Poems' नामक अंग्रेज़ी पुस्तक से ली गयी हैं।)

अपने पिता डॉ. हीरानन्द शास्त्री के साथ उनका बाल्य पुरातत्त्व की खुदाइयों में सारनाथ और कुशीनगर और मद्रास में बीता। लाहौर में ऊपर बताया विद्रोही-पन जग उठा।

और इसी सिपाही कलाकार के अन्तरतम में कौन-सी वेदना की गाँठ है जो 'विपथगा' का समर्पण इस प्रकार किया है—''अपनी विपथगा जीवनी में जिसका

स्नेह मैंने पाया उसी को।'' क्यों ऐसा निर्माता अपनी जीवनी को विपथगा समझ चले? कौन-सी अतृप्ति उसके प्राणों को कुरेद रही है?

क्या 'पगोड़ा वृक्ष' में से उन्हीं के शब्दों में उत्तर देने का साहस करूँ—''उसके पैरों की दबी हुई चाप में भी एक ललकार थी—अपने को या मानवता को, या ईश्वर को, न जाने...''

''यही है मानवता का जीवन—यह अन्धकार में अशान्ति, उन्माद में जलन, विश्वास में अनिश्चय, सम्पन्नता में विद्रोह, रात्रि की प्रशान्त गति में यह अपूर्ति और ललकार...।''

5 कवि 'अज्ञेय' हमें अक्सर पथिक रूप में मिलते हैं :

> ''जाना ही है तुम्हें, चले तब जाना,
> पर प्रिय इतनी दया दिखाना
> मुझ से मत कुछ कह कर जाना!''

या जैसे

> ''आज चल रे, अकेला!
> कूच का सामान कर अब आ गयी प्रस्थान-बेला...''

पक्षी-जीवन जैसे उनको अत्यन्त प्रिय लगता है : ''आज थका हिय-हारित मेरा''—इस कविता में जिस प्रकार वह 'संगी कंचन-पक्षी' की टोह में जान पड़ते हैं, वैसे ही 'अचरज' में ''दो पक्षी छोटे-छोटे'' उनका काव्य-विषय है; और 'विशाल भारत' में 'उपरान्त' शीर्षक से दी गयी तीन कविताओं में भी ''उठ अरुण पंख दो खोले''—या

> ''देख कर वे दो उड़ते कीर
> कर उठा अन्तस्तल विद्रोह
> व्यक्ति मेरा इह-बन्धन-मुक्त
> उठ चला अप्रतिरुद्ध अबाध,
> स्वयं-चालित थे मेरे पंख—
> और तुम, तुम थीं मेरे साथ!''

कभी-कभी कवि 'अज्ञेय' निराशा की न जाने किस वेदनानुकूलता में डूबा जान पड़ता है—जैसे ''आज चिन्तामय हृदय है'', ''प्रान मेरे थक गये हैं!''

'**विपथगा**' पुस्तक के मुख-पत्र पर एक छायाकृति 'अज्ञेय' की अज्ञेयता को अजीब गूढ़ता देती है। पुस्तक की ज़िल्द पर एक दीपक और अर्धचन्द्र वाला 'अज्ञेय' का Crest (चिह्न) : शायद उस संकेत-चित्र द्वारा लेखक अपने चिर-प्रज्वलित जीवन और उसके साथ लगी हुई दूज की कला को लक्षित करना चाहता है। आवरण छायाकृति को छोड़कर पुस्तक की आत्मा को व्यक्त नहीं करता—लाल-काले रंगों में अगर बन्दी जीवन के सीखचों का संकेत होता तो अधिक सुन्दर और उपयुक्त रहता।

अब कहानियों पर आयें। लेखन-क्रम से और विषयानुसार, दो दृष्टिकोण हम

इन कहानियों पर रखें तो सन् 1937 की 'विपथगा', 'हारिति', 'रोज़', 'अकलंक', 'मिलन', और 'अमरवल्लरी' ये छह रचनाएँ मिलती हैं। शैली की दृष्टि से इन कथाओं में नवशिक्षित लेखक की हिचकिचाहट, कुछ स्व-चेतना और भाषा का भान नज़र आता है; यद्यपि 'विपथगा' काफ़ी अपवादरूप है। सन्' 33 और '34 की यानी लेखक के जीवन के Brisk दिनों-क्षणों की—यानी कारागृह-वास की कहानियाँ हैं : 'एकाकी तारा', 'पगोडा वृक्ष', 'कड़ियाँ', 'हरसिंगार', 'दुःख और तितलियाँ'। अन्तिम कहानी जो अपनी लघुता, सूत्रमयता और रूपकशीलता के कारण पैरेब्ल्-सी बनी अलग जान पड़ती है, वह शायद 'अज्ञेय' के जेल-जीवन के बाद की, रिहाई की चीज़ है—'शत्रु'।

वर्ण्य-विषय की दृष्टि से स्थूलतः 'विपथगा' और 'मिलन' (रूसी वातावरण), 'हारिति' और 'अकलंक' (चीनी वातावरण) और 'एकाकी तारा', ये पाँच वैदेशिक पृष्ठभूमि पर के चित्र हैं। 'रोज़', 'हरसिंगार', 'दुःख और तितलियाँ' ये तीन भारतीय समाज-जीवन के कारुणिक खंड-चित्र हैं। और 'पगोडा वृक्ष', 'कड़िया' और 'शत्रु' बन्दी-जीवन और उन्मुक्ति के लिए सोत्कट विद्रोह-प्रवण बलेच्छा और जिघांसा से प्रत्यक्षतः सम्बन्धित हैं। 'अमरवल्लरी' अपने ढंग की निराली काव्यात्मक प्रेम-कथा है।

कहानी-लेखक 'अज्ञेय' द्वारा एक बार लिखी हुई कुछ पंक्तियाँ :

'अज्ञेय' सिर्फ़ कहानी नहीं कहता। वह साथ में चोट देता चलता है। कहानी के लिए कहानी लिखना शायद वह सीखा ही नहीं। जैसे मज़े-मज़े में शरद् या स्टीफेन ज़्वाइग अपने कुछ प्रसंगों में, कुछ कथानक-प्रधान ऐसी प्रवहमान कथाएँ कहते जाते हैं और साथ ही पाठक के मन के भीतर कहीं तो भी गहरे में ऐसी मर्मस्पर्शी चिकोटी काटते जाते हैं कि आँखें या तो छलछला उठें या होंठों की कोरों पर एक विरक्त, शून्य मुस्कान खिंच जाये। मैं तुलनाएँ नहीं करना चाहता; परन्तु कहीं-कहीं जैसे 'हारिति' या 'अकलंक' में कथा के लिए मूलतः आवश्यक प्रसंगोपकरण जुटाकर उनकी कहीं-कहीं तो नाट्यात्मक तक भित्ति खड़ी देखने की बात दिखती है, पर और कथाओं में कथानक कम है। कथाकार 'अज्ञेय' मनोविश्लेषक अधिक है। दो ही तो चीज़ें 'अज्ञेय' की कथा के प्राण हैं—एक तो बन्दी-जीवन की झनझनाती हुई जंजीरों और अपरिवर्त और अडिग खड़े सीखचों को तोड़कर भाग खड़े होनेवाली मुक्ति-लिप्सा—जिसमें उन्हीं की पंक्ति—'तुम्हारा यह उद्धत विद्रोही' जैसा विपथ का और भी एक उबलता हुआ उन्मादमय और साहसिक रक्ताकर्षण ज्वलन्त है। मानो वह दुनिया की स्वीकृत शासन-व्यवस्था और नीति-मूल्यों के विरुद्ध तनकर खड़ा हो जाना चाहता है और कहता है—"खतरों का चुम्बन ही जीवन!" या नीत्शे के शब्दों में : "ज्वालामुखी के पास अपने घर बनाओ, सदा युद्ध भावना में रंगे रहो।" और दूसरी चीज़ है भावना के सूक्ष्म तारों को हल्के से छेड़ जाना, मनोविज्ञान के लोक में वह नयी-से-नयी गुत्थी स्पर्श मात्र से खोलकर दिखाना जिसे किसी ने आज तक छुआ तक नहीं हो—और भावुक पाठक को अपनी कवितामयता से मर्माहत कर देना। इस प्रकार की कहानियों में गहरी वेदनानुभूति का प्राधान्य है। मानो ये क्रिस्टिना रोज़ेटी की सुकुमार पंक्तियों में कहती हैं—

"The rose saith in the dewy morn
I am not fair,
Yet all my loveliness is born
Upon a thorn."

सिपाही और चित्रकार-कवि की दोहरी भूमिका उनकी कथाओं में स्पष्ट बिम्बित दिखती है।

पर अंग्रेज़ी का प्रभाव कहो या बन्दी-जीवन की मनोभूमि की ही कुछ विकृति कहो, कई जगह 'अज्ञेय' जी भावुक से कहीं ज़्यादा चिन्तनशील दिख उठते हैं। उनके कथा-लेखन के विकासेतिहास में निश्चय दो खंड पड़ते हैं—एक तो 'अमरवल्लरी', 'सूक्ति और भाष्य', 'अछूते फूल', 'सिगनेलर', 'सेब और देव', 'रेल की सीटी' आदि संवेदनात्मक और हल्के-गहरे रोमांस से रंगी भावना-प्रधान चीज़ें। और अब बन्दी-गृह से छूटकर आये हुए 'अज्ञेय' ने कथा द्वारा वर्तमान सभ्यता के विषय पर व्यंग्योपहासपूर्ण ध्वनि से जो मार्मिक और कठोर चोट देने की यह नयी बात डेवेलप की, उसके उदाहरण हैं—'सभ्यता का एक दिन', नवम्बर दस', 'नयी कहानी का प्लाट', राधा का नाच', 'चिड़ियाघर', 'जीवन-शक्ति', 'कोठरी की बात', 'जीवन और कविता', 'चाँद पाल घाट' आदि। ये सब नाम मैंने 'विपथगा' के बाहर के, अधिक प्रभावोत्पादक और अच्छी और अभी तक संग्रह-रूप में अप्रकाशित कहानियों के दिये हैं।

शासन के अन्याय और अनाचार को वैसी ही क्रान्तिमय, ज़बर्दस्त प्रतिचोट में उत्तर देने का एक हिंसात्मक रक्ताक्त मार्ग, जो रूसी और फ्रांसीसी राज्यक्रान्तियों के इतिहासों में पाया जाता है, शायद उसी ओर 'अज्ञेय' की वर्तमान राज्य-व्यवस्था से असन्तुष्ट चिढ़ लक्षित है। हो सकता है कि गाँधी दूसरी बात कहें, राह सुझाएँ, पर हिंसा-अहिंसा वाले मात्र साधन के झगड़े से हमें यहाँ कोई बहस नहीं। इस बारे में गाँधी-अंक में के '**शेखर**' के हिस्से की तरफ ध्यान खींचना चाहूँगा। इतना सिर्फ़ मान कर चलना है कि प्राप्य एक है—मुक्ति। जीवन की गति साधनों की चिन्ता पर नहीं रुकती। वह तो स्वाभाविक रूप से निरन्तर चकरीली, अनेक उलझी हुई गोल-गोल चट्टानों में से आवर्त्तमय, चिर-फेनिल, प्रमाथी है। क्या उस गति को बाँधा जा सकेगा? यह राह अच्छी है या वह राह अच्छी है—यह चिन्ता अकर्मण्यों का बुद्धि-व्यवसाय-मात्र है।

और एक जीवन उस दैनिक क़ैदी का भी है, जो निरपराध या दोषी, चाहे किसी भी प्रकार हो, जीवन के उस गति-संगर और गति-संगीत से ज़बरन वंचित कर दिया गया, जिसे अपनी तंग कोठरी और जँगले और पहरेदारों की अँधेरी दुनिया में डाल दिया गया है। ऐसी दशा में उस बन्दी की एक अपनी खास मनोदशा बन जाती है, जो अनन्य साधारण है। मनोविज्ञान के लिए चाहे वह बड़ा दिलचस्प मसला हो, मगर उस बन्दी के मसले हुए दिल के लिए दिलचस्पी कहाँ? दिलचस्पी या लगाव-अटकाव उनके लिए शायद बाहरी दुनिया से अलगाव ही में बसा है। चिरन्तन स्थितिमयता पर खड़े होकर सदा गतिमय जीवन की ओर देखनेवाले ये बन्दी दो तरह से हो जाते हैं, जैसा जिसका जीवन-स्वीकृति-सामर्थ्य हो। एक तो वे जो 'प्राप्त' के साथ समझौता कर लेते हैं, दार्शनिक बन जाते हैं और जिनके लिए मुक्ति और स्वाभाविक मरण में

अन्तर नहीं रह जाता; पर दूसरे वे होते हैं जिनमें रक्त उबलता है, जिनमें दूषित, शोषक, और केन्द्रहीन दुर्व्यवस्था पर क्रोध उपजता है, विद्रोह-वांछा प्रताड़ित हो उठती है और जो, 'सरकार तुम्हारी ज़ंजीरों के घर्षण से निकले ये मोती' (एक भारतीय आत्मा); 'गिनते रहते हैं उँगली पर चौंतीस-पैंतीस सन् सत्तावन', ...'ताले टूटे आज कभी तो' (नेपाली) वाली आग चित्त में लिये डोलते हैं, जिनके कारागृह की दीवारें वीर सावरकर के समान शृंगार और रौद्र के छन्दों से भरी स्मृति को आच्छन्न कर देनेवाली हो जाती हैं। पहले प्रकार के लोग निष्क्रिय स्वप्न देखते हैं; दूसरे प्रकार के मनीषी स्रष्टा, वास्तविकता से अतृप्त होकर उन आदर्शों का स्वप्न लेते हैं जिनमें वास्तव की अपूर्णताएँ नष्ट हो जाएँ। वे मानव-मन में मानवता की उपेक्षा और दलित पतनोन्मुखता के प्रति आकुल सहवेदना और कभी-कभी अगाध हार्दिक क्षोभमय तिरस्कार जाग्रत करते हैं—संक्षेप में, जो 'अज्ञेय' के समान जेल में 'पगोडा वृक्ष' या 'विपथगाएँ' लिखते हैं।

इनकी कहानियों की शैली खूब ताज़गी से भरी हुई, पग-पग पर पाठकों के भाव-लोक को झकझोरती हुई, राजसी ठाठ से चलती है। कभी-कभी मनोवैज्ञानिक विश्लेषण ज़रूरत से ज़्यादा बारीक और इसी से खतरनाक हो उठता है और भाषा भी गरिष्ठ, जटिल। मगर वातावरण-प्रधान कहानियों में तो उन्हें सचमुच कमाल हासिल है। और व्यंग्य भी खूब ही रसमय होता है, जैसे 'पुनर्जन्म'।

एक बात और मार्के की है कि इनकी कहानियों में बहिन और भगिनी-प्रेम का बार-बार बड़ा विचित्र-ज़िक्र आया करता है। 'पगोडा वृक्ष' की सुखदा, 'अकलंक' की क्रिस्टाबेल, 'कोठरी की बात' का वह हिस्सा जहाँ 'वह' और उसकी बहिन पास-पास लेटे हुए किसी विचार में निमग्न हैं—शायद अपने उस सामीप्य के पवित्र रहस्यमय सुख में—और तब उसके पिता एकाएक आकर उसे उठा देते हैं, फटकारते हैं, वगैरह का ज़िक्र है, और '**शेखर : एक जीवनी**' की शशि, पता नहीं चलता कि किस क्षण भगिनीत्व की सीमा लाँघकर, 'प्रेमिका' के समकक्ष आ बैठती है, जैसे वह माता से कुछ ही नीचे अपना स्थान बनाये है। और 'अज्ञेय' का यह नारी-चित्रण बड़ा कुतूहलास्पद जान पड़ता है जो न माता, न कन्या, न वधू, रवि ठाकुर की उर्वशी के समान किसी गम्भीर भाव-लोक से उठकर गहरे भाव-जगत् ही में विलम जाता है। यह नारी सियारामशरण और जैनेन्द्रकुमार और उषा मित्रा की नारी-कल्पना से सर्वथा भिन्न है।

'अज्ञेय' के इस अपरिभाषणीय भगिनी-प्रेम से हमें सहसा अंग्रेज़ी चित्रकार-कवि रोज़ेटी की याद आ जाती है, जिसकी बहन स्वयं मानो एक करुण कविता थी।...

और '**विशाल भारत**' के 'महिला-अंक' में एक लेख 'डॉ. अब्दुल लतीफ़' का छपा है और एक बार 'समाज-द्रोही नम्बर 1', 'प्रो. गजानन पंडित' के नाम से। यह सब सुरुचिपूर्ण परिहास, आप जानते हैं, इसी 'अज्ञेय'-लेखनी के गर्भ से उपजा है!

तो वह शिल्पी-चित्रकार, सिपाही-विद्रोही, कवि-कहानीकार, सम्पादक-आलोचक, व्याख्याता-राजनैतिक कार्यकर्ता, प्रकृति और जीवन का सप्राण छाया-चित्रकार, 'अज्ञेय' साहित्येतिहास-समीक्षक भी है, और न जाने क्या-क्या है! 'अज्ञेय' ही जो ठहरा!

अलख अकेला अज्ञेय*

फणीश्वरनाथ 'रेणु'

आज से पच्चीस-छब्बीस साल पहले 'विशाल भारत' में एक ऐसे लेखक की कहानियाँ प्रकाशित होती थीं, जो अपनी हर कथा के नायक का नाम 'सत्य' ही रखता था। सो, दूर-देहात के इस किशोर पाठक (पाठकराम!) को यह ढंग ज़रा भी पसन्द नहीं था। लेकिन न जाने क्या बात थी कि उसकी कहानी देखकर किशोर पाठक (उपर्युक्त) का मन ललच जाता ललचने लगता।...

शायद, लेखक के नाम में कोई विशेषता थी! विशेषता थी, पर इस नाम से थोड़ी कोफ़्त ही होती थी। रामलीला या यात्रा में, मुँह पर मुखौटा लगाकर प्रकट होनेवाले पात्रों के वास्तविक चेहरों को देखने के लिए मन जिस तरह अकुलाता था, वैसी ही अकुलाहट ऐसे नामों से होती थी।...अज्ञात अदृश्य, अकेला, विचित्र अथवा अज्ञेय!

तब, सम्भवतः भाषा...

हाँ, भाषा में ही कोई ऐसी बात रही होगी, क्योंकि कथा के वक्तव्य या कथनोपकथन का अधिकांश शब्दार्थ समझ में कभी नहीं आया। इसके बावजूद मन के पर्दे पर कथा का गति-चित्र कभी धुँधला होकर नहीं उभरा।

इन नक़ाबपोश विचित्र लेखक की कहानियों से पहले, 'माधुरी' के पुराने अंकों में प्रेमचन्द की कई कहानियाँ पढ़ चुका था। बुढ़िया और बन्दर वाली कहानी, कर्बला!...कहाँ उन कहानियों की भाषा-भाव की सादगी और कहाँ यह अलख, अचल, अगम, अगोचर, अजब...अज्ञेय की भाषा, जिसके अनेक शब्दों का 'सुद्ध उचारन' भी नहीं कर पाता! और, कर्बला कथा का किशोर नायक वह ग़रीब, करीम, हबीब, रहीम, हमीद, या जो भी नाम रहा हो उसका, कहानी पढ़ते समय जो पाठकराम की आँखों के आगे साकार खड़ा हो गया था, फिर उसमें ही समा गया था और इधर अज्ञेय का यह अद्‌भुत नायक 'सत्य'! ऐसा आदमी कभी देखा नहीं!...

उसकी एक नायिका का नाम याद है, पुष्पा! सत्य ने एक बार स्केच आँका, बकरे का, मेमने का। फिर फाड़ दिया। उस दिन वह ताश में हारता रहा। ग़लत पत्ते फेंकता गया।...

कुछ सोचता हुआ, सड़क पर जा रहा है सत्य। पास की दुकान से रेडियो की आवाज आ रही है। रेडियो से केलिफ़ोर्नियन आड़ू का विज्ञापन प्रसारित हो रहा है। रेडियो की ध्वनि सत्य की चिन्ता-धारा को बिंदियों द्वारा असंलग्न कर देती है। वह दुकान में घुसता है। केलिफ़ोर्नियन आड़ू का बन्दडिब्बा खरीद लाता है। सम्भवतः सीमेंट पर खोलता है। खाता है, स्वाद लेकर। खाते समय भी वह कुछ सोच रहा है। खाकर खाली डिब्बा फेंक देता है...खनखनाता-लुढ़कता टिन का डिब्बा...दौड़ते हुए नंग-धड़ंग लड़के। फिर, छीना-झपटी...

सत्य की ऐसी कहानियों से पाठकराम को कोई ज्ञान-लाभ नहीं हुआ, यह कहना ग़लत होगा।...उस समय तक रेडियो-सेट को न आँख से देखा था, न कान

* 'नई कहानियाँ,' जून 1960 में प्रकाशित।

से सुना था। रेडियो सीलोन आदि के व्यापार-विभाग के जन्म से पन्द्रह-बीस साल पूर्व ही वह जान गया था कि रेडियो से विज्ञापन भी प्रचारित होते हैं।...

किन्तु कथा पढ़कर बहुत दिनों तक केलिफ़ोर्नियन आड़ू के लिए रसना रस-वन्ती हो जाती।...आलू? आलूचे? आलूबुखारा? आड़ू? यह केलिफ़ोर्नियन आड़ू क्या चीज़ होती है? निश्चय ही कोई फल होगा!...शहर पूर्णिया जाकर, साह एंड कम्पनी में केलिफ़ोर्नियन आड़ू माँगा तो सामने बैठे सज्जन-जन का मुँह अचरज से गोल हो गया, "देखो हे! छोकरा-टा की चाय? एं, केलिफ़ोर्नियाँ आलू...ना तो...अरे, ये आड़ू क्या होता है? अनारस माने अनानास भी नेंहीं...पाइन आपेल भी नेंही, पीज भी नेहीं, बेरी नेंहीं, गूजबेरी नेंहीं...तब क्या होता है ये केलिफ़ोर्नियाँ...घोडार डिम?...केलिफ़ोर्नियाँ कहाँ है, है मालूम? देखा है नाक्शा में?...जत सब!" इसके बाद, पाठकराम ने फिर कहीं केलिफ़ोर्नियन आड़ू का नाम-दाम नहीं पूछा...घोड़ार डिम? और जिस सत्य की कहानी पढ़ने के कारण उसको लांछित होना पड़ा था, उसी पात्र को वह प्रत्येक पत्रिका के पृष्ठों में खोजता रहता है।...

ओ??...तो, जनाब आली कवित्त भी बनाते हैं! 'विशाल भारत' में ही 'सत्य' के लेखक का एक गीत छपा था। गाँव का कोई भी पाठक उन दिनों पद्य नामक चीज़ को पढ़ता नहीं था, अर्थात् यों ही नहीं, गा-गाकर पढ़ता था।...बिना गाये अरथ कैसे खुलेगा? अजोधा मंडर रामायण की चौपाई गाता था। लछुमन गुरुजी हमेशा तार-स्वर में गाते रहते, "भगवान भारतबर्स में गूँजे हमारी भा-र-ती-ई-ई-ई-ई-!!' पाठकराम को भी यही शिक्षा मिली थी। मन-ही-मन गुनगुनाकर चमत्कृत हुआ। गीत गुनगुनाते समय पदों से...मृदंग की ध्वनि निकलती है। दौड़कर गाँव के प्रसिद्ध पखवजिया जनकदास को बुला लाया। वह सस्वर पढ़ने लगा। अनपढ़ जनकदास, मृदंग बजाकर गीत का अर्थ खोलता गया...

जागो! जागो!!
धिन्ना! धिन्ना।
जागो सखि, वसन्त आ गया!
धिन्ना कत्तक तिन्ना तिरकित ता,
धिनक-धिनक-धिन-धा।
जागो!...
धिन धा!!

कथाकार के इस गीत को मृदंग की संगत के साथ यहाँ प्रस्तुत करने का कारण है।...बहुत दिनों के बाद देखा, इस गीत को कथाकार ने अपनी एक कहानी में टाँक दिया। रसमादकता से मन मन्दिर हो गया पाठकराम का!

वसन्त आ गया। सखि जागे या न जागे...पाठकराम किशोरावस्था पार कर, गाँव से शहर आ गया। उसकी जवानी जागी और जगी रही। 1943 में नज़रबन्द होने के बाद भागलपुर सेंट्रल जेल में एक दिन हाथ में आई एक जीवनी : शेखर की।

सच्चिदानन्द हीरानन्द वात्स्यायन अज्ञेय! सत्-चित्-आनन्द—सत्य?

'विशाल भारत' की कहानियों के सत्य ने अपना नाम बदल लिया था, शेखर!

पाठकराम सेल में शेखर की जीवनी पढ़ता और बग़ल के जेल में, उसकी पार्टी की नेशनल एक्ज़िक्यूटिव के एक मान्य सदस्य सच्चिदानन्द हीरानन्द वात्स्यायन अज्ञेय की जीवनी सुनाते, हँसी-ठहाके के साथ। फिर भाषण देने लगते, "ह्युमेनिस्ट... मानवतावादी। हम जेल में हैं और उधर लेनिन के साथ मिलकर क्रान्ति-मसविदा बनानेवाले महान् क्रान्तिकारी एम.एन. राय साहब के चेले चाँदी काट रहे हैं!..."

हर जगह 'अहम सवाल'?

पाठकराम पर इसका कोई भीतरी असर नहीं पड़ा, क्योंकि वह (नमकहराम?) मन-ही-मन, चोरी-चोरी मानवेन्द्रनाथ राय को भी श्रद्धा और भक्ति का फूल चढ़ाया करता था। गँवई आदमी, जयकार करते समय, सबसे अन्त में 'सब सन्तन की जै' कहना नहीं भूलता। 'आरिजिन आफ़ दिन फ़ेमिली' पढ़ने के बावजूद वह एट्टी परसेंट सनातनी ही रहा, सब दिन।

याद है, जेल से निकलने के बाद कर्म-क्षेत्र में कहीं किसी कर्मठ कामरेड ने टोका था, "आपका वह लेखक...कौसल्यायन...सांस्कृत्यायन...कात्यायन...अरे वह 'शेखर : एक जीवनी' का लेखक कहाँ है? है मालूम?' "

...आपका लेखक? जवाब दिया, "मेरा ही नहीं, आपका भी। हमारा लेखक। हिन्दी का लेखक!"

"मारिये गोली! मेरा लेखक क्यों होगा वह? कहाँ है वह? है मालूम? वार में! पूर्वी फ्रंट पर! जाइयेगा?"

'वार' के विशेषार्थ, साम्राज्यवादी युद्ध और जनता की लड़ाई!

सच्ची बात यह है कि इस संवाद से पाठकराम पुलकित ही हुआ था। कामरूप कामाख्या की ओर गया है, जिधर जाना हर ग्रामगीत में मना है (हो मोरे राजा! पूरब मति जा!), लौटकर कब 'सत्य' या 'शेखर' की जीवनी सुनाइयेगा? रहस्यमय प्रदेश का जादू कब बोलेगा?

पाँच-सात साल बाद।

देश स्वतन्त्र होकर बँट चुका था। और, दानवी लीला भी समाप्त हो चुकी थी। किसी ने सुनाया, "उर्दू में एक अद्‌भुत किताब लिखी गयी है, 'और इन्सान मर गया'!"

"उर्दू में ही 'पेशावर एक्सप्रेस' कहानी लिखी गयी है।"

"बँगला की एक पत्रिका में प्रबोधकुमार सान्याल का उपन्यास प्रकाशित हो रहा है, धारावाहिक!"

"और, हिन्दी में?"

"हिन्दी में? हाँ, हिन्दी में भी चीज़ें आयी हैं। फ़िलहाल, पढ़िये यह कहानी 'शरणार्थी!' "

पाठकराम ने अपने प्रिय मित्र प्रतुलकुमार गुहाठाकुरता उर्फ़ छानू से पूछा था, "की रे छानू? पोड़ेछिस? बुझते पेरेछो?"

पाठकराम के मित्र प्रतुल को आप रामपाठक कह सकते हैं, क्योंकि वह भी एक परम पाठक था। उसने गम्भीर होकर जवाब दिया था, "बुझे छी! ताहले, हिन्दी में भी है।"...लाख चेष्टा करने पर वह अज्ञेय का सही उच्चारण नहीं कर सका था, किन्तु।... अगौंय।

अज्ञेय की कई किताबें माँगकर ले गया। उस दिन आया तो प्रसन्न था। बोला, ''मैं अब नाम पुकारने में ग़लती नहीं करूँगा।''

''बोलो तो, सुनूँ!!''

''मुहम्मदबख्श!!''

कई साल बाद, फिर प्रतुल ने ही एक दिन बतलाया, ''क्रान्तिकारी पार्टी में हिन्दी के दो लेखक थे। एक जनाब पिक्रिक एसिड धोते थे और दूसरे साहब श्रृंगार-प्रसाधन की सामग्री बनाते थे।''

यशपाल, अज्ञेय!!

जय-दोल, अरे यायावर रहेगा याद!

याद है! इतनी सरस यात्रा-कथा पहली बार पढ़ रहा था।...कानवाई, पूर्णिया की सड़क से नहीं गुज़रेगा?...यों, सिलीगुड़ी से पूर्णिया को रास्ता जाता है, और वहाँ से कटिहार होकर फिर कहीं स्टीमर से गंगा पार की जा सकती है।...किन्तु इस सड़क की अवस्था के बारे में जो कुछ पता चला था, उसके आधार पर यही निश्चय किया गया कि सिलीगुड़ी से ट्रेन में लदकर कलकत्ते...।

यायावर का कानवाई कलकत्ते की ओर मुड़ गया। पाठकराम का मन उदास हो गया, यायावर, पूर्णिया के तीतरों को नाम पुकारते नहीं सुन सकेगा।

दिल्ली जाना है! दिल्ली—दूर नहीं अब!

एशियाई लेखक सम्मेलन की प्रारम्भिक बातें फिर से नहीं दुहरा रहा। निवेदन है, पाठक उसमें, 'दिल्ली दूर नहीं अब' के बाद जोड़ लें, कृपया!

शीघ्र लौटकर सुना, अज्ञेय जी प्रयाग आये थे। इसके बाद ही दूसरा दल, जो अब तक तटस्थ और उदास था, सम्मेलन में उत्साहपूर्वक सम्मिलित होने की तैयारी करने लगा।...लिस्ट तैयार हुई!

दिल्ली! हिन्दी के एक बड़े कथाकार के साथ यात्रा कर रहा हूँ। मेरा सौभाग्य।...

दिल्ली! यही है दिल्ली स्टेशन! डेल्ही!! अब दूर नहीं...स्टेशन के बाहर, कंलियों को सामान दिखला रहा था, मेज़बान को नमस्कार कर रहा था, भूली-खोयी चीज़ को खोज रहा था कि एक मीठी मुस्कुराहट के साथ सत्-चित्...सज्जन सामने आये, ''नमस्कार! मैं अज्ञेय हूँ।''

उन्होंने मुझे चुप देखकर मेरे दिल्ली में रहने का ठौर-ठिकाना पूछा। मैं कोई जवाब दूँ कि अश्क भाई जी ने पुकारकर कहा, ''अमाँ, तूलिका भाभी वहाँ अकेली खड़ी कब से पुकार रही हैं; और तुम इधर...''

चलते-चलते सुना, अज्ञेय जी बोले, ''जिन्हें लेने के लिए कोई नहीं आये हैं, वे मेरे साथ जा रहे हैं।''

मन का जवाब मुँह में ही रख लिया। कह देता तो क्या होता, पता नहीं! कह देता, ''जी हाँ! धन्य हैं वे लोग, जो आपके साथ जा रहे हैं!''

विशाल भवन, विज्ञान-भवन। भवन के हर कोने में लेखक। उतने लेखकों के बीच एक ही पाठक निकला, वह भी लिफ़्ट-आपरेटर जवान सरदार जी। लिफ़्ट

को ऊपर उठाने और नीचे उतारने के समय भी वह लगातार एक उर्दू नाविल के पृष्ठ-पर-पृष्ठ पढ़ता जा रहा था।

पाठकराम को बड़ी प्रसन्नता हुई, पाठक सरदार को पढ़ते देखकर। लिफ़्ट में देखा, अज्ञेय जी चुपचाप किसी की प्रतीक्षा कर रहे हैं। चुप रहे हम। सरदार जी की पढ़ाई में कोई बाधा नहीं पहुँचाई हमने। हम एक साथ ऊपर गए।...अज्ञेय जी ने सरदार जी के नाविल का नाम पढ़ लिया था, नक़ाबपोश!

उतने तमतमाए हुए चेहरों के बीच, बहुत थोड़ी निर्विकार मूर्तियों को देखा। उसमें एक यशपाल का चेहरा है, दूसरा है अज्ञेय का!

बाहर, एक काउंटर पर पेशेवर फ़ोटोग्राफ़रों ने, सम्मेलन की कार्रवाई तथा अकार्रवाई के समय खींची तस्वीरों की दुकान लगा दी थी। लेकिन, ढूँढ़कर थक गया, अज्ञेय की लुकी-छिपी तस्वीर भी कहीं नहीं दिखाई पड़ी।

बँगला-साहित्य के प्रसिद्ध यात्रा-कथा लिखने वाले मनोज बसु पर दृष्टि पड़ी। हिन्दी के यायावर की याद आयी। 'शनिबारेर चीठी' के प्रवीण सम्पादक रजनीकान्त दास को देखकर उनकी एक कहानी की घटना आँखों के सामने फिर से घट गयी। किन्तु, तुरन्त ही 'हीली-बोन् की बत्तखें' गर्दनें लम्बी करके उचकती हुई-सी चारों ओर जुट गयीं और 'कक्-कक्' करने लगीं...

"कहानियों के सत्य में उतनी व्याप्ति नहीं होती; वह एक क्षण का, एक मन:स्थिति का सत्य है, एक दौड़ती लहर का गति-चित्र। वह गति-चित्र आपको दिख जाये और देखने में आपका मन भी थोड़ी देर के लिए उलझ जाये, तो लेखक को और कुछ नहीं चाहिए।"—अज्ञेय।

लेखक को और कुछ नहीं चाहिए! किन्तु, पाकठराम को शब्द चाहिए। और उसने सुन रखा था कि अज्ञेय और कुछ दे दे, पर शब्द नहीं देता। नहीं देता तो पाठकराम क्या करेगा। लाठी मारकर वसूल तो नहीं सकता!...महन्त, पादरी, पुरोहित, डिक्टेटर, धूर्त, चतुर, चालाक, सब कुछ हो सकता है वह, किन्तु इससे...उसके कथाकार को छोटा कैसे मान लिया जाये?

हिन्दी के कई कथाकारों के भाषण हुए, अंग्रेज़ी में ही।...अज्ञेय जब अपना वक्तव्य पढ़ रहा था तो गोपाल हालदार एकटक उसकी मुखमुद्रा को परखने की चेष्टा कर रहे थे।...यशपाल बोलने लगा। भाषण के बीच में न जाने क्या बोला कि सभी रूसी लेखकों ने हेडफ़ोन से अनुवाद सुनकर एक-दूसरे की ओर देखा। उनकी आँखें चमकीं। फिर कागज़ पर जल्दी-जल्दी नोट लेने लगे।

ताराशंकर बन्द्योपाध्याय ने पाठकराम से कहा था, "मैं जानता हूँ, जैनेन्द्र जी को, अज्ञेय को, यशपाल को।...आर कारों नाम मने नेई।"

नेपाली लेखकों का दल अपनी भाषा में आपस में सलाह कर रहा था, 'अज्ञेय जी सित कुराकानी गर्नू पद्दे!'...अज्ञेय जी से बातें करनी होंगी।...किसलिए? अज्ञेय इन्हें शब्द देगा?...दे भी सकता है, पुरोहित ठहरा!

महन्त, चक्राधिपति, पादरी, पुरोहित, डिक्टेटर, हिपोक्रेट, केलिफ़ोर्नियन आड़ू खानेवाला...अदृश्य...अलख...अकेला...लेखक...अज्ञेय!

मूल्यांकन

रामस्वरूप चतुर्वेदी

हिन्दी कथा-साहित्य को वास्तविक अर्थ में आधुनिक बनाने का श्रेय अज्ञेय को दिया जा सकता है। उनके पूर्व हिन्दी के उपन्यास तथा कहानियाँ मुख्यत: वर्णनात्मक शैली में लिखे जाते थे। पात्रों के आन्तरिक मनोविज्ञान की ओर लेखक का ध्यान उतना नहीं रहता था। अज्ञेय ने घटनाओं और पात्रों के बाहरी ढाँचे की उपेक्षा करके आन्तरिक पक्ष को अधिक उभारा। कथा-शिल्प की दृष्टि से भी उनके प्रयोग ऐतिहासिक महत्त्व के हैं। यह सही है कि अज्ञेय को एक उपन्यासकार के रूप में अधिक जाना जाता है, पर उनकी कहानियाँ भी कम लोकप्रिय नहीं हैं। 'शेखर' या 'नदी के द्वीप' जैसी ही प्रसिद्धि 'रोज़' की भी है।

...'रोज़' शीर्षक कहानी हिन्दी गल्प-साहित्य के विकास का एक नया चरण है। यह कहानी वातावरण की सृष्टि की दृष्टि से एक अविस्मरणीय कृति है। कहानी कहने की आत्मीयता भी लेखक की अपनी है। 'कोठरी की बात' संकलन की कहानियों में लेखक के क्रान्तिकारी जीवन ने विशेष अभिव्यक्ति पायी है। देश-विभाजन के बाद शरणार्थियों की समस्या पर भी लेखक ने कुछ महत्त्वपूर्ण रचनाएँ प्रस्तुत की हैं। उपन्यासों की अपेक्षा कहानियों के कथानक जीवन के व्यापक क्षेत्रों से लिये गये जान पड़ते हैं।

अज्ञेय का कृतित्व हिन्दी के कथा-साहित्य को एक नये धरातल पर प्रतिष्ठित करता है। वर्णनात्मक के स्थान पर विश्लेषणात्मक शिल्प-विधि का प्रयोग उनकी रचनाओं की सबसे बड़ी विशेषता है। उनके पात्र तथा कथानक नागरिक जीवन के उच्च मध्यवर्ग से लिये गये हैं। प्रकृति में सीमित होने पर भी उनकी गहराई अतुलनीय है। मानव जीवन की कुछ विशिष्ट परिस्थितियों का उन्होंने गहरा अध्ययन अपने कथा-साहित्य में प्रस्तुत किया है। साथ ही शिल्प और भाषा में कुछ सर्वथा नये प्रयोग भी किये हैं। हिन्दी कथा-साहित्य में अज्ञेय का नाम आधुनिकता का परिचायक है।

—रेडियो-वार्ता, इलाहाबाद, 12.3.5

नेमिचन्द्र जैन

अज्ञेय के समस्त साहित्य में उसके व्यक्तित्व की ही मूल दुर्बलता और संुकीर्णता बार-बार उभर आती है। जहाँ तक वह अपने सीमित जीवन-अनुभव पर बड़ी सूक्ष्म दृष्टि

लगाये बैठे रहते हैं, वहाँ तक एक बड़ी तीखी भावानुभूति को चित्रित करने में उन्हें अपूर्व सफलता मिली है। किन्तु व्यापक मानवीय सहानुभूति के अभाव में, उस अहं के संकुचित वृत्त से बाहर दृष्टि डालते ही उनका कलाबोध शिथिल पड़ने लगता है, क्योंकि मूलत: वह अनुभव-प्रसूत न होकर बड़े स्थूल अर्थ में काल्पनिक हो जाता है। व्यक्तिवादी और अहंवादी कलाकारों ने सदा इस विषम वृत्त में चक्कर काटा है। अधिक सक्षम और प्राणवान् कलाकार आत्मवादी होकर भी अपने व्यक्तित्व में ऐसी ओजस्विता, ऐसी सहज दृष्टि उत्पन्न कर लेते हैं कि अपने से बाहर का जीवन यदि अनुभव से नहीं तो कम-से-कम सहानुभूति द्वारा उन्हें सुबोध हो जाता है; और उनके साहित्य की मूल भाव-वस्तु चाहे उन तक ही सीमित रहे, किन्तु पृष्ठ-भूमि के रूप में जब से बाह्य जीवन का चित्रण करते हैं तो वह इतना अयथार्थ और प्राणहीन नहीं होता। अज्ञेय में न वह ओजस्विता है और न वह सहानुभूति। न केवल उनका व्यक्तित्व—कलाकार व्यक्तित्व—बहुत सीमित है, बल्कि उनमें अपने से बाहर झाँकने, देखने और उससे अनुभव-सिक्त होने की सामर्थ्य ही नहीं जान पड़ती। फलस्वरूप वह अधिकाधिक अन्तर्मुखी, आत्म-केन्द्रित होते जाते हैं और इस भाँति उनके व्यक्तित्व के रहे-सहे द्वार भी अवरुद्ध होते जान पड़ते हैं। भावना की प्राणहीनता और उसके फलस्वरूप काव्य में एक ही अनुभूति को नये-नये शब्द-जाल द्वारा अभिव्यक्त करने की प्रवृत्ति, पुनरावृत्ति, अज्ञेय की कविताओं में और भी स्पष्ट प्रकट होती है।

—'अधूरे साक्षात्कार', पृ. 20–21
अक्षर प्रकाशन, दिल्ली (1966)

इन्द्रनाथ मदान

'अज्ञेय' की कहानी में आधुनिकता की चुनौती को वैयक्तिक धरातल पर ही स्वीकारने का प्रयास है, व्यक्ति-सत्य के स्तर पर ही जीवन की जटिलता तथा उसके मूल्यों को व्यक्त करने का प्रयत्न है। यह कहना अनुचित होगा कि इनकी कहानी में सामाजिक चेतना का नितान्त अभाव है। इसकी बजाय यह कहना अधिक संगत होगा कि इनका कहानीकार जीवन तथा जगत् का चित्रण एवं मूल्यांकन वैयक्तिक संवेदना के धरातल पर करता है और सामाजिक मान्यताओं को भी इसी कसौटी पर परखता है। इसलिए इनकी कहानी-कला प्रसाद-परम्परा से भिन्न होते हुए भी इसी कोटि में रखी जा सकती है। इनमें न तो प्रसाद की भावमूलक तथा आदर्शमूलक दृष्टि है और न ही नाट्यात्मक पद्धति।...'अज्ञेय' की कहानी-कला में बौद्धिकता तथा मनोवैज्ञानिकता का गहरा पुट है। और मनोवैज्ञानिकता का स्वरूप सुगम संगीत का न होकर शास्त्रीय संगीत का है; मनोविश्लेषण के सिद्धान्तों पर आश्रित है। बौद्धिकता के विकास में भी पाश्चात्य विज्ञान तथा मनोविज्ञान का स्पष्ट प्रभाव है।

—'कहानी की कहानी', पृ. 20
रामचन्द्र एंड कम्पनी, दिल्ली (1966)

रामचन्द्र तिवारी

प्रेमचन्द के बाद जिन कहानीकारों ने अपनी प्रतिभा से हिन्दी कहानी-जगत् को सहसा आलोकित कर दिया था उनमें 'अज्ञेय' अग्रणी हैं। 'अज्ञेय' ने सामान्य मध्यवर्गीय अभिजात सामाजिक जीवन, राष्ट्रीय क्रान्तिकारियों का जीवन, शरणार्थी का जीवन, पर्यटक-जीवन तथा स्त्री-पुरुष के नैतिक सम्बन्धों के विश्लेषण को अपनी कहानियों का उपजीव्य बनाया है। 'अज्ञेय' के लिए प्रारम्भ से ही, सन्दर्भ महत्त्वपूर्ण नहीं रहा है। वह व्यक्ति-चरित्र की गहन संवेदना को व्यक्त करने के लिए प्रयत्नशील रहे हैं। देश-काल और सामाजिक सन्दर्भ उनकी कहानियों का प्राण-तत्त्व नहीं हैं, वह केवल क्षीण आधार-भूमि प्रस्तुत करता है। उनकी दृष्टि व्यक्ति-वैशिष्ट्य की ओर केन्द्रित रही है। यों व्यक्ति समाज की ही इकाई है। उसे समझने-समझाने के प्रयत्न में समाज स्वत: सन्दर्भित हो जाता है। इसलिए 'अज्ञेय' द्वारा विश्लेषित व्यक्तित्व मात्र मन:कल्पना या प्रतीक नहीं हैं। उनकी मानसिक रचना समाज के बीच में हुई है। इसीलिए सामाजिक वैषम्य और अन्याय के प्रति एक प्रकार के तीक्ष्ण व्यंग्यपूर्ण विद्रोह का भाव भी उनकी कुछ कहानियों में मिलता है। सब मिलाकर 'अज्ञेय' व्यक्ति-मन के गहनतर स्तरों के सूक्ष्म स्पन्दन को अभिव्यक्ति देनेवाले कहानीकार माने जा सकते हैं।...'अज्ञेय' की कहानियों की एक बहुत बड़ी विशेषता उनकी सांकेतिकता है। जो भी सन्दर्भ वह प्रत्यक्ष रूप से प्रस्तुत करते हैं उससे कुछ गूढ़तर अभिप्राय, कुछ विशेष संकेत, कुछ सूक्ष्मतर बोध उसके माध्यम से व्यंजित होता है। शिल्प की दृष्टि से 'अज्ञेय' की कहानियों का कलात्मक निखार कहने की चीज़ नहीं है।...नवीनतम कहानी भावावेग और कवित्वमयता से बचना चाहती है। यह उसकी प्रौढ़ता का द्योतक है। 'अज्ञेय' इस कसौटी को भी अपनी सीमा में स्वीकार करने की मुद्रा में हैं, किन्तु उनका कहना है कि अन्तत: कहानी वस्तु के प्रति कवि-दृष्टि की माँग की उपेक्षा नहीं कर सकती। कुछ भी हो, प्रेमचन्द के बाद में कहानीकारों में 'अज्ञेय' की विशिष्ट देन सहज स्वीकार्य है। जीवन के प्रति बौद्धिक, मनोवैज्ञानिक, गूढ़ कवित्वमय दृष्टिकोण लेकर बहुविध सन्दर्भों के माध्यम से अनेक सूक्ष्म आभ्यन्तर चारित्रिक विशेषताओं का विश्लेषण करने में 'अज्ञेय' अग्रणी हैं।

—'हिन्दी का गद्य-साहित्य', (पृ. 559-60)
विश्वविद्यालय प्रकाशन, वाराणसी (1968)

गंगाप्रसाद विमल

'अज्ञेय' की संवेदना अज्ञेय की ही निर्मितियों में स्पष्ट है। उनके पात्र उनके चुने गये स्थल, घरों और सभी तरह के रुचिकर स्थापत्य से यह बात साबित होती है

कि उनके पात्र (मध्यवर्ग के प्रतिनिधि) अपने सुख या परोक्ष रूप में अपने दु:ख की गरिमामय व्याख्याओं के सुख के पीछे हैं। यह औसत आदमी के मानसिक जगत् का प्रारूप है जहाँ मध्यवर्ग के प्रबुद्ध और सामान्य व्यक्ति के बीच एक रेखा खींची जा सकती है। मध्यवर्ग का प्रबुद्ध व्यक्ति या तो प्रतिबद्ध होकर सामान्य सुखों से मुँह मोड़ लेता है या वह असाधारण स्तर पर दूसरी तरह का जीवन जीता है। 'अज्ञेय' अपने पात्रों द्वारा जिन आकांक्षाओं को व्यक्त करते हैं, वे औसत (चिड़ियाघर) आदमी की संवेदना का ही प्रक्षेपण है। इस आधार पर अज्ञेय द्वारा स्थापित तथाकथित वैशिष्ट्य और आयासप्रद असाधारण का भ्रम भी टूट जाता है। वह मामूली आदमी के यथार्थ के रचनाकार भी नहीं लगते। जिस सुरुचि का उनके पात्र 'आभास' देते हैं वह किसी तरह की 'रुचि' का वृत्त भी नहीं है। उसमें 'ललित-कथाओं' जैसी 'असम्भावना' भी नहीं है, क्योंकि उसमें झूठ का चमत्कार भी नहीं है। अज्ञेय की संवेदना को आधुनिक इसलिए नहीं माना जा सकता क्योंकि उनके पात्र, विचार और स्थितियाँ हमारे आधुनिक संसार की नहीं हैं।

—'अज्ञेय का रचना-संसार', पृ. 166-67
सुषमा पुस्तकालय, दिल्ली (1967)

ओम प्रभाकर

...यह निश्चयत: कहा जा सकता है कि अज्ञेय का कथा-साहित्य (उपन्यास और कहानी दोनों) प्रसाद एवं प्रेमचन्द तथा उनके अनुवर्ती अन्य कथाकारों के कथा-सृजन से श्रेष्ठतर स्थिति में है। जैनेन्द्र, इलाचंद्र जोशी, यशपाल, भगवतीचरण वर्मा आदि आधुनिक कथाकार अवश्य ऐसे हैं जिनकी कहानियों और उपन्यासों के समानान्तर रखे जा सकते हैं। वास्तव में तो अज्ञेय इन्हीं की कथा-परम्परा के लेखक हैं। किन्तु अज्ञेय की सृजनकर्त्री प्रतिभा ने उनकी कथा-रचनाओं को सबसे विशिष्ट स्थिति में अवस्थित कर दिया है।...अज्ञेय की कथा-कृतियों—क्या उपन्यास और क्या कहानियाँ—में न तो कहीं दार्शनिकता की अतिव्याप्ति है और न मनोवैज्ञानिक सिद्धान्तों के प्रति दुराग्रह ही। वह अपने सम्पूर्ण कथा-सृजन के सन्दर्भ में सर्वथा एवं सर्वदा मौलिक हैं।...अत्यन्त निश्चयात्मक स्वर में यह कहा जा सकता है कि आधुनिक हिन्दी कथा-साहित्य में अज्ञेय का स्थान एक मौलिक, प्रवर्तक तथा सर्वश्रेष्ठ कथाकार के रूप में शीर्ष स्थान पर अक्षुण्ण है और रहेगा।

—'अज्ञेय का कथा-साहित्य' पृ. 161-62
नेशनल पब्लिशिंग हाउस, दिल्ली (1966)

□ □ □

www.ingramcontent.com/pod-product-compliance
Lightning Source LLC
Chambersburg PA
CBHW020806100426
42814CB00014B/349/J
* 9 7 8 8 1 7 0 2 8 0 6 3 7 *